합격에 윙크(Win-Q)하다!

Win-Q

청소년상담사 2급

[필기 단기완성]

현대사회는 학교폭력, 가출, 학업중단, 왕따, 집단 괴롭힘, 약물남용 및 청소년성매매 등 다양화되고 심각해지고 있는 청소년 문제에 대해 현실적으로 대처하기 위한 전문상담인력의 필요성이 점차 커지고 있습니다. 이런 분위기 속에서 청소년상담사의 역할과 중요도 역시 나날이 증가하고 있는 추세입니다.

청소년상담사 국가자격제도의 목적은 일반상담과 차별화된 청소년 문제에 초점을 맞춘 전문상담자의 양성 및 청소년상담의 전문화와 상담사의 자질 향상 그리고 청소년 문제에 대한 열의와 관심, 높은 자질을 지닌 인력을 선발하는 데 있습니다.

이에 (주)시대고시기획에서는 수험생들에게 합격의 당락을 좌우할 마지막 정리와 전략적 학습을 돕기 위해 본 도서를 출간하게 되었습니다. 〈Win-Q 청소년상담사 2급〉은 최근 높아진 출제수준에 맞추어 수험생들이 최소한의 시간으로 최대한의 효과를 얻을 수 있도록 다음과 같이 구성하였습니다.

PART 1 핵심이론 + 핵심예제

필수4과목, 선택4과목의 방대한 분량을 460여개의 핵심이론과 핵심예제 문제로 구성하였습니다. 빈출되는 중요한 이론을 기출문제와 함께 수록하여 단기에 핵심을 파악할 수 있도록 구성하였습니다.

PART 2 최신기출문제

최근 출제된 기출문제와 상세하고도 명쾌한 해설을 수록하여 수험생들이 최신 출제경향을 파악하고 올바른 학습방향을 선택하여 합격에 한 걸음 더 가까이 다가갈 수 있도록 구성하였습니다.

이 책에는 청소년상담사, 직업상담사, 사회복지사, 임상심리사 등을 집필한 저자들의 탄탄한 실력과 수험서 전문 (주)시대고시기획 편집부의 노하우가 담겨있습니다. 정성들여 심혈을 기울인 본 수험서가 수험생의 합격에 조그마한 디딤돌이 되기를 희망하며, 청소년상담사 2급에 도전하는 모든 분들의 합격을 진심으로 기원합니다.

편집자 씀

Dreams
come true

청소년상담사 2급

이 책의 구성과 특징

핵심이론 + 핵심예제

청소년상담사 2급 필기시험에 자주 출제되는 가장 핵심적이고 중요한 이론을 수록하였습니다. 총 8과목(필수4과목 + 선택4과목), 약 460여개의 핵심이론과 함께 해당 이론의 실제 기출문제로 구성하여, 기출경향을 파악하고 출제 흐름을 체크할 수 있습니다.

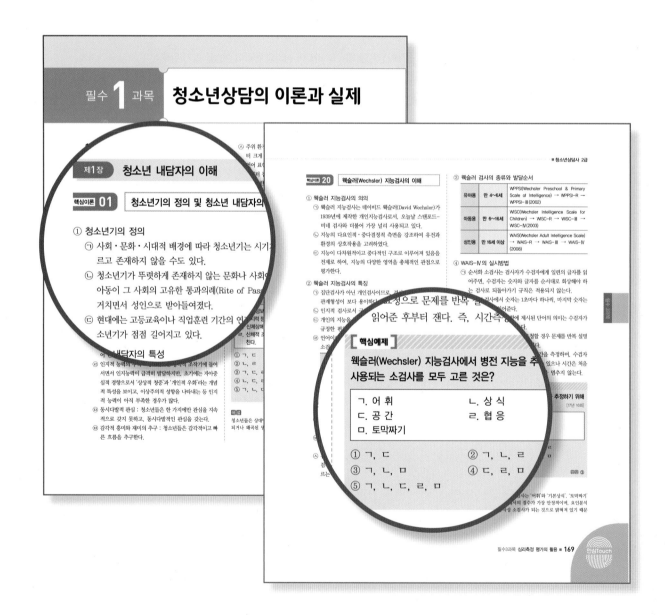

최신기출문제 + 상세한 해설

최근 출제된 2020년도 19회 기출문제와 상세하고도 명쾌한 해설을 수록하였습니다. 오답 풀이까지 수록되어 있는 상세한 해설을 문제 아래 배치하여 문제를 읽으면서 바로바로 관련 이론들을 학습할 수 있도록 구성하였습니다.

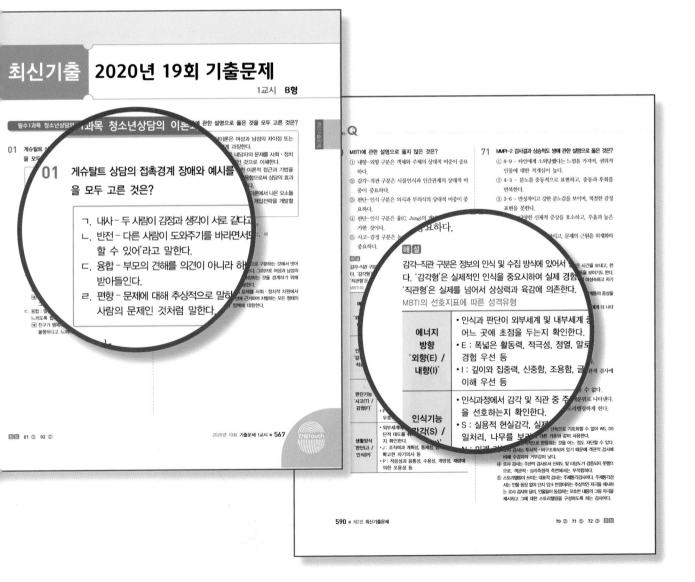

청소년상담사 2급
FAQ

Q 청소년상담사 자격증은 어떤 자격증인가요?

청소년상담사는 청소년기본법 제22조 제1항에 의거하여 실시되는 '청소년 상담'과 관련된 국내 유일의 국가자격증으로, 자격시험에 합격하고 연수기관에서 실시하는 100시간 이상의 과정을 마친 사람에게 여성가족부장관이 부여하는 자격증입니다.

Q 청소년상담사 자격증을 취득하면 어떤 곳에 사용될 수 있나요?

개인의 역량에 따라 국가 차원의 청소년 상담기관인 한국청소년상담복지개발원, 시·군·구 청소년지원센터를 비롯하여 청소년수련관, 청소년문화의 집, 사회복지관, 청소년쉼터, 청소년 관련 복지시설 및 청소년 업무지원부서 등에서 활동할 수 있게 됩니다. 그러나 청소년상담사 자격증을 취득한다고 해서 국가가 취업을 보장하는 것은 아닙니다.

Q 청소년상담사 자격의 취득 절차는 어떻게 되나요?

자격검정(필기시험, 면접시험, 응시서류심사) → 자격연수(100시간) → 자격증 발급
필기시험은 과목별 5지 선다형 / 객관식 25문항으로 구성되어 있으며, 필기시험 합격예정자에 대하여 응시자격 증빙서류를 심사하게 됩니다. 면접시험은 응시자격 증빙서류 심사 합격자를 대상으로 개별면접 또는 집단면접으로 실시합니다. 면접시험까지 통과하시게 되면, 자격연수를 받으신 이후 자격증을 받으실 수 있습니다.

Q 필기시험 합격기준은 어떻게 되나요?

매 과목 100점 만점으로 하여 매 과목 40점 이상, 전 과목 평균 60점 이상을 득점한 자(절대평가 기준)입니다.

Q 연수는 언제까지 이수해야 하나요?

자격검정 최종 합격 이후 연수를 받아야 하는 기한이 제한되어 있지는 않습니다. 자격검정에 최종 합격한 연도에 연수를 받지 못하더라도 합격이 취소되지는 않으며, 연수를 받을 수 있는 해에 신청하여 받으면 됩니다(단, 신청한 회차에 100시간 이상 연수를 모두 이수해야 함).

Q 대학원에서 상담 관련 분야 전공을 수료했습니다. 응시자격이 되나요?

수료는 해당되지 않고, 학위를 취득한 경우 응시 가능합니다. 참고로 상담 관련 학과 박사학위를 취득하 셨다면 1급, 상담 관련 학과 석사학위를 취득하셨다면 2급, 상담 관련 학과 학사학위를 취득하셨다면 3급 응시가 가능합니다.

Q 응시자격과 관련하여 상담 관련 학과란 어느 학과를 말하나요?

청소년상담사에 응시하기 위해서는 상담 관련 학과(분야) 학위가 있으시거나, 상담 실무경력이 있어야 합 니다. 상담 관련 학과는 청소년학, 청소년지도학, 교육학, 심리학, 사회사업학, 사회복지학, 정신의학, 아동 학, 아동복지학, 상담학과가 해당됩니다. 그 외의 학과명일 경우 법령에 명시된 10개의 상담 관련 학과가 아니므로, 상담의 이론과 실제(상담원리 · 상담기법), 면접원리, 발달이론, 집단상담, 심리측정 및 평가, 이상 심리, 성격심리, 사회복지실천(기술)론, 상담교육, 진로상담, 가족상담, 학업상담, 비행상담, 성 상담, 청소 년상담 또는 이와 내용이 동일하거나 유사한 과목이 재학 당시 전공 커리큘럼에 4과목 이상 개설되어 있 는지를 학교 학과사무실 등을 통해 확인하셔야 합니다.

Q 작년도 서류심사에서 떨어졌습니다. 필기시험을 다시 봐야 하나요?

서류전형 탈락 사유에 따라서 필기시험 재응시 여부가 결정됩니다. 단순 원본 미제출이라면 다시 응시하 지 않아도 되지만, 그 외 자격요건의 결격사유가 있다면 필기시험을 다시 응시해야 할 수도 있습니다.

청소년상담사 2급
자격상세정보

청소년상담사 개요

청소년상담기관인 한국청소년상담복지개발원, 시·도 청소년종합상담센터, 시·군·구 청소년상담센터를 비롯하여 청소년수련관, 청소년문화관, 사회복지관, 청소년쉼터, 청소년관련 복지시설 및 청소년업무 지원부서 등에서 청소년의 보호선도 및 건전생활의 지도, 수련활동의 여건조성 장려 및 지원, 청소년단체의 육성 및 활동지원, 청소년을 위한 지역사회의 유익한 환경의 조성 및 유해 환경의 정화활동 등의 직무를 수행합니다.

전문 상담자 양성

청소년 문제에 초점을
맞춘 전문 상담자 양성

상담자 자질 향상

청소년상담사의 전문화와
상담자의 자질 향상

높은 자질을 지닌 인력 선발

청소년 문제에 대한 열의와 관심,
높은 자질을 지닌 인력 선발

주최·주관기관

- **여성가족부** : 정책수립
- **한국산업인력공단** : 필기시험, 면접시험, 응시자격서류 심사
- **한국청소년상담복지개발원** : 자격시험 연수, 자격증 교부

2021년 시험일정

회 차	원서접수	필기시험	필기합격자 발표일	면접접수	면접시험 시행일	최종합격자 발표일
20회	8.23~8.27	10.9(토)	11.10(수)	11.22~11.26	12.13(월)~ 12.18(토)	12.29(수)

※ 시험일정은 변경될 수 있으니, 반드시 해당 홈페이지를 확인하시기 바랍니다(http://www.q-net.or.kr/site/sangdamsa).
※ 2021년 국가자격시험 시행일정 등 사전공고를 바탕으로 작성되었습니다.

청소년상담사의 역할

구 분	주요 역할	세부 내용
1급 청소년 상담사	청소년상담을 주도하는 전문가 (지도인력)	• 청소년상담 정책 개발 및 행정업무 총괄 • 상담기관 설립 및 운영 • 청소년들의 제 문제에 대한 개입 • 2급 및 3급 청소년상담사 교육 및 훈련
2급 청소년 상담사	청소년 정신을 육성하는 청소년상담사 (기간인력)	• 청소년상담의 전반적 업무 수행 • 청소년의 각 문제영역에 대한 전문적 개입 • 심리검사 해석 및 활용 • 청소년상담과 관련된 독자적 연구설계 및 수행 • 3급 청소년상담사 교육 및 훈련
3급 청소년 상담사	유능한 청소년상담사 (실행인력)	• 기본적인 청소년상담 업무 수행 • 집단상담의 공동지도자 업무 수행 • 매체상담 및 심리검사 등의 실시와 채점 • 청소년상담 관련 의뢰체계를 활용 • 청소년상담실 관련 제반 행정적 실무를 담당

청소년상담사 양성현황

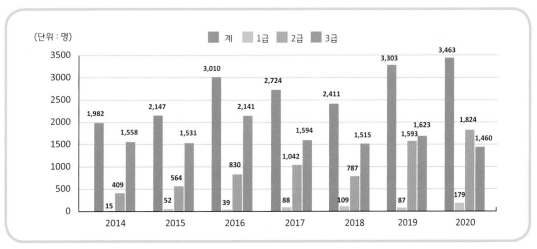

※ 출처 : 여성가족부, 한국청소년상담복지개발원 상담통계(2020)

청소년상담사 2급
자격상세정보

원서접수 인터넷 접수 (큐넷 – 청소년상담사 홈페이지)   www.q-net.or.kr/site/sangdamsa

응시자격

구 분	자격요건	비 고
1급 청소년 상담사	• 대학원에서 청소년(지도)학 · 교육학 · 심리학 · 사회사업(복지)학 · 정신의학 · 아동(복지)학 · 상담학 분야 또는 그 밖에 여성가족부령으로 정하는 상담 관련 분야의 박사학위를 취득한 사람 • 대학원에서 상담 관련 분야의 석사학위를 취득한 후, 상담 실무경력이 4년 이상인 사람 • 2급 청소년상담사로서 상담 실무경력이 3년 이상인 사람 • 제1호 및 제2호에 규정된 사람과 같은 수준 이상의 자격이 있다고 여성가족부령으로 정하는 사람	• 상담분야 박사 • 상담분야 석사 + 4년 • 2급 자격증 + 3년
2급 청소년 상담사	• 대학원에서 청소년(지도)학 · 교육학 · 심리학 · 사회사업(복지)학 · 정신의학 · 아동(복지)학 · 상담학 분야 또는 그 밖에 여성가족부령으로 정하는 상담 관련 분야의 석사학위를 취득한 사람 • 대학 또는 다른 법령에 따라 이와 동등한 학력을 인정받는 기관에서 상담 관련 분야 학사학위를 취득한 후, 상담 실무경력이 3년 이상인 사람 • 3급 청소년상담사로서 상담 실무경력이 2년 이상인 사람 • 제1호부터 제3호까지에 규정된 사람과 같은 수준 이상의 자격이 있다고 여성가족부령으로 정하는 사람	• 상담분야 석사 • 상담분야 학사 + 3년 • 3급 자격증 + 2년
3급 청소년 상담사	• 대학 및 「평생교육법」에 따른 학력이 인정되는 평생교육시설의 청소년(지도)학 · 교육학 · 심리학 · 사회사업(복지)학 · 정신의학 · 아동(복지)학 · 상담학 분야 또는 그 밖에 여성가족부령으로 정하는 상담 관련 분야의 학사학위를 취득한 사람 • 전문대학 또는 다른 법령에 따라 이와 동등한 학력을 인정받는 기관에서 상담 관련 분야 전문학사를 취득한 사람으로서, 상담 실무경력이 2년 이상인 사람 • 대학 또는 다른 법령에 따라 이와 동등한 학력을 인정받는 기관에서 학사학위를 취득한 후, 상담 실무경력이 2년 이상인 사람 • 전문대학 또는 다른 법령에 따라 이와 동등한 학력을 인정받는 기관에서 전문 학사학위를 취득한 후, 상담 실무경력이 4년 이상인 사람 • 고등학교를 졸업하고 상담 실무경력이 5년 이상인 사람 • 제1호부터 제4호까지에 규정된 사람과 같은 수준 이상의 자격이 있다고 여성가족부령으로 정하는 사람	• 상담분야 4년제 학사 • 상담분야 2년제 + 2년 • 타분야 4년제 + 2년 • 타분야 2년제 + 4년 • 고졸 + 5년

시험과목 및 시험시간 (※ 각 과목당 25문항, 객관식 5지선다)

구 분	교 시	시험과목	시험시간
1급 청소년상담사 (5과목)	1교시(필수)	• 상담사 교육 및 사례지도 • 청소년 관련법과 행정 • 상담연구방법론의 실제	9:30 ~ 10:45 (75분)
	2교시(선택)	• 비행상담, 성상담, 약물상담, 위기상담 중 2과목	11:40 ~ 12:30 (50분)
2급 청소년상담사 (6과목)	1교시(필수)	• 청소년상담의 이론과 실제 • 상담연구방법론의 기초 • 심리측정 평가의 활용 • 이상심리	9:30 ~ 11:10 (100분)
	2교시(선택)	• 진로상담, 집단상담, 가족상담, 학업상담 중 2과목	11:40 ~ 12:30 (50분)
3급 청소년상담사 (6과목)	1교시(필수)	• 발달심리 • 집단상담의 기초 • 심리측정 및 평가 • 상담이론	9:30 ~ 11:10 (100분)
	2교시 (필수+선택)	• 학습이론(필수) • 청소년이해론, 청소년수련활동론 중 1과목	11:40 ~ 12:30 (50분)

합격기준

구 분	합격결정기준
필기시험	• 매 과목 100점을 만점으로 하여 매 과목 40점 이상 • 전 과목 평균 60점 이상 득점한자
면접시험	• 면접위원(3인)의 평정점수 합계가 모두 15점(25점 만점) 이상인 사람 • 다만, 면접위원의 과반수가 어느 하나의 평가사항에 대하여 1점으로 평정한 때에는 평정점수 　합계와 관계없이 불합격으로 함

※ 필기시험 합격예정자는 응시자격 서류를 제출하여야 하며, 정해진 기간 내 응시서류를 제출하지 않거나 심사결과 부적격자일
　경우 필기시험을 불합격 처리함

필기시험 시행현황

구 분		1급	2급	3급	전 체
2014년	응시자	286명	3,281명	6,207명	9,774명
	합격자	29명	546명	2,384명	2,959명
	합격률	10.14%	16.64%	38.41%	30.27%
2015년	응시자	257명	2,839명	5,780명	8,876명
	합격자	72명	726명	1,814명	2,612명
	합격률	28.02%	25.57%	31.38%	29.43%
2016년	응시자	285명	3,148명	5,437명	8,870명
	합격자	54명	1,066명	2,803명	3,923명
	합격률	18.90%	33.80%	51.50%	44.23%
2017년	응시자	316명	3,876명	6,008명	10,200명
	합격자	112명	1,038명	2,111명	3,261명
	합격률	35.44%	26.78%	35.14%	31.97%
2018년	응시자	348명	3,947명	5,597명	9,892명
	합격자	119명	1,985명	1,800명	3,904명
	합격률	34.20%	50.29%	32.16%	39.47%
2019년	응시자	390명	4,128명	5,667명	10,185명
	합격자	206명	1,769명	1,549명	3,524명
	합격률	52.82%	42.85%	27.33%	34.60%
2020년	응시자	470명	4,468명	5,822명	10,760명
	합격자	78명	1,993명	2,925명	4,996명
	합격률	16.59%	44.60%	50.24%	46.43%

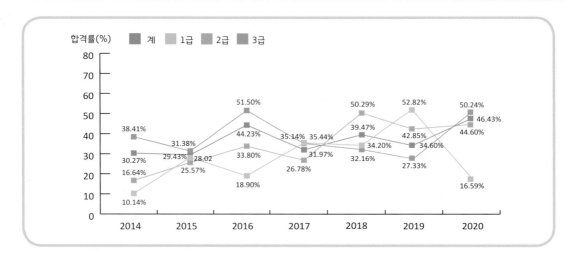

청소년상담사 2급
출제기준

01 필수과목 청소년상담의 이론과 실제

주요항목	세부항목
청소년내담자의 이해	• 청소년내담자의 특성 • 청소년 문제의 이해 • 발달과제와 문제
청소년상담이론	• 정신분석　　　　　　　　　• 개인심리학 • 행동주의 상담　　　　　　　• 실존주의 상담 • 인간중심 상담　　　　　　　• 게슈탈트 상담 • 합리정서행동 상담　　　　　• 인지치료 • 현실치료/해결중심 상담　　• 교류분석 • 여성주의 상담　　　　　　　• 다문화 상담 • 통합적 접근
청소년상담의 기초	• 청소년상담의 의의　　　　　• 청소년상담의 목표 • 청소년상담의 특성　　　　　• 청소년상담자의 자질 • 청소년상담자의 태도　　　　• 청소년상담자 윤리
청소년상담의 실제	• 상담의 시작　　　　　　　　• 상담의 작업 • 상담의 종결　　　　　　　　• 상담기술과 기법 • 상담의 유형　　　　　　　　• 청소년 사례 통합관리 　(단회, 단기, 장기, 매체 등) • 지역사회안전망 운영
기 타	• 기타 청소년상담의 이론과 실제에 관한 사항

2020 제19회 기출키워드

#게슈탈트 상담/접촉–경계 혼란의 유형 #여성주의 상담/통합적 접근 #청소년 내담자의 특성 #해결중심 상담/질문기법 #교류분석 #개인심리학 #매체상담 #실존주의 상담 #충고·조언 시 상담자 개입방법 #상담자의 자질 #청소년상담사 윤리 #상담기법 예시/해석 #인지상 왜곡/과잉일반화 #내담자의 저항 #행동주의 상담 #방어기제 #인간중심 상담 #우볼딩 WDEP #청소년기 주요문제/발달과제 #합리정서행동치료(REBT) #상담 초기단계 #주요 상담기법/상담자 반응 #청소년상담의 특징 #상담 종결단계 #주요 상담기법/직면

청소년상담사 2급

출제기준

02 필수과목 상담연구방법론의 기초

주요항목	세부항목	
상담연구의 기초	• 상담연구의 과학적 접근 • 상담연구의 패러다임 • 전문적 글쓰기	
연구의 절차	• 연구문제 및 가설 설정 • 연구주제 선정 • 연구대상자 선정과 표집	• 연구구인의 조작적 정의 • 변인결정 및 측정도구의 선정 • 자료수집과 분석방법
연구의 타당도	• 내적타당도 • 통계적 결론 타당도 • 검사도구의 신뢰도	• 외적타당도 • 검사도구의 타당도
실험설계	• 실험연구의 개관 • 통계분석 절차 및 방법 • 집단 내 설계 • 준실험 설계 • 모의상담연구	• 상담성과 및 효과 연구 • 집단 간 설계 • 혼합설계 • 단일사례 연구설계 • 상관연구
질적연구	• 현상학적 접근 • 사례연구 • 질적연구의 신뢰도와 타당도	• 근거이론 • 합의적 질적연구(CQR)
상담연구 윤리	• 상담연구 윤리	
기 타	• 기타 상담연구방법론의 기초에 관한 사항	

2020 제19회 기출키워드

#양적연구/질적연구 #표집방법/확률표집 #사전-사후 검사 통제집단 설계 #타당도를 높일 수 있는 방법 #실험실·실험연구 #조사연구의 진행순서 #실험연구의 타당도 #구조방정식 모형의 절대적합도 지수 #표본크기 #조사연구(Survey Research) #척도 #Scheffe 검정 #표집오차 #상담연구문제의 유형 #연구논문 작성 #과학적 상담학 #양적연구 패러다임 #연구주제 탐색/선정방법 #상담 성과 연구 #다변량분산분석 #분산분석(ANOVA) #잠재성장모형 #질적연구의 타당성 #연구방법/자료분석 방법 #연구윤리

03 필수과목 심리측정 평가의 활용

주요항목	세부항목
심리검사 개론	• 심리검사 및 평가의 개념과 역사 · 총론 • 면접법과 행동평가법 • 심리검사의 분류, 선택, 시행 • 심리검사의 제작과 기본통계
심리검사 각론	• 지능검사 • 객관적 성격검사 • 투사적 검사
기 타	• 기타 심리측정 평가의 활용에 관한 사항

2020 제19회
기출 키워드

#심리검사의 개발 순서 #구조화/비구조화의 면접법 #피어슨(Pearson)의 적률상관계수 #검사문항의 제작
#행동평가법 #T점수와 Z점수 #타당도 #최대수행능력 #지능이론 #K-WAIS-Ⅳ 프로파일 #지능검사 결과
#MMPI-2 임상척도 #MMPI-A 타당도 척도 #MBTI #MMPI-2 상승척도 쌍 #로샤 검사 #로샤 검사의 EA #투사적 검사
#지능검사의 개념

04 필수과목 이상심리

주요항목	주요항목
이상심리학의 이론적 입장	이상심리의 분류 및 평가
신경발달장애	조현병 스펙트럼 및 기타 정신병적 장애
양극성 및 관련 장애	우울장애
불안장애	강박 및 관련 장애
외상 및 스트레스 관련 장애	해리장애
신체증상 및 관련 장애	급식 및 섭식장애
배설장애	수면-각성 장애
성 관련 장애 (성기능 부전/성별 불쾌감/변태성욕 장애)	파괴적, 충동조절 및 품행장애
물질 관련 및 중독장애	신경인지장애
성격장애	기타(임상적 주의의 초점이 될 수 있는 기타의 상태 등)

2020 제19회 기출키워드

#뇌 부위와 주요 기능 #자살기도 원인을 설명하는 이론과 해석 #정신상태검사/지남력 측정 #DSM-5의 주요 변화 #DSM-5 신경발달장애 #DSM-5 조현양상장애 #DSM-5 조현병 스펙트럼 장애 #DSM-5 주의력 결핍 및 과잉행동장애(ADHD) #조증 삽화 #특정공포증 치료법 #DSM-5 불안장애 #공황장애의 인지모델 #DSM-5 주요우울 삽화 #강박장애의 DSM-5 진단기준 #DSM-5 신체증상장애 #신경성 식욕부진증과 신경성 폭식증 #DSM-5 해리성 기억상실 #연상이완(Loosening of Association) #DSM-5 성 관련 장애 #DSM-5 파괴적 기분조절부전장애 #DSM-5 성격장애 #DSM-5 섬망 #DSM-5 성격장애와 특징 #진정제 #DSM-5 주요 및 경도 신경인지장애

05 선택과목 진로상담

주요항목	세부항목
청소년 진로상담의 이론적 기초	• 진로상담의 개관 • 진로선택이론 • 진로발달이론 • 진로의사결정이론 • 직업적응 및 진로전환이론 • 진로상담이론의 최근 경향 • 특수영역 진로상담 이론(진학, 직업능력, 다문화 등)
청소년 진로상담의 실제	• 진로상담의 과정 • 진로상담의 기법 • 진로심리검사 • 진로정보의 활용 • 개인/집단 진로상담과 프로그램의 실제 • 특수영역 진로상담실제(진학, 취업능력, 다문화 등)
기타	• 기타 진로상담에 관한 사항

2020 제19회 기출키워드

#청소년 진로상담의 목표 #갓프레드슨(L. Gottfredson) #진로상담이론 #수퍼(D. Super)의 생애진로발달이론 #다위스(R. Dawis)와 롭퀴스트(L. Lofquist)의 직업적응이론 #타이드만(D. Tiedeman)과 오하라(R. O'Hara)의 진로의사결정이론 #사회인지진로이론 #홀랜드(J. Holland)의 직업성격유형이론 #수퍼(D. Super)의 진로발달단계 #사비카스(M. Savickas)의 진로적응도 #윌리암슨(E. Williamson)의 진로의사결정 #로우(A. Roe)의 욕구이론 #진로상담의 최근 동향 #진로상담의 검사 구성요소 #직업적성검사 #취업사관학교 #진로미결정 #정부 및 공공기관 진로정보 #진로미결정자를 위한 상담목표 #진로심리검사 해석 시 유의사항 #사이버 진로상담의 특징 #생애진로사정(Life Career Assessment) #다문화인 #인지정보처리이론의 기본 가정 #홀랜드(J. Holland)의 6가지 성격유형

06 선택과목 집단상담

주요항목	세부항목
청소년 집단상담의 이론	• 집단상담의 기초 　– 정의, 목표, 치료적 요인 • 집단역동의 이해 및 집단상담의 과정 　– 초기단계, 중기단계, 종결단계 • 집단상담의 제 이론 　– 정신분석 접근, 개인심리학 접근, 행동주의 접근, 실존주의 접근, 인간중심 접근, 게슈탈트 접근, 합리정서행동 접근, 인지치료 접근, 현실치료/해결중심 접근, 교류분석 접근, 예술적 접근 등 기타 접근(심리극, 미술, 음악 등) • 집단상담자 　– 집단상담자의 역할, 집단상담자의 기술, 집단상담자의 인성
청소년 집단상담의 실제	• 집단상담자의 기술 및 문제상황 다루기 • 청소년 집단상담의 계획 및 평가 • 청소년 집단상담의 특징 　– 윤리와 규범, 참여자의 권리와 책임, 기타 특징 • 청소년 집단상담의 제 형태
기타	• 기타 집단상담에 관한 사항

2020 제19회 기출키워드

#집단상담의 목표설정 #집단상담의 구조 및 형태 #상담집단 #집단상담의 치료적 요인 #행동주의 집단상담 #집단상담자의 개입 #집단상담 종결단계 #개인심리 상담기법 #집단상담의 치료적 요인/보편화 #해결중심 기법 #현실치료 기법 #게슈탈트 기법 #교류분석 기법 #비밀보장의 원칙/예외상황 #각 집단상담 이론 #집단상담의 기술/차단하기 #집단원의 문제행동/일시적 구원 #집단원의 문제행동/침묵 #피드백 하기 #집단상담 평가 #집단상담 계획단계 #학교 집단상담자의 바람직한 태도 #청소년 집단원의 권리보호 # 청소년 집단상담자의 행동 #청소년 집단상담의 장점

07 선택과목 가족상담

주요항목	세부항목
가족상담의 기초	• 가족상담을 위한 체계적 조망 • 가족상담의 기본개념 • 가족상담 과정 • 가족상담 기술 • 가족상담 윤리
가족상담의 이론과 실제	• 가족상담의 이론적 기초 • 가족상담 이론 　－ 보웬의 체계적 가족치료, 구조적 가족치료, 경험적 가족치료, 　　전략적 가족치료, 해결중심 단기 가족치료, 이야기치료 • 가족생활주기와 가족상담 • 가족상담 사정과 평가 • 가족상담 실제
청소년 가족-부모상담	• 청소년 가족 이해와 변화를 위한 개입전략 • 청소년 문제유형별 가족상담(폭력, 중독, 자살 등) • 청소년 가족-부모상담 사례
기타	• 기타 가족상담에 관한 사항

2020 제19회 기출키워드

#초기 상담자의 역할 #가족상담 개념 #가족상담의 체계론적 사고 #과정질문 #사티어(V. Satir) 경험적 가족상담 #가계도 분석/가족역동 #가족상담의 경험적 접근 #이야기치료 #스캐폴딩(Scaffolding) 지도 #가족생활주기 #가족상담 개입 #청소년기 자녀 가족상담 개입 #자신에게 초점두기 #가족상담 윤리원칙 #카터(B. Carter), 맥골드릭(M. Mcgoldrick) 재혼가족 생활주기 #후기 가족상담 #가족상담 모델/주요 기법 #구조적 가족상담자 #해결중심 단기상담의 발달과정 #장기간 단기치료/긍정적 의미부여 #첫 회기의 상담자 역할 #해결중심 단기상담 치료원리 #상담자의 가족상담 개입 #가족상담 모델/개입방법 #증상처방

08 선택과목 학업상담

주요항목	세부항목
학업문제의 이해	• 학업문제의 특성 • 학습부진의 정의 및 특성
학업관련 요인	• 인지적 영역 • 정의적 영역 • 환경적 영역
학업관련 문제 및 평가	• 호소문제 유형 • 학업/학습관련 장애 • 학업관련 검사에 대한 이해 • 진단 및 평가절차
학습전략에 대한 이해 및 실제	• 학습전략의 종류 및 분류 • 인지 및 초인지 전략 • 상황별 학습전략(수업, 시험, 노트작성 등) • 학습전략 프로그램의 실제
학업문제 상담 및 개입전략	• 학업상담의 특징 및 절차 • 학습동기 부족 • 주의집중력 문제 • 학습부진 영재아 • 시험불안 • 학습에서의 일반적인 부작용
기 타	• 기타 학업상담에 관한 사항

2020 제19회 기출키워드

#학습과 관련된 호소문제 #주의력결핍 과잉행동장애(ADHD) #학업상담에서 심리검사 시 유의사항 #학습지진 #학습장애 학생들이 가지고 있는 특징/대처방안 #주의집중력이 부족한 내담자 상담 #학습동기가 부족한 내담자 상담 #자기교시 훈련 #학습부진 영재아 상담 #행동형성 #학습상담 관련 심리검사 #학업상담/구체적 조작기 #시험불안 개입방법 #짐머만(B. Zimmerman) 자기조절학습전략 #두뇌를 활성화하는 음식 #가드너(H. Gardner) 다중지능 이론 #정보처리 자동화 #라이언과 데시(Ryan & Deci) 자기결정성이론 #맥키치(W. McKeachie) 등의 학습전략 #주의력/집중력 #반두라(A. Bandura) 자기효능감 #황매향의 학습부진 요인 분류 #에프클라이즈(A. Efklides) 메타인지/모니터링, 통제 #학습전략 점검

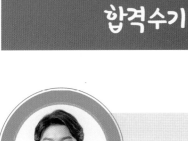

서 O 연

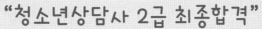

"청소년상담사 2급 최종합격"

오늘 아침 청소년상담사 면접 합격 문자를 받았습니다~ 매우매우 기뻐요! ^.^ 합격에 도움을 주신 시대에듀에 큰
감사드립니다! 일단 필기 썰 먼저 풀어보겠습니다~ 제가 어떻게 공부했는지 작성해 둔 내용으로, 똑같이 하지는 않으
시겠지만, 참고하시면 좋을 것 같아요! 내 주력과목과 버리는 과목이 나누어져 있어야 함. 공부의 집중도에서 차이가
날 수 있음!

1. 필 기

인강듣는 시간 빼고 공부 딱 2주함. 인강을 듣고 안듣고는 상관 없겠으나, 나는 예습 복습을 거의 안하는 사람인데
다가 기초가 없어 인강 한번 돌림

1) 인강 1강
2) 적중예상문제(이론책 뒤에 있는 문제. 비교적 쉬움)
3) 1.2.를 반복해서 한 과목 끝냄
4) 한 과목 끝내면 모의고사 1회 품
5) 1~4.를 모든 과목 반복해서 끝냄
6) 기출문제 1회 품(가급적 빨리 읽고 빨리 풀기. 시험장에서 긴장하면 속도가 늦어지니 빨리 푸는 연습이 필요)
7) 기출문제(홀수) 1회에 대한 오답노트 – 이론책을 펴놓고 직접 그 챕터에서 해당 내용을 찾아 스스로 작성할 것.
   내가 만드는 오답노트임
8) 기출문제는 현재 4개년이 있음 다 풀고 오답정리
9) 기출문제(짝수)를 전부 품 4개년 전부다 오답노트 없이 품
10) 6.7.에서 한번 풀고 오답해서 거의 다 맞을 것 같지만 아님. 새로움.
11) 채점 다시하고 틀린 문제 다시 오답노트함. 하고 시간이 남으면 출판사 모의고사 품
12) 시험장에는 오답노트한 것만 가져감

2. 면 접

면접도 시대고시 인강의 도움을 받았습니다~ 걱정하지 마시고 인강신청 하시면 첨부되어 있는 면접자료를 3회독
이상 했습니다! (생략) 반년 간의 노력이 이렇게 마무리가 되네요~
제 글이 도움이 될지는 모르겠지만 많은 분들에게 짧은 시간 집중된 노력으로 반드시 합격할 수 있다는 말씀을 드리
고 싶어요! 아무튼 준비하는 모든 분들 파이팅 하시고, 반드시 합격의 기쁨! 누리시길 바랍니다!

청소년상담사 2급
합격수기

akua***

★Best of Best★ 에요!!

필기시험을 시대고시기획 〈청소년상담사 2급 한권으로 끝내기〉, 〈청소년상담사 2급 최종모의고사〉 책이랑 강의를 통해 준비했는데. 역시 강추하는 도서답게 가장 깔끔하게 정리되어 있었고~ 덕분에 필기시험은 가뿐하게 합격을 하였습니다^^!! 그런데 2차 면접시험은 정말이지 너무나 긴장이 많이 되고. 어떻게 준비를 해야 할지 막막했습니다. 필기시험이면 제 실력과 위치를 어느 정도 알 수 있지만 2차 면접은 그게 어려우니까요.

그래서 '시대고시 책으로 2차 면접도 마무리 해야겠다'는 생각으로 책을 사왔는데.. 진짜 솔직히 말해서. 시중에 다른 출판사 책이랑 비교해 봤을 때 이건 확실히 압도적인 우위에 있습니다!! 청소년상담사를 준비하는 수험생들이 가장 많이 구매하는 도서답게. 기출문제 사례가 말도 안 되게 풍부하게 수록되어 있어서~ 책을 펼치는 순간 무한 신뢰를 하게 됐습니다. 직접 보시면 알거에요 ★Best of Best★ 에요!!ㅎㅎ

현장질문. 사례질문. 2급/3급 실제기출사례. 실전모의면접. 면접자료 등으로 알차게 구성되어 있습니다. 사실 청소년상담사 면접은 많은 사례를 접하는 게 중요하다는 말을 들었는데. 그런 점에서 시대고시 책은 사례가 풍부하게 제시된 점이 마음에 들었어요. 저는 우선 사례들을 쭈욱- 보면서 제가 답하지 못한 사례. 질문을 따로 정리했어요. 만약 제 생각과 책에 나온 답이 다른 경우에는 다른 책도 함께 찾아보면서 추가적으로 공부했어요.

시험장에는 그냥 깔끔하게 정장입고 갔는데. 사례는 대략 A4 1페이지 정도의 내용이었고. 타이머로 딱 5분 주셨어요. 이게 막상 연습을 많이 했어도 사례를 딱 보는 순간 손이 떨려서... 제가 받은 사례 내용은 이메일 상담이었고. 친하게 지내는 친구가 다른 친구의 돈을 뺏어서 유흥비로 쓰는데 자기는 죄책감이 든다? 그런 내용이었던 거 같아요. 다른 조도 마찬가지인지 모르겠는데... 저희는 공통질문으로 세 가지 주셨어요. 준비는 열심히 했는데 막상 답변하려니 어찌나 떨리던지... 그나마 저는 운이 좋아서 사례도 준비했던 내용에 있었고. 질문도 시대고시 책에서 이미 익숙해진 질문들이었어요. 면접 보고 나올 땐 마냥 떨리고 정신없고. 아쉬운 마음이 컸는데... 그래도 최종 합격하고 나니... 기분이 참 좋네요ㅎㅎ

〈청소년상담사 2·3급 2차 면접대비〉 정말 사례가 풍부하게 수록되어 있어서 준비할 때 많은 도움이 됐거든요~ 진심 강추합니다!! 저는 이제 연수만 기다리고 있습니다ㅎ ㅎ 청소년상담사 시험 준비하시는 분들 모두 좋은 소식과 함께 기분 좋은 결과 있으시길 바랍니다. 모두의 고생이 보상받을 수 있기를...

gang***

실제 사례들이 많이 있어 재미있게
공부하였습니다. ^^

필기시험은 다행히 한 번에 합격하였지만 그 후에 있는 면접시험이 걱정이 되더군요... 그래서 인터넷이나 유튜브에 정보를 찾아봤지만 청소년상담사 2급 면접에 대한 걸 찾기가 어렵더라구요. 있어도 큰 도움도 안되고... 그래서 결국 〈청소년상담사 2·3급 2차 면접대비〉 교재가 있는 시대고시로 다시 돌아오게 되었답니다~ㅎㅎ

필기와 달리 면접은 어떻게 준비하나 막막했는데. 실제 사례들이 많이 나와 있어 공부하기에 재밌기도 하고 이해도 잘 가서 좋더라고요. 책은 첫 페이지부터 쭉- 읽으며 사례와 이론을 함께 연결 지으면서 공부했어요. 필기시험 준비할 때 썼던 이론책 버리지 마시고, 사례 적용 시 필요한 내용만 발췌해서 메모해두며 답안을 구성하는 연습을 했어요. 그렇게 책에 나오는 MMPI, MBTI와 같은 심리검사 이론들을 기출사례에 적용하며 공부하니 1회독 땐 어렵게 느껴졌던 사례들도 2회독 때는 머릿속에서 정리가 되더라고요~

그리고 혼자 하는 것보다는 다른 사람들과 같이 하는 게 확실히 도움이 된 것 같아요. 2차 면접 준비하는 친구들과 함께 책에 나오는 사례들을 바탕으로 실제 면접 상황처럼 꾸며 면접관이 되어보기도 하고 면접자가 되어보기도 하면서 준비를 하니, 출제의도나 실전에서 어떻게 대처해야 하는지를 미리 대비할 수 있어 좋더라고요ㅎㅎ

공부한 기간은 길었지만 면접시험 시간은 체감상 5분도 안 돼서ㅠㅠ 그냥 자기가 준비한 내용을 얼마나 핵심적으로 전달하느냐가 중요한 것 같아요~! 정말 다행이었던 건 시대고시 책에서 본 것과 비슷한 사례가 나왔다는 거예요!! 덕분에 생각보다 떨렸지만 공부하며 익숙했던 유형의 사례여서 질문에 대답하기가 그나마 수월했어요...

아무래도 일 년에 한 번만 있는 시험인데다. 면접시험이어서 준비하는 과정에서도 엄청 긴장하고 헤매기도 했던 것 같아요ㅠㅠ 그렇지만 끝내고 나니 너무 후련하고 결과도 만족스러워 스스로가 뿌듯해요~ 이제 연수만 남겨두고 있네요! 청소년상담사를 준비하시는 여러분. 시대고시와 함께 원하시는 자격증 취득 꼭 한 번에 이루시기를 기원합니다!!!

CONTENTS

합격에 윙크(Win-Q)하다!

Win-Q

청소년상담사 2급

제1편 핵심이론 + 핵심예제

청소년상담의 이론과 실제

제1장 **청소년 내담자의 이해**

핵심이론 01 **청소년기의 정의 및 청소년 내담자의 특성**

① 청소년기의 정의
　㉠ 사회·문화·시대적 배경에 따라 청소년기는 시기가 다르고 존재하지 않을 수도 있다.
　㉡ 청소년기가 뚜렷하게 존재하지 않는 문화나 사회에서는 아동이 그 사회의 고유한 통과의례(Rite of Passage)를 거치면서 성인으로 받아들여졌다.
　㉢ 현대에는 고등교육이나 직업훈련 기간의 연장 등으로 청소년기가 점점 길어지고 있다.

② 청소년 내담자의 특성
　㉠ 상담동기의 부족 : 자기 스스로 상담실의 문을 두드리기보다는 의뢰된 내담자가 많다. 즉 비자발적으로 참여하는 경우가 많으므로, 상담동기가 매우 부족한 상태로 상담실을 방문한다.
　㉡ 상담자에 대한 오해 : 내담자들은 상담자를 학교 지도부 선생님의 표상과 동일시하거나, 부정적으로 지각하는 경향이 있다.
　㉢ 지구력의 부족 : 청소년은 집중력의 한계를 가지고 있으며, 상담시간에 꾸준히 자발적으로 참여하는 것을 힘들어 한다.
　㉣ 인지적 능력의 부족 : 청소년기인 형식적 조작기에 들어서면서 인지능력이 급격히 발달하지만, 초기에는 자아중심적 경향으로서 '상상적 청중'과 '개인적 우화'라는 개념적 특성을 보이고, 이상주의적 성향을 나타내는 등 인지적 능력이 아직 부족한 경우가 많다.
　㉤ 동시다발적 관심 : 청소년들은 한 가지에만 관심을 지속적으로 갖지 못하고, 동시다발적인 관심을 갖는다.
　㉥ 감각적 흥미와 재미의 추구 : 청소년들은 감각적이고 빠른 흐름을 추구한다.

　㉦ 주위 환경으로부터의 영향 : 사회적·물리적 환경으로부터 크게 영향을 받는다.
　㉧ 언어 표현력의 부족 : 또래친구나 인터넷 등의 대중매체로부터 접하게 되는 유행어, 비속어, 폭력적인 표현 등의 불건전한 언어를 특별한 이유 없이 습관적으로 사용한다.
　㉨ 왕성한 변화를 이루는 발달시기 : 신장이나 몸집이 영아기 외에 가장 급격한 발달을 이루는 시기이며, 급격한 신체적·생리적 변화에 정서적 발달이 상응하지 못하면서 그에 따른 불균형이 나타난다. 따라서 신체적 조숙과 만숙의 차이가 사회적 관계에 영향을 미친다.
　㉩ 신체와 외모에 대한 관심 : 신체나 외모에 관심이 많으며 자의식이 크다.
　㉪ 자아중심적 : 사회적 관계에서 자아중심적인 특성이 강하다.

[핵심예제]

청소년 내담자의 특성으로 옳은 것을 모두 고른 것은?

[17년 16회]

> ㄱ. 정서정보를 처리할 때 왜곡과 과장이 최소화된다.
> ㄴ. 인지적 정보처리과정에서 자기중심적인 특성이 드러난다.
> ㄷ. 신체상에 대한 관심이 높다.
> ㄹ. 신체적 조숙과 만숙의 차이가 사회적 관계에 영향을 미친다.

① ㄱ, ㄷ
② ㄴ, ㄹ
③ ㄱ, ㄷ, ㄹ
④ ㄴ, ㄷ, ㄹ
⑤ ㄱ, ㄴ, ㄷ, ㄹ

정답 ④

해설
청소년들은 상대방이 자신을 어떻게 인식하는지에 대해 지나치게 과장되거나 왜곡된 생각을 형성하는 경향이 있다.

핵심이론 02　청소년기의 특징

신체적·생리적 특성	• 호르몬상의 변화 　– 남성호르몬인 안드로겐과 여성호르몬인 에스트로겐 분비가 증가한다. 　– 남성의 경우 : 정소에서 테스토스테론이 분비되어 남성의 2차 성징이 나타난다. 키가 크는 것과 동시에 나타나는 성적인 성숙으로 인해 성기가 커지고, 음모가 자라며, 목소리가 변하게 된다. 　– 여성의 경우 : 난소에서 에스트로겐이 분비되어 여성의 2차 성징이 나타난다. 키가 크면서 가슴이 커지고, 생리를 시작하며 음모가 자란다. • 성장폭발 : 신장과 체중이 급성장하고, 성적인 성숙이 급격히 이루어진다(여아의 경우 10~12세 정도, 남아의 경우 12~14세 정도). • 또래에 비해 신체적·성적 변화속도가 너무 빠를 경우에 심리적으로 불편한 상태에 놓일 수 있다.
인지적 특성	• 자아정체감이 형성·발전하는 동시에 정체감 형성의 위기를 경험한다. • 자기중심적 : '가상청중'과 '개인적 우화'라는 개념에서 잘 나타난다. • 도덕성의 발달 : 청소년기의 도덕적 사고와 행동은 아동기와는 질적으로 다르며, 그들의 인지적 성숙과 사회환경적 역할변화에 의해 크게 영향을 받는다. • 사회적 이해력 발달 : 자신이 경험하지 않아도 상대방이 가지고 있는 감정이나 느낌을 파악하고, 그대로 느낄 수 있게 된다. • 언어·시각정보와 같은 상징적 표현체계를 가지고 지식체계를 구성할 수 있다. • 정보습득과 문제해결을 위한 효과적인 책략을 발견하는 통찰력을 가지며, 체계적·조합적 사고가 발달하고 메타인지적 사고가 가능하며, 가설–연역적 사고의 발달로 추상적 사고를 할 수 있다. • 가설설정 능력은 완벽한 세상에 대한 비전을 세우는 이상주의적 사고로 확장되며 그에 따라 흑백논리를 갖기 쉽다. • 사회인지발달의 특성에 따른 문제행동 : 자신만은 괜찮을 것이라고 생각하며 위험한 행동을 계속하거나, 자신의 독특성에만 몰두하여 자신과 타인의 관심사를 구분하지 못한다. • 다양한 견해를 존중하지 않고 자신의 견해를 관철하려는 편협한 태도를 고집하는 등의 행동을 보인다.
정서적 특성	• 성년기보다 더 강도 높은 정서적 경험 : 청소년기의 성적·공격적 에너지의 불안정성에 따라 불안감·죄책감·수치감을 경험한다. 작은 일에도 화를 잘 내고 반항적이 되며, 쉽게 우울해지는 경향을 보인다. • 방어기제의 발달 : 주로 부인(Denial)을 사용하는데, 이것은 가장 원초적인 방어기제로 기억 속에서 현실을 완전히 차단하여 의식화되는 경우, 감당하기 어려운 고통이나 욕구를 무의식적으로 부정하는 것이다. • 정서적 경험에 대한 자각적 태도 : 아동기 때와 달리, 자신의 정서적인 경험을 자각하고, 그것이 어떠한 감정인지를 명명할 수 있는 기술이 발달한다.
사회적 특성	• 부모로부터의 개별화 　– 청소년이 부모와 정서적인 유대를 지속하면서 자신을 부모와는 다른 독특한 한 사람의 인격체로 인식하고 경험해가는 심리적 과정이다. 　– 애착대상이 부모에서 친구로 바뀌며, 부모와는 상이한 가치관을 갖기도 한다. • 독립과 이존의 갈등 경험 : 부모를 비롯한 성인들로부터 독립하고자 하는 욕구와 의존하려는 욕구의 갈등을 경험한다. 청소년상담 시 적절한 수준에서 온정과 공감이 제공되어야 하는 이유이다. • 동성이나 이성친구 등 또래집단에 몰입 　– 비슷한 경험을 하고 있는 또래와의 관계는 청소년으로 하여금 자신의 정체감을 형성하고 유지하는 데 필요한 심리적·사회적 지지를 얻게 한다. 　– 또래친구들로부터 충분한 지지를 받지 못하는 경우, 부정적인 자아상의 확립은 물론 사회적 거부와 배척의 감정 또는 고립감을 갖게 되기도 한다.

[핵심예제]

청소년기의 인지발달 특성에 관한 설명으로 옳지 않은 것은?

[16년 15회]

① 언어와 시각정보 같은 상징적 표현체계를 가지고 지식체계를 구성할 수 있다.

② 정보습득과 문제해결을 위한 효과적인 책략을 발견하는 통찰력을 가진다.

③ 한 특정 사건으로부터 다른 특정 사건을 추론하는 전환적 추론을 하게 된다.

④ 가설–연역적 사고의 발달로 추상적 사고를 할 수 있다.

⑤ 가설설정 능력은 완벽한 세상에 대한 비전을 세우는 이상주의적 사고로 확장된다.

정답 ③

해설

청소년기의 인지발달

• 추상적·연역적 사고 : 추상적 사고, 가설적·연역적 사고, 체계적·조합적 사고, 논리적 추론, 미래사건 예측 등이 가능하다.

• 자아정체감 : 청소년기는 아동에서 성인으로 발달하는 과도기의 단계로서 이성문제, 진학문제 등의 다양한 선택과 결정을 내리는 과정에서 자아정체감을 형성해나간다.

• 상대론적 사고 : 자신과 자신이 속한 세계에 대해 상대론적 입장에서 사고할 수 있다.

• 사회인지 : 사회적 관계를 이해하는 능력인 사회인지를 통해 다른 사람의 감정, 생각, 의도, 사회적 행동을 이해한다.

• 인상형성 : 다른 사람에게서 어떤 인상을 받는가, 즉 다른 사람에 대한 판단은 어떻게 이루어지는가 하는 인상형성이 급속도로 발달한다.

• 역할수용 : 역할수용을 통해 다른 사람의 입장이 되어 그 기분을 이해할 수 있다.

핵심이론 03 청소년기 발달과업

① 청소년기 발달과업의 종류와 내용

발달과업의 종류	발달과업의 내용
자아 정체감의 형성	• 자신의 체격을 그대로 인정하고, 신체를 효율적으로 사용할 것 • 자기의 능력과 적성을 객관적으로 인지하고 수용할 것 • 자신이 처한 가족적·사회적·국가적 현실을 수용할 것
사회적 역할 획득	• 동성과 이성을 포함한 또래 친구들과 성숙한 교우관계를 맺을 것 • 남성 또는 여성으로서 그 사회에서 기대되는 성 역할을 획득할 것
독립과업 성취	• 부모나 다른 성인들로부터 정서적으로 독립할 것 • 적성에 맞는 진로를 선택할 것 • 경제적 독립을 위해서 직업을 준비할 것 • 결혼과 가정생활을 준비할 것
윤리적 체계 획득	• 사회적으로 책임질 수 있는 행동을 바라고 이를 실천할 것 • 행동지침의 가치관이나 윤리적 체계를 획득하여 이념을 발달시킬 것

② 해비거스트(R. Havighurst)의 청소년기 발달과업
  ㉠ 신체 모습과 성 역할 수용
  ㉡ 동성 또는 이성의 또래들과 새로운 관계 형성
  ㉢ 부모나 다른 성인들로부터의 정서적 독립과 경제적 독립의 확신 갖기
  ㉣ 진로의 준비 및 결정
  ㉤ 유능한 시민으로서 갖추어야 할 필수적인 지적 기술과 개념 획득
  ㉥ 사회적으로 책임 있는 행동의 이해와 성취
  ㉦ 결혼과 가정생활의 준비
  ㉧ 적절한 과학적 세계관에 어울리는 양심의 가치 확립

③ 발달과제에 따른 청소년 문제
  ㉠ 청소년 문제의 종류 : 신체적 변화에 따른 문제, 불안정한 심리적 갈등의 문제, 지나친 이상주의적 사고의 문제, 가정·학교·사회 내에서의 인간관계 문제, 자아정체감에 따른 문제
  ㉡ 청소년 문제의 특징
    • 갈등은 자연스러운 현상이다.
    • 주로 학업 성적에 관한 고민이 많다.
    • 가족 문제는 주로 부모 및 형제와의 갈등이다.
    • 최근 다양한 계층에서 청소년 일탈이 증가하고 있다.

[핵심예제]

청소년 문제에 관한 설명으로 옳지 않은 것은? [16년 14회]

① 청소년이 학업 문제로 고민하는 것은 주로 학업 성적과 관련된 것이 많다.
② 청소년의 가족 문제는 주로 부모 및 형제와의 갈등이다.
③ 최근 다양한 계층에서 청소년들의 일탈이 증가하고 있다.
④ 가장 흔한 청소년 문제는 약물남용이다.
⑤ 청소년 시기의 갈등은 자연스러운 현상으로 볼 수 있다.

정답 ④

해설

최근 우리나라 청소년 상담 문제의 전반적 경향에서 가장 큰 비중을 차지하는 것은 학업·진로와 관련된 고민이다.

핵심이론 04 청소년의 문제행동

① **가출** : 가출청소년의 대다수는 구조적·기능적 결손가정 출신으로, 대부분 학교에서도 이탈하는 경우가 많다.

② **청소년폭력(학교폭력)** : '학교폭력'이란 학생을 대상으로 발생한 상해, 폭행, 감금, 협박, 약취·유인, 명예훼손·모욕, 공갈, 강요·강제적인 심부름 및 성폭력, 따돌림, 사이버따돌림, 정보통신망을 이용한 음란·폭력 정보 등에 의하여 신체·정신 또는 재산상의 피해를 수반하는 행위 등이다.

③ **학업 중단** : 정규학교를 다니다가 비행, 질병, 가사, 기타의 이유로 학교를 졸업하기 전에 학업을 중단하는 것을 말하며, 중퇴 혹은 중도탈락과 유사한 의미이다.

④ **청소년의 성문제**
　㉠ 개념 : 청소년의 성과 관련된 의식, 행위적인 모든 규칙과 규범의 위반행위라 할 수 있다.
　㉡ 특 성
　　• 청소년은 신체적·생리적인 급격한 변화로 인해 혼란을 경험하며, 성별에 따른 2차 성징이 잘 나타나지 않는 경우에는 부정적 신체상을 갖게 되기 쉽다.
　　• 가정의 구조적 요인, 양육방식 및 친구관계 또한 성문제 행동에 영향을 미친다.

⑤ **집단 괴롭힘** : 남학생보다 여학생 사이에서 더 보편적으로 발생, 청소년의 동조압력과 입시스트레스 등에서 비롯되기도 한다.

⑥ **약물 오·남용 및 중독**
　㉠ 약물 사용의 원인 : 청소년의 약물 사용의 원인은 유전적 요인, 가정환경적 요인, 지역사회와 사회적 환경요인, 동료와 매스컴의 요인, 자아 병리적 요인과 관련이 있다.
　㉡ 치료 및 예방 : 인지-행동요법, 집단요법, 단기정신치료, 가족치료 등이 필요 → 치료 초기에는 치료적 관계형성을 위해 관심 있는 태도와 지지적 감정이입이 유용하며, 맞닥뜨림 방법을 제공할 수 있다.

⑦ **청소년 자살** : 자살생각, 자살시도, 자살행동으로 구분

⑧ **청소년 인터넷 중독**
　㉠ 인터넷 중독의 요인 : 유희성, 익명성, 쌍방향성, 개방성, 호기심 등
　㉡ 사이버 일탈행동의 대처방안 : 네티즌들의 자율적인 규제활동 강화, 네티켓 교육 확산, 청소년 관련법과 정보기술 관계법 보완
　㉢ 인터넷 중독의 대처방안
　　• 인터넷 이용행태를 중심으로 한 생활일지를 작성하게 하여 인터넷 사용시간을 계획하고 실천하게 하며, 시간을 효과적으로 관리할 수 있는 기법을 활용하도록 한다.
　　• 청소년들이 스스로 자신의 상황을 객관적으로 되돌아보고, 중독의 원인이 무엇인지를 자각하고 극복할 수 있도록 지도해야 한다.
　　• 청소년이 갖고 있는 부정적 정서를 조절하게 하며 인터넷 외의 다른 활동을 즐기게 한다.
　　• 본인 문제를 솔직히 표현하고 필요할 경우 전문가의 상담을 받을 수 있게 지도해야 한다.

더 알아보기

최근 우리나라 청소년 문제의 전반적 경향
• 비행상담에서는 학교폭력 관련 문제가 가장 많다.
• 진로상담에서는 진로정보탐색에 대한 요구가 큰 편이다.
• 인터넷 중독 등 컴퓨터 사용과 관련된 문제가 증가하고 있다.
• 또래관계는 대인관계 문제에서 가장 큰 비중을 차지하는 문제이다.
• 전체 상담에서 가장 큰 비중을 차지하는 것은 학업·진로와 관련된 고민이다.

[핵심예제]

인터넷 중독 청소년을 상담할 때 상담자가 사용할 수 있는 효과적 방법을 모두 고른 것은?   [16년 15회]

> ㄱ. 인터넷 외 다른 활동을 즐기게 한다.
> ㄴ. 인터넷 사용시간을 계획하고 실천하게 한다.
> ㄷ. 청소년이 가지고 있는 부정적 정서를 조절하게 한다.
> ㄹ. 인터넷에 몰입하게 된 상황이나 원인에 대해 알아본다.

① ㄱ, ㄴ   ② ㄱ, ㄷ
③ ㄴ, ㄹ   ④ ㄱ, ㄴ, ㄷ
⑤ ㄱ, ㄴ, ㄷ, ㄹ

정답 ⑤

해설

인터넷 중독의 대처방안

- 인터넷 때문에 현재 자신이 잃어가고 있는 것을 파악하게 한다.
- 자신의 인터넷 이용행태를 중심으로 한 생활일지를 작성하게 한다.
- 시간을 효과적으로 관리할 수 있는 기법을 활용하도록 한다.
- 청소년들이 스스로 자신의 상황을 객관적으로 되돌아보고 중독의 원인이 무엇인지를 자각하고 극복할 수 있도록 지도해야 한다.
- 자신의 문제를 솔직하게 표현하고 필요할 경우 전문가의 상담을 받을 수 있도록 지도해야 한다.

제2장   **청소년상담이론**

핵심이론 **05**   정신분석 상담

① 개 요

 ㉠ 인생의 초기 경험을 중시하며, 무의식 혹은 심층에 숨어 있는 문제의 원인을 분석하여 그것을 의식의 세계로 노출시킴으로써 자아의 기능을 강화한다.

 ㉡ 의식의 수준은 무의식, 전의식, 의식으로 되어 있다.

 ㉢ 성격의 구조는 성격의 기초가 되는 기본욕구와 충동을 대표하는 원초아(Id), 사회적 현실을 고려하여 행동을 결정하는 자아(Ego), 도덕의 원리이며 양심과 자아이상의 두 측면을 가진 초자아(Superego)로 되어 있다.

 ㉣ 심리성적 발달단계는 구강기, 항문기, 남근기, 잠복기, 생식기를 거치며, 각 단계에서 미해결된 문제를 경험하여 고착화되면 다음 단계에 영향을 끼친다고 보았다.

 ㉤ 불안은 현실적 불안, 신경증적 불안, 도덕적 불안으로 되어 있으며, 그 중 신경증적 불안은 자아가 본능적 충동인 원초아를 통제하지 못하여 원초아의 쾌락을 탐닉하는 경우 처벌을 받을 수 있다는 불안감을 의미하므로, 적절한 조치를 취하지 않으면 자아의 붕괴를 초래하게 된다.

 ㉥ 자유연상, 꿈의 분석, 정화, 전이, 해석 등의 상담기법을 사용한다.

 ㉦ 정상적인 성격발달이 특정 발달단계의 성공적 문제 해결과 관련 있다고 보는 상담법이다.

② 상담의 목표

 ㉠ 내담자의 불안을 야기하는 억압된 충동을 자각하게 하는 것이다.

 ㉡ 무의식의 내용을 의식수준으로 올려 개인의 성격구조를 수정하고, 자아를 강화시켜 행동이 본능의 요구보다는 현실에 바탕을 두도록 하는 것이다.

 ㉢ 과거에 내담자 자신이 효과적으로 직면할 수 없었던 장면에 적절히 대처하도록 한다.

 ㉣ 현재 행동의 적절성과 부적절성을 탐색할 수 있게 한다.

 ㉤ 문제행동의 원인을 통찰하고 새로운 행동을 가능하게 한다.

 ㉥ 내담자가 자신의 동기를 각성·통찰하게 하여, 의식수준에서 행동할 수 있게 도우려는 것이다.

안심Touch

③ 인간관

　　㉠ 인간은 비합리적이고 결정론적인 존재이다.

　　㉡ 인간의 행동은 기본적인 생물학적 충동과 본능을 만족시키는 욕망에서 동기화된다.

　　㉢ 인간은 무의식적인 존재로서, 깨어 있는 의식은 무의식의 지배를 받는다.

[**핵심예제**]

정신분석에서 주장하는 신경증적 불안에 관한 설명으로 옳은 것은?

[19년 18회]

① 양심에 대한 두려움이다.

② 외부로부터의 위협에서 비롯된다.

③ 초자아와 자아 간의 갈등에서 비롯된다.

④ 실제적인 위협으로부터 개인을 보호하는 데 기여한다.

⑤ 원초아의 추동이 자아를 압도할 때 나타나는 현상이다.

정답 ⑤

해설

신경증적 불안(Neurotic Anxiety)

• 자아가 본능적 원초아를 통제하지 못할 때 생기는 불상사의 위협을 느낌으로써 나타난다.

• 신경증적 불안의 근본적인 원인은 원초아의 쾌락을 탐닉하는 경우 처벌을 받을 수 있다는 불안감에서 비롯된다.

핵심이론 06 | **정신분석 상담의 기법**

상담의 기법	내용
자유연상	정신분석 상담에서 가장 기본적인 기술로, 내담자에게 연상되는 것은 무엇이든 상담하도록 한다. 내담자의 이야기는 서로 관련성이 있어 내담자 개인의 마음의 역사와 현재 조직을 파악할 수 있다.
해석	해석은 내담자가 명확하게 의식하지 못한 것에 대해 그것의 의미를 설명해 주는 일종의 가설이다. 유의할 점은 내담자에게 매우 위협적일 수 있으므로 내담자가 수용할 수 있을 것으로 판단될 때 이루어져야 한다는 것이다.
저항의 분석과 해석	저항은 내담자가 자신의 억압된 충동이나 감정들을 각성하게 되면 불안해서 자아를 방어하려는 것 때문에 나타난다. 저항분석의 목적은 내담자가 그 저항을 처리하게 저항의 이유들을 깨닫게 하는 것이다. 저항해석의 원리는 상담자가 내담자의 주의를 집중하게 하고, 저항들 가운데서도 가장 분명한 저항현상을 해석하는 것이다.
전이의 분석과 해석	전이는 내담자가 어릴 때 어떤 중요한 인물에 대하여 가졌던 감정을 상담자에게 투사시킬 때 나타나는 현상이다. 내담자는 상담자와의 전이 관계의 참된 의미를 점차 각성하게 됨에 따라 과거의 경험과 갈등들에 대한 통찰을 하게 된다.
꿈의 분석과 해석	꿈의 내용들은 억압된 소원들로 구성되어 있는 것으로 보아 무의식의 세계로 통하는 길이라 할 수 있다. 꿈은 잠재적 내용과 현시적 내용으로 나뉜다. 상담자는 현시된 꿈의 내용이 갖는 상징들을 탐구하여 가장되어 있는 의미를 파악해야 한다.
통찰	상담자는 전이 해석을 통해 내담자가 현실과 환상, 과거와 구분하도록 해주며, 아동기의 무의식적이고 환상적인 소망의 힘을 통찰하도록 한다.
훈습	통찰 후 자신의 심리적 갈등을 깨달아 실생활에서 자신의 사고와 행동을 수정하고 적응방법을 실행해나가는 과정이라 할 수 있으며, 반복, 정교화, 확대로 구성된다.
버텨주기	상담자는 내담자가 막연하게 느끼지만 스스로 직면할 수 없는 불안과 두려움에 대해 적절한 이해와 따뜻한 배려를 전달함으로써 내담자에게 의지가 되어준다.
간직하기	상담자는 내담자가 불안과 두려움을 느끼는 충동과 체험에 대해 마음속에 간직하여 적절히 통제함으로써 위험하지 않게 변화시킨다.

[**핵심예제**]

상담기법 중 해석에 관한 설명으로 옳은 것을 모두 고른 것은?

[19년 18회]

ㄱ. 가설적이고 잠정적인 표현을 사용한다.
ㄴ. 내담자의 행동실행을 촉진하는 것이 주된 목적이다.
ㄷ. 내담자가 받아들일 준비가 되어 있을 때 하는 것이 효과적이다.
ㄹ. 일반적으로 자기이해를 촉진하므로 자주 사용하는 것이 좋다.

① ㄱ, ㄴ
② ㄱ, ㄷ
③ ㄷ, ㄹ
④ ㄱ, ㄴ, ㄷ
⑤ ㄱ, ㄴ, ㄷ, ㄹ

정답 ②

[**해설**]

ㄴ. 해석은 상담자가 내담자의 자유연상이나 정신작용 가운데 명확하지 않은 부분에 대해 추리하여 이를 내담자에게 설명하는 것으로, 내담자가 새로운 방식으로 자신의 문제를 돌아보고 자신의 문제를 새로운 각도에서 이해할 수 있도록 하는 것이다.

ㄹ. 해석은 내담자에게 매우 위협적일 수 있으므로 내담자가 수용할 수 있을 것으로 판단될 때 이루어져야 함에 유의한다.

핵심이론 07 | **방어기제의 유형**

억 압	• 용납될 수 없는 충동, 경험 등을 무의식적으로 거부하는 것 예 어릴 적 왕따의 기억을 바쁘게 사회생활하면서 잊어버리는 경우
반동형성	• 용납하기 어려운 충동이 의식적으로 억압되어 완전히 반대로 나타나는 것 예 미운 놈 떡 하나 더 주기, 관심을 감추려고 관심이 없는 것처럼 표현
퇴 행	• 극단적 곤경에 빠졌을 때 안정감을 느꼈던 유년기로 돌아가고자 하는 것 예 예쁨을 독차지하던 아이가 동생이 태어나자 밤에 오줌을 싸는 경우
취 소	• 용납할 수 없거나 죄책감을 일으키는 행동 등을 무효화시키는 것 예 게임만 하는 아이의 뺨을 때린 후 용돈을 주는 경우
투 사	• 사회적으로 인정받을 수 없는 자신의 행동과 생각을 마치 다른 사람의 것인 양 생각하고 남을 탓하는 것 예 자기가 화난 것을 의식하지 못한 채, 상대방이 자기에게 화를 낸다고 생각하는 경우
동일시	• 투사와 반대되는 개념으로, 자신의 무능함을 보충하기 위해 타인이나 집단의 일면을 모방하거나 일치시키면서 만족을 얻는 것 예 자신이 좋아하는 연예인의 옷차림을 따라하는 경우
투 입	• 외부의 대상을 자기 내면의 자아체계로 받아들이는 것 예 다른 가족의 모든 잘못까지 자신의 탓으로 돌리다 우울증에 걸린 주부
전 이	• 전에 알던 사람과 현재의 사람을 동일시하여, 전에 알던 사람에게 가졌던 감정을 현재의 사람에게 옮겨와 반복시키고 있는 특수 착각현상 • 대부분 무의식적 현상이므로 본인이 모르는 경우가 많다.
역전이	• 전이는 보통 아랫사람 또는 환자에게 많은 반면, 역전이는 관리자나 상담자에게 많다. • 전에 타인에게 가졌던 감정을 아랫사람이나 환자에게 갖게 되는 현상 예 업무를 하는 과정 속에서 부하직원으로 인해서 어떤 관리자의 마음속에 분노나 증오심이 현실적으로 타당한 이유 없이 생긴 경우
승 화	• 가장 바람직하고 높은 수준의 방어기제로서, 용납될 수 없는 충동을 사회적으로 용납되는 다른 형태로 표출하는 것 예 예술가 자신의 성적 욕망을 예술로 승화시키는 경우
격 리	• 과거의 고통스러운 기억과 감정을 분리시키는 것 예 엄마가 딸과 한바탕 싸운 후에 딸이 곤히 잠자는 모습을 보고 이불을 덮어주는 경우

합리화	• 성취되지 않은 욕망에 대해 핑계를 대고 현재 상태를 정당화하는 것 예 여우가 높이 매달린 신 포도를 보며 "저 포도는 시어서 안 먹는다."라고 말하는 경우
전 환	• 심리적 갈등이나 부담이 신체적 증상으로 나타나는 것 예 시험 때마다 아픈 아이
지성화 (주지화)	• 고통스러운 감정이나 불안을 없애기 위해 계속적으로 상상함으로써, 필요 이상의 감정을 줄이는 것 예 위험한 수술을 앞두고 수술과정을 연상하여 익숙해지는 것
부정 · 부인	• 가장 원초적인 방어기제로, 기억 속에서 현실을 완전히 차단하는 기제 • 의식화된 감당하기 어려운 고통이나 욕구를 무의식적으로 부정하는 것 예 애인의 죽음을 믿지 않고 멀리 여행을 떠난 것이라고 믿는 경우
보 상	• 어떤 분야에서 특별히 뛰어나 인정받음으로써 다른 분야에서의 실패나 약점을 보충하고자 한다. 예 작은 고추가 맵다고 하는 경우
해 리	• 마음을 편치 않게 하는 성격의 일부가 그 사람 자신의 지배를 벗어나 하나의 독립된 성격인 것처럼 행동하는 방어기제 예 지킬박사와 하이드의 경우

[핵심예제]

내담자가 상담자에 대한 좌절이나 분노를 표현하기 어려워 상담에 늦게 오는 행동은? [18년 17회]

① 부인(Denial)
② 저항(Resistance)
③ 투사(Projection)
④ 합리화(Rationalization)
⑤ 역전이(Counter-Transference)

정답 ②

해설

저항이란 내담자가 자신의 억압된 충동이나 감정을 각성해서 불안을 견디기 어려운 경우, 그런 불안으로부터 자아를 방어하기 위한 것이다. 중요한 이야기를 하지 않고 과거의 일이나 제3자에 관한 이야기를 늘어놓는 것도 저항의 일종이다.

핵심이론 08   역전이

① 상담자의 역전이
   ㉠ 내담자에 대한 상담자의 의식적 또는 무의식적인 정서상의 반응을 말한다.
   ㉡ 상담자가 내담자에게 일으키는 전이 현상으로서, 상담의 진전을 방해할 수 있다.
   ㉢ 내담자가 상담자로 하여금 어떤 감정을 느끼도록 무의식적으로 유발시키는 투사적 동일시를 역전이로 볼 수 있다.
   ㉣ 다른 사람을 돌보는 것과 관련된 상담자의 미해결된 욕구는 역전이와 관련이 있다.
   ㉤ 상담자는 자신의 과거 경험이 현재 자신에게 미치는 영향에 대해 지속적으로 점검하여 역전이가 일어나는 것을 방지한다.

더 알아보기

투사적 동일시

'투사'가 자기의 부정적 감정을 상대방에게 내보내는 현상이라고 한다면, '투사적 동일시'는 자기의 부정적 감정을 상대방이 실제로 가지도록 만드는 현상으로, 자기의 부정적 감정이 다른 사람에게 실제로 있다고 믿고 그러한 행동을 하도록 만드는 현상이다.

② 역전이의 치료적 활용 방법
   ㉠ 상담자는 내담자가 상담자에게 주는 영향을 인식하고 내담자를 이해하는 도구로 활용하며, 자신의 역전이에 대해 지속적으로 탐구하여 내담자의 무의식을 이해하는 단서로 활용해야 한다.
   ㉡ 다른 사람과의 관계에서 내담자가 주로 어떤 피드백을 받아왔는지를 탐색하며, 내담자에 대한 상담자의 마음을 진솔하게 표현한다.
   ㉢ 슈퍼비전의 도움을 받아 자신의 감정의 원인을 살펴서 관리하고 역전이 문제를 파악하여 내담자에게 보다 효과적인 상담을 제공할 수 있다.

다음 상황에서 상담자가 역전이를 치료적으로 활용하는 방법으로 옳지 않은 것은?

[19년 18회]

> 상담자는 사소한 것까지 중언부언 설명하는 내담자를 보며 지루하기도 하고, 답답하고 때로는 화가 난다.

① 답답하고 화나는 자신의 감정의 원인을 살펴본다.
② 다른 사람과의 관계에서 내담자가 주로 어떤 피드백을 받아 왔는지를 탐색한다.
③ 내담자에 대한 상담자의 마음을 진솔하게 표현한다.
④ 내담자가 상담자에게 주는 영향을 인식하고, 내담자를 이해하는 도구로 활용한다.
⑤ 내담자와의 상담을 중단하고, 슈퍼비전을 받는 것이 필요하다.

정답 ⑤

해설
상담자는 자신의 역전이에 대해 지속적으로 탐구하여 내담자의 무의식을 이해하는 단서로 활용해야 하며, 슈퍼비전의 도움을 받아 자신의 감정을 관리하고 역전이 문제를 파악하여 내담자에게 보다 효과적인 상담을 제공할 수 있다.

핵심이론 09 융(Jung)의 분석심리이론

① 개 요
　㉠ 프로이트가 지나치게 성적 측면을 강조하는 것에 반대하면서, 특히 리비도를 성적인 것에만 제한하는 프로이트의 분석을 거부하였다.
　㉡ 인간의 정신구조를 의식, 개인무의식과 집단무의식으로 구분하였다.
　㉢ 중년기를 전환점으로 자아가 자기에 통합되면서 성격발달이 이루어진다고 보았다.
　㉣ 성격을 통합하고 개성화하는 것이 분석심리치료의 궁극적 목표이다.

② 주요 개념
　㉠ 개인무의식 : 프로이트의 전의식에 해당하는 영역으로서, 개인무의식의 내용은 의식으로 변화될 수 있으며, 개인무의식과 자아 사이에는 빈번히 상호교류가 일어난다.
　㉡ 집단무의식 : 모든 인류에 공통적으로 존재하는 것으로, 개인적 경험과는 상관없이 조상 또는 종족 전체의 경험 및 생각과 관계가 있는 원시적 공포, 사고, 성향 등이다.
　㉢ 원형 : 집단무의식을 구성하는 것으로, 시간·공간·문화나 인종의 차이에 관계없이 보편적으로 존재하는 인류의 가장 원초적인 행동유형이다.
　㉣ 리비도 : 영적인 특질을 가진 창조적 생명력이다.

구 분		내 용
의 식	자 아	의식의 주체로서 의식적 지각, 기억, 사고 및 감정으로 구성
무의식	집단무의식(원형) · 자 기	의식과 무의식이 통합된 가장 완전한 인격의 통일을 달성하기 위해 노력하는 원형
	아니마	무의식 속에 존재하는 남성의 여성적인 측면
	아니무스	무의식 속에 존재하는 여성의 남성적인 측면
	음 영 (그림자)	동물적 본성을 포함하고, 스스로 인식하기 싫은 자신의 부정적인 측면
	페르소나	자아의 가면으로, 개인이 외부에 표출되는 이미지 혹은 가면

개인 무의식	콤플렉스	현실적인 행동이나 지각에 영향을 미치는 무의식의 감정적 관념, 프로이트의 전의식과 무의식을 포함하는 개념

[핵심예제]

분석심리학 이론에서 원형에 해당하는 것을 모두 고른 것은?

[19년 18회]

ㄱ. 자아(Ego)
ㄴ. 자기(Self)
ㄷ. 그림자(Shadow)
ㄹ. 페르소나(Persona)
ㅁ. 아니마(Anima)

① ㄱ, ㄷ, ㅁ
② ㄴ, ㄹ, ㅁ
③ ㄱ, ㄴ, ㄷ, ㄹ
④ ㄱ, ㄷ, ㄹ, ㅁ
⑤ ㄴ, ㄷ, ㄹ, ㅁ

정답 ⑤

해설

ㄱ. 자아(Ego)는 의식에 해당한다.

핵심이론 10 개인심리학 상담의 개요 및 목표

① 개 요
 ㉠ 사람들의 주요 문제가 3가지 측면에서의 결여, 즉 '사회적 관심의 결여', '상식의 결여', '용기의 결여'로부터 유발된다고 전제한다.
 ㉡ 내담자 본인에 대한 개념을 바꾸도록 돕는 것에 중점을 둔다.
 ㉢ 행동패턴을 바꾸고 증상을 제거하는 일보다는 인생의 목적, 자아개념, 사고방식 등을 바꾸는 데 주된 관심을 갖는다.
 ㉣ 부적응·이상행동이 개인의 열등감과 직접적으로 관계가 있다고 보고, 상담을 통해 내담자의 잘못된 발달을 재구성해주고, 자신의 생활양식과 사회적 상황을 이해하도록 돕는다.

② 상담의 목표
 ㉠ 어떤 징후의 제거가 아니라, 개인 자신의 기본적인 과오를 인정하고 자아인식을 증대시키도록 하는 것이다.
 ㉡ 자신의 열등감과 생활양식의 발달과정이 현재 그의 생활과제의 해결에 어떤 영향을 미치고 있는가를 이해하도록 하여, 그의 생활목표와 생활양식을 재구성하도록 도와주는 것이다.
 ㉢ 상담자의 역할은 내담자의 대인 관계를 향상시키도록 훈련시키는 것뿐만 아니라 개인의 사회적 관심을 증대시키고, 열등감을 극복하도록 도우며 내담자의 견해나 목표를 수정함으로써 그들의 생활방식을 바꾸어 사회구성원으로서 기여하도록 돕는 데 있다.

③ 인간관
 ㉠ 인간은 분리될 수 없는 하나의 전체적인 존재이다.
 ㉡ 인간은 주로 성적 동기보다 사회적 충동에 의해 동기화되는 사회적 존재이다.
 ㉢ 인간의 행동은 목적적·목표 지향적이며, 미래에 대한 기대로서 가상의 목표를 가진다.
 ㉣ 인간은 환경과 유전에 의해 결정되는 존재가 아니라, 사건을 해석하고 영향을 주며 자기의 삶을 결정하는 창조적인 능력을 가진 존재이다.
 ㉤ 선택과 책임, 삶의 의미, 자기 실현화를 강조하며, 긍정적 인간관을 가지고 있다.

ⓑ 인간의 행동은 삶에 대한 허구적인(Fictional) 중심 목표에 의해 인도된다.

[핵심예제]

개인심리학의 인간관에 해당하지 않는 것은? [19년 18회]

① 전체적 존재
② 사회적 존재
③ 객관적 존재
④ 창조적 존재
⑤ 목표 지향적 존재

정답 ③

해설

① 전체적 존재 : 인간은 분리될 수 없는 하나의 전체적인 존재이다.
② 사회적 존재 : 인간은 주로 성적 동기보다 사회적 충동에 의해 동기화되는 사회적 존재이다.
④ 창조적 존재 : 인간은 환경과 유전에 의해 결정되는 존재가 아니라, 사건을 해석하고 영향을 주며 자기의 삶을 결정하는 창조적인 능력을 가진 존재이다.
⑤ 목표 지향적 존재 : 인간의 행동은 목적적·목표 지향적이며, 미래에 대한 기대로서 가상의 목표를 가진다.

핵심이론 11 **개인심리학 상담의 주요 개념**

① **열등감과 보상**
  ㉠ 열등감은 개인이 잘 적응하지 못하거나 해결할 수 없는 문제에 직면했을 때 생기는 것으로서, 좀 더 안정을 추구하는 데서 생긴다. 열등감은 동기유발의 근거로 연습이나 훈련을 통해서 보상받으려고 노력한다.
  ㉡ 열등감은 열등 상황을 극복하여 우월의 상황으로 밀고 나아가게 하는 힘을 지녔다고 보고, 인간이 지닌 잠재능력을 발달시키는 자극제 또는 촉진제로서의 역할을 한다고 보았다.

② **우월을 향한 노력** : 인간의 궁극적인 목적은 우월하게 되는 것인데, 우월은 모든 인간이 갖는 기본적인 동기로서, 선천적이며 열등감을 보상하려는 욕구에서 나온다.

③ **사회적 관심**
  ㉠ 개인이 이상적인 공동사회라는 목표를 달성하려는 성향을 말하며, 초기 모자관계에서 출발한다.
  ㉡ 사회적 관심의 수준이 개인의 심리적 건강을 측정하는 유용한 척도가 된다고 보았다.

④ **자아의 창조적 힘** : 인생의 목표와 목표추구 방법을 결정하고, 사회적 관심을 발달시킨다는 것이다.

⑤ **가상적 목표** : 개인이 추구하는 궁극적 목표는 현실에서 검증되지 않은 가상의 목표로서, 이는 현재의 행동에 영향을 미치는 미래에 대한 이상을 의미한다.

더 **알아보기**

가상적 목표
• 아들러가 독일 철학자 바이힝거의 저서 『마치 ~처럼'의 철학』으로부터 받은 영감에 근거한다.
• 바이힝거는 인간은 누구나 허구적 이상을 추구하며 살아가는데, 이러한 허구적 이상은 실제적인 대응물을 갖지 못하는 관념에 불과하지만, 개인의 삶에 강력한 영향을 미칠 뿐만 아니라 중요한 실제적인 유용성을 지닌다고 보았다.
• 개인의 성격을 이해하는 데 있어서 그가 지닌 허구적 이상, 즉 가상적 최종목표를 인식하는 것이 중요하다고 생각하였다.

⑥ 생활양식

   ㉠ 인생목표, 자아개념, 성격, 문제에 대처하는 방법, 행동, 습관의 독특한 형태를 의미한다.

   ㉡ 아들러(Adler)에 의하면, 생활양식은 우리의 독특한 열등감을 극복하기 위한 노력을 나타내며, 출생순위로 인해 형제간에 서로 다르게 경험하는 열등의 경험도 생활양식 형성에 영향을 미친다고 하였다.

⑦ 가족형상(출생순위)

   ㉠ 사회적 요인이 성격에 미치는 영향을 강조하면서 개인의 가족 내 출생순위가 생활양식 형성에 영향을 준다고 하였다.

   ㉡ 형제간의 개인적 차이는 다른 형제의 존재 유무와 그들 간의 경쟁으로 인해 형성된다.

   ㉢ 심리적인 출생순위란 실제 출생순위와는 상관없이, 자신이 가족 내에서 어떠한 순위라고 생각하는가 하는 주관적인 출생순위이다.

   ㉣ 출생순위는 심리적인 출생순위와 일치할 수도 있고 다를 수도 있다.

[핵심예제]

아들러(A. Adler) 개인심리학의 인간관에 관한 설명으로 옳은 것은?

[17년 16회]

① 인간은 성적 충동에 의해 일차적으로 동기화되는 존재이다.

② 인간의 행동은 삶에 대한 허구적인(Fictional) 중심 목표에 의해 인도된다.

③ 인간은 미래를 향한 목적론적인(Teleological) 존재로서, 과거에 의해 영향 받지 않는다.

④ 열등감(Inferiority)은 신경증의 원천으로, 잠재 능력을 저하시키는 부정적 요인이다.

⑤ 자신의 행복과 복지를 추구함으로써 심리적 건강을 회복하게 된다.

정답 ②

해설

② 개인이 추구하는 궁극적 목적은 현실에서 검증되지 않은 가상의 목표로서, 이는 미래에 실재하는 어떤 것이 아닌, 현재의 행동에 영향을 미치는 미래에 대한 이상을 의미한다.

① 인간은 주로 성적 동기보다 사회적 충동에 의해 동기화되는 사회적 존재이다.

③ 아들러는 인간행동을 목적론적인 개념의 맥락에서 인식하면서 과거를 이해하고 노력하며, 미래의 행동과 목표를 선택하고 추구하는 것을 강조하였다.

④ 열등감은 개인이 잘 적응하지 못하거나 해결할 수 없는 문제에 직면했을 때 생기는 것으로서, 동기유발의 근거이므로 연습이나 훈련을 통해서 보상받으려고 노력한다.

⑤ 심리적으로 건강한 사람은 용기를 가지고 문제에 직면하고 삶을 현실적으로 바라보는 사람이며, 타인의 안녕과 행복에 기여하려는 의지를 가지고 있는 사람이다. 즉, 사회적 관심의 수준이 개인의 심리적 건강을 측정하는 유용한 척도가 된다고 보았다.

핵심이론 12 아들러(Adler)의 가족구조와 출생순위

출생순위	특 징
첫 째	• 부모의 사랑과 관심을 받지만, 둘째 아이가 태어나면 '폐위된 왕'이 된다. • 권위의 중요성을 동생보다 더 잘 이해한다. • 책임감, 타인 배려의 모습, 보수적이며 규칙을 중시하는 성향이 나타난다. • 부정적 요소로 퇴행적인 행동, 권위적 인물이나 규율에 쉽게 동조하는 행동, 자신감 상실, 미래에 대한 두려움, 적대적이고 비관적인 성향 등을 나타낸다.
둘 째	• 가장 큰 특성은 '경쟁'이다. 즉, 태어나면서 첫째와의 경쟁 그리고 막내가 태어나면서 막내와의 경쟁적인 관계에 있게 된다. • 야심적이고, 공동체 지향적이며, 적응력이 뛰어나다. • 부정적 요소로 반항적이고 질투가 심하며, 항상 이기려 하고 추종자가 되기를 거부하는 경향이 있다.
막 내	• 과잉보호될 가능성이 크며, 그 때문에 의존적인 태도를 보인다. • 많은 자극과 경쟁 속에 성장하고, 형제를 앞지르려는 욕구가 강하게 된다. • 부정적 요소로 응석받이 행동, 낮은 독립심, 열등감 등이 있다.
외 동	• 가족 내에서 경쟁할 사람이 없으므로 경쟁 대상이 될 가능성은 약하다. • 남아는 부(父)와 경쟁하려 하고, 부모의 과한 애정을 받는 경우가 많다. • 자부심이 강하고, 자기중심적이며, 독립적으로 일을 하려는 성향이 있다. • 남들과 경쟁을 피하려 하고, 자신만이 옳은 듯이 행동하려는 경향이 있다.

[핵심예제]

개인심리학의 개념인 출생순위에 관한 설명으로 옳은 것을 모두 고른 것은? [15년 13회]

ㄱ. 실제적 출생순위와 심리적 출생순위는 항상 다르다.
ㄴ. 형제간의 개인적 차이는 다른 형제의 존재 유무와 그들 간의 경쟁으로 인해 형성된다.
ㄷ. 출생순위로 인해 형제간에 서로 다르게 경험하는 열등의 경험이 생활양식 형성에 영향을 미친다.
ㄹ. 동생에게 사랑을 빼앗긴 경험이 있는 중간 아동의 특성을 '폐위당한 왕'의 특성으로 설명한다.

① ㄱ, ㄴ   ② ㄴ, ㄷ
③ ㄷ, ㄹ   ④ ㄱ, ㄴ, ㄷ
⑤ ㄴ, ㄷ, ㄹ

정답 ②

해설

ㄱ. 출생순위가 심리적인 출생순위와 일치할 수도 있고 다를 수도 있다. 심리적인 출생순위란 실제 출생순위와는 상관없이, 자신이 가족 내에서 어떠한 순위라고 생각하는가 하는 주관적인 출생순위이다. 예컨대, 10살 차이가 나는 형제가 있다면, 형은 맏이보다는 독자의 의미를 많이 갖게 된다. 동생도 둘째보다는 독자의 의미를 갖는다. 즉, 이 형제는 둘 다 독자의 심리적인 출생순위를 갖고, 이에 따라 성격이 형성된다.
ㄹ. '폐위당한 왕'은 첫째 아동의 특성이다.

핵심이론 13 개인심리학 상담의 기법

① 상담초기에 활용되는 기법

　㉠ 주목하기 : 내담자와 눈을 맞추면서 내담자를 심리적으로 인정하는 행동이다.

　㉡ 경청 : 내담자의 언어적·비언어적 메시지를 포착하기 위해 듣는 것이다.

　㉢ 공감적 이해 : 내담자의 주관적 세계를 파악하고, 이런 이해를 내담자에게 전달하는 상담자의 능력이다.

② 일반 상담기법

충고	• 충고를 사용하되 내담자의 의존성을 부추기지 않도록 하고, 내담자의 자기지도력과 자립능력을 격려하며 조심스럽게 충고한다.
격려	• 상담자의 주 과제로서, 내담자가 성장할 수 있고 자기충족적 방향으로 모험을 감행할 수 있는 내적자원을 개발하도록 용기를 주는 것이다.
수렁 (악동) 피하기	• 상담자가 내담자의 자기 패배적 행동을 인정하는 함정에 빠지지 않게 하는 것으로서, 사람들이 흔히 빠지는 난처한 상황을 피하도록 돕는 기법이다.
역설적 의도 (개입)	• 내담자가 두려워하는 행동·사고를 의도적으로 과장하도록 하는 것이다. • 내담자로 하여금 이러한 행동이 얼마나 어리석은가를 명확히 인식하도록 의도하는 것이다. 예 일을 미루기만 하고 끝내지 못하는 내담자에게는 일을 더 미루도록 요구하는 것이다.
시범 보이기	• 상담자는 내담자에게 사회적 관심의 대표자로서, '진실한 인간, 완전한 인간'이 아닌, 실수할 수 있는 '보통의 인간'으로서의 역할을 보여주어야 한다. • 내담자가 모방하려고 하는 가치를 행동으로 보여준다.
역할놀이	• 상담자는 내담자가 원하는 역할을 할 수 있도록 역할놀이 상황을 설정한다.
빈 의자 기법	• 빈 의자에 자신이 생각하고 있는 사람이 앉아 있다고 여기고 이야기하는 기법이다.
가상행동	• 내담자가 바라는 행동을 가상장면에서 '마치 ～인 것처럼' 해보게 하는 것이다.
즉시성	• 현재 이 순간에 무엇이 일어나고 있는지를 다루는 기법이다. • 내담자로 하여금 상담시간에 일어나는 것이 일상생활에서 일어나는 것의 표본이라는 점을 깨닫도록 돕는 것이다. • 예상되지 않았던 결과가 초래될 수 있고, 회기 중 내담자의 행동을 파악하고 변화시키기 위해 사용한다. • 상담과정을 방해하는 치료관계에서의 문제를 표현한다. • 상담과정에서 발생한 문제를 개방적이고 직접적으로 다루어 적절한 의사소통 기술을 보여준다.

③ 특수기법

　㉠ 초인종(단추) 누르기 : 내담자가 유쾌한 경험과 그렇지 않은 경험을 번갈아 가면서 생각하도록 하고, 각 경험과 관련된 감정에 관심을 가지도록 하는 것이다.

　㉡ 수프에 침 뱉기(수프 엎지르기) : 상담자가 내담자의 수프(부정적 행동)에 침을 뱉음으로써 내담자는 여전히 그 수프를 먹으려고 하지만(그 행동을 수행하려고 하지만), 그 맛이 이전과 같지 않음을 알게 하는 것이다. 내담자의 자기 패배적 행동 뒤에 감춰진 의도나 목적을 드러내 밝힘으로써 내담자가 그 행동을 하는 것을 주저하게 하는 기법이다.

　㉢ 스스로 억제하기 : 내담자가 원하지 않는 행동을 하고 있는 순간에 상담자가 정신적인 '억제신호'들의 목록을 제공하여, 내담자의 모습이나 행동을 억제하게 하는 방법이다.

　㉣ 과제부여 : 치료자가 과제를 개발하여 내담자에게 이를 부과하고 이행하도록 함으로써, 내담자가 성취감을 맛보고 새로운 일에 자신감을 가지고 도전할 수 있도록 하는 기법이다.

[핵심예제]

13-1. 내담자가 두려워하는 일을 하도록 하거나 그런 일이 일어나기를 소망하도록 격려하여, 내담자가 자신의 증상에 대해 덜 걱정하도록 돕는 기법은? [16년 15회]

① 기적질문
② 마술지팡이
③ 역설적 의도
④ 외재화
⑤ 위험 무릅쓰기

정답 ③

13-2. 상담기법 중 즉시성에 관한 설명으로 옳지 않은 것은? [15년 13회]

① 예상되지 않았던 결과가 초래될 수 있다.
② 회기 중 내담자의 행동을 파악하고 변화시키기 위해 사용한다.
③ 내담자의 기능과 과거에 대한 구체적인 사실을 파악하기 위해 사용한다.
④ 상담과정을 방해하는 치료관계에서의 문제를 표현한다.
⑤ 상담과정에서 발생한 문제를 개방적이고 직접적으로 다루어 적절한 의사소통 기술을 보여준다.

정답 ③

해설

13-1

역설적 의도(개입)
• 내담자가 두려워하는 행동이나 사고를 의도적으로 과장하여 하도록 하는 기법이다.
• **예** 일을 미루기만 하고 끝내지 못하는 내담자에게 일을 더 미루도록 요구하는 것이다.

13-2
내담자의 기능과 과거가 아닌 '지금—여기'의 입장에서 내담자에게 반응하는 것이다.

핵심이론 14 **개인심리학 상담의 과정**

① **제1단계 : 적절한 치료관계의 형성**
  ㉠ 상담자는 상호신뢰와 존경을 바탕으로 내담자와 동등하고 우호적인 관계를 맺는다.
  ㉡ 상담자는 내담자와 상호 동의하에 목표를 설정하고, 목표달성을 위해 노력해야 한다.
  ㉢ 상담자에 의한 허용적이고 온화한 분위기 속에서 내담자는 자신이 수용되고 있다는 사실을 느낄 것이며, 처음으로 자신의 열등감을 공개할 수 있게 될 것이다.
  ㉣ 주요 기법 : 공감을 가지고 참여, 경청하기, 격려와 지지, 가능한 내담자의 주관적 경험 따라 하기, 목표를 확인해 명확히 하기, 내담자의 증상, 활동, 대인관계의 목적에 대한 최초의 예감 가정하기 등

② **제2단계 : 내담자의 역동성 탐색과 분석**
  ㉠ 개인심리학에서 개인의 지각·신념·감정은 그의 생활양식에 기초하여 이루어지기 때문에, 상담의 두 번째 단계에서는 내담자의 생활양식을 이해하는 것이 필요하다.
  ㉡ 내담자에 관한 객관적인 정보뿐만 아니라 주관적인 인식을 탐색한다.
  ㉢ 생활양식 조사에 포함되는 내용으로는 '가족구도', '어린 시절의 회상'의 두 가지가 있는데, 특히 가족구도는 출생순위, 형제에 대한 진술, 형제의 속성에 대한 분석, 형제들의 상호관계, 부모에 관한 내용으로 구성되어 있다.
  ㉣ 내담자가 생생하게 기억하는 단일 사건들로 아들러(Adler)는 수백만 개의 초기기억 중 중요 신념이나 기본적 오류들을 투사하는 특정 기억들을 선택한다고 하였다.
  ㉤ 상담자는 초기기억들을 내담자의 신념 평가, 치료회기와 치료관계에 대한 내담자의 입장 평가, 대처양식의 검증, 개인적 강점, 장점, 방해하는 아이디어 등에 대한 평가로 활용한다.

③ **제3단계 : 해석을 통한 통찰**
  ㉠ 해석 : 현시점에서 내담자들이 하는 행동에 대한 모호한 동기를 다루는 것이다.
  ㉡ 통찰 : 내담자의 인생에서 작용하는 동기이며, 개방과 시기적절한 해석이 통찰을 획득하는 기본적인 기법이다.
  ㉢ 상담자는 내담자가 자신의 생활양식, 현재의 심리적인 문제, 잘못된 신념 즉 '기본적 오류'를 깨닫도록 해주고,

그것이 어떻게 해서 내담자에게 문제가 되는지를 해석해 준다.

② 상담자는 내담자의 언행의 불일치, 이상과 현실 간의 불일치 등에 대해 직면함으로써 내담자가 자신에 대한 통찰을 얻을 수 있도록 해야 한다.

⑩ 마지막으로 해석을 통하여 특히 내담자의 장점을 지적하고 격려해야 한다.

④ 제4단계 : 재교육(Reorientation)을 통한 원조

㉠ 해석을 통해 획득된 내담자의 통찰이 실행행동으로 전환되게 하는 재교육 단계이다.

㉡ 상담자는 내담자에게 사회적 접촉을 보여주고, 내담자가 이를 실행해보도록 격려한다.

㉢ 내담자들이 새롭고 더 효과적인 관점을 발견하도록 돕고, 모험을 통해 생활을 변화시킬 수 있는 용기를 가지도록 격려하고 독려한다.

[핵심예제]

중학교 2학년 A군은 우수반에서 열등반으로 옮겨가며 자신감이 없어졌다. 상담자는 A군의 생활양식을 분석하고 격려하며, 사회적 관심을 갖도록 재교육하였다. 이 때 적용된 이론은?

[16년 14회]

① 정신분석　　② 개인심리학
③ 현실치료　　④ 실존치료
⑤ 인간중심

정답 ②

해설

개인심리학의 상담과정

• 제1단계 – 적절한 치료관계의 형성
상담자는 내담자와 동등하도록 상호신뢰와 존경을 바탕으로 노력을 해야 하며, 상담자에 의한 허용적이고 온화한 분위기 속에서 내담자는 자신의 열등감을 공개할 수 있게 된다.

• 제2단계 – 내담자의 역동성 탐색과 분석
개인심리학에서 개인의 지각·신념·감정은 그의 생활양식에 기초하여 이루어지기 때문에 상담의 두 번째 단계에서는 내담자의 생활양식을 이해하는 것이 필요하다.

• 제3단계 – 해석을 통한 통찰의 발달
상담자는 내담자가 자신의 생활양식, 현재의 심리적인 문제, 잘못된 신념, 즉 '기본적 오류'를 깨닫도록 해주고, 그것이 어떻게 해서 내담자에게 문제가 되는지를 해석해 준다.

• 제4단계 – 재교육(Reorientation)을 통한 원조
내담자가 사회적 관심을 갖도록 돕고, 내담자들에게 모험을 하고 생활을 변화시킬 수 있는 용기를 가지도록 격려하고 독려한다.

핵심이론 15　행동주의 상담의 개요 및 목표

① 개 요

㉠ 행동주의 상담은 많은 비정상적인 행동이 학습에 의하여 획득되고 유지되는 것으로 가정하고, 내담자의 행동을 수정하기 위해 학습의 원리를 적용하는 상담방법이다.

㉡ 현재의 구체적·객관적으로 관찰할 수 있고 측정 가능한 행동만을 치료대상으로 한다.

㉢ 상담과정은 교육과정으로 상담자가 내담자가 원하는 행동을 학습하도록 돕는 것이다.

㉣ 현재의 행동을 지속시키는 환경적인 자극(강화)이 있음을 강조한다.

② 상담의 목표

㉠ 효과적이고 바람직한 새로운 적응행동을 학습·유지시키는 것이다.

㉡ 상담의 목적은 잘못 학습되었다고 생각되는 행동을 소거하고, 보다 효과적이고 바람직한 행동을 새로이 학습하도록 내담자를 도와주는 것이다.

㉢ 공포·불안 제거와 학습을 통한 행동수정이 목표였으나, 최근에는 자기지도가 강조된다.

㉣ 상담목표는 내담자가 관심을 가지고 있는 영역을 규명하는 것이므로 내담자가 결정하며, 하나의 상담목표는 구체적인 세부단계의 목표로 나누어진다.

㉤ 상담목표가 사전에 규명되어지므로, 상담자는 목표의 달성 여부를 평가할 수 있는 어떤 준거를 제공받을 수 있다.

㉥ 명료하고 구체적이며, 이해하기 쉽고 내담자와 상담치료자에 의해 합의된 것이어야 한다.

㉦ 상담목표의 중요한 점은 각각의 내담자를 위해 각기 다르게 진술되어야 한다는 것이다.

㉧ 상담목표가 상담전략이나 구체적인 상담기술을 선택하는 데 있어 기초적 자료를 제공한다.

③ 인간관

㉠ 자아나 인지기능, 내면적인 동기로는 인간의 행동을 설명할 수 없다.

㉡ 개인의 행동발달 유형은 개인의 유전적 배경 및 환경적 조건에 따라 다르게 나타난다.

㉢ 인간행동은 내적충동보다 외적 자극에 의해 동기화되며, 결과에 따른 보상 혹은 처벌에 의해 유지된다.

ⓔ 인간행동은 법칙적으로 결정되고 예측이 가능하며, 통제가능하다.

[**핵심예제**]

행동주의 상담에 관한 설명으로 옳지 않은 것은? [20년 19회]

① 내담자의 성격변화와 인격적 성장을 상담목표로 한다.
② 부적응 행동이 습득되고 유지되는 과정을 학습이론에 근거하여 설명한다.
③ 내담자의 문제행동에 대한 분석이 이루어지면 내담자와 함께 구체적인 상담목표를 설정한다.
④ 체계적 둔감법은 공포증과 같은 불안장애의 치료에 효과적이다.
⑤ 강화와 소거 등의 원리를 사용하여 내담자의 행동을 수정한다.

정답 ①

해설

행동주의 상담의 목표는 성격변화와 인격적 성장이 아니고, 내담자의 바람직하지 못한 행동을 소거하고 수정하여 바람직한 행동을 학습하도록 하는 것이다.

핵심이론 16 | **행동주의 상담의 기법**

① **강화** : 보상을 제공하여 바람직한 행동의 빈도를 증가시키는 것이다.

정적 강화	• 반응을 높이기 위해 유쾌 자극을 제공하는 것이다. • 가시적 보상(돈, 음식 등), 사회적 보상(관심, 칭찬, 미소 등) 예 성적이 올라 용돈을 올려주는 것, 정리정돈을 잘한 학생은 먼저 하교할 수 있도록 해주는 것
부적 강화	• 바람직한 행동이 나타나면 위협적인 것들을 면제시키는 것이다. 예 수업태도가 좋으면 숙제를 면제해주는 것, 모범수에게 사역을 면제해주는 것, 교칙을 잘 지킨 학생에게 화장실 청소를 면제해주는 것

② **처벌** : 어떤 행동에 뒤따르는 결과로 그 행동을 다시 야기할 가능성을 감소시키는 것이다.

정적 처벌	체벌과 같은 자극을 가함으로써, 바람직하지 않는 행동을 배제시키고자 하는 것 예 수업시간에 떠드는 학생에게 벌을 주는 것, 싸움한 학생에게 화장실 청소를 시키는 것
부적 처벌	특정 행위에 대해 유쾌한 일을 철회시키는 것 예 성적이 떨어진 학생에게 부모가 컴퓨터 게임 시간을 줄이는 것, 떠드는 학생이 가진 칭찬 스티커를 빼앗는 것

③ **소거** : 고치고 싶은 행동에 강화를 안줌으로써, 반응의 강도 및 출현빈도를 감소시키는 것이다. 예컨대, 아이가 울더라도 안아주지 않음으로써 우는 행동을 감소시키는 것이다.

④ **타임아웃** : 잘못한 학생을 어느 기간 동안 강화장소로부터 비강화장소에 고립시키는 것으로 수업시간에 떠든 학생을 교실에서 복도로 나가서 일정시간 서 있게 하는 방법이다.

⑤ **체계적 둔감법** : 행동주의 상담에서 널리 사용되고 있는 고전적 조건형성의 기법이다. 즉 혐오스런 느낌이나 불안한 자극에 대한 위계목록을 작성한 다음, 낮은 수준의 자극에서 높은 수준의 자극으로 상상을 유도하여 혐오나 불안에서 서서히 벗어나도록 하는 것이다.

⑥ **홍수법** : 불안이나 두려움을 발생시키는 자극들을 계획된 현실이나 상상 속에서 지속적으로 제시하는 기법이다.

⑦ **혐오치료** : 역조건형성의 일종으로, 바람직하지 못한 행동에 혐오자극을 제시함으로써 부적응적인 행동을 제거한다.

⑧ **주장훈련** : 대인관계에서 느끼는 내담자의 불안과 공포를 해소하기 위한 효과적인 행동치료 기법으로서, 상대의 권리를 침해하거나 불쾌감을 주지 않으면서 자신의 느낌, 생각, 욕구, 권리 등을 표현하는 체계적인 훈련이다.

⑨ **자기표현훈련** : 자기표현을 통해 다른 사람과 상호작용하는 방법을 습득하도록 하는 행동치료 기법으로서, 대인관계에서 비롯되는 불안요인을 제거하기 위한 것이다.

⑩ **토큰경제(환권보상치료)** : 바람직한 행동들에 대한 체계적인 목록을 정해놓은 후, 그러한 행동이 이루어질 때 그에 상응하는 보상(토큰)을 하는 것이다.

⑪ **행동조성(조형)** : 행동을 구체적으로 세분화하여 단계별로 구분한 후, 각 단계마다 강화를 제공함으로써 바람직한 행동을 학습하도록 하는 것이다.

⑫ **프리맥(Premack)의 원리** : 선호하는 행동이 덜 선호하는 행동을 강화하여 덜 선호하는 행동의 발생 빈도를 증가시키는 것으로 강화의 상대성을 이용한 것이다.

　　예 게임을 좋아하는 학생에게 숙제를 다 끝내면 게임을 할 수 있게 해준다.

⑬ **행동계약** : 구체화된 표적행동을 이행할 것을 서면으로 동의하는 것이다.

⑭ **용암법** : 도와주거나 촉진하는 것을 점차 줄이면서 스스로 문제를 해결하게 하는 것이다.

　　㉠ 자극통제 : 문제 행동과 관련된 환경 요인을 미리 재조정하여 행동의 변화를 촉진하는 기법으로, 이 기법은 다른 기법의 효과를 촉진하므로 다른 기법과 병행하는 것이 효율적이다.

　　㉡ 행동시연 : 일종의 역할극으로, 자기주장·자기표현·공부방법 등을 가르치거나 시범을 보인 후 역할연기 등을 통해 연습과 피드백을 거쳐 실제로 적용하게 하는 절차를 거쳐 행동을 습득할 수 있도록 하는 기법이다.

[핵심예제]

다음 상황에서 공통적으로 적용할 수 있는 상담기법으로 옳은 것은? [19년 18회]

○ 내담자 A - 내담자는 친구에게 다가가고 싶은데, 다가가는 데 힘들어 망설이고 있는 중이다. 대인관계 상황을 다루는 데 필요한 기술을 갖고 있지 않아 적절한 기술의 학습이 필요하다.

○ 내담자 B - 발표불안이 있는 내담자가 시험 과제를 발표해야 하는데, 호흡법을 알고 있지만 잘 되지 않고 있다.

① 행동시연
② 체계적 둔감법
③ 행동조성
④ 의사결정 돕기
⑤ 내담자의 감정표현 돕기

정답 ①

해설

① 행동시연 : 일종의 역할극으로, 자기주장·자기표현·공부방법 등을 가르치거나 시범을 보인 후 역할연기 등을 통해 연습과 피드백을 거쳐 실제로 적용하게 하는 절차를 거쳐 행동을 습득할 수 있도록 하는 기법이다.

② 체계적 둔감법 : 불안을 발생시키는 상황에 대한 위계목록을 작성한 후 이완된 상태에서 낮은 자극에서 높은 수준의 자극으로의 상상을 유도하여 혐오나 불안에서 서서히 벗어나도록 하는 것이다.

③ 행동조성 : 행동을 구체적으로 세분화하여 단계별로 구분한 후, 각 단계마다 강화를 제공함으로써 바람직한 행동을 학습하도록 하는 것이다.

핵심이론 17 행동주의 상담의 주요 개념

① **자기강화** : 자신이 통제할 수 있는 보상을 스스로에게 주어 자신의 행동을 유지하거나 변화시키는 과정이다.

② **대리강화** : 타인의 행동 결과에 어떤 보상이나 벌이 주어지는지 관찰했다가 보상이 주어지는 행동만 선택하여 행동을 모방하게 되는 과정이다.

③ **자기효율성** : 결과에 이르기 위해 필요한 행동을 해낼 수 있다고 생각하는 자기 확신이다.

④ **자기조절** : 자신의 행동을 스스로 평가·감독하는 것이다.

⑤ **모방** : 다른 행동을 보고 들으면서 그 행동을 따라서 하는 것이다.

⑥ **모델링**
  ⊙ 타인의 행동을 관찰하고 학습하여 행동의 변화를 촉진하는 것으로서, 실물모델·상징모델·묵시적 모델이 있다.
  ⓛ 정확한 학습을 위해 습득된 행동을 시연해 보게 하며, 모델이 매력적일수록 효과가 크다.
  ⓒ 실제 인물이 아닌 소설 속의 주인공도 모델로서의 역할이 가능하다.

⑦ **인지** : 심상, 사고, 계획 등을 하고, 내적표준에 근거하여 자신의 행동을 조정하며, 자신의 행동결과를 예측할 수 있는 것이다.

[**핵심예제**]

내담자 A는 시험기간만 돌아오면 유난히 불안해하며 시험 준비에 집중하지 못한다. 상담자는 내담자가 시험기간 중 어떻게 시험을 준비해야 하는지 모르는 데 원인이 있다고 판단하였다. 다음에서 상담자가 사용한 기법은? [17년 16회]

> ○ 성적이 비슷한 또래 중에서 시험 준비 행동을 잘 하고 있는 친구를 선택한다.
> ○ 시험기간 중 친구의 행동을 3일간 관찰하고 결과를 언어로 표현한다.
> ○ 관찰한 행동 중에서 실행할 수 있는 행동을 목표행동으로 설정한다.

① 긴장이완훈련 　② 모델링
③ 조형(Shaping) 　④ 불안위계
⑤ 자기관찰학습

정답 ②

해설

모델링은 타인의 행동을 관찰하고 학습하여 행동의 변화를 촉진하는 것으로서 관찰학습 과정을 통해 시행착오를 줄여 시간을 절약할 수 있는 효과적인 학습방법이다.

핵심이론 18 라자루스의 중다양식 심리상담

① BASIC-ID

ㄱ 중다양식적 접근의 핵심은 인간의 복잡한 성격에는 7가지 주요 영역들이 있다는 것이다.

ㄴ 이 양식들은 상호작용적이기는 하지만, 분리된 기능으로 보아야 한다.

ㄷ 우리가 움직이고 느끼며, 상상하고 생각하는 사회적 존재라는 것을 포함한다.

ㄹ 중다양식 심리상담·치료는 인간에 기능하는 7가지 양식에 대한 종합적인 평가로 시작한다.

1	B	행 동 (Behavior)	• 관찰하고 측정할 수 있는 행위, 습관, 반응에 관한 것 • 당신은 얼마나 적극적이며 어떤 행동을 시작하고 싶습니까?
2	A	감 정 (Affect)	• 감정, 기분, 강한 느낌에 관한 것 • 어떤 감정을 가장 많이 느끼며 어떤 감정이 문제가 됩니까?
3	S	감 각 (Sensations)	• 기본적 오감에 관한 것 • 당신이 특히 보고, 냄새 맡고, 듣고, 만지고, 먹기를 좋아하거나 싫어하는 것은 무엇입니까?
4	I	심 상 (Imagery)	• 자신의 자기상, 기억, 꿈, 공상 등을 포함 • 반복되는 꿈이나 분명한 기억들에는 어떤 것들이 있습니까?
5	C	인 지 (Cognitions)	• 기본적 가치 등을 형성하는 철학, 자가-말, 판단 등을 의미 • 지적 요구를 충족시키는 방법은 무엇입니까?, 당신이 가장 소중하게 여기는 신념이나 가치는 무엇입니까?
6	I	대인관계 (Interpersonal Relationships)	• 타인과의 상호작용을 의미 • 당신 자신은 얼마나 사교적입니까?, 어느 정도의 친밀감을 원합니까?, 집단 활동에 적극적으로 참여할 뿐 아니라 같은 반 학생들과도 잘 어울리고 있습니까?
7	D	약물·생리 (Drugs or Biological Factor)	• 약물 이상의 의미를 가지며, 섭식 습관이나 운동 양식을 포함 • 당신은 자신의 건강에 대해 걱정을 합니까?, 섭식·운동·신체적 외모에 관한 당신의 습관은 무엇입니까?

② 중다양식 치료자의 역할

ㄱ 훈련자, 교육자, 치료자, 역할모델로서의 기능을 하며, 치료회기 동안 매우 적극적인 경향이 있다.

ㄴ 관계 스타일의 많은 레퍼토리가 치료 결과를 높이는 다양한 기술만큼 중요하다는 것을 의미하는 '진정한 카멜레온'이 되기를 요구 받는다.

ㄷ 내담자와 관련해 여러 스타일을 고려해서 선택할 필요가 있다.

ㄹ 내담자에게 가르치고, 지도하고, 훈련하고, 모방하게 하고 지시한다.

ㅁ 자기 패배적 신념에 도전하고, 건설적인 피드백을 제공하고, 긍정적 강화를 제공하고, 적당히 자기노출을 한다.

ㅂ 많은 치료체계로부터 기법들을 차용하는데, 이러한 기법들에는 불안조정 훈련, 행동 시연, 독서치료, 바이오피드백, 의사소통 훈련, 유관 계약, 최면, 명상, 모델링, 역설적 방략, 정적 심상, 정적 강화, 이완 훈련, 자기지시 훈련, 감각 초점 훈련, 사회적 기술이나 표현훈련, 빈 의자 기법, 시간 설계, 사고 중지 등이 있다.

[핵심예제]

라자루스(A. Lazarus)의 BASIC-ID 영역과 그것을 평가하기 위한 질문으로 옳은 것을 모두 고른 것은? [16년 15회]

ㄱ. 행동 – 당신은 얼마나 적극적입니까?
ㄴ. 대인관계 – 당신을 웃게 하는 것은 무엇입니까?
ㄷ. 인지 – 당신의 사고가 당신의 감정에 어떻게 영향을 미칩니까?
ㄹ. 심상 – 당신의 신체상은 어떤 이미지입니까?
ㅁ. 이완 – 당신이 가장 편안하게 되는 방법은 무엇입니까?

① ㄱ, ㄴ, ㄷ
② ㄱ, ㄷ, ㄹ
③ ㄴ, ㄷ, ㄹ
④ ㄴ, ㄹ, ㅁ
⑤ ㄷ, ㄹ, ㅁ

정답 ②

해설
ㄴ. 대인관계 영역이 아닌, 감정(Affect) 영역에 대한 설명이다.
ㅁ. 라자루스(A. Lazarus)의 BASIC-ID 영역에는 행동, 감정, 감각, 심상, 인지, 대인관계, 약물·생리의 7가지 영역이 있다.

핵심이론 19 | 실존주의 상담의 개요 및 목표

① 개 요

ⓐ 상담이론에 있어서 실존주의적인 접근은 기존의 정신분석이론 및 행동주의이론에 반발하여 인본주의 심리학에 기초를 둔다.

ⓑ 인간의 본질에 대한 철학적인 탐구를 강조하며, 인간의 가장 직접적인 경험으로서 자기 자신의 존재에 초점을 둔다.

ⓒ 실존주의 상담은 어떠한 사건에 대한 내담자 스스로의 확고한 신념이 단지 우연에 의한 것임을 인식시키며, 자유의 상황에서 내담자의 선택 및 그에 따른 책임을 강조한다.

ⓓ 인간 존재의 불안의 원인을 본질적인 시간의 유한성과 죽음 또는 부존재, 고립의 불안에서 기인하는 것으로 보며, 이러한 불안을 오히려 생산적인 치료를 위한 재료로 활용하여 내담자의 변화를 이끌어낸다.

ⓔ 상담자는 내담자와의 인간적이고 진실한 만남을 통해 내담자로 하여금 상담자와의 관계에서 자신의 독특성을 발견하도록 돕는다.

ⓕ 상담자와 내담자는 모두 '지금-여기'의 만남에 의해 변화될 수 있다고 본다.

ⓖ 삶에 대한 가치관 점검하기, 현재 가치체계의 출처 탐색하기, 선택의 자유와 책임 인식하기, 불안의 원인 인식하기 등의 개입방법이 이용된다.

ⓗ 삶에서 영성의 중요함을 강조한다.

② 상담의 목표

ⓐ 내담자가 자기존재의 본질에 대하여 각성하고, 현재 자기가 경험하고 있는 정서적 장애의 원인이 자기상실 내지 논리의 불합리성에 있다는 것을 각성하게 해주는 데 있다.

ⓑ 내담자가 비록 제한된 세계의 존재일지라도 이 세상에 던져진 삶을 수동적으로 살아갈 것이 아니라, 자기 나름대로의 주관을 가지고 능동적으로 삶의 방향을 선택하도록 도와주는 데 있다.

ⓒ 삶에서 가치, 의미, 목적을 찾도록 돕는 데 있다.

③ 인간관

ⓐ 인간실존의 특성은 이 세상에 우연히 내던져진 존재라는 것이며, 그러한 상황을 수용하거나 거부하는 것은 각 개인의 선택여하에 달려 있다.

ⓛ 인간은 자기인식의 능력을 지닌 존재로서, 그 자신의 본질에 대한 책임은 자기에게 있다.

ⓒ 인간은 정적 존재가 아닌 의미 있는 전체로서, 끊임없이 생성되고 변천되는 상태에 있다.

ⓔ 인간은 실존적으로 단독자이면서, 타자와의 관계를 추구하는 존재로서 언젠가는 죽을 수밖에 없는 존재라는 사실을 알고 있다.

ⓜ 인간은 과거를 떨치고 일어나 즉각적인 상태에서 자신을 초월할 능력을 가지고 있는데, 이와 같은 초월 능력이 있으므로 선택의 가능성이 있다.

ⓑ 인간은 실존적 불안을 지니며 삶의 의미와 목적을 추구하는 존재이다.

ⓢ 인간은 자신의 삶을 스스로 결정할 수 있는 존재라고 본다.

[핵심예제]

다음 내용에 해당하는 상담이론은? [19년 18회]

○ 삶에서 영성이 중요함을 강조한다.
○ 인간은 자신의 삶을 스스로 결정할 수 있는 존재라고 본다.
○ 인간의 유한성을 인식하고, 상담 기법의 사용을 최소화한다.
○ 삶에서 가치, 의미, 목적을 찾도록 돕는 것을 상담 목표로 한다.

① 정신분석   ② 개인심리학
③ 인간중심 상담   ④ 실존주의 상담
⑤ 게슈탈트 상담

정답 ④

해설

실존주의 상담
• 인본주의 심리학에 기초를 두며, 인간의 직접적 경험으로서 자신의 존재에 초점을 둔다.
• 인간은 자기인식의 능력을 지닌 존재로 그 자신에 대한 책임은 자신에게 있다고 본다.
• 인간 존재의 불안의 원인을 본질적인 시간의 유한성과 죽음 또는 부존재, 고립의 불안에서 기인하는 것으로 보며, 이러한 인간의 유한성을 인식하고 오히려 생산적인 치료를 위한 재료로 활용한다.
• 상담의 목표는 치료 자체에 있는 것이 아니라, 내담자가 주관을 가지고 삶에 대한 긍정적인 태도를 갖게 하며, 능동적으로 삶의 방향을 선택하도록 도와주는 데 있다.

핵심이론 20 | **실존주의 상담의 원리 및 상담자의 역할**

① 실존주의 상담의 원리

상담의 원리	내 용
비도구성의 원리	• 실존적 관계란 기술적 관계가 아니므로, 상담은 도구적·지시적이 되어서는 안 된다. • 상담자는 경직되고 틀에 박힌 방식으로 행동해서는 안 된다.
자아중심성의 원리	• 실존주의 상담의 초점은 내담자의 자아에 있다. • 자아중심성은 주관성 및 내면성과 연관된다. • 자아중심성은 개인의 자아세계 내면에 있는 심리적 실체를 중심으로 이루어지는 것이다.
만남의 원리	• '지금-여기'에서의 상담자와 내담자의 만남을 중시한다. • 만남은 과거의 인간관계에서 알 수 없었던 것을 현재의 상담관계에서 알게 되는 것이다.
치료할 수 없는 위기의 원리	• 실존주의 상담은 적응이나 치료를 상담의 핵심으로 간주하지 않는다. • 실존주의 상담목적은 위기의 극복이 아닌 존재의 순정성 회복에 있다.

② 상담자의 역할
ⓘ 내담자로 하여금 자신의 잠재력을 깨닫게 한다.
ⓛ 내담자가 삶의 불안을 직면할 수 있도록 격려한다.
ⓒ 내담자가 있는 그대로의 세상을 볼 수 있도록 도와준다.
ⓔ 내담자 스스로 선택과 책임을 활용할 수 있도록 도와준다.
ⓜ 내담자의 정서적 장애 원인이 자기상실이나 논리의 불합리성이라는 것을 각성하게 한다.

[핵심예제]

실존주의 상담에 관한 설명으로 옳은 것을 모두 고른 것은?

[20년 19회]

> ㄱ. 인간은 계속해서 되어가는 존재이다.
> ㄴ. 개인은 그가 처한 객관적 상황 속에서 이해되어야 한다.
> ㄷ. 상담의 주요한 기법으로 역설적 의도와 탈숙고가 있다.
> ㄹ. 인간의 주된 궁극적 관심사는 죽음, 고독, 무의미, 자유와 책임이다.

① ㄱ, ㄷ   ② ㄴ, ㄹ
③ ㄷ, ㄹ   ④ ㄱ, ㄷ, ㄹ
⑤ ㄱ, ㄴ, ㄷ, ㄹ

정답 ④

해설

ㄴ. 실존주의 상담에서 개인은 그 자신의 주관적 상황 속에서 이해되어야 한다.

실존주의 상담의 자아중심성의 원리
• 실존주의 상담의 초점은 내담자의 자아에 있다.
• 자아중심성은 주관성 및 내면성과 연관된다.
• 자아중심성은 개인의 자아세계 내면에 있는 심리적 실체를 중심으로 이루어지는 것이다.

핵심이론 21   실존주의 상담의 기법 및 상담이론 주창자

① 실존주의 상담의 기법 : 인간의 유한성을 인식하고, 상담 기법의 사용을 최소화한다.

역설적 의도	• 공포증, 강박증을 가진 사람들에게 사용한다. • 공포나 불안을 가진 내담자는 두려워하는 사건에 대한 재발을 두려워한다. • 내담자가 두려워하는 일을 하도록 하거나 그런 일이 일어나기를 소망하도록 격려하여, 내담자가 자신의 증상에 대해 덜 걱정하도록 돕는 기법이다. ⑩ 불면증 환자에게 잠을 자지 말라고 하는 경우
탈숙고	• 지나친 숙고로 인한 기대불안의 악순환에서 벗어나게 하기 위해 사용하는데, 지나친 숙고는 개인의 자발성과 활동성에 방해가 된다. • 지나친 숙고를 상쇄시킴으로써 개인의 자발성과 활동성을 회복시킨다.

② 실존주의 상담이론의 주창자

메이	현대사회에서 인간이 직면하는 불안과 고독에 관심을 가졌다.
보스	인간은 '세계 내 존재'이므로 사물과 인간에 대한 염려와 관심, 불안을 갖게 마련이라고 하였고 이는 현 존재의 유한성과 시간성을 말해준다.
얄롬	죽음, 자유, 고립, 무의미성을 인간의 4가지 궁극적인 관심사로 들고, 죽음은 불안의 가장 기본적 원천이며, 실존적 갈등은 죽음의 불가피성에 대한 자각과 삶을 지속하려는 소망 간의 갈등이라고 하였다.
프랭클	인생은 자신의 문제에 대한 올바른 해답을 발견하고, 각 개인에게 계속적으로 부여되는 과업을 성취하는 책임을 지는 것이라고 보았다.
빈스반거	세계를 주변세계, 공존세계, 고유세계로 구분하여 설명하면서, 실존양식은 공존세계에 대한 현 존재의 차원이며, 실존분석에서의 자기는 '이중적', '복수적', '단일적', '익명적' 등의 실존양식으로 다양하게 변화한다고 하였다.

[핵심예제]

얄롬(I. Yalom)이 제시한 인간의 궁극적 관심에 해당하는 것을 모두 고른 것은?

[19년 18회]

ㄱ. 죽 음   ㄴ. 자 유
ㄷ. 질 병   ㄹ. 무의미
ㅁ. 고독(Isolation)   ㅂ. 의 지

① ㄱ, ㄴ, ㄷ, ㄹ   ② ㄱ, ㄴ, ㄹ, ㅁ
③ ㄴ, ㄷ, ㅁ, ㅂ   ④ ㄴ, ㄹ, ㅁ, ㅂ
⑤ ㄷ, ㄹ, ㅁ, ㅂ

정답 ②

|해 설|

실존주의 상담이론은 기존의 정신분석이론 및 행동주의이론에 반발하여 인본주의 심리학에 기초를 둔다. 인간의 본질에 대한 철학적인 탐구를 강조하여 인간의 가장 직접적인 경험으로서 자기 자신의 존재에 초점을 두며, 인간존재의 불안의 원인을 본질적인 시간의 유한성과 죽음 또는 부존재, 고립의 불안에서 기인하는 것으로 본다. 실존주의 심리학자인 얄롬(I. Yalom)은 인간의 네 가지 궁극적인 관심사로 죽음, 자유, 고립(고독), 무의미성을 제안하였는데, 이에 대한 자각으로 인해 갈등과 불안을 느낀다고 하였다.

핵심이론 **22**   인간중심 상담의 개요 및 목표

① 개 요

ㄱ 인간중심적 접근인 내담자중심 상담이론은 미국의 심리학자 로저스에 의해 창안된 것이다.

ㄴ 그의 저서 『내담자중심 치료』가 발간되면서부터 내담자중심 치료(상담)로 불렸다. 1980년대부터는 인간중심 상담으로 다시 이름을 바꾸었으며, 교육·산업·집단갈등 해결책 모색 등 다방면으로 이론이 확대되었다.

ㄷ 로저스(Rogers)의 내담자중심 상담의 주요 내용

- 인간은 본인의 중요한 일들을 스스로 결정하고, 자신의 문제를 스스로 해결할 수 있는 능력을 지니고 있다는 점을 강조하면서, 부모의 가치조건을 강요하여 긍정적 존중의 욕구가 좌절되고, 부정적 자아개념이 형성되면서 심리적 어려움이 발생된다고 보는 이론이다.

- 인간은 자아실현의 동기가 있기에, 내담자가 상담자와의 관계에서 일치, 존중, 감정이입적 이해를 경험하여 이를 받아들이게 되면, 본인의 문제를 해결할 수 있다는 입장을 취한다.

- 인간은 자아와 이상적 자아나 현실 간에 불일치되는 경우 부적응이 나타난다고 본다.

② 상담의 목적과 목표

ㄱ 궁극적 목적 : '충분히 기능하는 인간'이 되도록 돕는 것이다.

ㄴ 구체적 목표 : 내담자가 방어적 행동을 하게 하는 가치조건들의 해체를 도와, 유기체적 경험의 개방성을 넓히고, 자아개념과 유기체의 경험 간 일치 정도를 높일 수 있도록 돕는다.

③ 인간관

ㄱ 인간은 자기를 이해하고 자아개념과 기본적 태도를 변경시킬 수 있는 방대한 자원들을 가지고 있으며, 동일한 현상에 대해 개인의 주관적 경험을 토대로 인식하는 '창조적 존재'이다.

ㄴ 반결정론적인 입장에서 자유로운 존재로 개인의 부적응으로부터 건전한 상태로 회복할 수 있고, 나아가서는 자신의 능력을 최대한으로 발달시킬 수 있다.

ㄷ 인간은 자기실현을 위해 끊임없이 노력하는 성장 지향적 성향을 타고난다.

ⓔ 인간중심 상담에서는 상담 및 심리치료의 과정에 대한 일차적 책임을 내담자에게 둔다.

[핵심예제]

인간중심 상담의 치료적 접근으로 옳은 것은? [17년 16회]

① 행동변화계획
② 성장촉진적 관계
③ 꿈의 분석
④ 가족력 분석
⑤ 비합리적 신념의 탐색

정답 ②

해설

인간중심 상담에서 인간은 자기실현을 위해 끊임없이 노력하는 '성장 지향적 성향'을 타고나며, 반결정론적인 입장에서 자유로운 존재로 개인의 부적응으로부터 건전한 상태로 회복할 수 있고, 나아가서는 자신의 능력을 최대한으로 발달시킬 수 있다고 본다.

핵심이론 23 | **인간중심 상담의 주요 개념 및 기법**

① 주요 개념

현상학적 장	• 현상학이란, 개인의 주관적 경험, 감정 그리고 세계와 자기 자신에 대한 개인적 견해 및 사적개념을 연구하는 것이다. • 로저스(Rogers)는 인간은 근본적으로 자기실현을 성취하려는 동기와 자신이 스스로 문제를 해결하고 이해할 수 있는 능력을 가지고 있다는 관점에서 출발하였기 때문에, 청소년 역시 이러한 잠재력을 가지고 있다고 보았다. • 현상학적 장이란, 경험적 세계 또는 주관적 경험으로 불리는 개념으로서 특정 순간에 개인이 지각하고 경험하는 모든 것을 의미한다. • 로저스는 이 세상에 개인의 주관적 현실인 '현상학적 장'만이 존재한다고 보았으며, 모든 인간 행동은 개인이 세계를 지각하고 해석한 결과로 보았다.
인간자아의 중요성 강조	• 자아는 본연의 자기 모습인 '실제 자아'와 되고 싶은 모습인 '이상적 자아'로 구분된다. • 인간은 유목적적 존재로서 인간의 자아실현경향 즉, 미래지향성은 인간행동의 가장 기본적인 동기라고 하였다. • 두 자아 간의 차이가 적절할 때 이상적인 자아가 되려고 하지만, 두 자아간의 격차가 너무 커지면 오히려 부적응적인 문제를 유발한다고 하였다. • 청소년기 자아는 아동기의 경험과 주변의 의미 있는 타인과의 경험에 의해 많은 영향을 받기 때문에 주변의 부모, 교사, 친구와 얼마나 긍정적인 경험을 하였느냐가 건강한 성장에 중요한 요인이 된다는 것이다.

충분히 기능하는 사람	• 아이가 무조건적인 긍정적 관심(존중)을 받을 때 아이는 스스로를 가치 있는 존재로 인식하며, 자신의 욕구와 자아실현 경향에 따라 행동함으로써 '충분히 기능하는 사람'으로 발전할 수 있다.
	• '충분히 기능하는 사람(Fully Functioning Person)'의 특징
	  – 창조적으로 살아간다.
	  – 개방적으로 체험한다.
	  – '자신'이라는 유기체에 대해 신뢰한다.
	  – 자신의 느낌과 반응에 따라 충실하고 자유롭게 산다.
	  – 자신의 선택에 따른 실존적인 삶을 추구한다.

유기체적 평가과정	• 인간은 태어날 때부터 자신의 잠재력을 실현하려 하며, 충만한 삶을 위해 무엇이 필요한지, 본인에게 무엇이 중요한지를 아는 능력을 가지고 있다.

가치조건화	• 주요한 타인의 평가에 의해 유기체적 경험이 왜곡되는 것을 말한다. • 인간은 타인에게 인정받고 싶은데, 대부분의 성인들은 아동들에게 조건적인 긍정적 관심을 보인다. 즉, "공부를 잘하면, 나는 너를 사랑하고 인정할 것이다."라는 표현을 들 수 있다. 이것을 '가치조건화'라고 하며, 이는 어른들에 의해 주입된 '가치체계를 내면화'하는 것을 말한다. 즉, 자기가 되고 싶은 것을 성취하기보다 타인의 기준에 자신을 맞추게 된다. • 아이는 부모가 원하는 것을 할 때만 '긍정적 자기존중'을 느끼게 되며, 이는 결국 자기가 경험하는 사실을 부정하게 만든다. • 가치의 조건화는 정서적 문제를 유발하기도 한다. 의미 있는 대상으로부터 이러이러한 행동을 하면 '나쁜 아이'라는 가치를 주입받게 될 경우, 실존적 존재로서 주관적인 내적 경험과 불일치를 이루며, 이는 '긍정적 자기존중을 잃지 않을까 하는 위협'으로 느껴져서 불안을 야기한다. • 자신을 유지하고 자신의 잠재력과 가능성을 실현하려는 타고난 성향인 실현경향성 성취를 방해한다.

② 인간중심 상담의 기법

　㉠ 진실성 : 상담자가 내담자와의 상담관계에서 순간순간 경험하는 자신의 감정이나 태도를 있는 그대로 솔직하게 인정하고, 경우에 따라서는 솔직하게 표현하는 태도를 말하는 것이다.

　㉡ 무조건적인 긍정적 관심 및 수용 : 상담자가 내담자를 구별하거나 비교・선택하는 과정으로 평가・판단하지 않고, 내담자가 나타내는 어떤 감정이나 그 밖의 행동특성들도 수용하여 그를 소중히 여기고 존중하는 상담자의 태도를 말한다(무판단적인 이해와 진실한 반응).

　㉢ 정확한 공감적 이해 : 상담자가 내담자의 개인적인 자각적 세계에 철저하게 익숙해지는 것을 의미한다. 그러나 이때 상담자는 내담자와 자신을 동일시하지는 않는다. 또한, 상담자는 진단이나 평가의 방법을 배제하여, 내담자의 말뿐만 아니라 말과 말 사이의 침묵, 목소리, 표정 등에도 주의를 집중하여야 한다.

[핵심예제]

인간중심 상담에서 '가치의 조건화'에 관한 설명으로 옳지 않은 것은?
[19년 18회]

① 실현경향성 성취를 방해한다.
② 중요한 타인의 가치를 내면화한 결과이다.
③ 충분히 기능하는 인간으로의 발달을 저해한다.
④ 이상적 자기와 현실적 자기의 거리를 가까워지게 한다.
⑤ 주관적으로 경험하는 사실을 왜곡하고 부정하게 만든다.

정답 ④

해설

'가치의 조건화'는 타인의 평가에 의해 유기체적 경험이 왜곡되는 것을 말한다. 의미 있는 대상으로부터 이상적 가치를 주입받게 될 경우, 자기가 되고 싶은 것을 성취하기보다 타인의 기준에 자신을 맞추게 되며, 타인이 원하는 것을 할 때만 '긍정적 자기존중'을 느끼게 되어 이는 결국 자기가 경험하는 사실을 부정하게 만든다.

핵심이론 24 게슈탈트 상담의 개요 및 목표

① 개 요

- ㉠ 현상학, 실존주의의 영향을 많이 받았으며, 펄스(F. Perls)에 의해 개발되고 보급되었다.
- ㉡ 내담자로 하여금 '지금-여기(Here-Now)'의 현실에서 자신이 무엇을 어떻게 보고 느끼는지, 무엇이 경험하는 것을 방해하는지를 각성하도록 돕는 접근방법이다.
- ㉢ 인간생활을 형태의 점진적 형성과 소멸 과정으로 보며, 그 과정을 적응의 기준으로 본다.
- ㉣ 개인이 자신의 내부와 주변에서 일어나는 일들을 충분히 자각할 수 있다면, 자신이 당면하는 삶의 문제들을 개인 스스로가 효과적으로 다룰 수 있다고 가정한다.
- ㉤ 내담자의 표현되지 않은 느낌으로서의 미해결 과제를 처리하며, 미해결 과제로 인한 불편한 정서적 경험을 회피하지 않도록 하여 통합과 성장에 이를 수 있도록 돕는다.
- ㉥ 외부환경에 의존하던 내담자가 자신의 행동결과를 수용하고, 그 책임을 지도록 한다.
- ㉦ '어떻게'와 '무엇을'을 '왜'보다 더 중요시하며, '그것' 혹은 '그 사람'(3인칭) 대신에 '나'(1인칭)를 사용하도록 하여 계속적인 현재의 자기 각성이 이루어지도록 한다.

더 알아보기

펄스(F. Perls)의 신경증

거짓층, 피상층, 사이비층	• 진실된 마음 없이 상투적으로 대하는 거짓된 상태를 말한다. • 자신을 노출시키지 않아 진정한 변화가 일어나지 않는다.
공포층, 연기층	• 자신의 실체를 드러내면 타인이 거부할 것이라는 비현실적 공포를 가지는 상태를 말한다. • 부모나 주위환경의 기대에 맞추어 행동하며 살아가는 단계이다. • 개체는 환경에 적응하기 위해 자신의 욕구를 억압하고 주위에서 바라는 역할 행동을 연기하며 사는데, 자신이 하는 행동이 연기라는 것을 망각하고 그것이 진정한 자신인줄로 착각하고 산다. • 모범생, 지도자, 구세주 역할 등이 있다.

난국층, 교착층, 막다른 골목	• 자기욕구를 나타내고자 하는 불안한 상태를 말한다(이 단계를 지나면 새로운 돌파구가 열림). • 개체는 이제껏 해왔던 역할연기를 그만두고 자립하려고 시도하지만, 동시에 심한 공포를 체험한다. • 지금까지 도움을 받기 위해 해온 역할연기를 포기했지만, 아직 스스로 자립할 수 있는 능력은 생기지 않은 상태이므로, 오도 가도 못하는 실존적 딜레마에 빠지게 되어 심한 공포를 체험한다.
내적파열층, 내파층	• 자기욕구를 인식하지만 억압하는 상태를 말한다. • 스스로의 원함을 인식하지만, 드러내지 못하고 억압하는 상태이다. • 분노표출 대신 감정표현을 억제하여 자신을 공격, 질책, 비난하는 반전행동을 보인다.
폭발층	• 감정과 욕구를 억압하지 않고 표출하는 상태를 말한다. • 한 개인이 게슈탈트를 해소하고 스스로 해결하는 단계이다. • 감정을 직접 외부대상에게 표현하며, 미해결 과제도 전경으로 떠올려 완결 짓는 정신과 신체의 총체적 통합 체험단계이다. • 진실한 자기와 접촉하여 자신의 진정한 감정과 욕구를 외부대상에게 직접 표현한다.

② 상담의 목표

- ㉠ 개인들로 하여금 성숙하고 성장할 수 있도록 돕는 것으로 자기책임을 강조하며 내담자로 하여금 다른 사람들보다는 자기 자신에게 의지하도록 한다.
- ㉡ 발달과정에서 일어나는 문제들을 피할 여러 가지 방법을 강구하고 그로 인해 개인성장이 곤경에 빠지게 되는 경우, 필요한 개입과 도전을 통해 개인이 통합과 성장에 필요한 지식과 자각을 얻을 수 있도록 돕는다.
- ㉢ 성숙에는 통합이라는 목표가 함축되며 통합이란 개인의 느낌, 지각, 사고 및 신체과정이 더 큰 전체의 부분이며, 전에 소외된 부분들의 통합은 중요한 상담의 목표가 된다.
- ㉣ 자신의 욕구와 감정을 수용하며, 환경과의 접촉을 통해 문제를 해소하도록 돕는다.

③ 인간관

　㉠ 인간을 전체적이고 현재 중심적이며, 선택의 자유에 의하여 잠재력을 각성할 수 있는 존재로 본다.

　㉡ 인간의 행동을 신체, 심리, 환경적인 요소들을 각각 분석하여 그 분석된 별개의 각 요소들의 전체 합(合)으로 보는 것이 아니라, 환경 속에서 각 요소들이 역동적으로 상호 관련되어 나타나는 하나의 전체로서 이해하고자 하였다.

　㉢ 인간은 스스로 선택할 수 있는 자유의지를 가지고 있고, 자기의 행동에 대해 책임질 수 있다고 보았다.

　㉣ 인간은 선천적으로 자아실현을 향한 경향성을 가지고 있다. 이는 긍정적인 인간관으로서 모든 살아 있는 존재는 자기의 잠재력을 실현하려는 방향으로 나아간다는 것이다.

[핵심예제]

펄스(F. Perls)가 정의한 신경증의 다섯 층 중 폭발층에 관한 설명으로 옳은 것은?

[16년 15회]

① 내담자가 겁에 질려서 보지도 듣지도 못하며, 곤경, 상실, 공허함에 대한 공포를 경험한다.

② 억압해왔던 파괴적 에너지가 내적 폭발을 하는 단계로 가짜 주체성이 무너지기 시작한다.

③ 진실한 자기와 접촉하여 자신의 진정한 감정과 욕구를 외부대상에게 직접 표현한다.

④ 그동안 억압하고 차단해왔던 욕구와 감정을 알아차리게 된다.

⑤ 환경에 적응하기 위해서 자신의 욕구를 억압하고, 주위에서 바라는 대로 살아야 한다는 믿음을 진정한 자신의 욕구로 착각하며 산다.

정답 ③

해설

폭발층(Explosive Layer)

• 다른 사람과 거짓이 없는 진실한 접촉이 이루어지는 상태를 의미한다.

• 자신의 욕구와 감정을 분명하게 알아차리고 억압 없이 직접적으로 표현함으로써 환경과의 접촉이 활발해진다.

• 진정으로 살아 있는 진실한 존재가 되기 위해서는 폭발을 경험하는 것이 필수적이다.

• 진정한 자신의 모습으로 타자와 접촉하며 실존적으로 진실한 삶을 살게 된다.

핵심이론 25　게슈탈트 상담의 주요 개념

① 게슈탈트(Gestalt)

　㉠ 게슈탈트라는 말은 '전체', '형태', '모습' 등의 뜻을 지닌 독일어이다.

　㉡ 게슈탈트 심리학자들에 의하면, 개체는 어떤 자극에 노출되면 그것들을 하나하나의 부분으로 보지 않고, 완결·근접성·유사성의 원리에 입각하여 자극을 하나의 의미 있는 전체 혹은 형태 즉, '게슈탈트'로 만들어 지각하는 경향이 있다고 하였다.

　㉢ 책장정리, 바닥먼지 제거, 걸레닦이 등의 행동을 청소라고 할 때, 게슈탈트는 청소가 된다.

　㉣ 게슈탈트 치료에서 게슈탈트는 개체에 의해 지각된 유기체 욕구나 감정 즉, 개체가 자신의 욕구나 감정을 하나의 의미 있는 전체로 조직화하여 지각한 것을 의미하기도 한다.

② 전경과 배경

　㉠ 개인은 어떠한 대상이나 사건을 인식할 때 자신이 관심을 가지고 있는 부분을 부각시키는 반면 그 외의 부분을 밀쳐내는 경향이 있으며, 전자를 '전경', 후자를 '배경'이라고 한다.

　㉡ 개체가 전경으로 떠올렸던 게슈탈트를 해소하고 나면, 그것은 전경에서 배경으로 물러난다. 그러면 다시 새로운 게슈탈트가 형성되어 전경으로 떠오르고, 해소되고 나면 다시 배경으로 물러나는 과정을 되풀이 하는데, 이것을 유기체의 순환과정이라 한다.

③ '알아차림-접촉' 주기(게슈탈트가 형성되고 해소되는 반복과정)

　㉠ 알아차림과 접촉을 통해 전경과 배경을 교체한다.

　㉡ 만일 둘 중에 어느 한 쪽이라도 결여되면, 전경과 배경의 원활한 교체가 불가능하다.

알아차림	• 게슈탈트 형성과 관계있으며, 누구에게나 자연적으로 갖추어져 있다. • 개체가 자신의 유기체 욕구나 감정을 지각하여 게슈탈트로 형성하여 전경으로 떠올리는 행위 또는 그러한 능력을 말한다. • '접촉-경계' 혼란이 개입함으로써 개체는 자신의 알아차림을 인위적으로 차단(Interrupt)하고, 그 결과 게슈탈트 형성에 실패하고 만다.

접 촉	• 게슈탈트의 해소에 관계있으며, 에너지를 동원하여 실제로 환경과 만나는 행동이다. • 전경으로 떠오른 게슈탈트를 해소하기 위해 환경과 상호작용하는 행위를 뜻한다. • 게슈탈트가 형성되어 전경으로 떠올라도 이를 환경과의 접촉을 통해 완결 짓지 못하면 배경으로 물러나지 않는다. • 접촉은 알아차림과 함께 서로 보완적으로 작용하여 '게슈탈트 형성-해소'의 순환과정을 도와주어 유기체 성장에 이바지한다.

ⓒ '알아차림-접촉' 주기 6단계

1	감각단계	배경에서 출발, 유기체의 욕구가 신체감각의 형태로 나타남
2	알아차림 단계	이를 알아차려 게슈탈트 형성
3	에너지 동원 단계	게슈탈트 해소를 위한 에너지 동원, 흥분경험
4	행동단계	적절한 행동선택 및 실행
5	접촉단계	환경과의 접촉을 통한 게슈탈트 해소
6	물러남 단계	게슈탈트가 사라지고 휴식을 취함

② 물러남의 단계에서 일시적인 균형상태가 유지되다가 잠시 후에 새로운 욕구가 배경에서 발생하고 새로운 주기가 형성된다.

⑩ '알아차림-접촉' 주기의 어느 단계에서든 방해가 일어날 수 있다.

⑪ 건강한 유기체는 이렇게 환경과의 교류를 통하여 주기를 자연스럽게 반복하면서 성장한다.

⑭ 접촉-경계 혼란으로 인해 '알아차림-접촉' 주기가 단절되면, 그 결과 개체는 미해결 과제를 쌓게 되고 마침내 심리장애를 일으킨다.

• 배경으로부터 감각이 나타나는 과정의 장애 : 신체감각 자체가 느껴지지 않을 수 있다.

• 감각과 알아차림 사이의 장애 : 신체감각은 지각하지만, 잘못 해석하는 경우에 발생한다.

• 알아차림과 에너지 동원 사이의 장애 : 머리로는 이해하지만, 의욕이 일어나지 않아서 행동으로 옮기지 못하는 경우에 발생한다.

• 에너지 동원과 행동 사이의 장애 : 동원된 에너지를 외부 환경과의 접촉적인 행동으로 옮기지 못하고 에너지를 차단해버린다.

• 행동과 접촉 사이의 장애 : 행동이 목표대상을 겨냥하지 못하고 산만하기에 발생한다.

• 접촉과 물러남 사이의 장애 : 접촉이 끝났어도 물러나지 않고 계속 정상에 있으려고 한다.

④ 부적응 행동

㉠ 부적응 행동의 원인 : 각성의 결여, 책임의 결여, 환경과의 접촉상실, 형태의 미완성, 욕구의 부인, 양극화

㉡ 접촉-경계 혼란

• '알아차림-접촉' 주기의 각 단계에서 차단이 일어나는 것을 '접촉-경계 혼란'이라고 한다.

• 건강한 사람은 '접촉-경계'에서 환경과 교류하면서 자신에게 필요한 것들에 대해서는 경계를 열어 받아들이고, 해로운 것들에 대해서는 경계를 닫음으로써 자신을 보호한다.

• '접촉-경계'에 혼란이 생겨서, 경계가 너무 단단하면 환경으로부터 자양분을 받아들이지 못하게 된다. 또한 경계가 너무 불분명하면 환경으로부터 들어오는 해독을 막지 못하며, 경계가 상실되면 개체의 정체감이 없어져버린다.

• '접촉-경계' 혼란의 유형

내 사	• 타인의 행동이나 가치관을 무비판적으로 받아들여 자기 것으로 동화되지 못한 채 남아서 자신의 행동이나 사고방식에 악영향을 미치는 것을 말한다. 예 어린아이가 부모의 의견을 그대로 받아들이는 경우
투 사	• 내담자들이 흔히 자신의 생각이나 욕구, 감정 등을 타인의 것으로 지각하거나 책임소재를 타인에게 돌리는 경우를 말한다. 예 자신이 시험을 못 본 것은 선생님이 잘못 가르쳤기 때문이라고 하는 경우
반 전	• 자신이 타인이나 환경에 대하여 하고 싶은 행동을 본인에게 하는 것이나 타인이 자기에게 해주기를 바라는 행동을 스스로 자기 자신에게 하는 것을 말한다. 예 부모님에 대한 불만의 표시를 직접 표출하지 못하고, 자기 손톱을 물어뜯는 것으로 대신하는 경우
융 합	• 두 사람이 서로 간에 차이점이 없다고 느끼도록 합의함으로써 발생한다. • 융합으로 인하여 자신의 경계를 갖지 못할 때, 개체는 자신의 욕구와 감정을 제대로 해소할 수가 없게 되면서 미해결 과제가 축적된다.

	• 상담자는 다르다는 것이 부정적이거나 죄책감을 느껴야 되는 것이 아님을 깨닫게 해줘야 한다. 예 친구가 행복하면 자신도 행복하고, 친구가 불행하면 자신도 불행하다고 느껴야 한다고 생각하는 경우
자의식	• 사회적 관계에서 타인을 과도하게 의식하고, 자기 자신을 대상화하여 주의를 기울여 관찰하는 행동이다. • 관심의 대상이 자신인 까닭에 타인과 관계를 맺기 어렵고 장기적으로 고립된다. 예 파티에서 춤을 추면서 남의 시선을 의식하여 몰입을 하지 못하는 경우 등
편향	• 감당하기 힘든 외부 환경적 자극에 노출될 때, 이러한 경험으로부터 압도당하지 않기 위해 자신의 감각을 둔화시킴으로써 환경과의 접촉을 약화시키는 것을 말한다. 예 말을 장황하게 하거나 초점을 흘트리는 것, 말하면서 상대편을 쳐다보지 않거나 웃어버리는 것 등

⑤ 미해결 과제 : '미해결 과제'는 완결되지 않은 게슈탈트를 의미하는 것으로서, 분노·원망·고통·슬픔·불안·죄의식 등과 같이 명확히 표현되지 못한 감정을 포함한다.

⑥ 회피 : 미해결 과제와 연관된 개념으로서, 미해결 과제에의 직면이나 미해결 상황과 관련된 불안정한 정서의 경험으로부터 개인이 자신을 지키기 위해 사용하는 수단 중 하나이다.

⑦ 각성 : 기억되는 것보다는 지금 일어나고 있는 것을 가리키며, '지금-여기'의 현실에 무엇이 존재하느냐에 초점을 두는 능력이다.

[핵심예제]

A양은 부모님에 대한 분노를 자해로 나타내고 있다. 이렇게 외부에 대한 감정을 자신에게 되돌리는 게슈탈트 이론의 접촉-경계 혼란 상태는?   [16년 14회]

① 반전(Retroflection)
② 투사(Projection)
③ 내사(Introjection)
④ 편향(Deflection)
⑤ 융합(Confluence)

정답 ①

해설

반전(Retroflection)은 자신이 다른 사람이나 환경에 대하여 하고 싶은 행동을 자기 자신에게 하는 것, 혹은 타인이 자기에게 해주기를 바라는 행동을 스스로 자기 자신에게 하는 것을 말한다.

핵심이론 26 게슈탈트 상담의 기법 및 과정

① 게슈탈트 상담의 기법

욕구와 감정의 자각	• 형태주의 상담에서는 현재 상황에서 자신의 욕구와 감정을 자각하는 것이 매우 중요하다. • 상담자는 내담자의 생각이나 주장의 배후에 있는 욕구와 감정을 자각하도록 도와야 하고 '지금-여기'에서 일어나는 욕구와 감정을 자각하는 것이 중요하다. • "지금 어떤 느낌이 드나요?", "지금 당신이 원하는 것은 무엇인가요?"
신체 자각	• 상담자는 내담자가 현재 신체 감각을 자각하도록 하여 자신의 욕구·감정을 깨닫도록 한다. • 내담자로 하여금 감각작용을 통해 환경과의 접촉을 증진하도록 해야 한다.
환경 자각	• 상담자는 내담자에게 스스로의 욕구와 감정을 명확히 하도록 환경과의 접촉을 증진하며, 주위 환경에서 체험하는 것을 자각하도록 도와야 한다. • 자연의 경치나 타인의 동작 등에 어떤 감각으로 접촉하는지 자각하도록 하는 것이다.
언어 자각	• 상담자는 내담자가 자신의 감정과 동기에 책임을 지는 문장으로 말하도록 해야 한다. • 내담자로 하여금 '그것', '우리' 등의 대명사 대신 '나는'으로, '~해야 한다', '~해서는 안 된다' 등의 객관적·논리적 어투의 표현 대신 '~하고 싶다', '~하고 싶지 않다' 등의 주관적·감정적 어투의 표현으로 변경하여 표현하도록 한다.
과장하기	• 상담자는 내담자가 감정을 체험하지만 그 정도와 깊이가 약한 경우, 행동이나 언어를 과장되게 표현하도록 하여 감정 자각을 돕는다. • 신체언어나 춤은 상징적인 의미를 파악하는 데 효과적일 수 있다.
반대로 하기	• 상담자는 내담자에게 평소 행동과 반대되는 행동을 해보도록 요구함으로써, 내담자가 억압하고 통제해온 부분을 표출하도록 해야 한다. • 내담자는 반대의 행동을 통해 자신의 다른 측면을 접촉하고 통합할 수 있다.
(느낌에) 머물러 있기	• 상담자는 내담자에게 자신의 미해결 감정들을 회피하지 않고 직면하여 견뎌내도록 함으로써 이를 해소하도록 도와야 한다. • 이러한 머물러 있기는 감정의 자각과 에너지의 소통에 유효하다.
빈 의자 기법	• 현재 치료 장면에 없는 사람과 상호작용할 필요가 있는 경우, 내담자에게 그 인물이 맞은편 빈 의자에 앉아 있다고 상상하도록 하여 대화하는 방법이다. • 상담자는 내담자에게 상대방의 감정을 이해하도록 유도함으로써, 외부로 투사된 자기 자신의 감정을 자각하도록 도와야 한다.

자기 부분들 간의 대화	• 상담자는 내담자의 인격에서 분열된 부분 또는 갈등을 느끼는 부분들 간에 대화가 이루어지도록 해야 한다. • 부분들 간의 대화를 통해 서로의 입장이 분명히 드러나며, 성격의 대립되는 부분들이 통합될 수 있다.
꿈을 통한 통합	• 꿈은 내담자의 욕구나 충동 혹은 감정이 외부로 투사된 것이며, 꿈에 나타난 대상은 내담자의 소외된 부분이나 갈등된 부분의 상징이라고 볼 수 있다. • 정신분석에 의한 꿈의 해석과는 다른 것으로, 상담자가 내담자에게 꿈을 현실로 재현하도록 하여 꿈의 각 부분과 동일시해 보도록 하는 것이다.
대화실험	• 상담자는 내담자에게 특정 장면을 연출하거나 공상 대화를 하도록 제안함으로써 내담자로 하여금 내적인 분할을 인식하도록 도와야 한다. • '두 의자 기법' 　– 내담자가 자신의 성격 중 갈등하고 있는 부분들 사이에 꼭 끼어서 꼼짝하지 못하고 있을 때 사용될 수 있으며 치료자는 내담자에게 이 의자에서 저 의자로 옮겨 앉으면서 두 가지 역할을 모두 해보라고 권할 수 있다. 　– 내담자는 묘사되고 있는 성격의 부분을 나타내기 위하여 자리를 바꿔가면서 두 부분들 간의 언어적 대화를 수행한다. 이러한 대화를 통해 갈등이 표면화되고, 내담자는 그것을 충분히 경험하게 된다. • 궁극적으로 성격 통합을 촉진시키기 위한 것으로서, 내담자가 거부해온 감정이 바로 자신의 실제적인 일부분임을 깨닫도록 하는 것이다.
상전과 하인	• 게슈탈트에서 대표적인 내적 분열은 상전과 하인의 대립이다. • 무의식적·내적 대화를 의식적·외적인 대화로 할 수 있으며, 양자의 갈등을 줄일 수 있다.

② 게슈탈트 상담(치료)의 과정

　㉠ 상담은 능동적이고 직접적인 경험에 관심을 가지고 시작한다.

　㉡ 상담자가 중심이 되어 상담활동을 정한다.

　㉢ 언제나 현재를 중심으로 각성시키는 것을 중요한 상담목표로 정한다.

　㉣ 상담과정은 형태의 생성과 소멸을 방해하는 요인을 제거하는 모든 과정이 포함된다.

［핵심예제］

다음 사례에 적용된 게슈탈트 상담의 기법은? [17년 16회]

> 내담자 A에게 유혹적인 자신을 억압하는 내면의 목소리가 있음을 파악했을 때, 상담자는 A로 하여금 왜 자기가 유혹적이어서는 안 되는지 따지도록 한다. 또 반대로 억압하는 내면의 목소리가 그 이유를 말하도록 한다. 내담자는 이러한 과정을 통해 차츰 자신의 유혹적인 부분에 접촉하게 되어 소외시켜 온 자신의 유혹적인 부분을 통합하게 된다.

① 현재화기법　　　　② 논박기법
③ 분리-개별화　　　④ 창조적 투사
⑤ 상전과 하인

[정답] ⑤

［해설］

게슈탈트에서 대표적인 내적 분열은 상전과 하인의 대립이다. 이는 무의식적이고 내적인 대화를 의식적이고 외적인 대화로 만들 수 있으며, 양자 간의 갈등을 줄일 수 있다.

핵심이론 27 합리정서행동 상담(REBT 상담)의 개요 및 주요 개념

① 개 요

    ㉠ 1955년 엘리스(Ellis)는 인본주의적 치료와 철학적 치료, 행동주의적 치료를 혼합하여 '인지적(합리적) 치료(RT ; Rational Therapy)'를 고안하였으나, 1962년 '합리적 정서치료(RET ; Rational-Emotive Therapy)'로, 이후 1993년 행동의 중요성이 강조됨에 따라 '합리정서행동치료(REBT ; Rational-Emotive Behavior Therapy)'로 명칭을 변경하였다.

    ㉡ 인지정서행동 상담의 하나로서, 인간의 비합리적 사고 또는 신념이 부적응을 유발한다고 보고, 인지 재구조화를 통해 비합리적 사고를 합리적인 사고로 대치하고자 한다.

② 주요 개념

    ㉠ 비합리적 사고

- 비합리적 사고의 요소 : 당위적 사고, 과장성, 인간 비하성, 낮은 인내심 등이 있다.
- 비합리적 사고는 '~해야 한다', '당연히 그래야 한다', '반드시 ~하지 않으면 안 된다' 등과 같은 단어들을 포함하며, 부정적인 정서와 관계의 어려움을 조장하는 극단적 진술들이다.
- 비합리적 신념과 자기독백은 평소에 반복해서 학습된 것이며, 이는 거의 자동적·확산적으로 나타난다.

㉡ 합리적 사고와 비합리적 사고의 비교

구 분	합리적 사고	비합리적 사고
논리성	논리적으로 모순이 없음	논리적으로 모순이 많음
실용성	삶의 목적달성에 도움이 됨	삶의 목적달성에 방해
현실성	경험적 현실과 일치	경험적 현실과 일치하지 않음
융통성	경직되어 있지 않음	절대적/극단적/경직되어 있음
파급효과	적절한 정서와 적응적 행동에 영향	부적절한 정서와 부적응적 행동 유도

[핵심예제]

합리적정서행동 상담(REBT)의 관점에서 볼 때 정서적 문제의 원인으로 옳은 것은?

[17년 16회]

① 무의미
② 선행사건
③ 익명성
④ 당위적 사고
⑤ 미해결과제

정답 ④

해설

정서적 문제는 일어난 사건이 아니라 그에 따른 비합리적 신념이나 당위적으로 요구하는 생각에서 근거하여 발생한다. 비합리적 사고의 요소에는 당위적 사고, 과장성, 인간 비하성, 낮은 인내심 등이 포함된다.

핵심이론 28 | 합리정서행동 상담의 기법

① 상담의 기법

　㉠ 인지적 기법 : 논박하기, 기능적 논박, 경험적인 논박, 논리적인 논박, 철학적인 논박, 합리적 대처말, 모델링, 참조하기, 인지적 과제, 독서치료·심리교육적 숙제, 확대적용, 치료회기 녹음, 재구성, 멈추고 살펴보기, 내담자 언어 변화시키기 등

　㉡ 정서적·체험적 기법 : 합리적 정서 심상 형성, 대처말 숙달시키기, 녹음을 이용한 강력한 논박하기, 역할극, 역역할극, 유머, 치료자의 무조건적인 수용, 무조건적인 자기수용과 무조건적인 타인수용 가르치기, 격려, 참만남 집단 등

　㉢ 행동적 기법 : 강화, 벌칙, 수치심 깨뜨리기, 기술 훈련, 역설적 과제, 재발방지, 체계적 둔감화, 어려운 상황에 머물기, 합리적인 신념에 따라 행동하기 등

② ABCDE 상담기법

　㉠ 개요 및 특징

　　• 인간이 비합리적인 신념으로 인해 부적응적 정서와 행동에 고착되는 것과 이의 치유감정을 설명하는 이론이다.

　　• 엘리스(Ellis)는 인간의 사회적인 면, 특히 성격발달과 관련된 사회적인 면을 강조하였다.

　　• 인간의 생각, 신념, 자기언어와 같은 인지적인 면이 경험이나 느낌만큼 인간행동에 중요한 영향을 미칠 수 있다고 본다.

　　• 통찰된 것을 행동으로 옮겨야 함을 강조하면서 통합적이고 절충적인 상담의 실제를 강조하고, 정서적 장애와 문제행동의 원인 및 그 해결방법을 명확히 제시한다는 장점이 있다.

　　• 상담자와 1:1 상담을 하지 않고도 내담자 스스로 자신의 문제를 해결하는 방법을 익힐 수 있으며, 상담의 효과를 크게 높일 수 있음을 시사해주는 데 공헌하였다.

　㉡ ABCDE 기법의 주요 내용

기 법	주요 내용	구체적인 예	
Activating Event (선행사건)	개인의 감정을 동요시키거나 행동에 영향을 미치는 사건을 의미한다.	입학시험에 낙방	
Belief System (비합리적 신념체계)	선행사건에 대한 개인의 비합리적 신념체계나 사고체계를 의미한다.	"시험에 낙방했으니 나는 쓸모없는 인간이다."	
Conse-quence (결 과)	선행사건을 경험한 후 자신의 비합리적 신념체계를 통해 그 사건을 해석함으로써 느끼는 정서적·행동적 결과이다.	극심한 우울과 불안, 자괴감	
Dispute (논 박)	상담자가 개인이 가지고 있는 비합리적 신념이나 사고에 대해 그것이 사리에 부합하는 것인지 반박하는 것으로서, 내담자의 비합리적 신념체계를 수정하기 위한 것이다.	논리성	"시험에 떨어졌다고 쓸모없다고 말할 수 있나?"
		현실성	"이번 시험에서 나만 떨어졌는가?"
		효용성	"시험에 떨어졌다고 해서 쓸모없는 인간이라고 하는 것이 내게 이득이 있는가?"
Effect (효 과)	논박으로 인해 나타나는 효과로서, 개인이 가진 비합리적인 신념을 철저하게 논박하여 합리적인 신념으로 대체한 결과를 지칭한다.	합리효과	"시험에 떨어졌다고 해서 쓸모없는 인간은 아니다."
		정서효과	"시험에 떨어진 것으로 인해 많이 실망스럽지만, 그렇다고 우울하거나 불안하지는 않다."

[핵심예제]

28-1. 합리정서행동 상담에서 인지적 기법에 해당하지 않는 것은? [19년 18회]

① 독서요법
② 역할 연기
③ 인지적 과제
④ 내담자 언어 변화시키기
⑤ 비합리적 신념 논박하기

정답 ②

28-2. 합리정서행동 치료(REBT)의 ABCDE를 순서대로 제시한 것은? [15년 13회]

ㄱ. 현수는 '이번 모의고사에서 낮은 점수를 받은 것은 정말 바보같고 끔찍한 일'이라고 생각했다.
ㄴ. 상담자는 '모든 사람이 항상 원하는 점수를 받을 수 있을까? 모의고사에서 낮은 점수를 받은 것이 그렇게 끔찍한 일인가?'라고 질문하였다.
ㄷ. 현수는 학습의욕이 저하되고 우울한 기분을 느꼈다.
ㄹ. 현수는 이번 모의고사에서 예상했던 점수보다 낮은 점수를 받았다.
ㅁ. 현수는 모의고사에서 낮은 점수를 받은 것이 아쉽기는 하지만, 우울해하지 않고 다음 시험을 위한 계획을 세우고 실천하게 되었다.

① ㄱ - ㄴ - ㄹ - ㄷ - ㅁ
② ㄱ - ㄷ - ㄴ - ㄹ - ㅁ
③ ㄷ - ㄹ - ㄱ - ㄴ - ㅁ
④ ㄹ - ㄱ - ㄴ - ㄷ - ㅁ
⑤ ㄹ - ㄱ - ㄷ - ㄴ - ㅁ

정답 ⑤

해설

28-1
'역할 연기'는 정서적·체험적 기법에 해당한다.

28-2
ABCDE 기법
• A(선행사건) : 개인에게 정서적 혼란을 일으키는 어떤 사건
• B(비합리적인 신념체계) : 어떤 사건이나 행위 등과 같은 환경적 자극에 대해서 개인이 갖게 되는 비합리적인 태도 또는 사고방식
• C(결과) : 선행사건에 접했을 때 합리적 또는 비합리적인 태도 내지 사고방식을 가지고 그 사건을 해석함으로써 느끼게 되는 정서적 결과
• D(논박) : 자신이 가지고 있는 비합리적인 신념이나 사고에 대해서 도전해보고, 과연 그 생각이 사리에 맞는 것인지를 다시 한 번 검토해보도록 상담자가 촉구하는 것
• E(효과) : 내담자의 비합리적인 신념을 철저하게 논박함으로써 합리적인 신념으로 대치한 다음에 느끼게 되는 자기 수용적 태도와 긍정적 감정의 결과

핵심이론 29 | **인지치료 상담의 개요 및 목표**

① 개 요
ㄱ 개인이 정보를 수용하여 처리하고 반응하기 위한 지적 능력을 개발시키는 방법을 말한다.
ㄴ 벡(Beck)은 개인이 가진 정보처리과정 상의 인지적 왜곡에 초점을 두면서, 사람들이 느끼고 행동하는 것이 경험의 지각과 구조화 방식에 의해 결정된다고 했다.
ㄷ 상담자는 내담자의 무의식적인 부정적·비합리적 생각을 찾아 변화시키는 데 초점을 둔다.
ㄹ REBT의 경우에는 내담자의 의지와 역할이 매우 중요한 요소로서, 치료자는 교사적인 입장으로 상대를 가르쳐주는 입장이다. 반면에 인지치료의 경우에는 소크라테스적인 질문법을 사용하는데, 이 방법은 상대에게 답을 정해놓고 가르쳐주는 형식이 아니라, 상대에게 여러 방향의 질문을 계속 던져서 스스로 생각하여 답을 찾아낼 수 있도록 하는 것을 말한다.

② 상담의 목표
ㄱ 인지치료는 역기능적이고 자동적인 사고 및 스키마, 신념, 가정의 대인관계 행동에서의 영향력을 강조하며, 내담자로 하여금 이를 인식하도록 하고 수정할 수 있도록 돕는다.
ㄴ 내담자가 도식을 재구성하도록 격려함으로써, 정서나 행동에 변화가 일어나도록 한다.

③ 인간관
개인이 상황을 구조화하는 방식에 따라 그가 행동하고 느끼는 방식을 결정하는 존재이다.

더 알아보기

인지치료 관점에서의 정신병리
• 비현실적인 부정적 인지가 부적응적 증상을 유발한다.
• 정신장애의 유형은 자동적 사고의 주제와 밀접하게 관련되어 있다.
• 정신병리는 개인이 현실을 정확하게 인식하지 못하고 과장하거나 왜곡할 때 생겨난다.
• 정상과 정신병리는 연속선상의 차이에 의해 구별되는 것으로 본다.

[핵심예제]

인지치료 관점에서의 정신병리에 관한 설명으로 옳지 않은 것은?

[16년 15회]

① 부적응적 증상은 개인적 삶의 경험과 자기개념의 불일치에서 생겨난다.
② 비현실적인 부정적 인지가 부적응적 증상을 유발한다.
③ 정신장애의 유형은 자동적 사고의 주제와 밀접하게 관련되어 있다.
④ 정신병리는 개인이 현실을 정확하게 인식하지 못하고 과장하거나 왜곡할 때 생겨난다.
⑤ 정상과 정신병리는 연속선상의 차이에 의해 구별되는 것으로 본다.

정답 ①

해설

① 인간중심 상담에 관한 내용으로, 로저스에 의하면 인간은 자아와 현실 간에 불일치가 이루어지거나 자아에 대한 지각이 이상적 자아와 일치되지 않을 경우 부적응이 나타난다.

핵심이론 30 인지치료 상담의 주요 개념

① **핵심 신념** : 자신에 대한 중심적 생각으로, '보편적이며 과일반화된 절대적인 것'으로 기술될 수 있다. 핵심 신념은 자신, 타인, 세계 그리고 미래에 대한 자신의 견해를 반영한다.

② **중재적 신념** : 자동적 사고를 형성하는 극단적이고, 절대적인 규칙과 태도를 반영한다.

③ **역기능적 사고** : 비합리적이고 부적응적이며, 자기비판적인 사고를 말한다.

④ **자동적 사고** : 한 개인이 어떤 상황에 대해 내리는 즉각적이고 자발적인 평가를 의미한다.

　예 선생님이 인사를 받지 않고 지나간 경우, 개인의 자동적 사고에 따라 순간적으로 어떤 학생은 자기를 무시한다고 생각하는 반면에 어떤 학생은 불안을 느끼는 상황이 발생한다.

⑤ **인지삼제** : 우울증상을 경험하는 사람들의 사고로서, 개인의 부정적인 생각과 태도이다.
　㉠ 자기에 대한 비관적 생각
　㉡ 앞날에 대한 염세주의적 생각
　㉢ 세상에 대한 부정적 생각

⑥ **인지도식(스키마)**
　㉠ 삶에 대한 이해의 틀을 형성한 것이 삶의 인지도식이며, 대개 경험에 의하여 형성된다.
　㉡ 동일한 사건을 사람마다 다르게 해석하는 이유는 사람마다 인지도식이 다르기 때문이다.
　㉢ 역기능적 인지도식을 가지고 있는 경우, 심리적인 문제가 발생한다.
　㉣ 우울한 사람은 생활사건의 의미를 부정적으로 해석하게 하는 역기능적 인지도식이 있다.
　㉤ 역기능적 인지도식은 청소년기 이전부터 형성되기 시작한다.

⑦ 인지상 왜곡 : 생활사건의 의미를 해석하는 과정에서 나타나는 추론과정의 체계적 오류다.

임의적 추론	어떤 결론을 지지하는 증거가 없거나 그 증거가 결론에 위배됨에도 불구하고 그와 같은 결론을 내린다. 예 자신의 메시지에 답변이 없다고 하여, 상대방이 의도적으로 회피하는 것이라고 판단하는 경우
선택적 추상화 (추론), 정신적 여과	다른 중요한 요소들은 무시한 채 사소한 부분에 초점을 맞추고, 그 부분적인 것에 근거하여 전체 경험을 이해한다. 예 • 상담자 : 어제 수업 시간에 했던 발표는 어땠는지 궁금해요. • 내담자 : 제 발표가 매우 지루했던 게 분명해요. 질문도 많이 받았고 선생님도 칭찬하셨지만, 한 친구가 유독 졸고 있더라고요.
과도한 일반화	한두 가지의 고립된 사건에 근거해서 일반적인 결론을 내리고, 그것을 서로 관계없는 상황에 적용한다. 예 자신을 도와주던 친구가 어쩌다 자신을 도와주지 않았다고 하여, 자신과의 친분관계를 끊은 것이라고 결론 내리는 경우
개인화	자신과 관련시킬 근거가 없는 외부사건을 자신과 관련시키는 성향으로서, 실제로는 다른 것 때문에 생긴 일에 대해 자신이 원인이고 자신이 책임져야 할 것으로 받아들인다. 예 "내가 공부를 못하기 때문에 부모님의 사이가 안 좋다."
이분법적 사고, 흑백논리	모든 경험을 중간지대가 없이 흑백논리로써 현실을 파악한다. 예 "나와의 약속을 어겼기 때문에 너는 나쁜 인간이다."
과대평가 · 과소평가	어떤 사건 또는 한 개인이나 경험이 가진 특성의 한 측면을 그것이 실제로 가진 중요성과 무관하게 과대 · 과소평가한다. 예 어떤 학생이 한두 번 지각했다고 해서 그 학생이 게으르다고 판단하는 경우
정서적 추론	자신의 정서적 경험이 마치 현실과 진실을 반영하는 것인 양 간주하여, 이를 토대로 그 자신이나 세계 또는 미래에 대해 그릇되게 추리한다. 예 자신이 아무런 쓸모없는 사람이라고 단정하는 경우
긍정 격하	자신의 긍정적인 경험이나 능력을 객관적으로 평가하지 않은 채, 부정적인 경험으로 전환하거나 자신의 능력을 낮추어 본다. 예 자신의 계획이 성공에 이르렀음에도 불구하고, 이를 자신의 실력이 아닌 운에 의한 것으로 돌리는 경우
파국화, 재앙화	어떤 사건에 대해 자신의 걱정을 지나치게 과장하여 항상 최악을 생각함으로써 두려움에 사로잡힌다. 예 길을 걷다가 개에게 물린 사람이 이제 곧 광견병으로 목숨을 잃게 될 것이라 생각하는 경우
잘못된 명명	어떤 하나의 행동이나 부분적 특성을 토대로 사람이나 사건에 대해 완전히 부정적이고 단정적으로 명명한다. 예 한 차례 지각을 한 학생에 대해 지각대장이라는 이름표를 붙이는 경우

[핵심예제]

다음 사례에서 내담자의 호소와 상담자 반응에 드러난 인지치료에서의 인지왜곡은?
[19년 18회]

- 내담자 : 수업시간에 발표를 했는데, 학생들이 큰 박수를 치고 선생님께서도 아주 잘했다고 칭찬을 하셨어요. 그런데 어떤 한 명이 제 발표가 지루했다고 불평을 하는 거예요. 그래서 저는 그 발표수업을 잘 못했다고 생각해요.
- 상담자 : 다수보다는 소수의 반응에만 주의를 기울여 발표를 잘 못한 것으로 단정하고 있구나.

① 파국화
② 마음읽기
③ 선택적 추론
④ 과잉 일반화
⑤ 이분법적 사고

정답 ③

해설

제시문은 다른 중요한 요소들은 무시한 채 사소한 부분에 초점을 맞추고, 그 부분적인 것에 근거하여 전체 경험을 이용하는 선택적 추론에 대한 예이다.

① 파국화 : 어떠한 사건에 대해 자신의 걱정을 지나치게 과장하여 항상 최악을 생각함으로써 두려움에 사로잡히는 것이다.
② 마음읽기 : 상대방 말의 내용에 주의를 기울이기보다는 상대방의 의중을 파악하려고 하는 것으로 경청을 방해하는 요인이다.
④ 과잉 일반화 : 한두 가지의 고립된 사건에 의거해서 일반적인 결론을 내리고, 그것을 서로 관계없는 상황에 적용하는 것이다.
⑤ 이분법적 사고 : 모든 경험을 한두 개의 범주로만 이해하고 중간지대가 없이 흑백논리로써 현실을 파악하는 것이다.

핵심이론 31 인지치료 상담의 기법

문제축약 기법	• 내담자가 아주 다양한 문제 증상들을 호소했을 때, 이러한 증상들을 몇 가지 중요한 공통된 것들로 묶어서 다루는 방법이다. • 문제 증상들을 발생 시기별로 정리한 후, 초기 증상들을 먼저 다루는데 초기의 문제들로 이후의 증상들이 초래되었을 가능성이 크기 때문이다.
빈틈 메우기 기법	• 사람들이 경험하는 스트레스 사건과 정서적 혼란 사이의 빈틈을 확인하여 채우는 방법이다.
대처카드 사용 기법	• 내담자가 처한 문제나 상황을 기록하게 한 다음 대처카드에 그에 대한 대처 전략을 적게 한다. • 대처카드는 문제의 귀인을 기억하게 해주고 문제를 생산적으로 해결할 수 있도록 돕는다.
역기능적 사고 기록지 (칸 기법)	• 세 칸 기법은 종이 제일 왼쪽 첫 번째 칸에는 문제 상황이나 구체적 스트레스 사건을 적고, 세 번째 칸에는 상황 후 일어났던 정서적 결과를 적는다. 다음 두 번째 칸에는 둘 사이의 빈 틈, 즉 자동적 사고를 확인하여 적는다. • 다섯 칸 기법은 네 번째 칸에 긍정적이거나 부정적인 사고를 적을 수 있고, 다섯 번째 칸에는 이렇게 생각을 바꿀 경우에 동일한 상황에서 정서적 결과가 어떻게 달라질 수 있는지를 확인하여 적을 수 있다.
소크라테스 질문법	• 내담자의 문제를 논박을 통해 인지적 왜곡이나 오류가 있음을 밝혀내고, 질문을 통해 자기발견과 타당화의 과정을 거치게 되어 사건이나 행동의 의미를 재발견하는 기법이다. • 상대에게 여러 질문을 계속 던져 스스로 답을 찾아낼 수 있도록 한다.
근육이완 훈련	• 근육의 수축과 이완, 깊고 규칙적인 호흡, 즐거운 사고나 심상 등을 훈련함으로써 스트레스에 대처할 수 있도록 가르치는 기법이다.
점진적 노출	• 불안을 유발하는 수준을 낮음에서 높음으로 점진적으로 노출시키는 것이다.
모델링	• 관찰학습 과정을 통해 클라이언트가 시행착오 학습을 거치지 않고, 원하는 행동을 학습할 수 있도록 하는 기법이다.

[핵심예제]

상담자가 다음과 같이 상담 목표를 설정했다면 어떤 목표 설정의 원리가 적용된 것인가? [16년 14회]

> 어떤 청소년이 교통수단을 이용하거나 엘리베이터를 타거나 여러 사람 앞에서 노래 부르거나 발표하는 것 등의 여러 상황에서 불안과 공포를 호소하였다. 상담자는 내담자의 호소내용을 탐색한 후 호소하는 여러 문제의 기저에 있는 공통요인을 수치심으로 보고 수치심 극복하기를 상담 목표로 세웠다.

① 구체성
② 문제축약 및 단순화
③ 측정 가능성
④ 달성 가능성
⑤ 상담자와 내담자 간 동의

정답 ②

해설

문제축약 기법은 인지치료 상담 기법 중의 하나로 내담자가 아주 다양한 문제 증상들을 호소했을 때, 이러한 증상들을 몇 가지 중요한 공통된 것들로 묶어서 다루는 방법이다. 문제 증상들을 발생 시기별로 정리한 다음, 초기에 발생한 증상들을 먼저 다룬다. 먼저 발생한 문제들로 인해 이후의 증상들이 초래되었을 가능성이 크기 때문이다.

현실치료 상담의 개요 및 특징

① **개 요**

ㄱ. 1950년대에 글래서(W. Glasser)가 정신분석의 결정론적 입장에 반대하면서 그에 반대되는 치료적 접근방법을 개발하였다.

ㄴ. 우볼딩(R. Wubbolding)은 상담절차의 중요한 핵심요소로 WDEP구조를 주장하면서 단계별로 모든 단계에 걸쳐 질문기술을 활용하였고, 토의·논박·직면·언어충격·유머 등의 기술도 활용하였다.

  • 상담자 윤리강령에 따라 내담자의 궁극적인 복지를 위해 상담을 전개한다.

  • '예상하지 않은 행동하기'를 통해 내담자로 하여금 자신의 또 다른 바람을 탐색하도록 하여 잠시나마 고통상태에서 벗어나게 한다.

  • 가장 자기다운 모습으로 상담해야 하며, 웃음은 고통에 대한 치유약이므로 상담 중에 유머를 적극적으로 활용한다.

  • 행동계획은 지속적인 행동의 변화가 요구되며 계획의 성취가 가능해야 한다.

ㄷ. 인간이 자신의 욕구를 충족하기 위해 행동하며, 그러한 행동은 인간이 스스로 선택하고 결정한 것이라는 점을 강조한다.

ㄹ. 내담자의 삶을 더욱 효과적으로 통제하도록 하며, 결과에 대해 책임질 것을 강조한다.

ㅁ. 현재에 초점을 두며, 무의식적 행동보다 행동 선택에 대한 평가에 초점을 둔다.

ㅂ. 도덕성을 강조하며, 개인의 효과적인 욕구 충족을 위해 새로운 방법을 교육시키고자 한다.

② **상담의 목표** : 내담자가 원하는 것이 무엇인지 기본 욕구를 바탕으로 파악하고, 내담자가 책임질 수 있고 만족해하는 방법으로 심리적 욕구를 달성할 수 있도록 돕는 것이다.

③ **인간관**

ㄱ. 인간은 궁극적으로 자기 결정적이며, 자신의 삶에 대한 책임과 능력이 있다고 가정하기 때문에 비결정론적이고 긍정적이다.

ㄴ. 인간은 자유롭게 자신이나 환경을 통제할 수 있으며, 자신의 목표를 스스로 선택하고자 하는 욕구를 지니고 있다.

④ **현실치료 상담의 특징**

ㄱ. 내담자가 정신질환을 앓고 있다는 개념을 용납하지 않고, 정신병적 행동은 우연히 일어나는 것이 아니라 개인이 선택한 것으로 본다.

ㄴ. 심리적인 힘의 자원을 얻을 수 있는 달리기, 명상 등에 긍정적으로 탐닉할 것을 강조한다.

ㄷ. 책임을 다른 사람의 욕구 충족을 방해하지 않는 범위에서 자신의 욕구를 충족시키는 능력이라고 정의한다.

ㄹ. 다른 상담접근과 달리 도덕성을 중요시한다.

ㅁ. 내담자의 과거나 미래보다는 현재에 초점을 둔다.

ㅂ. 상담자는 따뜻한 인간적인 위치에서 내담자와 친밀한 관계를 맺는 존재이다.

ㅅ. 적극적으로 욕구 충족을 위하여 새로운 방법을 교육시켜 주는 것을 강조한다.

ㅇ. '바람 → 행동 → 평가 → 계획'의 상담과정을 따른다.

ㅈ. 유머를 적절하게 사용하는 것을 권장한다.

ㅊ. 의도적으로 능동태 또는 진행형 동사를 많이 사용한다.

ㅋ. 부정적인 것을 줄이기보다 긍정적인 것을 늘리는 데 초점을 맞춘다.

ㅌ. 내담자의 말과 행동이 일치하지 않는 것을 인식시켜 자신의 말과 행동에 책임지게 한다.

ㅍ. 자기 자신을 개방하고, 심미적·정서적인 강도를 표현할 수 있도록 은유적 표현에 귀 기울인다.

[핵심예제]

현실치료에 관한 설명으로 옳지 않은 것은? [18년 17년]

① 유머를 적절하게 사용하는 것을 권장한다.

② 의도적으로 능동태 또는 진행형 동사를 많이 사용한다.

③ 은유적 표현을 지양하고 현실적인 표현에 귀 기울인다.

④ 부정적인 것을 줄이기보다 긍정적인 것을 늘리는 데 초점을 맞춘다.

⑤ 내담자의 말과 행동이 일치하지 않는 것을 인식시켜 자신의 말과 행동에 책임지게 한다.

정답 ③

해설

현실치료에서 우볼딩(R. Wubbolding)은 상담환경을 조성하기 위하여 주의를 기울이고, 유머를 사용하며 자기 자신을 개방하여 심미적이고 정서적인 강도를 표현할 수 있도록 은유적 표현에 귀 기울이라고 주장하고 있다.

핵심이론 33 현실치료 상담의 기법 및 진행

① 현실치료 상담의 기법

유 머	• 현실주의 상담(현실치료)은 기본 욕구로서의 즐거움과 흥미를 강조한다. • 상담자는 유머를 사용함으로써 내담자와 친근한 관계를 유지하며, 상담과정에서 내담자의 참여와 소속의 욕구를 충족시킬 수 있다. • 유머는 내담자로 하여금 현재 자신의 문제에 대한 새로운 시각을 가질 수 있도록 한다. • 유머는 시기적절하게 사용되어야 한다. 내담자와의 상담관계가 형성되기 전에 유머를 사용하는 것은 바람직하지 않다.
역설적 기법	• 내담자가 상담과정에서 저항을 보이는 경우, 행동변화를 완고히 거부하는 내담자에게 효과적인 방법이다. • 상담자는 내담자에게 모순된 요구나 지시를 함으로써 의도적으로 내담자를 딜레마에 빠뜨린다. • 일종의 언어 충격으로서 매우 강력한 도구이므로, 전문적인 훈련을 받은 상담자가 사용해야 한다.
직 면	• 내담자의 책임감을 강조하며, 변명을 허용하지 않는 것이다. • 상담자는 내담자가 현실적인 책임에서 벗어나는 행동을 하는 경우, 내담자에게 책임 있는 행동을 할 것을 촉구한다. • 내담자의 저항을 유발할 수 있으므로 사용상 주의를 요한다.

② 현실치료 상담의 진행(WDEP기법)

  ㉠ 현실치료 상담에서 상담은 자신의 상황, 행동, 감정에 대한 책임이 전적으로 자신에게 있다는 가정을 하고, 다른 사람이나 환경을 탓하지 않고 자신이 통제할 수 있는 일에 에너지를 쏟는 것에 중점을 둔다.

  ㉡ 상담의 진행단계(Wubbolding)

제1단계	Want(바람) 파악	• 자신이 진정 원하는 것이 무엇인지 명확히 하기
제2단계	Doing(행동) 파악	• 현재 자신의 행동양식 파악하기 • 하루의 일과를 꼼꼼히 리뷰해보고, 다른 사람들과 어떻게 소통하고 있으며, 시간을 어떻게 사용하고 있는지 등을 확인하기
제3단계	Evaluating (평가)	• 현재 행동양식이 자신의 욕구를 충족시키는 데 도움이 되는지 또는 해가 되는지를 평가하기

제4단계	Planning
	(행동계획)
		• 계획은 구체적이고(언제, 무엇을, 어디서, 얼마나 할 것인가) 현실적이어야 하며, 즉시 실행할 수 있는 것이어야 한다(오늘 당장 할 수 있는 일은 무엇인가?).
		• 반복해서 할 수 있는 계획을 세우는 것이 좋다.
		• 자신이 진정으로 원하는 것을 얻기 위해 효과적인 계획 세우기
		  - 단순하고 이해하기 쉬워야 한다.
		  - 성취여부를 측정할 수 있도록 설정되어야 한다.
		  - 내담자가 통제할 수 있어야 한다.

[**핵심예제**]

현실치료에 관한 설명으로 옳지 않은 것은? [19년 18회]

① 인간을 자율적이고 책임감 있는 존재로 본다.
② 핵심개념으로 책임, 현실, 옳고 그름의 3R이 있다.
③ 바람파악, 계획하기, 행하기, 평가의 순으로 상담을 진행한다.
④ 전행동은 행하기, 생각하기, 느끼기, 생리적 반응의 4가지 요소로 구성된다.
⑤ 인간의 기본 욕구에는 생존, 사랑과 소속, 힘과 성취, 자유, 즐거움이 있다고 본다.

정답 ③

해설

'바람(Want) 파악 → 행동(Doing) 파악 → 평가(Evaluation) → 계획(Planning)'의 상담과정을 따른다.

현실치료 상담의 주요 개념

① 기본적 욕구 : 인간에게는 다섯 가지 욕구가 있으며, 개인 내 욕구 충족뿐만 아니라 개인 간 욕구 충족 사이에서도 갈등이 발생한다.

1	사랑과 소속(사랑) 욕구	사랑하고, 나누고, 협력하고자 하는 인간의 속성
2	힘과 성취(권력) 욕구	경쟁하고 성취하며, 중요한 존재이고 싶어 하는 속성
3	즐거움(재미) 욕구	많은 새로운 것을 배우고, 놀이를 통해 즐기고자 하는 속성
4	자유욕구	이동하고 선택하는 것을 마음대로 하고 싶어 하는 속성
5	생존욕구	살고자 하고, 생식을 통한 자기 확장을 하고자 하는 속성

② 선택이론(통제이론)

ㄱ 인간이 뇌의 작용을 통해 자신의 행동을 어떻게 선택 또는 통제하는지 설명하는 이론이다.

ㄴ 글래서(Glasser)는 우리가 인식하는 것보다 훨씬 더 많이 자신의 삶을 통제한다고 주장한다.

ㄷ 통제할 수 있는 유일한 인간은 나 자신뿐이며, 불행과 갈등도 선택한 것이다.

ㄹ 인간은 생존, 사랑과 소속, 힘과 성취(권력), 자유, 즐거움(재미)의 욕구를 가지고 있다.

ㅁ 인간은 욕구를 충족시키기 위해 감각기관, 지각체계, 행동체계를 통해 환경을 통제한다.

ㅂ 인간은 특히 기본적 욕구가 잘 충족되었을 때 경험했던 사람, 물체, 사건에 대한 그림을 보관하여 좋은 세계(Quality World)를 발달시킨다.

ㅅ 인간은 시각, 청각, 촉각 등의 감각체계와 함께 현실을 받아들이고 가치를 여과하는 지각체계를 통해 자신이 원하는 방식으로 경험적 현실세계를 분류한다.

ㅇ 행동체계는 이제까지 욕구 충족에 도움이 되었던 조직화된 행동으로 구성되어 있다.

ㅈ 인간은 자신이 원하는 것이 있을 때 전체행동을 통해 그것을 얻고자 노력하는데, 인간의 전체행동은 활동하기, 생각하기, 느끼기, 생리(신체)반응의 4가지로 구성된다.

ㅊ 모든 행동은 선택되는데, 활동하기와 생각하기는 직접적인 통제가 가능하지만, 느끼기와 생리(신체)반응은 간접적으로 통제가 가능하다.

ㅋ 핵심개념으로 책임, 현실, 그리고 옳고 그름의 3R을 강조한다. 다른 사람들의 욕구 충족을 방해하지 않는 범위 내에서 자신의 욕구 충족을 주구하려면 사회제도나 도덕, 규범 등 현실적인 여건을 고려한 책임 있는 행동을 해야 하며, 옳고 그름을 판단할 수 있어야 한다.

글래서(W. Glasser)의 선택이론이 제안하는 기본 욕구에 관한 설명으로 옳지 않은 것은? [17년 16회]

① 기본 욕구 간에는 위계가 존재한다.

② 인간은 다섯 가지 기본 욕구를 가지고 태어난다.

③ 새로운 것을 배우고자 하는 속성은 즐거움의 욕구에 속한다.

④ 생존 욕구를 제외한 다른 욕구들은 모두 심리적 욕구이다.

⑤ 개인 내 욕구 충족뿐만 아니라 개인 간 욕구 충족 사이에서도 갈등이 발생한다.

정답 ①

해설

① 매슬로우(Maslow)의 욕구위계이론으로서 하위단계의 욕구들이 충족되지 못하면 보다 높은 단계로 나아가지 못한다는 것이다.

핵심이론 35 | 해결중심 상담의 개요 및 기본원리

① 개요 : 문제의 원인을 규명하기보다는 내담자가 가지고 있는 자원을 활용하여 해결방안을 마련하는 단기적 접근방법에 해당한다.

② 인간관
- ㉠ 인간은 근본적으로 누구나 자신의 문제를 해결할 수 있는 능력을 가지고 있다.
- ㉡ 상담자는 내담자를 문제아로 보지 않고 자원·강점을 활용하지 못하고 있는 것으로 본다.

③ 상담의 기본원리
- ㉠ 병리적인 것 대신에 건강한 것에 초점을 둔다.
- ㉡ 내담자의 강점, 자원, 건강한 특성을 발견하여 상담에 활용한다.
- ㉢ 문제에 접근하기 위한 다양한 해결책이 존재한다는 점을 강조하면서 탈이론적, 탈규범적 양상을 보이고, 내담자의 견해를 존중하며 현재에 초점을 맞추면서 미래 지향적이다.
- ㉣ 일차적으로 단순하고 간단한 방법을 사용하며 문제가 없으면 손대지 않는다.
- ㉤ 변화는 항상 일어나며 불가피한 것이라고 본다. 즉 인간의 삶에 있어서 안정은 일시적인 반면 변화는 지속적이므로, 작은 변화라도 치료를 위한 해결책으로 초점을 두어 활용한다.
- ㉥ 내담자의 의견과 관점을 수용하므로 내담자 중심의 치료적 접근이 가능하다.

핵심예제

해결중심 상담의 기본 원리나 규칙이 아닌 것은? [16년 14회]
① 병리적인 것 대신에 건강한 것에 초점을 둔다.
② 문제가 없으면 손대지 않는다.
③ 내담자 문제 배경 분석이 잘 이루어져야 한다.
④ 작은 변화에 초점을 둔다.
⑤ 내담자의 자원을 발견하여 활용한다.

정답 ③

해설

해결중심 상담이론은 문제를 분석하지 않고 현재와 미래에 초점을 두며, 상담을 오래 끌지 않고, 생각보다는 행동에 초점을 맞춘다.

해결중심 상담의 기본원리
- 효과가 있다면 계속 더 하고 효과가 없다면 다른 것을 시도한다.
- 상담은 긍정적인 것, 해결책 그리고 미래에 초점을 둘 때 원하는 쪽으로 변화가 된다.
- 고민이나 문제를 정상적인 개념으로 재진술하면 문제해결의 가능성이 열린다.

핵심이론 36 해결중심 상담의 질문기법 및 주요 개념

① 해결중심 상담의 질문기법

질문기법	내 용
기적질문	문제해결을 상상해봄으로써 요구사항들을 구체화 · 명료화하는 데 도움을 준다.
예외질문	문제해결을 위해 우연적이고 성공적으로 실행한 방법을 찾아내어, 이를 의도적으로 실행하도록 하는 것이다.
척도질문	집단원에게 자신의 문제, 문제의 우선순위, 진행에 관한 평가 등의 수준을 수치로 표현하도록 하는 것이다.
대처질문	어려운 상황에서의 적절한 대처 경험을 상기시킴으로써, 집단원으로 하여금 자신의 강점을 발견하도록 돕는다.
관계성 질문	집단원과 중요한 관계에 있는 사람들의 관점에서, 그들이 집단원 자신의 문제에 대해 어떻게 생각할지 추측해보도록 하는 것이다.
면담 전의 변화를 묻는 질문	치료 이전을 관찰하고, 이를 근거로 해결방안을 찾아낸다.

② 주요 개념

개 념	내 용
해결중심 접근	• 어려움을 해결하지 못하는 것에 중점을 두므로, 새로운 해결방안을 찾는 것을 중요시한다. • 문제해결을 위해서는 문제가 없는 때나 문제가 안 되는 상황에 대해 더 많이 알아야 한다. • 문제 행동이나 상황이 예외적으로 일어나지 않은 경우를 찾아내어 내담자의 성공을 확대하고 강화시켜 주기 위해 '예외질문'과 같은 질문기법을 사용한다.
긍정적 관점 지향	• 내담자를 강점과 자원을 가진 존재로 보는 입장이므로, 상담자는 문제 해결에 사용할 수 있는 내담자의 성공과 특성을 규명하고 그것을 내담자가 받아들일 수 있도록 돕는다. • 내담자는 상담 전에 이미 변화할 준비가 되어 있다고 가정한다. • 내담자를 전문가로 여기고 호기심 어린 자세와 가설적인 태도로 대한다.

[핵심예제]

다음 질문기법을 사용하는 상담이론의 특성으로 옳지 않은 것은?　　　　　　　　　　　　　　　　　[18년 17회]

> "지금 당신이 고민하고 있는 문제가 없었던 예외적인 순간이 있었나요? 혹은 그 문제가 덜했던 순가에 대해 말해 주시겠어요?"

① 단기상담을 지향한다.
② 과거보다 현재와 미래에 초점을 맞춘다.
③ 문제의 심층적 원인이나 근원에 주의를 기울인다.
④ 내담자는 상담 전에 이미 변화할 준비가 되어 있다고 가정한다.
⑤ 내담자를 전문가로 여기고 호기심 어린 자세와 가설적인 태도로 대한다.

정답 ③

해설

제시된 질문기법은 해결중심 상담이론의 질문기법 중 예외질문에 해당한다. 예외질문은 문제 행동이나 상황이 예외적으로 일어나지 않은 경우를 찾아내어 내담자의 성공을 확대하고 강화시켜 주고자 하는 것이다. 해결중심 상담이론은 과거보다 현재와 미래에 초점을 맞춘 것으로, 문제의 원인을 규명하기보다는 내담자가 가지고 있는 자원을 활용하여 해결방안을 마련하는 단기적 접근방법에 해당한다. 내담자의 강점, 자원, 건강한 특성을 발견하여 상담에 활용하고, 변화는 항상 일어나며 불가피한 것이라고 보는 입장으로 내담자의 의견과 관점을 수용하므로 내담자 중심의 치료적 접근이 가능하다.

핵심이론 37 교류분석(TA ; Transaction Analysis) 상담

① 개 요
- ㉠ 교류분석 이론은 1950년대 초에 에릭 번(Eric Berne)에 의해 형성된 인간의 약점이나 결함보다는 인간의 강점에 초점을 두는 이론이다.
- ㉡ 초기에 정신과 신체 간의 관계, 특히 인간의 직관에 흥미를 가졌고, 프로이트 이론에서 분리되어 자아의 상태를 부모 자아, 어른 자아, 어린이 자아로 나누었으며, 이 자아 상태를 관찰 가능한 현상으로 보았다.
- ㉢ '심리교류분석' 또는 '의사거래분석'이라고도 불린다.
- ㉣ 심리교류는 두 사람 간 자아상태 사이의 자극과 그 반응으로서의 의사소통 단위이다.

② 상담의 목적
- ㉠ 상담의 목적은 자율성의 성취에 있다.
- ㉡ 자율성이란, 내담자가 현재의 자신의 행동과 생활양식을 보다 적절한 것으로 다시 선택·결정할 수 있는 행동 특성을 의미하는 것이다.
- ㉢ 내담자에게 자기 패배적 생각에서 벗어나, 자신의 삶에 대해 보다 충실할 수 있도록 한다.

③ 인간관
- ㉠ 인간은 성장에 대한 욕구와 잠재력을 가지고 있으며, 자신의 사고나 감정, 행동에 대해 책임을 질 수 있는 능력이 있다.
- ㉡ 인간은 환경과 경험들에 의하여 어린 시절에 이미 중요하게 결정·형성되기는 하지만, 현재의 그러한 자신의 행동양식들을 이해할 수 있고, 또 나아가서는 그러한 행동들을 새롭게 다시 선택하고, 결정할 수 있는 반결정론적·가변적·자율적인 존재이다.

④ 상담자의 역할
- ㉠ 내담자를 '자신의 생활양식을 보다 적절한 것으로 다시 선택하고 결정할 수 있는 자율적인 존재'로 인지하고, 내담자의 성장과 변화에 초점을 맞춘다.
- ㉡ 상담자는 내담자와 상담 과정에서 계약을 맺어야 하며, 특수한 계약을 강조하고 책임을 분담하도록 한다.
- ㉢ 내담자가 비효율적인 결정을 했던 과거의 불리한 조건들을 탐색하도록 돕는다.
- ㉣ 주로 교훈적이고, 교육자의 역할을 하며 내담자에게 용기를 준다.

[핵심예제]

교류분석에서 상담자의 역할로서 옳지 않은 것은? [19년 18회]
① 상담자와 내담자는 상담과정에서 계약을 맺어야 한다.
② 교류분석 상담에서는 변화에 초점을 맞추지 않고, 통찰을 중요시한다.
③ 교류분석 상담에서는 특수한 계약을 강조하고 책임을 분담하도록 한다.
④ 내담자가 비효율적인 결정을 했던 과거의 불리한 조건들을 탐색하도록 돕는다.
⑤ 교류분석에서 상담자의 역할은 주로 교훈적이고, 교육자의 역할을 하며 용기를 준다.

정답 ②

해설
교류분석 상담은 두 사람 간 자극과 반응의 소통 양상에 따른 교류유형을 발견하여 비효율적인 교류유형에서 벗어나도록 돕는 과정이다. 특히, 교류분석 상담에서는 인간을 환경과 경험에 의해 어린 시절에 이미 중요하게 결정·형성되긴 하지만, 현재의 행동양식들을 이해하여 새롭게 다시 선택·결정할 수 있는 반결정론적·가변적·자율적 존재로 보고 개인의 성장과 변화에 초점을 맞추었다.

핵심이론 38 교류분석 상담의 기법 및 주요 개념

① 상담분위기 조성 기법
  ㉠ 허용 : 내담자가 부모의 금지에 근거해 행동하므로, 상담자는 허용적인 분위기를 창출한다.
  ㉡ 보호 : 허용적인 분위기에서 그동안 숨죽이던 아동자아가 자유롭게 기능해서 내담자가 당황스러워 할 때, 내담자의 이런 반응을 안심시켜주고 지지해주는 기법이다.
  ㉢ 맞닥뜨림 : 내담자의 언행에서 불일치나 모순이 발견될 때 그것을 지적해 주는 기법이다.
  ㉣ 설명 : 상담자가 내담자에게 어른 자아 대 어른 자아의 입장에서 가르치는 기법이다.
  ㉤ 예시 : 긴장을 없애고, 무언가를 가르쳐 주는 기법(일화 또는 비교)이다.
  ㉥ 확립 : 상담자가 내담자에게 더 열심히 노력하라고 강화해주는 기법이다.
  ㉦ 해석 : 내담자의 행동 뒤에 숨어 있는 이유를 깨달을 수 있도록 도와주는 기법이다.
  ㉧ 구체적 종결 : 상담자가 내담자의 생활 자세를 명료화해 줄 때 사용되는 기법이다.

② 심리극 기법의 이용

역할연기	심리극의 가장 기본적인 기법으로서, 연출자(상담자)는 주인공(내담자)으로 하여금 자신의 위치에서 어떠한 역할을 선택하여 연기하도록 요구한다.
역할전환	일상생활 속에서 역할을 바꾸어 연기해 봄으로써, 상대방을 이해하는 동시에 자기중심적인 습관에서 벗어날 수 있게 된다.
이중자아	보조자가 주인공의 뒤에서 주인공의 또 다른 자아로서의 역할을 수행하며, 주인공이 실제로 표현하기 주저하는 내면심리를 대신하여 표현한다.
빈 의자 기법	• 연출자는 빈 의자를 무대 중앙에 놓은 채 주인공에게 그 의자에 누가 앉아 있는지, 그 사람은 누구인지 상상해 보도록 하여, 그동안 마음속으로 하고 싶었으나 실행에 옮기지 못한 말과 감정을 쏟아 놓도록 유도한다. • 빈 의자는 주인공에게 중요한 다른 사람의 역할로 사용될 수도 있지만, 주인공에게는 중요한 역할을 하는 대상으로도 사용한다.

	• 보조자아가 섣부른 행동으로 주인공을 위축시킬 우려가 있을 때나 실제 인물로는 표현하기 어려운 대상을 상징할 때, 빈 의자를 매개체로 사용함으로써 주인공의 생각, 느낌, 내적갈등이 표현되게 하는 데 효과적이다.
거울기법	보조자가 주인공의 역할을 대신함으로써, 주인공이 관중의 입장에서 자신의 행동을 이해하고 평가하도록 하는 기법이다.
미래투사 기법	주인공이 생각할 수 있는 장래의 범위 또는 가능한 행위의 범위를 탐색하여 이를 현실과 결부시킴으로써, 주인공의 현재 상황이나 문제를 볼 수 있도록 하는 기법이다.
독백기법	주인공의 숨겨진 생각이나 감정이 말을 통해 드러남으로써, 주인공의 감정을 이해하는데 도움을 준다.
상상기법	상상 속의 인물이 되어보거나 상상 속의 활동이나 상황을 꾸며보는 기법이다.

③ 주요 개념
  ㉠ 부모의 각본메시지(Script Message)

허용	• 부모의 어린이 자아ⓒ에서 자녀의 어린이 자아ⓒ로 전달된 메시지 중 긍정적인 경우를 말한다.
프로그램	• 부모의 어른 자아ⓐ에서 자녀의 어른 자아ⓐ로 전달된 메시지를 말한다.
금지령	• 부모의 어린이 자아ⓒ에서 자녀의 어린이 자아ⓒ로 전달된 메시지 중 부정적인 경우를 말한다. • 부모의 고통 등을 표현하는 것으로, "~하지 말라"의 형태를 취한다. • 자녀는 이러한 금지령에 순종할 것인지, 아닌지를 결정하게 된다.
대항 금지령	• 부모의 내면에 있는 부모 자아ⓟ에서 자녀의 부모 자아ⓟ로 전달된 메시지로서, 금지령에 대응하는 것이다. • 부모의 기대를 표현하며 명령의 형태를 취한다(예 강해져라, 완벽해라). • 자녀들이 이러한 대항금지령에 따라 생활하기가 불가능하고 아무리 열심히 할지라도 불충분하며 이루기가 어렵다는 문제점이 있다.

  ㉡ 초기결정 및 재결정

초기결정	• 아동은 부모의 금지령에 반응하여 어떠한 형태든 선택을 하게 된다. • 부모에게 인정받으려거나 신체적·심리적 생존을 위한 욕구에서 동기화된다. • 번(Berne)은 사람들이 금지령과 그에 근거해 내린 결정의 희생물이라고 보고 있다.

재결정	• 초기결정이 내려졌을지라도 그 결정을 뒤엎지 못하는 것이 아니라고 보며, 초기결정에 반응하여 새로운 결정을 내릴 수 있다고 본다. • 적절한 초기결정이 후기에는 부적절할 수 있으므로, 교류분석이론에서는 재결정을 내리도록 함으로써 개인을 변화시키고자 한다.

ⓒ 인생각본 및 라켓감정

인생각본	• 어린 시절에 만들어져 양친의 영향을 받아 발달하고, 그 후의 인생체험에 의하여 강화되고 고정화된 인생계획을 의미한다. • 각본을 분석함으로써 지금까지 숙명 또는 운명이라고 체념하고 있던 것이 실은 자기가 무의식중에 강박적으로 연기하고 있던 드라마라는 것을 자각한다. • 자기의 성격형성 과정이나 인생초기에 형성된 기본적 인생태도 등에 대해서도 알 수 있다.
라켓감정	• 라켓은 초기결정을 확증하기 위하여 다른 사람을 조작하는 과정을 말하며, 조작적·파괴적인 행동과 연관된 감정이다. • 라켓감정은 주로 게임 뒤에 맛보는 불쾌하고 쓰라린 감정으로서, 게임과 마찬가지로 라켓도 초기결정을 지원하면서 개인의 인생각본의 기본이 된다.

ⓓ 게 임
• 심리사회적으로 활발한 교류가 형성될 때 나타나며 게임은 최소 한 사람에게 나쁜 감정을 갖게 하고 끝내는 라켓 감정을 유발하는 이면교류로 친밀감이 형성되는 것을 방해한다.
• 게임은 초기결정을 지지할 목적에서 이루어지며, 유쾌한 감정을 가장하고 인생각본을 추진시키기 위한 교류라고 할 수 있다.
• 게임 공식 : 도발자가 상대에게 책략을 쓰면 상대는 반응을 보이고 그 과정에서 어떠한 전환을 통하여 혼란이 생기며, 도발자와 상대 모두 좋지 않은 감정이나 결말로 끝이 난다.

속임수 (Con)	+	약 점 (Gimmick)	=	반 응 (Response)	→	전 환 (Switch)	→	혼 란 (Crossup)	→	결 말 (Payoff)

[핵심예제]

다음 보기의 사례에서 A가 경험하는 분노를 설명하는 교류분석의 개념은? [17년 16회]

A는 어린 시절부터 '나는 누구에게도 사랑받지 못할 것이다.'라는 무의식적 결정에 따라 자기도 모르는 사이에 사람들로부터 배척받을 행동을 반복하며 사람들에 대한 분노를 끊임없이 경험한다.

① 혼합(Contamination)
② 라켓(Racket)
③ 에고그램(Egogram)
④ 상보교류(Complementary Transaction)
⑤ 스트로크(Stroke)

정답 ②

해설
라켓감정은 만성 부정적 감정을 의미한다. 주로 게임 뒤에 맛보는 불쾌하고 쓰라린 감정으로, 게임처럼 라켓도 초기결정을 지원하며 개인의 인생각본의 기본이 된다.

교류분석 상담의 유형 및 기본적인 생활자세

① 상담의 유형

　㉠ 교류분석(대화패턴)은 자기 자신이나 타인에게 행하고 말하는 것을 분석하는 것으로서, 자아상태 간 대화인 '내면적 교류'와 두 사람 간 대화인 '타인과의 교류'로 나눌 수 있다.

　㉡ 교류는 '사회적 수준'과, '심리적 수준'의 두 가지 기본 유형이 있다.

　㉢ 두 사람 간 교류에 있어서 자극과 반응의 소통 양상에 따라 다음과 같이 구분된다.

상보교류	• 어떤 자아 상태에서 보내지는 메시지에 대해 예상 반응이 돌아오는 것이다. • 단지 두 개의 자아 상태만이 관련되며, 자극과 반응의 방향이 수평적이다. • 자극을 직접 받은 자아 상태에서 자극이 나온 자아 상태로 반응을 하며, 의사소통의 언어적-비언어적 측면이 일치한다. • 인간관계 측면에서 이런 교류는 솔직하고 자연스러우며 이치에 맞는 편이다.
교차교류	• 타인의 반응을 기대하는 교류에 대해 예상외의 반응이 되돌아오는 것이다. • 3~4개의 자아 상태가 관련되며, 자극과 반응의 방향은 자주 교차된다. • 자극을 직접 받은 자아 상태에서 반응을 하지 않으며, 언어적-비언어적 의사소통이 일치한다. • 인간관계의 측면에서 이러한 교류는 고통의 근원이 된다.
이면교류	• 상대방의 하나 이상의 자아 상태를 향해서 현재적인 교류와 잠재적인 교류 양쪽이 동시에 작용하는 복잡한 교류로, 가식적인 메시지가 전달되는 것이다. • 3~4개의 자아 상태가 관련되며, 메시지에 두 가지 수준, 즉 언어적 수준(사회적 수준)과 비언어적 수준(심리적 수준)이 있다. • 메시지의 사회적-심리적 수준이 일치하지 않은 채 종종 상반된다. • 표면적으로 당연해 보이는 메시지를 보내고 있는 것 같으나, 그 주된 욕구나 의도 또는 진의 같은 것이 이면에 숨겨져 있는 것이 특색이다.

② 기본적인 생활자세(인생태도)

　㉠ 어릴 때 양친과의 상보교류를 바탕으로 하여 배양되는 자기나 타인 또는 세계에 대한 기본적인 반응태도 또는 그것에 기인하는 자기상이나 타인상을 말한다.

　㉡ 개인의 인생각본을 구성하는 주요 요소

자기 부정 (I'm not OK)	타인 긍정 (You're OK)	• 타인과 비교하여 자신은 무력한 사람이라고 생각하고, 자신의 욕구보다는 타인의 욕구를 위해 봉사하며, 자신은 희생당한 사람이라고 느낀다. • 이러한 게임(솔직하지 못한 사회적 상호작용)은 타인의 권력을 지지하고, 자신의 권력은 부정하는 것이 특징이다. • 간접적 공격성을 표출하는 경향이 있다.
	타인 부정 (You're not OK)	• 인생의 모든 희망을 포기하고, 인생에 대한 흥미를 상실하며, 인생이 아무런 가망이 없다고 생각하는 관점이다. • 이런 인간은 유아기적 행동을 하며, 타인이나 자신에게 상해를 입히는 공격적 행동을 보일 수 있다.
자기 긍정 (I'm OK)	타인 긍정 (You're OK)	• 신뢰성, 개방성, 교환에의 의지, 타인을 있는 그대로 수용하는 것이 특징적이다. • 승리자의 각본으로, 게임은 승자도 패자도 없다.
	타인 부정 (You're not OK)	• 자신의 문제를 타인에게 투사하고, 타인을 비난하며, 그들을 끌어내리고 비판한다. • 이러한 태도를 강화하는 전형적인 게임은 자신의 우월성을 나타내고, 타인의 열등성을 비난하는 것이 특징이다.

[핵심예제]

교류분석에 관한 설명으로 옳은 것을 모두 고른 것은?

[18년 17회]

> ㄱ. 게임 – 끝에 가서 라켓 감정을 유발하는 이면교류
> ㄴ. 프로그램 메시지 – 부모의 부모 자아ⓟ에서 자녀의 부모 자아ⓟ로 전달된 메시지
> ㄷ. 금지령 – 부모의 어린이 자아ⓒ에서 자녀의 어린이 자아 ⓒ로 전달된 메시지 중 부정적인 경우
> ㄹ. 상보교류 – 2개 이상의 자아상태가 상호 관여하고 있는 교류로서, 발신자가 기대하는 대로 수신자가 응답하는 것

① ㄱ, ㄴ　　　　　　② ㄷ, ㄹ
③ ㄱ, ㄷ, ㄹ　　　　④ ㄴ, ㄷ, ㄹ
⑤ ㄱ, ㄴ, ㄷ, ㄹ

정답 ③

해설

부모의 각본메시지(Script Message)

허 용	• 부모의 어린이 자아ⓒ에서 자녀의 어린이 자아ⓒ로 전달된 메시지 중 긍정적인 경우를 말한다.
프로그램	• 부모의 어른 자아ⓐ에서 자녀의 어른 자아ⓐ로 전달된 메시지를 말한다.
금지령	• 부모의 어린이 자아ⓒ에서 자녀의 어린이 자아ⓒ로 전달된 메시지 중 부정적인 경우를 말한다. • 대체로 부모의 실망·좌절·불안·불행 등 고통을 표현하는 것으로, "~하지 말라"의 형태를 취한다. • 자녀는 이러한 금지령을 받아들일 것인지 아니면 이에 대항하여 싸울 것인지를 결정하게 된다.
대항금지령	• 부모의 내면에 있는 부모 자아ⓟ에서 자녀의 부모 자아ⓟ로 전달된 메시지로서, 금지령에 대응하는 것이다. • 부모의 기대를 표현하며 명령의 형태를 취한다(예 강해져라, 완벽해라). • 자녀들이 이러한 대항금지령에 따라 생활하기가 불가능하고 아무리 열심히 할지라도 불충분하며 이루기가 어렵다는 문제점이 있다.

교류분석 상담의 단계 및 자아의 구성·상태

① 상담의 단계

상담의 단계		내 용
1	계 약	• 상담의 목표 및 과정에 대해 상담자와 내담자가 합의한다.
2	구조 분석	• 자아 상태에 관한 분석이다.
3	상호교류 분석	• 구조 분석을 기초로 하여 내담자가 다른 사람들과 맺고 있는 상호교류를 이해하도록 하는 것이다. • 내담자에게 상보적·교차적·암시적 상호교류 등을 학습시킨다.
4	게임 분석	• 게임은 연속적 교류의 결과로, 두 사람이 모두 나쁜 감정으로 끝난다. • 게임 분석에서 중요한 것은 어루만짐으로, 타인으로부터의 인정을 말한다.
5	생활각본 분석	• 생활각본은 생의 초기에 있어서 개인의 외적 사태들에 대한 자신의 해석을 바탕으로 하여 형성·결정된 환경에 대한 반응행동 양식이다.
6	재결단	• 내담자가 잘못된 초기결단을 재경험하고, 새롭고 더욱 건전한 결단을 하도록 조력 받을 경우 더욱 자율적이고 책임감 있고 진실 되게 살아가기를 선택할 수 있다.

② 자아의 구성요소(PAC)

㉠ 모든 사람은 어버이, 어른, 어린이 등 3가지 자아 상태를 가지고 있음을 관찰·분석하고, 이 중 어느 하나가 상황에 따라 한 개인의 행동을 지배한다고 본다.

㉡ 이 세 자아 중에서 한 자아가 선택적으로 인간관계의 상황이나 의사소통 과정에서 행동의 주된 동력으로 작용하게 되며, 어느 상태에서 어느 자아가 개인 동력으로 작용하느냐에 따라 의사소통 및 인간관계의 양상이 달라지며 동시에 문제가 생길 수도 있다.

• 부모 자아(P ; Parent) : 학습된 생활개념
  – 출생에서부터 5년간 주로 부모를 통하여 모방 또는 학습하게 되는 태도 및 기타 지각된 내용과 그 행동들로 구성된다.
  – 부모 자아 형성과정의 특징은 비판에 의한 교정 없이 바로 받아들여져서 내면화된 것이라는 점이다. 그래서 무조건 수용된 오래된 부모 자아의 자료에 의한 행동은 비현실적·독선적이고 무조건 금지적이며, 또한 부적절하게 나타나는 경우가 많다.

- 프로이트의 초자아와 비슷하여 일련의 삶의 방식에 대한 규칙과 안내도이며, 문화적으로 결정되고 부모로부터 유전되거나 부모의 형태에 의해 습득된다.

비판적 부모 자아 (CP ; Critical Parent)	• 주로 비판 · 비난 · 질책을 한다. • 양심이나 이상 모두 깊이 관계하고 있어 어린이들이 살아가기 위한 여러 가지 규칙 등을 가르쳐주며 엄격하다. • CP가 너무 강한 사람에게는 명령이나 지시 등 자기의 가치관을 강요하는 것과 같이 지배적인 언행을 볼 수 있다. • 남을 칭찬하기보다는 책망하는 일이 많으며 상대방, 즉 어린이 자아를 위협하여 창조적인 작용에 제한을 가한다. • 자기의지로 "아니다"라고 분명 말할 수 있는 장점도 있다. • 종교 · 정치 · 전통 · 성별 등에 대해서도 자기 생각에 의거한 행동기준을 설정하게 된다.
양육적 부모 자아 (NP ; Nurturing Parent)	• 어린이의 성장을 도와주는 어머니 같은 부분이며, 동정적 · 보호적 · 양육적이다. • 상대방이 원조를 필요로 할 때 부모처럼 보살펴주고 위로해주며 따뜻한 말을 해준다. • 정도가 지나치면 상대방의 독립심이나 자신감을 빼앗는 결과를 가져온다. • NP는 상대방의 자립 또는 성장에 깊이 관계를 맺고 있어서 타인의 감정에 공감할 수 있는 능력이라고도 할 수 있다.

• 어른 자아(A ; Adult) : 사고적 개념
- 대략 18개월부터 발달하기 시작하며, 12세경에 정상적으로 기능한다.
- 심리분석이론에서 자아와 비슷하고 현실지향적인 사고와 합리적 행동이 특징이며, 내적 욕구와 외적 욕구를 중재하는 중재자 역할을 한다.
- 사건에 대하여 사고하고 수집된 자료를 정보처리하며, 현실적 행동방법을 결정하는 정보 처리자이다. 이를 위해서는 행동으로 옮기는 등의 냉정한 계산에 의거해야 가능하다.
- 어른 자아가 효과적으로 사용될 때는 어린이 자아와 부모 자아의 행동을 적절하게 사용할 시기와 방법을 결정할 수 있으며, 부모 자아로부터 어린이 자아가 위협받는 것을 보호해준다.

- 어른 자아는 지적으로 적응능력이 풍부해서 현실음미를 할 수 있는 능력이라 말할 수 있다. 그러나 어른 자아만 강하면 인간미 없는 타산적인 사람으로 보이는 경우가 생긴다.
• 어린이 자아(C ; Child) : 충동과 감정적 개념
- 어린 시절에 실제로 느꼈거나 행동했던 것과 똑같은 감정이나 행동을 나타내는 자아 상태를 말하며, 상황에 대한 정서적 반응이 특징적인 사고, 감정 그리고 행동을 말한다.
- 본능과 비슷하며, 나이와 상관없이 실제적인 행동과 사고가 어린이와 비슷하다.

자유로운 어린이 자아 (FC ; Free Child)	• 누구에게도 구속받지 않고 자연스럽게 행동하는 부분이다. • 자기중심적, 적극적, 호기심이나 창조성의 원천이기도 하다. • 현실을 즉석에서 쾌감을 느끼고 고통을 피하려 한다. • 명랑하고 사양함이 없이 천진난만하고, 화를 내더라도 오래가지 않으며 그 자리에 맞는 감정표현을 한다. • FC가 적절히 잘 작용되면 주위의 사람들에게 즐거움과 매력을 느끼게 하지만, 너무 강하면 경솔한 언동을 취하는 경우가 있다.
순응적 어린이 자아 (AC ; Adapted Child)	• 자기를 예절바르게 교육시키려고 애쓰는 부모에게 순종하고 있는 부분이다. • 어린이는 성장과정에서 양육자의 애정을 상실하지 않기 위해 자연적으로 자기를 억제하고 상대방의 테두리 안으로 들어가야겠다는 여러 가지 반응을 나타내게 되는데, 이것이 AC이다. • '말 잘 듣는 아이'는 대인관계가 원만하게 보이나, 자기를 항상 억제하고 있으므로 내부적으로 여러 문제를 숨기고 있다. • 감정을 억압하고 열등감에 사로잡힌다든가 슬픔에 잠기기 쉬운 면이 있다. • 비꼰다든지, 비뚤어진다든가, 앙심을 품는다든지, 나아가서는 갑자기 성을 내기도 한다. • 자연스러운 감정을 표현하는 것이 힘들어지므로 명랑성이 부족하고 일반적으로 음울한 면이 엿보이게 된다. • AC가 너무 높으면 간단히 타협이나 동의를 하지만 거기에서 보이는 호의는 거짓된 감정이므로, 그 이면에 굴절된 공격성이 감추어져 있기도 하다.

③ 자아 상태

    ㉠ 혼합 : 어른 자아가 부모 자아나 어린이 자아의 영향을 받는 상태를 말한다.

    ㉡ 편견 : 부모 자아가 어른 자아를 침범, 현실성 없는 자의식에 빠진 것을 표현한다.

    ㉢ 망상 : 어린이 자아가 어른 자아에 침범, 현실성 없는 망상이나 유아적 공포증 등을 표현한다.

    ㉣ 이중 혼합 : 부모 자아와 어린이 자아가 이중으로 혼합된 형태로 언행 불일치, 생각이나 태도의 급변, 감정의 억제와 폭발이 상황에 맞지 않는 등의 양상을 표현한다.

    ㉤ 배타 : 자아경계가 경직돼 심리적 에너지가 거의 움직이지 않으며 '배제'와 '비대'가 있다.

[핵심예제]

각본모형에 관한 설명으로 옳지 않은 것은?   [15년 13회]

① 아동의 각본은 부모가 결정해 준 것이다.

② 부모가 각본 메시지를 어떻게 자녀에게 전달하는지를 보여주는 모형이다.

③ 허용은 부모의 어린이 자아ⓒ에서 자녀의 어린이 자아ⓒ로 전달된 메시지 중 긍정적인 경우를 말한다.

④ 프로그램 메시지는 부모의 어른 자아ⓐ에서 자녀의 어른 자아ⓐ로 전달된 메시지이다.

⑤ 대항금지령은 부모의 부모 자아ⓟ에서 자녀의 부모 자아ⓟ로 전달된 메시지이다.

[정답] ①

[해설]

아동의 각본은 인정자극을 포함한 자극의 욕구를 충족시키기 위한 각종 활동과 부모의 허용, 금지령, 초기결단, 생활자세와 같은 자세의 욕구에 의해 결정된다.

핵심이론 41   **여성주의 상담의 개요**

① 개 요

    ㉠ 남녀를 이분법적으로 구분하는 것에서 벗어나 다양성을 인정하고 수용하도록 돕는다.

    ㉡ 모든 문제는 자신으로부터 비롯되었다는 전통적인 상담 치료의 개인적인 관점을 거부하고, 내담자의 문제를 사회문화적 측면에서 거시적으로 접근한다.

    ㉢ 상담의 원리는 계층, 인종 등에 확대 적용할 수 있다.

    ㉣ 내담자의 개인적 변화뿐만 아니라 사회의 변화에도 관심을 갖는다.

    ㉤ 사회적 성 역할의 기대는 개인의 정체성 형성에 커다란 영향을 미치는 것으로 간주한다.

    ㉥ 성에 근거하여 차별하는 모든 형태의 제도적·사회적 불평등과 정책에 대항한다.

    ㉦ 대표적인 학자

      • 길리건(G. Gilligan) : 콜버그의 도덕성 발달 이론이 주로 남성적 특성을 다룬다고 비판하면서 그가 연구한 도덕성은 정의의 윤리로 '배려와 책임의 윤리'라고 하였으며, 관계체계에 근거하고 있다고 하였다. 그는 여성들이 타인의 욕구에 민감하게 반응한다고 보았으며, 강한 대인 간 배려지향성을 가져 배려와 돌봄, 책임감, 동정심 등이 많다고 주장하였다.

      • 밀러(J. Miller) : 여성들이 사회에서 종속적 집단을 형성하기 때문에 이에 적합한 성격 특성을 발달시킨다고 주장하였다. 또한 종속집단에 해당하는 여성은 지배계층을 기쁘게 하기 위해 수동성·의존성·무능력 등의 특성을 형성해간다고 하였다.

② 상담의 목표

    ㉠ 우울, 의존성, 수동성 같은 편향된 증상을 제거한다.

    ㉡ 여성 본인 스스로 느끼는 자존감을 고양한다.

③ 인간관

    ㉠ 인간은 정치적이며 발달상의 성차가 있는 존재로 본다.

    ㉡ 여성과 남성 사이의 오해를 피하려고 알파·베타편견 개념을 사용한다.

      • 알파편견 : 남성과 여성의 차이를 과장하는 이론이다.

      • 베타편견 : 전통적으로 성차(性差)를 무시하거나 최소화하는 이론이다.

④ 상담자의 역할
  ㉠ 내담자가 자신의 성 역할 사회화 과정을 깨닫도록 돕는다.
  ㉡ 내담자가 자신의 성 역할 메시지를 확인하여 본인의 건설적 신념으로 대체하도록 돕는다.
  ㉢ 내담자가 남성중심주의와 억압적인 사회의 신념이 자신에게 어떻게 부정적 방식으로 영향을 주는지 이해할 수 있도록 돕는다.
  ㉣ 내담자가 환경 변화를 일으킬 수 있는 능력을 가지도록 돕는다.
  ㉤ 내담자가 자유롭게 선택할 수 있도록 행동 범위를 넓히도록 돕는다.

[핵심예제]

다음 ( )에 들어갈 학자는?   [19년 18회]

( )은/는 콜버그의 도덕성 발달이론이 주로 남성적 특성을 다룬다고 비판하였다. 또한 여성성이 깃든 가치를 적극적으로 주장하며 여성의 도덕성을 이해할 수 있는 새로운 기준을 제시하였다. 그리고 여성들은 인간관계 속에서 타인의 욕구에 민감하게 반응한다고 보았으며, 여성이 강한 대인 간 배려 지향성을 가지며 배려와 돌봄, 책임감, 동정심 등이 많다고 주장하였다.

① 벰(S. Bem)
② 밀러(J. Miller)
③ 브라운(D. Brown)
④ 길리건(C. Gilligan)
⑤ 코미어(W. Cormier)

정답 ④

해설
길리건(C. Gilligan)은 콜버그의 도덕성 발달이론의 문제점을 지적하면서 그가 연구한 도덕성은 정의의 윤리지만 자신이 발견한 도덕성은 '배려(Care)와 책임의 윤리'라고 하였다. 또한 여성의 배려와 책임의 도덕성은 관계체계에 근거하고 있다고 주장하였다.

핵심이론 42 **여성주의 상담의 기법 및 기본원리**

① 상담의 기법

성 역할 분석	내담자의 부정적 성 역할 메시지를 변화시키기 위한 기법이다.
힘의 분석	내담자가 사회의 다양한 힘을 인식하고 대처할 수 있도록 한다.
주장훈련	타인을 짓밟지 않으면서 자신의 주장을 단호하게 하도록 돕는다.
의식향상 훈련기법	강의, 영화, 토의 등을 통해 부당했던 경험의 외적 근원을 보게 하여 사회변화에 참여할 수 있도록 돕는 기법이다.
독서요법	내담자가 독서를 통해 전문성을 증가시키고 상담자와의 권력불균형을 줄이는 기법이다.
재구성 (틀의 재형성)	내담자 문제의 원인을 자신에 대한 비난에서 사회적 요인으로 이동하는 기법이다.
재명명	행동 특징에 적용된 라벨이나 평가를 바꾸려는 중재기법(부정적인 어휘에서 긍정적인 어휘로 바꾸는 기법)이다.
상담 탈신비화 전략	상담자가 문제를 다룰 때 내담자에게 정보를 제공하며, 적절한 자기노출을 사용하는 기법이다.
집단작업 및 사회활동	여성들 사이의 협력을 촉진하고 다른 사람들과 연대하도록 돕는 기법이다.

② 상담의 기본원리
  ㉠ 사람은 정치적이므로 내담자가 환경변화를 위한 사회적 행동에 참여하도록 돕는다.
  ㉡ 상담자와 내담자 관계를 평등한 관계로 유지한다.
  ㉢ 내담자와 계약을 맺고 상담목표를 합의한다.
  ㉣ 여성의 경험은 존중되어야 한다.
  ㉤ 심리적 스트레스를 질병이 아니라 공정하지 못한 체제의 표현으로 재개념화한다.
  ㉥ 치료자는 억압을 통합적으로 분석, 재구성해 문제원인을 사회적 차원으로 인식하게 한다.

[핵심예제]

여성주의 상담에 관한 설명으로 옳지 않은 것은? [17년 16회]

① 내담자에게 내면화된 성 역할 메시지를 확인한다.

② 상담자와 내담자 관계를 평등한 관계로 유지한다.

③ 내담자가 환경변화를 위한 사회적 행동에 참여하도록 돕는다.

④ 재구성하기(Reframing)를 통해 문제의 원인을 사회적 차원으로 인식하게 한다.

⑤ 내담자가 사회적 규범을 수용하도록 함으로써 사회 적응력을 증진시킨다.

정답 ⑤

해설

내담자가 남성중심주의와 억압적인 사회의 신념이 자신에게 어떻게 부정적 방식으로 영향을 주는지 이해할 수 있도록 도우면서 내담자가 환경변화를 일으킬 수 있는 능력을 가지도록 돕는다.

제3장 청소년상담의 기초

핵심이론 **43** **청소년상담의 의의 및 목표·방향**

① **청소년상담의 의의**
  ㉠ 청소년상담의 의미
    • 청소년상담이란 청소년 및 청소년 관련인과 청소년 관련기관을 대상으로 하여 직접 봉사, 자문활동 그리고 매체를 통하여 청소년의 바람직한 발달 및 성장을 추구하는 활동이다.
    • 청소년상담의 대상은 청소년, 청소년 관련인과 관련기관 사람들을 포함한다.
    • 청소년상담은 청소년이 겪고 있는 정서적 불안, 부적절한 행동 및 정신질환을 치료하는 한편, 청소년의 발달과업을 충실히 달성할 수 있도록 프로그램을 개발하고 실시하여 보다 적응적이고 창조적인 사회인으로 성장하도록 돕는다.
  ㉡ 청소년 관련인과 관련기관
    • 청소년 관련인 : 부모, 교사, 청소년지도자 등
    • 청소년 관련기관 : 가정, 학교, 청소년 고용업체, 청소년 수련기관, 청소년 봉사기관 등

② **청소년상담의 목표 및 방향**
  ㉠ 청소년상담의 목표
    • 청소년 내담자의 문제행동에 대한 변화를 촉진한다.
    • 또래관계, 부모 및 환경에 대한 적응기술을 증진한다.
    • 환경에의 적응기술을 증진하여 합리적인 의사결정과 문제해결을 돕는 데 중점을 둔다.
    • 긍정적 자아개념 형성 및 건전한 가치관의 정립을 돕는다.
    • 인간관계를 개선하도록 한다.
    • 내담자의 잠재력을 계발하도록 한다.
    • 진로의식 발달과 진로 및 진학에 관한 의사결정능력을 증진한다.
    • 이상심리를 치료한다.
    • 내담자로 하여금 새로운 행동을 학습하게 하거나 새로운 태도와 신념을 형성하도록 한다.

ⓛ 청소년상담이 지향해야 할 바람직한 방향
- 목적 : 부적응 청소년의 문제 해결에서 전체 청소년의 발달 지원으로 확장되어야 한다.
- 대상 : 청소년부터 청소년관련 집단을 포함, 소속 조직체나 환경자체로 확대되어야 한다.
- 방법 : 직접적인 면담에서 간접적인 활동전략을 포함하는 쪽으로 확충되어야 하며, 상담목표는 구체적인 행동변화를 나타낼 수 있으며 측정 가능한 행동 목표를 설정해야 한다.

[핵심예제]

청소년상담에 관한 설명으로 옳은 것은?　　　　　[19년 18회]

① 청소년의 당면한 문제 해결에만 초점을 둔다.
② 다양한 매체를 활용한 상담을 하기보다 대면상담에 주력한다.
③ 문제의 예방은 교육적 차원이므로 상담목표에 포함되지 않는다.
④ 청소년상담과 성인상담은 목표나 방법 등에 있어서 차이가 없다.
⑤ 청소년뿐만 아니라 청소년 관련인과 청소년 관련기관도 대상에 포함된다.

정답 ⑤

해설
① 당면한 문제의 해결뿐만 아니라 청소년의 발달과업을 충실히 달성할 수 있도록 프로그램을 개발하고 실시하여 보다 적응적이고 창조적인 사회인으로 성장하도록 돕는다.
② 일대일 대면상담뿐만 아니라 소규모 또는 대규모 형태의 집단교육 및 훈련, 컴퓨터나 전화 등을 이용한 매체상담, 놀이치료 형태 등의 다양한 방법을 활용한다.
③ 청소년상담은 청소년의 건전한 발달과 성장을 돕는 예방 및 교육적 측면, 위기에 처한 청소년들에 대한 직접개입 및 지원, 자립이 포함된다.
④ 청소년은 성장과정의 연속선상에 있으며, 또래의 영향을 받는 등 발달단계와 환경, 성격, 호소문제가 성인과는 분명히 다르므로 상담 영역을 성인상담과 구별한다.

핵심이론 **44**　　**청소년상담의 특성 및 필요성**

① 청소년상담의 특성
　㉠ 심리치료적인 측면보다는 청소년의 건전한 발달과 성장을 돕는 예방 및 교육적 측면, 위기에 처한 청소년들에 대한 직접개입 및 지원, 자립이 포함된다(성인상담과 구별).
　ⓛ 청소년상담은 청소년 관련 정책의 영향을 받는다.
　㉢ 청소년 내담자는 상담자에 대한 불신으로 반항적일 수 있고, 라포(Rapport) 형성이 어려울 수 있으므로 많은 시간과 노력이 필요하다.
　㉣ 청소년에게 생태학적 환경은 큰 비중을 차지하므로, 환경의 재적응을 돕는 것이 필요하다. 즉, 청소년이 사회에 잘 적응하고 잠재가능성을 실현하도록 도와야 한다.
　㉤ 청소년은 성인과는 분명히 다르기 때문에 청소년상담 영역을 성인상담과 구별하며, 청소년의 발달단계 특성을 고려한 상담개입 방안을 구성하여 활용한다.
　㉥ 청소년은 주변인물인 부모, 교사로부터 영향을 받으므로, 청소년뿐만 아니라 부모, 교사, 청소년지도자를 대상으로 한 상담·교육·자문이 필요하다.

② 청소년상담의 필요성
　㉠ '심리적 이유기'로 정신적 독립과 자아정체감 형성을 추구하는 중요한 시기이다.
　ⓛ 급격한 신체변화 및 심리적 혼란을 겪는 시기이다.
　㉢ 과도한 학업부담으로 스트레스를 많이 받는 시기이다.
　㉣ 사고의 미숙성 혹은 경직성으로 인하여 부적응적인 행동을 할 가능성이 많은 시기이다.
　㉤ 가출, 약물남용, 따돌림, 성행동의 문제를 충동적으로 일으킬 가능성이 많은 시기이다.

더 **알아보기**

상담에서 감정을 중요시하는 이유
- 상담자는 내담자가 표현하는 여러 감정으로 내담자의 문제를 이해하고 평가할 수 있다.
- 상담자의 정서적 민감성은 내담자를 이해하는 데 도움이 된다.
- 내담자가 자신의 감정과 접촉하는 것은 자기 이해를 도울 수 있다.
- 내담자가 자신의 감정을 수용하게 되면 새로운 감정과 경험에 개방적이 될 수 있다.

[핵심예제]

청소년 상담에 관한 설명으로 옳은 것은? [18년 17회]

① 상담의 비밀보장을 위해 부모나 학교의 개입을 배제한다.
② 컴퓨터나 전화를 이용한 매체상담 등 다양한 방법을 활용하여 상담한다.
③ 내담자의 건전한 발달과 성장을 위해 예방보다는 문제 발생 후 치료에 초점을 둔다.
④ 청소년의 성격, 환경, 호소문제가 성인과 다르지 않으므로 성인상담의 축소판으로 본다.
⑤ 청소년기의 자아중심성 때문에 대규모 집단 프로그램이나 교육은 비효과적이다.

정답 ②

해설

① 청소년은 주변인물인 부모, 교사로부터 영향을 받으므로, 청소년뿐만 아니라 부모, 교사, 청소년지도자를 대상으로 한 상담·교육·자문이 필요하다.
③ 심리치료적인 측면보다는 청소년의 건전한 발달과 성장을 돕는 예방 및 교육적 측면, 위기에 처한 청소년들에 대한 직접개입 및 지원, 자립이 포함된다.
④ 청소년상담은 청소년 발달단계와 환경, 성격, 호소문제가 성인과는 분명히 다르기 때문에 청소년상담 영역을 성인상담과 구별하고 있다.
⑤ 청소년상담의 방법은 일대일 개인면접뿐만 아니라 여러 규모의 집단 교육 및 훈련, 컴퓨터나 전화 등을 이용한 매체상담, 놀이치료의 형태 등의 다양한 방법을 활용한다.

핵심이론 45 **청소년상담자의 인간적 자질**

① 내담자를 있는 그대로 받아들이는 온정적·수용적 태도
② 유머감각
③ 상담자의 욕구보다 내담자의 욕구를 우선하는 자기부정의 능력
④ 다양한 감정을 인식할 수 있는 정서적 통찰력
⑤ 호기심과 탐구심
⑥ 경청능력 및 대화능력
⑦ 내담자에 대한 공감과 이해심
⑧ 내면세계를 보고 느낄 수 있는 내성
⑨ 정서적 친밀상태의 유지능력
⑩ 삶의 역설적인 면을 볼 수 있는 능력
⑪ 상담에 대한 열의와 힘

더 알아보기

코미어(W. Cormier)와 코미어(L. Cormier)가 제시한 상담자의 자질

• 온정 : 상담자는 내담자의 독립성을 키워주고, 내담자의 이익을 추구해야 한다.
• 에너지 : 상담자는 적극적인 자세로 상담회기에 임해야 하며, 많은 내담자를 연속적으로 면접할 수 있는 활동성을 유지해야 한다.
• 융통성 : 유능한 상담자는 자신의 스타일을 내담자의 요구에 적응시킬 수 있어야 한다.
• 자기인식 : 상담자는 자신의 태도, 가치관, 감정을 인식하고 어떤 요인이 이러한 자신의 내적 특성에 영향을 미치는지를 잘 이해하고 있어야 한다.
• 지적능력 : 상담자는 다양한 조력 이론에 대한 지식을 갖추고, 이러한 것을 배우고자 하는 의욕과 학습 능력을 갖추어야 하며, 현실적으로 빠른 이해력을 갖추어야 한다.
• 지지 : 상담자는 내담자가 스스로 결정할 수 있도록 힘을 북돋워주고 지지해야 한다.
• 문화적 경험에 대한 인식 : 상담자는 다양한 문화적 배경의 내담자들을 이해해야 한다.

코미어(W. Cormier)와 코미어(L. Cormier)가 제시한 상담자의 자질 중 다음에서 설명하고 있는 자질은? [16년 15회]

> 상담자는 내담자의 독립성을 키워주고, 내담자의 이익을 추구해야 한다.

① 온 정　　　　　　　② 에너지
③ 융통성　　　　　　　④ 자기인식
⑤ 지적 능력

정답 ①

해설

② 에너지 : 상담자는 적극적인 자세로 상담회기에 임해야 하며, 많은 내담자를 연속적으로 면접할 수 있는 활동성을 유지해야 한다.
③ 융통성 : 유능한 상담자는 특정한 반응 양식에 사로잡히지 않는다. 자신의 스타일을 내담자의 요구에 적응시킬 수 있어야 한다.
④ 자기인식 : 상담자는 자신의 태도, 가치관, 감정을 인식하고 어떤 요인이 이러한 자신의 내적 특성에 영향을 미치는지를 잘 이해하고 있어야 한다.
⑤ 지적 능력 : 상담자는 다양한 조력 이론에 대한 지식을 갖추고 이러한 것을 배우고자 하는 의욕과 학습능력을 갖추어야 하며, 현실적으로 빠른 이해력을 갖추어야 한다.

핵심이론 46　청소년상담자의 태도 및 행동

① 청소년상담자의 태도
　㉠ 공감적 이해 : 상대방이 경험하고 있는 것에 관하여 정확하게 지각하고, 그 지각에 관해서 의사전달을 할 수 있는 능력이다.
　㉡ 존중 : 내담자를 인간 그 자체의 가치로 순수하고 깊게 수용해주어야 한다.
　㉢ 따뜻한 태도 : 내담자에 대한 관심과 애착을 긍정적으로 표현함으로써 가능하다.
　㉣ 솔직한 태도 : 언어적 행동과 비언어적 행동이 일치하게 행동해야 한다.
　㉤ 구체성을 지닌 태도
　㉥ 직면 : 상대방의 말과 행동이 서로 모순되는 점을 지적하는 것으로, 즉각적인 직면은 위험하며 내담자와의 좋은 관계가 형성된 후에 해야 한다.
　㉦ 유머의 사용
　㉧ 적극적이고 지시적인 태도 : 청소년상담에서는 상당한 교육과 훈련이 포함되어야 하므로, 상담자가 교사의 역할을 하면서 적극적이고 지시적일 때 상담의 효과가 극대화된다.
　㉨ 피드백을 통한 점검 : 상담자가 말한 것을 청소년 내담자가 이해하고 있는지 피드백을 통해 점검한다.

② 상담관계에 도움이 되는 상담자의 행동
　㉠ 순조로운 상담을 위한 상담자의 행동 : 환한 미소와 개방적인 신체 자세, 자연스러운 눈맞춤과 지지적인 발언, 기본적인 공감 표현, 긍정적인 강화, 적절한 자기개방, 상담구조화 등
　㉡ 깊이 있는 상담을 위한 상담자의 행동 : 탐색적인 질문, 심화수준의 공감, 탐색적인 침묵에 대한 적절한 수용, 시기적절한 해석, 즉시적인 반응 등

더 알아보기

자기개방

- 자기개방이란 상담자가 내담자의 이야기를 들으면서 그 주제와 관련한 상담자 자신의 경험이나 개인적인 정보, 느낌, 의견 등을 내담자에게 드러내는 것이다.
- 자신에 대한 이해와 수용을 통해 자신을 있는 그대로 보이는 것으로, 타인의 개방을 촉진시켜 상호이해의 폭을 넓히는 동시에 더 깊은 자기개방이 가능하도록 촉진한다.

자기개방의 종류

전략에 대한 개방	상담자가 과거에 했던 전략을 개방하여 내담자에게 안내를 한다. 예 "저는 우울할 때 산책을 한답니다."
통찰에 대한 개방	상담자가 과거 통찰을 획득했던 경험과 관련된 정보를 공개한다. 예 "저도 윗사람을 어려워하는데, 그 이유가 아버지에 대한 두려움 때문이라는 걸 알았어요."
감정에 대한 개방	내담자에게 상담자의 솔직한 감정이나 의견을 드러내는 것이다. 예 "제가 당신이라면 많이 서러웠을 것 같아요."
사고에 대한 개방	내담자의 상황과 관련된 상담자의 경험에서 느꼈던 솔직한 의견을 드러내는 것이다. 예 "제 부모님이 이혼하셨을 때, 부모님이 저를 버렸다고 생각했어요."

[핵심예제]

상담자의 자기개방의 종류와 예시가 바르게 연결된 것을 모두 고른 것은? [19년 18회]

> ㄱ. 전략에 대한 개방 – 저는 우울할 때 산책을 한답니다.
> ㄴ. 감정에 대한 개방 – 제기 당신이라면 많이 서러웠을 것 같아요.
> ㄷ. 해석에 대한 개방 – 다른 사람과 가까워지는 것이 두려워 화를 내시는 것 같군요.
> ㄹ. 사고에 대한 개방 – 제 부모님이 이혼하셨을 때, 부모님이 저를 버렸다고 생각했어요.
> ㅁ. 통찰에 대한 개방 – 저도 윗사람을 어려워하는데, 그 이유가 아버지에 대한 두려움 때문이라는 걸 알았어요.

① ㄱ, ㄹ, ㅁ   ② ㄴ, ㄷ, ㄹ
③ ㄴ, ㄷ, ㅁ   ④ ㄱ, ㄴ, ㄹ, ㅁ
⑤ ㄱ, ㄴ, ㄷ, ㄹ, ㅁ

정답 ④

해설

자기개방이란 상담자가 내담자의 이야기를 들으면서 그 주제와 관련한 상담자 자신의 경험이나 개인적인 의견 등을 내담자에게 드러내는 것이다. 반면, 해석은 내담자가 자신의 말이나 상황에 대해 명확하게 의식하지 못한 것에 대해 이것이 가지는 의미를 설명해 주는 일종의 가설이다. 즉, 해석은 상담자가 내담자의 말을 근거로 내담자의 말 속에 담긴 다른 의미를 내담자에게 전달해 주는 적극적 상담기법이다.

핵심이론 47 청소년상담자 윤리

① 내담자의 사생활이 보호되도록 노력하며, 불법적인 정보유출이 이루어지지 않도록 한다.

② 내담자에게 적절한 조력을 할 수 없는 경우, 다른 상담자에게 의뢰해야 한다.

③ 상담자와 사적인 관계가 있는 내담자는 다른 상담전문가에게 의뢰하고, 경제적 거래관계는 금지된다.

④ 비밀보장이 인간의 존엄성 존중의 절대가치를 위배하는 경우, 비밀보장 권리가 제한된다.

⑤ 비밀보장의 원칙과 예외 규정을 내담자에게 알린 후 엄격히 적용해야 한다.

⑥ 부모상담을 병행하는 경우, 누가 내담자가 될 것인지를 명확히 하고 상담을 시작한다.

더 알아보기

상담에 대한 사전동의(Informed Consent) 내용
- 비밀보장과 비밀보장의 예외 상황
- 상담자의 학위와 경력, 이론적 지향
- 상담 약속과 취소 및 필요 시 연락 방법
- 내담자가 본인 상담 자료를 열람할 수 있는 권리
- 상담서비스로부터 얻을 수 있는 이익과 상담의 한계

키치너(Kitchner)의 윤리적 결정원칙
- 자율성
- 무해성
- 선의성(덕행)
- 공정성(정의)
- 충실성(성실성)

핵심예제

상담에 대한 사전동의(Informed Consent) 내용으로 옳지 않은 것은?   [18년 17회]

① 비밀보장과 비밀보장의 예외 상황
② 상담자의 학위와 경력, 이론적 지향
③ 상담 약속과 취소 및 필요 시 연락 방법
④ 내담자가 본인 상담 자료를 열람할 수 있는 권리
⑤ 내담자가 상담으로부터 얻을 수 있는 이익과 성과에 대한 보장

정답 ⑤

해설

상담에 대한 사전동의(Informed Consent)
- 사전동의는 인간의 자율성에 대한 존중임과 동시에 상담의 효과를 높이고, 상담과정에서 벌어질 수 있는 갖가지 사건들에 대응할 사전 장치와 같다.
- 청소년상담사는 상담 시 사전에 상담에 대한 내담자의 동의를 받고 상담 과정에 보호자가 참여할 수 있으며, 비밀보장의 한계에 따라 정보를 제공할 수 있음을 알린다. 또 청소년상담사는 상담 시, 상담 의뢰자에게 내담자의 동의를 얻어 정보를 제공할 수 있다.
- 집단상담의 경우라면 상담전문가는 상담이 시작될 때나 상담과정 전체에 걸쳐 사전에 내담자들과 협의함으로써 상호간의 동의를 이루어야 한다. 또한 상담을 통해 내담자에게 제공하는 기본정보로는 상담의 목적과 목표, 상담에서 사용할 기법, 상담서비스로부터 얻을 수 있는 이익과 상담의 한계, 그리고 상담 중에 발생할 수 있는 위험 등에 대한 정보가 포함된다.

핵심이론 48 청소년상담사 윤리강령 I

- 전 문 -

청소년상담사는 청소년의 정서, 인지, 행동 발달을 조력하는 유일한 상담전문 국가자격증이다. 청소년상담사는 항상 청소년과 그 주변인들에게 인간으로서의 존엄성을 높이고자 노력하고, 청소년이 스스로 결정할 수 있도록 도와주며, 청소년의 아픔과 슬픔에 대해 청소년상담사로서의 책임을 다한다. 청소년상담사는 청소년이 사랑하는 가족, 이웃과 더불어 행복하게 살아갈 수 있도록 지원하기 위해 다음과 같이 윤리규정을 숙지하고 준수할 것을 다짐한다.

① 목 적
  ㉠ 청소년상담사의 책임과 의무를 분명하게 제시하여 내담자를 보호한다.
  ㉡ 청소년상담사가 직무 중에 발생하는 문제를 처리할 수 있는 기준을 제공한다.
  ㉢ 청소년상담사의 활동이 전문직으로서의 상담의 기능 및 목적에 저촉되지 않도록 기준을 제공한다.
  ㉣ 청소년상담사의 활동이 지역사회의 도덕적 기대에 부합하도록 준거를 제공한다.
  ㉤ 청소년들의 건강 · 성장을 책임지는 전문가로의 청소년상담사를 보호하는 기준을 제공한다.

② 청소년상담사로서의 전문적 자세
  ㉠ 전문가로서의 책임
    • 청소년상담사는 「청소년기본법」에 따라 청소년의 권리와 책임을 다 할 수 있게 해야 한다.
    • 청소년상담사는 자기의 능력 및 기법의 한계를 인식하고, 전문적 기준에 위배되는 활동을 하지 않도록 한다.
    • 청소년상담사는 검증되지 않고 훈련 받지 않은 상담기법의 오 · 남용 사용에 유의한다.
    • 청소년상담사는 청소년과 관련된 정책 · 규칙 · 법규에 대해 정통해야 하고, 청소년 내담자를 보호하며 청소년 내담자가 최선의 발달을 이루도록 노력해야 한다.
  ㉡ 품위유지 의무
    • 청소년상담사는 전문상담자로서 품위를 손상하는 행위를 하지 않는다.

  • 청소년상담사는 현행법을 우선적으로 준수하되, 윤리강령이 보다 엄격한 기준을 설정하고 있다면, 윤리강령을 따른다.
  • 청소년상담사는 상담적 배임행위(내담자 유기, 동의를 받지 않은 사례 활용 등)를 하지 않는다.
  ㉢ 보수교육 및 전문성 함양
    • 청소년상담사는 전문성을 유지 · 향상시키기 위해 정해진 보수교육에 반드시 참여한다.
    • 청소년상담사는 다양한 사람들을 상담함에 있어 상담에 필요한 이론적 지식과 전문적 상담 및 연구능력을 향상시키기 위해 교육, 자문, 훈련 등 지속적인 노력을 기울여야한다.

③ 내담자의 복지
  ㉠ 내담자의 권리와 보호
    • 청소년상담사는 내담자의 복지를 증진하고 존엄성을 존중하는 것에 최우선 가치를 둔다.
    • 청소년상담사는 내담자가 상담 계획에 참여할 권리, 상담을 거부하거나 개입방식의 변경을 거부할 권리, 거부에 따른 결과를 고지 받을 권리, 자신의 상담 관련 자료를 복사 또는 열람할 수 있는 권리 등을 보장해주어야 한다. 단, 기록물에 대한 복사 및 열람이 내담자에게 해악을 끼친다고 판단될 경우 내담자의 기록물 복사 및 열람을 제한할 수 있다.
    • 청소년상담사는 외부 지원이 적합하거나 필요할 때 의뢰를 요청할 수 있으며, 이를 청소년 내담자 및 보호자(만 14세 미만 내담 청소년의 경우)에게 알리고 서비스를 받도록 노력한다.
    • 청소년상담사는 본인 문제로 상담을 중단하는 경우 이에 대한 적절한 조치를 취해야 한다.
    • 청소년상담사는 청소년 내담자에게 무력, 정신적 압력 등을 사용하지 않는다.
  ㉡ 사전 동의
    • 청소년상담사는 상담을 시작할 때 내담자에게 적절한 정보를 제공해야 하고, 상담자와 내담자 모두의 권리와 책임에 대해 알려줄 의무가 있다.

- 청소년상담사는 내담자에게 상담 과정의 녹음과 녹화 여부, 사례지도 및 교육에 활용할 가능성에 대해 설명하고, 내담자에게 동의 또는 거부할 권리가 있음을 알려야 한다.
- 청소년상담사는 내담자가 만 14세 미만의 청소년인 경우, 보호사 또는 법정대리인의 상담 활동에 대한 사전 동의를 구해야 한다.
- 청소년상담사는 내담자에게 상담의 목표와 한계, 상담료 지불방법 등을 알려야 한다.

ⓒ 다양성 존중
- 청소년상담사는 내담자를 존중하며 성별이나 장애 등을 이유로 내담자를 차별하지 않는다.
- 청소년상담사는 내담자의 다양한 문화적 배경을 이해하고, 청소년상담사 자신의 고유한 문화적 정체성이 상담과정에 영향을 주지 않도록 노력해야 한다.
- 청소년상담사는 내담자에게 자신의 가치를 강요하지 않는다.

④ 상담관계
ㄱ 다중관계
- 청소년상담사는 법적·도덕적 한계를 벗어난 다중관계를 맺지 않는다.
- 청소년상담사는 내담자와 연애 관계 및 기타 사적인 관계를 맺지 않는다.
- 청소년상담사는 내담자와 상담 비용을 제외한 금전적, 물질적 거래 관계를 맺지 않는다.
- 청소년상담사는 내담자와 상담 외, 다중관계가 시작될 때에는 적절한 조치를 취해야 한다.

ㄴ 부모/보호자와의 관계
- 청소년상담사는 부모의 권리와 책임을 존중하고, 협력적인 관계를 성립하도록 노력한다.
- 청소년상담사는 내담자의 성장과 복지에 필요하다고 판단되는 경우, 내담자의 동의하에 부모(보호자)에게 내담자에 관한 최소한의 정보를 제공한다.

ㄷ 성적 관계
- 청소년상담사는 내담자 및 그의 가족 등과 성적 접촉 및 관계를 가져서는 안 된다.
- 청소년상담사는 이전의 연인이나 성적 관계를 가졌던 사람을 내담자로 받아들이지 않는다.

[핵심예제]

청소년상담사 윤리강령에 나타난 상담자 행동에 관한 설명으로 옳지 않은 것은? [17년 16회]

① 청소년 내담자와 보호자가 상담 기록의 삭제를 요청할 때 이를 삭제해서는 안 된다.
② 청소년 내담자가 기록에 대한 열람을 요구할 경우 오해의 소지가 없고 상담자와 내담자에게 해가 없다고 판단되면 이에 응한다.
③ 청소년 내담자의 성장과 복지에 필요하다고 판단된 경우에 한해 부모에게 정확하고 종합적인 정보를 알릴 수 있다.
④ 법적, 도덕적 한계를 벗어난 다중관계를 맺지 않는다.
⑤ 심리검사의 잠재적 영향력, 결과에 대해 청소년 내담자가 이해할 수 있도록 설명한다.

정답 ①

해설
청소년상담사는 내담자와 보호자가 상담 기록의 삭제를 요청을 할 경우 법적, 윤리적 문제가 없는 한 삭제하여야 한다. 그렇지 못할 경우 타당한 이유를 설명해 주어야 한다.

핵심이론 49 청소년상담사 윤리강령 Ⅱ

① 비밀보장

　㉠ 사생활과 비밀보장의 의무

　　• 청소년상담사는 주변인들에게도 내담자의 사생활과 비밀이 보호되도록 주지시켜야 한다.

　　• 청소년상담사는 상담 시 사전에 상담에 대한 내담자의 동의를 받고 상담과정에 부모나 보호자가 참여할 수 있으며, 비밀보장의 한계에 따라 정보를 제공할 수 있음을 알린다.

　　• 청소년상담사는 청소년 내담자 상담 시, 상담 의뢰자(교사, 경찰 등)에게 내담자 및 보호자(만 14세 미만 내담 청소년의 경우)의 동의하에 정보를 제공할 수 있다.

　　• 청소년상담사는 비밀보장의 의미와 한계에 대하여 청소년 내담자의 발달단계에 적합한 용어로 알기 쉽게 설명해주어야 한다.

　　• 청소년상담사는 내담자의 신원 확인이 가능한 정보나 비밀 정보를 공개하지 않는다.

　㉡ 기록 및 보관

　　• 청소년상담사는 내담자에게 전문적인 서비스를 제공하기 위해 상담 내용을 기록·보관한다.

　　• 기록 보관은 각 기관에서 정한 연한을 따르고, 그 외에는 3년 이내 보관을 원칙으로 한다.

　　• 청소년상담사는 기록 및 녹음에 관해 내담자의 사전 동의를 구한다.

　　• 청소년상담사는 상담 관련 기록을 보관하고 처리하는 데 있어서 비밀을 준수해야 한다.

　　• 청소년상담사는 원칙적으로 내담자 및 보호자(만 14세 미만 내담 청소년의 경우)의 동의 없이 상담의 기록을 제3자나 기관에 공개하지 않는다.

　　• 청소년상담사는 내담자와 보호자가 상담 기록의 삭제를 요청할 경우 법적, 윤리적 문제가 없는 한 삭제하여야 한다. 삭제하지 못할 경우 타당한 이유를 설명해 주어야 한다.

　　• 상담을 중단하게 될 경우, 기록·자료를 적절하게 기관이나 전문가에게 양도한다.

　㉢ 상담 이외 목적을 위한 내담자 정보의 사용

　　• 청소년상담사는 내담자 및 보호자(만 14세 미만 내담 청소년의 경우)의 동의를 구한 후, 사실적이고 객관적인 정보만을 사용하여 동료나 슈퍼바이저에게 자문을 받을 수 있다.

　　• 청소년상담사는 교육이나 연구 또는 출판을 목적으로 상담 관련 자료를 사용할 때에는 내담자 및 보호자(만 14세 미만 내담 청소년의 경우)의 동의를 구해야 하며, 신상 정보 삭제와 같은 적절한 조치를 취하여 내담자에게 피해를 주지 않도록 한다.

　㉣ 비밀보장의 한계

　　• 청소년상담사는 상담 시 비밀보장의 1차적 의무를 내담자의 보호에 두지만, 비밀보장의 한계가 있는 경우 청소년의 부모(보호자) 및 관계기관에 공개할 수 있다.

　　• 비밀보장의 한계가 있는 경우는 다음과 같다.

　　　– 청소년상담사는 내담자의 생명이나 사회의 안전을 위협하는 경우(예 약물 남용, 아동학대 등) 비밀을 공개하여 그러한 위험의 목표가 되는 사람을 보호하기 위한 합당한 조치 등 안전을 확보한다.

　　　– 법적으로 정보 공개가 요구되는 경우 내담자에게 고지하고 최소한의 정보만을 제공한다.

　　　– 내담자가 법정 전염병에 걸리면 관련 기관에 알리고, 주변에게 정보를 공개할 수 있다.

　　　– 내담자나 내담자 주변인에게 닥칠 위험이 분명하고 위급한 경우

　　• 청소년상담사는 관련 법령에 의해 신고 의무자로 규정되면 해당 기관에 관련 사실을 신고해야 한다.

② 심리평가

　㉠ 심리검사의 실시

　　• 청소년상담사는 심리검사를 실시하고 해석할 수 있는 능력을 배양해야 한다.

　　• 청소년상담사는 심리검사 전, 만 14세 미만 청소년과 보호자에게 사전 동의를 받는다.

　　• 청소년상담사는 검사 도구를 선택, 실시, 해석함에 있어서 전문가적 기준을 고려한다.

- 청소년상담사는 내담자에게 적절한 심리검사를 선택하고 검사의 타당도와 신뢰도, 제한점 등을 고려하고 다문화 배경을 가진 내담자를 위한 검사 선택 시 내담자의 사회문화적 맥락을 신중히 고려해야 한다.
  - ⓒ 심리검사의 해석
    - 청소년상담사는 심리검사 해석에 있어 성별, 나이 등의 영향을 고려해 결과를 해석한다.
    - 청소년상담사는 청소년이 이해하도록 심리검사의 목적이나 결과에 대한 설명을 제공한다.
    - 청소년상담사는 심리검사 결과를 타인들이 오용하거나 외부에 유출하지 않도록 해야 한다.

[**핵심예제**]

상담의 비밀보장에 관한 원칙으로 옳지 않은 것은?

[19년 18회]

① 녹음 및 녹화에 관해 내담자의 동의를 구해야 한다.
② 집단상담을 시작할 때 비밀보장의 중요성과 한계를 명확히 설명한다.
③ 상담 기록을 전자정보의 형태로 보관할 경우 외부자의 접근을 철저히 차단한다.
④ 교육이나 출판 시 익명성이 보장된다면 내담자의 동의 없이 상담내용을 사용할 수 있다.
⑤ 전염성이 강한 치명적인 질병이 있는 내담자가 치료를 거부할 경우 비밀을 보장할 수 없다.

정답 ④

해설

상담의 비밀보장에 관한 원칙
- 내담자의 동의 없이는 상담의 기록을 제3자나 기관에 공개하지 않는다.
- 상담자는 내담자의 사생활이 보호되고, 불법적인 정보유출이 이루어지지 않도록 한다.
- 예외적인 경우(내담자나 그 주변인에게 닥칠 위험이 분명하고 위급한 경우, 치명적인 감염질병이 있거나 법원 명령이 있는 경우)외에는 반드시 내담자의 비밀은 보장되어야 한다.

제4장 청소년상담의 실제

핵심이론 50 청소년상담의 초기단계

① 상담자가 내담자가 가지고 있는 문제를 이해(진단)하고 평가한 후에 상담목표를 세워 구체적으로 개입을 시작할 때까지의 단계를 말한다.

② 초기에 과업들이 제대로 이루어지지 못하면 종결되어도 문제는 제대로 해결되지 못한다.

③ 초기단계의 과정
  - ㉠ 촉진적 상담관계의 형성
    - 관심기울이기(적극적 경청) : 상담자는 내담자 쪽으로 몸을 기울여 경청함으로써, 상담자 역할뿐만 아니라 인간으로서 내담자를 이해하고 존중하려는 것을 보여줘야 한다(개방적 자세).
    - 신뢰관계 형성(방어기제의 방지) : 상담자는 내담자가 상담자를 신뢰할 수 있도록 하기 위해서 내담자에게 일관된 관심을 보이고 공감하며 민감하게 반응하여야 한다.
  - ㉡ 내담자의 이해와 평가
    - 상담자는 내담자의 언어나 비언어적 표현으로부터 내담자의 문제점을 파악하여야 한다.
    - 내담자가 현재 가지고 있는 문제점에 대하여 왜 도움이 필요한지를 파악하여야 한다.
    - 내담자가 어떤 해결방안이나 변화를 바라는지를 명확히 확인하도록 하는 것이 필요하다.
    - 상담자는 내담자의 행동을 관찰함으로써, 내담자의 문제를 더 잘 이해하고 평가한다.
    - 내담자는 상담과정에서 다른 사람에게 화난 감정을 상담자에게 투사하는 전이감정을 나타내는데, 이때는 내담자가 현실에 보다 잘 적응할 수 있도록 행동을 수정해야 한다.
    - 상담자는 내담자의 동의를 구해 상담목표 및 계획을 명확하게 기록하여야 한다.
  - ㉢ 초기단계 내담자에게 나타나는 현상과 개입방법
    - 내담자는 자신의 문제를 정확하게 알고 싶어 하며 즉시 해결해주기 원하는데, 이때 설명을 통해 내담자가 문제 원인을 아는 것만으로 해결할 수 없다는 점을 알려주어야 한다.

• 자기성찰보다는 주변 사람 및 환경을 문제의 원인으로 돌리는 경우가 많은데, 자신의 불편한 감정이나 자신의 생각을 탐구하는 것이 바람직하다는 것을 알린다.

• 비자발적인 내담자의 경우 상담에 대한 저항이 일어날 수 있으므로, 상담 시 자신의 문제를 지각할 수 있는 기회를 늘리면서 자발적으로 상담에 참여할 수 있도록 한다.

ⓔ 상담구조화

• 상담구조화는 심리적 조력관계의 본질, 제한점, 목표 등을 규정하고, 상담자와 내담자의 역할과 책임 그리고 가능한 약속 등의 윤곽을 명백하게 하는 것을 말한다.

• '상담의 특성, 조건, 절차' 등, 내담자와 상담자간에 합의된 이해와 기본적인 기대를 맞추는 과정으로 내담자가 상담에 대한 비현실적 기대를 갖고 있을 경우 중요성이 더욱 커진다.

• 상담에서 진행될 예상 회기를 알려준다.

• 상담에 대한 내담자의 불안을 경감시킬 수 있다.

• 상담의 모든 단계에서 이루어질 수 있지만 주로 초기에 잘 이루어질 필요가 있다.

• 상담이 직접적 문제해결이라고 생각하는 내담자에게 효과적이다.

• 상담자와 내담자의 공감적 탐색과 합의 과정을 통해 이루어진다.

• 구조화가 너무 자주 이루어지는 것은 혼란을 가져올 수 있으므로 바람직하지 않다.

• 내담자 정보에 대한 상담자의 비밀보장은 예외가 있음을 확실히 한다.

• 구조화는 상담여건의 구조화, 상담관계의 구조화, 비밀보장의 구조화로 구분할 수 있다.

상담여건의 구조화	상담 장소나 약속 등을 못 지키는 경우 연락방법 등에 대한 구조화
상담관계의 구조화	상담관계의 진행방법, 상담자와 내담자의 역할 등에 대한 구조화
비밀보장의 구조화	원칙적으로는 내담자의 비밀을 보장하는 것에 대한 구조화(단, 범죄와 관련되거나 감염질병 등에 관한 내용은 비밀보장 예외)

ⓜ 목표탐색 및 명료화

• 상담자와 내담자 모두 목표에 동의하여야 한다.

• 목표가 구체적이어야 한다.

• 자기 파괴적인 행동에 관련된 것이어야 한다.

• 목표가 성취 지향적이어야 하고 측정 가능해야 한다.

• 행동적이고 관찰 가능한 목표이어야 한다.

더 알아보기

사례개념화 정의

• 내담자로부터 얻은 정보를 상담자가 통합하여 이해와 문제 해결에 활용하는 기술이다.

• 핵심적인 문제를 파악하고 문제해결을 위해 상담목표와 구체적 전략 수립, 행동특성을 특정 지식의 이론적 기초와 연결하는 것이다.

사례개념화 방법

• 문제의 핵심이 무엇인지 심리적 차원에서 생각한다.

• 문제가 생긴 경로나 원인, 특정사건의 계기나 내담자에게 끼친 영향을 파악한다.

• 문제를 지속시키는 내적인 역동과 주변사람들의 반응과 주변 환경을 살펴본다.

• 내담자가 진술하는 내용에서 반복적으로 나타나는 공통주제나 패턴을 파악한다.

• 위의 정보들을 근거로 가설을 세우고, 정보가 추가됨에 따라 그 가설을 수정·보완한다.

필수 과목

[핵심예제]

50-1. 다음 보기의 사례에 나타난 상담자의 개입 활동은?

[19년 18회]

- 상담자 : 학생은 상담이 무엇이라고 생각하십니까?
- 학 생 : 상담에 와서 힘든 것을 이야기하면, 상담자가 제가 힘들어하는 문제를 다 해결해 주는 것 아닌가요?
- 상담자 : 상담에서 힘들어하는 것을 빨리 해결하고 싶군요. 잘 알겠어요. 그런데 상담이란 학생이 어려워하는 문제를 해결하기 위해 학생과 내가 함께 노력하는 과정입니다. 저도 학생이 사람들 앞에 나서기 힘들어하는 문제를 해결하기 위해 노력하고, 학생도 상담에 와서 솔직하게 마음을 털어놓고 자신의 문제를 해결하기 위해 적극적으로 노력해주시기 바랍니다.

① 사례개념화
② 상담목표의 설정
③ 비밀보장의 구조화
④ 상담여건의 구조화
⑤ 상담관계에 대한 구조화

정답 ⑤

50-2. 상담의 초기단계에 관한 설명으로 옳지 않은 것은?

[20년 19회]

① 내담자와 합의하여 상담목표를 수립한다.
② 상담여건, 상담관계, 비밀보장 등에 대해 구조화한다.
③ 내담자와 신뢰로운 상담관계를 형성한다.
④ 내담자의 문제를 이해하고 평가한다.
⑤ 과정목표를 설정하고 달성한다.

정답 ⑤

해설

50-1
제시문의 내용은 상담구조화의 구분 중 상담자와 내담자의 역할과 책임 등을 논의하는 '상담관계에 대한 구조화'이다.

50-2
상담 초기단계에는 촉진적 상담관계의 형성, 내담자의 이해와 평가, 상담구조화, 목표탐색 및 명료화 등의 과정을 거친다. 과정목표를 설정하고 달성하는 것은 상담의 중기단계에 이루어진다.

핵심이론 51 | 청소년상담의 중기단계

① 의 의
ㄱ. 내담자가 상담자를 신뢰하여 심리적으로 안정된 상태에서 심층적으로 내담자의 문제를 탐색하고 통찰하면서 목표에 도달하기 위해서 노력하는 상담의 핵심단계이자 중간단계이다.
ㄴ. 내담자의 상황에 긍정적 관점을 갖게 하는 재구성 과정을 통해 내담자의 인식은 변화된다.
ㄷ. 집단상담의 경우, 소속감이 생기고 집단구성원 상호간의 깊은 정서체험을 하게 된다.

② 내담자의 자기탐색과 통찰
ㄱ. 상담자와의 신뢰가 깊어지면 내담자는 생각이나 감정 등까지 상담자에게 드러내는 과정에서 현재의 문제와 관련된 부적응적 사고나 언행 등을 자각하게 된다.
ㄴ. 내담자는 새로운 자각을 바탕으로 현실에서 실천할 수 있는 행동계획을 수립하고 실행하는데, 그에 대한 평가가 있어야 한다.

③ 상담의 개입방법
ㄱ. 정서적 개입 : 대인관계나 사회적 역할을 수행하는 데 장애를 느끼는 경우 정서는 주된 문제가 되며, 자신에 대해 이해할 수 있도록 도움으로써 변화를 이끌 수 있다.

더 알아보기

정화(Catharsis)경험을 촉진하는 원리와 방법	
정화 경험의 촉진 원리	알렉산더는 정화경험을 교정적 감정경험으로 개념을 정의하면서 정화경험의 원리를 다음과 같이 설명하였다. • 안전하고 우호적인 상황에서 과거의 외상적 경험을 회상할 것 • 경험을 회상할 때 강한 정서적 경험이 동반될 것 • 강렬한 경험 이후에는 안전감과 수용 받는 경험을 하게 될 것 • 자신의 전이행동에 대한 새로운 통찰이 일어날 것
정화 경험의 촉진 방법	• 정화경험을 촉진하는 안전하고 신뢰할 수 있는 환경의 조성 : 일치성, 존중, 공감과 같은 상담자의 촉진적 태도, 상담자가 가진 전문적 자원에 대한 관리를 통해 형성 • 정서적 외상이나 갈등상태를 언어, 행동, 상징화로 표현 • 신경증적 소망이나 충동의 표현 통제 • 중기단계에서 상담자가 정화경험을 촉진하는 환경 조성 • 체계적 현실검증으로 정화경험 및 정서적 통찰, 행동변화 유도

ⓛ 행동적 개입 : 품행장애, 폭력적 행동의 문제 등을 바꾸는 것을 목표로 개입하는 것으로, 방법에는 행동연습, 과제수행 등 행동기술을 습득하여 행동을 바꾸도록 하는 것 등이 있다.

ⓒ 인지적 개입
- 환경에 대한 지각 및 사고과정이 변화됨으로써 변화가 일어날 수 있다는 것을 전제로 하고, 내담자의 인지과정에 개입하는 것이 가장 효과적이다.
- 인지의 변화를 위한 인지상담의 목표는 내담자에게 문제를 일으키는 잘못된 사고나 신념을 밝혀 주관적인 지각을 변화시킴으로써 개인의 변화를 도모하는 것이다. 인지의 변화를 위해 상담자는 왜곡된 사고에 논박하거나 교육과 같은 인지적 방법과 인지과제의 부여와 같은 지시적인 방법 등을 적극적으로 사용한다.

④ 중기단계에서 나타날 수 있는 문제점과 대응방안
- ⓐ 내담자가 알지 못했던 자신에 대해 깨달으면서 불만, 저항 등을 나타낼 수도 있다. 이 경우, 상담자는 직면하거나 해석할 수 있다.
- ⓑ 상담이 진행되면서 같은 이야기가 반복되거나 주제에서 벗어나는 경우가 있는데, 이때는 즉시적 반응, 자기노출, 질문 등을 통해 상담과정을 재검토하고, 상담의 초점을 분명히 한다.

⑤ 상담중기의 과제
- ⓐ 문제에 대한 구체적 탐색과 피드백의 과정 중 내담자가 지금까지 알지 못했던 자신을 깨달으면서 불만과 저항이 나타날 때 직면이 필요하다.
- ⓑ 상담자와 내담자의 라포 형성과 상담자의 자기노출은 필요하지만, 지나친 자기노출과 친밀함은 오히려 상담에 방해가 될 수 있다.
- ⓒ 내담자가 주도적으로 말할 수 있게 도와야 하며, 조언과 해결책을 제시하는 것을 삼가고 관찰내용을 피드백 해주어 스스로 자신을 돌아볼 수 있도록 한다.

더 알아보기

내담자의 저항

저항의 원인	• 상담자가 일방적으로 과제를 제시한다. • 준비되지 않은 내담자에게 빠른 변화를 위해 적극적으로 개입한다.
저항의 특징	• 자신이 바라지 않던 통찰을 하게 되는 것에 대한 두려움을 보인다. • 책임지기 두려워 의사결정을 미루는 태도를 보인다. • 상담자와의 권력 차이로 충분히 자신을 드러내지 못하는 것에 대한 두려움을 보인다. • 상담자의 유능성 또는 상담방법에 대해 비난한다.
저항의 예	• 상담자에 대한 좌절이나 분노를 표현하기 어려워 상담을 취소하거나 늦게 오기 • 중요한 이야기를 하지 않고 화제 돌리기 • 공상하거나 졸기 • 불가능한 요구사항 설정하기 • 내담자에게 일방적으로 말하기

장기간 오지 않는 내담자에 대한 상담자의 조치
내담자가 오지 않는 원인으로는 불가피한 상황, 상담에 대한 저항 등 다양한 원인이 있을 수 있다. 따라서 내담자에게 문자와 전화 등을 통해 내담자의 선택을 존중하고, 향후 상담이 필요할 시 다시 찾아올 수 있음을 알려준다.

핵심예제

장기간 연락 없이 상담에 오지 않는 청소년 내담자에 대한 상담자의 조치로 적절한 것은?   [19년 18회]
① 내담자에게 아무런 조치 없이 계속 기다린다.
② 원인을 자신의 무능으로 돌리고 내담자에게 사과한다.
③ 내담자의 선택을 존중하고, 향후 상담이 필요할 시 다시 찾아 올 수 있음을 알려준다.
④ 내담자의 문제를 해결하기 위해 상담에 올 것을 계속 강요한다.
⑤ 내담자에게 연락하지 않고 임의로 종결 처리한다.
정답 ③

해설
내담자가 오지 않는 원인으로는 불가피한 상황, 상담에 대한 저항 등 다양한 원인이 있을 수 있다. 따라서 내담자에게 문자와 전화 등을 통해 내담자의 선택을 존중하고, 향후 상담이 필요할 시 다시 찾아올 수 있음을 알려준다.

핵심이론 52 | 청소년상담의 종결단계

① 종결의 시기
- ㉠ 상담을 끝내고 헤어지는 과정에서 이루어지는 마무리 작업이다.
- ㉡ 그간의 상담성과를 정리하고, 종결 이후의 삶을 준비하며 이별의 과정을 다룬다.

② 상담종결의 주제
- ㉠ 행동변화에 기여한 상담자 요인
- ㉡ 행동변화에 기여한 내담자 요인
- ㉢ 상담종결을 앞둔 내담자의 심정
- ㉣ 상담목표의 달성 정도 파악
- ㉤ 상담성과의 미흡한 부분과 앞으로의 대처방안

③ 상담 종결의 조건
- ㉠ 내담자가 호소문제를 더 이상 경험하지 않을 때
- ㉡ 현재의 생활에 잘 적응하고 있는 것으로 판단될 때
- ㉢ 내담자가 호소문제를 경험하더라도 감내할 수 있을 정도로 호전되었다고 느낄 때
- ㉣ 내담자가 스스로 해결했던 문제 상황에 대해 더 많이 이야기하게 될 때

④ 내담자의 종결에 대한 저항
- ㉠ 조기상실에 따른 고통, 외로움, 미해결된 슬픔, 요구 충족, 거부당하는 두려움, 자기의존에 대한 두려움이 주요 원인이다.
- ㉡ 상담종결 시에 더 많은 시간을 요구하거나, 상담목표가 달성되었음에도 불구하고 더 많은 상담을 원한다.
- ㉢ 상담초기에 호소하지 않았던, 새로운 우울이나 불안 등의 증상을 호소하며 상담을 계속하기를 원한다.

⑤ 종결단계의 과정
- ㉠ 상담성과에 대한 평가 및 점검
  - 목표가 달성되어 종결을 하거나 여타의 다른 이유로 때 이르게 종결을 하게 되어도, 종결을 할 때 기본적으로 해야 할 일은 상담의 성과를 평가하는 일이다.
  - 처음에 합의한 문제들이 어느 정도 극복되었는지, 남은 문제는 무엇인지를 점검한다.
- ㉡ 심리검사의 실시 : 종결 시에 심리검사를 실시하여 상담을 시작할 때 실시한 심리검사 결과와 비교함으로써 변화의 정도를 양적으로 확인해볼 수도 있다.
- ㉢ 문제해결력 점검 및 작별의 감정 다루기
  - 그동안 상담에서 학습한 내용들을 앞으로 어떻게 대처할 것인지 점검한다.
  - 친밀한 관계에 작별을 고하고, 내담자 스스로 독립적으로 살아갈 마음의 준비를 해나간다.
  - 내담자에게 또다시 문제가 생기면, 언제든지 재상담을 받을 수 있다는 사실을 알려준다.
- ㉣ 추수상담에 대하여 논의하기
  - 종결 후에도 내담자의 행동 중에 잘하는 점을 강화하고 부족한 점을 보완할 수 있다.
  - 상담자 자신에게도 상담문제의 해결과정이 적합하였는지에 대한 임상적 통찰을 가져다준다는 점에서 의미가 있다.

［ 핵심예제 ］

상담 종결의 조건으로 옳지 않은 것은?   [17년 16회]

① 상담자와 내담자의 관계가 친밀해졌다고 느낄 때
② 내담자가 호소문제를 더 이상 경험하지 않을 때
③ 현재의 생활에 잘 적응하고 있는 것으로 판단될 때
④ 내담자가 호소문제를 경험하더라도 감내할 수 있을 정도로 호전되었다고 느낄 때
⑤ 내담자가 스스로 해결했던 문제 상황에 대해 더 많이 이야기하게 될 때

정답 ①

해설

상담자는 처음 설정했던 상담의 목표가 달성되거나, 상담진행의 진전이 없으리라는 판단이 설 경우, 상담이 내담자의 문제를 해결하거나 변화를 일으키는 데 더 이상 효과적이지 못하다는 판단이 설 경우 등에 상담의 종결에 대해 판단하여야 한다.

핵심이론 53 초기-중기-종결 단계의 상담자 역할

① 초기단계
- ㉠ 내담자와 관계를 형성한다.
- ㉡ 내담자의 호소문제와 관련된 감정을 탐색하여 내담자의 문제를 이해 및 평가한다.
- ㉢ 상담의 구조화를 진행한다.
- ㉣ 내담자와 협의하여 상담의 목표를 설정한다.

② 중기단계
- ㉠ 내담자의 자기문제에 대한 탐색과 통찰을 도와준다.
- ㉡ 탐색 과정에서 깨달은 사실을 구체적인 행동으로 옮기도록 격려한다.
- ㉢ 상담진행 상태와 내담자 변화를 평가한다.
- ㉣ 직면과 저항을 다룬다.
- ㉤ 조언과 해결책 제시가 아닌, 관찰한 내용을 피드백한다.

③ 종결단계
- ㉠ 상담성과를 평가하고 점검하며, 상담목표의 달성 정도를 파악한다.
- ㉡ 내담자의 행동변화 요인(상담자 요인, 내담자 요인 등)을 평가한다.
- ㉢ 종결과 관련된 내담자의 감정을 파악한다.
- ㉣ 이전 단계에서 얻은 통찰을 실행으로 옮길 수 있도록 격려한다.
- ㉤ 추수상담에 대한 조언을 한다.

［ 핵심예제 ］

상담자의 상담 단계별 과업으로 옳은 것은? [18년 17회]

① 초 기 - 내담자의 기대 조정
② 초 기 - 성과 평가
③ 중 기 - 추수회기
④ 종 결 - 접수면접
⑤ 종 결 - 호소문제 탐색

정답 ①

해설
② 성과 평가 → 종결
③ 추수상담에 대한 논의 → 종결
④ 접수면접 → 초기
⑤ 호소문제 탐색 → 초기 ~ 중기

핵심이론 54 청소년 상담과정과 기법

① 상담의 과정(Brammer의 8단계)

상담 단계		내 용
1단계	준비와 시작 단계	상담자와 내담자 간 신뢰 형성이 중요하다.
2단계	명료화 단계	문제와 상담 대상을 밝혀 조력이 무엇인지 명백히 하는 단계이다.
3단계	구조화 단계	상담자와 내담자의 역할·책임, 목표와 제한점 등을 구조화 한다.
4단계	관계심화 단계	상담자와 내담자의 관계심화로 플라시보 치료를 이룰 수 있다.
5단계	탐색 단계	문제해결에 필요한 정보 수집 및 목표 달성을 위한 활동을 전개한다.
6단계	견고화 단계	문제해결을 위한 방법이나 행동 등을 확정 및 적용한다.
7단계	계획화 단계	상담 종결여부 및 상담 후 내담자 활동 등에 대한 계획·검토한다.
8단계	종료 단계	상담목표평가 및 요약, 타 상담기관 의뢰, 추후 상담여지에 대해 논의한다.

② 상담개입
- ㉠ 경청하기
  - 내담자의 말을 잘 경청하는 것은 상담을 성공적으로 이끄는 주요 요인이 된다.
  - 경청의 자세 : 개방적 자세로, 내담자 쪽으로 몸을 약간 기울인 채 내담자를 바라본다.
- ㉡ 반영하기
  - 내담자가 표현한 것을 상담자가 다른 참신한 말로 부연해 주는 시도라고 정의할 수 있다.
  - 내담자의 내면을 잘 파악하여 거울에 비추듯이 그대로 되돌려주려고 노력해야 한다.
  - 상담자는 내담자로 하여금 자기가 이해받고 있다는 인식을 주게 된다.
  - 상담자는 내담자의 말로써 표현한 것뿐만 아니라 자세, 몸짓, 목소리, 눈빛 등 비언어적 행동에서 나타나는 감정까지도 반영해 주는 것이 필요하다.

예 가난한 집안환경 때문에 고민하는 청소년 내담자와의 상담
- 내담자 : 몇 년 전에 부모님 사업이 부도가 나서 제가 학비를 벌어야 해서 대학 다니기도 벅찬데, 얼마 전에 중고등학교에 다니는 동생들이 학비 때문에 저한테 도움을 청했어요.
- 상담자 : 학생이라 많은 돈을 벌 수 없고, 아르바이트를 해서 겨우 대학을 다니느라 힘들 텐데, 어린 동생들이 학비 도움까지 청하니 동생들이 가엾으면서도 아무것도 해줄 수 없는 미안함 때문에 무척 안타까움을 느끼고 있구나.

더 알아보기

감정반영 기술

- 상담자는 모든 감정을 반영하려 하기보다는 가장 현저한 감정을 끄집어내야 한다. 확실히 가장 중요한 감정을 선별하기 위하여 상담자는 내담자의 언어적·비언어적 행동에 주의를 기울여야 한다.
- 감정반영 기술은 내담자의 탐색을 돕는 중요한 기술이다. 감정의 반영은 내담자가 걱정으로 인한 불안감을 어느 한쪽으로 밀쳐 버리지 않고 충분히 경험할 수 있도록 하고, 그 고통을 피하지 않고 받아들이며 끊임없이 탐색할 수 있도록 용기를 북돋아준다.
- 내담자의 정서적 정화(Catharsis)를 고무시키는 것을 돕는다. 상담자는 내담자로 하여금 자기감정, 즉 슬퍼하고, 울고, 화내고, 소리치고, 당황하고, 즐거워하고, 놀라는 등의 감정을 경험하도록 할 필요가 있다. 그렇게 함으로써 정서적 노출로부터 뭔가를 얻어 앞으로 나아가게 하는 것이다. 이러한 정서적 노출의 치료적 과정을 '정화'라고 한다.
- 느낌이 불투명하여 자신의 감정을 알 수 없는 내담자에게 상담자는 불투명함을 닦아주어 내담자가 자신의 감정을 명료화하고 설명할 수 있도록 도와주어야 한다.

핵심예제

다음 보기의 대화에서 상담자가 사용하는 기법은? [18년 17회]

- 내담자 : 아빠는 늘 그래요. 도대체 내 말을 들으려고 하시지 않아요.
- 상담자 : 아빠에게 서운하기도 하고 답답하기도 한가 보군요.

① 투 사   ② 직 면
③ 해 석   ④ 재진술
⑤ 감정반영

정답 ⑤

해설

반영은 느낌을 비추는 거울과 같다. 불투명하여 자신의 감정을 알 수 없는 내담자에게 상담자는 불투명함을 닦아주어 내담자가 자신의 감정을 명료화하고 설명할 수 있도록 도와주어야 한다.
① 투사 : 방어기제의 유형 중 하나로 자신의 내부에서 일어나는 용납하기 어려운 충동을 다른 사람의 탓으로 돌리는 것을 말한다.
② 직면 : 집단원의 말이나 행동이 일치하지 않거나 모순점이 있을 때 그것을 지적해주는 기술이다.
③ 해석 : 내담자가 자기의 문제를 새로운 각도에서 이해하도록 그의 생활경험과 행동의 의미를 상담자가 설명해주는 것이다.
④ 재진술 : 어떤 상황, 사건, 사람, 생각을 기술하는 내담자의 진술 중에서, 상담자가 그 내용을 다른 동일한 의미의 말로 바꾸어 기술하는 기법이다.

핵심이론 55 청소년 상담기법Ⅰ - 해석 및 직면

① 해 석

ⓐ 내담자가 자기의 문제를 새로운 각도에서 이해하도록 그의 생활경험과 행동의 의미를 상담자가 설명해주는 것이다.

ⓑ 해석의 내용이 내담자의 준거체계와 밀접할수록 내담자의 저항을 줄일 수 있고, 내담자 스스로 해석하도록 도와주는 것이 바람직하며, 내담자의 통찰을 촉진하는 데 목적이 있다.

ⓒ 내담자에게 새로운 참조체제를 제공해주는 것은 의의가 크나, 신중하게 사용되어야 한다.

ⓓ 내담자 편에서 자기이해가 이루어지지 않았을 때 성급한 해석을 내리는 경우, 내담자가 방어적으로 나올 수 있으므로 해석의 시기에 유념해야 한다.

ⓔ 저항을 직면할 수 있는 자아강도가 있을 때 해석해준다.

ⓕ 상담자와 내담자 간 충분한 라포(Rapport)가 형성되어 있을 때 해석을 실시해야 한다.

ⓖ 해석의 내용은 가능한 내담자가 통제·조절할 수 있는 것이 좋다.

ⓗ 단정적·절대적 어투보다 잠정적·탄력적 어투를 사용하는 것이 좋다.

ⓘ 상담과정에서 수집하고 확인한 구체적이고 실제적인 정보를 근거로 제공한다.

ⓙ 내담자의 현재 욕구를 존중하고 내담자의 인지적·성격적 특성을 고려해야 한다.

〔예〕학교와 집에 모두 불만이 있는 청소년 내담자와의 상담

• 내담자 : 집에서는 부모님이 매일 학교성적 때문에 잔소리만 하시고, 학교에서는 선생님이 공부 잘하고 잘 사는 애들만 편애하는 것 같아요. 그래서 집도, 학교도 싫어요.

• 상담자 : 학교수업을 빠지고, PC방에서 하루 종일 있었던 것은 학교와 집에 대한 불만의 표시였구나.

더 알아보기

해석의 과정

• 1단계 : 내담자를 관찰하며 해석할 준비하기, 다양한 가설과 증거 찾기
• 2단계 : 내담자의 준비정도를 고려하고, 해석의 적절성 정하기
• 3단계 : 상담자 자신의 의도 점검하기
• 4단계 : 해석을 제시하기
• 5단계 : 내담자의 반응 관찰하며 후속 대응하기

② 직 면(Confrontation)

ⓐ 집단원의 말이나 행동이 일치하지 않거나 모순점이 있을 때 그것을 지적해주는 기술이다.

• "너는 아빠가 밉다고 하면서도 아빠를 걱정하고 있구나."

• "좋은 성적을 받고 싶다고 하면서 대부분의 시간을 게임하는 데 쓰고 있구나."

ⓑ 직면의 기술을 사용하는 경우 매우 신중해야 하며, 내담자는 직면에 처했을 때 매우 강한 감정적 반응을 나타낼 수 있다.

ⓒ 내담자를 평가하거나 비판하는 인상을 주지 않도록, 내담자가 보인 객관적인 행동과 인상에 대하여 서술적으로 표현하는 것이 중요하다.

ⓓ 직면은 타인에 대한 배려와 염려 그리고 공감을 바탕으로 하여야 하며, 즉각적인 직면은 위험하므로 내담자와 좋은 관계가 형성된 후에 해야 한다.

내담자의 내면세계에 접근하는 깊이의 정도 :
'반영 → 명료화 → 직면 → 해석'의 순서

Win-Q

[핵심예제]

상담기법과 그 예로 옳은 것을 모두 고른 것은? [18년 17회]

> ㄱ. 즉시성 – 요즘 부모님께 자주 찾아갔다니 정말 잘했구나.
> ㄴ. 직 면 – 웃으면서 괜찮다고 말하고 있지만 손을 떨고 있구나.
> ㄷ. 외재화 – 영미 때문에 네가 그럴 수밖에 없었다는 말이구나.
> ㄹ. 해 석 – 네가 사람을 쉽게 믿지 못하게 된 이유가 아버지와의 관계에서 시작된 모양이구나.

① ㄱ, ㄴ
② ㄴ, ㄹ
③ ㄷ, ㄹ
④ ㄱ, ㄴ, ㄷ
⑤ ㄱ, ㄴ, ㄷ, ㄹ

정답 ②

해설

ㄴ. 직면 : 집단원의 언행이 불일치하거나 모순점이 있을 때 그것을 지적해주는 기술이다.

ㄹ. 해석 : 내담자가 자기의 문제를 새로운 각도에서 이해하도록 그의 생활경험과 행동의 의미를 상담자가 설명해주는 것이다.

ㄱ. 즉시성 : 상담자와 내담자 간에 '지금' 일어나고 있는 것, 즉 상담의 목적뿐만 아니라 내담자의 감정, 인상, 기대에 관하여 상담자가 이해하고 의사소통하는 것을 말한다. 상담과정을 방해하는 치료적 관계에서의 문제를 표현하여, 즉시적인 치료관계에서 문제를 논의함으로써 자신의 문제에 대해 더 깊이 이해하도록 한다.

ㄷ. 외재화 : 이야기치료의 상담기법으로 외재화 작업을 통해 내담자로 하여금 자신과 문제가 동일한 것이 아님을 깨닫도록 하며, 개인과 문제 사이에 일정한 공간을 만들어 냄으로써 내담자가 자신과 문제 사이의 관계를 재조명하고 수정할 수 있는 기회를 만들어주는 것이다.

핵심이론 **56** | **청소년 상담기법 II**

① 질문의 사용

ㄱ 상담에서 상담자가 질문을 많이 하는 것은 어떠한 경우에든지 바람직하지 못하다.

ㄴ 상담은 치료적 면접인 만큼 상담자는 심문자나 조사관의 역할을 해서는 안 된다.

ㄷ 이중질문과 '왜'라는 질문은 내담자의 문제해결에 도움이 되지 못하므로 가능한 피한다.

ㄹ 질문은 내담자가 자기탐색을 중단하지 않고 진행시키는 방향으로 유도하기 위해서 혹은 내담자의 자기이해를 돕기 위해서 명료화나 직면화의 한 기법으로써 사용될 때에 이상적이다.

ㅁ '개방형 질문'은 내담자의 이야기를 이끌어내려는 목적이 있으며, 소통을 활성화시킨다.

ㅂ '폐쇄형 질문'은 구체적인 정보 수집, 논의주제의 범위 축소, 상담주제로의 초점 환원 등의 특징이 있으며, 내담자의 감정이 혼란스러울 때는 폐쇄적 질문이 더 도움이 된다.

구 분	개방형 질문	폐쇄형 질문
질문의 범위	포괄적	좁고 한정됨
답변의 범위	• 내담에게 가능한 많은 대답을 선택할 수 있는 기회 제공 • 때로는 내담자에게 부담을 느끼게 함	• 대답의 범위가 '예', '아니오' 또는 단답식 답변으로 제한 • 내담자의 신속한 답변 가능
촉진관계	바람직한 촉진관계 제공	촉진관계의 폐쇄
예	평소 부모님과의 관계는 어떤가요?	부모님을 존경하나요?

② 바꾸어 말하기(Paraphrasing)

ㄱ 내담자의 이야기를 듣고 나서, 상담자가 자기의 표현양식으로 바꾸어 말해주는 것은 상담에 여러 가지로 도움이 된다.

ㄴ 바꾸어 말하면서 내담자의 입장을 상담자가 이해하려고 노력하고 있음을 전달할 수 있다.

ㄷ 내담자가 한 말을 간략하게 반복함으로써 내담자의 생각을 구체화할 수 있다.

ㄹ 내담자가 말하고 있는 바를 상담자가 올바로 이해하고 있는지를 확인할 수 있다.

70 ■ 제1편 핵심이론 + 핵심예제

예 양심의 가책을 느껴 괴로워하는 청소년 내담자와의 상담
- 내담자 : 어제 가게에서 물건을 사고 거스름돈을 더 받은 걸 알았지만, 그냥 나왔어요.
- 상담자 : 그건 푼돈에 양심을 팔았다고 생각하니, 본인에 대해 실망이 컸다는 말이니?

③ 재진술
㉠ 내담자의 진술 중에서, 상담자가 다른 동일한 의미의 말로 바꾸어 기술하는 기법이다.
㉡ 내담자의 정보를 함축적으로 되돌려줌으로써, 자신이 한 말에 주의를 기울이도록 돕는다.
㉢ 혼동되는 내용을 명료화시키고 가장 중요한 대목을 요약해주는 경우 가장 효과적이다.
예 시험공부를 미리미리 하지 않고 미루는 청소년 내담자와의 상담
- 내담자 : 저는 이번 기말고사에도 시험 직전까지 공부 안하다 결국 밤새워 공부했어요.
- 상담자 : 이번 기말고사도 벼락치기를 했군요.

④ 명료화(Clarification)
㉠ 내담자가 모호하거나 모순되게 상담 할 때, 상담자가 질문하여 그 의미를 명백하게 한다.
㉡ 명료화는 내담자의 문제를 거울에 비추어 보듯이 분명하게 하는 작업이다.
㉢ 상담자와의 의사소통 및 내담자의 의사와 감정을 구체화하도록 돕기 위해서도 중요하다.
㉣ 내담자에게 상담자가 내담자에게 도움을 주려고 질문하고 있다는 느낌을 주도록 한다.
예 부모님과 갈등을 겪고 있는 청소년 내담자와의 상담
- 내담자 : 부모님은 너무 막무가내이셔서 대화가 통하지 않아요.
- 상담자 : 부모님이 막무가내라고 했는데, 왜 그러셨을까 구체적으로 이야기해주겠니?

⑤ 초점화(Focusing)
㉠ 내담자가 명확히 하지 못할 때, 내담자가 주제에 주의를 집중하도록 한다.
㉡ 초점 맞추기 과정
- 제1단계 : 내담자가 가진 문제나 어떤 대상에 관한 전반적인 느낌에 집중하게 한다.

- 제2단계 : 주의를 끄는 하나의 관심을 찾아내고 그것에 주의를 기울이게 한다.
- 제3단계 : 하나의 감정에 집중하여 그것으로부터 나타난 단어나 이미지를 떠올리게 한다.
- 제4단계 : 감정의 흐름에 주의를 기울이게 하며, 그것을 판단하지 말고 경험하게 한다.
- 제5단계 : 현재 내담자의 문제에 관해 느껴지는 새로운 감정을 가져오게 한다.
- 제6단계 : 5단계를 거치면서 의식에 나타났던 단어나 이미지를 묘사하게 한다.
예 학교성적을 고민하면서도 주위환경 때문에 힘들어하는 청소년 내담자와의 상담
- 내담자 : 중학교 초기에는 학교에서 열심히 공부했는데도 성적이 잘 오르지 않았어요. 저도 걱정하고 있었는데, 부모님이 제 속도 모르고 성적이 오르지 않았다고 저에게 잔소리를 심하게 하셨어요. 공부하러 독서실에 간다고 하고 집에서 나오긴 했는데, 막상 독서실에 가면 친구들을 만나게 되거든요. 그 친구들이 공부를 잘하는 친구들이 아니다보니 같이 어울려서 PC방에서 게임하면서 시간을 다 보내게 돼요. 그렇게 놀다가 헤어져 혼자 집에 오게 되면 제 자신이 너무 한심하고, 제 장래가 걱정이 되어, '내일부터는 그 친구들하고 어울리지 말고 정말 공부해야지' 하고 마음먹는데, 그 친구들이 같은 반 친구들이라 안 어울릴 수도 없어요. 또, PC게임이 너무 재미있어서 하지 않으면 왠지 허전하기도 해서 제가 PC게임에 중독된 거 같기도 해요. 정말 어떻게 해야 할지 모르겠어요.
- 상담자 : 내가 보기에 공부 장소를 바꾸는 문제를 상담하는 것이 우선인 것 같구나.

⑥ 재명명(Relabeling)
㉠ 내담자가 문제를 다른 시각에서 보거나, 다른 방법으로 이해하도록 돕는 기술이다.
㉡ '재구성(Reframing)' 혹은 '재규정(Redefining)'이라고도 한다.
㉢ 주어진 상황에 대한 부정적인 생각을 긍정적인 시각으로 변화하도록 돕는 것을 의미한다.

⑦ 요약(Summarizing)

　㉠ 내담자의 생각과 감정을 매회의 상담이 끝날 무렵 하나로 묶어 정리하는 것이다.

　㉡ 내담자에게 매회의 상담을 자연스럽게 종결하도록 유도할 수 있고, 상담 도중에 나타난 문제점이나 진행 정도 및 다음 단계에 대한 계획을 파악하는 데 도움이 된다.

　㉢ 요약은 상담자가 하든지 내담자에게 시켜보든지 상호간에 결정해서 실시할 수 있다.

　　例 가정형편 문제로 고민하는 청소년 내담자와의 상담

　　　• 상담자 : 지금까지 이야기한 것을 정리해보면, 혼자 공부하면 이해가 안 되는 것도 많고 능률도 오르지 않기 때문에 학원에서 강의를 들으면서 공부하고 싶은데, 가정형편이 어려워 부모님한테 차마 말씀드리지 못하고, 혼자 고민하고 있다는 말이지?

⑧ 조언(Suggestion) 또는 충고

　㉠ 조언은 내담자가 해야 할 것을 추천하거나 제안하는 기술이다.

　㉡ 상담자의 조언과 충고는 자칫하면 내담자의 반발과 저항을 초래할 수 있다.

　㉢ 조언은 내담자의 자기이해 · 성장의 기회를 박탈하기 쉽고 내담자를 열등한 위치에 처하도록 하기 쉽다.

　㉣ 조언을 자주 사용하는 것은 삼가야 한다. 다만 신속한 의사결정을 요하는 경우나 위기적 상황 및 부모와 가족 상담을 하는 경우에 적절히 사용하는 것이 효율적이다.

　㉤ 다소 지시적인 방법으로서 직접적인 조언과 정보를 제공하는 것이 유용할 수 있다.

　㉥ 청소년 내담자에게 충고나 조언 시 상담자의 개입방법

　　• 충고나 조언을 하기 전에 내담자가 어떤 시도나 노력을 해보았는지 확인한다.

　　• 내담자가 원하는지 확인하고 충고나 조언을 한다.

　　• 충고나 조언을 한 후 내담자가 이를 제대로 이해했는지 확인한다.

　　• 충고나 조언한 내용에 대해 즉각적인 피드백과 실행 후의 피드백을 받는다.

　　• 내담자와 감정, 태도 및 신념을 공감하며 조언하는 것이 중요하다.

⑨ 자기노출(Self-Disclosure)

　㉠ 내담자에게 도움이 될 만한 비슷한 상담자의 자기경험을 내담자에게 말하는 것이다.

　㉡ 자기노출은 내담자와 더욱 깊은 관계를 맺고 그의 속마음이나 경험을 더 깊이 있게 개방하도록 촉진할 수 있고, 내담자도 상담자를 인간적으로 느끼며 더욱 친밀해질 수 있다.

　㉢ 자기노출 이후 상담에 부정적일 수 있으므로, 자기노출은 자주 사용하지 않는 것이 좋다.

⑩ 침묵의 처리

　㉠ 일반적으로 내담자가 자기 자신을 음미해보거나 머릿속으로 생각을 간추리는 과정에서 침묵이 발생하므로, 이런 때의 침묵은 유익한 필요조건이다.

　㉡ 상담자는 침묵을 깨려 하지 말고, 인내심을 갖고 어느 정도 기다려보는 것이 바람직하다.

　㉢ 상담관계가 잘 안 이루어지거나, 상담자에 대한 저항 때문에 침묵하는 경우에는 대개 내담자가 눈싸움을 하는 듯한 자세나 부정적 표정을 지으며 침묵을 지키는 경우가 있다. 이때는 상담자가 내담자의 그때 그 자리에서의 숨은 감정을 언급하고 다루어 나가야 한다.

> **더 알아보기**
>
> 비언어적 의사소통 - ENCOURAGE(Hill & O'Brien, 1999)
> • E(Eye Contact) : 적당한 정도의 시선 맞추기, 자주 다른 곳을 보거나 뚫어지게 보는 것을 피한다.
> • N(Nods) : 대화 중에 고개를 적당히 끄덕여 상대방의 말에 귀 기울이고 있음을 표시한다.
> • C(Cultural Differences) : 상대방의 성별, 나이, 사회경제적 지위, 직업, 출신지역, 종교 등의 문화적 차이를 인식하고 존중한다.
> • O(Open Stance) : 상대방 쪽으로 개방된 자세를 유지하며 정면으로 상대방을 마주 대하고, 상대방 쪽으로 약간 몸을 기울인다. 다리를 꼬거나 팔짱을 끼는 것은 개방된 자세가 아니다.
> • U(Umhmm) : 대화 도중, '네에', '그렇군요.' 등을 표현해서 경청하고 있음을 보인다.
> • R(Relax) : 몸에 긴장을 풀고 자연스럽게 행동한다.
> • A(Avoid) : 교사의 감정을 지나치게 표시하거나 주변 물체로 시선 옮기기, 시계 보기, 옷자락이나 볼펜 만지작거리기 등의 산만한 행동을 피한다.

- G(Grammatical Style) : 상대방의 언어에 맞추기, 상대방의 연령, 교육수준 등에 맞는 대화, 지나치게 전문적이지 않도록 행동한다.
- E(spacE) : 상대방과 너무 가깝지도 멀지도 않게 앉는다.

[**핵심예제**]

청소년 내담자에게 충고나 조언을 할 때 상담자의 개입방법으로 옳은 것을 모두 고른 것은?
[20년 19회]

ㄱ. 내담자가 충고나 조언을 들을 준비가 되었는지 확인하고 제공한다.
ㄴ. 한 번에 많은 변화보다는 작고 구체적인 변화를 꾀하도록 제공한다.
ㄷ. 충고나 조언을 한 후 내담자가 이를 제대로 이행했는지 확인한다.
ㄹ. 충고나 조언한 내용에 대해 즉각적인 피드백과 실행 후의 피드백을 받는다.

① ㄱ, ㄴ   ② ㄴ, ㄷ
③ ㄷ, ㄹ   ④ ㄴ, ㄷ, ㄹ
⑤ ㄱ, ㄴ, ㄷ, ㄹ

정답 ⑤

해설

청소년 내담자에게 충고나 조언 시 상담자의 개입방법
- 충고나 조언을 하기 전에 내담자가 어떤 시도나 노력을 해보았는지 확인한다.
- 내담자가 충고나 조언을 들을 준비가 되었는지 확인하고 제공한다.
- 충고나 조언을 한 후 내담자가 이를 제대로 이해했는지 확인한다.
- 충고나 조언한 내용에 대해 즉각적인 피드백과 실행 후의 피드백을 받는다.
- 내담자와 감정, 태도 및 신념을 공감하며 조언하는 것이 중요하다.
- 한 번에 많은 변화보다는 작고 구체적인 변화를 꾀하도록 제공한다.

핵심이론 57   청소년상담의 유형 I – 단기상담

① 개 요
  ㉠ 상담기간이 비교적 짧고 해결중심적인 상담 접근방법으로 문제의 원인, 역기능, 병리현상 등에 초점을 맞추기보다는, 내담자의 강점과 자원을 탐색하고 구체적인 해결방안을 적극적으로 모색한다.
  ㉡ 내담자가 호소하는 한두 가지 핵심문제를 중심으로 빠른 시간 내에 변화할 수 있도록 돕는다.

② 단기상담의 필요성
  ㉠ 사회적 필요성 : 바쁜 현대인들에게 장기상담을 할 만큼 시간적 여유가 없다.
  ㉡ 경제성 : 시간적·비용적 부담이 적고 가정 형편이 어려운 내담자들에게 유용하다.
  ㉢ 상담의 효과성 : 장기상담에 비교하여 단기상담의 효과성도 나쁘지 않다.
  ㉣ 상담관계의 효과성 : 장기상담에서 생기는 전이를 단기상담에서는 거의 느끼지 않는다. 즉, 지나친 의존이나 퇴행을 일으키지 않는다.

③ 단기상담의 특징
  ㉠ 상담시간의 제한성에 따른 본질적 문제에 맞춘 상담계획의 수립
  ㉡ 달성 가능한 작은 목표의 선호와 현재 중심의 상담 개입
  ㉢ 상담자의 적극적·능동적 역할 강조와 문제해결적 접근
  ㉣ 상담자와 내담자의 긍정적인 협력적 관계 구축

④ 단기상담에 적합한 내담자
  ㉠ 정신 기능이 능률적인 내담자
  ㉡ 구체적이고 비교적 경미한 문제를 지닌 내담자
  ㉢ 대인관계 능력을 지닌 내담자

안심Touch

[핵심예제]

단기상담에 관한 설명으로 옳지 않은 것은? [17년 16회]

① 대인관계 능력을 지닌 내담자에게 적합하다.
② 비교적 경미한 문제를 지닌 내담자에게 적합하다.
③ 정신 기능이 능률적인 내담자에게 적합하다.
④ 상담자의 적극적인 역할을 강조한다.
⑤ 성격의 변화를 도모할 때 주로 사용된다.

정답 ⑤

해설

문제행동의 언어통찰이나 성격의 재구성은 장기상담을 통해 기대할 수 있는 상담이다.

단기상담의 특성

• 상담시간의 제한성에 따른 본질적 문제에 맞춘 상담계획의 수립
• 달성 가능한 작은 목표의 선호와 현재 중심의 상담 개입
• 상담자의 적극적 · 능동적 역할 강조와 문제해결적 접근
• 상담자와 내담자의 긍정적인 협력적 관계 구축

핵심이론 58 | **청소년상담의 유형 Ⅱ – 전화상담 및 사이버상담**

① 전화상담

ㄱ 전화상담의 특징

• 전화를 통한 음성중심의 상담으로, 전화상담의 운영방식과 이용자들의 기대(즉석, 당면문제 해결)는 단회상담의 특성이다.
• 특정 주제에 대한 상담이 주를 이루며 상담자는 특정주제에 대한 전문가인 경우가 많다.
• 내담자의 음성의 질은 내담자의 감정과 태도에 대한 정보를 제공한다.
• 상습적인 음란전화나 언어폭력이 있을 경우 강력한 대처가 필요하다.

ㄴ 전화상담의 장 · 단점

장 점	• 접근성 및 용이성 : 누구나 쉽게 부담 없이 이용할 수 있다. • 익명성 : 자신을 드러내고 싶지 않은 내담자가 무지, 불안, 망설임, 불확신, 죄책감 등에 대한 부담을 줄일 수 있으며, 내담자 자신의 선택의 여지를 넓힌다. • 친밀성 : 몸으로 표현하지 못하지만 음성만으로도 친밀감을 느낄 수 있다. • 신속성 : 응급상황 시에 신속하게 도움을 요청할 수 있다. • 내담자 위주의 주도성 · 선택성 · 자발성 : 내담자는 원하는 상담자와 통화할 수 있고, 상담자와 거의 대등하게 대화를 주도할 수 있다.
단 점	• 정보습득의 한계 : 시각적이고 비언어적인 정보를 얻을 수 없고, 내담자가 보고하는 정보만 얻을 수 있으므로, 내담자를 충실히 이해할 수 없다. • 전화침묵의 위협 : 전화상담의 침묵은 지루하고 위협적이다. • 미완성의 우려 : 일회적으로 끝날 우려도 있고, 미완성의 우려도 있다. • 상담관계의 불완전성 : 내담자가 대화 중 전화를 일방적으로 끊어버리는 등의 행동으로 상담관계가 일방적으로 단절될 우려가 있다.

② 사이버상담

ㄱ 사이버상담의 특징

• 컴퓨터를 매개로 가상공간에서 이루어지는 상담으로서 문자중심의 상담이 진행된다.
• 내담자에 대한 익명성이 보장되므로, 내담자에 대한 정확한 인적사항이 파악되지 않는다.

ⓒ 사이버상담의 유형

채팅상담	상담자와 내담자가 실시간으로 모니터를 통하여 대화를 나누는 형태이다.
화상상담	모니터를 통해 상담자와 내담자가 얼굴을 보며 상담하는 형태이다.
이메일 상담	전자우편을 주고받으면서 상담자와 내담자가 상담을 하는 형태를 말한다.
게시판 상담	상담에 대한 심리적 부담이 적고 내담자 스스로 상담자가 되어볼 수 있다.
데이터베이스 상담	여러 가지 업무에 공동으로 필요한 데이터를 유기적으로 결합하여 저장한 집합체인 데이터베이스를 이용하여 상담하는 것이다.

ⓒ 사이버상담의 기법

즉시성과 현시기법	상담자가 내담자의 글에 대한 자신의 심정과 모습을 생생하게 시각화하여 표현하는 것이다.
정서적 표현에 괄호 치기	글 속에 숨어 있는 정서적 내용을 보여주며, 사실에 대한 대화를 주고받으면서 정서적 표현을 전달하는 것이다.
말줄임표 사용	침묵이나 눈으로 글을 읽고 있음을 나타낼 때 사용하는 것이다.
비유적 언어 사용	문제나 상황에 대한 의미를 전달하고 심화시키기 위해 은유 등을 사용하는 것이다.
글씨체 사용	강조하고 싶은 경우 큰 글씨를 사용하거나, 내담자가 보내온 것과 같은 글씨체나 크기를 사용하여 내담자와 내적 세계를 공유하는 것이다.

ⓒ 사이버상담의 장·단점

| 장 점 | • 시간적·공간적 제약의 극복 : 온라인 연결만 되면 어디서나 상담받을 수 있다.
• 풍부하고 용이한 정보획득 : 내담자가 자신의 문제해결에 도움이 되는 풍부한 자료를 쉽게 찾아볼 수 있으며, 보다 넓은 조망을 가질 수 있도록 도움을 준다.
• 신속한 상담관계 형성 : 익명성은 내담자가 자신의 의견을 보다 자유롭고 솔직하게 표현할 수 있는 장점이 있어 상담관계를 쉽게 형성할 수 있다.
• 감정정화 기능 : 익명성이 있어서 자신의 억압된 감정이나 심리적 에너지가 충분히 표현되고 방출되어 긴장이 완화되는 상태를 가져올 수 있다.
• 내담자의 자발적 참여 : 내담자가 익명으로 상담에 응하기 때문에 대면상담에서 만나는 내담자보다 상담과정에서 더 많은 통제력과 주도성을 갖게 된다. 이런 점에서 사이버상담에서의 내담자들은 높은 상담동기를 가진 경우가 많다. |

| 단 점 | • 의사소통의 제약 : 내담자가 자신의 문제를 일방적이고 제한적으로 공개하면, 양방향 커뮤니케이션이 이루어지지 않음으로 인해 제약이 발생한다.
• 응급(긴급) 상담 시 적극적 대처 곤란 : 내담자가 심각한 문제에 처해 있어도 적극적인 개입이 어렵다.
• 신뢰문제 : 내담자의 글만으로 진위여부를 확인할 수 없다.
• 상담의 연속성 문제 : 내담자 자신의 정보를 선택적으로 공개할 수 있고 언제든지 상담을 중단할 수 있어 상담의 연속성이 불투명하다.
• 대화예절의 파괴 : 익명의 상황에서 내담자가 상담에 적합한 예절과 언어사용을 무시하고 상담내용과 관련이 없는 성과 관련한 노골적인 표현이나 질문을 한다든지, 상담자에게 개인적인 사항을 물어보는 등 내담자로서 지켜야 할 사항을 무시하는 경우가 발생할 수 있다. |

[**핵심예제**]

전화상담에 관한 설명으로 옳지 않은 것은? [19년 18회]

① 단회로 진행되는 경우가 많다.
② 신속하게 도움을 요청하는 것이 가능하다.
③ 익명성으로 인해 성문제 등 드러내기 어려운 주제로 상담하는 경우가 많다.
④ 상습적 음란전화나 언어폭력이 있을 경우, 강력한 대처가 필요하다.
⑤ 대면상담에 비해 내담자에 대한 종합적인 이해를 할 수 있다.

정답 ⑤

해설

전화상담은 시각적이고 비언어적인 정보를 얻을 수 없고 내담자가 보고하는 정보만 얻을 수 있으므로 내담자를 충실히 이해할 수 없다.

핵심이론 59 | 청소년상담의 유형 Ⅲ

① **독서치료** : 독서자료를 활용하여 내담자의 심리적 문제를 해결하는 치료방법이다.

② **음악치료** : 객관적 기준으로 음악을 선정하여 심리치료의 도구로 활용하는 것이다.

③ **미술치료**

    ㉠ 미술을 심리치료의 도구로 활용하는 것으로서, 미술표현은 내담자의 문제를 또 다른 관점으로 이해할 수 있게 한다.

    ㉡ 미술활동으로 생산된 구체적인 유형물은 새로운 통찰을 가능하게 한다.

    ㉢ 미술이 지닌 상징성은 내담자의 감정을 안전하게 표현할 수 있게 한다.

    ㉣ 말로써 표현하는 것을 어려워하거나 꺼려할 경우, 어른에게도 유용한 매개체가 된다.

    ㉤ 단, 아동은 발달학적으로 미숙한 부분이 있으므로 이를 고려한 미술활동이 진행되어야 하며, 미술매체는 내담자의 인지수준에 따라 재료를 제한해주어야 한다.

［ 핵심예제 ］

미술활동을 매개로 한 상담의 장점을 모두 고른 것은?

[16년 15회]

> ㄱ. 미술표현은 내담자의 문제를 또 다른 관점으로 이해할 수 있게 한다.
> ㄴ. 미술이 지닌 상징성은 내담자의 감정을 안전하게 표현할 수 있게 한다.
> ㄷ. 미술표현은 언어적 표현보다 통제를 적게 받고, 저항을 완벽하게 제거할 수 있게 한다.
> ㄹ. 미술활동으로 생산된 구체적인 유형물은 새로운 통찰을 가능하게 한다.

① ㄱ, ㄴ   ② ㄷ, ㄹ
③ ㄱ, ㄴ, ㄹ   ④ ㄴ, ㄷ, ㄹ
⑤ ㄱ, ㄴ, ㄷ, ㄹ

정답 ③

해설

미술치료는 미술을 심리치료의 도구로 활용하는 것으로서 아동뿐 아니라 성인, 노인에서도 유용하게 사용할 수 있다. 미술은 비언어적 수단이므로 통제를 적게 받아 내담자의 저항을 감소시킬 수 있지만, 저항을 완벽하게 제거할 수는 없다.

핵심이론 60 | 청소년안전망 운영사업

① **개 요**

    ㉠ 지역사회 내 청소년 관련 자원을 연계하여 학업중단, 가출, 인터넷 중독 등 위기청소년에 대한 상담·보호·교육·자립 등 맞춤형 서비스를 제공하는 사업이다.

    • 청소년안전망 운영사업은 경찰청, 교육청, 학교, 쉼터 및 복지시설 등과 연계하여 학업중단, 가출, 인터넷 중독 청소년을 위한 상담, 보호, 자립 등 맞춤형 서비스를 제공한다.

    • 여성가족부는 청소년에 대한 상담·긴급구조·자활·의료지원 등의 업무를 수행하기 위하여 청소년상담복지센터를 설치·운영하고 있다.

    • 청소년 가출, 폭력 등과 같은 위기문제나 심리정서적 문제로 도움이 필요한 경우, 언제든지 지역 내 청소년상담복지센터를 통해 위기개입, 긴급구조, 일시보호 등 다양한 지역사회 청소년 통합지원체계(CYS-Net) 서비스를 제공받을 수 있다.

    ㉡ 비전 및 목표 : 청소년 역량강화를 통한 건강한 사회인으로 성장 지원, 위기청소년 사회안전망 구축으로 지원 및 안정화

② **지원내용**

    ㉠ (위기)청소년 및 그 부모 등 가족이 겪고 있는 위기상황에 대해 상담을 실시하고, 필요한 경우보다 심화된 보호·교육·자립 등 맞춤형 서비스를 지원한다.

    ㉡ 중·고 위기 청소년에게는 '청소년동반자'를, 가출 청소년에게는 '청소년쉼터'를, 인터넷 중독인 경우 '인터넷 중독 치유 프로그램'을, 학교 밖 청소년에게는 '학교밖청소년지원센터'를 연계하여 지원한다.

    ㉢ 학교 밖 청소년 지원을 위해 전국에 청소년지원센터 꿈드림을 설치하였다.

    ㉣ 위기청소년을 조기 발견하고자 아웃리치 등을 실시하며, 위기청소년에 대한 일시보호 및 긴급지원도 실시한다.

[핵심예제]

우리나라 청소년 상담 현황에 관한 설명으로 옳지 않은 것은?

[18년 17회]

① 학교 밖 청소년 지원을 위해 전국에 청소년지원센터 꿈드림을 설치하였다.
② 청소년뿐 아니라 청소년 주변인과 청소년 관련 기관도 청소년 상담활동의 대상으로 한다.
③ 위기청소년을 위한 통합적 상담복지서비스를 제공하기 위해 지역사회청소년 통합지원체계(CYS-Net) 서비스를 시행하고 있다.
④ 교육부는 학교상담을 지원하기 위한 기관으로 시·군·구에 청소년상담복지센터를 두고 있다.
⑤ 청소년상담 관련 국가자격증으로 청소년상담사가 있다.

정답 ④

해설

여성가족부는 청소년에 대한 상담·긴급구조·자활·의료지원 등의 업무를 수행하기 위하여 청소년상담복지센터를 설치·운영하고 있다. 청소년 가출, 폭력 등과 같은 위기문제나 심리정서적 문제로 도움이 필요한 경우, 언제든지 지역 내 청소년상담복지센터를 통해 위기개입, 긴급구조, 일시보호 등 다양한 맞춤형 서비스를 제공받을 수 있다.

상담연구방법론의 기초

제1장 상담연구의 기초

핵심이론 **01** 상담연구의 과학적 접근Ⅰ: 과학자-실무자 (전문가) 모델

① 과학자-실무자 모델은 미국에서 1949년 교육훈련을 위한 교육철학으로 정식으로 채택된 이론으로, '볼더 모델'이라고도 한다. 대상자를 과학적으로 연구하는 한편, 그것을 상담 실무에 신중하게 적용할 것을 강조하는 모형이다.

② 과학자-실무자 모델은 다른 상담자의 연구 성과를 체계적으로 활용할 줄 아는 '과학적으로 생각하는 상담자'를 키워내야 한다고 주장한다.

③ 과학자-실무자 모델의 기본원리
  ㉠ 임상심리학자는 임상 장면에서 적용 가능한 연구방법론을 개발하고, 그 기술과 기법에 능숙한 임상가가 되어야 한다.
  ㉡ 임상심리학자는 과학자와 실무자로서의 역할을 동시에 훈련받음으로써 이론적·학문적·응용적·임상적인 역량을 강화할 수 있다.
  ㉢ 임상심리학자는 인간 행동을 이해하기 위해 과학자로서 끊임없이 연구하는 동시에 실무자로서 그 과정을 통해 발견한 지식을 인간 행동의 변화를 위해 실천한다.
  ㉣ 임상심리학자는 1차적으로 과학자(심리학자)가 되어야 하며, 이후 임상가(전문가)가 되어야 한다.

[핵심예제]

과학자-실무자 훈련 모델이 지향하는 '과학적으로 생각하는 상담자'로 볼 수 있는 것은? [15년 13회]

① 내담자에 대한 느낌을 객관적 사실로 받아들인다.
② 상담의 성과를 주관적 경험주의에 근거해서 평가한다.
③ 다른 상담자의 연구 성과를 체계적으로 활용한다.
④ 질적 연구를 사변적 연구로 본다.
⑤ 내담자에 관한 가설의 타당성 여부를 직관적으로 판단한다.

정답 ③

해설

③ 상담활동의 과학적 기초와 적용을 강조하는 '과학자-실무자 모델'은 다른 상담자의 연구 성과를 체계적으로 활용할 줄 아는 '과학적으로 생각하는 상담자'를 키워내는 것이 필요하다고 주장한다. 즉 대상자를 과학적으로 연구하는 한편, 그것을 상담 실무에 신중하게 적용할 것을 강조하는 모형이다.

과학자-실무자 훈련모델(볼더 모델)의 특징
• 임상심리학자는 임상장면에서 적용 가능한 연구방법론을 개발하고, 그 기술과 기법에 능숙한 임상가가 되어야 한다.
• 임상심리학자는 과학자와 실무자로서의 역할을 동시에 훈련받음으로써 이론적·학문적·응용적·임상적인 역량을 강화할 수 있다.
• 임상심리학자는 인간행동을 이해하기 위해 과학자로서 끊임없이 연구하는 동시에 실무자로서 그 과정을 통해 발견한 지식을 인간행동의 변화를 위해 실천한다.
• 임상심리학자는 1차적으로 과학자(심리학자)가 되어야 하며, 이후 임상가(전문가)가 되어야 한다.

핵심이론 02 | 상담연구의 과학적 접근 II : 과학적 연구 요소

① 개념의 구체화

　개념 → 개념적 정의(개념화) → 조작적 정의(조작화) → 현실세계(변수의 측정)

② 개념적 정의와 조작적 정의

개념적 정의 **(사전적 정의)**	• 연구의 대상 또는 현상 등을 보다 명확하고 정확하게 표현하기 위해 개념적으로 정의하는 것이다. 예를 들어, 효의 개념적 정의는 '자식이 어버이를 섬기는 도리'라고 할 수 있다. • 개념에 대한 구체적인 묘사이지만 여전히 추상적·일반적·주관적이다. • 개념적 정의는 정의하는 것의 특성이나 자질을 지적해야 한다. • 개념적 정의는 단정적이어야 하며, 중의성을 띠어서는 안 된다.
조작적 정의	• 개념이 추상적이어서 직접 조사하기 어려운 경우 그것을 측정 가능한 형태로 대체하거나 수량화해서 간접적으로 측정하는 것이다. • 조작적 정의는 측정 가능한 형태로 진술되며, 측정하고자 하는 구인과 논리적 관련성이 높다. • 한 구인에 다양한 조작적 정의가 존재할 수 있다. • 조작적 정의는 될 수 있는 한 실행 가능하고 관찰 가능한 조작을 좀 더 명확하게 표현한 용어로 구성된다. • 구체적일수록 반복연구의 수행이 쉽다. • 조작적 정의는 조사 목적과 관련하여 상당히 실용주의적인 측면을 포함하고 있다. • 지식이 축적되어 새로운 연구 성과가 나오거나 새로운 측정 방법이나 측정 도구가 나오면 조작적 정의를 변경해야 하는 경우가 발생할 수 있다. • 개념을 조작화할 때는 속성들에 대한 변동성의 범위를 분명히 해야 한다. • 변인의 어떤 속성을 조작할 것인가에 대해 결정해야 한다. • 주어진 변인을 구성하고 있는 다양한 속성에 대한 정밀성을 고려해야 한다. • 조작화는 변인들을 구성하고 있는 속성들을 구체화하기 위해 단일지표를 사용할 수 있다. • 실험연구의 내적 타당도 및 후속연구의 발전가능성을 높이기 위해 조작적 정의를 한다.

[핵심예제]

조작적 정의에 관한 설명으로 옳지 않은 것은? [15년 13회]

① 측정 가능한 형태로 진술된다.
② 구체적일수록 반복연구의 수행이 쉽다.
③ 한 구인에는 단 한 가지의 조작적 정의가 존재한다.
④ 측정하고자 하는 구인과 논리적 관련성이 높다.
⑤ 지식이 축적되면 조작적 정의를 변경해야 하는 경우가 발생하기도 한다.

정답 ③

해설

한 구인에 다양한 조작적 정의가 존재할 수 있다. 예컨대, 신앙이라는 구인을 교회의 참석횟수로 측정할 수도 있고, 성경을 읽은 횟수로 측정할 수도 있다.

핵심이론 03 변수 및 과학적 연구의 논리전개 방식

① 변 수

독립변수	다른 것을 설명, 예언하거나 다른 것에 영향을 주는 변수
종속변수	독립변수에 의해 설명이나 예언이 되는 변수, 영향을 받는 변수
매개변수 (중재변수)	독립변수와 종속변수를 연결해 주는 변수
조절변수	변수 사이의 강도와 방향을 조절하는 변수
외생변수	다른 변수에 의해 설명되지 않는 변수
내생변수	다른 변수에 의해 설명되는 변수
왜곡변수	두 개의 변수 간의 관계를 정반대의 관계로 나타나게 하는 제3의 변수
억압변수	두 개의 변수 간에 상관관계가 있으나 그와 같은 관계가 없는 것처럼 보이게 하는 변수
가외변수 (외재변수)	종속변수에 영향을 미칠 것으로 예측되지만, 연구에서는 다루어지지 않아야 할 변수
제3의 변수	허구효과를 갖게 하는 변수, 두 변수 간의 직접적인 관계가 없는데도 두 변수 간에 관계가 있는 것처럼 보이게 하는 변수
통제변수	독립변수와 종속변수의 관계를 명확히 파악하기 위해 그 관계에 영향을 미칠 수 있는 제3의 변수를 통제하는 변수
잠재변수	직접 관찰하거나 측정할 수 없어 다른 변수를 통해서 간접적으로만 측정할 수 있는 변수

② 연역법과 귀납법의 특징

연역법	• 참으로 인정된 보편적 원리를 현상에 연역시켜 설명하는 방법이다. • 법칙과 이론으로부터 어떤 현상에 대한 설명과 예측을 도출하는 방법이다. • 가설설정 → 조작화 → 관찰·경험 → 검증
귀납법	• 확률에 근거한 설명으로 과학이 관찰과 경험에서 시작한다고 보는 견해이다. • 관찰과 자료의 수집을 통해 보편성과 일반성을 가지는 하나의 결론을 도출하는 방법이다. • 주제선정 → 관찰 → 유형의 발견 → 임시결론(이론)

핵심예제

'상담방법에 따른 내담자의 사회성 발달의 차이'를 연구하는데 상담의 효과가 사회성에 직접적으로 나타나기보다는 자아개념을 통해 구현되고 상담방법의 효과는 성별과 상호작용을 일으킬 것으로 가정했으며, 내담자의 사회심리적 배경의 차이는 배제하고 싶을 때, 다음 중 적절히 규정되지 못한 변인은?   [16년 15회]

① 상담방법 – 결과변인
② 사회성 – 종속변인
③ 자아개념 – 매개변인
④ 성 – 조절변인
⑤ 사회심리적 배경 – 통제변인

정답 ①

해설

상담방법은 다른 변인에 영향을 주는 변인이므로 독립변인이다. 결과변인(종속변인)은 영향을 받거나 의존하는 변인, 즉 독립변인에 의해 변화되는 변인이므로 문제에서 결과변인(종속변인)은 사회성이다.

핵심이론 04 　**과학적 연구의 특징**

재생가능성	• 일정한 절차, 방법을 되풀이했을 때 누구나 같은 결론을 내릴 수 있는 가능성을 말한다. • 과정 및 절차에 관한 재생가능성을 입증가능성 또는 타당성이라 하고, 결과에 관한 재생가능성을 신뢰성이라 한다.
경험성	• 연구대상이 궁극적으로는 인간의 감각에 의해 지각될 수 있는 것이어야 한다는 말이다. • 추상적인 개념도 구체적인 사실들로부터 생성된 것인 만큼 그 자체로는 추상적일지라도 경험적으로 인식이 가능한 것이라고 할 수 있다.
객관성	• 건전한 감각기관을 가진 여러 사람이 같은 대상을 인식하고 그로부터 얻은 인상이 일치하는 것을 말한다. • 동일한 실험을 행하는 경우 서로 다른 주관적 동기가 있더라도 표준화된 도구와 절차 등을 통해 누구나 납득할 수 있는 결과를 나타내야 한다. • 이러한 필요성에 의해 조사표(질문지), 채점표, 척도 같은 객관화된 도구의 발달을 가져온 것이다.
간주관성	• '상호주관성'이라고도 불리는 것으로, 과학적 지식은 다른 연구자들에게도 연구과정과 결과가 이해되어야 한다. • 비록 연구자들이 주관을 달리할지라도 같은 방법을 사용했을 때는 같은 해석 또는 설명에 도달할 수 있어야 한다는 것이다.
체계성	• 과학적 연구는 내용의 전개과정이나 조사과정이 일정한 틀, 순서, 원칙에 입각하여 진행되어야 한다. • 과거로부터의 업적들이 지속적으로 축적됨으로써 확고한 이론을 정립할 수 있도록 한다.
변화가능성	• 기존의 신념이나 연구결과는 언제든지 비판하고 수정할 수 있다. • 과학적 지식의 속성상 미래의 언젠가는 다른 연구가 현재 우리가 가지고 있는 지식을 바꾸어 놓을 가능성이 높다.
논리성	• 합리적인 사고활동이어야 한다. • 연역법과 귀납법에 의한 과정을 거친다. • 사건과 사건의 연결이 객관적 사실에 의해 뒷받침되어야 한다.

[핵심예제]

다음 설명에 해당하는 과학적 연구의 특징으로 옳은 것은?

[16년 14회]

○ 합리적인 사고활동이어야 한다.
○ 사건과 사건의 연결이 객관적 사실에 의해 뒷받침되어야 한다.
○ 연역법과 귀납법에 의한 과정을 거친다.

① 구체성
② 논리성
③ 간결성
④ 효용성
⑤ 수정가능성

정답 ②

해설

과학적 연구의 논리전개 방식으로 연역법과 귀납법이 있으며, 상호보완적인 관계로 논리를 뒷받침한다.

핵심이론 05 상담연구에서의 연구윤리

무피해의 원칙	피험자는 연구에 참여함으로 인해 피해를 입어서는 안 된다.
이익의 원칙	상담연구는 상담의 기술, 체제, 이론의 개발과 검증 과정에 기여하고 이를 더 발전시켜야 하며, 인류의 건강과 안녕에 기여해야 한다.
자율성의 원칙	연구에 참여하느냐 안하느냐는 피험자의 자발적 의사에 따른다.
신용의 원칙	연구 시 불가피하게 기만이 사용된 경우에도 실험과 자료수집을 마친 후에 '디브리핑' 절차를 이행하는 등 피험자에게 한 약속을 지켜야 한다.

더 알아보기

고지된 동의

- 연구에는 위험과 이익이 공존하고 있기 때문에 피험자가 연구에 대한 충분한 설명을 들은 후 참가에 동의하는 것을 의미한다.
- 동의는 서면으로 하여야 한다.
- 피험자가 자발적으로 자유의 선택에 의해 동의해야 하며, 실험이 진행되는 중에 언제든지 자유롭게 실험 참가를 그만둘 수 있어야 한다.
- 미성년자의 경우에는 부모나 법적 보호자로부터 동의를 받아야 하며, 동의를 받았더라도 미성년자는 언제든지 참가를 거부할 수 있다.

사전동의의 내용

- 연구의 목적
- 예상되는 기간 및 절차
- 연구에 참여하거나 중간에 그만둘 수 있는 권리
- 부작용이나 위험요소
- 비밀 보장의 한계
- 참여에 대한 보상 및 불이익

디브리핑

- 실험의 목적을 달성하기 위해 실험의 의도 등을 숨기거나 속이고 실험을 진행한 후에 실험 참여자에게 연구의 성질, 결과 및 결론에 대하여 모든 상세한 내용을 설명해 주는 절차로 의문이나 오해를 제거하는 것을 말한다.
- 연구특성상 기만의 사용이 정당화된 경우, 연구자가 실험 혹은 자료 수집을 마친 후 기만의 불가피성, 그로 인한 오해나 불쾌감을 최대한 제거하기 위해 수행하는 절차이다.

[핵심예제]

연구특성상 기만의 사용이 정당화된 경우, 연구자가 실험 혹은 자료 수집을 마친 후 기만의 불가피성, 기만으로 인한 오해나 불쾌감을 최대한 제거하기 위해 수행하는 절차는?

[16년 14회]

① 디브리핑(Debriefing)
② 디셉션(Deception)
③ 플라시보(Placebo)
④ 프라이버시(Privacy)
⑤ 포스트 혹(Post Hoc)

정답 ①

해설

피험자를 속이는 경우에는 실험과 자료수집을 마친 후 디브리핑(Debriefing)을 한다. 연구결과에 영향을 미칠 수 있는 요인이 있지만, 연구자는 최소한의 윤리적인 문제에서 벗어나기 위해서 철저한 디브리핑 과정을 거쳐야 한다.

핵심이론 06 | **벨몬트 보고서의 기본 윤리원칙**

벨몬트 보고서는 미국 '의학 및 행동연구 피실험자 보호를 위한 국가위원회'에서 사람을 대상으로 한 실험에 대한 윤리적 기준을 규정한 보고서이다.

인간존중의 원칙	• 개인은 자율성을 갖춘 존재로 대우받아야 하며, 그들을 어떤 목적을 위한 수단으로 사용해서는 안 된다는 원칙이다. • 인간존중의 원칙으로부터 파생된 규정 – 정보에 기초한 동의서를 요구한다. – 피험자의 사생활을 존중한다.
선행의 원칙	• 선행은 위험을 최소화하고, 이득을 최대화함을 의미한다. • 선행의 원칙으로부터 파생된 규정 – 위험은 최소화하고, 이득은 최대화하기 위해 가능한 최선을 다한다. – 연구자가 연구를 수행하는 과정에서 위험을 충분히 관리할 수 있는지 여부를 확인한다. – 위험 대 이득의 비율이 적절하지 않은 연구를 금지한다. – 상담서비스가 필요한 사람일 경우, 상담자는 가능한 유용하게 그 사람을 도울 의무를 가진다.
정의의 원칙	• 정의의 원칙은 연구에서 파생되는 부담과 이득이 동등하게 분배될 수 있도록 연구를 설계하고, 사람들을 공정하게 대할 것을 요구한다. • 정의의 원칙으로부터 파생된 규정 – 피험자 선정에서의 공정성을 유지한다. – 취약한 환경의 피험자군이나 이용하기 쉬운 피험자군을 착취하지 않는다.

[핵심예제]

상담윤리의 일반적 원칙 중 다음에서 강조하고 있는 원칙은?

[19년 18회]

> 상담서비스가 필요한 사람일 경우, 상담자는 가능한 유용하게 그 사람을 도울 의무를 가진다. 상담자는 자신의 유능성을 발전시키고 내담자들을 위한 이익을 극대화할 수 있는 연구를 수행할 것을 요구받는다.

① 자율성(Autonomy) 원칙
② 무피해(Nonmaleficence) 원칙
③ 정의(Justice) 원칙
④ 진실성(Veracity) 원칙
⑤ 선행(Beneficence) 원칙

정답 ⑤

해설

⑤ 선행(Beneficence) 원칙 : 내담자들의 위험을 최소화하고 이득을 최대화해야 한다는 원칙이다. 상담자는 내담자의 이득을 최대화하기 위해 자신의 유능성을 발전시켜야 한다.
① 자율성(Autonomy) 원칙 : 연구에 참여 여부는 피험자의 자발적 의사에 따른다.
② 무피해(Nonmaleficence) 원칙 : 피험자는 연구에 참여함으로 피해를 입으면 안 된다.
③ 정의(Justice) 원칙 : 연구에서 파생되는 부담과 이득이 동등하게 분배될 수 있도록 연구를 설계하고, 사람들을 공정하게 대할 것을 요구한다.
④ 진실성(Veracity) 원칙(신용의 원칙) : 연구 시 불가피하게 기만이 사용된 때에도 실험과 자료수집을 마친 후에 '디브리핑'을 하는 등 피험자에게 한 약속을 지켜야 한다.

핵심이론 07 연구문제의 선정 및 가설의 설정

① 연구문제의 선정
  ㉠ 연구자가 그 연구에서 취급하고자 하는 주제, 연구의 목적 및 연구의 실제적 중요성과 이론적 의의 등에 관하여 명백한 구상을 갖고 이를 논리적으로 정립하는 단계이다.
  ㉡ 연구문제는 연구의 주제를 함축하고 있어야 한다.

② 가설의 설정
  ㉠ 가설이란 둘 이상의 변수의 관계에 대한 잠정적인 진술로서, 주목적은 문제의 해결이다.
  ㉡ 가설은 확률적으로 표현된다.
  ㉢ 가설은 실증적인 확인을 위해 구체적이어야 하며, 현상과 관련성을 가져야 한다.
  ㉣ 가설은 간단명료하고 논리적으로 간결해야 하며, 계량화가 가능해야 한다.
  ㉤ 가설은 광범위한 범위에 적용 가능해야 한다.
  ㉥ 가설은 보통 독립변수와 종속변수 간의 관계의 형태로 표명된다.
  ㉦ 현재 알려져 있는 사실의 설명뿐만 아니라 장래의 사실도 예측할 수 있어야 한다.
  ㉧ 가설 설정 시 윤리성, 창의성, 실용성 등을 고려해야 한다.
  ㉨ 모든 변수는 실증적 연구의 대상이 될 수 있어야 한다.
  ㉩ 문제의 설정에서 제기된 의문에 대하여 하나의 가정적 해답을 제시하여야 한다.
  ㉪ 경험적으로 검증하기 위해 변수의 조작적 정의가 필요하다.
  ㉫ 최소한의 이론적 근거가 있어야 한다.
  ㉬ 연구를 통해 진위 여부를 검증해야 한다.
  ㉭ 서술방법에 따라 '서술적 가설'과 '통계적 가설'로 나눌 수 있다.

가설의 조건
- 명료성 : 가설 속의 모든 용어들의 의미가 명백하거나 또는 적어도 이들 용어들을 조작적으로 정의하는데 큰 어려움이 없어야 한다.
- 한정성 : 연구자는 가설을 수립할 경우 먼저 둘 또는 셋 이상 변수들의 상관관계의 방향, 즉 긍정적 또는 부정적 관계에 관해서 한정적으로 정확히 밝혀야 한다.
- 가치중립성 : 연구자의 가치, 편견, 주관적 견해 등을 가설 속에서 배제하여야 한다.
- 검증가능성 : 가설을 검증할 수 있는 도구가 존재해야 한다.

핵심예제

연구문제 및 가설에 관한 설명으로 옳은 것을 모두 고른 것은?
[18년 17회]

ㄱ. 연구문제는 연구의 주제를 함축하고 있다.
ㄴ. 가설은 연구문제에 대한 잠정적 결과이다.
ㄷ. 좋은 가설은 상호 대립하는 요소를 지닌 모순적 진술의 형태를 지닌다.
ㄹ. 가설은 검증할 수 있는 진술의 형태이어야 한다.

① ㄱ, ㄴ
② ㄴ, ㄷ
③ ㄱ, ㄴ, ㄹ
④ ㄱ, ㄷ, ㄹ
⑤ ㄱ, ㄴ, ㄷ, ㄹ

정답 ③

해설
ㄷ. 좋은 가설은 상호 대립하는 모순적 진술의 형태를 갖는 것이 아닌, 긍정적 또는 부정적 관계에 관해서 잠정적인 진술의 형태를 지닌다.

핵심이론 08 연구보고서 작성 및 연구목적에 따른 연구의 유형

① 연구보고서 작성

    ㉠ 보고서의 작성은 연구결과를 연구되고 있는 영역 내의 동일한 현상, 혹은 동일한 조건이면 어느 경우에도 적용할 수 있도록 경험적으로 일반화하여 이를 일정한 형식으로 기술하는 것이다.

    ㉡ 보고서의 작성에서는 분석결과의 해석 및 이론형성, 보고서의 작성 및 발표과정 등이 이루어진다.

    ㉢ 서론에서는 연구의 목적 및 방법, 연구문제, 연구의 필요성 및 연구의 범위 등 연구의 의의를 나열하고, 기존연구에서 미비한 사항이나 차이점 등도 기록한다.

    ㉣ 연구가설은 탐색적 질문과 검정을 위한 질문으로 구성할 수 있다.

    ㉤ 선행연구 결과를 인용할 경우 반드시 출처를 밝혀야 한다.

    ㉥ 연구결과는 논문의 구성내용 중 가장 객관적이어야 한다.

    ㉦ 결론 및 논의에는 자신이 수행한 연구결과의 요약이 포함된다.

② 연구목적에 따른 연구의 유형

탐색적 연구 (예비연구, 형식적 연구)	• 연구 설계를 확정하기 이전에 타당성을 검증하거나, 연구문제에 대한 사전지식이 부족한 경우에 실시한다. • 문헌연구, 경험자연구, 특례분석연구 등이 해당된다.
기술적 연구	• 현상을 정확하게 기술하는 것을 주목적으로 한다. • 둘 이상 변수 간의 상관관계를 기술할 때 적용한다. • 자료수집에는 제한이 없다. • 횡단연구와 종단연구로 분류된다.
설명적 연구	• 기술적 연구결과의 축적을 토대로 어떤 사실과의 관계를 파악하여 인과관계를 규명하거나 미래를 예측하는 연구이다. • '왜(Why)'에 대한 대답을 제공하는 연구이다. • 현상에 대한 단순한 기술이 아닌, 인과론적 설명을 전개한다는 점에서 기술적 연구와 다르다.

[핵심예제]

연구보고서 작성에 관한 설명으로 옳지 않은 것은?

[16년 15회]

① 서론은 이론에서 연구문제를 도출하는 귀납적 방식으로 기술한다.

② 연구가설은 탐색적 질문과 검정을 위한 질문으로 구성할 수 있다.

③ 선행연구 결과를 인용할 경우 반드시 출처를 밝혀야 한다.

④ 연구결과는 논문의 구성내용 중 가장 객관적이어야 한다.

⑤ 결론 및 논의에는 자신이 수행한 연구결과의 요약이 포함된다.

정답 ①

해설

서론은 이론에서 연구문제를 도출하는 연역적 방식으로 기술한다. 서론에서는 연구의 목적 및 방법, 연구문제, 연구의 필요성 및 연구의 범위 등 연구의 의의를 나열하고, 기존연구에서 미비한 사항이나 차이점 등도 기록한다. 또한, 용어의 정의 및 연구문제를 위한 틀을 발전시키며 연구가설을 진술하고 연구의 제한점을 제시함으로써 연구결과에 대한 과잉일반화나 해석상의 오류가능성을 경고한다.

핵심이론 09 자료의 성격에 따른 연구의 유형 및 비교

① 자료의 성격에 따른 연구의 유형

양적 연구	• 현상의 속성을 계량적으로 표현하고 통계분석을 통해 밝혀낸다. • 정형화된 측정도구를 사용하여 객관적인 연구를 수행한다. • 연역법에 기초하며 연구결과의 일반화가 용이하다. • 실증주의적 인식론에 바탕을 두며, 객관성과 보편성을 강조한다. • 방법론적 일원주의를 주장한다. • 관찰에 근거하지 않은 지식의 공허함을 주장한다. • 일반화 가능성이 높지만, 구체화에 문제가 있다. • 질문지연구, 실험연구, 통계자료분석 등이 해당된다.
질적 연구	• 현상학적 인식론으로 연구자와 대상자 간의 상호작용을 통해 진행된다. • 언어, 몸짓, 행동 등 상황과 환경적 요인을 연구한다. • 연구자의 개인적인 준거틀을 사용하여 비교적 주관적인 연구를 수행한다. • 관찰자의 해석으로부터 독립된 객관적인 관찰은 존재하지 않음을 주장한다. • 행위자가 자신의 경험에 부여하는 의미의 파악을 중시한다. • 탐색적 연구에 효과적이며, 사회과학에서 많이 사용한다. • 귀납법에 기초하며 연구결과의 일반화에 어려움이 있다. • 현지연구, 사례연구 등이 해당된다.
혼합 연구	• 질적 연구와 양적 연구의 장점을 혼합하는 방법이다. • 각 방법으로 얻은 결론의 의미를 더욱 분명하게 알 수 있도록 해준다. • 단일 연구방법에 비해 시간과 비용이 많이 든다. • 질적 자료와 양적 자료의 가중치는 세부 연구방법에 따라 달리 적용한다. • 삼각검증 설계에서는 양적 자료와 질적 자료를 동시에 수집한다.

② 양적 연구와 질적 연구의 비교

구 분	양적 연구	질적 연구
실재의 본질	• 객관적 실재를 형성하는 인간의 특성과 본질이 존재한다고 가정 • 복잡한 패러다임에 관계된 변인들에 대한 연구가 가능	• 객관적 실재라고 일반화시킬 수 있는 인간의 속성과 본성은 없다고 가정 • 단편적인 연구가 아닌, 총체적 연구의 필요성을 주장
가치의 개입	• 가치중립적 연구 • 설문지, 구조화된 면접, 관찰을 통하여 측정하며, 통계를 이용한 양적 분석을 함	• 가치개입적 연구 • 심층면접, 참여관찰 그리고 문서연구를 통하여 해석적·서술적 분석을 함
인과 관계	• 결과에 시간적으로 선행되거나 동시에 일어나는 원인이 실재	• 원인과 결과의 구분 불가능
연구 목적	• 일반적 원리와 법칙 발견 • 인과관계 혹은 상관관계 파악 • 현상들 간의 관련성을 탐색	• 특정현상에 대한 이해 • 특정현상에 대한 해석이나 의미의 차이 이해
연구 대상	• 대표성을 갖는 많은 수의 표본 • 확률적 표집방법 주로 사용(비확률적 표집방법도 사용할 수 있음)	• 적은 수의 표본 • 비확률적 표집방법을 주로 사용

[핵심예제]

다음에 나타난 연구패러다임에 관한 설명으로 옳은 것은?

[19년 18회]

> 인간의 행위를 연구함에 있어 관찰자의 해석으로부터 독립된 객관적인 관찰은 존재하지 않는다. 개별적인 관찰로부터 일반화된 결론을 도출해내는 과정은 한계를 가진다.

① 행위자가 자신의 경험에 부여하는 의미의 파악을 중시한다.
② 방법론적 일원주의를 주장한다.
③ 연구현상의 계량화를 강조한다.
④ 탐구과정에서 가치중립성을 전제한다.
⑤ 관찰에 근거하지 않은 지식의 공허함을 주장한다.

정답 ①

해설

① 질적 연구에 대한 내용으로 경험에 따라 특정현상에 대한 해석이나 의미의 차이가 있다고 보는 가치개입적 연구방법이다.
②·③·④·⑤ 양적 연구의 특성이다.

핵심이론 10 **동년배집단 연구와 기타 연구**

① **동년배집단 연구(코호트 연구, Cohort Study)**

- ㉠ 시간이 경과해도 유사한 특성을 보일 것으로 기대되는 실험대상 집단들이 서로 다른 경험으로 인하여 차이가 발생하는 경우에 사용한다.
- ㉡ 고정된 모집단에서 조사 시점마다 표본을 다르게 추출하여 변화경향성을 분석하는 종단연구의 하나이다.
- ㉢ 동일연배 집단을 대상으로 시간적 간격에 따라서 동일하게 자료를 수집·분석함으로써 연구주제의 시대적 변화를 연구한다.
- ㉣ 둘 이상의 시점에서 동일한 분석단위를 연구하는 것이다.
- ㉤ 현장연구로 연구마다 새롭게 표집된 표본에 관한 자료를 제공하며, 반복적으로 측정이 이루어진다.
- ㉥ 독립변수 경험(노출) 정도에 따라 대상을 구획하는 것은 연구의 내적 타당도를 높인다.

② **조사연구(Survey Research)**

- ㉠ 표준화된 설문이나 면접을 활용하여 필요한 정보를 체계적으로 수집·분석하는 연구방법이다.
- ㉡ 모집단을 대표할 수 있는 일부 대상을 뽑아서 하는 표본조사를 많이 한다.

③ **실험연구**

- ㉠ 독립변수의 효과를 측정하거나, 종속변수에 영향을 미치는 인과관계에 대한 가설을 검증하는 방법으로 외부 요인들을 의도적으로 통제하고 관찰조건을 조성해야 한다.
- ㉡ 인과관계 파악이 용이하고, 가외변수의 통제가 쉬우며, 변수의 조작적 정의를 정확하게 내리기 쉽다.
- ㉢ 변수의 조작이 가능할 때만 연구가 가능하고, 현장조사연구에 비해 연구결과의 일반화가 어려워 실제 상황에 적용하는 데 제한이 있다.

④ **모의상담 연구**

- ㉠ 대표적인 실험실 실험연구의 하나이다.
- ㉡ 관찰하려는 상담현상 자체를 좀 더 단순화시키는 연구전략이다.

[**핵심예제**]

코호트 설계에 관한 설명으로 옳은 것을 모두 고른 것은?

[15년 13회]

> ㄱ. 시간이 경과해도 유사한 특성을 보일 것으로 기대되는 실험대상 집단들이 서로 다른 경험으로 인하여 차이가 발생하는 경우에 사용한다.
> ㄴ. 독립변수 경험(노출) 정도에 따라 대상을 구획하는 것은 연구의 내적 타당도를 높인다.
> ㄷ. 실험집단과 통제집단을 구분하기 어려울 때 사용한다.
> ㄹ. 대표적인 횡단적 조사방법 설계이다.
> ㅁ. 무선화를 통한 통제집단의 동질화가 확보되지 않을 때 사용한다.

① ㄱ
② ㄱ, ㄴ
③ ㄴ, ㄷ
④ ㄱ, ㄷ, ㄹ
⑤ ㄱ, ㄹ, ㅁ

정답 ②

해설

ㄷ. 코호트 설계는 통제집단과 실험집단을 구분할 수 있을 때 사용한다.
ㄹ. 시간에 따라 추적되는 대표적인 종단적 조사방법 설계이다.
ㅁ. 무선화를 통한 통제집단의 동질화가 확보되어야 한다.

코호트 설계(Cohort Study)
연구를 시작할 때 연구대상인 코호트 구성원으로부터 요인노출(예 흡연 유무)에 대한 자료를 수집하고, 그 시점 이후부터는 전향적으로 추적조사하면서 기대되는 사건(예 폐암)의 발생여부를 조사하는 설계를 말한다.

핵심이론 11 │ 질적 연구

① 현상학적 연구

  ㉠ 현상학은 현상을 연구하는 학문으로 자연적으로 일어나는 현상을 서술하는 데 중점을 두고 있다. 사태 자체를 '있는 그대로' 이해하기 위한 방법이다.

  ㉡ 현상학적 연구는 하나의 개념이나 현상에 여러 개인의 체험의 의미들을 기술한다.

  ㉢ 자료의 분석은 경험 당시의 상황과 경험이 발생하는 과정에 대한 기술(Description)에서 시작한다. 다양한 문화 속에서 구성원들의 언어와 행동이 어떤 상황에서 어떻게 일어나고, 어떻게 상호작용을 하는지를 이해하고 기술하고자 한다.

  ㉣ 연구자는 오염되지 않은 관점을 갖기 위해 기존의 관점이나 가정을 끊임없이 점검해야 한다. 현상학적 연구의 질은 과정적 충실성과 해석의 공감적 타당성으로 평가된다.

  ㉤ 연구 참여자 선발은 연구주제와 관련된 직접 경험과 경험의 표현 능력을 기준으로 이루어진다.

  ㉥ 현상학자들은 인간의 경험에서 의식의 구조를 탐색하며 그것의 철학적 관점 등의 철학적 논의에 뿌리를 두고 있다.

② 사례연구

  ㉠ 소수의 사례를 심층적으로 다루어 문제를 종합적으로 파악하는 방법이다.

  ㉡ 사례유형화를 중심으로 진행되는 연구이다.

  ㉢ 역사적 맥락을 검토하고 관련 자료를 다룬다.

  ㉣ 종합적·해석적 설명을 지향한다.

  ㉤ 유형화된 다양성의 이해를 바탕으로 한다.

장 점	• 어느 특정 사상이나 사례에 대한 특례 분석과 같은 탐색적 작업에 사용한다. • 조사대상에 대한 문제의 원인을 밝혀줄 수 있다. • 조사대상을 포괄적으로 파악할 수 있다.
단 점	• 대표성이 불분명하다. • 다른 조사와 같은 변수에 대하여 관찰이 이루어지지 않기 때문에 비교가 불가능하다. • 관찰할 변수의 폭과 깊이가 불분명하다. • 일반화의 문제를 지니고 있다.

더 알아보기

사례사의 개념

사례사(Case History)는 어떤 특정 사례에 대하여 일어난 일들을 자세하게 조사함으로써, 해당 사건이나 현상을 전체적으로 파악하고 실증적으로 분석하는 조사 방법이다.

사례사 연구의 단점

• 변수의 통제가 불가능하다.
• 인과적 결론을 내리기 어렵다.
• 연구자의 편견이 개입될 가능성이 있다.
• 자료가 잘못된 기억에 의존될 수 있다.

③ 문화기술지 연구

  ㉠ 문화기술지 연구(Ethnographic Research)는 어떤 특정 집단 구성원들의 삶의 방식, 행동, 그들이 만들어 사용하는 사물들을 현지인의 관점에서 이해하고, 과학적으로 기술하기 위한 방법론이다.

  ㉡ 문화기술지 연구가들은 사회 상황뿐만 아니라 사회 상황에서 벌어지고 있는 문화, 즉 사람들이 어떻게 지각하고 행동하는 가에도 관심을 가진다.

  ㉢ 문화기술지 연구는 문화를 창조하는 구성원 간의 관계, 즉 구성원 간의 의미구조에 관심을 두며 그것을 사회적 맥락에서 이해하려고 한다.

  ㉣ 일반적이지 않은 특성을 상세하고 심층적으로 이해하고자 할 때 활용된다.

  ㉤ 연구자의 오랜 시간 현장 참여를 통하여 자료를 수집한다.

  ㉥ 문화기술지 연구의 특징

    • 현상학적 특징 : 현상을 연구하는 학문으로, 자연적으로 일어나는 현상을 서술하는 데 중점을 두고 있으며 특정 현상에 대한 의미의 차이 파악을 중시한다.

    • 자연적 특징 : 연구 상황을 인위적으로 조작하지 않고 자연 그대로의 상태에서 연구를 실시한다.

    • 총체적 특징 : 연구에서 일어나는 모든 현상을 종합적으로 분석한다는 특징을 가지고 있다.

    • 반복적 특징 : 구체적 연구가설이 있는 것이 아니라 연구하는 과정에서 가설이 형성되고, 그 형성된 가설이 검증되고, 다시 새로운 가설이 만들어지는 반복적 특성을 지닌다.

④ 담화분석(Discourse Analysis)
  ㉠ 담화란 문장 단위를 넘어서는 언어 구성단위의 결합체로, 담화분석이란 담화의 구조와 언어 사용의 패턴 및 맥락 간의 관계에 대한 연구이다.
  ㉡ 문장 간의 관계, 글의 결합력과 통일성을 연구한다.
  ㉢ 언어형식과 기능간의 관계를 통해 언어가 사용되는 상황과 언어를 분석한다.
  ㉣ 담화분석을 통해 언어, 사회, 문화의 상호관계를 규명할 수 있다.
  ㉤ 대표적 담화분석으로는 대화분석(Conversation Analysis)이 있다.

[핵심예제]

다음과 같은 특성을 모두 나타내는 연구유형은? [19년 18회]

○ 자료의 분석은 경험 당시의 상황과 경험이 발생하는 과정에 대한 기술(Description)에서 시작한다.
○ 연구자는 오염되지 않은 관점을 갖기 위해 기존의 관점이나 가정을 끊임없이 점검해야 한다.
○ 연구 참여자 선발은 연구주제와 관련된 직접 경험과 경험의 표현 능력을 기준으로 이루어진다.

① 조사 연구
② 메타 연구
③ 실험 연구
④ 문헌 연구
⑤ 현상학적 연구

정답 ⑤

해설
현상학적 연구
하나의 개념이나 현상에 여러 개인의 체험의 의미를 기술하는 질적 연구 방법의 하나이다. 현상학은 현상을 연구하는 학문으로 자연적으로 일어나는 현상을 서술하는 데 중점을 두고 있으며, 다양한 문화 속에서 구성원들의 언어와 행동이 어떤 상황에서 어떻게 일어나고, 어떻게 상호작용하는지를 이해하고 기술하고자 한다. 현상학자들은 인간의 경험에서 의식의 구조를 탐색하며 철학적 관점 등의 철학적 논의에 뿌리를 두고 있다.

핵심이론 12 | **근거이론**

① 개 념
  ㉠ 근거이론 방법론은 일련의 체계적인 과정을 통하여 어떤 현상에 대해 하나의 이론을 귀납적으로 이끌어내는 질적 연구방법이다.
  ㉡ 대상자의 표현 속에서 대상자가 의미 있게 받아들이는 주요 사건이나 문제점을 대상자의 관점에서 파악하려는 연구방법론이다.
  ㉢ 근거이론 방법론은 연구하고자 하는 영역에서 보이는 행위의 다양성을 설명하며, 해석할 수 있는 개념을 발견하고 이들 개념 간의 관계를 만들어 낸다.
  ㉣ 따라서 연구자는 근거이론 방법론을 통하여 대상자의 주요 문제를 찾아내고, 이들이 지속적으로 문제를 해결해 나가는 기본적인 사회과정을 발견할 수 있다.
  ㉤ 근거이론에서는 새로운 개념이나 개념 간의 관계(설명)가 나타나지 않을 때까지 새로운 자료를 분석하면서 개념이나 관계를 지속적으로 규정한다.
  ㉥ 지속적 비교와 이론적 표집을 활용하여 표본으로부터 얻은 자료를 지속적으로 비교·분석하였을 때, 새로운 내용이 더 이상 나타나지 않으면 샘플추출을 중단한다.

② 철학적 배경
  ㉠ 상징적 상호작용론에 철학적 배경을 두고 있다. 상징적 상호작용론은 사회과정에서 일어나는 인간 행위의 의미를 설명하는 이론이다.
  ㉡ 개인이 어떻게 느끼고, 경험하며, 사회적 구조에 의미를 부여하는가를 조사하고, 가족·집단·조직·지역사회가 독특한 상황에 어떻게 의미를 부여하는가에 관심을 갖는다.

③ 연구문제
  ㉠ 근거이론 방법을 사용하는 주목적은 이론을 정립시키는 것이기 때문에 현상을 깊이 탐구하기 위한 자유스럽고 유동성 있는 연구 질문이 필요하다.
  ㉡ 근거이론 방법에서의 연구문제는 '특정 상황이나 어떤 조건 하에서 상호작용과 그 상호작용으로 인해 초래된 결과 등을 설명하는 기본적인 사회심리적 과정은 무엇인가?'이다.

④ 연구과정

구 분	내 용
자료 수집	• 일반적으로 현장 연구의 패턴을 따른다. 연구 현장에 거주하면서 연구하고자 하는 집단이나 사회적 환경 속에 몰입한다. • 사건의 상징적 의미가 언어적 · 비언어적 행동으로 나타나기 때문에 관찰의 초점은 상호작용에 있다. • 자료수집 방법으로는 직접 관찰, 인터뷰, 질문, 포커스그룹, 기록 등이 있다.
표 본	• 표본의 크기는 생성된 자료에 대한 자료 분석에 따라 결정한다. • 초기에 표본을 선택할 때는 특수성보다 개방성에 초점을 두고, 자료는 포화가 이루어질 때까지 계속 수집한다. • 포화 결정 기준은 첫째, 자료의 실증적 한계의 조화, 둘째, 이론의 통합과 밀도, 셋째, 연구자의 이론적 민감도이다. • 연구자가 자료의 원인, 맥락, 결론 등과 관련된 질문에 대답할 수 있다면 자료는 포화된 것이다.
이론적 표본 추출	• 이론적 표본추출은 전개되는 이론에 대해 입증된 이론적 관련성을 가진 개념들을 근거로 하여 표본을 추출하는 것이다. • 질문과 비교하면서 다양한 범주들과 속성들 및 차원을 가리키는 사건, 우연한 일들을 표본추출하여 그것들을 발전시키고 개념적으로 연결시키는 것이다.
지속적 비교	• 자료를 코딩하고 분석하는 동안 연구자는 패턴에 관심을 가지면서, 사건과 사건을 비교하고 사건과 범주, 마지막으로 범주와 범주 혹은 개념과 개념을 비교하여 사건의 유사점과 차이점을 구분한다. • 연구자는 비교 분석을 통해 구조, 원인, 맥락, 차원, 결과 등 다양한 범주와의 관계를 연구하면서 생성된 개념이나 범주를 확정한다. 이런 속성에 대한 심층 조사는 행동적 변이를 설명하는 심층이론을 생성한다.
코 딩	• 자료를 분해하고 개념화하고 이론을 형성하도록 통합시키는 분석과정으로, 개방코딩, 축 코딩, 선택코딩으로 구성된다.
메 모	• 연구기간 동안 끊임없이 연구 내용을 생각하며 떠오르는 아이디어나 관련 상황을 인덱스카드, 수첩, 컴퓨터에 수시로 즉시 기록하는데, 날짜와 시간, 장소 등을 기록해두어야 한다.
분 류	• 코드가 풍부하고 메모가 쌓이면 분류를 시작한다. • 분류하는 동안 연구자는 범주와 그들의 관계를 설명하는 논리적인 도표를 포함하는 통합적인 그림을 그릴 수 있다. • 분류의 목적은 조각난 자료를 응집력이 있고 적용할 수 있는 전체로 결합하는 것이다.
핵심 범주	• 이는 이론 생성의 기본 개념으로 이론의 통합은 밀도 높고 의미 있는 핵심범주의 발견에 있다. • 자료를 엄격하게 분석적으로 사고하면 핵심범주를 생성하게 된다.

⑤ 연구평가기준의 4가지 속성

㉠ 적합성 : 이용할 실제적인 영역에 적합해야 한다.

㉡ 이해 : 독자들이 쉽게 이해할 수 있어야 한다.

㉢ 일반성 : 다양한 일상 상황에 적용할 수 있을 만큼 충분히 일반성이 있어야 한다.

㉣ 통제 : 참여자에게 일상 상황의 구조와 과정에 대한 부분적인 통제력이 허용되어야 한다.

[핵심예제]

근거이론에 관한 설명으로 옳은 것은?   [17년 16회]

① 연역적으로 이론을 구성하는 연구방법이다.

② 개방코딩 단계에서는 패러다임 모형을 구축한다.

③ 축 코딩 단계에서는 하위범주들을 범주와 연결시킨다.

④ 개방코딩, 선택코딩, 축 코딩의 순서로 자료를 분석한다.

⑤ 선택코딩 단계에서는 범주를 발견하고 이름을 붙이는 작업을 한다.

정답 ③

해설

① 귀납적 방법론을 적용한다.

② 축 코딩 단계에서 패러다임 모형을 구축한다.

④ 개방코딩, 축 코딩, 선택코딩 순서로 자료를 분석한다.

⑤ 개방코딩 단계에서 범주를 발견하고 이름을 붙이는 작업을 한다.

핵심이론 13 | 코딩의 유형과 순서

개방코딩	• 면밀한 자료검토를 통해 현상에 이름을 붙이고 범주화하는 과정이다. • 개념을 밝히고, 그 속성과 차원을 자료 안에서 발견해 나가는 분석과정이다. • 범주화란 같은 개념들을 속성에 의해 그룹화 하는 것인데, 그 때 속성은 일정하게 차원화된다. 즉, 차원은 연속선상에서 속성의 위치를 나타낸다.
축 코딩	• 범주를 하위범주와 연결시키는 과정이다. • 속성과 차원의 수준에서 범주들을 연결하는 작업이다. • 범주들은 인과적 조건, 현상, 맥락, 중재적 조건, 작용·상호작용 전략, 결과들을 나타내는 범주에 따라 연결된다. • 현상은 어떤 작용·상호작용에 의해 다루어지는 중심 생각이나 사건들이다. • 인과적 조건은 어떤 현상에 영향을 미치는 사건을 말한다. • 맥락은 어떤 현상이 놓여 있는 일련의 속성들의 구체적인 나열이다. • 중재적 조건은 작용·상호작용 전략을 촉진하거나 억제하기 위한 조건이다. • 작용·상호작용 전략은 현상을 다루고 조절하고 수행하고 반응하는 데 쓰이는 전략이며, 연속적이며 과정적인 특성이 있다. • 결과는 작용·상호작용 전략에 따른 결과를 말한다. • 축 코딩을 하는 동안에 연역적으로 제안된 모든 가설적인 관계는 계속 얻어지는 자료와 반복적으로 대조, 검증될 때까지 임시적인 것으로 여겨야한다. • 패러다임 모형을 구축한다.
선택코딩	• 마지막 과정으로써 이론을 통합 및 정교화하는 과정이다. • 이때 이론의 통합을 도와주는 기법으로 메모와 도표가 사용된다.

[핵심예제]

근거이론 연구에 관한 설명으로 옳지 않은 것은? [15년 13회]

① 개방코딩, 축 코딩, 선택코딩의 분석 과정을 거친다.
② 축 코딩에서 정보의 범주를 만들어 낸다.
③ 지속적 비교방법을 이용하여 분석해 나간다.
④ 포화가 이루어질 때까지 자료를 계속 수집한다.
⑤ 인과적 조건이란 현상에 영향을 미치는 사건을 일컫는다.

정답 ②

해설

코딩의 유형

개방코딩	• 개념을 밝히고, 그 속성과 차원을 자료 안에서 발견해나가는 과정이다. • 개방코딩을 통해 개념(Concepts)을 도출하고, 유사한 개념을 정련하고 통합하면서 추상성이 증가하는 정보의 범주를 만들어 낸다. • 범주를 개발할 때 그 범주가 가지고 있는 속성과 차원화를 고려한다.
축 코딩	• 개방코딩의 연장으로 개방코딩 동안에 발견되는 범주를 하위범주와 구체적으로 연결시키고, 그것들의 변화와 과정의 증거를 찾는 과정이다. • 속성과 차원의 수준에서 범주들을 연결시키는 작업이다.
선택코딩	• 마지막 과정으로 이론을 통합시키고 정교화하는 과정이다. • 이때 이론의 통합을 도와주는 기법으로 메모와 도표가 사용된다.

핵심이론 14 ｜ 합의적 질적 연구론(Consensual Qualitative Research ; CQR)

① 의 의

   ㉠ 상담학자 힐(C. Hill) 등은 학술지 TCP에서 일반적 질적 연구방법과 차별화된 상담에 초점을 맞춘 '합의적 질적 연구'라는 상담의 질적 연구 가이드라인을 발표하였다.

   ㉡ 이 방법이 기존의 질적 연구와 다른 점은 다양한 연구 구성원들을 참여시켜 자료를 분석하는 과정에서 양적 연구 과정의 엄밀함을 도입하여 체계적인 분석과 구성원의 합의를 강조한 점이다. 예를 들어, 수집된 자료를 바탕으로 중심 주제를 추출하는 과정에서 사례 안에서 발견되는 주제들을 추출하고 사례 간 주제들을 추출하는 2중의 분석 과정을 거친 후, 최종 결정에서 연구 참여자들 간의 합의를 유도함으로써 질적 연구의 유연성(Flexibility)과 양적 연구의 정밀함을 겸비한 연구모델이라는 평가를 받았다.

② 특 징

   ㉠ 다양한 관점을 위해 여러 명의 평정자를 참여시킨다.

   ㉡ 반구조화된 자료수집방법(개방형 질문)을 이용한다.

   ㉢ 면접 자료를 중심으로 연구 참여자의 경험을 범주화하는 귀납적 연구방법이다.

   ㉣ 자료의 의미를 결정할 때 합의를 통해 진행한다.

   ㉤ 감시자가 1차 집단에서 초기 작업한 내용을 검토한다.

   ㉥ 합의를 통해 자료의 의미를 영역, 중심개념, 교차분석의 절차로 판단한다.

   ㉦ 질적 연구의 타당성을 위협하는 가장 큰 문제는 연구자의 편견과 반응성이며, 연구자가 연구 참여자에게 미치는 영향인 반응성에 대해서도 고려해야 한다.

   ㉧ 질적 연구의 타당성을 확보하는 방법으로 삼각검증(자료수집의 다양화), 참여자 선정에서 엄격한 기준제시, 다수 평정자의 사용, 참여자 확인(도출된 결과를 참여자에게 확인하는 것), 양적인 자료들의 활용 등이 있다.

[핵심예제]

합의적 질적 연구법(CQR)에 관한 설명으로 옳은 것은?

[15년 13회]

① 단일 평정자가 자료를 분석하여 일관성을 높인다.

② 상호적인 자료수집 방법을 사용한다는 점에서 실증주의적 입장을 취한다.

③ 연구자와 참여자는 상호간에 영향을 미치지 않는 것으로 본다.

④ 분석과정에서 영역, 중심개념, 교차분석을 사용한다.

⑤ 질적 자료를 사용하기 때문에 자료 분석을 하는 데 숫자를 사용하지 않는다.

정답 ④

해설

합의적 질적 연구법의 특징

• 다양한 관점을 위해 여러 명의 평정자를 참여시킨다.

• 면접 자료를 중심으로 연구 참여자의 경험을 범주화하는 귀납적 연구방법이다.

• 합의를 통해 자료의 의미를 영역, 중심개념, 교차분석의 절차로 판단한다.

• 질적 연구의 타당성을 위협하는 가장 큰 문제는 연구자의 편견과 반응성이며, 연구자가 연구 참여자에게 미치는 영향인 반응성에 대해서도 고려해야 한다.

• 질적 연구의 타당성을 확보하는 방법으로 삼각검증(자료수집의 다양화), 참여자 선정에서 엄격한 기준제시, 다수평정자의 사용, 참여자 확인(도출된 결과를 참여자에게 확인하는 것), 양적인 자료들의 활용 등이 있다.

제2장 연구문제의 선정 및 표본추출

핵심이론 15 확률 표본추출

① 개 념

　㉠ 표집틀이 선정되면 모집단의 대표성을 확보할 수 있는 표집방법을 결정하는데, 표집방법은 크게 확률 표본추출방법과 비확률 표본추출방법으로 나눌 수 있다.

　㉡ 확률 표본추출방법은 무작위적인 방법을 통해 표본을 추출하는 방법으로, 모집단의 각 표집단위가 모두 추출의 기회를 가지고 있으며, 각 표집단위가 추출될 확률을 정확히 알고 있는 가운데 표집을 하는 방법이다.

② 확률 표본추출방법

단순무작위 표집 (단순무선 표집)	난수표, 제비뽑기, 컴퓨터를 이용한 난수의 추출방법 등을 사용하여 추출하는 방법
계통표집 (체계적 표집)	모집단 목록에서 구성요소에 대해 일정한 순서에 따라 매 K번째 요소를 추출하는 방법
유층표집 (층화표집)	모집단을 집단 내 구성이 동질적인 몇 개의 집단으로 나눈 후, 각 계층별로 단순무작위 또는 체계적인 표집을 하는 방법(집단 내 동질적, 집단 간 이질적)
집락표집 (군집표집)	모집단 목록에서 구성요소를 여러 가지 이질적인 구성요소를 포함하는 여러 개의 집락(집단)으로 구분한 후, 집락을 표집단위로 하여 무작위로 몇 개의 집락을 표본으로 추출하고 표본으로 추출된 집락에 대해 그 구성요소를 전수조사하는 방법(집단 내 이질적, 집단 간 동질적)

[핵심예제]

다음 사례에 나타난 표본추출기법에 관한 설명으로 옳은 것은? 　　　　　　　　　　　　　　　[19년 18회]

> 연구자 A는 OO시 청소년들의 학교폭력 실태를 파악하기 위하여 일차 표집단위로 OO시 소재 20개 중학교를 무선 추출한 후, 추출된 학교마다 한 학급씩을 무작위로 선택하여 학급 학생 전원을 대상으로 조사를 수행하였다.

① 모집단을 구성하는 모든 개별요소들에 고유번호가 필요하다.

② 비확률 표본추출기법에 해당한다.

③ 표집틀을 확보하고 있지 못한 상황에 유용하다.

④ 모집단에 대한 사전 지식이 없을 경우에 활용된다.

⑤ 내적으로 이질적이고 외적으로 동질적인 단위를 추출한다.

정답 ⑤

해설

무작위적인 방법을 통해 표본을 추출하는 확률 표본추출 중 집락표집(군집표집)에 관한 설명으로, 모집단목록에서 구성요소를 여러 가지 이질적인 구성요소를 포함하는 여러 개의 집락 또는 집단으로 구분한 후, 집락을 표집단위로 하여 무작위로 몇 개의 집락을 표본으로 추출하고 표본으로 추출된 집락에 대해 그 구성요소를 전수조사하는 방법(집단 내 이질적, 집단 간 동질적)이다.

① 모집단의 개별요소들이 동일하게 추출될 확률이 확실하므로 고유번호가 필요 없다.

② 확률 표본추출기법에 해당한다.

③ 모집단의 범위를 한정할 수 없거나, 모집단의 범위는 한정할 수 있지만 표집틀을 구할 수 없는 경우에 유용한 것은 '비확률 표본추출'이다.

④ 모수치가 추정 가능하므로 모집단에 대한 사전 지식이 없을 때 간단히 사용할 수 있다.

핵심이론 16 비확률 표본추출

① 개념 : 조사자나 면접자의 주관적인 판단에 의하여 모집단에서 표본의 구성원들을 추출하는 것을 말한다. 모집단 구성원이 표본에 포함될 확률을 사전에 알 수 없기 때문에 표본이 모집단을 어떻게 대표하는지 알 수 없으며, 따라서 표본오차도 평가할 수 없다.

② 비확률 표본추출방법

편의표집 (임의표집)	• 표본선정의 편리성에 기준을 두고 임의로 표본을 선정하는 방법이다. • 비용이 적게 들고 시간을 절약할 수 있으나, 표본의 대표성이 떨어진다.
판단표집 (유의표집, 목적표집, 의도적 표집)	• 연구자의 주관적 판단의 기준에 따라 연구목적 달성에 도움이 될 수 있는 구성요소를 의도적으로 추출하는 방법이다. • 연구자의 주관적 판단의 타당성 여부가 표집의 질을 결정한다. • 간편하게 표집할 수 있고, 비용을 절약할 수 있다.
할당표집	• 연구자의 모집단에 대한 사전지식을 기초로 하여 모집단의 특성을 나타내는 하위 집단별로 표본수를 할당한 다음 표본을 추출하는 방법이다. • 모집단의 대표성이 비교적 높으나, 분류의 과정에서 편견이 개입될 소지가 많다.
누적표집 (눈덩이표집)	• 연속적인 추천과정을 통해 표본을 선정하는 방법이다. • 일반화의 가능성이 적고 계량화가 곤란하므로 질적 조사에 적합하다.

[핵심예제]

다음과 같은 특징을 갖는 표집방법은? [15년 13회]

○ 비확률적 표집방법이다.
○ 간편하게 표집할 수 있고 비용을 절약할 수 있다.
○ 모집단을 대표하는 사례들을 연구자의 전문적 식견에 따라 의도적으로 표집한다.

① 유층표집(Stratified Sampling)
② 무선표집(Random Sampling)
③ 목적표집(Purposive Sampling)
④ 군집표집(Cluster Sampling)
⑤ 체계적 표집(Systematic Sampling)

정답 ③

해설
① 유층표집(Stratified Sampling) : 모집단을 일정한 기준에 따라 2개 이상의 동질적인 층으로 구분하고, 각 층별로 단순무작위 추출하는 방법
② 무선표집(Random Sampling) : 모집단 대상 모두가 표본에 뽑힐 확률이 동일한 표본추출 방식
④ 군집표집(Cluster Sampling) : 모집단을 이질적인 구성요소를 포함하는 여러 개의 집락으로 구분한 다음, 구분된 집락을 표출단위로 하여 무작위로 몇 개의 집락을 표본으로 추출하고, 이를 표본으로 추출된 집락에 대하여 그 구성단위를 전수조사하는 방법
⑤ 체계적 표집(Systematic Sampling) : 모집단을 구성하는 구성요소들이 배열된 목록에서 매 K번째 요소를 추출하여 표본을 형성하는 표출방법

핵심이론 17 표집크기 결정

① 표집방법이 결정되면 표본의 크기 또는 표집크기를 결정한다.

② 모집단의 성격, 시간 및 비용, 조사원의 능력 등은 물론 표본오차를 나타내는 정확도와 신뢰도를 고려하여 표본의 크기를 결정한다.

③ 표본의 크기를 결정하는 요인

내적 요인	• 신뢰도와 정확도 : 신뢰구간과 유의수준으로 표현된다.
외적 요인	• 모집단의 동질성 : 모집단 요소들이 유사한 속성을 많이 갖고 있다면 표본의 크기는 작아도 된다. • 표집방법과 절차 : 표집방법에 따라 표본의 크기를 달리 해야 한다. 예를 들면, 층화표집은 가장 작은 표본을 요구하며, 단순무작위표집은 좀 더 큰 표본을, 군집표집은 가장 큰 표본을 필요로 한다. • 연구방법에 따른 연구유형 : 상관연구나 실험연구에서는 최소 30명 정도의 연구대상자가 바람직하다. 상관연구에서 조사하는 변수 간의 상관관계가 낮을 것으로 예상될 경우에는 보다 큰 표본을 사용하는 것이 바람직하다. 종속변수를 측정하는 연구도구의 신뢰도가 높지 않을 때도 표본의 크기가 커야 한다. • 자료분석 방법 : 수집된 자료가 분석되는 범주의 수가 증가할수록 각각의 범주에 일정한 수의 표본이 필요하므로, 전체 표본의 크기는 증가하게 된다. • 통계적 검정력 : 통계적 검정력이 클수록 더 많은 표본이 필요하다. • 시간, 예산, 조사자의 능력, 수집된 자료가 분석되는 카테고리의 수 등

[핵심예제]

표본크기를 결정하는 요인으로 옳은 것을 모두 고른 것은?

[19년 18회]

ㄱ. 신뢰구간	ㄴ. 유의수준
ㄷ. 자료수집법	ㄹ. 시간과 비용

① ㄱ, ㄴ   ② ㄱ, ㄷ

③ ㄱ, ㄴ, ㄹ   ④ ㄴ, ㄷ, ㄹ

⑤ ㄱ, ㄴ, ㄷ, ㄹ

정답 ⑤

해설

표본크기를 결정하는 요인
• 신뢰도와 정확도 : 신뢰구간과 유의수준으로 표현된다.
• 모집단의 동질성 : 모집단 요소들이 유사한 속성을 많이 갖고 있다면 표본의 크기는 작아도 된다.
• 표집방법과 절차 : 표집방법에 따라 표본의 크기를 달리 해야 한다.
• 자료분석 방법 : 수집된 자료가 분석되는 범주의 수가 증가할수록 각각의 범주에 일정한 수의 표본이 필요하므로, 전체 표본의 크기는 증가하게 된다.
• 통계적 검정력 : 통계적 검정력이 클수록 더 많은 표본이 필요하다.
• 시간, 예산, 조사자의 능력, 수집된 자료가 분석되는 카테고리의 수 등

핵심이론 18　측정의 수준

① 명목수준의 측정
- ㉠ 가장 낮은 수준의 측정으로 대상이나 특징에 대해 명목상의 이름을 부여하는 것이다.
- ㉡ 측정대상을 유사성과 상이성에 따라 구분하고, 구분된 각 집단 또는 카테고리에 숫자나 부호 또는 명칭을 부여하는 것이다.
- ㉢ 명목수준의 측정을 할 수 있는 변수들은 성, 인종, 종교적 선호, 정당적 선호 등이 있다.
- ㉣ 명목수준의 측정은 완전성(총망라성)을 유지해야 한다. 여기서 완전성이란 질문에 대한 카테고리가 충분히 많아서, 개인이나 사건과 같은 분석단위들을 하나도 빠짐없이 카테고리들 가운데 어느 하나에 할당할 수 있어야 함을 의미한다.
- ㉤ 명목수준의 측정은 상호 배타성을 유지해야 한다. 상호 배타성이란 분석단위가 하나 이상의 카테고리에 할당되지 않도록 카테고리를 배열해야 한다는 것을 의미한다.
- ㉥ 사용할 수 있는 통계기법으로는 최빈값, 도수, 상관관계 계수 등이 있다.

② 서열수준의 측정
- ㉠ 측정대상을 특징 및 속성에 따라 일정한 범주로 분류하여, 이들에 대해 상대적인 순서·서열상의 관계를 나타내는 것이다.
- ㉡ 서열수준의 측정은 명목수준의 측정에서 나아가 순서 또는 서열까지 부여한다.
- ㉢ 서열수준의 측정에서는 카테고리에 '1 < 2', '2 < 3', '1 < 3'과 같이 순서 또는 서열을 부여할 수 있다. 그러나 이러한 숫자가 거리나 간격의 의미를 지니지는 않는다.
- ㉣ 명목수준의 측정으로 가능한 사물이나 현상에 대해 약간의 수정을 가함으로써 서열수준의 측정이 가능해진다. 예를 들어, 색상의 카테고리는 '흰색', '빨강', '파랑', '검정' 등 단순히 명목수준의 측정에 속한다. 그러나 이와 같은 색상의 종류를 밝음의 순서에 따라 '가장 밝은 색부터 가장 어두운 색'의 순서로 재배치함으로써 서열수준 측정의 카테고리가 형성된다.

㉤ 서열수준의 측정은 명목수준의 측정 조건 또는 속성인 완전성(총망라성)과 상호배타성 이외에 이행성과 비대칭성의 두 가지 조건 또는 속성들을 더 요구한다.

이행성	'A > B'이고 'B > C'인 경우, 'A > C'를 말한다.
비대칭성	'A > B'이고 'B > C'인 경우, 'C는 결코 A보다 클 수 없다'는 것을 말한다.

③ 등간수준의 측정
- ㉠ 등간수준의 측정은 측정대상을 특징 및 속성에 따라 서열화하는 것은 물론 서열 간의 간격이 일정하도록 연속선상에 수치를 부여하는 것이다.
- ㉡ 등간수준의 측정은 측정의 대상인 사물이나 현상을 분류하고 서열을 정하며, 나아가 이들 분류된 부분(카테고리) 간의 간격(거리)까지도 측정한다.
- ㉢ 등간수준의 측정은 가감(+, −)과 같은 수학적 조작을 가능하게 하는 양적 자료를 대상으로 한다. 그러나 등간수준의 측정의 경우 승제(×, ÷)는 가능하지 않다. 다시 말해, 10℃가 5℃보다 두 배 더 덥다고 말할 수 없다.
- ㉣ 등간수준의 측정은 명목수준의 측정과 서열수준의 측정의 조건 또는 속성인 완전성(총망라성), 상호배타성, 이행성 그리고 비대칭성 이외에 추가적으로 부가성을 지닌다.
- ㉤ 부가성이란 실제로 덧셈이나 뺄셈을 할 수 있는 것을 말한다.

④ 비례(비율)수준의 측정
- ㉠ 비례수준의 측정은 특징 및 속성에 절대적인 '0'을 가진 척도로써 수치를 부여하는 것이다.
- ㉡ 명목수준의 측정에서처럼 사물이나 현상을 분류하고, 서열수준의 측정에서처럼 서열을 정할 수 있을 뿐만 아니라, 등간수준의 측정에서처럼 이들 분류된 부분(카테고리)간의 간격(거리)까지 측정할 수 있다.
- ㉢ 비례수준의 측정은 앞선 측정들 가운데 가장 세련된 측정수준으로서, 절대적인 '0'에 의한 측정이라는 점에서 다른 측정들과 구분된다.
- ㉣ 비례수준 측정의 유형으로는 교육수준, 소득수준, 백분율 이외에도 연령, 가족구성원의 수 등을 들 수 있다. 이외에도 고등학교의 수, 형제자매의 수, 집단의 인원수 등의 단순한 집계도 있다.

비례수준 측정의 조건 또는 속성

• 비례수준의 측정은 명목수준 측정의 조건 또는 속성인 완전성(총망라성)과 상호배타성, 서열수준 측정의 속성인 이행성과 비대칭성, 등간수준 측정의 속성인 부가성을 지닌다.

• 비례수준의 측정은 사물이나 현상을 분류하고, 명칭을 부여하며, 서열을 정하고, 가감과 같은 수학적 조작을 할 수 있을 뿐만 아니라, 승제와 같은 수학적 조작까지 가능하므로 가장 고차원적인 측정이라고 할 수 있다.

[핵심예제]

측정과 척도에 관한 설명으로 옳지 않은 것은? [19년 18회]

① 측정의 수준에 따라 명목, 서열, 등간, 비율측정으로 구분된다.

② 등간측정은 서열관계를 측정할 수 있다.

③ 등간측정은 측정 점수를 바탕으로 몇 배 더 크다는 표현이 가능하다.

④ 비율척도에는 절대 영점이 존재한다.

⑤ 서열측정값은 연구대상이 갖는 특성의 상대적인 정도를 의미한다.

정답 ③

해설

등간수준의 측정은 가감(+, −)과 같은 수학적 조작을 가능하게 하는 양적 자료를 대상으로 한다. 그러나 등간수준의 측정의 경우 승제(×, ÷)는 가능하지 않다. 다시 말해, 10℃가 5℃보다 두 배 더 덥다고 말할 수 없다.

핵심이론 **19** **측정의 타당도**

측정하고자 하는 개념이나 속성을 얼마나 정확히 측정하고 있는가의 정도를 나타낸다.

내용타당도 (논리타당도)	의 의	• 측정노구가 일반화하려고 하는 내용영역과 행동영역을 어느 정도로 잘 반영해 주고 있는가를 말해준다. • 조사자가 만든 측정도구(척도)가 조사하고자 하는 대상의 속성들을 어느 정도 대표성 있게 포함하고 있으면, 그 측정은 논리적으로 타당하다고 볼 수 있다. • 연구자의 직관이나 전문가의 의견을 통해 파악하는 방식이다. • 성취도검사에서 특히 중요한 타당도이다.
	종 류	• 학자에 따라 내용타당도를 표면타당도, 액면타당도(안면타당도)와 혼용하기도 하고 아래처럼 구분하기도 한다. • 내용타당도 : 검사를 구성하고 있는 문항들이 실제 측정하고자 하는 개념의 전 영역을 얼마나 골고루 잘 반영하는가에 대한 정도를 나타내며, 전문가 그룹이 동의할 때 확보된다. • 표면타당도, 액면타당도(안면타당도) : 검사문항을 전문가가 아닌 일반인들이 읽고 그 검사가 얼마나 타당해 보이는지를 평가하는 낮은 수준의 타당도이다.
	특 징	• 비교적 적용이 쉽고 시간절약에 유리한 반면, 전문가의 주관적인 편견이나 오류의 가능성을 배제하기 어렵다. • 객관적 검정력이 가장 떨어짐에도 불구하고, 타당도를 측정하는 가장 기본적인 방법으로 널리 이용되고 있다.
기준타당도 (경험적 타당도, 준거관련 타당도)	의 의	• 특정한 측정도구의 측정값을 이미 타당도가 경험적으로 입증된 기준이 되는 측정도구의 측정값과 비교하여 나타나는 관련성의 정도를 의미한다.
	종 류	• 평가의 기준변수가 미래에 관한 것인 경우 '예측적 타당도'라고 부르고, 현재 상태인 경우 '동시적 타당도'라고 부른다. • 예측적 타당도(예언적 타당도)는 어떠한 행위가 일어날 것이라고 예측한 것과 실제로 대상자 또는 집단이 나타낸 행위 간의 관계를 측정한 것이다. 예측타당도의 절차는 다음과 같다. – 피험자 집단에게 새로 제작한 검사를 실시한다. – 일정기간 후 검사한 내용과 관계가 있는 피험자들의 행위를 측정한다. – 검사점수와 미래 행위의 측정치와 상관 정도를 추정한다.

기준타당도 (경험적 타당도, 준거관련 타당도)	종류	• 동시적 타당도(일치적 타당도, 공인타당도)는 새로 제작한 검사의 타당도를 위해 기존에 타당도를 보장받고 있는 검사와의 유사성 혹은 연관성에 의해 타당도를 검정하는 방법이다.
	특징	• 내용타당도에 비해 객관적인 반면, 기본적으로 비교기준을 이용하기 때문에 비교기준이 있는가를 알아야 하고, 그 비교기준이 타당한 것인가에 대한 검토 등을 하는 데 추가적인 비용이 소요된다. • 준거관련 타당도의 결과는 이론적으로 타당한 것으로 밝혀진 외부적 기준과의 통계적 상관에 의해 수치화된다.
구인타당도 (구성타당도, 개념타당도)	의의	• 연구자가 측정하고자 하는 심리적 · 추상적 개념이 실제로 측정도구에 의하여 제대로 측정되었는가를 검정하는 방법이다. • '명제의 설정 → 이론에 포함 → 속성의 예측 → 자료수집' 순으로 진행된다.
	종류	• 이해타당도, 수렴타당도, 판별타당도가 있다. • 이해타당도는 특정 개념에 대해 이론적 구성을 토대로 어느 정도 체계적 · 논리적으로 이해하고 있는가를 나타내는 타당도이다. • 수렴타당도(집중타당도)는 동일한 개념을 측정하기 위해 서로 다른 측정방법을 사용하여 측정으로 얻은 측정치들 간에 높은 상관관계가 존재해야 함을 전제로 한다. • 판별타당도는 서로 다른 개념들을 측정했을 때 얻어진 측정문항들의 결과 간에 상관관계가 낮아야 함을 전제로 한다.
	특징	• 측정하고자 하는 개념의 추상성이 높은 경우 개념타당도를 확보하기가 상대적으로 어렵다.

교차타당도	의의	• 동일한 모집단에서 표집된 두 독립적인 표본에서 예언변인과 기준변인과의 관계가 얼마나 일관성이 있느냐를 의미한다.
		• 예컨대 샘플이 1,000명이 있는 경우에 다음과 같이 실시한다.
		   – 1,000명에 대해 분석을 실시한다.
		   – 1,000명을 두 개 집단으로 나눠 무선할당을 한다. 두 개의 자료를 분석한다.
		   – 교차타당도의 목적은 연구의 일반화를 위한 것이다. 위의 순서에 따라 세 개의 자료집합에 대해 분석을 실시하고 이들의 일치성 여부를 확인하면, 교차타당도가 확인되었다고 결론을 내린다.

	특징	• 교차타당도란 결국 한 타당도 결과의 신뢰도를 검증하는 것이 되며, 이러한 과정을 통하여 우연적인 변산적 오차의 크기를 추정하여 타당도 자료에 필요한 수정을 한다.

[핵심예제]

다음 내용에서 (ㄱ)과 (ㄴ)이 옳게 연결된 것은?

[19년 18회]

(ㄱ) 타당도를 평가할 때 가장 기본적인 질문은 검사를 구성하는 문항들이 관심의 대상인 영역의 대표적인 요소들로 구성되어 있느냐 하는 것이며, 해당 영역의 전문가들에 의해 검증받게 된다.
반면 (ㄴ) 타당도의 결과는 이론적으로 타당한 것으로 밝혀진 외부적 기준과의 통계적 상관에 의해 수치화된다.

① ㄱ – 내용, ㄴ – 행동
② ㄱ – 공인, ㄴ – 행동
③ ㄱ – 행동, ㄴ – 내용
④ ㄱ – 내용, ㄴ – 준거관련
⑤ ㄱ – 구인, ㄴ – 준거관련

정답 ④

해설

• 내용타당도(논리타당도) : 검사를 구성하고 있는 문항들이 실제 측정하고자 하는 개념의 전 영역을 얼마나 골고루 잘 반영하는가에 대한 정도를 나타내며, 전문가 그룹이 동의할 때 확보된다.
• 기준타당도(준거타당도) : 특정한 측정도구의 측정값을 이미 타당도가 경험적으로 입증된 기준이 되는 측정도구의 측정값과 비교하여 나타나는 관련성의 정도를 의미한다.

핵심이론 20 **측정의 신뢰도(신뢰성)**

동일한 대상에 대하여 같거나 유사한 측정도구를 사용하여 반복 측정할 경우에 동일하거나 비슷한 결과를 얻을 수 있는 정도를 나타낸다. 신뢰도 확보방안으로 다음의 방법들이 있다.

조사자 간 신뢰도	• 조사자 또는 평가자가 2명 이상인 경우 이들 간의 평가 점수가 일치해야 신뢰도가 있다는 것을 나타낸다. • 상호관찰자 기법이라고도 한다.
검사-재검사 신뢰도	• 동일한 측정도구를 가지고 동일한 대상에게 시간적 간격을 두고 반복 측정하여 신뢰도를 평가하는 방법이다. • 적용이 간편하고 측정도구를 직접 비교할 수 있는 장점이 있으나, 두 검사 사이의 외재변수와 학습효과와 기억력이라는 속성이 작용해 신뢰성을 측정하는 데 한계가 있다.
대안신뢰도 (동형검사 신뢰도)	• 유사한 형태의 둘 이상의 측정도구를 사용하여 동일한 표본에 적용한 결과를 서로 비교하여 신뢰도를 측정하는 방법이다. • 복수양식법, 평행양식법이라고도 한다.
반분신뢰도	• 측정도구를 임의대로 반으로 나누고 그 각각을 독립된 척도로 간주하여 이들의 측정결과를 서로 비교하는 방법이다. • 측정 시간이 다를 때의 시간 간격으로 인해 일어나는 외생변수의 영향을 배제할 수 있고, 반복검사에서 나타나는 학습효과와 같은 검사효과도 배제할 수 있다. • 반분된 두 검사에서 얻은 신뢰도 계수는 어디까지나 반분된 검사의 신뢰도이므로, 실제 사용되는 전체 검사의 신뢰도를 추정하기 위해서는 스피어만-브라운 교정공식을 사용해야 된다. • 항목을 구분하는 방식에 따라서 신뢰도 계수의 추정치가 달라진다는 단점이 있다. • 추정과정에서 상관관계가 활용된다. • 보통 동일한 검사를 1/2로 나누어 신뢰도를 측정하는 방법으로는 문항을 홀수와 짝수로 나누거나, 검사를 전체로 보아 앞부분과 뒷부분으로 나누는 방법 등에 따라 그 결과가 달라질 수 있다. • 다분 문항에도 사용할 수 있다.
내적 일관성 신뢰도 (문항 내적 합치도)	• 단일의 신뢰도 계수를 계산할 수 없는 반분법의 단점을 고려하여, 가능한 모든 반분신뢰도를 구한 다음, 그 평균값을 신뢰도로 추정하는 방법이다. • 크론바흐 알파계수, KR-20, KR-21, 호이트 신뢰도 등이 있다. • 크론바흐 알파계수(Cronbach α)는 다음과 같이 구한다. $$\alpha = \frac{k}{k-1}\left(1 - \frac{\sum \sigma_i^2}{\sigma_t^2}\right)$$ k : 측정항목의 수, $\sum \sigma_i^2$: 개별 항목의 분산, σ_t^2 : 전체 항목의 총분산

- 크론바흐 알파계수를 이용하면 신뢰도가 낮은 경우 신뢰도를 저해하는 항목을 찾을 수 있다.
- 크론바흐 알파계수는 '0 ~ 1'의 값을 가지며, 값이 클수록 신뢰도가 높다.
- 크론바흐 알파계수가 0.6 이상이 되어야 만족할 만한 수준의 신뢰도라고 보며, 0.8 ~ 0.9 정도를 신뢰도가 높은 것으로 본다.

• KR-20과 KR-21
- 쿠더와 리처드슨이 제안한 방법이다.
- KR-20은 사지선다형에서와 같이 정답과 오답이 있어 특정 문항에서 정답인 경우는 1점, 오답인 경우는 0점으로 점수를 할당하는 경우와 같이 이분채점문항에만 사용될 수 있는 방법이다.
- KR-21은 문항 점수가 리커트척도와 같이 1, 2, 3, 4, 5점과 같을 때 검사의 신뢰도를 추정하는 방법이다.

• 호이트(Hoyt) 신뢰도
- 문항의 채점이 정오에 따라 1과 0으로 주어지는 검사에서는 결과적으로 쿠더-리처드슨 공식 KR-20과 그 값이 일치한다.
- 3, 2, 1처럼 여러 가지 부분점수를 주는 경우에도 적용될 수 있다는 것이 장점이다.

• 크론바흐 알파계수, KR-20, KR-21, 호이트 신뢰도 중 가장 많이 쓰이는 것은 크론바흐 알파계수이다. 크론바흐 알파계수가 흔히 사용되는 이유는 이분문항뿐 아니라 연속적으로 점수가 부여되는 문항들의 신뢰도 추정이 가능하며, 신뢰도 계산 공식의 유도과정과 개념이 보다 간단하기 때문이다.

• 동일한 자료라도 크론바흐 알파계수, KR-20, KR-21, 호이트 신뢰도의 값은 다를 수 있다.

[핵심예제]

Cronbach α에 관한 설명으로 옳은 것을 모두 고른 것은?

[19년 18회]

> ㄱ. 개별 문항들의 분산을 활용하여 구할 수 있다.
> ㄴ. 이분문항에는 사용할 수 없다.
> ㄷ. 문항수의 증가는 Cronbach α값의 증가를 가져오는 경향이 있다.

① ㄱ   ② ㄴ
③ ㄱ, ㄷ   ④ ㄴ, ㄷ
⑤ ㄱ, ㄴ, ㄷ

정답 ③

해설

ㄴ. Cronbach α계수가 흔히 사용되는 이유는 이분문항뿐 아니라 연속적으로 점수가 부여되는 문항들의 신뢰도 추정이 가능하며, 신뢰도 계산 공식의 유도과정과 개념이 보다 간단하기 때문이다.

ㄱ. α를 나타내는 식 $\alpha = \dfrac{k}{k-1}\left(1 - \dfrac{\Sigma \sigma_i^2}{\sigma_t^2}\right)$에서 $\Sigma \sigma_i^2$은 개별 문항의 분산을 나타낸다.

ㄷ. α를 나타내는 식에서 k는 문항수를 나타내므로 k값이 증가하면 α값도 증가한다.

핵심이론 21 | 신뢰도를 높이는 방법

① 측정 항목을 증가시키고 유사하거나 동일한 질문을 2회 이상 시행한다.

② 면접자들의 일관적 면접방식과 태도로, 보나 일관성 있는 납변을 유도할 수 있다.

③ 애매모호한 문구사용은 상이한 해석의 가능성을 내포하므로, 모호성을 제거하여야 한다.

④ 신뢰성이 인정된 기존의 측정 도구를 사용하고 변별도가 높은 문항을 많이 쓴다.

⑤ 피험자들이 검사에 대한 흥미가 높고, 검사 선택 동기가 높아야 한다.

⑥ 집단의 능력 범위가 넓어야 하며, 검사대상의 개인차를 크게 한다.

⑦ 문항의 난이도를 적절하게 구성하여야 하며, 충분한 검사 시간이 주어져야 한다.

⑧ 문항이 동질적이어야 하며, 검사내용의 범위를 좁게 구성한다.

더 알아보기

성격 특성을 측정하는 도구를 선택할 때 고려해야 할 사항

• 준거와의 상관(타당도 측면)
도구가 측정하고자 하는 속성의 다른 증후들과 관련된다는 것을 보이는 것, 즉 외부적인 준거(비교의 기준)로써 행동지표를 사용하는 것과 평가도구가 측정한 것과 얼마나 상관이 되는가를 의미한다. 예를 들어, 사교성이라는 성격을 측정하였을 때 측정에서 높은 점수를 받은 사람들이 실험실에서 이와 관련된 행동(폭넓은 대인접촉 또는 쾌활성)을 더 많이 한다면, 그 측정도구는 준거와의 상관이 높다고 할 수 있다.

• 문항 내적 합치도(신뢰도 측면)
문항 내적 합치도는 성격특성을 측정하는 문항 간의 일관성을 측정하는 것으로, 검사도구가 얼마나 오차 없이 정확하게 측정하고자 하는 속성을 측정했는지를 알 수 있다.

• 상황 변화에 대한 민감성(신뢰도 측면)
실험연구에서 연구자에 의해 도입된 중재/처치와 같은 특성 조작(Manipulation) 후 변화 정도를 민감하게 측정할 수 있는 반응성이 높은 측정도구를 사용하는 것이 중요하다.

• 시간 경과에 따른 안정성(신뢰도 측면)

동일한 성격특성 검사를 동일한 대상에게 일정한 시간 간격을 두고 두 번에 걸쳐 실시했을 때, 두 번 실시한 시험점수가 일치되는 정도를 의미한다.

[핵심예제]

연구자는 측정도구의 내적 일관성(Internal Consistency) 신뢰도에 영향을 미치는 요인을 미리 파악한 후 그 요인을 고려하여 연구에 필요한 측정도구를 선정하고자 한다. 다음 중 연구자가 고려해야 할 요인이 아닌 것은? [17년 16회]

① 문항의 수
② 검사의 시간
③ 집단의 동질성
④ 문항의 변별도
⑤ 문항의 자유도

정답 ⑤

해설

신뢰도를 높이는 방법
• 문항의 수가 많아야 한다.
• 문항변별도가 높아야 한다.
• 문항의 지시문이나 설명이 명확해야 한다.
• 충분한 검사 시간이 주어져야 한다.
• 문항이 동질적이어야 한다.

핵심이론 22 측정의 오류

① 측정의 오류는 각각 체계적 오류와 비체계적 오류로 구분된다.

체계적 오류	변수에 일정하게 또는 체계적으로 영향을 주어 측정결과가 항상 일정한 방향으로 편향되는 오류
비체계적 오류 (무작위적 오류)	측정대상, 측정과정, 측정수단, 측정자 등에 일관성 없이 영향을 미침으로써 발생되는 오류

② 체계적 오류와 비체계적 오류는 다시 다음과 같이 분류된다.

체계적 오류	사회 경제적 특성에 의한 오류	선행효과 오류	고학력자일수록 응답문항 가운데 앞쪽에 있는 답을 선택하는 경향으로 인한 오류
		후행효과 오류	저학력자일수록 응답문항 가운데 뒤쪽에 있는 답을 선택하는 경향으로 인한 오류
	개인적 성향에 의한 오류	관용의 오류	응답자의 무성의로 무조건 긍정적인 답을 선택하는 오류
		가혹의 오류	응답자의 무성의로 무조건 부정적인 답을 선택하는 오류
		중앙집중 경향의 오류	응답자의 무성의로 중립적인 답을 집중적으로 선택함으로써 발생하는 오류
		대조의 오류	자신과 상반되는 것으로 다른 사람을 평가하는 오류
		후광효과 오류	측정대상의 한 가지 속성에 강한 인상을 받아 이를 토대로 전체 속성을 평가하는 오류
비체계적 오류 (무작위적 오류)	측정자에 의한 오류		측정자의 건강상태나 주관적인 감정 상태에 의해 측정 결과에 영향을 미치는 오류
	응답자(측정대상자)에 의한 오류		응답자의 피로, 긴장상태가 측정 결과에 영향을 미치는 오류
	측정상황에 의한 오류		측정시간이나 장소, 분위기에서 기인하는 오류
	측정도구에 의한 오류		측정도구에 대한 적응 및 사전교육에서 기인하는 오류

다음 설명에 해당되는 것은?

[16년 14회]

> 관찰 대상들이 관찰되는 변인에서 현저하게 다름에도 불구하고, 관찰자가 대부분의 관찰 대상들을 지나치게 좋게 평가하려는 경향을 의미한다.

① 관용의 오류
② 근접의 오류
③ 집중경향의 오류
④ 엄격성의 오류
⑤ 후광효과

정답 ①

해설

관용의 오류는 응답자의 무성의로 무조건 긍정적인 답을 선택하거나, 관찰자가 대부분의 관찰 대상들을 지나치게 좋게 평가하려는 경향을 말한다.

핵심이론 23 | 척도의 유형

구분	설명
명명척도 (명목척도)	• 단순한 분류의 목적을 위한 것으로 가장 낮은 수준의 측정에 해당한다. • 성, 인종, 종교, 결혼 여부, 직업 등의 구별이 해당된다.
서열척도	• 서열이나 순위를 매길 수 있도록 수치를 부여한 척도로서, 서열 간의 간격이 동일하지 않다. • 사회계층, 선호도, 수여 받은 학위, 변화에 대한 평가, 서비스효율성 평가, 청소년상담사 자격등급 등의 측정에 이용된다.
등간척도 (동간척도, 구간척도)	• 서열을 정할 수 있을 뿐만 아니라 범주 간 간격까지도 측정할 수 있다. • 지능, 온도, 시험점수 등이 해당된다.
비율척도	• 척도를 나타내는 수가 등간일 뿐만 아니라 의미 있는 절대영점을 가지고 있는 경우에 이용되는 척도이다. 비율성도 가지고 있다. • 몇 배 크다 적다를 정할 수 있어 사칙연산이 가능하다. • 연령, 무게, 키, 수입, 출생률, 사망률, 이혼율, 가족 수, 심리학과 졸업생 수 등이 해당된다.
리커트 척도 (다문항척도)	• '총화평정척도'라고도 하며, 여러 개의 문항들을 하나의 척도로 사용한다. • 사회과학에서 널리 사용된다.
거트만 척도 (척도도식법)	• 서열척도의 일종으로 단일차원적이고 예측성이 있다. • 두 개 이상의 변수를 동시에 측정하는 다차원적 척도로서 사용되기는 거의 불가능하다
보가더스의 사회적 거리척도	• 소수민족, 사회계급 등에 대한 사회적 거리감의 정도를 측정하기 위해 연속적인 문항들을 동원한다. • 단순히 사회적 거리의 원근의 순위만을 표시한 것으로 친밀한 정도의 크기를 나타내지는 않는다.
써스톤 척도	• 등간-비율척도의 일종으로서 가장 긍정적인 태도와 가장 부정적인 태도를 나타내는 양 극단을 등간적으로 구분하여 수치를 부여한다. • 리커트 척도의 단점을 극복하기 위한 것으로 중요성이 있는 항목에 가중치를 부여한다.
요인척도	• 등간-비율척도의 하나로 변수들 간에 존재하는 상호관계의 유형을 밝히고, 상호간에 밀접하게 연관되어 있는 변수들의 묶음을 발견하여, 이를 보다 적은 수의 가설적 변수, 즉 요인들로 축소시키기 위한 방법이다. • 분석을 위한 분석이 될 수 있는 단점이 있다.
모레노의 소시오메트리	• 집단 내의 선택, 커뮤니케이션 및 상호작용의 패턴에 관한 자료를 수집하고 분석하는 방법이다. • 한정된 집단성원 간의 관계를 도출함으로써 집단의 성질, 구조, 역동성, 상호관계를 분석하는 일련의 방법이다.

Q 분류척도	• 특정 자극에 대한 비슷한 태도를 가진 사람이나 대상을 분류하기 위한 방법이다. • 한 가지 현상을 설명하기 위해 단일현상을 여러 현상으로 세분한다.
의미분화척도	• 어떤 대상이 개인에게 주는 주관적인 의미를 측정하는 방법이다. • 척도의 양 극점에 서로 상반되는 형용사나 표현을 제시하여 정도의 차이에 의한 일련의 형용사 쌍을 만들며, 이에 응답자의 주관적인 판단이나 느낌을 반영하도록 한다.

[**핵심예제**]

등간척도에 관한 설명으로 옳은 것을 모두 고른 것은?

[14년 12회]

ㄱ. 측정단위 간에 등간성이 유지되는 척도이다.
ㄴ. 점수들의 차이와 등수, 서열관계를 측정할 수 있다.
ㄷ. 절대영점이 존재한다.
ㄹ. 척도 상에서 얻은 점수를 바탕으로 몇 배 더 크다는 표현이 가능하다.

① ㄱ
② ㄱ, ㄴ
③ ㄷ, ㄹ
④ ㄱ, ㄴ, ㄹ
⑤ ㄴ, ㄷ, ㄹ

정답 ②

해설

ㄷ. 절대영점이 존재하는 척도는 비율척도이다.
ㄹ. 비율척도에 대한 설명이다.

척도의 유형

명목척도	• 단순한 분류의 목적을 위한 것으로, 가장 낮은 수준의 측정 • 성, 인종, 야구선수 등번호 등
서열척도	• 서열이나 순위를 매길 수 있도록 수치를 부여한 척도 • 서열 간의 간격은 동일하지 않음 • 사회계층, 학력, 등수, 청소년상담사 자격등급 등
등간척도	• 서열을 정할 수 있을 뿐만 아니라 이들 분류된 범주 간의 간격까지도 측정할 수 있는 척도 • 지능, 온도, 시험점수 등
비율척도	• 척도를 나타내는 수가 등간일 뿐만 아니라 의미 있는 절대영점을 가지고 있는 경우에 이용되는 척도 • 절대영점이 있어 '몇 배 크다 또는 작다'를 정할 수 있고 사칙연산 가능 • 연령, 무게, 키, 수입, 출생률, 가족 수 등

제4장 **연구방법 및 실험설계**

핵심이론 **24** | 자료수집방법

① 관찰법

㉠ 의의 : 관찰법은 가장 기본적인 방법으로 인간의 감각기관을 매개로, 현상을 귀납적인 방법으로 조사하는 방법이다.

㉡ 종 류

참여관찰	관찰대상의 내부에 들어가 구성원으로 참여하면서 관찰하는 방법으로 대상의 자연성과 유기적인 전체성을 보장한다.
준참여관찰	관찰집단의 생활의 일부에만 참여해 관찰하는 방법이다.
비참여관찰	조사자가 신분을 밝히고 관찰하는 것으로 주로 조직적인 관찰에 사용된다.
통제관찰	사전의 기획절차에 따라 타당성과 신뢰성 확보를 위해 관찰조건을 표준화하고 보조기구를 사용하는 관찰로 비참여관찰에 사용되며, 실험실과 실제 환경에서 수행될 수 있다.
비통제관찰	관찰조건을 표준화하지 않고 조사목적에 맞는 자료이면 다양하게 관찰하는 방법으로, 탐색적 조사에 많이 사용된다.

㉢ 특징 : 자연관찰은 생태학적 타당도가 높으며 실험실 관찰은 상황을 인위적으로 만들고 그 결과를 관찰할 수 있다.

② 질문지법

㉠ 의의 : 질문지는 조사자가 조사문제에 대한 해답을 구할 수 있도록 형성된 하나의 조사도구로서, 질문지는 일련의 상호 연관된 질문들로 구성되어 있으며, 해당 질문들은 논리적으로 연결되어 있다.

㉡ 종 류

질문방식에 따른 종류	사실에 대한 응답자의 태도나 의견을 직접 질문하는 직접질문법과 응답자의 반감을 예상하여 전혀 다른 방법으로 질문하는 간접질문법이 있다.
질문구성 양식에 따른 종류	선택형의 구조적 질문지와 자유로이 응답할 수 있는 비구조적 질문지로 나눈다.

③ 면접법

ㄱ 의의 : 면접은 조사자(면접자)가 연구문제에 대한 적절한 해답을 구하기 위해 마련한 질문들을 응답자와 직접 대면한 상태에서 질문하는 방법이다. 면접법은 조사목적에 따른 특정화된 내용을 토대로 대화가 이루어지는 인간 상호간의 직접적인 커뮤니케이션 시스템이다.

ㄴ 종 류

표준화 면접 (구조화된 면접)	• 면접자가 면접조사표를 만들어서 모든 응답자에게 동일한 질문순서와 동일한 질문내용으로 자료를 수집하는 방법이다. • 비표준화된 면접에 비해 응답 결과에 있어서 상대적으로 신뢰도가 높지만 타당도는 낮다. • 반복적인 면접이 가능하며, 면접결과에 대한 비교가 용이하다. • 면접의 신축성 · 유연성이 낮으며, 깊이 있는 측정을 도모할 수 없다.
비표준화 면접 (비구조화된 면접)	• 면접자가 면접조사표의 질문내용, 형식, 순서를 미리 정하지 않은 채 면접상황에 따라 자유롭게 응답자와 상호작용을 통해 자료를 수집하는 방법이다. • 표준화된 면접에 비해 응답 결과에 있어서 상대적으로 타당도가 높지만 신뢰도는 낮다. • 면접의 신축성 · 유연성이 높으며, 깊이 있는 측정을 도모할 수 있다. • 반복적인 면접이 불가능하며, 면접결과에 대한 비교가 어렵다.
반표준화 면접 (반구조화된 면접)	• 일정한 수의 중요한 질문은 표준화하고 그 외의 질문은 비표준화 하는 방법이다. • 면접자가 면접지침에 따라 응답자에게 상황에 적합한 변형 질문을 제시할 수 있다. • 사실과 가설을 확인할 수 있을 뿐만 아니라 새로운 사실이나 가설을 발견할 수도 있다. • 반표준화 면접의 종류로는 초점집단 면접법, 임상 면접법 등이 있다.

④ 전화조사법

ㄱ 의의 : 전화조사는 추출된 피조사자에게 전화를 걸어 질문 문항들을 읽어 준 후, 응답자가 전화상으로 답변한 것을 조사자가 기록함으로써 자료를 수집하는 방법이다.

ㄴ 장 · 단점

장 점	• 적은 비용으로 단시간에 조사할 수 있어 비용과 신속성 측면에서 매우 경제적이다. • 전화번호부를 이용하여 비교적 쉽고 정확하게 표본을 추출할 수 있다. • 직접 면접이 어려운 사람의 경우에 유리하며, 개별면접에 비해 응답률이 높다. • 조사자는 응답자의 외모나 차림새 등의 편견을 용이하게 통제할 수 있다. • 컴퓨터에 의한 완전자동화를 통해 효율성과 통일성을 극대화할 수 있다. • 현지조사가 불필요하며, 무작위번호 통화를 통해 쉽게 표본을 추출할 수 있다.
단 점	• 부정확성 및 미등재 전화번호의 존재가 문제시된다. • 대인면접에 비해 소요시간이 짧으나, 분량이 제한된다. • 모집단이 불완전하며, 표본의 대표성에 문제가 발생할 수 있다. • 응답자의 주변 상황이나 표정, 태도를 확인할 수 없으며, 보조도구를 사용하기가 곤란하다. • 응답자가 특정한 주제에 대해 응답을 회피하거나, 무성의하게 대답하기도 한다. • 전화상으로 질문을 주고받는 도중 응답자가 끝까지 참지 못하고 전화를 끊는 경우가 있다.

⑤ 우편조사법

ㄱ 의의 : 우편조사방법은 질문지를 추출된 피조사자에게 우편으로 우송하여 응답자로 하여금 스스로 응답하게 한 다음, 응답자가 질문지를 다시 조사자에게 우송해줌으로써 자료를 수집하는 방법이다.

ㄴ 장 · 단점

장 점	• 시간과 공간의 제약에 크게 구애받지 않으므로 비용이 절감된다. • 면접조사에서 쉽게 접근할 수 없는 다양한 대상을 포함시킬 수 있다. • 조사자는 응답자의 외모나 차림새 등의 편견을 용이하게 통제할 수 있다. • 응답자가 충분한 시간적 여유를 가지고 응답하도록 할 수 있다. • 응답자의 익명성이 보장되고 사려 깊은 응답이 가능하다.
단 점	• 최대의 문제점은 낮은 회수율이다. • 응답내용이 모호한 경우 응답자에 대한 해명의 기회가 없다. • 질문 문항에 대해 단순성이 요구된다. • 우편대상 주소록을 작성하는 데 시간 및 노력이 요구된다.

• 잘못 기입하는 경우(오기)나 아예 기입하지 않는 경우(불기)가 발생할 수 있다.
• 융통성이 부족하며, 직접적인 답변 외의 비언어적인 정보를 수집하기 어렵다.
• 무자격자의 응답을 통제하기 어렵다.
• 주위 환경과 응답시기를 통제하기 어렵다.

⑥ 집단조사법(집합조사법)

㉠ 의의 : 피조사자들을 모아놓고 질문지를 배부하여 응답자가 기입하도록 하는 방법이다.

㉡ 장·단점

장 점	• 조사목적에 부합하는 응답자의 집합인 경우 조사를 쉽고 빠르게 진행할 수 있으며, 비용을 절감할 수 있다. • 조사의 설명이나 조건을 동일하게 할 수 있다. • 응답자들과 동시에 대화할 기회가 있으므로 질문에 대한 오류를 줄일 수 있다.
단 점	• 조사대상을 모으는 것이 어려우며, 비용이 발생할 수 있다. • 응답자의 개인별 차이를 무시함으로써 조사 자체의 타당도가 낮아지기 쉽다. • 응답자가 옆 사람이나 다른 사람의 영향을 받을 가능성이 있다. • 질문지를 잘못 기입하는 경우 시정하기 어렵다.

⑦ 배포조사법(유치법)

㉠ 의의 : 질문지를 배부하여 응답자가 기입하고 나중에 회수하는 것이다.

㉡ 장·단점

장 점	• 우편조사와 비교하여 질문지의 회수율이 높고, 재방문의 횟수가 적어진다. • 응답자에게 생각할 여유를 주고, 개인의 비밀사항까지 회답을 받을 수 있다. • 시간, 인력, 비용이 적게 든다.
단 점	• 응답자가 타인의 영향을 받았는지 알 수 없고, 조사대상자가 바뀔 우려가 있다. • 글자를 아는 사람에게만 적용할 수 있다. • 잘못 기입하는 경우(오기)나 아예 기입하지 않는 경우(불기)등이 발생하거나 질문지가 파산될 우려가 있다.

⑧ 인터넷조사법

㉠ 의의 : 인터넷을 유저만을 대상으로 인터넷으로 질문지와 응답파일을 주고받는 방법이다.

㉡ 장·단점

장 점	• 시간 및 공간상의 제약이 다른 방법에 비해 상대적으로 적다. • 조사가 신속히 이루어지며, 쌍방향 소통이 가능하다. • 조사비용이 적게 들며, 조사대상자가 많은 경우에도 추가비용이 들지 않는다. • 멀티미디어 자료의 활용 등 다양한 형태의 조사가 가능하다. • 구조화된 설문지 작성이 용이하다. • 특수 계층의 응답자에게도 적용할 수 있다. • 이메일 등을 통해 추가질문을 할 수 있다.
단 점	• 인터넷을 사용하는 유저만이 대상이므로 표본의 대표성 문제가 제기될 수 있다. • 컴퓨터시스템을 사용하므로 고정비용이 발생한다. • 응답자의 프라이버시 보호와 통신상의 예절 등에 각별한 주의를 필요로 한다. • 응답자에 대한 통제가 쉽지 않으며, 응답률과 회수율이 낮게 나타날 수 있다.

⑨ 내용분석법

㉠ 의의 : 내용분석이란 인간의 상징적 기호로 표시된 의사소통 기록물의 내용적 특성을 체계적으로 기술하고, 나아가 그 동기와 원인, 결과나 영향을 체계적으로 추리하는 분석방법이다. 문헌연구방법의 대표적인 유형의 하나로 그 연구대상에 대한 필요한 자료를 수집·분석하여, 객관적·체계적·계량적인 방법으로 측정·분석하는 기술이다.

㉡ 특 징

• 내용분석은 문헌연구의 일종이다.
• 내용분석은 메시지를 그 분석대상으로 한다.
• 메시지의 현재적인 내용뿐만 아니라 잠재적인 내용도 분석대상으로 한다.
• 객관성, 체계성 및 일반성을 그 요건으로 하고 있다.
• 양적 분석방법뿐만 아니라 질적 분석방법도 사용한다.
• 범주 설정에 있어서는 포괄성과 상호배타성을 확보해야 한다.
• 자료가 방대한 경우 내용분석법에서도 모집단 내에서 표본을 추출하여 분석할 수 있다.

[핵심예제]

관찰연구에 관한 설명으로 옳은 것을 모두 고른 것은?

[16년 14회]

ㄱ. 자연관찰은 생태학적 타당도가 높다.
ㄴ. 통제관찰은 실험실과 실제 환경에서 수행될 수 있다.
ㄷ. 실험실 관찰은 상황을 인위적으로 만들고 그 결과를 관찰할 수 있다.
ㄹ. 관찰의 조작성 여부에 따라 참여관찰과 비참여관찰로 구분된다.

① ㄱ, ㄴ
② ㄷ, ㄹ
③ ㄱ, ㄴ, ㄷ
④ ㄴ, ㄷ, ㄹ
⑤ ㄱ, ㄴ, ㄷ, ㄹ

정답 ③

해설

ㄹ. 관찰방법에는 참여 정도에 따라 참여관찰, 준참여관찰, 비참여관찰이 있으며, 통제 및 조작 정도에 따라서는 통제관찰과 비통제관찰이 있다.

핵심이론 25 | 실험설계의 조건

① **종속변수 값 간의 비교** : 실험조치를 실시한 집단과 실시하지 않은 집단의 종속변수를 비교하거나, 특정집단의 사람들에게 실험을 실행하기 전과 실행한 후의 종속변수를 비교한다.

② **독립변수의 조작** : 독립변수의 종류 및 변화의 강도 등을 조절하여 실험대상에 적용하고, 독립변수의 변화가 종속변수에 미치는 영향을 관찰한다.

③ **외생변수의 통제** : 종속변수에 영향을 미칠 수 있는 독립변수와 종속변수 이외의 변수의 영향을 제거한다.

④ **실험대상의 무작위화** : 무작위표집(무작위표본추출) 또는 무작위할당 한다.

[핵심예제]

실험설계가 충족해야 할 조건이 아닌 것은?

[19년 18회]

① 종속변수 값 간의 비교
② 독립변수의 조작
③ 외생(Extraneous) 변수의 통제
④ 시계열 종단자료 이용
⑤ 무작위집단 배정

정답 ④

해설

실험설계의 조건

• 종속변수 값 간의 비교 : 실험조치를 실시한 집단과 실시하지 않은 집단의 종속변수를 비교하거나, 특정 집단의 사람들에게 실험을 실행하기 전과 실행한 후의 종속변수를 비교한다.
• 독립변수의 조작 : 실험자가 독립변수를 인위적으로 변화시킨다.
• 외재변수의 통제 : 종속변수에 영향을 미칠 수 있는 독립변수와 종속변수 이외의 변수의 영향을 제거한다.
• 실험대상의 무작위화 : 무작위표집(무작위표본추출) 또는 무작위할당 한다.

핵심이론 26　내적 타당도

① **개념** : 각 변수 사이의 인과관계를 추론하여 그것이 실험에 의한 진정한 변화에 의한 것인지를 판단하는 인과조건의 충족 정도를 말한다.

② **내적 타당도를 위협하는 요인**

성장요인 (성숙요인)	• 시간의 흐름에 따라 발생하는 조사대상 집단의 신체적·심리적 특성의 변화나 실험집단의 성숙으로 인해 결과가 달라지는 경우이다. • 아동이나 노인을 대상으로 한 연구 등이 있다.
역사요인 (우연한 사건)	• 조사 기간 중에 연구자의 의도와는 상관없이 통제 불가능한 사건이 일어나 종속변수에 영향을 미치는 경우이다. • 고등학생의 스트레스 완화 연구수행 시 학교의 축제 등이 있다.
선별요인 (선택요인)	• 두 집단을 비교하는 경우 두 집단이 애초에 이질적인 집단이어서 실험의 효과를 정확히 측정할 수 없는 경우이다. • 남아를 통제집단으로, 여아를 실험집단으로 조기영어 프로그램을 실시 후, 사후검사에서 여아가 효과가 높았다면 이것은 애초에 여아가 남아보다 선천적으로 언어습득 능력이 높기 때문일 수도 있다.
상실요인 (실험대상의 탈락)	• 관찰대상 일부의 탈락 또는 상실로 인해 남아있는 대상이 처음의 관찰대상과 다른 특성을 갖게 됨으로써 결과가 달라지는 경우이다. • 금연프로그램의 성공률 연구, 이사·사망·질병 등으로 인한 실험대상자 탈락 등이 있다.
통계적 회귀요인	• 통계적 회귀, 즉 같은 현상을 여러 번 측정하면 그 값들이 평균으로 수렴하려는 특성으로 인해 결과가 달라지는 경우이다. • 극단적인 측정값을 갖는 사례들을 재측정할 때, 평균값으로 회귀하여 처음과 같은 극단적 측정값을 나타낼 확률이 줄어드는 것이다. • 좌절감·우울증이 심한 사람들을 대상으로 한 실험 등이 있다.
검사요인 (테스트 효과)	• 유사한 검사를 반복하여 실시하는 경우, 실험 참가자들의 검사에 대한 친숙도가 높아져서 측정값에 영향을 미치는 경우이다. • 동일한 시험문제나 조사도구로 반복 측정할 때 나타난다.
도구요인	• 측정자의 측정 기준이 달라지거나 측정 수단이 변화함에 따라 결과가 왜곡되는 현상이다. • 사전검사에는 난이도가 높은 도구를 사용하고 사후검사에는 난이도가 낮은 도구를 사용할 경우, 또는 주관식 시험문제를 채점하는 경우 등에서 나타난다.
모 방 (개입의 확산)	• 분리된 집단들을 비교하는 조사연구에서 적절한 통제가 안 되어, 실험 자극에서 실험집단이 얻은 효과가 통제집단에 영향을 미치는 경우이다. • 실험집단과 통제집단을 통제하지 않는 경우, 상호교류로 인해 실험집단의 영향이 통제집단에 이식될 수 있다.
인과적 시간-순서	• 독립변수와 종속변수의 인과관계 방향을 결정하기 어려운 경우이다. • 즉, 독립변수가 종속변수에 영향을 미친 것인지, 아니면 종속변수가 독립변수에 영향을 미친 것인지 결정하기 어려운 경우를 말한다. • 직업적 스트레스가 정신분열을 야기한 것인지, 아니면 정신분열이 직업적 스트레스를 야기한 것인지 판단하기 어려운 경우가 있다.

[**핵심예제**]

'직면이 대학생의 발표불안 감소에 미치는 효과'를 연구하기 위해 대학 홈페이지에 공지하여 모집한 10명의 참가자를 대상으로 6회기의 상담프로그램을 진행하고, 심리학개론 수강생 10명을 통제집단으로 운영하였다. 매회기 종료 후 발표불안 검사를 하였으며, 일부 참가자가 중도에 그만두어 연구집단 6명, 통제집단 8명의 자료를 분석에 사용하였다. 이 연구에서 내적 타당도를 위협하는 요인을 모두 고른 것은?

[16년 15회]

ㄱ. 선 택 ㄴ. 회 귀 ㄷ. 측정도구의 변화 ㄹ. 탈 락 ㅁ. 검 사

① ㄱ, ㄹ　　　　　　② ㄴ, ㄷ
③ ㄹ, ㅁ　　　　　　④ ㄱ, ㄷ, ㄹ
⑤ ㄱ, ㄹ, ㅁ

정답 ⑤

해설

참가자를 공모하여 선택하였고, 일부가 중도에 그만둠으로 인해 집단 일부의 탈락 또는 상실로 인해 남아 있는 대상이 처음의 관찰대상 집단과 다른 특성을 갖게 되는 현상, 즉 탈락이 나타났다. 또한, 6회기에 걸쳐 진행되었으므로 프로그램 참여자들의 시험에 대한 친숙도가 높아져서 측정값에 영향을 미치는 현상, 검사가 나타난다. 지시문에는 회귀와 측정도구의 변화는 없다.

핵심이론 27 | 외적 타당도

① 개념 : 연구의 결과에 의해 기술된 인과관계가 연구대상 이외의 경우로 확대·일반화될 수 있는 정도를 말한다.

② 외적 타당도를 위협하는 요인

연구표본의 대표성 결여	표본이 모집단을 대표하지 못하기 때문에 그 대표성을 확신할 수 없는 경우에는 일반화 가능성이 낮다고 할 수 있다.
선발과 처치의 상호작용	대상자의 특성에 따라 실험조건의 영향이 다르게 작용하는 경우이다.
검사경험의 반응적 효과	사전검사 경험이 결과의 일반화 가능성을 제약하는 것이다.
복합적인 실험처치의 간섭	동일 대상자를 대상으로 여러 실험처치를 할 때, 이전 실험처치의 경험이 이후 처치를 받을 때까지 남아 영향을 미치는 것이다.
호손효과	실험대상자 스스로 실험의 대상이 되고 있음을 인식할 때 나타나는 의식적 반응이 연구의 결과에 영향을 미치는 효과이다.
플라시보 효과 (위약효과)	• 효과가 전혀 없는 거짓 약을 진짜 약으로 가장하여 환자에게 복용하도록 했을 때, 환자의 병세가 호전되는 효과를 말한다. • 대상자가 주위의 특별한 관심을 받고 있다고 인식하는 경우 심리적인 반응에 의해 변화가 나타나는 것을 말한다.
존 헨리 효과	통제집단의 피험자들이 평상시와는 달리 행동하거나 고의로 실험집단보다 더 좋은 결과가 나타나도록 노력하는 경우에 발생하는 효과를 말한다.
바닥(Floor) 효과	어떤 심리적 경향을 측정하려할 때 테스트 항목에 피험자가 반응한 것이 차이를 변별하지 못할 정도로 점수가 미미할 경우를 말한다.
천장(Ceiling) 효과	검사의 난이도가 너무 낮아서 검사에 응한 모든 피험자가 매우 높은 점수를 얻는 경우를 말한다.
연구자 효과	실험자의 기대가 은연중에 피험자에게 전달되어 구인타당도를 위협하는 것을 말한다.

핵심예제

외적 타당도와 관련된 내용으로 옳은 것을 모두 고른 것은?

[19년 18회]

ㄱ. 연구결과를 일반화시킬 수 있는 정도를 말한다.
ㄴ. 외적 타당도를 높이기 위해서는 표본의 대표성을 높여야 한다.
ㄷ. 표본추출과정에 모집단의 이질적인 요소를 포함시켜서는 안 된다.

① ㄱ
② ㄱ, ㄴ
③ ㄱ, ㄷ
④ ㄴ, ㄷ
⑤ ㄱ, ㄴ, ㄷ

정답 ②

해설

외적 타당도
• 결과의 일반화 가능성 수준을 말한다.
• 무작위표본추출을 최대한 활용하여 표본을 구성한다.
• 외적 타당도를 높이기 위해서는 표본의 대표성을 높인다.
• 표본추출에서 계획적으로 이질적인 요소를 포함시킨다.
• 대표적인 사례만을 표본으로 선정하여 조사에 적용한다.

핵심이론 28 통계적 결론 타당도

① 개 념
- ㉠ '통계적 결론'이라는 것은 추리통계에 관한 것으로 통계적 검정에는 몇 가지 필수적인 요소들이 있다.
- ㉡ 첫째는 통계적 검정은 표집의 자료를 가지고 전집(모집단)의 내용을 추정하는 것이다.
- ㉢ 둘째는 영가설을 세운다는 것이다. 영가설이란 검정하고자 하는 통계치가 의미가 없다는 것이다. 일단 통계치가 의미가 없다는 영가설을 세워놓고 그것을 부정하는 방식으로 검정절차를 밟는다.

② 통계적 결론 타당도를 위협하는 요인

낮은 통계적 검정력	• 통계적 검정력이란 영가설이 참이 아닐 때 영가설을 기각할 수 있는 힘, 즉 확률을 말한다. • 통계적 검정력이 낮다는 것은 영가설이 참이 아님에도 불구하고 영가설을 기각하지 못하는 경우를 말하며, 이 때 그릇된 결론을 내릴 가능성이 높아지므로 통계적 결론 타당도가 위협을 받는다.
통계적 가정의 위반	• 통계적 가정은 어떤 통계분석 절차가 유효하기 위한 선행조건들을 의미하는데, 자주 사용하는 모수적 통계는 다음과 같은 조건들이 있다. (1) 표집분포의 정상성 (2) 피험자 선발과정이 무선적이고 독립적일 것 (3) 집단 간 변량의 동질성 등 • 지나치게 위반하면 1종 오류를 증가시키기 때문에 얻어진 통계결과는 부정확한 결론이 될 가능성이 높다.
투망질식 검증	• 투망질식 검증은 한 세트의 자료를 가지고 여러 번 통계검증을 하여 의미 있는 결과만을 뽑아내는 전략이다. • 문제는 이렇게 한 자료를 여러 번 검증하면 할수록, 그것을 통한 결론은 오류를 범할 확률이 증가한다는 것이다. 한 자료에서 한 번의 통계검증을 실시하든지, 또는 미리 설정된 가설에 한 검증, 즉 계획된 검증만을 실시하는 것이 바람직하다.
신뢰도 낮은 측정	• 연구에 사용된 측정의 신뢰도가 낮으면 이른바 오차변량이 커지며, 이는 통계적 검증력의 약화를 초래한다.
신뢰롭지 못한 처치	• 예를 들어, 내담자 중심 상담을 10번에 걸쳐 실시하여 효과를 검증할 때, 상담이 매번 상황에 따라 달라진다면 신뢰도에 문제가 생긴다. 최근에는 이런 문제를 극복하기 위해 처치를 매뉴얼화 하려고 한다.
반응의 무작위적 다양성	• 불안 증상에 대한 상담에서 행동연습을 처방하는데, 어떤 피험자는 술집에서, 어떤 피험자는 직장에서, 어떤 피험자는 공원에서 연습을 하였다. • 이런 연습상황의 다양성과 차이가 반응의 다양성을 낳고, 이는 다시 오차변량을 증가시켜서 결국 통계적 결론 타당도를 위협한다.
피험자의 무작위적 이질성	• 연구 참여자가 동질할 수 없어서 생기는 문제, 예를 들어 행동연습을 할 때 잘생긴 피험자는 못생긴 피험자에 비해 비교적 성공적인 경험을 할 가능성이 높다. 즉 용모의 차이가 클수록 결과에서 오차변량이 커지고, 진정한 관계를 발견하는 데 방해가 된다. • 이럴 때는 공변량분석 기법을 이용하여 통계적으로 용모변수의 영향을 제거해야 한다.

더 알아보기

통계적 검정력을 높이는 방법
- 표집의 크기를 크게 한다.
- 실험의 절차 혹은 측정의 신뢰도를 높여서 오차변량을 줄인다.
- 양측검정보다는 단측검정을 사용한다(가설의 방향을 분명히 알고 있어야 한다).
- 1종 오류의 한계, 즉 알파 수준을 높여서 베타 수준을 감소시킨다.

[핵심예제]

통계적 결론 타당도를 저해하는 요인은? [18년 17회]
① 통계적 가정의 충족
② 자료 중심의 투망질식 검정
③ 측정도구의 높은 내적 일치도
④ 전집을 대표할 수 있는 표집방법의 사용
⑤ 처치도구의 표준화

정답 ②

해설
한 자료에 여러 개의 검증을 하면 할수록 그것을 통한 결론은 오류를 범할 확률이 증가하여, 통계적 결론 타당도를 저해하는 요인이 된다.

핵심이론 29 구인타당도(구성타당도, 구성개념타당도)

① 개 념

ㄱ) 검사도구가 측정하고자 하는 개념이나 이론을 제대로 측정하고 있는지에 대한 타당도이다. 구인이란 검사 도구에 반영되어 있다고 가정하는 인간의 어떤 행동 특성을 의미한다.

ㄴ) 예를 들어, 창의력검사에서 창의력 구인을 측정할 때 창의력이 민감성, 이해성, 도전성, 개방성, 자발성, 자신감으로 구성되어 있다면, 그 검사도구가 이 구인을 제대로 측정하고 있는지를 밝히는 것이 구인타당도를 검증하는 것이다.

ㄷ) 따라서 구인타당도는 측정하고자 하는 특성의 구성 요인을 얼마나 충실하게 이론적으로 설명하여 경험적으로 측정하느냐와 관련이 있다.

ㄹ) 구인타당도를 검토하는 대표적인 방법으로는 집단 간 차이의 비교, 요인분석, 측정검사의 내부구조 연구, 검사과정의 분석 및 타검사와의 상관 등이 있다.

② 구인타당도를 위협하는 요인

구인에 대한 세심한 조작화의 결여	• 구인은 추상적인 차원에서 구체적인 차원으로 조작화 되어야 한다. 그렇지 못할 경우 구인타당도가 떨어진다.
변수에 대한 단일조작적 편향	• 독립변수의 단일조작은 처치를 할 때 한 가지 상황이 마치 큰 개념을 대변할 것처럼 기대하는 것이다. 예를 들어, 상담자 선호에 대한 연구에서 성별이라는 변수를 이름과 사진으로 대변했다. 이것은 성별이라는 구인을 매우 제한되게 조작화한 것이다. • 종속변수의 단일조작은 한 가지 도구로 종속변수를 단 한 번 측정하는 것이다. 상담성과를 종속변수로 하는 연구에서 내담자에게 '상담목표 달성 정도'를 묻는 간단한 질문으로 종속변수 측정을 마쳤다면, 이는 종속변수를 충분히 대변했다고 할 수 없다.
한 가지 측정 방법만을 사용함	• 독립변수와 종속변수를 같은 측정 방법으로 측정하면 측정에서 문제가 생기고, 이것은 구인타당도를 위협하는 요인이 된다. 따라서 종속변수와 독립변수의 측정 방법을 달리한다.
피험자가 가설을 추측함	• 피험자가 가설을 추측할 경우, 연구자의 의도에 맞게 반응하든지 아니면 그 반대로 반응하여 구인타당도를 위협할 수 있다.
평가받는 것을 인식함	• 평가를 인식하게 되면 자기를 실제보다 더 건강하거나 적응을 잘하는 사람으로 보이도록 시각을 왜곡시킬 수 있다.
실험자의 기대	• 실험자의 기대가 은연중에 피험자에게 전달되면 구인타당도를 위협할 수 있다.
변수의 수준을 일부만 적용함	• 상담자의 전문적 훈련 및 경력의 정도, 즉 경험 수준은 초보자부터 수십 년 경험에 이르기까지 폭넓은 변수가 있다. 그런데 연구자가 대학원 1, 2학기 학생들만 사용하거나, 경력 15~20년의 전문가만 사용한 경우 제대로 나오기 어렵다. • 국내 대입수능고사와 대학성적과의 상관을 내어본 연구들은 거의 모두 상관이 없거나 극히 상관이 낮다. 서울대의 경우 수능 최상위 등급 학생들만 합격하기 때문에, 그들의 수능고사 성적 분포는 수학능력이라는 구인의 극히 일부만 사용한 것이다.
여러 처치들 간의 상호작용	• 연구에서 두 가지 이상의 처치가 가해진 경우 무엇 때문에 결과가 발생했는지를 해석하기 어렵다. • 예를 들어, 교내 폭력 예방 목적 프로그램을 인쇄물로 교육하고 효과가 없었는데 곧바로 비디오교육을 해서 효과가 있다면, 이것이 비디오교육 때문인가 아니면 인쇄물 교육 연계 때문인가가 문제된다. 이런 경우 두 독립변수의 혼합 때문이라고 봐야 한다.
검사와 처치간의 상호작용	• 처치를 가하기 이전에 실시한 사전검사 내용에 영향을 받아 처치에 대한 반응이 변화하는 경우이다. • 사전검사를 받은 피험자와 사전검사를 받지 않은 피험자 사이에 반응이 다르다면, 이것은 사전검사와 처치 간의 상호작용으로 인한 것이며, 이는 구인타당도를 위협한다. 이 문제를 극복하기 위해서 고안된 실험설계법이 바로 솔로몬 4집단설계이다.
중요한 구인을 연구에서 빠뜨림 (구인 간 일반화의 제한)	• 예를 들어, 미국의 상담연구에서 아시아계 내담자들이 지시적 상담자를 선호하는지를 연구한 경우가 많은데, 이럴 경우 상담성과를 연구하지 않은 상담자 선호만의 연구는 중요한 변수를 빠뜨린 연구이다. • 구인 간 일반화의 제한이 발생하여 구인타당도를 위협한다.

더 알아보기

구인타당도를 추정하는 세부적인 절차

① 측정하고자 하는 심리적 특성을 구성하는 구인, 즉 요소들이 무엇인지를 이론적·경험적 배경에 근거하여 밝힌다. 즉, 심리적 특성에 대한 조작적 정의를 내린다.

② 구인과 관련된 이론에 근거하여 구인을 측정할 수 있는 문항을 제작하고, 검사를 제작한다.

③ 측정대상에게 검사를 실시하여 응답 자료를 얻는다.

④ 응답 자료를 분석하여 검사가 측정하고자 하는 구인을 제대로 측정하였는지를 밝힌다.

⑤ 심리적 특성에 대한 조작적 정의에서 얻은 구인과 관계가 없는 문항들을 제거한다.

[핵심예제]

구인타당도의 검증 절차 순서로 옳은 것은?

[19년 18회]

ㄱ. 측정요인이 무엇인지 조작적 정의를 내린다.
ㄴ. 구인을 적절하게 측정하였는지 파악한다.
ㄷ. 구인을 측정하기 위한 문항을 제작한다.
ㄹ. 검사를 실시하여 응답 자료를 얻는다.

① ㄱ - ㄴ - ㄹ - ㄷ
② ㄱ - ㄷ - ㄹ - ㄴ
③ ㄱ - ㄹ - ㄷ - ㄴ
④ ㄴ - ㄱ - ㄷ - ㄹ
⑤ ㄴ - ㄷ - ㄹ - ㄱ

정답 ②

해설

구인타당도를 검증하기 위한 일반적 절차

• 측정하고자 하는 심리적 특성요소들이 어떤 것으로 구성되어 있는지 이론적·경험적 배경을 근거로 밝힌다. 즉, 심리적 특성에 대한 조작적 정의를 내린다.
• 구인과 관련하여 구인을 측정할 수 있는 문항을 제작한다.
• 측정하는 대상에게 검사를 실시하여 응답 자료를 얻는다.
• 응답 자료를 분석하여 검사가 측정하고자 하는 구인을 적절히 측정하였는지를 파악한다.
• 심리적 특성에 대한 조작적 정의에서 얻은 구인과 관계가 없는 문항들을 제거한다.

핵심이론 30 ┃ **사후 검정방법의 종류**

Tukey의 HSD 검정	• Tukey HSD 검정은 전체적인 F 검정 대신 사용되는데, 평균의 차가 가장 큰 비교에 관한 가설이 기각되었을 때, 개별평균의 모든 짝을 비교하는 사후 비교방법이다. • Newman-Keuls 검정이나 Duncan 검정보다 유의한 차이로 나오는 것이 적으며, 평균치의 서열을 고려하지 않고 한 개의 기준치를 사용한다.
Fisher LSD 검정	• 최소한의 유의미한 차이 검정법으로 두 집단 간의 유의미성을 검토하는 데 편리하다.
Duncan 검정	• 표본평균들 중에 의의 있는 차이를 보이는 것이 있을 때 어떤 표본들의 평균차가 의의가 있는지를 사후에 검정하는 방법이다.
Scheffe 검정	• 복수집단의 평균을 사후 비교하는 검정방법이다. • 두 개의 실험집단 평균들 사이의 차이에 대한 비교뿐만 아니라 모든 가능한 유형의 대비에 의한 비교들에도 적용되는 사후 비교방법이다. 검정력이 가장 엄격하며, 1종 오류가능성이 낮지만 2종 오류가 일어날 확률이 높다.
Dunnett 검정	• 몇 개의 실험집단과 한 개의 통제집단 사이에 유의미한 차이가 있는지를 알고자 할 때 쓰는 방법이다.
Newman-Keuls 검정	• 평균들을 낮은 것부터 높은 것으로 순서를 매겨 실시하는 사후 검정법이다.

[핵심예제]

Tukey의 HSD 검증법에 관한 설명은?

[15년 13회]

① 1종 오류 가능성이 가장 낮은 사후 비교방법
② 검정력이 가장 낮은 보수적인 사후 비교방법
③ 사전 계획 비교방법
④ 집단별 사례 수가 다른 경우에 사용하는 방법
⑤ 개별 평균의 짝(단순쌍)별 사후 비교방법

정답 ⑤

해설

⑤ Tukey HSD 검정은 전체적인 F 검정 대신 사용되는데, 평균의 차가 가장 큰 비교에 관한 가설이 기각 되었을 때, 개별평균의 모든 짝을 비교하는 사후 비교방법이다.

① 셰퍼(Scheffe) 검증법은 두 개의 실험집단 평균들 사이의 차이에 대한 비교뿐만 아니라 모든 가능한 유형의 대비에 의한 비교들에도 적용되는 사후 비교방법이다. 검증력이 가장 엄격하며, 1종 오류 가능성이 낮지만 2종 오류가 일어날 확률이 높다.

② 본페르니(Bonferroni) 검증법은 여러 사후 분석법 중에서 가장 보수적인 방법 중 하나로 어느 통계분석법에나 적용할 수 있고, 또 직관적인 이해가 가능하여 폭넓게 사용되고 있다. 본페르니 검증법에서는 유의수준 5%를 검정의 총 개수로 나누어 개별 검정에 적용한다.

③ 일원배치 분산분석은 일종의 사후검정(Post Hoc Test)과 유사한 방법이나 대비는 전체 분석을 행하면서 특정 평균치들에 대하여 사전에 계획한 비교를 실행한다는 점에서 다르다.

④ 집단별 사례 수가 다른 경우에는 이원분산분석이 사용된다.

핵심이론 **31** | 순수실험설계(진실험설계)

① 실험대상의 무작위화, 실험변수의 조작, 외생변수의 통제 등 실험적 조건을 갖춘 유형이다.

② 내적 타당도를 저해하는 요인들을 최대한 통제한 설계유형이다.

③ 순수실험설계의 종류

통제집단 전후 비교설계	• 무작위할당으로 실험집단과 통제집단을 구분한 후 실험집단에 대해서는 독립변수 조작을 가하고, 통제집단에 대해서는 아무런 조작을 가하지 않은 채 두 집단 간의 차이를 전후로 비교하는 방법이다. • 개입 전 종속변수의 측정을 위해 사전검사를 실시한다. • 두 집단의 동질성을 확보할 수 있으며 외재변수를 통제할 수 있다. • 내적 타당도는 높으나, 외적 타당도가 낮다.
통제집단 후 비교설계	• 통제집단 전후 비교설계의 단점을 보완하기 위해 실험대상자를 무작위로 할당하고, 사전검사 없이 실험집단에 대해서는 조작을 가하고 통제집단에 대해서는 조작을 가하지 않은 채 그 결과를 서로 비교하는 방법이다. • 사전검사의 영향을 제거할 수 있으며, 통제집단 전후 비교설계에 비해 간단하고 비용이 적게 소요된다. • 종속변수의 측정결과를 단지 독립변수의 조작에 의한 결과라고 단정할 수 없다. • 사전검사를 안하므로 실험집단과 통제집단의 동질성을 확신할 수 없다.
솔로몬 4집단설계	• 연구대상을 4개의 집단으로 무작위 할당한 것으로, 통제집단 전후 비교설계와 통제집단 후 비교설계를 혼합한 방법이다. • 사전검사를 한 2개의 집단 중 하나와 사전검사를 하지 않은 2개의 집단 중 하나를 실험 조치하여 실험집단으로 하며, 나머지 2개의 집단에 대해서는 실험조치를 하지 않은 채 통제집단으로 한다. • 가장 이상적인 설계 유형으로서, 사전검사의 영향을 제거하여 내적 타당도를 높일 수 있는 동시에, 사전검사와 실험처치의 상호작용의 영향을 배제하여 외적 타당도를 높일 수 있다. • 실험집단과 통제집단의 선정과 관리가 어렵고 비경제적이다.

요인설계	• 독립변수가 복수인 경우에 적용하는 방법이다. • 실험집단과 통제집단을 설정한 후 개별 독립변수와 종속변수, 복수의 독립변수와 종속변수의 인과관계를 검증한다. • 둘 이상의 독립변수가 상호작용에 의해 종속변수에 미치는 영향을 파악할 수 있다. • 독립변수가 많은 경우 시간과 비용 측면에서 비경제적이다. • 요인의 개수와 설계 방법에 따라 완전무선화요인설계, 무선요인설계, 혼합요인설계, 무선구획설계, 2요인 교차설계, 2요인 배속설계 등 다양한 종류의 요인설계가 있다. 　- 혼합요인설계 : 요인은 피험자 내 혹은 피험자 간 변인이 될 수 있으며, 집단 간 피험자 변인과 집단 내 피험자 변인을 모두 포함하는 요인설계 　- 무선구획설계 : 체중 등 특성이 유사한 피험자를 결합하여 구획을 나누어 실험하는 설계 　- 완전무선화요인설계 : 독립변수가 두 개 이상으로서 모든 독립변수가 처치변수인 설계방법

[핵심예제]

실험설계에 해당되지 않는 것은? [19년 18회]

① 1집단 시계열설계
② 무작위 배정 요인설계
③ 통제집단 사후검사설계
④ 솔로몬 4집단설계
⑤ 통제집단 사전-사후검사설계

정답 ①

해설

1집단 시계열설계는 준실험설계(유사실험설계)에 해당한다. 준실험설계는 무작위배정에 의하여 통제집단의 동등화를 꾀할 수 없을 때 사용하는 설계방법이다.

②·③·④·⑤ 실험설계(진실험설계)에 해당한다.

핵심이론 32　준실험설계(유사실험설계)

① 준실험설계는 실험집단이나 통제집단이 무선적으로 배치되지 않는 상태에서 행해지는 실험설계를 말한다.

② 준실험설계는 실험설계의 실험적 조건에 해당하는 무작위할당, 독립변수의 조작, 통제집단, 사전·사후 검사 중 한두 가지가 결여된 설계유형이다.

③ 무작위할당에 의해 실험집단과 통제집단을 동등하게 할 수 없는 경우, 무작위할당 대신 실험집단과 유사한 비교집단을 구성한다.

④ 순수실험설계에 비해 내적 타당도가 낮지만, 현실적으로 실험설계에서 인위적인 통제가 어렵다는 점을 감안할 때 실제 연구에서 더 많이 적용된다.

⑤ 준실험설계의 종류

비동일 통제집단설계	• 통제집단 전후 비교설계와 유사하지만, 무작위할당에 의해 실험집단과 통제집단이 선택되지 않는다는 점이 다르다. • 임의적인 방법으로 양 집단을 선정하고 사전·사후 검사를 실시하여 종속변수의 변화를 비교하는 것이다. • 이 설계는 임의적 할당에 의한 선택의 편의가 발생할 수 있으며, 결과가 통제집단으로 모방되는 것을 차단하기 어렵다는 단점을 지닌다.
단순시계열설계	• 실험조치를 하기 이전 또는 이후에 일정한 기간 동안 정기적으로 수차례 종속변수를 측정하여 실험조치의 효과를 추정하는 방법이다. • 실험조치 이전 또는 이후의 기간 동안 관찰 값에 영향을 미치는 사건의 유무를 확인하여야 한다. • 통제집단을 사용하지 않으므로 중대한 변화가 과연 실험조치에 의한 것인지 또는 역사요인이나 회귀요인에 의한 것인지 확신할 수 없다.
복수시계열설계	• 복수시계열설계는 내적 타당도의 문제점을 개선하기 위해 단순시계열설계에 하나 또는 그 이상의 통제집단을 추가한 것으로서, '통제 시계열설계(Control-Series Design)'라고도 한다. • 비슷한 특성을 지닌 두 집단을 선택하여 실험집단에 대해서는 실험조치 이전과 이후에 여러 번 관찰하는 반면, 통제집단에 대해서는 실험조치를 하지 않은 채 실험집단의 측정시기에 따라 변화 상태를 지속적으로 비교한다. • 단순시계열설계에 비해 내적 타당도를 높일 수 있으나, 실험집단과 통제집단의 구분이 무작위할당에 의한 것이 아니므로 이질적일 수 있다.

회귀불연속설계	• 대상을 실험집단과 통제집단으로 배정 후 회귀분석을 함으로써 그로 인해 나타나는 불연속의 정도를 실험조치의 효과로 간주하는 방법이다. • 정책평가에서 유용하게 사용되는 방법으로 정책조치 여부의 결과 추정치를 계산하여 이를 비교하는 방법이다. • 실험집단과 통제집단의 동시발생으로 인해 역사요인 및 성장요인에 대한 통제가 가능하나, 도구요인 및 실험대상의 탈락 문제로 인해 내적 타당도가 저하될 수 있다.

[핵심예제]

유사실험설계(Quasi-Experimental Design)에서 진실험설계(True-Experimental Design)로 전환하기 위해 필요한 것은?

[16년 14회]

① 무선할당
② 피험자 수의 확대
③ 독립변인의 수 증가
④ 사전과 사후검사의 실시
⑤ 실험집단과 통제집단의 구성

정답 ①

해설

① 진실험설계(True Experimental Design)와 유사실험설계(Quasi-Experimental Design)를 구분하는 제일 중요한 것은 무선할당 처치조건 사용 유무이다. 유사실험설계는 연구자가 관심이 있는 처치변수 이외의 변수들을 통제하지 못해 실험결과의 처치효과를 강력히 주장하기는 힘들다.

진실험설계와 유사실험설계

• 진실험설계(True Experimental Design) : 엄격한 외래변수의 통제 하에서 독립변수를 조작함으로써 인과관계를 밝힐 수 있는 설계이다.
• 유사실험설계(Quasi Experimental Design) : 준실험설계라고도 하며, 진실험의 조건을 충족하지 못하는 설계로 실험설계에서 피험자를 무선할당하지 않는 설계이다.

핵심이론 33 전실험설계

① 전실험설계는 무작위할당에 의해 연구대상을 나누지 않고, 비교집단 간의 동질성이 없으며, 독립변수의 조작에 따른 변화의 관찰이 제한된 경우에 실시하는 설계유형이다.

② 인과적 추론이 어려운 설계로서, 내적·외적 타당도를 거의 통제하지 못한다.

③ 전실험설계의 종류

1회 사례연구	• 단일사례 또는 단일집단에 실험조치를 한 후 종속변수의 특성에 대한 검토를 토대로 결과를 평가하는 방법이다. • 탐색적 목적을 위해 유용하게 사용할 수 있다. • 비교 관찰이나 가설검증을 위한 충분한 근거가 없으므로 분석 결과를 일반화할 수 없으며, 변수의 통제도 어렵다.
단일집단 전후 검사설계	• 조사대상에 대해 사전검사를 한 다음 독립변수를 도입하며, 이후 사후검사를 하여 인과관계를 추정하는 방법이다. • 실험조치의 전후에 걸친 일정 기간의 측정상 차이를 실험에 의한 영향으로 확신하기 어렵다. • 역사요인, 성숙요인 등의 외재변수를 통제할 수 없다. • 효과 검증을 위해 사용할 수 있는 가장 적합한 통계분석방법은 대응표본 t검정이다.
정태적 집단비교설계	• 실험집단과 통제집단을 임의로 선정한 후 실험집단에는 실험조치를 가하는 반면, 통제집단에는 가하지 않은 상태로 결과를 비교하는 방법이다. • 통제집단 후 비교설계에서 무작위할당을 제외한 형태이다. • 무작위할당에 의한 동등화가 이루어지지 않으므로 선택의 편의가 발생하며, 두 집단 간의 교류를 통제하지 못하므로 모방 효과가 발생한다.

[핵심예제]

김교사는 학습태도를 증진하는 프로그램을 실시하고, 그 효과를 검증하고자 다음과 같은 단일집단 전후검사 설계를 활용하였다. 효과 검증을 위해 사용할 수 있는 가장 적합한 통계 분석방법은? [14년 12회]

O1 X O2
(단, O1 : 사전검사, X : 학습태도 증진프로그램 적용,
O2 : 사후검사)

---

① 회귀분석 ② 공변량분석
③ 대응표본 t검정 ④ 카이제곱검정
⑤ 독립표본 t검정

정답 ③

해설

통계분석방법
• 단일집단 전후검사 설계의 효과검증 : 대응표본 t검정
• 이질집단 전후검사 설계의 효과검증 : 공변량분석, 중다회귀분석

핵심이론 34 비실험설계

① 독립변수의 조작이 불가능하여 실험적인 연구를 실행할 수 없는 상황에서 적용한다.

② 자연적인 상황에서 발생하는 공동변화와 그 순서에 대한 관찰에 기초를 두고 인과적 과정을 추론하는 것이다.

③ 윤리성 문제 등 순수실험설계를 적용하는 것이 부적절한 사회과학에서 널리 사용 가능하지만, 독립변수를 조작할 수 없으며 해석의 오류를 일으킬 수 있다.

④ 비실험설계의 종류

횡단적 연구설계	• 일원적 설계, 상관관계 설계 등이 해당한다. • 같은 시기에 서로 다른 여러 연령집단을 대상으로 하여 특정한 발달특성에 대한 자료를 수집한 후, 이를 토대로 연령집단 간의 비교를 통해 발달적 차이 및 비교를 진행하는 연구방법이다. • 일원적 설계는 특정 사건이나 현상에 대한 단 한 번의 조사를 통해 개개변수의 값의 빈도를 파악하는 방법이다. • 상관관계 설계는 '교차분석적 설계'라고도 하며, 독립변수 또는 종속변수로 간주할 수 있는 각각의 변수에 해당 속성을 부여하여, 이를 분류하거나 교차함으로써 통계적 기법을 통해 상관관계를 추정하는 방법이다.
종단적 연구설계	• 횡단적 연구설계와 달리 여러 시점에 걸친 조사를 토대로 한다. • 환경적 변인들 간의 상관을 분석할 수 있다. • 일정 기간에 걸쳐서 반복적으로 동일 연구대상에 대한 자료를 수집하는 연구설계이다. • 경향연구설계, 패널연구설계, 동년배집단 연구설계 등이 해당한다.

[핵심예제]

한 연구자가 청소년기의 사회성 발달을 알아보기 위해 10세 200명, 11세 200명과 12세 200명을 동시에 무선표집하여 집단 간 특성을 비교하였다. 이 연구에 관한 설명으로 옳은 것을 모두 고른 것은?

[14년 12회]

> ㄱ. 횡단연구에 해당한다.
> ㄴ. 패널 연구이다.
> ㄷ. 연령별 평균의 추세를 파악할 수 있다.
> ㄹ. 사회성의 연령 간 상관을 분석할 수 있다.

① ㄱ, ㄴ   ② ㄱ, ㄷ
③ ㄴ, ㄹ   ④ ㄱ, ㄷ, ㄹ
⑤ ㄴ, ㄷ, ㄹ

정답 ②

해설

같은 시기에 서로 다른 연령집단을 표집한 것이므로, 횡단 연구이다. 또한 집단 간 특성을 비교하는 것이므로, 연령별 평균 추세를 파악할 수 있다.

ㄴ. 패널 연구는 종단연구이다.
ㄹ. 각 집단의 특성을 비교하는 것이므로, 집단 간 상관은 분석할 수 없다.

횡단연구와 종단연구

횡단연구	• 한 시점에서 광범위하게 한번만 이루어지는 연구이다. • 횡단적 연구라고 하는 이유는 상이한 특성, 즉 상이한 연령, 교육 수준, 소득 수준 등을 지닌 사람들이 폭넓게 표본으로 추출되기 때문이다. • 같은 시기에 서로 다른 여러 연령집단을 대상으로 하여 특정한 발달특성들에 대한 자료를 수집한 후, 이를 토대로 연령집단 간의 비교를 통해 발달적 차이 및 비교를 진행하는 연구방법이다.
종단연구	• 일정 기간에 걸쳐서 반복적으로 동일 연구대상에 대한 자료를 수집하는 연구방법이다. • 유 형 – 패널조사 : 동일한 개체들의 자료를 추적조사 수집하는 연구 – 코호트 연구 : 어떤 조건에서 동일한 경험(결혼, 입학, 출생 등)을 하는 집단에 대한 반복조사를 실시하는 연구 – 추세분석연구 : 시간의 흐름에 관계없이 동일계층을 반복연구하여, 그 계층의 변화를 탐구하는 연구(지역사회 욕구조사, 인구주택센서스)

핵심이론 35 단일사례연구(단일사례실험설계, 단일대상 연구)

① 단일사례연구의 의의 : 연구자의 개입이 표적행동에 바라는 대로의 효과를 가져왔는지를 평가하기 위한 설계이다.

② 단일사례연구의 특징
　㉠ 사례가 하나이며, 기본적으로 외적 타당도가 낮다.
　㉡ 어떤 표적행동에 대한 개입의 효과를 관찰하여 분석한다.
　㉢ 시계열적인 반복관찰을 통해 개입 전과 개입 후의 상태를 비교한다.
　　• 체계적 반복 : 원래 실험에 적용된 요소들을 의도적으로 변경시켜 반복연구를 수행하는 것이다.
　　• 직접 반복 : 많은 대상자들을 상대로 동일한 실험 절차를 적용하는 것을 의미한다.
　㉣ 연구조사와 실천을 통합하고, 실천 지향의 연구조사를 한다.
　㉤ 혐오적 중재를 사용하기 전에 대안적인 중재 방안을 탐색한다.
　㉥ 대상자의 수는 연구자의 의도에 따라 결정된다.
　㉦ 결과 해석이 용이하다.
　㉧ 기저선이 확립된 후에 처치를 가한다.
　㉨ 한 개인의 행동을 살펴볼 수 있는 강력한 방법이다.
　㉩ 처치가 끝난 후 원래의 기저선으로 돌아가는 가역성을 보여주어야 한다.

③ 기본 개념
　㉠ 기초선 단계 : 기초선(기저선)이란 연구자가 개입활동을 실시하기 전에 표적행동의 상태를 관찰하는 기간을 의미하기도 하고, 때로는 중재 없이 관찰된 표적행동의 상태를 수집하는 것을 의미하기도 한다. 단일사례설계의 구조를 설명하는 데 있어 기초선은 'A'로 표시된다.
　㉡ 개입단계 : 표적행동에 대한 개입활동이 이루어지는 기간으로 표적행동의 상태에 대한 관찰이 병행되어야 한다. 관찰의 횟수나 기간은 기초선과 같은 정도로 하는 것이 바람직하다. 단일사례연구설계의 구조를 설명하는 데 있어서 개입국면을 일반적으로 'B'로 표시한다.
　㉢ 표적행동 : 개입을 통해 변화시키려는 행동이다.

[핵심예제]

단일대상연구에 관한 설명으로 옳지 않은 것은? [15년 13회]

① 혐오적 중재를 사용하기 전에 대안적인 중재 방안을 탐색한다.

② 체계적 반복은 실험 조건을 의도적으로 변경하여 반복연구를 수행하는 것이다.

③ 기초선이란 중재 없이 자료들을 수집하는 것이다.

④ 목표행동의 민감한 변화는 한 번만 측정한다.

⑤ 대상자의 수는 연구자의 의도에 의하여 결정된다.

정답 ④

해설

단일대상연구는 적은 수의 대상에 대한 반복적인 행동관찰과 측정을 통하여 이루어지기 때문에 연구방법이나 절차에 대한 체계적인 계획이 필요하다. 종속변인(목표행동)의 작은 변화도 민감하게 측정할 수 있는 측정단위(빈도, 백분율, 비율, 지속시간 등)로 계속적인 측정을 하여 행동의 변화 추세를 분석하고, 중재 전과 중재 중에 매 회기마다 그 행동을 측정함으로써 변화하는 추세나 경향을 분석한다. 이러한 계속적인 측정은 목표행동의 변화가 독립변인에 의한 것인지의 여부를 밝혀준다.

핵심이론 36 **단일사례연구의 유형**

① AB설계 : 기본 단일사례연구설계

　㉠ 가장 기본이 되는 단일사례연구설계로, 쉽게 임상현장에 적용할 수 있다.

　㉡ 준실험설계의 시계열설계를 단일대상에 적용한 것이다.

　㉢ 가장 간단한 단일사례설계로 하나의 기초선 단계(A)와 하나의 개입단계(B)로 구성된다.

　㉣ 서비스를 전달하는 우선순위와 갈등이 가장 적기 때문에 연구자들이 가장 선호한다.

　㉤ A단계에서는 단순히 표적행동의 빈도 등에 관한 관찰만 이루어진다.

　㉥ B단계에서는 표적행동에 대한 개입활동이 이루어지고 변화에 대한 관찰이 이루어진다.

　㉦ AB설계란 A, B의 순서로 이루어진 설계구조의 형태를 말한다.

　㉧ 관찰결과와 관찰점을 연결하여 그래프로 나타낸다.

　㉨ 반복적으로 관찰하지만 외재변수에 대한 통제가 없으므로, 개입이 표적행동의 변화에 미치는 효과의 신뢰도가 낮다.

② ABA설계

장 점	• 제2기초선을 추가하여 AB설계의 낮은 신뢰도 문제를 극복한다.
단 점	• 개입의 효과를 평가하기 위한 목적으로 개입을 중단하는 것은 윤리적 문제가 된다. • 제2기초선 동안에 문제가 악화되지 않을 경우, 그것이 개입 이외의 다른 외부적인 요인들이 영향을 미쳤기 때문인지 개입의 효과가 지속되기 때문인지 알 수 없다.

③ ABAB설계(철회, 반전설계)

　㉠ AB설계에 또 하나의 AB(기초선 A와 개입 B)를 추가한 설계이다.

　㉡ 외재변수를 좀 더 효과적으로 통제하기 위해 제2기초선과 제2개입단계를 추가하는 것이다.

　㉢ 개입의 효과를 가장 높이 확신할 수 있기 때문에 실천현장에서 유용한 설계이다.

　㉣ 기초선(A) 측정 후 일정기간 동안 개입(B)을 하고, 일정기간 동안 중단(A)한 후 다시 개입(B)을 하는 것이다.

ⓜ 제2기초선 단계에서 표적행동이 개입 이전의 제1기초선 단계의 표적행동 상태와 유사하다면, 개입이 표적행동에 효과가 있음을 추정할 수 있다.

ⓗ 두 번째 개입 이후 표적행동 상태가 제2기초선 단계와 비교하여 현격한 변화를 보인다면 개입의 효과를 더욱 신뢰할 수 있다.

ⓢ 따라서 ABA설계의 외생변수의 요인을 통제할 수 있다.

④ BAB설계(선개입설계)

장 점	반복된 개입을 통해 개입의 효과를 가져올 수 있고, 바로 개입단계에 들어감으로써 조속한 개입에 유용하다.
단 점	외부요인을 통제하기 어렵고, 개입의 효과가 지속적인 경우 기초선 단계와 제2개입에서 표적행동의 상태가 유사하므로 개입효과를 평가하기 어렵다.

⑤ ABCD설계(복수요인설계, 다중요소설계)

장 점	융통성이 있어서 연속적인 단계에서 옳다고 입증된 대로 개입계획을 변경할 수 있다.
단 점	이월효과, 순서효과, 우연한 사건과 관련된 제한점들이 있다.

⑥ 복수 기초선설계

ⓗ 기초선을 여러 개 설정하여 관찰하는 설계로서, 하나의 동일한 개입방법을 여러 문제, 여러 상황, 여러 사람들에게 적용하여 같은 효과를 얻음으로써 표적행동에 대한 개입효과를 정하는 데 신빙성을 높이려는 것이다.

ⓛ 둘 이상의 기초선을 사용하는데 복수 기초선설계에서는 개입 중단 대신에 동시에 시작한다.

ⓓ 둘 이상의 개입단계를 사용하지만 개입은 각 기초선의 서로 다른 관찰점에서 도입된다.

ⓔ 둘 이상의 문제가 똑같은 방법으로 해결되거나(문제 간 복수 기초선설계), 같은 문제가 둘 이상의 상황에서 해결되거나(상황 간 복수 기초선설계), 같은 상황에서 같은 문제를 가진 둘 이상의 사람이 치료받게 된 경우(대상자 간 복수 기초선설계), 개입이 표적행동의 변화를 가져왔다는 인과적 관계의 확신을 높일 수 있다.

⑦ 중다 기초선설계(다중-기저선 설계) : 여러 개의 기초선을 측정하여 순차적으로 중재를 적용하고 그 이외의 조건을 동일하게 함으로써 목표행동의 변화가 오직 중재에 의한 것임을 입증하는 설계이다.

장 점	•중재를 제거하거나 반전하지 않아도 되고 실제 현장에서 사용하기에 용이하다.
단 점	•다수의 기초선을 동시에 측정해야 하는데 동시에 측정할 수 있는 기초선을 여러 개 찾기 어려울 수 있고, 현실적으로 동시에 측정하기 어려울 수 있다. •기초선 기간이 길어짐에 따라 피험자를 지치게 하여 타당하지 않은 결과가 나타날 수 있게 된다. •이러한 문제점을 극복하기 위하여 중다 간헐 기초선설계 등이 개발되었다.

⑧ 중다 간헐 기초선설계

ⓗ 중다 기초선설계의 변형이다.

ⓛ 중재를 시작하기 전에 기초선 수준에 큰 변화가 없었음을 확인할 수 있을 정도로만 간헐적으로 자료를 수집한다.

장 점	기초선 기간이 길어질 경우 불필요한 기초선 측정을 막아주고, 빈번하게 나타나는 부적절한 행동을 막아주는 현실적인 대안이 될 수 있다.
단 점	기초선이 안정적일 때만 사용해야 한다.

[핵심예제]

다음에 해당하는 연구설계는? [16년 15회]

ADHD 청소년의 주의력 향상을 위한 치료효과를 확인하기 위해 주의력 결핍 행동을 세 가지 행동으로 분류하였다. 세 가지 행동의 기저선 기간을 달리한 후 처치 개입하여 행동 각각의 기저선 기간과 처치 기간의 차이를 비교하였다.

① 일회적 집단설계
② AB 설계
③ 가역 설계
④ 다중-기저선 설계
⑤ 교대-처치 설계

정답 ④

해설

기초선을 여러 개 설정하여 관찰하는 설계로서, 하나의 동일한 개입방법을 여러 문제, 여러 상황, 여러 사람들에게 적용하여 같은 효과를 얻음으로써 표적행동에 대한 개입효과를 정하는 데 신빙성을 높이려는 것이다.

핵심이론 37 중재비교설계

① **개념** : 새로운 훈련방법이 기존의 훈련방법보다 우월하다는 것을 밝혀, 새로운 훈련방법에 대한 설득력 있는 근거를 제시하기 위해, 여러 훈련조건을 비교할 수 있도록 개발된 연구방법이다.

② **종류**

ㄱ 중다중재설계 : 목표행동에 대한 두 개 이상의 중재조건의 효과를 검증하기 위한 방법이다.

장점	여러 중재 방법을 한 연구에서 검증해 볼 수 있다.
단점	내적 타당도 문제(외부 변인·발달 변인의 개입가능성)가 발생한다.

ㄴ 교대중재설계 : 한 대상자에게 여러 중재를 빠른 간격으로 교대로 실시하여 그 중재들 간의 효과를 비교한다.

장점	• 기초선 측정을 반드시 하지 않아도 된다. • 반전설계나 중다중재설계가 갖는 내적 타당도나 중재순서 및 간접효과에 대한 위협이 감소한다. • 체계적으로 중재 간 균형을 맞추어 중다중재설계에서 보이는 중재 간 전이문제를 해결한다. • 실험종료 시기가 빨라도 타당도에 문제가 되지 않는다.
단점	• 훈련자의 독립변수 신뢰도가 매우 중요하다. • 중재방법이 인위적이다. • 연구절차가 번거롭다.

ㄷ 동시중재설계 : 두 중재를 동시에 제시하여 대상자가 선택하는 것으로 두 명의 중재자가 필요하다.

ㄹ 평행중재설계 : 독립적이지만 난이도가 유사한 행동에 대한 중재기법간의 효과를 간접적으로 비교할 수 있는 설계이다.

ㅁ 기준변동설계 : 독립변수를 이용하여 종속변수의 점진적이고 단계적인 변화를 이루고자 할 때 사용한다.

[핵심예제]

교대중재(Alternating Treatments)설계에 관한 설명으로 옳은 것은? [15년 13회]

① 유사한 두 중재에 대하여 중다 기초선설계를 동시에 실시하는 방식이다.

② 한 대상자에게 동시에 중재를 실시함에 따라 대상자가 중재들을 변별하기 어려울 수 있다.

③ 체계적으로 중재 간 균형을 맞추어 중다중재설계에서 보이는 중재 간 전이 문제를 해결한다.

④ 중재변인을 이용하여 목표행동의 점진적이고 단계적 변화를 이루고자 할 때 사용한다.

⑤ 복수의 기초선을 측정하여 순차적으로 중재를 적용하는 방식이다.

정답 ③

해설

① 독립적이지만 난이도가 유사한 행동에 대한 중재기법 간의 효과를 간접적으로 비교할 수 있는 평행중재설계에 대한 설명이다. 이 설계는 두 중재에 대하여 중다 기초선설계나 중다 간헐 기초선설계를 동시에 실시하는 것과 같은 방법을 사용한다.

② 대상자가 중재들을 변별하기 어려운 것은 동시중재설계의 단점에 해당한다.

④ 기준변동설계는 독립변인을 이용하여 종속변인의 점진적이고 단계적인 변화를 이루고자 할 때 사용한다.

⑤ 중다 기초선설계는 여러 개의 기초선 측정 후 순차적으로 중재 적용한 다음, 그 외의 조건을 동일하게 해서 목표행동의 변화가 오직 중재에 의한 것임을 입증하는 설계이다.

핵심이론 38 집단 간 설계와 집단 내 설계

① 집단 간 설계(피험자 간 설계)
  ㉠ 집단을 나누어 서로 상이한 처치를 하는 설계이다.
  ㉡ 달리 처치된 집단 간 종속변인 값을 비교하며 그 차이는 피험자 집단 간의 차이이다.
  ㉢ 둘 혹은 그 이상의 무선화 된 집단설계, 요인설계, 배합집단설계 등이 있다.

장점	• 반복 측정으로 인한 이월효과를 쉽게 통제할 수 있다. • 상호작용 효과를 검정할 수 있다.
단점	• 통계적으로 절차가 까다롭고 변인을 찾아내기 쉽지 않다.

② 집단 내 설계(피험자 내 설계)
  ㉠ 반복 처치 또는 둘 혹은 그 이상의 독립변인에 같은 참여자를 할당하는 설계이다.
  ㉡ 처치에 대한 반응의 차이가 동일한 피험자 내의 차이이므로, 반복측정설계라고도 한다.

장점	• 피험자 특성의 차이에 따른 영향이 적다. • 상대적으로 적은 피험자로도 연구가 가능하다. • 비교적 간단하다.
단점	• 민감도가 떨어진다.

[핵심예제]

집단 간 설계에 비해 집단 내 설계가 갖는 장점을 모두 고른 것은?
[16년 15회]

ㄱ. 피험자 특성의 차이에 따른 영향이 적다.
ㄴ. 상대적으로 적은 피험자로도 연구가 가능하다.
ㄷ. 반복 측정으로 인한 이월효과를 쉽게 통제할 수 있다.
ㄹ. 상호작용 효과를 검정할 수 있다.

① ㄱ, ㄴ 　　　　② ㄴ, ㄷ
③ ㄷ, ㄹ 　　　　④ ㄱ, ㄴ, ㄹ
⑤ ㄱ, ㄴ, ㄷ, ㄹ

정답 ①

해설
ㄷ · ㄹ 집단 간 설계의 장점이다. 집단 간 설계는 집단을 나누어 서로 상이한 처치를 하는 것으로 민감도가 높고 피험자가 많지 않다는 장점은 있으나, 통계적으로 절차가 까다롭고 변인을 찾아내기 쉽지 않다는 단점이 있다. 반면, 집단 내 설계는 한 집단에 같은 피험자에게 처치를 가하는 것으로 민감도는 떨어지지만, 비교적 간단하고 개인이 가지고 있는 차이를 어느 정도 통제가능 하다는 장점이 있다.

핵심이론 39 기타 실험설계

① 무선구획설계
  ㉠ 피험자를 각 집단에 무선 배치하여 비교집단 간의 동등성을 확보하는 과정에서 추가적으로 구획을 설정하여 동일 구획 내에서는 각 집단에 동질적인 피험자들이 배치되도록 하는 것이다.
  ㉡ 예를 들면 3가지 훈련 방법이 오래달리기에 미치는 효과 연구에 15명의 피험자를 사전 오래달리기 점수 순으로 다섯 구획을 만들어, 무선화로 각 구획의 3명에게 훈련처치를 하는 설계이다.
  ㉢ 구획 내의 피험자들은 반응이 동질적이고, 집단 내 분산을 구획에 의한 분산과 오차분산으로 분리하는 효과가 있다. 따라서 오차분산이 축소되어 가설검정력을 높인다.

② 라틴정방형 설계
  ㉠ 사전에 통제할 두 요인을 하나는 종축, 다른 하나는 횡축으로 처치의 수만큼 설정하고, 종축과 횡축 안에서 각 처치를 무선적으로 배정하여, 각 처치가 횡열과 종열에서 단 한 번씩만 나타나게 설계하는 것이다.
  ㉡ 라틴정방형 설계는 횡열과 종열에서 모두 잡음변수를 통제한다고 할 수 있다.
  ㉢ 이 설계를 활용하는 실제적 주요 목적은 복수의 처치를 동일대상에게 반복 실시하는 경우에 처치의 이월효과 또는 순서효과까지 통제하려는 데 있다.

③ 배속설계(위계설계)
  ㉠ 구획설계처럼 실험외적 변수가 종속변수에 미치는 효과를 통제하기 위해 만들어진 설계로서 방식에서 차이가 있다.
  ㉡ 배속설계는 외재변인을 하나의 독립변수로 간주해서 계산하는 것이다.

[핵심예제]

라틴정방형 설계에 관한 설명으로 옳은 것은? [15년 13회]

① 특정 독립변수의 특정 처치수준이 모든 행(피험자군)과 열(처치순서)에 단 한 번씩 나타난다.
② 종속변수를 주기적으로 측정하는 실험설계이다.
③ 처치의 이월 효과를 통제하기 어렵다.
④ 처치와 구획 간의 상호작용 효과가 없다.
⑤ 유사 특성을 기반으로 실험집단을 정방형 구획하여 배치한다.

정답 ①

해설

라틴정방형 설계

• 실험설계에서 사전에 통제할 두 요인을 하나는 종축, 다른 하나는 횡축으로 처치의 수만큼 설정하고, 종축과 횡축 안에서 각 처치를 무선적으로 배정하여, 각 처치가 횡열과 종열에서 단 한 번씩만 나타나게 설계하는 것이다.
• 무선구획설계가 횡열에서만 잡음변수(매개변수)의 효과를 통제한다면, 라틴정방형 설계는 횡열과 종열에서 모두 잡음변수(매개변수)를 통제한다고 할 수 있다. 이 설계를 활용하는 실제적 주요 목적은 복수의 처치를 동일 대상에게 반복 실시하는 경우에 처치의 이월효과(Carryover Effect) 또는 순서효과까지 통제하려는 데 있다.

핵심이론 40 비모수 통계 검증법

① Friedman 검정 : 세 집단 이상의 대응 표본을 비교하는 방법으로 이원분산분석 검정이다.

② Mann–Whitney U 검정 : 연속이며 동일한 분포형태를 갖는 두 개의 독립인 모집단 간의 중심위치를 비교하기 위한 검정법이며, 두 집단 각각의 값들의 순위들을 합한 것을 사용한다.

③ Wilcoxon 검정 : 서로 짝을 이룬 두 표본의 값 차이를 이용하여 두 표본의 분포 차이를 검정하는 방법이다.

④ Kruskal–Wallis 검정 : 셋 이상의 집단에 정규성을 만족하지 않는 집단이 포함되어 있어서 일원분산분석을 할 수 없는 경우에 사용하는 방법이다.

[핵심예제]

자살생각 예방프로그램이 자살생각에 효과가 있는지 검증하기 위해 10명의 내담자를 무선표집하여 이들을 대상으로 프로그램 실시 이전, 중간, 마무리의 세 시점에서 자살생각을 반복 측정하였다. 효과 검증에 활용할 수 있는 가장 적합한 비모수 통계방법은? [18년 17회]

① Mann–Whitney U 검정
② Friedman 검정
③ Wilcoxon 검정
④ Kruskal–Wallis 검정
⑤ 반복측정 분산분석

정답 ②

해설

② Friedman 검정 : 세 집단 이상의 대응 표본을 비교하는 방법이므로 보기에 적합한 검정이다.
① Mann–Whitney U 검정 : 두 집단의 분포가 동일한지 조사하는 기법이다. 서로 독립된 2표본의 분포가 동일한지를 검정하는 방법이다.
③ Wilcoxon 검정은 서로 짝을 이룬 두 표본의 값 차이를 이용하여 두 표본의 분포 차이를 검정하는 방법이다.
④ Kruskal–Wallis 검정 : 셋 이상의 집단에 정규성을 만족하지 않는 집단이 포함되어 있어서 분산분석을 할 수 없는 경우에 사용하는 방법이다.
⑤ 반복측정 분산분석 : 동일 집단에 대하여 시점에 따라 여러 번 해당 조건을 반복하여 측정한 자료를 가지고 분석하는 방법이다.

① 모집단(Population)과 표본(Sample) : 통계적 관찰 대상이 되는 집단 전체로서 어떤 집단의 평균이나 분산 등을 조사할 때, 관찰의 대상이 되는 집단 전체를 조사하는 것이 여러 가지 이유로 어려운 경우에, 전체에서 일부를 추출하여 그것을 조사함으로써 전체의 성질을 추정하는 방법을 취한다. 이런 경우 원래의 집단 전체를 '모집단'이라 하고, 추출된 일부를 '표본'이라고 한다.

② 모수(Parameter) : 모집단의 특성을 수치로 나타내는 것으로 일반적으로 영문 대문자로 표시하는데, 모집단 특성 표시의 양적인 값을 말한다.

③ 통계량(Statistic) : 표본의 특성을 수치로 나타내는 것으로 영문 소문자로 표시하는데, 표본에 담긴 정보를 요약한 공식이다.

④ 변수(Variable) : 알고자 하는 연상의 특성을 나타내는 개념으로써, 변화하는 값을 가지고 있는 것들이다.

질적 변수	• 두 개 이상의 범주나 3개 이상의 대(多) 범주로 되어 있어서 수량으로 표시할 수 없는 변수
양적 변수	• 고유한 수량을 나타낼 수 있는 변수 예 연령, 소득, 점수, 가족수 등 • 양적인 변수에는 불연속변수와 연속변수가 있다. 　– 불연속변수(이산변수) : 정수의 값을 가지는 양적 변수로 셀 수 있는 값을 가지는 변수 예 가족수, 자녀수 등 　– 연속변수 : 정수 사이에 간격이 있는 수량 값으로 한정된 숫자로 셀 수 없는 양적 변수

⑤ 모조변수(Dummy Variable) : 질적 변수를 연구자가 의도적으로 부호화하여 수량화시키는 변수를 말한다.

⑥ 파생변수(Derived Variable) : 다른 변수의 비에 의하여 산출되는 변수를 말한다.

⑦ 독립변수와 종속변수 : 독립변수는 다른 변수의 값에 영향을 미치는 변수이고, 이때 영향을 받은 변수를 종속변수라 한다.

[핵심예제]

A는 자신이 운영하는 집단상담 프로그램이 청소년의 인터넷 중독에 미치는 영향에 대해 알아보고자 실험집단과 통제집단을 모집하였다. 그런데 선행연구를 통해 부모자녀 관계가 인터넷 중독에 영향을 미친다는 것을 알게 되었다. 이 연구를 진행할 때 고려할 점으로 옳지 않은 것은?　　[17년 16회]

① 통제집단 사전사후검사설계를 사용한다.
② 통계방법은 공분산 분석(ANCOVA)을 사용한다.
③ 가변수(Dummy Variable)는 2개를 생성한다.
④ 부모자녀 관계의 영향력을 통제함으로써 내적 타당도를 높일 수 있다.
⑤ 연구 참여자를 실험집단과 통제집단에 무선적으로 할당한다.

정답 ③

해설

가변수 혹은 모조변수(Dummy Variable)는 질적 변수를 연구자가 의도적으로 부호화하여 수량화시키는 변수를 말하는 것으로서, 연구자가 연구 특성에 따라 다양하게 변수화할 수 있다. 예를 들어, 부모자녀 관계와 관련하여 한부모가족 여부(한부모가족 / 양친가족)를 비롯하여 부모의 혼인상태(동거 / 사별·이혼·별거·비해당), 교육수준(중학교 이하 / 고등학교 이상) 등 질적 변수를 다양하게 가변수로 처리할 수 있다.

핵심이론 42 | 왜도와 첨도

① 왜 도
  ㉠ 자료의 분포 모양이 어느 쪽으로 얼마만큼 기울어져 있는가, 즉 비대칭 정도를 나타내는 척도이다.
  ㉡ 왜도의 특징
   • 정규분포 곡선 : 왜도 = 0
   • 좌측으로 기울어진 경우(좌측으로 비대칭, 정적 비대칭)
     – 왜도 > 0
     – 평균 > 중앙값 > 최빈값
   • 우측으로 기울어진 경우(우측으로 비대칭, 부적 비대칭)
     – 왜도 < 0
     – 최빈값 > 중앙값 > 평균

② 첨 도
  ㉠ 분포의 형태에서 최정점의 뾰족한 정도를 나타내는 척도
  ㉡ 첨도의 특징
   • 정규분포 곡선 : 첨도 = 0 (또는 3)
   • 첨도 > 0 (또는 3) : 정규분포보다 뾰족
   • 첨도 < 0 (또는 3) : 정규분포보다 무딘 모양

[핵심예제]

그림은 22명의 내담자를 상담자 A집단과 상담자 B집단에 각각 11명씩 무선 배치한 다음, 프로그램 적용 후의 내담자 자존감 점수를 상담자별로 요약한 것이다. 이에 관한 설명으로 옳지 않은 것은?

[18년 17회]

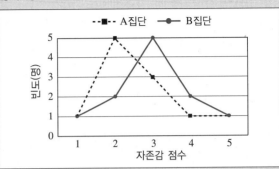

① A집단의 왜도는 0보다 크다.
② A집단의 중앙값은 2이다.
③ A집단에서는 중앙값이 평균보다 크다.
④ B집단의 왜도는 0이다.
⑤ B집단의 평균은 A집단의 평균보다 크다.

정답 ③

해설
③ 자료의 평균은 11명의 자존감 점수를 모두 합한 것을 빈도로 나눈 값이므로, A집단의 평균은 29 ÷ 11 ≒ 2.6이다. 따라서 A집단에서는 중앙값이 평균보다 작다.
① A집단은 왼쪽으로 치우친 분포를 보이고 있으므로, 왜도는 0보다 크다.
② 중앙값은 자료를 작은 수부터 모두 나열했을 때 가장 가운데 오는 값이므로, A집단의 중앙값은 2이다.
④ B집단은 정규분포 곡선의 형태를 하고 있으므로, 왜도 = 0이다.
⑤ B집단의 평균은 3으로, A집단의 평균보다 크다.

핵심이론 43 정규분포

① 정규분포의 특성

㉠ 평균 μ를 중심으로 하여 좌우대칭으로 평균, 중앙값, 최 빈값이 모두 같은 종모양으로 분포한다.

㉡ 정규곡선 아래의 전체면적은 1, 평균을 중심으로 양쪽이 각각 $\frac{1}{2}$의 면적을 차지한다.

㉢ 정규곡선은 x축에 무한대로 접근한다.

㉣ 정규곡선의 모양과 위치는 분포의 평균과 분산 또는 표준 편차에 의해 결정된다.

㉤ 평균값이 클수록 오른쪽에 위치하고, 분산이 작을수록 뾰족한 종모양이다.

㉥ 정규분포의 68-95-99.7 규칙(3시그마 규칙) : 거의 모 든 값들(실제로는 99.7%)이 평균에서 양쪽으로 3 표준편 차 범위($\mu \pm 3\sigma$)에 존재한다.
- 약 68%의 값들이 평균에서 양쪽으로 1 표준편차 범위 ($\mu \pm \sigma$)에 존재한다.
- 약 95%의 값들이 평균에서 양쪽으로 2 표준편차 범위 ($\mu \pm 2\sigma$)에 존재한다.
- 거의 모든 값들이 평균에서 양쪽으로 3 표준편차 범위 ($\mu \pm 3\sigma$)에 존재한다.

② 표준정규분포

정규분포의 확률변수가 어떤 범위의 값을 가지는지 계산하 는 경우, $f(x)$를 적분하여 계산해야 하는 어려움이 있다. 이 어려움을 해결하기 위해 변수변환을 행한다.

〈표준정규분포의 확률변수〉

$$Z = \frac{X - \mu}{\sigma}$$

(X = 측정값, μ = 분포의 평균, σ = 분포의 표준편차)

〈기댓값의 성질〉

$E(aX) = a \times E(X)$　　　$E(X + b) = E(X) + b$
$E(X - b) = E(X) - b$　　$E(aX + b) = a \times E(X) + b$

〈분산의 성질〉

$Var(aX) = a^2 \times Var(X)$　　$Var(X + b) = Var(X)$
$Var(X - b) = Var(X)$　　　$Var(aX + b) = a^2 \times Var(X)$

③ 종속변수의 정규성 검정

㉠ 정규성은 관측값들이 정규분포를 따르는 모집단에서 취 해졌는지를 검정하는 것이다.

㉡ 콜모고로프-스미르노프 검정(Kolmogorov-Smirnov test), 샤피로윌크 검정, Kernel Density plot, Q-Q plot 등의 방법이 있다. 첨도, 왜도를 확인하는 것도 중요하다.

[핵심예제]

종속변수의 정규성 검토를 위한 방법이 아닌 것은?

[18년 17회]

① 샤피로윌크(Shapiro-Wilk) 검정
② Box의 M검정
③ 콜모고로프-스미르노프(Kolmogorov-Smirnov) 검정
④ 첨 도
⑤ 왜 도

정답 ②

해설

종속변수의 정규성을 검토하는 방법에는 'Q-Q plot', '샤피로윌크 검 정', '콜모고로프-스미르노프 검정' 등이 있고, '첨도'와 '왜도'도 정규성 을 판별하는 데 쓰인다.
② Box의 M검정은 다변량 분산분석을 검정하는 방법이다.

핵심이론 44 　**추정통계**

① 의의 : 통계량을 기초로 하여 모집단의 특성인 모수를 추측
하는 통계적 분석방법을 말한다.

② 추정통계의 종류

점추정	• 모수를 단일치로 추측하며 그 신뢰도를 나타낼 수 없다는 단점이 있다.
구간추정	• 모수를 포함하리라고 추측되는 구간을 구하는 방법이다. • 구간추정은 모수의 추정치와 신뢰도를 함께 구할 수 있다.

③ 점추정
　㉠ 모집단으로부터 추출된 표본을 이용하여 하나의 수치로
　　모수를 추정하는 것을 말한다.
　㉡ 모수를 단일치로 추측하는 방법이다.

④ 구간추정
　㉠ 신뢰도(신뢰수준)
　　• 모집단 평균 μ가 포함될 신뢰구간을 말한다.
　　• 신뢰도는 추정의 정확성과 관련이 있는 것으로써, 신뢰
　　　도가 95%라는 의미는 표본을 100번 뽑아 그 평균을 구
　　　했을 경우 95번 정도는 신뢰구간 내에 모집단 평균이
　　　포함된다는 것이다.
　　• 오차율(α) : 신뢰구간 내에 모집단 평균이 포함되지 않
　　　을 확률
　　• 신뢰도 = $1 - \alpha$
　　　　　　 = $\dfrac{진점수 변량}{관찰변수 변량(진점수 변량 + 오차점수의 분산)}$
　　• 측정의 표준오차 = 표준편차$\sqrt{1 - 신뢰도계수}$
　㉡ 신뢰구간 : 표준오차를 고려하여 모집단 평균 μ가 포함
　　될 확률구간을 말한다.

[핵심예제]

정규분포를 가정하며 평균 100, 표준편차 15, 신뢰도 0.84인
척도에 관한 설명으로 옳지 않은 것은?　　　　[16년 15회]

① 측정의 표준오차는 6이다.
② 이 척도에서 100점을 얻은 사람의 진점수가 대략
　94~106점 사이에 있을 가능성이 95%이다.
③ 관찰점수 분산에 대한 오차점수의 분산비율은 0.16이다.
④ 이 척도의 규준집단에서 약 95%는 70~130점을 받았다
　고 볼 수 있다.
⑤ 관찰점수 분산에 대한 진점수의 분산비율은 0.84이다.

　　　　　　　　　　　　　　　　　　　정답 ②

해설
② 100점을 받았을 때 진점수가 94~106점 사이에 있을 가능성은 특정점
　수 ± Z × 표준오차 = 100 ± Z × 6의 계산식에서 Z = 1이어야
　하므로 68%가 된다.
① 측정의 표준오차 = 표준편차 × $\sqrt{1 - 신뢰도계수}$
　　　　　　　　 = 15 × $\sqrt{1 - 0.84}$ = 15 × 0.4 = 6
③ · ⑤ 신뢰도가 0.84라는 것은 84%가 검사의 진점수 변량에 의해 설명
　되며, 나머지 16%는 오차변량이라는 의미이다. 따라서 진점수의 분
　산비율은 0.84이며, 오차점수의 분산비율은 0.16이다.
④ 정규분포의 68-95-99.7 규칙(3시그마 규칙)에 따라, $P(\mu - 2\sigma \leq X$
　$\leq \mu + 2\sigma)$ = 95.45% 이므로, 따라서 규준집단의 약 95%는 70~130
　점을 받았다고 볼 수 있다.

핵심이론 45 가설검정

① **가설검정의 의의** : 대상 집단의 특성량에 대하여 어떤 가설을 설정하고, 대상 집단인 모집단으로부터 추출한 표본으로 가설을 검토하는 통계적 추론이다.

② **기각과 유의**

    ㉠ 통계학에서는 이론치와의 차이가 확률적인 오차의 범위를 넘어 오류라고 판단되어질 때 '가설을 기각(Reject)한다'라고 한다.

    ㉡ 가설을 기각 혹은 채택하는 판단기준이 되는 것을 유의수준(α)이라 한다. 가설이 기각된 경우는 '유의(Significant)하다'라고 한다. 그러나 단순히 '유의하다'라고만 하지 않고, 반드시 '유의수준 몇 % 내에서 유의하다'라고 말한다.

③ **가설검정의 오류**

    ㉠ 의 의

      • 표본에서 나온 통계치를 이용하여 모수치를 추정하면 거의 오차가 발생하게 마련인데 이 오차를 가설검정의 오류라고 한다.

      • 귀무가설의 채택여부를 결정할 때는 2가지 오류 중 어느 하나를 범할 가능성이 있다.

    ㉡ 종 류

      • 제1종 오류 : 실제로 귀무가설이 옳은데 검정결과 귀무가설이 틀렸다고 기각하는 잘못을 범하는 것이 제1종 오류이다. 그 확률은 α인데, 이 α가 유의수준이다.

        – H_0를 기각하는 그릇된 결정의 확률 : α

        – H_0를 채택하는 옳은 결정의 확률 : $1 - \alpha$

      • 제2종 오류 : 실제로 귀무가설이 틀렸는데 검정결과 옳다고 채택하는 오류를 제2종 오류라 하는데, 그 확률을 β라 한다.

        – H_0를 채택하는 그릇된 결정을 할 확률 : β

        – H_0를 기각하는 옳은 결정을 할 확률(검정력 또는 검출력이라고 한다) : $1 - \beta$

[핵심예제]

통계적 가설검정에 관한 설명으로 옳지 않은 것은?

[19년 18회]

① 1종 오류 확률은 영가설이 참인데도 영가설을 기각하는 확률이다.

② 통계적 검정력은 표본크기와 무관하다.

③ 1종 오류의 허용범위는 유의수준이다.

④ 2종 오류 확률은 영가설이 거짓인데도 영가설을 채택하는 확률이다.

⑤ 설정한 유의수준은 2종 오류의 크기에 영향을 미친다.

정답 ②

해설

② 통계적 검정력이란 원가설이 참이 아닐 때 이를 기각함으로써 올바른 결정을 내릴 가능성의 정도를 말한다. 통계적 검정력은 표본크기가 클수록 커진다.

① 1종 오류는 영가설이 옳은데 영가설이 틀렸다고 기각하는 잘못을 범하는 것이다.

③ 1종 오류는 유의수준과 같으며 유의확률이 유의수준보다 낮으면 영가설이 기각된다.

④ 2종 오류는 실제로 영가설이 틀렸는데 검정결과 옳다고 채택하는 오류를 말한다.

⑤ 1종 오류의 한계, 즉 알파 수준을 높여서 2종 오류인 베타 수준을 감소시키면 통계적 검정력을 높일 수 있다. 따라서 2종 오류의 크기에 유의수준이 영향을 미친다.

핵심이론 46 출판편향(Publication Bias) 혹은 책상서랍의 문제(File Drawer Problem)

① 기존의 실증적 연구결과들을 정량적인 방법을 통해 체계적으로 조명하는 메타분석에서는 연구의 편향성 문제가 제기된다. 발표되지 않은 논문들은 연구결과가 유의하지 않은 관계로 혹은 연구자가 발표 시기를 놓치거나 연구설계가 빈약하다는 이유로 심사 요건을 충족시키지 못한 경우 등을 포괄한다.

② 메타분석에서는 일부 연구결과는 책상서랍에 묻혀 공공영역에 나오지 않는 경우가 있다. 로젠탈은 이를 '출판편향' 혹은 '책상서랍의 문제'로 지칭하였다.

③ 로젠탈은 모든 발표 논문이 1종 오류(→ 영가설이 '참'임에도 불구하고 이를 기각하고 대립가설을 채택하는 오류)를 범하고 있다고 주장하였다. 사실 학술지 등에 발표된 연구들의 경우 미발표 논문에 비해 보다 긍정적인 결과를 제시하고 있을 가능성이 높다. 따라서 출판편향은 1종 오류를 증가시키게 된다.

[핵심예제]

A는 부모교육 프로그램의 효과성을 알아보기 위해 최근 10년간 국내에서 발표된 부모교육프로그램 효과성 논문 100편을 분석하려고 한다. 연구 진행 시 고려할 점으로 옳은 것은?

[17년 16회]

① 출판편향(Publication Bias)은 1종 오류를 증가시킨다.
② 피험자 한 명당 1의 자유도를 부여한다.
③ 연구 설계가 빈약한 논문은 분석에 포함시키지 않는다.
④ 책상서랍(File Drawer)의 문제를 해결하기 위해 동질성 통계량을 확인한다.
⑤ 효과크기가 동질적이라면 무선효과(Random Effect) 모형을 적용한다.

정답 ①

해설

출판편향(Publication Bias) 혹은 책상서랍의 문제(File Drawer Problem)

• 기존의 실증적 연구결과들을 정량적인 방법을 통해 체계적으로 조명하는 메타분석(Meta-analysis)에서는 연구의 편향성 문제가 제기된다. 발표되지 않은 논문들은 연구결과가 유의하지 않은 관계로 혹은 연구자가 발표 시기를 놓치거나 연구 설계가 빈약하다는 이유로 심사 요건을 충족시키지 못한 경우 등을 포괄한다.

• 메타분석에서는 모든 개별연구가 수집 대상임에도 불구하고, 일부 연구결과는 책상서랍에 묻혀 공공영역에 나오지 않는 경우가 있다. 로젠탈(Rosenthal)은 이를 '출판편향(Publication Bias)' 혹은 '책상서랍의 문제(File Drawer Problem)'로 지칭하였다.

• 로젠탈은 모든 발표 논문이 1종 오류(→ 영가설이 '참'임에도 불구하고 이를 기각하고 대립가설을 채택하는 오류)를 범하고 있다고 주장하였다. 사실 학술지 등에 발표된 연구들의 경우 미발표 논문에 비해 보다 긍정적인 결과를 제시하고 있을 가능성이 높다. 따라서 출판편향은 1종 오류를 증가시키게 된다.

핵심이론 47 | 가설의 요소 및 검정절차

① 의의 : 모집단에 대한 통계적 가설검정에 필요한 요소로는 가정, 가설, 검정 통계치, 임계치, P값, 결과의 해석 등이 있다.

② 가정
    ㉠ 모든 통계적 검정절차는 그 통계분석 속에 적합한 형태로 변수측정이 되어야 한다.
    ㉡ 대부분의 통계검정의 경우, 변수는 연속적 특성을 지녀야 하고 정규분포를 이루어야 한다.
    ㉢ 표본은 반드시 단순무작위추출에 의해 추출되어야 한다.
    ㉣ 통계분석이 유의적이기 위해서는 최소한의 표본 크기를 확보하여야 한다.

③ 양측검정과 단측검정
    ㉠ 양측검정 : 가설검정에서 귀무가설을 기각할 영역이 양쪽에 위치하고 있는 것을 말한다.
    ㉡ 단측검정 : 가설검정에서 귀무가설을 기각할 영역이 한쪽에 위치하고 있는 것을 말한다.
    ㉢ 양측검정과 단측검정의 비교

유 형	양측검정	단측검정	
		좌측검정	우측검정
귀무가설	$H_0 : \theta = \theta_0$	$H_0 : \theta = \theta_0$	$H_0 : \theta = \theta_0$
대립가설	$H_1 : \theta \neq \theta_0$	$H_1 : \theta < \theta_0$	$H_1 : \theta > \theta_0$

    (H_0 : 귀무가설, H_1 : 대립가설, θ : 모수, θ_0 : 모수의 특정한 값)

④ 검정 통계치 : 귀무가설의 채택 또는 기각 여부를 결정하는 데 사용되는 표본통계치이다.

⑤ 임계치 : 주어진 유의수준에서 귀무가설의 채택 또는 기각을 결정하는 데 기준이 되는 값을 말한다.

⑥ 유의수준(sig. Significance Level, α) : 통계적 가설검정에서, 귀무가설이 참인데도 불구하고 이를 기각하는 확률로써 위험률이라고도 한다.

⑦ 유의확률(P값)
    ㉠ 귀무가설이 참일 때, Sample의 Data가 귀무가설 하의 값이 얼마나 관찰될지에 대한 확률 값으로 대립가설이 틀릴 확률이다.
    ㉡ P값을 계산된 검정의 유의수준이라고 하며, P값으로 귀무가설을 지지하는 정도를 나타내는데, P값이 적으면 적을수록 표본분석의 결과는 귀무가설과 상반된다.

⑧ P값과 α를 이용한 검정
    ㉠ P값이 아주 작다는 의미
        귀무가설이 사실일 때 귀무가설을 지지하는 표본결과가 나오기 어렵다는 뜻이므로, P값이 아주 작을 때는 귀무가설을 기각하고 대립가설을 채택한다.
    ㉡ P값이 크다는 의미
        표본결과가 귀무가설이 사실이라는 뜻이므로, P값이 클 때는 귀무가설을 채택한다.
    ㉢ 계산된 P값과 α값을 비교하여 어느 가설을 채택할지 결정한다.
        • 유의확률(P값) < 유의수준(α) : H_0 기각
        • 유의확률(P값) ≥ 유의수준(α) : H_0 채택

⑨ 자유도(df. Degree of Freedom)
    ㉠ 사례수를 말한다.
    ㉡ 주어진 조건 아래에서 자유롭게 변화할 수 있는 점수나 변인의 수를 뜻한다.
    ㉢ 5명의 학생에게 자신이 좋아하는 한 명을 선택하라는 조건에서 선택대상은 자신을 제외한 4명이며, 이때 자유도는 4이다.

> **더 알아보기**
>
> 통계적 가설의 검정절차
> ① 검정하고자 하는 가설을 설정한다.
> ② 분석기법(양측검정과 단측검정)을 결정한다.
> ③ 유의수준 α와 유의수준을 충족하는 임계치를 결정한다.
> ④ 검정통계량(유의확률)을 계산한다.
> ⑤ 판정 : 유의확률(P값)이 유의수준보다 작으면 기각한다.

[핵심예제]

유의수준과 유의확률에 관한 설명으로 옳은 것은? [14년 12회]

① 가설검정에서 제2종 오류는 유의수준과 일치한다.
② 유의확률이 유의수준보다 낮으면 영가설이 기각된다.
③ 영가설이 참일 때 영가설을 기각하는 오류를 '제2종 오류'라 한다.
④ 영가설이 참일 때 영가설을 기각할 확률을 '통계적 검정력'이라 한다.
⑤ 유의수준 0.01의 의미는 실제 영가설을 기각해야 하지만, 채택하는 경우가 100번 중의 1번 정도임을 의미한다.

정답 ②

해설

① 가설검정에서 유의수준과 일치하는 것은 제1종 오류이다.
③ 제1종 오류라 한다.
④ 영가설이 옳지 않은 경우에 영가설을 기각하고 대립가설을 채택하는 힘이 통계적 검정력이다.
⑤ 유의수준 0.01의 의미는 실제 영가설을 채택해야 하지만, 기각하는 경우가 100번 중의 1번 정도임을 의미한다.

유의수준과 유의확률
• 유의수준(α) : 가설을 기각 혹은 채택하는 판단기준이 되는 것을 말한다.
• 유의확률 : 영가설이 참임에도 불구하고 이를 기각할 확률을 뜻한다 (제1종 오류).
• 유의수준 > 유의확률 : 영가설 기각, 유의수준 < 유의확률 : 영가설 채택

핵심이론 48 | **교차분석**

① **의의** : 교차분석이란 명목척도 및 서열척도의 성격을 가진 두 변수의 관계도를 분석하는 것이다.

② **교차표의 작성**
 ㉠ 독립변수와 종속변수를 결정한다.
 ㉡ 독립변수에 대한 각 카테고리의 백분율을 계산한다.
 ㉢ 독립변수의 백분율 계산 카테고리와 종속변수의 카테고리 중 하나를 선택하여 비교한다.

③ **교차분석검정의 종류**
 ㉠ 카이제곱(χ^2)검정
  • 카이제곱검정은 교차표에 나타난 변수간의 유의성을 알아보는 방법으로써, 모집단에서 두 집단 간의 관련성이 없다는 전제 하에 각 카테고리의 기대빈도의 값을 구하는 것이다.

$$\chi^2 = \Sigma \frac{(O_i - E_i)^2}{E_I} \ (O_i = \text{관찰빈도}, \ E_i = \text{기대빈도})$$

$$\text{기대빈도} = \frac{\text{행의 합} \times \text{열의 합}}{\text{총 합}}$$

〈Kappa 계수 공식〉

$$K = \frac{P_A - P_B}{1 - P_B}$$

P_A : 2명의 채점자간에 채점이 일치할 확률
P_B : 우연히 두 채점자에 의해 일치된 평가를 받을 확률

  • 분포형태가 좌로 기울어진 분포이고, 자유도가 커질수록 정규분포에 접근한다.
  • 카이제곱검정의 자유도 = $(r - 1)(c - 1)$
   (r : 행의 수, c : 열의 수)
 ㉡ t-검정분석
  • t-검정은 두 집단 간의 평균 차이를 분석하고자 하는 경우에 이용하는 분석방법이다.
  • t-검정의 기본원리는 두 집단의 평균차이를 두 집단의 분산으로 표준화시킨 값을 통계적으로 검정하는 것이다.
  • t-검정은 정규모집단으로부터 산출된 표본수가 30 미만인 경우, 정규모집단의 분산을 모르고 표본분산을 쓰는 경우 등에 사용한다.

- 대응표본 t-검정 : 한 집단을 대상으로 어떤 개입의 효과를 측정하기 위해 개입 전과 개입 후의 값을 비교하는 방법이다.
- 독립표본 t-검정 : 두 집단 간의 평균 차이를 검정하는 방법이다(독립표본 t-검정의 자유도 $= n_1 + n_2 - 2$).
- t점수 $= 10 \times Z(\dfrac{\overline{X}-\mu}{\sigma}) + 50$

ⓒ Z-검정

Z-검정은 모집단의 분산을 알고 있는 경우에 사용하며, 표본의 크기가 30개 이상이 되면 모집단의 분산을 알 수 없더라도 중심극한정리에 따라서 정규분포를 가정할 수 있으므로 Z-검정을 사용할 수 있고, 이 경우의 t-검정은 Z-검정과 거의 동일한 결과가 나온다.

ⓔ F-검정

Z-검정과 t-검정이 두 개 집단의 비교를 다루는 데 비해, F-검정은 두 개 이상의 집단을 비교하는 데 사용되는 분석방법으로, 집단 내 이질성에 대한 집단 간 이질성의 비율로서 집단의 차이 여부를 검정하는 것이다.

[핵심예제]

다음은 김교사와 이교사가 학생 30명의 수행평가 결과를 각각 상, 중, 하로 평정한 결과이다. 이에 관한 설명으로 옳은 것은?

[17년 16회]

채점자		김교사			소 계
		상	중	하	
이교사	상	10	2	0	12
	중	2	8	0	10
	하	0	2	6	8
	소 계	12	12	6	30

① 상-상 셀의 기대빈도는 4.8이다.
② 중-중 셀의 기대빈도는 4.2이다.
③ 하-하 셀의 기대빈도는 3이다.
④ 채점자 간 일치율은 0.98이다.
⑤ Kappa계수는 약 0.347이다.

정답 ①

해설

① 기대빈도 $= \dfrac{\text{행의 합} \times \text{열의 합}}{\text{총 합}}$ 이므로,

상-상 셀의 기대빈도 $= \dfrac{12 \times 12}{30} = 4.8$

② 중-중 셀의 기대빈도 $= \dfrac{12 \times 10}{30} = 4$

③ 하-하 셀의 기대빈도 $= \dfrac{6 \times 8}{30} = 1.6$

④ 김교사와 이교사는 10명은 '상', 8명은 '중', 6명은 '하'로 평가하였으므로 채점자 간 일치율은 $\dfrac{10+8+6}{30} = 0.8$

⑤ Kappa 계수 공식

$$K = \dfrac{\text{2명의 채점자 간에 채점이 일치할 확률} - \text{우연히 두 채점자에 의해 일치된 평가를 받을 확률}}{1 - \text{우연히 두 채점자에 의해 일치된 평가를 받을 확률}}$$

2명의 채점자 간에 채점이 일치할 확률 $= \dfrac{10+8+6}{30} = 0.8$

우연히 두 채점자에 의해 일치된 평가를 받을 확률

$= (\dfrac{12 \times 12}{30 \times 30}) + (\dfrac{12 \times 10}{30 \times 30}) + (\dfrac{6 \times 8}{30 \times 30}) \fallingdotseq 0.347$

따라서 $K = \dfrac{0.8 - 0.347}{1 - 0.347} = \dfrac{0.8 - 0.347}{0.653} \fallingdotseq 0.694$

핵심이론 **49** 분산분석

① 의 의

ⓐ 3개 이상의 집단들의 평균차이를 동시에 비교하기 위한 검정방법, 즉 여러 집단의 평균의 동일성에 대한 검정을 하기 위한 기법이다.

ⓑ 분산분석은 집단 간 변량과 집단 내 변량의 개념을 사용하는데, 집단 간 변량은 집단 간 차이를 제곱하여 합한 것이며, 집단 내 변량은 어느 집단 내에서 개인 간의 차이를 제곱하여 합한 것이다.

② 분산분석을 위한 기본가정

ⓐ 종속변수가 양적 변수이다.

ⓑ 정규분포성 : 모집단의 분포는 정규분포를 이루어야 한다.

ⓒ 분산의 동일성 : 각 모집단의 표준편차는 동일하고, 각 집단의 표본은 각 모집단으로부터 독립적으로 추출되어야 한다. 각 집단들의 분산이 같지 않을 경우에는 분산분석법을 사용할 수 없으며, 각 집단의 표본수가 다를 경우에는 더욱 사용할 수 없다.

③ 분산분석의 특징

ⓐ 3개 이상의 모평균의 차이를 검정함이 목적이다.

ⓑ 검정에 있어서 F-분포를 사용한다.

ⓒ F값은 집단 간 분산을 집단 내 분산으로 나눈 값이다.

$$F = \frac{집단\ 간\ 분산}{집단\ 내\ 분산}$$

ⓓ 모수적 가설검정법이다.

ⓔ 집단 간 차이가 커지면 F값이 커진다.

④ 분산분석법의 유형

ⓐ 일원분산분석법 : 분석하고자 하는 변수가 1개인 경우를 말한다.

　예 연령별로 임금 차이가 있는가?

ⓑ 이원분산분석법 : 독립변수가 2개인 경우를 말한다.

　예 성별, 연령별 봉급의 차이가 있는가?

ⓒ 다원분산분석법 : 독립변수가 3개 이상인 경우를 말한다.

　예 성별, 학력별, 연령별 봉급의 차이가 있는가?

[**핵심예제**]

10명의 학생을 대상으로 3명의 교사가 7점 서열척도로 학생의 지도성을 평정한 결과, 세 측정값의 차이를 검정하는 데 가장 적합한 것은?

[16년 15회]

① 윌콕슨(Wilcoxon) 검정

② 프리드만(Friedman) 이원분산분석

③ 크루스칼-발리스(Kruskal-Wallis) 일원분산분석

④ 맨-휘트니(Mann-Whitney) 검정

⑤ 콜모고로프-스미르노프(Kolmogorov-Smirnov) 검정

정답 ②

해설

독립변수가 두 개 이상일 때 이원분산분석을 사용한다.

분산분석법의 유형

• 일원분산분석법 : 분석하고자 하는 변수가 1개인 경우

• 이원분산분석법 : 독립변수가 2개인 경우

• 다원분산분석법 : 독립변수가 3개 이상인 경우

핵심이론 50 | 일원분산분석법

① 개념 : 변동의 원인이라고 판단되는 인자를 1개만 채택하여, 그 인자의 수준을 몇 단계로 변화시켰을 때 결과가 어떻게 변하는지를 측정한 측정치를 해석하는 것으로서, 선택한 인자가 확실히 영향을 미치고 있는지의 여부를 통계적으로 검정하는 방법이다.

② 일원배치법 : 일반적으로 세 가지 또는 그 이상의 처리방법들의 효과가 동일하다는 귀무가설을 일원분산분석하기 위한 실험설계는 실험대상을 관심의 대상이 되는 처리방법에 따라 확률적으로 할당하고, 그 처리효과를 판단할 수 있도록 하는 실험설계이다.

③ 일원분산분석 모형

SST(총제곱합) = SSR(처리제곱합) + SSE(오차제곱합)

위 등식으로부터 일원분산분석 모형을 다음과 같이 정의한다.

> $Y_{ij} = \mu + \alpha_i + \epsilon_{ij}$
> μ : 전체적 평균효과
> α_i : i번째 처리의 효과($\alpha_i = \mu_i - \mu$, $\Sigma\alpha_i = 0$)
> ϵ_{ij} : $N(0, \sigma^2)$을 따르는 오차
> → 서로 독립이고 평균 0, 분산 σ^2인 정규분포를 따른다고 가정
> $H_0 : \mu_1 = \mu_2 = \cdots = \mu_k = \mu$
> $H_1 :$ 모든 μ_i가 전부 같지는 않다.

④ 일원분산분석(one-way Anova) 표

구 분	제곱합	자유도	평균제곱	분산비(F)
처 리	SSR	$k-1$	$MSR = \dfrac{SSR}{k-1}$	$F = \dfrac{MSR}{MSE}$
오 차	SSE	$n-k$	$MSE = \dfrac{SSE}{n-k}$	–
전 체	SST	$n-1$	–	–

→ 결정계수 $R^2 = \dfrac{SSR}{SST} = 1 - \dfrac{SSE}{SST}$

(k : 요인 또는 집단의 수, n : 개체 수)

[핵심예제]

중학교 2학년 학생 30명을 10명씩 3집단으로 나누어 3종류의 서로 다른 집단상담 프로그램을 실시하고 난 후 사회성 척도를 실시하였다. 3집단 간 사회성 점수의 차이를 검증하기 위해 변량분석(ANOVA)을 실시한 결과는 다음과 같다. A + B + C의 값은? [16년 14회]

SOURCE	df	SS	MS	F	Pr > F
group	(A)	20	(B)	(C)	0.000
error	27	54	2		
total	(D)	(E)			

① 14
② 15
③ 16
④ 17
⑤ 20

정답 ④

해설

일원분산분석 표를 이 문제에 적용시켜보면,

source	SS (제곱합)	df (자유도)	MS(평균제곱)	F(분산비)
group	SSR(20)	k-1(A)	$MSR = \dfrac{SSR}{k-1}$(B)	$F = \dfrac{MSR}{MSE}$(C)
error	SSE(54)	n-k(27)	$MSE = \dfrac{SSE}{n-k}$	–
total	(E)	(D)	–	–

k = 집단의 수, n = 개체수(구성원수)

(A) = k − 1 = 3 − 1 = 2

(D) = 29

(E) = 74

(B) = MSR = $\dfrac{SSR}{k-1} = \dfrac{20}{2} = 10$

(C) = F = $\dfrac{MSR}{MSE}$을 구하기 위해서는 MSE = $\dfrac{SSE}{n-k}$를 먼저 구해야 한다.

MSE = $\dfrac{SSE}{n-k} = \dfrac{54}{27} = 2$

F = $\dfrac{MSR}{MSE} = \dfrac{10}{2} = $ (C) = 5

∴ A + B + C = 2 + 10 + 5 = 17

핵심이론 51 회귀분석

① 회귀분석의 개념

㉠ 회귀분석은 연속형 변수들에 대해 독립변수와 종속변수 사이의 인과관계에 따른 선형적 관계식을 구하여 어떤 독립변수가 주어졌을 때 종속변수를 예측한다. 또한, 회귀분석은 가설이나 이론으로 알려진 가설적 함수관계의 타당성을 검정하기 위해서도 이용된다.

㉡ 회귀분석을 이용하기 위해서는 종속변수와 독립변수라는 두 종류의 변수를 필요로 한다. 이들은 원칙적으로 모두 등간척도나 비율척도로 측정된 변수이어야 하나, 독립변수가 명목척도인 변수일 경우라도 더미(Dummy) 변수를 이용하여 분석이 가능하다.

② 회귀방정식의 형태

$$Y = \alpha + \beta X + \mu$$

Y : 종속변수, 반응변수(Response Variable), 피설명변수
X : 독립변수, 설명변수(Explanatory Variable), 예측변수

③ 회귀분석의 종류

㉠ 단순회귀분석
- 회귀분석은 2개 이상의 정량적 변수들 간의 관계를 이용하여 나머지 다른 변수들로부터 하나의 변수를 예측하는 통계적 기법이다. 단순회귀분석은 독립변수가 오직 하나만 존재하는 경우로 모형의 구조식은 다음과 같다.

$$Y_i = \beta_0 + \beta_i X_i + \epsilon_i (i = 1, 2, \ldots, n)$$

Y_i는 i번째 관찰한 반응변수의 값
X_i는 i번째 독립변수의 값, 주어진 상수
β_0와 β_1은 추정해야 할 모수
ϵ_i는 모든 i에 대하여 $\text{Cov}(\epsilon_i, \epsilon_j) = 0$인 독립적이며 정규분포를 따르는 오차항이다.
β_0는 절편, β_1는 기울기(독립변수 X가 한 단위 변화할 때 Y가 변화하는 양)로 회귀계수(Coefficient of Regression)

- 단순회귀모형의 적합도 평가
  - 회귀분석 과정에서 표본회귀선이 표본자료에 얼마나 적합한지, 즉 적합의 정도를 평가하는 방법이다.

$$\Sigma(y_i - \overline{Y})^2 = \Sigma(\hat{y_i} - \overline{Y})^2 + \Sigma e_i^2$$

총 표본변동 = 설명된 변동 + 설명 안 된 변동
총 제곱합(SST) = 회귀제곱합(SSR) + 잔차제곱합(SSE)

   - 적합도 혹은 설명력은 종속변수의 총 변동에 대해 회귀모형에 의해서 설명되는 부분의 비율로 나타낼 수 있으며, 이것을 결정계수(R^2)라 한다.

㉡ 다중회귀분석

$$R^2 = \frac{SSR}{SST} = 1 - \frac{SSE}{SST} \ (0 \leq R^2 \leq 1)$$

$R^2 = 1$: 종속변수와 설명변수 간에 완벽한 선형관계가 존재하여 표본회귀선이 표본자료에 적합함을 의미한다.
$R^2 = 0$: 종속변수와 설명변수 간에 선형관계가 없어 표본회귀선이 표본자료에 전혀 적합하지 않음을 의미한다.

다중회귀분석은 독립변수의 수가 여러 개인 회귀방정식을 일컫는다.

k개의 독립변수 $X_1, X_2, \ldots, X_k$들이 종속변수(반응변수) Y를 설명하는 회귀모형 식은 다음과 같다.
$$Y_i = \beta_0 + \beta_1 X_{1i} + \beta_2 X_{2i} + \cdots + \beta_k X_{ki} + \epsilon_i$$

㉢ 위계적 회귀분석
- 종속변수에 가장 큰 영향을 미치는 독립변수와 두 번째로 영향을 미치는 독립변수 등 독립변수의 상대적 영향력의 크기를 순서대로 파악하는 것을 말한다.
- 특정 독립변수의 효과를 통제하거나 새로운 독립변수의 효과를 알고자 할 때 활용한다.
- 독립변수들이 종속변수를 설명하는 설명력의 변화값과 유의한 독립변수들이 유지·추가·제거되는 양상을 파악할 수 있다.

④ 더미분석을 이용한 회귀분석

㉠ 회귀분석에서 범주적 변수를 다루는 일반적인 방법은 그 변수의 각 범주에 따른 영향을 나타낼 수 있는 더미 변수(Dummy Variable)를 이용하는 것이다.

㉡ 더미 변수는 두 개의 값만을 취하는 변수(Binary Variable)로써, 관측대상 해당 범주에 속하면 1, 속하지 않으면 0의 값을 갖는다.

ⓒ 더미 변수의 사용은 회귀식의 기울기는 바뀌지 않고 절편 항만을 바꿈으로써 범주별 평균값이 다르다는 가정을 잘 반영한다. 물론 범주별로 기울기가 서로 다르다고 가정하고, 더미 변수를 이용하여 회귀분석을 시도할 수도 있다.

［핵심예제］

단순회귀모형 $Y_i = b_0 + b_1 X_i + \epsilon_i$과 결정계수 R^2에 관한 설명으로 옳은 것을 모두 고른 것은? 　　　[19년 18회]

ㄱ. b_0는 X가 $\overline{X}$일 때 Y의 값이다.
ㄴ. 모든 측정값이 추정된 회귀선상에 있는 경우 R^2은 1이다.
ㄷ. R^2은 −1에서 1까지의 값을 갖는다.
ㄹ. b_1은 독립변수 X가 한 단위 변화할 때 Y가 변화하는 양이다.

① ㄱ, ㄴ
② ㄱ, ㄷ
③ ㄴ, ㄹ
④ ㄱ, ㄷ, ㄹ
⑤ ㄴ, ㄷ, ㄹ

　　　정답 ③

해설

ㄴ. $R^2 = 1$: 종속변수와 설명변수 간에 완벽한 선형관계가 존재하여 표본회귀선이 표본자료에 적합함을 의미한다.
ㄹ. b_1은 기울기(독립변수 X가 한 단위 변화할 때 Y가 변화하는 양)로 회귀계수라고 한다.
ㄱ. b_0는 절편으로 X_i, ϵ_i가 0일 때 Y의 값이다.
ㄷ. R^2은 0에서 1까지의 값을 갖는다.

핵심이론 52　다중공선성(Multicollinearity)

① 의 의
　ㄱ 다중공선성 문제는 통계학의 회귀분석에서 독립변수들 간에 강한 상관관계가 나타나는 문제이다. 따라서 독립변수가 하나인 단순회귀분석에서는 문제가 되지 않는다.
　ㄴ 독립변수들 간에 상관관계가 낮으면 회귀계수의 해석이 적절하지만, 상관관계가 높으면 회귀계수 추정과 검정이 쓸모없게 되는데, 이를 다중공선성의 문제라 한다.
　ㄷ 다중공선성이 생기면 종속변수에 대한 독립변수의 영향력이 왜곡된다.

② 다중공선성 진단방법
　ㄱ 두 변수 간의 상관관계만을 파악할 경우에는 산점도나 상관계수를 이용하여 진단한다.
　ㄴ 하나의 독립변수가 2개 이상의 독립변수의 선형결합으로 표현되어 발생하는 다중공선성 문제는 분산확대인자(VIF)나 상태지수(Condition Index)로 진단한다.
　ㄷ 분산확대인자를 구하여 이 값이 10이거나 10을 넘는다면, 보통 다중공선성의 문제가 있다.
　ㄹ 상대지수가 10이면 독립변수 간 약한 상관관계가 존재하고, 100 이상이면 다중공선성의 문제가 있다.

③ 다중공선성 문제해결
　ㄱ 다중공선성 문제를 일으킬 것이라고 판단되는 독립변수를 처음부터 제거한다.
　ㄴ 종속변수와 상관관계가 낮은 독립변수를 제거한다.
　ㄷ 상관계수의 값의 차이가 크지 않으면 해석하기 용이한 변수를 남기면 된다.

[**핵심예제**]

다중공선성에 관한 설명으로 옳지 않은 것은? [15년 13회]

① 분산확대인자(VIF)로 파악할 수 있다.
② 종속변수에 대한 독립변수의 영향력이 왜곡된다.
③ 독립변수 사이의 상호의존도를 말한다.
④ 10보다 큰 표준화 회귀계수가 나타날 수 있다.
⑤ 단순회귀분석에서도 발견된다.

정답 ⑤

해설

다중회귀분석에서 다중공선성은 회귀분석에서 독립변수들 간에 강한 상관관계가 나타나는 문제이다. 단일회귀분석은 독립변수가 하나이므로 별 문제가 되지 않는다. 그러나 다중회귀분석에서는 독립변수가 여러 개이기 때문에 서로간의 독립성을 확인해야 한다. 독립변수들 간에 상관관계가 낮으면 회귀계수의 해석이 적절하지만, 상관관계가 높으면 회귀계수 추정과 검정이 쓸모없게 된다.

핵심이론 53 **상관관계분석**

① **의의** : 상관관계분석은 하나의 변수가 다른 변수와 어느 정도 밀접한 관련성을 갖고 변화하는지를 알아보기 위하여 사용된다.

② **상관계수**

ㄱ 상관계수는 두 변수 X, Y의 표준편차의 곱에 대한 공분산의 비율로 정의한다.

$$상관계수(r) = \frac{공분산}{A척도의\ 표준편차 \times B척도의\ 표준편차}$$

ㄴ 표본상관계수는 r, 모상관계수는 ρ로 표시한다. 상관계수의 부호는 분자에 있는 공분산의 부호에 의해 결정된다.

ㄷ 상관계수의 부호가 (+)이면 정상관 또는 양의 상관관계라 하고, (−)일 때는 부상관 또는 음의 상관관계라고 한다.

ㄹ 상관계수 r의 범위는 $-1 \le r \le +1$이다. 상관계수가 ±1에 가까울수록 '상관이 높다'하고, 0에 접근할수록 '상관이 낮다'고 말한다.

ㅁ 상관계수 r을 제곱한 값이 결정계수이다.

결정계수 = (상관계수)^2

ㅂ 상관관계는 두 개 또는 그 이상의 변인들이 정적 또는 부적으로 함께 변하는 방향과 관계의 정도만을 제시해 줄 뿐이므로 측정단위에 관계없다. 각 변수에 특정 상수를 더하거나 빼거나 곱하거나 나누어도 그 값의 크기는 변하지 않는다. 즉, 측정단위와 독립적으로 정의된다.

③ 편상관계수(Partial Correlation)
  ㉠ 변수 3개가 있을 때 공통적으로 작용하는 변수의 부분을 뺀 나머지 둘 간의 상관관계를 보려는 것이다.
  ㉡ 편상관계수를 구하는 방법

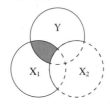

  • 위 그림에서 Y와 X_1의 편상관계수는 Y에서 X_2를 통제한 Y와 X_1의 상관관계를 의미하므로 다음과 같이 구할 수 있다.

$$rX_1Y \times X_2 = \frac{rX_1Y - rX_1X_2 \times rX_2Y}{\sqrt{1 - r^2X_1X_2} \times \sqrt{1 - r^2X_2Y}}$$

[핵심예제]

상관계수(r)에 관한 설명으로 옳지 않은 것은? [19년 18회]

① r = 0이면 상관관계가 없음을 뜻한다.
② 동일한 두 변수의 측정단위가 변하면 상관계수는 변한다.
③ -1과 +1 사이의 값을 갖는다.
④ r = -.75는 r = +.25보다 상관관계가 더 크다.
⑤ 공변동성(Covariation)에 대한 표준화된 측정치이다.

정답 ②

해설
② 상관계수는 두 변인을 측정했을 때, 한 변인의 변화에 따라 그에 대응하는 다른 변인이 어떻게 변화하느냐의 관계를 표시하여 주는 통계치로서, 상관의 정도를 일종의 지수로 표시한 값이다. 상관관계는 두 개 또는 그 이상의 변인들이 정적 또는 부적으로 함께 변하는 방향과 관계의 정도만을 제시해 줄 뿐이므로 측정단위에 관계없다. 각 변수에 특정 상수를 더하거나 빼거나 곱하거나 나누어도 그 값의 크기는 변하지 않는다. 즉, 측정단위와 독립적으로 정의되므로 두 변수의 측정단위가 변하여도 상관계수는 변함없다.
①·③·④ 상관계수는 두 변수 X, Y의 표준편차의 곱에 대한 공분산의 비율로 정의한다.

$$상관계수(r) = \frac{공분산}{A척도의 표준편차 \times B척도의 표준편차}$$

상관계수 r의 범위는 -1 ≤ r ≤ +1이다. 상관계수가 ±1에 가까울수록 '상관이 높다'하고, 0에 접근할수록 '상관이 낮다'고 말한다.
⑤ 공변동(Covariation)은 변수 2개 혹은 그 이상의 변수가 관련되어 함께 변화하는 경향성이고, 상관계수는 두 변인의 상관 정도를 일종의 지수로 표시한 값이므로 옳다.

핵심이론 54 | **상관계수의 종류와 내용**

파이(Phi)계수	• 두 변수가 모두 이분변수일 때 두 변수 간의 상관관계를 나타내는 지수이다. 예 성별과 산아제한에 대한 찬반의 상관관계
스피어만 (Spearman) 등위상관계수	• 측정형 변수(키, 몸무게, 물가지수 등)나 순서형, 분류형 변수(소득수준, 학년 등)들의 상관관계 정도를 자료의 순위 값으로 계산하는 상관계수이다. • 계산은 자료의 서열을 정한 다음, 서열 간의 피어슨 상관계수를 구한다. 예 구청의 대민서비스 수준과 구민의 만족도(상, 중, 하)조사 등
점이연계수	• 하나가 연속변수이고 다른 하나가 이분변수일 때 사용하는 상관계수이다. • 이분변수를 0과 1로 코딩한 후, 피어슨 상관계수를 계산한다. • 검사에서 총점과 문항 간의 상관계수를 구할 때 자주 사용된다. • 두 집단의 T-검증과 밀접히 관련되어 있다. 예 남학생과 여학생의 수학점수 간의 상관관계
이연계수	• 하나가 연속변수이고 다른 하나가 이분변수일 때 사용하는 상관계수이지만, 이분변수가 원래 연속변수인데 이분화한 경우에 사용된다. • 이분화 되지 않았을 때, 두 연속변수들 간의 상관계수를 추정할 수 있다. 예 완전학습 여부와 학업성취도 간의 상관관계
피어슨 상관계수	• 등간·비율척도로 이루어진 변수들 간의 관계를 분석하는 상관계수이다. • 오로지 두 변수간의 직선형 상관관계를 정량화하기 위한 목적으로 사용된다.

[핵심예제]

다음 중 옳은 것을 모두 고른 것은?

[17년 16회]

ㄱ. r = -.75와 r = +.25 중 +.25가 더 강한 상관이다.
ㄴ. Pearson의 r과 Spearman의 ρ 는 결과 해석을 동일하게 한다.
ㄷ. 비직선적 관계를 알아보고자 할 때는 상관비(η)를 산출한다.
ㄹ. 스마트폰 중독 여부와 사회성 간 상관은 사분상관계수로 산출한다.
ㅁ. 서열의 분포가 점수의 분포보다 훨씬 큰 경우 Spearman의 ρ 를 산출하는 것이 바람직하다.

① ㄱ, ㄴ
② ㄴ, ㄷ
③ ㄱ, ㄷ, ㄹ
④ ㄴ, ㄹ, ㅁ
⑤ ㄷ, ㄹ, ㅁ

정답 ②

해설

ㄱ. -1 < r < 1에서 r값이 0에 가까울수록 상관관계가 약한 것을 의미하고, ±1에 가까울수록 강한 상관관계가 있다. 따라서 -.75가 더 강한 상관이다.
ㅁ. 점수의 분포가 극단적일 경우 Spearman의 ρ 를 산출하는 것이 바람직하다.

핵심이론 55 메타분석

① 의 의

㉠ 각 개별 결과들을 결합한 값을 산출하는 통계적 분석방법을 의미한다.
㉡ 선행연구 결과들을 양적으로 분석하기 위해 효과크기(ES)를 평균화한 것이다.
㉢ 연구특성에 따라 ES가 어떻게 변하는지 검토해 봄으로써 지식과 이론의 확장에 기여한다.

② 선행연구결과를 종합·요약하는 방법

전통적 문헌분석	• 각 연구결과를 열거하고 결론을 제시한다. • 연구자의 편견이 작용하기 쉽다. • 종합해야 할 연구수가 많을 경우 감당하기 어렵다.
메타분석	• 특정주제와 관련된 선행연구 결과들을 양적(통계적)으로 분석·종합·요약한다.

③ ES(Effect Size ; 효과크기)

$$\text{효과크기} = \frac{\overline{X_E} - \overline{X_C}}{S_P}$$

$\overline{X_E}$ = 실험집단 평균치, $\overline{X_C}$ = 통제집단 평균치,
S_P = 통합표준편차

④ 메타분석의 장점

㉠ 많은 개별연구 결과를 근거로 가설을 검증하기 때문에 높은 통계적 검증력을 갖는다.
㉡ 개별연구들을 통합하기에, 단일연구의 효과크기보다는 신뢰적인 효과크기를 얻을 수 있다.
㉢ 변인 간의 관계유형 파악이 가능하여, 단일 연구결과에 비해 각 변인이 취할 수 있는 값의 범위가 커지기 때문에, 상이한 연구결과가 있을 때 그 원인 규명이 가능하다.

⑤ 메타분석의 특징

㉠ 계량적·통계적 방법을 사용한다.
㉡ 연구의 질에 따라 연구의 결과를 미리 판단하지 않는다.
㉢ 일반적 결론을 도출하려고 한다.

⑥ 메타분석의 유용성

㉠ 통제집단과 실험집단의 점수가 다르다는 것뿐만 아니라 그 차이의 크기도 알려준다.

ⓛ 어떤 통계나 측정에도 적용할 수 있는 ES(Effect Size)를 제공한다.

ⓒ 어떤 변인이 실험결과에 영향을 미쳤는가를 결정할 수 있다. 그러나 많은 시간이 소요되고 불충분한 연구에서 얻은 자료도 포함될 수 있다.

ⓔ 메타분석은 동일한 분야에서의 평가결과를 종합하는 형식적 접근법이며, 문헌들로부터 사회 프로그램에 관하여 알려진 바나 그 정보를 쉽게 추출하거나 평가하도록 해준다.

ⓜ 서로 다른 연구에서 다룬 동일한 통계량에 대한 관측치들 사이의 변이와 관련 있는 요인으로서, 독립변수 외에 기준변수에 영향을 주는 조절변수의 값은 메타분석에서 다루고자 하는 통계량에 중요한 정보를 제공한다.

ⓗ 예를 들어, 학습시간량으로 학업성취도를 예언하고자 할 때, 학습 방법에 따라서 예언력이 달라진다면 학습 방법이 조절변수가 된다. 조절변수는 연구설계에 포함된다는 점에서 외재변수와 구별되며 독립변수의 기능을 하기도 한다.

⑦ 메타분석을 위한 통계치

> 〈사례〉 정신연습을 실시한 실험집단의 $\overline{X}$와 S가 각각 67과 10, 통제집단의 $\overline{X}$와 S가 각각 54와 10으로 나타났을 때의 메타분석을 실시하면 다음과 같다.
>
> $$ES = \frac{\overline{X_E} - \overline{X_C}}{S_C} = \frac{67 - 54}{10} = 1.3$$
>
> • ES = 1.3은 $\overline{X}$ = 30, S = 10인 분포를 $\overline{X}$ = 0, S = 1인 단위정상분포로 바꾸었을 때, 이 단위의 정상분포에서 원점수 67에 해당하는 표준점수(Z)와 동일하다.
> • 정상분포에서 Z점수로 1.3에 해당하는 면적비율은 0.0968 (약 10%)이다. 즉, ES = 1.3을 기준으로 할 때
>   – 통제집단에서 이 점수 이상을 받은 사람 : 10%
>   – 통제집단에서 이 점수 이하를 받은 사람 : 90%
>   – 실험집단의 $\overline{X}$에 해당하는 점수를 받은 사람은 통제집단 사람의 약 90%보다 더 좋은 점수를 받는다.

⑧ 메타분석 방법에 대한 비판과 문제

ⓐ 동질성의 문제
  • 사과와 오렌지를 합해놓고 통합된 결론을 추론하는 것은 비논리적이라는 주장이다.
  • 타당성이 낮은 연구를 타당성이 높은 연구와 혼합함으로써 왜곡된 결론을 유도한다.

ⓛ 연구의 독립성 문제
  동일한 연구에서 여러 개의 ES가 산출되는데, 하나만 쓸 경우에는 애써 얻은 유용한 정보를 상실하게 되고, 여러 개를 모두 쓸 경우에는 비독립적인 자료를 독립적인 것처럼 취급하게 된다.

ⓒ 정보의 상실에 대해 비판한 연구가 가지고 있는 다양한 정보를 지나치게 단순화한다.

[핵심예제]

메타분석에 관한 설명으로 옳지 않은 것은? [16년 14회]

① 동일하거나 유사한 여러 연구들로부터 나온 연구결과를 통합하여 분석하는 방법이다.
② 개별연구에서 효과크기를 계산하여 평균을 산출한다.
③ 개별연구의 효과크기와 다른 관련 변인간의 상관관계를 분석할 수 있다.
④ 메타분석이 개발되고 난 후 상담성과를 종합하는 연구가 처음 시작되었다.
⑤ 메타분석의 결과가 신빙성을 가지려면 분석에 사용된 각 연구들의 질이 높아야 한다.

정답 ④

해설

메타분석

개별 결과들을 통합할 목적으로 각 개별 결과들을 결합한 값을 산출하는 통계적 분석방법을 의미하며, 어떤 주제에 관한 선행연구 결과들을 양적으로 분석하기 위해 각 연구들로부터 얻은 효과 크기를 평균화한 것이다.

핵심이론 56 기타 분석

① 로짓분석
- ㉠ 로짓분석이란 종속변수가 0, 1 등 명명척도로 측정되는 경우에 사용되는 회귀분석이다.
- ㉡ 로짓분석의 사례로는 노조파업에 영향을 미치는 변수와의 관계를 알고자하는 경우나 어느 유권자가 투표 할 것인지 결정하는 것에 영향을 미치는 변수를 분석하고자 하는 경우 등이다.

② 판별분석
- ㉠ 판별분석이란 독립변수들의 특성이 범주화된 종속변수에 어떠한 영향을 미치는가를 분석하기 위한 통계분석기법이다.
- ㉡ 판별분석의 목적은 독립변수들을 바탕으로 종속변수, 즉 집단들을 구분할 수 있는 판별함수를 추정하거나, 다수의 독립변수들 가운데 집단 구분에 영향을 미치는 변수들을 발견하기 위함이다.
- ㉢ 각 집단들 간에 통계적으로 유의미한 차이가 존재하는지의 여부를 결정하고, 추정된 판별함수를 이용하여 집단이 알려지지 않은 새로운 관측치가 어떤 집단에 속할지를 분류한다.
- ㉣ 판별분석을 위해서는 이상점(Outlier)이 없어야 한다. 독립변수들이 상호 독립적이어야 하며, 각 독립변수가 정규분포를 가정하여야 하고, 종속변수는 비연속변수여야 한다.

③ 요인분석
- ㉠ 요인분석이란 상관관계를 이용하여 서로 유사한 변수들끼리 묶어주는 통계분석기법으로, 상관관계가 높은 변수들끼리 같은 그룹으로 묶어주는 방법이다.
- ㉡ 요인분석은 많은 변수들을 몇 개의 공통된 집단으로 묶어줌으로써, 자료를 요약하거나 변수들 내에 존재하는 상호 독립적인 특성을 파악할 수 있다.
- ㉢ 많은 변수들로 회귀분석 또는 판별분석을 수행하려면 어렵기 때문에 요인분석을 통해 얻은 요인점수를 이용하여 이들 분석을 수행할 수 있다.
- ㉣ 요인분석의 기본가정으로 모든 변수들은 등간척도나 비율척도 자료이어야 하며, 변수들은 정규분포이어야 하고, 표본의 수는 변수의 수보다 두 배 이상이어야 한다. 또한, 표본의 수가 보통 50개 이상이어야 하며, 100개 이상이 바람직하다.

④ 군집분석
- ㉠ 군집분석이란 어떤 객체나 대상들이 지니고 있는 다양한 특성의 유사성을 바탕으로 동질적인 몇 개의 군집으로 집단화하는 통계분석기법이다.
- ㉡ 군집분석은 특성의 유사성, 즉 특성을 나타내는 자료가 얼마나 비슷한 값을 갖는지를 거리로 계산하여 거리가 가까운 것들을 동일한 집단으로 묶는다.
- ㉢ 군집분석은 집단의 수 또는 집단의 구조에 대한 가정 없이 개체들 사이의 거리, 즉 측정치의 차이를 이용하여 집단 분류를 수행한다.

⑤ 신뢰도분석
- ㉠ 측정도구에 측정오차가 상대적으로 얼마나 있는가를 분석하는 통계분석기법이다.
- ㉡ 신뢰도를 분석하기 위하여 이용되는 변수의 척도는 등간척도·비율척도·이항척도이어야 하며, 명명척도는 원칙적으로 불가능하다.
- ㉢ 요인분석을 통해 유사한 변수들을 그룹으로 묶을 때, 그 그룹 내 변수들이 동질적인 특성을 지니고 있는가를 검정할 때 신뢰도분석을 사용한다.

⑥ 시계열분석
- ㉠ 시계열분석이란 시간의 순서에 따라 관측된 시계열 데이터가 어떠한 추이로 변화하고 있는가를 분석하는 통계기법이다.
- ㉡ 추세변동은 전체 기간을 통하여 일정한 진행을 나타내는 변동이다.
- ㉢ 계절변동은 일정 기간 동안에 규칙적인 주기로 나타나는 변동이다.

[핵심예제]

판별분석을 위한 조건과 가정에 관한 설명으로 옳은 것을 모두 고른 것은?

[17년 16회]

ㄱ. 이상점(Outlier)이 없어야 한다.
ㄴ. 독립변수들이 상호 독립적이어야 한다.
ㄷ. 각 독립변수가 정규분포를 가정하여야 한다.
ㄹ. 독립변수와 종속변수가 서열 혹은 연속변수여야 한다.

① ㄱ, ㄴ
② ㄴ, ㄷ
③ ㄱ, ㄴ, ㄷ
④ ㄱ, ㄷ, ㄹ
⑤ ㄴ, ㄷ, ㄹ

정답 ③

해설

ㄹ. 종속변수는 비연속 변수여야 한다.

핵심이론 **57** | 공변량분석(공분산분석)

① 공변량이란 여러 변수들이 공통적으로 함께 잠재되어 있는 변량을 말한다.

② 독립변수 중에서 외적변수가 종속변수에 미친 영향을 통계적 방법으로 제거하는 분석이다.

③ 실험설계 전후의 사전사후 검사 시, 사후검사의 점수 차이만으로 두 집단의 차이를 결론짓는 것은 잘못된 것이다. 왜냐하면 사전검사 시 이미 두 집단이 차이가 있었을 수도 있기 때문이다.

④ 이질집단을 사전의 T-test를 통해 동질성 검사를 실시하거나, 사전검사를 기초로 하여 사후점수를 수정하여 검증하는 공변량분석을 실시하는데, 이 때 사전검사점수를 공변수로 놓고, 사후검사점수를 종속변수로 놓는다.

⑤ 공변량을 사전검사로 놓고 일반선형검사를 하면 공변량분석이 되고, 공변량(공변이)의 p값은 가장 중요한 것으로서, 그 값이 0.05 이하로 나오면 공변량이 의미가 있다고 한다. 즉, 이 공변량이 종속변수에 영향을 준다는 말이며, 그 결과 공변량분석 모형에서 공변량에 대한 효과를 통계적으로 통제한다는 의미이다.

⑥ 공분산분석의 기본가정
　㉠ 공변인의 측정에 처치 효과의 영향이 없어야 한다.
　㉡ 공변인의 측정은 측정의 오차 없이 이루어져야 한다.
　㉢ 공변인의 각 수준에서 종속변인의 조건 분포는 정규분포를 이루어야 한다.
　㉣ 공변인의 각 수준에서 종속변인의 변량은 처치집단 간에 일정해야 하며, 공변인과는 독립적이어야 한다.

[핵심예제]

공분산분석의 기본 가정으로 옳은 것을 모두 고른 것은?

[15년 13회]

ㄱ. 공변인의 측정에 종속변수의 영향이 없어야 한다.
ㄴ. 공변인의 측정은 측정오차 없이 이루어져야 한다.
ㄷ. 공변인의 각 수준에서 종속변수의 조건 분포는 정규분포를 이루어야 한다.
ㄹ. 공변인에 대한 종속변수의 회귀계수가 처치집단 간에 유의하게 달라야 한다.

① ㄱ
② ㄴ
③ ㄱ, ㄷ
④ ㄴ, ㄷ
⑤ ㄴ, ㄷ, ㄹ

정답 ④

해설
ㄱ. 공변인과 종속변인 간에 선형적 관계가 있어야 한다(상관관계가 있어야 함).
ㄹ. 공변인에 대한 종속변인의 회귀계수가 처치집단 간에 동일해야 한다.

핵심이론 58 **구조방정식 모형**

① 여러 분석들을 병합한 모형으로, 변인들 간의 인과관계를 명확하게 규명할 수 있다.

② 관측이 가능한 측정변수를 이용하여 관측이 불가능한 잠재변수를 추정한 후, 잠재변수 사이의 상관관계를 기초로 하여, 연구자가 설정한 이론적 인과관계를 실제 자료가 어느 정도 지지해주는지를 보여주는 통계적 분석 방법이다.

③ 검증 및 다양한 적합도 지수(Fit Index)들을 적용하여 연구자가 개발한 이론적 모형이 실제 자료와 얼마나 부합되는지 평가할 수 있다.

구 분	적합도 지수	기준값	표본크기
상대 적합도 지수	NFI(Normed Fit Index)	.90 이상	민 감
	TLI(Tucker-Lewis Index)	.90 이상	덜 민감
	CFI(Comparative Fit Index)	.90 이상	덜 민감
절대 적합도 지수	GFI(Goodness of Fit Index)	.90 이상	민 감
	AGFI(Adjusted Goodness of Fit Index)	없 음	민 감
	RMSEA(Root Mean Square Error of Approximation)	.05 이하	덜 민감

④ 장 점
　㉠ 측정의 오차를 통제할 수 있다(구조방정식이 통제할 수 있는 오차는 설명오차가 아니다. 설명오차는 종속변수의 역할을 하는 내생잠재변수가 독립변수의 역할을 하는 외생잠재변수에 의해 설명되고 남은 오차를 말한다).
　㉡ 적합도 지수를 사용하여 이론적 모형에 대한 통계적 평가가 가능하다.
　㉢ 여러 개의 독립변수, 매개변수, 종속변수 간의 관계를 동시에 분석할 수 있다.
　㉣ 잠재변수를 사용하므로 측정변수로만 산출된 값에 비해 비교적 정확한 추정치를 얻을 수 있다.

⑤ 구조방정식의 자유도 계산식

$$\frac{n(n+1)}{2} - k \ (n : 측정변수의 \ 수, \ k : 자유모수의 \ 수)$$

자유모수의 수 = 오차 + 외생변수 분산 + 외생변수 간 공분산 + 1로 고정되지 않은 경로

구조방정식모형의 장점이 아닌 것은?

[17년 16회]

① 측정의 오차를 통제할 수 있다.
② 적합도 지수들을 사용하여 이론적 모형에 대한 통계적 평가가 가능하다.
③ 여러 개의 독립변수, 매개변수, 종속변수 간의 관계를 동시에 분석할 수 있다.
④ 잠재변수를 사용하므로 측정변수로만 산출된 값에 비해 비교적 정확한 추정치를 얻을 수 있다.
⑤ 외생잠재변수와 내생잠재변수 간의 관계를 분석하므로 측정에서 발생하는 설명오차를 통제할 수 있다.

정답 ⑤

|해설|
구조방정식 모형에서는 측정의 오차를 통제할 수 있다(주의 : 설명오차가 아님). 경로분석에서는 측정변수가 사용되므로 측정의 오차를 통제할 수 없는 반면, 구조방정식 모형에서는 여러 개의 측정변수에서 추출된 공통변량을 잠재변수로 사용하므로, 측정의 오차가 통제된 추정치들을 얻을 수 있다. 설명오차는 종속변수의 역할을 하는 내생잠재변수가 독립변수의 역할을 하는 외생잠재변수에 의해 설명되고 남은 오차를 말한다.

핵심이론 59 | 잠재성장모형

① 잠재성장모형은 둘 이상의 시점에서 동일한 분석단위를 연구하는 종단연구모형 중의 하나로, 다양한 분야의 연구자들에 의해 활용되고 있다.

② 잠재성장모형은 시간에 따른 반복측정 결과를 바탕으로, 각 개인이 시간에 따라 어떤 형태로 변화하고, 개인들의 변화궤적에는 어떤 차이가 있는지 연구하는 모형이다.

③ 이 모형은 시간에 따른 개인 간, 개인 내 차이를 설명할 수 있고, 변화의 개인차를 설명하는 변수 또한 함께 파악할 수 있다는 장점이 있다.

④ 변화함수가 선형일 때, 개인의 변화는 시간에 비례하는 변화와 오차를 합한 값이다.

$$Y_{ij} = \pi_{0i} + \pi_{1i}T_{ij} + e_{ij}$$
(i = 개인, j = j번째 측정, T는 측정시간, e는 오차, π_{0i}는 초기치, π_{1i}는 일차변화율)

다음 연구사례에 해당하는 분석방법은?

[20년 19회]

전국 초등학교 4학년 학생 2,000명을 표집하여, 6년에 걸쳐 매년 같은 학생을 대상으로 학교폭력 경험 및 관련 변인을 조사하여 개인과 집단의 변화추이와 관련 요인의 영향을 분석하고자 한다.

① 경로분석
② 횡단적 경향분석
③ 중다회귀분석
④ 잠재성장모형
⑤ 계층적 군집분석

정답 ④

|해설|
잠재성장모형은 둘 이상의 시점에서 동일한 분석단위를 연구하는 것으로 종단연구의 하나이다. 문제에서 둘 이상의 시점(6년에 걸쳐 매년)에서 동일한 분석단위(초등학교 4학년 학생 2,000명)를 연구하고 있으므로 잠재성장모형임을 알 수 있다.

제6장 연구보고서의 작성

핵심이론 60 연구보고서 작성 요령

핵심이 되는 부분은 서론, 이론적 배경, 연구방법, 결과, 결론 및 제언 등으로 구성된다.

① **표제** : 연구제목, 연구자, 연구기관의 이름, 작성일자 등이 표기된다.

② **목차** : 보고서의 내용을 나타내는 세부제목들을 순서에 따라 나열하고 해당 면을 표시하여 쉽게 찾을 수 있도록 하며, 도표가 많은 경우 표목차를 별도로 만드는 것이 좋다.

③ **개요(초록)**
  ㉠ 보고서의 중요한 부분을 요약·정리하여 짧은 시간에 전체 내용을 파악할 수 있도록 한다.
  ㉡ 연구목적·배경·문제·내용·방법, 가설, 주요 연구결과 및 발견사항, 결론 등이 포함된다.

④ **서 론**
  ㉠ 연구의 목적 및 방법, 연구문제, 연구의 필요성 및 연구의 범위 등 연구의 의의를 나열하고, 기존연구에서 미비한 사항이나 차이점 등도 기록한다.
  ㉡ 용어의 정의 및 연구문제를 위한 틀을 발전시키며 연구가설을 진술한다.
  ㉢ 연구의 제한점을 제시해서 연구결과의 과잉일반화나 해석상의 오류가능성을 경고한다.

⑤ **선행연구의 분석 및 이론적 배경의 작성**
  ㉠ 연구에 기초가 되는 이론을 전개하는 부분으로 참고 서적이나 문헌의 내용을 체계적으로 전개하는 부분이다.
  ㉡ 문헌 고찰은 연구의 맥락 속에서 고찰해야 한다. 이론적 배경이 기능을 다하려면, 다음과 같은 내용들이 이론적 배경에서 탐색되어야 한다.
    • 독립변인과 종속변인의 관계에 대한 논의
    • 연구자의 주장이나 생각
    • 잠정적 결론 암시
    • 가설의 도출 예상

  ㉢ 본 연구와 직접 관련되는 선행연구는 그 연구의 목적, 사용된 방법, 도구, 대상, 결과 등에 대하여 자세히 언급하고, 간접적으로 관련이 되는 것은 연구의 의의와 결과 등 주요 핵심만 간단히 제시한다.

⑥ **연구방법**

연구대상	연구대상을 표집하는 방법 및 절차를 보다 구체적으로 설명한다.
수집방법	질문지법, 면접법, 내용분석법 등 자료수집 방법을 제시한다.
연구절차	연구수행 과정에 비추어 체계적으로 순서에 의해 서술하는 것이 바람직하며, 조사연구, 실험연구와 관찰연구 등에서 연구가 진행되는 모든 절차를 자세히 기록한다.
측정도구와 검사도구	연구에서 사용한 도구의 특징으로 도구명, 제작자와 회사명, 도구의 내용을 기록하고 타당도와 신뢰도의 정보를 제공하여야 한다.
연구가설	연구의 목적을 구체화한 진술로서, 연구의 중요도에 따라 기술한다. 연구가설은 일반적으로 대립가설이며, 구체적으로 서술된 가설이어야 한다.

⑦ **결과** : 연구방법에 따라 얻은 연구의 결과를 기록하는 부분으로서, 양적 연구의 경우에는 연구목적과 구체화된 가설에 따라 연구결과를 서술하고, 질적 연구의 경우에는 연구를 진행하면서 얻은 결과를 서술한다.

⑧ **논의(결론) 및 제언** : 결과를 바탕으로 결론을 내리는 부분으로서, 연구과정에서의 문제점과 오류 가능성, 후속연구를 위한 제언 등을 아울러 제시한다.
  ㉠ 결과가 가설을 지지했는지 여부를 설명한다.
  ㉡ 결과에 근거한 결론을 진술한다.
  ㉢ 연구의 한계점을 제시한다.
  ㉣ 결과가 제공하는 이론적·실제적 함의를 제공한다.
    • 연구결과에 대한 이론적 해석을 시도하고, 실제적 쟁점을 거론한다.
    • 이론이나 실제에 대한 변화가 요구되면 조심스럽게 논의한다.
  ㉤ 논의가 어려운 이유는 연구자의 문제의식과 연구결과 간의 관계를 제대로 연결 짓지 못하기 때문이다.

⑨ 참고문헌

    ㉠ 연구과정에서 사용한 자료의 출처를 밝히는 부분으로, 방법에는 각주와 후주가 있다.

각 주	• 참고문헌이 인용된 해당페이지의 하단에 참고문헌의 정보를 기록한 형태이다. • 편집이 어렵고 참고문헌이 많을 경우 서술이 불편하다.
후 주	• 모든 참고문헌의 내용을 논문 맨 뒤에 함께 기록하는 형태이다. • 참고문헌을 후주로 기록할 때는 연구를 위하여 인용된 모든 문헌을 기록한다.

    ㉡ 참고문헌 양식 : 미국심리학회(APA) 기준

참고문헌 기본원칙		• 참고문헌 목록은 1저자의 성에 따라 가나다, 알파벳순으로 배열, 국내문헌 → 해외문헌 순 배열 • 국문은 저자명을 모두 표기, 해외 레퍼런스는 '저자 성, 저자이름 이니셜' 표기 • 동일 저자의 여러 문헌을 인용한 경우 문헌 발행연도 순으로 배열 • 1저자만 동일하면 다음 저자의 이름 순 • 저자수가 7인 이하인 경우 모든 저자의 이름을 표기하고, 8인 이상인 경우 앞의 6인의 저자명을 쓰고 세 개의 생략 점을 찍은 후 맨 끝의 저자명을 표기 • 첫 줄 내어 쓰기
문헌 종류별 참고 문헌 양식	단행본	• 저자명(발행연도), 도서명(출판사항 – 판본이 여러 개인 경우), 출판사 주소지 : 출판사명
	단행본 (번역본)	• 저자명(발행연도), 도서명, 번역자명(번역), 출판사 주소지 : 출판사명, (원전 출판년도)
	단행본 (편집도서 챕터)	• 저자명(발행연도), 챕터명, In 편집자명 (Ed.), 도서명(pp.페이지), 출판사 주소지 : 출판사명
	학위논문	• 저자명(발행연도), 논문명(학위종류, 학위수여기관), 온라인 위치(온라인에 있는 경우)
	저널논문 (학술지)	• 저자명(발행연도), 논문명(제목), 저널명, 권(호), 페이지, doi(저널에 따라 doi 생략하는 경우 있음)
	잡지 기사	• 저자명(발행 시기), 기사제목, 잡지명, 권(호), 페이지 • 온라인 기사의 경우 : 저자명(발행 시기), 기사제목, 잡지명, 권(호), Retrieved from 기사 URL • 저자가 드러나지 않은 경우 : 기사제목, (발행 시기), 잡지명, 권(호), 페이지

⑩ 부록 : 부록에서는 연구에서 사용한 질문지, 실험도구나 그림, 사진 또는 분석결과 자료 등 연구보고서의 본문 부분에 수록하기 곤란한 내용을 서술한다.

[핵심예제]

연구논문 작성에 관한 설명으로 옳은 것은?   [17년 16회]

① 서론에는 가설검증 결과를 기술한다.

② 연구문제에는 표집절차에 대해 설명한다.

③ 서론에서 선행연구를 인용할 때는 출처를 생략한다.

④ 연구방법에는 측정도구의 신뢰도에 대해 기술한다.

⑤ 연구결과에는 연구의 함의 및 제한점을 기술한다.

정답 ④

해설

① 서론 단계에서는 연구의 목적 및 방법, 연구문제, 연구의 필요성 등을 나열한다.

② 표집절차는 연구방법 단계에서 설명한다.

③ 출처를 표시한다.

⑤ 논의 및 제언 단계에서 연구의 함의 및 제한점을 기술한다.

핵심이론 61 연구보고서 작성 시 유의점

① 보고의 대상 및 보고받을 대상의 수준을 고려하여 보고대상에 적합하게 작성해야 한다.

② 정확성·명료성·간결성을 유지해야 한다.

③ 통계자료 분석 결과는 가능한 숫자나 도표를 사용하되, 적절한 해석과 설명이 있어야 한다.

④ 반드시 표준어를 사용하고, 혼란을 초래할 수 있는 용어는 피해야 한다.

⑤ 표절(타인의 아이디어를 정당한 승인 없이 활용하는 것)에 유의하여야 한다.

더 알아보기

표절에 해당하는 경우
• 누구의 아이디어인지 모를 경우에도 인용표기를 하지 않은 경우
• 공동으로 집필한 원문에 공저자를 모두 기재하지 않거나 연구에 기여하지 않은 자에게 논문저자 자격을 부여하는 경우(부당한 저자표시)
• 기존연구의 문제와 방법을 반복하고 그 반복한 사실 등을 밝히지 않은 경우
• 원 출처를 인용한 제2차 출처로부터 원 출처에 제시된 글의 내용을 재인용하면서, 제2차 출처를 밝히지 않고 원 출처만 제시하는 경우
• 이미 출간된 본인의 저술을 책으로 엮거나 타 출판물에 출판하면서 저널의 편집자나 독자들에게 중복 출판임을 고지하지 않는 경우(자기표절)
• 출처를 인용한 경우라도 본인의 저술로 인정할 수 없을 정도로 너무 많은 문구와 아이디어를 빌려온 경우

변 조
연구재료·장비·과정 등을 인위적으로 조작하거나 데이터를 임의로 변형·삭제함으로써 논문 내용 또는 결과를 왜곡하는 행위를 말한다.

위 조
허위 데이터를 사용하거나 존재하지 않는 연구결과나 자료를 허위로 만들어 내는 것을 말한다.

[핵심예제]

연구윤리의 내용으로 옳은 것을 모두 고른 것은? [19년 18회]

ㄱ. 연구의 윤리문제는 학문공동체 내부에서만 제기된다.
ㄴ. 허위 데이터를 사용하거나 연구결과를 허위로 만들어 내는 것을 위조라 한다.
ㄷ. 타인의 아이디어를 정당한 승인 없이 활용하는 것을 표절이라 한다.
ㄹ. 이전에 출판된 본인의 연구결과를 사실을 밝히지 않고 사용하는 것은 변조이다.
ㅁ. 연구에 기여하지 않은 사람에게 논문저자 자격을 부여하는 것은 부당한 저자표시이다.

① ㄱ, ㄴ, ㄷ   ② ㄱ, ㄷ, ㄹ
③ ㄴ, ㄷ, ㅁ   ④ ㄴ, ㄹ, ㅁ
⑤ ㄷ, ㄹ, ㅁ

정답 ③

해설

ㄱ. 연구의 윤리문제는 연구자 개인뿐만 아니라 학문공동체와 학문의 발전에 매우 중요하다. 즉, 현대사회에서 학문의 지속적인 발전을 가능하게 하는 데 꼭 필요한 요소이다.

ㄹ. 이전에 출판된 본인의 연구결과를 사실을 밝히지 않고 사용하는 것은 자기표절이다.

심리측정 평가의 활용

제1장 심리검사 개론

핵심이론 01 심리검사의 이해

① 심리검사의 의의
  ㉠ 개인에 대한 종합적인 정보를 알아내는 과정의 한 부분으로, 개인의 지능, 학력, 적성, 성격, 흥미, 가치관 등과 같은 심리적 속성을 체계적이고 수량적으로 측정하는 방법이다.
  ㉡ 심리적 현상에 있어서 개인 간의 차이를 비교·분석함으로써, 개인의 인격적·행동적 측면을 이해할 수 있도록 하기 위한 심리학적 측정 과정이다.
  ㉢ 표집된 행동표본을 대상으로 과학적인 검증의 과정을 거쳐 그 결과를 수치로 나타내며, 이를 표준화된 방법에 의해 점수로써 기술하는 방법이다.
  ㉣ 제한된 규준을 통해 개인의 행동을 예측하기 위한 기술적 과정으로서, 개인의 소수 표본 행동을 측정하여 그 결과를 토대로 개인의 전체 행동을 예견할 수 있다.

② 심리검사의 특징
  ㉠ 수검자의 행동에 대한 양적 측정을 통해 개인 간 비교가 가능하다.
  ㉡ 수검자의 검사반응을 비교함으로써 개인 내 비교도 가능하다.
  ㉢ 심리검사를 통해 내리는 결론은 확정적인 것이 아니라 잠정적인 것이다.
  ㉣ 심리검사는 전체 행동이 아닌, 일부 표집된 행동을 대상으로 한다.
  ㉤ 심리적 구성개념을 측정하기 위한 도구이다.
  ㉥ 심리적 구성개념은 조작적으로 완벽하게 정의할 수 없다.

③ 심리검사가 측정하는 심리적 속성
  ㉠ 추상적 개념(개인의 지능, 학력, 적성, 성격, 흥미, 가치관 등)이다.
  ㉡ 직접 측정이 불가능하므로, 조작적 정의를 통해 수량화해서 간접적으로 측정해야 한다.
  ㉢ 수량화하는 도구로서의 심리검사들이 개발되어야 한다.
  ㉣ 심리적 측정을 통해 객관화가 가능하다.

④ 심리검사 시 고려사항

전문적 측면 (전문가로서의 자질)	• 검사자는 고도의 책임 있는 기능을 수행하기 위해 인간행동을 이해하는 데 필요한 전문적인 교육을 받아야 한다. • 전문적인 기술을 가지고 심리학적 평가기법을 다룰 수 있어야 한다. • 타당도와 신뢰도가 검증되지 않은 평가도구를 사용하는 경우 검사결과 및 해석의 장·단점을 기술해야 한다. • 표준화 검사라 하더라도 결과를 해석할 때는 검사에 영향을 미칠 수 있는 상황이나 개인의 언어적·문화적 차이를 고려해야 한다. • 평가서에 수검자가 이해하기 어려운 표현이나 특수 전문용어를 사용하지 않아야 한다. • 가장 적은 시간과 노력을 들여 가장 타당하게 평가할 수 있는 검사를 선택해야 한다.
도덕적 측면 (수검자에 대한 의무와 권리)	• 검사자는 인간의 권리를 보호해야 할 의무가 있다. • 심리검사와 관련된 수검자의 권리 중에는 검사를 받지 않을 권리, 검사점수 및 해석을 알 권리, 검사 자료에 접근할 수 있는 사람이 누구인지 알 권리, 검사결과의 비밀을 보장받을 권리 등이 있다.
윤리적 측면 (검사자의 책임)	• 검사자는 수검자에게 검사가 어떻게 사용되는가를 말해주고 비밀보장의 한계를 설명해 주어야 하며, 자신을 고용한 기관에 대해서는 가능한 한 최소한의 정보를 제공하는 것이 바람직하다. • 수검자가 자해나 타해의 위험이 있는 경우 비밀보장의 원칙을 지키지 않아도 된다. • 법률에 의해 위임된 경우나 승인된 경우에는 개인의 동의 없이 검사를 시행할 수 있고, 비밀정보를 최소한으로 노출할 수 있다. • 수검자를 다른 기관으로 의뢰할 경우 해당 기관의 전문가에게 검사자료를 제공할 수 있다.

	• 검사를 실시하는 목적과 검사결과의 용도에 대해 내담자를 충분히 이해시키는 것이 바람직하다.
사회적 측면	• 검사자는 심리검사가 주는 이익과 개인의 권리 및 자유를 위협하는 위험을 알고 있어야 한다. • 이익이 위험을 훨씬 능가하고 위험이 최소화된 경우에만 검사 사용이 사회적으로 용인되어야한다. • 검사 자격을 갖추지 못한 사람에게 평가도구가 판매되지 않도록 해야 한다.

더 알아보기

심리적 구성개념(Construct)

• 물리적 속성과 심리적 속성을 구분하여, 심리적 속성을 심리적 구성개념이라 한다.
• 심리학자들이 상상으로 만들어낸 추상적·가설적 개념으로 직접 측정이 불가능하다.
• 특정 규칙에 따라 심리적 구성개념을 수량화(대상의 속성에 수를 할당) 하는 것을 측정이라 한다.

[핵심예제]

심리검사에 관한 설명으로 옳지 않은 것은?   [20년 19회]

① 특정 영역의 행동 전집을 수집하여 측정한다.
② 심리적 특성의 개인차를 비교할 수 있다.
③ 심리적 구성개념을 측정하기 위한 도구이다.
④ 개인의 행동을 예측하는 것이 하나의 목적이다.
⑤ 심리검사에서 나온 결과는 잠정적인 것이다.

정답 ①

해설

심리검사는 표집된 행동표본을 대상으로 과학적인 검증의 과정을 거쳐 그 결과를 수치로 나타내며, 이를 표준화된 방법에 의해 점수로써 기술하는 방법이다.

핵심이론 02 심리검사의 발달과정

① 1879년 : 분트(Wundt)가 독일 라이프치히에 심리학 연구를 위해 실험실을 개설하였다.

② 1890년 : 카텔(Cattell)이 '정신검사(Mental Tests)'라는 용어를 처음으로 제안하였다.

③ 1892년 : 미국심리학회(APA ; American Psychological Association)가 창설되었다.

④ 1896년 : 비트머(Witmer)가 미국 펜실베니아 대학에 세계 최초의 심리진료소를 개설하여 임상심리학의 본격적인 시작을 알렸다.

⑤ 1905년 : 비네가 시몽(Simon)과 함께 초등학교 입학 시 지적 장애아를 식별하기 위한 현대적인 의미의 지능검사법인 '비네-시몽 검사(Binet-Simon Test)'를 개발하여 언어능력 이외에 감각 및 지각능력을 측정하였고, 최초로 정신연령 개념을 도입하였다.

⑥ 1911년 : '비네-시몽 검사(Binet-Simon Test)'가 성인까지의 문제를 포함하여 '비네-시몽 척도(Binet-Simon Scale)'로 명명되었다.

⑦ 1916년 : 터만(Terman)이 비네-시몽 검사를 발전시켜 지능검사 도구인 '스탠포드-비네 검사(Stanford-Binet Intelligence Scale)'를 개발하였고 지능지수(IQ)를 처음으로 사용하였다.

⑧ 1917년 : 미국의 제1차 세계대전 개입과 함께 군 입대 대상자의 선정과 부대배치를 위해 성인용 집단지능검사로 일반적 언어성 검사인 '군대 알파(Army α) 검사'와 외국인이나 문맹자를 위한 '군대 베타(Army β) 검사'가 개발되었다.

⑨ 1921년 : 스위스 의사인 로샤가 좌우대칭의 잉크얼룩이 있는 10장의 카드로 '로샤 검사(Rorschach Test)'를 개발하였다.

⑩ 1926년 : 구드이나프(Goodenough)에 의해 '인물화(DAP) 검사'가 개발되었다.

⑪ 1935년 : 머레이와 모건(Murray & Morgan)이 '주제통각검사(TAT ; Thematic Apperception Test)'를 개발하였다.

⑫ 1938년 : '벤더게슈탈트 검사(BGT)'가 정신병리 유형과 지각 간의 관계를 연구하기 위한 용도로 개발되었다.

⑬ 1939년 : '웩슬러-벨류부(Wechsler-Bellevue) 성인용 지능척도'가 개발되었다.

⑭ 1943년 : '미네소타 다면적 인성검사(MMPI ; Minnesota Multiphastic Personality Inventory)'가 개발되었다.

⑮ 1949년 : '16성격 요인검사(16PF ; Sixteen Personality Factor Questionnaire)'가 개발되었다.

⑯ 1949년 : '아동용 주제통각검사(CAT)'가 개발되었다.

⑰ 1955년 : '웩슬러 성인용 지능검사(WAIS ; Wechsler Adult Intelligence Scale)'가 표준화되었다.

⑱ 1957년 : '마이어스-브릭스 성격유형검사(MBTI ; Myers-Briggs Type Indicator)'가 개발되었다.

[핵심예제]

심리검사의 개발 순서를 올바르게 나열한 것은? [17년 16회]

ㄱ. TAT
ㄴ. MMPI
ㄷ. Rorschach 검사
ㄹ. Binet-Simon 검사
ㅁ. Wechsler-Bellevue 지능검사

① ㄱ - ㄴ - ㄷ - ㄹ - ㅁ
② ㄹ - ㄱ - ㄷ - ㅁ - ㄴ
③ ㄹ - ㄴ - ㄱ - ㄷ - ㅁ
④ ㄹ - ㄷ - ㄱ - ㅁ - ㄴ
⑤ ㅁ - ㄷ - ㄴ - ㄱ - ㄹ

정답 ④

해설

ㄹ. Binet-Simon 검사 : 1905년
ㄷ. Rorschach 검사 : 1921년
ㄱ. TAT : 1935년
ㅁ. Wechsler-Bellevue 지능검사 : 1939년
ㄴ. MMPI : 1943년

핵심이론 **03** | **심리평가의 이해**

① 심리평가의 의의

종합적인 평가	심리평가는 내담자에 대하여 심리검사와 상담(면담), 행동관찰, 전문지식 등 다양한 방법으로 자료를 수집하고, 이를 토대로 종합적인 평가를 내리는 전문적인 작업과정이다.
지식과 임상적 경험의 통합과정	심리평가는 인간에 대한 심리학적 지식, 정신병리와 진단에 대한 지식, 임상적 경험 등을 통해 이루어진다.
문제해결의 과정	심리평가는 단순히 심리검사의 결과를 제시하는 것이 아닌, 다양한 정보를 종합하여 문제해결을 돕는다.
내담자에 대한 최종 해석·판단 과정	• 심리평가에는 내담자가 의뢰한 문제를 분석한 후 심리검사, 면담, 행동관찰 등으로 필요한 자료를 모으는 과정과, 심리장애 진단 및 인간행동 발달과 정신병리 등에 대한 전문적인 심리학적 지식을 바탕으로 그 자료들을 해석하는 과정이 있다. • 이러한 해석을 바탕으로 상담자는 내담자의 문제에 개입할 방식, 시기와 강도, 영역 등을 전문적으로 판단하고 결정한다.
주관적 요소의 개입	심리평가는 해석과정에서 평가자의 이론적 배경에 따라 불가피하게 주관적 요소가 개입하게 된다.

② 심리평가 과정 시 임상적 판단의 정확성을 높이는 방안

㉠ 기억에 의존하기보다 정보를 가능한 상세하게 기록한다.

㉡ 관련 문헌을 참고하여 과거의 경향과 새로운 경향을 파악한다.

㉢ 평가자는 자신의 판단이 얼마나 정확한지에 대해 피드백을 받는다.

㉣ 평가자는 자신이 세운 가설을 지지하는 자료와 지지하지 않는 자료를 함께 고려한다.

㉤ 바넘효과는 개개인을 구분 짓는 특징으로 작용하지 않기 때문에 임상적 판단의 기초로 삼지 않는다.

더 **알아보기**

바넘효과(포러효과)

일반적이고 모호해서 누구에게나 적용되는 성격묘사를 특정 개인에게만 적용되는 것으로 받아들이는 성향을 말한다.

③ 심리평가의 윤리적 고려사항
  ㉠ 내담자의 권익보호
  ㉡ 표준화된 도구의 사용
  ㉢ 내담자의 문제에 대한 인식
  ㉣ 평가도구의 도덕성 및 윤리성
  ㉤ 분류의 신중한 사용
  ㉥ 평가 결과를 토대로 치료적 개입
  ㉦ 사생활 보호 및 비밀유지

[핵심예제]

심리평가에 관한 설명으로 옳지 않은 것은? [15년 13회]

① 평가자의 주관적 요소가 개입된다.
② 수검자의 문제해결을 돕는 전문적 활동이다.
③ 다양한 방식으로 얻은 정보들을 통합하는 과정이다.
④ 심리검사, 면담, 행동관찰 등 다양한 방식으로 구성된다.
⑤ 표준방식에 따라 모든 수검자에게 동일하게 진행된다.

정답 ⑤

해설

심리평가 과정은 각 수검자마다 적절한 평가절차와 심리검사 실시 등을 위해 어떠한 방법을 선택할 것인가를 결정한 후에 검사를 시행, 채점하여서 그 결과를 해석하는 과정이다.

핵심이론 04 면접법의 이해

① 면접법의 특징
  ㉠ 면접은 구조적인 심리검사를 통해 파악하기 어려운 내담자에 대한 의미 있는 자료를 제공한다.
  ㉡ 상담자(검사자)는 면접을 통해 내담자의 방문사유, 내담자의 태도, 내담자의 가정 또는 직장 내 생활 및 적응상태, 대인관계 양상, 개인력 등에 대한 폭넓은 정보를 얻을 수 있다.
  ㉢ 면접에 의한 자료는 자의적인 해석이나 의도적 또는 비의도적인 왜곡, 과장 또는 축소, 생략의 과정이 개입될 수 있으므로 정확성을 보장하기 어렵다.
  ㉣ 면접에 의해 수집된 자료는 충분한 검토와 함께 분석 및 추론 등에 의한 전문적인 진행과정을 거침으로써 유효하게 활용될 수 있다.
  ㉤ 인간중심상담에 근거한 경우, 일반적으로 진단을 위한 구조적 면접보다 비구조적 면접을 더 선호한다.
  ㉥ 개방형 질문으로 시작해서 이후 폐쇄형 질문으로 접근하는 것이 바람직하다.
  ㉦ 면접의 목적을 효과적으로 달성하기 위해서는 라포 형성이 매우 중요하다.
  ㉧ 구조적 면접은 비구조적 면접에 비해 다량의 자료를 객관적·체계적으로 수집할 때 유용하다.

② 면접법의 형식

비구조화된 면접	• 특별한 형식과 절차를 미리 정해 두지 않고, 면접상황과 내담자 반응에 대한 임상가의 판단에 따라 유연성 있게 진행된다. • 내담자의 상황과 문제, 진술에 따라 융통성 있게 진행되고, 초점과 시간을 달리할 수 있다. • 면접자에 따라 절차가 다르게 진행되고 내용이 달라질 수 있으므로, 면접자의 숙련된 전문성이 필요하다. • 심리평가 자료로서의 신뢰도가 낮을 가능성이 있다.
체계적 (구조화된) 면접	• 면접에 포함되어야 하는 내용과 질문, 진행방법이나 반응기록 방식을 정해 놓고, 표준화된 방식에 따라 필요한 내용을 수집한다. • 진단평가의 신뢰도를 높여준다. • 초보면접자도 빠짐없이 질문할 수 있다. • 면접자의 개입이 최소화된다. • 면접자의 주관적 추론이 개입될 여지가 매우 적다. • 폐쇄형 질문이 개방형 질문보다 더 많이 사용된다. • 특정 증상의 유무에 대한 기록의 정확성을 높여준다. • 수동적이고 의존적인 수검자에게 더 유용하다.

	· 구조적 면접 자료는 비구조적 면접 자료에 비해 수량화가 쉽다. · 수검자의 상황에 따라 융통성을 발휘하기 어렵다.
반구조화된 면접	· 구조화된 면접과 비구조화된 면접의 단점을 보완하고 장점을 취하기 위한 방법이다. · 몇 가지 핵심질문으로 구성하고, 나머지는 면접자가 유연하게 진행할 수 있도록 구성된다. · 면접자의 판단에 따라 질문의 내용과 순서를 수정할 수 있다.

더 알아보기

개방형 질문과 폐쇄형 질문

· 개방형 질문은 수검자의 독특한 반응을 얻을 수 있는 장점이 있는 반면, 폐쇄형 질문은 수검자의 독특한 반응을 억제한다.
· 도박 습관, 범죄기록, 마약 복용, 아동 학대 등 사회적 일탈행위 등에 관한 질문을 개방형으로 할 경우 수검자는 부담을 느낄 수 있으므로 폐쇄형으로 확인하는 것이 더 적합하다.
· 수검자가 혼란이 심하고 통찰이 없는 경우 폐쇄형·선다형 질문이 개방형 질문보다 더 효과적이다.

[핵심예제]

비구조화된 면접법과 비교하여 구조화된 면접법의 특징으로 옳은 것은?

[20년 19회]

① 일관적이고 체계적인 정보를 수집하는 데 불리하다.
② 면접자 간 신뢰도가 낮다.
③ 수검자의 상황에 따라 질문의 내용이나 순서를 바꾸기 쉽다.
④ 면접자의 주관이 개입할 여지가 적다.
⑤ 동일한 영역에 대한 객관적인 평가가 어렵다.

정답 ④

해설

구조화된 면접법의 특징

· 면접에 포함되어야 하는 내용과 질문, 진행방법이나 반응기록 방식을 정해 놓고, 표준화된 방식에 따라 필요한 내용을 수집한다.
· 진단평가의 신뢰도를 높여준다.
· 초보면접자도 빠짐없이 질문할 수 있다.
· 면접자의 개입이 최소화된다.
· 면접자의 주관적 추론이 개입될 여지가 매우 적다.
· 폐쇄형 질문이 개방형 질문보다 더 많이 사용된다.
· 특정 증상의 유무에 대한 기록의 정확성을 높여준다.
· 수동적이고 의존적인 수검자에게 더 유용하나.
· 구조적 면접 자료는 비구조적 면접 자료에 비해 수량화가 쉽다.
· 수검자의 상황에 따라 융통성을 발휘하기 어렵다.

핵심이론 05 행동평가법 (1)

① **행동평가법의 특징**

㉠ 행동평가는 직접적인 평가과정으로서 평가대상의 실제 속성에 대한 가장 근접한 자료를 제공한다는 점에서 유의미하다.

㉡ 면담이나 심리검사 장면에서 내담자가 드러내 보이는 행동은 내담자의 일상적인 생활 상황에서의 행동을 반영한다.

㉢ 상담자는 내담자의 행동을 주의 깊게 관찰함으로써 내담자의 일상생활 속에서의 긴장과 압력, 대인관계, 문제 상황에서의 행동양상 등을 추측해 볼 수 있다.

㉣ 행동평가는 그 유용성에도 불구하고 면담 및 심리검사 장면의 제한된 영역에 국한되므로, 내담자의 전체 행동영역에 대한 대표성을 보장하는 것으로 보기 어렵다.

㉤ 내담자는 자신의 행동을 다른 누군가가 지켜보고 있다고 인식하는 경우, 실제 상황에서와는 다른 행동을 나타내 보일 수 있다.

㉥ 행동평가법은 처치 후 문제행동의 변화를 평가하는 데 유용하지만, 시간과 인원, 장비 측면에서 비효율적이다.

② **행동평가법의 기본 전제와 목적**

기본 전제	· 다요인결정론을 전제한다. · 행동과 인접한 환경적 사건이 중요하다고 전제한다. · 개인의 행동이 환경에 영향을 줄 수도 있다고 전제한다. · 행동은 단편적인 요소들에 의해 구성되어 있다고 전제한다. · 행동평가는 인간의 행동양식을 객관적 척도로 제시하는 방법이고, 환경변화에 영향을 받는 외재적 특성을 전제한다.
목 적	· 문제행동과 그것을 유지하는 조건을 확인하기 · 적절한 처치를 선별하기 · 처치를 수정하기 · 처치효과를 평가하기

더 알아보기

다요인결정론

어떤 행동이든 다양한 요인이나 요인들의 상호작용에 의해 결정된다는 이론을 말한다.

[핵심예제]

행동평가법에 관한 설명으로 옳지 않은 것은? [17년 16회]

① 간격 기록에서는 일정한 간격을 두고 일어나는 행동을 기록한다.
② 행동관찰은 관찰자 기대의 영향을 받는다.
③ 처치효과를 평가하는 데 유용하다.
④ 관찰자 간의 평정 차이가 클수록 신뢰도가 높아진다.
⑤ 사건 기록에서는 행동의 빈도와 강도 등을 기록한다.

정답 ④

해설

행동평가법

- 행동평가는 직접적인 평가과정으로써 평가대상의 실제 속성에 대한 가장 근접한 자료를 제공한다는 점에서 유의미하다.
- 상담자는 내담자의 행동을 주의 깊게 관찰함으로써 내담자의 일상생활 속에서의 긴장과 압력, 대인관계, 문제 상황에서의 행동양상 등을 추측해 볼 수 있다.
- 행동평가는 그 유용성에도 불구하고 면담 및 심리검사 장면의 제한된 영역에 국한되므로, 내담자의 전체 행동영역에 대한 대표성을 보장하는 것으로 보기 어려우나, 관찰자 간에 측정한 결과가 유의하게 일치할수록 신뢰도가 높아진다.

핵심이론 06 | **행동평가법 (2) – 행동관찰법**

① **행동관찰법의 개념**
   ㉠ 행동면담만으로 적절한 평가를 충분히 할 수 없는 경우, 처치를 하기 전이나 도중 또는 그 후에 행동관찰이 필요하다.
   ㉡ 행동관찰은 관찰자 기대의 영향을 받는다.

② **행동관찰 시 사용되는 코딩 방법**

이야기 기록	관찰하고자 하는 행동을 써 두는 것이다.
간격기록	일정한 간격을 두고 일어나는 행동을 기록하는 것으로, 시간표집과 간격표집 방법이 있다.
사건기록	행동이 일어날 때까지 기다린 후 행동의 세목 및 빈도와 강도를 기록하는 것이다.
평정기록	체크리스트나 척도 상에서 기록하는 것이다.

③ **행동관찰법의 유형**

자연관찰법	• 관찰할 행동을 미리 선정하고 내담자의 집, 학교 등에서 자연스럽게 문제행동을 관찰하는 것이다. • 관찰자가 환경 내에서 일어나는 내담자의 행동을 체계적으로 관찰하고 기록하는 방식이다.
유사관찰법 (통제관찰법)	• 내담자가 문제행동을 보이는 상황을 조작해놓고, 그 조건에서의 문제행동을 관찰하는 것이다. • 가족관계, 아동의 행동, 부부간 행동을 상담실에서 평가하거나 역할참여놀이 상황에서 평가한다. • 발생빈도가 낮고, 자연스런 환경에서는 관찰하기 어려운 행동의 경우 유용하다. • 경제적이고 효율적이다.
참여관찰법	• 관찰대상의 주변 인물 가운데 관찰자를 선정하여 이 관찰자가 참여하여 행동평가를 하는 것이다. • 자연적 상황에서 자료수집이 가능하다. • 광범위한 문제행동과 환경적 사건에 적용 가능하다. • 비용이 적게 든다. • 관찰에 대한 반응성이 큰 행동의 경우에 유용하다.
자기관찰법	• 개인이 미리 계획된 시간표에 따라 관찰행동의 발생이나 기타 특징에 대해 기록한다. • 자신의 행동, 사고, 정서 등을 스스로 관찰하고 기록하는 것이다. • 관찰에 대한 반응성이 문제된다. 즉, 스스로 관찰을 의식하여 증상이나 행동이 달라질 수 있다. • 자신에 대한 기록과 관찰을 왜곡할 수 있다는 단점이 있다.

필수 3과목

④ 행동관찰에서 나타날 수 있는 오류의 원인

표적행동에 대한 명확성	관찰내용(표적행동)이 명확하지 못해서 오류가 발생한다.
관찰자로 인한 반응억제수준	피관찰자가 관찰자를 의식하여 평소의 행동을 억제하는 경우 오류가 발생한다.
관찰자의 민감성	피관찰자의 행동이나 움직임 또는 표정을 포착하여 기술할 수 있는 민감성은 개인의 특징에 많이 의존하지만 훈련을 통해 개선될 수 있다.
관찰자의 개인적인 편견, 후광효과	관찰대상에 대한 관찰자의 사전정보나 인식이 긍정적이면 관찰자는 관찰대상을 우호적인 관점에서 바라보게 되는데 이를 '후광효과'라고 하며, 이와 반대될 때는 '편견'이 될 것이다.
관찰자의 훈련수준	관찰자의 훈련수준과 관심에 따라 선택적 관찰이 이루어진다.
관찰자 개인의 특성	지나치게 관대하거나 엄격하여 관찰에 영향을 미치는 경우이다.
측정할 준거의 일관성 수준	관찰자가 동일한 장면이나 행동을 다시 관찰했을 때도 동일한 평가를 내리는 정도의 일관성이 유지되지 못해 오류가 발생할 수 있다.
기록 및 해석의 오류	같은 기록이라도 관찰정보를 빠뜨리는 '생략오류', 실제로 본 상황 이상의 정보를 담는 '첨가오류', 일어난 행동의 순서를 부적절한 순서로 계열화시키는 '전환오류'가 있을 수 있다.

⑤ 행동관찰 시 유의사항
   ㉠ 관찰할 행동에 대한 조작적 정의가 명확해야 한다.
   ㉡ 인위적 상황의 관찰은 자연적 상황의 관찰보다 반응성 문제가 크다.
   ㉢ 행동관찰법에서 한 번에 관찰해야 하는 표적행동의 개수는 적을수록 좋다.
   ㉣ 발생빈도가 높은 행동의 기록은 간격 기록법을 사용한다.
   ㉤ 관찰자 간에 측정한 결과가 유의하게 일치할수록 신뢰도가 높아진다.

⑥ 관찰평가에서 나타날 수 있는 오류

호손(Hawthorne) 효과	실험에 참가한 개인이 자신이 관찰되고 있다는 사실을 알 때 자신의 행동을 바꾸거나 작업의 능률이 오르는 효과로 외적 타당도를 저해하는 요인 중 조사반응성과 연관된다.
존 헨리(J. Henry) 효과	특별한 처리를 받지 못한 통제집단의 피험자들이 평상시와는 다르게 행동하거나, 고의로 실험집단보다 더 좋은 결과가 나타나도록 노력하는 경우에 발생하는 효과이다.

실험자 효과	자료를 조사하거나 연구를 실행하는 실험자의 특성이나 기대 등과 같은 실험자변인(독립변인)이 반영되는 현상이다.
관찰자의 기대	관찰자가 여러 가지 상황에서 일어나는 행동을 있는 그대로 기록하는 것이 아니라 일어나기를 기대하는 방향으로 결과를 기록하는 것을 말한다. → 피그말리온 효과
할로(Halo) 효과	후광효과라고도 하며, 관찰자가 시행한 한 가지 평가가 전반적 평가에 영향을 미치는 것이다. 측정하고자 하는 변인이 분명할수록 관찰평가에서 나타나는 오류는 감소한다.

더 알아보기

인지적 행동평가의 방법

생각을 중얼거리며 말하기 (Think Aloud)	자유 연상과 비슷하게 5~10분 동안 떠오르는 계속적인 생각을 말로 표현하도록 하는 방법
사적인 언어 (Private Speech)	사적인 언어가 내적 사고를 반영함을 가정하고 관찰자가 가까이서 지켜보며 언어를 기록하고 이를 토대로 평가하는 방법
명확한 사고 (Articulated Thoughts)	가상상황을 제시하고 수검자에게 자기표현을 하도록 하고 비난과 공포스러운 자극에 노출시킨 후 표현을 기록하게 하는 방법
산출법 (Production Methods)	공포자극 상황과 같은 실제 상황에서 전형적으로 나타나는 생각을 기록하게 하는 방법
사고목록 작성하기 (Thought Listing)	생각을 계속적으로 하되, 계속해서 기술하기보다 관련된 생각을 요약하여 순서화하는 방법
사고 표집 (Thought Sampling)	외부 자극을 먼저 주고 이 외부 자극이 제시되기 전까지 수검자가 어떤 생각을 했는지에 대한 기록을 하는 방법
사건 기록 (Thought Recording)	관련된 사건이 일어날 때까지 기다렸다가 사건이 일어난 시점에 떠오른 생각을 기록하게 하는 방법

행동평가에서 행동관찰 시 사용되는 코딩방법으로 옳은 것을 모두 고른 것은? [18년 17회]

ㄱ. 산출법(Production Methods)
ㄴ. 생각 목록(Thought Listing)
ㄷ. 평정 기록(Rating Recording)
ㄹ. 이야기식 기록(Narrative Recording)
ㅁ. 시간간격별 기록(Interval Recording)

① ㄱ, ㄷ
② ㄱ, ㅁ
③ ㄴ, ㄷ, ㄹ
④ ㄷ, ㄹ, ㅁ
⑤ ㄱ, ㄴ, ㄹ, ㅁ

정답 ④

해설

행동관찰 코딩방법

이야기식 기록 (Narrative Recording)	관찰하고자 하는 행동을 써두는 것이다.
시간간격 기록 (Interval Recording)	일정한 간격을 두고 일어나는 행동을 기록하는 것이다.
사건 기록 (Event Recording)	행동이 일어날 때까지 기다린 후 행동의 세목 및 빈도와 강도를 기록하는 것이다.
평정 기록 (Rating Recording)	체크리스트나 척도 상에서 기록하는 것이다.

핵심이론 07 정신상태검사(Mental Status Examination)

① 정신상태검사의 개념
　㉠ 정신분석의 원리에 근거하여 개발된 면담법이다.
　㉡ 면담시간에 환자의 증상과 증후를 체계적으로 평가하는 것이다.
　㉢ 며칠 사이에 증상이 변할 수 있으므로, 현재의 정신상태를 평가하는 것이 중요하다.
　㉣ 면담 중에 관찰된 환자의 외모, 말, 행동 및 생각 등을 기술하는 것이다.

② 정신상태검사의 주요 항목

일반적 기술	외모, 행동과 정신운동활동, 면담 시 태도
감정과 정서	기분, 정서적 표현, 적절성
말	양, 속도, 연속성
지 각	환각, 착각
사고(Thought)	사고과정, 사고내용
감각과 인지	의식, 지남력, 집중력, 기억력, 계산력, 상식과 지능, 추상적 사고능력
판단과 병식	상황적 판단력, 사회적 판단력
정신기능 사정척도	정신건강과 정신장애의 가설적인 연속선상에서 심리적·사회적 기능을 고려하여 점수로 나타낸 척도

정신상태검사(Mental Status Examination)에 관한 설명으로 옳지 않은 것을 모두 고른 것은? [17년 16회]

ㄱ. 주요 문제의 빈도와 심도, 경과 등을 질문하는 검사이다.
ㄴ. 비구조화된 면접법이다.
ㄷ. 발달력을 평가하는 과정이다.
ㄹ. 수검자의 면접태도, 감정, 사고 등을 파악한다.

① ㄱ, ㄴ
② ㄷ, ㄹ
③ ㄱ, ㄴ, ㄷ
④ ㄴ, ㄷ, ㄹ
⑤ ㄱ, ㄴ, ㄷ, ㄹ

정답 ③

해설

정신상태검사(Mental Status Examination)
• 면담 시 관찰한 것과 면담 중 받은 인상의 총체를 기술하는 임상적 평가의 일부분으로서 문제의 원인, 진단, 예후, 치료를 결정하는 데 도움이 된다.
• 전반적인 외양, 행동 특성과 태도, 표현 언어, 사고 내용, 인지, 기분과 정동, 통찰과 판단력, 충동 조절 등에 관한 평가와 관찰이 포함된다.

핵심이론 08 심리검사의 분류 (1) – 검사자극 특성에 따른 분류

① 객관적 검사(Objective Tests)

  ㉠ 검사과제가 구조화되어 있으므로 '구조적 검사(Structured Test)'라고도 한다.

  ㉡ 검사에서 제시되는 문항의 내용이나 그 의미가 객관적으로 명료화되어 있으므로, 모든 사람에게서 동일한 방식의 해석이 내려질 것을 기대하는 검사이다.

  ㉢ 검사에서 평가되는 내용이 검사의 목적에 부합하여 일정하게 준비되어 있으며, 수검자가 일정한 형식에 따라 반응하도록 되어 있다.

  ㉣ 검사 결과를 통해 나타나는 개인의 특성 및 차이는 각각의 문항들에 대한 반응 점수를 합산한 후 그 차이를 평가하는 과정으로 전개된다.

  ㉤ 객관적 검사의 목적은 개인의 독특성을 측정하기보다는 개인마다 공통적으로 지니고 있는 특성이나 차원을 기준으로 하여 개인들을 상대적으로 비교하는 데 있다.

  ㉥ 한국판 성인용 웩슬러 지능검사(K-WAIS), 한국판 웩슬러 아동용 지능검사(K-WISC) 등의 지능검사와 미네소타 다면적 인성검사(MMPI), 마이어스-브릭스 성격유형검사(MBTI), 기질 및 성격검사(TCI), 16성격 요인검사(16PF) 등의 성격검사 등이 해당한다.

② 투사적 검사(Projective Tests)

  ㉠ 비구조적 검사 과제를 제시하여 개인의 다양한 반응을 무제한적으로 허용하므로 '비구조화 검사(Unstructured Test)'라고도 한다.

  ㉡ 투사적 검사는 검사 지시 방법이 간단하고 일반적인 방식으로 주어지며, 개인의 독특한 심리적 특성을 측정하는 데 주목적을 둔다.

  ㉢ 성격에 대한 총체적인 접근을 통해 수검자 개인의 전체적인 성격을 그려내는 데 초점을 둔다.

  ㉣ 수검자의 반응에 제한을 가하지 않으며, 검사 지시문 또한 매우 단순하다.

  ㉤ 모호한 검사자극에 대한 수검자의 지각 및 해석 방식에서 드러나는 수검자의 비의도적・자기노출적 반응으로 심리적인 특징이 표출된다.

  ㉥ 머레이(Murray)는 검사자극 내용이 모호할수록 수검자가 지각적 자극을 인지적으로 해석하는 과정에서 심리구조의 영향을 더욱 강하게 받는다고 주장하였다.

  ㉦ 검사자극 내용을 불분명하게 함으로써 막연한 자극을 통해 수검자가 자신의 내면적인 욕구나 성향을 외부에 자연스럽게 투사할 수 있도록 유도한다.

  ㉧ 투사적 검사는 검사-재검사 신뢰도가 상대적으로 낮은 편이다.

  ㉨ 대부분의 투사적 검사들은 정신분석이론에 상당 부분 영향을 받아 왔으나, 최근에는 현상학이론, 자극-반응이론, 지각이론 등의 개념을 도입하고 있다.

  ㉩ 투사적 검사에서의 투사는 개인의 주관적인 상태가 지각에 영향을 미치는 '통각(Apperception)'으로서의 의미를 가진다. 즉, 투사는 '지각에 대한 의미 있는 해석'으로서, 개인의 주관적 지각에서 비롯되는 '통각적 왜곡(Apperceptive Distortion)'이라 할 수 있다.

  ㉪ 로샤 검사(Rorschach Test), 주제통각검사(TAT), 집-나무-사람검사(HTP), 문장완성검사(SCT), 인물화 검사(Draw-A-Person) 등이 해당한다.

③ 객관적 검사와 투사적 검사의 장・단점 비교

구 분	객관적 검사	투사적 검사
장 점	• 신뢰도와 타당도 수준이 비교적 높다. • 검사의 시행・채점・해석이 용이하다. • 검사나 상황 변인의 영향을 덜 받는다. • 검사자의 주관성이 배제되어 객관성이 보장된다.	• 수검자의 독특한 반응을 이끌어낸다. • 수검자의 방어적 반응이 어려우므로 솔직한 응답이 유도된다. • 객관적 검사에 비해 평가자에 따라 결과 해석이 다양하다. • 수검자의 풍부한 심리적 특성 및 무의식적 요인이 반영된다.
단 점	• 반응 경향성(자신이 생각한 것과는 관계 없이 피험자가 어떤 특정한 방향으로 답하려고 하는 경향성)의 영향으로 쉽게 왜곡이 가능하다. • 반응 경향성에는 생각 없이 다른 사람의 의견을 따르는 '묵종경향성', 사회적으로 바람직하다고 생각하는 방향으로 답변하는 '사회적 바람직성' 등이 있다.	• 신뢰도와 타당도의 검증이 어렵다. • 검사의 채점 및 해석에 있어서 높은 전문성이 요구된다. • 검사나 상황 변인의 영향을 받아 객관성이 결여된다.

	• 수검자의 감정이나 신념, 무의식적 요인을 다루는 데 한계가 있다. • 문항내용 및 응답의 범위가 제한된다.

[핵심예제]

투사적 검사의 장점을 모두 고른 것은? [14년 12회]

> ㄱ. 결과의 신뢰도가 높다.
> ㄴ. 피검자의 반응이 다양하게 표현된다.
> ㄷ. 피검자의 독특한 반응양상을 볼 수 있다.
> ㄹ. 의식화되지 않던 사고가 자극될 수 있다.
> ㅁ. 요인구조가 명확히 밝혀져 있어 타당도가 높다.

① ㄱ, ㄴ, ㄷ   ② ㄴ, ㄷ, ㄹ
③ ㄴ, ㄷ, ㅁ   ④ ㄷ, ㄹ, ㅁ
⑤ ㄴ, ㄷ, ㄹ, ㅁ

[정답] ②

해설

ㄱ. 결과의 신뢰도는 투사적 검사보다 객관적 검사가 높다.
ㅁ. 요인구조가 명확히 밝혀져 있지 않아 타당도가 낮다.

핵심이론 09 **심리검사의 분류 (2) – 검사 측정 내용에 따른 분류**

① 인지적 검사(최대수행검사)
　㉠ 일정한 시간 내에 자신의 능력을 최대한 발휘하도록 하는 '극대수행검사'에 해당한다.
　㉡ 개인의 능력 전체가 아닌, 일부의 능력을 측정하는 능력검사이다.
　㉢ 보통 문항에 정답이 있으며, 응답에 시간제한이 있다.
　㉣ 정확한 측정을 위해 검사 실시 전 상담자는 내담자와 최대한의 상호작용을 해야 한다.
　㉤ 지능검사, 적성검사, 성취도검사, 운동능력검사, 신경심리검사, 창의력검사 등이 해당한다.

지능검사	• 지능검사는 일반적으로 개인의 지적능력을 파악하기 위해 고안된 것이다. • 인지적 검사에 해당하며, 1905년 비네와 시몽(Binet & Simon)이 초등교육을 받을 수 없는 지적 장애아를 구별하기 위해 처음 개발하였다. • 스탠포드-비네 지능검사, 웩슬러 지능검사, 카우프만 지능검사 등이 해당한다.
적성검사	• 인지적 검사로 개인의 특수한 능력 또는 잠재력을 발견하도록 하여 학업이나 취업 등의 진로를 결정하는 데 정보를 제공하며, 이를 통한 미래의 성공 가능성을 예측한다.
성취도검사	• 성취도검사는 적성검사와 달리 개인의 현재까지 축적된 과거의 경험을 측정 대상으로 한다. • 훈련이나 수업 등의 체계화된 교수를 통해 학습된 기술 및 지식을 측정하는 표준화된 검사이다.
신경심리검사	• 행동상으로 나타나게 되는 두뇌의 손상정도를 판단하기 위한 도구로써, 운동영역 · 촉각 · 시각 · 언어능력 · 쓰기 · 읽기 · 기억 등의 평가가 이루어진다.

② 정서적 검사
　㉠ 비인지적 검사로 일상생활에서의 습관적인 행동을 검토하는 '습관적 수행검사'에 해당한다.
　㉡ 개인의 인지능력 외에 정서, 흥미, 태도, 가치 등을 측정하며, 응답자의 정직한 응답을 요구한다.
　㉢ 문항에 정답이 없으며, 응답에 시간제한도 없다.
　㉣ 성격검사, 흥미검사, 태도검사 등이 해당한다.

성격검사	• 성격검사는 개인의 선천적 요소와 후천적 요소의 상호작용에 의해 나타나는 일관된 특징으로서의 성격을 측정 대상으로 한다. • 마이어스-브릭스 성격유형검사(MBTI), 미네소타 다면적 인성검사(MMPI), 로샤 검사(Rorschach Test) 등이 해당한다.
흥미검사	흥미란 개인이 특정 대상이나 활동에 대해 '좋다/싫다' 또는 '만족/불만족'을 표현하는 것으로서, 흥미검사는 이와 같은 특정 대상이나 활동에 대한 선호도를 측정 대상으로 한다.
태도검사	태도검사는 특정한 종류의 자극에 대한 개인의 정서적 반응이나 가치 판단 등을 나타내는 태도(Attitude)를 측정 대상으로 한다.

[핵심예제]

최대수행능력을 측정하는 검사로 옳지 않은 것은? [18년 17회]

① K-WISC-Ⅳ
② 학업성취도 검사
③ MMPI-2
④ 적성검사
⑤ 창의력검사

정답 ③

해설

MMPI-2는 습관적 수행검사이다. 습관적 수행검사에는 성격검사(MMPI, CPI, MBTI), 흥미검사, 태도검사 등이 있다.

최대수행검사

일정한 시간 내에 자신의 능력을 최대한 발휘하도록 하는 '극대수행검사'에 해당한다. 종류에는 지능검사(스탠포드-비네 지능검사, 웩슬러 지능검사, 카우프만 지능검사), 적성검사, 성취도검사, 운동능력검사, 신경심리검사, 창의력검사 등이 있다.

핵심이론 10 | **심리검사의 분류 (3) - 사용목적에 따른 분류**

① **규준참조검사(Norm-Referenced Test)**

㉠ '규준참조(Norm-Referenced)'란 개인이 특정 검사에서 받은 점수를 동일 검사에서 다른 사람들이 받은 점수와 비교하는 것이다.

㉡ 규준참조검사는 개인의 점수를 해석하기 위해 유사한 다른 사람들의 점수를 비교하여 평가하는 상대평가 목적의 검사에 해당한다.

㉢ 상대평가를 위해 대상자집단(규준집단)의 점수분포를 고려하며, 개인의 점수를 해당 분포에 비추어 상대적으로 파악한다. 이때 점수분포가 곧 규준(Norm)에 해당한다.

㉣ 보통 점수분포에 따른 평균, 표준편차, 분포 모양 등이 제시되며, 원점수, 표준점수, 백분위점수(또는 백분위서열) 등이 기재된다.

㉤ 규준이 없는 것은 곧 비교할 대상이 없는 것이므로, 개인의 특정 검사 결과로써 점수의 상대적인 의미를 파악하기 어렵다.

㉥ 규준참조검사상의 규준은 절대적이거나 보편적인 것이 아니며, 영구적인 것도 아니다.

㉦ 규준참조검사를 위해서는 규준집단이 모집단을 잘 대표하는 것인지 확인하는 절차가 요구된다.

㉧ 대부분의 표준화된 지능검사, 성격검사, 흥미검사 등의 심리검사와 각종 선발검사 등이 규준참조검사에 해당한다.

② **준거참조검사(Criterion-Referenced Test)**

㉠ '준거(Criterion)'란 개인이 어떤 일을 수행할 수 있다고 대중이 확신하는 지식 또는 기술 수준을 말하며, 목표 설정에 있어서 도달하여야 할 기준을 의미한다.

㉡ 준거참조검사는 규준참조검사와 달리 규준을 가지고 있지 않은 검사형태로서, '영역참조검사(Domain-Referenced Test)'라고도 한다.

㉢ 검사점수를 다른 사람들의 결과와 비교하는 것이 아닌 어떤 기준점수와 비교하는 절대평가 목적의 검사에 해당한다.

㉣ 개인 간 상대적인 비교가 큰 의미를 가지지 못하므로, 목표 도달을 위한 경쟁의식 및 동기유발이 부족하다.

㉤ 문항 개발 시 측정하고자 하는 내용 영역을 잘 반영했는지에 대한 전문가의 평가절차가 요구된다.

ⓗ 운전면허시험을 비롯한 각종 국가자격시험, 국가 수준의 학업성취도 평가 등이 준거참조검사에 해당한다.

더 알아보기

규 준

특정 검사 점수의 해석에 필요한 기준이 되는 자료로, 특정 개인의 점수가 어떤 의미를 지니고 있는지에 관한 정보를 제공해준다.

[핵심예제]

규준참조(Norm-Referenced) 점수에 관한 설명으로 옳은 것을 모두 고른 것은?

[19년 18회]

ㄱ. 어떤 학생이 백분위 75의 시험점수를 받았다.
ㄴ. 승진자격시험에서 70%의 정답률 이상을 합격기준으로 정하고 시험을 시행하였다.
ㄷ. 수검자들이 그 검사 영역을 숙달한 정도를 나타내는 것이 목표이다.
ㄹ. 동료집단이나 표준화 표본과의 비교를 통해 수검자의 수행에 대한 상대적 평가를 제공한다.

① ㄱ, ㄴ   ② ㄱ, ㄷ
③ ㄱ, ㄹ   ④ ㄴ, ㄷ
⑤ ㄴ, ㄹ

정답 ③

해설

ㄴ·ㄷ 준거참조에 관한 내용이다. 준거검사는 절대평가 영역의 척도를 의미한다. 준거참조는 운전면허시험을 비롯한 각종 국가자격시험 등이 여기에 해당한다.

규준참조(Norm-Referenced) 검사

개인의 점수를 해석하기 위해 유사한 다른 사람들의 점수를 비교하여 평가하는 상대평가 목적의 검사에 해당한다. 보통 점수분포에 따른 평균, 표준편차, 분포모양 등이 제시되며, 원점수, 표준점수, 백분위점수(또는 백분위서열) 등이 기재된다.

핵심이론 11 | 심리검사의 제작 순서

① **제작 목적의 설정** : 검사의 사용 목적에 따라 검사를 제작하는 기본방향이 전혀 달라질 수 있기 때문에 검사의 목적이 무엇인지를 분명히 밝혀야 하고, 심리검사를 통해 어떤 심리적 특성을 측정할지 정한다.

② **검사 내용의 정의**

개념적 정의	개념을 보다 명백히 재규정 해보는 과정으로 심리검사 제작 시 반드시 개념적 정의가 필요한 것은 아니다. 예 지능검사 도구를 제작함에 있어서 지능이란 개념을 사물이나 학습내용을 이해하고 받아들이는 능력이라고 재규정하는 것
조작적 정의	추상적인 개념들을 경험적·실증적으로 측정이 가능하도록 구체화한 것이다. 예 지능이란 추상적 개념을 IQ 테스트라는 지표화 지능지수로 전환하는 것

③ **검사 방법의 결정** : 검사 방법은 검사 제작의 목적, 검사 내용, 검사 대상에 따라 자동적으로 결정되나, 한 조건에서 사용될 수 있는 방법이 한 가지만 있는 것이 아니다. 따라서 가장 적절하고 효율적인 방법이 사용되도록 모든 방법을 다 검토해야 한다.

④ **문항의 작성** : 예비문항의 수는 보통 5~6배(전문가는 2~3배 정도)로 구성한다.

⑤ **예비검사의 실시**

㉠ 문항진술에 사용할 어휘와 표현, 문항형식의 적절성, 답지와 응답방법, 검사체제, 검사에 소요되는 시간의 확인, 지시문의 내용 및 기타 문제점을 사전에 검토하고 조절하기 위해 실시하는 기초조사에 해당한다.

㉡ 문항분석을 위한 자료수집을 목적으로 한다. 검사 전체로 하여금 적합한 곤란도를 갖게 하기 위하여 각 문항의 곤란도를 알아내고, 각 문항의 문항변별력을 알아내어 검사 전체가 유효한 측정도구가 될 수 있게 한다.

⑥ 문항 분석과 수정 : 어떠한 문항이 좋은 문항인지 알기 위하여 평균, 표준편차, 왜도, 첨도 상관계수를 포함하는 문항분석을 실시하여, 문항의 난이도, 변별도 등을 추정한다.

예비검사 단계	수검과정에서 발생할 수 있는 예상치 못한 반응이나 문항에 대한 해석적 오류 가능성을 검토한다.
통계분석 단계	문항의 난이도, 변별도, 추측도 등에 대한 통계적 분석을 통해 구성된 문항들이 양질의 문항인지 확인한다.
문항선택 단계	문항의 적절성 여부를 통해 수검자의 특성을 유의미하게 반영할 수 있는 문항들을 선택한다.

⑦ 본 검사 실시 : 사전 검사를 통해 검사 자체에 별다른 문제점이 없다면 사람들을 대상으로 본격적인 검사를 실시한다.

⑧ 신뢰도와 타당도 검토 : 내용타당도·준거타당도·구인타당도 등에 대한 확인을 통하여 의도했던 바가 검사결과에 제대로 반영되고 있는지 살펴본다.

⑨ 규준과 검사요강 작성 : 모집단의 특징과 성격을 보다 구체적으로 설정하고, 수검자 모집단을 잘 대표할 수 있는 사람들로 규준집단을 구성하여 검사요강을 작성한다.

더 알아보기

문항 작성 시 유의사항
- 문장은 현재시제로 작성한다.
- 수검자가 사실적인 것으로 해석할 수 있는 문장은 삼간다.
- 하나 이상의 해석이 가능한 중의적인 문장은 삼간다.
- 거의 모든 사람들이 '예' 또는 '아니요'라고 답할 가능성이 높은 문장은 삼간다.
- 문장은 가급적 짧고 이해하기 쉽도록 한다.
- 문장은 문법상 오류가 없어야 한다.
- 긍정적 또는 부정적인 감정을 표현하는 문항 수는 가급적 유사한 비율로 구성한다.
- '반드시', '모두', '결코', '전혀' 등 강한 긍정이나 강한 부정은 가급적 삼간다.
- '거의', '단지' 등 애매모호한 형용사의 사용은 가급적 삼간다.
- '∼하지 않을 수 없다', '∼ 없지 않다' 등 이중부정은 가급적 삼간다.
- '만약 ∼한다면'의 조건절이나 '∼이기 때문에'의 원인·이유절의 사용은 가급적 삼간다.

핵심예제

심리검사의 제작 단계를 순서대로 바르게 나열한 것은?

[16년 14회]

ㄱ. 문항 작성
ㄴ. 검사 방법의 결정
ㄷ. 문항의 분석과 수정
ㄹ. 신뢰도와 타당도 검토
ㅁ. 검사 내용의 정의

① ㄱ - ㅁ - ㄴ - ㄷ - ㄹ
② ㄱ - ㅁ - ㄴ - ㄹ - ㄷ
③ ㄴ - ㅁ - ㄱ - ㄷ - ㄹ
④ ㅁ - ㄴ - ㄱ - ㄷ - ㄹ
⑤ ㅁ - ㄴ - ㄷ - ㄱ - ㄹ

정답 ④

해설

심리검사의 제작 단계

제작목적의 설정 → 검사내용의 정의 → 검사방법의 결정 → 문항 작성 → 예비검사의 실시 → 문항 분석과 수정 → 본 검사 실시 → 신뢰도와 타당도 검토 → 규준과 검사요강 작성

핵심이론 12 | 심리검사의 주요 규준

① 발달규준 : 수검자가 정상적인 발달경로에서 얼마나 이탈해 있는지를 표현하는 방식으로 원점수에 의미를 부여하는 것을 말한다.

연령규준	개인의 점수를 규준집단에 있는 사람들의 연령과 비교하여 어느 정도의 연령 수준에 해당되는지 해석할 수 있도록 한다.
학년규준	연령규준과 마찬가지로 주로 성취도검사에서 이용하기 위해 학년별 평균이나 중앙치를 이용하여 규준을 제작하는 방법이다.

② 집단 내 규준 : 개인의 원점수를 규준집단의 수행과 비교해 볼 수 있도록 하는 것으로서, 원점수가 서열척도에 불과한 것에 비해 집단 내 규준점수들은 심리측정상 등간척도의 성질을 갖도록 변환하는 것이 일반적이다.

백분위 점수	• 원점수의 분포에서 100개의 동일한 구간으로 점수들을 분포하여 변환점수를 부여한 것이다. • 표준화 집단에서 특정 원점수 이하인 사례의 비율이라는 측면에서 표시한 것으로서, 개인이 표준화 집단에서 차지하는 상대적인 위치를 가리킨다. • 특히 최저점수에서부터 등수가 정해지므로 백분위가 낮아질수록 개인성적은 나쁘게 나온다. • 백분위 점수는 계산이 간편하고 이해가 쉬우며, 사실상 모든 심리검사에서 보편적으로 이용할 수 있는 장점이 있다.		
표준 점수	• 원점수를 주어진 집단의 평균을 중심으로 표준편차 단위를 사용하여 도출한 선형변환점수를 말한다. • 원점수를 표준점수로 변환함으로써 상대적인 위치를 짐작할 수 있으며, 검사 결과를 비교할 수도 있다. • 가장 보편적인 표준점수로서 Z점수, T점수, H점수 등이 있다.		
	Z점수	• 원점수를 평균이 0, 표준편차가 1인 Z분포상의 점수로 변환한 점수이다. • Z점수 = (원점수 − 평균) ÷ 표준편차	
	T점수	• 평균이 50, 표준편차가 10이 되도록 Z점수를 변환한 점수이다. • T점수 = 10 × Z점수 + 50	
	H점수	• T점수를 변형한 것으로서 평균이 50, 표준편차가 14인 표준점수이다. • H점수 = 14 × Z점수 + 50	
표준 등급	• '스테나인(Stanine)'이라고도 하며, 이는 'Standard'와 'Nine'의 합성어에 해당한다. • 원점수를 백분위점수로 변환한 다음 비율에 따라 1~9까지의 구간으로 구분하여 각각의 구간에 일정한 점수나 등급을 부여한 것이다. 이때 평균은 5점이며, 최저점수 1점		

과 최고점수 9점을 제외하여 계산하는 경우 표준편차는 2점이다.
• 학교에서 실시하는 성취도검사나 적성검사의 결과를 나타낼 때 주로 사용한다.
• 결과 점수를 일정한 범주로 분포시킴으로써 학생들 간의 점수차가 적은 경우 발생할 수 있는 해석상의 문제를 미연에 방지할 수 있다.

〈정규분포에서 스테나인에 해당하는 면적 비율〉

스테나인	1	2	3	4	5	6	7	8	9
백분율(%)	4	7	12	17	20	17	12	7	4

더 알아보기

표준편차(Standard Deviation)
• 점수집합 내에서 점수 간의 상이한 정도를 나타내는 산포도(변산도) 측정도구이다.
• 변수 값이 평균값에서 어느 정도 떨어져 있는지를 알 수 있도록 한다.
• 표준편차는 클수록 평균값에서 이탈한 것이고, 작을수록 평균값에 근접한 것이다.
• 표준편차는 분산의 양의 제곱근으로 산출한다.

[핵심예제]

대학생 A는 자기수용 검사에서 80점을 받았다. 이 검사를 받은 집단은 평균 74점, 표준편차 6점의 정규분포를 이루고 있다. 대학생 A의 점수에 관한 설명으로 옳은 것은?[20년 19회]
① A의 점수에 해당하는 백분위는 68이다.
② A의 점수에 해당하는 T점수는 40이다.
③ A의 점수의 95% 신뢰구간은 62~86점이다.
④ A보다 더 높은 점수를 받은 사람의 비율은 16%이다.
⑤ A의 점수에 해당하는 Z점수는 −1이다.

정답 ④

해설
원점수 : 80점, 평균 : 74점, 표준편차 : 6점
Z점수 = (원점수 − 평균) ÷ 표준편차 = (80 − 74)/6 = 1
T점수 = Z점수 × 10 + 50 = 1 × 10 + 50 = 60
① T점수가 60이므로 백분위는 84이다.
② A의 점수에 해당하는 T점수는 60이다.
③ A의 점수의 95% 신뢰구간은 54.4~93.6점이다.
⑤ A의 점수에 해당하는 Z점수는 1이다.

핵심이론 13 척도의 종류

① **측정수준에 의한 분류** : 척도는 측정을 하기 위한 도구로 보고 측정하고자 하는 대상에 수치나 기호를 부여하는 것으로, 체계적·논리적으로 연관되어 있는 여러 문항으로 이루어진 복합적인 측정도구이다.

명목척도 (Nominal Scale)	• 단순한 분류의 목적을 위해 측정대상의 속성에 수치를 부여한다. 예 성, 인종, 종교, 결혼 여부, 직업 등
서열척도 (Ordinal Scale)	• 일종의 순위척도로서 그 측정대상을 속성에 따라 서열이나 순위를 매길 수 있도록 수치를 부여한 척도이다. • 서열 간의 간격이 동일하지 않으며 절대량을 지적하지 않는다. 예 사회계층, 선호도, 수여 받은 학위, 변화에 대한 평가, 서비스 효율성 평가, 청소년상담사 자격등급 등
등간척도 (Interval Scale)	• 일종의 구간척도로서 측정하고자 하는 사물대상이나 현상을 분류하고 서열을 정할 수 있을 뿐만 아니라, 이들 분류된 범주 간의 간격까지도 측정할 수 있는 척도이다. • 등간격이므로 산술계산에 사용될 수 있으나, 절대영점이 없다. 예 지능, 온도, 시험점수 등
비율척도 (Ratio Scale)	• 척도를 나타내는 수가 등간일 뿐만 아니라 의미 있는 절대영점을 가지고 있는 경우에 이용되는 척도이다. 예 연령, 무게, 키, 수입, 출생률, 사망률, 이혼율, 가족 수, 졸업생 수 등

② **척도화 기법**
  ㉠ 써스톤 척도
    • 대표적인 자극 또는 문항중심의 척도화 방법이다. 자극중심방법은 연구자가 자극이나 문항들을 심리적 연속선상에서 배열하려는 목적을 가진 방법이다.
    • 등현등간척도라고도 하며, 조사자들이 어떠한 대상에 대해 가능한 많은 설명을 문장으로 만들어 놓고, 일정 수의 응답자들이 가장 많이 동의하는 문장을 찾아 이를 바탕으로 하여 척도에 포함될 적절한 문항들을 선정하여 척도를 구성하는 방법을 말한다.
  ㉡ 거트만 척도
    • 써스톤 척도와 유사한 제작원리를 갖지만, 피험자 반응에서의 누적성을 고려하여 구성하였다.
    • 점증하는 강도에 따라서 일련의 태도문항을 위계적·서열적으로 배열하는 것으로써, 특정 강도의 진술과 일치한다는 것은 그것보다 낮은 강도의 진술과 일치함을 뜻한다.
  ㉢ 리커트 척도 : 매스 커뮤니케이션 조사연구에서 가장 보편적으로 이용되는 방식으로, 5점 혹은 7점 척도로 이루어진 구성체에 관한 긍정과 부정의 의견을 담은 일련의 진술문들로 구성된 척도이다.
  ㉣ 의미분별 척도 : 관심대상 사물이나 현상을 염두에 두고 다양한 단어가 함축하는 의미를 평정하여 그 사물이나 현상의 특성을 측정하는 척도이다.
  ㉤ 강제선택형 척도 : 응답자들이 각 진술문에 대해 '매우 찬성, 찬성, 중립, 반대, 매우 반대'와 같은 5점으로 이루어진 선택틀 중에서 하나의 답을 고르거나 각 진술문들에 대해 '반드시 참이다'에서 '확실히 거짓이다'까지 이어지는 선택에서 하나의 답을 고르는 척도이다.
  ㉥ 진위형 척도 : '예/아니오'로 대답하는 형태이다.
  ㉦ 중다선택형 척도 : 하나의 문항에 대해 보통 4가지 또는 그 이상의 선택지가 주어지고 하나의 정답을 선택하는 형태이다.

핵심예제

척도에 관한 설명으로 옳지 않은 것은? [20년 19회]

① 명목척도에는 성별, 전화번호 등이 있다.
② 서열척도는 순위에 대한 정보를 포함하고 있다.
③ 등간척도를 이용하여 평균값, 표준편차, 상관계수를 구할 수 있다.
④ 써스톤 척도는 척도들 간의 간격이 동일하다 하여 등간격척도라고도 한다.
⑤ 거트만 척도는 인종적 편견의 강도를 측정하기 위해 고안한 것으로 사회적 거리척도라고도 한다.

정답 ⑤

해설

인종적 편견의 강도를 측정하기 위해 고안된 척도는 보가더스(Bogardus)의 사회적 거리척도이다.
• 거트만 척도 : 서열척도의 일종으로 '척도도식법'이라고도 하며, 단일차원적이고 예측성이 있다.
• 보가더스(Bogardus)의 사회적 거리척도 : 소수민족, 사회계급 등에 대한 사회적 거리감의 정도를 측정하기 위해 연속적인 문항들을 동원한다.

핵심이론 14 신뢰도

① **신뢰도의 개념** : 동일한 검사 또는 동형의 검사를 반복 시행 했을 때 개인의 점수가 일관성 있게 나타나는 정도를 말하며, 측정의 오차가 적을수록 신뢰도는 높다고 본다.

검사-재검사 신뢰도 (안정성 계수)	• 하나의 검사를 동일한 피험자 집단에 일정한 시간 간격을 두고 두 번 실시하여 그 결과가 얼마나 일관되게 나오는지를 살펴보는 방법이다. • 파이(phi) 계수를 활용한다. • 반분 신뢰도와 동형검사 신뢰도는 모두 검사-재검사 신뢰도의 문제점을 보완해준다.
동형검사 신뢰도 (동형성 계수)	한 검사에 대하여, 다른 문항으로 구성되지만 검사의 난이도와 점수분산 등이 같은 동형 검사를 제작하여 이들 두 검사의 실시 결과 간의 상관계수를 계산하여 신뢰도를 추정한다.
동질성 계수 (내적 일관성 계수)	**반분 신뢰도** 한 검사를 두 부분으로 나눈 뒤 둘의 상관을 통하여 신뢰도를 추정한다. 반분된 두 검사 간에 얻어진 신뢰도 계수는 어디까지나 반분된 검사의 신뢰도이므로, 실제 사용되는 전체 검사의 신뢰도를 추정하기 위해서는 스피어만-브라운 공식을 사용하여 교정한다.
	크론바흐 알파 (Cronbach α) 내적 일관성을 구하는 방법 중 하나로, 교육학, 심리학 등의 분야에서 가장 널리 쓰이고 있는 신뢰도 추정 방법이다.
	KR 신뢰도 한 검사 내에서 문항에 대한 반응이 얼마나 일관성이 있는지를 변산적 오차로 계산하는 신뢰도 지수이다 (유형 : KR-20, KR-21).

② **신뢰도의 응용**

㉠ 표준오차 : 오차점수의 분포의 표준편차를 말하며, 한 검사 대상자의 관찰점수를 갖고 진점수를 추정할 때 생기는 오차의 정도에 관한 정보를 제공하는 것이다.

㉡ 측정의 표준오차(SEM ; Standard Error of Measurement)
  • 주어진 피험자의 관찰점수를 가지고 진점수를 추정할 때 생기는 오차의 정도이다.
  • 어떤 검사도구로 한 사람을 무한히 반복해서 검사한다고 가정할 때 얻어지는 관찰점수로, 분포의 평균은 진점수이고 이때의 표준편차가 표준오차에 해당한다.

  • 측정의 표준오차에 대한 해석은 진점수를 중심으로 관찰된 점수의 분포를 알려주는 유용한 지수이다.
  • SEM이 상대적으로 큰 소검사는 시간표집에 따른 변동성이 크다.
  • SEM을 산출하기 위해서는 검사-재검사 상관계수가 필요하다.
  • SEM이 작은 검사일수록 피검자의 당일 상태의 영향을 적게 받는다.
  • SEM은 수검자의 현재 관찰점수의 신뢰구간을 설정하는 데 사용된다.
  • 특정검사의 검사-재검사 신뢰도가 높을수록 SEM은 작아진다.
    – 수검자 IQ의 95% 신뢰구간 : IQ $\pm$ 1.96 $\times$ SEM
    – 수검자 IQ의 68% 신뢰구간 : IQ $\pm$ 1.00 $\times$ SEM
  • SEM의 산출공식은 $SEM = S_x \sqrt{1 - r_{xx}'}$ 이다. 여기에 S_x는 관찰점수분포의 표준오차를, r_{xx}'는 검사의 신뢰도계수를 의미한다.
  • 90% 신뢰구간은 X - 1.65SEM $\leq$ T $\leq$ X + 1.65SEM이다.
  • 95% 신뢰구간은 X - 1.96SEM $\leq$ T $\leq$ X + 1.96SEM이다.

[**핵심예제**]

검사의 신뢰도와 관련된 설명으로 옳은 것을 모두 고른 것은?

[16년 14회]

> ㄱ. 검사-재검사 신뢰도 – 측정변인이 비교적 안정되어 있을 때만 적절하다.
> ㄴ. 반분 신뢰도 – 문항수가 많아질수록 신뢰도가 낮아진다.
> ㄷ. 동형검사 신뢰도 – 검사-재검사 신뢰도의 문제점을 보완시킬 수 있다.
> ㄹ. 검사자 간 신뢰도 – 투사검사 및 창의성검사 등에 적용하여 평가의 신뢰도를 높일 수 있다.

① ㄱ, ㄹ ② ㄴ, ㄷ
③ ㄷ, ㄹ ④ ㄱ, ㄷ, ㄹ
⑤ ㄴ, ㄷ, ㄹ

정답 ④

해설

ㄴ. 반분 신뢰도 : 한 검사를 두 부분으로 나눈 뒤 둘 간의 상관을 통하여 신뢰도를 추정하는 방법이며, 문항수가 많을수록 신뢰도가 높게 나타날 가능성이 크다.

핵심이론 15 | **타당도**

① 타당도의 개념 : 타당도란 평가의 도구가 무엇을 재고 있느냐의 문제인 동시에 그 평가의 도구가 어느 특정한 개인이나 집단에 대해서 평가해 내려는 목표를 얼마나 정확하게 재어 내느냐의 문제이다.

② 타당도의 종류

  ㉠ 내용타당도 : 측정도구에 포함된 내용들이 측정하고자 하는 속성이나 개념을 얼마나 대표성 있게 포함하고 있는가에 대해 주관적으로 판단하는 것이다.

  ㉡ 기준(준거)타당도 : 실용적 타당도 또는 경험타당도라고도 하며, 이미 전문가가 만들어놓은 신뢰도와 타당도가 검증된 측정도구에 의한 측정결과를 기준으로 한다.

동시타당도 (공인타당도)	새로 제작한 검사의 타당도를 위해 기존에 타당도를 보장받고 있는 검사와의 유사성에 의해 타당도를 검증하는 방법
예측타당도 (예언타당도)	• 어떤 행위가 일어날 것이라고 예측한 것과 실제 대상자 또는 집단이 나타낸 행위 간의 관계를 측정하는 것(검사가 먼저 실시되고 준거가 나중에 측정됨) • 예언타당도를 알기 위한 방법으로 생존분석, 파이계수, 로지스틱회귀분석, ROC분석 등이 있다.

  ㉢ 개념타당도 : 구성타당도, 구인타당도, 구조적 타당도라고도 하며, 조작적으로 정의되어 있지 않은 인간의 심리적 특성이나 성질을 심리적 개념으로 분석하여 조작적 정의를 부여한 후, 검사점수가 조작적 정의에서 규명한 심리적 개념들을 제대로 측정하는가를 검증하는 것이다.

수렴타당도 (집중타당도)	검사결과가 해당 속성과 관련 있는 변수들과 어느 정도 높은 상관관계를 가지고 있는지 측정하는 것이다.
변별타당도 (판별타당도)	검사결과가 이론적으로 해당 속성과 관련 없는 변수들과 어느 정도 낮은 상관관계를 가지고 있는지를 측정하는 것이다.
요인분석	검사를 구성하는 문항들의 상관관계를 분석하여 상관이 높은 문항들을 묶어주는 통계적 방법을 말한다.

더 **알아보기**

중다특성-중다방법 행렬

• 캠벨과 피스크(Campbell & Fiske)가 고안한 구인타당도를 살펴보는 방법이다.
• 둘 이상의 특성에 대해 둘 이상의 방법으로 측정하여 그 결과를 분석하는 방법으로서, 동일한 특성에 대해 서로 다른 방법으로 측정하여 그 결과가 어느 정도 상관관계를 나타내는지 확인하는 것이다.
• 행렬에서 대각선에 존재하는 상관계수 값은 검사-재검사 신뢰도를 나타내는 값이다.
• 수렴타당도와 변별타당도 등의 개념으로 구인타당도를 검증한다.

[핵심예제]

다음 보기의 절차에 따라 추정하는 타당도의 유형은?

[16년 14회]

첫째, 피험자 집단에게 새로 제작한 검사를 실시한다.
둘째, 일정기간 후 검사한 내용과 관계가 있는 피험자들의 행위를 측정한다.
셋째, 검사점수와 미래 행위의 측정치와 상관정도를 추정한다.

① 예측타당도(Predictive Validity)
② 구성타당도(Construct Validity)
③ 안면타당도(Face Validity)
④ 공인타당도(Concurrent Validity)
⑤ 내용타당도(Content Validity)

정답 ①

해설

예측타당도는 어떤 검사가 무슨 행위가 일어날 것이라고 예측한 것과 실제 대상자 또는 집단이 나타낸 행위 간의 관계를 측정하는 것이다.

핵심이론 16 | 문항분석 및 탐색적 요인분석

① 문항분석 : 어떠한 문항이 신뢰도와 타당도를 높이는 문항인지를 분석하는 과정을 말한다.

분석방식	내 용
문항 반응분포	• 선다형 문항의 검사에서 수검자들이 반응한 응답(정답과 오답)의 비율을 분석하는 방식이다.
평균 및 표준편차	• 문항의 평균이 극단적인 값을 가지고 있거나 표준편차가 지나치게 작은 경우 나쁜 문항이다.
문항난이도	• 검사 문항의 쉽고 어려운 정도를 뜻하며, 문항난이도 지수는 한 문항의 총 반응 수에 대한 정답 반응수의 비율로 표시하기 때문에 실제적으로 한 문항의 쉬운 정도를 나타낸다. • 문항난이도 지수 수치가 높을수록 좀 더 쉬운 문항이다. 즉, 문항난이도 지수가 0에 근접할수록 어려운 문항이다. • 검사 문항 개발 과정에서 문항난이도를 알아보는 목적은 적절한 수준의 문항을 고르기 위함이다. • 난이도는 0.5 ~ 0.6 사이를 최적 범위로 본다.
문항변별도	• 한 검사에서 각 문항이 피험자의 능력 수준을 변별할 수 있는 정도를 나타내는 지수로, 변별력이 있는 문항은 능력이 높은 피험자가 답을 맞히는 확률이 능력이 낮은 피험자가 답을 맞히는 확률보다 높은 문항이다. • 즉, 문항전체 상관이 낮으면 문항의 변별력은 낮아지고, 문항전체 상관이 높으면 문항에서 높은 점수를 받은 사람의 전체점수도 높다. • 변별지수는 상·하위 집단에 속한 수검자의 정답 백분율에 대한 차이값이다. • 변별지수 $D = \dfrac{U}{NU} - \dfrac{L}{NL}$ (U : 상위집단에 속한 사람 중 정답자 수, NU : 상위집단 사람의 수, L : 하위집단에 속한 사람 중 정답자 수, NL : 하위집단 사람의 수) • 문항변별지수가 -1.0 ~ +1.0 사이의 값을 갖고, +1.0에 가까울수록 변별력이 높은 문항이다.
문항특성곡선 (ICC)	• 특정 문항을 맞출 확률을 잠재적 능력의 함수로 나타낸 것으로, 피험자 능력에 따라 문항의 답을 맞힐 확률을 나타내는 곡선이다. • 문항변별도는 문항특성곡선의 기울기가 크면(가파르면) 높아지고, 기울기가 작으면(완만하면) 낮아진다. • 문항특성곡선이 왼쪽 위로부터 오른쪽 아래로 완만하게 내려오는 문항은 변별력이 낮은 문항이다.

② 탐색적 요인분석 : 예비문항들 중에서 검사제작자가 구인에 관한 이론에 따라 상정한 잠재변수들에 대하여 만족할만한 부하량을 가진 문항들을 골라내기 위한 용도로 사용한다. 일반적으로 탐색적 요인분석은 내용타당도와 구성타당도 측면에서 요인구조의 타당도를 입증하고자 한다.

탐색적 요인분석 단계	• 문항 간의 상관계수 산출 • 요인 수 추정 • 요인구조 회전 • 요인 간 상관계수 산출
요인분석을 실시할 경우 주의할 점	• 문항들 간의 상관계수를 어떻게 구하는 것이 바람직할지 고려한다. • 주성분분석과 요인분석의 용도를 구분하여 사용한다. • 요인에 대한 해석 가능성을 높이기 위해 요인회전 방법을 사용할 때 직교 회전과 사교 회전을 어떤 맥락에서 사용해야 하는지 명백히 이해해야 한다.

[핵심예제]

오답률에 기초한 문항난이도에 관한 설명으로 옳은 것은?

[17년 16회]

① 해당 문항이 응답자들을 구분해주는 정도를 말한다.
② 문항난이도 지수가 0에 근접할수록 어려운 문항이다.
③ 문항난이도 지수가 1에 근접할수록 정적 편포가 발생한다.
④ 문항난이도 지수가 작아질수록 문항변별력은 커진다.
⑤ 문항 원점수를 표준점수로 바꾸어서 산출한다.

정답 ②

해설

② 문항난이도 지수는 0.00에서 1.00 사이의 값을 가지며, 문항난이도 지수가 낮을수록 어려운 문항, 문항난이도 지수가 높을수록 쉬운 문항이다.
① 문항난이도는 문항의 쉽고 어려운 정도를 나타내는 것이다.
③ 문항난이도 지수가 1에 근접할수록 쉬운 문항이므로, 분포상 오른쪽으로 치우친 부적 편포가 발생한다.
④ 검사의 문항들이 모두 난이도가 너무 높거나 반대로 너무 낮은 경우 검사의 변별력은 떨어진다.
⑤ 문항난이도는 대개 그 문항에 옳게 답한 사람들의 비율(또는 백분율)로 나타낸 것이다. 예를 들어, 표준화 표본에서 70%가 정확하게 맞힌 문항(p = .70)은 30%가 정확하게 맞힌 문항(p = 30)에 비해 난이도가 낮은 것이다.

제2장

심리검사 각론

핵심이론 17 | 지능의 요인 및 구조 (1)

① 비네(Binet)의 일반지능설

ㄱ 사고의 방향성, 행동의 목적성, 자기비판성을 지능의 본질로 보았고, 지능은 이해, 방향, 창작, 비판 등의 다양한 요소들을 포함한다.

ㄴ 개인의 이해력, 판단력, 논리력, 추리력, 기억력 등을 검사할 수 있는 포괄적인 척도를 개발하였다.

ㄷ 지능은 전체적인 통일체로서 각 요소들이 상호 밀접한 관련을 맺고 있으므로, 어떤 특정 요소를 별개인 양 분석할 수 없다. 예를 들어 기억은 주의와 연관되고, 감각적 판별은 연상 과정과 관련이 있다.

② 스피어만(Spearman)의 2요인설

ㄱ 지능에 대한 최초의 요인분석으로서, 스피어만은 여러 지적능력에 관한 검사와 이들 검사 간에 존재하는 상관관계를 설명하는 '요인(Factor)'의 개념을 도입하였다.

ㄴ 지능은 모든 개인이 공통적으로 가지고 있는 '일반요인 (General Factor)'과 함께 언어나 숫자 등 특정한 부분에 대한 능력으로서 '특수요인(Special Factor)'으로 구성된다.

ㄷ 일반지능이 낮더라도 음악이나 미술 등 예능에서 천재성을 보이는 경우가 있으며, 이는 일반요인이 아닌 특수요인에 의한 것이다.

일반요인 (G Factor)	생득적인 것으로서, 모든 유형의 지적 활동에 공통적으로 작용한다. 예 이해력, 관계추출능력, 상관추출능력 등
특수요인 (S Factor)	일반요인만으로 해결하기 어려운 특수한 과제를 수행하기 위해 작용한다. 예 언어능력, 수리능력, 정신적 속도, 상상력 등

③ 써스톤(Thurstone)의 다요인설(PMA ; Primary Mental Abilities)

ㄱ 써스톤은 대학생들을 대상으로 다양한 종류의 지능검사를 실시한 후 이를 요인분석적 방법으로 연구하였다.

ㄴ 지능은 각각 독립적인 기능을 가지고 있는 개별적인 능력들로 구성되어 있다고 주장함으로써, 불분명한 일반지능의 실체를 강조한 일반지능설의 한계를 극복하고자 한다.

ㄷ 7가지 기초정신능력 : 지능은 언어이해(Verbal Comprehension), 수(Numerical), 공간시각(Spatial Visualization), 지각속도(Perceptual Speed), 기억(Memory), 추리(Reasoning), 단어유창성(Word Fluency) 등 7가지 요인으로 구성된다.

언어이해 (V Factor)	• 언어의 개념화, 추리 및 활용 등에 대한 능력이다. • 어휘력 검사와 독해력 검사로 측정한다.
수 (N Factor)	• 계산 및 추리력, 즉 수를 다루며 계산하는 능력이다. • 더하기나 곱하기, 큰 숫자나 작은 숫자 찾기 등의 기초적인 산수문제로 측정한다.
공간시각 (S Factor)	• 공간을 상상하고 물체를 시각화할 수 있는 능력이다. • 상징물이나 기하학적 도형에 대한 정신적 조작을 요하는 검사로 측정한다.
지각속도 (P Factor)	• 어떤 대상이나 현상을 빠르고 정확하며, 구체적이고 객관적으로 파악하는 능력이다. • 상징들의 신속한 재인을 요하는 검사로 측정한다.
기억 (M Factor)	• 지각적 · 개념적 자료들을 명확히 기억하고 재생할 수 있는 능력이다. • 단어, 문자 등을 이용한 회상 검사로 측정한다.
추리 (R Factor)	• 주어진 자료로써 일반원칙을 밝히며, 이를 목표달성을 위해 생산적으로 적용 · 추리하는 능력이다. • 유추검사나 수열완성형 검사로 측정한다.
단어유창성 (W Factor)	• 상황에 부합하는 유효적절한 단어를 빠르게 산출해낼 수 있는 능력이다. • 제한시간 내에 특정 문자(예 '가' 또는 'A')로 시작하는 단어를 최대한 많이 제시하도록 요구하는 방식의 검사로 측정한다.

④ 길포드(Guilford)의 복합요인설(입체모형설)

ㄱ 길포드는 써스톤의 7가지 기초정신능력에 관한 이론을 발전시켜 기존의 지능에 대한 협소한 계열을 확대하였다.

ㄴ 지능은 다양한 방법에 의해 상이한 정보들을 처리하는 다각적 능력들의 체계적인 집합체이다.

ㄷ 지능구조는 내용(Content), 조작(Operation), 결과(Product)의 3차원적 입체모형으로 이루어지며, 이들의 상호작용에 의한 180개의 조작적 지적 능력으로 구성된다.

내용차원 (사고의 대상)	시각, 청각, 상징, 의미, 행동
조작차원 (사고의 과정)	평가, 수렴적 조작, 확산적 조작, 기억파지, 기억저장, 인지
결과차원 (사고의 결과)	단위, 분류, 관계, 체계, 전환, 함축

[핵심예제]

지능이론가와 그의 이론을 잘못 연결한 것은?

[16년 14회]

① 가드너(H. Gardner) – 다중지능이론
② 스턴버그(R. Sternberg) – 삼원이론
③ 젠센(A. Jensen) – 3수준 지능이론
④ 써스톤(L. Thurstone) – 7가지 기초정신능력
⑤ 스피어만(C. Spearman) – 2요인 이론

정답 ③

해설

③ 젠센(A. Jensen)은 인종 간 지능의 고저(高低)가 유전자적 차이에서 온다고 분석한 심리학자이다.
① 가드너의 다중지능이론 : 인간의 지능은 일반지능과 같은 단일한 능력이 아닌 다수의 능력으로 구성되며, 각각의 능력들의 상대적 중요도는 서로 동일하다.
② 스턴버그의 삼원이론 : 지능을 개인의 내부세계와 외부세계에서 비롯되는 경험의 측면에서 성분적 지능, 경험적 지능, 상황적 지능으로 구분하였다.
④ 써스톤의 7가지 기초정신능력 : 지능은 언어이해, 수, 공간시각, 지각속도, 기억, 추리, 단어유창성 등 7가지 기초정신능력으로 구성된다.
⑤ 스피어만의 2요인 이론 : 지능은 모든 개인이 공통적으로 가지고 있는 '일반요인(General Factor)'과 함께 언어나 숫자 등 특정한 부분에 대한 능력으로서 '특수요인(Special Factor)'으로 구성된다는 가정이다.

핵심이론 18 | **지능의 요인 및 구조 (2)**

① 카텔과 혼(Cattell & Horn)의 위계적 요인설
　㉠ 카텔은 인간의 지능을 유동성 지능과 결정성 지능으로 구분하였다.
　㉡ 혼은 카텔의 주장을 토대로 유동성 지능과 결정성 지능의 특징적 양상에 대해 연구하였다.

유동성 지능 (Fluid Intelligence)	• 익숙지 않은 자극에 직면할 때 그에 대처하기 위한 즉각적 적응력 및 융통성과 연관된다. • 유전적·신경생리적 영향에 의해 발달이 이루어지는 반면, 경험이나 학습의 영향을 거의 받지 않는다. • 신체적 요인에 따라 청소년기에 이르기까지 발달이 이루어지다가 이후 퇴보현상이 나타난다. • 기억력, 추리력, 추론능력을 포함하여 수열 및 분류, 비언어적·비표상적 유추와 관련된 능력 등이 해당한다. • 웩슬러(Wechsler) 지능검사의 소검사 중 '빠진 곳 찾기', '차례 맞추기', '토막짜기', '모양 맞추기', '공통성 문제', '숫자 외우기' 등이 유동성 지능을 반영한다.
결정성 지능 (Crystallized Intelligence)	• 교육이나 훈련, 문화적 자극에 의해 개발된 지적능력과 연관된다. • 경험적·환경적·문화적 영향의 누적에 의해 발달이 이루어지며, 교육 및 가정환경 등에 의해 영향을 받는다. • 나이가 들수록 더욱 발달하는 경향이 있다. • 문제해결능력, 상식, 언어능력, 산술 및 기계적 지식 등이 해당한다. • 웩슬러 지능검사의 소검사 중 '기본지식', '어휘문제', '공통성 문제', '이해문제' 등이 결정성 지능을 반영한다.

② 가드너(Gardner)의 다중지능이론
　㉠ 전통적인 지능이론이 지능의 일반적인 측면을 강조하는데 반해, 가드너는 문제해결 능력과 함께 특정 사회적·문화적 상황에서 산물을 창조하는 능력을 강조하였다.
　㉡ 인간의 지능은 일반지능과 같은 단일한 능력이 아닌 다수의 능력으로 구성되며, 각각의 능력들의 상대적 중요도는 서로 동일하다.
　㉢ 가드너는 지능을 언어지능, 논리–수학 지능, 공간지능, 신체–운동 지능, 음악지능, 대인관계 지능, 개인 내적 지능, 자연탐구 지능 등 8가지의 독립된 지능으로 구분하였다.
　㉣ 최근에는 실존적 지능(Existential Intelligence)을 비롯하여, 도덕적 감수성(Moral Sensibility), 성적 관심

(Sexuality), 유머(Humor), 직관(Intuition), 창의성(Creativity) 등 다양한 지능의 존재 가능성을 제기하고 있다.

언어지능	• 언어 분석 및 이해의 능력 • 단어의 소리, 리듬, 의미에 대한 감수성 예 시인, 소설가, 법률가, 저널리스트 등
논리-수학 지능	• 상징적 논리력 및 계산의 능력 • 추상적 사고력 및 추론능력 예 과학자, 수학자, 엔지니어, 컴퓨터 프로그래머, 회계사 등
공간지능	• 3차원적 사고, 시각적·공간적 정보를 지각·조정하는 능력 • 자신이 처한 상황에서 특정한 방향을 알아내는 능력 예 화가, 조각가, 건축가, 발명가, 항해사 등
신체-운동 지능	• 신체를 조정하고 신체적 기술을 활용하는 능력 • 신체를 활용하여 문제를 해결하고 소산물을 창출해내는 능력 예 운동선수, 무용가, 연극배우, 외과의사 등
음악지능	• 음에 대한 다각적인 감각능력 • 소리의 의미에 대한 이해 및 교류, 음악적 창작능력 예 작곡가, 지휘자, 연주자, 음향기술자 등
대인관계 지능	• 타인에 대한 이해력 및 상호작용능력 • 타인의 얼굴표정이나 음성 또는 몸짓 등에 대한 민감성 예 정치가, 성직자, 사업가, 교육가 등
개인 내적 지능	• 자신에 대한 객관적 또는 직관적 이해능력 • 자신의 강점과 약점에 대한 인식, 자신의 상태를 발전시키는 능력 예 철학자, 심리학자, 정신분석가 등
자연탐구 지능	• 가장 최근에 올라온 것으로 자연의 패턴을 관찰하고 대상을 정의·분류하는 능력

③ 스턴버그(Sternberg)의 삼원지능이론

㉠ 스턴버그는 지능을 개인의 내부세계와 외부세계에서 비롯되는 경험의 측면에서 성분적 지능, 경험적 지능, 상황적 지능으로 구분하였다.

㉡ 지능의 세 가지 측면을 토대로 한 성분하위이론, 경험하위이론, 상황하위이론은 다시 각각의 세부적인 하위이론들로 나눠짐으로써 위계구조를 이룬다.

㉢ 삼원지능이론의 각 하위이론들은 내부영역, 경험영역, 외부영역에서 지능의 근원적 요소들을 포착하여 해당 요소들이 어떻게 지적 사고와 행동을 산출하는지 제시한다.

성분적 지능	• 새로운 지능을 획득하고 이를 논리적 문제의 해결에 적용하는 분석적 능력 또는 정보처리능력을 말한다. • 메타요소, 수행요소, 지식습득요소를 포함한다.
경험적 지능	• 직관력과 통찰력을 통해 새로운 문제를 신속하게 처리하는 능력으로서 창의적 능력을 말한다. • 신기성을 다루는 능력과 정보처리의 자동화능력을 포함한다.
상황적 지능	• 현실상황에 대한 적응 및 환경과의 조화를 이루는 융통적이고 실용적인 능력으로서 실제적 능력을 말한다. • 환경에 적응하는 능력과 새로운 환경을 선택하는 능력을 포함한다.

④ 젠센(A. Jensen)의 유전지능이론

㉠ 인종 간 지능의 고저(高低)가 유전자적 차이에서 온다고 분석하였다.

㉡ 문화나 교육을 통한 지능은 유전적 요인보다 영향력이 낮다고 보았다.

[핵심예제]

가드너(H. Gardner)의 다중지능이론에 해당하지 않는 것은? [18년 17회]

① 미술지능 ② 대인관계 지능
③ 신체-운동 지능 ④ 언어지능
⑤ 논리-수학 지능

정답 ①

해설

가드너(H. Gardner)의 다중지능이론
• 언어지능 : 언어 분석 및 이해의 능력, 단어의 소리·리듬·의미에 대한 감수성
• 논리-수학 지능 : 상징적 논리력 및 계산의 능력, 추상적 사고력 및 추론능력
• 공간지능 : 3차원적 사고, 시각적·공간적 정보를 지각·조정하는 능력, 자신이 처한 상황에서 특정한 방향을 알아내는 능력
• 신체-운동 지능 : 신체를 조정하고 신체적 기술을 활용하는 능력, 신체를 활용하여 문제를 해결하고 소산물을 창출해내는 능력
• 음악지능 : 음에 대한 다각적인 감각능력, 소리의 의미에 대한 이해 및 교류, 음악적 창작능력
• 대인관계 지능 : 타인에 대한 이해력 및 상호작용능력, 타인의 얼굴표정이나 음성 또는 몸짓 등에 대한 민감성
• 개인 내적 지능 : 자신에 대한 객관적 또는 직관적 이해능력, 자신의 강점과 약점에 대한 인식, 자신의 상태를 발전시키는 능력
• 자연탐구 지능 : 자연의 패턴을 관찰하여 대상을 정의하고 분류하며, 자연과 인공적인 체계를 이해하는 능력

핵심이론 19 지능지수의 구분

① 비율지능지수(비율 IQ)
   ㉠ 비네(Binet) 검사 계열에서 사용하는 방식이다.
   ㉡ 개인의 지적능력을 정신연령(MA ; Mental Age)과 생활연령 또는 신체연령(CA ; Chronological Age)의 대비를 통해 비율로써 나타낸다.

$$지능지수(IQ) = \frac{정신연령(MA)}{생활연령(CA)} \times 100$$

   ㉢ 비율지능지수는 정신연령이 대략 15세 이후로 증가하지 않는다는 사실을 간과했기 때문에 15세 이후의 청소년이나 성인을 대상으로 하는 검사로는 부적합하다.
   ㉣ 비율지능지수는 생활연령 수준에 따른 정신연령 범위의 증감폭을 충분히 고려하지 못함으로써 다른 연령대의 대상자와 비교가 곤란하다.

② 편차지능지수(편차 IQ)
   ㉠ 웩슬러(Wechsler) 검사 계열에서 사용하는 방식으로, 기존의 스탠포드-비네(Stanford-Binet) 검사에서 적용하던 비율지능지수의 한계에 대한 인식에서 비롯되었다.
   ㉡ 개인의 어떤 시점의 지능을 동일 연령대 집단에서의 상대적인 위치로 규정한 지능지수이다. 즉, 동일연령을 대상으로 검사를 실시한 후에 정규분포곡선에서 평균을 '100', 표준편차를 '15'로 하여 환산한 것이다.

$$지능지수(IQ) = 15 \times \frac{개인점수 - 해당 연령규준의 평균}{해당 연령규준의 표준편차} + 100$$

   ㉢ 개인의 지능 수준을 동일 연령대 집단의 평균치와 대조하여 그 이탈된 정도를 통해 상대적인 위치로써 나타낸다. 따라서 개인의 점수를 동일 연령의 다른 사람과 직접 비교하는 것이 가능하다.
   ㉣ 개인 내 영역별 소검사의 점수를 비교할 수 있으며, 프로파일의 해석을 통해 진단 집단의 특징을 파악할 수 있도록 해준다.
   ㉤ 모든 연령집단에서 동일한 방법으로 해석이 가능하다.

더 알아보기

지능검사의 실시와 유의점
• 먼저 라포 형성과 유지를 위해 노력한다.
• 검사환경을 일정하게 하고 주변자극을 차단한다.
• 지시문이나 질문은 미리 정해져 있어야 한다.
• 채광 및 온도를 유지하고, 소음이 없는 최적의 장소를 구비하여야 한다.
• 검사로 인한 피로를 최소화해야 한다.
• 검사는 표준화된 절차를 따라 실시한다.

[핵심예제]

편차지능지수에 관한 설명으로 옳은 것은? [15년 13회]
① 정규분포 가정이 적용되지 않는다.
② 비네-시몽(Binet-Simon) 검사에서 사용한 지수이다.
③ 한 개인의 점수는 같은 연령 수준 내에서 비교된다.
④ 산출된 지능지수는 연령에 따라 다르게 해석된다.
⑤ 비율지능지수에 비해 중년 집단에의 적용에는 한계가 있다.

정답 ③

해설
① 정규분포곡선에서 평균을 100, 편차를 15로 하여 환산한 척도이다.
② 웩슬러(Wechsler) 검사 계열에서 사용하는 방식이다. 기존의 스탠포드-비네(Stanford-Binet) 검사에서 적용하던 비율지능지수의 한계에 대한 인식에서 비롯되었다.
④ 모든 연령집단에서 동일한 방법으로 해석이 가능하다.
⑤ 비율지능지수는 연령이 적은 경우 과대평가되고, 연령이 많은 경우 과소평가되어 중년집단에는 적용에 한계가 있으며 이런 결함을 보완하기 위한 것이 편차지능지수이다.

핵심이론 20 웩슬러(Wechsler) 지능검사의 이해

① 웩슬러 지능검사의 의의
- ㉠ 웩슬러 지능검사는 데이비드 웩슬러(David Wechsler)가 1939년에 제작한 개인지능검사로서, 오늘날 스탠포드-비네 검사와 더불어 가장 널리 사용되고 있다.
- ㉡ 지능의 다요인적·중다결정적 측면을 강조하여 유전과 환경의 상호작용을 고려하였다.
- ㉢ 지능이 다차원적이고 중다적인 구조로 이루어져 있음을 전제로 하여, 지능의 다양한 영역을 총체적인 관점으로 평가한다.

② 웩슬러 지능검사의 특징
- ㉠ 집단검사가 아닌 개인검사이므로, 검사자와 수검자 간의 관계형성이 보다 용이하다.
- ㉡ 인지적 검사로서 구조화된 객관적 검사에 해당한다.
- ㉢ 개인의 지능을 동일 연령대 집단에서의 상대적인 위치로 규정한 편차지능지수를 사용한다.
- ㉣ 언어이해, 지각추론, 작업기억, 처리속도와 같이 4개의 소검사로 구성되어 있다.

언어이해지수	언어적 개념 형성능력, 언어적 추론능력, 환경으로부터 획득한 지식을 측정한다.
지각추론지수	지각적 및 유동적 추론능력, 공간 처리능력, 시각-운동 통합능력을 측정한다.
작업기억지수	작업기억능력을 측정한다.
처리속도지수	간단한 시각적 정보를 빠르고 정확하게 살펴보고, 배열하고 구별하는 능력을 측정한다.

- ㉤ 현재의 지능수준은 물론 병전 지능수준까지 추정하여 정신병리를 파악할 수 있도록 한다.
- ㉥ 병전 지능 추정의 기준이 되는 소검사는 '어휘'와 '상식', '토막짜기'이다.
- ㉦ 검사자가 모든 문제를 구두 언어나 동작으로 제시하고 수검자의 반응을 직접 기록할 수 있도록 함으로써, 글을 모르는 수검자(문맹인)라도 검사를 받는 것이 가능하다.

③ 웩슬러 검사의 종류와 발달순서

유아용	만 4~6세	WPPSI(Wechsler Preschool & Primary Scale of Intelligence) → WPPSI-R → WPPSI-Ⅲ(2002)
아동용	만 6~16세	WISC(Wechsler Intelligence Scale for Children) → WISC-R → WISC-Ⅲ → WISC-Ⅳ(2003)
성인용	만 16세 이상	WAIS(Wechsler Adult Intelligence Scale) → WAIS-R → WAIS-Ⅲ → WAIS-Ⅳ(2008)

④ WAIS-Ⅳ의 실시방법
- ㉠ 순서화 소검사는 검사자가 수검자에게 일련의 글자를 읽어주면, 수검자는 숫자와 글자를 순서대로 회상해야 하는 검사로 되돌아가기 규칙은 적용되지 않는다.
- ㉡ 숫자 소검사에서 숫자는 1초마다 하나씩, 마지막 숫자는 약간 띄어서 읽어준다.
- ㉢ 이해 소검사에서 문항에 제시된 단어의 의미는 수검자가 요청해도 설명하지 않는다.
- ㉣ 산수 소검사에서 수검자가 요청할 경우 문제를 반복 설명할 수 있으며, 횟수 제한은 없다.
- ㉤ 문제를 읽어주고 나서 곧바로 시간을 측정하며, 수검자의 요청으로 문제를 반복 설명할 수 있으나 시간은 처음 읽어준 후부터 잰다. 즉, 시간측정을 멈추지 않는다.

[핵심예제]

웩슬러(Wechsler) 지능검사에서 병전 지능을 추정하기 위해 사용되는 소검사를 모두 고른 것은? [17년 16회]

ㄱ. 어 휘	ㄴ. 상 식
ㄷ. 공 간	ㄹ. 협 응
ㅁ. 토막짜기	

① ㄱ, ㄷ
② ㄱ, ㄴ, ㄹ
③ ㄱ, ㄴ, ㅁ
④ ㄷ, ㄹ, ㅁ
⑤ ㄱ, ㄴ, ㄷ, ㄹ, ㅁ

정답 ③

해설

병전 지능 추정의 기준이 되는 소검사는 '어휘'와 '기본상식', '토막짜기'인데, 그 이유는 이들 소검사에서의 점수가 가장 안정적이며, 요인분석 결과 대표적인 언어성, 동작성 소검사가 되는 것으로 밝혀져 있기 때문이다.

핵심이론 21 | 한국판 웩슬러 성인용 지능검사 4판 (K-WAIS-IV)

① K-WAIS-IV의 특징

ㄱ WAIS-IV는 웩슬러 성인용 지능검사의 가장 최신판으로, 소검사들과 합성점수로 이루어져 있다. 합성점수는 일반적인 지적 능력을 나타내주는 점수와 특정 인지영역에서의 지적 기능을 나타내주는 점수로 구성된다.

ㄴ 이전판인 K-WAIS(WAIS-R의 한국판)와 비교할 때 K-WAIS-IV는 이전 판에서 제공되던 3가지 지능지수 중 전체 지능지수만 제공되고, 언어성 및 동작성 지능지수는 제공되지 않는다.

ㄷ WAIS-III에서 처음으로 채택되었던 언어이해, 지각추론, 작업기억, 처리속도의 4요인 구조가 WAIS-IV에서도 유지되어 K-WAIS-IV에서도 4요인 구조가 그대로 적용되었다.

ㄹ 차례 맞추기와 모양 맞추기 소검사가 없어지고 행렬추론, 동형찾기, 퍼즐, 순서화, 무게비교, 지우기와 같은 새로운 형식의 소검사가 추가되었다.

ㅁ 이러한 변화를 통해 유동적 지능, 작업기억, 그리고 처리속도를 안정적으로 측정할 수 있게 하였고, 지능지수를 연령범주별 환산점수로부터 유도하도록 하였다(전체연령 기준의 환산점수도 제공된다).

ㅂ 산출되는 지능지수의 범위를 IQ 40~160으로 확장하여 능력이 매우 뛰어나거나 매우 제한된 사람들의 지능지수 산출을 가능하게 하였다.

ㅅ 시범문항과 연습문항의 도입하고, 시각적 자극의 크기를 확대하였으며, 언어적 지시를 단순화하고, 시간보너스의 비중을 줄이며, 검사의 수행과정에서 운동 요구를 감소시켜 전반적으로 실시를 간편화하고 실시 시간을 단축시켰다. 특히 나이든 집단의 과제 수행을 용이하게 하였다.

ㅇ 제한시간이 있는 소검사는 토막짜기, 퍼즐, 무게비교, 빠진 곳 찾기, 산수, 동형찾기, 기호쓰기, 지우기 등이다.

② 소검사의 구성

구 분	언어이해 (VCI)	지각추론 (PRI)	작업기억 (WMI)	처리속도 (PSI)
핵심 소검사	공통성 어 휘 상 식	토막짜기 행렬추리 퍼 즐	숫 자 산 수	동형찾기 기호쓰기
보충 소검사	이 해	무게비교 빠진 곳 찾기	순서화	지우기

③ 소검사의 특징

구 분	소검사	내용
언어 이해	공통성 (Similarity)	• 공통적인 사물이나 개념을 나타내는 두 개의 단어가 제시되면 어떠한 유사점이 있는지를 기술해야 한다. • 언어적 개념형성 혹은 추론의 과정을 측정한다.
	어 휘 (Vocabulary)	• 그림 문항의 경우 시각적으로 제시되는 물체의 이름을 말해야 한다. • 언어적 문항의 경우 인쇄된 글자와 동시에 구두로 제시되는 단어의 뜻을 말해야 한다.
	상 식 (Information)	• 언어이해 지수의 핵심 소검사로서, 폭넓은 영역의 일반 지식에 관한 질문에 대답해야 한다.
	이 해★ (Comprehension)	• 일반적 원리와 사회적 상황에 대한 이해에 근거해서 질문에 답해야 한다. • 언어적 이해와 표현, 과거 경험을 활용하고 평가하는 능력, 실질적인 지식, 판단력을 측정할 수 있다.
지각 추론	토막짜기 (Block Design)	• 정해진 제한시간 내에 제시된 모형과 그림, 또는 그림만 보고 빨간색과 흰색으로 이루어진 토막을 사용하여 제시된 모형이나 그림과 똑같은 모양을 만들어야 한다. • 추상적인 시각적 자극을 분석하고 통합하는 능력을 측정하며, 비언어적 개념형성과 추론, 광범위한 시각적 지능, 유동적 지능, 시지각 및 조직화 능력, 동시적 처리 과정, 시각-운동 협응 능력 등을 측정한다.
	행렬추론 (Matrix Reasoning)	• 일부가 빠져있는 행렬을 보고 이를 완성할 수 있는 반응 선택지를 골라야 한다. • 유동적 지능, 광범위한 시각적 지능, 분류와 공간적 능력, 부분과 전체의 관계를 파악하는 능력, 동시적 처리, 지각적 조직화 능력을 측정한다.

지각 추론	퍼 즐 (Visual Puzzles)	• 완성된 퍼즐을 보고 제한시간 내에 그 퍼즐을 만들 수 있는 3개의 반응을 찾는다. • 비언어적 추론, 추상적인 시각자극을 분석하고 통합하는 능력, 시지각, 광범위한 시각적 지능, 유동적 지능, 동시적 처리능력, 공간적 시각화와 조작능력 등을 측정한다.
	무게비교★ (Figure Weights)	• 정해진 제한시간 내에 양쪽 무게가 달라 균형이 맞지 않는 저울을 보고 균형을 맞추는 데 필요한 반응을 찾는다. • 양적 추론, 유추적 추론을 측정한다.
	빠진 곳 찾기★ (Picture Completion)	• 정해진 제한시간 내에 중요한 부분이 빠져 있는 그림을 보고 빠진 부분을 찾아야 한다. • 시지각, 조직화, 집중력, 대상의 핵심적인 세부 사항을 시각적으로 인식해내는 능력을 측정한다.
작업 기억	숫 자 (Digit Span)	• 검사자가 읽어준 일련의 숫자를 동일한 순서로 기억해야 한다. • '숫자 거꾸로 따라하기'에서는 검사자가 읽어준 일련의 숫자를 역순으로 기억해야 하며, 기억 · 정보의 변형과 정신적 조작 · 시공간적 심상화를 측정한다. • '숫자 순서대로 배열하기'에서는 검사자가 읽어준 일련의 숫자를 작은 숫자부터 차례로 기억해내야 하며, 암기 학습 · 기억 · 주의력 · 부호화 · 청각적 처리과정을 측정한다.
	산 수 (Arithmetic)	• 정해진 제한시간 내에 일련의 산수 문제를 암산으로 풀어야 한다. • 정신적 조작, 집중력, 주의력, 단기 및 장기 기억, 수리적 추론능력, 정신적 주의 등을 측정한다.
	순서화★ (Letter– Number Sequencing)	• 일련의 숫자와 글자를 읽어주면 숫자와 글자를 순서대로 회상해야 한다. • 순차적 처리능력, 정신적 조작능력, 주의력, 집중력, 기억폭, 단기적 청각 기억력 등을 측정한다.
처리 속도	동형찾기 (Symbol Search)	• 정해진 제한시간 내에 탐색집단에서 표적기호와 동일한 것을 찾아 표시해야 한다. • 단기적 시각 기억력, 시각운동 협응력, 인지적 유연성, 시각적 변별력, 정신운동 속도, 정신적 조작속도, 주의력, 집중력, 청각적 이해력, 지각적 조직화 능력, 유동적 지능, 계획 및 학습능력을 측정한다.
	기호쓰기 (Coding)	• 제한 시간 내에 숫자와 짝지어진 기호를 옮겨 적는다. • 단기적 시각 기억력, 학습능력, 정신운동 속도, 시각적 지각능력, 시각–운동 협응 능력, 시각적 탐색 능력, 인지적 유연성, 주의력, 집중력, 동기 등을 측정한다.

지우기★ (Cancellation)	• 정해진 제한시간 내에 조직적으로 배열되어 있는 도형들 속에서 표적 모양을 찾아 표시한다. • 처리속도, 시각적 선택적 주의력, 경계능력, 지각속도, 시각–운동 능력을 측정한다.

(★은 보충 소검사)

④ K-WAIS-IV 검사의 채점

㉠ 각각의 소검사 문항에서 얻은 점수를 합하여 소검사의 원점수를 구한다.

㉡ 소검사의 원점수를 검사지의 환산점수 산출표를 토대로 환산점수로 바꾼다(이 환산점수는 평균 10, 표준편차 3인 표준점수로 변환한 것이다).

㉢ 언어성 검사와 동작성 검사에 속하는 각 소검사들의 환산점수를 더해서 각기 언어성 검사와 동작성 검사의 환산점수를 구하고, 이를 다시 더해서 전체 검사점수의 환산점수를 구한다(평균 100, 표준편차 15).

㉣ 각 환산점수를 검사요강의 연령별 지능지수산출표를 활용하여 언어성 IQ, 동작성 IQ, 전체 IQ로 바꾼다.

⑤ K-WAIS-IV의 조합점수별 측정내용

언어이해지수 (VCI)	언어적 이해능력, 언어적 정보처리능력, 언어적 기술 및 정보의 새로운 문제해결을 위한 적용 능력, 어휘를 이용한 사고 능력, 결정적 지식, 인지적 유연성, 자기감찰 능력 등을 반영한다.
지각추론지수 (PRI)	지각적 추론능력, 시각적 이미지에 대한 사고 및 처리능력, 시각–운동 협응 능력, 공간처리 능력, 인지적 유연성, 제한된 시간 내에 시각적으로 인식된 자료를 해석 및 조직화하는 능력, 유동적 추론 능력, 비언어적 능력 등을 반영한다.
작업기억지수 (WMI)	작업기억, 청각적 단기기억, 주의집중력, 수리 능력, 부호화 능력, 청각적 처리기술, 인지적 유연성, 자기감찰 능력 등을 반영한다.
처리속도지수 (PSI)	시각정보의 처리속도, 과제 수행속도, 시지각적 변별 능력, 정신적 수행의 속도 및 정신운동 속도, 주의집중력, 시각–운동 협응 능력, 인지적 유연성 등을 반영한다.
전체지능지수 (FSIQ)	개인의 인지 능력의 현재 수준에 대한 전체적인 측정치로서, 언어이해지수(VCI), 지각추론지수(PRI), 작업기억지수(WMI), 처리속도지수(PSI) 등 4가지 지수를 산출하는 데 포함된 소검사 환산점수들의 합으로 계산한다.
일반능력지수 (GAI)	언어이해의 주요 소검사(공통성, 어휘, 상식)와 지각추론의 주요 소검사(토막짜기, 행렬추론, 퍼즐)로 구성된 조합점수이다.

인지효능지수 (CPI)	작업기억의 주요 소검사(숫자, 산수)와 처리속도의 주요 소검사(동형찾기, 기호쓰기)로 구성된 조합점수이다.

더 알아보기

표준점수들 간의 비교

구 분	Z점수	지능 점수	T점수	토막 짜기	백분위
68.26%	-1 ~ +1	85 ~ 115	40 ~ 60	7 ~ 13	15.87 ~ 84.13
95.44%	-2 ~ +2	70 ~ 130	30 ~ 70	4 ~ 16	2.28 ~ 97.72
99.72%	-3 ~ +3	55 ~ 145	20 ~ 80	1 ~ 19	0.14 ~ 99.86

[핵심예제]

K-WAIS-Ⅳ에 관한 설명으로 옳은 것은? [17년 16회]

① 총 14개의 소검사로 구성되어 있다.
② 빠진 곳 찾기는 작업기억지표에 해당하는 보충 소검사이다.
③ 순서화는 사회적 이해력을 파악하기 위한 핵심 소검사이다.
④ 이해는 언어이해지표의 보충 소검사이다.
⑤ 퍼즐은 K-WAIS-Ⅳ에서 제외된 소검사이다.

정답 ④

해설

① 총 15개의 소검사로 이루어져 있다.
② 빠진 곳 찾기는 지각추론에 해당하는 보충 소검사이다.
③ 순서화는 작업기억의 보충 소검사이다.
⑤ 퍼즐은 K-WAIS-Ⅳ의 지각추론에 추가된 검사이다.

핵심이론 22 **한국판 웩슬러 아동용 지능검사 4판 (K-WISC-Ⅳ)**

① K-WISC-Ⅳ의 개념 : 한국판 웩슬러 아동용 지능검사 (K-WISC-Ⅳ)는 기존의 한국판 웩슬러 아동용 지능검사 (K-WISC-Ⅲ)를 개정한 것으로 6세 0개월~16세 11개월까지의 아동의 인지적 능력을 평가하기 위한 개별 검사도구이다.

② K-WISC-Ⅲ의 특징
　㉠ 소검사 추가 : K-WISC-Ⅳ는 15개의 소검사로 구성되어 있다. K-WISC-Ⅲ와 동일한 10개 소검사와 5개의 새로운 소검사(공통그림 찾기, 순차처리, 행렬추리, 선택, 단어추리)가 추가되었다.
　㉡ 합성점수 산출 : K-WISC-Ⅳ는 다섯 가지 합성점수를 얻을 수 있으며, 아동의 전체적인 인지능력을 나타내는 전체검사 IQ를 제공한다(15개의 소검사로 이루어져 있지만, 합성점수를 얻기 위해서는 대부분 10개의 주요검사만 실시함).
　㉢ 처리점수 산출 : K-WISC-Ⅳ는 3개의 소검사(토막짜기, 숫자, 선택)에서 7개의 처리점수를 제공한다. 이러한 점수들은 아동의 소검사 수행에 기여하는 인지적 능력에 대한 보다 자세한 정보를 제공하도록 고안되었다(처리점수는 다른 소검사 점수로 대체할 수 없으며, 합성 점수에도 포함되지 않음).

③ 하위 소검사의 유형
　㉠ 언어이해

	목 적	• 언어적 추론과 개념 형성을 측정한다.
		• 청각적 이해, 기억, 본질적인 특성과 비본질적인 특성간의 구분, 언어적 표현과 관련된다.
공통성 (SI)	목 적	• 아동이 공통적인 사물이나 개념을 나타내는 두 개의 단어를 듣고, 두 단어가 어떻게 유사한지를 말한다.
	방 법	• 총 23문항이며, 이 중 12개는 새로운 문항으로 채점 연구를 통해 채점 기준을 새로이 마련하였으며, 시작 전 아동으로부터 좋은 반응을 요구하기 위해 예시 문항이 개정되었다.
어 휘 (VC)	목 적	• 아동의 언어 지식과 언어적 개념 형성을 측정한다.
		• 아동의 지식의 축적, 학습 능력, 장기기억, 언어발달의 정도를 측정한다.

어휘 (VC)	방법	• 그림문항에서 아동은 소책자에 있는 그림들의 이름을 말하고, 말하기 문항에서 아동은 검사자가 크게 읽어주는 단어의 정의를 말한다. • 4개의 그림 문항과 32개의 언어 문항을 포함하여 총 36문항이 있고, 그림 문항은 하한선을 늘리기 위해 추가되었다.
이해 (CO)	목적	• 언어적 추론과 개념화, 언어적 이해와 표현, 과거 경험을 평가하고 사용하는 능력, 실제적 지식을 발휘하는 능력을 측정한다.
	방법	• 아동은 일반적인 원칙과 사회적 상황에 대한 이해에 기초하여 질문에 대답한다. • 총 21문항으로 구성되어 있으며, 이 중 11개 문항이 추가되었고 10개의 문항은 단어가 조금 바뀌거나 전혀 바뀌지 않고 유지된다.
상식★ (IN)	목적	• 아동이 일반적이고 사실적인 지식을 획득·유지·인출하는 능력을 측정한다. • 결정화된 지능, 장기 기억, 학교와 환경으로부터 얻은 정보를 유지하고 인출하는 능력 등을 측정한다.
	방법	• 아동이 일반적 지식에 관한 광범위한 주제를 다루는 질문에 대답한다. • 총 33문항 중 15개 문항이 추가되었고, 18개의 문항은 단어가 조금 바뀌거나 전혀 바뀌지 않고 유지된다.
단어 추리★ (WR)	목적	• 언어적 이해, 유추 및 일반적 추론 능력, 언어적 추상화, 특정 분야의 지식, 서로 다른 유형의 정보를 통합 및 종합하는 능력, 대체 개념을 만들어내는 능력을 측정한다.
	방법	• 아동이 일련의 단서에서 공통된 개념을 찾아내어 단어로 말한다. • K-WISC-IV의 새로운 소검사이며 총 24문항으로 구성된다.

(★은 보충 소검사)

ⓛ 지각추론

토막 짜기 (BD)	목적	• 추상적 시각자극을 분석하고 종합하는 능력을 측정한다. • 비언어적 개념 형성, 시지각 및 시각적 조직화, 동시처리, 시각-운동 협응 등과 관련된다.
	방법	• 아동이 제한시간 내에 흰색과 빨간색으로 이루어진 토막을 사용하여 제시된 모형이나 그림과 똑같은 모양을 만든다. • 총 14문항이며, 이 중 11개 문항은 K-WISC-III에서 유지되었거나 약간 수정되었고, 3개의 문항은 상한선을 늘리기 위해 추가되었다.

행렬 추리 (MR)	목적	• 유동성 지능의 좋은 측정치이며 일반 지적 능력에 대한 신뢰할 만한 추정치이다. • 시각적 정보처리와 추상적 추론 능력을 신뢰성있게 측정하기 위해 4가지 유형의 문항을 고안하였다.
	방법	• 아동은 불완전한 행렬을 보고, 5개의 반응 선택지에 제시된 행렬의 빠진 부분을 찾아낸다. • 총 35문항으로 구성된다.
공통 그림 찾기 (PCn)	목적	• 추상화와 범주적 추론 능력을 측정하기 위해 새롭게 고안된 검사이다.
	방법	• 아동에게 두 추상화와 범주적 추론 능력을 측정하기 위해 새롭게 고안된 검사줄 또는 세 줄로 이루어진 그림들을 제시하며, 아동은 공통된 특성으로 묶일 수 있는 그림을 각 줄에서 한 가지씩 고른다. • 총 28문항이며, 높은 번호일수록 추상적 추론 능력이 점점 더 요구되는 순서로 되어 있다.
빠진 곳 찾기★ (PCm)	목적	• 시지각 및 시각적 조직화, 집중력, 사물의 본질적인 세부에 대한 시각적 재인을 측정한다.
	방법	• 아동이 그림을 보고 제한시간 내에 빠져 있는 중요한 부분을 가리키거나 말한다. • 총 38문항이며, 13개의 새로운 문항과 K-WISC-III에서 유지된 25개의 문항으로 이루어져 있다.

(★은 보충 소검사)

ⓒ 작업기억

숫자 (DS)	목적	• 청각적 단기기억, 계열화능력, 주의력, 집중력을 측정한다. • '숫자 바로 따라하기'는 기계적 암기 학습과 기억, 주의력, 부호화, 청각적 처리와 관련된다. • '숫자 거꾸로 따라하기'는 작업기억, 정보 변환, 정신적 조작, 시공간적 형상화와 관련된다. • '숫자 바로 따라하기'에서 '숫자 거꾸로 따라하기' 과제로의 전환에는 인지적 유연성과 정신적 기민함이 요구된다.
	방법	• '숫자 바로 따라하기'에서는 검사자가 큰 소리로 읽어 준 것과 같은 순서로 아동이 따라한다. • '숫자 거꾸로 따라하기'에서는 검사자가 읽어준 것과 반대 방향으로 아동이 따라한다. • '숫자 바로 따라하기' 8문항, '숫자 거꾸로 따라하기' 8문항이 있다.

순차 연결 (LN)	목 적	• 계열화, 정신적 조작, 주의력, 청각적 단기기억, 시공간적 형상화, 처리속도와 관련된다.
	방 법	• 아동에게 연속되는 숫자와 글자를 읽어 주고, 숫자가 많아지는 순서와 한글의 가나다 순서대로 암기하도록 한다. • 각각 3개의 시행으로 이루어진 총 10문항으로 구성된다.
산 수★ (AR)	목 적	• 정신적 조작, 집중력, 주의력, 단기기억 및 장기기억, 수와 관련된 추론 능력, 정신적 기민함과 연관된다. • 계열화, 유동적 추론, 논리적 추론과도 관련된다.
	방 법	• 아동이 구두로 주어지는 일련의 산수 문제를 제한시간 내에 암산으로 계산한다. • 총 34문항으로 구성되며, 21개의 새로운 문항이 개발되었다(상한선과 하한선, 그리고 심리측정적 속성을 강화시키기 위해).

(★은 보충 소검사)

ⓛ 처리속도

기호 쓰기 (CD)	목 적	• 처리속도에 더하여, 단기기억, 학습능력, 시지각, 시각-운동 협응, 시각적 주사 능력, 인지적 유연성, 주의력, 동기를 측정한다.
	방 법	• 아동은 간단한 기하학적 모양이나 숫자에 대응하는 기호를 그리고, 기호표를 이용하여 해당하는 모양이나 빈칸 안에 각각의 기호를 주어진 시간 안에 그린다. • 두 개의 연령 집단별로 〈기호쓰기〉 소검사의 형식을 나눈 것은 K-WISC-Ⅲ에서 유지된다.
동형 찾기 (SS)	목 적	• 처리속도와 함께, 시각적 단기기억, 시각-운동 협응, 인지적 유연성, 시각적 변별, 집중력과 관련된다.
	방 법	• 아동은 반응 부분을 훑어보고 반응 부분의 모양 중 표적 모양과 일치하는 것이 있는지를 제한시간 내에 표시한다. • 두 개의 연령집단별로 나눈 것이 K-WISC-Ⅲ에서 유지되었고, 상한선을 늘리기 위해 〈동형찾기 B〉에서 15문항이 추가된다.
선 택★ (CA)	목 적	• 처리속도, 시각적 선택주의, 각성, 시각적 무시를 측정한다.
	방 법	• 아동이 무선으로 배열된 그림과 일렬로 배열된 그림을 훑어본 후, 제한시간 안에 표적 그림들에 표시한다. • 시각적 자극이 무선으로 배열되었을 때와 일렬로 배열되었을 때, 이렇게 두 개의 문항으로 구성되었다.

(★은 보충 소검사)

필수 3과목

[핵심예제]

K-WISC-Ⅳ에서 역순(되돌아가기) 규칙이 있는 소검사는?

[16년 15회]

① 숫 자
② 기호쓰기
③ 순차연결
④ 동형찾기
⑤ 행렬추리

정답 ⑤

해설

K-WISC-Ⅳ에서 역으로 검사문항을 실시하는 소검사는 공통성, 어휘, 이해, 상식, 단어추리, 토막짜기, 공통그림 찾기, 행렬추리, 빠진 곳 찾기 등이 있다. 역순 규칙은 처음 제시되는 두 문항 중 어느 한 문항에서 0점 또는 1점을 받을 경우, 역으로 검사문항을 실시하는 것이다.

핵심이론 23 한국 웩슬러 아동지능검사 5판 (K-WISC-Ⅴ)

① K-WISC-Ⅴ의 특징

  ㉠ 이전 판과는 달리, 지능 이론은 물론이고 인지발달, 신경발달, 인지신경과학, 학습과정에 대한 최근 심리학 연구들에 기초하고 있다.

  ㉡ 16개의 소검사로 이루어져 있으며, 유동적 추론의 측정을 강화하는 새로운 3개의 소검사(무게비교, 퍼즐, 그림기억)가 추가되었고, 4판에서 13개의 소검사(토막짜기, 공통성, 행렬추리, 숫자, 기호쓰기, 어휘, 동형찾기, 상식, 공통그림 찾기, 순차연결, 선택, 이해, 산수)가 유지되었으나, 소검사의 실시 및 채점 절차가 수정되었다.

  ㉢ 구조적으로 변화한 전체 IQ(FSIQ)와 5가지 기본지표점수(언어이해, 시공간, 유동추론, 작업기억, 처리속도)와 5가지 추가지표점수(양적추론, 청각작업기억, 비언어, 일반능력, 인지효율)를 제공한다는 점에서 이전 4판과 다르다.

  ㉣ 인지능력에서 좀 더 독립적인 영역에 대한 아동의 수행을 나타낼 수 있는 지표점수와 처리점수를 추가적으로 제공한다.

② K-WISC-Ⅴ의 구성

  ㉠ 전체척도

언어이해	시각공간	유동추론	작업기억	처리속도
공통성 어 휘 상 식 이 해	토막짜기 퍼 즐	행렬추리 무게비교 공통그림 찾기 산 수	숫 자 그림기억 순차연결	기호쓰기 동형찾기 선 택

  ㉡ 기본지표척도

언어이해	시각공간	유동추론	작업기억	처리속도
공통성 어 휘	토막짜기 퍼 즐	행렬추리 무게비교	숫 자 그림기억	기호쓰기 동형찾기

  ㉢ 추가지표척도

양적추론	청각작업 기억	비언어	일반능력	인지효율
무게비교 산 수	숫 자 순차연결	토막짜기 퍼 즐 행렬추리 무게비교 그림기억 기호쓰기	공통성 어 휘 토막짜기 행렬추리 무게비교	숫 자 그림기억 기호쓰기 동형찾기

［핵심예제］

K-WISC-Ⅴ의 지수영역이 아닌 것은? [20년 19회]

① 언어이해

② 지각추론

③ 시각공간

④ 작업기억

⑤ 처리속도

정답 ②

해설

K-WISC-Ⅴ는 언어이해, 시각공간, 유동추론, 작업기억, 처리속도 5개의 지수영역으로 이루어져 있고, K-WISC-Ⅳ는 언어이해, 지각추론, 작업기억, 처리속도 4개의 지수영역으로 구성되었다.

핵심이론 24 웩슬러 지능검사의 분석과 해석(K-WAIS-Ⅳ & K-WISC-Ⅳ)

① 웩슬러 지능검사의 지능지수 산출방법

㉠ 첫째, 소검사의 원점수를 구한다.

㉡ 둘째, 원점수를 표준점수로 환산하여 환산점수를 도출한다.

㉢ 셋째, 조합점수(합산점수)를 도출한다.

㉣ 환산점수 및 조합점수 대응 표준편차와 백분위

환산점수	조합점수	표준편차	백분위
19	145	+3	99.9
18	140	$+2\frac{2}{3}$	99.6
17	135	$+2\frac{1}{3}$	99
16	130	+2	98
15	125	$+1\frac{2}{3}$	95
14	120	$+1\frac{1}{3}$	91
13	115	+1	84
12	110	$+\frac{2}{3}$	75
11	105	$+\frac{1}{3}$	63
10	100	0(평균)	50
9	95	$-\frac{1}{3}$	37
8	90	$-\frac{2}{3}$	25
7	85	-1	16
6	80	$-1\frac{1}{3}$	9
5	75	$-1\frac{2}{3}$	5
4	70	-2	2
3	65	$-2\frac{1}{3}$	1
2	60	$-2\frac{2}{3}$	0.4
1	55	-3	0.1

② K-WISC-Ⅳ 실시 지침 및 검사 실시

㉠ 표준 소검사 실시순서 : 토막짜기가 첫 번째 소검사로 시행되는 이유는 검사자가 수검자와의 라포를 형성하는 데 도움이 되기 위함이다.

> 토막짜기 → 공통성 → 숫자 → 공통그림 찾기 → 기호쓰기 → 어휘 → 순차연결 → 행렬추리 → 이해 → 동형찾기 → 빠진 곳 찾기 → 선택 → 상식 → 산수 → 단어추리

㉡ K-WISC-Ⅳ 검사의 실시

• 실시와 채점의 객관도를 유지하기 위해 검사문항이나 실시 지시문을 변경하지 않아야 한다.

• 아동이 검사시작 전까지는 도구를 보지 못하도록 한다.

• 특정 반응이 옳은지 틀린지에 대해서는 피드백을 주어서는 안 된다. 아동의 자발적인 반응이 명백히 틀렸고 추가질문을 할 필요가 없으면, 두 번째 반응을 요구하지 않고 실패한 문항으로 간주한다.

• 아동이 기록용지나 지침서를 보게 해서는 안 된다.

• 그 문항의 실시 지침에 추가 탐문할 것이 언급되어 있지 않는 한, 명백히 틀린 대답에 대해서는 추가 질문하지 않는다.

[핵심예제]

지능검사 결과에 관한 설명으로 옳은 것은? [20년 19회]

① 지수 115의 상대적 위치는 소검사 환산점수 13과 같다.

② 지수 110의 상대적 위치는 소검사 환산점수 11과 같다.

③ 소검사 환산점수 10의 백분위는 75이다.

④ 소검사 환산점수 7의 백분위는 지수 90의 백분위와 같다.

⑤ 소검사 환산점수 7의 백분위는 90이다.

정답 ①

해설

② 지수 110의 상대적 위치는 소검사 환산점수 12와 같다.

③ 소검사 환산점수 10의 백분위는 50이다.

④ 소검사 환산점수 7의 백분위는 지수 85의 백분위와 같다.

⑤ 소검사 환산점수 7의 백분위는 16이다.

핵심이론 25 K-ABC(카우프만 아동용 지능검사)

① K-ABC의 구성
- ㉠ 계열적이거나 동시적인 순서로 문제를 해결하는 순차적 처리검사와 문제를 통합하고 종합하는 것을 요구하는 동시적 처리검사로 구성되어 있다.
- ㉡ 순차처리 척도, 동시처리 척도, 인지처리과정 종합척도(순차처리 + 동시처리), 습득도 척도의 4개의 하위척도로 구성되어 있다.

② K-ABC의 특징
- ㉠ 인지과정에 관한 이론을 토대로 좌반구와 우반구의 기능 차이에 초점을 두고 선천적·후천적 지능의 측정을 특징으로 한다.
- ㉡ 2세 6개월~12세 5개월을 대상으로 한다.
- ㉢ 언어의 영향을 최소화하기 위해 패턴인지, 도형유추, 손동작 반복과 같은 비언어적 척도를 포함하고 있다.
- ㉣ 문화적 환경에서 습득한 것과 학교에서 습득한 것을 분리하여 평가한다.

③ 하위검사의 구성
- ㉠ 순차처리 척도 : 손동작, 수회생, 단어배열
- ㉡ 동시처리 척도 : 마법의 창, 얼굴기억, 그림통합, 삼각형, 시각유추, 위치기억, 사진순서
- ㉢ 습득도 척도 : 표현어휘, 인물과 장소, 산수, 수수께끼, 문자해독, 문장이해

[핵심예제]

K-ABC의 하위 검사 중 습득도 척도에 해당하지 않는 것은?

[17년 16회]

① 삼각형　　　　　② 문자해독
③ 수수께끼　　　　④ 표현어휘
⑤ 인물과 장소

정답 ①

해설

카우프만 아동용 지능검사(K-ABC)
- 카우프만 부부가 2세 6개월부터 12세 5개월까지의 아동을 대상으로, 아동의 정신 과정과 후천적으로 습득한 사실적 지식수준을 측정한 것이다.
- 하위검사는 순차처리 척도(손동작, 수회생, 단어배열), 동시처리 척도(마법의 창, 얼굴기억, 그림통합, 삼각형, 시각유추, 위치기억, 사진순서), 습득도 척도(표현어휘, 인물과 장소, 산수, 수수께끼, 문자해독, 문장이해)로 구성되어 있다.

핵심이론 26 미네소타 다면적 인성검사(MMPI)의 특징

① MMPI의 특징
- ㉠ 실제 환자들의 반응을 토대로 경험적 제작방법에 의해 만들어졌다.
- ㉡ 비정상적인 행동과 증상을 객관적으로 측정하여 임상진단에 관한 정보를 제공해주는 것이 주목적이다.
- ㉢ 진단적·병리적 분류의 개념이 정상인의 행동을 설명하는 데에도 어느 정도 유효하다는 전제 하에 일반적 성격특성을 유추하기 위한 용도로도 사용되고 있다.
- ㉣ 주요 비정상 행동을 측정하는 10가지 임상척도와 수검자의 검사태도를 측정하는 4가지 타당도 척도에 따라 채점된다.
- ㉤ 원점수를 T점수로 환산하여 평가하며, 이때 T점수는 평균이 50, 표준편차가 10이 되도록 Z점수를 변환한 점수에 해당한다.
- ㉥ MMPI는 4개의 타당도 척도와 10개의 임상척도를 포함한 총 566개 문항으로 구성되었으며, 추후에 6개 임상척도에 대한 하위 내용척도를 세분화한 해리스-링구스(Harris-Lingoes) 소척도가 개발되었다.

② MMPI-2의 특징
- ㉠ MMPI-2는 원판 MMPI의 개정판으로서, 기존 원판의 문제점을 개선하고 최신의 규준을 확보하여 새로운 문항과 척도들을 추가한 것이다.
- ㉡ 검사 대상자는 19세 이상의 성인 남녀이고, 동형 T점수를 사용하여 지표 간 백분위 비교가 가능하게 하여 지속적으로 지적되었던 규준의 문제를 해결하였다.
- ㉢ 총 567개의 문항과 함께 재구성 임상척도, 내용척도, 보충척도, 성격병리 5요인 척도(PSY-5척도) 등이 포함되었으며, 원판 MMPI의 기본 타당성 척도 및 임상척도의 틀은 그대로 유지되었다.
- ㉣ 구시대적인 표현, 성차별적인 문구 등이 제외되는 대신 새로운 오락문화, 성적 표현, 자살 및 약물 문제 등이 포함되었다.
- ㉤ 임상척도 간의 높은 상관성을 배제하고, 각각의 임상척도가 다른 척도와 구분되는 핵심적 특징을 측정한다는 가정 하에 재구성 임상척도를 개발하였다.

ⓑ 내용척도는 논리적 방법과 통계적 방법을 조합하여 개발되었으며, 주로 명백 문항으로 구성되어 있어서 수검자의 수검태도를 고려하여 해석해야 한다.

③ MMPI-A의 특징
ⓐ MMPI는 본래 성인을 대상으로 한 것으로서, 청소년에게 부적절한 문항이 포함되거나 청소년기의 특징을 담아내지 못하는 한계가 있었다.
ⓑ MMPI-A는 청소년을 위해 개발된 것으로서 가족이나 학교, 또래집단에서의 문제 등과 관련된 내용을 포함하고 있다.
ⓒ MMPI의 타당도 척도와 임상척도의 큰 틀을 유지한 채 청소년들에게 적절한 문항을 제시하고 그들의 특징을 담아내고 있다.
ⓓ 총 478개의 문항과 함께 타당도 척도, 임상척도, 내용척도, 보충척도로 구성되어 있으며, 이들 중에는 청소년을 위해 새롭게 개발된 척도들도 포함되어 있다.
ⓔ 재구성 임상척도는 포함되어 있지 않다.
ⓕ 일부 청소년에게서 나타나는 정체감 혼란으로 인해 자신의 증상을 극단적으로 과장함으로써 F척도의 T점수가 성인에 비해 높게 나타나는 문제를 고려하였다.

[핵심예제]

MMPI-2의 특징에 관한 설명으로 옳은 것은? [14년 12회]
① 검사 대상자를 20세 이상으로 조정하였다.
② 선형 T를 사용하여 지표 간 백분위 비교가 가능하다.
③ 임상척도간의 상관을 배제하기 위해 보충척도를 추가하였다.
④ 내용척도는 주로 '명백' 문항으로 구성되어 있어서 피검자의 수검태도를 고려하여 해석해야 한다.
⑤ 성격병리 5요인에 공격성, 정신증, 통제결여, 부정적 정서성/신경증, 내향성/외향성 척도가 속한다.

정답 ④

해설
① 검사 대상자는 19세 이상의 성인 남녀이다.
② 동형 T점수를 사용하여 지표 간 백분위 비교가 가능하게 하여 지속적으로 지적되었던 규준의 문제를 해결하였다.
③ 임상척도간의 상관을 배제하기 위해 재구성 임상척도를 추가하였다.
⑤ 성격병리 5요인에 공격성, 정신증, 통제결여, 부정적 정서성/신경증, 내향성/낮은 긍정적 정서성 척도가 속한다.

MMPI의 타당도 척도

① ? 척도(무응답 척도)
ⓐ 응답하지 않은 문항 또는 '예', '아니요' 모두에 응답한 문항들의 총합이다.
ⓑ 문항의 누락은 보통 검사지시에 따라 좌우된다. 즉, 모든 문항에 응답하도록 요청하면 별로 빠뜨리는 문항 없이 응답하며, '예', '아니요'를 결정할 수 없는 경우에는 답하지 않아도 된다는 지시를 주면 무응답 문항이 많아지게 된다.
ⓒ 제외되는 문항의 효과는 잠재적으로 전체 프로파일 및 해당 문항이 속한 척도의 높이를 저하시키는 결과를 초래한다.
ⓓ 보통 30개 이상의 문항을 누락하거나 양쪽 모두에 응답하는 경우 프로파일은 무효로 간주될 수 있다. 다만, 30개 이상의 문항을 누락하더라도 기본적인 타당도 척도와 임상척도가 위치한 검사의 전반부에 해당하지 않는다면 비교적 타당한 것으로 볼 수 있다.
ⓔ 원점수 30 이상이면 프로파일이 무효일 가능성이 높다.

② L척도(부인척도, Lie)
ⓐ L척도는 사회적으로 찬양할만하나 실제로는 극도의 양심적인 사람에게서 발견되는 태도나 행동을 측정한다.
ⓑ 본래 수검자가 자신을 좋게 보이려고 하는 다소 고의적이고 부정직하며, 세련되지 못한 시도를 측정하려는 척도이다.
ⓒ 심리적 세련(Psychological Sophistication)의 정도를 나타내는 것으로서, 점수가 높을수록 세련됨이 부족한 것을 의미한다.
ⓓ L척도의 점수는 수검자의 지능, 교육수준, 사회경제적 위치 등과 연관이 있으며, 특히 지능 및 교육수준이 높을수록 L척도의 점수는 낮게 나온다.
ⓔ 문항은 이성적으로는 가능하나 사실상 그대로 실행하기 어려운 것들이다.
例 "가끔 욕설을 퍼붓고 싶은 때가 있다."
ⓕ MMPI의 모든 척도가 경험적 방법에 의해 도출된 문항으로 구성된 반면, L척도만은 논리적 근거에 의해 선발된 문항으로 구성되어 있다.
ⓖ 측정 결과가 80T 이상으로 높은 경우 프로파일이 타당하지 않다고 본다.

③ F척도(비전형 척도)

㉠ F척도는 비전형적인 방식으로 응답하는 사람들을 탐지하기 위한 것으로서, 어떠한 생각이나 경험이 일반대중의 그것과 다른 정도를 측정한다.

㉡ 수검자의 부주의나 일탈된 행동, 질문 항목에 대한 이해 부족, 재섬상의 심각한 오류 등을 식별할 수 있다.

㉢ 문항은 정상 성인을 대상으로 하여 비정상적인 방향으로의 응답이 10%를 초과하지 않은 것들로 구성되어 있다. 예 "내 혼이 가끔 내 몸에서 떠난다."

㉣ 양쪽으로 치우친 문항들을 통해 수검자가 '예' 또는 '아니요'에 일률적으로 응답하는 일탈된 반응 태도를 확인하는 데 유효하다.

㉤ F척도 점수가 높을수록 수검자는 대부분의 정상적인 사람들이 하는 것처럼 반응하지 않는 것, 그가 가지고 있는 문제영역이 많고 문제의 정도가 심각한 것을 나타낸다.

㉥ 측정 결과가 100T 이상인 경우 망상, 환청, 뇌의 기질적 손상 등 심각한 정신과적 장애를 가진 것으로 의심할 수 있다. 반면, 수검자의 문항에 대한 이해의 어려움이나 자신의 상태에 대한 의도적인 왜곡을 짐작할 수도 있다. 비임상 장면에서는 T점수가 80 이상인 경우 검사자료가 타당하지 않다고 본다.

㉦ 무선반응, 고정반응, 정신병리, 부정가장에 민감한 척도이기 때문에 F척도가 상승할 경우 VRIN, TRIN 척도를 함께 살펴본다.

④ K척도(교정척도)

㉠ K척도는 분명한 정신적인 장애를 지니면서도 정상적인 프로파일을 보이는 사람들을 식별하기 위한 것이다.

㉡ 심리적인 약점에 대한 방어적 태도를 탐지하기 위한 것으로서, 수검자가 자신을 바람직한 방향으로 왜곡하여 좋은 인상을 주려고 하는지 혹은 검사에 대한 저항의 표시로 나쁜 인상을 주려고 하는지 파악하는 데 유효하다.

㉢ L척도의 측정내용과 중복되기도 하지만 L척도보다는 은밀하게, 그리고 보다 세련된 사람들에게서 측정된다는 점이 다르다.

㉣ K척도는 5가지 임상척도의 진단상 변별력을 높이기 위한 교정 목적의 척도로도 사용된다. 특히 척도 7 Pt(강박증), 척도 8 Sc(조현병)에는 K척도의 원점수 전부를 더하고, 척도 1 Hs(건강염려증), 척도 4 Pd(반사회성), 척도 9

Ma(경조증)에는 K척도의 점수 일부를 더하여 교정하도록 하고 있다.

㉤ 임상 장면에서 T점수가 65 이상인 경우와 T점수가 40 미만인 경우 검사결과가 타당하지 않다고 본다.

㉥ 비임상 장면에서 T점수가 75 이상인 경우와 T점수가 40 미만인 경우 검사결과가 타당하지 않다고 본다.

[핵심예제]

MMPI-2의 타당도 척도 중 수검자가 자신의 심리적 문제를 축소하고 긍정적인 방향으로 보이고자 할 때 상승하는 척도는?

[16년 14회]

① L, F(P), VRIN
② L, K, S
③ F, F(P), F(B)
④ VRIN, TRIN, FBS
⑤ L, F, K

정답 ②

해설

• L척도는 사회적으로 찬양할만하나 실제로는 극도의 양심적인 사람에게서 발견되는 태도나 행동을 측정한다.

• K척도는 분명한 정신적인 장애를 지니면서도 정상적인 프로파일을 보이는 사람들을 식별하기 위한 것이다.

• S척도는 자신을 매우 정직하고, 책임감 있고, 심리적 문제가 없고, 도덕적 결함이 없으며, 남들과 잘 어울리는 원만한 사람인 것처럼 보이려는 경향성을 측정하는 척도이다.

핵심이론 28 | MMPI-2의 타당도 척도

MMPI-2에서는 원판 MMPI의 타당도 척도(?, L, F, K) 외에 VRIN과 TRIN, FB와 FP, FBS, S척도가 추가되었다.

① VRIN 척도, TRIN 척도

VRIN 척도 (무선반응 비일관성 척도)	• 수검자의 무선반응을 탐지하는 척도로서 문항의 내용을 제대로 읽지도 않고 응답했거나 무선적으로 반응했기 때문에 비일관성을 보이는 사람들을 확인할 수 있다. • 내용이 서로 비슷하거나 상반되는 문항으로 이루어져 있으며, T점수가 80 이상이면 무효 프로파일일 가능성이 있으며, 비전형(F) 척도와 함께 해석하면 유용한 결과를 얻을 수 있다.
TRIN 척도 (고정반응 비일관성 척도)	• 수검자가 척도문항의 내용과 상관없이 무분별하게 문항 모두에 대해 '그렇다' 또는 '아니다'로 반응하는 경향을 탐지하는 척도로 내용이 서로 상반되는 문항 쌍만으로 이루어져 있다. • 20개의 문항 쌍으로 되어 있으며, T점수가 80 이상일 경우 검사자료가 타당하지 않다고 판단하여 해석하지 않는다.

② FB 척도, FP 척도

FB 척도 (비전형-후반부 척도)	• 검사 후반부의 비전형 반응을 탐색하는 척도로, 검사과정에서 수검자의 태도변화를 알 수 있다. T점수는 수검자의 검사태도가 변화되었는지를 파악하는 목적으로만 사용되며, F(B)척도 점수가 높으면 검사 후반부에 위치한 내용척도들을 해석하는 데 주의해야 한다. • 임상 장면에서는 T점수가 110 이상일 때, 비임상 장면에서는 T점수가 90 이상일 경우 검사자료가 타당하지 않다고 본다.
FP 척도 (비전형-정신병리 척도)	• F척도에 비해 심각한 정신병리에 덜 민감하지만 F척도 상승이 실제 정신병적인 문제에 기인한 것인지, 아니면 의도적으로 부정적인 모습으로 과장하여 꾸미는 것인지 판단하는 데 유용한 척도이다. • T점수가 100 이상일 경우 검사자료가 타당하지 않다고 본다. T점수가 70~99인 경우, 도움을 청하려는 의도로서 증상을 과장되게 보고했을 가능성을 고려하여 해석한다.

③ FBS 척도(증상타당도 척도)

㉠ 개인상해 소송이나 신체적 장애 신청 장면에서 F척도가 타당하지 못하기 때문에 이를 보완하는 목적으로 개발된 척도이다.

㉡ 개인상해 소송 시 꾀병으로 판단된 사람과 꾀병이 아닌 사람의 반응을 비교하여 선정된 43개 문항으로 이루어져 있다.

㉢ T점수가 100 이상일 경우, 과대보고가 시사되기 때문에 검사자료가 타당하지 않다고 본다. T점수가 70~99일 경우, 신체적·인지적 증상들에 대한 신뢰할 수 없는 보고로 인해 과대보고의 가능성이 있다고 본다.

④ S척도(과장된 자기제시 척도)

㉠ 자신을 매우 정직하고, 책임감 있고, 심리적 문제가 없고, 도덕적 결함이 없으며, 남들과 잘 어울리는 원만한 사람인 것처럼 보이려는 경향성을 측정하는 척도이다.

㉡ K척도와 함께 방어성을 측정하는 척도로 두 척도 간 상관이 상당히 높은 특징을 보인다.

㉢ 임상장면에서 T점수 70 이상인 경우, 비임상 장면에서 T점수 75 이상인 경우에 프로파일이 타당하지 않을 수 있다.

[핵심예제]

MMPI-2에서 신체장애 등급을 받거나 상해관련 소송에서 증상의 과장 또는 가장을 탐지할 목적으로 개발된 척도는?

[18년 17회]

① L척도　　　　　　② FB 척도
③ FP 척도　　　　　④ S척도
⑤ FBS 척도

정답 ⑤

해설

⑤ FBS 척도(증상타당도 척도) : 개인상해 소송이나 신체적 장애 신청 장면에서 F척도가 타당하지 못하기 때문에 이를 보완하는 목적으로 개발된 척도이다.

① L척도 : 사회적으로 찬양할만하나 실제로는 극도의 양심적인 사람에게서 발견되는 태도나 행동을 측정한다.

② FB 척도 : 검사 후반부의 비전형 반응을 탐색하는 척도로 검사과정에서 수검자의 태도변화를 알 수 있다.

③ FP 척도 : F척도에 비해 심각한 정신병리에 덜 민감하지만 F척도 상승이 실제 정신병적인 문제에 기인한 것인지, 아니면 의도적으로 부정적인 모습으로 과장하여 꾸미는 것인지 판단하는 데 유용한 척도이다.

④ S척도 : 자신을 매우 정직하고, 책임감 있고, 심리적 문제가 없고, 도덕적 결함이 없으며 남들과 잘 어울리는 원만한 사람인 것처럼 보이려는 경향성을 측정하는 척도이다.

핵심이론 29 MMPI(MMPI-2)의 상승척도 쌍

① 단독상승 1

1-2 또는 2-1 코드	• 신체 기능에 몰두함으로써 수반되는 다양한 신체적 증상에 대한 호소와 염려를 보인다. • 정서적으로 불안감과 긴장감을 느끼며, 감정 표현에 어려움이 있다.
1-3 또는 3-1 코드	• 심리적인 문제가 신체적인 증상으로 전환되어 나타나는데, 특히 전환장애일 가능성이 크다. • 자신의 외현적 증상이 심리적인 요인에 의한 것임을 인정하지 않으려 하고, 자기중심적이며 대인관계에 있어서 피상적이다.
1-4 또는 4-1 코드	• 반사회성보다는 건강염려증으로 여자보다 남자에게 더 나타난다. • 불안하고 우유부단하며, 외향적인 듯하고 이성과의 관계에서 미숙하며, 반항적이거나 직접 표현하지 못한다.
1-5 또는 5-1 코드	• 주로 남자에게서 볼 수 있으며, 불평 많은 태도를 나타낸다. • 불분명한 신체적 증상을 호소하며 책임을 회피하려 한다. • 생활에서의 불만을 신체증상을 통하여 호소하려 한다.
1-6 또는 6-1 코드	• 신체화 증상을 보이며 적대감을 나타낸다. • 치료나 변화에 대하여 매우 저항적이며, 대인관계의 갈등이 많다. • 편집증적 장애 가능성이 있고, 정신분열에 대한 감별이 필요하다.
1-7 또는 7-1 코드	• 만성적 불안이나 긴장과 관련되는 신체적 증상을 나타낸다. • 신체화 경향을 보이고 우울하며, 감정억제가 심하고 열등감이나 죄책감을 잘 느끼며, 강박적 사고를 수반한다.
1-8 또는 8-1 코드	• 기괴한 신체적 증상을 호소하는 경향이 많다. • 신체적 망상을 보이기도 하고, 소외감을 느낀다.
1-9 또는 9-1 코드	• 소화기 장애, 두통, 피로감 등과 같은 신체증상과 심한 마음의 고통을 호소한다. • 외향적이고 수다스러워보이지만, 수동-의존적이며 긴장되어 있다. • 안절부절 못하며, 정서적 불안과 고통을 경험한다.

② 단독상승 2

2-3 또는 3-2 코드	• 현저한 우울감, 무력감, 무감각을 보인다. • 일상생활에서 흥미가 결여되어 있고, 위장계통 증상을 보인다.
2-4 또는 4-2 코드	• 충동조절의 어려움으로 사회적으로 받아들여지지 않는 형태이다. • 알코올중독자, 약물중독자들에게 자주 나타난다.
2-6 또는 6-2 코드	• 자기 자신이나 타인에 대한 분노감을 나타낸다. • 보통의 상황에 대해 악의적인 해석을 내린다.
2-7 또는 7-2 코드	• 불안하고 우울하며, 긴장하고 예민한 모습을 보인다. • 완벽주의이며, 자신의 결함에 대해 열등감과 죄책감을 느낀다.
2-8 또는 8-2 코드	• 불안과 우울, 자제력 상실에 대한 공포를 가지고 있다. • 심한 불안과 우울은 물론 조현병(정신분열증)적 양상이 포착되기도 한다. • 환청이나 환시, 망상에 사로잡히기도 하며, 기태적인 신체적 증상을 보이기도 한다.
2-9 또는 9-2 코드	• 우울증과 경조증적 성향을 동시에 나타낸다. • 보상활동과 기질적 뇌손상에 의한 통제력 상실을 반영한다. • 조증상태에 있는 양극성 장애환자에게서 나타날 수 있다.

③ 단독상승 3

3-4 또는 4-3 코드	• 공격성과 적개심을 통제할 수 있는가 그렇지 않은가의 지표이다. • 만성적이고 강한 적개심이 있으며 자기중심적이다.
3-5 또는 5-3 코드	• 자기중심적이고 히스테리적인 성격을 가지고 있다. • 남성의 경우 여성적·수동적인 성향을, 여성의 경우 남성적·공격적인 성향을 보인다.
3-6 또는 6-3 코드	• 중증의 불안과 두통을 호소하며, 약한 소화기 계통의 증상을 호소한다. • 비판에 민감하며, 낙천적인 태도를 취한 것처럼 보인다.
3-7 또는 7-3 코드	• 긴장과 불안, 만성적 두통, 사지통증 등 신체적 증상을 호소한다. • 두려움, 공포, 수면장애의 증상을 보이는데 그 안에는 충족되지 않은 의존욕구가 존재하나 이를 부인한다. • 임상적 진단으로는 불안장애의 가능성이 높다.
3-8 또는 8-3 코드	• 심각한 불안과 긴장, 우울감과 무기력감을 호소한다. • 주의력 장애 및 집중력 장애, 지남력 상실, 망상 및 환각 등의 사고장애를 보인다. • 정서적으로 취약하고 다른 사람에 대해 애정과 관심의 욕구를 가진다. • 과도한 정신적 고통이 두통이나 현기증, 흉통, 위장장애 등의 신체적 증상으로 나타나기도 한다.

3-9 또는 9-3 코드	• 두통, 심혈관 계통 증상이나 흉통 등과 같은 신체적 증상을 급성으로 호소한다. • 외향적이며 사교적이고 타인과 어울리기를 좋아하지만 대인관계는 피상적이다. • 임상적으로 신체형 장애로 진단받는 경우가 많고, 히스테리성 성격장애일 가능성도 높다. • 치료적 예후는 좋지만 심리적인 요인을 인정하려고 하지 않으며, 신체적인 증상만 호전되면 치료는 잊어버려 재발될 가능성이 있다.

④ 단독상승 4

4-5 또는 5-4 코드	• 사회적인 가치에 비순응적이며, 공격적이다. • 미성숙하고 자기중심적, 성적 정체감에 문제가 있다. • 우울이나 불안의 정서적 곤란은 없고 자기도취적이다.
4-6 또는 6-4 코드	• 사회적 부적응이 현저하고 공격적 태도를 보이는 비행청소년에게서 종종 나타난다. • 미성숙하고 자기중심적인 성향을 보이며, 다른 사람들에게서 관심과 동정을 유도한다. • 화를 내면서 내부의 억압된 분노를 표출하나, 그 분노의 원인을 항상 외부에 전가한다. • 비현실적 사고를 하기도 하며, 자신에 대해 과대망상적이기도 하다.
4-7 또는 7-4 코드	• 충동적인 분노 표출과 자기비난을 주기적으로 반복한다. • 의존적이며 불안정한 사람들이고, 자신의 가치를 확인받기를 원한다.
4-8 또는 8-4 코드	• 특이한 행동이나 심리상태를 가지고 있는 비행청소년에게서 종종 나타난다. • 분열성 또는 분열형의 성격을 가지고 있으며, 타인과의 친밀한 관계형성을 회피하여 사회적으로 고립되어 있다. • 판단력, 통찰력, 의사소통능력 등이 부족하여 학업적·직업적 성취도가 낮으며, 알코올이나 약물을 남용하기도 한다.
4-9 또는 9-4 코드	• 충동적·반항적 성격과 함께 과격하고 공격적인 행동을 특징으로 한다. • 재범 우려가 있는 범죄자나 신체노출, 강간 등의 성적 행동화를 보이는 사람, 결혼문제나 법적 문제 등에 연루된 사람에게서 종종 나타난다. • 자신의 행동에 대해 무책임하여 신뢰감을 주지 못하며, 사회적 가치를 무시하여 반사회적 범죄행위를 저지르기도 한다.

⑤ 단독상승 5

5-7 또는 7-5 코드	• 불안하기보다는 우울하며, 걱정이 많고 불행하게 느낀다. • 이성과의 관계에서 문제를 호소하며, 학습 곤란도 있다.
5-8 또는 8-5 코드	• 알코올 남용, 정신질환, 신체적 학대 등의 가족력이 있다. • 유별나고 무엇인가 이상하며 친밀한 대인관계를 회피한다.

⑥ 단독상승 6

6-7 또는 7-6 코드	• 불안하고 걱정이 많으며 의심이 많다. • 고집불통이며, 자신과 타인에 대해 깊이 생각한다.
6-8 또는 8-6 코드	• 편집증적 경향과 사고장애 등으로 편집증적 정신분열병이 의심되는 사람에게서 종종 나타난다. • 피해망상, 과대망상, 환청 등으로 작은 고통에도 괴로워한다. • 타인에 대해 적대감과 의심, 과민한 반응과 변덕스러운 태도를 보이는 등 타인과의 관계에서 불안정하다.
6-9 또는 9-6 코드	• 말이 많고 기분이 과잉되며, 공격적이고 적개심을 포함하고 있다. • 과대망상, 피해망상, 주의집중 곤란, 판단력 장애, 환청 등이 나타난다.

⑦ 단독상승 7

7-8 또는 8-7 코드	• 만성적인 불안정감, 부적절감, 열등감을 가지고 있다 • 불안하고 우울하며, 긴장하고 예민한 모습을 보인다. • 주의집중에 어려움을 호소하며, 사고력이나 판단력에 있어서 장애를 보이기도 한다. • 사회적 상황에서 현실회피적인 양상을 보이며, 대인관계에 있어서도 수동적·의존적이거나 대인관계 자체를 기피하기도 한다.
7-9 또는 9-7 코드	• 만성적으로 불안하고 걱정이 많고 긴장되어 있다. • 때로는 과격행동이나 과대망상적이며 죄책감과 자기비난에 빠지기도 한다.

⑧ 단독상승 8

8-9 또는 9-8 코드	• 편집증적 망상과 환각, 공상으로 많은 시간을 보낸다. • 사고는 기태적이며, 정서는 부적절하다. • 한 가지 생각에 집중하지 못하며, 예측불허의 행동을 보이기도 한다. • 다른 사람에 대한 의심과 불신으로 인해 친밀한 대인관계를 형성하기 어렵다. • 성적 적응에 어려움을 보이며, 성적인 문제에 대해 갈등을 나타낸다. • 발병기간이 짧고 급속적이며, 절반 이상이 과거에 다른 병력을 가지고 있다.

[핵심예제]

MMPI-2의 상승척도 쌍에 관한 해석으로 옳은 것은?

[16년 14회]

① 2-8 - 활동 증가와 피로감이 교대로 나타나며, 사고의 혼란이 동반되지 않는다.

② 1-3 - 유사 신경학적 신체 증상들에 몰두하며, 현저한 우울감과 자살사고가 동반된다.

③ 4-7 - 충동적인 분노 표출과 자기비난을 주기적으로 반복한다.

④ 8-7 - 예민하고 안절부절 못하며, 신경증적 양상만 두드러진다.

⑤ 3-4 - 분노와 적개심을 충동적으로 행동화하는 것이 주된 문제이다.

정답 ③

해설

① 2-8/8-2 : 불안·초조 증상을 동반한 우울증과 자제력 상실에 대한 공포

② 1-3/3-1 : 심리적 문제를 신체화 증상으로 전환시킴으로써 문제를 외재화

④ 8-7 : 비교적 심한 정신증적 증상에 적응된 상태로 정신분열형 장애 발현

7-8 : 과도한 불안과 초조감을 경험하는 신경증적 과정

⑤ 3-4 : 자기중심적으로 분노감정을 간접적으로 발산시키고 신체형 장애 호소

4-3 : 감정을 과도하게 억제하다가 주기적으로 분노와 적개심 폭발

핵심이론 **30** **MMPI의 임상척도 (1)**

① 척도 1 Hs(Hypochondriasis, 건강염려증)

㉠ 심기증(Hypochondria) 척도로서 수검자의 신체적 기능 및 건강에 대한 과도하고 병적인 관심을 반영한다.

㉡ 수검자가 호소하는 신체적인 증상의 수와 함께 이를 통한 다른 사람의 조종 가능성을 측정하는 문항으로 구성되어 있고, 수검자에게서 나타나는 불안이나 집착은 정신병적 상태에서보다는 신경증적 양상에서 비롯된다.

㉢ 대부분의 문항들이 다른 임상척도에서도 채점되며, 특히 척도 3 Hy(히스테리)와 중복되어 같은 방향으로 채점이 이루어진다.

㉣ 측정 결과가 65T 이상인 경우 만성적인 경향이 있는 모호한 여러 신체증상들을 호소한다.

㉤ 측정 결과가 44T 이하인 경우 낙천적이고 통찰력이 있으며, 건강에 대한 염려가 없는 것을 나타낸다.

㉥ 척도 1이 단독 상승한 경우 오랫동안 모호한 신체 증상을 호소하며, 이를 통해 타인을 조종하거나 지배할 목적으로 이용하는 경우도 있다.

㉦ 원판 MMPI에서는 총 33개의 문항으로 구성되어 있으나 MMPI-2에서는 내용상 문제의 소지가 있는 한 개 문항을 삭제하여 총 32문항으로 구성되었다.

② 척도 2 D(Depression, 우울증)

㉠ 검사수행 당시 수검자의 우울한 기분, 즉 상대적인 기분 상태를 알아보기 위한 척도이다.

㉡ 우울증상은 사기 저하, 자신에 대한 과소평가, 열등감, 미래에 대한 희망 상실, 현재 자신의 생활환경에 대한 일반적인 불만 등으로 나타난다.

㉢ 측정 결과가 70T 이상인 경우 우울하고 비관적이며, 근심이 많고 무기력하다. 또한 지나치게 억제적이며 쉽게 죄의식을 느낀다. 특히 점수 증가는 심한 심리적 고통, 변화나 증상완화에 대한 소망을 반영하기도 한다.

㉣ 측정 결과가 40T 이하인 경우 우울이나 비관적 성향이 없이 사교적이고 낙천적이며, 사고나 행동에서 자유로움을 의미한다. 반면, 오히려 주의력 부족 또는 자기과시적 성향을 시사하기도 한다.

ⓜ 원판 MMPI에서는 총 60개의 문항으로 구성되어 있으나, MMPI-2에서는 3문항이 제외되어 총 57개의 문항으로 구성되었다.

③ **척도 3 Hy(Hysteria, 히스테리)**

ⓐ 현실적 어려움이나 갈등을 회피하는 방법으로 부인기제를 사용하는 성향 및 정도를 반영한다.

ⓑ 전환성 히스테리 경향의 지표로서, 스트레스로 인해 일시적으로 나타나는 신체마비, 소화불량, 심장 이상 등의 신체적 기능장애나, 신경쇠약, 의식상실, 발작 등의 심리적 기능장애와 연관된다.

ⓒ 히스테리 증상을 가지고 있는 환자가 과도한 정신적 스트레스를 받는 경우 심리적 갈등에서 도피하고자 하며, 자신의 욕구를 무의식적으로 신체적 증상으로 전환시켜 나타내기도 한다. 따라서 척도 3에 속하는 문항들은 척도 1 Hs(건강염려증)와 중복되어 같은 방향으로 채점이 이루어진다.

ⓓ 척도 3의 점수는 수검자의 지능, 교육수준, 사회경제적 위치 등과 연관이 있으며, 특히 지능 및 교육수준이 높을수록 척도 3의 점수 또한 높게 나온다. 또한 성별에서도 차이가 나타나 보통 여자가 남자보다 높은 경향이 있다.

ⓔ 측정 결과가 70T 이상인 경우 유아적이고 의존적이며, 자기도취적이고 요구가 많다. 또한 스트레스 상황에서 특수한 신체적 장애를 나타내 보이며, 스트레스 처리에 있어서 부인이나 억압의 신경증적 방어기제를 사용하기도 한다.

ⓕ 측정 결과가 40T 이하인 경우 논리적이고 냉소적이며, 정서적으로 둔감하고 흥미 범위가 좁다. 특히 이와 같은 낮은 점수는 타인에 대한 비우호적인 성향과 사회적인 고립상태를 반영하기도 한다.

ⓖ 척도 3이 단독으로 상승하는 사람들은 타인과의 관계나 조화를 강조하고 낙천적이며 관습적인 특성을 보이고, 어떠한 형태의 분노감정도 표출하지 않는다.

ⓗ 원판 MMPI의 총 60개의 문항이 MMPI-2에서도 유지되었다.

④ **척도 4 Pd(Psychopathic Deviate, 반사회성)**

ⓐ 갈등의 정도에 대한 지표로서, 특히 가정이나 권위적 대상 일반에 대한 불만, 자신 및 사회와의 괴리, 권태 등을 반영한다. 또한 반사회적 일탈행동에 대한 지표로서, 반항, 충동성, 학업이나 진로문제, 범법행위, 알코올이나 약물남용 등을 반영한다.

ⓑ 정상적인 사람으로서 척도 4의 점수가 약간 높은 경우 자기주장적이고 솔직하며 진취적이고 정력적이지만, 실망스러운 상황이나 좌절에 처하게 되면 공격적이고 부적응적인 모습으로 변하게 된다.

ⓒ 비행청소년의 경우 척도 4가 단독으로 상승할 수도 있으나 척도 6 Pa(편집증), 척도 8 Sc(조현병) 또는 척도 9 Ma(경조증)와 쌍을 이루는 경우도 많다.

ⓓ 측정 결과가 65T 이상인 경우 외향적·사교적이면서도 신뢰할 수 없고 자기중심적이며, 무책임하다. 스트레스를 경험하면 반사회적인 특성이 드러나며, 적대감이나 반항심을 표출한다.

ⓔ 측정 결과가 40T 이하인 경우 도덕적·관습적이며, 권태로운 생활에도 잘 견뎌낼 수 있다. 반면, 자신의 경쟁적·공격적·자기주장적인 성향에 대한 강한 억제를 반영하기도 한다.

ⓕ 척도 4가 단독상승한 사람들은 권위적 대상에 대한 갈등, 충동적 행동, 반항성을 보이며 자기중심적이고 심리적 통찰력이 결여되어 욕구 좌절에 대한 인내력이 낮고, 분노 감정을 통제하기 어렵다.

ⓖ 원판 MMPI의 총 50개의 문항이 MMPI-2에서도 유지되었다.

⑤ **척도 5 Mf(Masculinity-Femininity, 남성성-여성성)**

ⓐ 본래 동성애 경향을 측정하기 위한 것이었으나, 남성성-여성성의 측정 척도로 개정되었다.

ⓑ 흥미 양상이 남성적 성향에 가까운지 여성적 성향에 가까운지를 나타내는 지표로서 남성용과 여성용 두 개의 척도가 있으며, 그 해석은 별개이다.

ⓒ 측정 결과가 70T 이상인 남성의 경우 예민하고 탐미적이며, 여성적이거나 수동적인 성향이 있다. 이들은 성적 정체감에 대한 갈등, 이성애적 욕구의 저하를 나타낸다.

② 측정 결과가 40T 이하인 남성의 경우 능동적이고 공격적이며, 거칠고 모험을 즐긴다. 또한 무모하고 실질적이며 관심이 좁다. 반면, 남성성에 대한 강박적 성향이 있거나 공격적 충동을 해소하는 데 있어서 어려움을 나타내기도 한다.

⑩ 측정 결과가 60T 이상인 여성의 경우 남성적이고 거칠며 공격적이고 자신감이 있다. 이들은 감정적이지 않으며 무딘 경향이 있다. 다만, 이 범위에 해당하는 여성은 많지 않으므로 채점 및 환산 과정에서의 오류를 점검할 필요가 있다.

⑭ 측정 결과가 34T 이하인 여성의 경우 수동적이고 복종적이며, 스스로 무력하다고 생각한다. 반면, 여성성에 집착하여 자신을 전형적인 여성의 역할에 동일시하는 것으로도 볼 수 있다.

⊗ 척도 5는 병리적인 특성을 재는 척도가 아니기 때문에 다른 척도들을 해석한 후 척도 5의 특성과 통합시키는 것이 바람직하다.

⊙ 원판 MMPI는 총 60개의 문항으로 구성되어 있으나, MMPI-2에서는 4문항이 제외되어 총 56개의 문항으로 구성되었다.

[핵심예제]

MMPI-2에서 임상척도가 아닌 것은?   [20년 19회]

① 편집증(Pa)
② 강박증(Pt)
③ 히스테리(Hy)
④ 통제결여(DISC)
⑤ 경조증(Ma)

정답 ④

해설
통제결여(DISC)는 성격병리 5요인(PSY-5) 척도이다.
MMPI-2의 임상척도
MMPI-2의 임상척도는 원판 MMPI의 틀이 그대로 유지되어 건강염려증(Hs), 우울증(D), 히스테리(Hy), 반사회성(Pd), 남성성-여성성(Mf), 편집증(Pa), 강박증(Pt), 조현병(Sc), 경조증(Ma), 내향성(Si)이 있다.

핵심이론 31 | **MMPI의 임상척도 (2)**

① 척도 6 Pa(Paranoia, 편집증)
  ㉠ 대인관계에서의 민감성, 의심증, 집착증, 피해의식, 자기정당성 등을 반영한다. 보통 이와 같은 심리적 성향은 말로 표현되기보다는 묵시적·암시적으로 표출되는 경향이 있다.
  ㉡ 문항에 대한 요인분석에서는 박해, 망상, 희망상실, 죄책감 등의 편집증적 요인과 함께 냉소적 태도, 히스테리, 경직성 등의 신경증적 요인이 나타나고 있다.
  ㉢ 정상적인 사람으로서 척도 6의 점수가 약간 높은 경우 호기심과 탐구심이 많으며, 진취적이고 흥미범위도 넓다. 다만, 과도한 스트레스 상황에 처하는 경우 민감성과 의심증을 드러내며, 왜곡된 지각을 나타내 보이기도 한다.
  ㉣ 측정 결과가 70T 이상인 경우, 수검자는 편집증적 정신병의 가능성이 있다. 이들은 투사하고 남을 비난하며 원망한다. 또한 적대적이거나 따지기를 좋아한다. 경우에 따라 피해망상이나 과대망상을 보이며, 조현병(정신분열증) 또는 편집형 장애로 진단되기도 한다.
  ㉤ 정상인으로서 측정 결과가 44T 이하인 경우, 사회적인 흥미를 가지고 생활상의 문제에 유연하게 대처하는 양상을 보이나, 정신병적 소견이 있는 환자의 경우 자기중심적인 성향으로 문제해결에 있어서 경직적이며 경계심이 많은 양상을 보인다. 반면, 반동형성을 통해 대인관계에서의 민감성을 의도적으로 부인하는 것으로도 볼 수 있다.
  ㉥ 척도 6은 명백 문항으로 구성되어 있기 때문에 단독상승하는 경우가 드물다.
  ㉦ 원판 MMPI의 총 40개의 문항이 MMPI-2에서도 유지되었다.

② 척도 7 Pt(Psychasthenia, 강박증)
  ㉠ 심리적 고통이나 불안, 공포, 강박관념의 정도를 반영하는 지표로 활용된다.
  ㉡ 척도 7은 특히 걱정을 많이 하는 성격(특성불안)에서의 만성적 불안을 측정한다.

ⓒ 자신이 부적응적이라는 사실을 알고 있음에도 불구하고 특정행동이나 사고를 하지 않을 수 없는 상태이다.

ⓔ 정상적인 사람으로서 척도 7의 점수가 약간 높은 경우 조직화와 시간 엄수, 질서정연하게 행동하는 능력을 나타내 보인다. 다만, 과도한 스트레스 상황에 처하는 경우 과도한 걱정에 사로잡히고 사소한 일에 집착하는 등 부적응적인 모습을 드러낸다.

ⓜ 척도 7은 특히 척도 8 Sc(조현병)와 척도 2 D(우울증)에서 상당 부분 중복적인 양상을 보인다.

ⓗ 정상인으로서 측정 결과가 높은 남성의 경우 책임감이 있고 양심적이며 이상주의적인 반면, 여성의 경우 불안과 걱정이 많고 긴장되어 있다. 그러나 강박적인 환자의 경우 긴장되고 불안하며 생각에 집착한다. 또한 창의력과 융통성이 결여되어 있으며, 공포와 죄의식을 느끼기도 한다.

ⓢ 낮은 점수는 일상생활에서의 심리적 고통이나 불안 없이 비교적 안정감과 만족감을 느끼는 상태로 볼 수 있다. 다만, 과거 70T 이상의 높은 점수를 보인 사람에게서 낮은 점수가 나타난 경우, 자신의 불안상태에 대한 과잉보상의 결과로 볼 수 있다.

ⓞ 척도 7만 단독상승한 사람들은 불안하고 긴장되고 경직된 사람들이며, 사고의 융통성이 부족하고 우유부단하며 자신과 타인에게 높은 행동기준을 요구한다.

ⓩ 원판 MMPI의 총 48개의 문항이 MMPI-2에서도 유지되었다.

③ 척도 8 Sc[Schizophrenia, 조현병(정신분열증)]

ⓖ 정신적 혼란과 불안정 상태, 자폐적 사고와 왜곡된 행동을 반영하는 지표로 활용된다.

ⓛ 감정반응에서의 위축 및 양면성이 나타나며, 공격적이고 기태적인 행동을 보이기도 한다.

ⓒ 척도 8의 문항들은 본래 조현병(정신분열증)으로 진단된 두 개 집단 환자들의 반응을 대조하여 경험적으로 제작한 것이다.

ⓔ 정상적인 사람으로서 척도 8의 점수가 약간 높은 경우 창의성과 상상력이 풍부하며 전위적인 성격을 가진 것으로 볼 수 있으나, 과도한 스트레스 상황에 처하는 경우 비현실적이고 기태적인 행위를 보이기도 한다.

ⓜ 임상척도 중 다른 여러 가지 요인들에 의해 점수 차이가 발생하므로 단독으로 해석하기 어려우며, 교정 척도인 K

척도의 문항 중 비정상적인 방향으로 응답한 문항 수 전부를 더하여 점수를 산출한다.

ⓗ 측정 결과가 70T 이상인 경우, 전통적인 규범에서 벗어나는 정신분열성 생활방식을 반영한다. 이들은 위축되어 있고 수줍어하며 우울하다. 또한 열등감과 부족감을 느끼며, 주의집중 및 판단력 장애, 사고장애를 나타내 보이기도 한다. 다만, 90T 이상의 높은 점수인 경우 극심한 스트레스 상황에 처해 있거나 자아정체성 위기를 맞고 있는 것으로 볼 수 있으며, 조현병(정신분열증)이라고 단정하기는 어렵다.

ⓢ 측정 결과가 40T 이하인 경우, 현실적·관습적·실용적인 사고를 나타내며, 지나치게 순종적이고 권위에 수용적인 모습을 보인다. 이들은 창의력과 상상력이 부족하며, 세상을 다르게 지각하는 사람들을 이해하지 못한다.

ⓞ 척도 8이 단독상승하는 사람들은 현실적 압박으로부터 도망가려고 하거나 수용할 수 없는 충동을 공상세계에서 대리 충족시키려는 특징이 있다.

ⓩ 원판 MMPI의 총 78개의 문항이 MMPI-2에서도 유지되었다.

④ 척도 9 Ma(Hypomania, 경조증)

ⓖ 심리적·정신적 에너지의 수준을 반영하며, 사고나 행동에 대한 효율적 통제의 지표로 활용된다.

ⓛ 인지영역에서는 사고의 비약이나 과장을, 행동영역에서는 과잉활동적 성향을, 정서영역에서는 과도한 흥분상태, 민감성, 불안정성을 반영한다.

ⓒ 정상적인 사람으로서 척도 9의 점수가 약간 높은 경우 적극적·열성적인 성격을 가진 것으로 볼 수 있으나, 과도한 스트레스 상황에 처하는 경우 피상적이고 신뢰성이 결여되며 일을 끝맺지 못한다.

ⓔ 보통 척도 9만을 단독으로 해석하는 경우는 드물며, 다른 임상척도와의 상승척도 쌍으로 해석하는 경우가 대부분이다.

ⓜ 특히 남성의 경우 여성보다 높은 점수를 보이는데, 이는 과격행동에 대한 성역할적 시인에서 비롯된다.

ⓗ 측정 결과가 70T 이상인 경우, 외향적·충동적·과대망상적 성향과 함께 사고의 비약을 반영한다. 비현실성으로 인해 근거 없는 낙관성을 보이기도 하며, 신경질적으로 자신의 갈등을 행동으로 표출하기도 한다.

ⓐ 측정 결과가 40T 이하인 경우, 소극적·통제적 성향, 조심스러움, 정서적 표현의 자제를 반영한다. 또한 만성적인 피로나 흥미의 상실, 우울장애를 반영하기도 한다. 일시적인 질병의 영향력으로 인해 점수가 낮게 나올 수도 있으나, 35T 이하의 극단적으로 낮은 점수는 우울증을 시사하기도 한다.

ⓞ 9번 척도만 단독상승하는 사람들은 충동적이고 과격한 행동을 보인다.

ⓩ 원판 MMPI의 총 46개의 문항이 MMPI-2에서도 유지되었다.

⑤ 척도 0 Si(Social Introversion, 내향성)

  ㉠ 사회적 활동 및 사회에 대한 흥미 정도를 나타내는 지표로 활용된다.

  ㉡ 혼자 있는 것을 좋아하는가(내향성), 타인과 함께 있는 것을 좋아하는가(외향성)와 같이 다른 사람과의 관계형성 양상을 반영한다.

  ㉢ 척도 0은 원개발자에 의해 만들어진 것이 아니라 드라케(Drake)에 의해 제작되어 임상적 가치를 인정받음으로써 새롭게 추가된 것이다.

  ㉣ 척도 0의 상승은 대인관계 회피증이나 개인적 고민에서 비롯되는 자기비하 또는 내향적 성격 때문일 수도 있다. 즉, 척도 0은 정신병리와 무관한 경우가 대부분이다.

  ㉤ 측정 결과가 70T 이상인 경우, 내성적 성향으로서 수줍어하고 위축되어 있으며, 사회적으로 보수적·순응적이다. 또한 지나치게 억제적이고 무기력하며, 융통성이 없고 죄의식에 잘 빠진다. 사회적 상황에서 불안정해지므로 사회적 접촉을 기피하며, 이것이 문제를 더욱 악화시키기도 한다.

  ㉥ 측정 결과가 40T 이하인 경우, 외향적 성향으로서 자신감이 넘치며 사회적 관계에서의 능숙함을 보인다. 그러나 오히려 대인관계가 가벼울 수 있으며, 자신의 이익을 위해 다른 사람을 조정할 가능성도 배제할 수 없다.

  ㉦ 척도 0만 단독상승하는 경우는 드물게 나타나는데, 이들은 대인관계를 불편하게 느끼고 사회적 기술이 부족하며, 내향적이고 자신감이 부족한 특징을 보인다.

  ㉧ 원판 MMPI는 총 70개의 문항으로 구성되어 있으나, MMPI-2에서는 1문항이 제외되어 총 69개의 문항으로 구성되었다.

［핵심예제］

MMPI-2에서 K교정을 하는 임상척도를 묶은 것으로 옳은 것은?

[19년 18회]

① 1, 3
② 2, 9
③ 4, 6
④ 5, 0
⑤ 7, 8

정답 ⑤

해설

K척도는 5가지 임상척도의 진단상 변별력을 높이기 위한 교정 목적의 척도로도 사용된다. 특히 척도 7 Pt(강박증), 척도 8 Sc(조현병)에는 K척도의 원점수 전부를 더하고, 척도 1 Hs(건강염려증), 척도 4 Pd(반사회성), 척도 9 Ma(경조증)에는 K척도의 점수 일부를 더하여 교정하도록 하고 있다.

핵심이론 32 MMPI-2의 Harris와 Lingoes 소척도

① 특 징

　㉠ 임상척도의 문항들 중 내용이 유사하거나 동일한 태도, 특성을 반영하는 문항들을 주관적으로 함께 묶어 소척도를 작성하였다.

　㉡ 임상척도 중 Hs, Mf, Pt, Si는 소척도가 없다.

② D(우울)

D1 주관적 우울감	• 불행감, 울적함이나 우울감을 느낄 때가 많다. • 일상생활에서 일어나는 문제들을 처리할 힘이 모자란다. • 주변에서 어떤 일이 일어나는지 관심이 가지 않는다. • 신경이 예민하거나 긴장되어 있는 경우가 대부분이다. • 주의집중이 어렵다. • 식욕이 줄고 수면에 어려움이 있다. • 깊은 근심에 빠져 자주 울음이 나온다. • 자신감이 부족하다. • 열등하고 쓸모없다고 느낀다. • 비판에 쉽게 상처받는다. • 사회적인 상황에서 불편하고 수줍어하며 당황한다. • 친한 친구 및 친척을 제외한 다른 사람들과의 교류를 피하는 경향이 있다.
D2 정신운동 지체	• 꼼짝할 수 없다고 느끼고 틀어박혀 있다. • 일상생활에서 일어나는 문제들을 처리할 힘이 모자란다. • 사람들을 피한다. • 적대적이거나 공격적인 충동이 없다.
D3 신체적 기능장애	• 자신의 신체 기능에 대한 생각에 몰두해 있다. • 건강이 좋지 않고 허약하다. • 건초열(hay fever)이나 천식, 식욕부진, 메스꺼움이나 구토 및 경련과 같은 여러 종류의 다양한 신체증상을 경험한다.
D4 둔감성	• 일상생활에서 일어나는 문제들을 처리할 힘이 모자란다. • 긴장한다. • 정신을 집중하기 어렵다. • 기억 및 판단력이 떨어진다. • 자신감이 부족하다.
D5 깊은 근심	• 깊은 근심에 빠져 곰곰이 생각하며 우는 경우가 많다. • 문제들을 처리할 힘이 모자란다. • 더 이상 살 가치가 없다고 생각한다. • 열등하고 불행하며 쓸모없다고 느낀다. • 비판받으면 쉽게 속상해한다. • 사고과정을 통제하지 못하는 느낌이다.

③ Pd(반사회성)

Pd1 가정불화	• 자신의 가정 및 가족 분위기가 유쾌하지 않다고 본다. • 자신의 가정을 떠나고 싶어 한다. • 자신의 가정은 사랑, 이해 및 지지가 부족하다고 본다. • 자신의 가족들이 비판적이고 걸핏하면 싸우며, 적당한 자유 및 독립성을 보장하지 않는다고 느낀다.
Pd2 권위불화	• 사회적으로 통용되고 부모님이 가지고 있는 규준 및 관습에 분개한다. • 학교에서 말썽을 부리거나 혹은 법적인 문제를 일으킨 적이 있다. • 옳고 그름에 대한 분명한 소신이 있다. • 자신이 믿는 것을 옹호한다. • 타인의 가치 및 규준에 크게 영향받지 않는다.
Pd3 사회적 침착성	• 사회적 상황에서 자신감이 있고 편안하게 느끼며, 자신의 의견을 강하게 나타낸다. • 이 소척도에서 T점수 65점 이상을 얻는 것이 불가능하므로, 4번 척도(반사회성)가 상승한 이유를 이해하는 데 도움이 되지 않는다.
Pd4 사회적 소외	• 소외감, 고립감 및 소원함을 느낀다. • 사람들로부터 이해받지 못한다고 느낀다. • 외롭고, 불행하며 사랑받지 못한다고 느낀다. • 살면서 부당한 대우를 받는다고 느낀다. • 자신의 문제와 결점들을 다른 사람의 탓으로 돌린다. • 다른 사람들이 자신에 대해 어떻게 반응할지를 염려한다. • 자신의 행동에 대한 후회, 죄책감 및 양심의 가책을 경험한다.
Pd5 내적 소외	• 불편하고 불행하다. • 정신을 집중하기 어렵다. • 일상에서 재미나 보람을 찾지 못한다. • 예전에 한 일에 대해 후회, 죄책감 및 양심의 가책을 경험하지만, 무엇을 잘못했는지는 잘 모른다. • 차분하게 마음잡기가 힘들다. • 과도하게 술을 마실 수 있다.

④ Pa(편집증)

Pa1 피해의식	• 세상을 위협적인 곳으로 본다. • 살면서 부당한 대우를 받고 있다고 느낀다. • 이해받지 못한다고 느낀다. • 다른 사람들로부터 부당한 비난이나 책망을 받는다고 느낀다. • 타인을 의심하고 믿지 못한다. • 자신의 문제 및 결점에 대해 다른 사람을 비난한다. • 다른 사람들이 자신에게 영향력을 행사하거나 통제하려 한다고 느낀다. • 다른 사람들이 자신을 독살하려 하거나 그렇지 않으면 해를 입히려 한다고 믿는다.

Pa2 예민성	• 다른 사람들보다 신경이 과민하거나 흥분을 잘하며 더 민감하다. • 다른 사람들에 비해 더 강렬한 감정을 느낀다. • 외롭고 이해받지 못한다고 느낀다. • 기분전환을 위해 위험하거나 자극적인 행위를 찾는다.
Pa3 순진성	• 다른 사람에 대해 매우 낙관적인 태도를 취한다. • 사람들이 정직하고, 이기적이지 않고, 관대하며 이타적이라고 본다. • 잘 믿는다. • 도덕적 기준이 높다. • 적대감 및 부정적인 충동이 일어나지 않는다.

⑤ Sc(조현병)

Sc1 사회적 소외	• 살면서 부당한 대우를 받고 있다고 믿는다. • 사람들로부터 이해받지 못한다고 믿는다. • 다른 사람들이 자신에 대해 원한을 품고 있다고 믿는다. • 다른 사람들이 자신에게 해를 입히려 한다고 믿는다. • 가족 간에 사랑과 지지가 부족하다고 느낀다. • 가족들이 자신을 애 취급한다고 느낀다. • 외로움과 공허감을 느낀다. • 누구와도 사랑을 해본 적이 없다. • 가족에 대해 적대감과 증오심을 품는다. • 가능하면 사회적 상황 및 인간관계를 피한다.
Sc2 정서적 소외	• 우울 및 절망감을 경험하며, 죽어버렸으면 하는 마음이 있을 수 있다. • 냉담하며 겁을 먹는다. • 가학적인 혹은 피학적인 욕구가 있다.
Sc3 자아통합 결여, 인지적	• 미칠지도 모른다고 느낀다. • 생각이 이상하게 흘러가며 비현실감이 든다. • 정신집중 및 기억에 어려움이 있다.
Sc4 자아통합 결여, 동기적	• 인생살이가 힘들다고 느끼며, 우울 및 절망감을 경험한다. • 일상적인 일을 처리하는 데 어려움이 있으며, 과도하게 염려한다. • 스트레스에 부딪히면 공상 및 백일몽으로 빠져들게 된다. • 일상에서 재미와 보람을 찾지 못한다. • 모든 게 더 나아질 거라는 희망을 잃었다. • 죽어버렸으면 하는 마음이 있을 수 있다.
Sc5 자아통합 결여, 억제부전	• 자신의 감정과 충동을 통제하지 못한다고 느끼며, 자신의 통제력 상실에 놀란다. • 안절부절못하고 과잉행동을 보이며, 짜증을 부리는 경향이 있다. • 웃음과 울음을 참지 못하는 때가 있다. • 자신이 무엇을 하고 있는지 모르고, 나중에도 자신이 한 행동을 기억하지 못했던 경험이 있다.

Sc6 기태적 감각경험	• 자신의 몸이 이상하고 유별나게 변하고 있다는 느낌이 든다. • 피부가 민감해지고, 뜨겁거나 차가운 느낌이 들고, 목소리가 변하고, 근경련이 일어나고, 동작이 서툴고, 몸의 균형을 잡는 데 어려움이 있고, 귀가 윙윙거리거나 울리고, 마비를 경험하고 몸이 허약해지는 것을 경험한다. • 환각, 이상한 사고 내용을 경험하고, 외부의 어떤 힘이 작용한다고 생각한다.

⑥ Hy(히스테리)

Hy1 사회적 불안의 부인	• 이 소척도에서 T점수 65점 이상을 얻는 것은 불가능하기 때문에, 3번 척도[히스테리(Hysteria, Hy)] 상승의 이유를 이해하는 데 도움이 되지 않는다.
Hy2 애정욕구	• 다른 사람들로부터 주목받고 사랑받고 싶은 욕구가 강하며, 자신의 감정이나 태도를 더 솔직하게 드러내면 이런 욕구가 충족되지 못하리라는 두려움이 있다. • 다른 사람들에 대해 낙관적이고 사람을 잘 믿는 태도를 보인다. • 다른 사람들을 정직하고, 민감하며 사리가 분명하다고 본다. • 타인에 대한 부정적인 감정이 없다. • 가능하면 언제나 불쾌한 대면은 피하려고 애쓴다.
Hy3 권태- 무기력	• 불편해하고 건강이 좋지 않다고 느낀다. • 허약하고 쉽게 피로감을 느끼거나 지친다. • 특별한 신체증상을 호소하지 않는다. • 정신집중이 어렵고, 식욕부진과 수면장애가 있다. • 불행감 및 우울감을 느낀다. • 자신의 집안환경이 유쾌하지 않으며, 재미도 없다고 본다.
Hy4 신체증상 호소	• 많은 신체증상을 호소한다. • 심장이나 가슴 통증을 경험한다. • 짧게 기절하거나 현기증이나 몸의 균형을 잡지 못할 때가 있다. • 메스꺼움 및 구토, 시야 흐림, 떨림이나 너무 뜨겁거나 차가워지는 느낌을 경험한다. • 타인에 대해 거의 혹은 전혀 적대감을 표현하지 않는다.
Hy5 공격성의 억제	• 적대적·공격적인 충동이 일어나지 않는다. • 범죄 및 폭력에 대한 기사가 흥미롭지 않다. • 다른 사람들이 자신에게 어떻게 반응하는지에 민감하다. • 단호하다.

⑦ Ma(경조증)

Ma1 비도덕성	• 사람들을 이기적이고 정직하지 못하며 기회주의적이라고 보면서, 그런 사람들처럼 행동하는 것이 정당하다고 느낀다. • 다른 사람들을 조종하고 착취함으로써 대리만족을 얻는다.
Ma2 심신운동 항진	• 말의 속도, 사고과정 및 근육운동이 빨라진다. • 긴장감을 느끼고 안절부절못한다. • 이유 없이 흥분하거나 기분이 고양된다. • 쉽게 지루함을 느끼고, 이를 이겨내고자 모험이나 흥분, 위험을 쫓게 된다. • 해롭거나 충격적인 무엇인가를 하려는 충동이 인다.
Ma3 냉정함	• 사회적 장면에서 불안을 경험하지 않는다. • 주변에 사람들이 있으면 편안하다. • 사람들과 이야기하는 데 어려움이 없다. • 다른 사람의 견해, 가치 및 태도에 아랑곳하지 않는다. • 참을성이 없고 다른 사람들에게 짜증을 부린다.
Ma4 자아팽창	• 자신은 중요한 사람이라고 생각한다. • 다른 사람들이 요구를 할 경우, 특히 요구하는 사람이 자신보다 무능하다고 느끼는 경우 분개한다. • 부당하게 취급받는다고 느낀다.

[핵심예제]

MMPI-2의 척도 4에서 Harris-Lingoes 소척도에 관한 설명으로 옳지 않은 것은? [19년 18회]

① Pd1(Familial Discord) – 비판적이고, 비지지적이며, 독립성을 방해하는 가족을 가진다.
② Pd2(Authority Conflict) – 사회적 규칙에 반항적이고, 사회적 규범을 존중하지 않는 방식의 옳고 그름을 가진다.
③ Pd3(Social Imperturbability) – 쉽게 당황하고, 관계를 시작하기를 꺼려하며, 사회적 상황을 불편해하고 수줍어한다.
④ Pd4(Social Alienation) – 사람들로부터 소외되어 있고 이해받지 못한다고 생각한다.
⑤ Pd5(Self-Alienation) – 자신에 대해 불행해하고 과거 행동에 대해 죄책감과 후회를 보인다.

정답 ③

해설

Pd3(Social Imperturbability)
사회적 상황에서 자신감이 있고 편안하게 느끼며, 자신의 의견을 강하게 나타낸다. 이 소척도에서 T점수 65점 이상을 얻는 것이 불가능하므로, 4번 척도(반사회성)가 상승한 이유를 이해하는 데 도움이 되지 않는다.

핵심이론 **33** **MMPI-2의 재구성 임상척도**

① 재구성 임상척도 개발 단계

개발 1단계	의기소침 척도(RCd) 개발 : 척도 2(우울)와 척도 7(강박불안)의 문항을 요인 분석하여 의기소침 요인을 추출한다.
개발 2단계	임상척도들에 반영된 일반적인 의기소침 요인 제거 : 각각의 임상척도마다, 그 임상척도에 포함된 문항들과 잠정적 의기소침(RCd) 척도에 포함된 문항들을 모두 합친 뒤에 요인분석을 실시한다.
개발 3단계	씨앗척도(Seed Scale) 제작 : 각각 임상척도의 핵심적 특성을 반영하는 요인과의 요인부하가 높은 문항들로 구성되었다.
개발 4단계	12개의 씨앗척도와 MMPI-2 문항 간 상관관계를 구한다.

② 재구성 임상척도의 해석

의기소침 (RCd)	전반적인 정서적 불편감과 동요의 지표이다.
신체증상 호소 (RC1)	임상척도 1 및 내용척도의 건강염려(HEA)와 유사하다.
낮은 긍정 정서 (RC2)	무력감, 절망감, 지루함, 고립감, 수동적이고 비관적인 생각과 관련된다.
냉소적 태도 (RC3)	점수가 높은 사람은 남들을 믿지 못하며, 다른 사람들이 타인을 배려하지 않고 이용한다고 생각한다.
반사회적 행동 (RC4)	점수가 높은 사람은 사회적 규준 및 기대에 따르지 않고, 법률 저촉행위를 하며 공격적, 적대적, 비판적, 논쟁적이다.
피해의식 (RC6)	점수가 높은 사람은 자신이 남들의 표적이 된다고 생각하고 타인을 의심하며 편안하고 믿을 만한 대인관계를 맺지 못한다.
역기능적 부정 정서 (RC7)	점수가 높은 사람은 불안, 짜증 및 부정적인 정서를 경험한다.
기태적 경험 (RC8)	정신병적 장애에서 나타나는 감각, 지각, 인지, 운동의 장애를 측정한다.
경조증적 상태 (RC9)	높은 점수를 얻은 사람은 지나치게 빠른 사고의 전환, 지나친 활기와 흥분감, 고양된 기분과 짜증, 충동 통제의 어려움 등을 경험한다.

MMPI-2 재구성 임상척도(RC척도)의 T점수가 65점 이상 상승했을 때의 해석으로 옳지 않은 것은?

[16년 14회]

① RCd – 전반적인 정서적 불편감이 심하다.
② RC1 – 신체 건강에 대한 염려와 집착이 심하다.
③ RC3 – 상대방에 대해 과도한 믿음을 보인다.
④ RC6 – 피해사고와 의심이 많다.
⑤ RC8 – 환각 및 기태적인 지각 경험이 존재한다.

정답 ③

해설

냉소적 태도(RC3)

점수가 높은 사람은 남들을 믿지 못하며, 타인을 배려하지 않고 이용한다고 생각한다. MMPI-2는 세계적으로 가장 널리 쓰이고 가장 많이 연구되어 있는 성격검사로서, 비정상적인 행동과 증상을 객관적으로 측정하여 임상진단에 관한 정보를 제공하는 것을 주목적으로 한다. 총 567문항으로 구성되는데, 원점수를 T점수로 환산하여 평가하며, 이 때 T점수는 평균이 50, 표준편차가 10이 되도록 Z점수를 변환한 점수에 해당한다.

핵심이론 **34** | MMPI-2의 기타 척도

① 내용척도

내용척도(15개)	내용소척도(27개)
불안(ANX)	–
공포(FRS)	• 일반화된 공포(FRS1) • 특정한 공포(FRS2)
강박성(OBS)	–
우울(DEP)	• 동기결여(DEP1) • 기분부전(DEP2) • 자기비하(DEP3) • 자살 시도(DEP4)
건강염려(HEA)	• 소화기 증상(HEA1) • 신경학적 증상(HEA2) • 일반적 건강염려(HEA3)
기태적 정신상태(BIZ)	• 정신증적 증상(BIZ1) • 분열형 성격특성(BIZ2)
분노(ANG)	• 폭발적 행동(ANG1) • 성마름(ANG2)
냉소적 태도(CYN)	• 인간혐오적 신념(CYN1) • 대인관계 의심(CYN2)
반사회적 특성(ASP)	• 반사회적 태도(ASP1) • 반사회적 행동(ASP2)
A유형 행동(TPA)	• 조급함(TPA1) • 경쟁욕구(TPA2)
낮은 자존감(LSE)	• 자기회의(LSE1) • 순종성(LSE2)
사회적 불편감(SOD)	• 내향성(SOD1) • 수줍음(SOD2)
가정 문제(FAM)	• 가족불화(FAM1) • 가족소외(FAM2)
직업적 곤란(WRK)	–
부정적 치료 지표(TRT)	• 낮은 동기(TRT1) • 낮은 자기개방성(TRT2)

② 보충척도

불안(A)	생각과 사고과정, 부정적 정서와 기분부전, 비관주의와 낮은 활력, 악성 심리상태로 나뉜다.
억압(R)	건강과 신체증상, 정서성과 폭력 및 활동성, 사회적 상황에서 타인에 대한 반응, 사회적 주도성과 개인이 느끼는 적절감 및 외모, 개인적 흥미와 직업 흥미 등을 포함한다.
자아 강도(Es)	신체기능, 은둔성, 도덕적 태도, 개인이 느끼는 적절감, 대처 능력, 공포증 및 불안을 포함한다.
지배성(Do)	주의집중력, 강박적 사고와 행동, 자신감, 사회적 상황에서 불편감, 신체적 용모에 대한 관심, 인내력 및 정치적 견해를 포함한다.
사회적 책임감(Re)	사회적·도덕적 논점에 대한 관심, 특권 및 청탁에 반대하는 것, 의무와 극기에 대한 강조, 관습 대 저항, 세상 전반에 대한 신뢰와 자신감, 마음의 평정, 확신과 개인적 안정감을 포함한다.
대학생활 부적응(Mt)	낮은 자존감, 활력부족, 냉소적 태도/안절부절 못함과 관련된다.
적대감(Ho)	점수가 높은 사람들은 냉소적이고 의심이 많다.
적대감 과잉통제(O-H)	점수가 높은 사람들은 보복을 하지 않고 화를 표현하지 않는다.
중독 인정(AAS)	점수가 높은 사람들은 정신건강 관련 혹은 법적 장면에서 물질남용이나 물질의존으로 진단받기 쉽다.
중독 가능성(APS)	자신에 대한 불만족, 자기효능감 부족, 반사회적 행동화, 외향성, 위험 감수/무모함의 5개 군집으로 나뉜다.
남성적 성역할(GM) 및 여성적 성역할(GF)	MMPI의 남성성-여성성 척도의 양극을 남성적 요소와 여성적 요소로 나누어 측정한다.
결혼생활 부적응(MDS)	점수가 높은 사람들은 전반적으로 부적응적이고 우울과 실패감 및 화에 빠져 있고, 사람들이 자신을 거부한다고 느낄 수 있다.
외상 후 스트레스장애(PK)	큰 정서적 혼란, 불안, 걱정 및 수면장애, 죄책감과 우울에 관한 것이다.
MacAndrew의 알코올 중독(MAC-R)	점수가 높은 사람들은 외향적, 과시적, 자기주장적이다.
모호-명백 소척도(S-O)	MMPI 문항 중에서 피검사자가 보기에 정서장애와 관련된다는 것을 쉽게 알 수 있는 것은 명백 문항이고, 알아차리기 어려운 것은 모호 문항으로 처리한다.

③ 성격병리 5요인(PSY-5) 척도

공격성(AGGR)	방어적이거나 반응적인 공격보다는 도구적인 공격성에 초점
정신증(PSYC)	기이한 감각 및 지각적 경험, 특이한 신념, 위험이나 손상에 대한 비현실적인 두려움 등과 같은 현실과의 단절 평가
통제 결여(DISC)	충동성, 위험추구 성향, 관습과 도덕적 제약을 무시하는 성향 측정
부정적 정서성/신경증(NEGE)	부정적 정서경험 측정
내향성/낮은 긍정적 정서성(INTR)	기쁨을 느끼고 남들과 즐겁게 어울리는 성향 측정

[핵심예제]

MMPI-2에서 내용척도와 보충척도에 공통으로 포함되는 척도는?

[19년 18회]

① 불 안
② 억 압
③ 공 포
④ 우 울
⑤ 분 노

정답 ①

해설

MMPI-2에서 내용척도 중 불안(ANX)이 있고, 보충척도에도 불안(A)이 있다.
② 억압(R)은 보충척도이다.
③ 공포(FRS)는 내용척도이다.
④ 우울(DEP)은 내용척도이다.
⑤ 분노(ANG)는 내용척도이다.

핵심이론 35 **MMPI-A(청소년용 다면적 인성검사)**

① MMPI-A의 구성

타당도 척도	무응답 척도(?), 부인척도(L), 비전형 척도(F, F1, F2), 교정척도(K), 무선반응 비일관성 척도(VRIN), 고정반응 비일관성 척도(TRIN)	
임상척도	척도 1(건강염려증), 척도 2(우울증), 척도 3(히스테리), 척도 4(반사회성), 척도 5(남성성과 여성성), 척도 6(편집증), 척도 7(강박증), 척도 8(조현병), 척도 9(경조증), 척도 0(내향성)	
내용척도	청소년용 4척도	소외, 품행문제, 낮은 포부, 학교문제
	MMPI-2 척도 11개	불안, 강박성, 우울, 건강염려, 기태적 정신상태, 분노, 냉소적 태도, 낮은 자존감, 사회적 불편감, 가정문제, 부정적 치료지표
보충척도	청소년용 3척도	알코올/약물문제 인정, 알코올/약물문제 가능성, 미성숙
	MMPI-2 척도 3개	불안, 억압, MacAndrew의 알코올 중독
PSY-5 척도	공격성, 정신증, 통제결여, 부정적 정서성/신경증, 내향성/낮은 긍정적 정서성	

② 내용척도, 보충척도, PSY-5 척도

구 분	특 징

내용척도	• 청소년을 위해 개발된 4개 척도
	  – 소외(A-aln) : 점수가 높은 청소년은 다른 사람들로부터 정당한 대우를 받지 못하고 이해받지 못하며 이용당한다고 느끼며 그들과 큰 정서적 거리를 느낀다.
	  – 품행문제(A-con) : 점수가 높은 청소년은 자신이 절도, 좀도둑질, 거짓말, 기물 파손, 무례한 행동, 욕설, 반항적 행동을 했다고 말한다.
	  – 낮은 포부(A-las) : 점수가 높은 청소년은 성공하는 것에 대해 흥미를 보이지 않는다.
	  – 학교문제(A-sch) : 점수가 높은 청소년은 낮은 성적, 정학, 무단결석, 교사에 대한 부정적 태도, 학교 혐오 등을 나타낸다.
	• 그 외 11개의 MMPI-2 척도
	  – 불안(A-anx) : 점수가 높은 청소년은 긴장, 과도한 걱정, 수면장애 등의 불안 증상을 나타낸다.
	  – 강박성(A-obs) : 점수가 높은 청소년은 종종 사소한 일에 대해 과도하게 걱정하고 반응한다.
	  – 우울(A-dep) : 점수가 높은 청소년은 자주 울고 피로감을 쉽게 느낀다.

	– 건강염려(A-hea) : 점수가 높은 청소년은 다양한 신체증상을 호소한다. – 기태적 정신상태(A-biz) : 점수가 높은 청소년은 환청, 환시, 환후 등을 포함하여 이상한 생각과 경험을 한다. – 분노(A-ang) : 점수가 높은 청소년은 분노를 적절하게 조절하지 못한다. – 냉소적 태도(A-cyn) : 점수가 높은 청소년은 염세적 태도를 지닌다. – 낮은 자존감(A-lse) : 점수가 높은 청소년은 자신이 매력 없고 자신감이 부족하며, 쓸모없고 결점이 많다고 생각한다. – 사회적 불편감(A-sod) : 점수가 높은 청소년은 수줍어하고 혼자 있는 것을 더 좋아한다. – 가정문제(A-fam) : 점수가 높은 청소년은 부모나 다른 가족과 많은 갈등이 있다. – 부정적 치료지표(A-trt) : 점수가 높은 청소년은 의사나 정신건강 전문가에 대해 부정적인 태도를 보인다.

보충척도	• 청소년을 위해 개발된 3개 척도
	  – 알코올/약물문제 인정(ACK) : 점수가 높은 청소년은 자신이 알코올 및 다른 약물문제를 인정하고 있음을 나타낸다.
	  – 알코올/약물문제 가능성(PRO) : 또래집단의 부정적 영향, 자극 추구, 규칙 위반, 성취에 대한 부정적 태도, 부모와의 갈등, 판단력 문제 등을 포함한다.
	  – 미성숙(IMM) : 미래를 계획하기보다는 현재에만 관심을 집중, 자신감 결여, 통찰과 내성의 결여, 인지적 복합성의 결여, 대인관계에서의 불편감, 의심 및 소외, 적대감과 반사회적 태도, 자기중심성, 비난의 외재화 등의 내용을 포함한다.
	• 그 외 3개의 MMPI-2 척도
	  – 불안(A) : 점수가 높은 청소년은 심리적 고통, 불안, 불편감, 전반적인 정서혼란을 보인다.
	  – 억압(R) : 점수가 높은 청소년은 관습적이고 복종적이며, 불쾌한 상황을 피하려 드는 경향이 있다.
	  – MacAndrew의 알코올 중독(MAC-R) : 점수가 높은 청소년은 물질 남용, 외향적이고 자기 과시적이고 모험적인 경향을 보인다.

PSY-5 척도	• 공격성(AGGR) : 권력욕구, 지배욕구, 행동의 활성화, 과격한 행동 측정 • 정신증(PSYC) : 이상한 감각과 지각의 경험, 현실감각의 결여, 이상한 믿음이나 태도 평가 • 통제결여(DISC) : 위험을 추구하고 충동적이고 관습에 얽매이지 않는 성향 평가 • 부정적 정서성/신경증(NEGE) : 불쾌한 정서, 불안, 걱정, 죄책감 등의 정서 평가 • 내향성/낮은 긍정적 정서성(INTR) : 유쾌한 정서를 경험하기 어렵고, 사회생활을 회피하며, 목표를 추구하거나 책임을 완수할 에너지가 부족한 성향 평가

[핵심예제]

MMPI-A에만 있는 내용척도와 그에 관한 설명으로 옳은 것은?

[17년 16회]

① 낮은 자존감 척도 - 타인의 평가, 의심과 불신 등으로 인한 불안감과 자신감 저하 정도

② 가정문제 척도 - 가족 내 불화, 분노, 심각한 불일치 등 가족 구성원의 갈등 정도

③ 소외척도 - 다른 사람들로부터 정당한 대우를 받지 못하고 이해받지 못하며 이용당한다고 느끼는 정도

④ 학교문제 척도 - 학교에서 또래들을 상대로 일어나는 절도, 거짓말, 무례한 행동, 반항적 행동 정도

⑤ 부정적 치료지표 척도 - 좌절과 고통에 대한 내성, 무망감 정도

정답 ③

해설

③ MMPI-A에만 있는 내용척도(청소년을 위해 개발된 4개 척도)는 소외, 품행문제, 낮은 포부, 학교문제이다.

① 낮은 자존감 척도 : 자신이 매력이 없고 자신감이 부족하고 쓸모없고 결점이 많다고 생각한다.

② 가정문제 척도 : 부모나 다른 가족과 많은 갈등이 있다.

④ 학교문제 척도 : 낮은 성적, 정학, 무단결석, 교사에 대한 부정적 태도, 학교 혐오 등을 나타낸다.

⑤ 부정적 치료지표 척도 : 의사나 정신건강 전문가에 대해 부정적인 태도를 보인다.

핵심이론 36 **MMPI의 시행 및 채점**

① **MMPI의 시행상 유의사항**

㉠ 검사자는 수검자가 MMPI에 제대로 응답할 수 있는지 수검자의 독해력 수준을 파악해야 한다. 이 경우 독해력은 초등학교 6학년 이상의 수준이어야 한다.

㉡ 검사자는 수검자의 연령 및 지능수준을 확인해야 한다. 본래 검사를 실시할 수 있는 연령하한선이 16세이나, 일정 수준의 독해력이 인정되는 경우 12세까지 가능하다.

㉢ 지능수준은 언어성 IQ(VIQ)가 80 이하인 경우 검사 실시가 부적합한 것으로 간주되고 있다.

㉣ 검사자는 수검자의 임상적인 상태를 고려해야 한다.

㉤ 검사 시간은 원칙적으로 제한이 없으나, 보통 대부분의 사람들(90% 이상)은 60분 내지 90분 정도 소요한다.

㉥ 가능한 한 검사자가 지정하는 곳에서 검사자의 감독 하에 실시하는 것이 바람직하다.

㉦ 검사는 충분한 조명, 조용한 분위기, 여유로운 공간, 적절한 환기 등 환경적 조건이 갖추어진 곳에서 이루어져야 한다.

㉧ 검사 실시 전 검사의 목적, 결과의 용도, 누가 이 결과를 보게 되는가, 그리고 결과의 비밀보장 등에 대해 솔직하고 성실하게 설명해준다. 또한 수검자의 검사에 대한 제반 질문에 대해 친절하게 답변함으로써 수검자의 협조를 얻도록 노력한다.

㉨ 검사 도중 검사자는 수검자에게 방해되지 않게 한두 번 정도 검사 진행을 확인할 필요가 있다.

㉩ 검사 실시와 함께 보호자나 주변인물과의 면접을 실시함으로써 수검자에 대한 생활사적 정보와 수검자의 현 상태에 대한 객관적인 정보를 얻는 것이 필요하다.

㉪ 마지막으로 실시한 검사를 채점한 후에 다시 수검자와 면접을 실시해야 한다.

② **MMPI의 채점 및 프로파일 작성**

㉠ 채점자는 수검자의 답안지를 세밀하게 살펴보며, 응답하지 않은 문항 또는 '예', '아니요' 모두에 응답한 문항을 표시해 둔다. 해당 문항들은 무응답으로 처리하여 채점란에 기입한다.

ⓛ 구멍 뚫린 채점판 또는 컴퓨터 채점 프로그램을 이용하여 채점한다. 특히 원점수가 극단적으로 높거나 낮게 나오는 경우 채점 과정상의 오류를 점검해본다.

ⓒ 검사의 신뢰도와 타당도를 높이기 위해 K 교정점수를 구하며, 이를 5가지의 특정 임상척도에 일정 비율을 더해준다.

ⓓ 13개 검사척도(? 척도를 제외한 3개의 타당도 척도와 10개의 임상척도)의 원점수를 T점수로 환산하며, 해당 값에 따라 프로파일 용지 위에 프로파일을 그린다.

ⓜ 프로파일을 작성할 때 우선 T점수를 점으로 찍은 후 검사척도들을 실선으로 연결한다. 다만, 타당도 척도와 임상척도는 분리하며, 보통 ? 척도는 환산점수 대신 원점수를 그대로 기입한다.

[핵심예제]

MMPI-2의 실시 및 해석에 관한 설명으로 옳은 것은?

[16년 14회]

① 검사자의 적절한 관리와 확인이 가능한 장소에서 실시하는 것이 바람직하다.

② 수검자가 문항의 뜻을 물을 경우 충분히 상의하고 상세하게 부연 설명해주는 것이 바람직하다.

③ 무응답 문항이 10개 이상 20개 미만이면 타당하지 않은 자료로 간주하여 더 이상 해석하지 않는다.

④ 수검자는 최소한 중학생 수준의 읽기 능력이 필요하다.

⑤ 내용 소척도는 모척도의 T점수와 상관없이 해석할 수 있다.

정답 ①

해설

① 검사자는 수검자에게 검사용지를 주어 집에서 하게 할 수도 있으나, 가능한 한 검사자가 지정하는 곳에서 검사자의 감독 하에 실시하는 것이 바람직하다.

② 검사자는 수검자의 검사에 대한 제반 질문에 대해 친절하게 답변해야 하지만, 부연설명을 하는 것은 바람직하지 않다.

③ 보통 30개 이상의 문항을 누락하거나 양쪽 모두에 응답하는 경우 프로파일은 무효로 간주될 수 있다. 다만, 30개 이상의 문항을 누락하더라도 기본적인 타당도 척도와 임상척도가 위치한 검사의 전반부에 해당하지 않는다면 비교적 타당한 것으로 볼 수 있다.

④ 본래 검사를 실시할 수 있는 연령하한선이 16세이나, 일정 수준의 독해력이 인정되는 경우 12세까지 가능하다.

⑤ 내용 소척도는 모척도인 내용척도의 T점수가 60 이상일 때만 해석해야 한다.

핵심이론 37 │ 마이어스-브릭스 성격유형검사(MBTI)

① MBTI의 특징

ⓛ MMPI와 달리 MBTI는 인간의 건강한 심리에 기초를 두어 만들어진 심리검사 도구이다.

ⓛ 인간은 겉으로 보기에는 예측하기 힘들 정도로 변화무쌍해 보이지만, 사실 매우 질서정연하고 일관성 있게 다르다. 일관성과 상이성은 각 개인이 외부로부터 정보를 수집하고(인식 과정), 자신이 수집한 정보에 근거해서 행동을 위한 결정을 내리는 데(판단 과정) 있어서 각 개인이 선호하는 방법이 근본적으로 다르기 때문이다.

ⓒ MBTI는 수검자로 하여금 자신의 성격유형을 파악하도록 하여 자신을 보다 깊이 이해하며, 진로나 직업을 선택하는 데 도움을 제공한다. 또한 수검자의 타인에 대한 이해 및 대인관계 향상에 긍정적인 영향을 미치는 것을 목표로 한다.

ⓓ 개인이 비교적 쉽게 응답할 수 있는 자기보고식의 문항들을 통해 선호 경향들을 추출한 다음 그러한 경향들이 행동에 어떠한 영향을 미치는지 파악한다.

ⓜ 개인의 성격을 4개의 양극 차원에 따라 분류하고, 각 차원별로 2개의 선호 중 하나를 선택하도록 함으로써 총 16가지의 성격유형으로 구분한다.

ⓗ 총 95개의 문항으로 구성되어 있으며, 검사에만 약 30분 정도의 시간이 소요된다.

② MBTI의 선호지표에 따른 성격유형

ⓛ 에너지의 방향 – 외향형(Extroversion) / 내향형(Introversion) : 개인의 주의집중 및 에너지의 방향이 인간의 외부로 향하는지 혹은 내부로 향하는지를 나타낸다.

외향형(E)	• 주체보다 객체를 중요하게 여겨 에너지가 외부세계의 일이나 사람에게 향하는 것을 선호한다. • 폭넓은 활동력과 적극성, 정열을 특징으로 한다. • 다른 사람이 자신을 어떻게 보는가에 관심을 가진다. • 경험을 우선으로 하며, 글보다는 말로 표현하려는 경향이 있다.
내향형(I)	• 객체보다 주체를 중요하게 여겨 에너지를 내부세계의 아이디어에 집중하는 것을 선호한다. • 깊이와 집중력이 있으며, 신중하고 조용하다. • 자신이 지금 무엇을 느끼고 있는지에 관심을 가진다. • 이해를 우선으로 하며, 말보다는 글로 표현하려는 경향이 있다.

ⓒ 인식기능 – 감각형(Sensing) / 직관형(Intuition) : 정보의 인식 및 수집 방식에 있어서 경향성을 반영한다.

감각형(S)	• 오감을 통해 직접적으로 인식되는 정보에 주의를 기울이고, 실제로 존재하는 것을 선호한다. • 실용적인 현실감각이 있으며, 실제 경험을 강조한다. • 과거지향적이며, 세부적이고 진지한 관찰을 수행한다. • 정확한 일처리를 강조하며, 숲보다는 나무를 보려는 경향이 있다.
직관형(N)	• 육감을 통해 얻은 정보에 관심을 기울이고 실제로 존재하는 것보다는 있음직한 것 혹은 있을 법한 것, 즉 숨어있는 의미를 알아차리는 것과 관련된 것을 선호한다. • 은유, 이상, 환상, 공상, 이미지 등과 연관된다. • 미래지향적이며, 아이디어를 강조한다. • 신속한 일처리를 강조하며, 나무보다는 숲을 보려는 경향이 있다.

ⓒ 판단기능 – 사고형(Thinking) / 감정형(Feeling) : 인식된 정보를 토대로 판단 및 결정을 내리는 경향성을 반영한다.

사고형(T)	• 판단을 할 때 사실과 논리에 근거를 두고 객관적인 가치에 따라 결정을 내리는 것을 선호한다. • 진실 및 사실이 주된 관심사이다. • 논리와 분석, 원리와 원칙을 추구한다. • 옳고 그름에 대한 판단을 내리며, 지적인 비평을 강조한다.
감정형(F)	• 개인적인 가치와 인간중심적 가치에 근거하여 결정을 내리는 것을 선호한다. • 인간 및 인간관계가 주된 관심사이다. • 온화함과 인정, 우호적인 협력을 추구한다. • 좋고 나쁨에 대한 느낌을 반영하며, 의미와 영향을 강조한다.

ⓒ 생활양식 또는 이행양식 – 판단형(Judging) / 인식형(Perceiving) : 외부세계에 대한 태도, 생활방식 및 적응양식에 있어서 어떠한 과정을 선호하는지를 나타낸다.

판단형(J)	• 무엇이든 나름대로 판단을 하여 서둘러 결정을 내리는 것을 선호한다. • 일에 대해 철저한 준비와 계획을 중시하며, 임무 완수를 강조한다. • 조직력과 계획성, 통제성을 추구한다. • 목적의식이 명확하며, 자기의사가 확고하다.

인식형(P)	• 결정을 가능한 한 미루면서 새로운 가능성의 소지를 남겨두는 것을 선호한다. • 어떤 일에 대해 서둘러 결정을 내리기보다는 그 과정을 즐긴다. • 적응성, 개방성, 수용성을 추구한다. • 자율적·융통적·잠정적이며, 상황에 따른 포용성을 발휘한다.

[핵심예제]

MBTI에서 판단기능에 해당하는 지표는? [19년 18회]

① 외 향 - 내 향
② 감 각 - 직 관
③ 사 고 - 감 정
④ 판 단 - 인 식
⑤ 사 고 - 인 식

정답 ③

해설
MBTI의 선호지표에 따른 성격유형

에너지의 방향	외향성(E)-내향성(I)	주의집중과 에너지의 방향을 나타내는 지표
인식기능	감각형(S)-직관형(N)	정보의 인식 및 수집 방식에 있어서 경향성을 반영하는 지표
판단기능	사고형(T)-감정형(F)	인식된 정보를 토대로 판단 및 결정을 내리는 경향성을 반영하는 지표
생활양식	판단형(J)-인식형(P)	외부세계에 대한 태도, 생활방식 및 적응양식에 있어서 어떠한 과정을 선호하는지를 나타내는 지표

안심Touch

성격 5요인 검사(NEO-PI-R)

① NEO-PI-R의 개념

　㉠ 성격검사들을 결합요인 분석을 하여 공통적으로 추출되는 요인을 발견하고자 하였다.

　㉡ 5대요인은 각각 6개의 하위척도로 구분되며, 각 척도당 8문항씩 모두 240문항으로 구성되었다.

② 척도의 구성 및 내용

요인명	의 미	내 용
N요인 (신경증)	• 일상생활에서 경험하는 부정적 정서와 그에 대한 적응의 정도를 의미한다. • 높은 점수의 사람은 정서적으로 안정되어 있지 못하며 예민하고 스트레스에 취약하다.	• N1 – 불 안 • N2 – 적대감 • N3 – 우 울 • N4 – 자의식 • N5 – 충동성 • N6 – 심약성
E요인 (외향성)	• 높은 점수의 사람은 사람들과 만나기를 좋아하며, 적극적이고 자기주장을 잘하며 열성적이고 낙천적인 것을 의미하고, 직업세계에서 영업과 판매를 잘하는 사람들이 해당된다. • 낮은 점수의 사람은 조용하고 잘 드러나지 않으며, 혼자 지내는 것을 더 좋아하고 조용한 모습을 보이므로 비사교적이고 우유부단하며 일의 속도가 늦다.	• E1 – 온 정 • E2 – 사교성 • E3 – 주 장 • E4 – 활동성 • E5 – 자극추구 • E6 – 긍정적 감정
O요인 (개방성)	• 독자적인 판단, 변화에 대한 선호, 심미적인 감수성, 풍부한 상상력과 아이디어, 지적호기심 등의 정도를 의미한다. • 높은 점수의 사람은 세상에 대해 호기심이 많고 새로운 아이디어와 가치를 추구하며, 자신의 감정에 민감하고, 창조적이고 탐구적인 일을 좋아한다.	• O1 – 상 상 • O2 – 심미성 • O3 – 감정개방 • O4 – 행동개방 • O5 – 사고개방 • O6 – 가치개방
A요인 (우호성)	• 이타심과 관련이 있으며, 타인을 신뢰하고 관심을 가지는 정도와 솔직하고 순응적인 정도를 의미한다. • 외향성과 같이 개인의 대인관계 양식을 잘 설명해 준다. • 높은 점수의 사람은 이타심이 있으며, 타인을 신뢰하고 솔직하고 순응적이다.	• A1 – 온정성 • A2 – 신뢰성 • A3 – 관용성 • A4 – 이타성 • A5 – 겸 손 • A6 – 동 정
C요인 (성실성)	• 자신에 대한 능력을 믿고 계획적이고 조직적으로 일을 수행하며, 자기통제를 잘하여 책임감 있게 생활하는가의 정도를 의미한다. • 높은 점수의 사람은 목적 지향적이고, 조직력이 뛰어나며, 시간을 엄수하고 자신의 의무 이행에 철저하다. • 낮은 점수의 사람은 게으르고 원칙없이 행동하는 것이 아니라, 정해진 원칙을 정확히 적용하기를 힘들어하거나 주어진 목표 달성을 하려는 의지가 부족한 특성을 보인다.	• C1 – 능력감 • C2 – 정연성 • C3 – 충실성 • C4 – 성취동기 • C5 – 자기통제 • C6 – 신중성

[핵심예제]

NEO-PI-R에서 다음 소척도의 점수가 상승했을 때, 이에 대한 해석으로 적절한 것은?

[14년 12회]

① 신경증(N) – 과도한 욕망이나 충동
② 외향성(E) – 활동적이고 과업지향적
③ 개방성(O) – 관습적이고 분석적
④ 우호성(A) – 낯선 사람에 대한 관용
⑤ 성실성(C) – 개혁적이고 지능이 높음

정답 ①

해설

② E요인(외향성) : 열성적이고 낙천적이다.
③ O요인(개방성) : 감정에 민감하고 창조적 · 탐구적이다.
④ A요인(우호성) : 이타적이며 솔직하고 순응적이다.
⑤ C요인(성실성) : 목적지향적이고 책임감이 있다.

핵심이론 39 성격평가질문지(PAI)

① PAI의 특징

  ㉠ 성격과 정신병리를 평가하기 위한 객관검사로서, 임상장면에서 환자나 내담자에 대한 중요한 정보를 제공하기 위해 개발한 자기보고형 검사를 말한다.

  ㉡ 총 344문항으로 구성되어 있고, 22개의 척도들을 4개의 타당도 척도, 11개의 임상척도, 5개의 치료척도, 2개의 대인관계 척도 등 서로 다른 영역을 평가하는 척도들로 분류하고 있다.

  ㉢ 환자집단의 성격 및 정신병리적 특징과 동시에 정상 성인의 성격평가에도 매우 유용하다.

  ㉣ 우울, 불안, 정신분열병 등과 같은 축 Ⅰ 장애뿐만 아니라 반사회적, 경계선적 성격장애와 같은 축 Ⅱ 장애를 포함하고 있어서 DSM-5의 진단분류에 정보를 제공한다.

  ㉤ 4점 평정척도로 이루어져 있어 행동의 손상 정도 또는 주관적 불편감 수준을 정확히 측정하고 평가한다.

  ㉥ 분할점수를 사용한 각종 장애의 진단과 꾀병이나 과장 및 무선적 반응과 같은 부정적 왜곡, 물질 남용으로 인한 문제의 부인과 같은 긍정적·방어적 반응 왜곡의 탐지에도 유용하다.

  ㉦ 각 척도는 3~4개의 하위척도로 구분되어 있어 장애의 상대적 속성을 정확히 측정하고 평가할 수 있다.

  ㉧ 문항을 중복시키지 않아 변별타당도가 높고 여러 가지 지표가 있어 유용하다.

  ㉨ 환자가 질문지에 반응하는 데 그치지 않고, 임상장면에서 반드시 확인해야 할 위기문항을 제시하고 있어 그 내용을 직접 환자에게 물어봄으로써 추가 정보를 수집할 수 있고, 임상척도의 의미를 보다 정확하게 평가할 수 있다.

  ㉩ 잠재적 위기 상황의 지표에 관한 중요한 내용으로 구성되어 있는 27개의 결정문항이 있어 위기 상황에 즉각적으로 개입할 수 있다.

  ㉪ 성격평가질문지(PAI)에는 실제보다 더 좋게 보이려는 태도를 평가할 수 있는 척도가 있다.

  ㉫ 치료계획의 수립과 시행 및 평가에 관한 구성개념을 측정한다.

② 척도 구성

  ㉠ 타당도 척도

ICN (비일관성)	경험적으로 도출한 척도로서 내용이 유사한 문항에 대한 수검자의 반응일치성을 평가하기 위한 척도
INF (저빈도)	무선반응, 무관심, 부주의, 정신적 혼란 또는 독해력 결함 등으로 인해 문항에 대해 제대로 반응하지 못한 수검자를 찾아내는 데 유용한 척도
NIM (부정적 인상)	바람직하지 못한 인상을 과장하기 위해 반응을 왜곡하거나 또는 매우 기이하고 희한한 증상과 관련된 문항들을 포함하고 있는 척도
PIM (긍정적 인상)	수검자가 매우 바람직한 방향으로 반응했거나 어떠한 사소한 결점도 부정하려는 내용으로 구성되어 있는 척도

  ㉡ 임상척도

SOM (신체적 호소)	신체적 기능 및 건강과 관련된 문제에 대한 관심을 반영하는 문항들을 포함하는 척도
ANX(불안)	불안을 경험할 때 공통적으로 나타나는 임상적 특징들을 측정하는 척도
ARD (불안관련 장애)	불안장애와 관련된 3가지 상이한 증후군의 임상적 특징을 측정하는 척도
DEP(우울)	우울증후군에 공통적인 임상적 특징을 측정하는 척도
MAN(조증)	조증과 경조증의 임상적 특징을 측정하는 척도
PAR(편집증)	편집증적인 사람들이 가지고 있는 증상적 및 성격적 요소와 관련된 특징적 현상을 측정하는 척도
SCZ(조현병)	조현병(정신분열증)의 다양한 측면을 측정하기 위한 척도
BOR (경계선적 특징)	심한 성격장애와 관련된 여러 특징을 평가하기 위한 척도
ANT (반사회적 특징)	반사회적 성격의 구성개념과 관련된 특징 및 행동을 평가하기 위한 척도
ALC (알코올문제)	알코올 사용, 남용, 의존과 관련된 행동과 그 결과를 평가하기 위한 척도
DRG (약물문제)	약물사용, 남용, 의존과 관련된 행동과 그 결과를 평가하기 위한 척도

  ㉢ 치료척도

AGG (공격성)	공격성, 분노, 적개심과 관련된 태도와 행동적 특징을 평가하기 위한 척도
SUI (자살관련)	죽음이나 자살과 관련된 사고 및 구체적인 계획 등에 관한 생각을 평가하기 위한 척도

STR (스트레스)	개인이 현재 경험하고 있거나, 최근에 경험한 생활 상황적 스트레스를 평가하기 위한 척도
NON (비지지)	사회적 관계의 가용성과 질을 포함한 지각된 사회적 지지의 부족을 평가하기 위한 척도
RXR (치료거부)	심리적·정서적 변화에 대한 개인적 관심과 관련된 속성과 태도를 평가하기 위한 척도

② 대인관계 척도

DOM (지배성)	개인이 대인관계에서 통제적, 순종적 또는 자율적인 정도를 평가하기 위한 척도
WRM (온정성)	대인관계에서 관여하고 공감하는 정도와 거절적이고 불신하는 정도를 평가하기 위한 척도

③ 채점기준

㉠ 누락된 응답이 17개 이상인지 확인한다.

㉡ 4개의 타당도 척도에서 반응일관성과 부주의, 무관심, 왜곡 등의 문제가 있는지 살펴본다.

㉢ 임상척도에서 T점수 70 이상이면 정상집단으로부터 이탈되었다고 해석할 수 있다.

㉣ 수검자의 검사 프로파일을 24개 진단군의 평균 프로파일과 비교할 수 있다.

㉤ 모든 결정문항은 즉각적인 관심을 필요로 하는 행동이나 정신병리가 있다고 봐야 한다.

㉥ 꾀병을 시사하는 문항에 대해 시인할 경우 기만, 과장 또는 희귀한 해리장애나 기질적 장애와 관련된 실제적 증상일 가능성을 추적·평가해야 한다.

[핵심예제]

PAI에 관한 설명으로 옳지 않은 것은?   [18년 17회]

① MMPI-2와 달리 척도들 간에 중복문항이 없다.

② 각 문항에 대해 4점 척도로 평정한다.

③ 하위 척도들이 있어서 측정하고자 하는 증상의 상대적 속성을 평가할 수 있다.

④ 치료계획의 수립과 시행 및 평가에 관한 구성개념을 측정한다.

⑤ 비지지(NON) 척도는 대인관계 척도에 해당한다.

정답 ⑤

해설

⑤ 비지지(NON) 척도는 치료척도이다. 대인관계 척도는 지배성(DOM), 온정성(WRM)이다.

핵심이론 40 | 기질 및 성격검사(TCI ; Cloninger)

① TCI의 개요

㉠ 유전적으로 타고난 기질을 이해하고 기질을 바탕으로 환경과의 상호작용 속에서 발달한 성격을 파악하여 개인의 고유한 인성을 종합적으로 평가하는 심리검사를 말한다.

㉡ 기존의 다른 인성검사들과 달리, 한 개인의 사고방식, 감정양식, 행동패턴, 대인관계 양상, 선호경향 등을 폭 넓고 정교하게 이해할 수 있다.

② 척도 및 특징

㉠ 기질척도

자극추구	새롭거나 신기한 자극, 잠재적인 보상 단서 등에 강하게 반응하는 유전적 경향성으로 흥분과 보상을 추구하는 탐색 활동을 하며, 단조로움과 처벌은 적극적으로 회피한다. 두뇌의 행동 활성화 시스템과 도파민 기제와 관련되어 있다.
위험회피	위험하거나 혐오스러운 자극에 강하게 반응하는 유전적 경향성으로 처벌이나 위험을 회피하기 위해 행동을 억제하며, 이전에 하던 행동도 중단한다. 두뇌의 행동 억제 시스템과 세로토닌 기제와 관련되어 있다.
사회적 민감성	사회적인 보상 신호에 대해 강하게 반응하는 유전적 경향성으로 사회적인 보상 신호에 의해 이전의 보상 또는 처벌 감소와 연합되었던 행동이 유지된다. 두뇌의 행동 유지 시스템과 노르에피네프린 기제와 관련되어 있다.
인내력	보상이 없을 때 혹은 간헐적으로만 강화되는 경우에도 한 번 보상된 행동을 꾸준히 지속하는 경향성을 말한다. 두뇌의 행동 유지 시스템과 관련되어 있다.

㉡ 성격척도

자율성	자신이 선택한 목표와 가치를 이룰 수 있도록 상황을 만들어 가는 능력으로 자기 행동에 대한 통제력, 조절력, 적응력과 관련되어 있다.
연대감	자기 자신을 사회의 통합적인 한 부분으로 지각할 수 있는 정도로 타인을 수용하고 공감하는 데 있어서의 개인차를 보여준다.
자기초월	자기 자신을 우주의 통합적인 한 부분으로 지각할 수 있는 정도로 개인의 영성과도 관련되어 있다.

[핵심예제]

클로닌저(C. Cloninger)가 개발한 기질 및 성격검사(TCI)의 성격척도를 모두 포함한 것은?

[17년 16회]

① 자극추구, 인내력
② 자극추구, 인내력, 자율성
③ 위험회피, 자율성, 자기초월
④ 자율성, 연대감, 사회적 민감성
⑤ 자율성, 연대감, 자기초월

정답 ⑤

해설

TCI는 개인의 기질과 성격을 구분하여 측정할 수 있으며 기질차원에는 자극추구·위험회피·사회적 민감성·인내력이, 성격차원에는 자율성·연대감·자기초월이 포함된다.

핵심이론 41 기타 성격검사

① 16PF
　㉠ 지능요인을 성격의 한 범주로 평가하기 위해 고안한 검사 도구로, 인간의 행동을 기술하는 수많은 형용사에서 최소한의 공통요인을 추출한 요인분석 방법이다.
　㉡ 카텔은 성격 특성과 연관된 4,500여 개의 개념들에서 160개의 상반된 단어들을 선정하고, 여기에 11개의 개념을 추가하여 171개를 선정하였다. 이후 질문지법을 동원하여 결과를 상관분석한 후 최종적으로 16개의 요인을 발견하였다.
　㉢ 카텔은 16개의 1차 요인을 다시 요인분석하여 4개의 2차 요인을 추출하였고, 각 척도는 높고 낮은 대조적인 성격 특성을 나타낸다.

② 다요인 인성검사
　㉠ 개념 : Cattell의 16PF를 토대로 한국 표준화한 검사로서, Cattell이 주창한 근원 특성들을 중심으로 요인분석법을 통해 성격특성들을 추출한 것이다.
　㉡ 척도의 구성

다요인 인성검사의 1차 요인	온정성 척도(냉정성/온정성), 자아강도 척도(약한 자아강도/강한 자아강도), 지배성 척도(복종성/지배성), 정열성 척도(신중성/정열성), 도덕성 척도(약한 도덕성/강한 도덕성), 대담성 척도(소심성/대담성), 예민성 척도(둔감성/예민성), 공상성 척도(실제성/공상성), 실리성 척도(순진성/실리성), 자책성 척도(편안감/자책감), 진보성 척도(보수성/진보성), 자기결정성 척도(집단의존성/자기결정성), 자기통제성 척도(약한 통제력/강한 통제력), 불안성 척도(이완감/불안감)
다요인 인성검사의 2차 요인	외향성 척도(내향성/외향성), 불안성 척도(약한 불안/강한 불안), 강정성 척도(유익성/강인성), 자립성 척도(종속성/자립성), 초자아 강도 척도(약한 초자아 강도/강한 초자아 강도)
다요인 인성검사의 특수 척도명	동기왜곡 척도(MD, 솔직한 대답/잘 보이려는 대답), 무작위 척도(RANDOM, 진지한 대답/불성실한 대답)

③ 한국판 아동·청소년 행동평가척도(K-CBCL, Child Behavior Check List)

ㄱ 미국의 심리학자 Achenbach와 Edelbrock가 개발한 CBCL을 우리나라의 오경자 등이 번역하여 표준화한 행동평가도구이다.

ㄴ 아동, 청소년기의 사회적 적응 및 정서나 행동문제를 부모가 평가하는 청소년 심리장애 진단 임상적 도구이다.

ㄷ 검사의 구성

전체 척도	하위 척도
사회능력(적응) 척도	사회성, 학업수행, 총 사회능력
문제행동증후군 척도	위축, 신체불안, 불안/우울, 사회적 미성숙, 사고의 문제, 주의집중 문제, 비행, 공격성, 내재화 문제, 외현화 문제, 총문제 행동, 성문제, 정서불안정

[핵심예제]

지능요인을 성격의 한 범주로서 평가하고 있는 검사는?

[14년 12회]

① NEO-PI-R
② MCMI-Ⅲ
③ 16PF
④ CPI
⑤ PAI

정답 ③

해설

16PF의 의의

• 16PF(Sixteen Personality Factor Questionnaire)는 1949년 카텔(Cattell)이 자신의 성격이론을 입증하기 위해 고안한 검사도구이다.
• 16PF는 인간의 행동을 기술하는 수많은 형용사들에서 최소한의 공통요인을 추출한 요인분석방법에 해당한다.

핵심이론 42 로샤 검사(Rorschach Test) (1) – 검사의 개요

① 로샤 검사의 의의 및 특징

ㄱ 로샤 검사는 다양한 학자들에 의해 연구되었으며, 최근에는 엑스너(Exner)의 실증적 접근방법과 러너(Lerner)의 개념적 접근방법이 주류를 이루고 있다.

ㄴ 로샤 검사는 대표적인 투사적·비구조적 검사로서, 지각과 성격의 관계를 상정한다.

ㄷ 개인이 잉크반점을 조직하고 구조화하는 방식이 근본적으로 그 사람의 심리적 기능을 반영한다고 본다.

ㄹ 수검자는 그가 지각한 것 속에 자신의 욕구, 경험, 습관적 반응양식을 투사한다.

ㅁ 로샤 카드에서는 형태와 색채는 물론 음영에 대한 지각적 속성까지 고려한다.

ㅂ 해석자의 판단에 있어서 옳고 그름을 판단하는 정답은 없다.

ㅅ 우울증상이 있는 사람은 보통 음영차원과 무채색 반응의 빈도가 높게 나타난다.

ㅇ 로샤 검사는 주관적 검사로서 신뢰도 및 타당도가 검증되지 못했으므로, 객관적·심리측정적 측면에서는 부적합하다.

② 로샤 검사 단계

구 분	내 용
자유연상 단계	• 수검자의 반응을 그대로 기록해 독특한 반응에 대한 정보를 얻는다. • 지시문은 간단한 것이 좋으며, 로샤 검사가 상상력 검사라는 잘못된 인상을 주어서는 안 된다. 상상력 검사라고 생각하는 경우, 수검자는 자신들이 지각한 것에 반응하기 보다는 연상한 것에 반응할 수 있기 때문이다. • 수검자의 반응을 암시하거나 유도해서는 안 된다. • X번 카드까지 표준적인 방법으로 실시했는데 전체 반응 수가 14개 미만인 짧은 기록일 경우 해석적인 가치가 줄어들 수 있으므로, 반응을 더 해달라고 부탁하고 검사를 다시 할 수 있다. • 반대로 수검자가 카드 Ⅰ에 대해 5개의 반응을 한 후 더 많은 반응을 하려고 하면 다음 카드로 넘어간다. Ⅱ번 카드까지는 5개 이상의 반응을 하려고 하면 이와 동일하게 개입한다.

질문단계	• 질문단계의 목적은 반응을 정확하게 기호화하고 채점하려는 것이다. • 검사자는 수검자가 어떤 결정인에 의해 해당 반응을 형성한 것인지 확인할 수 있는 질문을 한다. • 개방적인 질문을 통해 어떤 영역을 무엇 때문에 그렇게 보았는지 질문한다. • 검사자는 수검자의 이야기를 반응기록지에 기재한다. • 과도한 질문은 수검자의 저항과 거부감을 유발할 수 있으므로 삼간다. • 직접적으로 반응을 유도하는 질문은 적절하지 않다. 이는 이후 반응을 기술할 때 영향을 미칠 수 있다.
한계음미 단계	• 이 단계는 채점에 포함시키지는 않지만, 수검자의 상태를 좀 더 정확히 파악하기 위하여 사용하는 절차이다. • 대부분의 사람들이 많이 보고하는 평범반응을 수검자가 보고하지 않는 경우, 수검자가 그러한 반응을 볼 수 있는지를 평가할 수 있다. • 검사자는 평범반응이 나타나지 않은 2~3개의 잉크 반점을 선택한 후, 수검자에게 평범반응을 알려주고 수검자가 평범반응을 볼 수 있는지 확인할 수 있다. • 독창적인 반응을 하느라 평범반응을 하지 않은 수검자는 쉽게 평범반응을 지각하지만, 심하게 손상된 정신과 환자는 다른 사람들의 반응을 의아하게 생각함을 알 수 있다.

[핵심예제]

로샤(Rorschach) 검사에 관한 설명으로 옳은 것은?

[19년 18회]

① 반응영역 S는 단독으로 기호화해야 한다.
② 수검자가 한 말을 그대로 기록하여야 한다.
③ 수검자의 상상력이나 창의력이 발휘될 수 있도록 격려해 주어야 한다.
④ 질문단계에서는 추가적인 새로운 반응을 확인하기 위해 주의를 기울여야 한다.
⑤ 로샤(H. Rorschach)는 종합체계(Comprehensive System)를 개발하였다.

정답 ②

해설
① 반응영역 S는 어떤 경우든 단독으로 기호화할 수 없어, WS, DS 또는 DdS처럼 항상 다른 기호와 같이 사용한다.
③ 수검자에게 상상력이나 창의력 검사를 하고 있다는 인상을 주어서는 안 되며, 수검자들이 본 것에 대해서만 말하게 한다.
④ 질문단계에서는 직접적으로 반응을 유도하는 질문은 적절하지 않다. 이는 이후 반응을 기술할 때 영향을 미칠 수 있다.
⑤ Rorschach 종합체계(Comprehensive System)를 개발한 사람은 존 엑스너(J. Exner)이다.

로샤 검사(Rorschach Test) (2) - 검사의 채점 및 해석 (1)

① 반응의 위치(반응영역)
　㉠ "수검자의 주된 반응이 어느 영역에 대해 일어나고 있는가?"
　㉡ 검사자는 수검자의 반응영역 자체를 평가하는 동시에 그와 관련된 인지적 활동을 평가한다.

기 호	정 의	기준 내용
W	전체반응	• 반점 전체를 보고 반응하는 경우 • 아주 작은 부분이 제외되어도 W로 기호화 할 수 없다.
D	흔히 사용하는 부분에 대해 반응 또는 보통 부분반응	• 자주 사용되는 반점 영역을 보는 경우
Dd	드문 부분반응 또는 이상 부분반응 (정상규준집단 5% 미만)	• 남들이 잘 보지 않는 부분이지만 검사자의 판단상 그럴 듯하게 보일 경우 • W반응, D반응이 아니면 자동적으로 Dd로 기호화한다.
S	흰 공간 부분이 사용되었을 경우의 공백반응 또는 간격반응	• 카드의 여백을 본 경우 • 흰 공간은 다른 영역과 함께 사용하는 경우도 있고, 흰 공간만을 사용할 수도 있다. • 어떤 경우든 S는 단독으로 기호화할 수는 없음. 따라서 WS, DS 또는 DdS처럼 항상 다른 기호와 같이 사용한다.

② 발달질
　㉠ "반응의 질은 어떠한가?", "반응영역에서 발달수준은 어떠한가?"
　㉡ 검사자는 수검자가 지각한 대상에 구체적인 형태가 있는지와 함께 그 대상들 간에 상호작용이 있는지를 평가한다.

기 호	정 의	기준 내용
+	통합반응	반점의 단일하거나 구분된 부분이 관련이 있는 하나의 반응에 조직되어 묘사된 것으로서, 구체적인 형태특성으로 나타나는 경우
v/+	모호-통합반응	반점의 단일하거나 구분된 부분이 관련이 있는 하나의 반응에 조직되어 묘사된 것으로서, 구체적인 형태특성으로 나타나지 않는 경우

o	보통반응	잉크반점이 구체적인 형체특성으로 묘사되어 대상의 윤곽과 함께 구조적인 양상을 보이는 경우	
v	모호반응	잉크반점이 구체적인 형체특성 없이 묘사되어 대상의 윤곽이나 구조적인 양상을 보이지 않는 경우	

③ 결정인

㉠ "반응하기 위해 잉크반점의 어떤 부분이 사용되었는가?", "반응을 결정하는 데 영향을 미친 반점의 특징은 어떠한가?"

분류	기호 및 채점		해석
형태(Form)	F(형태반응)	형태를 단독으로 보고 반응할 때 채점	통제, 지연
운동(Movement)	M(인간의 움직임 반응)	인간이 동작을 보이거나 동물이나 가공적 인물이 인간과 유사한 움직임에 채점	개념화, 욕구, 스트레스
	FM(동물의 움직임 반응)	동물의 움직임을 지각한 반응에 채점, 자연적이되 아닌 경우 M으로 채점	
	m(무생물의 움직임 반응)	생명력이 없는 사물의 움직임에 채점	
	※ 운동반응은 능동적(적극적)인지 수동적(소극적)인지에 따라 a와 p의 기호로 표시하며, 의인화 표현일 때에는 사람으로 생각해야 함		
유채색(Chromatic Color)	C(순수 색채 반응)	반점의 순수 색채만을 근거로 반응할 때 채점	정서 표현의 조정
	CF(색채-형태 반응)	반점의 색채가 일차적 결정요인이고 형태가 이차적일 때 채점	
	FC(형태-색채 반응)	반점의 형태가 주요 결정요인, 색채가 이차적 개입일 때 채점	
	Cn(색채명명 반응)	반점의 색채가 명명되고, 그 명칭에 관한 반응으로 채점	
무채색(Achromatic Color)	C'(순수 무채색 반응)	무채색이 반응 결정요인으로 작용	정서 억제

음영-재질(Shading-Texture)	C'F(무채색-형태 반응)	무채색이 일차적 결정요인, 이차적으로 형태가 결정요인으로 작용할 때 채점	
	FC'(형태-무채색 반응)	형태가 일차적 결정요인, 이차적으로 무채색이 결정요인일 때 채점	
	T(순수 재질 반응)	반점의 음영이 개입 없이 순수할 때 채점	애정 욕구
	TF(재질-형태 반응)	반점의 음영이 재질을 나타낼 때 일차적으로 지각되고, 이차적으로 형태가 개입될 때 채점	
	FT(형태-재질 반응)	형태에 따라 일차적으로 지각되고, 이차적으로 음영의 특징이 재질을 나타낼 때 채점	
음영-차원(Shading-Dimension)	V(순수 차원 반응)	차원이나 깊이만일 경우 채점	부정적 자기 평가
	VF(차원-형태 반응)	일차적으로 음영 깊이·차원이 지각되고, 이차적으로 형태가 지각되는 경우 채점	
	FV(형태-차원 반응)	형태가 일차적으로 결정되고, 깊이나 차원이 이차적 결정요인일 때 채점	
음영-확산(Shading-Diffuse)	Y(순수 음영 반응)	형태개입 없이 밝고 어두운 것에 따라 결정될 때 채점	불안감, 무력감
	YF(음영-형태 반응)	밝고 어두운 것이 일차적으로 결정, 형태가 이차적 개입일 때 채점	
	FY(형태-음영 반응)	주로 반점의 형태에 의존하여 반응이 결정되고, 이차적으로 음영 특징이 반응을 결정할 때 채점	
형태-차원(Form-Dimension)	FD(형태에 근거한 차원 반응)	깊이나 거리, 차원의 인상이 반점의 크기나 모양을 근거로 결정될 때 채점(이때 음영은 개입되지 않음)	내성

쌍반응 / 반사반응 (Pairs / Reflections)	(2)	반점의 대칭성에 근거하여 두 개의 동일한 사물을 지각할 때 채점	자기 초점, 자아 중심성
	rF(반사-형태 반응)	반점의 대칭적인 성질에 근거하여 반사되거나 거울에 비친 모습을 나타낸다고 반응될 때 채점, 형태를 갖추지 않은 사물로 반응(그림자)	
	Fr(형태-반사 반응)	반응의 대칭성에 근거하여 반사하거나 거울에 비친 모습으로 지각되는 경우 채점, 일정한 형태를 가진 사물로 반응	

[핵심예제]

로샤(Rorschach) 검사에서 결정인에 관한 해석으로 옳은 것은?

[17년 16회]

① Y, YF, FY - 통제할 수 없는 불안감
② T, TF, FT - 사고의 효율성
③ C, CF, FC, Cn - 지각적 왜곡
④ rF, Fr - 방어적 태도
⑤ C', C'F, FC' - 조직화 경향

정답 ①

해설

로샤검사의 결정인

기 호	정 의	해 석
F	형태(Form)	통제, 지연
M, FM, m	운동(Movement)	개념화, 욕구, 스트레스
C, CF, FC, Cn	유채색(Chromatic Color)	정서 표현의 조정
C', C'F, FC'	무채색(Achromatic Color)	정서 억제
T, TF, FT	음영-재질(Shading-Texture)	애정 욕구
V, VF, FV	음영-차원(Shading-Dimension)	부정적 자기 평가
Y, YF, FY	음영-확산(Shading-Diffuse)	불안감, 무력감
FD	형태-차원(Form Dimension)	내 성
(2) / rF, Fr	쌍반응(Pairs) / 반사반응(Reflections)	자기초점, 자아중심성

핵심이론 44
로샤 검사(Rorschach Test) (3) - 검사의 채점 및 해석 (2)

① 형태질

㉠ "반응이 잉크반점의 특징에 얼마나 부합하는가?"

㉡ 검사자는 수검자가 사용한 반점 영역의 형태가 지각한 대상의 형태와 어느 정도 일치하는지를 평가한다.

기 호	정 의	기준 내용
+	우수-정교한	형태를 매우 구체적으로 자세하게 묘사한 경우
o	보통의	대상을 묘사함에 있어서 쉽게 이해할 수 있는 방식으로 언급하는 경우
u	드 문	반응의 특징과 반응의 내용이 크게 부조화하지는 않지만 흔하지 않은 경우
−	왜곡된	반점의 특징에 대해 왜곡하고, 임의적·비현실적으로 반응을 형성하는 경우

② 반응내용

㉠ "반응은 어떤 내용의 범주에 포함되는가?"

㉡ 검사자는 수검자의 반응이 동시에 하나 이상의 대상을 포함하는 경우 반응에 포함된 내용들을 모두 기호로 표시한다.

기 호	반응내용	기 호	반응내용
H	사람의 전체 모습	Bt	식물 또는 식물의 부분, 새둥지
(H)	가공인물, 신화 속 인물, 유령, 요정	Cg	의복, 신발, 벨트, 안경
Hd	인체의 일부	Cl	구 름
(Hd)	가공인물 등의 불완전한 형태	Ex	불꽃놀이, 폭발, 폭풍
Hx	정서, 감각 경험	Fi	불, 연기
A	동물의 전체 모습	Fd	사람의 음식, 동물의 먹이
(A)	가공적·신화적 동물	Ge	지 도
Ad	동물의 불완전한 형태	Hh	가정용품, 주방기구, 램프, 양탄자
(Ad)	가공적·신화적 동물의 불완전한 형태	Ls	풍경, 산, 섬, 동굴, 바다 경치
An	골격, 근육, 해부학적 구조	Na	Bt와 Ls에서 제외된 자연환경(태양, 달, 하늘)

Art	예술작품, 보석, 장식물	Sc	과학 및 과학적 산물 (자동차, 빌딩, 무기)
Ay	문화적·역사적 의미의 물건, 토템	Sx	성기관 및 성행동
Bl	사람이나 동물의 피	Xy	엑스레이 반응에 의한 뼈나 내부기관

③ 평범반응

　㉠ 수검자 집단에서 반응빈도가 높은 13개의 반응을 말하며, P로 기호화하고 반응내용의 기호 뒤에 기록한다.

　㉡ 객관적 기준에 따라 P와 유사하지만 완전히 일치하지 않거나, 반응내용과 사용한 영역이 일치하지 않는 경우는 배제한다.

기 호	평범반응	기 호	평범반응
I (W)	박쥐 / 나비	VI(W or D1)	동물가죽
II(D1)	동물의 전체 형태	VII(D9)	얼굴(인간)
III(D9)	인간의 모습	VIII(D1)	동물 전체
IV(W or D7)	거 인	IX(D3)	인간, 괴물
V(W)	나비 / 박쥐	X(D1)	게 / 거미

④ 조직화 활동

　㉠ 조직화 활동이란 수검자가 자극을 인지적으로 조직화하거나 또는 조직화하려 얼마나 노력했는가를 수치적으로 나타내는 것으로 Z점수를 통해 값을 매긴다.

　㉡ 조직화 활동 Z점수를 줄 수 있으려면 형태가 포함되어 있는 반응이어야 한다.

　㉢ 공백 공간을 포함하고 있는 반응에 대해 Z점수를 채점하려면 반점의 다른 영역도 포함하고 있어야 한다.

⑤ 특수점수

　㉠ 반응내용에서 나타나는 특이한 면에 대해서 기호화하여 여러 가지 반응 특징에 대한 수량화가 어느 정도 가능해졌다.

　㉡ 종합체계에서는 14가지의 특수점수를 제시하고 있고, 그 분류는 다음과 같다.

특이한 언어반응 (Unusual Verbalization)	일탈된 언어표현	• DV(일탈된 언어표현) : 수검자가 신어 조작을 보이거나 과잉 표현을 보일 때 채점 • DR(일탈된 반응) : 수검자가 부적절한 구를 사용하였거나 표현이 우회적일 때 채점
	부적절한 반응합성	• INCOM(조화되지 않는 합성) : 반점의 부분이나 이미지들이 부적절하게 하나의 대상으로 합쳐져서 압축하여 표현할 때 채점 • FABCOM(우화적인 합성) : 분명하게 분리되어 있는 두 가지 이상의 반점 영역들에 대해서, 대상들이 있을 수 없는 방식으로 관계를 맺고 있는 것으로 지각하는 경우 채점 • CONTAM(오염 반응) : 부적절한 반응합성 중에서 가장 부적절한 반응을 하였을 때 채점
	부적절한 논리	• ALOG(부적절한 논리) : 검사자가 유도하지 않았는데도 수검자가 자신의 반응을 정당화하기 위하여 설명할 때, 논리가 부적절하고 비합리적일 때 채점
반응반복 (Perseveration) PSV		• 같은 카드에 대해서 위치, 발달질, 결정인, 형태질, 내용 및 Z점수까지 모두 같은 반응이 연속적으로 나타날 경우 • 카드 간 내용이 반복될 경우 • 기계적으로 계속 대상을 보고하는 경우
통합실패 (Integration Failure) CONFAB		• 수검자가 반점의 어느 한 부분에 주의를 기울여 반응한 뒤, 이를 보다 큰 반점영역이나 전체 반점에 대해 일반화시키는 경우
특수내용 (Special Content)		• 추상적 내용(AB) : 수검자가 상징적인 표현을 사용하거나 인간의 정서, 감각적인 경험을 보고 하는 경우 • 공격적 운동(AG) : 운동반응에서 싸움, 파괴, 논쟁, 공격 등의 분명하게 공격적인 내용이 포함될 경우 • 협조적 운동(COP) : 운동반응에서 둘 또는 그 이상의 대상들이 협조적인 상호작용을 하고 있는 경우 • 병적인 내용(MOR) : 죽은, 파괴된, 손상된, 폐허가 된, 상처 입은, 깨어진 등의 대상으로 지각한 경우

- 개인적 반응(PER) : 수검자가 자신의 반응을 정당화하고 명료화하기 위하여 자신의 개인적인 지식이나 경험을 언급하면서 반응할 경우
- 특수한 색채 투사(CP) : 무채색 영역에서 유채색을 지각하는 경우

[핵심예제]

다음에 제시한 로샤(Rorschach) 검사 반응 중 병적 반응(Morbid Content, MOR)에 해당하는 것은? [18년 17회]

① 매우 화가 난 곰
② 부서진 꽃병
③ 해부학 시간에 배운 신경구조
④ 아름다운 노란색 나비
⑤ 평화를 상징하는 비둘기

정답 ②

해설

로샤(Rorschach) 검사 반응 중 병적 반응(MOR)
- 죽은, 파괴된, 손상된, 폐허가 된, 상처 입은, 깨어진 등의 대상으로 지각한 경우로 부서진 꽃병, 다친 곰, 썩은 나뭇잎 등이다.
- 우울한 감정을 부여한 경우로 울고 있는 여자, 불행한 나무, 음침한 집 등이다.

핵심이론 45 로샤 검사(Rorschach Test) (4) – 구조적 요약

① 구조적 요약의 개념
- ㉠ 각 반응을 정확하게 부호화하고 채점하는 목적은 궁극적으로 구조적 요약을 완성하기 위함이다.
- ㉡ 구조적 요약 자료들은 임상가가 피험자의 심리적 특성과 기능에 관한 가설을 세우고, 이러한 가설을 바탕으로 피험자의 성격적 특징과 임상진단에 관한 기술을 하도록 돕는다.
- ㉢ 구조적 요약은 먼저 각 반응을 순서에 따라 부호화 채점을 한 후에 각 반응의 빈도를 기록하고 비율, 백분율 총점수 등을 계산하는 순으로 한다.

② 구조적 요약의 상단부

위 치	조직화 활동	3개 항목이 채점되어야 한다. • Z반응의 수, 즉 Zf(Z빈도) 기록 • 가중치를 부여한 Z점수의 총합(Zsum) 계산 • 가중치 Zest(최대Z값) 구하기
	영역기호	• 기본적인 영역기호 각각의 빈도 계산
	발달질	• 반응영역에 관계없이 발달질 기호 각각의 빈도 계산
결정인		• 결정인이 혼합된 경우를 제외하고는 각각 따로 기록, 혼합반응은 혼합반응란에 기록
형태질		• FQx : 기록에 포함된 모든 반응의 형태질을 평가 • MQual : 모든 인간운동반응의 형태질의 빈도 • W + D : W나 D영역을 사용한 모든 반응의 FQ빈도
내 용		• 내용 안에 27개의 항목이 있는데 일차반응과 이차반응으로 나누어 기록
접근방식 요약		• 구조적 요약의 오른편 상단에 있는 칸에 수검자가 사용한 반응의 원리를 순서대로 기록
특수점수		15개 특수점수 각각의 빈도 기록 • 6개 특수점수의 원점수의 합 구하기 • 6개 특수점수의 원점수에 가중치를 곱하고 더해서 WSUM6에 기록

② 구조적 요약의 하단부
- ㉠ 상단부에서 구해진 빈도들을 기초로 하여 비율이나 백분율, 가중점수 등이 구해지고, 이 점수들을 7개의 군집으로 나눈다.

ⓛ 가장 아랫부분에 6개 특수지표(PTI, DEPI, CDI, S-CON, HVI, OBS)가 있고, 이 지표들이 기준표에 따라 가장 나중에 계산된다.

ⓒ 핵심영역

Lambda, L (람다 L)	전체반응에서 순수형태 반응이 차지하는 비율로 심리적 자원의 경제적 사용과 관련된다.
Erlebnistypus, EB (체험형 EB)	인간 운동반응 M과 가중치를 부여한 색채 반응 총 점수 SumC와의 관계를 나타낸다.
Experience Actual, EA (경험실제 EA)	개인의 가용자원과 관련 있는 변인으로, Sum M과 WSumC를 더하면 된다.
EB Pervasive, EBPer (EB 지배성)	의사결정에서 EB 양식 중 우세한 양식이 있는지 나타내 주는 비율이다.
Experience Base, eb (경험기초 eb)	모든 비인간 운동 결정인(FM, m)과 음영 및 무색채 결정인의 관계를 나타낸다.
Experience Stimulation, es (경험자극 es)	eb 자료를 근거로 계산하고, 현재 수검자가 경험하는 자극과 관련 있다.
D Score, D (D 점수)	EA와 es 간의 관계에 대한 중요한 정보를 제공해 주고, 스트레스에 대한 내성과 통제요소와 관련 있다.
Adjusted es, Adj es (조정 es)	D점수는 스트레스 인내도와 유용한 자원에 관한 정보를 제공해 줄뿐만 아니라 이러한 요소들이 상황적 요소에 의해 영향 받았는지를 알려주는데, 이를 알아보기 위해서 es로부터 상황적 요인과 관련이 있는 모든 요소들을 제외시키면 된다.
Adjusted D Score, Adj D (조정 D 점수)	EA-Adj es를 통하여 얻어진 원점수를 D 점수 환산표에 적용시켜 구한다.

ⓓ 관념영역

Active : Passive Ratio, a : p (능동 : 수동 비율)	관념과 태도의 융통성과 관련있는 것으로, 왼쪽에는 능동 운동반응의 총반응수를, 오른쪽에서는 수동 운동반응의 총반응수를 적는다.
M Active : Passive Ratio, $M^a : M^p$ (인간 운동, 능동 : 수동 비율)	사고특징과 연관되는데 인간 운동반응의 능동운동과 수동운동의 비율을 나타낸다.

Intellectualization Index, 2AB + (Art + Ay) (주지화 지표)	특수점수인 AB(Abstract)와 Art 및 Ay 반응내용을 포함한다.

ⓜ 정서영역

Form-Color Ratio, FC : CF + C (형태-색채비)	정서의 조절과 연관되고, FC 결정인을 사용한 총반응수와 CF + C + Cn 반응수의 비율을 나타낸다.
Constriction Ratio, Sum C' : WSumC	정서를 지나치게 내면화하는 것과 관련 있다.
Affective Ratio, Afr (정서비)	이는 I~Ⅶ번 카드까지 반응수와 나머지 Ⅷ~Ⅹ번 카드까지의 반응수 비율로 수검자의 정서적 자극에 대한 관심을 나타낸다.
Complexity Ratio, Blends : R (복합성 지표)	혼합반응의 수와 총반응수의 비율을 나타낸다.

ⓝ 중재영역

Form Appropriate Extended, XA + % (적절한 확대 형태)	형태 특성을 적절히 사용한 반응의 비율을 나타낸다.
Form Appropriate- Common Areas, WDA% (적절한 일반 영역 형태)	W와 D 영역을 사용한 반응들 중에서 형태 특성을 적절히 사용한 반응의 비율을 나타낸다.
Distorted Form, X - % (왜곡 형태)	반점의 특징과 맞지 않게 형태를 사용한 비율을 나타내며 현실 지각 왜곡 정도를 평가한다.
Conventional Form Use, X + % (관습적 형태)	일상적인 대상을 지각한 반응 중 형태 특징을 적절하게 사용한 비율을 나타낸다.
Unusual Form Use, Xu% (드문 형태 반응)	윤곽을 적절히 사용했지만 비관습적으로 사용한 반응의 비율을 나타낸다.

ⓞ 처리영역

Economy Index, W : D : Dd (경제성 지표)	W(전체) 반응수, D(흔한) 반응수, Dd(드문 부분) 반응수의 비율을 나타낸다.
Aspirational Ratio, W : M (기대 지표)	W(전체) 반응수와 M(인간운동) 반응수의 비율을 나타낸다.
Processing Efficiency, Zd (과정 효율성)	Zd는 ZSum에서 Zest를 뺀 값으로 정보를 효율적으로 조직화하는 능력을 평가한다.

◎ 대인관계 영역

Interpersonal Interest, Human Cont. (대인관계 관심)	인간에 대한 관심에 관한 정보를 제공한다.
Isolation Index, Isolate/R (소외지표)	사회적 고립과 관련된 것으로 식물, 구름, 지도, 풍경, 자연 등 다섯 가지 내용범주를 포함한다.

㉧ 자기지각 영역

Egocentricity Index, 3r + (2) / R (자아중심성 지표)	자존감과 관련이 있는 지표로 전체 반응기록에서 반사반응과 쌍반응의 비율을 나타낸다.

㉨ 특수지표

지각적 사고 지표 (PTI)	왜곡된 사고와 부정확한 지각 정도 측정, 4개 이상 해당될 경우 산출
	• (XA% < .70) and (WDA% < .75) • X − % > .29 • (LVL2 > 2) and (FAB2 > 0) • (R < 17 and WSUM6 > 12) or (R > 16 and WSUM6 > 17) • (M − > 1) or (X − % > .40)
우울증 지표 (DEPI)	정서적 · 인지적 우울증 정도 측정, 5개 이상 해당될 경우 산출
	• (FV + VF + V > 0) or (FD > 2) • (Col − Shd Blends > 0) or (S > 2) • (3r + (2) / R > .44 and Fr + rF = 0) or (3r + (2) / R < .33) • (Afr < .46) or (Blends < 4) • (Sum Shading > FM + m) or (SumC' > 2) • (MOR > 2) or (2 × AB + Art + Ay > 3) • (COP < 2) or ([Bt + 2 × Cl + Ge + Ls + 2 × Na] / R > .24)
대응결함 지표 (CDI)	환경적 요구 · 스트레스 상황 대처 손상 측정, 4개 또는 5개 이상이면 산출
	• (EA < 6) or (AdjD < 0) • (COP < 2) and (AG < 2) • (Weighted Sum C < 2.5) or (Afr < .46) • (Passive > Active + 1) or (Pure H < 2) • (Sum T > 1) or (Isolate / R > .24) or (Food > 0)
자살 지표 (S-CON)	자살가능성에 대한 정도 측정, 8개 이상 해당될 경우 산출, 14세 이상 수검자에게만 적용
	• FV + VF + V + FD > 2 • Color − Shading Blends > 0 • 3r + (2) / R < .31 or > .44 • MOR > 3 • (Zd > + 3.5) or (Zd < −3.5)

	• es > EA • CF + C > FC • X + % < .70 • S > 3 • (P < 3) or (P > 8) • Pure H < 2 • R < 17
과잉경계 지표 (HVI)	환경에 대한 예민성과 경계의 정도 측정, 1번을 만족시키고 아래 8개 중 최소한 4개가 해당될 경우 체크
	• (1) FT + TF + T = 0 • (2) Zf > 12 • (3) Zd > + 3.5 • (4) S > 3 • (5) H + (H) + Hd + (Hd) > 6 • (6) (H) + (A) + (Hd) + (Ad) > 3 • (7) H + A : Hd + Ad < 4 : 1 • (8) Cg > 3
강박증 지표 (OBS)	강박사고 및 행동의 정도 측정

	• (1) Dd > 3
	• (2) Zf > 12
	• (3) Zd > + 3.0
	• (4) Populars > 7
	• (5) FQ + > 1
	• 한 가지 이상 해당될 경우 체크
	  − (1) ~ (5) 모두 해당
	  − (1) ~ (4) 중에서 2개 이상이 해당되고 FQ + > 3
	  − (1) ~ (5) 중에서 3개 이상이 해당되고 X + % > .89
	  − (FQ + > 3) and (X + % > .89)

> **더 알아보기**
>
> **로샤검사의 람다(L ; Lamda)값**
> • 전체반응에서 순수형태 반응이 차지하는 비율이다.
> • 로샤검사에서 Lamda는 경험에 대한 개방성 지표이다.
> • 심리적 자원을 경제적으로 사용하는 것과 관련이 있다.
> • 주변 환경에 관심을 기울이는 정도와 관심의 폭을 평가한다.
> • 람다값이 .30 ~ .99에 속하면 평균집단으로 분류되고 주의의 초점이 넓다.

[핵심예제]

로샤(Rorschach) 검사의 우울증 지표(DEPI) 항목에 해당하지 않는 것은?

[16년 14회]

① MOR > 2 또는 주지화 > 3
② CF + C > FC
③ 정서비 < .46 또는 혼합반응 < 4
④ FV + VF + V > 0 또는 FD > 2
⑤ COP < 2 또는 소외지표 > .24

정답 ②

해설

심리적 문제를 나타내는 로샤(Rorschach) 변인에서 CF + C > FC는 '정서조절의 어려움'을 나타낸다.

로샤(Rorschach)검사의 우울 DEPI

7개 변인 중 5개 변인이 충족되면 우울증이 고려된다.

- FV + VF + V > 0 또는 FD > 2
- 색채-음영혼합 > 0 또는 S > 2
- [3r + (2) / R > .44 그리고 Fr + F = 0] 또는 [3r + (2) / R < .33]
- Afr(정서비) < .46 또는 혼합반응 < 4
- 음영혼합반응 > FM + m 또는 SumC' > 2
- MOR > 2 또는 주지화 > 3
- COP < 2 또는 소외지표 > .24

핵심이론 46 로샤 검사(Rorschach Test) (5) – 심리적 문제를 나타내는 Rorscharch 변인

① 통 제

EA(Experience Actual : Sum M + WSumC) < 7	심리적 자원의 가용성이 낮다.
Adj D(adjusted D : D[= EA − es] − m − Y) < 0	심리적 스트레스를 경험하지만, 통제가 어렵다.
Adj D(adjusted D) > 0	심리적 스트레스가 없음, 치료 동기가 낮을 수 있다.
L(Lamda : F / R − F) > .99	자극장에 참여가 낮음, 정보처리의 문제를 시사한다.
L(Lamda) < .30	과잉포괄적 양식, 정서나 관념의 과도하게 관여한다.
EB − style = ambitent	사고, 문제해결, 결정과정에 영향을 미치는 정서적 측면이 일관되지 않는다.
SumSh > FM + m	정서적 스트레스

② 정 서

Shdshd(blends of shading)	고통스럽고 혼란스러운 정서 경험
WSumC < 2.5	정서적인 경험에 접근하려지 않는다.
Afr < .40 또는 SumC' > WSumC	정서적인 자극에 반응성이 낮음 또는 정서의 과도한 내재화
CF + C > FC	정서조절이 어렵다.
FC > 1.5 CF + C, C = 0	정서적인 표현의 지나친 통제
Blends < 4	복잡한 정서 자극을 다루는데 있어 어렵다.
S > 2	환경에 대한 부정적·반항적 태도

③ 대인관계

AG + COP < 3	사회적 상호작용에 관심이 적다.
AG > 3	사회적 상호작용에서 공격성 표현 예상
Isol / R > .24	사회적 상호작용에 참여가 낮다.
Fd > 0	의존적 경향성
H < 2	다른 사람과 동일시하는 능력이 낮다.
T = 0	밀접함에 대한 요구가 없다.
T > 1	밀접함에 대한 과도한 요구

④ 자기지각

Fr + rF > 0	나르시스적 특성
Egoindex(3r + [pair] / R) < .33	부정적인 자기 가치감
Egoindex > .44	자기자신에 지나치게 몰두한다.
SumV + FD > 2	과도하고 고통스러운 자기 검열
FD = 0	자기 검열 능력이 낮다.
MOR > 2	부정적이고 염세적인 자기상
An + Xy > 2	신체와 자기상에 대한 반추

⑤ 사고과정

X − % > .29	지각적 왜곡
S − % > .40	지각적 부정확성에 기여하는 분노 또는 부정적 경향성
P < 4	명백한 상황에서 관습적인 반응이 적다.
Sum6 > 6, WSum6 > 17	사고 왜곡
M − > 1	다른 사람을 지각하는데 있어 왜곡
Ma < Mp + 1	환상의 과도한 사용
Intell − index > 5	방어로서 주지화의 과도한 사용

[**핵심예제**]

로샤(Rorschach) 검사의 구조변인과 해석의 연결이 옳은 것은?

[19년 18회]

① X + % − 지각적 왜곡 또는 지각적 적절성의 결여 정도를 평가
② An + Xy − 자기에 대한 시각이 염세적이고 비관적임을 암시하는 평가
③ Fr + rF − 정보검색에 에너지와 노력을 많이 소모하는 경향 평가
④ Xu% − 정서적 자극에 대한 반응성 평가
⑤ CDI − 대인관계나 사회적 활동에서 대응능력이 손상된 것을 탐지해내는 평가

정답 ⑤

해설

① X + % : 관습적 형태로 일상적인 대상을 지각한 반응 중 형태 특징을 적절하게 사용한 비율
② An + Xy : 신체와 자기상에 대한 반추
③ Fr + rF : 나르시스적 특징, 적절한 자존감 유지, 즉 자기중심적·이기적 자신의 결정을 부인
④ Xu% : 드문 형태 반응, 윤곽을 적절히 사용했지만 비관습적으로 사용한 반응의 비율

핵심이론 **47** 주제통각검사(TAT) (1) − 개념 및 도판별 내용

① TAT의 의의 및 특징
   ㉠ 주제통각검사(TAT ; Thematic Apperception Test)는 대표적인 투사적 검사로, 자아와 환경관계 및 대인관계의 역동적 측면 등을 평가한다.
   ㉡ 머레이와 모건(Murray & Morgan)이 처음 소개하였다.
   ㉢ '통각(Apperception)'이란 '투사(Projection)'와 유사하나 보다 포괄적인 의미를 가진 것으로서, '지각에 대한 의미 있는 해석'을 말한다.
   ㉣ 통각은 지각에 의미가 부가되는 것으로서, 외부세계에 대한 객관적인 지각 과정에 주관적인 요소가 개입된 통합적인 인식 과정으로 볼 수 있다.
   ㉤ 정신분석이론을 토대로 수검자 자신의 과거 경험 및 꿈에서 비롯되는 투사와 상징을 기초로 한다.
   ㉥ 수검자가 동일시 할 수 있는 인물과 상황을 그림으로 제시하여 수검자의 반응양상을 분석·해석한다.
   ㉦ 수검자는 그림들을 보면서 현재의 상황과 그림 속 인물들의 생각 및 느낌과 행동, 그리고 과거와 미래의 상황들을 상상력을 발휘하여 이야기한다.
   ㉧ 수검자의 그림에 대한 반응을 통해 현재 수검자의 성격 및 정서, 갈등, 콤플렉스 등을 이해하는 동시에 수검자 개인의 내적 동기와 상황에 대한 지각 방식 등에 대한 정보를 얻을 수 있다.
   ㉨ 로샤 검사와 주제통각검사는 상호보완적으로 사용된다. 로샤 검사가 주로 사고의 형식적·구조적 측면을 밝히는 데 반해, 주제통각검사는 주로 사고의 내용을 규명한다.
   ㉩ TAT는 가족관계 및 남녀관계와 같은 대인관계 상황에서의 욕구 내용 및 위계, 원초아(Id), 자아(Ego), 초자아(Superego)의 타협구조 등을 파악할 수 있도록 한다.

② 구성 및 적용방법
   ㉠ 주제통각검사는 30장의 흑백그림카드와 1장의 백지카드 등 총 31장으로 구성되어 있다(아동용 주제통각검사 카드는 기본 9장, 보충 9장으로 구성).
   ㉡ 그림카드 뒷면에는 공용도판, 남성공용도판(BM), 여성공용도판(GF), 성인공용도판(MF), 미성인공용도판(BG), 성인남성전용도판(M), 성인여성전용도판(F), 소년전용도

판(B), 소녀전용도판(G)으로 구분되어 있으며, 한 사람의 수검자에게 20장을 적용할 수 있도록 구성되어 있다.

ⓒ 숫자로만 표시되어 있는 카드는 연령과 성별의 구분 없이 공통적으로 적용될 수 있다.

③ 도판별 내용 및 해석

도판	내용	주요 해석
1	한 소년이 탁자 위의 바이올린을 보면서 생각에 잠겨 있다.	부모와의 관계, 자율 및 권위에의 순응, 성취욕구, 성취를 이루는 방식
2	젊은 여인은 책을 들고 서 있고 남자는 들에서 일을 하고 있다. 나이 든 여인은 나무에 기댄 채 먼 곳을 응시하고 있다.	가족관계, 자립 및 복종, 성역할
3BM	한 소년이 마룻바닥에 주저앉아 소파 위로 고개를 파묻고 있고, 그 옆에는 권총이 놓여 있다.	공격성, 우울감, 엄격한 초자아
3GF	한 여인이 고개를 숙인 채 오른손으로는 자신의 얼굴을 가리고, 왼손으로는 나무로 된 문을 잡고 있다.	우울감, 배우자 또는 부모와의 관계
4	한 여인이 남자의 어깨를 잡고 있으나, 그 남자는 몸을 돌린 채 그녀에게서 벗어나려는 듯 자세를 취하고 있다.	남녀관계, 남녀 간의 역할 및 태도
5	중년의 여인이 문을 반쯤 연 채 방 안을 들여다보고 있다.	자위행위, 두려움, 공포감
6BM	키 작고 나이든 여인이 등을 돌린 채 창밖을 바라보고 있는 반면, 키 크고 젊은 남자는 약간 어두운 표정으로 여인의 옆에 서 있다.	오이디푸스 콤플렉스, 모자갈등, 부부갈등
6GF	한 여인이 소파에 앉아 어깨 너머로 나이든 남자를 바라보고 있고, 그녀의 뒤에 있는 남자 또한 파이프를 문 채 그녀를 바라보고 있다.	이성 간의 갈등, 남녀의 역할 및 태도
7BM	젊은 남자와 나이든 남자가 머리를 맞댄 채 무언가 이야기를 나누는 듯하다.	부자관계, 반사회적·편집증적 경향
7GF	나이든 여인이 어린 소녀에게 책을 읽어주고 있고, 그 소녀는 인형을 안은 채 다른 곳을 응시하고 있다.	모녀관계, 어머니 또는 자신에 대한 태도
8BM	한 청년이 정면을 응시하고 있고, 그 옆에 엽총의 총신이 보인다. 그 뒤로 마치 수술 장면인 듯한 사람이 누워있고, 몇 명의 남자들이 그 앞에 서 있다.	오이디푸스적 관계, 공격성, 성취동기
8GF	한 젊은 여인이 턱을 고인 채 어딘가를 바라보며 생각에 잠겨 있다.	현실의 어려움, 미래에 대한 상상
9BM	풀밭에 4명의 남자들이 편한 자세로 누워있다.	사회적 관계, 동료 및 교우와의 관계
9GF	해변에서 한 젊은 여인이 드레스를 입고 어딘가로 달려가고 있고, 또 다른 여인이 한 손에 책을 든 채 나무 뒤에서 그녀를 바라보고 있다.	자매 간 또는 모녀 간의 경쟁 및 적대감
10	남자와 여자가 서로 안고 있는 자세로, 여자는 남자의 어깨에 머리를 기대고 있다.	자녀관계 또는 부부관계, 결혼생활의 적응
11	높은 절벽 사이로 길이 나 있고, 길 위의 바위벽 위로 용의 머리 형상이 튀어나와 있다.	유아적·원시적 공포, 구강기적 공격
12M	젊은 남자는 눈을 감은 채 소파에 누워있고, 그 옆에 나이든 남자가 몸을 구부린 채 젊은 남자의 얼굴 위로 손을 뻗고 있다.	수동적 동성애의 두려움, 수동성, 의존욕구
12F	젊은 여인이 정면에 위치하고, 그 뒤로 이상한 얼굴의 노파가 숄을 두른 채 그녀의 뒤에 있다.	두 여자 간의 갈등, 고부갈등
12BG	인적 없는 숲속 시냇가에 조각배가 하나 있고, 그 옆에 나무 한 그루가 서 있다.	은둔 성향, 우울감, 자살성향
13MF	젊은 여자는 가슴을 반쯤 드러낸 채 침대에 누워있고, 그녀 앞에 젊은 남자가 한 손으로 얼굴을 가리고 고개를 숙인 채 서 있다.	성적 갈등, 성적 학대에의 두려움, 부부갈등
13B	한 소년이 통나무집 문 앞에 쪼그리고 앉아 있다.	분리불안, 부모에 대한 애정욕구, 외로움
13G	한 소녀가 구불구불한 계단을 오르고 있다.	혼자 일할 때의 외로움, 시간에 대한 태도
14	어두운 방안에서 한 남자가 빛이 들어오는 창문턱에 한쪽 발을 올려놓은 채 서 있다.	어둠에 대한 공포, 자살충동, 성적 정체성
15	이상한 모습의 한 남자가 묘비 앞에서 두 손을 꼭 쥔 채 서 있다.	죽음에 대한 공포, 죄책감, 우울감
16	백지카드	자유로운 투사, 수검자의 현재 상태와 느낌

17BM	한 남자가 벌거벗은 채 밧줄에 매달려 있다.	오이디푸스적 공포, 야망, 과시경향
17GF	한 여인이 강물 위 다리 난간에 몸을 숙인 채 서 있고, 그 뒤로 큰 건물과 남자들의 형상이 보인다.	우울 및 불행에 대한 감정, 자살성향
18BM	한 남자가 뒤쪽으로 누군가의 손에 의해 붙잡혀 있다.	남성의 공격성에 대한 두려움, 중독상태
18GF	한 여자가 계단 난간에서 다른 여자의 목을 손으로 받든 채 안고 있다.	여성의 공격성에 대한 두려움, 모녀갈등
19	눈에 덮인 오두막집 위로 기괴한 형상의 구름이 걸려있다.	불안, 안전에의 욕구, 환경적 어려움의 극복
20	한 남자가 어둠 속 가로등에 기대어 서 있다.	어둠 및 불안에 대한 공포, 외로움

[핵심예제]

주제통각검사(TAT) 도판 1의 일반적인 주제로 가장 거리가 먼 것은?

[16년 15회]

① 성취욕구
② 성취를 이루는 방식
③ 부모의 요구에 대한 반응
④ 부모에 대한 애정욕구
⑤ 자율과 권위에 대한 순응 간의 갈등

정답 ④

해설

④ 도판 1의 일반적인 주제로 '부모에 대한 애정욕구'는 관계가 없다.

주제통각검사(TAT) 도판 1

• 내용 : 한 소년이 탁자 위의 바이올린을 보면서 생각에 잠겨 있다.
• 주요 해석 : 소년의 바이올린(음악)에 대한 태도에서 성취욕구를 느낄 수 있으며, 소년이 생각에 잠긴 부분에서 수용적 혹은 강압적인 부모님의 요구에 대한 복종과 자립의 갈등과 야망, 희망, 성취동기, 성취를 이루는 방식 등의 주제가 보이기도 한다.

핵심이론 48 | **주제통각검사(TAT) (2) – 시행 및 해석 방법**

① TAT의 시행방법

㉠ 검사에 의한 피로를 최소화하기 위해 대략 한 시간 정도 두 번의 회기로 나누어 시행한다. 이때 회기 간에는 하루 정도의 간격을 두도록 하고, 보통 1~10번의 카드를 첫 회기에 시행하며, 나머지 11~20번의 카드를 다음 회기에 시행한다.

㉡ 검사자는 지시내용을 편안한 방식으로 전달해야 하며, 각 그림에 대해 과거, 현재, 미래 및 인물의 생각과 느낌은 반드시 포함시켜야 한다.

㉢ 일반적으로 한 번 지시한 다음에는 더 자세하게 설명하거나 다시 지시하지 않는다.

㉣ 수검자가 말한 이야기에 결정적인 내용이 빠져있을 경우, 다시 지시하거나 보충할 필요가 있다.

㉤ 다시 지시하거나 보충한 후에도 중요한 사항이 빠지게 되면 다시 지시하거나 질문할 필요가 없다.

㉥ 반응이 적거나 저항이 강하거나 의심이 있는 수검자의 경우, 이 검사를 시행하기 전에 다른 검사를 시행하는 것이 자유로운 반응을 끌어내는 데 도움이 된다.

㉦ 검사자는 검사 도중 중립적이어야 하며, 수검자의 반응에 대해 검사자의 개인적인 감정반응을 말해서는 안 된다.

㉧ 검사시행 후 이야기의 원천에 대해 질문해 보는 것이 도움이 된다. 그리고 그 주제에 대해 자유롭게 이야기하도록 한다.

㉨ 반응 기록방식은 검사자가 수검자의 말 그대로를 기록하는 방식이 가장 일반적이다. 다른 방식으로 수검자가 직접 기록하게 하는 방식, 기록보조자의 도움방식, 녹음방식이 있다.

㉩ 검사자는 수검자에게 각 카드를 통해 어떠한 극적인 이야기를 만들어보도록 요구하며, 그에 대해 대략 5분 정도 이야기를 해줄 것을 요청한다.

㉪ 16번 백지카드에서는 수검자가 어떤 그림을 상상하고 있는지 말해달라고 요청한다. 다만, 과도하게 상상력을 발휘할 것을 요구하여 수검자로 하여금 위협감을 느끼게 해서는 안 된다.

② TAT 해석의 방법

표준화법 (Hartman)	수량화된 해석방법으로서, 수검자의 반응을 항목별로 구분하여 표준화자료와 비교한다.
욕구-압력 분석법 (Murray)	주인공 중심의 해석방법으로서, 주인공의 욕구 및 압력, 욕구 방어 및 감정, 다른 등장인물과의 관계 등에 초점을 둔다. 일반적으로 가장 널리 사용되고 있다.
대인관계법 (Arnold)	이야기에 등장하는 인물들의 상호 관계를 중심으로 한 해석방법으로서, 이들 간의 공격성이나 친화성 등을 분석한다.
직관적 해석법 (Bellak)	해석자의 통찰적인 감정이입 능력이 요구되는 해석방법으로서, 수검자의 반응에서 나타나는 무의식적 내용을 자유연상을 이용하여 해석한다.
지각법 (Rapaport)	이야기 내용에 대한 형식적 해석방법으로서, 수검자의 왜곡적 반응이나 일탈된 사고, 기괴한 언어 사용 등을 포착한다.

더 알아보기

욕구-압력 분석법(Murray)의 분석단계

단 계	분석 요인	해석 과정
제1단계	주인공	수검자는 이야기 속 주인공에 자신을 동일시하므로, 검사자는 그 주인공이 누구인지 찾아낸다.
제2단계	환경 자극 또는 압력	검사자는 주인공의 행동을 유발하는 일반적 환경과 특수한 환경에 주의를 기울여 그 강도, 빈도 등 특징적 양상을 세밀하게 검토한다.
제3단계	주인공의 욕구 및 동기 그리고 행동	검사자는 이야기 속 주인공이 느끼고 생각하며 행동하는 것에 세심한 주의를 기울인다.
제4단계	심적 부착 (Cathexes)	검사자는 주인공이 가까이 하거나 멀리 하는 인물이나 사물, 관념이나 현상 등 주인공의 욕구나 압력의 대상이 되는 것들을 세밀하게 검토한다.
제5단계	내적 심리상태	검사자는 이야기 속에서 주인공이 경험하는 행복, 갈등, 비관의 양상을 포착한다.
제6단계	해결행동의 양식	검사자는 주인공이 환경 자극 또는 압력에 직면하는 경우 그 주인공의 반응 양상을 세밀하게 검토한다.
제7단계	결과 또는 결말	검사자는 주인공이 겪는 성공 또는 실패의 정도를 평가하며, 그 이야기가 행복 또는 불행의 결말로 이어지는지, 주인공의 갈등상태가 미해결 상태로 지속되고 있는지 분석한다.

핵심예제

주제통각검사(TAT)의 실시방법으로 옳지 않은 것은?

[15년 13회]

① 검사 카드는 수검자의 성별과 연령에 따라 선택해야 한다.
② 의심이 많거나 저항이 강하면 다른 검사를 먼저 시행하는 것이 반응을 이끌어내는 데 도움이 된다.
③ 검사 카드에 대해 과거, 현재, 미래 및 인물의 생각과 느낌을 말하라고 지시한다.
④ 수검자의 지능이나 연령을 고려하여 지시문을 변경할 수 있다.
⑤ 필요한 정보가 있으면 수검자가 반응을 하고 있을 때 질문을 한다.

정답 ⑤

해설

수검자가 이야기를 전개하는 과정에서 하는 질문은 많은 기교를 필요로 하고, 수검자의 상상과 검사의 진행을 방해 할 수 있으므로 경험이 부족한 초보자는 되도록 피하는 것이 좋으며, 꼭 필요한 경우라도 조심해서 질문해야 한다.

핵심이론 49 **주제통각검사(TAT) (3) – 진단별 반응특징**

① 조현병(정신분열증)
  ㉠ 이야기 구조의 와해, 지각의 오지각, 기괴한 언어화, 일관된 주제의 결여, 환자 자신과 그림의 사선을 구별하지 못하는 거리감의 상실 등이 나타난다.
  ㉡ 내용상 사회적으로 수용될 수 없는 이야기(금기시된 공격, 성적 도착 등), 불합리하고 기괴한 요소, 상반되는 내용, 망상적 자료, 엉뚱한 독백이나 상징주의 등이 표현된다.
  ㉢ 인물들은 감정의 깊이가 결여되어 있으며, 고립되어 있거나 철수되어 있다.

② 우울증
  ㉠ 사고가 위축되어 있고, 반응과 언어가 느리며, 정동(기분)이 가라앉아 있다.
  ㉡ 이야기는 대개 자살사고, 고립감, 거부당함, 무가치함, 인물들의 무능력 등에 관한 주제를 포함한다.

③ 경조증
  ㉠ 언어 방출에 대한 압력, 사고 비약, 다행증 등으로 대단히 빨리 말한다.
  ㉡ 정신증적 수준에서 현실 검증력을 상실한 조증 환자들은 부인이라는 원시적 방어기제를 자주 사용하는데, 내용상 우울, 죄책감, 분노, 무기력 등이 부인되고 유쾌함, 평온함, 좋은 감정 등이 교대로 출현한다.

④ 히스테리적 성격
  ㉠ 두드러진 특징으로 정서적 가변성을 들 수 있다. 공포스럽거나 또는 예쁜 장면들에 대한 정서적인 반응이 급변하여 나타난다.
  ㉡ 언어적 표현에 있어서는 서술 자료를 지나치게 많이 사용하고, 이야기가 양가적이다.
  ㉢ 내용상 피상적이고 성적인 내용이 많이 나타난다.

⑤ 강박장애
  ㉠ 이야기 길이가 길고, 수정을 많이 한다.
  ㉡ 검사자극에 대한 불확신감으로 인해 지루하고 반추적이며 현학적인 이야기를 만들어낸다.
  ㉢ 어떤 경우에는 객관적으로 나타난 세부적인 것만 기술하고, 이야기를 만들 수 없다고 하기도 한다.
  ㉣ 내용도 주로 인물들의 주저와 망설임으로 표현하는 경우가 많고, 주제도 부지런함과 복종, 완벽함이 강조된다.

⑥ 편집성 성격장애
  ㉠ 일반적으로 회피적이고 검사의 목적을 의심한다.
  ㉡ 이야기가 자기 개인적인 것이 아님을 강조한다.
  ㉢ 단서에 과도하게 민감하고, 방어가 심하다.
  ㉣ 이야기가 매우 간결하며, 의심과 방어적 특성이 나타날 수 있고, 어떤 경우에도 이야기가 과대적이고 확산적인 조증 경향을 드러낼 수도 있다. 아니면 허위 논리를 중심으로 세세한 증거들을 수집, 언어화하여 자신의 결론을 정당화 할 수도 있다.
  ㉤ 불신, 교활함, 사악한 외부의 힘에 대한 강조, 갑작스러운 인물의 변화 등이 나타난다.
  ㉥ 인물의 성이나 연령 등을 오지각 하는 경우를 자주 보인다.

⑦ 불안상태
  ㉠ 이야기가 간결하고, 행동이 극적이며, 강박적이다.
  ㉡ 양자택일의 상황이 자주 나타난다.
  ㉢ 모호, 주저, 당황을 암시하는 표현이 많다.
  ㉣ 도판 내의 인물과 직접적 동일시를 한다.
  ㉤ 검사자에게 불안 섞인 질문을 자주 한다.
  ㉥ 내용상으로 갈등, 욕구좌절, 비극 등이 흔히 나타난다.

집-나무-사람 그림검사(HTP) (1) - 특징 및 검사 시행

[핵심예제]

주제통각검사(TAT)에서 다음과 같이 반응할 가능성이 가장 높은 장애는?   [15년 13회]

- 단서에 과도하게 민감하고 방어가 심하다.
- 이야기가 자기 개인적인 것이 아님을 강조한다.
- 일반적으로 회피적이고 검사의 목적을 의심한다.

① 경조증   ② 우울증
③ 편집성 성격장애   ④ 강박장애
⑤ 히스테리성 성격장애

정답 ③

해설

편집성 성격장애 DSM-5 진단기준

다른 사람의 동기를 악의가 있는 것으로 해석하는 등 타인에 대한 전반적인 불신과 의심이 있으며, 다음 중 4가지 이상이 나타난다.

- 타인이 자신을 이용하고 속이며 해를 입힌다고 의심한다.
- 친구나 동료의 진실성이나 신뢰성에 대해 부당하게 의심한다.
- 정보가 자신에게 악의적으로 사용될 수 있다는 두려움으로 인해 타인에게 자신의 속내를 드러내지 않는다.
- 타인의 사소한 말이나 사건 속에 자신에 대한 비하와 위협의 의도가 있는지 파악하고자 한다.
- 모욕, 손상 또는 경멸 등 자신이 품은 원한을 오랫동안 간직한다.
- 타인의 의도와 관련 없이 자기 인격이나 명성이 공격당한 것으로 간주하여 즉각 화를 내거나 반격한다.
- 특별한 이유 없이 자신의 배우자나 성적 상대자의 정절을 의심한다.

① HTP의 특징

- ㉠ HTP는 수검자의 무의식과 관련된 상징을 드러내줌으로써 더욱 풍부한 정보를 제공한다.
- ㉡ HTP는 개인의 성격구조를 이해하는 데 효과적이다.
- ㉢ HTP는 사실상 모든 연령의 수검자에게 실시가 가능하며, 특히 문맹자에게 적합하다.
- ㉣ 검사 자체가 간접적이므로, 수검자는 검사자가 요구하는 바를 알지 못하여 보다 솔직하고 자유롭게 반응한다.
- ㉤ 수검자의 그림은 모호하고 구조화되지 않은 것이므로, 반응을 해석하는 데 어려움이 따른다.
- ㉥ 일반적으로 집은 가정생활이나 부부관계, 가족 간의 상호작용을 반영하며, 특히 아동기 부모와의 관계를 나타낸다.
- ㉦ 나무-사람은 대인관계, 타인에 대한 감정 등을 반영하며, 특히 자신의 신체상(Body Image) 및 자기상(Self Image)을 나타낸다.
- ㉧ '나무'나 '사람' 그림은 주로 성격의 핵심적인 갈등 및 방어에 대한 정보를 제공해준다. '사람 그림'이 보다 의식적인 측면을 반영하는 반면, '나무 그림'은 더 깊고 무의식적인 감정을 반영해 준다.
- ㉨ HTP는 수검자의 여러 가지 반응들에 대해 총체적인 관점에서 해석이 이루어져야 하며, 어느 하나의 측면에 집중해서는 안 된다.

② 검사의 시행

- ㉠ 그림 단계
  - 검사자는 수검자에게 자유롭게 그릴 것을 요구한다.
  - 검사는 '집 → 나무 → 사람' 순으로 한다. 특히 중성적 자극에서부터 점진적으로 자기상으로 접근하는 방향으로 전개한다.
  - 처음 집을 그리도록 할 때에는 용지를 가로로 제시하며, 이후 나무나 사람, 반대 성(性)의 사람을 그리도록 할 때에는 용지를 세로로 제시한다.
  - 수검자가 사람을 그릴 때 전신을 그리도록 요구하며, 만화적으로 그리거나 뼈대만 그리지 않도록 한다.

- 검사자는 수검자의 반응을 상세히 기록한다. 수검자가 편안한 상태인지 또는 긴장한 상태인지, 충동적으로 그리는지 또는 조심스럽게 그리는지 등 수검자의 검사 태도는 물론 수검자가 한 말과 함께 각 그림마다 소요된 시간까지 함께 기재한다. 이는 모호한 상황에서 수검자가 어떻게 대처하는지 파악하도록 해준다.

ⓛ 질문 단계
- 그림이 완성된 경우 검사자는 수검자에게 그 그림에 대해 자유롭게 이야기를 해보도록 요구하며, 중요한 사항들에 대해 질문한다.
- 질문의 목적은 수검자가 그림을 통해 표출하는 개인적인 의미, 즉 현상적 욕구나 갈등, 압박의 투사를 알아보기 위한 것이다.

더 알아보기

인물화 검사(DAP ; DRAW A PERSON)

- 특 징
  - 1926년 Goodenough에 의해 시작되었다.
  - 지능과 성격을 파악하는 데 유용하다.
  - 실시하기 쉽다.
  - 연필과 종이, 지우개 이외의 재료가 없다.
  - 한 시간 이내로 가능하다.
  - 운동신경을 매개로 한다.
  - 외국인에게도 실시할 수 있으며, 문맹자도 가능하다.
  - 검사의 목적이 숨겨져 있으므로 솔직할 수 있다.
- 실시방법
  - 흰 종이 한 장과 연필을 제시하고 "사람을 그리세요."라고 요구하며, 남·여성에 대한 지시는 하지 않는다.
  - 한 장을 그리고 난 후, 그린 사람의 성별을 묻고 그린 성별의 사람과 반대되는 성별의 사람을 그릴 것을 요구한다.
  - 그림에 대한 표현은 피검사자의 자유로운 선택에 맡기도록 하며, 질문에 구체적인 대답은 하지 않도록 한다.
  - 그림이 완성되고 나면 나이, 성격, 배경, 신분 등에 대한 질문을 한다.

핵심예제

HTP 검사에 관한 설명으로 옳지 않은 것은? [16년 14회]

① 언어표현에 어려움을 겪는 사람들에게도 실시가 가능하다.
② 집을 그릴 때는 종이를 가로로 제시한다.
③ 나무 그림은 무의식 수준의 자기 모습과 감정을 반영한다.
④ 그림의 크기는 용지의 2/3정도가 일반적이다.
⑤ 그림검사는 문화적 제약이 크다.

정답 ⑤

해설

⑤ 언어제약이 없고, 모든 문화를 수용할 수 있는 연구도구로서 가치가 있다.
① 비언어적 기법으로 어린이나 교육수준, 지능이 낮은 사람, 문화의 결핍이 있는 사람, 지나치게 수줍음을 타는 사람, 농아인에게도 실시가 가능하다.
② 처음 집을 그리도록 할 때에는 용지를 가로로 제시하며, 이후 나무나 사람, 반대 성(性)의 사람을 그리도록 할 때에는 용지를 세로로 제시한다.
③ 나무 그림은 심층적인 수준의 자기개념과 관련되어 무의식의 현 상태에서 느끼는 자신의 모습을 반영한다.
④ 그림의 크기는 2/3정도가 일반적이며, 크기와 소재의 크기는 공격성, 자아정체성을 나타낸다.

핵심이론 51 집–나무–사람 그림검사(HTP) (2) – 구조적 해석

① 검사 소요시간

일반적 소요시간	하나의 그림을 완성하는 데 대략 10분 정도 소요
과도하게 빨리(2분 이내) 또는 느리게(30분 이상)	수검자의 갈등과 연관된다.
오랜 시간	완벽 성향, 강박 성향
어려움 호소	낮은 자존감, 우울감

② 그림의 순서

일반적 순서	• 집 : 지붕 → 벽 → 문 → 창문 • 인물 : 얼굴 → 눈 → 코 → 입 → 목 → 몸 → 팔 → 다리
일반적 순서와 다르게 그린 경우	사고장애, 발달장애
얼굴의 내부를 먼저, 윤곽을 나중에 그린 경우	평소 타인과의 대인관계에 문제가 있다.
그림을 지우고 새로 그린 경우	해당 영역이 상징하는 것과 관련하여 열등감이나 가장 성향을 지니고 있다.

③ 그림의 크기

일반적 크기	종이 크기의 2/3 정도 사용
그림을 과도하게 크게 그린 경우	공격성, 과장성, 낙천성, 행동화 성향, 자기 확대에의 욕구 등
그림을 과도하게 작게 그린 경우	열등감, 불안감, 위축, 낮은 자존감, 의존성 등

④ 그림의 위치

일반적 위치	종이 가운데
가운데	적정 수준의 안정감, 융통성의 부족
위	높은 욕구, 목표달성에 대한 스트레스, 공상적 만족감
아래	불안정감, 우울성향, 실제적인 것을 선호하는 성향
왼쪽	충동성, 외향성, 변화에의 욕구, 즉각적 만족추구 성향
오른쪽	자기 통제적 성향, 내향성, 지적 만족추구 성향
구석	두려움, 위축감, 자신감 결여

⑤ 그림의 선

수평선	여성성, 두려움, 소극적·자기 방어적 성향
수직선	남성성, 결단성, 활동적·자기 주장적 성향
직선	경직성, 완고함, 공격성
곡선	유연성, 관습 거부 성향
길게 그린 선	안정성, 결단성, 높은 포부수준
끊긴 곡선	의존성, 우유부단함, 복종적 성향
선에 음영	불안정성, 불안감, 민감성, 신중함

⑥ 필압 : 에너지의 수준

일반적 필압	강(强) 또는 약(弱)의 유연한 필압 사용
필압의 계속적인 변화	낮은 안정감
강한 필압	공격성, 독단성, 자기 주장적 성향, 극도의 긴장감, 뇌염 또는 간질 상태 등
약한 필압	위축감, 두려움, 우유부단, 자기 억제 성향, 우울증 상태 등

⑦ 그림의 세부묘사 : 일상생활에서 실제적인 면을 의식 또는 처리하는 능력

생략된 세부묘사	위축감, 우울 성향
과도한 세부묘사	강박성, 자기 억제 성향, 주지화 성향
부적절한 세부묘사	위축감, 불안감

⑧ 그림의 대칭성

대칭성 결여	불안정성, 신체적 부적응감, 정신병적 상태, 뇌기능 장애
대칭성 강조	경직성, 강박성, 충동성, 융통성 결여, 편집증적 성향

⑨ 그림의 왜곡 또는 생략

왜곡 및 생략	불안감, 내적 갈등
극단적 왜곡	현실 검증력 장애, 뇌손상 또는 정신지체

⑩ 동적 또는 정적 움직임

경직된 모습	우울감, 위축감, 정신병적 상태
극단적 움직임	ADHD(주의력결핍 과잉행동증후군), 경계선 성격장애

⑪ 절 단

용지 하단에서의 절단	강한 충동성 또는 충동성의 억제
용지 상단에서의 절단	주지화 성향, 지적인 면에서의 강한 성취 욕구
용지 왼쪽에서의 절단	의존성, 강박성, 과거에의 고착, 감정의 솔직한 표현
용지 오른쪽에서의 절단	행동에 대한 통제, 미래로의 도피 욕구, 감정 표현에의 두려움

⑫ 음 영

음영의 의미	불안 또는 갈등 수준
진하게 칠한 음영	불안 및 강박에 의한 우울감, 미숙한 정신상태로의 퇴행
연하게 칠한 음영	대인관계에서의 과민성

⑬ 그림 지우기

빈번한 지우기	내적 갈등, 불안정, 자신에 대한 불만
반복적 지우기에도 그림이 개선되지 않음	특별한 불안 또는 갈등

⑭ 종이 돌리기

이리저리 돌리기	반항성, 내적 부적절감
계속 같은 방향으로 돌리기	하나의 개념에 얽매인 보속성

⑮ 투시화 : 성격 통합 상실, 현실검증 장애, 병적 징조

신체 내부의 장기 투시	조현병(정신분열증)

[핵심예제]

HTP 검사해석에 관한 설명으로 옳은 것은? [18년 17회]

① 필압이 강한 사람은 약한 사람에 비해 억제된 성격일 가능성이 높다.
② 지우개를 과도하게 많이 사용한 사람은 대부분 자신감이 높다.
③ 집 그림 중에서 창과 창문은 내적 공상 활동에 대한 정보를 제공하는 중요한 지표이다.
④ 나무의 가지와 사람의 팔은 대인관계에 대한 욕구를 탐색할 수 있는 정보를 제공한다.
⑤ 나무를 하나의 선으로 열쇠구멍(♀)처럼 그린 경우는 일반적으로 검사태도가 호의적이고 긍정적임을 나타낸다.

정답 ④

해설

① 강한 필압은 공격성, 독단성, 자기 주장적 성향, 극도의 긴장감, 뇌염 또는 간질 상태일 가능성이 높고, 약한 필압은 위축감, 두려움, 우유부단, 자기 억제 성향, 우울증 상태일 가능성이 높다.
② 지우개를 과도하게 많이 사용한 사람은 대부분 내적 갈등, 불안정, 자신에 대한 불만 등이 있다.
③ 집 그림 중에서 창과 창문은 환경과의 간접적 접촉의 성질 및 상호작용의 정도를 제공하는 지표이며, 공상 활동에 대한 정보를 제공하는 지표는 지붕이다.
⑤ 나무의 줄기와 잎을 그릴 때 하나의 선으로 끊기지 않게 열쇠구멍처럼 그린 경우는 저항적이고 부정적임을 나타낸다.

안심Touch

핵심이론 52 | 집-나무-사람 그림검사(HTP) (3) – 내용적 해석

① 집(House)

㉠ 문 : 환경과의 직접적 접촉의 성질 및 상호작용의 정도

문이 없는 경우	가족 간 거리감, 고독감
문이 활짝 열린 경우	온정을 느끼고 싶은 강렬한 욕망
문이 측면에 그려진 경우	신중성, 현실도피 성향
문이 집에 비해 작은 경우	사회성 결핍, 무력감, 현실도피 성향
문에 잠금장치를 강조한 경우	방어적 성향, 의심증, 망상증

㉡ 창문 : 환경과의 간접적 접촉의 성질 및 상호작용의 정도

창문이 없는 경우	대인관계 곤란
창문과 문이 모두 없는 경우	정신분열
창문이 많은 경우	타인과 친밀해지고 싶은 욕망

㉢ 지붕 : 생활의 환상적 영역, 공상적 활동, 자기 자신에 대한 관념

지붕이 큰 경우	환상·공상에의 몰두, 대인관계에 대한 무관심
지붕과 벽을 함께 그린 경우	심한 환상적·공상적 사고, 정신분열
지붕이 없는 경우	심각한 위축성, 정신지체
지붕이 파괴되거나 금이 간 경우	억압된 자기통제력

㉣ 굴뚝 : 가족 내 관계, 애정욕구, 성적 만족감

작은 연돌	거세불안, 성적 무능력감
많은 연돌	남근선망, 대인관계 욕구
굴뚝에서 연기가 나는 경우	가정 내 갈등, 애정욕구 결핍
굴뚝이 없는 경우	정적인 가족 내 분위기

㉤ 벽 : 자아 강도 및 통제력

연결이 부적절한 벽	일차적 욕구에 대한 집착, 자아상실감
허물어질 듯한 벽	자아의 붕괴
벽면이 깨끗한 경우	우울증, 현실도피 성향, 대인관계 결핍
벽에 방의 내부를 그린 경우	정신지체, 정신분열
벽의 한쪽 면과 다른 쪽 면이 어긋난 경우	이중인격, 해리성 장애

㉥ 부수적 사물

해, 나무, 수풀	의존욕구
구름, 그림자	불안감
길	대인관계
울타리, 산, 관목	방어욕구

② 나무(Tree)

㉠ 뿌리 : 안정성 여부, 현실과의 접촉 수준

뿌리를 강조한 경우	불안정 및 그에 대한 과도한 보상
뿌리가 없는 경우	현실에서의 불안정감
뿌리 없이 땅을 그린 경우	내적 자기에의 단절감, 약간의 안정감 수준

㉡ 기둥 : 자아 강도, 내면화의 힘

크거나 높은 경우	자아 강도 부족 및 그에 대한 과도한 보상
기둥이 빈약한 경우	위축감, 무력감
기둥이 기울어진 경우	외적 요인에 의한 내적 자아 손상 및 압박
옹이구멍이 있는 경우	성장과정상 외상 경험

㉢ 가지 : 환경 및 타인과의 접촉 성향, 수검자의 자원

작은 기둥에 큰 가지를 그린 경우	과도한 성취성향
큰 기둥에 작은 가지를 그린 경우	성취좌절, 부적절감
가지가 없는 경우	대인관계 위축, 우울감
가지의 열매가 떨어진 경우	대인관계 실패, 정서적 어려움
밑으로 향한 가지를 그린 경우	환경적 압력 미대처, 자기주장 약함

ⓔ 잎 : 외계, 장식, 활력 수준

잎이 가지에 비해 작은 경우	정신적 퇴행
잎이 가지에 비해 큰 경우	정열, 과도한 욕구
잎이 직선적인 경우	분리적 성격, 외계 순응에의 어려움
잎이 둥그런 경우	사교성, 명랑한 성격

③ 사람(People)

㉠ 머리 : 인지능력 및 지적 능력, 공상 활동

머리를 크게 그린 경우	지적 욕망, 자아의 확장
머리를 작게 그린 경우	지적 부적절감, 열등감, 강박적 성향
머리가 없는 경우	불쾌한 생각의 제거 욕망
머리가 뒤를 보고 있는 경우	정신분열, 현실도피
머리가 옆을 보고 있는 경우	공상, 환각

㉡ 얼 굴

눈	기본적 성향 및 현재의 기분
코	성적 상징, 외모에 대한 태도, 타인과의 관계형성
입	심리적 성향, 타인과의 의사소통
귀	정서자극에 대한 반응
턱	공격성, 자기 주장적 성향
목	지적 영역, 충동적 성향

㉢ 몸 통

어 깨	책임성, 책임 수행능력
가 슴	남자의 경우 힘과 능력, 여자의 경우 성적 성숙 및 애정욕구
허 리	성적 행동, 성충동
엉덩이	성적 발달 미숙

㉣ 팔다리

팔	현실에서의 욕구충족 방식
다 리	목표를 위한 행동, 위험으로부터의 도피
손	사회적 교류, 환경에 대한 통제 능력
발	독립성 대 의존성

[핵심예제]

HTP의 집과 나무 그림에서 환경과의 상호작용을 반영하는 것은?

[14년 12회]

① 굴뚝, 나무뿌리
② 굴뚝, 나무기둥
③ 문, 나뭇가지
④ 문, 나무뿌리
⑤ 지붕, 나뭇가지

정답 ③

해설

HTP의 집과 나무 그림에서의 '문'은 환경과의 직접적 접촉의 성질 및 상호작용의 정도를 의미하고, '가지'는 환경으로부터 만족을 얻고 무엇을 성취하려는 것으로서 피검자가 지닌 능력·가능성·순응성을 알아보는 것이다.

내용적 해석

• '굴뚝'은 가족 내 관계, 애정욕구, 성적 만족감을 의미한다.
• '뿌리'는 안정성 여부, 현실과의 접촉 수준을 의미한다.
• '나무기둥'은 자아 강도, 내면화의 힘을 의미한다.
• '문'은 환경과의 직접적 접촉의 성질 및 상호작용의 정도를 의미한다.
• '가지'는 타인과의 접촉 성향, 수검자의 자원을 의미한다.
• '지붕'은 생활의 환상적 영역, 공상적 활동, 자기 자신에 대한 관념을 의미한다.

핵심이론 53 **문장완성검사(SCT)**

① SCT의 특징

ㄱ. SCT는 자유연상을 토대로 하므로 수검자의 내적 갈등이나 욕구, 환상, 주관적 감정, 가치관, 자아구조, 정서적 성숙도 등을 효과적으로 파악할 수 있다.

ㄴ. 언어표현을 사용하므로 수사법, 표현의 정확성 여부, 표현된 정서, 반응 시간 등이 중요한 의미를 지닌다.

ㄷ. 보통 50~60개 문장을 통해 수검자의 복합적인 성격 패턴을 도출해낸다.

ㄹ. 수검자는 '예 / 아니요'와 같이 단정적으로 답을 강요당하지 않으며, 자신이 원하는 대로 답할 수 있다.

ㅁ. 수검자가 검사의 구체적인 의도를 명확히 알지 못하고, 옳은 답 또는 그른 답을 분간할 수 없으므로 비교적 솔직한 답을 얻을 수 있다. 다만, 다른 투사적 검사에 비해 검사의 의도가 완전히 은폐되지 않으므로 수검자의 응답이 왜곡되어 나타날 가능성을 완전히 배제하기는 어렵다.

ㅂ. 다른 투사적 검사에 비해 검사의 시행 및 해석에 있어서 특별한 훈련이 요구되지 않는다. 다만, 표준화 검사와 같이 객관적인 채점을 할 수는 없으므로 검사 결과의 임상적인 분석을 위해 보다 전문적인 수준의 지식과 훈련이 필요하다.

ㅅ. 집단적인 검사가 가능하므로 시간 및 노력이 상대적으로 적게 소요된다.

ㅇ. 검사 문항의 작성이 매우 용이하며, 특히 다양한 상황에 부합하도록 검사 문항을 수정하거나 추가적인 질문을 할 수 있다.

ㅈ. 수검자의 언어표현능력이 검사 결과에 영향을 미치므로, 언어발달이 완성되지 못한 아동에게는 적용하기 어렵다.

② SCT 시행방법

ㄱ. 문장을 완성하는 데 있어서 정답이 없으므로, 수검자는 의식적인 검열의 과정을 거치지 않은 채 자신의 처음 생각을 작성하도록 한다.

ㄴ. 글씨나 문장의 좋고 나쁨은 의미가 없다.

ㄷ. 주어진 문장에 대해 아무런 생각이 나지 않는 경우 해당 문항에 표시를 한 채 다음 문항으로 넘어간다. 이후 해당 문항은 마지막 과정에서 작성을 완료하도록 한다.

ㄹ. 원칙적으로 시간제한은 없으나, 생각을 하는 데 오래 걸리지 않도록 빨리 작성한다.

ㅁ. 문장을 지우고 다시 쓰고자 하는 경우 두 줄을 긋고 빈 공간에 쓰도록 한다.

더 알아보기

삭스 문장완성검사(SSCT ; Sacks Sentence Completion Test)

- SSCT는 20명의 심리학자들을 대상으로 가족, 성, 대인관계, 자아개념의 4가지 영역에 대해 중요한 태도를 유도할 수 있는 미완성 문장들을 만들도록 한 후 선별의 과정을 거쳐 만들어졌다.
- 최종 검사 문항은 가족 12문항, 성 8문항, 대인관계 16문항, 자아개념 24문항으로 총 60개였으나, 내용상 중복되는 것을 제외한 채 현재 50개 문항의 형태로 널리 사용되고 있다.
- 삭스(Sacks)는 4개의 영역을 15개의 영역으로 보다 세분화하여, 각 영역에서 수검자가 보이는 손상의 정도에 따라 0, 1, 2점으로 평가하고, 해당 평가에 대한 해석체계를 구성하였다.
- SSCT의 4가지 주요 영역의 특징

가족	아버지, 어머니를 비롯하여 가족에 대한 태도를 측정한다. 예 "우리 가족은 나에 대해 _____"
성	이성 관계 또는 성적 관계, 결혼에 대한 태도를 측정한다. 예 "내 생각에 남자들은(여자들은) _____"
대인관계	가족 외의 사람들, 즉 친구, 동료, 권위자에 대한 태도를 측정한다. 예 "윗사람이 내 앞으로 다가오면 _____"
자아개념	자신의 능력과 목표, 두려움과 죄책감 등을 비롯하여 현재, 과거, 미래에서 자기상의 면모를 측정한다. 예 "나는 어렸을 때 _____"

문장완성검사에 관한 설명으로 옳은 것은?　[15년 13회]

① 검사시간에 제한이 있다.

② 집단에게는 실시될 수 없다.

③ 로샤(Rorschach) 검사나 주제통각검사(TAT)에 비해 덜 구조화되어 있다.

④ 검사의 객관성을 위해 검사자는 문항에 대한 추가적인 질문을 해서는 안 된다.

⑤ 자유연상을 토대로 하는 투사적 검사이다.

정답 ⑤

해설

① 원칙적으로 시간제한은 없으나, 오래 생각하지 않고 빨리 작성한다.

② 집단적인 검사가 가능하므로 시간 및 노력이 상대적으로 적게 소요된다.

③ 로샤(Rorschach) 검사나 주제통각검사(TAT)보다 더 구조화되어 있으므로, 일부 학자들에 의해 투사적 검사로 보기 어렵다는 견해도 있다.

④ 검사문항의 작성이 매우 용이하며, 특히 다양한 상황에 부합하도록 검사 문항을 수정하거나 추가적인 질문을 할 수 있다.

제3장　**기타 심리측정 평가의 활용에 관한 사항**

핵심이론 **54**　벤더게슈탈트 검사(BGT) – 검사의 개요

① BGT의 의의

　㉠ 벤더게슈탈트 검사(BGT ; Bender Gestalt Test)는 1938년 벤더(Bender)가 정신병리의 유형과 지각 간의 관계를 연구하기 위한 용도로 고안하였다.

　㉡ 벤더게슈탈트 검사는 투사적 목적은 물론 신경심리적 목적으로 뇌의 기질적인 손상이 있는 환자들을 진단하기 위한 용도로 사용되고 있다.

　㉢ 허트(Hutt)는 검사의 실시 및 해석에 대한 새로운 지침인 'HABGT(Hutt Adaptation of the Bender Gestalt Test)'를 제시하였다.

② BGT의 특징

　㉠ BGT는 형태심리학과 정신역동이론을 기초로 한다.

　㉡ 검사자는 수검자에게 약 '11cm × 10cm' 크기의 카드 9장으로 구성된 도형들을 제시한다. 카드는 도형 A를 포함하여 도형 1~8까지로 구성된다.

　㉢ 검사자는 수검자가 해당 도형들을 어떻게 지각하여 재생하는지 관찰함으로써 성격을 추론할 수 있다.

　㉣ 정신병리적 진단 및 뇌손상 여부도 탐지할 수 있으므로 뇌손상이 심할 경우 그대로 그리는 모사의 정확도가 떨어진다.

　㉤ 언어표현이 아닌 단순한 도형그림 작성방식이므로, 언어능력이나 언어표현이 제한적인 사람, 언어적인 방어가 심한 환자에게 효과적으로 적용할 수 있다.

　㉥ 정신지체나 뇌기능 장애를 진단하는 데 효과적으로 적용할 수 있다.

　㉦ 일종의 투사적 검사로서, 시각-운동 협응능력 및 시지각 능력을 측정한다.

　㉧ 수검자의 수검 공포를 완화하고 검사자와의 관계형성을 위한 완충검사로서의 역할을 한다.

③ BGT의 시행방법

모 사 (Copy Phase)	• 검사자는 수검자에게 모사할 용지, 연필과 지우개를 주며, 9장의 카드를 책상 위에 엎어둔 채 기본적인 지시사항을 안내한다. • 수검자는 검사자의 지시에 따라 주어진 그림을 보고 따라 그린다.
변용묘사 또는 정교화 (Elaboration Phase)	• 검사자는 모사단계에서 수검자가 그린 그림을 치운 후, 새로운 용지를 수검자에게 제시한다. • 수검자는 검사자의 지시에 따라 앞서 모사한 그림을 자신이 원하는 방식으로 고쳐 그린다.
연 상 (Association Phase)	• 검사자는 수검자로 하여금 원 도형과 변형된 도형에 대해 이야기하도록 요구한다. • 이 단계에서는 수검자의 성격적 특성 및 역동적 측면에 대해 많은 정보를 입수할 수 있다.
순간노출 (Tachistoscopic Phase)	• 모사와 흡사하나 보통 5초 정도의 짧은 시간 동안 그림을 노출한 후 수검자에게 해당 그림을 기억을 통해 그리도록 한다. • 뇌기능 장애가 의심되는 경우 이를 감별하기 위한 보충적인 자료로 활용된다.
회 상 (Recall Phase)	• 모사로 그린 그림을 다시 회상하면서 그리도록 한다. • 수검자의 기질적 손상 유무를 변별하는 데 유효하다.
재모사 또는 한계음미 (Testing the Limits Phase)	• 그려진 도형이 일탈한 경우, 그것이 단순한 실수인지 뇌기능 장애에서 비롯된 것인지 판단하기 위해 수행한다. • 기질적 장애가 있는 경우 수검자가 일탈된 도형을 수정하지 못하는 반면, 정서장애가 있는 경우 자발적인 주의를 통해 수정이 가능하다.

[핵심예제]

벤더게슈탈트 검사(BGT)에 관한 설명으로 옳은 것은?

[16년 14회]

① 불안한 사람은 심한 보속성을 보인다.
② 성인에서 도형 A의 정상적인 위치는 용지의 정중앙이다.
③ 뇌기능 장애가 의심될 때는 모사단계만 적용한다.
④ 뇌손상이 심할 경우 모사의 정확도가 떨어진다.
⑤ 우울증 환자는 곡선의 진폭을 크게 그린다.

정답 ④

해설

④ 벤더게슈탈트 검사(BGT)는 1938년 벤더(Bender)가 정신병리의 유형과 지각과의 관계를 연구하기 위한 용도로 고안한 것으로, 개인의 성격적 특징은 물론 정신병리적 진단 및 뇌손상 여부를 탐지할 수 있다.
① 보속성은 앞서 제시된 도형의 요소가 다음 도형의 모사 과정에서 연속적으로 나타나거나, 자극도형에서 요구되는 이상으로 연장하여 그리는 것을 말한다. 특히, 보속성은 자아통제력의 저하나 현실 검증력의 장애를 나타내는 것으로 해석된다. 불안한 사람은 첫 번째로 모사한 것을 완전히 지우지 않고 그대로 두거나, 지우개를 사용하지 않고 줄을 그어 지워버리고 다시 그리는 도형의 재묘사를 사용한다.
② 성인에서 도형 A의 정상적인 위치는 용지의 1/3 상단에 놓여 있으며, 어떤 부분도 모서리로부터 1인치 내에 있지 않아야 한다.
③ 일반적인 검사에서는 '모사'를, 뇌의 기질적 손상을 진단하기 위한 검사에서는 '순간노출'을 우선적으로 실시한다.
⑤ 곡선의 진폭이 커지면 정서적인 민감성이나 정서적 반응성이 커지고 곡선의 진폭이 작아지면 상반되는 해석, 즉 우울한 환자는 진폭을 작게 그리는 경향이 있다.

핵심이론 55 허트(M.Hutt)의 BGT

① 평가항목

조직화 (Organization)	• 배열순서 • 도형 A의 위치 • 공간의 사용 • 공간의 크기 • 도형 간의 중첩 • 가장자리의 사용 • 용지의 회전 • 자극도형의 위치변경
크기의 일탈 (Deviation in Size)	• 전체적으로 크거나 작은 그림 • 점진적으로 커지거나 작아지는 그림 • 고립된 큰 그림 또는 작은 그림
형태의 일탈 (Deviation of Form)	• 폐쇄의 어려움 • 교차의 어려움 • 곡선 모사의 어려움 • 각도의 변화
형태의 왜곡 (Distortion of Form)	• 지각적 회전 • 퇴 영 • 단순화 • 파편화 또는 단편화 • 중첩의 어려움 • 정교함 또는 조악함 • 보속성 • 도형의 재모사
움직임 및 묘사요인 (Movement and Drawing)	• 운동방향에서의 일탈 • 운동방향의 비일관성 • 선 또는 점의 질

② 도형모사 곤란반응

폐쇄곤란 (Closure Difficulty)	도형 내에 폐곡선을 완성시키지 못하거나 부분들을 접촉시키지 못하는 현상	대인관계 어려움
교차곤란 (Crossing Difficulty)	다각형의 선이 서로 교차되는 점에서 선을 지우고 다시 그리는 현상	강박증·공포증 환자
곡선곤란 (Curvature Difficulty)	곡선 진폭이 너무 크게 변화되는 현상	우울한 환자
정교화 곤란 (Elaboration Difficulty)	너무 정교하게 그리거나 낙서하듯 그리는 현상	조증환자, 충돌조절 (통제의 문제)
단순화 곤란 (Simplification Difficulty)	도형을 분명하게 완성하지 못하거나 부분이 각각 떨어져 있게 그리는 현상	지각-운동 기능장애, 추상적 사고능력 저하

[핵심예제]

허트(M. Hutt)의 BGT 평가항목 중 형태왜곡에 속하지 않는 것은?   [17년 16회]

① 도형 A의 크기
② 단순화(Simplification)
③ 중첩곤란(Overlapping difficulty)
④ 단편화(Fragmentation)
⑤ 보속성(Perseveration)

정답 ①

해설

BGT의 평가항목 – 형태의 왜곡
• 지각적 회전
• 퇴 영
• 단순화
• 파편화 또는 단편화
• 중첩의 어려움
• 정교함 또는 조악함
• 보속성
• 도형의 재모사

필수 3과목

핵심이론 56 CAT의 6가지 직업성격 유형

① 현실형(R ; Realistic Type)

일반적 특징	• 확실하고 현재적·실질적인 것을 지향한다. • 현장에서 수행하는 활동 또는 직접 손이나 도구를 활용하는 활동을 선호한다. • 추상적인 개념을 통해 자신의 생각을 표현하는 일이나 친밀한 대인관계를 요하는 일은 선호하지 않는다.
성격적 특징	• 신체적으로 강인하며, 안정적이고 인내심이 있다. • 평범하고 솔직하며, 정치적·경제적인 측면에서 보수적인 양상을 보인다.
직업활동 양상	• 일의 성과에 대한 구체적이고 신속한 확인을 통해 직무활동에 보람을 느낀다. • 기술직·토목직, 자동차 엔지니어, 비행기 조종사, 농부, 전기·기계기사 등이 적합하다.

② 탐구형(I ; Investigative Type)

일반적 특징	• 추상적인 문제나 애매한 상황에 대한 분석적이고 논리적인 탐구활동을 선호한다. • 새로운 지식이나 이론을 추구하는 학문적 활동을 선호한다. • 대인관계에 관심을 가지지 않으며, 공동 작업을 선호하지 않는다.
성격적 특징	• 자신의 지적인 능력에 대한 자부심이 있다. • 새로운 정보에 대해 관심을 가지며, 문제 해결보다는 문제 자체에 대해 더 많은 관심을 가진다.
직업활동 양상	• 복잡한 원리 또는 첨단기술 등의 새로운 분야에 도전을 하여 내면적인 호기심을 충족시킴으로써 보람을 느낀다. • 화학자, 생물학자, 물리학자, 의료기술자, 인류학자, 지질학자, 설계기술자 등이 적합하다.

③ 예술형(A ; Artistic Type)

일반적 특징	• 어떤 것의 시비보다는 상상적이고 창조적인 것을 지향하는 문학, 미술, 연극 등의 문화 관련 활동분야를 선호한다. • 직업 활동이 자신의 개인적인 관심 분야와 밀접하게 연관된다. • 구조화된 상황이나 정서적으로 억압적인 상황을 선호하지 않는다.
성격적 특징	• 독립적인 상황에서 자신의 내면세계를 작품으로 표현하고자 한다. • 심미적인 가치를 높이 평가하며, 예술적인 방법으로 자신을 표현한다.

직업활동 양상	• 새로운 것을 창조하거나 창의적인 사람과 관계를 형성할 때 보람을 느낀다. • 문학가, 작곡가, 미술가, 무용가, 무대감독, 디자이너, 인테리어 장식가 등이 적합하다.

④ 사회형(S ; Social Type)

일반적 특징	• 인간의 문제와 성장, 인간관계를 지향하고 사람과 직접 일하기를 좋아하며, 원만한 대인관계를 맺는다. • 다른 사람을 교육·육성하는 일을 좋아하며, 개인적인 이익을 추구하기보다 타인을 돕는 활동을 선호한다. • 논리적·분석적인 활동이나 인간의 가치가 배제된 경쟁적인 활동을 선호하지 않는다.
성격적 특징	• 다른 사람에 대해 협력적이고 친절하며, 유머 감각과 재치를 가지고 있다. • 평화로운 인간관계를 선호하며, 다른 사람의 복지에 관심을 가진다.
직업활동 양상	• 동료들과 친밀한 관계를 형성하며, 상대방의 능력에 대해 서로 신뢰를 나타낼 때 보람을 느낀다. • 사회사업가, 교사, 상담사, 간호사, 임상치료사, 언어치료사, 목회자 등이 적합하다.

⑤ 진취형(E ; Enterprising Type)

일반적 특징	• 정치적·경제적 도전극복을 지향하며, 지위와 권한을 통해 다른 사람의 행동을 이끌고 통제하는 활동을 선호한다. • 다른 사람들과 함께 일하는 것을 선호하며, 조직화된 환경에서 공동의 목표를 달성하고자 한다. • 추상적이고 애매한 상황에서 관찰적이고 상징적인 활동을 선호하지 않는다.
성격적 특징	• 다른 성격유형보다 자기주장이 강하고 지배적이며, 자기 확신이 강하다. • 자신감과 모험심이 강하며, 낙천적이고 논쟁적이다.
직업활동 양상	• 조직활동 내에서 적절한 권한 행사를 통해 조직의 목표를 달성할 때 보람을 느낀다. • 기업실무자, 영업사원, 보험설계사, 정치가, 변호사, 판매원, 연출가 등이 적합하다.

⑥ 관습형(C ; Conventional Type)

일반적 특징	• 구조화된 상황에서 구체적인 정보를 토대로 정확하고 세밀한 작업을 요하는 일을 선호한다. • 정확성을 요하는 활동, 회계 등과 같이 숫자를 이용하는 활동을 선호한다. • 비구조화된 상황, 창의성을 요하는 활동을 선호하지 않는다.
성격적 특징	• 보수적·안정적이며, 성실하고 꼼꼼하다. • 스스로 자기통제를 잘 하며, 인내심을 가지고 주어진 일을 묵묵히 수행한다.

직업활동 양상	• 자신의 기여에 의한 실질적인 성과가 조직의 목표 달성 에 긍정적인 결과를 가져올 때 보람을 느낀다. • 사무직 근로자, 경리사원, 컴퓨터 프로그래머, 사서, 은 행원, 회계사, 법무사, 세무사 등이 적합하다.

[핵심예제]

**홀랜드(J. Holland)의 직업적 성격유형에서 다음의 내용을
모두 포함하는 것은?**   [19년 18회]

• 모험적 · 비체계적 활동에는 매우 혼란을 느낌
• 체계적인 작업환경에서 계산적 능력을 발휘하는 활동을 좋
  아함
• 정해진 원칙과 계획에 따라 자료들을 기록, 정리, 조직하는
  일을 좋아함

① 실재적(Realistic) 유형
② 탐구적(Investigative) 유형
③ 관습적(Conventional) 유형
④ 기업적(Enterprising) 유형
⑤ 사회적(Social) 유형

정답 ③

해설

관습형(C ; Conventional Type)

일반적 특징	• 구조화된 상황에서 구체적인 정보를 토대로 정확하고 세밀 한 작업을 요하는 일을 선호한다. • 정확성을 요하는 활동, 회계 등과 같이 숫자를 이용하는 활 동을 선호한다. • 비구조화된 상황, 창의성을 요하는 활동을 선호하지 않는다.
성격적 특징	• 보수적 · 안정적이며, 성실하고 꼼꼼하다. • 스스로 자기통제를 잘 하며, 인내심을 가지고 주어진 일을 묵묵히 수행한다.
직업활동 양상	• 자신의 기여에 의한 실질적인 성과가 조직의 목표 달성에 긍정적인 결과를 가져올 때 보람을 느낀다. • 사무직 근로자, 경리사원, 컴퓨터 프로그래머, 사서, 은행 원, 회계사, 법무사, 세무사 등이 적합하다.

| 제1장 | **이상심리학에 대한 주요 이론** |

핵심이론 01 정신분석 이론 · 인지(행동) 이론 · 인본주의 이론

① 정신분석 이론
- ㉠ 프로이트(Freud)는 이상행동의 원인을 어린 시절의 경험에 뿌리를 둔 무의식적 갈등으로 설명한다.
- ㉡ 인간의 모든 행동은 우연히 일어나지 않고 원인이 있다는 정신결정론을 가정한다.
- ㉢ 발달과정에서 겪는 결핍이나 과잉충족이 성격형성에 영향을 끼친다고 본다.
- ㉣ 인간의 성격을 쾌락 원리에 기초한 원초아(Id), 현실 원리에 기초한 자아(Ego), 도덕 원리에 기초한 초자아(Superego)로 구분한다.
- ㉤ 자아가 원초아를 적절히 조절·통제하지 못하여 '신경증적 불안'이 발생한다고 하였다.
- ㉥ 불안에서 벗어나려고 방어기제(위협 상황에서 무의식적으로 자신을 보호하려는 심리 또는 행위)를 사용하는데, 방어기제의 부적절한 사용으로 이상행동 또는 정신장애가 발생한다고 본다.
- ㉦ 정신분석치료의 목표는 자아의 영향력을 강화하여 원초아를 적절히 조절·통제하는 것이다.
- ㉧ 이상행동은 자유연상, 꿈의 분석, 저항의 분석, 훈습 등의 기술을 활용하여 치유한다.

② 인지(행동) 이론
- ㉠ 인지를 인간 정서의 핵심적 요소로 간주한다.
- ㉡ 인간은 주관적·심리적 현실에 영향을 받아 능동적으로 세상에 의미를 부여한다고 본다.
- ㉢ 비합리적 신념과 역기능적 사고 등 부적응적인 인지 활동에 의해 이상행동이나 정신장애가 발생한다고 하였다.
- ㉣ 이상행동 제거를 위해 합리적 정서치료, 인지치료, 자기교습훈련 등의 기술을 사용한다.
- ㉤ 인지치료의 선구자인 벡(A. Beck)은 우울장애에 널리 쓰이는 치료법을 개발하였다.
- ㉥ 벡(A. Beck)은 왜곡된 인지 과정이 심리적인 문제를 일으키는 핵심이기 때문에 그 인지 과정을 수정함으로써 문제를 해결하고 증상을 완화한다는 이론과 치료법을 체계화하였으며, 이를 '인지치료'라고 명명하였다.

③ 인본주의 이론
- ㉠ 인간을 합목적적·건설적·현실적·성장 지향적 존재로 본다.
- ㉡ 인간은 자기성장·잠재력을 실현할 수 있는 능력, 자아실현의 동기를 타고 났다고 본다.
- ㉢ 어린 시절 자기 욕구를 부모의 기대와 가치에 부합하도록 하는 조건적 수용이 이루어짐으로써 부적응 상태가 초래된다고 하였다.
- ㉣ 일치성(진실성), 공감적 이해와 경청, 무조건적 긍정적 관심(존중)을 통해 부적응 상태를 극복할 수 있다고 하였다.

[핵심예제]

프로이트(S. Freud)의 정신분석이론에 관한 설명으로 옳지 않은 것은?
[18년 17회]

① 인간의 성격을 원초아, 자아, 초자아로 구분하는 삼원구조 이론을 제시하였다.
② 이상행동의 원인을 어린 시절의 경험에 뿌리를 둔 무의식적 갈등으로 설명한다.
③ 정신분석치료의 목표는 원초아의 영향력을 강화시키는데 있다.
④ 인간의 모든 행동은 우연히 일어나지 않고, 원인이 있다는 정신결정론을 가정한다.
⑤ 발달과정에서 결핍이나 과잉충족은 성격형성에 영향을 준다.

정답 ③

해설

정신분석치료의 목표는 자아의 영향력 강화로, 원초아를 적절히 조절·통제하는 것이다.

핵심이론 02 │ 행동주의 이론·실존주의 이론·사회문화적 이론

① 행동주의 이론
 ㉠ 직접 관찰 가능한 인간의 행동에 연구의 초점을 둔다.
 ㉡ 행동주의자들은 부적응 행동이 학습의 원리에 따라 형성된다고 제안하였다.
 ㉢ 인간의 모든 행동은 환경과의 상호작용에 의해 학습된 것이며, 이상행동 또한 주변 환경으로부터의 잘못된 학습에 기인한다고 본다.
 ㉣ 고전적 조건형성, 조작적 조건형성, 모방학습 등을 통해 이상행동이 습득되고 유지되는 과정을 구체적으로 밝히고자 한다.
 ㉤ 이상행동의 제거를 위해 소거, 강화·처벌, 역조건 형성, 체계적 둔감법, 모방학습 등의 기술을 사용한다.

② 실존주의 이론
 ㉠ 기존의 정신분석이론 및 행동주의 이론에 반발하여 인본주의 심리학에 기초를 둔다.
 ㉡ 인간의 본질에 대한 철학적 탐구를 강조한다.
 ㉢ 인간의 가장 직접적인 경험으로서 자신의 존재에 초점을 둔다.

더 알아보기

16세 A에 의하면, 어머니는 항상 자신을 못마땅해 하고 비난한다. 어머니가 A에게 화를 내기 시작하면 과묵한 아버지는 안방으로 들어간다. A는 자신이 한심하다는 생각이 들 때 자살을 기도하고 응급실로 오는데, 이때마다 아버지에게 전화하여 A를 진정시키고자 아버지가 응급실을 찾는 일이 반복되었다.

A의 반복적 자살기도 원인을 설명하는 이론과 가능한 해석의 연결

• 행동주의 : 자살기도 시 아버지의 관심을 얻어서이다.
• 인지주의 : 자신이 무능력하다는 사고 때문이다.
• 인본주의 : 부정적 자기상으로 긍정적 잠재력을 실현하지 못해서이다.
• 대상관계 : 어머니와 안정적인 관계를 이루지 못해서이다.
• 실존주의 : 진정한 삶의 의미를 찾지 못하고 삶에서 공허함, 불안을 느끼기 때문이다.

③ 사회문화적 이론

　㉠ 인간은 사회적 존재이며, 이상행동은 사회문화적 요인에 의해 유발될 수 있다는 이론이다.

　㉡ 동일한 문화권이라도 거주 지역과 사회계층에 따라 생활조건 및 생활방식이 다르기 때문에 정신장애의 발생률이 다를 수 있다.

　㉢ 사회문화적 모형에서는 가정·사회문화적 요인이 부적응 행동에 미치는 영향을 강조한다.

　㉣ 정신장애의 원인에 관한 학설

사회적 유발설	낮은 사회계층에 속하는 사람은 타인으로부터의 부당한 대우, 낮은 교육수준, 낮은 취업 기회·조건 등으로 많은 스트레스와 좌절을 경험하며, 그 결과 조현병으로 발전할 수 있다는 이론
사회적 선택설	중상류층 사람들도 정신장애를 겪으면 사회에 대한 적응능력이 낮아져 결국 사회의 하류계층으로 옮겨가게 된다는 이론
사회적 낙인설	정신장애에 대한 사회적 낙인은 정신장애를 지닌 사람들의 재활을 어렵게 하고, 심리적 적응을 약화시키는 결과를 초래한다는 이론

　㉤ 부정적인 사회·문화 풍토를 개선함으로써 정신장애를 예방하는 데 기여하였다.

　㉥ 동일한 사회에서도 건강한 사람과 정신장애가 있는 사람이 있다는 것을 설명하지 못한다.

[핵심예제]

정신장애의 원인에 관한 사회적 유발설의 주장으로 옳은 것은?

[15년 13회]

① 낮은 사회경제적 지위가 정신장애를 유발한다.

② 상이한 사회문화적 환경에서도 일정한 정신장애의 발병률이 유지된다.

③ 생물학적 취약성과 사회적 스트레스의 결합이 정신장애의 발병률을 결정한다.

④ 정신장애를 겪게 되면 그 결과로 사회경제적 지위가 낮아진다.

⑤ 정신장애와 관련된 사회경제적 불이익을 인정하지 않는다.

정답 ①

해설

② 사회적 유발설에 의하면, 사회를 구성하는 문화적·정서적·경제적 요인 등에 의하여 정신장애의 발병률에서 차이가 발생한다.

③ '취약성-스트레스' 모델에 대한 설명이다.

④ '사회적 선택설'에 대한 설명이다. 즉, 중상류층 사람들도 정신장애를 겪게 되면 사회에 대한 적응능력이 낮아져 결국 사회의 하류계층으로 옮겨가게 된다는 이론이다.

⑤ 사회적 유발설에 의하면, 낮은 사회계층에 속하는 사람은 타인으로부터의 부당한 대우, 낮은 교육수준, 낮은 취업기회 및 취업조건 등 사회경제적 불이익으로 많은 스트레스와 좌절 경험을 하게 되며, 그 결과 조현병(정신분열증)으로 발전할 수 있다.

핵심이론 03 **생물학적 이론·통합이론**

① 생물학적 이론

ㄱ 신체적 원인론에 뿌리를 두고 있다.

ㄴ 모든 정신장애는 신체 질환과 마찬가지로 신체적 원인에 의해 생기는 일종의 질병이며, 생물학적 방법으로 치료하여야 한다고 가정한다.

ㄷ 정신장애가 뇌의 생화학적 이상에 의해 유발된다고 보는 입장이다.

ㄹ 양극성 장애와 조현병은 유전을 비롯한 생물학적 요인에 영향을 받는다고 본다.

ㅁ 유전적 이상이 뇌의 구조적 결함이나 신경생화학적 이상을 초래하여 정신장애를 유발할 수 있다고 본다.

ㅂ 뇌의 주요 신경전달물질

도파민	• 중추신경계에서 신경전달물질로 작용 : 뇌신경세포의 흥분 전달 • 운동 및 주의에 관여 : 정서적 각성, 주의집중, 쾌락, 수의적 운동과 같은 심리적인 기능에 영향을 끼친다. • 조현병과 관련 있으며 파킨슨병 치료에 이용한다.
세로토닌	• 기분조절, 수면·식욕 조절, 공격성·충동억제에 영향을 끼친다. • 부족할 경우 우울증 발생에 영향을 끼친다.
노르에피네프린	• 교감신경계(부교감신경계통과 함께 자율신경계통을 이루는 원심성 말초신경계통)에서 신경전달물질로 작용 : 에피네프린과 함께 추출 • 자율신경계의 투쟁도피반응에 관여 • 중추신경계에서 위험에 대한 기민성 활성화 • 공포 및 우울반응에 연관된 것으로 주장되는 신경전달물질 • 정서적 각성, 집중력 증가, 대사활동 증가

• 도파민, 세로토닌, 노르에피네프린 등의 과다/결핍 상태가 정신장애와 관련 있다고 본다.

• 뇌의 특정 부위의 도파민, 노르에피네프린 부족이 ADHD 발생에 영향을 미치는 것으로 추정된다.

ㅅ 고통을 경감시키는 작용을 하는 신체 내 분비물질로는 엔돌핀과 엔케팔린이 있다.

ㅇ 정신장애의 기질적 원인론과 관련 있는 것 : 뇌질환론, 우생학적 단종 주장, 향정신성 약물의 효과 보고, 매독과 진행성 마비 증상의 연관성 보고

ㅈ 이상행동은 약물치료, 전기충격치료, 뇌절제술 등을 이용하여 치유한다.

ㅊ 신경생물학 연구결과에 나타난 뇌 부위와 주요 기능의 연결

변연계 (Limbic System)	대뇌와 간뇌의 경계에 따라 위치한 뇌의 구조물들로 구성한다.	
	편도체 (Amygdala)	• 감정이 개입된 사건에 대한 기억 형성에 중요 역할 • 정서기억 담당 : 공포·불안 행동과 밀접한 관련
	해 마 (Hippocam-pus)	• 단기기억을 장기기억으로 전환하는 역할 • 다량의 신경전달물질 포함
	시상하부 (Hypothala-mus)	• 항상성 유지를 위한 중추 • 섭식행동 조절 : 감정표출, 체온조절, 배고픔·목마름 등 다양한 행동 조절 담당 중추로 작용
기저핵 (Basal Ganglia)	• 대뇌, 간뇌, 중뇌에 양측으로 위치한다. • 신체의 불안수준, 근육 긴장도, 활동, 자세, 큰 근육의 움직임 조절(운동의 계획과 실행)	
소 뇌 (Cerebellum)	• 뇌의 다른 부분이나 척수로부터 외부에 대한 감각정보를 받아 이를 처리·구성·통합하여 운동기능을 조절한다. • 조화롭고 정밀한 운동이 가능하도록 한다.	

② 통합이론

ㄱ 인간의 이상행동에 대한 원인을 통합적으로 설명하고자 시도한다.

ㄴ '취약성-스트레스 모델'은 유전적·생리적·심리적·사회적으로 특정 장애에 걸리기 쉬운 개인적 특성과 스트레스 경험이 상호작용함으로써 이상행동이나 정신장애가 발생한다고 본다.

ㄷ '생물심리사회적 모형'은 신체질환과 정신장애가 생물학적·심리적·사회적 요인의 상호작용으로 나타난다는 점을 강조하며 이들에 대한 다차원적 상호작용적 접근을 강조한다(체계이론).

ⓔ 생물심리사회적 모형의 근간인 체계이론의 가정

전체론	• 전체는 그것을 구성하는 부분의 합 이상이며, 인간은 신경체계, 신체적 기관과 순환계 등의 합 그 이상이라는 이해에 근거한다(↔ 환원주의론).
동일결과성 (Equifinality) 원리	• 동일한 징신징애가 여러 다른 원인에 의해서 유발될 수 있다.
다중결과성 (Multifinality) 원리	• 동일한 원인적 요인이 다양한 결과를 유발할 수 있다.
상호적 인과론	• 원인과 결과의 관계가 양방향적일 수 있다. • 부모는 아동을 특정 방식으로 행동하도록 영향을 미칠 수 있고, 아동도 부모의 행동에 영향을 미친다(↔ 직선적 인과론).
항상성 유지론	• 유기체가 항상 일정한 상태를 유지하려는 성향을 의미한다. • 인간은 적당한 자극수준을 일정하게 유지하려는 경향이 있어, 너무 많은 자극이 주어지면 자극을 회피하고, 자극이 너무 적으면 새로운 자극을 추구하는 경향이 있다.

[핵심예제]

운동 및 주의에 관여하며, 파킨슨병이나 조현병과 관련이 있는 신경전달물질은?

[16년 15회]

① 도파민
② 코티졸
③ 세로토닌
④ 엔돌핀
⑤ 노르에피네프린

정답 ①

해설

뇌의 주요 신경전달물질인 도파민, 세로토닌, 노르에피네피린 등의 과다나 결핍상태가 정신장애와 관련되어 있다고 본다. 이 중 도파민은 파킨슨병이나 조현병과 관계가 있다.

제2장 이상심리의 분류 및 평가

핵심이론 04 DSM-5의 20가지 범주와 하위 장애

범 주	하위 장애
신경발달 장애	• 지적장애 • 의사소통장애 • 자폐 스펙트럼 장애 • 주의력 결핍 및 과잉행동장애 • 특정 학습장애 • 운동장애
조현병 스펙트럼 및 기타 정신병적 장애	• 조현병(정신분열증) • 조현정동장애(분열정동장애) • 조현양상장애(정신분열형장애) • 단기 정신병적 장애 • 망상장애 • 조현형 (성격)장애(분열형 성격장애)
양극성 및 관련 장애	• 제1형 양극성 장애 • 제2형 양극성 장애 • 순환성 장애(순환감정장애)
우울장애	• 주요 우울장애 • 지속성 우울장애(기분저하증) • 월경 전 불쾌감 장애 • 파괴적 기분조절 부전장애(파괴적 기분조절 곤란장애)
불안장애	• 특정공포증 • 광장공포증 • 사회공포증(사회불안장애) • 공황장애 • 분리불안장애 • 선택적 함구증(무언증) • 범불안장애(일반불안장애)
강박 및 관련 장애	• 강박장애 • 신체이형장애(신체변형장애) • 수집광(저장장애) • 발모광(모발뽑기 장애) • 피부뜯기 장애(피부벗기기 장애)
외상 및 스트레스 관련 장애	• 외상 후 스트레스 장애 • 급성 스트레스 장애 • 반응성 애착장애 • 탈억제성 사회적 유대감 장애(탈억제 사회관여 장애) • 적응장애
해리장애	• 해리성 기억상실증 • 해리성 정체감 장애 • 이인증/비현실감 장애

신체증상 및 관련 장애		• 신체증상장애 • 질병불안장애 • 전환장애 • 인위성(허위성) 장애
급식 및 섭식장애		• 이식증 • 되새김 장애(반추장애) • 회피적/제한적 음식섭취 장애 • 신경성 식욕부진증 • 신경성 폭식증 • 폭식장애
배설장애		• 유뇨증 • 유분증
수면-각성 장애		• 불면장애 • 과다수면 장애 • 기면증(수면발작증) • 호흡 관련 수면장애 • 일주기 리듬 수면-각성 장애 • 사건수면(수면이상증)
성 관련 장애	성기능 부전	• 사정지연 • 발기장애 • 여성 극치감 장애 • 여성 성적 관심/흥분 장애 • 성기 골반통증/삽입 장애 • 남성 성욕감퇴 장애 • 조기사정
	변태 성욕장애	• 관음장애 • 노출장애 • 마찰도착 장애 • 성적 피학장애 • 성적 가학장애 • 아동성애장애(소아애호장애) • 물품음란장애(성애물장애) • 복장도착장애(의상전환장애)
	성별 불쾌감	• 아동의 성별불쾌감(성불편증) • 청소년 및 성인의 성별불쾌감
성격장애	A군	편집성, 조현성(분열성), 조현형(분열형)
	B군	반사회성, 연극성, 경계선, 자기애성
	C군	회피성, 의존성, 강박성
파괴적, 충동조절 및 품행장애		• 적대적 반항장애(반항성 장애) • 품행장애 • 반사회성 성격장애 • 간헐적 폭발장애 • 병적도벽(도벽증) • 병적방화(방화증)
신경인지 장애		• 섬 망 • 주요 및 경도 신경인지장애

물질 관련 및 중독장애	• 물질 관련 장애 : 알코올·카페인·대마·환각제·흡입제·아편계·진정제/수면제 또는 항불안제·자극제·담배 관련 장애 • 비물질 관련 장애 : 도박장애
기타 정신장애	• 다른 의학적 상태에 기인한 달리 명시된 정신장애 • 다른 의학적 상태에 기인한 명시되지 않은 정신장애 • 달리 명시된 정신장애 • 명시되지 않은 정신장애

추가 연구가 필요한 진단적 상태
• 약화된 정신병 증후군
• 단기 경조증 동반 우울 삽화
• 지속성 복합 사별장애
• 카페인 사용 장애
• 인터넷게임 장애
• 태아기 알코올 노출과 연관된 신경행동장애
• 자살행동장애
• 비자살성 자해

> **더 알아보기**
>
> **DSM(정신장애 진단 및 통계편람)의 특징**
> • 1945년 제2차 세계 대전 후 급증하는 정신질환과 신경질환 이론을 정리하고 정신의학적 진단의 타당성과 신뢰성을 확보하기 위해 미국정신의학회(APA)에서 처음 출간하였다.
> • 정신장애의 원인보다는 질환의 증상과 증후들에 초점을 둔다.
> • 정신질환자들의 분류체계와 진단을 효율적으로 적용할 수 있는 발판이 되었다.
> • 1950년대에 처음으로 발간된 이후 현재 DSM-5까지 이르고 있다.

[핵심예제]

DSM-5의 추가 연구가 필요한 진단적 상태에 근거할 때, 다음 사례에 적절한 진단명은?

[19년 18회]

> 중학교 2학년인 M은 인터넷게임에 몰두하여, 부모님과 갈등을 겪으면서 상담센터를 내방하였다. 게임을 하지 않으려고 결심하지만 번번이 실패하고, 어떤 때는 밤새 게임을 하여 학교에 지각하기 일쑤였다. 그러면 밀려오는 후회감과 무력감이 생기지만 오히려 그것 때문에 인터넷게임을 하게 된다고 호소하였다.

① 인터넷게임 장애   ② 인터넷도박 장애
③ 인터넷 사용 장애   ④ 인터넷게임 중독
⑤ 인터넷게임 도박 장애

정답 ①

해설

DSM-5에서는 '추가 연구가 필요한 진단적 상태'라는 상위 항목 아래, '인터넷게임 장애'의 진단기준이 추가되었다.

핵심이론 05   **DSM-5의 일반적인 개정사항**

① 개정판 숫자의 변경
 ㉠ DSM-Ⅳ-TR까지는 숫자를 로마자로 표기하였으나 DSM-5에서는 숫자로 표기하였다.
 ㉡ 이는 새로운 임상적 발견에 따른 개정을 더 쉽게 하기 위한 의도가 있다.

② 다축진단체계의 폐지
 ㉠ DSM-Ⅳ에서 사용하는 다축진단체계가 실제 임상현장에서 유용하지 못하며, 진단의 객관성 및 타당성이 부족하다는 비판에 따라 이를 폐지하였다.
 ㉡ 다만, 이는 표기방식을 폐기하는 것일 뿐 내용 전체를 폐기한 것은 아니며, 일부는 진단 내에 포함시키거나 진단별 예로 전환하였다.

③ 차원적 분류·평가의 도입
 ㉠ 범주적 분류의 한계를 보완하기 위해 차원적 분류방식을 도입함으로써 이른바 하이브리드 모델(Hybrid Model)을 제안하였다.
 ㉡ 범주정보와 차원정보를 모두 제공한다. 즉, 일차적으로 범주적 분류에 기초하며 더불어 차원적 분류를 사용하였다.
 ㉢ 차원적 분류는 이상행동과 정상행동을 단지 부적응성의 정도 차이일 뿐 이들 간의 질적인 차이를 인정하지 않는다.

④ 환자의 인권존중
 ㉠ 가치의 다양성을 배려하고 문화적 차이를 고려하였다.
 ㉡ 정신지체, 치매, 말더듬과 같은 비하적인 진단명을 각각 지적장애, 신경인지장애, 아동기 발병 유창성 장애(말더듬, 말빠름증) 등 내담자를 존중하는 진단명으로 바뀌었다.

⑤ 기타 질환(NOS 질환)의 접근

DSM-Ⅳ	DSM-5
달리 분류되지 않는 (Not Otherwise Specified)	'달리 명시된(Other Specified)' 혹은 '명시되지 않는(Unspecified)'

[핵심예제]

DSM-5의 특징으로 옳은 것은?　　　　　　　　[19년 18회]

① 문화적 맥락, 연령, 성별에 따른 정보를 간과한다.
② 하위체계가 단순화되었다.
③ 아동·청소년기에 처음 진단되는 장애를 독립적으로 제시한다.
④ 다축체계가 적용된다.
⑤ 범주정보와 차원정보를 모두 제공한다.

정답 ⑤

해설

① DSM-5는 환자의 인권존중을 위해 가치의 다양성을 배려하고 문화차이를 고려하였다.
② DSM-5는 다양한 심리장애를 크게 20가지 범주로 분류하여, 각 범주를 여러 하위 장애로 세분하였다.
③ 아동·청소년기에 처음 진단되는 장애를 독립적으로 제시한 것은 DSM-Ⅳ이다. DSM-5에서는 유아기, 아동기 또는 청소년기에 통상처음 진단되는 장애의 하위 유형이었던 '주의력 결핍 및 과잉행동장애'가 '신경발달장애'의 하위유형으로 분류되었다.
④ 기존의 DSM-Ⅳ에서 사용하는 다축진단체계가 실제 임상현장에서 유용하지 못하며, 진단의 객관성 및 타당성이 부족하다는 비판에 따라 이를 폐지하였다.

핵심이론 06　DSM-Ⅳ와 DSM-5의 정신장애 주요범주 비교

① '정신분열증'의 하위유형이었던 '망상형 또는 편집형', '해체형 또는 혼란형', '긴장형', '감별불능형 또는 미분화형', '잔류형' 등의 분류가 폐지되었다.

② '불안장애'의 하위유형이었던 '강박장애'와 '외상 후 스트레스장애'가 불안장애에서 분리, 각각 '강박 및 관련 장애'와 '외상 및 스트레스 관련 장애'의 독립된 장애범주로 분류되었다.

③ '기분장애' 하위유형이었던 '우울장애'와 '양극성 장애'가 분리, 독립된 장애범주로 구분되었다.

④ '유아기, 아동기 또는 청소년기에 통상 처음 진단되는 장애'의 하위유형이었던 '배설장애'가 독립된 장애범주로 분류되었다.

⑤ '폭식장애'는 '급식 및 섭식 장애'의 하위유형으로 정식 진단명을 부여받았다.

⑥ '건강염려증'은 '신체증상 및 관련 장애'의 하위유형인 '질병불안장애'로 대체되었다.

⑦ '광범위한 발달장애'의 하위유형이었던 '자폐성 장애'가 '자폐 스펙트럼 장애'로 명칭이 변경되어, DSM-5에서 새롭게 제시된 '신경발달장애'의 하위유형으로 분류, 기존의 '아스퍼거 장애'와 '아동기 붕괴성 장애'는 '자폐 스펙트럼 장애'로 통합되었다.

⑧ '강박 및 관련 장애'가 새로운 범주로 제시되었고 '수집광', '피부뜯기 장애' 등 새로운 하위진단의 진단이 가능하게 되었다.

⑨ '우울장애'의 하위유형으로서 '파괴적 기분조절 부전장애'와 '월경 전 불쾌감 장애'가 추가되었다.

⑩ DSM-Ⅳ의 '주요 우울증 삽화'의 진단 기준에 있는 '사랑하는 사람과의 사별 후 2개월까지 나타나는 우울증상'을 진단기준에서 제외하였다(2개월의 과학적 근거가 무관).

⑪ '유아기, 아동기 또는 청소년기에 통상 처음 진단되는 장애'의 하위유형이었던 '주의력 결핍 및 과잉행동장애'가 '신경발달장애'의 하위유형으로 분류, 증상 발현시기도 '7세 이전'에서 '12세 이전'으로 조정되었다.

⑫ '치매'가 심각도에 따라 '주요 신경인지장애' 및 '경도 신경인지장애'로 분류되었다.

⑬ 물질 관련 장애는 '물질 관련 및 중독장애'로 확장되고, '물질 관련 장애'와 '비물질 관련 장애'로 나누었으며, 그 심각도를 '경도', '중도', '고도 또는 중증도'와 같이 세 등급으로 구분하였다.

⑭ 병적 도박이 '도박장애'로 명칭 변경, '물질 관련 및 중독장애' 중 '비물질 관련 장애'로 분류되었다.

더 알아보기

DSM-5에서 삭제 및 신설된 하위 장애 진단명

삭제된 진단명	• 아스퍼거 장애 • 정신분열증 하위유형 • 성정체감 장애 • 아동기 붕괴성 장애 • 일반 의학적 상태로 인한 정신장애 • 주요 우울증 삽화의 사별배제 항목
신설된 진단명	• 자폐 스펙트럼 장애 • 피부뜯기 장애 • 월경 전 불쾌감 장애 • 중독장애 – 도박장애 • 회피적/제한적 음식섭취 장애 • REM수면 행동장애 • 수집광 • 파괴적 기분조절 부전장애 • 폭식장애 • 하지불안 증후군 • 사회적 의사소통 장애 • 성별불쾌감

[핵심예제]

정신장애의 유형 중 DSM-5에 새롭게 추가된 진단명이 아닌 것은?
[16년 14회]

① 저장장애
② 카페인 사용 장애
③ 피부 벗기기 장애
④ 월경 전 불쾌 장애
⑤ 초조성 다리증후군

정답 ②

해설
카페인 사용 장애는 '추가 연구가 필요한 진단적 상태'에 해당한다.

핵심이론 07 **이상행동의 분류**

① 이상행동의 분류체계
  ㉠ 신뢰도와 타당도에 근거하여 평가한다.
  ㉡ 신뢰도는 기술이 여러 번의 검사에서도 특정 장애를 얼마나 일관성 있게 측정하는지를 나타낸다.
  ㉢ 타당도는 기술이 특정 장애를 얼마나 정확하게 측정하느냐를 나타낸다.
  ㉣ 범주적 분류
    • 기본적으로 범주적인 질적 특성의 차이를 가정한다.
    • 환자의 예후에 관한 정보를 포함하며, 임상적 활용도가 높다.
    • 진단명에 따른 자기충족적 예언의 효과가 나타난다.
    • 이상행동이 정상행동과는 질적으로 구분되며, 흔히 독특한 원인에 의한 것이기 때문에 정상행동과는 명료한 차이점이 있다는 가정에 근거한다. 즉, 장애의 유무에 초점을 두어 흑백논리적인 특성이 있다.
    • 정신의학에서 장애 분류 진단체계인 DSM과 ICD[세계보건기구(WHO) 개발 분류체계]가 채택되었다.
  ㉤ 차원적 분류
    • 정상행동과 이상행동의 구분이 부적응성 정도 문제일 뿐 질적 차이는 없다는 가정에 근거한다.
    • 특정 장애 범주가 아닌, 부적응과 관련된 몇 가지 차원을 제시한다.
    • 지적장애를 경도, 중등도, 중증도, 최중증도로 분류하는 것은 차원적 분류에 따른 것이다.

② 이상행동의 분류 및 진단의 장점
  ㉠ 해당 분야의 연구자나 임상가들이 사용하는 용어를 통일할 수 있다.
  ㉡ 연구자나 임상가에게 효과적인 정보를 제공해줌으로써 임상적 활용도가 높다.
  ㉢ 정신장애에 대한 과학적 연구와 이론개발을 위한 유용한 기초를 제공해 주고, 분류체계에 따라 축적된 연구결과와 임상적 지식을 체계적으로 정리하고 전달할 수 있게 한다.

ⓔ 진단은 어떤 증상을 나타내는 환자를 분류체계에 따라 특정한 장애에 할당하는 분류작업으로, 심리장애를 지닌 환자들 간의 유사성과 차이점을 인식하는 데에 도움을 준다. 이를 통해 그 환자의 다른 특성들(주요 증상, 예후 등)을 쉽게 추정할 수 있다.

ⓜ 장애의 진행과정을 예측 가능하게 함으로써 효과적인 치료를 제공할 수 있다.

③ 이상행동의 분류 및 진단의 단점

㉠ 분류·진단을 통해 환자의 개인 정보가 유실되고, 환자에 대한 고정관념이 형성될 수 있다.

㉡ 환자 개인이 진단된 장애 외에 지닐 수 있는 독특한 증상과 특성이 무시될 수 있다.

㉢ 환자에 대한 낙인이 될 수 있다(주변의 편견 등).

㉣ 진단명이 환자를 그 진단명에 맞추어가는 자기충족(이행)적 예언(기대와 믿음을 가지면 결국 그 사람이 기대되는 방향으로 행동하는 것)의 결과를 초래할 수 있다.

㉤ 환자의 예후나 치료효과에 대한 선입견을 줄 수 있다. 환자의 실제 증상이 아닌, 진단에 따라 치료함으로써 개인을 비인격화하고 사회적 제약과 통제를 가하는 수단이 될 수 있다.

㉥ 현재의 분류체계는 의학적 모델로서 환경적 영향을 무시하고 창조적 사고를 억제한다.

④ 이상행동(정신장애) 관련 용어

역학(Epidemiology)	특정한 이상행동과 정신장애의 분포 양상에 관한 연구
위험요인 (Risk Factor)	이상행동·정신장애 발생 가능성을 증가시키는 어떤 조건·환경
증상(Symptom)	좁은 의미에서 환자가 호소하는 질병의 표현
신호(Sign)	비정상성을 알려주는 관찰 가능한 징후
장애(Disorder)	신체기관이 본래의 제 기능을 발휘하지 못하거나 정신 능력에 어떤 결함이 있는 상태
유병률(Prevalence)	전체 인구 중 특정 정신장애(예 우울증, 불면증)를 가진 사람의 비율

[핵심예제]

이상행동의 평가, 분류 및 진단에 관한 설명으로 옳지 않은 것은?

[19년 18회]

① 면담과 관찰, 다양한 검사를 활용한다.

② 지적장애를 경도, 중등도, 중증도, 최중증도로 분류하는 것은 차원적 분류에 따른 것이다.

③ 낙인효과로 인해 내담자에게 자기이행적 예언의 결과가 나타날 수 있다.

④ 특정 장애에 대한 기술의 정확성 여부를 보여주는 것이 진단의 신뢰도이다.

⑤ 임상관찰에서 관찰자 편견의 문제점이 제기된다.

정답 ④

해설

④ 타당도에 대한 설명이다. 신뢰도는 얼마나 일관성 있게 측정하는지를 나타낸다.

① 정신상태검사(MSE ; Mental Status Examination)
  ㉠ 신경학적 검진에서 가장 복합적인 검사이다.
  ㉡ 정신상태란 사람의 정서반응, 사고력, 추리력, 판단력 같은 인지능력 및 성격을 총괄하는 것으로서, 개인의 능력과 환경과의 상호작용 능력을 확인하는 과정이다.
  ㉢ 정신상태검사에는 신체적 외모와 행동을 관찰하고 인지능력을 조사하며, 말과 언어를 관찰하고 정서적 안정성을 평가하는 것이 포함된다.
  ㉣ 정신상태검사 세부항목

영 역	세부 내용
일반적 기술	외모, 행동과 정신운동활동, 면담 시 태도
감정과 정서	기분, 정서적 표현, 적절성
말	양, 속도, 연속성
지 각	환각, 착각
사고(Thought)	사고 과정, 사고 내용
감각과 인지	• 의식 수준(명료함 · 착란 · 섬망 · 혼미 · 의식상실, 혼수상태) • 지남력(시간 · 사람 · 장소) − 지남력이란 시간, 사람, 장소와의 관계 속에서 현재 자신의 상황을 파악하고 이해하는 능력을 말한다. − 지남력을 측정하는 질문의 예 : "이름이 뭐에요?", "오늘 날짜가 어떻게 되나요?", "지금 여기 도시명은 뭔가요?" • 기억력 • 지 능 • 인지 기능(판단력 · 추상적 사고 · 주의력/집중력)
판단과 병식(통찰력)	상황적 판단력, 사회적 판단력

② 면접법
  ㉠ 면접자와 피면접자가 1 : 1로 직접 대면하여 언어적인 대화나 의사소통을 통해 환자의 심리적 특징과 정신병리를 탐색하는 방법이다.
  ㉡ 질문의 내용과 순서, 반응의 평가방법이 일정하게 정해져 있는지에 따라 '구조화된 면접'과 '비구조화된 면접'으로 나누어진다.
  ㉢ 비구조화된 면접은 면접 목적만 명시하고 내용이나 방법은 면접자에게 일임하기 때문에 고도의 면접기술이 필요하다. 따라서 훈련을 받은 평정자가 실시해야 한다.

③ 심리검사법
  ㉠ 개인의 지능, 성격, 심리적 특성 등을 측정하기 위한 구체적인 검사문항과 채점체계를 갖추고 규준과 해석지침을 통해 검사결과를 해석하는 방법이다.
  ㉡ 지능검사, 객관적 성격검사, 투사적 성격검사, 신경심리검사가 해당한다.
  ㉢ 신경심리평가의 평가영역과 검사도구의 연결
    • 기 억 – WMS
    • 언 어 – Token Test
    • 시각구성능력 – BGT
    • 지 능 – WAIS
  ㉣ 기타 : 행동관찰법, 심리생리적 측정법, 뇌영상술 등

[**핵심예제**]

정신장애의 평가에 관한 설명으로 옳은 것을 모두 고른 것은?

[18년 17회]

> ㄱ. 비구조화된 면접은 훈련을 받지 않은 평정자가 실시해도 신뢰도가 높다.
> ㄴ. 정신상태검사에는 외모와 행동은 포함되지 않는다.
> ㄷ. 뇌손상을 판단하기 위해 신경심리검사를 실시한다.
> ㄹ. 자기 관찰도 평가 자료로 활용된다.
> ㅁ. 평가를 위한 검사가 표준화 과정을 거쳤다면, 신뢰도와 타당도는 중요하지 않다.

① ㄱ, ㅁ   ② ㄴ, ㄷ
③ ㄷ, ㄹ   ④ ㄱ, ㄷ, ㄹ
⑤ ㄴ, ㄹ, ㅁ

정답 ③

해설

ㄱ. 비구조화된 면접은 면접목적만 명시하고 내용이나 방법은 면접자에게 일임하기 때문에 고도의 면접기술이 필요하다. 따라서 훈련을 받은 평정자가 실시해야 한다.
ㄴ. 정신상태검사에는 신체적 외모와 행동을 관찰하고, 인지능력을 조사하며, 말과 언어를 관찰하고, 정서적 안정성을 평가하는 것이 포함된다.
ㅁ. 표준화 과정을 거치려면 신뢰도와 타당도가 갖추어져야 한다.

필수 4과목

제3장 신경발달장애

핵심이론 09 지적장애(지적발달장애)

더 알아보기

신경발달장애

• 발달 결함의 범위는 매우 제한된 손상부터 전반적 손상에 이르기까지 다양하다.
• 생의 초기부터 나타나는 유아기 및 아동기 장애와 관련이 있다.
• 전형적으로 초기 발달단계인 학령 전기에 발현되기 시작하며 동반질환이 흔하다.
• 개인·사회·학업·직업 기능에 손상을 야기하는 발달 결함이 특징이다.
• 하위 장애 : 지적장애, 의사소통장애, 자폐 스펙트럼 장애, 주의력 결핍 및 과잉행동장애, 특정 학습장애, 운동장애

① 지적장애(지적발달장애)의 개념 : 개념적·사회적·실제적 영역에서 지적 기능 및 적응 기능상 결손을 나타내는 장애이다.

지적장애(지적발달장애)의 DSM-5 진단기준

지적장애(지적발달장애)는 발달시기에 시작되며, 개념·사회·실용 영역에서 지적 기능과 적응 기능에 결함이 있는 상태를 말한다. 다음 3가지 기준을 충족시켜야 한다.
① 추리, 문제해결, 계획, 추상적 사고, 판단, 학업, 경험 학습 등과 같은 지적 기능의 결함이 있는데, 이는 임상적 평가와 개별 표준화 지능검사 모두에서 확인되어야 한다.
② 개인 독립성 및 사회적 책임에 대한 발달적·문화적 기준을 충족시키지 못하는 적응 기능에서의 결함이 있다. 지속적인 지원이 없다면, 적응 결함은 가정, 학교, 일터, 지역사회 등의 여러 환경에서 의사소통, 사회참여, 독립생활과 같은 일상생활 활동 중 1가지 이상의 제한을 가져온다.
③ 지적 및 적응 결함이 발달기에 발병한다. 심각도에 따라 가벼운(경도), 보통의(중등도), 심한(고도), 아주 심한(최고도) 정도로 구분한다.

② 심각도에 따른 지적장애(지적발달장애) 구분 기준(4등급)

구 분	지능수준	특 징
경도 또는 가벼운 정도 (Mild Mental Retardation)	IQ 50/55에서 70 미만 (전체 지적장애의 약 85%)	• 교육 가능한 범주 • 독립적 생활 또는 지도·지원에 의한 일상생활 가능
중등도 또는 보통의 정도 (Moderate Mental Retardation)	IQ 35/40에서 50/55까지 (전체 지적장애의 약 10%)	• 초등학교 2학년 정도의 수준·지도나 감독에 의한 사회적·직업적 기술 습득
고도 또는 심한 정도 (Severe Mental Retardation)	IQ 20/25에서 35/40까지 (전체 지적장애의 약 3~4%)	• 간단한 셈·철자의 제한 습득 • 밀착된 지도감독에 의한 단순작업 수행
최고도 또는 아주 심한 정도 (Profound Mental Retardation)	IQ 20/25 이하 (전체 지적장애의 약 1~2%)	• 지적 학습 및 사회적 적응이 거의 불가능함 • 지속적 도움과 지도·감독 요함

③ 원인에 따른 대표적 지적장애(지적발달장애)

다운증후군 (Down's Syndrome)	염색체 이상에 의한 지적장애로, 21번 염색체가 3개이며, 신체적으로 특징적인 외모를 보인다.
페닐케톤뇨증 (Phenylketonuria)	신진대사 이상에 의한 지적장애로, 필수 아미노산 중 하나인 페닐알라닌(Phenylalanine)이 체내에 분해되지 못한 채 축적되어 비정상적 두뇌 발달을 초래한 것이다.

[핵심예제]

DSM-5의 신경발달장애에 관한 설명으로 옳은 것을 모두 고른 것은?
[20년 19회]

ㄱ. 전형적으로 초기 발달단계인 학령 전기에 발현되기 시작한다.
ㄴ. 초기 발달기에 국한하여 존재하므로 신경발달장애라 부른다.
ㄷ. 발달 결함이 특정 영역에 제한되는 점이 특징적이다.
ㄹ. 동반질환이 흔하다.

① ㄱ, ㄴ
② ㄱ, ㄹ
③ ㄴ, ㄷ
④ ㄴ, ㄹ
⑤ ㄷ, ㄹ

정답 ②

해설

ㄴ·ㄷ 신경발달장애는 전형적으로 초기 발달단계인 학령 전기에 발현되기 시작하며, 발달 결함의 범위는 매우 제한된 손상부터 전반적 손상에 이르기까지 다양하다.

핵심이론 10 | 의사소통장애 – 언어장애·말소리장애

더 알아보기

의사소통장애

- 일반적 지능 수준인데도 의사소통에 사용되는 말이나 언어 사용에 결함이 있는 경우이다.
- DSM-5에서는 언어장애, 말소리장애, 아동기 발병 유창성 장애(말더듬), 사회적(실용적) 의사소통장애, 미분류형 의사소통장애를 포함한 5가지 하위유형으로 나눈다.
- 양육방식도 큰 영향을 미치므로 부모-자녀관계 탐색이 필요하다.

① 언어장애

- ㉠ 언어 이해·표현에 현저한 어려움을 나타내는 경우를 말한다.
- ㉡ 감각기능 결함과 같은 신체적 원인이 언어발달을 지체시킬 수 있다.
- ㉢ 언어장애 아동은 어순이나 시제의 잘못된 사용을 빈번하게 보인다.
- ㉣ 수용성 언어장애 아동은 언어의 이해뿐 아니라 표현에서도 결함을 보인다.
- ㉤ 표현성 언어장애 아동은 일반적으로 언어 이해는 문제가 없고 표현하는 데 결함을 보인다.
- ㉥ 4세 이전에는 언어장애와 정상적 언어발달의 변형양상을 구분하는 것이 어려울 수 있다.
- ㉦ 언어장애는 증상의 기간과는 관계가 없다.

언어장애의 DSM-5 진단기준

① 다음 증상을 포함하여 이해나 생성의 결함에 기인하여 여러 양상(구어·문어·수화 등)에 따른 언어 습득과 사용이 지속적으로 곤란하다.
  - ㉠ 한정된 어휘(단어 지식과 사용)
  - ㉡ 제한된 문장 구조(문법 규칙과 형태론에 기초하여 문장을 형성하기 위한 단어 및 단어 마무리를 하는 능력)
  - ㉢ 손상된 화법(어떤 주제나 일련의 사건에 대해 설명하거나 대화할 때 단어를 사용하여 문장을 만드는 능력)

② 효과적인 의사소통, 사회 참여, 학업수행, 작업수행 등에 기능적 제한을 가져와 언어능력이 연령에 따른 기대치보다 실제적이고 양적으로 떨어진다.
③ 언어장애 증상들이 초기 발달기에 나타난다.
④ 언어장애 증상이 청각이나 다른 감각 손상, 운동 기능장애 혹은 다른 의학적·신경학적 상태에 기인하지 않고, 지적장애나 광범위성 발달지연으로 설명되지 않는다.

② 말소리장애

- ㉠ 발화음 장애라고도 하며, 발음에 어려움을 나타내는 경우를 말한다.
- ㉡ 나이나 교육수준에 비해서 현저하게 부정확하거나 잘못된 발음을 사용한다.
- ㉢ 단어의 마지막 음을 발음하지 못하거나 생략하는 등의 문제를 나타낸다.
- ㉣ 말소리장애(발화음 장애)의 음성학적 문제에는 언어치료사의 개입이 권장된다.

말소리장애의 DSM-5 진단기준

① 말의 명료성을 저해하거나 언어적 의사소통을 방해한다.
② 말소리 생성이 지속적으로 곤란하여 말소리장애가 사회참여, 학업수행, 작업수행 등을 방해하여 의사소통에 제한을 가져온다.
③ 말소리장애가 초기 발달기에 나타난다.
④ 말소리장애가 뇌성마비, 구개파열(입천장이 갈라진 채로 출생), 농이나 청각상실, 외상성 뇌손상, 기타 의학적/신경학적 상태 등과 같은 획득된 상태에 기인하지 않아야 한다.

[핵심예제]

의사소통장애에 관한 설명으로 옳지 않은 것은? [19년 18회]

① 뇌의 발달지연에 따른 지능 저하가 필연적으로 수반된다.
② DSM-5에서는 미분류형 의사소통장애를 포함해 5가지 하위유형이 있다.
③ 아동기 수용성 언어장애는 표현성 언어장애를 동반한다.
④ 사회적 의사소통장애가 DSM-5에 새로 추가되었다.
⑤ 양육방식도 큰 영향을 미치므로 부모-자녀관계 탐색이 필요하다.

정답 ①

해설

의사소통장애는 일반적인 지능수준인데도 의사소통에 사용되는 말이나 언어의 사용에 결함이 있는 경우를 말한다.

<table>
<tr><td>핵심이론 11</td><td>의사소통장애 – 아동기 발병 유창성 장애, 사회적 의사소통장애</td></tr>
</table>

① 아동기 발병 유창성 장애

　㉠ 말더듬이라고도 하며 필수 증상은 연령보다 미진한 말의 속도와 유창성이다.

　㉡ 말 더듬는 사람을 흉내 내거나 정서적 흥분·불안상태에서 우연히 말을 더듬으며 시작된다.

　㉢ 스트레스로 인한 심리적 압박감이나 긴장감이 고조되어 자연스런 말과 행동이 억제되는 상황에서 시작되기도 한다.

> **아동기 발병 유창성 장애(말더듬)의 DSM-5 진단기준**
>
> ① 말을 만드는 정상적인 유창성과 말 속도 장애로서, 개인의 연령과 언어기술에 부적절하며 오랜 시간동안 지속된다. 다음과 같은 증상이 자주 뚜렷하게 발생한다.
> 　㉠ 소리와 음절 반복
> 　㉡ 자음과 모음을 길게 소리내기
> 　㉢ 분절된 단어(예 한 단어 내에서 멈춤)
> 　㉣ 청각적 혹은 무성 방해
> 　㉤ 단어 대치(문제 단어를 회피하기 위해)
> 　㉥ 과도하게 힘주어 단어 말하기
> 　㉦ 단음절 단어 반복(예 나, 나, 나는 그를 안다)
> ② 장애가 말하기에 불안을 일으키거나 효과적인 의사소통, 사회참여, 학업 혹은 작업수행 등을 방해한다.
> ③ 이런 증상들이 초기 발달기에 나타난다(늦은 발병의 경우 성인기 발병 유창성 장애로 진단한다).
> ④ 장애가 말–운동 결함, 신경학적 손상을 수반한 유창성 장애나 다른 의학적 상태에 기인하지 않으며 또 다른 정신장애로 설명되지 않는다.

② 사회적 의사소통장애

　㉠ 언어적·비언어적 의사소통 시 사회적 규칙을 이해하거나 따르는 데 어려움을 느끼는 상태를 말한다.

　㉡ 사회적 의사소통장애 아동은 맥락에 따른 대화능력의 결손이 있다.

　㉢ 사회적 의사소통장애는 DSM-5에 새로 추가된 장애유형이다.

> **사회적 의사소통장애의 DSM-5 진단기준**
>
> ① 언어적·비언어적 의사소통의 사회적인 사용에 있어서 지속적인 어려움이 있고, 다음과 같은 양상이 모두 나타난다.
> 　㉠ 사회적 맥락에 적절한 방식으로 인사 나누기나 사회적 목적의 의사소통 시 결함
> 　㉡ 사회적 맥락이나 듣는 사람의 요구에 맞춰 의사소통 방법을 바꾸는 능력 손상
> 　㉢ 자기 순서에 대화하기, 상대방이 알아듣지 못했을 때 좀 더 쉬운 말로 바꾸어 말하기, 적절한 상호작용을 위한 언어적·비언어적 신호 사용하기 등과 같이 대화를 주고받는 규칙을 따르는 데 있어서의 어려움
> 　㉣ 명시적으로 표현되지 않은 것이나 언어의 함축적·이중적 의미를 이해하는 능력 손상
> ② 개별적으로나 복합적으로 결함이 효과적인 의사소통, 사회적 참여, 사회적 관계, 학업적 성취 또는 직업적 수행의 기능적 제한을 야기한다.
> ③ 증상의 발병은 초기 발달 시기에 나타난다.
> ④ 증상은 다른 의학적 또는 신경학적 상태나 부족한 단어 구조 영역과 문법 능력에 기인한 것이 아니며, 자폐스펙트럼 장애, 지적장애, 전반적 발달지연 또는 다른 정신장애로 더 잘 설명되지 않는다.

[핵심예제]

다음 보기의 사례에 나타난 장애의 진단기준으로 옳은 것은?

[17년 16회]

> 6세 남아 A는 정상적인 언어를 구사할 수 있으며 발달적인 문제는 없다. 그러나 유치원 교사에게 말을 할 때 친구에게 이야기하듯이 말을 한다. 또한 교사의 표정이나 음성이 바뀌는 것을 보고 어떤 상황인지 파악하지 못하고, 친구와 대화를 주고받는 규칙을 따르지 못한다.

① 특정한 사회적 상황에서는 항상 말을 하지 않는다.
② 대화에서 언어의 함축적 또는 이중적 의미를 이해하기 어렵다.
③ 극심한 공포와 고통이 갑작스럽게 발생한다.
④ 특정한 장난감이나 놀이에만 관심을 보인다.
⑤ 특정한 모음이나 자음은 길게 소리를 낸다.

정답 ②

해설
② 사회적 의사소통장애에 대한 설명이다. 사회적 의사소통장애는 사회적 맥락에 맞는 의사소통이 어렵고, 대화에서 언어의 함축적 또는 이중적 의미를 이해하기 어렵다.
① 불안장애의 하위유형인 '선택적 함구증'에 대한 설명이다.
③ 불안장애의 하위유형인 공포증에 대한 설명이다. 공포를 느끼는 대상이나 상황에 따라 특정 공포증, 사회공포증, 광장공포증으로 구분한다.
④ 자폐 스펙트럼 장애에 대한 설명이다.
⑤ 아동기-발병 유창성 장애(말더듬)에 대한 설명이다.

핵심이론 12 **자폐 스펙트럼 장애**

① 개 념
- ㉠ 사회적 상호작용과 의사소통에서 장애를 나타낼 뿐만 아니라 제한된 관심과 흥미를 지니며 상동적인 행동을 반복적으로 나타내는 장애들을 포함한다.
- ㉡ 레트장애(생후 5개월까지 정상발달을 보이다가 그 이후에 자폐증상이 나타나는 경우)는 고유한 유전적 원인이 밝혀져서 자폐 스펙트럼 장애에서 제외되었다.

> **자폐 스펙트럼 장애의 DSM-5 진단기준**
> ① 다양한 맥락에 걸쳐 사회적 의사소통과 상호작용에 지속적인 결함이 나타난다. 이러한 결함은 현재 또는 과거에 다음과 같은 방식으로 나타난다.
> - ㉠ 사회적-정서적 상호작용의 결함을 나타낸다. 예컨대, 다른 사람에게 비정상적인 방식으로 사회적 접근을 시도하고, 정상적으로 주고받는 대화를 하지 못하며, 다른 사람과 관심이나 감정을 공유하지 못하고, 심한 경우에는 사회적 상호작용을 시작하지 못하거나 그에 반응하지 못한다.
> - ㉡ 언어적 의사소통뿐만 아니라 사회적 상호작용을 하기 위한 눈 맞춤이나, 얼굴 표정, 몸의 자세, 몸짓 등 비언어적인 행동을 사용하는 데 결함이 있다. 따라서 부모나 친구들과 친밀한 관계를 형성하지 못한다.
> - ㉢ 대인관계를 발전시키고 유지하며, 이해하는 데 결함이 나타난다.
> ② 행동, 흥미 또는 활동에 있어서 제한적이고 반복적인 양상이 다음 중 2개 이상의 증상으로 나타난다.
> - ㉠ 정형화된 혹은 반복적인 운동 동작, 물체사용, 언어사용을 한다.
> - ㉡ 동일한 것에 대한 고집, 일상적인 것에 대한 완고한 집착 또는 언어적·비언어적 행동의 의식화된 패턴을 나타낸다.
> - ㉢ 매우 제한적이고 고정된 흥미를 지니는데, 그 강도나 초점이 비정상적이다.
> - ㉣ 감각적 자극에 대한 과도한 혹은 과소한 반응성을 나타내거나 환경의 감각적 측면에 대해서 비정상적인 관심을 나타낸다.
> ③ 장애 증상들은 초기 발달기에 나타난다.

④ 장애 증상들은 사회적·직업적 기능 또는 다른 중요한 기능 영역에서 유의미한 고통과 손상을 초래한다.
⑤ 장애는 지적장애나 전반적 발달 지연에 의해 더 잘 설명되지 않는다.

② 원 인
　㉠ 자폐증은 뇌의 발달장애로 인한 질병인데 원인은 아직까지 확실하지 않다.
　㉡ 자폐증 또는 자폐 스펙트럼 장애가 부모의 성격이나 양육 방식에 의해서 유발될 수 있다는 주장이 제기된 바 있지만 입증되지 않았다.
　㉢ 자폐증 아이에게 지적장애가 75%에 이를 정도로 흔하고, 경련성 질환도 높은 빈도로 발견된다. 이는 자폐증의 생물학적 원인론을 보여주는 것이다.
　㉣ 현재 전체 뇌 크기와 측두엽 이상과 연관된 신경해부학적 원인론과 신경전달물질과 연관된 생화학적 원인론에 대한 연구가 진행되고 있다.

[**핵심예제**]

DSM-5에서 다음 보기의 특징을 보이는 장애는? [16년 15회]

○ 사회적 의사소통과 상호작용의 지속적인 결함이 나타난다.
○ 제한적이며 반복적인 행동, 흥미 및 활동을 보인다.
○ 아동기 초기부터 증상이 나타나며, 일상 기능에 있어 제한이나 손상을 일으킨다.

① 운동장애
② 특정 학습장애
③ 자폐 스펙트럼 장애
④ 의사소통장애
⑤ 주의력 결핍 과잉행동장애

정답 ③

해설
자폐 스펙트럼 장애
사회적 상호작용과 의사소통에서 장애를 나타낼 뿐만 아니라 제한된 관심과 흥미를 지니며 상동적인 행동을 반복적으로 나타내는 장애들을 포함한다.

핵심이론 **13** │ **주의력 결핍 및 과잉행동장애**

① 개 념
　㉠ 아동기에 많이 나타나는 장애로서, 지속적으로 주의력이 부족하여 산만하고 과다활동, 충동성을 6개월 이상 지속적으로 보이는 상태를 말한다.
　㉡ 학령전기에 보이는 주요 증상은 과잉행동이다.
　㉢ 증상이 지속되면 적대적 반항장애로 발전될 가능성이 높다.
　㉣ 증상이 일상적 기능을 방해하지 않으면 장애로 진단될 수 없다.
　㉤ 여성보다 남성에게 더 흔하게 나타난다.
　㉥ 부주의 행동 특성 9개와 과잉행동 및 충동성 특성 9개로 구성된 총 18개의 행동증상을 통해 진단한다.
　㉦ 복합형, 주의력 결핍 우세형, 과잉행동-충동 우세형의 세 하위유형으로 구분된다.
　㉧ 과잉행동은 별로 나타나지 않지만 부주의 문제를 주로 보일 때는 '주의력 결핍 우세형'으로 진단된다.

② 치 료
　㉠ 약물치료
　　• 도파민과 노르에피네프린에 관계하는 메틸페니데이트·암페타민 계열 각성제(흥분제)를 사용한다.
　　• 효과적인 치료이며 80% 정도가 분명한 호전을 보인다.
　　• 집중력·기억력·학습 능력이 전반적으로 좋아진다.
　　• 과제에 대한 흥미와 동기가 강화되어 수행능력이 좋아진다.
　　• 주의산만·과잉활동·충동성이 감소하고 부모님과 선생님을 잘 따르며 긍정적 태도를 보인다.
　㉡ 아동의 충동성을 감소시키고 자기조절 능력을 향상시키는 인지행동 치료, 기초적인 학습능력 향상을 위한 학습치료, 놀이치료, 사회성 그룹치료 등 다양한 치료가 아이의 필요에 맞게 병행되는 것이 좋다.
　㉢ 심각하고 만성적인 주의력 결핍 및 과잉행동장애 청소년에 대해서는 의사, 부모님, 선생님 모두가 증상 개선을 위해 함께 노력해야 한다.

주의력 결핍 및 과잉행동장애의 DSM-5 진단기준

주의력 결핍 및 과잉행동장애의 진단은 아래 ① 또는 ② 중 한 가지일 때 가능하다.

① '부주의'에 관한 다음 증상 가운데 6가지 이상의 증상이 6개월 동안 부적응적이고 발달 수준에 맞지 않는 정도로 지속된다.

  ㉠ 흔히 세부적인 면에 대해 면밀한 주의를 기울이지 못하거나 학업, 작업, 또는 다른 활동에서 부주의한 실수를 저지른다.

  ㉡ 흔히 일을 하거나 놀이를 할 때 지속적으로 주의를 집중할 수 없다.

  ㉢ 흔히 다른 사람이 말을 할 때 경청하지 않는 것으로 보인다.

  ㉣ 흔히 지시를 완수하지 못하고 학업, 잡일, 작업장에서의 임무를 수행하지 못한다(반항적 행동이나 지시를 이해하지 못해서가 아님).

  ㉤ 흔히 과업과 활동을 체계화하지 못한다.

  ㉥ 흔히 지속적인 정신적 노력을 요구하는 과업(학업 또는 숙제 등)에 참여하기를 피하고 싫어하며 저항한다.

  ㉦ 흔히 활동하거나 숙제하는 데 필요한 물건들(장난감, 학습 과제, 연필, 책 또는 도구 등)을 잃어버린다.

  ㉧ 흔히 외부의 자극에 의해 쉽게 산만해진다.

  ㉨ 흔히 일상적인 활동을 잊어버린다.

② '과잉행동-충동'에 관한 다음 증상 가운데, 6가지 이상의 증상이 6개월 동안 부적응적이고 발달 수준에 맞지 않을 정도로 지속된다.

  ㉠ 흔히 손발을 가만히 두지 못하거나 의자에 앉아서도 몸을 꼼지락거린다.

  ㉡ 흔히 앉아 있도록 요구되는 교실이나 다른 상황에서 자리를 떠난다.

  ㉢ 흔히 부적절한 상황에서 지나치게 뛰어다니거나 기어오른다(청소년 또는 성인의 경우에는 주관적인 좌불안석으로 제한될 수 있다).

  ㉣ 흔히 조용히 여가 활동에 참여하거나 놀지 못한다.

  ㉤ 흔히 '끊임없이 활동하거나' 마치 '자동차(무엇인가)에 쫓기는 것'처럼 행동한다.

  ㉥ 흔히 지나치게 수다스럽게 말을 한다.

  ㉦ 흔히 질문이 채 끝나기 전에 성급하게 대답한다.

  ㉧ 흔히 차례를 기다리지 못한다.

  ㉨ 흔히 다른 사람의 활동을 방해하고 간섭한다(예 대화나 게임에 참견함).

③ 장애를 일으키는 과잉행동-충동 또는 부주의 증상이 12세 이전에 있었다(DSM-IV에서는 7세였음).

④ 증상으로 인한 장애가 2가지 또는 그 이상의 장면에서 존재한다(예 학교 또는 작업장, 가정에서).

⑤ 사회적·학업적·직업적 기능에 임상적으로 심각한 장애가 초래된다.

⑥ 증상이 광범위성 발달장애, 조현병 또는 기타 정신증적 장애의 경과 중에만 발생하는 것이 아니며, 다른 정신장애(예 기분장애, 불안장애, 해리성 장애, 또는 인격장애)에 의해 잘 설명되지 않는다.

[핵심예제]

B가 겪고 있는 정신장애에 관한 설명으로 옳지 않은 것은?

[20년 19회]

B는 8세로 별명이 기관차이다. 좋아하는 휴대폰게임에 잘 집중하지만, 또래들과 게임할 때 차례를 기다리지 못하거나 수시로 다른 활동을 한다. 선생님의 말을 끝까지 듣지 않고, 숙제를 하다가 쉽게 산만해져 끝맺지 못하고, 끊임없이 돌아다녀서 어머니를 지치게 한다.

① 평균적으로 일반 아동들보다 이 장애를 가진 아동들의 학업성취 수준이 낮다.

② DSM-5에서는 파괴적, 충동조절 및 품행장애로 분류된다.

③ 일반적으로 흥분제가 치료에 사용된다.

④ 기분 문제를 동반하는 경우가 많다.

⑤ 도파민의 비정상적 활동이 이 장애의 원인으로 제안되었다.

정답 ②

해설

② DSM-5에서는 '주의력 결핍 및 과잉행동장애(ADHD)'로 분류된다.

핵심이론 14 │ 특정 학습장애

① 지능이 정상적이고 정서적인 문제가 없음에도 지능수준에 비해 현저한 학습부진을 보이는 경우를 말한다.

② 특정 학습장애의 심각도는 경도, 중등도, 고도로 나눌 수 있다.

③ 17세 이상인 경우 학습의 어려움에 대한 과거병력이 표준화된 평가를 대신할 수 있다.

④ 읽기 손상의 경우 부정확하거나 느리고 힘겨운 단어읽기와 읽은 것의 의미를 이해하기 어려운 것을 의미한다.

⑤ 수학 손상 동반의 경우 수학적 추론의 어려움(양적 문제를 풀기위해 수학적 개념, 암기된 연산값 또는 수식을 적용하는 데 심각한 어려움)이 있는 것을 포함한다.

⑥ 쓰기 손상 동반의 경우 작문의 명료도와 구조화가 포함된다.

⑦ 학습장애가 지속되면 주의력 결핍장애, 우울증, 시험불안증이 동반될 수 있고, 청소년기에 반항장애나 품행장애로 이어지기도 한다.

특정 학습장애의 DSM-5 진단기준

① 다음의 한 가지 이상의 증상을 6개월 이상 나타낼 경우에 특정 학습장애로 진단한다.
  ㉠ 부정확하거나 부자연스러운 단어읽기
  ㉡ 읽은 것의 의미를 이해하는 것이 어려움
  ㉢ 철자법이 미숙함
  ㉣ 글로 표현하는 것에 미숙함
  ㉤ 수 감각, 수에 관한 사실, 산술적 계산을 숙달하는 데의 어려움
  ㉥ 수학적 추론에서의 어려움

② 학습 기술이 표준화된 성취도 검사와 종합적인 임상 평가를 통해 생활연령에 기대되는 수준보다 현저하게 양적으로 낮으며, 학업적·직업적 수행이나 일상생활을 현저하게 방해한다는 것이 확인되어야 한다.

③ 학습의 어려움은 학령기에 시작되나 해당 학습 기술을 요구하는 정도가 개인의 능력을 넘어서는 시기가 되어야 분명히 드러날 수도 있다.

④ 학습의 어려움은 지적장애, 시력이나 청력 문제, 다른 정신적·신경학적 장애, 정신적 불행, 학습지도사가 해당 언어에 능숙하지 못한 경우, 불충분한 교육적 지도로 더 잘 설명되지 않는다.

[핵심예제]

특정 학습장애에 관한 설명으로 옳은 것은? [16년 14회]

① 특정 학습장애의 심각한 정도는 구분하지 않는다.

② 17세 이상인 경우 과거 병력이 표준화된 평가를 대신할 수 없다.

③ 읽기 손상 동반의 경우 읽은 내용에 대한 기억력이 포함된다.

④ 쓰기 손상 동반의 경우 작문의 명료도와 구조화가 포함된다.

⑤ 수학 손상 동반의 경우 수학적 추론의 정확도는 포함되지 않는다.

정답 ④

해설

① 특정 학습장애의 심각도는 경도, 중등도, 고도로 나눌 수 있다.

② 17세 이상인 경우 학습의 어려움에 대한 과거병력이 표준화된 평가를 대신할 수 있다.

③ 읽기 손상의 경우 부정확하거나 느리고 힘겨운 단어읽기와 읽은 것의 의미를 이해하기 어려운 것을 의미한다.

⑤ 수학 손상 동반의 경우 수학적 추론의 어려움(양적 문제를 풀기위해 수학적 개념, 암기된 연산값 또는 수식을 적용하는 데 심각한 어려움)이 있는 것을 포함한다.

필수4과목

운동장애

더 알아보기

운동장애

나이·지능 수준에 비해 움직임 및 운동 능력이 현저하게 미숙한 장애를 말한다.

① 틱(Tic)장애

ⓐ 급작스럽고 빠르며 반복적이고 비율동적인 동작 또는 음성 증상

ⓑ 운동성 틱과 음성 틱으로 구분

운동성 틱	머리나 어깨, 손 부위를 급작스럽고 반복적·상동증적으로 움직임
음성 틱	헛기침을 하거나 킁킁거리는 등 돌발행동, 엉뚱한 단어나 구절을 반복

ⓒ 할로페리돌의 약물치료 효과는 틱(Tic)장애의 도파민 과잉 원인설을 지지한다.

ⓓ DSM-5 틱(Tic)장애 구분 : 투렛장애, 지속성(만성) 운동 또는 음성 틱장애, 잠정적 틱장애 등 3가지

투렛장애의 DSM-5 진단기준

① 18세 이전(보통 아동기)에 발병하며, 여아보다 남아에게서 더 많이 나타난다.

② 틱장애 중 가장 심각한 유형으로, 여러 '운동성 틱(Motor Tic)'과 한 가지 이상 '음성 틱(Vocal Tic)'이 일정 기간 나타난다. 두 가지 틱이 반드시 동시에 나타날 필요는 없다.

단순 운동성 틱	눈 깜박거리기, 얼굴 찡그리기, 머리 흔들기, 입 내밀기, 어깨 들썩이기
복합 운동성 틱	자신을 때리기, 제자리에서 뛰어오르기, 다른 사람이나 물건 만지기, 물건 던지기, 손 냄새 맡기, 남의 행동 그대로 따라 하기, 자신의 성기부위 만지기, 외설적 행동하기
단순 음성 틱	킁킁거리기, 가래 뱉는 소리·기침소리·빠는 소리·쉬 소리·침 뱉는 소리 내기
복합 음성 틱	사회적 상황과 관계없는 단어 말하기, 욕설 뱉기, 남의 말 따라 하기

③ 틱은 1년 이상의 기간 동안 거의 매일 또는 간헐적으로 하루에 몇 차례씩(대개 발작적으로) 일어난다.

④ 장애는 물질의 생리적 효과나 다른 의학적 상태로 인한 것이 아니다.

지속성 운동 또는 음성 틱장애의 DSM-5 진단기준

① 한 가지 또는 여러 가지 운동성 틱이 나타나거나 음성 틱이 나타나는 경우이다. 운동성 틱과 음성 틱이 모두 나타나지는 않는다.

② 틱 증상은 1년 이상의 기간 동안 거의 매일 또는 간헐적으로 하루에 몇 차례 일어난다.

③ 18세 이전에 발병한다.

④ 장애는 물질의 생리적 효과나 다른 의학적 상태로 인한 것이 아니고, 투렛장애의 진단기준에 맞지 않아야 한다.

잠정적 틱장애의 DSM-5 진단기준

① 한 가지 또는 다수의 운동 틱 또는 음성 틱이 존재한다.

② 틱은 처음 틱이 나타난 시점으로부터 1년 미만으로 나타난다.

③ 18세 이전에 발병한다.

④ 장애는 물질의 생리적 효과나 다른 의학적 상태로 인한 것이 아니고, 투렛장애나 지속성 운동 또는 음성 틱장애의 진단기준에 맞지 않아야 한다.

② 발달성 협응장애(아동기 행동곤란증)

ⓐ 나이에 비해 앉기, 기어 다니기, 걷기, 뛰기 등 운동발달이 늦다.

ⓑ 동작이 서툴러 물건을 자주 떨어뜨리고 깨뜨리며 운동·글씨 쓰기를 잘 하지 못한다.

발달성 협응장애의 DSM-5 진단기준

① 협응 운동의 습득과 수행이 개인의 연령과 기술습득 및 사용 기회에 기대되는 수준보다 현저하게 낮다. 장애는 운동 기술 수행의 지연과 부정확성, 서툰 동작으로도 나타난다.

② 진단기준 ①의 운동 기술 결함이 생활연령에 걸맞은 일상생활에 지속적인 방해가 되며 학업이나 직업 활동, 여가 놀이에 현저한 영향을 미친다.

③ 증상은 초기 발달 시기에 시작된다.

④ 운동 기술의 결함이 지적장애나 시각 손상으로 더 잘 설명되지 않으며, 운동에 영향을 미치는 신경학적 상태에 기인한 것이 아니다.

③ 상동증적(정형적) 운동장애

ⓐ 특정 행동을 아무런 목적 없이 반복·충동적으로 지속하여 정상적 적응에 문제를 야기한다.

ⓛ 상동증, 기행증, 음송증, 보속증, 강직증, 자동증, 거부증 등이 포함된다.

ⓒ 틱은 비의도적이고 급작스러운 방식으로 나타나는 반면, 손 흔들기, 몸을 좌우로 흔들기, 머리를 벽에 부딪치기, 손가락 깨물기, 피부 물어뜯기, 몸에 구멍 뚫기 등 같은 정형적인 행동은 다분히 의도성이 있고 율동적이며, 자해적인 측면이 있다.

ⓔ 증상의 심각도가 경도인 경우 감각자극이나 주의전환에 의해 증상이 쉽게 억제된다.

ⓜ 운동행동을 억제하기 위해 보호 장비를 찾는 행동을 하기도 한다.

> **상동증적(정형적) 운동장애의 DSM-5 진단기준**
> ① 억제할 수 없는 것처럼 보이고 목적 없는 것 같은 행동을 계속 반복한다.
> ② 반복적인 행동이 사회적·학업적 또 다른 활동을 방해하고, 자해의 원인이 되기도 한다.
> ③ 초기 발달 시기에 발병한다.
> ④ 반복적 행동은 물질의 생리적 효과나 신경학적 상태로 인한 것이 아니며, 다른 신경발달장애나 정신질환으로 더 잘 설명되지 않는다.

[**핵심예제**]

다음 보기의 증상에 적절한 DSM-5의 진단명은? [16년 15회]

> J양은 약 2년 전부터 반복적으로 헛기침을 하거나, '킥킥' 소리를 내는 습관이 생겨났다. 어머니와 함께 있을 때는 괜찮지만 무서워하는 아버지가 귀가하면 이 증상이 증가한다. 최근에는 갑자기 마음에도 없는 단어를 반복하기도 한다. J양은 이 행동을 하지 않으려고 애쓰지만, 자신도 모르게 갑자기 행동이 나타나서 당황하게 된다.

① 특정 학습장애
② 발달성 협응장애
③ 투렛장애
④ 지속성 운동 또는 음성 틱장애
⑤ 상동증적 운동장애

정답 ④

해설
지속성 운동 또는 음성 틱장애
한 가지 또는 여러 가지 운동성 틱이 나타나거나 음성 틱이 나타나는 경우이다.

제4장 **조현병 스펙트럼 및 기타 정신병적 장애**

핵심이론 **16** **조현병(정신분열증)의 개념 및 특징**

더 **알아보기**

> **조현병 스펙트럼 및 기타 정신병적 장애**
> • 기괴한 사고와 와해된 언어를 특징으로 하는 다양한 장애의 통합적 범주이다.
> • 증상 심각도·지속기간·기분삽화 경험 여부 기준으로 동일 선상의 스펙트럼으로 배열이 가능하다.
>
> | 심각도 낮음 ← | | | | → 심각도 높음 |
> |---|---|---|---|---|
> | 조현형 성격장애 | 망상장애 | 단기 정신병적 장애 | 조현양상 장애 | 조현병 / 조현정동 장애 |
>
> • 약물사용에 따른 사고·지각장애 감소는 심리치료 효과를 높인다.
> • 하위 장애 : 조현병(정신분열증), 조현정동장애(분열정동장애), 조현양상장애(정신분열형 장애), 단기 정신병적 장애, 망상장애, 조현형 (성격)장애(분열형 성격장애)

① 조현병(정신분열증)의 개념
ⓐ 조현병은 뇌의 특별한 기질적 이상 없이 사고·감정·언어·지각·행동 등에서 부적응적 장애를 나타내는 정신장애이다.

ⓑ 주요 증상들은 인지적·정서적·행동적 영역에 걸쳐 광범위하게 나타나며 단일질환이라기보다는 다양한 원인에 의해 유사한 증상들을 보이는 일종의 질환군이다.

ⓒ 생화학적 접근에 따르면, 도파민과 세로토닌의 과잉 분비는 조현병을 유발한다.

ⓓ 도파민(Dopamine) 등 신경전달물질 시스템 이상, 변연계(뇌간 주변부) 이상, 유전적 요인, 태아기·영아기 때 두부손상 등 복합적 작용에 의해 발병하는 것으로 추정한다.

ⓔ 조현병의 발병 연령은 대체로 10대 후반에서 30대 중반 사이이다. 남자의 경우는 평균적으로 20대 초·중반이며, 여자의 경우는 20대 후반이다. 청소년기 이전의 발병은 드물다.

② 조현병(정신분열증)의 특징

　㉠ 조현병은 잔류기를 거치면서 음성증상이 남기도 한다.

　㉡ 뇌실의 확장이 관찰되기도 한다.

　㉢ 충동 조절에 문제가 있을 수 있다.

　㉣ 치료하지 않은 환자는 흔히 공격적인 행동을 보이며 자살 시도가 상당히 높기 때문에 주의를 기울여야 한다.

　㉤ 조현병의 대표적인 증상

망 상	피해망상, 과대망상, 신체적 망상에 이르기까지 다양하다.	
환 각	• 지각(Perception) 이상으로 외부 자극이 없음에도 지각적 경험을 하는 것이다. • 어떠한 불안·공포·무의식적 욕구 또는 억압된 충동·죄의식 또는 죄책감 등에 대해 투사(Projection) 기제를 이용함으로써 나타난다. • 가장 흔한 환각은 환청이다.	
	예기환각	격렬한 감정 상태에서 무엇인가가 나타날 것으로 예상함으로써 발생
	진성환각	실제 대상이 존재하지 않음에도 그 대상이 존재하는 것으로 인지
	가성환각	실제 대상이 존재하지 않고 그러한 사실을 인지하면서도 마치 그 대상이 있는 것과 같이 느껴지는 환각

더 알아보기

팬텀(Phantom)현상

이미 존재하지 않는 신체부분에 대한 환각을 통해 사지를 절단한 후에도 그 부분에 통증을 느끼는 것은 일종의 가성환각에 해당하며, 이를 일컬어 팬텀현상이라고 한다.

조현병(정신분열증)의 DSM-5 진단기준

① 다음 증상 가운데 2개 이상(㉠, ㉡, ㉢ 중 하나는 반드시 포함) 해당해야 하며, 1개월 중 상당기간 동안 나타난다(단, 성공적으로 치료된 경우는 기간이 짧을 수 있다).

　㉠ 망 상

　㉡ 환 각

　㉢ 와해된 언어/사고(예 말할 때 빈번히 주제 이탈 혹은 지리멸렬)

　㉣ 심하게 혼란스러운 행동이나 긴장성 행동

　㉤ 음성증상(예 정서적 둔마, 무의욕증)

② 장애 시작 후 상당부분의 시간 동안, 1가지 이상의 주요한 영역(직업, 대인관계, 자기돌봄)의 기능 수준이 장애 시작 전보다 현저하게 저하된 경우이다(아동기나 청소년기에 시작될 경우에는 대인관계, 학업적 또는 직업적 기능에서 기대되는 수준에 이르지 못한다).

③ 장애의 징후가 적어도 6개월 이상 지속되어야 한다. 6개월의 기간은 진단기준 ①을 충족시키는 증상(활성기 증상)이 존재하는, 적어도 1개월의 기간을 포함하고 있어야 하며, 또한 전구기(전구증상이 나타나는 시기) 또는 관해기(완화기)의 증상이 나타나는 기간을 포함한다. 이러한 전구기나 관해기 동안, 장애의 징후는 단지 음성증상만으로 나타나거나 기준 ①에 열거된 증상이 2개 이상의 증상으로 약화된 형태로 나타날 수 있다.

④ 조현정동장애와 정신병적 특성을 나타내는 우울 또는 양극성 장애의 가능성이 배제되어야 한다. 이는 주요 우울삽화나 조증삽화가 활성기 증상과 함께 동시에 나타난 적이 없고, 기분삽화가 활성기 증상과 함께 나타난다 해도 그것은 활성기와 잔류기의 전체기간 중 짧은 기간 동안에만 존재하기 때문이다.

⑤ 장애는 물질(예 남용물질, 치료약물)이나 다른 신체적 질병의 생리적 효과에 의한 것이 아니다.

⑥ 아동기에 시작하는 자폐 스펙트럼 장애나 의사소통장애를 지닌 과거병력이 있을 경우, 조현병의 진단에 필요한 다른 증상에 더해서 현저한 망상이나 환각이 1개월 이상 나타날 경우에만 조현병을 추가적으로 진단한다.

핵심예제

조현병에 관한 설명으로 옳은 것은? [18년 17회]

① 환각만으로도 진단될 수 있다.

② 장애의 임상적 징후가 최소 3개월 동안 계속되어야 진단될 수 있다.

③ 무의욕증과 무쾌감증은 양성증상에 해당된다.

④ 뇌실의 확장이 관찰되기도 한다.

⑤ 가장 흔한 환각은 환시이다.

정답 ④

해설

① DSM-5 진단기준에서 정하는 증상이 2가지 이상 나타나야 한다.

② 장애의 징후가 적어도 6개월 이상 지속되어야 한다.

③ 무의욕증과 무쾌감증은 음성증상에 해당된다.

⑤ 가장 흔한 환각은 환청이다.

핵심이론 17 　**조현병(정신분열증)의 증상**

① **조현병(정신분열증)의 증상** : 다음과 같이 와해된 언어·사고를 보이고, 움직임과 의사소통이 심하게 둔화되는 긴장증적 행동을 보이기도 한다.

　㉠ 사고 진행의 장애(Disorder Of Thought Progressions)
　　• 사고 진행이란 연상의 속도와 그 방식을 의미한다.
　　• 다양한 정신병적 장애에서 이 과정의 와해가 일어난다.

사고비약 (Flight of Idea)	• 한 생각에서 다른 생각으로 연상이 너무 빨리 진행되어 원래 주제에서 벗어나 탈선하므로, 사고 목표에 도달하지 못하는 사고 • 음향연상(Clang Association) : 소리만 비슷한 의미 없는 단어를 계속 말하는 것 예 비행기, 비둘기, 비누, 비스킷 등
사고지체 (Retardation of Thought)	연상의 시작도 말의 속도도 느린 것을 말하며, 목소리도 낮고 작음
우원증 (Circumstantiality)	주제와 무관한 내용을 쓸데없이 많이 하거나 설명하여 목표했던 결론에 도달하기까지 시간이 오래 걸리는 것
보속증 (Perseveration)	사고의 진행이 제자리만 맴돌아 몇 개의 단어나 문장에서 벗어나지 못하고 계속 같은 말만 반복하는 것
지리멸렬 (Incoherence)	사고 진행 와해로 논리적 연결 및 조리가 없어, 도무지 줄거리를 알 수 없는 언어로서 구나 단어들이 흩어진 상태

	연상이완 (Loosening of Association)	일관성이 없이 서로 연결되지 않고 토막토막 끊어지거나 줄거리를 알 수 없는 이야기를 계속하는 경우 예 "당신을 사랑해. 빵이 생명이야. 널 교회에서 본 적이 있던가? 근친상간은 끔찍해."
	말비빔 (Word Salad)	지리멸렬의 극심한 형태로 연관성 없는 단어만을 나열하는 것

사고의 막힘 (Blocking of Thought)	사고의 박탈이라고도 하는데, 사고의 흐름이 갑자기 막혀버리는 현상

　㉡ 무논리증 또는 무언어증 : 극히 제한된 단어만 사용하고 말하는 방식에서 자발성이 부족한 것이다.
　㉢ 정서적 둔마 : 정서표현이 거의 없거나 아주 드문 경우 또는 부적절한 정서를 보이는 것이다.
　㉣ 무의욕증 : 과제의 지속적인 추진 시 의지 부족 또는 흥미의 욕구에 결핍이 나타나는 것이다.

② **조현병의 양성증상과 음성증상**

양성증상 (Positive Symptom)	• 정상적·적응적 기능의 과잉 또는 왜곡을 나타낸다. • 도파민 등 신경전달물질의 이상에 의한 것으로 추정한다. • 스트레스 사건에 의해 급격히 발생한다. • 약물치료에 의해 호전되며, 인지적 손상이 적다. • 망상, 환각, 환청, 와해된 언어나 행동 등
음성증상 (Negative Symptom)	• 정상적·적응적 기능의 결여를 나타낸다. • 유전적 소인이나 뇌세포 상실에 의한 것으로 추정한다. • 스트레스 사건과의 특별한 연관성 없이 서서히 진행된다. • 약물치료로도 쉽게 호전되지 않으며, 인지적 손상이 크다. • 무감동(감정적 둔마, 감소된 정서표현), 무언어증, 무의욕증 등

③ **조현병의 4A 증상(Bleuler)**

연상의 장애 (Association Disturbance)	사고 형태 및 조직화의 장애, 연상의 이완 또는 탈선, 와해된 언어 등
정서의 장애 (Affective Impairment)	부적절한 정서, 둔마된 감정, 무감동, 무의욕증 등
양가성(Ambivalence)	감정·의지·사고의 양가성(두 가지 상호 대립·모순 감정의 공존 상태), 사고와 충동 간의 내적 갈등, 혼란스러운 행동 등
자폐성(Autism)	현실에서의 철수, 자폐적 고립, 비현실적 공상 등

[핵심예제]

다음 보기에 나타난 사고과정의 문제는? [20년 19회]

"당신을 사랑해. 빵이 생명이야. 널 교회에서 본 적이 있던 가? 근친상간은 끔찍해."

① 우원증(Circumstantiality)
② 보속증(Perseveration)
③ 말비빔(Word Salad)
④ 음향연상(Clang Association)
⑤ 연상이완(Loosening of Association)

정답 ⑤

해설

연상이완(Loosening of Association)
지리멸렬의 한 형태로 일관성이 없이 서로 연결되지 않고 토막토막 끊어지거나 줄거리를 알 수 없는 이야기를 계속하는 경우를 말한다.

핵심이론 18 | **조현병(정신분열증)의 원인**

① **생물학적 요인**
  ㉠ 조현병을 뇌의 장애로 규정한다.
  ㉡ 유전적 요인, 뇌의 구조적 또는 기능적 결함, 도파민과 세로토닌의 신경전달물질의 이상 등의 관련성을 밝히는 연구가 진행되고 있다.

② **심리적 요인**

인지적 입장	조현병을 사고장애로 보고, 주의 기능 손상에서 기인한다고 본다.	
정신분석적 입장	조현병의 심리적 원인에 대해 다양한 주장을 제기한다.	
	페데른(Federn)	조현병을 자아경계의 붕괴에 기인한 것으로 본다.
	대상관계이론	생애 초기의 발달과정에 조현병의 기원을 둔다.

③ **가족관계 및 사회환경적 요인**
  ㉠ 부모의 양육태도, 가족 간 의사소통, 부모와 자녀의 의사소통 방식, 부모의 부부관계 등이 조현병에 영향을 미친다고 주장한다.
  ㉡ 이중구속 이론 : 부모의 상반된 의사전달이 조현병 유발에 영향을 미친다고 본다.
  ㉢ 조현병 환자들이 사회경제적 하류층에서 많이 발견된다고 주장한다.

④ **취약성-스트레스 모델**
  ㉠ 조현병은 장애 자체의 만성화가 아닌, 장애에 대한 취약성이 지속되는 것이라고 주장한다.
  ㉡ 조현병에 대한 취약성 정도는 개인마다 다르며, 유전적 요인과 출생 전후의 신체적 · 심리적 요인에 의해 결정된다고 본다.
  ㉢ 취약성이 있는 사람에게 스트레스 사건이 발생하여 그 적응 부담이 일정 수준을 넘으면 조현병이 발병한다고 주장한다.
  ㉣ 일란성 쌍생아의 정신장애 발병 일치율이 100%가 아닌 현상을 설명할 수 있다.

	유전적 요인	부모나 가족의 병력
취약성 요인	신경생리학적 요인	뇌의 구조적 결함이나 기능적 이상
	발달적 요인	• 출생 후 3세까지의 기간에 주 양육자와의 밀접한 관계 부족, 입양 가정이나 보호시설에서 성장 • 부모-자녀 의사소통에서 혼란과 적대감, 어린 시절 학대
	개인의 성격 특성	아동기의 산만성과 주의집중의 문제, 언어성 지능의 상대적 저하, 영아기의 운동협응 부족 등
스트레스 요인	물리생물학적 요인	바이러스 감염, 병균 침입, 화학물질 등
	심리사회적 요인	생활사건(실직 · 이혼 · 사별), 천재지변

[**핵심예제**]

정신분열증의 발병 원인 또는 증상 기여에 관한 가설을 모두 고른 것은?

[14년 12회]

ㄱ. 자아경계의 붕괴
ㄴ. 주의 기능의 손상
ㄷ. 이중구속 장면에의 노출
ㄹ. 암페타민 중독
ㅁ. 도파민과 세로토닌의 높은 수준

① ㄱ, ㄴ, ㄷ
② ㄴ, ㄷ, ㄹ
③ ㄷ, ㄹ, ㅁ
④ ㄹ, ㅁ, ㄱ
⑤ ㄱ, ㄴ, ㄷ, ㅁ

정답 ⑤

해설
ㄹ. 암페타민(Amphetamine) 중독은 물질 관련 장애에 해당한다.

핵심이론 **19** **조현병(정신분열증)의 치료**

① **약물치료**

㉠ 조현병 치료에 약물이 실질적 가치가 있다는 것은 여러모로 증명되어 있으며, 특히 그 증상을 경감시키는 데 결정적인 역할을 하고 있다.

㉡ 치료 초기에 급성이며, 격정 증상이 심할 때는 대량의 항정신병 약물을 급성 신경이완화(Rapid Neuroleptization)의 방법으로 투여한다.

㉢ 진정효과를 원할 시 저역가(Low Potency) 약물 또는 벤조다이아제핀 병용이 효과적이다.

㉣ 그 이후에는 장기간의 유지요법을 시행한다. 장기치료 시 부작용으로 나타나는 비가역적인 자발성 운동장애에 대해 조심해야 한다.

㉤ 대개 약물은 양성증상에 효과적이다. 음성증상을 위해서는 최근 클로자핀, 리스페리돈 등 비전형적 항정신병 약물이 소개되고 있다.

② **심리치료**

㉠ 조현병의 심리치료에서 가장 중요한 것은 '의미 있는 관계형성'이며, 이러한 관계 속에서 갈등과 불안을 방어하는 자아의 방어기능을 강화하고 자아경계를 강화하며, 치료자와의 건강한 관계 속에서 진정한 대상관계를 재경험하도록 한다.

㉡ 이들의 사회적 적응이 어려운 가장 큰 이유는 사회적 기술 부족으로 타인에게 혐오적 인상을 주어 거부당하기 때문이므로 사회적 기술훈련을 통해 다양한 상황에 대처하는 기술을 습득하고, 이러한 상황에서 발생하는 불안을 극복하면서 타인과의 상호작용을 증진시켜야 한다.

㉢ 집단치료를 통해 동료로부터 지지를 받는 동시에 사회적 상호작용의 기술을 익히는 등 많은 도움을 받을 수 있다.

③ **조현병 환자의 치료 및 재활개입**

㉠ 환자에게 개인치료와 집단치료, 가족치료 등이 사용될 수 있다.

㉡ 환자가 사회에 잘 적응하도록 돕기 위해서 정신 재활개입을 의뢰한다.

㉢ 환자가 환각 · 망상 등의 정신병적 증상을 보인다면 약물치료를 받도록 병원에 의뢰한다.

ⓔ 손상된 대인관계를 회복하여 일상에서 독립된 생활기능을 향상시키기 위한 사회기술 훈련을 실시한다.

[핵심예제]

다음 보기의 내담자에게 우선적으로 고려해야 할 개입방법은?

[15년 13회]

보호자에 의하면 내담자는 약 1년 전부터 환청과 망상을 보이기 시작했다고 한다. 상담자를 만나서도 심하게 혼란된 행동을 보여주었다. 혼자서 벽을 쳐다보면서 중얼거리거나 상황에 맞지 않는 부적절한 행동을 나타내었다.

① 약물치료
② 운동재활
③ 행동치료
④ 가족치료
⑤ 스트레스 관리

정답 ①

해설

조현병의 치료에 있어서 약물이 실질적인 가치가 대단하다는 것은 여러모로 증명되어 있으며, 특히 그 증상을 경감시키는 데 결정적인 역할을 한다.

핵심이론 **20** 조현정동장애(분열정동장애)

① 개 념

ⓐ 조현병과 함께 증상의 심각도와 부적응 정도가 가장 심한 장애로 분류된다.

ⓑ 조현병의 주요 증상에 대한 첫 번째 진단기준을 충족하는 동시에 주요 우울 또는 조증삽화가 함께 나타나는 경우이다.

ⓒ 기분삽화가 없는 상태에서 망상이나 환각이 적어도 2주 이상 나타나야 한다.

② 특 징

ⓐ 초기에 현저한 환청과 피해망상이 2개월 정도 나타나다가 주요 우울증 증상이 나타나고, 이후에 정신분열증적 증상과 주요 우울증의 증상이 공존한다.

ⓑ 이후 주요 우울증 증상은 완전히 사라지고, 정신분열증적 증상만 1개월 정도 더 지속되다가 사라진다.

ⓒ 발병 시기가 빠르고, 갑작스러운 환경적 스트레스에 의해 급성적으로 시작되며, 심한 정서적 혼란을 나타낸다.

ⓓ 병전 적응상태가 양호하며, 조현병의 가족력이 없는 대신 기분장애의 가족력이 있고, 조현병에 비해 예후가 좋다.

ⓔ 초기 성인기에 나타나는 양극형과 후기 성인기에 나타나는 우울형으로 분류된다.

조현정동장애(분열정동장애)의 DSM-5 진단기준

① 조현병 DSM-5 진단기준과 동시에 주요 우울 또는 조증 삽화가 있다.

② 유병 기간 동안 주요 우울 또는 조증 삽화 없이 존재하는 2주 이상의 망상이나 환각이 있다.

③ 주요 우울 또는 조증 삽화의 기준에 맞는 증상이 병의 활성기 및 잔류기 전체 지속 기간 동안 대부분 존재한다.

④ 장애가 물질의 효과나 다른 의학적 상태로 인한 것이 아니다.

[핵심예제]

다음 보기의 사례에 적절한 진단명은?　　　　[19년 18회]

> 28세 여성 A는 대학 졸업 후 취업실패와 가족문제로 극심한 스트레스를 경험하였고 남자친구와도 심하게 다투었다. 내원하기 전 지난 6개월 동안 불면, 망상, 환청, 환각이 있었고 정서적으로 매우 혼란스러워 감정통제와 일상 사회생활이 어려웠다. 사람들이 자신을 공격할지도 모른다는 생각과 비현실감을 느끼기도 하였다. 우울하다가도 쉽게 흥분하고 쇼핑에 많은 돈을 쓰면서 바쁘게 다녔다. 밤에는 게임에 빠져 밤을 새기도 하였다.

① 제Ⅱ형 양극성 장애
② 조현정동장애
③ 망상장애
④ 경계성 성격장애
⑤ 단기 정신병적 장애

정답 ②

해설

조현정동장애
초기에 현저한 환청과 피해망상이 2개월 정도 나타나다가 주요 우울증 증상이 나타나고, 이후에 정신분열증적 증상과 주요 우울증의 증상이 공존한다.

핵심이론 **21**　**조현양상장애(정신분열형 장애)·단기 정신병적 장애**

① 조현양상장애(정신분열형 장애)

　㉠ 임상적 증상은 조현병과 동일하지만, 장애 지속기간이 1개월 이상 6개월 이하인 경우이다.

　㉡ DSM-5 진단기준에 사회적·직업적 기능의 손상을 요구하는 기준이 없다. 즉, 사회적·직업적 기능의 손상은 필수 진단기준이 아니다.

　㉢ 장애가 물질의 생리적 효과나 다른 의학적 상태로 인한 것이 아니다.

　㉣ 유병률은 정신분열증의 절반 정도로 추정되고 있고, 청소년에게 흔하다.

　㉤ 장애의 지속기간은 전조기, 활성기, 잔류기로 구분된다.

　㉥ 장애의 지속기간이 6개월 이상일 경우에는 진단이 조현병으로 바뀌게 된다.

　㉦ 물질의 생리적 효과로 인한 것이 아니어야 하고, 조현정동장애 가능성이 배제되어야 한다.

　㉧ 가족 중에 조현병의 병력을 지닌 사람은 드물다.

> **조현양상장애(정신분열형 장애)의 DSM-5 진단기준**
> ① 다음 증상 중 2가지 이상이 1개월 기간 동안 상당 부분의 시간에 존재하고, 이들 중 최소한 하나는 ㉠, ㉡, ㉢ 증상이어야 한다.
> 　㉠ 망 상
> 　㉡ 환 각
> 　㉢ 와해된 언어/사고
> 　㉣ 심하게 혼란스러운 행동이나 긴장성 행동
> 　㉤ 음성증상 (예 정서적 둔마, 무의욕증)
> ② 장애의 삽화가 1개월 이상 6개월 이내로 지속된다. 회복까지 기다릴 수 없어 진단이 내려져야 할 경우에는 '잠정적'을 붙여 조건부 진단이 되어야 한다.
> ③ 조현정동장애와 정신병적 양상을 동반한 우울 또는 양극성 장애는 배제된다[주요 우울 또는 조증삽화가 활성기 증상과 동시에 일어나지 않고, 기분삽화(양극성 장애에서 나타나는 극심한 기분 변화)가 활성기 증상 동안 일어난다고 해도 병의 전체 지속 기간의 일부에만 존재하기 때문에 배제함].
> ④ 장애가 물질의 생리적 효과나 다른 의학적 상태로 인한 것이 아니다.

② 단기 정신병적 장애

　　㉠ 조현병의 주요 증상 중 한 가지 이상이 하루 이상 1개월 이내로 짧게 나타난다.

　　㉡ 대개 정서적 시련을 겪는다.

　　㉢ 장애가 짧기는 하지만 손상의 수준은 심각할 수 있다.

　　㉣ 자살 행동의 위험성이 증가할 수 있다.

　　㉤ 남성보다는 여성에게 2배 더 흔하다.

　　㉥ 평균 발병연령은 30대 중반이지만, 생애 전반에 걸쳐서 발병할 수도 있다.

　　㉦ 성격장애, 취약한 성격을 가진 이들에게 이 장애가 생겨날 수 있다.

단기 정신병적 장애의 DSM-5 진단기준

① 다음 증상 중 1가지 이상 존재하고, 이 중 최소한 하나는 ㉠, ㉡, ㉢ 증상이어야 한다.

　㉠ 망 상

　㉡ 환 각

　㉢ 와해된 언어/사고

　㉣ 심하게 혼란스러운 행동이나 긴장성 행동

② 장애 삽화 기간은 최소 1일 이상 1개월 이하이며, 삽화 이후 병전 기능 수준으로 완전히 회복된다.

③ 장애가 정신병적 양상을 동반한 주요 우울장애나 양극성 장애, 혹은 조현병이나 긴장증 같은 다른 정신병적 장애로 더 잘 설명되지 않으며, 물질이나 일반적인 의학적 상태의 직접적인 생리적 효과로 인한 것이 아니다.

[**핵심예제**]

조현양상장애(정신분열형 장애)의 진단기준에 관한 설명으로 옳지 않은 것은?
[17년 16회]

① 증상의 기간은 1개월 이상 6개월 미만이어야 한다.

② 조현정동장애의 가능성이 배제되어야 한다.

③ 물질의 생리적 효과로 인한 것이 아니어야 한다.

④ 사회적 또는 직업적 기능의 손상이 있어야 한다.

⑤ 증상의 심각도를 평가하여 구분할 수 있다.

정답 ④

해설
④ DSM-5에 사회적·직업적 기능의 손상을 요구하는 기준이 없다.

핵심이론 **22** | **망상장애 · 조현형 (성격)장애(분열형 성격장애)**

① 망상장애

　㉠ 환자의 현실 판단력에 장애가 생겨서 망상이 생기는 질환을 말한다.

　㉡ 현재의 심각도는 0(증상 없음)에서 4(심각한 증상)까지 평가한다.

　㉢ 유 형

색정형 (애정형)	• 중심 망상은 다른 사람이 자신을 사랑한다는 망상이다. • 이런 환자에게서 흔히 볼 수 있는 역설적 행동은 망상의 대상이 되는 사람이 거부하는 말이나 행동을 해도 모두 애정표현이라고 해석하는 것이다.
과대형	• 중심 망상은 자신이 위대하고 비밀스러운 능력을 가졌다는 망상이다. 또는 대통령 같은 특별한 사람과 특별한 관계라고 생각한다. • 과대망상은 종교적인 내용을 가질 수도 있어 망상을 가진 환자가 종교집단의 지도자가 될 수도 있다.
질투형	• 망상이 배우자의 부정과 연관될 때 부부간의 편집증이라고 불린다. • 남자가 여자보다 흔하고 심하면 배우자를 언어·신체적으로 학대하기도 한다.
피해형	• 자신이 음모의 대상이 되거나, 속임을 당하고 있다거나, 추적당하고 있다거나, 자신도 모르게 약물이나 독약을 먹는다고 생각하거나, 어떤 장기적인 목표를 추구하는 데 있어서 방해를 받고 있다고 생각한다. • 망상장애 중 가장 높은 유병률을 보인다.
신체형	• 주요 망상은 감염, 피부에 벌레가 서식한다는 망상, 피부나 입, 자궁에서 나는 체취에 관한 망상, 신체의 일부가 제대로 기능을 못한다는 망상이다. • 약물남용이 흔하며, 증상으로 인한 좌절로 자살을 기도하기도 한다.
혼합형	• 어느 한 가지 망상적 주제가 두드러지지 않는다.

망상장애의 DSM-5 진단기준
① 기이하지 않은, 즉 실생활에서 충분히 일어날 수 있는 1가지 이상의 망상이 1개월 이상 지속되어야 한다.
② 조현병의 DSM-5 진단기준 ①에 부합되지 않는다.
③ 망상이나 그것의 결과 외에는 그 사람의 기능이 심하게 망가지지 않고, 행동도 두드러지게 이상하거나 기이하지 않다.
④ 기분장애의 삽화가 망상과 같이 있었다면, 그 기간이 망상이 있는 기간보다 상대적으로 짧다.
⑤ 약물이나 남용하는 물질 또한 전신적인 내과적 질병에 의한 직접적인 생리적 과정의 결과로 인한 것이 아니다.

② 조현형 성격장애(분열형 성격장애) : 친밀한 인간관계를 불편해하고 인지적/지각적 왜곡과 더불어 기이한 행동을 하며 '성격장애'에도 속하는 장애('진단기준 및 관련 내용'은 핵심이론 60에서 설명)

[핵심예제]

망상장애에 관한 설명으로 옳지 않은 것은?　　[18년 17회]

① 최소 1개월 동안 지속된 한 가지 이상의 망상이 존재한다.
② 망상의 직접적 영향을 제외하면, 적응 기능이 현저히 손상되어 있고 명백하게 기이한 행동이 나타난다.
③ 아형으로 피해형, 색정형, 과대형, 질투형 등이 있다.
④ 조증 삽화가 일어나는 경우, 조증 삽화의 기간은 망상이 발생하는 지속 기간에 비하여 상대적으로 짧다.
⑤ 현재의 심각도는 0(증상 없음)에서 4(심각한 증상)까지 평가한다.

정답 ②

해설
② 망상이나 그것의 결과 외에는 그 사람의 기능이 심하게 망가지지 않고, 행동도 두드러지게 이상하거나 기이하지 않다.

제5장　**양극성 및 관련 장애**

핵심이론 **23**　양극성 및 관련 장애의 개념 및 DSM-5 진단기준

① 양극성 및 관련 장애의 개념
　㉠ 우울 증상과 조증 증상이 번갈아 나타나는 경우로서, '조울증(Manic Depressive Illness)'이라고 한다.
　㉡ 양극성 장애는 주요 우울장애에 비해 유전적 요인에 의해서 더 많은 영향을 받으며 모든 연령대에서 발병 가능하다.
　㉢ 갑상선 기능항진증 같은 신체 질병의 직접적 생리적 효과로 인한 것은 해당하지 않는다.
　㉣ DSM-5에서는 우울장애와 다른 범주로 분리되어, 제1형 양극성 장애, 제2형 양극성 장애, 순환성 장애의 3가지로 분류할 수 있다.

② 양극성 및 관련 장애의 DSM-5 진단기준
　㉠ 조증 삽화

① 비정상적으로 의기양양하고 아무런 거리낌이 없으며, 과도하게 고양된 기분이 최소 1주간 거의 매일 하루 대부분 지속된다.
② 다음 증상 중 3개 이상이 심각한 정도로 나타나거나 4개 이상이 과민한 정도로 나타난다.
　㉠ 자기존중감이 팽창하거나 지나치게 과장된 자신감
　㉡ 수면 욕구 감소
　㉢ 평소보다 말이 많아지거나 말을 계속함
　㉣ 사고비약(Flight of Ideas)이 있거나 사고가 연이어 나타남
　㉤ 지나친 주의산만
　㉥ 목표 지향적 활동의 증가 또는 정신운동의 초조
　㉦ 고통스러운 결과에 이르는 쾌락적 활동에 과도한 몰두
③ 기분장애가 직업적 기능이나 통상적인 사회활동 또는 다른 사람과의 관계가 심각한 장애를 초래할 만큼 심하거나, 자신이나 타인에게 해를 입히는 것을 방지하기 위하여 입원을 요할 만큼 심하거나 또는 정신병적 증상을 동반한다.
④ 증상이 물질이나 일반적인 의학적 상태의 직접적인 생리적 효과에 의한 것이 아니다.

ⓒ 경조증 삽화

① 비정상적으로 의기양양하고 아무런 거리낌이 없으며, 과도하게 고양된 기분이 최소 4일 이상 거의 매일 하루 중 대부분 지속된다.
② 조증 삽화의 ②가 3가지 이상 심각한 정도로 나타나거나 4개 이상 과민한 정도로 나타난다.
③ 삽화는 증상이 없었더라면 그 사람에게 나타나지 않을 정도의 기능변화와 관련이 있다.
④ 기분의 장애와 기능의 변화는 다른 사람의 눈에 띌 정도이다.
⑤ 삽화가 사회적 또는 직업적으로 심각한 장애를 초래하거나 입원을 필요로 할 만큼은 심하지 않다.
⑥ 증상이 물질의 생리적 효과에 의한 것이 아니다.

ⓒ 주요 우울 삽화

① 다음 중 5가지 이상 증상이 2주 지속되며, 이전과 비교할 때 기능상태의 변화를 보인다. 증상 가운데 적어도 하나는 ㉠이거나 ㉡이어야 한다.
  ㉠ 하루 중 대부분 거의 매일 지속되는 우울 기분
  ㉡ 하루 중 대부분 거의 매일 거의 모든 일상 활동에 대해 흥미나 즐거움 저하
  ㉢ 체중 조절을 하지 않는 상태에서 의미 있는 체중 감소나 체중 증가, 거의 매일 나타나는 식욕 감소나 증가
  ㉣ 거의 매일 나타나는 불면이나 과다수면
  ㉤ 거의 매일 나타나는 정신운동 초조나 지연
  ㉥ 거의 매일 나타나는 피로 또는 활력 상실
  ㉦ 거의 매일 나타나는 자기무가치감 또는 부적절한 죄책감
  ㉧ 거의 매일 나타나는 사고력·집중력·판단력 감소
  ㉨ 죽음에 대한 반복적인 생각 또는 자살 시도나 자살 수행 계획
② 증상이 사회적·직업적 또는 다른 중요한 기능 영역에서 임상적으로 유의미한 고통이나 손상을 초래한다.
③ 삽화가 물질의 생리적 효과나 다른 의학적 상태로 인한 것이 아니다.

핵심예제

조증 삽화를 겪고 있는 사람이 타인과 대화할 때 나타나는 전형적인 모습으로 옳은 것은?

[20년 19회]

① 빠르고 크게 말한다.
② 다른 사람의 이야기에 잘 집중한다.
③ 수면을 이루지 않아 피곤해 보인다.
④ 다른 사람에게 조언이나 충고를 요청한다.
⑤ 너무 많은 생각이 떠올라 말을 하지 못한다.

정답 ①

해설

조증 삽화
비정상적으로 의기양양하고 아무런 거리낌이 없으며, 과도하게 고양된 기분이 최소 1주간 거의 매일 하루 대부분 지속된다.

핵심이론 24 양극성 및 관련 장애의 하위 장애 및 치료

① 양극성 및 관련 장애의 하위 장애

　㉠ 제1형 양극성 장애
- 양극성 장애 유형 중 가장 심한 형태로서 유전과 같은 생물학적 요인이 강한 편이다.
- DSM-5 조증 삽화(Manic Episode) 진단기준에 적어도 1회 부합한다. 조증 삽화는 적어도 1주일 이상 지속되는데, 경조증 삽화나 주요 우울 삽화에 선행하거나 뒤따른다.

　㉡ 제2형 양극성 장애
- 제1형 양극성 장애와 유사하나 조증 삽화 증상이 상대적으로 미약한 경조증 삽화를 보인다.
- 조증 삽화보다 정도가 약한 경조증 삽화 진단기준에 적어도 1회 부합하고, 주요 우울 삽화의 진단기준에 부합한다. 단, 조증 삽화는 1회도 없어야 한다. 조증 삽화가 나타나는 경우 제1형 양극성 장애로 변경된다.
- 경조증과 우울증의 잦은 교체로 인한 예측 불가능성은 사회적·직업적 기능 또는 다른 중요한 기능 영역에서 임상적으로 유의미한 고통이나 손상을 초래한다.

제1형 양극성 장애	제2형 양극성 장애
• 불안증 동반 • 혼재성 양상 동반 • 급속 순환성 동반 • 멜랑콜리아 양상 동반 • 비전형적 양상 동반 • 기분과 일치하는 또는 일치하지 않는 정신병적 양상 동반 • 긴장증 양상 동반 • 계절성 양상 동반 • 주산기 발병 동반	• 불안증 동반 • 혼재성 양상 동반 • 급속 순환성 동반 • 기분과 일치하는 또는 일치하지 않는 정신병적 양상 동반 • 긴장증 양상 동반 • 계절성 양상 동반 • 주산기 발병 동반

　㉢ 순환성 장애(순환감정 장애)
- 기분삽화에 해당하지 않는 경미한 우울 증상과 경조증 증상이 번갈아 가며 2년 이상(아동·청소년의 경우는 1년 이상) 장기적으로 나타나는 경우를 말한다.

- 순환성 장애를 가진 사람은 제1형·제2형 양극성 장애로 발전될 확률이 매우 높다.
- 주요 발병 시기는 청소년기나 성인기 초기인데, 일반 인구에서 남녀 발병률은 비슷하다.
- 물질 관련 장애 또는 수면장애를 동반할 수 있다.

> **순환성 장애(순환감정 장애)의 DSM-5 진단기준**
> ① 적어도 2년 동안(아동·청소년은 1년) 다수의 경조증 기간과 우울증 기간이 있다.
> ② 2년 이상(아동·청소년은 1년) 경조증 기간과 우울증 기간이 절반 이상 차지하고, 증상 없는 기간이 2개월 이상 지속되지 않는다.
> ③ 주요 우울 삽화, 조증 삽화, 경조증 삽화가 존재하지 않는다.
> ④ 진단기준 ①의 증상이 조현병 스펙트럼 및 기타 정신병적 장애로 더 잘 설명되지 않는다.
> ⑤ 증상이 물질의 생리적 효과나 다른 의학적 상태로 인한 것이 아니다.
> ⑥ 증상이 사회적·직업적 또는 다른 중요한 기능 영역에서 임상적으로 유의미한 고통이나 손상을 초래한다.
> ⑦ 불안증을 동반할 수 있다.

② 양극성 및 관련 장애의 치료

약물치료	• 전통적 치료약물인 리튬(Lithium) 이후 다양한 약물이 개발되어 진료 현장에서 활용되고 전반적인 치료 성과를 거두고 있다. • 기분조절제뿐만 아니라 항정신병 약물 등이 사용되며, 개인의 특성에 따라 항우울제 등의 병합요법이 필요할 수 있다. • 증상이 본인이나 타인에게 해를 줄 수 있는 경우, 신속한 약물조절을 요하는 경우, 약물 부작용 등 내과적 문제가 심각한 경우, 그리고 정확한 감별 진단을 원하는 경우 등에는 입원치료가 필요하다.
인지치료	• 양극성 장애는 흔히 만성적인 경과를 나타내며 재발하는 경향이 높다. • 지속적인 투약과 더불어 자신의 증상을 지속적으로 관찰하고 생활스트레스를 관리하는 인지 행동적 치료가 함께 병행되어야 한다.
대인관계 및 사회적 리듬치료	• 대인관계의 안정과 사회적 일상생활의 규칙성이 양극성 장애의 재발을 막는 데 효과적이다.

다음 보기의 증상에 적절한 진단명은? [16년 14회]

직장인 33세 A씨는 때로는 흥분되어 기분이 좋았고, 때로는 우울한 감정이 들면서 실패한 사람처럼 느껴지기도 했다. 기분이 들뜨면 조증이나 경조증 삽화에 해당되지는 않았으나, 과도한 소비를 하고 자신감이 넘쳤다. 반면, 들뜬 기분이 가라앉게 되면 주요 우울 삽화에는 해당되지 않았으나 잠을 잘 못 잤고 깊은 한숨을 쉬며 무기력해졌다. A씨는 이런 기분의 기복을 벌써 2년째 지속하고 있다.

① 지속성 우울장애
② 제Ⅰ형 양극성 장애
③ 제Ⅱ형 양극성 장애
④ 순환성 장애
⑤ 기분조절곤란 장애

정답 ④

해설
순환성 장애는 양극성 장애에 비해 증상은 경하나 적어도 2년 이상 지속적으로 경조증과 우울증이 반복해서 나타난다.

제6장 **우울장애**

핵심이론 **25** **우울장애에 관한 이론**

① 우울장애의 개념
  ㉠ 정신장애 중 가장 높은 유병률을 보이며, 일생 동안 20~25%의 사람들이 한 번 이상 경험한다고 알려져 있다.
  ㉡ 우울장애는 코르티솔(Cortisol)의 과다분비와 관련 있고 세로토닌의 수준이 낮으면 우울이 유발될 수 있다.
  ㉢ 하위 장애 : 주요 우울장애, 지속성 우울장애, 월경 전 불쾌감 장애, 파괴적 기분조절부전 장애

② 우울장애의 귀인이론(Abramson)
  ㉠ 우울장애는 '내부적/외부적 요인', '안정적/불안정적 요인', '전반적/특수적 요인', 3가지 방향으로 귀인이 이루어진다.
    • 내부적/외부적 요인은 우울장애의 발생 및 크기 수준과 연관된다.
    • 안정적/불안정적 요인은 우울장애의 장·단기화 정도와 연관된다.
    • 전반적/특수적 요인은 우울장애의 일반화 정도와 연관된다.
  ㉡ 일반적으로 사람들은 긍정적인 결과는 자신 탓으로, 부정적인 결과는 다른 사람 또는 외부환경 탓으로 돌린다.
  ㉢ 우울증 성향의 사람들은 실패경험에 내부적·안정적·전반적 요인으로 귀인하는 경향이 있다.

요 인	실패 원인 귀인	결 과
내부적	능력 또는 노력 부족, 성격상의 결함 등	우울감 증폭
외부적	과제의 난이도나 운 등	상대적으로 낮은 우울감
안정적	능력 부족이나 성격상의 결함 등	우울감은 만성화·장기화
불안정적	노력 부족 등	우울감은 상대적으로 단기화
전반적	전반적 능력 부족, 성격 전체의 문제 등	우울증이 일반화
특수적	특수한 능력 부족, 성격상 일부 문제 등	우울증이 특수화

③ 우울장애와 자동적 사고
　㉠ 벡(A. Beck)은 자신, 주변 환경, 미래에 대한 부정적 관점이 우울을 유발한다고 하였다.
　㉡ 자동적 사고 : 어떤 사건에 대하여 습관처럼 부정적인 생각이 자동적으로 떠오르는 것을 말한다.
　㉢ 벡(A. Beck)의 인지삼제(자동적 사고의 3가지 주제)

나 자신	자기 자신에 대한 비관적인 생각 예) '나는 무가치한 사람이다.'
나의 미래	앞날에 대한 염세주의적 생각 예) '나의 앞날은 희망이 없다.'
나의 주변세계	주변 환경에 대한 비관적 생각 예) '세상은 내가 살아가기에 너무 힘들다.'

④ 우울장애와 관련된 인지적 오류

흑백 논리적 사고	세상을 흑백 논리적으로 해석하고 평가하는 경향이 있다.
과잉 일반화	한두 번 사건에 근거하여 일반적 결론을 내리고, 무관한 상황에 그 결론을 적용하는 오류를 범한다.
정신적 여과 또는 선택적 추상화	어떤 상황에서 일어난 여러 가지 일 중에서 일부만을 뽑아내어 상황 전체를 판단하는 오류를 범한다.
의미확대 또는 의미축소	어떤 사건의 의미나 중요성을 실제보다 지나치게 확대/축소한다.
파국적 사고	부정적 측면만 보고 최악의 상태를 생각한다.
개인화의 오류	자신과 무관한 사건을 자신과 관련된 것으로 잘못 해석한다.
잘못된 명명의 오류	사람들의 특성이나 행위를 기술할 때 부적절한 명칭을 사용한다.
독심술적 오류	충분한 근거 없이 다른 사람의 마음을 마음대로 추측하고 단정한다.
예언자적 오류	충분한 근거 없이 미래에 일어날 일을 단정하고 확신한다.
감정적 추리의 오류	충분한 근거 없이 막연한 감정에 근거하여 결론을 내린다.

[핵심예제]

우울증과 관련된 인지적 오류에 관한 설명으로 옳지 않은 것은?
[17년 16회]

① 의미확대 – 미래에 어떤 일이 일어날 것이라고 확신
② 독심술 – 충분한 근거 없이 타인의 마음을 자의로 추측
③ 파국적 사고 – 부정적 측면만 보고 최악의 상태를 생각
④ 개인화 – 자신과 무관한 일이 자신과 관련 있다고 잘못 해석
⑤ 잘못된 명명 – 사람의 행위를 과장되거나 부적절하게 이름 붙임

정답 ①

해설
미래에 어떤 일이 일어날 것이라고 확신하는 것은 '예언자적 오류'이다.

주요 우울장애

① 주요 우울장애의 개념

  ㉠ 우울장애군(Depressive Disorders) 중에서 가장 심한 장애이다.

  ㉡ '우울한 기분'이나 '흥미·즐거움의 상실'이 현저한 상태로 나타난다.

  ㉢ '단극성 장애'라고 하며 남성보다 여성에게 대략 2배 정도 많이 나타난다.

  ㉣ 양극성 장애보다 단극성 장애에서 성차가 더 크게 나타난다.

  ㉤ 정신분석이론에서는 분노가 무의식적으로 자신에게 향해진 것으로 본다.

  ㉥ 인지이론에서는 우울한 사람은 부정적 사고를 하는 경향이 있다고 본다.

  ㉦ 우울장애가 처음 발병한 이후 지속적으로 치료받지 않으면, 2년 이내에 절반 이상이 재발한다고 알려져 있을 정도로 재발가능성이 높다.

주요 우울장애의 DSM-5 진단기준

① 다음 '우울 삽화' 중 5개 증상 이상이 거의 매일 연속적으로 최소 2주간 지속되며, 그러한 상태가 이전 기능과의 차이를 나타내야 한다. 해당 증상 중 우울한 기분(㉠)이나 흥미의 상실(㉡)을 반드시 하나 이상 포함해야 한다.

  ㉠ 하루 중 대부분 거의 매일 지속되는 우울 기분

  ㉡ 하루 중 대부분 거의 매일 거의 모든 일상 활동에 대해 흥미나 즐거움 저하

  ㉢ 체중 조절을 하지 않는 상태에서 의미 있는 체중 감소나 체중 증가, 거의 매일 나타나는 식욕 감소나 증가

  ㉣ 거의 매일 나타나는 불면이나 과다수면

  ㉤ 거의 매일 나타나는 정신운동 초조나 지연

  ㉥ 거의 매일 나타나는 피로 또는 활력 상실

  ㉦ 거의 매일 나타나는 자기무가치감 또는 부적절한 죄책감

  ㉧ 거의 매일 나타나는 사고력·집중력·판단력 감소

  ㉨ 죽음에 대한 반복적인 생각 또는 자살 시도나 자살 수행 계획

---

② 증상이 물질이나 일반적인 의학상태의 직접적인 생리적 효과로 인한 것이 아니고, 사회적·직업적 기타 중요한 기능 영역에서 임상적으로 유의미한 고통이나 손상을 초래한다.

③ 주요 우울장애에 동반되는 세부 양상 유형 : 불안증 동반, 혼재성 양상 동반, 멜랑콜리아 양상 동반, 비전형적 양상 동반, 기분과 일치하는 또는 일치하지 않는 정신병적 양상 동반, 긴장증 양상 동반, 계절성 양상 동반, 주산기 발병 동반

② 주요 우울장애의 치료

정신역동적 치료	내담자의 무의식적 갈등을 잘 파악하여 내담자에게 적절한 방법으로 직면시키고 해석해 준다.
인지치료	내담자의 사고내용을 탐색하여 인지적 왜곡을 찾아 교정함으로써 현실적이고 긍정적인 신념과 사고를 지니도록 한다.
약물치료	삼환계 항우울제, MAO억제제, 세로토닌 흡수제 등을 사용하면 효과적이지만, 우울장애의 근본적인 치료방법은 아니고 부작용의 우려가 많다.

[핵심예제]

주요 우울장애의 진단기준에 관한 설명으로 옳은 것을 모두 고른 것은?   [16년 15회]

ㄱ. 주요 우울 삽화의 필수증상은 우울 기분 또는 흥미나 즐거움의 상실이다.
ㄴ. 반복적으로 죽음에 대해 생각하거나 자살 사고를 나타낸다.
ㄷ. 무가치감 또는 과도하거나 부적절한 죄책감을 보인다.
ㄹ. 주요 우울 삽화의 증상이 적어도 1주 이상 연속으로 지속되어야 한다.

① ㄱ, ㄴ   ② ㄱ, ㄹ
③ ㄱ, ㄴ, ㄷ   ④ ㄴ, ㄷ, ㄹ
⑤ ㄱ, ㄴ, ㄷ, ㄹ

정답 ③

해설
ㄹ. 주요 우울 삽화 항목 중 5개 이상이 거의 매일 연속적으로 최소 2주간 지속된다.

핵심이론 27 기타 우울장애

① 지속성 우울장애(기분저하증)
- ㉠ 하루 대부분 우울한 기분인 우울증상이 2년 이상 지속적으로 나타나는 경우를 말한다.
- ㉡ DSM-Ⅳ의 '만성 주요 우울장애'와 '기분부전장애'를 합해 DSM-5에서 새롭게 제시되었다.

> **지속성 우울장애(기분저하증)의 DSM-5의 진단기준**
> ① 우울 증상이 최소 2년간 하루 대부분 지속되며, 증상 없는 날보다 있는 날이 더 많다.
> ② 우울장애는 다음 중 2가지 증상 이상이 나타난다.
>   ㉠ 식욕부진 또는 과식
>   ㉡ 불면 또는 과다수면
>   ㉢ 기력(활력) 저하 또는 피로감
>   ㉣ 자존감 저하
>   ㉤ 집중력 감소 또는 우유부단
>   ㉥ 절망감
> ③ 장애를 겪는 2년(아동·청소년은 1년) 동안 증상 지속 기간이 최소 2개월이며, 진단기준 ①과 ②의 증상이 존재하지 않는 경우가 없다.
> ④ 주요 우울장애의 진단기준을 만족하는 증상이 2년 동안 지속적으로 나타날 수 있다.
> ⑤ 조증 삽화나 경조증 삽화가 없어야 하고, 순환성 장애의 진단기준에 부합하지 않는다.
> ⑥ 증상이 물질이나 일반적인 의학상태의 직접적인 생리적 효과로 인한 것이 아니고, 사회적·직업적 기타 중요한 기능 영역에서 임상적으로 심각한 고통이나 손상을 초래한다.

② 월경 전 불쾌감 장애
- ㉠ 월경 7~10일 전부터 평소와는 다르게 아무렇지 않게 넘길 수 있는 일에 예민해지고 신경질과 짜증이 늘어나는 장애를 말한다.
- ㉡ 원인은 아직 밝혀지지 않았으며, 생리주기에 따른 난소의 호르몬 분비 변화와 뇌의 신경전달물질 사이의 복잡한 상호작용에 의해 발생한다고 추측하고 있다.
- ㉢ 진단을 위해서는 연속되는 2개월 이상의 일일 증상 기록이 필요하다.

> **월경 전 불쾌감 장애의 DSM-5의 진단기준**
> ① 대부분 월경주기마다 월경이 시작되기 1주 전에 다음 중 5가지 증상 이상이 시작되고, 월경이 시작된 후 수일 안에 호전되며 월경이 끝난 후에는 증상이 경미하거나 사라진다.
> ② 다음 중 적어도 1가지 이상 증상이 포함된다.
>   ㉠ 현저한 정서적 불안정
>   ㉡ 현저한 과민성이나 분노 또는 대인관계의 갈등 증가
>   ㉢ 현저한 우울기분, 무기력감 또는 자기비하적 사고
>   ㉣ 현저한 불안, 긴장 또는 안절부절 못하는 느낌
> ③ 다음 중 적어도 1가지 이상 추가 증상이 존재하며, 진단기준 ②에 해당하는 증상과 더불어 총 5가지 증상이 포함된다.
>   ㉠ 일상 활동에 대한 흥미 감소
>   ㉡ 주의집중의 곤란
>   ㉢ 무기력감, 쉽게 피곤해짐
>   ㉣ 식욕의 현저한 변화
>   ㉤ 과다수면 또는 불면
>   ㉥ 압도되거나 통제력을 상실할 것 같은 느낌
>   ㉦ 신체적 증상(예 유방의 압통 또는 팽만감)

③ 파괴적 기분조절 부전장애(파괴적 기분조절 곤란장애)
- ㉠ 반복적으로 심한 파괴적 분노를 폭발하는 경우를 말한다.
- ㉡ 주로 아동기나 청소년기에 나타난다.

> **파괴적 기분조절 부전장애(파괴적 기분조절 곤란장애)의 DSM-5 진단기준**
> ① 언어 또는 행동을 통하여 심한 분노폭발을 반복적으로 나타낸다. 이러한 분노는 상황이나 촉발자극의 강도나 기간에 비해서 현저하게 과도한 것이어야 한다.
> ② 분노폭발은 발달수준에 부적합한 것이어야 한다.
> ③ 분노폭발은 평균적으로 매주 3회 이상 나타나야 한다.
> ④ 분노폭발 사이에도 거의 매일 하루 대부분 짜증이나 화를 내며, 이러한 행동은 다른 사람에 의해서 관찰될 수 있다.
> ⑤ 이상 증상(①~④)이 12개월 이상 지속적으로 나타나야 한다.
> ⑥ 이상 증상(①~④)이 3가지 상황(가정, 학교, 또래와 함께 있는 상황) 중 2개 이상에서 나타나야 하며, 한 개 이상에서 심하게 나타나야 한다.
> ⑦ 이 진단은 6~18세 이전에만 적용될 수 있다.
> ⑧ 이상 증상(①~⑤)이 10세 이전에 시작되어야 한다.

[핵심예제]

월경 전 불쾌감 장애에 관한 설명으로 옳지 않은 것은?

[18년 17회]

① DSM-5에 새롭게 추가되었다.
② 진단을 위해서는 연속되는 2개월 이상의 일일 증상 기록이 필요하다.
③ 신체적 증상, 심각한 기분변화, 불안 등이 나타난다.
④ 증상이 월경 시작 1주 전에 나타나며, 월경이 끝난 후에는 최소화되거나 없어져야 진단된다.
⑤ 일반적으로 폐경에 가까워질수록 증상은 경감된다.

정답 ⑤

해설

월경 전 불쾌감 장애의 증상은 폐경과는 관련이 없다.

제7장   불안장애

핵심이론 28

범불안장애 (Generalized Anxiety Disorder)

더 알아보기

불안장애

• 병적인 불안으로 인해 과도하게 심리적인 고통을 느끼거나 현실적인 적응에 심각한 어려움을 나타내는 경우를 '불안장애'라고 한다.
• 그레이(J. Gray)에 따르면, 불안과 긴밀한 뇌 영역은 변연계이다.
• 하위 장애 : 범불안장애, 특정 공포증, 광장공포증, 사회공포증(사회불안장애), 공황장애, 분리불안장애, 선택적 함구증

① 범불안장애의 개념
　㉠ '일반화된 불안장애'라고도 하며, 과도한 불안과 긴장을 지속하여 경험하는 상태를 말한다.
　㉡ 일상생활의 다양한 상황이나 사건에서 만성적인 불안과 지나친 걱정으로 인해 현실적인 부적응 상태를 경험하는 것을 말한다.

② 범불안장애의 특징
　㉠ 최소 6개월 동안 주요 증상이 나타나는 경우에 진단되며, 불안이 특정 주제에 국한되는 것이 아닌 광범위한 주제를 포괄한다.
　㉡ 평소 불안감·초조감을 느끼며 항상 과민하고 긴장된 상태에 있고 주의집중을 하기 어렵고 쉽게 피로감을 느끼며, 지속적인 긴장으로 인해 두통, 근육통, 소화불량 등을 경험한다.
　㉢ 일반적으로 주변 생활환경 속에 존재하는 잠재적인 위험에 예민하며, 이러한 잠재적인 위험이 실제로 발생할 확률을 과도하게 평가한다.
　㉣ 행동적 관점에서는 불안촉발 조건자극이 광범위하게 일반화된 다중공포증으로 설명된다.
　㉤ 유병률은 높은 편이나 그에 비해 치료기관을 찾는 비율은 낮다.
　㉥ 인지적 특성으로 기억과제 수행에서 중성자극보다 위협자극을 더 잘 기억한다.

범불안장애의 DSM-5 진단기준

① 여러 사건이나 활동에 과도한 불안과 걱정을 하며, 그 기간이 6개월 이상 이어진다.

② 자기 스스로 걱정을 통제하는 것이 어렵다고 느낀다.

③ 불안과 걱정은 다음 6가지 증상 중 3가지 이상과 연관된다(아동의 경우 1가지 이상).

　㉠ 안절부절못함 또는 긴장이 고조되거나 가장자리에 선 듯한 느낌

　㉡ 쉽게 피로해짐

　㉢ 주의집중이 어렵거나 정신이 멍한 듯한 느낌

　㉣ 과민한 기분상태

　㉤ 근육 긴장

　㉥ 수면 장애

④ 불안이나 걱정 또는 신체 증상이 사회적 · 직업적 기능 또는 다른 중요한 기능 영역에서 임상적으로 유의미한 고통이나 손상을 초래한다.

[핵심예제]

일반화된 불안장애(Generalized Anxiety Disorder)에 관한 설명으로 옳지 않은 것은?　　　　　[15년 13회]

① 과도한 걱정과 불안이 6개월 이상 나타난다.

② 자신의 염려와 걱정을 자각하고 이를 통제할 수 있다고 믿는다.

③ 유병률은 높은 편이나 그에 비해 치료기관을 찾는 비율은 낮다.

④ 인지적 특성으로 기억과제 수행에서 중성자극보다 위협자극을 더 잘 기억한다.

⑤ 행동적 관점에서는 불안촉발 조건자극이 광범위하게 일반화된 다중 공포증으로 설명된다.

정답 ②

해설
범불안장애는 자신의 대처 능력을 과소평가하는 경향이 있다.

핵심이론 **29** | 공포증

① 특정 공포증

　㉠ 개념 : 특정한 공포 대상이나 상황에 노출되는 경우 나타나는 심각한 두려움과 비합리적인 회피행동을 동반하며, '단순공포증(Simple Phobia)'이라고도 한다.

　㉡ 유형

동물형	대개 아동기에 시작되는데, 동물이나 곤충을 두려워하는 것
자연환경형	폭풍, 높은 곳, 물과 같은 자연환경에 대한 공포
혈액-주사-상처형	피를 보거나 주사를 맞거나 기타 의학적 검사를 두려워하는 경우로 혈관 미주신경 반사가 매우 예민하며, 주로 초등학교 아동기에 발병
상황형	교통수단, 터널, 다리, 엘리베이터, 비행기 등에 공포를 느끼는 유형으로 아동기와 20대 중반에 흔히 발병

특정 공포증의 DSM-5 진단기준

① 특정 대상 · 상황에 대해 현저한 공포 · 불안을 느끼는데, 실제적인 위험과 사회문화적 맥락을 고려할 때 과도한 양상을 보인다.

② 공포 대상 · 상황은 거의 즉각적인 공포나 불안을 야기한다.

③ 공포 대상 · 상황이 유발하는 극심한 공포 · 불안을 회피하거나 견디려는 모습을 보인다.

④ 공포, 불안, 회피는 보통 6개월 이상 지속되는데, 사회적 · 직업적 기능 또는 다른 중요한 기능 영역에서 임상적으로 유의미한 고통이나 손상을 초래한다.

　㉢ 치료

체계적 둔감법	• 울피(J. Wolpe)가 개발한 치료법으로서, 공포증 치료에 효과적이다. • 상담자와 내담자는 불안위계표를 작성한 후, 위계별로 점진적 이완과 불안을 반복적으로 짝지우면서 공포증을 감소시킨다. • 고전적 조건형성 중에서도 상호억제의 원리에 근거한 것이다. • 역조건화의 기제와 관련이 있다.
참여적 모방학습	• 다른 사람이 공포자극을 불안 없이 대하는 것을 관찰하게 하여 공포증을 치료하는 방법이다. • 뱀 공포증을 지닌 사람은 뱀을 만지고 목에 두르는 사람을 관찰하면서 그와 함께 뱀에 대한 접근행동을 학습하며 공포증을 극복하게 되는 것이다.

노출치료	• 반복적인 노출을 통해 공포자극에 적응하도록 유도하는 치료방법이다.	
	실제적 노출법	실제로 공포자극에 노출하는 방법
	심상적 노출법	공포자극을 상상하게 하여 노출시키는 방법
	점진적 노출법	공포자극에 조금씩 노출시키는 방법
	홍수법	공포자극에 단번에 집중적으로 노출시키는 방법
이완훈련법	• 불안과 공존할 수 없는 신체적 이완상태를 유도하는 기술을 가르쳐 공포증을 극복하게 한다.	

② 광장공포증

ㄱ 광장·공공장소, 특히 급히 빠져나갈 수 없는 상황·장소에 혼자 있는 것에 공포를 느낀다.

ㄴ 공황발작이나 공황 유사 증상이 나타날까 봐 두려워한다.

ㄷ 공황발작 위험을 피하기 어려운 장소·상황에 처한 경우 나타난다.

ㄹ 공황발작 시 도움 받기 곤란한 백화점·영화관, 탈출하기 어려운 엘리베이터, 버스, 지하철 같은 공간에서 과도한 공포를 느낀다.

ㅁ 죽거나 미칠 것 같은 두려움, 질식할 것 같은 느낌, 가슴 답답함, 어지러움, 구토 같은 신체적·심리적 증상을 수반한다.

ㅂ 광장공포증은 특정 장소나 상황 자체에 대한 공포가 아닌, 그러한 공간에서 맞닥뜨릴 수 있는 어떠한 불시의 사건에 대한 공포와 연관된다.

광장공포증의 DSM-5 진단기준

① 다음 상황 중 2가지 이상의 경우에서 공포나 불안이 나타난다.
  ㄱ 대중교통수단을 이용하는 상황
  ㄴ 개방된 공간에 있는 상황
  ㄷ 폐쇄된 공간에 있는 상황
  ㄹ 줄을 서 있거나 군중 속에 있는 상황
  ㅁ 집 밖에 혼자 있는 상황

② 공포, 불안, 회피는 보통 6개월 이상 지속되는데, 사회적·직업적 기능 또는 다른 중요한 기능 영역에서 임상적으로 유의미한 고통이나 손상을 초래한다.

③ 공포·불안은 그 상황·맥락 고려 시 실제 주어지는 위험보다 과도한 양상을 보인다.

④ 광장공포 유발 상황을 피하려고 하거나, 동반자를 필요로 하거나, 공포·불안에 맹렬히 견디려고 애쓴다.

⑤ 광장공포증은 공황장애의 유무와 관계없이 진단된다.

③ 사회공포증(사회불안장애)

ㄱ 사람들과 상호작용을 해야 하는 사회적 상황에서 불안과 공포를 경험하는 불안장애이다.

ㄴ 사회공포증 환자들은 두려워하는 상황에 노출되거나 노출될 것이 예상될 때 심각한 불안감이 발생하고 일부 환자에게서는 공황발작(Panic Attack) 형태로 불안 증상이 나타날 수 있다.

ㄷ 우울증, 불안장애, 공황장애 등 다른 정신 질환을 동반하는 경우가 많다.

ㄹ 문화권에 따른 차이가 두드러지게 나타나는데, 특히 동양문화권에서는 서양문화권에 비해 그 유병률이 매우 낮게 보고되고 있다.

ㅁ 공포가 대중 앞에서 말하거나 수행하는 것에 국한되는 경우 수행형 단독이라고 한다.

사회공포증(사회불안장애)의 DSM-5 진단기준

① 타인에 의해 면밀히 관찰될 수 있는 1가지 이상의 사회적 상황에 노출되는 것에 대한 과도한 공포나 불안을 느낀다.

② 불안 증상이나 부정적으로 비치는 행동을 하는 것에 대해 두려워한다.

③ 사회적 상황은 거의 항상 공포나 불안을 야기하므로, 회피하거나 공포·불안을 맹렬히 견디려고 애쓴다.

④ 공포, 불안, 회피는 보통 6개월 이상 지속되는데, 사회적·직업적 기능 또는 다른 중요한 기능 영역에서 임상적으로 유의미한 고통이나 손상을 초래한다.

⑤ 공포·불안은 그 상황·맥락을 고려 시 실제 주어지는 위험보다 과도한 양상을 보인다.

[핵심예제]

P군의 증상에 적절한 DSM-5 진단명은? [16년 15회]

> 평소 수줍음이 많던 P군은 고등학교 입학 후 가입한 동아리 모임에서 자기소개를 해야 할 순서가 다가오자, 불안이 심해지고 손발이 떨리며 말을 더듬고 횡설수설하게 되었다. 이후 P군은 다른 사람이 자신을 주시하거나 평가받는 상황이 너무 불안하여 고등학교를 자퇴하고 싶다고 한다.

① 공황장애
② 범불안장애
③ 광장공포증
④ 분리불안장애
⑤ 사회불안장애

정답 ⑤

해설

사회불안장애
어떠한 특정한 사회적 상황이나 일을 수행하는 상황에 노출되는 경우 발생하며, 사회적 기술의 결여 등으로 인해 상황을 회피하려는 양상을 보인다.

핵심이론 30 | **공황장애**

① 개 념
  ㉠ 예기치 못한 강렬한 불안, 즉 공황발작을 반복적으로 경험하는 장애를 말한다.
  ㉡ 갑작스럽게 죽을 것 같은 강렬한 불안과 공포가 나타난다.
  ㉢ 발작이 없는 중간시기에는 공황발작이 다시 일어나는 것을 계속 걱정하고 공황발작의 결과에 대한 근심(예) 심장마비가 오지 않을까, 미치지 않을까 하는 걱정)을 나타낸다.
  ㉣ 부적응적 행동변화(예) 심장마비가 두려워 운동을 일체 중지, 직장 사직 등)를 수반한다.
  ㉤ 공황발작 증상은 갑작스럽게 나타나며 10분 이내에 최고조에 달하고 극심한 공포를 야기하게 되는데, 대략 10~20분간 지속된다.
  ㉥ 다코스타(Dacosta) 의사가 발견하였다.
    • 전쟁이라는 극단적 상황과 생·사 경계에서 엄청난 공포감을 느낀 군인들이 극도의 불안증상을 보인다는 의견을 내놓으며 이를 다코스타 증후군(Dacosta's Syndrome), 군인심장증후군(Soldier's Heart)으로 불렀다.
    • 1980년대에 미국 정신의학회에서는 다코스타 증후군을 정식으로 정신질환으로 규정하고, 이를 공황장애(Panic Disorder)로 명명하였다.

② 클락(D. Clark)이 제시한 공황장애의 인지모델
  ㉠ 인지적 입장에서 공황장애를 가장 설득력 있게 설명한 이론이다.
  ㉡ 신체감각을 위험한 것으로 잘못 해석하는 파국적 오해석에 의해 유발된다.
  ㉢ 파국적 오해석으로 인해 걱정과 염려가 악화된다.
  ㉣ 파국적 오해석 과정이 반드시 무의식적이지는 않다.
  ㉤ 공황발작은 신체감각을 극히 위험한 것으로 오해석하여 유발된다.
  ㉥ 공황발작은 다양한 자극들로 촉발되지만, 반드시 외적 자극이 있어야 하는 것은 아니다.
  ㉦ 자극 : 외적 자극 - 특정 유형의 장소 / 내적 자극 - 불쾌한 기분, 생각, 심상, 신체 감각

공황장애의 DSM-5 진단기준

① 다음 공황발작 13가지 증상 중 4가지 이상이 나타나는 경우 공황장애로 진단한다.

   ㉠ 가슴 두근거림

   ㉡ 땀 흘림

   ㉢ 몸 떨림 또는 손발 떨림

   ㉣ 숨이 가쁘거나 막히는 느낌

   ㉤ 질식할 것 같은 느낌

   ㉥ 흉부 통증 또는 답답함

   ㉦ 구토감 또는 복부 통증

   ㉧ 현기증, 비틀거림, 몽롱함, 기절 상태의 느낌

   ㉨ 몸에 한기나 열기를 느낌

   ㉩ 감각 이상

   ㉪ 비현실감 또는 이인증

   ㉫ 통제불능에 대한 공포

   ㉬ 죽을 것 같은 두려움

② 최소 1회 이상의 발작 이후 1개월 이상 다음 중 1가지 혹은 2가지의 양상이 나타나야 한다.

   ㉠ 추가적인 공황발작이나 그로 인한 결과들에 대한 지속적인 염려나 걱정

   ㉡ 공황발작과 관련된 행동에서의 유의미한 부적응적 변화

③ 공황장애의 원인

생물학적 원인	• 과잉호흡이론(Hyperventilation) : 깊은 호흡을 빨리 하는 경향이 있는데, 이때 공황발작 유발에 영향 • 질식오경보 이론 : 독특한 생화학적 기제에 의해 유발 • 뇌의 청반핵(Locus Ceruleus) 민감성
정신분석적 입장	• 불안을 야기하는 충동에 대한 방어기제가 제대로 작동하지 못함 • 분리불안 경험의 재현 • 무의식적인 상실 경험과 관련
인지적 입장	• 신체감각에 대한 파국적 오해석에 의해 유발(Clark의 인지이론)

[핵심예제]

아래와 같은 증상을 보이는 장애의 원인으로 보기 어려운 것은? [14년 12회]

B양은 19세로 고등학교 3학년 학생이었는데, 어느 날 도서관에서 밤늦게까지 공부한 후 집으로 가기 위해 버스를 탔다. 버스에는 많은 사람들이 있었고, B양은 가방을 든 채 서 있었다. 버스가 터널로 들어가서 중간 정도쯤 지나갔을 때, B양은 갑자기 가슴이 답답하고, 심장이 빨라지고, 질식할 것 같은 느낌이 들었다. 몸에는 진땀이 났고, 곧 죽을 것 같은 공포와 불안이 밀려왔다. 이러한 증상이 10분 정도 지속되다가, 서서히 좋아졌다. B양은 버스에서 내려 급하게 부모님께 전화했고, 함께 야간 응급실로 가서 진단을 받았지만 특별한 이상 소견을 찾을 수 없었다. B양은 그 이후에도 가끔씩 갑작스럽게 나타나는 증상 때문에 학업에 큰 지장을 받고 있다.

① 도파민의 과잉분비

② 과잉호흡이론(Hyperventilation)

③ 뇌의 청반핵(Locus Ceruleus) 민감성

④ 분리불안 경험의 재현

⑤ 신체감각의 파국적인 해석

정답 ①

해설

B양은 공황장애 증상을 보이고 있다. 도파민(Dopamine)의 과잉분비로 나타나는 장애에는 틱 장애가 있다.

핵심이론 31 │ 분리불안장애 · 선택적 함구증(무언증)

① 분리불안장애

　㉠ 애착대상으로부터 분리될 때 혹은 분리될 것으로 예상될 때 느끼는 불안의 정도가 일상생활을 위협할 정도로 심하고 지속적인 경우를 말한다.

　㉡ 학령기 아동에게는 학교에 가기 싫어하거나 등교 거부로 나타난다.

　㉢ 행동치료, 놀이치료, 가족치료 등을 통하여 호전될 수 있다.

　㉣ 부모의 양육행동, 아동의 유전적 기질, 인지행동적 요인 등이 영향을 미친다.

　㉤ 지나치게 밀착된 가정에서 자랐거나 의존적인 성향의 아이에게 나타날 수 있다.

> **분리불안장애의 DSM-5 진단기준**
> ① 다음 증상들 중 최소 3가지 증상 이상이 나타난다.
> 　㉠ 집이나 주요 애착대상으로부터 분리를 경험하거나 이를 예상할 때 반복적으로 심한 고통을 느낀다.
> 　㉡ 주요 애착대상을 잃는 것 혹은 그들에게 질병·부상·재난·사망 같은 일이 일어나지 않을까 지속적으로 과도하게 근심한다.
> 　㉢ 분리불안으로 인해 집으로부터 멀리 떠나거나 학교나 직장에 가는 것을 지속적으로 꺼리거나 거부한다.
> 　㉣ 혼자 있는 것 혹은 주요 애착대상 없이 집이나 다른 장소에 있는 것에 대해 지속적으로 꺼리거나 과도한 공포를 느낀다.
> 　㉤ 집으로부터 멀리 떠나 잠을 자는 것 혹은 주요 애착대상이 가까이 없이 잠을 자는 것에 대해 지속적으로 꺼리거나 거부한다.
> 　㉥ 분리의 주제를 포함하는 악몽을 반복적으로 꾼다.
> 　㉦ 주요 애착대상으로부터 분리되거나 이를 예상하게 될 때 신체증상을 반복적으로 호소한다.
> ② 공포, 불안, 회피 반응이 최소 6개월 이상(아동·청소년은 4주) 지속된다.
> ③ 장애는 사회적·학업적·직업적 기능 또는 다른 중요한 기능 영역에서 임상적으로 유의미한 고통이나 손상을 초래한다.

② 선택적 함구증(무언증)

　㉠ 소아들은 말 대신 몸짓, 고개 끄덕이기, 머리 흔들기, 몸 잡아당기기, 밀치기 등으로 의사표현하거나, 단음절의 짧고 일정한 목소리로, 어떤 경우는 목소리의 변화로 의사를 표현한다.

　㉡ 사회적 상황에서의 심한 불안에 의해 유발되는 것으로 보며, 이에 따라 선택적 함구증을 지닌 대부분의 사람이 사회공포증을 함께 지니고 있는 경우가 많다.

> **선택적 함구증(무언증)의 DSM-5 진단기준**
> ① 다른 상황에서는 말을 할 수 있음에도 불구하고, 특정한 사회적 상황에서 지속적으로 말을 하지 못한다.
> ② 장애가 학업적·직업적 성취나 사회적 의사소통을 저해한다.
> ③ 증상이 적어도 1개월은 지속되어야 한다(입학 후 처음 1개월은 포함되지 않는다).
> ④ 말하지 못하는 이유가 사회생활에서 요구되는 언어에 대한 지식이 없거나 그 언어에 대한 불편한 관계가 없는 것이어야 한다.
> ⑤ 장애가 의사소통장애에 의해 잘 설명되지 않고, 전반적 발달장애, 조현병, 다른 정신병적 장애의 기간 중에만 발생되는 것은 아니다.

[핵심예제]

분리불안장애에 관한 설명으로 옳지 않은 것은? [18년 17회]

① 학령기 아동에서는 학교에 가기 싫어하거나 등교 거부로 나타난다.

② 행동치료, 놀이치료, 가족치료 등을 통하여 호전될 수 있다.

③ 부모의 양육행동, 아동의 유전적 기질, 인지행동적 요인 등이 영향을 미친다.

④ 지나치게 밀착된 가정에서 자랐거나 의존적인 성향의 아이에게 나타날 수 있다.

⑤ 성인의 경우 증상이 1개월 이상 나타날 때 진단될 수 있다.

정답 ⑤

해설

성인의 경우 증상이 6개월 이상 나타날 때 진단될 수 있다(아동·청소년은 1개월).

제8장 강박 및 관련 장애

핵심이론 32 강박장애

① **강박 및 관련 장애의 하위 장애** : 강박장애, 신체이형장애, 수집광, 발모광, 피부뜯기 장애

② **강박장애의 개념**
  ㉠ 원하지 않는 생각과 행동을 반복하게 되는 장애이다.
  ㉡ 강박사고는 침투적 사고[우연히 의식 속에 떠오르는 원치 않는 불쾌한 생각(성추행 등)]를 말한다.
  ㉢ 강박장애 환자의 침투적(Intrusive) 사고
    • 억제하려고 노력한다.
    • 자신의 책임감을 과도하게 인식한다.
    • 사고-행위 융합의 인지적 오류가 개입된다.
    • 의식에 떠오르는 원치 않는 불쾌한 생각을 의미한다.
  ㉣ 강박행동은 불안회피를 추구하는 우연 연합으로 설명된다.
  ㉤ 강박장애를 지닌 사람은 '사고-행위 융합'을 특징으로 한다. 사고와 행위를 동일한 것으로 오해석함으로써 불안이 상승하게 되는 것이다.
  ㉥ 강박장애 환자들은 종종 순서나 규칙성에 사로 잡혀 있는 경우가 많고, 불필요한 물건들을 버리지 못하고 쌓아 놓는 경우가 흔하다.
  ㉦ 소아·청소년 강박장애는 남아가 여아에 비해 1.5 ~ 2.5배 정도 높은 유병률을 보인다.

강박장애의 DSM-5 진단기준

① 강박사고 또는 강박행동 중 어느 하나가 존재하거나 둘 다 존재한다.

강박사고 (Obsession)	• 심한 불안·곤란을 초래하는 반복적·지속적 사고, 충동, 이미지들(침투적 사고)이 침입적이고 원치 않게 경험되며, 현저한 불안과 고통을 유발한다. • 그러한 사고, 충동, 이미지들을 무시하거나 억압하려고 노력하거나, 다른 사고나 행동으로 중화시키려고 노력한다.
강박행동 (Compulsion)	• 각 개인이 강박사고에 대한 반응으로서 해야만 한다고 느끼거나 엄격한 규칙에 따라 행하는 반복적인 행동(예 손 씻기, 순서매기기, 점검) 또는 정신적 행위(예 기도, 숫자 세기, 속으로 단어 반복하기)를 말한다.
	• 이 같은 행동이나 정신적 행위는 불안·고통을 방지하거나 감소시키고, 무서운 사건이나 상황을 방지할 목적이어야 한다. • 현실상황에서 중화시키려고 계획된 실제적인 방법과는 관련이 없거나, 관련이 있더라도 명백히 지나친 것이다.

② 강박사고나 강박행동이 많은 시간을 소모하게 만들어(예 하루 1시간 이상), 개인의 정상적 일상생활, 직업(또는 학업) 기능 또는 통상적 사회활동이나 대인관계에 명백히 지장을 준다.

③ 이 장애가 물질 또는 일반적 의학상태에 의한 직접적인 생리적 효과 때문이 아니고, 다른 정신장애의 증상으로 설명될 수 없다.

---

③ **강박장애의 원인**
  ㉠ 강박장애에 관한 인지행동적 설명[살코프스키스(Salkovskis)]
    • 침투적 사고와 침투적 사고에 대한 자동적 사고(거의 자동으로 일어나 매우 빨리 지나가는 사고, 개인이 잘 의식하지 못하는 사고)가 강박장애의 원인이 된다고 본다.
    • 사고를 행위와 동일한 것으로 오해석함으로써 불안이 상승된다.
    • 주변인에게 안심 구하기나 의도적으로 좋은 생각하기 등은 중성화 전략에 해당한다.
    • 행동적 관점에서 강박행동은 불안회피를 추구하는 우연 연합으로 설명된다.
    • 인지적 관점에서 강박사고는 침투적 사고에 대한 책임감의 과도한 중요성, 책임감, 통제필요성을 부여한다.
    • 강박행동의 수정에는 불안유발 자극에 대한 노출치료가 효과적이다.
  ㉡ 정신분석적 입장은 특정 방어기제를 통해 무의식적 갈등으로 인한 불안에 대처하려 할 때 강박장애가 발생한다고 보며, 프로이트(S. Freud)는 항문기에 그 기원이 있다고 주장하였다.
  ㉢ 생물학적 입장은 뇌의 구조적 결함으로 인한 기능 이상이 강박장애를 유발한다고 본다. 특히 안와 전두피질이나 기저핵의 기능 이상이 관련될 수 있다.

④ 강박장애의 치료

약물치료	• SSRI(세로토닌 선택적 재흡수 억제제) 처방이 대표적이다. 일반적으로 4~6주, 최대 8~16주에 효과기 나타난다. • 연구결과를 보면 약물에 호전을 보이는 경우는 1/2~3/4 정도이다.
노출 및 반응방지법	• 학습이론에 근거한 행동치료적 기법으로서, 강박행동의 수정에는 불안유발 자극에 대한 노출치료가 효과적이다. • 불안을 초래하는 자극(버스 손잡이)이나 사고(손에 병균이 묻었다는 생각)에 노출시키되 강박행동(손 씻는 행동)을 하지 못하게 하는 방법 • 두려워하는 자극과 사고를 강박행동 없이 견디어내는 둔감화 효과가 나타날 뿐만 아니라, 강박행동을 하지 않아도 두려워하는 결과(병에 전염됨)가 일어나지 않는다는 것을 체험할 수 있게 된다.
사고중지법	• 강박사고가 떠오를 때마다 환자 자신이 강박사고를 중지하려고 함으로써 강박사고에 집착하는 것을 완화시키는 방법
역설적 의도법	• 강박사고를 억누르기보다 오히려 과장된 방식으로 하려고 행동하는 방법
자기주장훈련	• 강박장애자는 감정을 과도하게 억제하는 경향이 있으므로, 상대방을 공격하지 않으면서 자신의 감정과 의견을 솔직하게 표현하도록 훈련하는 방법
파이기법	• '내가 화장실 손잡이를 만져서 세균에 오염되어 사랑하는 사람이 병들 것이다'라는 생각을 하는 사람이 있다면, 실제로 환자가 화장실 손잡이를 만져서 세균을 옮길 가능성이 얼마나 되는지 확인하게 하는 방법 • 이를 통해 환자가 세균을 옮길 확률이 상대적으로 작음을 인식하게 하는 기법
이중기준기법	• 환자가 두려워하는 사건이 다른 사람에게 발생했을 때, 그에게 책임을 얼마나 물을 수 있는지 평가하게 하여 과도한 책임감을 감소시키는 기법
인지적 치료기법	• 침투적 사고에 대해 과도한 책임감·통제의무감을 느끼게 하는 자동적 사고를 확인하고 변화시켜 강박적 사고와 행동을 감소시키는 방법 • 침투적 사고는 그 내용이 아무리 비윤리적이고 위협적인 것이라 하더라도 누구나 경험하는 보편적 현상이므로, 자연스러운 것으로 받아들이면서 통제하려 들지 않으면 저절로 사라지게 됨을 인식하게 한다.

강박장애에 관한 설명으로 옳지 않은 것은? [18년 17회]

① 강박적 믿음이 진실이 아니라고 확신하는 경우는 병식이 양호한 편이다.
② 안와 전두피질이나 기저핵의 기능 이상이 관련될 수 있다.
③ 프로이트(S. Freud)는 항문기 단계에 그 기원이 있다고 주장한다.
④ 행동치료 기법의 하나로 노출 및 반응 방지법이 있다.
⑤ 아동기에는 남아보다 여아의 유병률이 더 높다.

정답 ⑤

해설

소아·청소년 강박장애는 남아가 여아에 비해 1.5~2.5배 정도 높은 유병률을 보인다.

핵심이론 33 **기타 강박 및 관련 장애**

① 신체이형장애(신체변형장애)
  ㉠ 객관적으로 정상 용모인 사람이 자신의 외모가 심한 문제가 있다고 생각하면서 사소한 외모 문제를 과도하고 왜곡되게 집착하는 장애이다.
  ㉡ 15~20세 사이 청소년기(사춘기)에 많이 발생하며, 미혼의 여성에게 특히 많이 발생한다.
  ㉢ 생물학적 입장에서는 신체이형장애가 세로토닌(Serotonin)이라는 신경전달물질과 관련되어 있다고 본다.

  > **신체이형장애(신체변형장애)의 DSM-5 진단기준**
  > ① 다른 사람이 알아볼 수 없거나 아주 경미한 신체의 결점이 인식되는 것에 집착한다.
  > ② 외모 걱정에 대한 반응으로 반복행동(거울보기, 과도한 꾸미기, 피부 뜯기 등) 또는 정신 활동(외모 비교)을 행한다.
  > ③ 외모에 대한 집착이 사회적·직업적 기능 또는 다른 중요한 기능 영역에서 임상적으로 유의미한 고통이나 손실을 초래한다.
  > ④ 외모 집착은 섭식장애의 진단기준을 충족하는 경우에서 체지방 또는 몸무게를 걱정하는 것으로 더 잘 설명되지 않는다.

② 수집광(저장장애)
  ㉠ 불필요한 물건을 버리지 못하고 보관하려는 강한 충동을 느끼고, 물건 버리는 것 자체를 고통으로 받아들이는 장애이다. 저장 강박장애, 저장 강박증후군이라고도 한다.
  ㉡ DSM-5에서 강박장애 중 물건에 집착해 이를 수집하고 저장하는 증상을 따로 떼어 수집광(Hoarding Disorder)으로 독립시켰다. 불필요한 물건을 버리지 못하고 보관하는 강박적 저장과 불필요한 물건을 수집하여 집 안으로 끌어들이는 강박적 수집으로 구분한다.

> **수집광(저장장애)의 DSM-5 진단기준**
> ① 실제 가치와 관계없이 소유물을 버리거나 분리하는 데 있어 지속적인 어려움을 겪는다. 이러한 어려움은 물건을 버리는 것에 연관되는 고통이나 물건을 보유하려는 필요성으로 인한 것이다.
> ② 소유물이 축적되어서 생활공간이 채워지고 혼잡해지며, 사용목적이 상당히 손상되는 결과를 야기한다. 만약 생활공간이 어지럽혀지지 않았다면, 제3자(가족, 청소부)의 개입으로 인한 것이다.
> ③ 증상은 사회적·직업적 기능 또는 다른 중요한 기능 영역에서 임상적으로 유의미한 고통이나 손실을 초래한다. 또한 다른 의학적 상태로 인한 것이 아니고, 다른 정신질환으로 더 잘 설명되지 않는다.

③ 발모광(모발뽑기 장애)
  ㉠ 자신의 털을 뽑으려는 충동을 억제하지 못해 반복적으로 머리카락을 뽑는 질병으로 충동조절 장애에 속한다.
  ㉡ 대체로 아동기(5~8세)나 청소년기(13세 전후)에 발병하나, 그 이후에 생기는 경우도 있다.
  ㉢ 아동기에는 남녀 유병률이 비슷하지만 전체적으로 여자에게 잘 생긴다.

  > **발모광(모발뽑기 장애)의 DSM-5 진단기준**
  > ① 반복적인 모발뽑기 행동으로 모발 손실을 초래한다.
  > ② 모발뽑기를 줄이거나 중단하려고 반복적으로 시도한다.
  > ③ 모발뽑기가 사회적·직업적 기능 또는 다른 중요한 기능 영역에서 임상적으로 유의미한 고통이나 손실을 초래한다.
  > ④ 모발뽑기나 모발 손실이 다른 의학적 상태로 인한 것이 아니고, 다른 정신장애의 증상으로 잘 설명되지 않는다.

④ 피부뜯기 장애(피부벗기기 장애)
  ㉠ 강박적으로 반복해서 자신의 피부를 벗기거나 뜯음으로써 피부를 손상시키는 장애이다.
  ㉡ 피부뜯기 장애는 심각하지만 잘 알려지지 않은 문제로서, DSM-5에서 처음 강박관련 장애의 하위 장애로 포함되었다.

피부뜯기 장애(피부벗기기 장애)의 DSM-5 진단기준
① 반복적인 피부뜯기로 인해 피부 병변으로 이어진다.
② 피부뜯기를 줄이거나 중단하려고 반복적으로 시도한다.
③ 피부뜯기가 사회적 · 직업적 기능 또는 다른 중요한 기능 영역에서 임상적으로 유의미한 고통이나 손실을 초래한다.
④ 피부뜯기가 물질의 생리적 영향 또는 다른 의학적 상태로 인한 것이 아니고, 다른 정신장애의 증상으로 잘 설명되지 않는다.

[핵심예제]

저장장애의 특징으로 옳은 것은?

[17년 16회]

① 집안의 물품을 버리지는 못하지만 그 물품을 기부는 한다.
② 물품을 수집하더라도 사회적, 직업적 또는 다른 중요 영역에서 고통이나 손상은 없다.
③ 값비싼 물품만 보관한다.
④ 수집한 물품 때문에 자신이나 타인에게 안전하지 못한 환경을 초래할 수 있다.
⑤ 주기적으로 물품을 스스로 정리한다.

정답 ④

해설
① 물건 자체에 집착하기 때문에 물품을 기부하지 않는다.
② 증상은 사회적 · 직업적 기능 또는 다른 중요한 기능 영역에서 임상적으로 유의미한 고통이나 손상을 초래한다.
③ 물품의 실제 가치와 관계없이 물건을 버리는 것에 어려움을 느끼고 불필요한 물건을 수집하기도 한다.
⑤ 물품을 정리 · 분리하지 못하여, 축적된 소유물로 생활공간이 채워지고 혼잡해진다.

제9장 **외상 및 스트레스 관련 장애**

핵심이론 **34** 외상 후 스트레스 장애

① 외상 및 스트레스 관련 장애의 하위 장애 : 외상 후 스트레스 장애, 반응성 애착장애, 탈억제성 사회적 유대감 장애, 급성 스트레스 장애, 적응장애

② 외상 후 스트레스 장애의 개념
ㄱ 충격적 사건(예 강간, 폭행, 교통사고, 자연재해, 가족이나 친구의 죽음 등)을 경험한 후 불안상태가 지속적으로 나타나는 장애이다.
ㄴ 증상은 보통 충격적 사건 직후 나타나지만 사건 발생 한 달 후 심지어 1년 이상 경과된 후에 시작될 수도 있다.
ㄷ 아동기를 포함해서 어느 연령대에도 발생 가능하며, 외상 사건이 주위 사람에게 일어난 것을 알게 된 후에도 발생할 수 있다.
ㄹ 주된 증상은 충격적 사건의 재경험과 이와 관련된 상황 · 자극에서 회피하는 행동을 보이는 것이며 환자는 해리 현상 · 공황발작, 환청 같은 지각 이상을 경험할 수도 있다.
ㅁ 공격적 성향, 충동조절 장애, 우울장애, 약물 남용 등이 나타날 수 있고, 집중력 및 기억력 저하 등의 인지기능 문제가 나타날 수도 있다.
ㅂ 진단 시 해리 증상의 여부를 명시해야 한다.

③ 외상 후 스트레스 장애를 유발하는 위험요인

외상 전 위험요인	• 외상 사건 이전 외상 경험, 정신장애 가족력, 의존성이나 정서적 불안정 등 성격특성, 자기 운명에 대한 외부적 통제소재, 심한 음주 및 도박 등이 해당한다.
외상 중 위험요인	• 외상 사건 자체의 요인으로서 사건의 양태 및 강도와 연관된다. • 일반적으로 외상 사건의 강도가 높고 노출 횟수가 많을수록 외상 후 스트레스 장애 발병 가능성이 높다. • 외상 사건이 가까운 사람에게서 유발되거나 타인의 악의에 의한 것일수록 증상이 더욱 심하고 오랫동안 지속된다.
외상 후 위험요인	• 사회적 지지망이나 경제적 자원, 부가적 스트레스 원인 등이 해당한다. • 일반적으로 사회적 지지망 부족이나 결혼 · 직장생활이 불안정한 경우나 다른 생활 스트레스를 경험하는 경우, 증상을 더욱 악화시킨다.

외상 후 스트레스 장애의 DSM-5 진단기준

① 실제 죽음이나 죽음에 대한 위협, 심각한 상해 또는 성폭력에 다음 중 1가지 이상의 방식으로 노출된다.

　㉠ 외상 사건을 직접 경험

　㉡ 외상 사건이 다른 사람에게서 일어나는 것을 목격

　㉢ 외상 사건이 가까운 가족성원이나 친구에게 일어난 것을 알게 됨(실제 죽음이나 죽음에 대한 위협에 노출된 경우, 그 외상 사건은 반드시 폭력적이거나 불의의 사고여야 함)

　㉣ 외상 사건의 혐오스러운 세부 내용에 반복적 혹은 극단적 노출

② 외상 사건이 일어난 후 외상 사건과 관련된 침투 증상이 다음 중 1가지 이상 나타난다.

　㉠ 외상 사건의 고통스러운 기억을 자기 의지와 상관없이 반복적·침투적으로 경험함

　㉡ 외상 사건과 관련된 내용 또는 정서가 포함된 고통스러운 꿈을 반복적으로 경험함

　㉢ 외상 사건이 마치 되살아나는 듯한 행동이나 느낌이 포함된 해리 반응을 경험함

　㉣ 외상 사건과 유사하거나 이를 상징화한 내적·외적 단서에 노출되는 경우 강렬한 혹은 장기적인 심리적 고통 경험

　㉤ 외상 사건의 특징과 유사하거나 이를 상징화한 내적·외적 단서에 현저한 생리적 반응

③ 외상 사건이 일어난 후 외상 사건과 관련된 지속적인 자극 회피가 다음 중 1가지 이상의 방식으로 나타난다.

　㉠ 외상 사건 또는 그것과 밀접하게 연관된 고통스러운 기억, 생각, 감정을 회피하거나 회피하려는 노력

　㉡ 외상 사건 또는 그것과 밀접하게 연관된 고통스러운 기억, 생각, 감정을 유발하는 외적인 단서들을 회피하거나 회피하려는 노력

④ 외상 사건이 일어난 후 혹은 악화된 이후 외상 사건과 관련된 인지와 기분의 부정적인 변화가 다음 중 2가지 이상 나타난다.

　㉠ 외상 사건의 중요한 측면을 기억하지 못함

　㉡ 자신, 타인 혹은 세상에 대한 과장되거나 부정적인 신념·기대를 지속적으로 나타냄

　㉢ 외상 사건의 원인이나 결과에 대한 왜곡된 인지를 지속적으로 나타내며, 이러한 인지가 그 자신이나 타인을 책망함

　㉣ 부정적인 정서 상태를 지속적으로 나타냄

　㉤ 중요한 활동에 대한 관심이나 참여가 현저히 감소

　㉥ 다른 사람으로부터 거리감 혹은 소외감

　㉦ 긍정적인 감정을 지속적으로 느끼지 못함

⑤ 외상 사건이 일어난 이후 혹은 악화된 이후 외상 사건과 관련된 각성 및 반응성에서 현저한 변화가 다음 중 2가지 이상 나타난다.

　㉠ 사람·사물에의 언어적 또는 물리적 공격으로 나타나는 짜증스러운 행동과 분노 폭발

　㉡ 무모한 행동 혹은 자기파괴적 행동

　㉢ 과도한 경계

　㉣ 과도한 놀람 반응

　㉤ 주의집중 곤란

　㉥ 수면 장해

⑥ 위에 제시된 ②~⑤ 장애증상이 1개월 이상 나타난다.

⑦ 장애가 사회적·직업적 기능 또는 다른 중요한 기능 영역에서 임상적으로 유의미한 고통이나 손실을 초래한다.

⑧ 위 진단기준은 성인, 청소년, 만 6세 이상 아동에게 적용된다. 만 6세 미만 아동에 대해서는 별도의 진단기준을 적용한다.

⑨ 이인증, 비현실감 같은 해리 증상을 동반할 수 있다.

[핵심예제]

외상 후 스트레스 장애의 발생 및 악화에 기여하는 위험요인으로 옳지 않은 것은?
[15년 13회]

① 정신장애 가족력
② 심한 음주 및 도박
③ 의존적 성격특성
④ 자기 운명에 대한 외부적 통제소재
⑤ 외상 기억 회피시도의 억제

정답 ⑤

해설

외상 후 스트레스 장애 환자는 외상 사건이 일어난 후 외상 사건과 관련된 지속적인 자극 회피가 나타난다.

핵심이론 **35** | 급성 스트레스 장애

① 외상사건을 직접 경험했거나 목격한 후에 나타나는 부적응 증상들이 최소 3일 이상 최고 4주간 지속되는 장애이다.

② 4주가 지난 후에도 부적응 증상이 개선되지 않고 지속 또는 악화되는 경우 '외상 후 스트레스 장애'로 진단된다.

급성 스트레스 장애의 DSM-5 진단기준

① 실제 죽음이나 죽음에 대한 위협, 심각한 상해 또는 성폭력에 다음 어느 1가지 이상의 방식으로 노출된다.
  ㉠ 외상 사건을 직접 경험
  ㉡ 외상 사건이 다른 사람에게서 일어나는 것을 목격
  ㉢ 외상 사건이 가까운 가족성원이나 친구에게 일어난 것을 알게 됨(실제 죽음이나 죽음에 대한 위협에 노출된 경우, 그 외상 사건은 반드시 폭력적이거나 불의의 사고여야 함)
  ㉣ 외상 사건의 혐오스러운 세부 내용에 반복적 혹은 극단적 노출

② 침습, 부정적 정서, 해리, 회피, 각성, 5가지 영역에 해당하는 증상 중 9개 이상이 외상 사건 이후 나타나거나 악화된다. 증상 지속 기간은 사고 이후 최소 3일 이상 최대 4주까지이다.

침 습	• 반복적 · 불수의적 · 침습적으로 괴로운 외상 기억이 자꾸 떠오른다. • 외상 사건과 관련된 내용이나 정서를 포함한 고통스러운 꿈이 반복된다. • 외상 사건이 다시 일어나고 있는 것 같은 해리 반응이 나타난다. • 외상 사건과 유사하거나 상징적인 내적 혹은 외적 단서에 노출되었을 때 나타나는 지속적이고 극심한 심리적 고통 혹은 생리적 반응이 나타난다.
부정적 정서	• 긍정적인 감정(행복, 만족, 사랑)을 지속적으로 경험할 수 없다.
해 리	• 자기 자신이나 주변에 대한 현실감이 떨어진다. • 외상 사건의 중요한 측면을 기억하지 못한다.
회 피	• 외상 사건과 관련된 고통스러운 기억, 생각, 감정을 회피하거나 회피하려고 노력한다. • 외상 사건을 생각나게 하는 요소들(사람, 장소, 대화, 활동, 물건, 상황)을 회피하거나 회피하려고 노력한다.
각 성	• 수면 장애(Sleep Disturbance) • 과각성 : 과잉 경계 • 집중 곤란 • 과도한 놀람 반응 • 타인 · 물체에 대한 언어 · 신체적 공격으로 표현되는 과민한 행동과 분노

③ 증상이 사회적 · 직업적 기능 또는 다른 중요한 기능 영역에서 임상적으로 유의미한 고통이나 손실을 초래한다.

④ 증상이 물질의 생리적 반응이나 또는 다른 의학적 상태에 기인한 것이 아니다.

[핵심예제]

급성 스트레스 장애의 각성 범주에 해당하지 않는 증상은?

[17년 16회]

① 과도한 경계심
② 수면 장해(Sleep Disturbance)
③ 외상과 관련된 고통스러운 꿈
④ 집중력의 문제
⑤ 과도한 놀람 반응

정답 ③

해설
외상과 관련된 고통스러운 꿈이 반복되는 것은 '침습 범주'에 해당한다.

핵심이론 36 애착장애 · 적응장애

① 애착장애
  ㉠ 생후 9개월 이상 만 5세 이전 아동에게 주로 발병하며, 유·아동이 양육자와의 애착외상(불안정 애착형성)으로 인해 신체적·지적·정서적 발달이 지체되는 것을 의미한다.
  ㉡ 상동증적 행동을 보이는 경우도 있고, 사회성 발달에 어려움을 겪는다.
  ㉢ 다른 사람과의 관계를 두려워하거나 회피하는 억제형(Inhibited Type)과 아무에게나 부적절하게 친밀감을 나타내는 탈억제형(Disinhibited Type)으로 구분한다.
  ㉣ 반응성 애착장애
    • 다른 사람과의 관계를 두려워하거나 회피하는 억제형(Inhibited Type) 애착장애를 말한다.
    • 유·아동의 발달단계에 해당하는 사회적인 상호반응이 나타나지 않는다.

> **반응성 애착장애의 DSM-5 진단기준**
> ① 아동이 주양육자에 대해 거의 항상 정서적으로 억제되고 위축된 행동이 다음 2가지 양상으로 나타난다.
>   ㉠ 아동이 스트레스를 느낄 때 거의 위안을 구하지 않거나 최소한의 위안만을 구한다.
>   ㉡ 아동이 스트레스를 느낄 때 양육자의 위안에 거의 반응하지 않거나 최소한의 반응만을 나타낸다.
> ② 지속적인 사회적·정서적 장애가 다음 중 최소 2가지 이상 나타난다.
>   ㉠ 다른 사람에 대하여 최소한의 사회적·정서적 반응만 보인다.
>   ㉡ 긍정적인 정서가 제한적으로 나타난다.
>   ㉢ 양육자와 비위협적인 상호작용 중에 이유 없이 짜증, 슬픔, 공포를 나타낸다.
> ③ 불충분한 양육의 극단적인 형태를 경험했다는 것이 다음 중 1가지 이상으로 나타난다.
>   ㉠ 위안, 자극, 애정에 대한 기본적인 욕구가 양육자에 의해 지속적으로 결핍되어 사회적 방임이나 박탈의 형태로 나타난다.
>   ㉡ 주된 양육자가 자주 바뀜으로 인해서 안정된 애착을 형성할 기회가 극히 제한된다.

  ㉢ 선택적인 애착을 형성할 기회가 극히 제한된 비정상적인 환경에서 양육된다.
> ④ 진단기준 ③의 불충분한 양육이 진단기준 ①의 장애 행동을 초래한 것으로 추정된다.
> ⑤ 진단기준이 자폐 스펙트럼 장애에 해당하지 않아야 한다.
> ⑥ 이러한 장애는 아동의 연령 5세 이전에 시작된 것이 명백하다.
> ⑦ 아동의 발달연령은 최소 9개월 이상이어야 진단이 가능하다.

  ㉤ 탈억제성 사회적 유대감 장애 (탈억제 사회관여 장애) : 아무에게나 부적절하게 친밀감을 나타내는 탈억제형(Disinhibited Type) 애착장애

> **탈억제성 사회적 유대감 장애(탈억제 사회관여 장애)의 DSM-5 진단기준**
> ① 아동이 낯선 사람에게 적극적으로 접근해서 상호작용하려는 행동이 다음 중 2가지 이상 나타난다.
>   • 낯선 성인에게 접근하거나 상호작용하는 데 주저함이 없다.
>   • 지나치게 친밀한 언어적 또는 신체적 행동을 나타낸다.
>   • 낯선 상황에서도 주변을 탐색·경계하는 정도가 떨어지거나 부재한다.
>   • 낯선 성인을 망설임 없이 기꺼이 따라 나선다.
> ② 진단기준 ①의 행동이 충동성에 국한되지 않고, 사회적 탈억제 행동을 포함한다.
> ③ 불충분한 양육의 극단적인 형태를 경험했다는 것이 다음 중 1가지 이상으로 나타난다.
>   • 위안, 자극, 애정에 대한 기본적인 욕구가 양육자에 의해 지속적으로 결핍되어 사회적 방임이나 박탈의 형태로 나타난다.
>   • 주된 양육자가 자주 바뀜으로 인해서 안정된 애착을 형성할 기회가 극히 제한된다.
>   • 선택적인 애착을 형성할 기회가 극히 제한된 비정상적인 환경에서 양육된다.
> ④ 진단기준 ③의 불충분한 양육이 진단기준 ①의 장애 행동을 초래한 것으로 추정된다.
> ⑤ 장애가 현재까지 12개월 이상 지속된다.
> ⑥ 아동의 발달연령은 최소 9개월 이상이어야 진단이 가능하다.

② 적응장애

㉠ 주요한 생활사건에 대한 적응실패로 나타나는 정서적 또는 행동적 부적응 증상을 말한다.

㉡ 주요한 생활사건이란 가족의 죽음, 심각한 질병, 이혼, 사업의 실패와 같은 갑자기 발생하는 사건을 말한다. 학교입학 및 졸업 등과 같은 발달과정에서 일반적으로 겪는 것도 있다.

적응장애의 DSM-5 진단기준

① 분명히 확인될 수 있는 스트레스 사건에 대한 반응으로 부적응 증상이 나타난다. 부적응 증상은 스트레스 사건이 발생하고 3개월 이내에 시작된다.

② 증상이나 행동이 임상적으로 유의미하고 다음 중 1가지 이상에 해당한다.

㉠ 외부 상황이나 사회문화적 요인을 고려해볼 때, 스트레스 사건의 심각성이나 강도에 비해 현저하게 높은 고통을 나타낸다.

㉡ 증상이나 행동이 사회적·직업적 기능 또는 다른 중요한 기능 영역에서 유의미한 손상을 초래한다.

③ 스트레스와 관련되는 장애는 다른 정신장애 진단기준을 만족하지 않으며, 이전에 존재하던 정신장애가 악화된 것이 아니다.

④ 증상이 사별에 의해 나타나는 것이 아니다.

⑤ 스트레스 요인이 종결되면, 증상은 종결 후 6개월 이상 지속되지 않는다.

⑥ 적응장애와 동반되는 세부 양상은 우울 기분 동반, 불안 동반, 불안 및 우울 기분 동시동반, 품행장애 동반, 정서 및 품행장애 동시동반 등이다.

[핵심예제]

다음 보기의 내용에 해당하는 DSM-5의 장애는? [15년 13회]

○ 사회적 방임이나 정서박탈을 경험한 생후 9개월 이상의 아동에게 진단된다.
○ 적어도 5세 이전에 발병하고, 자폐 스펙트럼 장애에 해당되지 않는다.
○ 낯선 성인에게 거리낌이 없고, 과도한 신체적 친밀행동을 나타낸다.

① 반응성 애착장애
② 외상성 애착장애
③ 탈억제 사회관여장애
④ 탈애착 사회관여장애
⑤ 외상성 애착 및 사회관여장애

정답 ③

해설

탈억제 사회관여 장애(탈억제성 사회적 유대감 장애)
양육자와의 애착 외상을 경험한 아동이 누구이든지 낯선 성인에게 아무런 주저 없이 과도한 친밀감을 표현하며 접근하는 장애

핵심이론 37 해리성 정체감 장애

더 알아보기

해리(Dissociation)
• 자신의 행동을 자각 수준으로부터 분리하는 과정을 의미한다.
• 의식의 통합적 기능이 통일성을 상실한 나머지 연속적인 자아로부터 의식이 단절되는 현상을 뜻한다.

해리장애(Dissociative Disorders)
• 의식·기억·행동 및 자기정체감의 통합적 기능에 갑작스러운 이상 증상을 나타내는 장애를 말한다.
• 일반적으로 강한 심리적 충격이나 외상을 경험한 후 개인의 의식, 기억, 자기정체감의 정상적 통합이 붕괴된다.
• 장기간 심하게 강압적으로 설득이나 고문을 당했던 사람에게 해리증상이 나타날 수 있다.
• 고통스러운 경험으로 촉발되어 나타나며, 뇌손상이나 신체적 질병과는 관계가 없다.
• 하위 장애 : 해리성 정체감 장애, 해리성 기억상실증, 이인증/비현실감 장애

① 해리성 정체감 장애는 한 사람에게 서로 다른 정체성과 성격을 가진 여러 사람이 존재하면서 상황에 따라 각기 다른 사람이 의식에 나타나서 말과 행동을 하는 모습을 보이는 장애이다.

② '다중인격장애 또는 다중성격장애(Multiple Personality Disorder)'라고도 한다.

③ 각각의 인격은 반복적으로 행동을 통제·조절하며, 개별적인 과거력과 자아상을 가진다. 한 인격이 의식에 나타나 경험한 것을 다른 인격이 기억하지 못하는 경우가 많다.

④ 자신의 이름을 그대로 유지하는 일차적 인격은 수동적·의존적, 우울감과 죄책감을 느끼는 반면, 다른 이름을 가지고 교체되는 인격은 통제적·적대적이고 다른 인격과 갈등을 일으킨다.

⑤ 아동기에 신체적 또는 성적 학대를 경험한 사람에게서 흔히 나타나며, 심리사회적 스트레스에 자극되어 인격의 교체가 나타난다.

해리성 정체감 장애의 DSM-5 진단기준

① 둘 또는 그 이상의 구분되는 성격상태를 특징적으로 나타내는 정체감의 분열로, 이는 일부 문화권에서는 빙의(Possession)경험으로 기술되기도 한다. 정체감의 분열은 자기감 및 행위주체감의 현저한 비연속성을 포함하며 여기에 정서, 행동, 의식, 기억, 지각, 인지 및(혹은) 감각-운동기능이 수반된다. 이러한 징후 및 증상들은 객관적인 관찰이나 주관적인 보고로 나타날 수 있다.

② 일상의 사건, 중요한 개인정보 그리고(혹은) 외상적 사건의 회상에 있어서 반복적인 공백이 통상적인 망각과 일치하지 않는다.

③ 증상들은 사회적·직업적 기능 또는 다른 중요한 기능영역에서 임상적으로 유의미한 고통이나 손상을 초래한다.

④ 장애는 널리 받아들여지는 문화적 혹은 종교적 관습의 정상적인 부분이 아니다.

⑤ 증상들은 물질의 생리적 효과(알코올 중독 상태에서의 일시적 기억 상실이나 혼돈된 행동) 혹은 다른 의학적 상태의 생리적 효과(복합부분발작)에 기인한 것이 아니다.

핵심예제

다음 보기의 진단기준 모두에 해당하는 진단명은? [19년 18회]

○ 매일의 사건이나 중요한 개인적 정보, 그리고/또는 외상적 사건의 회상에 반복적인 공백으로 통상적인 망각과는 일치하지 않음
○ 둘 또는 그 이상의 별개의 성격 상태로 특징되는 정체성의 붕괴
○ 증상은 사회적, 직업적 또는 다른 중요한 기능 영역에서 임상적으로 현저한 고통이나 손상을 초래함

① 이인성-비현실감 장애   ② 해리성 기억상실
③ 해리성 둔주   ④ 해리성 정체성 장애
⑤ 조현양상장애

정답 ④

해설

해리성 정체성 장애(해리성 정체감 장애)
한 사람에게 서로 다른 정체성과 성격을 가진 여러 사람이 존재하면서 상황에 따라 각기 다른 사람이 의식에 나타나서 말과 행동을 하는 모습을 보이는 장애로, '다중인격장애 또는 다중성격장애(Multiple Personality Disorder)'라고도 한다.

핵심이론 38 해리성 기억상실증 · 이인증/비현실감 장애

① 해리성 기억상실증

 ㉠ 개인의 중요한 과거 경험이나 정보를 기억하지 못하는 것이다.

 ㉡ 구 분

국소적 기억상실	특정 기간에 발생한 사건에 한하여 기억을 잊는다.
선택적 기억상실	특정한 사건의 일부분에 대해 기억하지 못한다.
전반적 기억상실	전 생애를 다 기억하지 못한다.
지속성 기억상실	새로 발생하는 개개의 사건을 계속 잊는다.
체계화된 기억상실	정보의 특정 범주에 대한 기억을 잊는다. 예 C병사는 끔찍한 전투 후 일주일 만에 깨어나서, 전투 중 일어난 일부의 상호작용 및 대화만 기억하고 전우의 사망이나 적군의 비명과 같은 고통스러운 사건은 기억하지 못했다.
둔주성 기억상실	해리성 둔주가 나타나는 기억상실로, 정체성 또는 다른 중요한 자전적 정보에 대한 기억상실과 관련된 방랑이 나타난다.

해리성 기억상실증의 DSM-5 진단기준
① 통상적인 망각과는 일치하지 않는, 보통 외상성 또는 스트레스성의 중요한 자전적 정보를 회상하는 능력의 상실이다. 해리성 기억상실에는 주로 특별한 사건이나 사건들에 대한 국소적 또는 선택적 기억상실이 있다. 또한 정체성과 생활사에 대한 전반적 기억상실도 있다.
② 증상이 사회적·직업적 또는 다른 중요한 기능 영역에서 임상적으로 유의미한 고통이나 손상을 초래한다.
③ 장애는 물질의 생리적 효과나 신경학적 상태 또는 기타 의학적 상태(예 복합 부분 발작, 일과성 전기억상실, 두부 손상에 의한 후유증/외상성 뇌손상, 다른 신경학적 상태)로 인한 것이 아니다.
④ 장애는 해리성 정체감 장애, 외상 후 스트레스 장애, 급성 스트레스 장애, 신체증상장애, 주요 및 경도 신경인지장애로 더 잘 설명되지 않는다.

② 이인증/비현실감 장애

 ㉠ 이인증은 자신의 사고, 느낌, 감각, 신체·행동에 관하여 외부 관찰자가 되는 경험이며, 비현실감은 비현실적이거나 자신의 주변 환경과 분리된 것 같은 경험을 말한다.

 ㉡ 이인증은 자기 자신이 평소와 다르게 낯선 상태로 변화되었다고 느끼는 것이고, 비현실감은 자신이 아닌 외부세계가 이전과 다르게 변화되었다고 느끼는 것이다.

 ㉢ 이인증/비현실감은 자기 자신 또는 세상과 분리된 듯한 주관적인 경험으로서, 지각적 통합의 실패를 의미하는 해리증상이다.

 ㉣ 자신·세상과 관련하여 평소와 전혀 다른 지각 경험을 함으로써 현실감각이 일시적으로 손상되는 것이다.

 ㉤ 지속적이고 반복적으로 자신의 마음과 자아, 신체가 분리된 것 같은 느낌을 경험한다.

 ㉥ 자신이 기계가 된 듯한 느낌을 갖더라도 실제 기계가 아님을 인식할 수 있다.

 ㉦ 이인증은 수초에서 수년간 지속되기도 하며, 생명을 위협하는 급작스러운 상황에서 순간적으로 나타나기도 한다.

 ㉧ 다른 장애의 경과 중 이러한 어려움이 나타나면 독립된 장애로 진단되지 않는다.

 ㉨ 지각적 통합의 실패를 보이는 해리증상으로 간주할 수 있다.

이인증/비현실감 장애의 DSM-5 진단기준
① 비현실, 분리의 경험, 또는 자신의 생각, 느낌, 감각, 신체 또는 행동에 대해 외부의 관찰자가 되는 경험을 지속적으로 또는 반복적으로 경험한다.
② 이인증/비현실감을 경험하는 동안 현실 검증력은 손상되지 않은 채로 남아 있다.
③ 임상적으로 심각한 고통이나 사회적·직업적, 또는 다른 중요한 기능 영역에서 임상적으로 유의미한 고통이나 손실을 초래한다.
④ 이인증 경험은 정신분열증, 공황장애, 급성 스트레스 장애, 또는 기타 해리성 장애의 경과 중에만 일어나는 것이 아니고, 물질이나 일반적인 의학적 상태의 직접적인 생리적 효과로 인한 것이 아니다.

[핵심예제]

다음 보기의 사례에 적절한 진단명은?

[17년 16회]

20대 여성 C는 기숙사에서 생활하는 대학 졸업반이다. 밤에 잠옷만 걸치고 길을 헤매다 발견되었는데, 자신의 이름과 나이뿐 아니라 그 날 있었던 일도 생각나지 않는다고 하였다. 가족이 찾아왔지만 처음엔 몰라보다가 이틀 후에야 알아보기 시작하였다. 병원의 검사 결과 신체적으로 특별한 문제는 없었다. 가족의 말에 따르면 최근 계속해서 취업에 실패한 후 크게 충격을 받았다고 한다.

① 해리성 기억상실
② 주요 우울장애
③ 해리성 정체성 장애
④ 조현병
⑤ 이인증

정답 ①

해설

해리성 기억상실은 개인의 중요한 과거 경험이나 정보를 기억하지 못하는 것이다.

제11장 신체증상 및 관련 장애

핵심이론 39 신체증상장애

더 알아보기

신체증상 및 관련 장애
• 다양한 신체적 증상이 심리적 원인에서 비롯된 것으로서, 의학적 검사로 설명할 수 있는 신체적 이상이 발견되지 않는 경우이다.
• 하위 장애 : 신체증상장애, 질병불안장애, 전환장애, 인위성(허위성) 장애

① 신체증상장애의 개념
㉠ 하나 이상의 신체적 증상을 고통스럽게 호소하거나 그로 인해 일상생활에서 현저한 지장을 받는 것을 말한다.
㉡ 건강 상태 및 신체증상에 대해 불안수준이 높고, 건강 염려에 과도한 에너지를 소비한다.
㉢ 증상 양상은 사회문화적 요인의 영향을 받는다. 사회경제적 지위나 교육수준이 낮고, 도시보다 시골에 거주하는 사람에게 더 많이 나타나는 경향이 있다.
㉣ 아동기나 청소년기에 시작하는 경향이 있고, 아동에게 흔한 증상은 복통, 두통, 피로이다.
㉤ 공황장애와 달리 신체증상이 더 지속적이다.
㉥ 범불안장애와 달리 신체증상이 걱정의 주요 초점이다.
㉦ 전환장애와 달리 증상을 유발하는 고통에 초점이 더 맞추어져 있다.
㉧ 신체이형장애와 달리 신체외형 결함에 대한 공포가 주된 관심이 아니다.

신체증상장애의 DSM-5 진단기준
① 1가지 이상 신체증상이 고통을 유발하거나 일상생활에서 유의미한 지장을 초래한다.
② 신체증상이나 건강에 대한 과도한 사고, 감정 또는 행동이 다음 중 1가지 이상의 방식으로 나타난다.
㉠ 자신이 지닌 증상의 심각성에 대해서 부적합하고 지속적인 생각
㉡ 건강이나 증상에 대해서 지속적으로 높은 수준의 불안

© 증상과 건강염려에 대하여 과도한 시간과 에너지를 소모
③ 신체증상에 대한 과도한 사고와 염려가 6개월 이상 지속된다.
④ 현재의 심각도를 다음과 같이 명시한다.
  ㉠ 경도 : 진단기준 ②의 구체적인 증상들 중 단 1가지만 충족
  ㉡ 중(등)도 : 진단기준 ②의 구체적인 증상들 중 2가지 이상 충족
  ㉢ 고도 또는 중증도 : 진단기준 ②의 구체적인 증상들 중 2가지 이상 충족되고, 여러가지 신체적 증상(또는 하나의 매우 심한 신체증상)이 있음

② 신체증상장애의 원인

생물학적 입장	• 신체증상장애 관련 유전적 요인과 신경생리적 요인에 대한 연구 진행
정신분석적 입장	• 신체증상 : 억압된 감정이 신체적 통로를 통해 표출 • 감정표현 불능증 : 어떤 감정 상태에서 흥분하게 되었을 때 나타나는 신체적 변화를 자신의 감정과 연관 지어 생각하지 못하고 신체적 질병의 신호로 잘못 해석
행동주의적 입장	• 신체적 증상이 외부 환경에 의해 강화된 것
인지적 입장	• 신체증상장애를 지닌 사람들에게 나타나는 독특한 인지적 특징에 초점

[핵심예제]

DSM-5의 신체증상장애에 관한 설명으로 옳지 않은 것은?

[16년 15회]

① 건강에 대한 불안을 호소한다.
② 아동에게 흔한 증상은 복통, 두통, 피로이다.
③ 인지이론에서는 신체증상의 2차 이득을 강조한다.
④ 하나 이상의 신체증상을 고통스럽게 호소한다.
⑤ 정신분석에서는 억압된 충동의 신체적 표현이라고 설명한다.

정답 ③

해설
③ 인지적 입장에서는 신체화 장애를 지닌 사람들에게서 나타나는 독특한 인지적 특징에 초점을 둔다.

핵심이론 40 기타 신체증상 및 관련 장애

① 질병불안장애
  ㉠ 신체적인 증상이나 감각을 비현실적으로 부적절하게 인식하여, 자신이 심한 병에 걸렸다는 집착과 공포를 가지는 것을 말한다. 건강염려증이라고도 불린다.
  ㉡ 의료쇼핑(Doctor Shopping, 신체질환이 없다는 확진을 받아도 이를 믿지 않고 여러 병원이나 의사를 찾아다니는 것)을 하면서 자신의 신체를 반복적으로 확인하는 '진료추구형'과, 반대로 의학적 진료를 하지 않으려고 회피하는 '진료회피형'으로 구분할 수 있다.

질병불안장애의 DSM-5 진단기준
① 심각한 질병이 있다는 두려움이나 생각에 과도하게 집착한다.
② 신체적 증상이 존재하지 않거나 존재하더라도 그 강도가 경미하다. 다른 질병이 있는 경우라 하더라도 이러한 질병 집착은 명백히 과도한 것이다.
③ 건강에 대한 불안 수준이 높으며, 개인적 건강상태에 관한 사소한 정보에도 과도하게 반응한다.
④ 건강과 관련된 과도한 행동이나 부적응적 회피행동을 나타낸다.
⑤ 질병에의 집착이 최소 6개월 이상 지속되어야 하며, 두려워하는 질병이 그 기간 동안에 변화할 수 있다.
⑥ 질병에 대한 집착이 다른 정신질환 신체증상장애로 잘 설명되지 않는다.

② 전환장애
  ㉠ '전환'은 개인의 무의식적·심리적 갈등이 신체증상으로 나타나는 경향을 말한다.
  ㉡ '히스테리성 신경증(Hysterical Neurosis)'이라고도 불리며, 한 가지 이상의 신경학적 손상을 시사하는 증상을 나타내므로 '기능성 신경증상 장애'라고도 한다.
  ㉢ 심리적 요인과 연관된 명확히 설명하기 어려운 증상이나 결함이 수의적 운동기능(대뇌의 의지에 따른 운동기능) 또는 감각기능에 영향을 미친다.
  ㉣ 신체증상은 의도적으로 가장된 것이 아니며, 그에 선행된 갈등·스트레스를 전제로 한다.
  ㉤ 스트레스 요인이 동반되지 않는 경우도 있다.

전환장애의 DSM-5 진단기준

① 수의적 운동기능이나 감각기능에 영향을 미치는 1가지 이상의 증상이 있다.

② 증상과 확인된 신경학적 또는 의학적 상태간 불일치를 보여주는 임상적인 증거가 있다.

③ 증상이 다른 신체적 질병이나 정신장애로 더 잘 설명되지 않는다.

④ 증상이 임상적으로 현저한 고통을 초래하거나 일상생활의 중요한 적응기능에 현저한 장애를 나타내야 한다.

⑤ 명시해야 할 증상 유형 : 쇠약감이나 마비 동반, 이상운동 동반, 삼키기 증상 동반, 언어증상 동반, 발작 동반, 무감각증이나 감각손실 동반, 특정 감각 증상 동반, 혼합 증상 동반

③ 인위성(허위성) 장애

㉠ 환자의 역할을 하기 위해 신체적 또는 심리적 증상을 의도적으로 만들어 내거나 위장하는 경우를 말한다.

㉡ 꾀병은 의도적으로 증상을 만들거나 과장하지만 목적이 있는 반면, 허위성 장애는 환자 역할을 하는 것 이외에 어떠한 현실적 이득이나 목적이 발견되지 않는다.

㉢ 자기 파괴적인 행동이나 피학적 행동을 통해 죄책감을 덜거나 다른 사람을 향한 증오나 적개심을 내면화한다.

㉣ 신체적 증상을 위장한다는 점에서 뮌하우젠 증후군[Müncharsen Syndrome(뮌하우젠은 소설에 등장하는 허풍쟁이 남작 이름)]이라고도 한다.

㉤ DSM-5 진단기준에서는 '스스로에게 부과된 인위성 장애'와 '타인에게 부과된 인위성 장애'로 구분한다.

인위성(허위성) 장애의 DSM-5 진단기준

① 스스로에게 부과된 인위성 장애

㉠ 분명한 속임수와 관련되어 신체적 또는 심리적인 징후나 증상을 조작하거나, 상처나 질병을 유도한다.

㉡ 다른 사람에게 자기 자신이 아프고 장애가 있거나 부상당한 것처럼 표현한다.

㉢ 명백한 외적 보상이 없는 상태에서도 기만적 행위가 분명하다.

㉣ 행동이 망상장애나 다른 정신병적 장애와 같은 다른 정신질환으로 더 잘 설명되지 않는다.

② 타인에게 부과된 인위성 장애

㉠ 분명한 속임수와 관련되어 다른 사람의 신체적 또는 심리적인 징후나 증상을 조작하거나, 상처나 질병을 유도한다.

㉡ 제3자(피해자)가 아프고, 장애가 있거나 부상당한 것처럼 다른 사람에게 내보인다. 이때 제3자가 아닌 가해자가 인위성 장애 진단을 받는다.

㉢ 명백한 외적 보상이 없는 상태에서도 기만적 행위가 분명하다.

㉣ 행동이 망상장애나 다른 정신병적 장애와 같은 다른 정신질환으로 더 잘 설명되지 않는다.

[핵심예제]

신체증상 및 관련 장애에 관한 설명으로 옳은 것을 모두 고른 것은?

[18년 17회]

ㄱ. 질병불안장애는 자신이 어떤 심각한 질병에 걸려 있다고 생각하는 등 현실에 맞지 않는 걱정과 두려움을 가지는 것이다.

ㄴ. 전환장애는 신경학적·의학적 소견 없이 운동 및 감각기능의 이상, 신체적 경련이나 발작 등이 나타난다.

ㄷ. 허위성 장애는 어떤 현실적 이득이나 목적을 가지고 고의적으로 병을 만들어내는 것이다.

ㄹ. 신체증상장애는 한 개 이상의 신체적 증상에 대한 과도한 생각·불안·행동이 나타난다.

① ㄱ, ㄴ

② ㄴ, ㄷ

③ ㄱ, ㄴ, ㄹ

④ ㄱ, ㄷ, ㄹ

⑤ ㄴ, ㄷ, ㄹ

정답 ③

해설

ㄷ. 꾀병은 목적을 지니고 의도적으로 증상을 만들거나 과장하지만, 허위성 장애는 환자 역할을 하는 것 이외에 어떠한 현실적 이득이나 목적이 발견되지 않는다.

제12장　급식 및 섭식장애

핵심이론 41　이식증(Pica) · 되새김 장애(반추장애)

더 알아보기

급식 및 섭식장애
- 먹는 행동과 관련하여 부적응적 이상 증상들이 나타나서 개인의 신체적 건강과 심리사회적 기능을 손상시키는 장애이다.
- 하위 장애 : 이식증, 반추장애 또는 되새김 장애, 회피적/제한적 음식섭취 장애, 신경성 식욕부진증, 신경성 폭식증, 폭식장애(이식증을 제외한 단일 삽화에 대해 2개 이상의 진단명을 적용할 수 없음)

① 이식증(Pica)
　㉠ 영양분이 없는 물질이나 먹지 못할 것(종이, 천, 흙, 머리카락 등)을 적어도 1개월 이상 지속적으로 먹는 경우를 말한다.
　㉡ 가정의 경제적 빈곤, 부모의 무지와 무관심, 아동의 발달지체 등과 관련된 경우가 많다.
　㉢ 흔히 지적장애를 동반하며, 지적장애가 심할수록 증상의 빈도가 증가한다.
　㉣ 영양결핍, 특히 철분결핍에 의해 유발될 수 있다고 보며 영양결핍에 의해 이식증이 초래된 경우 결핍된 양분을 보충해주어야 한다.
　㉤ 부모와 아동에 대한 교육이 필요하다.

이식증(Pica)의 DSM-5 진단기준
① 적어도 1개월 동안 비영양성·비음식 물질을 지속적으로 먹는다.
② 비영양성·비음식 물질을 먹는 것이 발달수준에 부적절하다.
③ 먹는 행동이 문화적으로 허용된 습관이 아니다.
④ 먹는 행동이 다른 정신장애(예 지적장애, 광범위성 발달장애, 조현병)의 기간 중에만 나타난다면, 이 행동이 별도의 임상적 관심을 받아야 할 만큼 심각한 것이어야 한다.

② 되새김 장애(반추장애)
　㉠ 음식물을 토해내거나 되씹는 행동을 1개월 이상 반복하는 장애이다.
　㉡ 핵심증상은 반복적인 음식 역류(Regurgitation)이며, 되새김 장애를 지닌 사람들은 위장장애나 뚜렷한 구역질 반응 없이 부분적으로 소화된 음식을 쉽게 역류시킨다.
　㉢ 반추와 연관된 자기 자극행동으로 손가락 빨기, 헝겊 빨기, 머리 부딪히기, 몸 흔들기 등이 있으며, 되새김 장애 행동이 지속될 경우 체중감소, 탈수, 전해질 불균형, 성장 지연, 영양부족 등 증세를 나타낸다.

되새김 장애(반추장애)의 DSM-5 진단기준
① 적어도 1개월 동안 음식물의 반복적인 역류와 되씹기 그리고 뱉어내는 행동을 한다.
② 장애 행동은 위장상태 또는 일반적인 의학적 상태[예 식도 역류, 유문협착증(위 유문부의 내강이 좁아져서 음식물 등이 잘 통과하지 못하는 병)]로 인한 것이 아니다.
③ 장애 행동은 신경성 식욕부진증, 신경성 폭식증, 폭식장애 그리고 회피적/제한적 음식섭취 장애의 경과 중에만 발생하지 않는다.
④ 만약 이 증상이 정신지체 또는 광범위성 발달장애의 경과 중에만 발생한다면, 별도로 임상적 관심을 받아야 할 만큼 심각한 것이어야 한다.

[핵심예제]

이식증(Pica)에 관한 설명이 아닌 것은?　　　[14년 12회]
① 발달수준에 맞지 않게 비영양성 물질을 먹는다.
② 음식물의 반복적인 역류와 되씹기 행동이 있다.
③ 영양결핍, 특히 철분결핍에 의해서 유발될 수 있다.
④ 적어도 1개월 이상 비영양성 물질을 지속적으로 먹는다.
⑤ 흔히 지적장애를 동반하며, 지적장애가 심할수록 증상의 빈도가 증가한다.

정답 ②

해설
② 되새김 장애(반추장애)에 해당한다.

핵심이론 42 회피적/제한적 음식섭취 장애 · 신경성 식욕부진증(거식증)

① 회피적/제한적 음식섭취 장애

　㉠ 심각한 체중저하와 영양결핍이 나타나도록 음식섭취에 관심이 없거나 회피하고, 먹더라도 매우 제한적으로만 먹는 경우를 말한다.

　㉡ 어린아이에게 흔하며, 신경성 식욕부진증이나 신경성 폭식증처럼 마른 체형에 대한 집착이 보이지 않는다.

> **회피적/제한적 음식섭취 장애의 DSM-5 진단기준**
> ① 섭식 또는 급식 장애(음식섭취에 대한 명백한 관심 결여, 음식의 특성에 기초한 회피, 음식섭취 후 결과에 대한 우려)가 지속적으로 나타나며 다음 중 1가지 이상과 연관이 있어야 한다.
> 　㉠ 심각한 체중감소
> 　㉡ 심각한 영양결핍
> 　㉢ 위장관 급식 또는 영양 보충제에 의존
> 　㉣ 정신사회적 기능 장애
> ② 이 장애는 음식을 구할 수 없는 상황 또는 문화적인 관행으로 설명되지 않는다.
> ③ 신경성 식욕부진증이나 신경성 폭식증 경과 중 나타나는 것이 아니고, 체중이나 체형에 관한 장애의 증거가 없다.
> ④ 섭식장애는 동반되는 다른 의학적 상태로 인한 것이 아니고, 다른 정신장애로 더 잘 설명되지 않는다. 이러한 섭식장애가 다른 증상 또는 장애와 관련하여 발생한다면, 추가적으로 임상적 진단이 필요하다.

② 신경성 식욕부진증(거식증)

　㉠ 체중 증가에 대한 극심한 두려움 때문에 음식섭취를 지나치게 제한하여 심각한 저체중 상태가 되는 경우를 말한다. 음식을 거부한다는 의미에서 '거식증'이라고도 불린다.

　㉡ 심각한 저체중인데도 자기 신체 상태를 부적절하게 왜곡 인지하고, 체중 증가를 막기 위한 지나친 행동이 지속적이고 강박적으로 나타난다.

　㉢ 장애행동으로 인해 신체적 · 정신적 · 사회적 기능이 심각하게 손상된다.

> **신경성 식욕부진증(거식증)의 DSM-5 진단기준**
> ① 음식섭취를 지나치게 제한함으로써 연령, 성별, 발달 수준의 맥락에서 심각한 저체중 상태를 초래한다. 저체중은 최소한의 정상 수준 또는 최소한의 기대수치 이하의 체중을 말한다.
> ② 심각한 수준의 저체중임에도 불구하고 체중 증가와 비만에 대한 극심한 두려움을 지니거나 체중 증가를 저지하는 지속적인 행동을 나타낸다.
> ③ 체중과 체형을 왜곡하여 인식하고, 체중과 체형이 자기평가에 지나친 영향을 미치거나 현재 나타내고 있는 체중 미달의 심각함을 지속적으로 부정한다.
> ④ '제한형'과 '폭식/제거형'으로 구분하여 명시한다.
> 　㉠ 제한형 : 체중 관리, 단식 및 과도한 운동으로 인해 병이 유발된 경우로서, 지난 3개월 동안 폭식 또는 제거 행동이 반복적으로 나타나지 않았다.
> 　㉡ 폭식/제거형 : 지난 3개월 동안 폭식 또는 제거 행동이 반복적으로 나타났다.

㉣ 원 인

정신분석적 관점		• 성적인 욕구에 대한 방어적 행동으로 본다.
행동주의적 관점		• 일종의 체중공포증(Weight Phobia)으로 본다. • 현대사회의 미의 기준을 학습한 후 과다체중에 대한 두려움으로 음식섭취를 거부하는 것이다.
인지적 관점		• 자신의 신체에 대한 왜곡된 지각을 장애의 원인으로 본다. • 자신을 실제 체형보다 뚱뚱한 것으로 잘못 인지하고, 지나치게 마른 체형을 이상적으로 여기며 지향한다는 것이다.
생물학적 관점	자가중독 (Auto Addictive) 이론	• 과도한 운동 · 절식 행동을 가리키는 자가기아(Self-Addiction) 행동을 하는 동안 엔돌핀이 증가하여 긍정적 정서를 경험함으로써 신경성 식욕부진증적 행동이 강화된다고 본다.
	설정점 (Set Point) 이론	• 시상하부의 기능 이상으로 인한 설정점(Set Point, 체중 · 체온 · 염분 농도 등을 일정 선에서 유지하려는 몸의 보호기전) 저하를 원인으로 본다.

ⓜ 신경성 식욕부진증 청소년 자녀가 있는 가족의 특성
- 평온해 보이는 가족 이면에 심각한 긴장감이 존재한다.
- 가족이 서로에게 과도하게 관심을 가지는 데서 비롯된다.
- 부모의 갈등에 끼인 자녀는 문제를 해결하고자 증상을 강화시킨다.
- 가족은 겉으로 보이는 조화를 유지하는 데 급급하여 갈등을 회피한다.
- 가족 간 친숙한 상호교류 패턴에 고착되어, 변화의 필요성조차 부인해버리는 경우가 있다.

[핵심예제]

다음 보기의 증상을 보이는 정신장애의 원인에 관한 가설로 옳지 않은 것은?   [16년 14회]

19세 청소년 W양은 최근 4개월 동안 월경도 없고, 자주 어지럽고 피곤해서 발레 수업을 매우 힘들어 했다. 그래도 야위어가는 자신의 모습을 보면서 만족스러워했고, 더 살을 빼야한다고 생각했다. 며칠 전에는 발레 수업을 받다 의식을 잃고 쓰러졌는데, 종합검진 결과 심한 영양실조 상태였고, 신체의 모든 기능이 약해져 있었기 때문에 즉시 입원을 하게 되었다.

① 자가중독이론
② 신체상의 왜곡된 인지적 특성
③ 시상하부의 기능이상으로 인한 설정점(Set Point)의 저하
④ 성적인 욕구에 대한 방어적 행동
⑤ 굶는 동안 엔도르핀의 수준 저하로 인한 기분 상승

정답 ⑤

해설
W양의 증상은 신경성 식욕부진증(거식증) 증상이다. 이러한 증상의 원인을 설명하는 이론 중 생물학적 관점의 자가중독(Auto Addictive) 이론은 자가기아(Self-Addiction) 행동을 하는 동안 엔돌핀이 증가하여 긍정적 정서를 경험함으로써 신경성 식욕부진증적 행동이 강화된다고 본다.

핵심이론 43   **신경성 폭식증 · 폭식장애**

① 신경성 폭식증
ㄱ 단시간 내에 일반인들이 먹는 양보다 명백히 많은 양을 먹는 폭식행동과 그로 인한 체중 증가를 막기 위한 보상행동을 반복하는 경우를 말한다.
ㄴ 자신의 체중과 체형에 과도하게 집착하며, 우울증을 동반하는 경우가 많다.
ㄷ 신경성 폭식증은 저체중인 경우도 있지만, 정상 체중이거나 과체중인 경우가 더 흔하다.
ㄹ 신경성 폭식증의 유병률은 청소년과 젊은 성인여성의 1~3%이며, 90%가 여성이다. 일반적으로 후기 청소년기 또는 초기 성인기에 시작하는 경우가 대부분이다.
ㅁ 신경성 폭식증의 특징(신경성 식욕부진증과 비교 시)
- 신경성 폭식증은 신경성 식욕부진증보다 대개 기분변화의 과거력 빈도가 더 높다.
- 신경성 식욕부진증보다 신경성 폭식증에서 성격장애의 동반이환율이 더 높다.
- 신경성 폭식증은 신경성 식욕부진증보다 대개 강한 충동을 통제하기가 더 어렵다.
- 신경성 폭식증은 신경성 식욕부진증 환자보다 구토로 인한 치과적 문제가 더 발견된다.
- 무월경 문제는 신경성 식욕부진증 여성이 신경성 폭식증 여성보다 더 자주 보고된다.

신경성 폭식증의 DSM-5 진단기준
① 폭식행동을 반복적으로 한다. 이러한 폭식행동은 아래 2가지 특징을 보인다.
ㄱ 일정한 시간 동안(2시간 이내) 먹는 음식의 양이 대부분의 사람이 유사한 상황에서 먹는 양에 비해 현저하게 많다.
ㄴ 폭식행위 동안 먹는 것에 대한 조절 능력 상실감(예 먹는 것을 멈출 수 없으며, 먹는 양을 조절할 수 없다는 느낌)을 느낀다.
② 체중 증가를 억제하기 위한 반복적이고 부적절한 보상행동(예 설사제, 이뇨제, 관장약, 기타 약물의 남용, 금식, 스스로 유도한 구토, 과도한 운동)이 나타난다.

③ 폭식행동과 부적절한 보상행동 모두 평균적으로 적어도 주 1회 이상 3개월 동안 일어나야 한다.

④ 체형과 체중이 자기 평가에 과도한 영향을 미친다.

⑤ 문제행동들이 신경성 식욕부진증 기간 동안에만 나타나는 것이 아니다.

② 폭식장애

㉠ 폭식행동을 반복하고 폭식으로 인한 심리적・신체적 고통을 경험하지만, 음식을 토하는 등의 보상행동은 하지 않는 경우이다.

㉡ 폭식장애를 지닌 사람은 과체중이거나 비만인 경우가 많다.

폭식장애의 DSM-5 진단기준

① 폭식행동을 반복적으로 한다. 이러한 폭식행동은 아래 2가지 특징을 보인다.
  ㉠ 일정한 시간 동안(2시간 이내) 먹는 음식의 양이 다른 사람이 유사한 상황에서 먹는 양에 비해 현저하게 많다.
  ㉡ 폭식행위 동안 먹는 것에 대한 조절 능력 상실감(예 먹는 것을 멈출 수 없으며, 먹는 양을 조절할 수 없다는 느낌)을 느낀다.

② 폭식행동이 나타날 때 다음 중 3가지 이상과 관련되어야 한다.
  ㉠ 정상보다 더 빨리 많이 먹는다.
  ㉡ 불편할 정도로 포만감을 느낄 때까지 먹는다.
  ㉢ 신체적으로 배고프지 않을 때에도 많은 양의 음식을 먹는다.
  ㉣ 너무 많은 양을 먹음으로 인한 당혹감 때문에 혼자 먹는다.
  ㉤ 먹고 나서 자신에 대한 혐오감, 우울감 또는 심한 죄책감을 느낀다.

③ 폭식행동에 대한 현저한 고통을 느낀다.

④ 폭식행동이 평균적으로 주 1회 이상 3개월 동안 나타나야 한다.

⑤ 폭식행동이 신경성 폭식증처럼 부적절한 보상행동과 함께 나타나지 않아야 한다.

⑥ 폭식행동이 신경성 식욕부진증 또는 신경성 폭식증 상태에서만 나타나는 것이 아니어야 한다.

[핵심예제]

폭식장애의 진단기준에 해당하는 것을 모두 고른 것은?

[19년 18회]

ㄱ. 일정 시간 동안 대부분의 사람이 유사한 상황에서 동일한 시간 동안 먹는 것보다 분명하게 많은 양의 음식을 먹는 것이 반복되고, 먹는 것에 대한 조절 능력의 상실을 느끼는 것이 반복된다.

ㄴ. 체중 증가를 막기 위한 반복적이고 부적절한 보상행동(구토, 이뇨제 사용 등)이 나타난다.

ㄷ. 폭식으로 인해 현저한 고통이 있다고 여겨진다.

ㄹ. 폭식은 평균적으로 최소 3개월 동안 1주일에 1회 이상 발생한다.

---

① ㄱ, ㄷ 　　　　　　② ㄴ, ㄹ
③ ㄱ, ㄴ, ㄷ 　　　　④ ㄱ, ㄷ, ㄹ
⑤ ㄱ, ㄴ, ㄷ, ㄹ

정답 ④

해설

ㄴ. 신경성 폭식증에 관한 진단기준이다.

제13장 배설장애

핵심이론 44 유뇨증과 유분증

더 알아보기

배설장애

• 대소변을 가릴 수 있는 연령이 지난 아동이 옷이나 부적합한 장소에서 배설하는 경우
• 주요 하위 장애 : 유뇨증, 유분증

① 유뇨증

㉠ 배변훈련이 끝나는 5세 이상 아동이 신체적으로 이상이 없는데도 옷이나 침구에 반복적으로 소변을 보는 경우를 말한다. 유뇨증이 야간에 심한 경우 '야뇨증'이라고 한다.

㉡ 연령 수준에 따라 유병률이 변화하며, 만 5세가 지났더라도 수개월에 한 번 정도 어쩌다가 실수를 하는 경우는 병으로 생각하지 않는다.

㉢ 5세까지 소변가리기를 한 번도 제대로 하지 못하는 '일차성 유뇨증'과 일정 기간 분명하게 소변을 가린 후에 장애가 나타나는 '이차성 유뇨증'으로 구분된다.

유뇨증의 DSM-5 진단기준
① 침구나 옷에 반복적으로 소변을 본다.
② 장애 행동이 주 2회 이상 빈도로 적어도 3개월 동안 연속 일어난다.
③ 증상이 사회적·학업적 또는 다른 중요한 기능 영역에서 임상적으로 유의미한 고통이나 손상을 초래한다.
④ 아동의 발달연령은 최소 5세이어야 진단이 가능하다.
⑤ 장애 행동이 물질이나 일반적인 의학적 상태의 직접적 생리적 효과로 기인한 것이 아니다.
⑥ 야간 수면 시에 나타나는 '야간형 단독', 깨어있는 동안 나타나는 '주간형 단독', 밤낮 구분 없이 나타나는 '주야간형 복합'을 구분하여 명시한다.

② 유분증

㉠ 4세 이상의 아동이 대변을 적절치 않은 장소에 반복적으로 배설하는 경우를 말한다.

㉡ 5세 아동의 약 1%가 유분증이 있고, 남아가 여아보다 흔하다.

㉢ 대변 가리기가 이전에 성취되지 않아서 발생한 '일차성 유분증'이 있고, 일정 기간 대변을 가린 후 발생하는 '이차성 유분증'이 있다.

유분증의 DSM-5 진단기준
① 부적절한 장소에서 반복적으로 대변을 본다.
② 장애 행동이 매달 1회 이상 빈도로 적어도 3개월 동안 연속 일어난다.
③ 아동의 발달연령은 최소 4세이어야 진단이 가능하다.
④ 장애 행동이 물질이나 일반적인 의학적 상태의 직접적 생리적 효과로 기인한 것이 아니다.
⑤ 변비 및 범람 변실금을 동반하는 경우가 있다.

[핵심예제]

배설장애에 관한 설명으로 옳은 것을 모두 고른 것은?

[15년 13회]

ㄱ. 연령수준에 따라 유병률이 변화한다.
ㄴ. 유뇨증은 실제 연령(또는 동등 발달수준)이 최소 5세 이상이 되어야 진단된다.
ㄷ. 유뇨증은 연속 3개월 동안 주 2회 이상의 빈도로 나타난다.
ㄹ. 유분증은 설사 및 변비를 동반한 주간형과 야간형으로 나뉜다.
ㅁ. 유분증은 실제 연령(또는 동등 발달수준)이 최소 5세 이상이 되어야 진단된다.

① ㄱ, ㄴ
② ㄹ, ㅁ
③ ㄱ, ㄴ, ㄷ
④ ㄱ, ㄹ, ㅁ
⑤ ㄱ, ㄴ, ㄷ, ㄹ, ㅁ

정답 ③

해설

ㄹ. 유뇨증은 주간형, 야간형, 주야간형으로 나뉜다. 또한, 5세까지 소변가리기를 한 번도 제대로 하지 못하는 일차성 유뇨증과 일정 기간 분명하게 소변을 가린 후에 장애가 나타나는 이차성 유뇨증으로 구분된다.
ㅁ. 유분증은 4세 이상의 아동이 대변을 적절치 않은 곳에 반복적으로 배설하는 경우이다.

유뇨증과 유분증

유뇨증	• 배변훈련이 끝나게 되는 5세 이상의 아동이 신체적인 이상이 없음에도 옷이나 침구에 반복적으로 소변을 보는 경우 • 연속 3개월 동안 주 2회 이상의 빈도로 나타난다.
유분증	• 4세 이상의 아동이 대변을 적절치 않은 곳에 반복적으로 배설하는 경우 • 3개월 이상 매달 1회 이상 나타날 경우에 진단된다.

제14장 **수면-각성장애**

핵심이론 **45** 불면장애 · 과다수면장애 · 기면증(수면발작증)

더 알아보기

수면-각성 장애
- 삶에 있어서 중요한 기능을 하는 수면에 곤란이나 이상이 있는 경우를 말한다.
- 하위 장애 : 불면장애, 과다수면장애, 기면증, 호흡 관련 수면장애, 일주기 리듬 수면-각성장애, 사건수면

① 불면장애
  ㉠ 밤에 잠들기 어렵거나 숙면을 취하지 못하거나 아침에 지나치게 일찍 깨는 경우이다.
  ㉡ 수일이나 수주 동안 잠을 제대로 못자는 급성불면증(Acute Insomnia)과 한 달 이상 지속되는 만성불면증(Chronic Insomnia)으로 구분할 수 있다.

┌───┐
불면장애의 DSM-5 진단기준
① 수면 시간이나 질에 대해 불만족감이 현저하며, 다음 중 1가지 이상 증상과 관련된다.
  ㉠ 수면 개시의 어려움(아동의 경우 보호자 없이 잠들기 어려움)
  ㉡ 수면 유지의 어려움(수면 중 자주 깨거나 깬 뒤에 다시 잠들기 어려움)
  ㉢ 이른 아침 각성하여 다시 잠들기 어려움
② 수면장애가 사회적 · 직업적 · 교육적 · 학업적 · 행동적 또는 다른 중요한 기능 영역에 임상적으로 유의미한 고통이나 손상을 초래한다.
③ 수면 문제가 적어도 주 3회 이상 발생하고, 3개월 이상 지속된다.
④ 수면 문제는 적절한 수면의 기회가 주어졌음에도 불구하고 발생한다.
⑤ 불면증이 다른 수면-각성장애로 잘 설명되지 않고, 또 다른 수면-각성장애가 나타날 때에만 증상이 생기지 않는다.
⑥ 불면증은 물질의 효과로 인한 것이 아니고, 공존하는 정신질환과 의학적 상태가 현저한 불면증 호소를 충분히 설명할 수 없다.
└───┘

  ㉦ 증상이 적어도 1개월 이상 3개월 미만으로 지속되는 '삽화성', 증상이 3개월 이상 지속되는 '지속성', 2회 이상의 삽화가 1년 내에 발생하는 '재발성'을 구분하여 명시한다.

② 과다수면장애
  ㉠ 잠을 충분히 잤는데도 다음날 계속 졸음이 밀려와 일상생활에 큰 지장을 받는 상태로, 9시간 이상 수면을 취하고도 졸린 증상을 보인다.
  ㉡ 수면 중 보행 현상은 일반적으로 수면의 3~4단계에서 발생한다고 추정된다.
  ㉢ 과다수면장애의 유병률은 알려져 있지 않다.

┌───┐
과다수면장애의 DSM-5 진단기준
① 주요 수면 시간이 7시간 이상인데도 과도한 졸림을 호소하며, 다음 중 1가지 이상의 증상을 보인다.
  ㉠ 동일한 날에 반복적으로 깜박 잠이 들거나 잠에 빠져드는 일이 발생한다.
  ㉡ 매일 9시간 이상 지속적으로 잠을 자는데도 계속 피곤하다.
  ㉢ 갑자기 깬 후에 완전히 각성 상태를 유지하기 어렵다.
② 과다수면이 주 3회 이상 나타나고, 적어도 3개월 이상 지속된다.
③ 과다수면이 인지적 · 사회적 · 직업적 또는 다른 중요한 기능 영역에서 유의미한 고통이나 손상을 초래한다.
④ 과다수면이 다른 수면장애로 더 잘 설명되지 않으며, 다른 수면장애의 경과 중에만 발생하지 않는다.
⑤ 과다수면 물질의 생리적 효과로 인한 것이 아니다.
⑥ 공존하는 정신질환과 의학적 장애가 현저한 과다수면 호소를 충분히 설명할 수 없다.
⑦ 장애 지속 기간이 1개월 미만인 '급성', 지속 기간이 1~3개월인 '아급성', 지속 기간이 3개월 이상인 '지속성'으로 구분하여 명시하고, 현재의 심각도를 명시한다.
└───┘

③ 기면증(수면발작증)
  ㉠ 낮에 갑작스럽게 심한 졸음을 느끼며, 자기도 모르게 잠에 빠지는 경우를 말한다.
  ㉡ 수면발작증 환자는 잠에서 깨어나는 과정에서 렘수면(REM-Sleep)이 반복적으로 나타난다.

ⓒ 수면발작증 치료에는 메틸페니데이트나 암페타민과 같이 각성 수준을 증가시키는 약물이 주로 처방된다.

ⓔ 수면발작을 호소하는 환자의 상당수는 탈력발작(Cataplexy)이 동반되어 나타나는데, 탈력발작이란 수면발작 시에 나타나는 현상으로서, 크게 웃거나 화를 내거나 흥분하는 등의 격렬한 감정변화를 느끼고 난 후 갑자기 운동근육이 이완되어 쓰러질 것 같은 상태로 몇 초에서 몇 분간 지속된다.

> **기면증(수면발작증)의 DSM-5 진단기준**
>
> ① 저항할 수 없는 졸음, 깜박 잠이 드는 것, 낮잠이 하루에 반복적으로 나타난다. 적어도 주 3회 이상 3개월 동안 발생한다.
> ② 다음 중 1가지 또는 2가지 증상이 동시에 나타난다.
>   ⓐ 다음으로 정의되는 탈력발작(갑작스러운 근육의 힘이 짧은 시간 동안 빠지는 것)이 1개월에 수차례 발생한다.
>   • 장기간 유병 환자의 경우 : 웃음이나 농담으로 유발되는 짧은 삽화의 의식이 있는 상태에서 양측 근육긴장의 갑작스러운 소실
>   • 발병 6개월 이내 환자나 아동의 경우 : 분명한 계기 없이 혀를 내밀거나 근육긴장 저하를 동반한 얼굴을 찡그리거나 턱이 처지는 삽화
>   ⓑ 야간수면다원 검사에서 급속안구운동(REM) 수면 잠복기가 15분 이내로 나타나거나, 또는 수면 잠복기 반복 검사에서 평균 수면 잠복기가 8분 이내로 나타나고, 2회 이상의 수면개시 후 REM수면이 나타난다.
>   ⓒ 뇌척수액 하이포크레틴(hypocretin-1) 면역반응성 수치를 이용하여 측정된 하이포크레틴 결핍증이다.
>   ⓓ 다음을 구분하여 명시하고, 현재의 심각도를 명시한다.
>   • 탈력발작이 없지만, 하이포크레틴 결핍증이 있는 기면증
>   • 탈력발작이 있지만, 하이포크레틴 결핍증이 없는 기면증
>   • 상염색체 우성 소뇌실조, 난청 및 기면증
>   • 상염색체 우성 기면증, 비만 및 제2형 당뇨
>   • 다른 의학적 상태로 인한 이차성 기면증

[핵심예제]

18세 청소년 S양은 최근 몇 개월 동안 학교생활에서 지나친 졸음 때문에 어려움을 겪었다. 수업시간에 과제를 발표하던 중 갑자기 정신이 멍해지고 온몸에 힘이 빠지면서 잠에 빠져든 적도 여러 번 있었다. S양은 자신도 모르게 어쩔 수 없이 갑자기 잠에 빠졌다고 했고, 담임선생님은 그 말을 믿지 않았다. 이 장애와 관련된 증상에 해당하는 것을 모두 고른 것은?

[16년 14회]

> ㄱ. 기면증
> ㄴ. 수면발작
> ㄷ. 탈력발작
> ㄹ. 입면 시-출면 시 환각
> ㅁ. 수면마비

① ㄱ, ㄴ
② ㄱ, ㄷ, ㄹ
③ ㄴ, ㄷ, ㅁ
④ ㄴ, ㄷ, ㄹ, ㅁ
⑤ ㄱ, ㄴ, ㄷ, ㄹ, ㅁ

정답 ⑤

해설
기면증(수면발작증)의 사례이다. 기면증은 수면발작(Sleep Attack)이 주요 증상이며 탈력발작이 나타날 수 있다. 수면이 시작되거나 깰 때 수면마비나 환각을 경험하기도 한다.

핵심이론 46 | 호흡 관련 수면장애 · 일주기 리듬 수면-각성장애

① 호흡 관련 수면장애

　㉠ 수면 중의 호흡장애로 인하여 과도한 졸음이나 불면증이 유발되는 경우이다.

　㉡ 폐쇄성 수면무호흡/저호흡, 중추성 수면무호흡증, 수면 관련 환기저하로 구분할 수 있다.

　㉢ 호흡 관련 수면장애가 있는 사람 중에는 야간에 느끼는 흉부 불편감, 호흡정지, 무호흡이나 질식과 관련된 불안을 나타내기도 한다.

② 일주기 리듬 수면-각성장애

　㉠ 수면-각성 주기의 변화로 인해 과도한 졸음이나 불면이 반복되는 경우이다.

　㉡ 일주기 리듬 수면-각성장애를 설명하는 생체시계는 뇌 시상하부의 시교차상핵(SCN)에 위치한다.

　㉢ 인간의 생체시계는 24시간보다 길기 때문에 취침/기상 시간을 조금씩 늦추는 것은 쉽지만 앞으로 당기는 것은 어렵다.

　㉣ 청소년들이 아침에 일찍 일어나기 힘들어 하는 이유 중 하나도 일주기 리듬에 기인하며 청소년기에는 멜라토닌의 생성량이 많기 때문에 일주기 리듬이 쉽게 뒤로 밀릴 수 있다.

　㉤ 생체시계를 외부의 시간에 동조시키는 데 빛이 가장 중요한 역할을 담당하고 있다.

> **일주기 리듬 수면-각성장애의 DSM-5 진단기준**
> ① 일차적으로 일주기 리듬의 변화 또는 내인성 일주기 리듬과 개인의 환경 또는 사회적 · 직업적 일정에 의해 요구되는 수면-각성 일정 사이의 조정 불량으로 인한 수면 교란이 지속되거나 반복된다.
> ② 수면 방해는 과도한 졸림이나 불면, 또는 2가지 모두 초래한다.
> ③ 수면 교란은 사회적 · 직업적 또는 다른 중요한 기능 영역에서 임상적으로 유의미한 고통이나 손상을 초래한다.

④ 다음 세부 유형을 명시한다.

지연된 수면단계형	개인의 수면-각성 주기가 사회적으로 요구되는 것보다 지연되는 경우
조기 수면단계형	개인의 수면-각성 주기가 사회적으로 요구되는 것보다 앞서 있는 경우
불규칙한 수면-각성형	수면-각성 주기가 일정하지 못해서 하루에도 여러 번 낮잠을 자고 밤에 주된 수면을 취하지 않는 경우
비24시간 수면-각성형	개인의 수면-각성 주기가 24시간 환경과 일치하지 않아서 잠들고 깨어나는 시간이 매일 지속적으로 늦어지는 경우
교대근무형	교대근무에 의해 요구되는 수면-각성 주기와 개인의 수면-각성 주기가 불일치하는 경우

⑤ 증상이 1~3개월 나타나는 '삽화성', 증상이 3개월 이상 지속되는 '지속성', 2회 이상의 삽화가 1년 내에 발생하는 '재발성'으로 구분하여 명시한다.

[핵심예제]

일주기 리듬 수면-각성장애를 설명하는 생체시계와 관련된 내용으로 옳지 않은 것은? [19년 18회]

① 생체시계는 뇌 시상하부의 시교차상핵(SCN)에 위치한다.

② 생체시계는 24시간보다 길기 때문에 취침/기상 시간을 조금씩 늦추는 것은 쉽지만 앞으로 당기는 것은 어렵다.

③ 청소년들이 아침에 일찍 일어나기 힘들어 하는 이유 중 하나도 일주기 리듬에 기인한다.

④ 청소년기에는 멜라토닌의 생성량이 많기 때문에 일주기 리듬이 쉽게 뒤로 밀릴 수 있다.

⑤ 일주기 생체시계를 조절하는 동조인자 중 가장 큰 역할을 하는 것은 식사시간이다.

정답 ⑤

해설

생체시계를 외부의 시간에 동조시키는 데 빛이 가장 중요한 역할을 담당하고 있다.

핵심이론 47 | 수면이상증(Parasomnias ; 사건수면)

① 수면이상증(Parasomnias ; 사건수면)이란 수면상태에서 일어나는 비정상적인 행동이나 경험을 말한다.

② 종 류

㉠ 비REM수면 각성장애 : 주된 수면 시간의 첫 1/3 기간에 수면에서 불완전하게 깨는 경험을 반복하는 경우로서, 수면 중 보행이나 수면 중 경악의 형태로 나타난다.

수면 중 보행형	• 수면 중에 잠자리에서 일어나서 걸어 다니는 일이 반복되는 경우를 말한다. • 다양한 행동을 포함하는데 대부분 규칙적이고 복잡하지 않다. • 사춘기 이전 발병률이 높고, 그 이후에는 중추신경계의 성숙과 관련되어 있다. • 벤조디아제핀 같은 항불안제가 효과적이며, 이완치료 · 최면술도 사용한다.
수면 중 경악형	• 수면 중에 심장이 빨리 뛰고 호흡이 가빠지며, 진땀을 흘리는 등의 자율신경계의 흥분과 더불어 강렬한 공포를 느껴 자주 잠에서 깨는 경우를 말한다. • 비명을 지르거나 울면서 갑자기 침대에서 일어나 앉으며, 매우 놀란 표정과 심한 자율신경계 불안증상이 나타난다. • 다양한 원인이 제기되며, 이 장애가 청소년기까지 지속될 경우 심리치료가 필요하고, 항불안제와 같은 약물이 도움이 될 수 있다.

비REM수면 각성장애의 DSM-5 진단기준

① 대개 주된 수면삽화 초기 1/3 동안 발생하는 잠에서 불완전하게 깨는 반복적인 삽화가 있고, 수면보행증이나 야경증을 동반한다.

② 꿈을 전혀 또는 거의 기억하지 못한다.

③ 삽화를 기억하지 못한다.

④ 삽화가 사회적 · 직업적 또는 다른 중요한 기능 영역에서 임상적으로 유의미한 고통이나 손상을 초래한다.

⑤ 장애가 물질의 생리적 효과로 인한 것이 아니며, 공존하는 정신질환과 의학적 장애로 설명할 수 없다.

㉡ 악몽장애 : 주된 수면이나 낮잠을 자는 동안에 생존, 안전, 자존감의 위협과 같은 여러 가지 무서운 꿈을 꾸어 잠에서 깨어나는 일이 반복되는 경우

악몽장애의 DSM-5 진단기준

① 대개 생존, 안전, 신체적 온전함에 대한 위협을 피하고자 노력하는 광범위하고 극도로 불쾌하며 생생하게 기억나는 꿈들의 반복적 발생이 일반적으로 야간 수면시간의 후기 1/2 동안 일어난다.

② 불쾌한 꿈으로부터 깨어나면 빠르게 지남력을 회복하고 각성한다.

③ 수면 교란이 사회적 · 직업적 또는 다른 중요한 기능 영역에서 임상적으로 유의미한 고통이나 손상을 초래한다.

④ 악몽 증상이 물질의 생리적 효과로 인한 것이 아니고, 공존하는 정신질환과 의학적 장애가 악몽에 대한 호소를 충분히 설명할 수 없다.

⑤ 악몽기의 지속 기간에 따라 급성, 아급성, 지속성을 구분하여 명시하고, 현재의 심각도를 명시한다.

㉢ REM수면 행동장애 : 수면 중 소리를 내거나 옆 사람을 다치게 할 수 있는 복잡한 동작을 반복적으로 나타내며 깨어나는 경우

REM수면 행동장애의 DSM-5 진단기준

① 발성 및 복합 운동 행동과 관련된 수면 중 각성의 반복적인 삽화가 나타난다.

② 이러한 행동들은 REM수면 중 발생하므로 적어도 수면개시 후 90분 이후에 발생하며 수면 후반부에 빈번하다. 낮잠 중에는 드물게 발생한다.

③ 삽화로부터 깨어날 때, 개인은 완전히 깨어나고 명료하며 혼돈되거나 지남력을 상실하지 않는다.

④ 다음 중 1가지에 해당한다.
  ㉠ 수면다원 검사 기록상 무긴장증이 없는 REM수면
  ㉡ REM수면 행동장애 과거력 및 확정된 시누클레인에 의한 신경퇴행성 질환 진단

⑤ 이러한 행동들은 사회적 · 직업적 또는 다른 중요한 기능 영역에서 임상적으로 유의미한 고통이나 손상을 초래한다.

⑥ 장애는 물질의 생리적 효과나 다른 의학적 상태로 인한 것이 아니고, 공존하는 정신질환 및 의학적 장애로 설명할 수 없다.

ⓔ 하지불안(초조성다리) 증후군

수면 중 다리의 불쾌한 감각 때문에 다리를 움직이고 싶은 충동을 느끼는 경우

하지불안(초조성다리) 증후군의 DSM-5 진단기준

① 대개 다리에 불편하고 불쾌한 감각을 동반하거나, 이에 대한 반응으로 다리를 움직이고 싶은 충동이 다음 내용을 모두 충족한다.
  ㉠ 다리를 움직이고 싶은 충동이 쉬고 있거나 활동을 하지 않는 동안에 시작되거나 악화
  ㉡ 다리를 움직이고 싶은 충동이 움직임에 의해 부분적으로 또는 완전히 악화
  ㉢ 다리를 움직이고 싶은 충동이 낮보다 저녁이나 밤에 악화되거나 저녁이나 밤에만 발생
② 진단기준 ①의 증상이 일주일에 적어도 3회 이상 발생하고, 3개월 이상 지속된다.
③ 진단기준 ①의 증상이 사회적·직업적·교육적·학업적·행동적 또는 다른 중요한 기능 영역에서 유의미한 고통이나 손상을 초래한다.
④ 진단기준 ①의 증상이 약물의 생리적 효과나 다른 의학적 상태로 인한 것이 아니고, 공존하는 정신질환 및 의학적 장애로 설명할 수 없다.

[핵심예제]

사건수면(Parasomnia)에 해당되는 것은?   [18년 17회]

① 불면장애
② 악몽장애
③ 기면증
④ 호흡 관련 수면장애
⑤ 일주기 리듬 수면-각성장애

|정답| ②

|해|설|
사건수면(Parasomnia)은 비REM수면 각성장애, 악몽장애, REM수면 행동장애로 분류할 수 있다.

제15장 성 관련 장애

핵심이론 48 성기능부전·성별불쾌감

더 알아보기

성 관련 장애
• 한 개인이 두 가지 이상의 변태 성욕을 보이기도 한다.
• DSM-Ⅲ에서 동성애를 정신과 진단명에서 삭제하였다.
• 성 관련 장애의 하위 장애 : 성기능부전, 성별불쾌감, 변태성욕장애(성도착장애)

① 성기능부전
  ㉠ 성기능부전의 아형으로 평생형/후천형, 전반형/상황형이 있다.
  ㉡ 성욕장애 또는 흥분장애로 진단되기 위해서는 최소 6개월의 지속 기간이 있어야 한다.

② 성별불쾌감
  ㉠ 자신의 생물학적 성과 성 역할에 대해서 지속적으로 불편감을 느끼는 경우로서, 반대의 성에 대해서 강한 동일시를 나타내거나 반대의 성이 되기를 소망하는 경우를 말한다.
  ㉡ 성별불쾌감 상태는 사회적·직업적 또는 다른 중요한 기능 영역에서 임상적으로 유의미한 고통이나 손상을 초래한다.
  ㉢ 성별불쾌감 환자들은 경험되는 성별과 생물학적 성별의 불일치를 경험하지만, 항상 1차·2차 성징을 제거하고 이성의 성징을 갖기를 원하지는 않는다.

성별불쾌감의 DSM-5 진단기준

① 아동의 성별불쾌감 : 자신의 경험된 성별과 할당된 성별 사이의 현저한 불일치가 최소 6개월 동안 다음 중 적어도 6가지 이상 나타난다(㉠을 반드시 포함한다).
  ㉠ 반대 성이 되고 싶은 강한 갈망 또는 자신이 반대 성이라고 주장
  ㉡ 반대 성 옷을 입거나 반대 성 흉내내기를 선호
  ㉢ 가상놀이나 환상놀이에서 반대 성 역할을 강하게 선호

ⓔ 반대 성이 사용하는 장난감이나 활동을 강하게 선호

ⓜ 반대 성 놀이친구에 대한 강한 선호

ⓗ 할당된 성의 전형적인 놀이와 활동에 대한 강한 거부

ⓢ 자기 성별에 대한 강한 혐오감

ⓞ 반대 성별의 1차 성징 및 2차 성징에 일치하는 것을 강렬히 선호

② 청소년 및 성인의 성별불쾌감 : 자신의 경험된 성별과 할당된 성별 사이의 현저한 불일치가 최소 6개월 동안 다음 중 적어도 2가지 이상 나타난다.

ⓝ 자신에게 부여된 1차적 성과 경험된 성에 있어서 현저한 불일치

ⓛ 자신의 경험된 성과의 현저한 불일치 때문에 자신의 1차 또는 2차 성징을 제거하려는 강한 욕구

ⓒ 반대 성의 1차 또는 2차 성징을 얻고자 하는 강한 욕구

ⓔ 반대 성이 되고 싶은 강한 욕구

ⓜ 반대 성으로 대우받고 싶은 강한 욕구

ⓗ 자신이 반대 성의 전형적 감정과 반응을 지니고 있다는 강한 신념

[핵심예제]

성별불쾌감에 관한 설명으로 옳지 않은 것은? [17년 16회]

① 아동의 경우 남아는 여성 복장을 선호한다.
② 청소년의 경우 반대 성의 일차 또는 이차 성징을 갈망한다.
③ 아동의 경우 자신의 성과 일치하는 놀이친구를 선호한다.
④ 청소년의 경우 반대 성으로 대우받고 싶은 욕구가 있다.
⑤ 아동의 경우 여아는 전형적인 여성적 장난감이나 활동을 거부한다.

정답 ③

해설

아동의 경우 자신의 성과 반대되는 놀이친구를 선호한다.

핵심이론 **49** | **변태성욕장애(성도착장애)**

노출장애	• 일명 바바리맨으로도 알려져 있다. • 낯선 사람과 성행위를 하려고 시도하는 경우는 거의 없다. • 성행위보다 깜짝 놀라는 여성의 반응을 보고 성적 흥분·쾌감을 느낀다. • 낯선 사람에게 성기를 노출시키는 행위를 반복하며, 때로는 성기를 노출시키면서 또는 노출시켰다는 상상을 하면서 성적 흥분을 일으킨다. • 성기를 노출한 후 자신에게 실망하고 죄의식을 느낀다. • 반사회성 성격장애는 노출장애의 위험요인에 해당한다.
관음장애	• 다른 사람이 옷을 벗고 있는 모습을 몰래 훔쳐보면서 강한 성적 흥분을 느끼는데, 성적 흥분이 성적 공상·충동·활동으로 발현된다. • 장애를 보이는 개인은 18세부터 진단할 수 있다.
마찰도착장애	• 동의하지 않는 사람에게 자신의 성기나 신체 일부를 접촉하거나 문지르는 행위를 반복적으로 나타내는 경우이다. • 체포될 염려가 없는 밀집된 지역(예 대중교통수단, 붐비는 길거리)에서 행위 중 피해자와 비밀스런 애정관계를 맺게 된다는 상상을 하기도 한다.
아동성애장애	• 사춘기 이전의 소아(보통 13세 이하)를 대상으로 하여 성적 공상이나 성행위를 반복적으로 나타내며, 적어도 6개월 이상 지속된다. • 위협이나 폭력이 사용되기도 하며, 근친강간이 발생할 수 있다. • 개인 연령이 적어도 16세 이상이어야 진단이 가능하고, 피해자 아동보다 적어도 5세 연상이어야 한다. • 성적으로 남녀 모두 선호하는 경우도 있다.
성적피학장애	• 굴욕을 당하거나, 매질을 당하거나 묶이는 등 고통을 당하는 행위를 중심으로 성적 흥분을 느끼거나 성적 행위를 반복하는 경우이다.
성적가학장애	• 다른 사람의 신체적 또는 심리적 고통을 통해 성적 흥분을 느끼거나 그러한 성적 행위를 반복하는 경우이다.
물품음란장애	• 무생물인 물체를 이용하거나 성기가 아닌 특정 신체 부위에 집착하면서 성적 흥분을 느끼는 경우를 말한다. • 성적인 각성을 일으키려고 특정 신체부위에 집착을 일으키기도 한다.
복장도착장애 (의상전환장애)	• 성적 흥분을 목적으로 이성의 옷으로 바꿔 입는 경우를 말하며, 물품음란장애를 동반한다.

[핵심예제]

성도착증(변태성욕장애)에 해당하는 것을 모두 고른 것은?

[16년 15회]

ㄱ. 성별불쾌감
ㄴ. 노출장애
ㄷ. 관음장애
ㄹ. 마찰도착장애
ㅁ. 소아성애장애

① ㄱ, ㄴ
② ㄷ, ㅁ
③ ㄱ, ㄷ, ㄹ
④ ㄴ, ㄷ, ㅁ
⑤ ㄴ, ㄷ, ㄹ, ㅁ

정답 ⑤

|해|설|

ㄱ. 성별불쾌감은 성 관련 장애의 하위 장애이며 여기에는 성기능부전과 변태성욕장애(성도착장애)도 포함된다.

제16장　**파괴적, 충동조절 및 품행장애**

핵심이론 **50**　적대적 반항장애 · 품행장애

더 **알아보기**

파괴적, 충동조절 및 품행장애
• 정서 및 행동에 대한 자기조절 문제와 관련이 있다.
• 하위 장애 : 적대적 반항장애, 간헐적 폭발장애, 품행장애, 반사회성 성격장애, 병적 도벽, 병적 방화

① 적대적 반항장애
　㉠ 지속적으로 부정적이며, 명령에 순종하지 않고, 부모나 선생님과 같은 권위적인 대상에게 적대적 행동을 보이는 것이 특징이다.
　㉡ 진단 고려 시 또래가 보이는 정상적인 수준의 반항과 자기주장을 구분하는 것이 필요하다.
　㉢ 주의력 결핍 과잉행동장애와 함께 나타나는 경우가 많다.

적대적 반항장애의 DSM-5 진단기준
① 분노와 과민한 기분, 논쟁적 · 반항적 행동, 보복적 양상이 적어도 6개월 이상 지속된다.
② 다음 중 적어도 4가지 이상 증상이 나타나고, 형제나 자매가 아닌 적어도 1명 이상 다른 사람과의 상호작용에서 나타난다.
　㉠ 분노/과민한 기분
　　• 자주 욱하고 화를 냄
　　• 자주 과민하고 쉽게 짜증을 냄
　　• 자주 화를 내고 크게 격분함
　㉡ 논쟁적/반항적 행동
　　• 권위자와의 잦은 논쟁
　　• 자주 적극적으로 권위자의 요구를 무시하거나 규칙을 어김
　　• 자주 고의적으로 타인을 귀찮게 함
　　• 자주 자신의 실수나 잘못된 행동을 남의 탓으로 돌림
　㉢ 보복적 양상
　　• 지난 6개월 동안 적어도 두 차례 이상 앙심을 품음

③ 행동 장애가 개인 자신 또는 사회적 맥락에 있는 상대방에게 고통을 주며, 그 결과가 사회적·학업적·직업적 또는 다른 중요한 기능 영역에서 부정적인 영향을 미친다.

② 품행장애

㉠ 공격성과 타인의 권리를 침해하는 것, 규칙을 지키지 않는 것을 특징으로 한다.

㉡ 문제행동이 어린 나이에 시작되고, 문제행동의 수가 많은 경우에는 성인기에 반사회성 성격장애로 발전될 수 있다.

㉢ 품행장애의 유병률은 아동기에서 청소년기로 갈수록 증가하며 주로 청소년 초기에 처음 발현된다.

㉣ 반복적으로 폭력이나 방화, 도둑질, 거짓말, 가출 등과 같은 무책임한 행동을 하여 타인을 고통스럽게 한다.

㉤ 품행장애 증상이 약하고, 공존하는 정신병리가 없고, 지능이 정상인 경우 예후가 좋다.

㉥ 치료자는 부모, 가족, 교사, 지역사회 등 다각적인 치료 프로그램으로 접근하는 것이 좋다.

품행장애의 DSM-5 진단기준

① 다른 사람의 기본적인 권리를 침해하고, 사회 규범 및 규칙을 위반하는 지속적·반복적 행동 양상으로써, 다음 항목 가운데 3개 이상의 항목이 지난 12개월 동안 있어 왔고, 적어도 1개 이상의 항목이 지난 6개월 동안 있다.

　㉠ 사람과 동물에 대한 공격성
　　• 다른 사람을 자주 괴롭히거나 위협함
　　• 신체적인 싸움을 자주 검
　　• 다른 사람에게 심각한 신체적 손상을 입힐 수 있는 무기 사용
　　• 다른 사람에게 신체적으로 잔인하게 대함
　　• 동물에게 신체적으로 잔인하게 대함
　　• 피해자가 보는 앞에서 도둑질을 함
　　• 다른 사람에게 성적 활동을 강요함
　㉡ 재산 파괴
　　• 심각한 손상을 입히려는 의도로 고의적으로 불을 지름
　　• 다른 사람의 재산을 의도적으로 파괴함
　㉢ 사기 또는 절도
　　• 다른 사람의 집·건물 또는 자동차에 무단침입함

　　• 어떤 물건을 얻거나 환심을 사기 위해 또는 목적을 갖고 거짓말을 자주 함
　　• 피해자와 대면하지 않은 상황에서 귀중품을 훔침
　㉣ 심각한 규칙 위반
　　• 부모의 제지에도 불구하고 13세 이전부터 자주 밤늦게까지 집에 들어오지 않음
　　• 부모와 같이 사는 동안 밤에 적어도 2회 이상 가출 또는 장기간 가출이 1회 있음
　　• 13세 이전에 무단결석을 자주 함

② 행동의 장애가 사회적, 학업적 또는 직업적 기능에 임상적으로 유의미한 고통이나 손실을 초래한다.

③ 18세 이상일 경우 반사회성 성격장애의 진단기준에 맞지 않아야 한다.

㉦ 품행장애의 다중체계치료(Multisystemic Therapy)

• 현재 중심, 행동지향적 개입이 원칙이다.

• 사회생태학적 발달모형에 근거하고 있는 MST는 반사회적 행동의 결정인자를 개인, 가족, 지역사회의 3차원에서 밝혀줌으로써, 프로그램을 보호관찰이나 개인 심리치료와 같은 임상적 장면에서가 아니라 가정, 학교에서 실시하게 된다.

• 가족체계 치료와 행동치료의 치료전략을 사용하고, 비행 청소년이 가진 기술과 또래, 학교, 이웃과 같은 가족 외적 영향도 다룬다.

[핵심예제]

청소년상담사 T는 내방한 청소년 B의 진단명이 적대적 반항장애인지 품행장애인지 고민하다가 품행장애로 진단하였다. 품행장애로 진단한 결정적 근거로 옳은 것은?　[19년 18회]

① 늘 화가 나 있고 따지기를 좋아한다.
② 규칙이나 지시를 따르지 않는다.
③ 다른 사람의 인내심이나 한계를 시험하듯 극단의 행동을 한다.
④ 지난 6개월 이내에 최소 2번 이상 악의적이거나 앙심을 품은 적이 있다.
⑤ 물품이나 호감을 얻기 위해 또는 의무를 피하려고 거짓말을 자주 한다.

정답 ⑤

해설

어떤 물건을 얻거나 환심을 사기 위해 또는 목적을 갖고 거짓말을 자주 하는 것은 DSM-5 진단기준으로 '품행장애'에 해당한다.

핵심이론 51　**기타 파괴적, 충동조절 및 품행장애**

① 반사회성 성격장애 : 사회적 규범이나 타인의 권리를 무시하는 행동양상을 주된 특징으로 나타낸다(성격장애의 한 유형범주에 포함되므로 '진단기준 및 내용'은 핵심이론 61에서 설명).

② 간헐적 폭발장애
　㉠ 공격적 충동이 조절되지 않아 심각한 파괴적 행동으로 나타나게 되는 경우를 말한다.
　㉡ 언어적 공격행위나 신체적 공격행위가 반복해서 폭발적으로 나타난다.
　㉢ 자극사건이나 심리사회적 스트레스에 비해 공격성의 정도가 지나치게 높고, 전형적으로 행동폭발을 유발하지 않는 자극에도 충동적으로 행동한다.
　㉣ 공격적 발작을 하듯이, 폭발적인 행동을 하기 전에 긴장감이나 각성상태를 먼저 느끼고, 행동을 하고 나서는 즉각적인 안도감을 느낀다. 그렇지만 곧이어 공격적 행동으로 인해 동요하고 후회하며 당혹스러움을 느끼게 된다.
　㉤ 장애로 인하여 직업상실, 학교적응 곤란(정학), 이혼, 대인관계의 문제, 사고, 입원, 투옥 등을 겪을 수 있다.
　㉥ 아동기 후반 또는 청소년기에 시작된다.

> **간헐적 폭발장애의 DSM-5 진단기준**
> ① 공격적 충동을 조절하지 못하여 반복적으로 행동폭발을 나타내고, 다음 항목 중 1가지를 보인다.
> 　㉠ 언어적 공격성 또는 재산·동물·타인에게 가하는 신체적 공격성이 3개월 동안 주 2회 이상 발생(재산 피해나 재산 파괴를 초래하지 않으며, 동물·사람에게 상해를 입히지 않는다)
> 　㉡ 재산 피해 또는 동물이나 사람에게 상해를 입힐 수 있는 신체적 폭행을 포함하는 폭발적 행동을 12개월 이내에 3회 보임
> ② 반복적 행동폭발 동안 표현된 공격성의 정도는 스트레스 요인에 의해 촉발되는 정도를 심하게 넘어선 것이다.
> ③ 반복되는 공격적 행동폭발은 미리 계획된 것이 아니며, 유형적인 대상에만 한정된 것이 아니다.
> ④ 반복되는 공격적 행동폭발은 개인에게 심리적 고통을 유발하거나, 직업적 또는 대인관계 기능에 손상을 주거나, 경제적 또는 법적 문제와 관련된다.
> ⑤ 생활연령은 적어도 6세 이상이어야 진단이 가능하다.

③ 병적 도벽(도벽증)
　㉠ 경제적 필요 때문에 훔치는 것이 아니라, 남의 물건을 훔치고 싶은 충동을 참지 못해 반복적으로 도둑질을 하는 경우를 말하며, '절도광'이라고도 한다.
　㉡ '훔치는 물건' 보다는 '훔치는 행위'가 중요하며, 그러한 행위를 하면서 느끼는 긴장감·만족감에 대한 유혹을 통제하지 못한다.
　㉢ 절도욕구를 불편해하고 발각되는 것에 두려움을 느끼지만, 절도행위 후의 만족감이 더 크기 때문에 절도행위를 반복한다.
　㉣ 병적 도벽은 보통 도둑질을 미리 계획하지 않고 행한다.

> **병적 도벽(도벽증)의 DSM-5 진단기준**
> ① 개인적으로 쓸모가 없거나 금전적으로 가치 없는 물건을 훔치려는 충동을 저지하는 데 반복적으로 실패한다.
> ② 훔치기 직전에 고조되는 긴장감이 나타난다.
> ③ 훔쳤을 때의 기쁨, 만족감 또는 안도감이 있다.
> ④ 훔치는 행위는 분노나 복수 또는 망상이나 환각에 대한 반응이 아니다.
> ⑤ 훔치는 행위가 품행장애, 조증 삽화 또는 반사회성 성격장애로 더 잘 설명되지 않는다.

④ 병적 방화(방화증)
　㉠ 불을 지르고 싶은 충동을 조절하지 못해 반복적으로 방화를 하는 경우를 말한다.
　㉡ 방화증이 있는 사람들은 불을 지르기 전에 긴장이 되거나 흥분이 되며, 불을 지르거나 또는 남이 불을 지르는 것을 볼 때 기쁨이나 만족감 또는 안도감을 느낀다.

> **병적 방화(방화증)의 DSM-5 진단기준**
> ① 1회 이상의 고의적이고 목적 있는 방화행위를 한다.
> ② 방화행위 전의 긴장 또는 정서적 흥분이 나타난다.
> ③ 불과 연관된 상황적 맥락에 대한 매혹, 흥미, 호기심을 가지고 있다.
> ④ 불을 지르거나 불이 난 것을 목격하거나 참여할 때 기쁨, 만족 또는 안도감을 보인다.
> ⑤ 방화는 금전적 이득, 사회·정치적 신념의 표현, 범죄행위 은폐, 분노나 복수심의 표현, 생활환경 개선, 망상이나 환각에 대한 반응, 손상된 판단력의 결과, 물질중독에 기인한 것이 아니다.
> ⑥ 방화행위는 품행장애, 조증 삽화 또는 반사회성 성격장애로 더 잘 설명되지 않는다.

[핵심예제]

간헐적 폭발장애에 관한 설명으로 옳지 않은 것은?

[17년 16회]

① 변연계 이상 등 신경생물학적 요인이 관여될 수 있다.
② 아동기 후반 또는 청소년기에 시작된다.
③ 전형적으로 행동폭발을 유발하지 않는 자극에도 충동적으로 행동한다.
④ 6개월 내 3개의 상해 위험이 있는 신체적 폭행을 보인다.
⑤ 3개월 동안 평균 주 2회의 비난, 논쟁이나 언어적 다툼을 보인다.

정답 ④

해설
상해 위험이 있는 신체적 폭행을 12개월 이내에 3회 보이는 경우, 또는 상해 위험이 없는 언어ㆍ신체적 공격성을 3개월 동안 주 2회 이상 발생할 경우 간헐적 폭발장애로 진단한다.

제17장 **물질 관련 및 중독장애**

핵심이론 52 **물질 관련 장애 개요**

① 물질 관련 및 중독장애의 하위 장애 : 물질 관련 장애(알코올 관련 장애, 기타 각종 물질 관련 장애), 비물질 관련 장애(도박장애)

② 물질 관련 장애의 개념
  ㉠ 술, 담배, 마약 등 같은 물질이나 약물을 복용하여 생기는 다양한 심리적 문제를 뜻한다.
  ㉡ 크게 '물질사용장애'와 '물질유발장애'로 구분한다.

③ 물질사용장애 : 특정 물질의 반복 사용으로 그 물질에 종속되어 생기는 다양한 문제

물질의존	• 특정한 물질을 반복적으로 사용하게 되면 점점 더 많은 양을 복용해야만 전과 같은 효과를 얻게 되는 내성이 생겨나고, 그 물질을 끊으면 매우 고통스러운 상태가 나타나는 금단증상을 경험하게 되는 경우 • 따라서 점점 복용량이 늘어나고, 이러한 물질을 구하기 위해 과도한 시간적ㆍ경제적 투자를 하게 됨으로써 심각한 현실적 문제가 발생하게 된다.
물질남용	물질의 과도한 섭취로 학업, 직업, 가정에서 자신의 역할을 수행하지 못하고 폭력적인 행동을 하거나 법적 문제를 반복적으로 야기하게 되는 경우

④ 물질유발장애
  ㉠ 과도한 또는 지속적 물질복용으로 파생된 부적응적 행동변화를 뜻한다.
  ㉡ 이러한 행동변화에는 여러 가지 양상이 있고 물질에 따라 각기 다른 증상이 나타난다.

물질중독	물질복용으로 일시적으로 나타나는 부적응적 증상군
물질금단	물질복용을 중단함으로써 나타나는 증상군
물질약물 유도성 정신장애	물질복용으로 생기는 다양한 정신장애(물질 유도성 섬망, 치매, 정신증, 기분장애, 불안장애, 성기능장애, 수면장애)

⑤ 물질 관련 장애를 일으키는 물질 : 알코올, 담배, 카페인, 흡입제, 아편계, 자극제, 환각제, 대마계 칸나비스, 진정제, 수면제 또는 항불안제

⑥ 중독성 물질의 분류

흥분제	코카인, 암페타민(필로폰), 카페인, 니코틴
진정제	알코올, 아편, 모르핀, 헤로인, 벤조디아제핀, 바비튜레이트
환각제	LSD, 메스칼린(Mescaline), 대마초, 살로사이빈, 엑스터시(Ecstasy), 펜시글리딘(Phencyclidine)

[핵심예제]

환각제에 해당되지 않는 물질은?   [16년 14회]

① 벤조디아제핀(Benzodiazepin)
② 펜사이클리딘(Phencyclidine)
③ 엘에스디(LSD)
④ 메스칼린(Mescaline)
⑤ 엑스터시(Ecstasy)

정답 ①

해설
벤조디아제핀(Benzodiazepin)은 진정제이다.

핵심이론 **53** **물질 관련 장애의 종류 – 알코올 관련 장애**

① 알코올 관련 장애의 개념
  ㉠ 알코올로 인한 임상적으로 유의미한 손상이나 고통을 일으키는 것을 말한다.
  ㉡ 기억 상실, 지각적 결함, 주도성의 결여, 작화증(자신이 기억하지 못하는 것을 마치 있었던 것처럼 확신에 차서 말하거나 사실을 위장·왜곡하는 병적인 증상)과 같이 주로 인지적인 기능 손상을 일으키는 코르사코프 증후군과 베르니케병, 태아 알코올 증후군 등이 발생한다.
  ㉢ 하위 유형으로 알코올 사용 장애, 알코올 중독, 알코올 금단 등이 있다.
  ㉣ 코르사코프 증후군(Korsakoff Syndrome)
    • 1887년 러시아의 정신병리학자인 코르사코프에 의해 제기되었다.
    • 건망증, 기억력 장애, 작화증 등의 증상을 특징으로 한다.
    • 지속적 알코올 사용으로 중추신경계에 손상이 발생하면서 기억력, 판단력, 주의력 등에 이상이 생기는 질병이다.
    • 새로운 경험을 기억하지 못하는 알코올성 기억장애에 해당하며, 기억 기능을 담당하는 해마가 손상되어 발생하는 것으로 알려져 있다.

② 알코올 관련 장애의 하위 유형 – 알코올 사용 장애
  ㉠ 알코올 사용 양상이 임상적으로 심각한 기능 손상이나 고통을 유발하는 것을 말한다.
  ㉡ 유전요인 포함 생물학·심리·사회적 요인이 상호작용하여 나타나는 다요인적 질환이다.
  ㉢ 각종 질병의 발생 위험성을 높이는 건강상의 문제를 유발할 뿐만 아니라, 비행, 자살, 차량 사고, 살인 등 사회문제를 일으키는 직접적인 동기가 되는 질환이다.
  ㉣ 금단증상의 불쾌한 경험을 피하거나 경감시키기 위해 음주를 지속하게 된다.
  ㉤ 가정의 경제적 곤란, 배우자 학대, 자녀 양육의 악영향 등 가족의 기능장애를 초래한다.
  ㉥ 환자의 회복을 위해서는 치료에 대한 가족의 지지가 절대적으로 필요하다.
  ㉦ 집단상담의 일종인 자조집단을 통한 치료가 효과적이다.

알코올 사용 장애의 DSM-5 진단기준

다음 중 2개 이상이 12개월 사이에 나타난다.

① 알코올을 예상했던 것보다 더 많은 양 또는 더 오랜 기간 마신다.

② 알코올 사용을 줄이거나 통제하려는 지속적인 노력을 기울이지만 매번 실패한다.

③ 알코올을 획득하고 사용하여 그 효과로부터 회복하는 데 많은 시간을 허비한다.

④ 알코올을 마시고 싶은 갈망이나 강렬한 욕구를 지닌다.

⑤ 반복적인 알코올 사용으로 인해서 직장, 학교나 가정에서의 주된 역할과 의무를 수행하지 못한다.

⑥ 알코올의 효과에 의해서 초래되거나 악화되는 사회적 또는 대인관계적 문제가 반복됨에도 불구하고 지속적으로 알코올을 사용한다.

⑦ 알코올 사용으로 인해서 중요한 사회적, 직업적 또는 여가 활동이 포기되거나 감소된다.

⑧ 신체적 위험이 존재하는 상황에서도 반복적으로 알코올을 사용한다.

⑨ 알코올에 의해서 초래되거나 악화될 수 있는 지속적인 신체적 또는 심리적인 문제가 있음을 알면서도 알코올 사용을 계속한다.

⑩ 내성이 나타난다(중독이 되거나 현저하게 증가된 양의 알코올 필요, 같은 양의 알코올을 지속적으로 사용함에도 현저하게 감소된 효과).

⑪ 금단증상이 나타난다(알코올의 특징적인 금단증후군이 나타나고, 금단증상을 감소·회피하기 위해서 알코올 관련 물질을 취한다).

③ 알코올 관련 장애의 치료

입원치료	일상생활에 많은 지장을 줄 경우 입원이 필요하다.
약물치료	진정제, 최면제, 수면제 등은 보조적 역할이며, 근본적인 치료는 아니다.
심리치료	스트레스 대처훈련, 사회적 기술훈련, 의사소통훈련, 감정표현훈련, 자기주장훈련, 부부관계 증진훈련 등을 통해 심리적 갈등을 완화하는 기술을 습득시켜, 물질에 대한 의존도를 약화시킨다.
행동치료	혐오치료, 대체치료 등을 사용한다.
집단치료	AA(알코올 중독자들) 등의 자조집단을 통한 치료가 효과적이다.

[핵심예제]

기억 상실, 지각적 결함, 주도성의 결여, 작화증과 같이 주로 인지적인 기능 손상을 일으키는 코르사코프 증후군이 포함되는 장애는?

[14년 12회]

① 정신분열증

② 해리성 장애

③ 수면-각성장애

④ 신경인지장애

⑤ 알코올 관련 장애

정답 ⑤

해설

코르사코프 증후군(Korsakoff Syndrome)은 알코올성 기억장애에 해당하며, 기억 기능을 담당하는 해마가 손상되어 발생하는 것으로 알려져 있다.

필수 4과목

핵심이론 54 기타 각종 물질 관련 장애의 종류 및 진단 기준

① 기타 각종 물질 관련 장애의 종류

카페인 관련 장애	카페인 중독, 카페인 금단, 기타 카페인으로 유발된 장애, 명시되지 않은 카페인 관련 장애
대마계(칸나비스) 관련 장애	대마 사용 장애, 대마 중독, 대마 금단, 기타 대마로 유발된 장애, 명시되지 않은 대마 관련 장애
아편계 관련 장애	아편계 사용 장애, 아편계 중독, 아편계 금단, 기타 아편계로 유발된 장애, 명시되지 않은 아편계 관련 장애
담배(타바코) 관련 장애	담배 사용 장애, 담배 금단, 기타 담배로 유발된 장애, 명시되지 않은 담배 관련 장애
환각제 관련 장애	펜시클리딘 사용 장애, 기타 환각제 사용 장애, 펜시클리딘 중독, 기타 환각제 중독, 환각제 지속성 지각 장애, 기타 펜시클리딘으로 유발된 장애, 기타 환각제로 유발된 장애, 명시되지 않은 펜시클리딘 관련 장애, 명시되지 않은 환각제 관련 장애
흡입제 관련 장애	흡입제 사용 장애, 흡입제 중독, 기타 흡입제로 유발된 장애, 명시되지 않은 흡입제 관련 장애
진정제, 수면제, 항불안제 관련 장애	진정제 · 수면제 · 항불안제 사용 장애, 진정제 · 수면제 · 항불안제 중독, 진정제 · 수면제 · 항불안제 금단, 기타 진정제 · 수면제 · 항불안제로 유발된 장애, 명시되지 않은 진정제 · 수면제 · 항불안제 관련 장애
자극제 관련 장애	자극제 사용 장애, 자극제 중독, 자극제 금단, 기타 자극제로 유발된 장애, 명시되지 않은 자극제 관련 장애

② 카페인 · 환각제 · 니코틴 · 흡입제 장애의 진단기준

카페인	카페인 중독은 250mg 이상의 카페인(끓는 커피 2~3컵)을 섭취했을 때, 다음 중 5개 이상의 증후가 나타나고, 사회적 · 직업적 또는 다른 중요한 기능 영역에서 현저한 고통이나 장애를 유발하는 경우를 말한다. ① 안절부절 못함 ② 신경과민 ③ 흥분 ④ 불면 ⑤ 안면홍조 ⑥ 이뇨 ⑦ 위장관계장애 ⑧ 근육연축 ⑨ 두서없는 사고와 언어의 흐름 ⑩ 빈맥 또는 심부정맥 ⑪ 지칠 줄 모름 ⑫ 정신운동성 초조
환각제	환각제 사용 또는 그 직후 다음 징후 가운데 2개 이상이 나타난다. ① 동공산대 ② 빈맥 ③ 발한 ④ 가슴 두근거림 ⑤ 시야혼탁 ⑥ 진전 ⑦ 운동조정곤란
니코틴(담배)	금연 후 24시간 이내에 다음 징후 가운데 4개(또는 그 이상)가 나타난다. ① 불쾌한 기분 또는 우울한 기분 ② 불면 ③ 자극 과민성, 좌절감 또는 분노 ④ 불안 ⑤ 집중력 장애 ⑥ 안절부절 못함 ⑦ 심장 박동수 감소 ⑧ 식욕 증가 또는 체중 증가
흡입제	휘발성 흡입제 사용 도중, 사용 직후 또는 노출 이후에 심각한 부적응적 행동변화나 심리적 변화가 나타나고 다음과 같은 증상이 2개 이상 나타난다. ① 현기증 ② 안구진탕증 ③ 운동조정 곤란 ④ 불분명한 언어 ⑤ 불안정한 보행 ⑥ 기면 ⑦ 반사의 감소 ⑧ 정신 운동성 지연 ⑨ 진전 ⑩ 전반적인 근육약화 ⑪ 시야 혼탁이나 복시 ⑫ 혼미나 혼수 ⑬ 다행감

[**핵심예제**]

물질 관련 장애에 포함되지 않는 것은? [16년 14회]

① 알코올 중독(Intoxication)
② 카페인 금단(Withdrawal)
③ 담배(타바코) 중독(Intoxication)
④ 대마계(칸나비스) 사용 장애(Use Disorder)
⑤ 아편계 금단(Withdrawal)

정답 ③

해설

물질 관련 장애 하위유형 중 담배(타바코) 관련 장애
담배 사용 장애, 담배 금단, 기타 담배로 유발된 장애, 명시되지 않은 담배 관련 장애

핵심이론 55 · 비물질 관련 장애(도박장애)의 개념

① 노름이나 도박을 하고 싶은 충동으로 반복적인 도박을 하게 되는 정신장애이다.

② 남성이 여성보다 유병률이 더 높다.

③ 여성일수록 도박을 더 늦게 시작하는 경향이 있다[커스터(Custer)].

④ 정신적 고통(무기력 · 죄책감 · 불안 · 우울감 등)을 느낄 때마다 도박에 집착하는 경향이 있다.

⑤ 대부분의 도박자들은 사교성 · 유희성 도박에서 시작해 습관성 · 문제성 도박, 그리고 최종 단계인 병적 도박 혹은 강박적 도박으로 발전하는 경로를 밟는다.

⑥ 흥분이나 쾌감 등을 얻기 위하여 점점 더 많은 돈으로 도박하는 내성을 보인다.

⑦ 도박을 줄이거나 중단하려고 할 때 안절부절 못하고 짜증을 내기도 한다.

⑧ 돈을 딸 수 있다는 낙관주의에 빠져 있을 수 있다.

⑨ 도박중독자는 도박문제 이외에 흔히 재정적 문제와 법적 문제도 함께 갖고 있다.

⑩ 병적 도박자들은 도박을 하면서 엄청난 스트레스를 받기 때문에, 스트레스로 인한 고혈압이나 소화성 궤양, 편두통과 같은 증상을 동반하기도 한다.

⑪ 병적 도박은 비현실적이고 미신적인 인지적 왜곡을 나타내며, 원인의 다양성만큼이나 치료법도 다양하게 제시되지만, 치료가 매우 어렵고 재발률이 높다.

⑫ 합법적 도박뿐 아니라 인터넷 · 스마트폰 등을 사용한 불법 도박도 사회문제를 일으킨다.

⑬ AA(Alcoholics Anonymous)를 모델로 하여 만든 자조집단 GA(Gamblers Anonymous)가 회복에 도움이 된다.

비물질 관련 장애(도박장애) DSM-5 진단기준

① 다음 중 4개 이상의 항목에 해당하는 도박 행동이 12개월 동안 지속적이고 반복적으로 일어나서 사회적 · 직업적 부적응을 초래한다.

ㄱ. 돈의 액수가 커질수록 더 흥분감을 느끼기 때문에 액수를 계속 늘리면서 도박하려는 욕구가 있다.

ㄴ. 도박 행동을 줄이거나 그만두려고 시도할 때 안절부절 못하거나 신경이 과민해진다.

ㄷ. 스스로 도박 행동을 조절하거나 줄이거나 중지시키려는 노력이 거듭 실패로 돌아간다.

ㄹ. 도박에 집착한다.

ㅁ. 무기력감, 죄책감, 불안감, 우울감 등과 같은 정신적 문제에 부딪혔을 때, 여기에서 탈출하기 위한 수단으로 도박을 하거나 불쾌한 기분을 가라앉히기 위한 수단으로 도박을 한다.

ㅂ. 도박으로 돈을 잃고 나서 이를 만회하기 위해 다음날 다시 도박을 한다.

ㅅ. 자신이 도박에 빠져 있는 정도를 숨기기 위해서 가족들, 치료자, 다른 사람들에게 거짓말을 한다.

ㅇ. 도박으로 인해서 중요한 대인관계가 위태로워지거나, 직업상이나 교육상의 기회, 출세의 기회를 잃어버리게 된다.

ㅈ. 도박으로 인한 절망적인 경제 상태에서 벗어나기 위해 다른 사람에게 돈을 빌린다.

② 도박 행동이 조증 삽화로 더 잘 설명되지 않는다.

[핵심예제]

고등학교 2학년 B는 인터넷 게임도박을 하려고 몰래 부모의 지갑에서 돈을 꺼내 쓰다가 들켰다. 부모님이 꾸중하자 "심심해서 했고, 나는 심각하지 않다"라며 따지기도 했다. 최근 친구들에게 도박자금을 빌려 쓰다가 갚을 금액이 커지자 어머니가 갚아주었다. 이 사례에 해당하는 장애의 특징으로 옳은 것을 모두 고른 것은?

[17년 16회]

> ㄱ. 무기력함을 느낄 때 도박한다.
> ㄴ. 원하는 흥분을 얻으려고 더 많은 액수로 도박한다.
> ㄷ. 정신역동적 입장에서는 잠복기 고착을 원인으로 가정한다.
> ㄹ. 돈을 딸 수 있다는 낙관주의에 빠져 있을 수 있다.
> ㅁ. 여성이 남성보다 유병률이 더 높다.

① ㄱ, ㄴ
② ㄱ, ㄷ
③ ㄱ, ㄴ, ㄹ
④ ㄴ, ㄷ, ㄹ
⑤ ㄴ, ㄹ, ㅁ

정답 ③

해설

ㄷ. 정신역동적 입장에서는 병적 도박증을 오이디푸스 갈등과 관련하여 공격적이거나 성적인 에너지를 방출하려는 욕구가 무의식적으로 대치된 것이라고 본다.

ㅁ. 남성이 여성보다 유병률이 더 높다.

핵심이론 56 | 비물질 관련 장애(도박장애)의 원인 및 치료

① 원 인

ㄱ 정신역동적 입장에서는 병적 도박증을 오이디푸스 갈등과 관련하여 공격적이거나 성적인 에너지를 방출하려는 욕구가 무의식적으로 대치된 것이라고 본다.

ㄴ 학습이론에서는 다른 사람의 도박 행동에 대한 모방학습과 간헐적으로 돈을 따는 강화에 의해서 병적 도박증이 유발되고 지속된다고 설명한다.

ㄷ 인지적 입장에 따르면, 병적 도박증을 지닌 사람은 자신이 돈을 따게 될 주관적 확률을 객관적 확률보다 현저히 높게 평가하는 낙관적 성향을 지니며, 비현실적이고 미신적인 인지적 왜곡을 나타낸다.

ㄹ 유전적 소인의 영향을 시사하는 결과들이 보고되고, 호르몬 분비나 세로토닌 같은 신경전달물질이 도박 행동을 증가시킨다는 연구결과도 있다.

② 치 료

ㄱ 도박광들은 대부분 자발적으로 치료를 받으려 하지 않으며, 가족이나 법원에 의해서 강제로 치료에 응하는 경우가 많다.

ㄴ 치료기법

행동치료적 기법	• 도박에 대한 매혹을 제거하고 오히려 혐오감을 형성시킴으로써, 도박을 멀리 하게 하는 혐오적 조건형성이 사용되기도 한다. • 아울러 도박에 자꾸 빠져들게 하는 무의식적인 동기에 대한 통찰을 유도하는 정신역동적 치료가 적용되기도 한다.
약물치료	• 클로피라민이나 세로토닌 억제제가 병적 도박에 효과적이라는 주장이 있다.
기 타	• 집단치료와 병적 도박자들이 도박의 유혹을 극복하도록 돕는 자조모임인 GA(Gamblers Anonymous)가 회복에 도움이 된다. • 병적 도박의 증세가 심각하거나 자살에 대한 위험성이 있을 때는 입원치료를 고려해야 한다.

[핵심예제]

도박중독에 관한 설명으로 옳지 않은 것은? [16년 15회]

① 도박중독자는 도박문제 이외에 흔히 재정적 문제와 법적 문제도 함께 갖고 있다.

② 도박문제가 심각하거나 자살에 대한 위험성이 있을 때라도 입원치료는 바람직하지 못하다.

③ 학습이론에서는 도박 행동을 모방학습과 간헐적으로 돈을 따는 강화기제로 설명한다.

④ 인지이론에서는 도박중독자가 돈을 따게 될 주관적 확률을 실제보다 높게 평가하며, 비현실적이고 미신적인 인지적 왜곡을 한다고 본다.

⑤ 도박중독자는 원하는 흥분을 얻기 위하여 점점 더 많은 액수의 돈을 가지고 도박하려는 욕구가 있고, 도박을 줄이거나 중단하려고 할 때는 안절부절 못하고 짜증을 내기도 한다.

정답 ②

해설

도박문제가 심각하거나 자살위험 시 입원하여 치료하여야 한다.

제18장 **신경인지장애**

핵심이론 **57** 주요·경도 신경인지장애 및 뇌손상 시사 질병

더 알아보기

신경인지장애

• 노년기에 나타나는 가장 대표적인 정신장애로 후천적 장애이다.

• 60세 이상에서의 유병률은 연령의 증가에 따라 높아지는 경향이 있다.

• 뇌손상으로 의식, 기억, 언어, 판단 등 인지적 기능이 결손 된 경우이다.

• 인지 수행의 현저한 손상이 표준화된 신경심리 검사 또는 다른 정량적 임상평가에 의해 입증될 때 장애로 진단된다.

• 하위 장애 : 주요 신경인지장애, 경도 신경인지장애, 섬망

① 주요 신경인지장애

㉠ 한 가지 이상의 인지적 영역에서 과거의 수행수준에 비해 심각한 인지적 저하가 나타나는 경우를 말한다.

㉡ 주요 신경인지장애는 알츠하이머 질환, 뇌혈관 질환, 충격에 의한 뇌손상, HIV 감염, 파킨슨 질환 등과 같은 다양한 질환에 의해 유발될 수 있으며, 원인에 따라 다양한 하위 유형으로 구분된다.

㉢ 주요 신경인지장애의 원인인 혈관질환과 알츠하이머병의 경우, 인지 저하의 진행 속도는 각각 다르며, 알츠하이머병으로 인한 경우는 서서히 시작되고 점진적으로 진행된다.

㉣ 일련의 증상이 급격하고 갑자기 나타나며, 그 원인을 제거하면 증상이 갑자기 사라지는 경우가 많다.

㉤ 주요 신경인지장애에서 인지 저하는 본인이 인식하지 못할 수 있다.

주요 신경인지장애의 DSM-5 진단기준

① 이전 수행수준에 비해 1가지 이상 인지영역에서 인지 저하가 현저하다는 증거가 다음에 근거한다.

㉠ 환자 또는 환자를 잘 아는 사람이 현저한 인지 기능 저하를 걱정함

㉡ 인지 수행의 현저한 손상이 표준화된 신경심리 검사 또는 다른 정량적 임상평가에 의해 입증됨

② 인지 결손은 독립적인 일상 활동을 방해한다.

필수 4과목

③ 인지 결손은 섬망만 있는 상황에서 발생하는 것이 아니고, 다른 정신질환으로 더 잘 설명되지 않는다.

④ 병인에 따라 알츠하이머병, 전두측두엽 변성, 루이소체병, 혈관 질환, 외상성 뇌손상, 물질/치료약물 사용, HIV 감염, 프라이온병, 파킨슨병, 헌팅턴병(유전성 뇌실환으로서, 성격변화와 치매를 보이는 질환), 다른 의학적 상태, 다중 병인 등으로 명시한다.

② 경도 신경인지장애

㉠ 주요 신경인지장애에 비해 증상의 심각도가 경미한 경우를 말한다.

㉡ 인지 기능이 과거 수행수준에 비해 상당히 저하되었지만, 이러한 인지 저하로 인해 일상생활을 독립적으로 영위할 수 있는 능력이 저해되지는 않는다.

㉢ 주요 신경인지장애처럼 알츠하이머 질환, 뇌혈관 질환, 충격에 의한 뇌손상, HIV 감염, 파킨슨 질환 등과 같은 다양한 질환에 의해 유발될 수 있다.

경도 신경인지장애의 DSM-5 진단기준

① 이전 수행수준에 비해 1가지 이상 인지영역에서 인지 저하가 경미하게 있다는 증거가 다음에 근거한다.
  ㉠ 환자 또는 환자를 잘 아는 사람이 현저한 인지 기능 저하를 걱정함
  ㉡ 인지 수행의 현저한 손상이 표준화된 신경심리 검사 또는 다른 정량적 임상평가에 의해 입증됨
② 인지 결손은 독립적인 일상 활동을 방해하지 않는다.
③ 인지 결손은 섬망만 있는 상황에서만 발생하는 것이 아니고, 다른 정신질환으로 더 잘 설명되지 않는다.
④ 병인에 따라 알츠하이머병, 전두측두엽 변성, 루이소체병(루이소체는 여러 장애 환자들의 신경세포 내에서 발달하는 비정상적인 단백질 집합체), 혈관 질환, 외상성 뇌손상, 물질/치료약물 사용, HIV 감염, 프라이온병, 파킨슨병, 헌팅턴병, 다른 의학적 상태, 다중 병인 등으로 명시한다.

---

③ 뇌손상 시사 질병

㉠ 헌팅턴 질환 : 뇌 유전성 질환으로 10만 명당 5~10명 정도의 빈도로 발생한다.

㉡ 픽 질환

  • 유전자의 변이로 오게 되는데 유전적인 신진대사장애라 하여 해로운 양의 지방축적물이 비장, 간, 폐, 골수, 그리고 뇌에 쌓이게 되면 오는 질환이다.

• 특히 가장 흔한 제1형(Type A)은 주로 유아들에게 일어나는데, 황달에 간이 붓고 심각한 뇌손상이 오며 18개월을 넘기지 못하고 사망한다.

㉢ 알츠하이머 질환

  • 치매를 일으키는 가장 흔한 퇴행성 뇌질환이다.
  • 매우 서서히 발병하여 점진적으로 진행된다.

㉣ 파킨슨 질환

  • 뇌의 흑질에 분포하는 도파민의 신경세포가 점차 소실되어 발생한다.
  • 안정 떨림, 경직, 운동완만 및 자세 불안정성이 특징적으로 나타난다.

［핵심예제］

주요 신경인지장애에 관한 설명으로 옳은 것은? [16년 14회]

① 인지 기능의 저하 여부는 병전 수행수준을 기준으로 삼지 않는다.
② 가족력이나 유전자 검사에서 원인이 되는 유전적 돌연변이의 증거가 있어야 한다.
③ 기억 기능의 저하가 항상 나타난다.
④ 인지 기능 손상의 증거가 환자나 보호자의 주관적 보고 또는 객관적 검사 중 하나에서 확인되면 진단 가능하다.
⑤ 알츠하이머병으로 인한 경우는 서서히 시작되고 점진적으로 진행된다.

정답 ⑤

해설

① 병전 수행수준을 기준으로 인지영역에서 인지 저하가 현저하다는 증거에 근거한다.
② 주요 신경인지장애는 알츠하이머 질환, 뇌혈관 질환, 충격에 의한 뇌손상, HIV 감염, 파킨슨 질환 등과 같은 다양한 질환에 의해 유발될 수 있다.
③ 일련의 증상이 급격하게 갑자기 나타나고, 그 원인을 제거하면 증상이 갑자기 사라지는 경우가 많다.
④ 신경인지장애의 진단으로 환자 자신, 환자의 상태를 잘 알고 있는 정보제공자, 또는 임상가가 기능의 유의한 저하가 있음을 보고 또는 표준화된 신경심리 검사결과, 또는 그렇지 못할 경우 수량화할 수 있는 임상가 평정을 통해 지적 수행에서 실질적인 손상이 확인되어야 한다.

핵심이론 58 **섬 망**

① 섬망은 주의장애와 의식장애를 주된 특징으로 하며, 부가적 인지장애가 나타난다.

② 섬망은 기저의 인지 변화를 동반하는 주의나 의식의 장애이다.

③ 섬망의 유병률은 노인에게서 가장 높다.

④ 단기간(몇 시간 또는 며칠)에 걸쳐 발생하고, 기저 상태의 주의와 의식으로부터 변화를 보이며, 하루 중 심각도가 변하는 경향이 있다.

⑤ 일련의 증상이 급격하게 갑자기 나타나고, 그 원인을 제거하면 증상이 갑자기 사라지는 경우가 많다.

⑥ 의식이 혼미해지고 현실감각이 급격히 혼란되어 시간·장소에 대한 인식장애가 나타난다.

⑦ 흔히 수면-각성 주기의 장애를 보인다.

⑧ 주위를 알아보지 못하고 헛소리를 하거나 손발을 떠는 증상들이 나타난다.

⑨ 단기간에 발생하여 악화되며, 하루 중에도 그 심각도가 변동된다.

⑩ 이러한 증상이 과도한 약물복용이나 신체적 질병의 직접적 결과로 발생한 것이라는 명백한 근거가 있을 때 진단된다.

⑪ 섬망에 수반된 지각장애는 오해, 착각 또는 환각을 포함한다.

> **섬망의 DSM-5 진단기준**
> ① 주의장애와 의식장애를 주된 특징으로 한다.
> ⓙ 주의장애 : 주의를 기울이고, 집중, 유지 및 전환하는 능력 감소
> ⓛ 의식장애 : 환경에 대한 지남력 감소
> ② 장애는 단기간(몇시간 또는 며칠)에 걸쳐 발생하고, 기저 상태의 주의와 의식으로부터 변화를 보이며, 하루 중 심각도가 변하는 경향이 있다.
> ③ 부가적 인지장애 : 기억 결손, 지남력 장애, 언어, 시공간 능력 또는 지각
> ④ 진단기준 ①과 ③의 장애는 다른 신경인지장애로 더 잘 설명되지 않고, 혼수와 같은 각성 수준이 심하게 저하된 상황에서 일어나지 않는다.
> ⑤ 물질 중독 섬망, 물질 금단 섬망, 약물치료로 유발된 섬망, 다른 의학적 상태로 인한 섬망을 구별하여 명시한다.

[핵심예제]

다음 증상들이 나타날 때 적절한 진단명은? [18년 17회]

> ○ 의학적 상태, 물질 중독이나 금단, 치료약물 사용 등으로 일어난다는 증거가 있다.
> ○ 주의를 집중하는 것이 어렵고, 이해할 수 없는 말을 중얼거린다.
> ○ 방향 감각이 없고 자신의 이름을 말하지 못한다.
> ○ 위의 증상들이 갑자기 나타나고, 몇 시간이나 며칠 간 지속되다가 그 원인을 제거하면 회복되는 경우가 많다.

① 섬 망
② 경도 신경인지장애
③ 주요 신경인지장애
④ 이인증
⑤ 해리성 정체감 장애

정답 ①

해설

섬망은 주의장애와 의식장애를 주된 특징으로 하며, 부가적 인지장애가 나타나는 신경인지장애이다.

핵심이론 59 성격장애(Personality Disorder) 개요

① 성격장애(Personality Disorder)의 개념
  ㉠ 어떤 사람의 인격이 보통 사람에게서 볼 수 있는 일반적인 범위에서 벗어나고 융통성 또한 떨어져서 적응, 직업, 대인관계 등에서 문제를 일으키는 것을 말한다.
  ㉡ 증상의 유사성에 따라 A군 성격장애, B군 성격장애, C군 성격장애로 분류된다.

② 성격장애(Personality Disorder)의 특징
  ㉠ 비사회성, 깊이 있는 정서적 교감 결여, 집단·개인에 대한 믿음 결여, 자신의 성격이나 태도에 대한 통찰력 부족 등의 특징을 나타낸다.
  ㉡ 성격장애는 시간이 지나더라도 쉽게 변하지 않으며, 그로 인한 고통과 장애를 동반한다.
  ㉢ 성격장애는 증상의 유사성에 따라 다음과 같이 3가지 유형으로 분류된다.

분류	성격 특성	종류
A군	• 사회적 고립 • 기이함	편집성 성격장애 (Paranoid Personality Disorder)
		조현성 성격장애 (Schizoid Personality Disorder)
		조현형 성격장애 (Schizotypal Personality Disorder)
B군	• 감정적 • 변화 많음 • 극 적	반사회성 성격장애 (Antisocial Personality Disorder)
		연극성(히스테리성) 성격장애 (Histrionic Personality Disorder)
		경계선 성격장애 (Borderline Personality Disorder)
		자기애성 성격장애 (Narcissistic Personality Disorder)
C군	• 불안해함 • 두려움 많음	의존성 성격장애 (Dependent Personality Disorder)
		강박성 성격장애 (Obsessive-Compulsive Personality Disorder)
		회피성 성격장애 (Avoidant Personality Disorder)

성격장애(Personality Disorder)의 DSM-5 진단기준
① 내적 경험과 행동의 지속적인 유형이 개인이 속한 문화에서 기대하는 바로부터 현저하게 편향되어 있고, 다음 중 2가지 이상에서 나타난다.
  ㉠ 인지 : 사람 및 사건을 지각하는 방법
  ㉡ 정동 : 감정 반응의 범위, 불안전성, 적절성
  ㉢ 대인관계 기능
  ㉣ 충동 조절
② 장애는 사회 상황의 전 범위에서 경직되어 있고 전반적으로 나타난다.
③ 장애가 사회적·직업적 또는 다른 중요한 기능 영역에서 임상적으로 유의미한 고통이나 손상을 초래한다.
④ 장애는 오랜 기간 동안 있어 왔으며, 최소한 청년기 혹은 성인기 초기부터 시작된다.
⑤ 장애가 다른 정신질환의 현상이나 결과로 더 잘 설명되지 않고, 물질의 생리적 효과나 다른 의학적 상태로 인한 것이 아니다.

③ DSM-5 성격장애 대안모델 : DSM-5는 성격장애를 편집성, 조현성(분열성), 조현형(분열형), 반사회적, 연극성(히스테리성), 경계선, 자기애성, 강박성, 의존성, 회피성 등 10개로 구분하는 범주적 접근법을 취하였으나, 5개의 병리적 성격 특질의 조합에 따라 성격장애를 차원적으로 평가할 수 있는 새로운 모델을 대안으로 포함하였다.
  ㉠ 조현형(분열형), 반사회성, 경계선, 자기애성, 강박성, 회피성 6개로 구분
  ㉡ 장애의 진단기준을 성격기능과 부적응적 성격 특질을 강조하는 것으로 재구성
  ㉢ 차원적으로 평가될 수 있는 성격 영역과 특정한 특질양상을 기술

[핵심예제]

성격장애의 일반적 진단기준에 포함되지 않는 것은?

[16년 14회]

① 인 지
② 태 도
③ 정 동
④ 충동조절
⑤ 대인관계 기능

정답 ②

해설

성격장애의 일반적인 진단기준은 개인이 속한 사회의 문화적 기대에서 심하게 벗어난, 지속적인 내적 경험과 행동양식을 말한다. 이 양식은 인지, 정동, 대인관계 기능, 충동조절 중 2개(또는 그 이상) 영역에서 나타난다. 인지는 자신과 타인, 그리고 사건을 지각하고 해석하는 방식을 말하며 정동은 정서반응의 범위, 강도, 불안정성, 그리고 적절성을 말한다.

핵심이론 60 **A군 성격장애**

① 편집성 성격장애

  ㉠ 타인에 대한 강한 불신과 의심을 지니고 적대적인 태도를 나타내어 사회적 부적응을 보이는 성격특성을 말한다.

  ㉡ 타인에 대한 불신으로 일을 혼자 처리하려는 경향이 있으며, 타인을 조정·지배하려 한다.

  ㉢ 자신에 대한 모욕이나 경멸을 용서하지 않으며, 사소한 충돌에도 공격성을 보이고 적개심을 품는다.

  ㉣ 스트레스에 의한 우울증, 공포증, 강박장애 등을 일으킬 가능성이 높다.

  ㉤ 아동기와 청소년기에 과민성, 비사교성, 공상 또는 망상, 낮은 학업성취도 등을 나타낸다.

> **편집성 성격장애의 DSM-5 진단기준**
>
> ① 다른 사람의 동기를 악의가 있는 것으로 해석하는 등 타인에 대한 전반적인 불신과 의심이 있으며, 다음 중 4가지 이상이 나타난다.
>
>   ㉠ 타인이 자신을 이용하고 속이며 해를 입힌다고 의심한다.
>
>   ㉡ 친구나 동료의 진실성이나 신뢰성에 대해 부당하게 의심한다.
>
>   ㉢ 정보가 자신에게 악의적으로 사용될 수 있다는 두려움으로 인해 타인에게 자신의 속내를 드러내지 않는다.
>
>   ㉣ 타인의 사소한 말이나 사건 속에 자신에 대한 비하와 위협의 의도가 있는지 파악하고자 한다.
>
>   ㉤ 모욕, 손상 또는 경멸 등 자신이 품은 원한을 오랫동안 간직한다.
>
>   ㉥ 타인의 의도와 관련 없이 자기 인격이나 명성이 공격당한 것으로 간주하여 즉각 화를 내거나 반격한다.
>
>   ㉦ 특별한 이유 없이 자신의 배우자나 성적 상대자의 정절을 의심한다.
>
> ② 성인기 초기에 시작되며 여러 상황에서 나타난다.

② 조현성(분열성) 성격장애

  ㉠ 사회적 관계로부터 고립되어 대인관계를 기피하며, 자신의 감정을 표현하지 않는다.

  ㉡ 감정적 냉담, 고립 혹은 단조로운 정동의 표현을 특징으로 한다.

ⓒ 타인과 관계를 형성하는 능력, 적절한 반응을 통해 소통하는 능력에 장애가 있으므로, 사회적 적응에 어려움을 나타낸다.

ⓔ 타인에 대해 무관심하며, 극히 소수의 사람들과만 친밀한 관계를 맺는다.

ⓜ 지나치게 온순하고 내향적인 성격을 보이며, 타인의 칭찬이나 비난에 무관심하다.

ⓗ 사회적으로 무능하여 대인관계를 요하는 업무수행에 어려움을 보이지만, 혼자 하는 활동에서는 능숙한 모습을 보이기도 한다.

ⓢ 흔히 우울증이 있으며, 강한 스트레스에 의해 망상장애나 조현병을 일으킬 수도 있다.

ⓞ 아동기와 청소년기에 비사교성, 낮은 학업성취도 등을 보인다.

> **조현성(분열성) 성격장애의 DSM-5 진단기준**
>
> ① 다양한 형태의 사회적 유대로부터 반복적으로 유리되고, 대인관계에서 전반적으로 제한된 감정 표현이 나타나며, 다음 중 4가지 이상이 나타난다.
>   ㉠ 타인이나 가족성원과 친밀한 관계를 맺고자 하지 않는다.
>   ㉡ 거의 모든 활동에 있어서 혼자 선택하며 홀로 행동한다.
>   ㉢ 타인과 성적 관계를 가지는 것에 흥미가 없다.
>   ㉣ 즐거움을 얻는 활동이 거의 없거나 극히 소수이다.
>   ㉤ 가족 이외에 속내를 털어놓을 수 있는 친구가 없다.
>   ㉥ 타인의 칭찬이나 비난에 무관심한 반응을 보인다.
>   ㉦ 정서적으로 냉담하고 고립적이며, 단조로운 정동을 보인다.
> ② 이러한 양상이 성인기 초기에 시작되며 여러 상황에서 나타난다.

③ 조현형(분열형) 성격장애
  ㉠ 분열성 또는 회피성 성격장애가 더 악화된 상태를 말한다.
  ㉡ 사회적으로 고립되어 타인과 가까운 대인관계를 맺지 못할 뿐 아니라, 기이한 생각과 행동을 나타내는 것이 특징이다.
  ㉢ 사회적 고립, 텔레파시 같은 마술적 사고, 관계망상, 피해의식, 착각, 이인증 등이 특징이다.

ⓔ 인지과정의 주요 특징은 일탈이나 간섭으로, 그 결과 논리적인 사고의 전개가 어렵다. 정신병적인 사고가 일시적으로 나타나기는 하지만 조현병 진단에는 맞지 않는다.

ⓜ 정서표현은 무감동하고 둔화되어 있다.

> **조현형(분열형) 성격장애의 DSM-5 진단기준**
>
> ① 친분관계를 급작스럽게 불편해하고, 그럴 능력의 감퇴 및 인지·지각의 왜곡, 행동의 기괴성으로 구별되는 사회적 관계의 결함이 광범위하게 나타난다. 다음 중 5가지 이상 나타난다.
>   ㉠ 관계 사고 : 우연한 사고나 사건이 자신과 특별한 관계가 있다고 잘못 해석한다.
>   ㉡ 소문화권 기준에 맞지 않는 마술적인 사고 : 미신, 천리안, 텔레파시 등에 대한 믿음, 기이한 공상
>   ㉢ 신체적 착각을 포함한 이상한 지각 경험
>   ㉣ 괴이한 사고와 언어
>   ㉤ 편집증적인 생각 또는 의심
>   ㉥ 부적절하고 제한된 정동
>   ㉦ 기묘한 또는 괴팍한 행동이나 외모 : 이상한 동작, 혼잣말, 기묘한 말
>   ㉧ 가족을 제외하면 가까운 친구나 친한 사람이 없음
>   ㉨ 부적절하거나 위축된 정서 : 정서가 냉담하고 동떨어져 있음
> ② 성인기 초기에 시작되며 여러 상황에서 나타난다.

[핵심예제]

분열성(Schizoid) 성격장애의 특징을 모두 고른 것은?

[14년 12회]

ㄱ. 정서적인 냉담성
ㄴ. 성적인 행동에 집착하고 몰입함
ㄷ. 거만하고 방자한 행동이나 태도
ㄹ. 다른 사람의 칭찬이나 비평에 무관심함
ㅁ. 다른 사람의 의견이나 주장에 쉽게 좌우되는 피암시성이 강함

① ㄱ, ㄹ   ② ㄱ, ㅁ
③ ㄴ, ㄹ   ④ ㄱ, ㄴ, ㅁ
⑤ ㄴ, ㄷ, ㄹ

정답 ①

해설
ㄴ. 성도착 장애, ㄷ. 자기애성 성격장애, ㅁ. 의존성 성격장애의 특징이다.

핵심이론 61 B군 성격장애 – 반사회성 · 연극성(히스테리성) 성격장애

① 반사회성 성격장애

　㉠ 사회규범에 적응하지 못하며, 타인의 권리를 무시하거나 침범하는 양상을 보인다.

　㉡ 지속적으로 비이성적 · 충동적 · 폭력적인 행위를 한다.

　㉢ 죄의식 없이 타인에게 피해를 입히거나 타인을 해치는 등의 범죄를 저지르기도 한다.

　㉣ 강하게 자기주장을 내세우는 반면, 희생자 또는 약자를 무기력하다고 비난한다.

　㉤ 가정이나 직장에서 책임을 지지 않으며, 자신의 이익을 위하여 타인을 교묘하게 이용한다.

　㉥ 아동기의 품행장애나 주의력 결핍 및 과잉행동장애(ADHD)가 성인기에 이르러 반사회성 성격장애로 진행될 가능성이 높다.

　㉦ 성적 일탈이나 약물남용에 빠지기 쉽다. 알코올과 마약 등 중독자와 교도소에 수감되어 있는 수용자에게 흔한 편이다.

　㉧ 정직성, 의리가 없기 때문에 지속적이거나 친밀한 관계를 맺기가 힘들다.

반사회성 성격장애의 DSM-5 진단기준

① 15세 이후 시작되고, 다른 사람의 권리를 무시하는 행동 양상이 있고, 다음 중 3가지 이상을 충족한다.

　㉠ 체포 이유가 되는 행위를 반복하는 등 법적 행동에 관련된 사회적 규범에 맞추지 못함

　㉡ 반복적으로 거짓말을 함

　㉢ 충동적이거나 미리 계획을 세우지 못함

　㉣ 신체적 싸움이나 폭력 등이 반복적으로 나타나는 불안정성 및 공격성

　㉤ 자신이나 타인의 안전을 무시하는 무모성

　㉥ 일정한 직업을 갖지 못하거나 혹은 마땅한 재정적 의무를 다하지 못하는 것 등 지속적인 무책임성

　㉦ 다른 사람을 학대하거나 다른 사람 물건을 훔치는 것에 대해 양심의 가책 결여 또는 합리화

② 진단은 최소 18세 이상이어야 하며, 15세 이전에 품행장애의 증거가 있다.

③ 반사회적 행동은 조현병이나 양극성 장애의 경과 중에만 나타나지 않는다.

---

② 연극성(히스테리성) 성격장애

　㉠ 감정의 표현이 과장되고, 주변의 시선을 받으려는 일관된 성격 특징이 있다.

　㉡ 이로 인해 환자의 전반적인 기능이 저하되고 주관적인 고통이 초래되는 경우를 말한다.

　㉢ 타인의 애정과 관심을 끌기 위한 지나친 노력과 과도한 감정표현을 보인다.

　㉣ 대인관계 초기에는 상대방에게 매력적으로 느껴지나, 일단 친밀해지면 요구가 많다.

연극성(히스테리성) 성격장애의 DSM-5 진단기준

① 과도한 감정 · 주의를 끄는 광범위한 형태로 나타나며 다음 중 5가지 이상이 나타난다.

　㉠ 자신이 주목받지 못하는 상황을 불편하게 생각한다.

　㉡ 다른 사람과의 관계에서 부적절할 정도로 성적으로 유혹적이거나 자극적이다.

　㉢ 감정 표현이 자주 바뀌고, 피상적으로 표현한다.

　㉣ 자신에 대한 관심을 계속해서 유지하기 위해서 외모를 이용한다.

　㉤ 연극적인 방식으로 말을 하고, 말하는 내용에 세부적인 사항이 결여되어 있다.

　㉥ 자신을 극적인 방식으로 표현하고, 연극적인 태도를 보이며, 감정을 과장해서 표현한다.

　㉦ 다른 사람이나 환경에 쉽게 영향을 받는다.

　㉧ 다른 사람과의 관계를 실제보다 더 친밀한 것으로 잘못 생각한다.

② 이는 성인기 초기에 시작되며, 여러 상황에서 나타난다.

다음 보기에 제시된 특징에 해당하는 성격장애는? [16년 15회]

○ 외모와 행동은 성적으로 유혹적이거나 자극적이다.
○ 타인의 애정과 관심을 끌기 위한 지나친 노력과 과도한 감정표현을 보인다.
○ 대인관계 초기에는 상대방에게 매력적으로 느껴지나, 일단 친밀해지면 요구가 많다.

① 경계성 성격장애
② 연극성 성격장애
③ 편집성 성격장애
④ 회피성 성격장애
⑤ 자기애성 성격장애

|정답| ②

|해설|
연극성(히스테리성) 성격장애는 여러 성격장애 중에서도, 감정의 표현이 과장되고 주변의 시선을 받으려는 일관된 성격상의 특징을 가지며, 이로 인해 환자의 전반적인 기능이 저하되고 주관적인 고통이 초래되는 경우를 일컫는다.

핵심이론 62 **B군 성격장애 – 경계선(경계성)·자기애성 성격장애**

① 경계선(경계성) 성격장애
  ㉠ 극단적인 심리적 불안정성, 즉 대인관계나 자아상(Self-Image), 정동에 불안정성을 보인다.
  ㉡ 신경증적 상태와 정신병적 상태의 경계를 의미하는 것으로서, 평상시에도 위태로운 상태에 놓인 것처럼 보인다.
  ㉢ 타인에게 버림받는 것을 매우 두려워하며, 이성에 대해 강렬한 애정과 증오를 나타낸다.
  ㉣ 위기상태에서 매우 충동적·논쟁적이고 타인에게 책임을 전가하며, 분노를 터뜨려 통제력을 상실하기도 한다.
  ㉤ 급작스러운 감정의 기복으로 인해 만성적인 공허감과 권태감, 우울함을 느낀다.
  ㉥ 성적 일탈, 약물남용, 도박, 무절제한 낭비 등을 하며, 자신의 분노를 표출하거나 타인에게서 동정을 얻기 위해 자해·자살의 위협을 보이기도 한다.
  ㉦ 세로토닌 저활성화로 자살시도와 공격적 행동을 보인다.
  ㉧ 정체감 혼란, 충동적인 성관계, 반복적인 자살위협, 일시적인 해리증상 등을 보이고 있으나, 기질적인 손상은 없다.

경계선(경계성) 성격장애의 DSM-5 진단기준
① 대인관계, 자아상 및 정동의 불안정성과 충동성이 광범위하게 나타나며, 다음 중 5개 이상이 나타난다.
  ㉠ 실제 유기 또는 가상 유기를 피하기 위해 필사적으로 노력한다.
  ㉡ 대인관계에 있어서 상대방에 대한 이상화와 평가절하의 교차가 극단적이고 반복적으로 나타난다.
  ㉢ 자아상이나 자기지각이 지속적으로 심각한 불안정성을 보인다.
  ㉣ 낭비, 물질 남용, 성관계, 난폭운전, 폭식 또는 폭음 등 자신에게 손상을 줄 수 있는 충동성을 2가지 이상 나타낸다.
  ㉤ 반복적으로 자해나 자살의 위협을 보이며, 실제로 자해 행위를 시도한다.
  ㉥ 현저한 기분 변화로 인해 정서가 불안정하다.
  ㉦ 만성적인 공허감을 느낀다.
  ㉧ 부적절하고 심한 분노를 느끼거나, 분노를 조절하는 데 어려움을 느낀다.

ⓣ 스트레스에 의한 망상적 사고 또는 심한 해리증상
이 있다.
② 성인기 초기에 시작되며 여러 상황에서 나타난다.

② 자기애성 성격장애
ⓗ 왜곡된 자아상으로 자신이 대단한 사람인 듯 과대평가하
는 양상을 보인다.
ⓛ 자기중심적이고 과시적이며, 타인으로부터 칭찬과 찬사
를 받고 싶어 하는 반면, 타인의 비판이나 비난에는 과민
하게 반응한다.
ⓒ 자신의 성공 또는 권력의 획득을 꿈꾸며, 공상적 · 망상
적인 환상에 사로잡힌다.
ⓔ 자신의 목표를 위해 타인을 아무런 거리낌 없이 이용하려
고 한다.
ⓜ 특권의식에 사로잡혀 오만하고 거만한 태도를 보임으로
써 주변 사람들과 잦은 마찰을 일으키고 따돌림을 당한다.
ⓗ 자기애성 성격은 자기애적 성향을 외부로 드러내는 '외현
적 자기애(Narcissisme Ouvert)'와 자기애적 성향을 내
부로 지니고 있는 '내현적 자기애(Narcissisme Couvert)'
로 구분된다.
ⓢ 자기애성 성격은 보통 사춘기에 흔히 나타나지만, 이것이
필연적으로 자기애성 성격장애로 진행되는 것은 아니다.

┌─────────────────────────────────────┐
│ **자기애성 성격장애의 DSM-5 진단기준**
│ ① 과대성 행동과 사고, 숭배의 요구, 공감 능력 결여가 광
│   범위한 양상으로 있고, 다음 중 5개 이상이 나타난다.
│   ⓗ 자신의 중요성에 대해 과장된 지각을 한다.
│   ⓛ 성공과 권력, 탁월함과 아름다움, 이상적인 사랑에
│   대한 공상을 자주 한다.
│   ⓒ 자신은 매우 특별하고 독특하므로 특별하거나 지
│   위가 높은 사람만이 자신을 이해할 수 있으며, 자
│   신 또한 그들과 어울려야 한다고 생각한다.
│   ⓔ 타인으로부터 과도한 찬사를 요구한다.
│   ⓜ 특권의식을 가지며, 특별대우에 대한 불합리한 기
│   대감에 사로잡힌다.
│   ⓗ 자기 목표를 위해 타인을 이용하려고 한다.
│   ⓢ 공감 능력 결여로 인해 타인의 감정이나 요구를 무
│   시한다.
└─────────────────────────────────────┘

ⓞ 타인을 질투하거나 또는 자신이 타인의 질투 대상
이라고 생각한다.
ⓩ 오만방자한 행동이나 태도를 보인다.
② 청년기에 시작되며, 여러 상황에 나타난다.

[핵심예제]

대인관계의 자아상 및 정동의 불안정성, 심한 충동성을 보이
는 광범위한 행동 양상으로 인해 사회적 부적응이 초래되는
성격장애는?   [16년 14회]

① 의존성 성격장애
② 경계선 성격장애
③ 자기애성 성격장애
④ 편집성 성격장애
⑤ 연극성 성격장애

정답 ②

해설
경계선 성격장애는 극단적인 심리적 불안정성, 즉 대인관계나 자아상
(Self-Image), 정동에 불안정성을 보인다.

C군 성격장애

① 회피성 성격장애

   ⊙ 거절에 대해 매우 예민하고, 그로 인해 사회적으로 무기력한 모습을 보이는 성격장애로서, 사회공포증을 동반하기도 한다.

   ⓒ 자신을 거절하지 않을 것이라는 확신이 드는 사람만을 대상으로 인간관계를 맺는다.

   ⓒ 거부나 상실에 대한 두려움과 고통이 커서 오히려 혼자 지내려고 하지만, 내적으로는 친밀한 관계를 원하는 특징이 있다.

   ⓔ 평생유병률은 0.5~1% 정도이며, 여성에게 잘 생긴다.

> **회피성 성격장애의 DSM-5 진단기준**
> ① 사회관계의 억제, 부적절감, 부정적 평가에 대한 예민함이 광범위한 양상으로 나타나고, 다음 중 4가지 이상 나타난다.
>> ⊙ 비판이나 거절, 인정받지 못함 등 때문에 대인 접촉이 관련되는 직업 활동을 회피한다.
>> ⓒ 자신을 좋아한다는 확신 없이는 대인관계를 피한다.
>> ⓒ 수치를 느끼거나 놀림 받음에 대한 두려움 때문에 친근한 대인관계 이내로 자신을 제한한다.
>> ⓔ 사회적 상황에서 비판의 대상이 되거나 거절당하는 것에 대해 집착한다.
>> ⓜ 부적절감으로 인해 새로운 대인관계를 맺는 것이 힘들다.
>> ⓗ 자신을 사회적으로 부적절하고, 개인적으로 매력이 없는, 다른 사람에 비해 열등한 사람으로 바라본다.
>> ⓢ 당황하는 인상을 줄까 두려워 어떤 새로운 일에 관여하거나 혹은 개인적인 위험을 감수하는 것을 드물게 마지못해서 한다.
> ② 이는 청년기에 시작되어 여러 상황에서 나타난다.

② 의존성 성격장애

   ⊙ 가족성원이나 타인에게 보살핌을 받고자 하는 욕구가 강하다.

   ⓒ 순종적·의존적인 양상을 보인다.

   ⓒ 의존성, 복종성, 수동성, 피암시성, 자기의심, 비관적 사고 등을 특징으로 한다.

   ⓔ 자신의 능력과 자질을 과소평가하여 자신이 결정을 내려야 할 상황에 처하는 경우 매우 불안해한다.

   ⓜ 중요한 결정을 내리거나 책임성을 요하는 일들에 대해 타인에게 그 책임을 넘긴다.

   ⓗ 중요한 사람과의 밀착된 관계에 금이 갈 것을 우려, 자신의 요구·욕구를 억제하면서까지 상대방의 주장·의도에 따르며 지나친 의존 행위로 인해 원만한 대인관계를 지속하기 어렵다.

   ⓢ 자신을 의도적으로 약하게 보이도록 함으로써 상대방의 보호를 유도하는 경향이 있다.

   ⓞ 의존 상대와의 관계가 끝나면 일시적으로 극심한 불안과 좌절을 느끼지만, 보통 다른 의존 상대를 찾아 유사한 관계를 재형성하는 경우가 대부분이다.

   ⓩ 아동기나 청소년기에 경험하는 만성 신체질환이나 분리불안장애가 소인이 되기도 한다.

> **의존성 성격장애의 DSM-5 진단기준**
> ① 돌봄을 받고자 하는 광범위하고 지나친 욕구가 복종적이고 매달리는 행동과 이별 공포를 초래하며, 다음 중 5개 이상이 나타난다.
>> ⊙ 일상적인 결정에 대해서도 타인의 충고와 보장을 필요로 한다.
>> ⓒ 자기 인생의 중요한 부분까지도 떠맡길 수 있는 타인을 필요로 한다.
>> ⓒ 지지·칭찬을 상실할지도 모른다는 두려움으로 타인에게 반대 의견을 제시하지 못한다.
>> ⓔ 자신의 일을 단독으로 시작하거나 수행하는 데 어려움을 느낀다.
>> ⓜ 타인의 지지와 보호를 얻기 위해서라면 어떠한 일이든 마다하지 않는다.
>> ⓗ 자신이 혼자 일을 처리해야 하는 경우 과장된 두려움과 불안감을 느낀다.
>> ⓢ 의존 상대와의 친밀한 관계가 끝나는 경우 서둘러 다른 지지와 보호의 대상을 찾는다.
>> ⓞ 스스로를 돌봐야 하는 상황에 처하는 것에 대해 비현실적으로 집착한다.
> ② 이는 청년기에 시작되며 여러 상황에서 나타난다.

③ 강박성 성격장애

㉠ 정리정돈과 질서정연함, 자기통제와 완벽성에 집착을 보인다.

㉡ 형식과 절차, 규칙에 지나치게 몰두하며, 사소한 것에도 과도하게 신경을 쓴다.

㉢ 고집이 세고 완고하며, 융통성이 부족하여 타인과 타협하는 데 어려움을 느낀다.

㉣ 자신의 감정이 외부로 표출되는 것을 억제하거나 자신의 감정을 의도적으로 꾸며낸다.

㉤ 논리와 지성을 중요시하며, 충동적으로 행동하는 사람이나 자기관리에 소홀한 사람을 내심 경멸한다.

㉥ 통제된 생활을 강조하며, 수직적인 대인관계를 유지하려고 한다.

㉦ 씀씀이가 매우 인색하며, 당장 필요하지 않은 물건이라도 약간의 쓰임새만 있다면 무엇이라도 모아두려는 경향이 있다.

> **강박성 성격장애의 DSM-5 진단기준**
>
> ① 융통성·개방성·효율성을 찾아보기 어렵고, 정돈·완벽·정신적 통제·대인관계 통제에 지나치게 집착하는 양상이 광범위하게 나타나며, 다음 중 4개 이상에 해당한다.
>
> ㉠ 내용의 세부사항, 규칙, 목록, 순서, 조직, 형식에 집착해 일을 전체적으로 보지 못한다.
>
> ㉡ 지나치게 엄격한 완벽주의 성향으로 인해 오히려 과제를 완수하기 어렵다.
>
> ㉢ 일과 생산성에 지나치게 몰두하여 여가활동을 즐기거나 가까운 사람들과 즐거운 시간을 가지지 못한다.
>
> ㉣ 도덕적·윤리적·가치적 측면에서 지나치게 양심적이고 고지식하며, 융통성이 결여되어 있다.
>
> ㉤ 실용적으로도 감상적으로도 아무런 가치가 없는 물건을 쉽게 버리지 못한다.
>
> ㉥ 자신이 일하는 방식에 따르지 않는 사람에게는 일을 위임하거나 함께 일하려 하지 않는다.
>
> ㉦ 미래의 재난에 대비하기 위해 돈을 쌓아두어야 한다는 생각으로 인해, 자신이나 타인에게 매우 인색하다.
>
> ㉧ 경직되고 완고한 모습을 보인다.
>
> ② 이는 청년기에 시작되며, 여러 상황에 나타난다.

[**핵심예제**]

의존성 성격장애에 관한 설명으로 옳은 것을 모두 고른 것은?　　　　　　　　　　　　　　[17년 16회]

> ㄱ. 혼자 있으면 불안해지거나 무기력해짐
> ㄴ. 일을 혼자서 시작하기 어려움
> ㄷ. 타인의 충고 없이 일상적 판단이 어려움
> ㄹ. 타인의 지지를 상실하는 것에 대한 두려움으로 반대 의견을 말하기 어려움
> ㅁ. 친밀한 관계가 끝났더라도 필요한 지지와 보호를 받기 위해 계속 매달림

① ㄱ, ㄹ
② ㄴ, ㄷ, ㄹ
③ ㄱ, ㄴ, ㄷ, ㄹ
④ ㄱ, ㄴ, ㄷ, ㅁ
⑤ ㄱ, ㄴ, ㄷ, ㄹ, ㅁ

정답 ③

해설

ㅁ. 의존 상대와의 친밀한 관계가 끝나는 경우 서둘러 다른 지지와 보호의 대상을 찾는다.

제20장

임상적 주의가 필요한 기타 문제

핵심이론 64 임상적 주의가 필요한 기타 문제

① 정신장애 범주에 속하지는 않지만, 임상적 관심과 보살핌이 필요한 다양한 심리적 문제들의 분류범주에 속하는 문제들이 이에 포함된다.

② 환자의 정신질환의 진단·경과·예후·치료 등에 영향을 줄 기타 상태와 문제를 다룬다.

관계 문제	• 가족 양육과 관련된 문제, 1차 지지집단과 관련된 기타 문제	
학대와 방임	• 아동학대와 방임 문제, 성인학대와 방임 문제	
교육과 직업문제	교육문제	• 학업이나 교육문제
	직업문제	• 현재 군대 배치 상태와 관련된 문제 • 고용과 관련된 기타 문제
주거와 경제문제	주거문제	• 노숙, 부적절한 주거, 이웃·세입자 및 임대주 등과의 불화, 기숙시설에서의 생활과 관련된 문제
	경제문제	• 음식·식수 부족, 극도의 가난, 적은 수입, 불충분한 사회보험이나 복지지원, 명시되지 않은 주거 혹은 경제문제
사회환경과 연관된 기타 문제	• 생의 단계 문제 • 혼자 살기와 연관된 문제 • 문화적응의 어려움 • 사회적 배척이나 거부 • (지각된) 부정적 차별이나 박해의 표적 • 사회환경과 관련된 명시되지 않은 문제	
범죄 또는 법체계와의 상호작용과 연관된 문제		
상담과 의학적 조언을 위한 기타의 건강 서비스 대면성 상담, 기타 상담 또는 자문		
기타 정신사회적·개인적·환경적 상황과 연관된 문제		
개인력의 기타 상황	• 심리적 외상의 기타 개인력, 자해의 개인력, 군대 배치의 개인력 • 기타 개인적 위험요인, 생활방식 관련 문제 • 성인 반사회적 행동, 아동·청소년 반사회적 행동	
의학적 치료 및 건강관리에 대한 접근과 관련된 문제		
기 타	• 과체중 또는 비만, 꾀병, 정신질환과 연관된 배회, 경계선 지적 기능	

[핵심예제]

DSM-5는 부가적으로 '임상적 주의가 필요한 기타 문제'에서 한 개인이 처한 '사회환경과 연관된 문제'들을 다루고 있는데, 이 범주에 해당하는 것을 모두 고른 것은? [16년 14회]

ㄱ. 생의 단계 문제 예 생의 주기 전환인 발달기
ㄴ. 혼자 살기와 연관된 문제 예 고아, 독신, 별거
ㄷ. 문화적응의 어려움 예 이민, 군 입대
ㄹ. 주거와 경제문제 예 노숙, 극도의 가난
ㅁ. 부정적 차별이나 박해의 표적 예 집단 괴롭힘, 공갈의 표적

① ㄱ, ㄴ
② ㄱ, ㅁ
③ ㄴ, ㄷ, ㄹ
④ ㄱ, ㄴ, ㄷ, ㅁ
⑤ ㄴ, ㄷ, ㄹ, ㅁ

정답 ④

해설
ㄹ은 '주거와 경제문제'에 해당한다.

제1장 청소년 진로상담의 이론적 기초

핵심이론 01 청소년 진로상담 목표

① **자신에 대한 올바른 이해 확립** : 한 개인이 적절한 일과 직업을 선택하기 위해서는 무엇보다도 개인의 가치관, 능력, 성격, 적성, 흥미, 신체적 특성 및 주변 환경 등에 대하여 올바르게 이해할 수 있어야 한다.

② **일과 직업세계에 대한 이해 증진** : 물질문명의 눈부신 발전은 생활패턴뿐만 아니라 직업의 유형과 특성 등을 급격하게 변화시켰으며, 진로상담은 급변하는 직업세계에 대하여 올바르고 객관적으로 이해할 수 있도록 해준다.

③ **정보탐색 및 활용능력의 함양** : 진로상담 과정에서 직업세계에 대해 올바르게 이해하기 위해서 정보의 수집 및 활용능력은 매우 중요하다.

④ **올바른 직업관과 직업의식 형성** : 내담자들이 올바른 직업관과 직업의식, 나아가 직업에 대한 올바른 태도와 가치관을 형성할 수 있도록 직업을 목적보다는 수단으로 여기는 생각과 직업 자체에 대한 편견을 버리도록 하고, 성 역할에 대한 고정관념에서 벗어나게 해야 한다.

⑤ **합리적인 의사결정능력의 증진** : 진로상담의 최종결과도 다른 모든 활동들과 마찬가지로 '결정'이라는 과정을 통해서 나타난다. 청소년을 위한 진로상담에서는 청소년의 진로에 관한 의사결정 '과정'에 초점을 두고 의사결정기술을 훈련하고 학습하도록 도와준다.

⑥ **진로발달 단계별 진로상담 목표**

구 분	목표
초등학생 – 진로인식단계	• 학습과 사회적 발달의 기본 기능 습득 • 인간으로서의 삶과 개인적 · 사회적 활동에 관한 기본 기능 고찰
	• 사회 속에서 이루어지는 개인적 삶의 기본 특성에 관한 고찰 • 인간이 배우고 활용하는 환경과 자연에 대한 탐구 • 아동의 기본적 흥미와 잠재력에 관한 탐색 • 개인의 특성 탐색을 통한 자기이해 증진
중학생 – 진로탐색단계	• 기본 기능 활용의 숙달 및 활용 능력 신장 • 장래의 직업, 취미생활, 가정생활, 시민생활, 문화생활 등에 관해 광범위하게 고찰 • 취업 기회에 관한 몇 가지 잠재적 가능성 탐색 • 직업선택 능력과 태도 함양 • 장래 직업의 보편적 영역에 관해 잠정적으로 선택 • 다양한 직업에서 요구하는 개인적 · 교육적 요건들에 관한 광범위한 지식 습득 • 인류의 가치와 신념체제에 관한 고찰
고등학생 – 진로준비단계	• 구체적인 미래의 진로계획을 수립 • 필요한 진로정보를 폭넓게 수집 · 분석하여 자신에게 적합한 직업 및 학교를 선정하고 이를 위해 계속 준비 • 건전한 직업관 · 직업윤리를 형성, 궁극적인 가치관 수립에 노력
대학생 – 진로전문화단계	• 전문적인 직업능력의 배양

[핵심예제]

청소년 진로상담의 목표로 옳지 않은 것은? [20년 19회]

① 학업능력 향상
② 직업세계에 대한 이해 증진
③ 합리적인 의사결정능력 향상
④ 자신에 대한 이해 증진
⑤ 직업기초능력 향상

정답 ①

해설

청소년 진로상담의 목표에는 자신에 대한 올바른 이해 확립, 일과 직업세계에 대한 이해 증진, 정보탐색 및 활용능력의 함양, 올바른 직업관과 직업의식 형성, 합리적인 의사결정능력의 증진 등이 있다.

핵심이론 02 2015 학교 진로교육의 영역과 세부목표

① 초등학교

대영역	중영역	세부목표
자아이해와 사회적 역량 개발	자아이해 및 긍정적 자아개념 형성	• 자신이 소중한 존재임을 안다. • 자신의 장점 및 특성을 찾아본다.
	대인관계 및 의사소통 역량 개발	• 대인관계의 중요성을 이해하고 타인을 배려할 수 있다. • 대인관계에서 의사소통의 중요성을 이해하고 원만하게 소통한다.
일과 직업 세계 이해	변화하는 직업세계 이해	• 일과 직업의 의미와 역할을 이해한다. • 일과 직업의 다양한 종류와 변화를 이해한다.
	건강한 직업의식 형성	• 직업에 대한 긍정적인 태도를 형성한다. • 맡은 일에 최선을 다하는 태도를 기른다. • 직업에 대한 편견과 고정관념을 극복하여 개방적인 인식을 형성한다.
진로 탐색	교육 기회의 탐색	• 진로에서 학습이 중요함을 이해하고 바른 학습 태도를 갖는다. • 학교 유형과 특성을 이해하고 탐색한다.
	직업 정보의 탐색	• 여러 방법으로 직업정보를 탐색·수집한다. • 다양한 체험활동을 통해 직업을 이해한다.
진로 디자인과 준비	진로 의사결정능력 개발	• 다양한 의사결정 방식을 안다. • 언제나 스스로 의사결정을 내릴 수 있다.
	진로 설계와 준비	• 진로 계획 수립의 중요성을 이해한다. • 자신의 꿈과 끼에 맞는 진로를 그려본다.

② 중학교

대영역	중영역	세부목표
자아이해와 사회적 역량 개발	자아이해 및 긍정적 자아개념 형성	• 자아존중감을 발달시켜 자기효능감을 갖도록 노력한다. • 자신의 흥미, 적성, 성격, 가치관 등 다양한 특성을 탐색한다.
	대인관계 및 의사소통 역량 개발	• 대인관계의 중요성을 이해하고, 대상과 상황에 맞는 대인관계 능력을 함양한다. • 사회생활에서 의사소통의 중요성을 이해하고, 효과적인 의사소통 방법을 이해하고 활용한다.
일과 직업 세계 이해	변화하는 직업세계 이해	• 직업의 역할을 알고 다양한 종류의 직업을 탐색한다. • 사회변화에 따른 직업세계 변화를 탐색한다. • 창업과 창직의 의미를 이해하고 관련 모의 활동을 해본다.
	건강한 직업의식 형성	• 직업 선택에 영향을 주는 다양한 가치를 탐색한다. • 직업인으로서 가져야 할 직업윤리 및 권리를 이해한다. • 직업에 대한 편견과 고정관념을 성찰하고 개선방법을 찾아 본다.
진로 탐색	교육 기회의 탐색	• 진로에서 학습의 중요성을 이해하고 자기주도적 학습 태도를 갖는다. • 고등학교의 유형과 특성에 대한 다양한 정보를 탐색한다.
	직업 정보의 탐색	• 다양한 방법과 체험활동을 통해 구체적인 직업 정보를 탐색한다. • 직업에 대해 수집한 정보를 분석하여 직업 이해에 활용한다.
진로 디자인과 준비	진로 의사결정능력 개발	• 진로 의사결정능력을 함양한다. • 진로를 선택하는 데 영향을 주는 진로장벽 요인을 알아보고 해결방법을 찾는다.
	진로 설계와 준비	• 자신의 특성을 바탕으로 미래 진로에 대해 잠정적인 목표와 계획을 세운다. • 진로목표에 따른 고등학교 진학 계획을 수립하고 준비한다.

③ 일반고등학교

대영역	중영역	세부목표
자아이해와 사회적 역량 개발	자아이해 및 긍정적 자아개념 형성	• 자아정체감을 갖고 자기효능감과 자신감을 향상시킨다. • 관심 진로에 대한 자신의 강점과 능력을 평가하고 향상시키려고 노력한다.
	대인관계 및 의사소통 역량 개발	• 자신의 대인관계 능력을 점검하고 향상시킨다. • 직업생활에서 의사소통의 중요성을 이해하고, 효과적인 의사소통 능력을 향상시킨다.
일과 직업 세계 이해	변화하는 직업세계 이해	• 미래 직업세계의 변화와 인재상을 탐색한다. • 직업세계의 변화가 자신의 진로에 미치는 영향을 파악한다. • 창업과 창직의 필요성을 이해하고 관련 계획을 세워본다.
	건강한 직업의식 형성	• 직업 선택을 위한 바른 가치관을 형성한다. • 직업생활에 필요한 직업윤리 및 관련 법규를 파악한다.
진로 탐색	교육 기회의 탐색	• 진로에서 학습의 중요성을 이해하고 자기주도적 학습 태도를 향상시킨다. • 대학, 전공에 대한 다양한 정보를 탐색한다. • 지속적인 진로개발을 위한 평생학습의 중요성을 이해하고 여러 기회를 탐색한다.
	직업 정보의 탐색	• 관심 직업에 대한 구체적인 직업 정보와 경로를 탐색한다. • 수집한 직업 정보를 선별하고 활용한다.
진로 디자인과 준비	진로 의사결정능력 개발	• 자신의 진로 의사결정방식을 점검하고 개선한다. • 자신의 진로장벽 요인을 해결하기 위해 노력한다.
	진로 설계와 준비	• 진로목표를 세우고, 구체적인 계획을 수립한다. • 상황변화에 맞추어 진로계획을 재점검하고 보완한다. • 고등학교 이후의 진로계획을 수립하고 실천하도록 노력한다.

④ 특성화고등학교

대영역	중영역	세부목표
자아이해와 사회적 역량 개발	자아이해 및 긍정적 자아개념 형성	• 자아정체감을 갖고 자기효능감과 자신감을 향상시킨다. • 관심 진로에 대한 자신의 강점과 능력을 평가하고 향상시키려고 노력한다.
	대인관계 및 의사소통 역량 개발	• 자신의 대인관계 능력을 점검하고 향상시킨다. • 직업생활에서 의사소통의 중요성을 이해하고, 효과적인 의사소통 능력을 향상시킨다.
일과 직업 세계 이해	변화하는 직업세계 이해	• 미래 직업세계의 변화와 인재상을 탐색한다. • 직업세계의 변화가 자신의 진로에 미치는 영향을 파악한다. • 창업과 창직의 중요성을 이해하고 관련 계획을 세워본다.
	건강한 직업의식 형성	• 직업 선택을 위한 바른 가치관을 형성한다. • 직업생활에 필요한 직업윤리 및 관련 법규를 파악한다.
진로 탐색	교육 기회의 탐색	• 진로에서 학습의 중요성을 이해하고 자기주도적 학습 태도를 향상시킨다. • 대학 및 전공에 대한 다양한 정보를 탐색한다. • 지속적인 진로개발을 위한 평생학습의 중요성을 이해하고 여러 기회를 탐색한다.
	직업 정보의 탐색	• 관심 직업에 대한 구체적인 직업 정보와 경로를 탐색한다. • 수집한 직업 정보를 선별하고 활용한다.
진로 디자인과 준비	진로 의사결정능력 개발	• 자신의 진로 의사결정방식을 점검하고 개선한다. • 자신의 진로장벽 요인을 해결하기 위해 노력한다.
	진로 설계와 준비	• 진로목표를 세우고, 구체적인 계획을 수립한다. • 상황변화에 맞추어 진로계획을 재점검하고 보완한다. • 고등학교 이후의 진로계획을 수립하고 실천하도록 노력한다.

선택1과목

[핵심예제]

다음 보기에 제시된 진로교육의 각 영역별 세부목표가 적용되는 학교급은? [19년 18회]

○ 일과 직업세계의 이해 – 일과 직업의 기능과 중요성을 알고 최선을 다하는 생활태도와 건강한 직업의식을 형성한다.
○ 진로탐색 – 자신의 진로를 위해 학습의 중요성을 이해하고, 다양한 방법으로 주위의 직업을 탐색하고 수집하는 능력을 기른다.

① 초등학교　　　② 중학교
③ 고등학교　　　④ 전문대학
⑤ 4년제 대학교

정답 ①

해설

2015 학교 진로교육의 영역과 세부목표(교육부 진로정보망 커리어넷 : 초등학교)

대영역	중영역	세부목표
일과 직업 세계 이해	변화하는 직업세계 이해	• 일과 직업의 의미와 역할을 이해한다. • 일과 직업의 다양한 종류와 변화를 이해한다.
	건강한 직업의식 형성	• 직업에 대한 긍정적인 태도를 형성한다. • 맡은 일에 최선을 다하는 태도를 기른다. • 직업에 대한 편견과 고정관념을 극복하여 개방적인 인식을 형성한다.
진로 탐색	교육 기회의 탐색	• 진로에서 학습이 중요함을 이해하고 바른 학습 태도를 갖는다. • 학교 유형과 특성을 이해하고 탐색한다.
	직업 정보의 탐색	• 여러 방법으로 직업정보를 탐색·수집한다. • 다양한 체험활동을 통해 직업을 이해한다.

핵심이론 03　청소년 진로상담자의 역량과 자세

① 청소년 진로상담자가 갖추어야 할 역량
　㉠ 자기성찰 및 자기계발 역량
　㉡ 개인차 및 다양성에 대한 이해
　㉢ 상담목표를 명료화하는 기술
　㉣ 효과적인 상담을 위한 개인 및 집단상담 기술
　㉤ 개인 및 집단검사 실시 및 해석 능력
　㉥ 진로발달 이론에 대한 이해 및 전문지식 함양
　㉦ 진로 프로그램 실시 및 개발 역량
　㉧ 정보 탐색 및 첨단 정보화 기술 활용 능력
　㉨ 상담전문가의 올바른 윤리 의식

② 청소년 진로상담자의 자세
　㉠ 진로상담자로서 지켜야 할 상담윤리를 숙지하고 전문성을 유지한다.
　㉡ 검사를 선택할 때 표준화검사의 결과와 변형된 직업카드 분류법을 활용한다.
　㉢ 전문 기술을 유지하고 발전시키기 위해 슈퍼비전에 대한 지식과 기술이 필요하다.
　㉣ 연구 목적으로 상담사례를 발표할 때는 내담자의 동의를 먼저 구하여야 한다.
　㉤ 상담내용에 대해 비밀을 유지해야 한다. 단, 내담자나 내담자 주변인에게 닥칠 위험이 분명하고 위급한 경우, 법원의 명령이 있는 경우는 예외적으로 내담자의 비밀을 사전 동의 없이 관련자에게 공개할 수 있다.

더 알아보기

미국의 진로발달학회(NCDA)에서 제시한 진로상담자 수행활동

- 개인상담과 집단상담을 진행하여 내담자의 삶과 진로목표의 구체화를 돕는다.
- 능력, 흥미 등의 평가를 위해 심리검사를 실시·해석하고, 진로선택 대안을 확인한다.
- 과제 부여, 계획 경험하기 등을 통해 탐색활동을 격려한다.
- 직업세계를 이해하도록 진로설계시스템, 직업정보시스템을 활용한다.
- 개인의 의사결정기술 향상을 위한 기회를 제공한다.
- 개인의 진로계획을 지원한다.
- 성에 대한 정체성 확립과 동시에 성 역할에 대해 올바르게 인식함으로써 성 역할 고정관념을 깨도록 돕는다.
- 대인관계기술의 향상을 도와 직장에서 잠재적인 개인 갈등을 해결하도록 돕는다.
- 내담자의 직업과 삶에서의 다른 역할들 사이의 통합을 이해하고 수용할 수 있도록 돕는다.
- 직무스트레스, 실직, 직업전환을 경험하는 개인에게 심리적 지지를 제공한다.

[핵심예제]

청소년 진로상담자가 갖추어야 할 역량으로 옳지 않은 것은?

[19년 18회]

① 직업훈련 지도 역량
② 자기성찰 및 자기계발 역량
③ 진로관련 이론에 대한 이해
④ 개인차 및 다양성에 대한 이해
⑤ 진로 프로그램 실시 및 개발 역량

정답 ①

해설

②·③·④·⑤ 외에 상담목표를 명료화하는 기술, 효과적인 상담을 위한 개인 및 집단상담 기술, 개인 및 집단검사 실시 및 해석 능력, 진로발달 이론에 대한 이해 및 전문지식 함양, 정보 탐색 및 첨단 정보화 기술 활용능력, 상담전문가의 올바른 윤리의식 등이 있다.

핵심이론 04 | **진로선택이론 Ⅰ : 특성-요인이론**

① 이론의 특징

ㄱ 개개인은 신뢰할만하고 타당하게 측정될 수 있는 고유한 특성을 갖고, 모든 직업은 그 직업에서 성공을 하는 데 필요한 특성을 지닌 근로자를 요구한다.

ㄴ 직업선택은 직접적인 인지 과정이기 때문에 개인의 특성과 직업의 특성을 짝짓는 것이 가능하며, 개인은 자신의 특성과 직업이 요구하는 특성을 연결할 수 있다.

ㄷ 개인의 특성을 파악하고 직업에 대한 이해의 과정을 거친 뒤, 이 두 가지 요소에 근거하여 각 개인의 특성과 적절한 직업의 매칭을 과학적 조언을 통해 주장한다.

ㄹ 개인의 특성과 직업의 요구 간에 매칭이 잘 될수록 성공 또는 만족의 가능성은 커진다.

ㅁ 특성-요인이론에서는 개인의 제 특성에 대한 객관적인 이해를 기초로 하는 개인분석, 직업의 특성과 요구되는 직업능력을 분석하는 직업분석, 상담을 통해 개인과 직업을 연결하는 합리적 추론을 중시한다.

ㅂ 따라서 개인의 지능, 적성, 흥미, 포부, 학업성취, 환경 등의 개인특성과 관련된 이해를 중시하며, 이를 위해 표준화된 검사의 실시와 결과의 해석을 진로상담 과정에서 강조한다.

ㅅ 대표적인 이론가는 파슨스를 비롯하여 윌리암슨(Williamson), 헐(Hull) 등이 있다.

ㅇ 특성과 요인

구 분	특 성	요 인
의 의	• 검사를 통해 측정할 수 있는 개인의 특성 • 자기 자신에 대한 이해	• 성공적인 특정 직무수행에 필요한 조건 • 직업에 대한 이해와 지식
유 형	적성, 능력, 흥미, 가치관, 성격, 포부, 자원의 한계와 원인	직업의 요구 및 성공요건, 장·단점, 보수, 고용기회, 전망

② 윌리암슨의 상담모형 6단계

제1단계 분석	• 여러 자료로부터 개인의 특성에 관한 자료들을 주관적·객관적 방법으로 수집하고, 표준화 검사를 실시한다.
제2단계 종합	• 개인의 장·단점, 욕구, 문제를 분류하기 위한 정보를 수집하고 조정한다. • 내담자의 독특성이나 개별성을 강조하기 위하여, 사례연구 기술과 검사목록에 의하여 자료를 수집하고 요약한다.
제3단계 진단	• 개인의 교육적·직업적 능력과 특성을 비교하여 진로문제의 객관적인 원인을 파악한다. • 내담자의 문제 및 뚜렷한 특징을 기술한 개인자료와 학문적·직업적 능력을 비교하여 문제의 원인을 탐색한다.
제4단계 예측	• 가능한 대안을 탐색하고, 각 대안의 성공가능성을 평가하고 예측한다. • 문제해결을 위해 내담자가 고려해야 할 대안적 조치를 예측한다.
제5단계 상담	• 개인 특성에 관한 자료를 중심으로 직업에 잘 적응하기 위해 어떻게 해야 할지를 상담한다. • 현재와 미래의 바람직한 적응을 위해 무엇을 해야 할지를 내담자와 함께 이야기한다.
제6단계 추후지도	• 내담자가 행동계획을 잘 실천하도록 돕고, 결정과 정의 적합성을 점검한 후 필요한 부분의 보충을 위해 추후지도를 한다.

③ 윌리암슨의 특성-요인 진로상담기법

촉진적 관계형성	진로상담자는 내담자에게 신뢰감을 주고, 문제해결을 촉진할 수 있는 관계를 형성해야 한다.
자아이해의 신장	상담자는 내담자가 자신의 장점을 최대한으로 이용하여 진로를 선택하고 성공과 만족을 얻도록 조력해야 한다.
실제적인 행동의 계획이나 설계	상담자는 내담자의 학문, 직업적인 선택이나 감정, 태도 등에 대해 언어로써 명료화시켜 주며, 실제적인 행동을 계획하고 설계하도록 한다.
계획의 수행	내담자가 계획을 실행에 옮기고 직접 직업선택을 해 보도록 조력한다.
의뢰	필요한 경우 다른 상담자에게 내담자를 의뢰할 수 있다.

④ 윌리암슨의 특성-요인이론에서 검사의 해석단계에서 이용할 수 있는 3대 상담기법

설명	• 상담자는 진단과 검사자료를 해석하여 내담자가 가능한 진로선택을 할 수 있도록 설명한다.
설득	• 상담자는 내담자에게 합리적이고 논리적인 방법으로 검사자료를 제공하며, 진단과 결과의 의미를 이해시켜서 비합리적인 선택을 하지 않도록 설득한다.
직접충고	• 내담자가 고집스럽게 솔직한 의견을 요구하거나 심각한 실패나 좌절을 가져올 직업선택을 할 경우에만 이 방법을 사용한다. • 내담자가 가장 만족할 만한 선택이나 행동 또는 실행계획에 대해 상담자가 솔직한 견해로 표현하는 것이다.

⑤ 윌리암슨의 진로선택의 문제

불확실한 선택	• 내담자는 교육수준 부족, 자기나 직업세계에 대한 이해 부족, 자신의 적성에 대한 불신 등으로 인해 직업선택에 대해 확신을 가지지 못한다. • 선택한 직업에 대해 자신감이 없으므로 다른 사람들로부터 해당 직업에서 성공을 거두리라는 위안을 받으려는 경향이 있다. • 상담자는 내담자에게 자신의 능력과 진로적성 등 자기검토의 기회를 제공하며, 잠재력을 계발하도록 하여 자신감과 만족감을 느끼도록 한다. 또한, 경우에 따라 내담자에게 다른 대안직업을 제시하기도 한다.
미선택 (무선택)	• 내담자는 자신의 선택의사를 표현할 수 없으며, 자신이 무엇을 원하는지조차 모른다고 대답한다. • 선호하는 장래 직업이 있더라도 어느 것을 선택해야 할지 모르며, 심지어 직업선택보다 자신의 흥밋거리에 관심을 집중하기도 한다.
흥미와 적성의 불일치	• 내담자가 흥미를 느끼는 직업에 적성이 없거나, 적성이 맞는 직업에 흥미를 느끼지 못하는 등 흥미와 적성이 일치하지 않는 경우를 말한다.
현명하지 않은 선택 (어리석은 선택)	• 내담자는 목표에 부합하지 않는 적성이나 자신의 흥미와 관계없는 목표를 가지고 있을 수 있다. • 직업적응을 어렵게 하는 성격적 특징이나 특권에 대한 갈망을 가지고 있을 수도 있다.

⑥ 특성-요인이론의 평가

㉠ 검사를 통한 개인의 특성평가 등에 대한 구인타당도의 문제가 제기될 수 있다.

㉡ 어떤 직업의 성공여부에 대한 예언타당도의 문제가 제기될 수 있다.

ⓒ 장기간에 걸친 진로발달 과정을 도외시하여 개인의 특성 발달을 충분히 설명할 수 없고, 이론 자체만으로 효율적인 진로상담의 지침을 제공하지 못한다.

ⓔ 직업선택을 일회적인 행위로 간주한다.

[**핵심예제**]

4-1. 특성·요인 이론에 관한 평가로 옳지 않은 것은?

[19년 18회]

① 자아개념을 지나치게 강조하고 있다.
② 검사에 대한 예언타당도의 문제가 있다.
③ 검사에 대한 구인타당도의 문제가 있다.
④ 직업선택을 일회적인 행위로 간주하고 있다.
⑤ 장기간에 걸친 진로발달 과정을 도외시하고 있다.

정답 ①

4-2. 윌리암슨(E. Williamson)의 진로상담 과정을 순서대로 연결한 것은?

[18년 17회]

ㄱ. 내담자와 함께 바람직한 적응을 위해 해야할 일을 상의한다.
ㄴ. 사례기술이나 검사결과에서 내담자에 관한 자료를 수집하고 요약한다.
ㄷ. 태도, 흥미, 가족배경 등에 대한 다양한 자료를 수집한다.
ㄹ. 내담자의 특성과 문제를 분류하고 문제의 원인을 찾아낸다.
ㅁ. 새로운 문제가 발생했을 때 내담자를 계속적으로 돕는다.
ㅂ. 조정가능성 및 발생가능한 문제의 결과를 판단하고, 대안적 조치들을 찾는다.

① ㄱ - ㄴ - ㄷ - ㄹ - ㅁ - ㅂ
② ㄷ - ㄴ - ㄱ - ㄹ - ㅁ - ㅂ
③ ㄷ - ㄴ - ㄹ - ㅂ - ㄱ - ㅁ
④ ㄹ - ㄱ - ㄷ - ㅂ - ㄴ - ㅁ
⑤ ㄹ - ㄷ - ㄴ - ㅂ - ㄱ - ㅁ

정답 ③

해설

4-1
자아개념을 지나치게 강조한다는 비판을 받는 이론은 '수퍼(Super)의 생애진로발달이론'이다.

4-2
윌리암슨의 상담모형 6단계

• 1단계 - 분석 : 개인의 특성(태도, 흥미, 가족배경, 지적 능력, 교육적 능력, 적성 등)에 관한 자료들을 주관적·객관적 방법으로 수집하고 표준화 검사를 실시한다.
• 2단계 - 종합 : 개인의 장·단점, 욕구, 문제를 분류하기 위한 정보를 수집하고 조정한다.
• 3단계 - 진단 : 개인의 능력과 특성을 비교하여 진로문제의 객관적인 원인을 파악한다.
• 4단계 - 예측 : 가능한 대안을 탐색하고, 각 대안의 성공가능성을 평가하고 예측한다.
• 5단계 - 상담 : 직업에 잘 적응하기 위해 어떻게 해야 할지를 상담한다.
• 6단계 - 추후지도 : 내담자가 행동계획을 잘 실천하도록 돕고, 필요한 부분의 보충을 위해 추후지도를 한다.

핵심이론 **05** 진로선택이론 II : 홀랜드(Holland)의 성격 이론

① 의 의
- ㉠ 홀랜드의 이론은 개인의 특성과 직업세계의 특징과의 최적의 조화를 가장 강조하였다.
- ㉡ 이 이론은 사람의 행동은 그들의 성격에 적절한 직업 환경 특성들 간의 상호작용에 의해 결정된다는 것이며, 발달과정에 대해서는 설명하지 않는다.
- ㉢ 개인의 성격은 직업적 선택을 통해서 표현되며, 자신의 특성과 유사한 직업 환경을 선호하는 경향이 있다고 본다.

② 홀랜드 이론의 배경 : 홀랜드의 이론은 다음과 같은 4가지 가정을 기초로 하고 있다.
- ㉠ 대부분의 사람들은 6가지 유형 중의 하나로 분류될 수 있다.
- ㉡ 6가지 종류의 환경이 있고, 각 환경에는 그 성격 유형에 일치하는 사람들이 머문다.
- ㉢ 사람들은 자신의 능력과 기술을 발휘하고 태도와 가치를 표현하며, 자신에게 맞는 역할을 수행할 환경을 찾는다.
- ㉣ 개인의 행동은 성격과 환경의 상호작용에 의해서 결정되며, 성격과 그 사람의 직업환경에 대한 지식은 진로선택, 직업성취 등에 관해서 중요한 결과를 예측할 수 있게 한다.

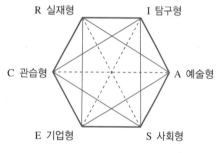

R 실재형   I 탐구형
C 관습형   A 예술형
E 기업형   S 사회형

── 매우 높은 상관관계
── 어느 정도의 상관관계
----- 매우 낮은 상관관계

③ 홀랜드의 6가지 성격유형

유 형	실재적 유형 (R형)	탐구적 유형 (I형)	예술적 유형 (A형)
성격 특징	남성적, 솔직함, 검소함, 지구력, 건강함, 소박함, 직선적, 단순함	논리적, 분석적, 합리적, 정확함, 비판적, 내성적, 신중함	자유분방, 개방적, 독창적, 개성이 강한 반면, 협동적이지는 않음
선호 하는 활동	분명하고, 체계적으로 대상이나 연장·기계·동물들을 조작하는 활동 내지는 신체적 기술들	관찰적·상징적으로 물리·생물학적 현상을 탐구하는 활동	예술적 창조와 표현, 다양성 및 모호하고, 자유롭고, 상징적 활동을 좋아한다.
비선호 활동	교육적인 활동이나 치료적인 활동	사회적이고 반복적인 활동	틀에 박힌 것, 명쾌하며, 체계적이고, 구조화된 활동
대표적 직업	기술자, 자동차 및 항공기 조종사, 정비사, 농부, 엔지니어, 전기·기계기사, 운동선수 등	과학자, 의료기술자, 의사, 인류학자, 지질학자 등	예술가, 무대감독, 작가, 배우, 미술가, 무용가, 디자이너 등
환 경	작업환경은 각종 도구를 이용해서 기계 등을 다루는 실무적인 일이다.	정확하고 지적인 사람들이 모여 있다.	자기표현에 능하며, 독창적이고 독립적인 사람들이 모여 있다.

유 형	사회적 유형 (S형)	기업적 유형 (E형)	관습적 유형 (C형)
성격 특징	친절함, 봉사적, 감정적, 이상주의적	지배적, 통솔력, 지도력, 설득적, 경쟁적, 야심적, 외향적, 낙관적, 열성적	조심성, 세밀함, 계획성, 완고함, 책임감
선호 하는 활동	타인의 문제를 듣고, 이해하고, 도와주고, 치료해 주고, 봉사하는 활동	조직의 목적과 경제적 이익을 위해 타인을 선도·계획·통제·관리하는 일과 그 결과로 얻어지는 위신·인정·권위를 얻는 활동	정해진 원칙과 계획에 따라 자료들을 기록, 정리, 조직하는 일과 체계적인 작업환경에서 사무적, 계산적 능력을 발휘하는 활동
비선호 활동	기계·도구·물질과 함께 명쾌하고, 질서정연하고, 체계적인 활동	관찰적·상징적·체계적 활동	창의적, 자율적이며 모험적, 비체계적인 활동

대표적 직업	사회복지가, 교육자, 간호사, 유치원교사, 종교지도자, 상담가, 임상치료가, 언어치료사 등	기업경영인, 정치가, 판사, 영업사원, 상품구매인, 보험회사원, 판매원, 관리자, 연출가 등	공인회계사, 경제분석가, 은행원, 세무사, 경리사원, 컴퓨터 프로그래머, 감사원, 사서, 안전관리사, 법무사 등
환 경	병원, 학교, 상담소에는 사교형의 사람들이 다른 유형보다 더 많고 인정많으며 신뢰가 가는 사람들이다.	야망 있고 사교적이며, 활동적인 사람들이 모여 있다.	숫자, 기록, 기계와 관련된 규칙적이며 순서에 따라 업무를 처리하는 분야에 많다.

④ 홀랜드 이론의 5가지 주요 개념
　㉠ 일관성(서로 다른 유형 간의 관계)
　　• 이 개념은 환경유형뿐만 아니라 성격유형에도 적용되는데, 6가지 유형의 어떤 쌍들은 다른 유형의 쌍보다 공통점이 더 많다.
　　• 육각형 모형의 중요한 기능 중 하나는 성격의 일관성정도를 규정하는 것이다.
　　　예 탐구적·관습적 활동에 흥미를 가진 실재적인 사람(RIC)은 기업적·사회적 활동에 선호를 나타내는 실재적인 사람(RES)보다 더 일관성이 있다고 가정한다.

높은 일관성	첫 두 개 문자가 육각형에 인접할 때 나타난다(RI 또는 SE).
중간 정도의 일관성	육각형에서 다른 문자가 개인코드의 첫 두 개 문자 사이에 있을 때 나타난다(RA 또는 SC).
낮은 일관성	코드의 첫 두 개 문자가 육각형에서 두 개 사이에 낀 문자들에 의해 나누어질 때 나타난다(RS 또는 AC).

　　• 일관성 있는 흥미유형을 보이는 사람은 대체로 안정된 직업경력을 가졌으며, 직업성취와 직업적 목표가 분명한 사람들이며 환경 상호작용에서 보다 예측 가능한 행동 결과를 보인다.
　㉡ 변별성(유형 간의 상대적 중요도의 관계)
　　• 특정 개인의 성격유형이나 작업환경은 다른 어떤 개인이나 환경보다 더 명확하게 규정할 수 있을 때 변별성이 있다고 해석한다.
　　• 어떤 사람들(또는 환경)은 아주 단순하다. 즉, 한 개의 유형과는 유사성이 많이 나타나지만, 다른 유형과는 별로 유사성이 나타나지 않는다.

　　• 또 다른 사람들(또는 환경)은 여러 유형에서 똑같은 유사성을 나타낸다.
　　• 모든 유형에 똑같은 유사성을 나타내는 사람은 특징이 없거나 잘 규정되지 않았다고 생각할 수 있다.
　　• 변별성은 SDS 또는 VPI 프로파일로 측정된다.

더 알아보기

SDS	VPI	MVS
자기방향탐색을 말한다.	직업선호도검사를 말한다.	자기직업상황을 말한다.

　㉢ 정체성
　　• 개인적 측면에서의 정체성이란 개인의 목표, 흥미, 재능에 대한 명확하고 견고한 청사진을 말한다. 환경적 측면에서의 정체성이란 조직의 투명성, 안정성, 목표·일·보상의 통합이라고 규정된다.
　　• MVS의 직업정체성 척도는 개인에 대한 이러한 구인을 측정하는 데 사용된다.
　　• 자신에 대한 종합적인 인식으로써 일치성, 일관성 및 변별성에 의해 영향을 받는다.
　㉣ 일치성(성격과 환경 간의 관계)
　　• 개인의 흥미유형과 개인이 몸담고 있거나 소속되고자 하는 환경의 유형이 서로 부합하는 정도를 말한다.
　　• 사람은 자신의 유형과 비슷하거나 정체성이 있는 환경에서 일하거나 생활할 때 일치성이 높아지게 된다. 또한 사람은 중요한 보상이 제공되는 환경에서 최대한 능력을 발휘하게 된다.
　　• 육각형은 개인의 유형과 환경 간의 일치정도를 측정할 수 있는데, 완벽한 적합은 현실적 환경에 현실적인 유형(실재형)이며, 다음으로 최선의 적합은 환경유형에 인접한 성격유형이므로, 탐구적 환경에서 일을 하는 현실적 유형의 사람이 이에 해당된다.
　　• 환경과 개인의 가장 좋지 않은 것은 육각형에서 유형들이 반대 지점에 있을 때 나타난다.
　㉤ 계측성
　　• 홀랜드에 의하면, 유형들(환경) 내 또는 유형들 간의 관계는 육각형 모델에 따라 정리될 수 있는데, 육각형 모델에서 유형들(환경) 간의 거리는 그것들의 이론적 관계에 반비례한다. 육각형은 개인(환경) 간 또는 개인

내에 있는 일관성의 정도를 나타내 주는 도형이다. 즉, 이론의 본질적 관계를 설명해 주는 것으로 여러 가지 실제적인 용도를 가지고 있다.

• RS유형 흥미를 가진 사람이 RI유형 흥미를 가진 사람 보다 계측성이 높다.
• 상담자가 그 이론을 이해할 수 있게 해주며, 내담자가 육각형 모형을 사용할 수 있도록 도와준다.
• 육각형 모형은 간결하게 설명되어 있기 때문에 어떤 내담자라도 이해할 수 있다.

⑤ 홀랜드 성격이론 적용 검사도구

직업선호도 검사	• 내담자가 160개의 직업목록에 흥미 정도를 표시하는 것으로, 직업선택이 사람들의 생각과 감정에 의해 측정될 수 있다고 본다. • 워크넷에서 제공하는 직업선호도검사의 하위검사는 흥미검사, 성격검사, 생활사검사이다.
자기방향 탐색	• 내담자가 점수를 기록하는 형태의 워크북과 소책자로 되어 있다. • 그 유형은 R(현실적), I(연구적), A(예술적), S(사회적), E(진취적), C(관습적)이다. • 우리나라는 홀랜드의 직업선호도검사를 한국판으로 개정하여 직업안정기관에서 사용하고 있다.
직업탐색 검사	• 진로문제로 받는 스트레스 정도를 측정하는 검사이다. • 내담자가 추가로 관심을 갖는 직업을 84카드로 분류하여 그들의 관심직업을 분석한 것이다.
자기직업 상황	• 개인과 환경의 정체성을 측정하는 검사이다. • 20개의 질문으로 구성되어 있으며, 직업정체성, 직업정보에 대한 필요, 선택된 직업목표에 대한 장애 등을 측정하는 것을 목적으로 한다.
경력의사 결정검사	• 홀랜드의 이론에 기초한 검사로서, 점수결과도 그의 육각형 모델에 따라 6가지 흥미점수가 도출되는데, 그 중 원점수가 가장 높은 2~3가지 흥미척도가 탐색대상 직업군이 된다. • 능력, 근로가치, 미래계획, 선호하는 교과목 등을 자가 평정한 결과를 직업관련 의사결정시스템 전반에 통합시키며 중학생부터 성인을 대상으로 한다.

5-1. 홀랜드(J. Holland) 성격이론의 가정으로 옳지 않은 것은? [19년 18회]

① 사람들은 자신에게 맞는 환경을 찾는다.
② 성격과 환경이 상호작용하여 행동으로 나타난다.
③ 대부분의 사람들은 여섯 가지 성격유형으로 분류된다.
④ 직업 환경은 여섯 가지 유형 중의 하나로 분류될 수 있다.
⑤ 능력, 성격, 자아개념 등 직업관련 특성은 개인차가 있다.

정답 ⑤

5-2. 홀랜드(J. Holland)가 제안한 여섯 가지 유형과 그 대표 직업의 연결이 옳은 것은? [17년 16회]

① 탐구적 유형(I) – 판사, 연출가, 영업사원 등
② 사회적 유형(S) – 사회복지사, 간호사, 언어치료사 등
③ 관습적 유형(C) – 항공기 조종사, 엔지니어, 운동선수 등
④ 기업적 유형(E) – 사서, 법무사, 무대감독 등
⑤ 실재적 유형(R) – 공인회계사, 은행원, 세무사 등

정답 ②

해설

5-1
⑤ 구성주의 진로이론의 가정이다. 구성주의 진로이론에서는 성격과 직업 관련 특성의 연결이 홀랜드(J.Holland)의 성격이론보다 주관적이라고 보며, 진로에서의 개인차를 존중하여 직업흥미검사의 결과를 진짜 흥미라고 해석하지 않고 하나의 가능성으로 보고 활용한다.

5-2
① 탐구적 유형(I) : 과학자, 생물학자, 화학자, 물리학자, 인류학자 등
③ 관습적 유형(C) : 공인회계사, 경제분석가, 은행원, 세무사, 경리사원 등
④ 기업적 유형(E) : 기업경영인, 정치가, 판사, 영업사원, 상품구매인 등
⑤ 실재적 유형(R) : 기술자, 자동차 및 항공기 조종사, 정비사 등

핵심이론 **06** 진로선택이론 Ⅲ : 로우(Roe)의 욕구이론

① 특 징

- ㉠ 부모의 양육태도는 자녀의 직업선택에 영향을 미친다.
- ㉡ 부모 양육태도가 자녀의 직업선택에 영향을 미친다고 가정한다.
- ㉢ 매슬로우(A. Maslow)의 욕구위계론에 영향을 받았으며, 직업과 기본욕구 만족 간의 관련성을 설명하였다.
- ㉣ 직업은 인간의 욕구 충족과 관련되며, 8개 직업군을 6개의 직업수준으로 구분하여 분류를 하였다.
- ㉤ 인간지향적 성격을 가진 개인은 서비스직, 비즈니스직, 문화직 등의 직업을 선택하려 한다.
- ㉥ 부모와의 초기경험에 따라 인간지향 혹은 비인간지향적인 직업을 선택한다.
- ㉦ 흥미에 기초하여 직업군집과 각 군집별 직업목록을 작성하였다.
- ㉧ 성격과 직업분류를 통합하였다.
- ㉨ 초기 부모와의 관계가 이후 진로에 미치는 영향을 강조하였다.
- ㉩ 서비스직, 옥외활동직, 예능직 등을 포함하여 흥미에 기초한 8가지 직업군을 제안하였다.
- ㉪ 부모가 자녀에게 냉담하고 자녀의 선호나 의견을 무시하면 자녀가 과학이나 연구계통의 직업을 갖게 된다고 설명하였다.

② 문제점

- ㉠ 실증적인 근거가 결여되어 있다.
- ㉡ 진로상담을 위한 구체적인 절차를 제공하지 못했다.
- ㉢ 부모-자녀의 관계는 이론을 검증하기가 매우 어렵다.

③ 유 형

수용형	온정적·수용적 분위기에서 성장한 사람은 욕구를 사람에게서 충족한 경험이 많아서 사람들과 접촉이 많은 서비스, 교직 등의 직종에 종사하게 된다고 가정했다.	
	무관심형	자녀를 수용적으로 대하지만 자녀의 욕구나 필요에 그리 민감하지 않고, 자녀에게 어떤 것을 잘하라고 강요하지 않는다.
	애정형	온정적인 관심을 기울이고 자녀의 요구에 응하고 독립심을 길러주며, 벌을 주기보다는 이성과 애정으로 대한다.

정서 집중형	자녀가 부모가 원하는 대로 했을 때만 사랑을 표현하므로, 이러한 부모 밑에서 자란 사람은 부모가 원하는 것과 부모의 감정에 민감하기 때문에 성격이 예민해져 예술 계통의 직업을 선호하게 된다고 가정했다.	
	과보호형	자녀를 지나치게 보호함으로써 자녀에게 의존심을 키운다.
	과요구형	자녀가 남보다 뛰어나기를 바라고 공부를 잘하기를 바라므로, 엄격하게 훈련시키고 무리한 요구를 한다.
회피형	부모의 사랑과 관심을 제대로 받지 못하고, 부정적 분위기에서 성장한 사람들은 공격적·방어적 성격을 갖는데, 이들은 사람에 의해 자신의 욕구가 충족된 경험이 없으므로 사람과 접촉이 적은 기술직, 연구직 등의 직업을 선호하게 된다고 가정했다.	
	거부형	자녀를 냉담하게 대하고 자녀가 선호하는 것이나 의견을 무시하며 부족하고 부적합한 면을 지적하고, 자녀의 욕구를 충족시켜 주려 하지 않는다.
	무시형	자녀와 별로 접촉하려고 하지 않으며, 부모의 책임을 회피한다.

④ 8가지 직업군(흥미에 기초하여 구분)

서비스직	• 기본적으로 다른 사람의 욕구와 복지에 관심을 가지고 봉사하는 것에 관련 있다. • 사회사업, 가이던스 등이 이 군집에 속한다.
비즈니스직	• 일대일 만남을 통한 공산품, 투자 상품, 부동산 등의 판매와 관련 있다. • 대인관계가 중요하나, 타인을 도와주기 보다는 어떤 행동을 취하도록 상대방을 설득하는 데 초점을 둔다.
단체직	• 사업, 제조업, 행정에 종사하는 관리직 화이트칼라가 해당한다. • 기업의 조직과 효율적인 기능에 주로 관련된 직업들이다. • 인간관계의 질은 대개 형식화되어 있다.
기술직	• 상품과 재화의 생산, 유지, 운송과 관련된 직업을 포함하는 군집이다. • 운송과 정보통신에 관련된 직업뿐만 아니라 공학, 기능, 기계, 무역에 관계된 직업들도 이 영역에 속한다. • 대인관계는 상대적으로 덜 중요하며 사물을 다루는 데 관심을 둔다.
옥외 활동직	• 농산물, 수산자원, 지하자원, 임산물, 기타의 천연자원을 개발·보존·수확하는 것과 축산업에 관련된 직업들을 말한다. • 대인관계는 중요하게 다루어지지 않는다.

과학직	• 기술직과 달리 이 군집은 과학 이론과, 이론을 특정한 환경에 적용하는 것과 관련된다. • 심리학이나 인류학과 같은 분야에서 뿐만 아니라 전혀 인간관계 지향이 아닌 물리학과 같은 과학적 연구에서도 더 구체적인 인간관계에 호소하는 군집(예 의학직)과 관련 있다.
일반 문화직	• 문화유산 보존과 전수에 관련되며, 개인보다 인류의 활동에 흥미가 있다. • 교육, 언론, 법률, 성직, 언어학과 인문학이라 불리는 과목들에 관련된 직업들이 이 군집에 포함된다. • 대부분 초·중등학교 교사들은 이 군집에 속하나, 고등교육기관의 교사들은 가르치는 교과에 따라 서로 다른 직업군에 포함된다.
예능직	• 창조적인 예술과 연예에 관련된 특별한 기술을 사용하는 것과 관련된 직업들이 여기에 속한다. • 대부분 개인과 대중 또는 조직화된 한 집단과 대중 사이의 관계에 초점을 둔다.

준 전문관리	• 타인에 대한 낮은 수준의 책임을 진다. • 정책을 적용하거나 오직 자신만을 위한 의사결정을 할 수 있다. • 고등학교나 기술학교 또는 그에 준하는 교육수준을 요구한다.
숙련직	• 이 단계에서는 견습이나 다른 특수한 훈련과 경험을 필요로 한다.
반숙련직	• 약간의 훈련·경험을 요구하지만, 숙련직보다는 매우 낮은 수준이다. • 훨씬 더 적은 자율과 주도권이 주어진다.
비숙련직	• 특수한 훈련이나 교육이 필요하지 않다. • 간단한 지시를 따르거나 단순한 반복활동에 종사하기 위해서 필요한 능력 이상을 요구하지 않는다.

⑤ 직업수준의 6단계(곤란도와 책무성 고려)

ㄱ 각 군집은 다시 책임, 능력, 기술의 정도를 기준으로 각각 여섯 단계로 나누어진다.

ㄴ 기준 사이의 상관관계는 없으며, 책무성의 정도가 단계의 구분에 가장 결정적인 영향을 미친다.

ㄷ 각각의 단계들은 본질적으로 책무성의 연속선상에 존재한다.

고급 전문관리	• 중요 사안에 대해 독립적인 책임을 지는 전문가들뿐만 아니라 개혁자, 창조자, 최고 경영관리자들을 포함한다. • 직업들은 대체로 사회집단보다 더 높은 권위를 갖지는 않는다. • 단계 설정의 기준 　- 중요하고 독립적이며 다양한 책임을 진다. 　- 정책을 만든다. 　- 박사나 이에 준하는 정도의 교육을 받는다.
중급 전문관리	• 고급단계와 정도의 차이가 있다. • 자율성이 있으나 고급단계보다 더 좁은 영역에 대한 덜 중요한 책임이 따른다. • 단계 설정의 기준 　- 중요도와 다양성 측면에서 자신과 타인에 대한 중간 수준의 책임을 진다. 　- 정책을 해석한다. 　- 석박사와 그에 준하는 정도의 교육보다는 낮은 수준의 교육을 받는다.

[핵심예제]

6-1. 로우(A. Roe)의 욕구이론에 관한 비판으로 옳은 것을 모두 고른 것은? [17년 16회]

ㄱ. 이론을 검증하기 어렵다.
ㄴ. 아동기의 부모-자녀 간 상호작용 경험을 고려하지 않았다.
ㄷ. 실증적인 근거가 결여되어 있다.
ㄹ. 직업 분류에 성격적 요인을 고려하지 않았다.
ㅁ. 진로상담을 위한 구체적인 절차를 제공하지 못하고 있다.

① ㄷ, ㅁ
② ㄱ, ㄴ, ㅁ
③ ㄱ, ㄷ, ㅁ
④ ㄱ, ㄴ, ㄷ, ㄹ
⑤ ㄱ, ㄷ, ㄹ, ㅁ

정답 ③

6-2. 로우(A. Roe)의 욕구이론에 관한 설명으로 옳은 것을 모두 고른 것은? [16년 14회]

ㄱ. 부모와의 초기경험에 따라 인간지향 혹은 비인간지향적인 직업을 선택한다.
ㄴ. 흥미에 기초하여 직업군집과 각 군집별 직업목록을 작성하였다.
ㄷ. 보울비(J. Bowlby)의 애착이론을 바탕으로 부모-자녀 관계유형에 관한 가설을 제시하였다.
ㄹ. 성격과 직업분류를 통합하였다.

① ㄱ, ㄷ
② ㄱ, ㄴ, ㄹ
③ ㄱ, ㄷ, ㄹ
④ ㄴ, ㄷ, ㄹ
⑤ ㄱ, ㄴ, ㄷ, ㄹ

정답 ②

해설

6-1
ㄴ. 욕구의 차이는 어린 시절의 부모-자녀관계에 기인한다고 보고 욕구가 직업선택에 큰 영향을 미친다고 여겼다.
ㄹ. 로우의 욕구이론의 관심은 성격이론과 직업분류라는 이질적인 영역을 통합하는 데 있었다.

6-2
ㄷ. 로우(A. Roe)는 직업과 기본욕구 만족의 관련성에 대한 논의는 매슬로우(Maslow)의 욕구위계론을 바탕으로 할 때 가장 효율적이라고 보았기 때문에, 성격이론 중 매슬로우의 이론이 가장 유용한 접근법이라고 생각하였다.

핵심이론 07 | 진로선택이론 Ⅳ : 블라우(Blau) 등의 사회학적 이론

① 이론의 배경
  ㉠ 개인을 둘러싼 사회·문화적 환경이 개인의 행동에 영향을 미친다는 사회학적 지식을 바탕으로 생성된 이론으로, 블라우(Blau), 밀러(Miller)와 폼(Form) 등이 대표적 학자이다.
  ㉡ 핵심은 가정, 지역사회 등의 사회적 요인이 진로선택과 발달에 영향을 미친다는 것이다.

② 주요 내용
  ㉠ 개인이 속해 있는 사회계층은 개인의 직업적 야망에 지대한 영향을 미친다.
  ㉡ 사회계층에 따라 교육받은 정도, 직업적 야망, 일반지능 수준 등을 결정하는 독특한 심리적 환경을 조성하게 되는데, 이것이 직업선택 및 발달에 영향을 미치게 된다는 것이다.
  ㉢ 저소득층 가정의 자녀들이 열망하는 직업과 그들이 실제로 가질 수 있으리라고 예상하는 직업 간에는 상당한 차이가 나타나게 된다는 것인데, 이러한 문제의 근본적인 이유는 자신이 원하는 직업에 접근하는 것을 주위환경이 허용하지 않을 것이라는 생각 때문이다.
  ㉣ 환경을 의식해서 자신의 열망을 추구해 보지도 않고 체념해 버리는 경향 때문에 충분히 발전할 수 있는 능력이 있음에도 불구하고 자신의 능력에 비해 보잘것없는 일에 머물러 버리는 사람들이 있게 된다.
  ㉤ 이 이론에서 강조되는 요인은 공간과 시간에 따라 다르다.
  ㉥ 예를 들어, 학생들의 직업적 흥미에 대한 영향력을 조사한 결과, 고등학교 시절에는 어머니의 영향력이 크며, 대학 시절에는 아버지의 영향력이 큰 것으로 나타났으며, 베이비붐이나 여성해방과 같은 시대적 사건 또한 진로선택에 영향을 주는 중요한 요인이다.

③ 진로선택에 영향을 주는 사회요인

가 정	가정의 사회·경제적 지위, 부모의 직업·수입·교육 정도, 주거지역, 주거양식, 가정의 종족적 배경, 가족규모, 부모의 기대, 형제의 영향, 출생순서, 가정의 가치관, 가정에 대한 개인의 태도
학 교	교사와의 관계, 동료와의 관계, 교사의 영향, 동료의 영향, 학교의 가치

지역사회	지역사회에서 주로 하는 일, 지역사회의 목적 및 가치관, 지역사회 내에서의 특수한 경험을 할 수 있는 기회, 지역사회의 경제조건, 지역사회의 기술변화

④ 시사점

ㄱ 이 이론의 특징은 개인이 통제할 수 없는 요인들이 직업선택에 중요한 영향을 끼친다는 것이다. 즉, 개인이 가진 직업선택의 재량권이 다른 이론에서 가정되는 것보다 훨씬 적다.

ㄴ 따라서 사회학적 이론을 고려하여 진로상담을 할 때는 개인을 둘러싼 제반 상황을 파악하여 지도하여야 하며, 동일한 요인이라 해도 개인에 따라 영향을 받는 정도가 다르므로 각각의 요인이 개인에게 주는 독특한 의미를 주의 깊게 파악해야 한다.

[핵심예제]

블라우(P. Blau) 등의 사회학적 이론에 관한 설명으로 옳지 않은 것을 모두 고른 것은?

[17년 16회]

> ㄱ. 개인이 통제 가능한 사회요인들이 직업선택에 중요한 영향을 미친다.
> ㄴ. 개인이 속한 사회계층보다 문화나 인종의 차이가 개인의 직업적 야망에 더 큰 영향을 미친다.
> ㄷ. 개인이 가지고 있는 직업선택의 재량권이 크다고 가정하고 있다.
> ㄹ. 진로선택에 영향을 주는 요인으로 가정과 학교를 강조하였다.

① ㄱ, ㄴ   ② ㄱ, ㄷ
③ ㄴ, ㄹ   ④ ㄱ, ㄴ, ㄷ
⑤ ㄴ, ㄷ, ㄹ

정답 ④

해설

ㄱ. 개인이 통제할 수 없는 요인들이 직업선택에 중요한 영향을 끼친다.
ㄴ. 문화나 인종의 차이는 개인의 직업적 야망에 큰 영향을 미치지 않는 데 반해, 개인이 속해 있는 사회계층은 이에 지대한 영향을 미친다.
ㄷ. 개인이 가지고 있는 직업선택의 재량권이 다른 이론에서 가정되는 것보다 훨씬 적다.

핵심이론 08   긴즈버그(Ginzberg)의 직업선택발달이론

① 의 의

ㄱ 직업선택은 하나의 발달과정으로서 단일결정이 아니라 장기간에 걸쳐 이루어지는 결정이다.

ㄴ 나중에 이루어지는 결정은 그 이전의 결정에 영향을 받게 된다.

ㄷ 직업선택은 4가지 요인인 가치관, 정서적 요인, 교육의 양과 종류, 실제 상황적 여건의 상호작용으로 결정된다.

ㄹ 직업선택의 과정은 바람과 가능성 간의 타협이기 때문에 비가역적이라고 주장하였다.

② 직업선택과정의 3단계

ㄱ 환상기

이 시기는 자기가 원하는 직업이면 무엇이든 하고 싶고, 하면 된다는 식의 환상 속에서 비현실적인 선택을 하는 경향을 갖게 된다. 즉, 이 단계는 직업선택의 문제에서 자신의 능력이나 가능성, 현실여건 등을 고려하지 않고 욕구를 중시한다(11세 이전).

ㄴ 잠정기

• 이 시기에 개인은 자신의 흥미, 능력, 취미에 따라 직업선택을 하려는 경향을 갖는다. 이 시기의 후반기에 가면 능력과 가치관 등의 요인도 조금 고려하지만, 현실 상황을 별로 고려하지 않기 때문에 직업선택의 문제에서 다분히 비현실적인 성격을 띤다.

• 이 시기의 특성은 잠정적이라 볼 수 있으며, 다음의 4가지 하위단계로 나뉜다.

흥미 단계	11~12세	• 자신의 흥미나 취미에 따라 직업을 선택하려고 한다.
능력 단계	13~14세	• 자신이 흥미를 느끼는 분야에서 성공을 거둘 수 있는 능력이 있는지 시험해보기 시작한다. • 다양한 직업이 있고 직업에 따라 보수나 훈련조건, 작업조건 등이 다르다는 것을 처음으로 의식하게 된다.
가치 단계	15~16세	• 직업선택 시 다양한 요인을 고려해야 함을 인식한다. • 자신이 좋아하는 직업에 관련된 모든 정보를 알아보려고 하며, 그 직업이 자신의 가치관 및 생애 목표에 부합하는지 평가한다.
전환 단계	17~18세	• 주관적 요소에서 현실적인 외부요인으로 관심이 전환되며, 이것이 직업선택의 주요인이 된다.

© 현실기

직업에서 요구하는 조건과 자신의 개인적 요구와 능력을 고려하여 현명한 선택을 하고자 한다. 이 시기는 다음의 3가지 하위단계로 나누어진다(18세 이후).

탐색단계	취업기회를 탐색하고 직업선택을 위해 필요하다고 판단되는 교육이나 경험을 쌓으려고 하는 단계이다.
구체화 (결정화)단계	자신의 직업목표를 구체화하고 직업선택의 문제에서 내·외적 요인들을 두루 고려하게 되며, 이 단계에서는 타협이 중요한 요인이 된다.
특수화 단계	자신의 결정을 구체화하고 더 세밀한 계획을 세워 고도로 세분화·전문화된 의사결정을 하게 된다.

[핵심예제]

긴즈버그(E. Ginzberg) 진로이론의 발달단계를 순서대로 나열한 것은?   [18년 17회]

① 잠정기(Tentative) - 환상기(Fantasy) - 현실기 (Realistic)
② 환상기(Fantasy) - 잠정기(Tentative) - 현실기 (Realistic)
③ 환상기(Fantasy) - 잠정기(Tentative) - 확립기 (Establishment)
④ 성장기(Growth) - 환상기(Fantasy) - 현실기 (Realistic)
⑤ 성장기(Growth) - 탐색기(Exploration) - 확립기 (Establishment)

정답 ②

해설

진로이론의 발달단계(긴즈버그)
• 환상기 : 직업선택의 문제에서 자신의 능력이나 가능성, 현실여건 등을 고려하지 않고 욕구를 중시하는 시기이다.
• 잠정기 : 자신의 흥미, 능력, 취미에 따라 직업선택을 하려는 경향을 보이는 시기이다.
• 현실기 : 직업에서 요구하는 조건과 자신의 개인적 요구 및 능력을 고려하여 선택하는 시기이다.

핵심이론 09 수퍼(Super)의 생애진로발달이론의 개요

① 생애진로발달이론의 의의
  ㉠ 긴즈버그의 진로발달이론을 비판하고 보완하면서 발전된 이론이다.
  ㉡ 개인의 속성과 직업에서 요구하는 속성을 고려하여 연결해주는 '자기개념' 이론을 가장 중요하게 여기며, 진로성숙도검사를 주로 활용한다.
  ㉢ 하비거스트(R. Havighurst)의 발달과업 개념을 차용하여 진로의 의미를 한 개인의 생애과정으로 설명한다.
  ㉣ 진로발달은 제한된 발달시기에 일어나는 전 생애과정으로 개인의 일부는 개인의 심리적·생리적 속성에 의해, 또 다른 일부는 의미 있는 타인을 포함하는 환경요인에 의해 인간발달의 한 측면으로써 직업발달을 해나가게 된다고 주장하였다.
  ㉤ 개인의 진로발달은 대순환과 소순환이 공존한다는 역동적인 관점을 채택하였다.
  ㉥ 진로발달단계는 일련의 생애단계로서 '성장기, 탐색기, 확립기, 유지기, 쇠퇴기'로 나눌 수 있다.
  ㉦ 진로발달과정은 진로 자아개념의 발달과 실행과정이다.

② 생애진로발달이론의 전제
  ㉠ 개인은 능력이나 흥미, 성격에 있어서 각각 차이점을 갖고 있다.
  ㉡ 진로발달이란 진로에 관한 자아개념의 발달이다.
  ㉢ 개인의 진로유형의 본질은 부모의 사회경제적 수준, 지적 능력, 성격 특성, 진로성숙도, 기회 등에 의해 결정된다.
  ㉣ 진로발달단계의 과정에서 재순환이 일어날 수 있다.

[핵심예제]

수퍼(D. Super)의 진로발달이론의 내용으로 옳지 않은 것은?

[17년 16회]

① 개인은 능력이나 흥미, 성격에 있어서 각각 차이점을 갖고 있다.
② 진로발달이란 진로에 관한 자아개념의 발달이다.
③ 진로성숙도는 가설적 구인이며 단일한 특질이 아니다.
④ 개인의 진로유형의 본질은 부모의 사회경제적 수준, 지적 능력, 성격 특성, 진로성숙도, 기회 등에 의해 결정된다.
⑤ 진로발달단계의 과정에서 재순환은 일어날 수 없다.

정답 ⑤

해설

직업발달은 '성장기 → 탐색기 → 확립기 → 유지기 → 쇠퇴기'의 순환과 재순환 단계를 거친다.

핵심이론 10 **수퍼의 진로상담의 목표와 주요개념**

① 진로상담의 목표
 ㉠ 자기개념 분석하기
 ㉡ 진로성숙 수준 확인하기
 ㉢ 진로발달과제를 수행하는 데 필요한 지식, 태도, 기술 익히기
 ㉣ 자신의 흥미, 능력, 가치를 확인하고 생애 역할과 연계하여 이해하기

② 주요개념
 ㉠ 자기개념
  • 진로발달이란 진로에 관한 자기개념의 발달이며, 인간은 자아 이미지와 일치하는 직업을 선택한다.
  • 진로발달에서 본질적인 역할을 하는 자기개념은 유아기에서부터 형성, 전환, 실천의 과정을 거쳐서 사망에 이르기까지 계속 발달·보완된다.
  • 그러나 청년기 이후에는 대개의 경우 자기개념에 큰 변화가 오지 않는다.
 ㉡ 재순환
  • 진로발달은 가역적이기 때문에 재순환이 발생한다.
  • 재순환은 전 생애에 걸쳐서 이루어진다.
  • 재순환은 생물학적인 발달의 과정과 속도에 일치하지 않는다.
  • 성인기의 진로위기는 변화하는 환경에 적응하도록 재순환을 촉진한다.
  • 같은 조직에서 다른 영역의 직무를 새로 수행하는 것도 재순환의 일종이다.

[핵심예제]

수퍼(D. Super)의 진로발달이론에서 제시한 재순환에 관한 설명으로 옳은 것은?

[16년 14회]

① 재순환은 생물학적 발달의 과정 및 속도와 일치한다.
② 성인기의 진로위기는 변화하는 환경에 적응하도록 재순환을 촉진한다.
③ 같은 조직에서 다른 영역의 직무를 새로 수행하는 것은 재순환으로 보지 않는다.
④ 재순환은 15~24세에 한정된다.
⑤ 진로발달은 비가역적이기 때문에 재순환이 발생하지 않는다.

정답 ②

해설

① 수퍼(D. Super)는 성인기의 진로발달은 생물학적인 발달, 즉 연령의 발달과는 거의 관련이 없다는 입장을 취하였다.
③ 같은 조직에서 다른 영역의 직무를 새로 수행하는 것도 재순환으로 본다.
④ 진로발달은 인간의 전 생애에 걸쳐서 이루어지고 변화되는 것이라고 하였다.
⑤ 진로발달은 가역적이기 때문에 재순환이 발생한다.

핵심이론 **11** | **수퍼의 진로발달이론의 진로성숙도와 진로적응성**

① 진로성숙도

㉠ 진로발달이란 자기에 대한 이해와 일과 직업세계에 대한 이해를 바탕으로 자신의 진로계획과 선택을 통합하고 조정해 나가는 과정이며, 이러한 이해와 조정·통합이 어느 정도 수준인가를 나타내는 것이 진로성숙도이다.

㉡ 진로성숙의 정도는 진로발달의 연속선상에서 개인이 도달한 위치를 의미한다.

㉢ 진로성숙도는 각 단계의 발달과업을 성공적으로 수행할 수 있는 준비도를 의미한다.

㉣ 진로성숙은 진로발달과업에 성공적으로 대처하기 위한 개인의 심리적 자원이다.

㉤ 진로성숙은 진로계획, 직업탐색, 의사결정, 직업세계에 대한 지식 등이 하위요인으로 구성된다.

㉥ 진로성숙도의 측정은 진로계획 '태도'와 진로계획 '능력'의 두 가지 지표를 포함한다.

㉦ 진로성숙도는 가설적 구인이며, 단일한 특질이 아니다.

㉧ 진로성숙도의 구성 6가지

진로결정성	자신의 진로선택과 진로방향 설정에 대한 결정에 확신이 드는 정도
진로확신성	자신감이기도 하며, 자신의 진로선택 문제에 대한 믿음과 확신의 정도
진로목적성	자신의 욕구와 현실 사이에서 타협이 이루어지는 정도를 말하며, 구체적으로 추구하려는 내용이 무엇인지 선택한 진로를 통하여 알아보는 것
진로준비성	진로를 결정하는 데 필요한 사전 이해·준비·계획 정도나 참여와 관심의 정도
진로독립성	진로를 선택할 때, 자신이 독립적으로 결정하는지 아니면 타인에 의존하여 결정하는지에 대한 태도를 측정하는 정도
가족일치성	자신의 진로와 가족 간의 의견 일치 정도이며, 가족과의 친밀감 및 상호간의 믿음이 바탕

㉨ 진로성숙의 하위요인

• 선택하고자 하는 직업의 일관성 : 선택하고자 하는 직업의 분야 및 수준의 일관성
• 선택하고자 하는 직업에 관한 정보수집 및 계획성 : 직업에 대한 정보수집의 면밀함 및 진로계획의 치밀성과 진로계획의 참여도

- 진로선택에 대한 태도 : 진로문제에 대한 관심도 및 진로선택에 필요한 자료 이용의 효율성
- 진로문제에 있어서의 이해 : 능력과 흥미의 일치도
- 자기특성의 구체적 이해 : 흥미의 성숙과 유형화, 진로문제에서의 독자성, 진로계획에 대한 책임감 수용 및 일로부터의 보상에 관한 관심, 직업선택 시 능력, 활동, 흥미와 선호직업이 일치하는지를 판단할 수 있는 현실성

② 진로적응성
  ㉠ 끊임없이 변하는 일의 세계와 자신을 둘러싼 환경의 요구에 대처하는 준비도이자 다양한 생애역할과 자신을 둘러싼 직업환경의 변화에 대한 준비도를 말한다.
  ㉡ 진로적응은 성인에게 진로성숙이라는 개념을 적용하기 위해 제안된 것이다.

11-1. 수퍼(D. Super)가 제안한 진로성숙의 개념에 관한 설명으로 옳지 않은 것은? [16년 14회]

① 진로성숙의 정도는 진로발달의 연속선상에서 개인이 도달한 위치를 의미한다.
② 진로성숙은 진로발달과업에 성공적으로 대처하기 위한 개인의 심리적 자원이다.
③ 진로적응은 성인에게 진로성숙이라는 개념을 적용하기 위해 제안된 것이다.
④ 진로성숙은 내적 지표인 만족과 외적 지표인 충족의 영역으로 구분된다.
⑤ 진로성숙은 진로계획, 직업탐색, 의사결정, 직업세계에 대한 지식 등이 하위요인으로 구성된다.

정답 ④

11-2. 수퍼(Super)의 이론에서 진로성숙(Career Maturity)의 하위요인에 관한 설명으로 옳지 않은 것은? [15년 13회]

① 선호하는 직업의 분야와 수준의 일관성
② 선호하는 직업에 대한 정보와 진로계획의 구체화
③ 진로선택과 직업정보 관련 사항을 다루는 태도
④ 흥미, 가치 등 개인특성의 세분화
⑤ 직업선택 시 능력, 활동, 흥미와 선호 직업이 일치하는지를 판단할 수 있는 현실성

정답 ④

해설

11-1
진로성숙도의 측정은 진로계획 '태도'와 진로계획 '능력'의 두 가지 지표를 포함하고 있다. 만족과 충족의 개념은 직업적응이론과 관련된 개념이다.

11-2
자기특성의 세분화보다는 흥미의 성숙과 유형화, 진로문제에서의 독자성, 진로계획에 대한 책임감 수용 및 일로부터의 보상에 관한 관심 등 자기특성의 구체적 이해가 필요하다.

핵심이론 12 수퍼의 진로발달이론의 직업발달과정과 과업

① 직업발달과정

성장기 (출생~14세)	• 욕구와 환상이 지배적이나, 사회참여 활동이 증가하고 현실검증이 생김에 따라 흥미와 능력을 중시하는 단계이다. • 환상기(4~10세) : 욕구가 지배적이며 자신의 역할 수행을 중시한다. • 흥미기(11~12세) : 개인의 취향에 따라 목표와 내용을 결정한다. • 능력기(13~14세) : 능력을 보다 중요시한다.
탐색기 (15~24세)	• 학교·여가생활, 시간제의 일 등을 통한 경험으로 자신에 대한 탐색과 역할에 대해 수행해야 할 것을 찾으며, 직업에 대한 탐색을 시도하려는 단계이다. • 개인은 직업 선택에 대한 구체화, 결정화, 실행이라는 진로발달과업을 접하게 되는 시기이다. • 잠정기(15~17세) : 자신의 욕구, 능력, 가치, 직업적인 기회 등을 고려한다. • 전환기(18~21세) : 개인이 직업세계나 교육, 훈련에 들어갈 때 필요한 과정을 받는다. • 시행기(22~24세) : 개인이 자신에게 적합해 보이는 직업을 선택한다.
확립기 (25~44세)	• 자신에게 적합한 직업분야를 발견하고 자신의 생활 안정을 위해 노력하는 단계이다. • 확립기의 초반과 중반에는 정착 또는 안정화, 확립기 후반부터는 공고화와 발전이 주된 과업이다. • 시행기 및 안정화(25~30세) : 자신이 선택한 직업의 세계가 자신에게 안 맞으면 자신에게 적합한 일을 발견할 때까지 몇 차례의 변화를 경험한다. • 공고화 및 발전(35세 이후) : 자신의 진로에 대한 유형이 분명해짐에 따라 직업세계에서의 안정과 만족, 소속감을 가진다.
유지기 (45~64세)	• 직업세계에서 자신의 위치가 확고해지고, 자신의 자리를 유지하기 위해 노력하며, 안정된 삶을 살아가는 시기이다. • 개인은 유지, 보존, 혁신의 진로발달 과제를 가진다. 만일 이 기간에 현재의 직업 혹은 조직을 유지하기로 결정을 내리면, 개인은 자신이 성취한 것을 유지하고 지식과 기술을 새롭게 하며, 일상적인 일을 하는 새로운 방법을 고안해낸다.
쇠퇴기 (65세 이후)	• 감속기(65~70세) : 일의 수행속도가 느려지고, 직무에 변화가 오거나 혹은 일의 능력이 쇠퇴하는 데 따른 적절한 변화가 요구된다. • 은퇴기(71세 이후) : 시간제 일, 자원봉사 혹은 여가활동 등으로 이직을 한다.

② 직업발달과업

과제	연령	특징
구체화	14~17세	• 자원, 우연성, 흥미, 가치에 대한 인식과 선호하는 직업에 관한 계획을 통해 일반적인 직업목표를 형식화하는 인지적 단계의 과업이다. • 선호하는 진로에 대한 계획을 세우고 그것을 어떻게 수행할 것인가를 고려하는 것이다.
특수화 (결정화)	18~21세	• 시험적인 직업선호에서 특정한 직업선호로 바뀌는 시기의 과업이다. • 자세한 자료와 진로선택의 다양성을 뚜렷하게 인식하여 진로계획을 구체화하는 것이다.
실행화	22~24세	• 직업선호를 위한 훈련을 완성하고 고용에 참가하는 시기의 과업이다.
안정화	25~35세	• 직업에서 실제 일을 수행하고 재능을 활용함으로써 진로선택이 적절한 것임을 보여주고, 자신의 위치를 확립하는 단계의 과업이다. • 개인이 진로를 확립하고 진로상황에 안정감이 생겼을 때 이루어진다.
공고화	35세 이후	• 승진, 지위, 경력개발 등에 의해 진로를 확립하는 시기의 과업이다.

[핵심예제]

수퍼(Super)의 이론에서 정착(Stabilizing), 공고화(Consolidating), 발전(Advancing)의 발달과업이 수행되는 발달단계는?

[15년 13회]

① 탐색기
② 확립기
③ 성장기
④ 유지기
⑤ 쇠퇴기

정답 ②

해설

확립기의 초반·중반에는 정착 또는 안정화(Stabilization, 25~30세), 확립기 후반부터는 공고화(Consolidation, 35세 이후)가 주된 과업이다.

핵심이론 13 수퍼(Super)의 생애공간이론

① 생애진로무지개

개 념	• 수퍼(Super)는 개인의 진로발달과정을 자기실현 및 생애발달의 과정으로 보고 여러 가지 생활영역에 있어서의 진로발달을 나타내는 생애진로무지개를 제시하며, 진로성숙과 역할의 중요성을 강조하였다. • 양적인 평가방법으로 다양한 생애역할을 평가한다.
다양한 생애역할	• 삶의 다양한 역할 속에서 자신의 가치관을 추구하면서 살 수 있는 방법을 찾도록 한다. 즉, 사회적 관계 속의 다양한 생애역할이 부각되도록 하였다. • 일생동안 9가지 역할(예 아동·학생·여가인·일반시민·근로자·가장·주부·부모·연금생활자)을 수행한다고 보고, 이러한 역할들이 상호작용하며 이전의 수행이 이후의 수행에 영향을 미치게 된다고 하였다.
종단적 과정과 횡단적 과정	• 전 생애 동안 이어지는 진로발달의 종단적 과정(역할이 필요한 시간/기간)과 특정 시기의 횡단적 과정(활동의 왕성함 정도를 표시하는 면적/공간)을 표현한다.
역할 간의 갈등	• 전 생애 발달과정 중 특정시기에 생애역할들 간 갈등을 겪을 수도 있다.
중요한 생애역할의 개념	• 참여(Participation), 전념(Commitment), 지식(Knowledge), 가치기대(Value Expectations) 등이 있다.

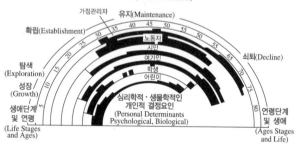

[생애진로무지개]

② 진로아치문모형

㉠ 인간발달의 생물학적·지리학적 면을 토대로 한 것으로, 아치웨이(Archway)의 기둥은 발달단계와 삶의 역할을 의미한다.

㉡ 개인(심리적 특징)을 왼쪽 기둥, 사회(경제자원, 경제구조, 사회구조 등)를 오른쪽 기둥으로 세웠다. 상층부 중심에는 자기(Self)를 배치하였다.

㉢ 개인은 사회의 단위로서 성장하고 기능하면서 사회에서 자신의 교육적·가족적·시민적·여가적 생애를 추구하며, 사회는 개인에게 영향을 준다.

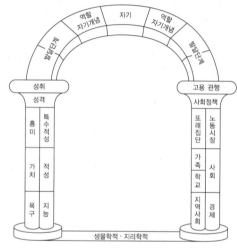

[진로아치문모형]

[핵심예제]

13-1. 수퍼(D. Super)의 진로발달 아치웨이 모형에서 자기개념 형성에 영향을 미치는 환경적 요인에 해당하지 않는 것은? [18년 17회]

① 가 족 　　　　② 문 화
③ 학 교 　　　　④ 또래집단
⑤ 노동시장

정답 ②

13-2. 수퍼(D. Super)의 생애진로무지개 모형에서 제시한 생애 역할로 옳은 것을 모두 고른 것은? [18년 17회]

ㄱ. 자녀(Child)	ㄴ. 시민(Citizen)
ㄷ. 여가인(Leisurite)	ㄹ. 직업인(Worker)

① ㄱ, ㄴ 　　　　② ㄴ, ㄷ
③ ㄱ, ㄴ, ㄷ 　　④ ㄱ, ㄷ, ㄹ
⑤ ㄱ, ㄴ, ㄷ, ㄹ

정답 ⑤

해설

13-1

진로발달 아치웨이(Archway) 모형은 인간발달의 생물학적·지리학적 면을 토대로 한 것으로, 아치웨이 모형 기둥은 발달단계와 삶의 역할을 의미한다. 개인(심리적 특징)을 왼쪽 기둥, 사회(경제자원, 경제구조, 사회구조 등)를 오른쪽 기둥으로 세우고, 상층부 중심에는 자기(Self)를 배치하였다.

• 왼쪽 기둥 : 흥미, 가치, 욕구, 적성, 지능 등
• 오른쪽 기둥 : 노동시장, 사회, 경제, 또래집단, 가족, 학교 등

13-2

수퍼(D. Super)는 생애진로무지개 모형에서 사람들이 성장하면서 수행하는 다양한 역할로 자녀(Child), 학생(Student), 여가인(Leisurite), 시민(Citizen), 직업인(Worker), 주부(Homemaker) 등을 언급하고 있다.

핵심이론 14　수퍼의 진로발달이론의 평가 및 모형

① 평 가

㉠ 수퍼는 직업선택의 과정은 인간의 발달과정 및 발달단계에 부합되는 과정으로서 전체 발달과정의 일부이며, 누구든지 이 단계를 거치며 발전해 간다고 설명한다.

㉡ 직업발달에 본질적인 역할을 하는 자기개념은 유아기에서부터 형성되어 그 후로 전환, 실천과정을 거치면서 죽을 때까지 발달되지만, 청년 후기 이후에는 큰 변화를 보이지 않는다고 하여 탐색기와 확립기의 진로발달을 중요시했다.

㉢ 자기개념 지향적이며, 지적인 면과 직업발달 측면만을 강조한다는 비판을 받고 있다.

㉣ 개인의 직업발달과정을 자아실현과 생애발달과정으로 보고 자기개념의 직업자기개념으로의 전환, 진로유형, 진로성숙, 진로발달 단계에 초점을 맞추면서 진로발달과정을 체계적으로 기술하는 점에서 가장 역동적이고 포괄적인 이론이라고 할 수 있다.

② 진로발달의 상담과 평가모형(C-DAC ; Career Development Assessment and Counseling)

상담목표	내담자 스스로 생애역할에 대한 통합적이고 적합한 개념을 형성하고 자아개념을 실현시켜 일에서의 성공, 사회적 기여, 개인적 만족을 이끄는 진로선택을 하게 한다.	
평가단계	1단계	**내담자의 생애구조와 직업적 역할의 중요성에 대한 평가** → 직업인으로서의 역할이 자녀, 학생, 배우자, 시민, 여가인 등 다른 역할들보다 얼마나 더 중요한지에 대해 탐색하고 생애역할의 우선순위를 결정할 수 있도록 돕는다.
	2단계	**진로발달의 수준과 자원을 평가** → 상담자는 어떤 발달과업이 내담자와 연관되어 있는지 확인하고, 이 문제를 해결할 수 있는 자원에 대한 평가로 넘어간다.
	3단계	**직업적 정체성에 대한 평가(가치, 능력, 흥미에 대한 평가)** → 가치, 능력, 흥미 측면에서 내담자의 직업적 정체성의 내용을 파악하고, 이러한 정체성이 내담자의 다양한 생애역할에 어떻게 나타나는지 탐색한다.

| 4단계 | 직업적 자아개념과 생애주제에 대한 평가
→ 이전 단계까지의 객관적 평가에서 내담자의
주관적인 자아개념에 대한 평가로 옮겨가며,
자신과 세상을 어떻게 이해하고 있는지 내담
자의 자기상을 확인하는 과정이다. |
| 통합
해석 | 평가단계의 내용을 근거로 상담자는 내담자의 생애사에 대한
통합적인 해석을 하고, 이를 통해 상담단계로 넘어간다. |

[핵심예제]

수퍼(D. Super)의 C-DAC(Career Development Assessment and Counseling) 모형의 평가단계를 순서대로 옳게 나열한 것은?

[19년 18회]

ㄱ. 내담자의 진로발달의 수준과 자원을 평가한다.
ㄴ. 직업적 자아개념과 생애주제를 평가한다.
ㄷ. 내담자의 생애구조와 직업적 역할의 중요성을 평가한다.
ㄹ. 가치, 흥미, 능력을 포함한 직업적 정체성을 평가한다.

① ㄱ - ㄴ - ㄷ - ㄹ
② ㄴ - ㄱ - ㄷ - ㄹ
③ ㄴ - ㄷ - ㄹ - ㄱ
④ ㄷ - ㄱ - ㄹ - ㄴ
⑤ ㄷ - ㄹ - ㄴ - ㄱ

정답 ④

해설

수퍼(D. Super)의 진로발달의 상담과 평가모델(C-DAC)
• 내담자 스스로 생애역할에 대한 통합적이고 적합한 개념을 형성하고 자아개념을 실현시켜 일에서의 성공, 사회적 기여, 개인적 만족을 이끄는 진로선택을 하게 한다.
• 평가단계의 내용을 근거로 상담자는 내담자의 생애사에 대한 통합적인 해석을 하고, 이를 통해 상담단계로 넘어간다.

핵심이론 15 타이드만(Tiedeman)과 오하라(O'Hara)의 진로발달이론

① 의 의
  ㉠ 진로발달을 직업정체감을 형성해 가는 과정으로 보았으며, 새로운 경험을 쌓을수록 개인의 정체감은 발달한다고 하였다.
  ㉡ 개인의 자아정체감은 분화와 통합의 과정을 거치면서 형성되어 가며, 자아정체감은 직업정체감 형성의 기초요인이 된다.
  ㉢ 진로발달은 자신을 동일시하면서 계속적으로 분화하고 통합하는 과정이라고 볼 수 있다. 분화는 분리된 경험의 문제이고, 통합은 확장된 경험을 모아 구조화하는 문제이다.
  ㉣ 분화와 통합은 논리적으로는 분리되지만 실제경험에서는 분리되지 않으며, 연령이 증가하고 경험이 쌓일수록 발달하게 된다.

② 직업정체감 형성과정
  ㉠ 개인은 어떤 문제에 직면하거나 어떤 결정을 내려야 할 때 인지적 구조의 분화와 통합에 의한 의사결정의 단계에 접어들게 된다. 이러한 단계들을 '예상기'와 '적응기(실천기)'로 구분하고 있다.
  ㉡ 예상기(Anticipation Period) : 전직업기(Preoccupation Period)라고도 불리며, 다음과 같이 4가지 하위단계로 나누어진다.

탐색기	• 자신의 진로목표를 설정하고 대안을 탐색해 보며, 그것을 성취할 수 있는 능력과 여건이 갖추어져 있는지에 대해 예비평가를 한다.
구체화기	• 가치관과 목표, 가능한 보수나 보상 등을 고려하면서 개인은 구체적으로 자신의 진로를 준비하기 시작한다. • 즉, 구체화 단계에서는 가능한 대안을 선택하며, 각 대안의 장단점을 검토하여 서열화 및 조직화한다.
선택기	• 자기가 하고 싶어 하는 일과 그렇지 않은 것을 확실히 알게 되며, 구체적으로 의사결정에 임하게 된다.
명료화기	• 이미 내린 결정을 신중히 분석·검토하는 과정이다. • 선택 실행을 위한 계획은 할 수 있지만, 아직 적극적 실행조건은 부족하다.

ⓒ 적응기(Adjustment Period) : 실천기(Implementation Period)라고도 한다. 이 단계는 앞에서 내린 잠정적 결정을 실천에 옮기는 과정으로, 다음의 3가지 하위단계로 구분된다.

순응기	• 새 집단이나 조직의 풍토에 적응하기 위해서 선택에 수동적으로 적응하며, 개인은 자신의 일면을 수정하거나 버리기도 한다. • 개인의 목표와 포부는 집단의 목표에 동화되고 수정된다.
개혁기	• 개인이 수용적인 자세로 새로운 상황에 임한 후, 일단 인정을 받으면 자신의 의견이나 주장을 강력하게 드러낸다. • 즉, 수동적인 수용의 성격에서 좀 더 적극적인 태도로 변화하는 단계이다.
통합기	• 개인이 집단이나 조직의 욕구와 자신의 욕구들을 균형 있게 조절할 수 있게 되어 타협과 통합을 이루게 된다.

[핵심예제]

타이드만(D. Tiedeman)과 오하라(R. O'Hara)의 진로의사결정이론에 관한 설명으로 옳지 않은 것은? [20년 19회]

① 인지적 구조의 분화와 통합에 의해 의식적 문제해결 과정을 예상기와 이행기로 나누어 설명한다.
② 구체화 단계에서는 가능한 대안을 선택하며, 각 대안의 장단점을 검토하여 서열화 및 조직화한다.
③ 선택 단계에서는 수동적인 수용의 성격에서 좀 더 적극적인 태도로 변화한다.
④ 명료화 단계에서는 선택 실행을 위한 계획은 할 수 있지만, 적극적 실행조건은 부족하다.
⑤ 적응 단계에서는 선택에 수동적으로 적응하며, 개인의 목표와 포부는 집단의 목표에 동화되고 수정된다.

정답 ③

해설
수동적인 수용의 성격에서 좀 더 적극적인 태도로 변화하는 단계는 '개혁기'이다. '선택기'는 자기가 하고 싶어 하는 일과 그렇지 않은 것을 확실히 알게 되는 단계이다. 타이드만(D. Tiedeman)과 오하라(R. O'Hara)의 진로의사결정이론에서 진로발달과정은 예상기(탐색기, 구체화기, 선택기, 명료화기)와 적응기(순응기, 개혁기, 통합기)로 구분한다.

핵심이론 **16**   **터크만(Tuckman)의 발달이론**

① 의 의
ㄱ. 자아인식, 진로인식, 진로의사결정이라는 주요 요소를 포함하는 8단계 이론을 제시하였다.
ㄴ. 이 이론은 기능훈련을 제외한 진로교육의 목표 및 내용 구축의 기저를 제공하고 있다.

② 진로발달 8단계

발달 단계	시 기	특 징	진로발달내용
1단계	유치원~ 초등학교 1학년	일방적인 의존성의 단계	가정에서 사용하는 도구들을 중심으로 하여 진로의식을 하게 된다.
2단계	초등학교 2학년	자아주장의 단계	점차 자율성을 형성하고, 단순한 형태의 선택이 이루어지며, 일에 대한 간단한 지식이나 개념을 이해한다.
3단계	초등학교 3학년	조건적 의존성의 단계	자아 인식 및 독립적인 존재가 되며 동기, 욕구, 탐구와의 관계형성에 초점을 맞춘다.
4단계	초등학교 4학년	독립성의 단계	일의 세계를 탐색하고 진로결정에 대해 관심을 가진다.
5단계	초등학교 5~6학년	외부지원의 단계	직업적 흥미와 목표, 작업조건, 직무내용 등에 관심을 가진다.
6단계	중학교 1~2학년	자기결정의 단계	직업관을 갖기 시작하며 진로결정의 기본요인들을 현실적인 시각에서 탐색한다.
7단계	중학교 3학년~ 고등학교 1학년	상호관계의 단계	동료집단의 문화와 교우관계를 중시, 직업선택의 가치, 일에 대한 기대와 보상, 작업풍토, 의사결정의 효율성 등에 대한 관심을 가지기 시작한다.
8단계	고등학교 2~3학년	자율성의 단계	진로문제에서 자신의 적합성 여부, 교육조건, 선택가능성 등에 초점을 두기 시작한다.

[핵심예제]

학자와 주요 이론(개념)의 연결이 옳은 것은? [16년 15회]

① 브라운(D. Brown) - 실재 구성, 역할 수행, 결정 구체화하기
② 크럼볼츠(J. Krumboltz) - 관심, 통제, 호기심, 자신감
③ 터크만(B. Tuckman) - 자아인식, 진로인식, 진로의사결정
④ 다위스(R. Dawis)와 롭퀴스트(L. Lofquist) - 흥미, 곤란도, 책무성
⑤ 갓프레드슨(L. Gottfredson) - 유전적 특성, 환경적 조건과 사건들, 학습경험, 과제접근기술

정답 ③

해설

③ 터크만(B. Tuckman)은 자아인식, 진로인식 및 진로의사결정이라는 3가지 주요 요소를 포함하는 8단계의 진로발달이론을 제시하였다.
① 브라운(Brown)은 가치, 흥미, 환경 등과의 관계에서 가치중심적 진로이론을 제시하였다.
② 진로적응도 자원과 전략으로 '관심, 통제, 호기심, 자신감'을 제시한 학자는 사비카스(Savickas)이다.
④ '흥미'에 기초해서 직업을 8개 군집으로 나누고, 각 직업에서의 '곤란도'와 '책무성'을 고려하여 단계를 설정한 학자는 로우(Roe)이다.
⑤ 진로결정 요인을 환경적 요인(유전적 특성, 환경적 조건과 사건)과 심리적 요인(학습경험, 과제접근기술)로 구분한 학자는 크럼볼츠(Krumboltz)이다.

핵심이론 17 갓프레드슨(Gottfredson)의 제한-타협이론 (직업포부 발달이론)

① **의 의**

㉠ 갓프레드슨은 사람들의 진로기대가 어릴 때부터 성별, 인종별, 사회계층별로 차이가 나는 이유를 설명하기 위해 제한-타협이론을 개발하였다.

㉡ 개인의 자기개념이나 흥미 등 주로 내적인 요인에만 관심을 두었던 기존의 발달이론과 달리, 성(性), 인종, 사회계층 등 사회적 요인과 함께 개인의 언어능력, 추론능력 등 인지적 요인을 추가로 통합하여 직업포부의 발달에 관한 이론을 개발하였다.

㉢ 사람은 누구나 자기의 자아 이미지에 맞는 직업을 원하기 때문에 자아개념은 직업선택에서 중요한 요인이다.

㉣ 갓프레드슨은 이러한 자아발달의 과정에서 포부에 대한 점진적인 제한을 가하는 것이 직업선호를 결정하게 되며, 자신의 포부를 실현하고자 할 때 개인이 현실과 조화를 이루는 과정에 관심을 두었다.

㉤ 진로선택 과정은 축소와 조정을 통해 진로포부가 변화하는 과정이다.

㉥ 수퍼와는 달리 직업선택은 일차적으로는 사회적 자아의 실현이고, 이차적으로는 심리적 자아의 실현으로 보았다.

㉦ 성역할은 흥미나 가치와 같은 심리적 변인에 의해 제한받지 않는다.

② **포부의 제한과 타협**

제 한	• 자기개념과 일치하지 않는 직업들을 배제하는 과정으로 자기개념의 발달단계에 따라 이루어진다. • 직업의 사회적 지위와 성역할을 기준으로 진로포부를 제한한다. • 수용 가능한 진로대안 영역을 축소하는 과정이다.
타 협 (절충)	• 직업의 성역할, 사회적 지위, 흥미가 중요한 측면이며 타협되는 과정이다. • 제한을 통해 선택된 선호하는 직업 대안들 중 자신이 극복할 수 없는 직업을 포기하고, 자신에게 덜 적합하지만 현실적으로 가능한 것을 선택하는 과정이다.

③ 직업포부의 발달단계

발달 단계	과 제	연 령	특 징
1단계	힘과 크기 (서열) 지향성	3~5세	• 사고 과정이 구체화되며, 어른이 된 다는 것의 의미를 알게 된다. • 외형적 관심단계이며, 주로 어른들의 역할을 흉내 내고 직관적인 사고 과정을 보인다. • 사용하는 도구에 기초해서 직업을 이해한다. • 자신이 생각하는 직업에 대해서 긍정적 입장을 취한다.
2단계	성역할 지향성	6~8세	• 자아개념이 성의 발달에 의해서 영향을 받게 되면서 직업에 대한 성역할 고정관념을 습득한다. • 이분법적(남녀의 구분) 정체감을 형성한다. • 직업을 이해할 때 자신의 성에 적합한지 살펴본다. • 구체적인 사고를 할 수 있어 남녀 역할에 바탕을 둔 직업 선호를 하게 된다. • 자신이 선호하는 직업에 대해서 보다 엄격한 평가를 할 수 있다.
3단계	사회적 가치 지향성	9~13세	• 사회계층에 대한 개념이 생기면서 상황 속에서 자아를 인식하게 되고, 일의 수준에 대한 이해를 확장시킨다. • 자신의 능력에 맞고 수용가능한 직업의 종류가 무엇인지 구체화한다. • 사회계층이나 지능을 진로선택의 주요 요소로 인식하게 되고, 직업의 사회적 지위에 눈을 뜬다. • 자신의 상대적 능력에 대해 판단하기 시작하고, 상대적 서열과 관련을 짓는다. • 직업에 대한 평가에 보다 많은 기준들을 갖게 된다.
4단계	내적이며 고유한 자아에 대한 지향성	14세 이후	• 고유한 내적 자아의 특성에 대한 개념을 가지면서 자아인식이 발달되며 타인에 대한 개념이 생겨난다. • 타협의 과정이 시작되며, 자기개념에 부합하는 직업을 탐색한다. • 자아성찰과 사회계층의 맥락에서 직업적 포부가 더욱 발달한다. • 수용가능한 직업의 종류 중에서 자아정체감을 만족시킬 수 있는 직업을 선택한다. • 추상적인 사고를 하게 되고, 개인적 흥미나 가치, 능력을 바탕으로 자신의 성격유형에 관심을 갖게 되며, 진로포부 수준도 점차 현실화해 간다.

[핵심예제]

갓프레드슨(L. Gottfredson)의 제한·타협 이론에 관한 설명으로 옳은 것을 모두 고른 것은? [19년 18회]

ㄱ. 진로발달의 세 번째 단계는 내적 고유자아 획득단계이다.
ㄴ. 직업의 사회적 지위와 성역할을 기준으로 진로포부를 제한한다.
ㄷ. 타협과정에서는 직업의 흥미, 사회적 지위, 성역할이 중요한 측면이다.
ㄹ. 성역할은 흥미나 가치와 같은 심리적 변인에 의해 제한받지 않는다.

① ㄱ, ㄴ
② ㄱ, ㄷ
③ ㄴ, ㄷ
④ ㄴ, ㄷ, ㄹ
⑤ ㄱ, ㄴ, ㄷ, ㄹ

정답 ④

해설

ㄱ. 내적 고유자아 획득단계는 진로발달의 네 번째 단계이다.

핵심이론 18 크럼볼츠(Krumboltz)의 사회학습진로이론

① 이론의 배경

　ⓐ 교육적 · 직업적 선호 및 기술이 어떻게 획득되며, 교육 프로그램 · 직업 · 현장의 일들이 어떻게 선택되는가를 설명하기 위하여 발달된 이론이다.

　ⓑ 학습경험을 강조하는 동시에 개인의 타고난 재능의 영향을 강조하는 이론이다.

② 기본 가정

　ⓐ 개인이 환경과의 상호작용을 통해 무엇을 학습했는가를 중요시한다.

　ⓑ 개인은 학습경험을 통해 세계를 바라보는 관점이나 신념을 형성한다고 본다.

　ⓒ 행동에 대한 일반적인 사회학습이론을 기초로 개인의 성격과 행동은 그의 독특한 학습경험에 의해서 가장 잘 설명할 수 있다고 가정한다.

　ⓓ 개인의 진로개발 과정에서 우연의 영향력을 중요시하므로, 상담자는 내담자가 탐색적 활동에 집중하면서 우연히 일어난 일을 유용하게 활용할 수 있음을 깨닫게 한다.

　ⓔ 내담자의 학습을 촉진하기 위해 진로 관련 심리검사를 활용하는데, 진로 관련 심리검사는 개인특성과 직업특성을 매칭(Matching)하기 위한 것만은 아니다.

　ⓕ 사회학습이론에 따라 개발된 진로신념검사를 통해 내담자의 진로발달 및 진로선택을 방해하는 비합리적 신념을 명료화하여 상담한다.

　ⓖ 진로의사결정에 영향을 미치는 4가지 요인, 즉 유전적 요인과 특별한 능력, 환경적 조건과 사건, 학습경험, 과제접근기술의 상호작용을 밝힌다.

　ⓗ 상담의 성공 여부는 상담실 밖 현실에서 내담자가 무엇을 이루었는지에 달렸다.

③ 상담의 목표

　ⓐ 내담자들이 스스로의 학습과정을 통해 그 답을 발견할 수 있도록 돕는다.

　ⓑ 내담자가 더욱 만족스러운 진로와 인생을 살아가기 위한 행동을 배우도록 돕는다.

④ 진로발달과정에 영향을 미치는 요인

환경적 요인	• 개인에게 영향을 미치나 일반적으로 개인이 통제할 수 있는 영역 밖에 있는 것으로 상담을 통해서 변화시키는 것이 불가능하다. • '유전적 요인(신체적 요인 등)과 특별한 능력' 및 '환경적 조건과 사건'
심리적 요인	• 개인의 생각과 감정과 행동을 결정하게 된다. • '학습경험'과 '과제접근기술'
우연적 요인	• 우연한 일이 진로에 긍정적으로 작용하는 경우를 '계획된 우연'이라고 한다. • 개인이 우연적 사건에 대한 준비와 대응에서 필요한 5가지 지각 요인은 '호기심, 인내심, 유연성, 낙관성, 위험감수'이다.

　ⓐ 유전적 요인과 특별한 능력 : 개인의 진로기회를 제한하는 타고난 특질을 말한다. 여기에는 인종, 성별, 신체적인 모습과 특징, 지능, 예술적 재능, 그리고 근육의 기능 등이 포함된다.

　ⓑ 환경적 조건과 사건 : 환경에서의 특정한 사건이 기술개발, 활동, 진로선호 등에 영향을 미친다는 것이다. 여기에는 취업가능한 직종의 내용, 교육훈련이 가능한 분야, 사회정책, 노동법, 천재지변, 천연자원의 공급 및 이용가능 정도, 기술의 발달, 사회조직의 변화, 가정의 영향, 교육제도, 그리고 이웃과 지역사회의 영향 등이 포함된다.

　ⓒ 학습경험 : 개인이 과거에 학습한 경험은 현재 또는 미래의 교육적 · 직업적 의사결정에 영향을 미치는데, 크럼볼츠는 크게 2가지 유형의 학습경험을 가정하고 있다.

도구적 학습경험	• 어떤 행동이나 인지적인 활동에 대한 정적 · 부적인 강화를 받을 때 나타난다. • 과거의 학습경험이 교육적 · 직업적 행동에 대한 도구로 작용하는 것이다. • 도구적 학습경험은 '선행사건 → 행동 → 결과'의 순서에 의해서 학습된다.
연상적 학습경험	• 이전에 경험한 감정적으로 중립인(Neutral) 사건이나 자극을 정서적으로 비중립적인 사건이나 자극과 연결시킬 때 일어난다. • 크럼볼츠의 이론에서 개인은 지적이며 훌륭한 정보처리자로 간주된다. 따라서 사람들은 타인의 행동을 관찰하거나 책이나 TV 등의 매체를 통해 정보수집을 하는 것만으로도 새로운 행동이나 기술을 학습할 수 있게 된다.

ⓔ 과제접근기술(Task Approach Skills)
- 과제접근기술은 선행사건이나 어떤 과제를 성취하기 위해 동원하는 기술이다.
- 개인이 환경을 이해하고 이에 대처하며 미래를 예견하는 능력이나 경향으로 학습경험, 유전적 요인, 환경적인 조건이나 사건의 상호작용으로 나타난다.
- 문제해결기술, 일하는 습관, 정보수집 능력, 감성적 반응, 인지적 과정 등이 포함된다.

⑤ 진로결정 요인의 결과
ⓐ 자기관찰 일반화 : 자신에 대한 관찰 결과 얻어진 것으로 자신의 태도, 업무 습관, 가치관, 흥미, 능력수준에 대한 일반화를 말한다.
ⓑ 세계관 일반화 : 자신의 환경에 대한 일반화로 세상에 대해 이해하고 환경에서 나타날 결과를 예측하는 것을 말한다.

⑥ 계획된 우연 모형
ⓐ 사람들에게는 예측할 수 없는 다양한 사건들이 일어날 수 있으며, 삶에서 우연적 사건을 긍정적 또는 부정적 기회로 만들 수 있는 가능성이 개인에게 열려 있다고 전제한다.
ⓑ 우연히 발생한 일이 진로에 긍정적으로 작용하는 경우를 '계획된 우연'이라고 한다.
ⓒ 개인이 우연적 사건에 대한 준비와 대응에서 필요한 5가지 지각 요인으로는 호기심, 인내심, 유연성, 낙관성, 위험감수 등이 있으며, 다음의 단계로 진행된다.
- 1단계 : 내담자로 하여금 '계획된 우연한 일'은 삶에서 자연스럽게 일어날 수 있는 것임을 받아들이도록 한다.
- 2단계 : 내담자가 갖는 호기심을 학습과 탐색을 위한 기회로 활용하도록 돕는다.
- 3단계 : 계획하지 않은 일과 관련된 내담자의 성공경험을 활용하여 내담자를 격려한다.
- 4단계 : 잠재된 기회를 더 잘 알아차릴 수 있는 내담자의 감수성을 키워준다.
- 5단계 : 행동을 방해하는 비합리적인 신념을 극복하도록 돕는다.

⑦ 상담과정

1단계	내담자의 기대에 대한 안내
2단계	내담자의 관심을 출발점으로 확인
3단계	계획하지 않은 일이 현재의 기반이 된 내담자의 성공경험 활용
4단계	잠재적인 기회를 알아차릴 수 있는 내담자의 감수성 키우기
5단계	장애요인 극복

[핵심예제]

18-1. 크럼볼츠(J. Krumboltz)가 제안한 사회학습진로이론에 관한 설명으로 옳지 않은 것은? [19년 18회]

① 개인의 진로개발 과정에서 우연의 영향력을 중요시한다.
② 진로의사결정 과정에서 자기효능감과 결과기대를 중요시한다.
③ 개인이 환경과의 상호작용을 통해 무엇을 학습했는가를 중요시한다.
④ 개인은 학습경험을 통해 세계를 바라보는 관점이나 신념을 형성한다고 본다.
⑤ 개인이 어떤 과제를 성취하기 위해 동원하는 기술을 과제접근기술이라고 한다.

정답 ②

18-2. 크럼볼츠(J. Krumboltz)가 제안한 계획된 우연이론 (Planned Happenstance Theory)의 진로상담 내용으로 옳은 것을 모두 고른 것은? [19년 18회]

ㄱ. 호기심을 학습과 탐색의 기회로 활용하도록 돕기
ㄴ. 내담자가 자신의 이야기에 더 많은 의미를 부여하도록 돕기
ㄷ. 계획하지 않은 일이 현재의 기반이 된 성공경험 활용하도록 돕기
ㄹ. 사회적 관계 속에서 발생하는 다양한 생애역할을 탐색하도록 돕기
ㅁ. 잠재된 기회를 보다 잘 알아차리도록 내담자의 감수성을 키우도록 돕기

① ㄱ, ㄴ, ㄹ
② ㄱ, ㄷ, ㅁ
③ ㄴ, ㄷ, ㄹ
④ ㄷ, ㄹ, ㅁ
⑤ ㄱ, ㄴ, ㄹ, ㅁ

정답 ②

해설

18-1
진로의사결정 과정에서 자기효능감과 결과기대를 중요시하는 이론은 반두라(Bandura)의 사회인지이론에서 파생된 '사회인지 진로이론'이다. 대표적인 학자로는 렌트(Lent), 브라운(Brown), 해킷(Hackett) 등이 있다.
18-2
ㄴ. 생애진로사정(LCA)에 대한 내용이다.
ㄹ. 수퍼(Super)의 생애공간이론 중 '생애진로무지개'에 대한 내용이다.

핵심이론 19 하렌(Harren)의 진로의사결정이론

① 개 요
  ㉠ 개인의 진로결정 과정의 방법과 진로결정에 영향을 미치는 요인을 설명하는 이론이다.
  ㉡ 진로의사결정은 개인이 정보를 조직하고 여러 대안을 신중하게 검토하여 진로선택을 위한 행동과정에 전념하는 심리적인 과정이다.
  ㉢ 대학생 연령에 초점을 맞춘 진로결정수준은 자신의 전공 및 직업의 선택과 관련된 확신의 정도로 개인의 진로결정 상태를 '진로결정'과 '진로미결정'으로 구분한다.
  ㉣ 진로미결정은 정보 부족에 의한 것과 성격적 원인에 의한 것으로 구분한다.

② 주요 내용
  ㉠ 하렌(Harren)은 의사결정이 필요한 과제를 인식하고 그에 반응하는 개인의 특징적 유형과 개인이 의사결정을 내리는 방식을 '의사결정 유형'이라고 정의하였다.
  ㉡ 의사결정 과정에 영향을 미치는 의사결정자의 개인적인 특징으로 '자아개념'과 '의사결정 유형'을 제안하였다.
  ㉢ '의사결정 유형'에는 의사결정 과제를 지각하고, 그에 반응하는 개인의 특징적인 방식으로 합리적 유형, 직관적 유형, 의존적 유형이 있다.

합리적 유형	• 자신과 상황에 대한 정확한 정보를 수집하고, 신중하고 논리적으로 의사결정을 수행해 나간다. • 의사결정에 대한 책임을 자신이 진다.
직관적 유형	• 의사결정의 기초로 상상을 사용하고 현재의 감정에 주의를 기울인다. • 정서적 자각을 사용한다. • 선택에 대한 확신은 느끼지만, 그 결정의 적절성을 말로 설명하지 못하는 경우가 있다. • 의사결정에 대한 책임을 자신이 지려고 한다.
의존적 유형	• 타인의 영향을 많이 받고 수동적이며, 사회적 인정에 대한 욕구가 높다. • 의사결정에 대한 개인적 책임을 부정하고 그 책임을 외부로 돌린다.

ⓔ 하렌의 진로의사결정 과정

1단계(인식)	자아와 진로의사결정과 관련된 대안들을 인식
2단계(계획)	대안들의 상호관계를 인식하고, 그 가치에 대한 평가
3단계(확신)	잠정적인 의사결정 및 주변 사람들의 피드백
4단계(실행)	잠정적 결정을 실천에 옮김

③ 이론의 적용 및 평가

ⓐ 효과적인 의사결정자는 적절한 자아존중감과 분화되고 통합된 자아개념을 갖고 있으며, 합리적 유형을 활용하여 책임 있는 의사결정을 하고, 성숙한 대인관계와 분명한 목적의식을 가진다고 정의하였다. 이러한 정의로 인해 진로결정과 관련하여 조력을 필요로 하는 내담자들을 변별하는 데 도움을 주고 있다.

ⓑ 직업이 선택되는 구체적인 과정과 그 선택에 영향을 미치는 선행요소를 설명하는 데 초점을 맞춘다는 점에서 미시 분석이라 할 수 있다.

[핵심예제]

하렌(V. Harren)이 설명한 직관적 유형의 특징으로 옳은 것을 모두 고른 것은?   [18년 17회]

> ㄱ. 의사결정에 대한 책임을 자신이 지려고 한다.
> ㄴ. 의사결정의 기초로 상상을 사용하고 현재의 감정에 주의를 기울인다.
> ㄷ. 타인의 영향을 많이 받고 수동적이며, 사회적 인정에 대한 욕구가 높다.
> ㄹ. 선택에 대한 확신은 느끼지만, 그 결정의 적절성을 말로 설명하지 못하는 경우가 있다.

① ㄱ, ㄴ   ② ㄱ, ㄷ
③ ㄷ, ㄹ   ④ ㄱ, ㄴ, ㄹ
⑤ ㄱ, ㄴ, ㄷ, ㄹ

정답 ④

해설

ㄷ. 의존적 유형의 특징이다.

하렌(V. Harren)의 진로의사결정이론의 직관적 유형
- 의사결정의 기초로 상상을 사용한다.
- 현재의 감정에 주의를 기울이며 정서적 자각을 사용한다.
- 결정과정에 대한 각 단계의 선택과 수용이 비교적 빨리 이루어지며, 종종 어떻게 결정에 도달하였는가를 명백하게 진술하지 못하는 경향이 있다.
- 결정에 대한 책임은 수용하지만 미래에 대해서 예견을 거의 하지 않는다.

핵심이론 20   다위스(Dawis)와 롭퀴스트(Lofquist)의 직업적응이론

① 개 요

ⓐ 특성-요인이론의 성격을 지니는 복잡한 이론으로서, 개인의 특성에 해당하는 욕구와 능력을 환경에서의 요구사항과 연관지어 직무만족이나 직무유지 등의 진로행동을 설명한다.

ⓑ 최근에는 개인-환경 조화 상담이라 칭하며, 개인과 환경 간의 상호작용을 강조하고 있다.

ⓒ 직업적응이론은 개인과 환경 간의 상호작용을 통한 욕구 충족을 강조한다.

ⓓ 직업적응이론(TWA ; Theory of Work Adjustment)은 미네소타 대학의 다위스와 롭퀴스트가 수행해온 직업적응 프로젝트의 연구 성과를 바탕으로 정립된 이론이다.

ⓔ 직업적응을 위한 주요한 지표는 개인의 만족과 직업 환경의 만족(충족)이다.

② 직업적응이론의 개념

ⓐ 개인과 환경의 욕구 조화
- 개인의 욕구(예 생리적 욕구나 사회적 인정 등)는 환경에서 제공하는 강화요인(예 보수나 승진, 양호한 작업 환경 등)에 의해 만족된다.
- 환경의 요구조건(예 직무나 과업, 집단구성원으로서의 역할 등)은 개인이 제공하는 강화요인(예 주어진 과업을 위한 개인의 능력 발휘 등)에 의해 충족된다.
- 개인과 환경의 욕구가 상호간에 만족된 상태를 조화라고 한다.

ⓑ 적 응
- 개인과 환경의 욕구조건이 조화롭지 못한 상태가 되었을 때 개인은 환경의 요구조건을 변화시키거나, 자신의 욕구 구조를 변화시켜 조화 상태에 이르려는 역동적 과정을 경험한다.
- 환경도 이와 동일한 행동을 취하려 하는데, 이러한 행동을 적응이라 한다.

③ 직업적응이론의 측면
　㉠ 직업성격적 측면

민첩성	• 과제를 얼마나 일찍 완성하느냐와 관계되는 것으로, 속도를 중시한다. • 민첩성이 없다는 것은 반응의 신중함, 지연, 반응의 긴 잠재기를 뜻한다.
역량(속도)	• 근로자의 평균 활동수준을 말하고, 개인의 에너지 소비량을 의미한다.
리 듬	• 활동에 대한 다양성을 의미한다(단일성 ×).
지구력	• 개인이 환경과 상호작용하는 다양한 활동수준의 기간을 의미한다.

　㉡ 적응양식적 측면

융통성 (유연성)	개인의 작업환경과 개인적 환경 간의 부조화를 참아내는 정도로써 작업과 개인의 부조화가 크더라도 잘 참아낼 수 있는 사람은 융통적인 사람이다.
끈 기 (인 내)	환경이 자신에게 맞지 않아도 개인이 얼마나 오랫동안 견뎌낼 수 있는가 하는 것을 의미한다.
적극성	개인이 작업환경을 개인적 방식과 좀 더 조화롭게 만들어 가려고 노력하는 정도를 의미한다.
반응성	개인-환경 간 부조화를 견딜 수 있는 정도를 넘어설 때 자신의 직업성격을 변화시키는 방식으로 대처한다(직업성격의 변화로 작업환경에 반응하는 정도).

④ 직업적응이론과 관련하여 개발된 검사도구
　㉠ MIQ(Minnesota Importance Questionnaire ; 미네소타 중요성 질문지) : 작업 환경에 대한 개인이 지니는 20개 욕구와 6개의 가치관을 측정하는 도구로서, 190개의 문항으로 구성되어 있다.
　㉡ MJDQ(Minnesota Job Description Questionnaire ; 미네소타 직무기술 질문지) : 작업 환경이 MIQ에서 정의한 20개 욕구를 만족시켜 주는 정도를 측정하는 도구로 하위척도는 MIQ와 동일하다.
　㉢ MSQ(Minnesota Satisfaction Questionnaire ; 미네소타 만족도 질문지) : 직무만족의 원인이 되는 일의 강화요인을 측정하는 도구로 능력의 사용, 성취, 승진, 활동, 다양성, 작업조건, 회사의 명성, 인간자원의 관리체계 등의 척도로 구성되어 있다.
　㉣ MOCS Ⅲ(Minnesota Occupational Classification System Ⅲ ; 직업분류체계)
　㉤ MSS(Minnesota Satisfactoriness Scales ; 환경의 충족 정도)

［ 핵심예제 ］

다위스와 롭퀴스트(Dawis & Lofquist)가 제시한 적응양식의 설명과 개념을 바르게 연결한 것은?　　[18년 17회]

> ㄱ. 개인-환경 간 부조화가 발생할 때, 대처반응을 하기 전에 부조화를 견딜 수 있는 정도
> ㄴ. 개인-환경 간 부조화의 정도가 견딜 수 있는 범위를 넘어설 때, 자신의 직업성격을 변화시킴으로써 대처하는 방식

A. 인내(Perseverance)　　　B. 반응성(Reactiveness)
C. 적극성(Activeness)　　　D. 유연성(Flexibility)

① ㄱ - A, ㄴ - B　　　② ㄱ - A, ㄴ - C
③ ㄱ - B, ㄴ - D　　　④ ㄱ - D, ㄴ - B
⑤ ㄱ - D, ㄴ - C

정답 ④

해설

A. 인내(Perseverance) : 환경이 자신에게 맞지 않아도 개인이 얼마나 오랫동안 견뎌낼 수 있는가 하는 것을 의미한다.
C. 적극성(Activeness) : 개인이 작업환경을 개인적 방식과 좀 더 조화롭게 만들어 가려고 노력하는 정도를 의미한다.

핵심이론 21 진로전환이론

① 개 요
　㉠ 진로전환은 개인이 경험한 어떤 사건으로 인해 삶을 바라
　　보는 시각이 변하거나 자신을 둘러싼 상황의 변화에 대처
　　해야 할 때 발생한다.
　㉡ 진로전환에 따라 스트레스 상황에 직면하거나 정서적·
　　신체적인 어려움을 겪을 수 있다.

② 굿맨 등(J. Goodman et al.)의 진로전환모델

구 분	진로전환	
입 직	신입직원	일의 요령 배우기
승 진	고속승진, 정체	견디기
퇴 사	해고, 은퇴, 직업 변경	떠나기, 애도하기, 노력하기
재취업을 위한 노력	실업상태	소외감

③ 진로전환을 위한 검사
　㉠ 성인진로전환검사 : 성인이 진로를 전환할 때 일어나는
　　심리자원을 검사한다.
　㉡ 진로전환의식평가 : 진로를 전환해야 할 상황에서 느끼
　　는 걱정거리나 희망사항, 교육받은 경험 등을 확인하고
　　가족을 고려하여 스스로 진로를 준비하게 한다.

더 알아보기

이론과 심리검사
• 홀랜드의 진로이론 : 진로상황검사, 진로정체감검사(MVS)
• 수퍼의 진로발달이론 : 역할명확성검사, 역할중요도검사(SI)
• 다위스와 롭퀴스트의 직업적응이론 : 미네소타 중요성 질문지
　(MIQ), 직무기술 질문지(JDQ), 미네소타 만족도 질문지(MSQ) 등
• 샘슨, 피터슨, 렌즈, 리어든의 인지정보처리모델 : 진로사고검
　사(CTI)

굿맨, 슐로스버그, 앤더슨이 제시한 개인진로전환에 영향을
주는 4가지 요소(4S)
• 자아(Self)　　　　• 지원(Support)
• 상황(Situation)　• 전략(Strategies)

핵심예제

굿맨, 슐로스버그와 앤더슨(Goodman, Schlossberg &
Anderson)이 제시한 개인의 진로전환에 영향을 주는 네 가
지 요소(4S)가 아닌 것은?　　　　　　　　　[17년 16회]

① 자아(Self)　　　　　② 지원(Support)
③ 상황(Situation)　　　④ 제도(System)
⑤ 전략(Strategies)

정답 ④

해설

굿맨, 슐로스버그, 앤더슨은 개인의 진로전환에 영향을 주는 4가지 요소
로 상황(Situation), 자아(Self), 지원(Support), 전략(Strategies)을 제
시하고 있다.

핵심이론 22 인지적 정보처리이론(CIP ; Cognitive Information Processing)

① 의 의

ⓐ 피터슨, 샘슨, 리어든에 의해 개발됐으며, 개인이 어떻게 정보로 자신의 진로문제 해결·의사결정 능력을 향상시킬 수 있는가에 대한 종합적 시각을 제공하며, 진로사고 검사(CTI)가 이루어진다.

ⓑ 인간의 문제해결 과정이 컴퓨터의 정보처리 과정과 유사하다는 점에 착안하여 진로선택 과정을 정보처리 과정으로 본다.

ⓒ 진로선택 자체의 적절성보다는 그 선택에 있어서 인지적으로 정보를 처리하는 인간의 사고 과정을 중요시하며 진로의사결정 방해요소를 파악한다.

② 기본 가정

ⓐ 진로선택은 인지와 정서의 상호작용에 의한 결과이다.

ⓑ 진로의사결정은 하나의 문제해결 활동이다.

ⓒ 진로문제를 해결하는 능력은 지식뿐 아니라 인지적 조작의 가용성에 달려 있다.

ⓓ 진로문제의 해결은 고도의 기억력을 요하는 과제이다.

ⓔ 진로문제를 보다 잘 해결하고자 하는 욕구는 곧 자신과 직업세계를 보다 잘 이해함으로써 직업선택에 만족을 얻고자 하는 것이다.

ⓕ 진로발달은 자신과 직업에 대한 정보를 가지고 일련의 구조화된 기억구조를 형성함으로써 이루어진다.

ⓖ 진로정체성은 자기를 얼마나 아느냐에 달렸다.

ⓗ 진로성숙도는 자신의 진로문제를 해결하는 개인의 능력과 관련된다.

ⓘ 진로상담의 궁극적 목적은 정보처리 기술을 향상시키는 것이다.

ⓙ 진로상담의 궁극적 목표는 내담자가 진로문제 해결과 의사결정을 잘 하도록 하는 것이다.

③ 인지적 정보처리의 과정 : 진로문제 해결은 일차적으로 인지적 과정이며, 그러한 과정은 피라미드와 커사비(CASVE) 과정으로 구성되어 있다.

ⓐ 정보처리영역 피라미드

정보영역	자기정보	자신의 가치, 흥미, 기술 등에 대한 개인의 지각
	직업정보	직업세계가 어떻게 구성되어 있는지에 대한 개인의 도식
의사결정 기술영역		개인이 진로문제를 해결하고 의사결정을 하는 데 필요한 정보처리 기술
실행과정영역		초인지, 자기독백, 자기인식과 통제 및 모니터를 통해 진로문제를 해결하는 데 사용될 인지적 전략의 선택 및 조절 ※ 초인지는 개인의 정서나 생각이 자신에게 영향을 미치는 것을 인식하도록 한다.

ⓑ 커사비(CASVE) : 의사소통 및 문제를 점검, 분석, 종합하여 가치를 평가하고 실행에 옮기는 과정

의사소통 (Communication)	• 질문들을 받아들여 부호화하며 송출한다. • 자기 내부나 주변 환경으로부터 요구가 있을 때 시작된다.
분석(Analysis)	• 한 개념적 틀 안에서 문제를 찾아 분류한다.
종합/통합(Synthesis)	• 일련의 행위를 형성한다.
평가(Valuing)	• 성공과 실패의 확률에 관해 각각의 행위를 판단하고, 다른 사람에게 미칠 파급효과를 판단한다.
실행(Execution)	• 책략을 통해 계획을 실행한다.

④ 진로사고검사(CTI)

㉠ 특 징

- 어떤 사람들이 흥미검사로부터 얻어지는 정보를 처리하는 데 어려움을 가지고 있는지를 찾아내는 선별도구로서, 개인적인 특성에 맞는 진로지도를 할 수 있다.
- 진로의사결정 과정을 시작하거나 유지하는데 개인이 가지는 곤란수준을 측정한다.
- 인지적 정보처리이론(CIP)과 인지치료를 이론적 근거로 하여 진로에서의 부정적인 인지를 측정한다.
- 진로결정에 있어서 개인차를 고려한 개별화된 진로서비스를 제공할 수 있다.
- 3개의 하위척도 점수를 분석함으로써 내담자가 가지고 있는 진로문제의 특성을 구체적으로 이해할 수 있다.
- 진로사고검사의 하위요인에는 의사결정혼란, 수행불안, 외적 갈등이 있다.

㉡ 진로사고검사 하위척도

의사결정 혼란	진로의사결정 과정을 시작하거나 유지하는 데 개인이 가지는 곤란수준을 측정한다.
수행불안	여러 가지 대안 중 한 가지 대안을 선택하거나 대안에 대한 우선순위를 매기는 등의 선택을 하고자 할 때, 결단을 내리기 어려운 곤란수준을 나타낸다.
외적 갈등	결정에 대한 책임감을 회피하게 하는 갈등에 관한 것으로써, 중요타인에게서 얻는 정보의 중요성과 자신이 지각한 정보의 중요성 간에 균형조절에 있어서의 무능력을 반영한다.

22-1. 피터슨(G. Peterson) 등의 진로정보처리이론(Career Information Processing Theory)에 관한 설명으로 옳지 않은 것은?   [19년 18회]

① 피라미드와 커사비(CASVE) 과정으로 구성되어 있다.
② 피라미드는 자기지식, 초인지의 두 가지로 구성되어 있다.
③ 의사소통은 자기 내부나 주변 환경으로부터 요구가 있을 때 시작된다.
④ 커사비(CASVE) 과정은 의사소통, 분석, 종합, 평가, 실행으로 이루어진다.
⑤ 초인지는 개인의 정서나 생각이 자신에게 영향을 미치는 것을 인식하도록 한다.

정답 ②

22-2. 진로상담에서 사용하는 검사의 구성요소로 옳지 않은 것은?   [20년 19회]

① 자기효능감척도(SES)는 일반적 자기효능감, 사회적 자기효능감 등으로 구성되어 있다.
② 진로발달검사(CDI)는 진로계획, 진로탐색, 의사결정, 일의 세계에 대한 지식, 선호하는 직업에 대한 지식 등으로 구성되어 있다.
③ 진로결정척도(CDS)는 확신척도와 미결정척도로 구성되어 있다.
④ 진로성숙도검사(CMI)는 진로성숙태도, 진로성숙능력, 진로성숙행동 등으로 구성되어 있다.
⑤ 진로전환검사(CTI)는 수행불안, 외적 갈등, 의사결정 혼란 등으로 구성되어 있다.

정답 ⑤

해설

22-1
정보처리영역의 피라미드는 실행과정영역(초인지)과 의사기술영역, 그리고 정보영역으로 자기정보영역과 직업정보영역을 포함하는 총 4개 영역으로 구성되어 있다.

22-2
진로사고검사(CTI)는 인지적 정보처리이론(CIP)과 인지치료를 이론적 근거로 하여 진로에서의 부정적인 인지를 측정하는 것으로, 진로사고검사의 하위척도에는 의사결정혼란, 수행불안, 외적 갈등이 있다.

핵심이론 23 가치중심적 진로접근모형

① 의 의

  ㉠ 브라운(Brown)이 제안한 진로발달에 관한 가치중심적 접근모델은 인간행동이 개인의 가치에 의해 상당부분 영향을 받는다는 가정에서 출발한다.

  ㉡ 브라운은 개인에 의해 확립된 행동규준들은 발달과정에 있어서 매우 중요한 가치에 기반을 둔 것으로서, 개개인이 스스로의 행위와 타인의 행위를 판단하는 규칙들이 된다는 것이다.

② 기본 명제(가치, 흥미, 환경)

  ㉠ 개인이 우선권을 부여하는 가치들은 그리 많지가 않다.

  ㉡ 우선순위가 높은 가치들은 다음과 같은 조건들을 만족시킬 경우 생애역할 선택에 있어서 가장 중요한 결정요인이 된다.

   • 생애역할가치를 만족시키려면 한 가지의 선택권만 이용할 수 있어야 한다.

   • 생애역할가치를 실행하기 위한 선택권은 명확하게 그려져야 한다.

   • 각 선택권을 실행에 옮기는 난이도는 동일하다.

  ㉢ 가치는 환경 속에서 가치를 담은 정보를 획득함으로써 학습된다.

  ㉣ 가치는 개인의 세습된 특성(유전)과 상호작용하면서 인지적으로 처리된다.

  ㉤ 사회적 상호작용 및 기회에 영향을 주는 또 다른 요인들로는 문화적 배경, 성별, 사회·경제적 수준 등이 있다.

  ㉥ 가치에 의해 흥미가 발달되지만, 흥미는 가치만큼 행동결정에 큰 영향을 미치지 않는다.

  ㉦ 가치는 일상생활에서 경험하는 정보처리에 많은 영향을 미친다.

  ㉧ 생애만족은 모든 필수적인 가치들을 만족시키는 생애역할에 달려 있다.

  ㉨ 한 역할의 현저성은 역할 내에 있는 필수적인 가치들의 만족 정도와 직접 관련된다.

  ㉩ 생애역할에서의 성공 요인들에는, 학습기술도 있고 인지적·정의적·신체적 적성 등도 있다.

③ 상담자 유의사항

  ㉠ 면접과정에서 정서적인 문제를 주의 깊게 살펴보아야 한다.

  ㉡ 양적 및 질적인 방법으로 가치들이 평가되어야 한다.

  ㉢ 검사결과를 해석하고 그에 대해서 이야기를 나누는 것도 하나의 개입으로 생각할 수 있다.

  ㉣ 상담자의 역할은 직업탐색 프로그램이나 컴퓨터를 이용한 진로탐색 프로그램 등을 활용하여 내담자의 가치와 진로를 연결해 주는 것이다.

  ㉤ 인간행동이 가치의 우선순위가 매겨진 증거를 확인해야 한다.

핵심예제

브라운(D. Brown)의 가치중심적 진로모델에 관한 설명으로 옳지 않은 것은? [17년 16회]

① 가치는 환경 속에서 가치를 담은 정보를 획득함으로써 학습된다.

② 가치는 유전적 요인에 의해 영향받지 않는다.

③ 가치에 의해 흥미가 발달되지만, 흥미는 가치만큼 행동결정에 큰 영향을 미치지 않는다.

④ 생애만족은 모든 필수적인 가치들을 만족시키는 생애역할에 달려 있다.

⑤ 가치는 일상생활에서 경험하는 정보처리에 많은 영향을 미친다.

정답 ②

해설

브라운(Brown)이 제안한 진로발달에 관한 가치중심적 접근모델은 인간행동이 개인의 가치에 의해 상당부분 영향을 받는다는 가정에서 출발한다. 그러므로 가치는 개인의 세습된 특성(유전)과 상호작용하면서 인지적으로 처리된다.

핵심이론 24 자기효능감 이론

① 의 의
- ㉠ 초기의 이론들은 대체로 진로발달을 설명하였으나, 근래에는 성차에 대한 설명이 시도되고 있다.
- ㉡ 대표적 이론은 반두라(Bandura)의 사회학습이론을 토대로 한 해킷과 베츠(Hackett & Betz)의 자기효능감 이론이다.
- ㉢ 해킷과 베츠(Hackett & Betz)는 효능감이 낮은 여성들은 진로이동뿐만 아니라 진로선택에 있어서도 제약을 받는다.
  - 성취에 대한 보상을 남성과 동등하게 받지 못하는 작업환경에 있을 때, 여성들은 자기효능감 개발에 방해를 받게 된다.
  - 효능감이 낮은 여성들은 진로결정을 포기하거나, 지연 혹은 회피하는 경향이 있다.

② 자기효능감이 낮은 청소년의 진로상담
- ㉠ 새로운 성공경험 기회를 갖도록 한다.
- ㉡ 실패의 원인을 자신의 능력으로 재귀인하지 않도록 한다.
- ㉢ 발달적으로 적합한 수행을 해낸 것에 대해 스스로 강화할 수 있도록 한다.
- ㉣ 자신의 과거 성취경험을 재해석하여 확실한 성공으로 지각할 수 있도록 한다.

③ 자기효능감에 관련된 진로상담 사례 : 내담자의 자기효능감 탐색과 결과기대 탐색 및 상담자의 공감적 반영과 역할모델을 제시한다.

④ 자기효능감 척도(Self-Efficacy Scale ; SES)
- ㉠ 구체적인 상황이나 행동과 연결되지 않은 전반적인 자기효능감의 기대를 측정한다.
- ㉡ 내담자의 욕구에 대한 임상적 개입과정을 구조화하는데 유용하며, 진행과정의 지수로서 자기효능감의 기대는 개입 과정 동안 변화해야 한다.
- ㉢ 일반적 자기효능감과 사회적 자기효능감 등의 하위 척도로 구성된다.

⑤ 반두라(Bandura)의 사회학습이론에서의 자기효능감
- ㉠ 개인이 어떤 행동이나 활동을 성공적으로 수행할 수 있는 자신의 능력에 대한 신념을 의미한다.

- ㉡ 자기개념은 자기 자신에 대한 종합적인 개념이라고 할 수 있는 반면, 자기효능감은 자기개념의 한 부분이다.
- ㉢ 자기존중감이 자기의 가치에 대한 평가라면 자기효능감은 자기의 능력에 대한 평가이다.
- ㉣ 자기효능감은 심리적 기능에 영향을 미치는 개인의 사고와 심상을 포함한다는 점을 강조한다.
- ㉤ 어떤 과제수행에 대해 자기의 능력에 대한 믿음이 과제 시도의 여부와 과제를 어떻게 수행하는지를 결정한다고 본다.
- ㉥ 자기효능감은 개인 노력의 강도를 결정하는데, 높은 효능감을 가진 사람은 과제수행을 긍정적으로 이끌어가는 반면, 낮은 효능감의 사람들은 실패시나리오를 시각화하는 경향이 있어서 동기를 약화시키고 수행을 저하시킨다.

[핵심예제]

다음 보기의 사례에서 나타난 상담자의 반응과 관련이 없는 것은? [15년 13회]

> - 내담자 : 저는 물리가 싫어요. 공부해도 남학생들만큼 성적이 나오지도 않고 어렵고 지루해요. 물리는 포기예요. 물리 때문에 대학도 못 갈 거 같아요.
> - 상담자 : 물리가 어렵게 느껴져서 속상하구나. 그런데 물리를 잘하는 여성도 많아. 퀴리 부인처럼.
> - 내담자 : 하긴 저도 중학교까지는 괜찮았어요. 고등학교에서 망했어요.
> - 상담자 : 중학교까지 잘했는데 고등학교에서 물리성적이 떨어지니까 대학도 못 갈 거 같구나.

① 자기효능감 탐색
② 직업가치관 평가
③ 역할모델 제시
④ 공감적 반영
⑤ 결과기대 탐색

정답 ②

해설
직업가치관에 대한 평가는 보기의 사례에서 찾아볼 수 없다.

핵심이론 25 사회인지진로이론(SCCT ; Social Cognitive Career Theory)

① 의 의

ㄱ 여성의 진로발달을 설명하기 위한 이론으로, 인지적 측면과 진로와 관련된 개인특성, 환경, 행동요인들을 이론적 틀 안에 포함시키고, 이들 간의 관계를 설명하는 데 기여한 이론이다.

ㄴ 반두라(Bandura)의 사회인지이론에서 파생된 이론으로써 문화, 성(Gender), 유전, 사회적 환경, 자기효능감 등이 개인의 진로관련 선택과 관련이 있다는 이론이다. 이 이론에 따르면, 여성의 진로발달은 사회, 문화적인 여건에 좌우될 가능성이 높고, 취업결과도 상이할 수 있다.

ㄷ 사회인지진로이론은 진로의사결정 과정에서 맥락을 중요시하는 관점을 수용하고 있다.

ㄹ 사회인지진로이론의 대표자는 렌트(Lent), 브라운(Brown), 해킷(Hackett) 등이다.

ㅁ 환경변인을 배경 맥락요인과 근접 맥락요인으로 나누어 개념화하고 있다.

ㅂ 진로장벽이 무엇인지 확인하고, 진로장벽에 대한 지각이 얼마나 현실성 있는지 평가한 후, 이러한 장벽을 만나게 될 가능성이 어느 정도인지 평가하도록 돕는다.

② 3축 호혜성 인과적 모형

ㄱ 개인 내의 요인과 환경이 행동에 영향을 끼칠 뿐 아니라, 행동 또한 정서·인지 등 개인 내 요인과 환경에 다시 영향을 미친다.

ㄴ 개인적·신체적 속성, 외부환경요인, 외형적 행동의 상보적 인과관계를 수용하여 개인의 진로발달은 개인의 특성과 환경의 단순한 결과물이 아닌 개인의 의지와 인지적 판단이 포함된 끊임없는 상호작용의 결과이다.

ㄷ 개인은 유전과 환경의 결과물이 아니고 진로발달에 역동적 주체가 된다(개인-행동-상황의 상호작용).

③ 진로발달의 결정요인

자기효능감	목표한 과업을 완성시키기 위해 필요한 행동을 계획하고 수행할 수 있는 자신의 능력에 대한 개인의 신념을 말한다.
성과기대	특정한 과업을 수행했을 때 자신과 주변에 일어날 일에 대한 평가를 말한다.
목표	• 단순히 환경이나 경험에 대한 반응자로서의 개인에서 벗어나 자신의 행동을 주체적으로 이끄는 인지적 주체로서의 개인을 추론할 수 있는 개념으로, 특정한 목표를 통해 행동을 실행하고 어떤 성취를 추구하는 것이다. • 어떤 특정한 활동에 열중하거나 미래의 어떤 결과를 이루겠다는 것에 대한 결심이다.
진로장벽	환경변인으로 강조되고 있는 새로운 개념이며, 개인의 내면세계는 가족, 친구, 경제적 상황과 같은 가까운 환경에 둘러싸여 있는 근접 맥락과 제도화된 인종차별, 거시적 경제조건과 같은 큰 사회적 맥락으로 둘러싸여 있는 배경 맥락으로 구성된다.

④ 진로행동모형

ㄱ 흥미모형 : 자기효능감과 결과기대는 함께 흥미를 예언하고, 흥미는 목표를 예언하고, 목표는 활동의 선택 및 실행을 가져오고, 이후 수행결과가 나타난다는 모형이다.

ㄴ 선택모형 : 학습경험에 의해 영향을 받은 자기효능감과 결과기대에 따라 예측된 여러 가지 진로 관련 흥미들 가운데 주된 하나의 목표를 선택하여 표현하고, 선택한 것을 실현하기 위한 활동을 선택하고 성취를 이루어 내는 것으로 나눈 후, 이것이 다시 피드백 되면서 미래 진로행동을 형성해 간다는 모형이다.

ㄷ 수행모형 : 과거의 수행이 미래 행동의 결과에 대한 기대와 자기효능감에 영향을 미치고, 개인이 이미 선택한 영역에서 추구하는 수행의 수준을 예측하는 모형이다.

⑤ 진로상담전략 : 내담자가 부적절한 자기효능감을 발견하고, 잘못된 진로결정을 하게 만들 수 있는 결과에 대한 비현실적인 기대를 확인하도록 돕는 상담이론이다.

ㄱ 제외된 진로대안의 확인

• 내담자가 고려 대상에서 제외했던 진로를 탐색하고, 고려할 수 있는 가능성들을 확장하는 것에 초점을 둔다.

• 표준화검사의 결과와 변형된 직업카드 분류법을 활용한다.

ⓛ 진로장벽 지각에 대한 분석
- 진로대안을 실행하는 데 있어 장애가 되는 진로장벽이 무엇인지 확인한다.
- 진로장벽에 대한 지각이 얼마나 현실성 있는지 평가한 후, 이러한 장벽을 만나게 될 가능성이 어느 정도인지 평가하도록 돕는다.

ⓒ 자기효능감 변화 촉진
- 낮은 자기효능감과 잘못된 결과기대를 현실적으로 수정하도록 한다.
- 내담자의 잘못된 자기효능감을 스스로 변화하도록 돕는 전략으로 새로운 경험을 하게 한다.
- 과거의 경험을 재해석하거나, 재귀인에 도움이 되는 구체적 자료를 수집하거나 제시하는 방법을 활용한다.
- 과거의 성공경험과 미래 수행목표에 대한 내담자의 인식을 수정하도록 한다.

[**핵심예제**]

사회인지진로이론에서 제시한 모형에 관한 설명으로 옳지 않은 것은?

[18년 17회]

① 선택모형에서 환경적 배경은 학습경험에 영향을 준다.
② 선택모형에서 자기효능감은 목표의 선택에 직·간접적으로 영향을 준다.
③ 흥미발달모형에서 흥미는 자기효능감과 결과기대에 직접적으로 영향을 준다.
④ 수행모형에서 능력/과거수행은 성취수준에 직·간접적으로 영향을 준다.
⑤ 수행모형에서 결과기대는 수행목표를 통해 성취수준에 영향을 준다.

정답 ③

해설
특정 시기의 개인의 직업적 흥미나 학업적 흥미는 그 시점의 자기효능감과 결과기대의 영향을 받는다. 개인의 직업적 흥미 또한 직업과 관련된 능력에 영향을 받지만 이 둘의 관계는 자기효능감에 의해 매개된다.

핵심이론 26 **사비카스(M. Savickas)의 구성주의 진로이론(Career Construction Theory)**

① 개 념
ⓐ 수퍼의 초기 진로발달이론에서 출발했으며, 이를 현대적으로 확장하여 사비카스(M. Savickas)에 의해 제시되었다. 구성주의 진로이론이라고도 한다.
ⓑ 개인은 진로와 관련된 행동에 의미를 부여하며 스스로 진로를 구성한다고 주장하며, 개인이 구성한 진로는 행동을 실행하게 하는 동기로 작용한다고 하였다.
ⓒ 내담자는 진로에 관해 자신만의 이야기(Narrative)를 지어내는데, 이 속에서 내담자의 직업적 성격, 진로적응도, 생애주제와 발달과업 등을 찾아갈 수 있도록 돕는다.

② 특 징
ⓐ 개인의 진로경험에 대한 주관적인 경험과 진로문제는 생애주제와 관련이 있다.
ⓑ 내담자는 상담자와 진로양식면접의 이야기를 통해 삶에서 중요하게 생각하는 열정, 삶의 방향성, 동기, 목표 등을 발견하여 진로선택을 하는 데 도움을 받는다.
ⓒ 사비카스는 직업적 성격, 진로적응도, 생애주제 등 3가지 구성요인으로 이론을 구성하였다.
ⓓ 대표적인 학자로 사비카스, 카크런, 한센 등이 있다.
ⓔ 진로유형면접, 자서전 쓰기, 유언장 쓰기 등의 기법이 있다.

③ 구성주의 이론의 요인

직업적 성격	• 진로와 관련된 개인의 가치, 욕구, 능력, 흥미 등을 의미한다.
진로적응도	• 빠르게 변화하는 사회에서 필요한 요소인 융통성과 적응력으로, 환경에 적응하는 데 필요한 태도와 행동과 능력을 의미한다. • 전략과 자원에 따라 자신감, 호기심, 통제, 관심의 요소를 포함한다.
생애주제	• 직업을 선택하고 일을 함으로써, 자아개념을 구체화하고 자신을 드러낸다. • 개인의 생애주제를 담은 진로와 관련된 경험담 듣기가 필요하다.

④ 사비카스(M. Savickas)의 진로양식면접(Career Style Interview)
ⓐ '진로양식면접'은 직업적 성격, 진로적응도, 생애주제의 영역에서 내담자의 삶의 주제 즉, 진로이야기를 이끌어내는 방법으로 활용된다.

ⓒ 상담자는 진로양식면접을 진행할 때 내담자가 진로 경험을 회상하게 하여 자신의 어린 시절부터 나타난 삶의 주제를 찾게 하면서 생애초상화(Life Portrait)를 그리게 한다.

ⓒ 생애초상화를 통해 삶의 과정에 나타난 열정을 발견하게 하고 현재의 열정과 일치 혹은 불일치를 통찰하게 하여 변화를 결심하게 하고 진로를 선택할 수 있도록 돕는다.

[핵심예제]

26-1. 사비카스(M. Savickas)가 제안한 진로적응도(Career Adaptability)의 차원으로 옳지 않은 것은? [17년 16회]

① 관심(Concern)
② 통제(Control)
③ 기회(Chance)
④ 호기심(Curiosity)
⑤ 자신감(Confidence)

정답 ③

26-2. 구성주의 진로이론에서 다음 보기의 내용이 설명하고 있는 개념은? [18년 17회]

○ 변화하는 직업세계에 적응하는데 필요한 태도, 행동, 능력을 의미한다.
○ 사비카스(M. Savickas)는 이 개념을 관심, 통제, 호기심, 자신감의 차원으로 설명하였다.

① 생애주제(Life Theme)
② 진로적응도(Career Adaptability)
③ 직업적 성격(Vocational Personality)
④ 진로정체성(Career Identity)
⑤ 진로낙관성(Career Optimism)

정답 ②

해설

26-1
사비카스(M. Savickas)의 진로적응도의 자원과 전략 4가지는 관심, 통제, 호기심, 자신감이다.

26-2
구성주의 진로이론의 구성요소
• 직업적 성격 : 진로와 관련된 개인의 가치, 욕구, 능력, 흥미 등을 의미한다.
• 진로적응도 : 빠르게 변화하는 사회에서 필요한 요소인 융통성과 적응력으로, 환경에 적응하는 데 필요한 태도와 행동과 능력을 의미한다. 진로적응도는 전략과 자원에 따라 자신감, 호기심, 통제, 관심의 요소를 포함한다.
• 생애주제 : 직업을 선택하고 일을 함으로써, 자아개념을 구체화하고 자신을 드러낸다. 그러므로 개인의 생애주제를 담은 진로와 관련된 경험담 듣기가 필요하다.

핵심이론 27 | **보딘(E. Bordin)의 직업선택 문제영역**

① 의존성 : 자신의 진로문제를 해결하고 책임지는 것을 어렵다고 느끼며, 문제해결이나 의사결정을 위해 적극적인 노력을 하지 못한다.

② 정보의 부족 : 적합한 정보를 접할 기회가 없기 때문에 현명한 선택을 하지 못하는 경우로 체험 폭의 제한, 체험의 부적절성, 필요한 기술을 습득할 기회의 부족 등이 여기에 포함된다.

③ 자아갈등 : 둘 혹은 그 이상의 자아개념과 관련된 반응기능 사이의 갈등이며, 진로와 결혼 사이의 역할기대로 갈등을 겪는 여성의 경우를 예로 들 수 있다.

④ 선택에 대한 불안 : 여러 가지 대안들 가운데 선택을 못하고 불안해하는데, 특히 자신이 하고 싶은 일과 타인이 기대하는 일이 다를 경우 진로선택에서 불안과 갈등을 겪는다.

⑤ 문제가 없음(확신의 결여) : 내담자가 현실적인 직업선택을 하고도 자신의 선택에 대한 확신이 부족한 경우로, 타인들로부터 확신을 구하는 경향이 있다.

[핵심예제]

보딘(E. Bordin)이 제시한 내담자의 문제영역으로 옳은 것을 모두 고른 것은? [18년 17회]

ㄱ. 의존성
ㄴ. 선택 불안
ㄷ. 비현실성
ㄹ. 정보의 부족
ㅁ. 다재다능함

① ㄱ, ㄴ, ㄹ
② ㄱ, ㄷ, ㄹ
③ ㄴ, ㄷ, ㅁ
④ ㄱ, ㄴ, ㄷ, ㄹ
⑤ ㄴ, ㄷ, ㄹ, ㅁ

정답 ①

해설

보딘이 제시한 내담자의 문제영역은 의존성, 정보의 부족, 자아갈등, 선택에 대한 불안, 확신의 결여가 있다.

핵심이론 28 인간중심 상담이론

① 의 의
- ㉠ 상담의 인간중심적 접근방법은 1940년대 초 미국의 심리학자 로저스(Rogers)에 의해 창안되었다.
- ㉡ 로저스의 인간중심상담에서는 사람들이 자기 자신의 중요한 일들을 스스로 결정하고, 자신의 문제를 스스로 해결할 수 있는 능력을 가지고 있다는 점을 강조한다.

② 특 징
- ㉠ 인간의 삶은 수동적인 과정이 아닌 능동적인 과정이며, 인간은 합목적적·전진적·건설적이고, 현실적인 존재인 동시에 아주 신뢰할 만한 선한 존재이다.
- ㉡ 인간은 누구나 자기 자신을 향상시켜 나아가려는 자아실현의 동기를 타고났다.
- ㉢ 내담자가 상담자와의 관계에서 일치, 존중, 감정이입적 이해를 경험하여 이를 받아들이면 자기 자신의 문제를 스스로 해결할 수 있다.
- ㉣ 인간은 자아와 현실 간에 불일치가 이루어지거나 자아에 대한 자각이 이상적 자아와 일치하지 않을 경우 부적응이 나타난다고 보며, 상담 및 심리치료의 과정에 대한 일차적 책임을 내담자에게 둔다.

③ 진로상담원리
- ㉠ 진로발달을 위한 내담자의 내적 성장을 촉진한다.
- ㉡ 상담자의 태도를 기법보다 더 중요하게 여긴다.
- ㉢ 심리적 진단을 보조적 방법으로 사용한다.
- ㉣ 상담자는 공감적 이해, 무조건적인 존중과 수용, 진실성과 같은 기본적인 태도를 갖는다.

[핵심예제]

인간중심 진로상담의 원리에 관한 설명으로 옳지 않은 것은?

[16년 14회]

① 진로발달을 위한 내담자의 내적 성장을 촉진한다.
② 상담자의 태도를 기법보다 더 중요하게 여긴다.
③ 개인의 성격, 행동특성 등을 객관적인 심리검사로 측정하고 평가하는 것을 강조한다.
④ 심리적 진단을 보조적 방법으로 사용한다.
⑤ 상담자는 공감적 이해, 무조건적인 존중과 수용, 진실성과 같은 기본적인 태도를 갖는다.

정답 ③

해설

인간중심상담은 사람들이 자기자신의 중요한 일들을 스스로 결정하고, 자신의 문제를 스스로 해결할 수 있는 능력을 가지고 있다는 점을 강조한다.

핵심이론 29 **엘리스(Ellis)의 합리적·정서적 행동 상담이론**

① 개 념
  ㉠ 엘리스는 인간의 정서적인 문제가 일상생활에서 구체적으로 경험하는 사건 자체에 기인하는 것이 아닌, 이를 비합리적인 방식으로 받아들이는 것에서 비롯된다고 보았다.
  ㉡ 인간의 비합리적 사고 또는 신념이 부적응을 유발한다고 보고, 인지 재구조화를 통해 비합리적 사고를 합리적인 사고로 대치하고자 하였다.

② 상담치료기법 - ABCDE기법
  ㉠ ABCDE기법은 인간이 비합리적인 신념으로 인해 부적응적 정서와 행동에 고착되는 것과 이의 치유과정을 설명하는 이론이다.
  ㉡ 엘리스는 ABCDE모델을 통해 선행사건이 부적절한 정서와 행동 또는 적절한 정서와 행동으로 나타나는 과정을 제시하였다.
  ㉢ ABCDE 모델

기 법	주요 내용
Activating Event (선행사건)	• 개인에게 정서적 혼란을 주는 어떤 사건이나 현상·행위를 말한다. • 이러한 선행사건은 내담자의 부정적인 정서를 유발한다.
Belief System (신념체계)	• 어떤 사건이나 현상 또는 행위 등과 같은 환경적 자극에 대해 개인이 가지게 되는 태도 또는 사고방식을 가리킨다. • 신념체계에는 합리적 신념과 비합리적 신념이 있다.
Consequence (결 과)	• 선행사건에 접했을 때 합리적 또는 비합리적 태도 내지 사고방식을 가지고 그 사건을 해석함으로써 느끼게 되는 정서적 결과를 말한다. • 비합리적 사고방식을 가진 사람들은 대개의 경우 지나친 불안·원망·비판·죄책감 등과 같은 감정을 느끼게 되고, 정신장애와 질환을 앓기 쉬우며, 방어적 태세를 취하는 경향이 있다.
Dispute (논 박)	• 자신이 가지고 있는 비합리적인 신념이나 사고에 대해 도전해보고, 과연 그 생각이 사리에 맞는 것인지를 다시 한 번 검토해보도록 상담자가 촉구하는 것을 말한다. • 상담자는 논리적인 원리들을 제시하여 내담자의 그릇된 신념들을 논박함으로써 내담자가 자기패배적인 생각을 전환하도록 돕는다.
Effect (효 과)	• 내담자의 비합리적인 신념을 철저하게 논박함으로써 합리적인 신념으로 대치한 다음에 느끼게 되는 자기 수용적 태도와 긍정적 감정의 결과를 지칭한다. • 논박의 효과에는 이성적으로 생각하게 되는 인지적 효과와 바람직한 정서로 바뀌는 정서적 효과, 바람직한 행동으로 나타나는 행동적 효과 등이 있다.

[핵심예제]

내담자는 면접에서 떨어져 취업에 실패했다. 이로 인해 심한 좌절감을 느끼는 내담자의 사례를 상담자가 엘리스(Ellis)의 ABCDE모델에 근거하여 분석한 내용으로 옳지 않은 것은?

[14년 12회]

① A - 면접에서 떨어졌다.
② B - 면접에서 떨어진 것은 거절당한 것이고, 거절당하는 사람은 무능한 사람이다.
③ C - 주변 친구들의 면접 결과를 확인한다.
④ D - 거절당한다고 무능한 사람인가?
⑤ E - 거절당한다는 것은 단지 그 직업을 가질 수 없다는 것이지 무능하다는 것은 아니다.

정답 ③

해설

C는 B에 대한 반응으로서 비합리적 신념에 따른 부정적 결과(밖에 나가서 사람 만나는 게 싫고 혼자 있고 싶고, 우울하다고 느끼는 감정 등)가 있어야 한다.

핵심이론 30 인지치료의 인지적 왜곡

① 인지 왜곡 : 그릇된 가정 및 잘못된 개념화로 이끄는 생각에 있어 체계오류이다. 인지 왜곡의 유형에는 자의적 추론, 선택적 추상(정신적 여과), 부정적 결과 예상, 독심술, 낙인찍기, 점쟁이 예언, 과잉일반화, 극대화 혹은 극소화, 자책하기, 강박적 부담, 이분법적 사고, 정서적 추론, 긍정 격하, 파국화, 명명 혹은 잘못된 명명 등이 있다.

② 인지 왜곡의 주요 유형

  ㉠ 흑백논리 : 모든 경험을 한두 개의 범주로만 이해하고 중간지대가 없이 흑백논리로써 현실을 파악한다.

  ㉡ 과잉일반화 : 한두 개의 고립된 사건에 근거해서 일반적인 결론을 내리고, 그것을 서로 관계없는 상황에 적용한다.

  ㉢ 임의적 추론 : 어떤 결론을 지지하는 증거가 없거나 그 증거가 결론에 위배됨에도 그와 같은 결론을 내린다.

  ㉣ 선택적 추상화/추론(정신적 여과) : 특정한 부정적 측면에 대하여 강박적으로 집착하고 상황 전체를 객관적으로 파악하지 못하는 것을 말한다.

  ㉤ 개인화 : 자신과 관련시킬 근거가 없는 외부사건을 자신과 관련시키는 성향으로서, 실제로는 다른 것 때문에 생긴 일을 자신이 원인이고 자신이 책임져야 할 것으로 받아들인다.

  ㉥ 의미확대/의미축소(과대평가/과소평가) : 어떤 사건 또는 한 개인의 경험이 가진 특성의 한 측면을 그것이 실제로 가진 중요성과 무관하게 과대평가하거나 과소평가하는 것을 의미한다.

  ㉦ 파국화 : 어떠한 사건에 대해 자신의 걱정을 지나치게 과장하여 항상 최악을 생각함으로써 두려움에 사로잡힌다.

  ㉧ 강박적 부담 : 타인의 평가에 과도한 신경을 쓰고, 완벽주의적인 성향을 보이는 것을 말한다.

  ㉨ 점쟁이 예언 : 충분한 증거 없이 미래를 예언하는 것을 말한다.

  ㉩ 독심술 : 충분한 근거 없이 다른 사람의 마음을 자기 생각대로 읽어내는 것을 말한다.

  ㉪ 낙인찍기 : 어떤 사람의 한 가지 행동이나 어떤 상황의 부분적 특징을 토대로 그 사람이나 상황 전체를 단정적인 용어로 표현하는 것을 말한다.

[핵심예제]

다음에서 진로 동기를 촉진하기 위해 활용되는 인지행동 접근의 '사고 오류'에 해당하는 것은? [16년 14회]

> "선생님, 제 꿈은 음악 선생님이 되는 것이지만, 가정형편 때문에 돈을 많이 벌어야만 해서 반드시 사업가가 되려고 해요. 하지만 사업가보다 돈을 더 많이 버는 직업이 있다면 그 일을 해야만 해요."

① 점쟁이 예언   ② 독심술
③ 낙인찍기   ④ 강박적 부담
⑤ 정신적 여과

정답 ④

해설

강박적 부담은 타인의 평가에 과도한 신경을 쓰고, 완벽주의적인 성향을 보이는 것을 말한다.

제2장 **청소년 진로상담의 실제**

핵심이론 **31** 진로상담과정 중 내담자의 저항

① 자신이 바라지 않던 통찰을 하게 되는 것에 대한 두려움을 보인다.

② 책임지기 두려워 진로의사결정을 미루는 태도를 보인다(가이스버스 등).

③ 상담자와의 권력 차이로 충분히 자신을 드러내지 못하는 것에 대한 두려움을 보인다.

④ 자기보호를 위한 노력으로 저항을 나타낼 수 있다.

⑤ 상담자의 유능성 또는 상담방법에 대해 비난한다.

⑥ 저항은 내담자를 이해하고 변화시키는 데 필요한 것이다.

⑦ 상담자는 내담자의 저항을 자연스러운 반응으로 이해하고 존중해야 한다.

※ 캐버나(M. Cavanagh)는 상담자에게 일어날 수 있는 저항으로 상담을 취소하거나 늦게 오기, 공상하거나 졸기, 불가능한 요구사항 설정하기, 내담자에게 일방적으로 말하기 등 10가지를 제시하였다.

[**핵심예제**]

진로상담 과정에서 저항과 관련된 설명으로 옳은 것은?

[18년 17회]

① 진로상담 장면에서는 내담자의 저항이 거의 나타나지 않는다.

② 상담자는 내담자의 저항을 인지하면 다른 상담자에게 의뢰해야 한다.

③ 상담자가 내담자의 저항에 관심을 기울이기보다 저항을 무시함으로써 상담과정에 더욱 집중할 수 있다.

④ 캐버나(M. Cavanagh)는 저항적인 내담자에게 대처하기 위하여 '불가능한 요구사항을 설정하기'기법을 제안하였다.

⑤ 가이스버스 등(Gysbers Et Al.)은 내담자가 자신의 진로선택에 책임지지 않으려고 결정을 미루는 것도 저항으로 보았다.

정답 ⑤

해설

① · ② · ③ 진로상담에서 내담자는 자기보호를 위해 저항 성향을 보일 수 있다. 저항은 내담자를 이해하고 변화시키는 데 필요한 과정이므로, 상담자는 내담자의 저항을 자연스러운 반응으로 이해하고 존중해야 한다.

④ 캐버나(M. Cavanagh)는 상담자에게 일어날 수 있는 저항을 상담을 취소하거나 늦게 오기, 공상하거나 졸기, 불가능한 요구사항 설정하기, 내담자에게 일방적으로 말하기 등 10가지를 제시하였다.

핵심이론 32   내담자 특성 파악을 위한 진로상담기법

① 생애진로사정(LCA ; Life Career Assessment)

  ㉠ 아들러의 개인심리학에 기초한 것으로써 상담자는 다양한 정보를 수집하고 내담자는 자신의 이야기와 경험을 정리하고 자신의 삶의 방식을 알아가는 과정을 말한다.

  ㉡ 생애진로사정은 구조화된 면접기법이자 대표적인 질적 측정도구이다.

  ㉢ 표준화된 진로사정 도구의 사용이 필수적인 것은 아니며, 짧은 시간 내에 내담자에 대한 체계적인 정보를 수집할 수 있다.

  ㉣ 내담자 자신에 대해 구체적으로 알 수 있어 정보를 수집하는 초기단계에서 유용하고, 내담자의 강점을 저해하는 장애를 발견할 수 있다.

  ㉤ 비판단적이고 비위협적인 대화 분위기로 전개되므로, 내담자와 긍정적인 관계를 형성하는데 도움이 된다.

  ㉥ 생애진로사정은 4가지 부분으로 구성되어 있으나, 이 형식을 꼭 따라야 하는 것은 아니며, 내담자의 반응에 따라 유연하게 변화시킴으로써 기계적인 답변을 방지하는 것이 좋다.

진로사정 (했던 일, 좋았던 점과 싫었던 점, 교육경험, 여가활동 → 핵심주제)	• 경력평가 부분의 직업경험에 관해서는 내담자에게 그동안 했던 일들을 말하게 하고 나서, 그 직업에 대해 가장 좋아했던 것과 가장 싫어했던 것을 말하게 한다. • 교육에 관해서는 내담자 자신이 받은 교육이나 훈련경험에 대한 전반적인 평가를 해보도록 한다. • 여가활동에 관해서는 내담자가 어떻게 여가시간을 보내는지를 묻는데, 이때 언급하는 가치관의 주제들이 앞서 직업과 교육부분에서 내담자가 언급한 것과 일관성이 있는지를 파악하는 것이 중요하다. 또한 일, 사랑, 우정에 대한 접근방식을 평가한다.
일상적인 하루 (의존적/독립적, 계획적/즉흥적)	• 내담자가 일상생활을 어떻게 조직하는가를 밝히는 것이 주목적으로, 내담자에게 자신의 전형적인 하루를 차근차근 설명하도록 함으로써 수행될 수 있다.
강점과 약점 (강점과 약점 3가지씩 말하기)	• 내담자가 스스로 생각하는 주요 강점과 주요 약점에 대해서 질문한다. • 이 부분에서는 내담자가 직면하고 있는 문제들, 내담자에게 있을 법한 환경적 장애들, 내담자가 갖고 있는 대처자원 등에 관한 정보를 얻을 수 있다. • 3가지 강점을 말한 후에는 이러한 강점들이 그들에게 어떤 영향을 주는지에 대해서 물어볼 수 있다.
요 약	• 생애진로사정의 마지막 부분이다. • 요약은 면접 동안에 얻은 정보들을 재차 강조하는 것으로 요약을 통해 두드러진 인생경력의 가치관들, 강점과 장애 등을 반복 확인할 수 있다. • 때로는 내담자 스스로 면담과정에서 자신에 관해 처음 알게 된 것을 정리해보게 하는 것도 좋은데, 이는 자기인식을 증가시킬 수 있기 때문이다. • 요약의 또 다른 목적은 얻은 정보들을 상담자와 내담자가 문제해결을 위해 삼았던 목표와 관련시켜 보는 것으로, 여기에서는 내담자의 긍정적인 측면을 더 발전시킬 수 있다는 것을 보여 줄 수 있고, 약점들을 극복하기 위한 목표달성 계획을 세울 수 있다.

② 진로가계도

  ㉠ 보웬(Bowen)의 가계도를 응용한 것으로 3세대에 걸친 내담자 가족의 윤곽을 평가하며 진로상담에서 활용하고 정보수집단계에서 사용한다.

  ㉡ 가족상담 또는 가족치료에 기원을 둔 것으로 학생의 직업의식과 직업선택, 직업태도에 대한 가족구성원들의 영향력을 분석하는 대표적인 정성적 평가방법의 하나이다.

  ㉢ 직업의 종류와 유형을 발견할 수 있고 가족들과의 관계가 학생이 형성한 진로 인식에 어떠한 영향을 미치는지 등을 탐색할 수 있다.

  ㉣ 내담자 가족의 지배적인 직업가치를 확인하고 가족 중 내담자의 진로기대 형성에 중요한 역할을 한 사람이 누구인지를 결정하는 데 도움이 된다.

  ㉤ 가족 구성원의 관계를 정해진 기호와 선으로 도표화한 그림으로 남자는 사각형, 여자는 원으로 표현한다. 이를 통해 가족의 외형적 관계뿐만 아니라 심리적 관계까지도 표현할 수 있는 장점이 있다.

③ 직업카드 분류법
 ㉠ 직업카드를 개발하고 분류하며 직업 흥미를 탐색하는 방법이다.
 ㉡ 진로카드 분류 활동을 통해 내담자의 진로주제를 평가한다.
 ㉢ 내담자가 능동적으로 직업분류 과정에 참여하도록 하는 강점이 있지만, 표준화된 심리검사는 규준집단이 다를 경우 사용에 제한이 있다.
 ㉣ 표준화된 검사 : 진로상담의 과정과 결과를 증진시키고 보다 과학적인 상담에 도움을 준다.

[핵심예제]

생애진로사정(Life Career Assessment)에 관한 설명으로 옳은 것은?   [19년 18회]

① 3세대에 걸친 내담자 가족의 윤곽을 평가한다.
② 양적인 평가방법으로 다양한 생애역할을 평가한다.
③ 내담자의 일, 사랑, 우정에 대한 접근방식을 평가한다.
④ 내담자의 아동기 부모-자녀 간 상호작용 경험을 평가한다.
⑤ 진로카드 분류 활동을 통해 내담자의 진로주제를 평가한다.

정답 ③

|해설|
① 보웬(Bowen)의 가계도를 응용한 '진로가계도'에 대한 설명이다.
② 수퍼(Super)의 생애공간이론 중 '생애진로무지개'에 대한 설명이다.
④ 로(Roe)의 '욕구이론'에 대한 설명이다.
⑤ '직업카드 분류법'에 대한 설명이다.

핵심이론 33   의사결정 조력을 위한 진로상담기법

① 의사결정 유형검사 활용
 ㉠ 하렌(Harren)이 개발한 진로의사결정 검사척도에 포함되어 있는 의사결정 유형검사가 있는데, '예/아니요' 형식의 30문항으로 구성되어 있다.
 ㉡ 유형 : 합리적 유형, 직관적 유형, 의존적 유형이 있다.

② 진로자서전 쓰기 : 내담자가 과거에 진로와 관련하여 어떻게 의사결정을 했는지 알아보기 위해 학교 선택, 고등학교 졸업 후의 직업훈련, 시간제 일을 통한 경험, 고등학교에서 배운 지식과 기술들, 중요한 타인들 등에 대해 내담자 스스로 기술하게 하는 것을 말한다.

③ 주관적 기대효용 활용 : 진로를 선택하는 데 있어서 개인은 다른 사람이나 사회가 아닌, 자신의 행복이나 즐거움, 만족에 대한 감정을 충족시키는 것을 기준으로 선택을 한다는 것이다.

④ 근거 없는 믿음 확인하기
 ㉠ 엘리스(Ellis)의 현실치료 ABCDE모델을 활용한 것으로서, 진로와 관련된 근거 없는 믿음에 대해 합리적으로 생각하게 하는 것을 말한다.
 ㉡ 이러한 방법은 내담자의 특성을 파악하는 효과도 있고, 근거 없는 믿음을 확인하고 받아들임으로써 합리적인 결정을 내릴 수 있도록 돕는다.

⑤ 은유로 저항감 다루기 : 상담자가 내담자에게 잠재적인 책임감을 갖게 하는 위협 등을 식별하고 인식하여, 은유를 사용하여 내담자의 저항을 줄이고 의사결정을 돕는 방법을 말한다.

⑥ 유도된 환상 기법(Guided Fantasy Techniques) : 리더가 언어로 지시하면 상상을 통해 체험하는 것으로, 워밍업이나 마무리 기법으로 유용하다.

⑦ 진로 역할극(Career Role Play) : 역할극은 진로에 대한 간접 경험을 제공하고, 진로정보를 흥미있게 전달할 수 있다.

⑧ 사다리 기법(Laddering Techniques) : 진로선택 구조를 찾는 방법으로 이용되는데 여러 직업 중에서 내가 선호하는 직업구조를 탐색하여 사다리 구조 안에서 나를 나 자체로 느끼는 것과 미리 결정된 것을 따라가면서 좋아지는 것 등을 확인하여 선호하는 직업 구조를 선택하는 것이다.

[**핵심예제**]

진로상담에서 다음 보기와 같은 상담자 질문을 활용하는 기법은?

[18년 17회]

○ 여가 시간을 어떻게 보내나요?
○ 당신의 일상적인 하루를 자세히 설명해 주겠어요?
○ 당신은 일과를 혼자 결정하나요? 아니면 다른 사람과 함께 결정하나요?

① 유도된 환상 기법(Guided Fantasy Techniques)
② 진로 역할극(Career Role Play)
③ 생애진로무지개(Life Career Rainbow)
④ 사다리 기법(Laddering Techniques)
⑤ 생애진로사정(Life Career Assessment)

정답 ⑤

해설

생애진로사정(Life Career Assessment)은 내담자 특성 파악을 위한 진로상담기법으로 진로사정(했던 일, 교육경험, 여가활동), 일상적인 하루(의존적/독립적, 계획적/즉흥적), 강점과 약점, 요약 등으로 구성된다.

핵심이론 34 | **진로심리검사의 기초**

① 심리검사는 개인의 행동을 알아보기 위해 기존 측정도구를 이용하여 통제적으로 관찰하는 과정이다.

② 올바른 진로상담을 위해서는 개인의 여러 심리적 특성을 정확하게 평가하고 이해해야 한다.

③ 상담자는 검사의 사용 목적 및 검사 선정의 적절성을 검토하고, 타당도와 신뢰도를 확인한다.

④ 상담자는 심리검사를 통해 내담자의 문제를 평가하고 진단하며 개입전략을 수립한다.

⑤ 내담자는 심리검사 결과를 통해 자기 자신을 좀 더 객관적으로 이해하고, 학습이나 진로 문제와 관련하여 합리적인 결정을 내리는 데 도움을 얻는다.

[**핵심예제**]

진로상담에서 심리검사 사용에 관한 설명으로 옳은 것을 모두 고른 것은?

[18년 17회]

ㄱ. 사용하고자 하는 검사의 타당도와 신뢰도를 확인한다.
ㄴ. 검사의 사용 목적과 검사 선정의 적절성을 검토한다.
ㄷ. 어떠한 역할을 수행하는 데 필요한 능력을 알기 위해서 가치관 검사를 사용한다.

① ㄴ
② ㄱ, ㄴ
③ ㄱ, ㄷ
④ ㄴ, ㄷ
⑤ ㄱ, ㄴ, ㄷ

정답 ②

해설

ㄷ. 가치관 검사는 가치체계를 측정하기 위해 개발된 검사로 개인가치관 검사, 직업가치관 검사 등이 있다.

핵심이론 35 심리적 특성의 이해와 평가

① 성격의 이해와 평가

NEO 인성검사	• 코스타와 맥크래가 제안한 성격 5요인 이론에 기초하여 빅 파이브(Big-Five) 성격차원을 평가하기 위해 개발되었다. • 신경과민성(N), 외향성(E), 개방성(O), 신중성(C), 동의성(A)의 5가지 성격요소를 측정한다.
성격유형검사 (MBTI)	• 내향과 외향, 감각과 직관, 사고와 감정, 판단과 인식의 4차원을 중심으로, 개인에게 우세한 특성을 조합하여 16가지의 성격유형을 제시한다. • 검사의 결과는 16가지 유형에 대한 강점, 약점, 능력, 욕구, 가치, 흥미, 직업적 특성과 같은 성격특성을 기술한다.

② 진로발달 수준의 이해와 평가

진로발달검사 (Career Development Inventory ; CDI)	• 수퍼의 진로발달 모형에 기초해서 적합한 교육 및 직업 선택에 대한 학생들의 준비도를 측정하기 위해 제작되었다. • 진로계획, 진로탐색, 의사결정, 일의 세계에 대한 지식, 선호하는 직업에 대한 지식 등으로 구성되어 있다.
진로성숙도검사 (Career Maturity Inventory ; CMI)	• 크라이츠의 진로발달 모형에 기초해서 초등학교 6학년~고등학교 3학년 학생을 대상으로 진로의사결정에 대한 태도와 능력, 행동 등을 양적으로 측정하기 위해 제작되었다. • 진로계획태도와 진로계획능력을 측정하기 위한 척도로 구성되어 있다. 　－ 진로계획태도 척도 : 결정성, 참여도, 독립성, 타협성 측정 　－ 진로계획능력 척도 : 자기평가, 직업정보, 목표선정, 계획, 문제해결 측정
진로결정 수준을 측정하기 위한 검사	• 진로결정척도 : 진로선택 과정에 있는 고등학생과 대학생을 대상으로 진로미결정의 선행조건을 확인하기 위해 개발, 확신척도와 미결정척도로 구성되어 있다. • 진로상황검사 : 고등학생과 대학생을 대상으로 진로미결정에 기여하는 문제의 성격을 확인하기 위해 개발하였다. • 진로의사결정평가 : 하렌의 진로의사결정 모형에 기초해서 고등학생과 대학생을 대상으로, 진로의사결정 유형과 진로발달 과업을 해결해 나가는 과정을 측정하기 위해 개발하였다.

[핵심예제]

다음 보기에 제시한 특성을 갖는 검사로 옳은 것은?

[19년 18회]

○ 크라이츠(J. Crites)는 진로발달 수준을 양적으로 측정하였다.
○ 진로계획태도와 진로계획능력을 측정하기 위한 척도로 구성되었다.
○ 진로계획태도는 결정성, 참여도, 독립성, 성향, 타협성 등을 측정한다.
○ 진로계획능력은 자기평가, 직업정보, 목표선정, 계획, 문제해결 등을 측정한다.

① 진로성숙도검사(Career Maturity Inventory)
② 진로결정척도(Career Decision Scale)
③ 진로발달검사(Career Development Inventory)
④ 진로상황검사(My Vocational Situation)
⑤ 진로의사결정평가(Assessment of Career Decision Making)

|정답| ①

|해설|
② 진로결정척도 : 진로선택 과정에 있는 고등학생과 대학생을 대상으로 진로미결정의 선행조건을 확인하기 위해 개발되었다.
③ 진로발달검사 : 수퍼(Super)의 진로발달 모형에 기초해서 적합한 교육 및 직업 선택에 대한 학생들의 준비도를 측정하기 위해 제작되었다.
④ 진로상황검사 : 고등학생과 대학생을 대상으로 진로미결정에 기여하는 문제의 성격을 확인하기 위해 개발되었다.
⑤ 진로의사결정평가 : 하렌(Harren)의 진로의사결정 모형에 기초해서 고등학생과 대학생을 대상으로 진로의사결정 유형과 진로발달 과업을 해결해 나가는 과정을 측정하기 위해 개발되었다.

<table>
<tr><td>핵심이론 36</td><td>진로상담 영역별 진로심리검사</td></tr>
</table>

① 진학상담을 위한 진로심리검사

진로탐색검사	• 한국가이던스에서 출간한 진로탐색검사는 한국 중·고등학교 학생이 낮은 진로 성숙도, 진로교육 기회의 결여, 문화적 차이 등을 고려하여 홀랜드와 동료들이 개발한 진로탐색검사와 거의 동일한 과정을 거쳐 재구성하였다. • 학지사 심리검사연구소에서 출간한 진로탐색검사는 미국 ACT검사의 일부인 직업흥미검사를 기초로, 우리나라 중·고등학생들의 사회문화적 차이를 반영하고 재표준화하여, 중·고등학생의 직업적 흥미·적성·성격 등을 파악하여 진로선택에 도움을 주고자 하였다.
대학수학능력시험	• 1993년 8월부터 한국교육과정평가원에서 대학교육에 필요한 수학능력을 측정하여 학생 선발의 공정성과 객관성을 높이는 것을 목표로 시행하였다.

② 직업상담을 위한 진로심리검사

구직욕구 검사	• 만 18세 이상의 구직자를 대상으로 구직자의 취업에 대한 열망을 객관적으로 평가하고, 경제적 어려움, 구직활동의 적극성, 일자리 수용 자세의 3개 하위척도를 포함한다.
직업선호도 검사	• 만 18세 이상의 성인을 대상으로 실시하는 종합적인 직업심리검사로 흥미검사, 성격검사, 생활사검사의 3개 하위검사로 구성되어 있다.
직업적성검사	• 만 18세 이상의 모든 성인과 청소년(중고생)을 대상으로 다양한 직업 분야에서 자신이 맡은 직무를 성공적으로 수행하기 위하여 요구되는 중요한 적성요인을 측정하기 위해 개발되었다. • 능력형 적성검사의 한계를 보완하였다. • 신체·운동능력, 손재능, 공간지각력, 음악능력, 창의력, 언어능력, 수리·논리력, 자기성찰능력, 대인관계능력, 자연 친화력, 예술시각능력, 자기관리능력 등의 측정이 가능하도록 다중지능이론에 근거한다. • 한국직업능력개발원에서 개발한 자기보고식 검사이다. • 검사결과를 각 적성영역별 능력 정도를 나타내는 프로파일로 제공, 그 중 상대적으로 높은 능력을 보이는 2~3개 적성영역이 제시되고 관련 직업 추천, 각 직업군별 능력보유 정도가 5등급 중 하나로 제시되었다.

③ 직업적응 및 진로변경 상담을 위한 진로심리검사

구직효율성 검사	• 만 18세 이상의 실직자나 구직을 원하는 성인을 대상으로 구직활동에 영향을 미치는 개인의 심리적 특성을 측정하여 장기 실업의 위험을 예측하고 동시에 효과적인 구직활동을 지원하는 데 유용한 정보를 제공하기 위한 검사이다. • 실직충격 적응도검사, 구직취약성 적응도검사, 구직동기검사, 구직기술검사 등을 측정하는 하위검사로 구성되어 있다.
직업전환검사	• 현재 직업에 적응하는 데 어려움을 느끼는 직장인, 재취업을 희망하는 실직자, 자신의 전공과 다른 직업을 구하는 대학생 등 만 18세 이상의 성인을 대상으로 한다. • 직업적응과 관련된 개인의 성격적 특성을 측정하여 성격 특성에 가장 합치하는 직업군을 확인하는 데 유용한 정보를 제공하기 위한 검사이다.
창업진단검사	• 창업을 희망하는 실직자를 주 대상으로 창업에 대한 소질 여부를 평가하고, 성공 가능한 최적의 업종을 탐색하기 위해 개발된 검사이다. • 검사결과는 창업 희망자의 사업가 적성 여부를 진단하고 어떤 업종을 창업하는 것이 적합한지를 판정한다.

④ 진로심리검사 해석 시 유의점
　㉠ 내담자가 추구하는 목적을 고려하고, 검사에 대한 내담자의 반응을 점검한다.
　㉡ 검사결과는 이해를 위한 수단일 뿐이므로 검사결과를 확실하게 규정짓지 말아야 한다.
　㉢ 검사결과로 나타난 강점 및 약점이 모두 객관적으로 검토되어야 한다.
　㉣ 검사결과를 내담자가 이용 가능한 다른 정보와 관련지어 논의하고, 통합적인 관점에서 해석한다.
　㉤ 내담자가 검사결과를 잘 이해하도록 안내하고 격려해야 하므로 전문적인 용어가 아닌 내담자가 이해할 수 있는 쉬운 용어를 사용해야 한다.

더 알아보기

청소년 진로상담에서 사용하는 심리검사

학 자	심리검사	내 용
수 퍼	CDI(Career Development Inventory)	진로발달수준 측정
피터슨, 샘슨	CTI(Career Thoughts Inventory)	진로문제 해결과 진로 의사결정에서의 역기능적 사고 측정
홀랜드	SDS(Self Directed Search)	직업적 성격특성 측정
다위스, 롭퀴스트	MIQ(Minnesota Importance Questionnaire) 등	일의 환경에 대한 욕구, 가치관 측정
크라이츠	CMI(Career Maturity Inventory)	진로성숙도검사
기 타	CDS(진로결정척도), MVS(진로상황검사), ACDM(진로의사결정평가)	진로결정유형 측정

핵심예제

36-1. 워크넷(www.work.go.kr)에서 제공하는 직업선호도 검사 L형의 하위검사가 바르게 묶인 것은? [16년 15회]

① 흥미검사, 성격검사, 생활사검사
② 흥미검사, 성격검사, 직업적성검사
③ 흥미검사, 성격검사, 직업가치관검사
④ 흥미검사, 생활사검사, 직업가치관검사
⑤ 흥미검사, 진로발달검사, 직업적성검사

정답 ①

36-2. 진로상담에서 심리검사 실시 및 결과해석에 관한 설명으로 옳은 것을 모두 고른 것은? [19년 18회]

> ㄱ. 사용하고자 하는 검사의 타당도와 신뢰도를 확인한다.
> ㄴ. 검사결과를 내담자가 가진 다른 정보와 관련지어 논의한다.
> ㄷ. 검사결과에 나타난 강점과 약점 모두를 객관적으로 검토한다.
> ㄹ. 검사결과를 내담자에게 해석해 줄 때 전문적인 용어로 설명한다.

① ㄱ, ㄴ
② ㄷ, ㄹ
③ ㄱ, ㄴ, ㄷ
④ ㄴ, ㄷ, ㄹ
⑤ ㄱ, ㄴ, ㄷ, ㄹ

정답 ③

해설

36-1

직업선호도 검사

18세 이상의 성인을 대상으로 실시하는 종합적인 직업심리검사로 흥미검사, 성격검사, 생활사검사의 3개 하위검사로 구성되어 있다.

36-2

ㄹ. 진로상담에서 심리검사의 결과를 해석할 때는 내담자가 검사결과를 잘 이해하도록 안내하고 격려해야 하므로, 전문적인 용어가 아닌 내담자가 이해할 수 있는 용어를 사용해야 한다.

핵심이론 37 흥미의 탐색

① 개 요

ⓐ 흥미는 어떤 종류의 활동 또는 사물에 대하여 특별한 관심이나 주의를 가지게 하는 개인의 일반화된 행동경향이다.

ⓑ 흥미는 성장함에 따라 변화하는데 어릴 때는 흥미가 구체적·수동적·단편적·비항상적이고 미분화된 형태이다.

ⓒ 점차 성장함에 따라 구체적인 것에서 추상적인 것으로, 수동적인 것에서 능동적인 것으로, 단편적인 것에서 체계적이고 종합적인 것으로, 비항상적인 것에서 항상적인 것으로 그리고 분화되지 못한 것에서 분화된 형태로 변화한다.

② 흥미검사

스트롱 흥미검사	• 흥미란 비교적 항상적이며, 특정 직업에 종사하고 있는 사람은 대개 비슷한 흥미를 가지고 있다는 전제로 개발되었다. • 피검자에게 수백 개의 직업적·부업적 활동 질문 목록을 제시한 후, 각 질문에 대한 선호를 파악하여 특정 직업군에 대한 흥미 형태를 결정한다. • 홀랜드 유형(RIASEC)을 사용하여 결과를 제공한다.
쿠더 흥미검사	• 직업지도를 위해 제작되었다. • 피검자에게 직업이나 학교 및 여가 생활에서 행해지는 여러 가지 특정 활동과 관련된 3가지의 가능한 생활 중에서, 가장 좋아하는 것과 가장 싫어하는 것을 선택하게 하여 피검자의 흥미 영역을 결정한다.
홀랜드 진로탐색 검사	• 사람들의 성격유형과 생활환경을 실재형·탐구형·예술형·사회형·기업형·관습형의 여섯 가지로 구분하고, 개인의 행동은 성격 특성과 환경 특성의 상호작용에 의해 결정된다고 가정하였다. • 홀랜드의 RIASEC 육각형 모형에 기초해서 성격, 유능감, 직업, 활동, 자기평정의 5개 하위영역에 대한 RIASEC 점수와 전체 RIASEC 요약 점수를 결과로 제시하고, 일관도, 변별도, 긍정응답률, 진로정체감, 검사 전후의 진로코드 및 최종적인 진로코드 분석을 검토한다.

더 알아보기

고용노동부 워크넷(www.work.go.kr) 제공 중·고등학생 대상 직업심리검사(7종)

1	청소년 직업흥미검사	5	직업가치관검사
2	청소년 진로발달검사	6	대학 전공(학과) 흥미검사
3	초등학생 진로인식검사	7	청소년 인성검사
4	고등학생 적성검사		

핵심예제

진로상담에서 사용하는 검사에 관한 설명으로 옳은 것은?

[18년 17회]

① 스트롱(Strong)흥미검사는 홀랜드 유형(RIASEC)을 사용하여 결과를 제공한다.

② 진로사고검사(CTI)는 내적갈등, 우유부단성, 미결정성의 하위척도로 구성되어 있다.

③ 직업선호도검사(VPI)는 수퍼(Super)의 이론에 근거해 개발되었다.

④ 진로성숙도검사(CMI)는 홀랜드(Holland)의 이론에 근거해 개발되었다.

⑤ 쿠더(Kuder)흥미검사는 총 6개 흥미영역에 대한 결과를 제공한다.

정답 ①

해설

② 진로사고검사(CTI) : 의사결정혼란, 수행불안, 외적갈등의 하위척도로 구성되어 있다.

③ 직업선호도검사(VPI) : 홀랜드(Holland)의 이론을 적용한 검사도구이다.

④ 진로성숙도검사(CMI) : 크라이츠(Crites)의 진로발달 모형에 기초해서 제작되었다.

⑤ 쿠더(Kuder)흥미검사 : 피검자에게 직업이나 학교 및 여가 생활에서 행해지는 여러 가지 특정 활동과 관련된 3가지의 가능한 생활 중에서, 가장 좋아하는 것과 가장 싫어하는 것을 선택하게 하여 피검자의 흥미 영역을 결정한다.

핵심이론 38 가치관의 탐색

① 개 요

  ㉠ 개인이 특정 상황에서 선택이나 결정을 내려야 할 때, 어떤 특정한 방향으로 행동하게 하는 원리나 믿음 또는 신념이다. 가치관은 단시간 내에 형성되는 것이 아니라, 어린 시절부터 그가 접하는 환경과 접촉하는 사람들에 의하여 형성되는 것이다.

  ㉡ 가치관 경매활동은 가치관 명료화에 도움이 되고, 직업가치관은 직업포부, 직무만족에 영향을 미친다. 직업가치관 검사는 진로목표가 불분명한 내담자에게 유용하다.

② 가치관을 알아보는 방법

  가장 많이 쓰이는 방법으로는 표준화 검사법과 가치명료화 프로그램을 통한 측정방법이 있는데, 우리나라에서 개발된 가치관검사에는 개인가치관검사, 대인가치관검사, 가치관검사 등이 있다. 직업가치관과 관련된 검사는 워크넷(http://www.work.go.kr)에서 할 수 있다.

③ 가치관검사

개인가치관 검사	• 개인의 가치체계를 측정하기 위해 개발된 검사로 지톱스키와 워맨(Zytowsky & Warman)이 개발한 가치관 연구(SV), 수퍼 등(Nevill & Super)이 개발한 가치관 척도(VS), 중요도 검사(SI) 등이 있다.
직업가치관 검사	• 직업과 관련된 가치체계를 측정하기 위해 개발된 검사로 라운즈, 핸리, 다위스, 롭퀴스트와 와이스(Rounds, Hanly, Dawis, Lofquist & Weiss)의 미네소타 중요도 질문지(MIQ), 수퍼(Super)가 개발한 직업가치관검사(WVI) 등이 있다. • MIQ는 다위스와 롭퀴스트(Dawis & Lofquist)의 직업적응이론에 기초하여 개발된 20가지 작업 요구와 가치에 대해 개인이 직업을 선택할 때 얼마나 중요하게 생각하는가를 질문하여 성취, 위로, 지위, 이타성, 안전, 자율성의 6개 가치영역으로 분류한다. • WVI는 중학교 1학년부터~고등학교 3학년을 대상으로 진로발달 연구와 진로상담을 위해 개발되었고, 일 자체가 주는 만족감(내재적 가치)이나 일을 통해 얻어지는 어떤 것에 대한 만족감(외재적 가치)을 측정하는 15개의 척도로 구성한다.

④ 내담자 특성 파악을 위한 가치 사정법

  ㉠ 시간과 돈의 임의적인 사용

  ㉡ 존경하는 타인 말하기

  ㉢ 백일몽 말하기

  ㉣ 과거 선택 회상

  ㉤ 가치의 우선순위 정하기

  ㉥ 최고의 경험 탐색

핵심예제

38-1. 직업가치관에 관한 설명으로 옳지 않은 것은?

[14년 12회]

① 가치관경매 활동은 가치관 명료화에 도움이 된다.
② 직업가치관은 직업포부, 직무만족에 영향을 미친다.
③ 직업가치관 검사를 워크넷(http://work.go.kr)에서 할 수 있다.
④ 직업가치관 검사는 진로 목표가 불분명한 내담자에게 유용하다.
⑤ 직업가치관 검사 결과는 개인의 경험과 일치할 때 신뢰도가 높다.

|정답| ⑤

38-2. 진로상담자가 다음의 평가를 통해 파악하고자 하는 내담자의 특성은?

[16년 15회]

○ 최고의 경험 탐색	○ 시간과 돈의 임의적인 사용
○ 존경하는 타인 말하기	○ 백일몽 말하기

① 가 치   ② 적 성
③ 성 격   ④ 흥 미
⑤ 역 할

|정답| ①

해설

38-1

직업가치관 검사 결과는 개인의 경험과 일치할 때 타당도가 높다.

38-2

가치는 개인이 특정 상황에서 선택이나 결정을 내려야 할 때 어떤 특정한 방향으로 행동하게 하는 원리나 믿음 또는 신념이다.

핵심이론 39 | 진로정보의 활용

① 개 요

ⓐ 진로정보란 진로에서 선택이나 결정을 할 때나 직업적응이나 직업발달을 꾀할 때 필요로 하는 모든 자료를 총칭하는 것으로, 일과 관련된 교육적·직업적·심리사회적인 정보를 말한다.

ⓑ 진로정보활동의 목적은 직업세계의 종류와 관계되는 모든 분야를 폭넓게 이해시키고 준비할 수 있는 기회를 제공해 줌으로써 올바른 직업선택이나 직업관 형성에 이바지할 수 있고, 학교를 중퇴하거나 떠난 학생들, 취직·진학하거나 가정을 갖는 사람들의 당면한 필요를 충족시켜 줄 수 있는 특정한 지식이나 기술 등을 제시하여 미래생활의 적응이 원만하게 이루어지도록 하는 데 있다.

ⓒ 정보는 그 자체보다는 이용가치의 높고 낮음에 의해 중요도가 결정된다.

ⓓ 내담자가 비합리적인 신념을 가지고 있을 경우, 정보를 적절히 사용할 준비가 안 되어 있다고 볼 수 있다.

ⓔ 비합리적인 신념이란 내담자가 본인에게 완벽하게 맞는 진로를 찾을 수 있다고 생각하는 신념(진로미신)을 말한다. 본인에게 완벽하게 맞는 진로는 존재하지 않으므로, 진로를 결정하기 위해 정보를 이용할 때는 최고가 아닌, 최선의 선택을 하는 것을 목적으로 해야 한다.

ⓕ 직업정보를 활용하기 전에 정보출처의 신뢰도, 최신성, 취득경로 등을 검토한다.

ⓖ 직업사전, 직업전망서, 직업분류 등을 통해 직업에 대한 정보를 얻을 수 있다.

ⓗ 내담자 이해에 도움이 되는 정보를 제공한다.

ⓘ 진로정보는 예측, 분류 또는 배치, 선발 등의 다양한 목적으로 활용된다.

ⓙ 진로상담은 절대적인 정보라기보다는 각종 심리검사의 합리적인 결과를 끌어낼 수 있도록 도와주는 역할을 한다.

ⓚ 내담자의 문제 특성을 고려하여 검사를 선택한다.

② 진로상담 영역별 진로정보

ⓐ 공공기관 제공 진로정보

한국노동연구원	매월 고용동향분석, 국내노동동향, 노동시장 전망
한국고용정보원	지역고용동향브리프, 한국직업전망, 한국직업사전, 워크넷
한국직업능력개발원	직업교육훈련지표, 진학정보, 자격정보
통계청	한국표준산업분류, 한국표준직업분류
고용노동부	구인구직통계, 고용노동통계연감

ⓑ 한국표준직업 분류

• 한국표준직업 분류는 수입(경제 활동)을 위해 개인이 하고 있는 일을 일의 형태에 따라 유형화(분류)한 것이다.

• 직무와 직능수준에 근거하여 설계되었다.

• 국제적으로 통용되는 국제노동기구(ILO) 국제표준직업분류를 기초로 작성한다.

• 직업 항목은 대분류, 중분류, 소분류, 세분류, 세세분류로 나누어져 있다.

	한국표준 직업분류 대분류	직능능력
1	관리자	제4직능수준 혹은 제3직능수준
2	전문가 및 관련 종사자	제4직능수준 혹은 제3직능수준
3	사무 종사자	제2직능수준
4	서비스 종사자	제2직능수준
5	판매 종사자	제2직능수준
6	농림·어업 숙련 종사자	제2직능수준
7	기능원 및 관련 기능 종사자	제2직능수준
8	장치·기계 조작 및 조립 종사자	제2직능수준
9	단순노무 종사자	제1직능수준
A	군 인	제2직능수준

[핵심예제]

공공기관과 해당 기관에서 제공하는 진로정보의 연결이 옳지 않은 것은?

[17년 16회]

① 한국노동연구원 - 매월 고용동향분석, 국내노동동향, 노동시장 전망
② 한국고용정보원 - 지역고용동향브리프, 한국직업전망
③ 한국지역정보개발원 - 직업교육훈련지표, 진학정보, 자격정보
④ 통계청 - 한국표준산업분류, 한국표준직업분류
⑤ 고용노동부 - 구인구직통계, 고용노동통계연감

정답 ③

해설

직업교육훈련지표, 진학정보, 자격정보는 한국직업능력개발원에서 제공한다.

한국지역정보개발원의 주업무
• 지역정보화 관련 조사・연구
• 지방자치단체 공동 활용시스템 보급 및 유지관리
• 중앙과 지방 간의 정보화 연계 등

핵심이론 **40** | **청소년 개인 진로상담의 절차 진행**

① 상담자-내담자 관계 수립 : 진로상담에서도 우선적으로 내담자와 상담자 간의 촉진적 관계가 필요하다.

② 정보의 수집 : 접수면접 단계에서 이루어진다.
  ㉠ 일반적인 정보수집 : 직업정체감 수준, 내담자가 진술하는 문제들(진로, 직업 등), 개인의 심리적 상태, 확신감이나 불안수준 등
  ㉡ 진로계획과 관련된 정보수집 : 진로문제를 해결하는 능력, 진로에 대해 가지고 있는 미신이나 신화, 학업능력에 대한 자신감 정도, 일에 대한 지식 정도 등
  ㉢ 진로발달적 측면에서의 정보수집 : 진로평가, 내담자의 생활양식, 강점과 장애 등
  ㉣ 정보의 수집을 통한 내담자 분류 : 샘슨(Sampson), 피터슨(Peterson) 등

구 분	유 형	내담자 진술
진로 결정자	자신의 선택이 잘 된 것인지 명료화하기를 원하는 내담자	"나는 내가 올바른 방향으로 가고 있는지 알고 싶어요."
	자신의 선택을 이행하기 위해 도움이 필요한 내담자	"이제부터 무엇을 준비해야 할지 알고 싶어요."
	진로의사가 결정된 것처럼 보이나, 실제로는 결정을 하지 못하는 내담자	"진로에 대한 결정은 내렸지만 불안해요."
진로 미결정자	자신의 모습, 직업 혹은 의사결정을 위한 지식이 부족한 내담자	"내가 무엇을 잘하고 좋아하는지 알 수가 없어요."
	다양한 능력으로 많은 기회를 갖게 되어 진로결정을 하기 어려운 내담자	"이것도, 저것도 하고 싶어서 결정을 내리기가 어려워요."
	진로결정을 하지 못하지만, 성격적인 문제는 없는 내담자	"그냥 아직은 구체적인 계획은 갖고 있지 않아요."
우유 부단형	생활에 전반적인 장애를 주는 불안을 동반한 내담자	"내가 과연 무엇을 할 수 있을지 잘 모르겠어요."
	일반적으로 문제해결 과정에서 부적응적인 성격을 지니고 있는 내담자	"나는 우울해요."

③ 문제의 평가 : 문제를 평가하기 위해서는 여러 가지 영역의 정보가 필요하다. 진로문제에 관한 것뿐만 아니라 내담자의 성격, 지능과 학업성적, 사고·정서·행동을 포함하는 내담자의 심리상태, 가정환경, 진로성숙도, 진로를 포함하는 여러 영역에서의 자아 정체감, 의사결정양식 등을 평가해야 한다.

④ 상담목표의 설정
  ㉠ 진로상담의 목표는 내담자 정보에 관한 종합적인 평가와 이해를 토대로 상담자와 내담자가 합의하는 과정을 거친다.
  ㉡ 설정된 목표는 내담자가 성취할 수 있다고 생각되는 분명한 이유가 있어야 한다.
  ㉢ 가능한 한 내담자의 현재 문제와 직접적으로 관계있는 것이어야 한다.
  ㉣ 상담자의 능력과 가치체계 내에 있어야 한다.
  ㉤ 상담자와 내담자 상호간의 논의를 통하여 상호 협력적으로 도출되어야 한다.
  ㉥ 상담자와 내담자는 환경과 상황에 따라 목표를 바꿀 수 있다는 점을 이해해야 한다.
  ㉦ 내담자별 상담목표

진로결정자	진로미결정자
• 진로를 결정하게 된 과정을 탐색 • 충분한 진로정보의 제공여부를 확인 • 합리적인 과정으로 명백하게 내린 결정인지 확인 • 결정된 진로를 위한 준비 • 내담자의 잠재가능성을 확인	• 진로의식에 대한 탐색 • 구체적 직업정보의 활용 촉진 • 현재 자신의 능력에 대한 객관적인 파악 • 자기 탐색 • 직업정보의 제공 • 의사결정과정의 연습 • 진로동기의 부여

⑤ 상담의 개입 : 진로상담에서 효과적인 개입은 내담자에 대한 정보수집, 문제의 정확한 진단, 목표설정의 과정에 따라 이루어진다. 진로상담에서의 개입은 단순히 정보의 제공이나 검사결과에 따른 직업을 제안하는 것이 아닌, 좀 더 발달적이고 예방적인 차원에서 이루어져야 한다.

㉠ 진로결정자에 대한 개입

유형	개입방법
자신의 선택이 잘 된 것인지 명료화하기를 원하는 내담자	• 생애곡선 그리기 • 표준화된 검사 도구를 활용하여 자신에 대한 정확한 이해를 도모하기 • 자신의 교육적 성취와 발달이 진로에 미치는 영향을 이해하기
자신의 선택을 이행하기 위해 도움이 필요한 내담자	• 직업이 분류되는 다양한 방법 알아보기 • 일에 대한 올바른 태도와 가치관에 대한 인식
진로의사가 결정된 것처럼 보이나, 실제로는 결정을 하지 못하는 내담자	• 내담자가 느끼는 불안의 요소에 대한 탐색과 명료화 • 내담자가 느끼는 갈등에 대한 공감과 정서적 지지 • 새로운 해결방안을 찾으려는 내담자의 도전과 용기를 격려 • 진로행동 촉진

㉡ 진로미결정자에 대한 개입

유형	개입방법
자신의 모습, 직업 혹은 의사결정을 위한 지식이 부족한 내담자	• 표준화된 심리검사 도구 활용 • 직업카드 분류 방법 활용
다양한 능력으로 지나치게 많은 기회를 갖게 되어 진로결정을 하기 어려운 내담자	• 표준화된 검사도구 활용 • 개인의 좌절에서 오는 스트레스와 이를 다룰 수 있는 대처전략 • 진로탐색과 선택에서의 독립성 촉진
진로결정을 하지 못하지만, 성격적인 문제는 없는 내담자	• 진로관련 집단상담활동 참여 • 생애곡선 그리기, 나의 인생 디자인하기 등 진로에서의 계획성을 증진시키기 • 진로시간을 전망하기, 미래설계 등을 통해 진로탐색의 동기를 증진시키기 • 개인의 진로신화와 성역할 고정관념 다루기 • 일에 대한 개인적 태도, 신념, 능력의 관련성을 이해하기 • 일의 세계에서 학문과 직업에서 요구되는 기술의 중요성을 이해하기

ⓒ 우유부단형에 대한 개입

유 형	개입방법
생활에 전반적인 장애를 주는 불안을 동반한 내담자	• 자기명료화에 대한 개입 • 결단성 부족에 대한 원인 다루기 : 경쟁적인 모습, 타인을 의식하는 모습 다루기 • 진로선택에 대해서 주관적으로 느끼는 중요성을 다루기 • 우유부단함과 관련된 성격적 · 심리적 문제 다루기
문제해결 과정에서 부적응적인 성격을 지니고 있는 내담자	• 상담자와의 신뢰적 관계를 형성하고 유지하기 • 다양한 전략을 통해 우울이나 낮은 자아개념 등을 다루기 • 진로의식 첫 단계로 진로계획 수립에 대한 동기 고양시키기
진로정보를 갖고 있는 경우	• 의사결정과정이나 방법에 초점 맞추기
계획 없이 회피하는 경우	• 문제와 관련된 심리적 장애를 다루기 위한 상담 실시하기

⑥ 훈습 : 실제로 상담의 개입이 내담자에게 어떠한 영향을 미쳤는가를 알 수 있는 단계이다.

⑦ 종결과 추수지도
　㉠ 종결 : 내담자와 합의한 목표를 충분히 달성하였는지를 확인하고, 앞으로 부딪힐 문제를 예측하고 대비한다.
　㉡ 추수지도 : 상담 후 내담자가 진로 선택과 의사결정에 만족감을 유지하는지를 확인하며, 필요한 경우 그것이 지속되도록 지도한다.

40-1. 샘슨 등(Sampson et al.)이 제시한 진로결정 상태에 따른 내담자 분류에 관한 설명으로 옳지 않은 것은?
[17년 16회]

① 진로결정자(The Decided) - 자신의 선택을 이행하기 위해 도움이 필요한 내담자
② 진로미결정자(The Undecided) - 진로의사가 결정된 것처럼 보이지만 실제로는 결정을 하지 못하는 내담자
③ 진로미결정자(The Undecided) - 자신의 모습, 직업 혹은 의사결정을 위한 지식이 부족한 내담자
④ 진로무결정자/우유부단형(The Indecisive) - 일반적으로 문제해결과정에서 부적응적인 성격을 지니고 있는 내담자
⑤ 진로결정자(The Decided) - 자신의 선택이 잘 된 것인지 명료화하기를 원하는 내담자

정답 ②

40-2. 진로상담에서 우유부단한 내담자를 위한 개입방법으로 옳은 것을 모두 고른 것은?
[19년 18회]

ㄱ. 진로정보를 갖고 있는 경우 추가적으로 다양한 정보를 제공한다.
ㄴ. 진로정보를 갖고 있는 경우 의사결정과정이나 방법에 초점을 맞춘다.
ㄷ. 계획 없이 회피하는 경우 단기적이고 구조화된 개입을 우선하여 실시한다.
ㄹ. 계획 없이 회피하는 경우 문제와 관련된 심리적 장애를 다루기 위한 상담을 실시한다.

① ㄱ, ㄴ
② ㄱ, ㄷ
③ ㄴ, ㄹ
④ ㄱ, ㄷ, ㄹ
⑤ ㄴ, ㄷ, ㄹ

정답 ③

해설
40-1
② 진로결정자 유형에 대한 설명이다.
40-2
ㄱ. 우유부단형은 진로와 관련된 의사결정 능력의 부족뿐만 아니라 성격상의 문제 때문에 진로 문제가 발생하는 경우가 많으므로, 다양한 정보를 제공해도 도움을 받지 못할 수 있다. 따라서 추가적으로 계속 정보를 제공하기보다는 자신에 대한 부정적인 지각을 우선적으로 다루어 현실적인 목표를 세울 수 있도록 도와야 한다.
ㄷ. 진로미결정자는 단기상담으로도 충분한 경우가 대부분이지만, 우유부단형 내담자에게는 장기적이고 구조화된 상담을 계획하여야 한다.

핵심이론 **41** 청소년 대상 집단 진로상담의 실제

① **집단 진로상담의 목표**
  - ㉠ 자기 자신을 객관적으로 이해하여 합리적인 자기 평가를 한다.
  - ㉡ 선택 가능한 진로에 관하여 여러 대안을 만들어 낸다.
  - ㉢ 정보수집이나 취업면접에 필요한 기술을 직접 연습한다.
  - ㉣ 선택의 대상이 되는 학교, 학과, 직업 등에 대한 정보를 수집한다.

② **집단 진로상담의 특징**
  - ㉠ 집단활동을 통해 자기 이해의 기회를 얻는다.
  - ㉡ 집단활동을 통해 자신의 직업적 적합성을 보다 객관적이고 현실적으로 이해할 수 있다.
  - ㉢ 학생들에게 직업계획의 중요성과 직업세계에 대한 전반적인 오리엔테이션의 기회를 제공한다.
  - ㉣ 개인적인 상담이 필요한 학생을 찾아내는 기회가 된다.
  - ㉤ 학생들은 자신의 직업계획을 검토할 수 있는 기회를 얻게 된다.
  - ㉥ 구성원들이 공통적으로 필요로 하는 직업정보를 동시에 제공할 수 있다.
  - ㉦ 일반적으로 폐쇄집단은 개방집단에 비해 집단의 안정성이 높다.

③ **집단 진로상담의 계획**
  - ㉠ 집단 진로상담에 참여하게 될 대상자의 특성과 진로상담에 대한 요구를 조사한다.
  - ㉡ 대상자의 요구를 중심으로 집단상담의 목표를 설정한다.
  - ㉢ 집단 진로상담의 다양한 활동을 조사한다.
  - ㉣ 집단 진로상담이 구현될 환경적 상황에 적합하도록 수정한다.
  - ㉤ 집단상담 실시에 필요한 지원체제를 구축한다.
  - ㉥ 집단상담의 효과를 측정할 수 있는 평가방법과 절차를 고안한다.

④ **집단 진로상담의 과정**

초기 단계	처음 1, 2회기 정도의 단계로서, 집단원들이 모두 모이고 집단상담이 시작되면 상담자는 진로집단의 초점과 목표를 모두 공유할 수 있도록 한다. 모든 집단원이 고르게 자신의 경험과 문제를 공개할 수 있도록 하기 위해 화제를 독점하는 경향이 있는 집단원에 대한 제한이 필요하다.
과도기 단계	대부분의 집단원이 집단에 대한 불확실함과 좌절감, 실망감을 표현하기 시작하는 단계이기 때문에 '집단의 위기'로 불리기도 한다. 집단의 응집성이 급속도로 떨어지지만 위기가 잘 다스려지면 다시 빠른 속도로 회복한다.
작업 단계	중심 주제에 대해 가장 깊고 풍부하게 다루고, 집단활동의 밀도가 강한 단계로써 집단원들은 집단에 대한 친밀감과 몰입감을 경험하게 된다.
종결 단계	정서가 가장 진한 시기로, 집단상담자는 집단원들이 진로탐색 과정에서 자신이 새롭게 알게 된 점, 진로선택을 위한 잠정적인 대안 선택이 어느 정도 이루어졌는지를 구체적으로 확인해 볼 수 있는 기회를 제공한다.

⑤ **청소년 집단 진로상담 운영 시 고려할 점**
  - ㉠ 집단원의 요구와 집단상담 프로그램 목표의 일치 여부를 검토한다.
  - ㉡ 구조화 프로그램을 실시하고자 할 때 집단원들의 진로발달 수준이 유사한지 검토한다.
  - ㉢ 집단원이 프로그램의 적용 대상으로 적합한지 검토한다.
  - ㉣ 집단원 간 교류를 중시하여 학생이 자기표현을 통해 자기통찰을 깊게 할 수 있게 한다.
  - ㉤ 집단 내 분위기는 민주적이고 따뜻하여 각 구성원이 소속감을 가질 수 있어야 한다.
  - ㉥ 진로 집단상담자는 상담이론과 진로이론에 대한 지식을 갖추고 있어야 한다.
  - ㉦ 효과를 평가하여 차후 동일한 집단 상담프로그램을 운영할 때 활용한다.
  - ㉧ 집단원의 응집력을 높이기 위해서는 폐쇄형 집단상담을 선택해야 한다.
  - ㉨ 집단원 구성, 집단의 크기, 회기의 빈도와 기간 등을 검토한다.
  - ㉩ 집단상담을 실시할 때 집단원 구성이 동질적인지 이질적인지를 검토한다.

[핵심예제]

청소년 진로 집단상담을 운영할 때 고려할 사항으로 옳지 않은 것은? [19년 18회]

① 집단상담 효과를 평가하여 다음 집단상담에 반영한다.
② 집단원의 요구와 집단상담 목표의 부합여부를 검토한다.
③ 집단원의 응집력을 높이기 위해 개방형 집단상담을 선택한다.
④ 집단원 구성, 집단의 크기, 회기의 빈도와 기간 등을 검토한다.
⑤ 집단상담을 실시할 때 집단원 구성이 동질적인지 이질적인지를 검토한다.

정답 ③

해설

집단원의 응집력을 높이기 위해서는 폐쇄형 집단상담을 선택해야 한다.

핵심이론 42 　　다문화 진로상담

① 다문화 진로상담의 방안
　㉠ 상담관계를 형성한다.
　㉡ 문화적 특성을 고려한 신중한 진단을 한다.
　㉢ 사회적 네트워크와 역할모델을 발견하고 활용한다.
　㉣ 상담과정에 대한 명확한 설명을 한다.
　㉤ 진로상담 과정에 가족을 포함시킨다.
　㉥ 사회적인 지지체제를 구축한다.
　㉦ 추수상담을 실시한다.

② 다문화 진로상담 진행 시 상담자의 태도
　㉠ 내담자를 진단할 때 내담자의 문화적 특성을 신중하게 고려한다.
　㉡ 내담자들이 직면하고 있는 진로장벽을 이해하고자 노력한다.
　㉢ 내담자의 가치관이나 문화를 반영한 상담목표를 세우고, 상담방식을 적용한다.
　㉣ 내담자의 사회적 지지체계를 탐색하고 구축할 수 있도록 돕는다.
　㉤ 상담의 전 과정에 있어서 다문화 내담자들의 본국 문화에 대하여 존중해야 한다.

③ 다문화 청소년 진로상담 시 주의할 점
　㉠ 진로문제가 내담자의 정체성 혼란과 관련이 있는지 탐색한다.
　㉡ 내담자 문화에 대한 상담자의 선입견을 탐색한다.
　㉢ 대안적인 사회적 지지체계를 탐색한다.
　㉣ 상담자 자신이 속해 있는 문화 특성에 관한 자각능력을 키운다.
　㉤ 내담자 가족 중 주요 의사결정자가 누구인지 이해하도록 노력한다.
　㉥ 다문화 청소년 진로상담 시 내담자의 문화와 개인적 욕구에 맞는 목표와 과제를 설정하고 수행한다. 이와 동시에 다문화 내담자들의 본국 문화에 대하여 존중하는 자세를 잊지 않도록 한다.
　㉦ 상담자는 개인이 어쩔 수 없는 사회적 맥락요인이 진로목표 설정 및 행동의 선택과 실행에 미치는 영향을 민감하게 알아차려서 그 대응방안을 내담자와 함께 모색해야 한다.

[핵심예제]

다문화 청소년과 진로상담을 할 때 주의해야 할 내용으로 옳은 것을 모두 고른 것은?

[17년 16회]

ㄱ. 진로문제가 내담자의 정체성 혼란과 관련이 있는지 탐색한다.
ㄴ. 내담자 문화에 대한 상담자의 선입견을 탐색한다.
ㄷ. 취업을 위해 내담자에게 한국 문화에 동화(Assimilation)될 것을 권장한다.
ㄹ. 사회적 인식의 변화로 고용차별이 없다고 안심시킨다.

① ㄱ
② ㄱ, ㄴ
③ ㄴ, ㄹ
④ ㄱ, ㄴ, ㄷ
⑤ ㄱ, ㄴ, ㄹ

정답 ②

해설

ㄷ. 다문화 청소년 진로상담 시 내담자의 문화와 개인적 욕구에 맞는 목표와 과제를 설정하고 수행한다. 이와 동시에 다문화 내담자들의 본국 문화에 대하여 존중하는 자세를 잊지 않도록 한다.
ㄹ. 상담자는 개인이 어쩔 수 없는 사회적 맥락요인이 진로목표 설정과 행동의 선택과 실행에 미치는 영향을 민감하게 알아차려서 그에 대응하는 방안을 내담자와 함께 모색해야 한다.

핵심이론 **43** │ 장애인 진로상담

① 장애인의 진로문제
  ㉠ 고용상의 차별
  ㉡ 적합 직종의 제한
  ㉢ 직업 관련 자기탐색 기회의 부족
  ㉣ 직업능력 개발 및 적응훈련 기회의 부족

② 장애인 진로상담의 주요 주제
  ㉠ 장애인들에게 어린 시절 또는 장애 발생 시로부터 가급적 빠른 시간 안에 진로교육을 실시하여 자신과 타인을 이해하고 존중하는 긍정적인 자아개념을 기르도록 해야 한다.
  ㉡ 장애인의 진로발달을 돕기 위한 프로그램을 종합적으로 제시하는 개념은 전환교육이며, 이는 중등교육 이후의 교육과 직업 및 훈련을 통합하는 교육지원이다.
  ㉢ 장애인 상담의 주요 주제

장애인의 진로발달을 위한 지도와 상담 실시	• 안내와 상담 : 학생들에게 장애가 고용에 어떠한 영향을 미치는지에 대한 지식과 정보 제공, 장애학생과 함께 학생의 장단점, 직업능력을 파악하고, 고용을 위한 개별적인 계획을 세운다. • 직업 탐색과 직업 유지 : 장애학생이 원하는 직업을 탐색하는 데 가능한 모든 자원을 활용하여 도움을 주고, 필요할 경우 외부의 다른 기관에 위탁한다. • 직업훈련 : 학생이 목표로 하고 있는 직업에서 필요로 하는 기술을 가지고 있지 않다면, 직업재활상담자는 해당 직업훈련을 제공한다. • 보조공학 : 직업생활을 하기 위해 필요로 하는 보조공학의 필요 여부를 평가하고, 필요한 보조공학기기를 확인한다.
장애인 진로상담을 위한 인프라 구축	• 장애인 진로·직업교육 홈페이지를 구축 및 운영한다. • 장애인 진로·직업교육 체험관을 운영한다. • 장애인 진로·직업교육 워크숍을 운영한다. • 장애인 진로·직업교육 정책에 대한 현장을 지원한다.

선택1과목 진로상담

찾아가는 상담 실시	• 전환교육 코디네이터들은 주로 중등학교에서 장애학생들을 위한 전환교육프로그램을 기획하고 실행하는 역할을 한다. • 전환교육 코디네이터들이 단위 학교별로 교사·가족·부모와 함께 진행하는 학생을 위한 전환교육프로그램은 다음과 같이 구성되어 있다. – 학교 내 체계를 구축하는 학교 내 업무 – 학교와 정부의 직업재활국을 연결하는 전환교육계획 업무 – 장애학생들의 직업훈련과 현장적응 능력을 길러주기 위한 고용업무 등

[핵심예제]

취업 준비 중인 지체 장애 학생을 상담할 때 필요한 개입을 모두 고른 것은?

[14년 12회]

ㄱ. 긍정적인 자아개념을 형성하도록 조력한다.
ㄴ. 기능을 회복할 수 있도록 개입한다.
ㄷ. 자기탐색을 통해 성공적인 취업의 요소를 갖추도록 한다.
ㄹ. 적합한 직종에 관한 정보를 수집·분석하여 진로대안을 검토한다.

① ㄱ, ㄴ
② ㄱ, ㄷ
③ ㄱ, ㄴ, ㄷ
④ ㄱ, ㄴ, ㄹ
⑤ ㄱ, ㄷ, ㄹ

정답 ⑤

해설

ㄴ. 지체 장애 학생이 주어진 조건 속에서 취업하여 적응할 수 있도록 도와주는 것이지 기능을 회복할 수 있도록 하기 위해 상담을 하는 것은 아니다.

핵심이론 44 　여성 진로상담

① 여성 진로상담의 특징
　㉠ 성역할 고정관념으로 인한 차별
　㉡ 남성보다 낮은 자기효능감
　㉢ 결혼과 육아로 인한 경력 단절
　㉣ 남성 위주의 직장으로부터의 유리천장(승진차별)
　㉤ 여성들의 직장, 육아, 가사 부담 등 다중역할에 대한 갈등
　㉥ 직장 내 성희롱·성폭력

② 여성 진로상담의 고려사항
　㉠ 경력단절의 가능성을 고려하여 생애 전체에 대한 장기적인 진로설계가 강화되어야 한다.
　㉡ 학업수행에서 특정 과목을 기피하여 진로선택의 폭을 제한하는지 탐색한다.
　㉢ 성역할 고정관념 내면화 가능성을 탐색한다.
　㉣ 여성이 전형적인 남성중심의 직업에 대하여 보이는 낮은 자기효능감에 관심을 갖는다.
　㉤ 심리검사 해석을 할 때 성편견 문항, 부적절한 규준집단으로 인한 오류를 고려한다.
　㉥ 출산과 양육에 의한 경력단절은 자연스러운 현상이 아님을 인식하게 한다.
　㉦ 내담자가 직장에서의 유리천장을 극복할 수 있는 방안을 논의한다.
　㉧ 여성의 진로발달에 대하여 상담자의 의식적·무의식적 편견을 검토한다.

③ 수퍼(Super)가 제시한 여성 진로유형

안정된 가정주부형	여성이 학교를 졸업하고 직업을 가져보지 못한 채 결혼하여 가정생활 영위
전통적인 진로형	여성이 학교를 졸업하고 결혼하기 전까지 직업을 갖다가 결혼과 동시에 직장을 그만두고 가정생활을 영위
안정적인 직업형	여성이 학교를 졸업하고 직업을 가진 뒤 결혼 여부와는 무관하게 정년까지 직업을 갖는 유형
이중진로형	여성이 학교를 졸업한 뒤 곧바로 결혼하고 그 뒤에 직장을 다녀 가정생활과 직장생활을 병행
단절진로형	여성이 학교를 졸업하고 일을 하다가 결혼을 하면 직장을 그만두고 자녀교육에 전념하며, 자녀가 어느 정도 성장하면 재취업해서 자아실현과 사회봉사를 하는 유형
불안정한 진로형	가정생활과 직장생활을 번갈아 가며 시행하는 진로유형

충동적 진로형	그때그때의 기분에 따라 직장도 가졌다가 그만두고, 결혼도 했다가 이혼하는 등의 일관성 없는 진로를 추구하는 유형

[핵심예제]

44-1. 다음 보기와 같은 진로문제를 특징적으로 경험하는 집단은?
[15년 13회]

○ 다중역할 갈등　○ 경력단절　○ 유리천장

① 영 재　　　　　② 여 성
③ 장애인　　　　　④ 노 인
⑤ 청소년

정답 ②

44-2. 수퍼(D. Super)가 제안한 여성의 진로패턴에 관한 설명의 연결이 옳은 것은?
[16년 15회]

① 안정적 전업주부 진로패턴(Stable Homemaking Career Pattern) – 학교 졸업 후 취업을 하지만 결혼 후 가사에 전념함
② 일 지속형 진로패턴(Stable Working Career Pattern) – 학교 졸업 후 전 생애에 걸쳐 지속적으로 일을 함
③ 일・가사 양립 진로패턴(Double Tracking Career Pattern) – 일을 하다가 결혼을 하면 중단하고 자녀양육이 끝난 후 다시 시작함
④ 단절 진로패턴(Interrupted Career Pattern) – 전 생애에 걸쳐 일과 가사를 병행함
⑤ 불안정한 진로패턴(Unstable Career Pattern) – 확고한 일의 종류 없이 일을 함

정답 ②

해설

44-1
여성 진로문제의 특징 : 다중역할 갈등, 경력단절, 유리천장, 직장 내 성희롱・성폭력 등

44-2
① 안정적 전업주부 진로패턴(Stable Homemaking Career Pattern) : 여성이 학교를 졸업하고 신부수업을 받은 후 결혼하여 직업을 가진 경험이 전혀 없이 가정생활을 영위하는 유형이다.
③ 일・가사 양립 진로패턴(Double Tracking Career Pattern) : 지속적으로 직업과 가정에서의 역할을 동시에 수행하는 유형이다.
④ 단절 진로패턴(Interrupted Career Pattern) : 생애 후반기에 자녀양육 등으로 단절되었던 직업으로 다시 돌아오는 유형이다.
⑤ 불안정한 진로패턴(Unstable Career Pattern) : 가정생활과 직장생활을 번갈아 가며 시행하는 진로유형이다.

핵심이론 45　취업 및 자립프로그램

① 학교 밖 청소년지원센터 꿈드림(구, 두드림 해밀 사업)

대 상	9~24세 '학교 밖 청소년', 초・중학교 3개월 이상 결석, 취학의무를 유예한 청소년, 고등학교 제적, 퇴학처분을 받거나 자퇴한 청소년, 고등학교 미진학 청소년, 학업중단 숙려 대상 등 잠재적 학교 밖 청소년을 포함한다.
내 용	학교 밖 청소년의 개인적 특성과 상황을 고려한 상담지원, 교육지원, 직업체험 및 직업교육훈련지원, 자립지원, 건강검진, 기타 서비스(지역 특성화 프로그램) 등의 프로그램을 통해 학교 밖 청소년들이 꿈을 가지고 자신의 미래를 스스로 준비하여 공평한 기회를 얻을 수 있도록 지원한다.

② 취업성공패키지

대 상	18~34세, 고등학교 이하 졸업(예정)자 중 비진학 미취업 청년, 대학교(전문대 포함) 졸업 후 미취업 청년, 고교 3학년 2학기 재학생, 대학교(대학원 포함) 마지막 학기 재학생(휴학생 포함)
내 용	심화되는 청년 고용문제를 완화하고자 18~34세 청년을 대상으로 '진단・경로 설정(1단계) → 의욕・능력증진(2단계) → 집중취업알선(3단계)'에 이르는 전 과정을 통합・제공함으로써 새로운 형태의 복지로서 청년일자리를 찾아주는 제도이다.

③ 드림스타트

대 상	0세(임산부)~만 12세(초등학생 이하)로 취약계층 아동 및 가족
내 용	가정방문을 통해 파악한 대상 아동과 가족의 기초 정보 및 아동의 양육환경과 발달 정보를 기준으로, 지역자원과 연계한 맞춤형 통합 서비스를 제공한다. • 신체・건강 : 아동의 건강한 성장과 신체발달 증진, 건강한 생활을 위한 건강검진 및 예방・치료, 아동 발달에 필요한 신체・건강 정보 제공 • 인지・언어 : 아동의 의사소통 및 기초학습 능력 강화, 맞춤형 인지・언어 서비스를 통한 아동의 강점 개발 • 정서・행동 : 자아존중감 및 긍정적 성격 형성을 위한 정서발달 서비스 제공, 사회성 발달 및 아동 권리 신장을 위한 교육 • 부모・가족 : 부모와 자녀의 상호작용 및 적합한 교육환경을 위한 부모 역량 강화, 부모의 유능감 및 자존감 강화, 부모의 양육기술 지원, 임산부의 건강한 출산 및 양육 지원

④ 취업사관학교

대 상	만 15세 이상 24세 미만의 학교 밖 청소년으로, 6개월 이상의 기간 동안 전문직업훈련, 자립장려금, 취업지원 등을 제공
내 용	• 낮은 고용률과 높은 실업률이 지속되는 문제를 해결하기 위한 제도로, 2011년부터 기술교육뿐만 아니라 심리치료 및 다양한 인성교육, 봉사활동, 체험학습의 기회 등을 제공하는 맞춤형 프로그램 • 훈련기관에 훈련비용 지원, 훈련생에게 월 30만원의 자립수당을 지원(훈련비 및 기숙비용 무료)

⑤ 근로자 내일배움카드제

　㉠ 기존 실업자·재직자로 분리·운영되던 내일배움카드를 국민내일배움카드로 통합하였다.

　㉡ 급격한 기술발전에 적응하고 노동시장 변화에 대응하는 사회안전망 차원에서 생애에 걸친 역량개발 향상 등을 위해 국민 스스로 직업능력개발훈련을 실시할 수 있도록 훈련비 등을 지원한다.

[핵심예제]

다음 중 보기에 제시된 정부지원 사업은?　[20년 19회]

○ 낮은 고용률과 높은 실업률이 지속되는 문제를 해결하기 위한 제도로, 2011년부터 기술교육뿐만 아니라 심리치료 및 다양한 인성교육, 봉사활동, 체험학습의 기회 등을 제공하는 맞춤형 프로그램이다.

○ 지원대상은 만 15세 이상 24세 미만의 학교 밖 청소년으로, 6개월 이상의 기간 동안 전문직업훈련, 자립장려금, 취업지원 등을 제공한다.

① 학교밖청소년지원센터　② 취업사관학교
③ 취업성공패키지　④ 근로자 내일배움카드제
⑤ 드림스타트

정답 ②

해설

취업사관학교
지원대상은 만 15세 이상 만 24세 미만의 학교 밖 청소년으로 직무능력 향상을 위한 직업훈련, 인성교육 및 직업진로지도, 학업(검정고시) 지원 등 개인별 맞춤 서비스를 지원한다. 또한 훈련기관에 훈련비용 지원, 훈련생에게 월 30만원의 자립수당을 지원한다(훈련비 및 기숙비용 무료).

핵심이론 46　직업카드 분류활동

① 개념 : 직업카드를 개발하고 이를 분류하는 활동을 통해서 직업흥미를 탐색하는 방법 또는 질적 도구이다. 내담자가 능동적으로 직업분류 과정에 참여하도록 하는 강점이 있지만, 표준화된 심리검사는 규준집단이 다를 경우에 사용의 제한이 있다.

② 직업카드 분류활동의 목표

　㉠ 직업흥미를 탐색한다.
　　학생들에게 좋아하는 직업과 싫어하는 직업을 선택하게 하고, 그 이유를 탐색하는 활동을 통해 학생들이 자신의 직업흥미에 대해서 구체적으로 파악하도록 돕는다.

　㉡ 다양한 직업세계에 대해 알게 하고, 자신의 홀랜드(Holland) 유형에 대해 살펴보게 한다.
　　학생들에게 직업목록을 살펴보는 활동과 6개의 홀랜드 유형 중 자신과 가깝다고 생각되는 유형을 선택하는 활동을 통해, 직업세계의 다양성을 알게 하고 자신의 홀랜드 유형에 대해 관심을 갖도록 돕는다.

　㉢ 카드분류활동의 결과를 요약하고, 진로 및 직업 관련 정보를 찾는 방법을 제시한다.
　　학생들에게 카드분류작업을 통해 알게 된 자신의 직업선호의 특징과 소감을 정리하는 활동을 통해 자신과 관련된 진로정보를 명확하게 이해하도록 돕고, 마지막으로 학생 스스로 진로 및 직업 관련 정보를 찾을 수 있도록 웹사이트를 소개해준다.

[핵심예제]

다음 보기의 내용이 설명하고 있는 진로상담 면담방법은?

[16년 15회]

○ 내담자가 진로주제를 언어로 표현하도록 촉진한다.
○ 직업명은 홀랜드(Holland) 성격유형에 따라 기호화한다.
○ 각 직업을 선택한 이유와 선택하지 않은 이유를 확인한다.
○ 좋아하는 직업, 싫어하는 직업, 결정할 수 없는 직업으로 구분한다.
○ 내담자가 진로에 관한 조건을 여러 방향으로 탐색하는 데 도움을 준다.

① 알파벳 연습
② 진로가계도 활동
③ 직업카드 분류활동
④ 역할모델 탐색활동
⑤ 과거의 선택 탐색활동

정답 ③

해설

직업카드분류법
직업카드를 개발하고 이를 분류하는 활동을 통해서 직업흥미를 탐색하는 방법 또는 질적 도구이다. 내담자가 능동적으로 직업분류 과정에 참여하도록 하는 강점이 있지만, 표준화된 심리검사는 규준집단이 다를 경우에 사용의 제한이 있다.

핵심이론 47   국가직무능력표준(NCS)

① **의의** : 국가직무능력표준(National Competency Standards)이란 산업현장에서 직무를 수행하기 위하여 요구되는 지식·기술·소양 등의 내용을 국가가 산업부문별·수준별로 체계화한 것을 말한다(자격기본법 제2조).

② **직업기초능력** : 모든 산업 혹은 직업에서 기업체의 특성, 성별, 직급 등에 관계없이 직무를 성공적으로 수행하기 위해 필요한 능력을 말한다.
   ㉠ 의사소통능력 : 문서이해능력, 문서작성능력, 경청능력, 의사표현능력, 기초외국어능력
   ㉡ 수리능력 : 기초연산능력, 기초통계능력, 도표분석능력, 도표작성능력
   ㉢ 문제해결능력 : 사고력, 문제처리능력
   ㉣ 자기개발능력 : 자아인식능력, 자기관리능력, 경력개발능력
   ㉤ 자원관리능력 : 시간자원관리능력, 예산자원관리능력, 물적자원관리능력, 인적자원관리능력
   ㉥ 대인관계능력 : 팀워크능력, 리더십능력, 갈등관리능력, 협상능력, 고객서비스능력
   ㉦ 정보능력 : 컴퓨터활용능력, 정보처리능력
   ㉧ 기술능력 : 기술이해능력, 기술선택능력, 기술적용능력
   ㉨ 조직이해능력 : 국제감각, 조직체제이해능력, 경영이해능력, 업무이해능력
   ㉩ 직업윤리 : 근로윤리, 공동체 윤리

[핵심예제]

국가직무능력표준(NCS)에서 제시한 직업기초능력에 해당하지 않는 것은?

[16년 15회]

① 문제해결능력
② 의사소통능력
③ 수리능력
④ 정보능력
⑤ 외국어능력

정답 ⑤

해설

국가직무능력표준(NCS)에서 제시한 직업기초능력으로는 ①·②·③·④ 이외에도 자기개발능력, 자원관리능력, 대인관계능력, 기술능력, 조직이해능력, 직업윤리 등이 있다.

핵심이론 48 사이버 진로상담

① 의의 : 인터넷 등의 가상의 상담실에서 이루어지는 전문상담 활동으로서, 도움을 필요로 하는 내담자의 문제를 해결하고 생각 · 감정 · 행동상의 성장을 위해 노력하는 상담과정이다.

② 장 · 단점

장 점	• 상담이 익명으로 이루어질 수 있다. • 상담의 관계가 상담자 – 컴퓨터 – 내담자로 형성된다. • 상담과정에서 평등성 확보가 가능하다. • 상담자와 내담자의 시 · 공간적 제약을 극복할 수 있다. • 슈퍼비전과 자문이 용이하다. • 상담내용과 정보의 저장 및 가공이 용이하다. • 다양한 진로상담의 형태로 변형하거나 보조역할을 할 수 있다.
단 점	• 내담자의 공개된 정보만 파악하여 내면 파악에 한계가 있다. • 심각한 문제를 가진 내담자를 장기 상담할 수 없다. • 내담자의 비언어적 표현을 파악하기 어려워 깊이 있는 상담을 할 수 없다. • 인터넷 보급 및 기술적인 한계가 있다.

③ 진로정보 웹사이트 활용 시 고려사항

　㉠ 공식적 채널의 정보전달력 여부

　㉡ 진로정보 제공의 기능 정비

　㉢ 진로정보의 표준 설정

　㉣ 정보의 업데이트 질 관리

　㉤ 검사나 서비스 비용

　㉥ 검사의 타당도 및 신뢰도

[핵심예제]

사이버 진로상담에 관한 설명으로 옳지 않은 것은?

[16년 15회]

① 상담이 익명으로 이루어질 수 있다.

② 상담이 대부분 상담자 주도적으로 이루어진다.

③ 상담자와 내담자의 시 · 공간적 제약을 극복할 수 있다.

④ 상담내용과 정보의 저장 및 가공이 용이하다.

⑤ 다양한 진로상담의 형태로 변형하거나 보조역할을 할 수 있다.

정답 ②

해설

사이버 진로상담의 관계는 '상담자–컴퓨터–내담자'로 형성된다.

제1장　**청소년 집단상담의 이론**

핵심이론 01　집단의 유형 (1) – 구조와 형태에 따른 분류

① 구조화 집단과 비구조화 집단

구조화 집단	• 특정 주제와 목표를 달성하기 위한 일련의 구체적 활동으로 구성된다. • 집단상담자가 집단의 목표와 과정, 내용, 절차 등을 체계적으로 구성해둔 상태에서 집단을 주도적으로 이끌어 가는 형태이다. • 집단상담자가 구조화된 프로그램을 통해 집단상담을 진행한다.
비구조화 집단	• 사전에 정해진 활동은 없으며, 구성원 개개인의 경험과 관심을 토대로 한 상호작용을 통해 집단의 치료적 효과를 얻고자 하는 형태이다. • 구조화 집단보다 지도자의 전문성이 더욱 중요하다. • 대표적인 비구조화 집단 : T–집단, 참만남집단, 감수성 훈련집단(인간관계 훈련집단) 등

② 개방집단과 폐쇄집단

개방집단	• 이미 집단상담이 진행되고 있더라도 집단이 허용하는 범위 내에서 새로운 집단원을 받아들이는 집단 형태이다. • 새로운 성원의 아이디어나 자원을 활용할 수 있으며, 다른 관점으로부터의 피드백도 받을 수 있다. • 새로운 성원의 참여로 집단 전체의 분위기를 조성할 수 있다. • 집단원이 다양한 사람들과 어울릴 기회가 늘어난다. • 폐쇄집단에 비해 일상생활의 인간관계 모습을 더 잘 반영한다. • 집단 참여 오리엔테이션이 중요하다. • 한 회기나 제한된 시간 내에 다루기 어려운 문제탐색은 피하는 것이 좋다. • 유치원 아동이나 초등학교 저학년 집단 또는 장기적으로 운영되는 치료집단에 적합하다. • 또래와 어울리면서 의사소통, 팀워크 등과 같은 사회적 기술을 익히는 것이 집단의 목적일 경우에 적합하다. • 성원 교체에 따라 안정성이나 집단정체성에 문제가 발생할 수 있다.

• 새로운 성원의 참여가 기존 성원의 집단과업 과정에 방해요소가 될 수 있다.
• 새 집단원은 이미 토의한 내용과 집단의 기능에 대하여 생소하기 때문에 집단 과정에 대한 관여수준과 발달단계의 차이로 인해 갈등을 초래하기 쉽다.

폐쇄집단	• 집단상담이 시작될 때의 참여자들로만 끝까지 운영되는 집단이다. • 안정적인 구성으로 집단원의 역할행동을 예측할 수 있다. • 같은 집단원의 지속적인 유지로 인해 결속력과 응집력이 매우 높다. • 집단원의 결석이나 탈락으로 집단의 크기가 작아지는 등 집단에 부정적인 영향을 미친다. • 새로운 정보의 유입이 이루어지지 않으므로 효율성이 떨어질 수 있다. • 소수 의견이 집단의 논리에 의해 무시될 수 있다.

③ 집중집단과 분산집단

집중집단	2박 3일 혹은 3박 4일 등 일정기간 동안 집중적으로 상담을 실시한다.
분산집단	사전에 계획된 전체 회기가 끝날 때까지 일반적으로 주 1회의 형태로 나누어서 집단상담을 실시한다.

④ 동질집단과 이질집단

동질집단	• 동질적인 사람들로 구성되거나 배경이 비슷한 집단원들로 구성된 집단이다. • 출석률·참여율이 비교적 높다. • 결속력·응집력이 높으므로, 보다 쉽게 공감이 이루어진다. • 상호 간에 즉각적인 지지가 가능하며, 갈등 수준이 비교적 낮다. • 집단원 상호 간의 관계가 피상적인 수준에 머물 수 있다. • 새로운 자극을 접할 기회가 감소하므로, 영속적인 행동변화의 가능성이 낮다. • 반론을 제기할 수 있는 기회가 감소하므로, 현실검증의 계기를 마련하기 어렵다. • 아동을 대상으로 하는 집단의 경우, 남아와 여아를 따로 모집하여 동성의 집단을 이루는 것이 효과적이다.

이질집단	• 학생의 경우, 공동의 관심사를 교류하면서 서로 어울릴 수 있도록 같은 또래로 구성하는 것이 효과적이다. • 특정 욕구를 가진 대상을 집단원으로 하는 경우, 동질집단으로 구성하는 것이 효과적이다.
	• 개인적·경험적 배경, 학력, 연령 등 서로 배경이 다른 집단원들로 구성된 집단의 형태이다. • 다양한 대인 간의 상호작용이 가능하므로, 상호 간에 의미 있는 자극을 주고받을 수 있다. • 서로 간의 차이점을 발견하고 이해하게 되며, 현실검증의 기회도 더욱 풍부해진다. • 집단원에게 다양한 관점과 견해를 제공함으로써, 개인의 문제를 해결하는 데 자극이 될 수 있다. • 집단원 상호 간에 공통점이 없으므로, 자기노출에 소극적인 양상을 보인다. • 집단 내 다른 구성원들과 유대관계를 형성하는 데 시간이 오래 걸린다. • 집단 초기에 방어와 저항의 태도로 인해 집단원들의 탈락이 상대적으로 많은 편이다.

⑤ 자발적 집단과 비자발적 집단

자발적 집단	스스로의 성장과 변화의 동기를 가지고 자발적으로 집단에 참여한다.
비자발적 집단	자신의 의지와 동기와는 무관하게 의무적으로 집단에 참여한다.

> **더 알아보기**
>
> 초보 집단상담자가 실시하기에 용이한 집단상담의 형태
> 구조적 집단, 폐쇄적 집단, 동질적 집단

[핵심예제]

집단상담의 구조 및 형태에 관한 설명으로 옳은 것을 모두 고른 것은?

[20년 19회]

> ㄱ. 참만남 집단과 T집단은 대표적인 비구조화 집단이다.
> ㄴ. 동질집단은 집단원들의 배경이 서로 비슷한 사람들로 구성된다.
> ㄷ. 집중집단은 전체 회기를 보통 주 1회의 형태로 나누어서 운영한다.
> ㄹ. 개방집단은 집단의 안정성이 높으므로 집단원 상호간의 응집력이 강하다.

① ㄱ, ㄴ
② ㄱ, ㄴ, ㄷ
③ ㄱ, ㄷ, ㄹ
④ ㄴ, ㄷ, ㄹ
⑤ ㄱ, ㄴ, ㄷ, ㄹ

정답 ①

해설

ㄷ. 전체 회기를 보통 주 1회의 형태로 나누어서 운영하는 집단은 분산집단이다. 집중집단은 2박 3일 혹은 3박 4일 등 일정기간 동안 집중적으로 상담을 실시한다.

ㄹ. 집단의 안정성이 높아 집단원 간의 응집력이 강한 집단은 폐쇄집단이다.

핵심이론 02 | 집단의 유형 (2) - 기능에 따른 분류

① **교육집단**
- ㉠ 집단원들의 지식과 정보 및 기술향상을 목적으로 하는 집단이다.
- ㉡ 대표집단 : 부모역할 훈련집단, 청소년 성교육집단, 위탁가정의 부모가 되려는 집단, 입양에 관심을 갖는 부모의 집단, 특정질병에 대한 정보를 얻고자 하는 집단 등

② **과제해결집단(과업집단)**
- ㉠ 수행해야 할 과업을 달성하거나, 성과물을 산출해내기 위해 또는 명령을 수행하기 위해 만들어진 집단이다.
- ㉡ 대표집단 : 위원회, 이사회, 연합체, 협의체, 행정집단, 팀, 치료회의, 사회행동집단 등

③ **성장집단**
- ㉠ 다양한 집단활동의 체험을 원하거나 자신에 대해 좀 더 알기를 원하는 사람, 자신의 잠재력 개발에 관심 있는 사람들의 성장과 발달을 촉진하기 위해 구성된 집단이다.
- ㉡ 비교적 정상범위의 적응 수준을 가진 사람을 대상으로 한다.
- ㉢ 인원은 8~12명 정도가 적당하나 대상자 특성에 따라 달라질 수 있다.
- ㉣ 집단원 간의 역동적 상호작용을 통한 변화와 성장을 지향한다.
- ㉤ 대인 간 의사소통을 증진하고 자신과 타인의 감정을 인식하고자 한다.
- ㉥ 지도자와 집단원이 정기적으로 만나 상호 수용적 분위기에서 진행한다.
- ㉦ 생활방식의 변화를 도모한다.
- ㉧ 훈련집단, 참만남집단, 마라톤집단 등의 유형이 해당된다.
- ㉨ 대표집단 : 부부의 결혼생활 향상집단, 청소년 대상 가치명료화 집단, 여성을 위한 의식고양집단, 퇴직을 준비하는 집단, 잠재력 개발집단 등

④ **치료집단**
- ㉠ 병리적 증상의 제거나 완화를 위한 정신장애 치료 및 심리치료를 주된 목적으로 한다.
- ㉡ 정신장애, 성격장애 등 주로 임상 장면에서 환자들을 대상으로 운영되는 집단이다.
- ㉢ 대표집단 : 사회공포증 극복을 위한 심리치료집단, 우울증 치료를 위한 환자집단 등

⑤ **지지집단**
- ㉠ 장차 일어날 사건에 좀 더 효과적으로 적응하기 위한 대처기술을 발전시킴으로써 집단원들이 삶의 위기에 대처하도록 돕는 집단이다.
- ㉡ 대표집단 : 이혼가정의 취학아동모임, 암환자 가족모임, 자녀양육의 어려움에 대해 공유하는 한부모 집단 등

⑥ **자조집단**
- ㉠ 특정 목적을 성취하고, 성원 상호 간의 원조를 목적으로 형성되는 자발적 소집단이다.
- ㉡ 비전문가들이 이끌어 간다는 점에서 치료집단과 구분되며, 핵심적인 공동의 관심사가 있다는 점에서 과업집단과도 구별된다.
- ㉢ 마약중독이나 공격적 행동, 정신질환, 장애, 도박, 가정폭력, 에이즈 등의 공유문제에 지지를 제공한다는 점에서 지지집단과 비슷하지만, 주도적인 역할을 하지 않고 다만 지지와 상담만을 제공한다는 차이가 있다.
- ㉣ 대표집단 : 단주모임, 단약모임, 정신장애인 가족모임 등

[핵심예제]

다음 보기의 요건을 모두 충족하는 집단은?　　　　[18년 17회]

> ㄱ. 자신에 대해 더 많은 것을 배우려는 사람들로 구성된다.
> ㄴ. 대인 간 의사소통을 증진하고자 한다.
> ㄷ. 자신과 타인의 감정을 인식하고자 한다.
> ㄹ. 생활방식의 변화를 도모하고자 한다.

① 치료집단　　　　　　　② 성장집단
③ 과업집단　　　　　　　④ 교육집단
⑤ 처치집단

정답 ②

해설
① 치료집단 : 병리적 증상의 제거나 완화를 위한 정신장애 치료 및 심리치료를 주된 목적으로 하는 집단이다.
③ 과업집단 : 수행해야 할 과업을 달성하거나, 성과물을 산출해내기 위해 또는 명령을 수행하기 위해 만들어진 집단이다.
④ 교육집단 : 집단원들의 지식과 정보 및 기술향상을 목적으로 하는 집단이다.
⑤ 처치집단 : 실험연구에서 실험적 요인이나 상황의 처치를 받은 집단이다.

핵심이론 **03** 상담집단과 토의집단

① 상담집단의 개념과 의의

  ㉠ 상담집단은 내용보다는 집단의 과정을 더 강조하며, 정해진 지도자의 역할이 없고 집단의 자유로운 분위기를 이끈다.

  ㉡ 예방적·교육적·문제해결적·적응적 목적을 지니기 때문에 과거의 문제보다 현재의 생활, 느낌, 사고 등에 초점을 맞춘다.

  ㉢ 비교적 짧은 기간에 해결 가능한 문제를 주로 다루며, 심각한 정신병리 치료보다 일상생활의 어려움 해결에 관심을 둔다.

  ㉣ 상담집단은 공동의 결의나 토론의 성패가 있을 수 없기 때문에 형식이 필요 없으며, 집단원의 자발적인 참여를 강조한다.

  ㉤ 상담집단은 주관적인 측면을 더 강조한다. 즉, 감정표현의 분위기 속에서 상호관계에 역점을 둔다. 상담과정에서는 감정과 정서, 창의성과 상상력, 인간관계 등과 관련된 정적영역에 더욱 치중한다.

  ㉥ 상담집단은 옳고 그른 것의 판단이 주목적이 아니기 때문에 감정과 사고를 솔직히 표현하도록 격려된다.

  ㉦ 상담집단에서는 각 개인의 감정이나 사고가 수용되므로 상반된 의견이 허용될 뿐만 아니라 장려된다.

② 토의집단의 개념과 의의

  ㉠ 토의집단은 분명한 주제를 가지고 모이므로 토의될 내용을 중시하며, 양측 혹은 분파가 생겨 승패나 옳고 그름의 시비를 가린다.

  ㉡ 토의집단은 상반된 의견으로 인해 강한 정서적 반응을 유발하고, 이 정서적 반응이 토의진행을 방해하게 된다. 따라서 규칙과 질서를 창조해야 하므로 형식적이 되기 쉽다.

  ㉢ 토의집단은 주로 사실을 취급하고, 지적영역의 발달에 치중한다.

  ㉣ 토의집단은 정한 목적을 향하여 진행하기 때문에 구성원은 언행에 항상 제약을 받는다.

  ㉤ 토의집단은 형식에 따른 지도자의 역할이 있고, 지도자가 목적 달성을 위한 토의를 이끈다.

더 알아보기

토의집단과 상담집단의 비교

구 분	토의집단	상담집단
내용과 과정의 차이	토의될 내용 중시	집단의 과정을 더 강조
양극성 대 통일성	승패나 시비를 가림 (양극성)	상반된 의견을 허용 (통일성)
형식성 대 자발성	형식성	자발성
객관성 대 주관성	객관성	주관성
제한성 대 솔직성	제한성	솔직성
지도성의 차이	토의 인도 및 집단 통제	자유로운 분위기 조성

핵심예제

집단의 유형 중 상담집단에 관한 설명으로 옳지 않은 것은?

[20년 19회]

① 특정 과업을 완수하기 위한 목적으로 구성한다.
② 예방적·교육적·문제해결적·적응적 목적을 지닌다.
③ 비교적 짧은 기간에 해결 가능한 문제를 주로 다룬다.
④ 심각한 정신병리 치료보다 일상생활의 어려움 해결에 관심을 둔다.
⑤ 과거의 문제보다 현재의 생활, 느낌, 사고 등에 초점을 맞춘다.

정답 ①

해설

① 과제해결집단(과업집단)에 대한 설명이다. 과제해결집단은 수행해야 할 과업을 달성하거나, 성과물을 산출해내기 위해 또는 명령을 수행하기 위해 만들어진 집단이다. 위원회, 이사회, 연합체, 협의체, 행정집단, 팀, 치료회의, 사회행동집단 등이 해당한다.

핵심이론 04   참만남집단(Encounter Group)

① 참만남집단의 개념과 의의

ㄱ 개인경험에 중점을 두며, '체험집단'이라고도 불린다.

ㄴ 실존적·인도주의적인 사상을 기초로 하여 발전하였다.

ㄷ 기존의 인간관계 훈련집단의 모형들에서 가지고 있던 유용성의 한계를 보완한다.

ㄹ 일반적으로 고도의 집중적인 친교적 경험을 통해 태도 및 가치관, 생활양식의 변화 등을 포함하는 개인적 변화를 목표로 한다.

ㅁ 다른 사람과의 의미 있는 만남을 통해 인간관계 및 인간실존에 대해 자각하도록 한다.

ㅂ 주로 소집단 활동을 통해 개방성과 솔직성·대인적 직면·자기노출·직접적인 정서적 표현을 격려한다.

ㅅ '지금-여기'의 경험을 통해 자유로운 대화를 전개하며, 다른 사람과의 교류능력을 증진하고 잠재력을 발휘하도록 한다.

② 로저스(Rogers)의 참만남집단 15단계 과정

단 계	내 용
1. 혼돈과 무질서 (떼 지어 기웃거리는 양식, 맴돌기)	상담 초기에는 상담자의 뚜렷한 지시가 없으므로 혼돈, 좌절, 그리고 행동적이거나 언어적으로 '기웃거림'이 있다. '이 집단의 책임자는 누구인가?', '우리가 여기에 왜 와 있는가?', '우리가 무엇을 하기로 되어 있는가?' 등의 질문들이 나오며, 이들은 이 단계에서 느낌이나 관심사를 반영한다.
2. 사적인 자기노출 혹은 탐색에 대한 저항	상담 초기에 집단원들은 그 집단에서 수용될 것으로 생각하는 공적인 자기는 표현하지만, 사적인 자기노출에는 두려워하며 저항한다.
3. 과거의 느낌 기술	집단의 신뢰성에 대한 의심과 자기노출의 위험에도 불구하고 사적 느낌의 노출이 시작된다. 집단원들은 주저하면서도 양가감정으로 '그때 그곳'에서의 양식으로 묘사를 하는 경향이 있다.
4. 부정적 감정의 표현	집단이 발전함에 따라 '지금-여기'의 감정 표현이 나타나는데, 이러한 표현들은 보통 필요한 지시를 하지 않는다는 이유로 흔히 집단상담자에 대한 공격성의 형식을 취한다. 대개 집단상담자나 다른 집단원에 대한 이러한 표현은 긍정적 감정의 표현에 앞선다.
5. 사적으로 의미 있는 자료의 표현과 탐색	만약 부정적 감정의 표현이 집단원들에 의해서 수용적인 것으로 보이면, 신뢰의 분위기가 나타나며 사적 자료를 노출하게 된다. 이 시점에서 내담자들은 그들이 성취하고자 하는 것이 바로 이것이라고 깨닫게 되며, 자유를 경험하기 시작한다. 이러한 지각 때문에 집단원들은 자신들에 관한 보다 깊이 있는 측면들을 다른 사람에게 기꺼이 알리려고 한다.
6. 집단 내에서의 즉시적인 대인간 감정의 표현	집단원들은 서로에 대한 긍정적·부정적 감정을 표현하기 쉽다. 이러한 감정들이 이 단계에서 탐색된다.
7. 집단 내에서의 상담능력의 발달	집단원들은 자발적으로 서로에 대해 보살핌, 지지, 이해, 관심을 표현한다. 집단 내에 조력관계가 형성되며, 이는 집단 밖에서 보다 건설적인 삶을 살도록 집단원들을 조력한다.
8. 자기수용과 변화의 시작	집단원들이 변화의 시작을 나타낸다. 즉 집단원들은 이전에 부인 또는 왜곡했던 자신에 대한 측면들을 수용하기 시작한다. 자신의 감정에 보다 가까워지고, 결국 변화에 개방적이게 된다. 집단원들이 자신의 장점과 단점들을 수용함에 따라 방어를 하지 않게 되고, 변화를 기꺼이 맞이하게 된다.
9. 가면의 파괴	각 집단원들은 집단의 요구에 반응하기 시작하고, 가면과 가장을 벗어버린다. 이 단계에서 집단은 보다 깊은 의사소통을 하려고 노력한다. 이 과정에서 각 집단원들은 즉시적 감정의 노출을 점점 증가시킨다.
10. 피드백 주고 받기	긍정적·부정적 피드백을 받는 과정에서 다른 집단원들이 자신을 어떻게 경험하는지, 또는 자신이 다른 집단원들에게 미치는 영향에 관한 많은 자료를 얻게 된다. 이러한 정보는 흔히 새로운 통찰을 얻게 하여 내담자 자신이 변화하고자 하는 면들을 결정하는 데 도움을 준다.
11. 직면 혹은 맞닥뜨림	집단원들은 긍정적·부정적 피드백을 의미하는 강력한 정서적 과정 속에서 서로를 직면한다. 직면이란, 집단원들로 하여금 그들의 행동을 보다 정직하게 조사하도록 초대하는 것이며, 관심·존경·공감의 확장이라고 할 수 있다. 불일치를 지적함으로써 진정한 자기성장의 장애를 제거하도록 돕고자 하기 때문이다.
12. 집단 과정 밖에서의 조력관계 형성	집단원들은 집단 밖에서 접촉하기 시작한다. 7단계에서 언급한 과정이 확장된 것이라고 본다.

13. 기초적 참만남	집단 속에서 집단원들이 일반적으로 일상생활에서보다 더 가까워지고 보다 직접적인 접촉을 하기 때문에 진솔한 인간 대 인간의 관계가 일어난다. 이 시점에서 집단원들은 공동목표와 공동체 의식으로 일할 때 관계가 매우 유의미함을 경험한다.
14. 긍정적 감정과 친근감의 표현	과정이 진행됨에 따라 내담자들은 자신들과 타인들에 대한 감정 표현의 진실성이 일어나는 하나의 과정인 집단 내부에서의 온정과 가까움이 점증적으로 발달하게 된다. 친근감이라는 상담적 느낌은 최후의 가장 중요한 과정으로 이어진다.
15. 집단 내에서의 행동변화	감정 표현이 점점 편안해짐에 따라 집단원들의 행동이나 표정까지 변화하기 시작한다. 개방적으로 행동하려고 하며, 타인에 대한 보다 깊은 감정을 표현한다. 자신들에 대한 이해가 증가되며, 자신들의 문제에 대한 새로운 통찰을 한다. 그리고 타인과 함께하는 보다 효과적인 방식을 알아낸다. 만약 이 변화들이 효과가 있다면, 집단원들은 새로운 행동을 일상생활 속에서 실행하려고 한다.

③ 스톨러(Stoller)의 마라톤 참만남집단
- ㉠ 집단훈련의 시간적 집중성을 강조한다.
- ㉡ 시간적 집중과 참가자의 피로가 오히려 있는 그대로의 모습을 드러내도록 한다.
- ㉢ 행동으로 모범을 보이거나 설명을 통해 돕는 것을 집단상담자의 가장 중요한 역할로 제시하였다.

더 알아보기

조하리의 창
- 나와 타인과의 관계 속에서 자신이 어떤 성향을 지니고 있고, 또 어떠한 면을 개선하면 좋을지를 보여주는 '대인관계 이해도'에 관한 모델이다.
- 자신과 타인에게 모두 알려진 부분을 넓혀 인간관계의 효율성을 증진시키기 위해 '남이 모르는 나'를 탐구하게 하는 활동이다.

열린 창 (Open Area) 나도 알고 남도 아는 나	보이지 않는 창 (Blind Area) 나는 모르지만 남은 아는 나
숨겨진 창 (Hidden Area) 나는 알지만 남은 모르는 나	미지의 창 (Unknown Area) 나도 모르고 남도 모르는 나

핵심예제

로저스(C. Rogers)가 제안한 참만남집단과정에 해당하는 것을 모두 고른 것은? [18년 17회]

ㄱ. 측정 가능한 목표설정	ㄴ. 부정적 감정의 표현
ㄷ. 긍정적 참회	ㄹ. 직 면
ㅁ. 가면의 파괴	

① ㄱ, ㄴ, ㄷ
② ㄱ, ㄷ, ㄹ
③ ㄴ, ㄷ, ㅁ
④ ㄴ, ㄹ, ㅁ
⑤ ㄱ, ㄴ, ㄷ, ㄹ

정답 ④

해설

로저스(Rogers)의 참만남집단 15단계 과정
- 혼돈과 무질서(떼 지어 기웃거리는 양식)
- 사적인 자기노출 혹은 탐색에 대한 저항
- 과거의 느낌과 기술
- 부정적 감정의 표현
- 사적으로 의미 있는 자료의 표현과 탐색
- 집단 내에서의 즉시적인 대인 간 감정의 표현
- 집단 내에서의 상담능력의 발달
- 자기수용과 변화의 시작
- 가면의 파괴
- 피드백 주고받기
- 직면 혹은 맞닥뜨림
- 집단 과정 밖에서의 조력관계 형성
- 기초적 참만남
- 긍정적 감정과 친근감의 표현
- 집단 내에서의 행동변화

핵심이론 05 　집단상담의 기초

① 집단상담의 목표

자신에 대한 보다 깊은 이해와 정체성의 발달	• 자기수용·자신감·자기존중감 증진, 자신에 대한 시각의 개선 • 자신의 결정에 대한 자각과 지혜로운 결정능력 증진 • 특정 행동변화를 위한 구체적 계획수립과 완수 • 자신과 타인에 대한 주도성·자율성·책임감의 증진 • 타인의 기대에 부응하는 태도에서 벗어나 자신의 기대에 부응해 행동하는 방식의 습득 • 정상적인 발달문제와 갈등들을 해결하는 새로운 방식의 발견 • 가치관 명료화, 수정 여부와 방식의 결정
효과적인 사회적 기술의 학습	• 자신과 타인에 대한 신뢰감 형성 • 타인의 욕구와 감정에 대한 민감성 증진 • 타인에 대한 배려와 염려를 바탕으로 하면서 정직하고 솔직하게 직면하는 방식 습득

② 집단규범

　㉠ 집단원들이 활동하는 데 있어서의 활동규약을 의미한다.

　㉡ 집단규범은 초기 단계에 설정하도록 한다.

　㉢ 집단원들의 선입견에 의해 형성된 암묵적 규범은 집단에 부정적인 영향을 미칠 수 있으므로, 명시화하는 것이 좋다.

　㉣ 집단규범이 명확하게 제시될수록 집단목표 달성에 도움이 된다.

　㉤ 집단규범은 집단원들이나 집단상담자 어느 한쪽이 독단적으로 정하기보다는, 집단상담자와 집단원 간의 상호협력을 거쳐 확립해야 한다.

　㉥ 집단상담자는 집단규범을 제시하는 등의 방법으로 규범 형성에 영향을 주고, 집단원 스스로 규범을 확립할 수 있도록 돕는다.

　㉦ 집단규범은 설정 이후에도 논의를 거치고 동의를 얻어 변경하거나 확장할 수 있다.

　㉧ 집단상담 중에는 때로 집단원에게 익숙한 사회적 규범과 다른 행동을 요구하기도 한다.

　㉨ 집단에서 권장하는 행동 등과 같은 긍정적인 규범도 있다.

③ 집단상담의 장단점

장점	• 한 명의 상담자가 여러 내담자를 동시에 만날 수 있으므로, 시간적·경제적인 면에서 효과적이다. • 어떤 외적인 비난이나 징벌에 대한 두려움 없이 지지적인 분위기에서 집단원들은 새로운 행동을 시도해 볼 수 있다. • 집단상담자의 지시나 조언이 없어도 집단원들 간 깊은 사회적 교류경험이 가능하다. • 집단은 사회의 축소판과 유사하므로 집단원들은 다양한 경험을 공유할 수 있다. • 집단원들 간의 상호작용과 집단상담자와의 상호작용을 통해 문제해결과 목표달성이 이루어진다. • 서로의 관심사나 감정을 터놓고 이야기할 수 있기 때문에 보편성, 소속감, 동료의식을 발달시킬 수 있다. • 현실적이고 실제 생활에 근접한 사회 장면이 이루어져, 실제적인 대인관계 패턴·태도·사고가 반영된다. • 상담성과를 개관한 연구에서 집단상담은 개인상담 못지않게 효과적인 것으로 나타났다.
단점	• 집단원이 다수이므로 비밀 유지에 어려움이 있다. • 모든 사람에게 집단상담이 효과적인 것은 아니다. • 참여자들이 심리적으로 준비가 되기 전에 자기의 마음속을 털어놓아야 한다는 집단 내 압력의 가능성이 있다. • 개인상담과 비교할 때 집단상담은 특정 내담자의 개인적인 문제가 충분히 다뤄지지 않을 가능성이 크고, 개인에 대한 관심 정도가 약해질 수 있다. • 집단상담에 대한 관심의 증가로 적절한 훈련이나 경험이 부족한 상담자가 집단상담을 진행하는 경우가 있는데, 이는 부적절한 지도성의 문제를 야기할 수 있다. • 집단상담 경험에 도취되어 집단경험 자체를 목적으로 삼는 경우가 있으며, 현실도피의 기회가 될 우려가 있다.

> **더 알아보기**
>
> **가치관 명료화**
> 자신의 가치가 어떠하며 지금까지 자신이 가치 있다고 생각하고 있던 것들이 참가치인지를 판단하여 다양한 대안들 중에서 나의 가치를 선택하고, 이에 대한 확신을 바탕으로 행동화하고 반복하여 안전하고 지속적인 행동의 유형으로 정립하는 과정이다.

[핵심예제]

집단규범에 관한 설명으로 옳지 않은 것은?

[17년 16회]

① 집단의 초기 단계에 형성되도록 한다.
② 집단상담자는 집단규범 형성에 영향을 준다.
③ 집단원들의 선입견에 의해 형성된 암묵적 규범은 집단에 부정적인 영향을 미칠 수 있다.
④ 명확하게 제시될수록 집단목표 달성에 도움이 된다.
⑤ 집단 초기에 설정한 규범은 종결까지 변경하지 않는다.

정답 ⑤

해설

집단규범이란 집단원들이 활동하는 데 있어서의 활동규약을 의미한다. 이는 집단의 목표 달성에 중요한 역할을 하는 것으로, 집단상담자와 집단원 간의 상호 협력으로 형성된다. 또한 집단규범은 설정 이후에도 논의를 거치고 동의를 얻어 변경하거나 확장할 수 있다.

핵심이론 06 | 집단의 치료적 요인

① 치료적 요인의 이해
  ㉠ 집단상담자는 집단 운영을 계획할 때 집단의 치료적 요인을 인식해야 한다.
  ㉡ 집단원 개개인은 서로 다른 치료적 요인에 의해 도움을 받을 수 있다.
  ㉢ 청소년들에게는 자신에 대한 다른 사람의 피드백을 경험하는 대인관계 학습이 중요한 치료적 요인이다.
  ㉣ 치료적 요인에 의한 변화경험은 집단상담자, 집단원, 집단활동 등의 다양한 상호작용의 결과로 발생한다.

② 얄롬(Yalom)의 치료적 요인
  ㉠ 실존적 요인 : 집단원과의 경험 공유를 통해 자기 자신이 다른 사람에게 아무리 많은 지도와 후원을 받는다고 해도 자신들의 인생에 대한 궁극적인 책임은 스스로에게 있다는 것을 배운다. 또한 인생이 때로는 부당하고 공정하지 않다는 것을 인식한다. 인생의 고통이나 죽음은 피할 수 없음을 인식하고 홀로 인생에 맞닥뜨려야 하는 고립감을 배운다.
  ㉡ 희망의 주입(희망의 고취) : 집단은 집단원들에게 문제가 개선될 수 있다는 희망을 심어주는데, 이때 희망 그 자체가 치료적 효과를 가질 수 있다.
  ㉢ 보편성 : 참여자 자신만이 심각한 문제·생각·충동을 가진 것이 아니라, 다른 사람들도 자기와 비슷한 갈등과 생활경험, 문제 등을 가지고 있다는 것을 알고 위로를 받는다.
  ㉣ 정보공유(전달) : 집단원들은 집단상담자로부터 다양하고 유익한 정보를 습득함으로써 자신의 문제를 보다 명확하게 이해하며, 동료 집단원들로부터 직·간접적인 제안, 지도, 충고 등의 도움을 받는다.
  ㉤ 이타심 : 집단원들은 위로·지지·제안 등을 통해 서로 도움을 주고받는다. 자신도 누군가에게 도움을 줄 수 있고, 타인에게 중요한 존재일 수 있다는 발견은 자존감을 높여준다.
  ㉥ 1차 가족집단의 교정적 재현 : 집단은 가족과 유사한 점이 있으므로 집단상담자는 부모, 집단원은 형제자매가 될 수 있다. 집단원들이 초기 아동기에 자신의 부모형제와 상호작용했던 방식으로, 리더나 다른 집단원들과 상

호작용하면서 가족 내 갈등이 집단에서 재현되고, 탐색과 새로운 역할실험의 기회를 갖게 된다. 그 과정을 통해 그동안 해결되지 못한 갈등상황에 대해 탐색하고 도전한다.

ⓢ 사회화 기술의 개발 : 다른 집단원으로부터의 피드백이나 특정 사회기술에 대한 학습을 통해 대인관계에 필요한 사회기술을 개발한다.

ⓞ 동일시(모방행동) : 집단상담자와 집단원은 새로운 행동을 배우는 데 좋은 모델이 될 수 있다.

ⓩ 대인관계학습 : 현대의 정신치료에서는 관계적 모델을 사용하는데, 관계적 모델이란 다른 사람들과의 관계라는 상호작용 속에서의 자기(Self)라는 것을 토대로 마음을 그려보는 것을 말한다. 결국 개인은 자기에게 중요한 타인으로부터 나오는 평가에 기초하여 자아, 즉 자기역동을 발달시키는 것이다.

ⓣ 집단응집력 : 집단 내에서 자신이 인정받고 수용된다는 소속감은 그 자체로써 집단원의 긍정적인 변화, 집단만족도, 집단원의 참석률에 영향을 미친다. 또한 집단의 지지와 수용도 집단응집력에 영향을 미친다.

ⓚ 정화(Catharsis)
- 카타르시스, 즉 정화는 억압되어 있거나 속으로 쌓여 있는 정서를 겉으로 표현함으로써, 그러한 감정이나 동기로 인해 생긴 긴장을 해소하는 것을 가리킨다.
- 집단 내의 비교적 안전한 분위기 속에서 집단원은 그동안 억압되어온 감정을 자유롭게 발산할 수 있고, 집단원들에게 수용되면서 내담자에게 정서적 변화가 생긴다. 이때 이러한 감정 표현에 대하여 집단 상담자의 적절한 조치 및 지도가 따르지 못하면 오히려 부정적 작용을 할 수도 있다.
- 감정표출과 관련된 감정과 감정표출 후 관련된 인지를 다룬다.
- 감정표출은 신체적 증상으로 나타날 수 있으며, 감정표출의 치료적 효과는 집단원의 문화적 배경에 따라 다르다.

③ 코리의 치료적 요인 : 직면(자신의 불일치를 자각하여 변화의 계기를 만드는 것), 자기개방, 보편성, 피드백, 응집력, 희망, 실험을 해보는 자유, 관심과 이해, 변화하겠다는 결단, 감정 정화, 인지적 재구조화

더 알아보기

응집력이 높은 집단의 특성
- 자발적으로 집단에 참여하며 모임 시간을 엄수한다.
- 비밀유지 원칙이 잘 지켜진다.
- 집단원들이 새로운 모험 시도를 두려워하지 않는다.
- 집단원들이 부정적인 것이든 긍정적인 것이든 자신의 느낌과 생각을 솔직하게 표현하고 서로의 감정에 솔직하게 반응한다.
- 더 많은 자기개방을 한다.
- 집단규범을 잘 지키고, 집단규범 일탈자에게 압력을 가한다.
- 다른 집단원들에게 영향을 주기 위해 더 열심히 노력한다.
- 고통을 함께 나누며 해결해 나간다.
- 자유로운 분위기에서 집단활동에 적극적으로 동참한다.
- 서로 보살피고 배려하며 있는 그대로 수용해 준다.
- 정직한 피드백을 교환한다.
- 건강한 유머를 통해 친밀해지고 기쁨을 함께 한다.

[핵심예제]

집단상담의 치료적 요인에 관한 설명으로 옳지 않은 것은?

[17년 16회]

① 청소년들에게는 자신에 대한 다른 사람의 피드백을 경험하는 대인관계 학습이 중요한 치료적 요인이다.
② 치료적 요인에 의한 변화경험은 집단상담자, 집단원, 집단 활동 등의 다양한 상호작용의 결과로 발생한다.
③ 집단상담자는 집단 운영을 계획할 때 집단의 치료적 요인을 인식해야 한다.
④ 얄롬(I. Yalom)은 모험시도, 마법 등을 치료적 요인으로 제시하였다.
⑤ 집단원 개개인은 서로 다른 치료적 요인에 의해 도움을 받을 수 있다.

정답 ④

해설

얄롬(I. Yalom)이 제시한 치료적 요인에는 실존적 요인, 희망의 주입(희망의 고취), 보편성, 정보공유(전달), 이타심, 1차 가족집단의 교정적 재현, 사회화 기술의 발달, 모방행동(동일시), 대인관계학습, 집단응집력, 정화 등이 있다.

핵심이론 07 집단상담과 개인상담

① 집단상담과 개인상담의 적용

집단상담이 필요한 경우	• 여러 사람들을 보다 잘 이해하고, 타인이 자기를 어떻게 보는지 깨달아야 할 것으로 판단되는 내담자 • 자기와 성격, 생활배경 등이 다른 사람들에 대한 배려와 존경심을 습득해야 할 것으로 판단되는 내담자 • 다른 사람과의 대화를 포함한 사회적 기술의 습득이 필요한 내담자 • 다른 사람과의 유대감, 소속감 및 협동심의 향상이 필요한 내담자 • 자기의 관심사나 문제에 관해 다른 사람의 반응·조언이 필요한 내담자 • 동료나 타인의 이해와 지지가 도움이 되리라고 판단되는 내담자 • 자기 문제에 관한 검토·분석을 기피하거나 유보하기를 원하고, 자기노출에 관해 필요 이상의 위협을 느끼는 내담자
개인상담이 필요한 경우	• 가지고 있는 문제가 위급하고, 원인과 해결방법이 복잡하다고 판단되는 내담자 • 내담자와 내담자 관련 인물들의 신상을 보호하고 비밀을 철저하게 보장할 필요가 있는 내담자 • 자아개념과 관련된 검사를 해석할 경우 또는 심리검사 결과를 해석할 경우의 내담자 • 집단에서 공개적으로 발언하는 것에 대해 심한 불안·공포가 있는 내담자 • 상담집단의 동료들로부터 수용될 수 없을 정도로 대인관계가 좋지 못한 내담자 • 자신의 감정·동기·행동에 대한 인식이 매우 부족하고, 자기 자신에 대한 탐색·통찰력이 극히 제한되어 있는 내담자 • 상담자나 다른 사람들로부터의 주목과 인정을 강박적으로 요구할 것으로 판단되는 내담자 • 폭행이나 비정상적인 성적 행동을 취할 가능성이 보이는 내담자 • 주의집중에 대한 내담자의 요구가 집단에서 다루어지기 어려운 경우 • 의심증이 심하며 지나친 적대 감정에 사로잡혔거나 기타 심한 정서적 장애를 경험하고 있는 내담자

② 집단상담과 개인상담의 유사점

　㉠ 내담자의 자기이해를 촉진한다.

　㉡ 생활상의 문제해결을 돕는다.

　㉢ 내담자들의 자기공개, 자기수용이 중요하다.

　㉣ 이해적이고 허용적인 상담분위기의 조성과 유지가 필요하다.

　㉤ 상담자의 기법 면에서 내담자가 이야기한 것을 비판하지 않고 의미를 요약하며, 더 분명하게 해주는 기법을 사용한다.

　㉥ 사적인 정보의 비밀을 보호한다.

③ 집단상담과 유사개념의 비교

집단상담	• 중심은 어떤 주제가 아닌 집단원 개개인 자체이므로, 그들의 행동변화가 중심이다. • 정상적이고 발달적인 문제를 주로 취급한다. • 자기이해의 증진, 태도의 변화 및 직업선택과 관련하여 일어나기 쉬운 갈등들을 취급하는 과정이다. • 개인적·정서적 문제의 해결에 치중하고, 현재의 문제나 병을 해결하고 치료하는 데 관심을 기울이며, 개인의 성장과 변화를 목적으로 한다. • 집단원 간의 상호작용을 통해 집단원의 감정 및 행동양식을 탐색한다.
집단지도	• 정보를 제공하는 일종의 직접적이고 인지적인 과정이며, 교육적 경험의 내용을 주제로 취급한다. • 직접적인 정보의 획득, 새로운 문제에 관한 오리엔테이션, 학생활동의 계획 실천, 직업 및 교육적 결정에 필요한 자료수집 활동에 직접 관여한다. • 적극적이고 예방적 입장을 취한다.
집단치료	• 무의식적 동기에 관심을 두며, 보다 깊은 수준의 성격구조의 변화에 관여하는 과정이다. • 성격장애의 문제를 다루고 심각한 신경증적 갈등을 경험하는 집단원을 대상으로 한다. • 현재나 미래보다는 과거(즉, 부정적 행동의 원인)에 더 강조점을 두지만, 현재의 문제나 병을 해결하고 치료하는 데 관심을 기울인다.
집단훈련	• 어떤 특정한 영역에 대한 기술을 익히는 과정으로, 구성원들에게 필요한 기술을 체계적으로 교육하고 연습시키는 과정이 포함된다. • 집단지도와 집단상담의 중간 지점에 위치하면서 양자의 특성을 공유한다고 볼 수 있다. 즉, 집단지도와 같이 구성원들은 공동의 목적을 가지고 필요한 정보를 얻는 동시에 집단상담과 같이 구성원 각자가 자신의 어려운 문제와 고민을 털어놓는다. • 집단훈련의 규모는 8~30명 정도이고, 훈련기간은 4~12회, 1회에 2~3시간 정도로 한다. • 취업 면접 훈련, 발표력, 창의성 훈련, 사회성 훈련, 감수성 훈련, T-집단 등과 같은 집단훈련이 보편화되고 있다.

④ 집단상담의 활동

활동 내용	• 쓰기, 동작, 이인 체계, 세 사람씩 짝을 짓는 것, 라운드, 창조적인 보조도구, 예술과 공예, 상상, 일반적인 읽기, 피드백, 신뢰, 경험적인 것, 도덕적 딜레마, 집단의 결정, 접촉 등
활동 효과	• 안정된 수준을 증가시키도록 돕는다. • 지도자에게 유용한 정보를 제공한다. • 토론을 할 수 있게 하고, 집단을 집중시키는 데 도움이 된다. • 초점을 이동시킬 수 있다. • 초점을 심화시킬 수 있다. • 경험적 학습의 기회를 제공한다. • 재미와 긴장완화를 제공한다.

더 알아보기

도덕적 딜레마

하나의 사건에 대하여 두 가지 서로 다른 도덕적 관점이 충돌하여 일어나는 것이다.

[핵심예제]

개인상담과 비교하여 집단상담이 더 적합한 경우를 모두 고른 것은?

[16년 14회]

ㄱ. 문제가 위급하고 원인과 해결방법이 복잡한 경우
ㄴ. 타인에 대한 배려와 존중하는 태도를 습득할 필요가 있는 경우
ㄷ. 자기의 관심사나 문제에 관해 다른 사람들의 반응과 조언이 필요한 경우
ㄹ. 타인의 주목과 인정을 강박적으로 요구하는 경우

① ㄱ, ㄴ   ② ㄱ, ㄷ
③ ㄴ, ㄷ   ④ ㄴ, ㄹ
⑤ ㄷ, ㄹ

정답 ③

해설

ㄱ · ㄹ 개인상담이 필요한 내담자에 해당한다.

집단상담이 필요한 내담자

• 여러 사람들을 보다 잘 이해하고, 다른 사람이 자기를 어떻게 보는가를 알아야 할 것으로 판단되는 내담자
• 자기와 성격, 생활배경 등이 다른 사람들에 대한 배려와 존경심을 습득해야 할 것으로 판단되는 내담자
• 다른 사람과의 대화를 포함한 사회적 기술의 습득이 필요한 내담자
• 다른 사람과의 유대감, 소속감 및 협동심의 향상이 필요한 내담자
• 자기의 관심사나 문제에 관해 다른 사람의 반응, 조언이 필요한 내담자
• 동료나 타인의 이해와 지지가 도움이 되리라고 판단되는 내담자
• 자기 문제에 관한 검토, 분석을 기피하거나 유보하기를 원하고, 자기 노출에 관해 필요 이상의 위협을 느끼는 내담자

핵심이론 08 집단상담의 발달단계

① 시작단계(초기단계) : 근심과 불안, 걱정으로부터 구성원들이 서로 친밀해지도록 노력하고 집단의 한계를 찾으며, 집단의 규칙을 세워 힘과 영향력을 행사하고, 개인과 집단의 목표를 정하는 기간이다.

특 성	• 집단상담에 대한 기대와 희망을 가지고 있지만 낯선 상황에 대한 어색함과 두려움, 주저함 등의 긴장과 불안을 느낀다. • 위험을 감수하는 행동이 상대적으로 적고 관망하는 자세를 취하며, 탐색도 머뭇거리며 일어난다. • 집단원은 집단상담자에게 의존하는 성향을 보이며, 자기 역할을 파악하기 위해 노력한다.
집단상담자 역할	• 상담자는 첫 번째 모임이 시작하기 전에 사전면담을 통하여 개별적인 집단원의 특징을 미리 파악하고 있어야 한다. • 집단원을 소개하고 인사시킨다. • 예기불안을 진술하게 노출하고, 참여자들이 불안과 두려움을 말하도록 도움으로써 안정된 분위기를 조성해야 한다. • 집단상담의 구조화 : 분명한 집단목표 및 개인목표, 그리고 기본규칙과 집단규범을 설정한다. • 초기 집단응집력 형성 : 집단상담자를 포함하여 집단원 간에 친밀성과 소속감에 기반을 둔 정서적 유대와 신뢰가 형성되도록 돕는다. • 상호작용 촉진 : 집단원이 상호작용하면서 유사한 감정과 관심을 갖고 있다는 사실을 깨닫도록 돕는다. • 수용 : 집단상담자는 이 시기 집단원의 불안과 저항이 어떤 모험을 시작하기 전에 자연스럽게 나타내는 반응으로 이해하고 존중한다.

② 갈등단계(과도기단계) : 초기단계를 지나면서 집단원들 사이에는 친밀감이 형성되지만, 그에 따라 집단원들의 불안감이 고조되고, 갈등과 저항 등의 행동이 나타나는 시기이다.

특 성	• 불안 고조 : 불안이 증가하고 고조된다. • 갈등과 저항 : 집단원들이 서로 부정적인 정서 반응을 나타내면서 갈등과 저항이 일어난다. 갈등의 원천을 이해하고 갈등 상황이 발생할 때, 이를 터놓고 다루어야 집단상담이 바람직한 방향으로 진행될 수 있다. • 집단상담자에 대한 도전 : 저항의 일종으로 집단상담자의 권위와 능력을 시험하고 도전하는 집단원이 나타난다.

집단상담자 역할	• 집단의 망설임이나 불안, 방어, 갈등 등을 자각하고 정리하도록 도와준다. • 저항을 감지하고 다루어야 하며, 집단규범 형성을 증진한다. • 저항과 갈등을 적절히 다루어 응집력을 높여야 한다. • 적절하고도 부드러운 직면을 시키는 행동모델로서의 모습을 보여줘야 한다. • 규칙을 잘 지키도록 도와주는 집단규범의 증진자로서의 역할도 한다. • 집단원의 전이와 자신의 역전이 감정을 다루어 나가야 한다(참여자의 역할). • 집단원이 저항과 갈등 등을 탐색하고 솔직히 표현하도록 격려하고 촉진한다(촉진자의 역할). • 집단원이 스스로 책임감을 가지고 자발적으로 풀어가도록 도와줘야 한다(조력자의 역할).

③ 생산단계(작업단계) : 생산단계는 집단상담에서 가장 핵심적인 단계로 심리치료, 문제해결, 학습과 성장을 위해 노력하는 과정이 주를 이룬다.

특 성	• 강한 집단응집력 형성 : 갈등과 저항이 표현되고 잘 다루어져 '우리 집단'이라는 소속감이 생기면서 조화롭고 협력적인 집단분위기와 강한 집단응집력이 형성된다. • 피드백 교환 활성화 : 피드백을 자유롭게 주고받으며 비방어적으로 고려된다. • 깊은 신뢰관계 형성 : 집단원들의 신뢰와 결속력이 높아지고 자신이 지지받고 있다고 느껴 새로운 행동을 과감히 시도한다. • 집단 내의 의사소통이 개방적이며, 자신이 경험한 것을 정확히 표현한다. • 집단원 상호 간의 깊은 정서체험을 하게 된다. • 집단원은 대개 리더의 지시 없이도, 자발적이고 적극적으로 집단활동에 참가하려고 한다. • '지금–여기'에 초점을 두고 원활하고 직접적인 소통이 이루어진다. • 상담자에 대한 전이로 인해 집단원의 도전 행동이 나타날 수 있다.
집단상담자 역할	• 집단의 응집력을 강화하고, 집단원의 사고와 정서변화를 촉진한다. • '자기개방', '맞닥뜨림(직면)', '공감' 같은 반응에 적절한 행동모델이 된다. • 집단 전체와 개인이 보이는 패턴에도 관심을 갖고, 자신이 관찰한 것을 개방한다. 이때 비효과적 행동패턴을 탐색하고 낙담한 집단원을 격려한다. • 집단의 공통된 주제나 강렬한 정서를 찾아 다루며, 보편성을 제공한다. • 집단에서 치료적 요인에 항상 주목하고, 이런 요인들을 최대한 활용한다. • 집단원이 깊은 수준의 자기탐색을 할 수 있게 돕는다. • 집단원의 모험적인 시도를 진지하게 받아들이고 지지하며 격려한다.

④ 종결단계 : 집단원들이 집단경험을 통해 변화되고 학습한 것들을 총체적으로 정리하는 단계이다.

특 성	• 좌절 감정 다루기와 극복하기 : 집단원들이 바람직하지 못한 행동에서 벗어나 새로운 행동을 학습함으로써 목표를 달성하고, 집단에서 다루려고 했던 문제를 완결한다. • 분리에 대한 감정과 복합적 감정 : 유대관계의 분리로 인해 아쉬운 감정을 느끼는 한편으로, 집단으로부터 벗어난다는 해방감이 교차하는 복합적 감정을 느낀다. • 과제회피 경향 : 집단원들은 자신의 문제가 해결됨으로써 집단원의 자기노출이 점차 감소하고, 집단원들이 소극적인 태도를 취하며 과제회피가 나타난다. • 집단상담자와 집단원은 집단과정에 대해 반성하며, 일상생활에서의 적용에 대해 토의한다. • 집단활동에 대한 애착과 정서적 관여가 감소한다. • 집단원의 성장과 변화를 평가한다.
집단상담자 역할	• 분리감정 다루기 : 집단상담자는 종결에 따른 아쉬움과 이별의 감정을 다루어야 한다. • 학습내용 개관하기 : 집단 과정의 전반적인 내용을 개관하고 요약해야 한다. • 목표달성 점검 : 집단원의 성장 및 변화를 평가하고, 집단상담의 초기 지각과 후기 지각을 비교한다. • 미해결문제 다루기 : 집단원의 지속적인 성장 또는 미해결 문제에 대한 해결 계획을 수립해야 한다. • 학습결과의 적용문제에 대해 집단원과 논의하며 피드백을 주고받아야 한다. • 집단원들의 변화를 강화하고, 특별한 기술들을 다양한 일상에서 적용하도록 돕는다. • 종결 후의 추수집단 모임을 결정해야 한다. • 최종적인 마무리와 작별인사를 하도록 한다.

더 알아보기

집단의 구조화

• 주로 집단상담의 초기에 집단지도자가 집단의 목적, 규정, 한계 등에 관하여 언급하는 것으로 집단의 틀(Frame)을 잡아주는 것이다.
• 집단의 성격과 목적, 집단상담자의 역할, 집단의 진행절차 그리고 지켜야 할 기본적인 행동의 규준 등에 관하여 적절히 설명해 줌으로써, 집단원으로 하여금 성공적인 집단 경험을 위한 준비를 하게 하는 것이다.
• 집단의 모임 시간과 횟수에 대해 설명한다.
• 집단원들이 생산적인 집단을 위한 행동규범을 창출하도록 촉진한다.
• 적극적 참여, 위급상황 시 연락방법, 집단원의 책임에 관한 내용이 포함된다.
• 집단 초기에 이루어지는 적절한 구조화는 응집성을 높이고 자기노출, 피드백과 맞닥뜨림을 촉진하는 데 도움이 된다.

집단상담자의 지도성(주도성)

- 집단원의 자율성에 대한 요구를 고려하여 집단을 운영한다.
- 달성해야 할 과업이 많을 때 일반적으로 집단상담자의 주도성을 높이는 것이 좋다.
- 집단의 크기가 클 때 일반적으로 집단상담자의 주도성을 높이는 것이 좋다.
- 집단상담 기간이 짧을 때 일반적으로 집단상담자의 주도성을 높이는 것이 좋다.

종결회기에서 심층적인 문제를 노출하는 집단원에 관한 상담자의 반응

- 다른 집단원이 합의하면 시간을 가지고 다룰 수 있다.
- 심층문제를 다루지 못한 미진한 마음을 표출하게 한다.
- 개인상담으로 진행될 수 있도록 권하고, 실행할 수 있는 용기를 준다.
- 종결회기여서 충분히 다룰 수 없음을 이해시키고, 집단원의 행동을 제한한다.

[핵심예제]

집단원들이 다음과 같은 태도를 공통으로 보이는 집단 발달단계에서 집단상담자의 개입으로 옳지 않은 것은?[20년 19회]

- 집단에 참여하고 싶지 않다고 상담자에게 도전적으로 말함
- 오해받거나 판단될 것에 대한 두려움으로 자기개방을 주저함
- 고통스러운 감정을 탐색하는 것을 주저하며 방어적인 태도를 보임

① 집단원들에게 자기개방의 중요성을 자각하게 한다.
② 신뢰감 촉진을 위해 의도적 활동을 도입한다.
③ 집단원들의 저항을 치료적 과정의 자연스러운 부분으로 인정한다.
④ 집단원들에게 두려움과 불안을 피하는 방법을 교육한다.
⑤ 상담자 자신의 역전이 반응을 관찰한다.

정답 ④

해설
주어진 보기는 집단 발달단계 중 갈등단계(과도기단계)에서 보이는 집단원들의 행동이다. 이때 집단상담자는 집단원들에게 두려움과 불안을 피하는 방법을 교육하는 것이 아니라 집단원의 망설임이나 불안, 방어, 갈등 등을 자각하고 정리하도록 도와주어야 하며, 집단원이 저항과 갈등 등을 탐색하고 솔직히 표현하도록 격려하고 촉진해야 한다.

핵심이론 **09** 정신분석적 집단상담

① 정신분석적 접근의 개념과 특징

㉠ 정신분석적 기법들을 통해 8~11명의 내담자들을 집단으로 면접하는 것으로 집단원의 성장과 발달을 저해하는 신경증적 갈등을 경감시켜서 집단원의 인격적 성숙을 도모한다.

㉡ 인간에 관한 두 가지 기본가정인 심적 결정론(Psychic Determinism)과 무의식의 정신분석 이론이 정신분석적 집단상담의 기본을 이룬다.

㉢ 어렸을 때부터 생긴 무의식적 동기와 갈등을 자유연상, 해석 등의 기법을 통해 의식화시킴으로써, 집단원들이 통찰을 통해 구성원 개개인의 건전한 자아발달을 촉진시키는 것을 목적으로 한다.

㉣ 집단원의 즉각적인 문제해결보다는 장기간의 성격 재구성에 도움을 준다.

㉤ '건전한 자아'란 자아(Ego)가 초자아(Superego)와 원초아(Id)의 기능을 조정할 능력이 있어서 적절한 심적 균형을 유지하는 것을 말한다.

㉥ 집단원들이 다른 집단원의 문제를 듣고 반응하면서 보조 혹은 공동상담자 역할을 수행하기도 한다.

㉦ 개인분석과 달리 대인관계 양상을 분석한 후 개인의 내적 심리과정을 분석한다.

② 정신분석적 집단상담의 주요 특징

㉠ 부적응 행동들을 줄이기 위해서 훈습과정을 거친다.

㉡ 관념이나 느낌, 환상 등을 자유롭게 표현하도록 하는 기법들을 사용한다.

㉢ '지금, 여기'보다 '그때, 거기'에 더 주의를 기울인다.

㉣ 부모와의 수직적 차원의 전이와 형제를 포함한 대인관계의 수평적 차원의 전이를 모두 다룬다.

③ 집단상담자의 역할과 기능

㉠ 집단원의 의사소통이나 상호작용이 한 영역에 고착되었을 때, 이를 확장시키기 위하여 의식적 자아와 무의식적 자아를 관련짓는 역할을 한다.

㉡ 전이와 저항에 주의를 기울이며 해석을 통해 집단원의 통찰을 돕는다.

ⓒ 코리(Corey & Corey)의 집단상담자의 역할
- 집단상담자는 전이와 저항에 대해 항상 주의를 기울인다.
- 적절한 때에 내담자에게 해석해주고, 언어화를 통해 통찰하도록 돕는다.
- 집단원들로 하여금 어린 시절의 경험을 재생할 수 있도록 돕는다.

ⓔ 스라브슨(S. Slavson)의 집단상담자의 기능

지도적 기능	집단이 뚜렷한 목적이나 결론 없이 지나치게 피상적인 대화의 수렁에 빠져 헤어날 수 없는 상황이 되었을 때, 집단상담자는 숨은 주제를 지적해 주어 표면화시키는 지도적 기능을 수행한다.
자극적 기능	억압, 저항, 정서적 피로 혹은 흥미의 상실 등으로 인해 그 집단이 무감각 상태에 빠지거나 활기를 상실했을 때, 집단상담자는 자극적 기능을 수행한다.
확충적 기능	집단의 의사소통이나 상호작용이 한 영역에 고착되어 있을 때, 이를 확장시키는 데 힘쓴다.
해석적 기능	집단상담자는 해석적 기능을 잘 이행할 수 있어야 한다. '해석'이란, 집단들의 마음속에 숨은 무의식을 의식화시키려는 집단상담자의 노력으로 볼 수 있다.

ⓜ 코리(G. Corey)의 유능한 집단지도자의 개인적 특성

유머	자기 자신에 대해 웃을 수 있고, 자신의 인간적인 취약점을 유머 감각과 함께 볼 수 있는 능력이다.
개인적 힘	자신이 타인에게 미치는 영향력을 인식하며, 집단원들의 역량을 강화시키는 것이다.
용기	상담자라는 역할 뒤에 숨지 않고, 실수를 인정하며 자신의 통찰과 신념에 따라 행동하는 것이다.
함께 함	자신의 감정을 자각하고 표현하며, 집단원들과 마음을 함께 나누는 것이다.
집단 과정에 대한 신뢰	집단의 치료적 힘을 믿고 집단 내에서 발생하는 갈등을 조정하기 위해 노력하는 것이다.

더 알아보기

경계선 성격장애
성격장애의 한 부분으로 불안정한 대인관계, 반복적인 자기 파괴적 행동, 극단적인 정서변화와 충동성을 나타내는 장애를 말한다.

핵심예제

정신분석적 집단상담에 관한 설명으로 옳지 않은 것은?
[17년 16회]

① 부적응 행동들을 줄이기 위해서 훈습과정을 거친다.
② 관념이나 느낌, 환상 등을 자유롭게 표현하도록 하는 기법들을 사용한다.
③ '지금과 여기'보다 '거기와 그때'에 더 주의를 기울인다.
④ 부모와의 수직적 차원의 전이와 형제를 포함한 대인관계의 수평적 차원의 전이를 모두 다룬다.
⑤ 집단상담자는 자기개방을 지양하고 권위적이고 객관적인 태도를 취한다.

정답 ⑤

해설

집단상담자는 권위적인 태도를 지양하고 객관적인 입장을 유지하며 새로운 경험, 자신의 것과는 다른 유형의 삶과 그 가치에 대해 기꺼이 수용하는 개방적 태도를 갖추어야 한다. 이러한 태도는 집단원들의 자기개방에 동기를 부여하게 한다.

핵심이론 10 **정신분석 집단상담의 기술**

① **자유연상(Free Association)**

㉠ 내담자에게 무의식적 감정과 동기에 대해 통찰하도록 하기 위해, 마음속에 떠오르는 것을 의식의 검열을 거치지 않은 채 표현하도록 격려한다. 또한 내담자는 자신의 감정과 경험을 개방함으로써 더 이상 자신의 감정과 경험을 억압하지 않은 채 자유로울 수 있다.

㉡ 자유연상의 방법

돌림차례법	차례로 돌아가면서 한 사람씩 택하여 모든 집단원이 그 사람을 볼 때 마음에 연상되는 것이 있으면 무엇이든지 이야기하도록 한다.
자유집단연상	집단 내에서 떠오르는 생각이나 감정을 자유롭게 토의하도록 한다.

② **해석(Interpretation)**

㉠ 내담자가 새로운 방식으로 자신의 문제들을 돌아볼 수 있도록 사건들의 의미를 설정해 주고, 자신의 문제를 새로운 각도에서 이해할 수 있도록 그의 생활경험과 행동, 행동의 의미를 설명하는 것이다.

㉡ 상담자는 내담자의 자유연상, 꿈, 저항, 전이 등에 내재된 숨은 의미를 통찰하며, 내담자의 사고・행동・감정의 패턴을 드러내거나 이를 통해 나타나는 문제를 이해할 수 있도록 새로운 틀을 제공한다.

③ **전이(Transference)**

㉠ 애정, 욕망, 기대, 적개심 등 과거 중요한 사람에게 가졌던 감정을 상담자에게 느끼는 것이다.

㉡ 집단은 다양한 집단원들로 이루어지기 때문에, 다면적 전이 현상이 유도되어 보다 폭넓은 전이 관계가 관찰될 수 있다.

㉢ 상담자는 자신에게 표현된 내용들을 분석하고 해석함으로써, 내담자가 무의식적 갈등과 문제의 의미를 통찰하도록 돕는다.

④ **저항의 분석(Resistance Analysis)**

㉠ 상담진행을 방해하고 현재 상태를 유지하려는 의식적・무의식적 생각, 태도, 감정, 행동을 의미한다.

㉡ 내담자가 무의식적 내용의 의식화에 따른 불안감에서 벗어나도록 하여 내담자의 갈등을 해소하고 상담의 진행을 원활히 하도록 한다.

⑤ **꿈의 분석(Dream Analysis)**

㉠ 꿈의 내용을 분석함으로써, 꿈속에 내재된 억압된 감정과 무의식적인 욕구를 통찰하도록 하는 것이다.

㉡ 상담자는 내담자에게 꿈의 내용에 대해 자유연상을 하도록 하며, 그와 관련된 감정도 이야기하도록 요구한다.

⑥ **훈습(Working-Through)**

㉠ 내담자의 전이 저항에 대해 기대되는 수준의 통찰과 이해가 성취될 때까지 상담자가 반복적으로 직면하거나 설명함으로써, 내담자의 통찰력이 최대한 발달하도록 하며 자아통합이 이루어지도록 하는 것이다.

㉡ 내담자의 심리적 문제에 대한 통찰을 현실 생활에 실제로 적용하도록 함으로써 내담자의 변화를 유도한다.

⑦ **버텨주기(Holding)와 간직하기(Containing)**

㉠ 버텨주기 : 내담자가 막연하게 느끼지만 스스로는 직면할 수 없는 불안과 두려움에 대해 상담자의 이해를 적절한 순간에 적합한 방법으로 전해주면서, 내담자에게 의지가 되어주고 따뜻한 배려로써 마음을 녹여주는 것이다.

㉡ 간직하기 : 내담자가 불안과 두려움을 느끼는 충동과 체험에 대해 상담자가 즉각 반응하는 대신, 이를 마음속에 간직하여 적절히 통제함으로써 위험하지 않도록 변화시키는 것이다.

> **더 알아보기**
>
> **투사적 동일시(Projective Identification)**
> • 투사적 동일시는 자기의 부정적 감정을 상대방이 실제로 가지도록 만드는 현상이다.
> • 자기의 부정적 감정이 다른 사람에게 실제로 있다고 믿고, 그러한 행동을 하도록 만드는 현상이다.

[핵심예제]

정신장애의 이론적 접근과 치료방법의 연결이 옳은 것을 모두 고른 것은?

[19년 18회]

> ㄱ. 정신역동치료 – 자유연상, 해석
> ㄴ. 생물학적 접근 – 약물치료, 전기충격요법
> ㄷ. 행동주의적 접근 – 역조건형성, 체계적 둔감화

① ㄷ
② ㄱ, ㄴ
③ ㄱ, ㄷ
④ ㄴ, ㄷ
⑤ ㄱ, ㄴ, ㄷ

정답 ⑤

해설

ㄱ. 정신역동치료 : 자유연상, 꿈의 분석, 전이분석, 저항분석 등의 기법으로 현재보다 과거의 사건들에 관심을 두며 치료한다.

ㄴ. 생물학적 접근 : 약물치료, 전기충격치료, 뇌절제술 등의 방법으로 물질장애를 하나의 질병으로 보고 치료한다.

ㄷ. 행동주의적 접근 : 소거, 혐오적 조건형성, 체계적 둔감법의 기법으로 잘못된 학습에 의해 형성된 이상행동을 제거하거나, 적응적 행동을 학습시켜 대체하게 하고자 노력한다.

핵심이론 11 | 개인심리학적 집단상담

① 개인심리학 접근의 기본 개념

㉠ 열등감과 보상, 우월을 향한 노력, 사회적 관심, 자아의 창조적 힘, 가상적 목표, 생활양식, 가족구도, 자기보호 성향 등이 포함된다.

㉡ 포괄적 평가에 기초하여 집단원의 아동기 역동을 탐색하며, 삶의 이력에 대한 정보를 수집한다.

㉢ 가족구도 분석, 생활양식 분석 등이 주요 치료기법이다.

㉣ '해석'은 중요한 핵심기법 중 하나로서, '지금–여기'에서 하는 행동의 이면에 깔린 동기를 다루고 해석을 가설적으로 제시한다.

② 개인심리학 접근의 의의

㉠ 개인심리학의 원리에 기초하여 집단에서 개인들의 문제를 다룬다.

㉡ 결정론적 인간관에 반대하여, 생물학적 본능보다는 사회적인 면을, 성격의 무의식적인 면보다는 의식적인 면을 강조하였다.

㉢ 인간은 주로 성적 동기보다 사회적 충동에 의해 동기화되는 사회적 존재로서, 자기의 삶을 결정하는 창조적인 능력을 가진 존재이다.

㉣ 모든 인간의 행동은 목표 지향적이므로, 그 개인을 이해하기 위해서는 그의 목표가 무엇인가를 알아야 한다.

㉤ 집단원의 사회적 상황과 사회에 대한 태도를 파악하고 사회적 관심에 대해 다룬다.

③ 개인심리 상담의 과정 – 아들러(A. Adler)

제1단계 치료관계 형성, 초기단계	• 집단상담자는 내담자와 동등한 관계를 맺을 수 있도록 상호신뢰와 존경을 바탕으로 노력을 해야 한다. • 상담자에 의한 허용적이고 온화한 분위기 속에서 내담자는 자신의 열등감을 공개할 수 있게 된다.
제2단계 개인역동성 탐색, 탐색단계	• 개인심리학에서 개인의 지각·신념·감정은 그의 생활양식에 기초하여 이루어진다. • 상담의 두 번째 단계에서는 내담자의 생활양식을 이해하는 것이 필요하다.
제3단계 통합과 요약, 해석단계	• 상담자는 내담자가 자신의 생활양식, 현재의 심리적인 문제, 잘못된 신념 즉 '기본적 오류'를 깨닫도록 해준다. • 그러한 오류가 어떻게 해서 내담자에게 문제가 되는지를 해석해 준다.

제4단계 재교육, 재정향단계	• 새롭고 더 효과적인 관점을 발견하도록 돕는다. • 내담자들에게 모험을 하고 생활을 변화시킬 수 있는 용기를 가지도록 격려하고 독려한다.

④ 집단상담자의 역할

   ㉠ 상담자는 집단 내에서 일어나는 개인들의 '지금-여기'의 행동과 열등감 자각과 우월성 추구에 초점을 맞춘다.

   ㉡ 집단원들 스스로 그 행동의 목적과 결과에 대해 이해하도록 격려하고 도와주며 용기를 준다.

   ㉢ 상담자는 집단원들의 모범으로 작용하기도 하며, 필요에 따라서는 집단원들의 선생님이나 부모 등과 함께 협의를 하기도 한다.

   ㉣ 상담자는 내담자의 대인관계를 향상시키도록 훈련시키는 것뿐만 아니라 개인의 사회적 관심을 증대시킨다.

   ㉤ 집단원이 가지고 있는 부적절한 사적 논리를 파악하여 변화시킨다.

더 알아보기

자기보호성향

개인의 자존감을 지키기 위해 작동하며 사회적 상황에서 의식적으로 작동하는 것으로서, 그 유형으로는 변명, 공격, 거리두기, 배제경향성(철회)이 있다.

가족구도 분석

가족 내에서 가족 구성원간의 관계 유형을 말하며 가족구도 분석은 아들러의 치료기법에 활용된다.

핵심예제

아들러(A. Adler)의 개인심리 집단상담에 관한 설명으로 옳은 것은? [19년 18회]

① 집단원의 자기패배적 언어와 행동을 반박한다.
② 집단원의 사회적 상황과 사회적 태도를 파악한다.
③ 열등감의 근원 탐색이 아닌 우월성 추구를 목표로 한다.
④ 빈 의자 기법, 혐오치료의 기법을 활용한다.
⑤ 가족구도, 생활양식 분석의 기법을 활용하지 않는다.

정답 ②

해설

② 집단원의 사회적 상황과 사회적 태도를 파악하고 사회적 관심에 대해 다룬다.
① 집단원의 자기패배적 언어와 행동을 반박하는 것이 아니라, 열등감을 자각하고 그것을 감소시킬 수 있도록 돕는다.
③ 우월성 추구를 목표로 하는 것은 맞지만, 열등감의 근원 탐색을 통해 그것을 극복하고 우월성을 추구하도록 해야 한다.
④ 빈 의자 기법은 게슈탈트 접근(형태주의 접근), 혐오치료의 기법은 행동주의 접근의 주요 기법이다.
⑤ 가족구도, 생활양식 분석은 아들러(Adler)의 개인심리 집단상담의 주요 기법이다.

핵심이론 12 행동주의적 집단상담

① 행동주의적 접근의 의의

ㄱ 정서적 학습에 초점을 둔 파블로프(Pavlov)의 행동주의적 심리치료와 유관강화를 통해 관찰 가능한 행동의 변화에 초점을 둔 스키너(Skinner)의 행동수정 방법에 기초한다.

ㄴ 문제란 학습과정을 통해 습득된 부적응 행동에 불과하므로, 그 부적절한 행동을 제거하고 보다 적절한 새로운 행동을 학습하도록 도움을 주는 과정이 바로 '상담'이라고 본다.

ㄷ 기본적으로 내담자의 행동을 수정시키려는 목적에서 고안된 것으로, 행동수정 절차는 문제행동을 발달적·사회적 측면에서 구체적으로 정의하고, 행동수정을 위한 구체적 목표를 세워 적합한 행동수정 방법을 찾으며, 그것을 실제로 적용하는 것이다.

ㄹ 행동수정을 위해서는 문제행동이 얼마나 빈번하게 또는 오랫동안 일어나고 있었는가, 즉 각 집단원에 대한 정확한 행동평가가 선행되어야 한다.

ㅁ 모방에 의한 사회적 학습 또는 관찰학습이론이 집단상담에 효과적으로 적용될 수 있다.

② 행동주의 상담의 기본가정

ㄱ 인간행동의 대부분은 학습된 것이므로 수정이 가능하다.

ㄴ 특정한 환경의 변화는 개인의 행동을 적절하게 변화시키는 데 도움이 된다.

ㄷ 강화나 모방 등의 사회학습 원리는 상담기술의 발전을 위해 이용될 수 있다.

ㄹ 상담의 효율성 및 효과성은 상담장면 밖에서의 내담자의 구체적인 행동 변화에 의해 평가된다.

ㅁ 상담방법은 정적이거나 고정된 것 또는 사전에 결정된 것이 아니므로, 내담자의 특수한 문제를 해결하기 위해 독특한 방식으로 고안될 수 있다.

③ 집단상담자의 역할

ㄱ 집단상담자는 집단원의 구체적인 문제를 제거하는 동시에 보다 생산적인 행동 및 바람직한 인간관계의 증진을 도우려고 노력한다.

ㄴ 집단상담자는 집단의 참여자인 동시에 관찰자이다. 집단원으로 하여금 스스로 선택한 목표를 향해 나아가도록 암시를 주고, 진보가 나타날 때는 즉시 강화를 한다.

ㄷ 집단원의 부정적 인지와 스트레스 상황의 조건들을 해소하도록 하며, 개인적 자원과 지지적 환경을 살핀다.

ㄹ 정적 행동의 강화와 부적응 행동의 약화를 통해 행동의 바람직한 수정을 도모한다.

ㅁ 바람직한 행동 습득을 위해 역할연습과 숙제를 활용한다.

ㅂ 집단원과의 상담관계가 잘 형성된 후에 내담자의 문제행동을 확실히 규명해야 한다.

ㅅ 집단규범 또는 집단원들의 행동기준을 설정하고 따르도록 집단원들을 적극 교육한다.

④ 집단상담의 기술

ㄱ 집단원은 집단장면에서 현실과 유사한 행동연습을 한다.

ㄴ 행동을 강화시키는 기법

행동계약	구체화된 표적행동을 이행할 것을 서면으로 동의하는 것이다.
행동조형	행동을 구체적으로 세분화하여 단계별로 구분한 후, 각 단계마다 강화를 제공함으로써 바람직한 행동을 학습하도록 하는 것이다.
주장훈련	대인관계에서 느끼는 내담자의 불안과 공포를 해소하기 위해 상대의 권리를 침해하거나 불쾌감을 주지 않으면서 자신의 느낌·생각·욕구·권리 등을 표현하는 체계적인 훈련이다.
토큰경제	바람직한 행동들에 대한 체계적인 목록을 정해놓은 후, 그러한 행동이 이루어질 때 그에 상응하는 보상(토큰)을 하는 것이다.

ㄷ 행동을 약화시키는 기법

체계적 둔감법 (체계적 과민성 제거)	고전적 조건형성의 기법으로 불안이나 공포에 단계적으로 노출시킴으로써, 내담자의 불안반응을 제거한다.
피로법 (결과적 과민성 제거)	불안을 일으키는 장면과 관련된 무시무시한 '결과'를 아주 생생하게 상상함으로써 그 불안을 극복하는 기법이다.
홍수법	공포의 대상에 지속적으로 노출시킴으로써 결국에는 그 공포를 극복하게 되는 기법이다.
역조건화	하나의 좋은 자극과 하나의 혐오자극을 짝지어서 혐오자극에 의해서 일어난 불안을 극복하는 기법이다.
소 거	바람직하지 못한 행동에 강화를 주지 않음으로써 그 출현빈도를 줄이는 기법이다.

혐오치료	바람직하지 못한 행동에 혐오자극을 제시함으로써 부정적인 행동을 제거하는 기법이다.
양립할 수 없는 행동의 강화	양립할 수 없는 두 개의 행동 중 하나를 강화해 줌으로써 다른 하나를 약화시키는 기법이다.
심적 포화 (포화법)	강화를 포화상태에 이를 때까지 계속 주면, 그 강화의 가치가 상실되고 오히려 그 반대의 효과를 나타내는 기법이다.
모델링 (시범보이기)	집단구성원이 다른 사람의 바람직한 행동을 관찰하여 학습한 것을 수행하는 것이다. 인간은 다른 사람이 행동하는 것을 보고 그런 행동과 반응을 그대로 모방할 수 있기 때문에, 시범자가 먼저 바람직한 행동을 보여주고, 내담자가 그것을 모방하도록 하는 것이다.

㉣ 스스로 행동을 통제 또는 지도할 수 있도록 집단원을 돕는 기술

자기지시 (Self-Instruction)	부적응 행동에 있어 불안을 줄이거나 적응행동을 할 수 있도록 자기 자신에게 지시하거나 말하는 방법이다.
사고중지 (Thought-Stopping)	스스로 통제할 수 없는 강박적이고 비생산적인 불안사고에 빠져 다른 일에 정신을 집중하기 어려운 집단원에게 쓰는 방법이다.
자기주장훈련	타인의 권리를 침해하지 않는 가운데 상대방의 인격을 존중하면서 자신의 감정, 권리, 욕구, 생각이나 의견을 솔직하게 상대방에게 직접적으로 표현하는 행동을 훈련하는 것이다.

[핵심예제]

집단상담에 관한 설명으로 옳은 것은? [18년 17회]

① 긍정적 행동 강화를 위해 토큰경제법을 활용한다.
② 문제행동 분석 및 관리가 상담관계 보다 우선시 된다.
③ 목표하는 행동을 단번에 강화함으로써 행동을 조형한다.
④ 집단상담자는 집단규범의 구성과 제시에 직접 개입하지 않는다.
⑤ 초기단계에서는 추상적인 삶의 가치를 포함하는 내용으로 행동계약을 한다.

정답 ①

해설
② 집단상담자와 집단원의 상담관계가 충분히 형성된 후에 내담자의 문제행동을 확실히 규명해야 한다.
③ 조형(Shaping)은 기대하는 행동이 나타나기까지 기대 행동에 가까운 행동들을 여러 단계로 나누어 강화함으로써 결국에는 바람직한 행동을 유도하는 점진적 기술이다.
④ 집단상담자는 집단원의 구체적인 문제를 제거하는 동시에 보다 생산적인 행동 및 바람직한 인간관계의 증진을 도우려고 노력한다.
⑤ 추상적이고 비현실적인 공포와 불안을 제거하고, 잘못 학습된 행동에 대치되는 새로운 행동학습을 통해 행동계약을 한다. 행동계약은 일정한 목표를 정해놓은 후, 그 목표의 달성여부에 따라 강화물을 제공하는 기법이다.

핵심이론 13 실존주의적 집단상담

① 실존주의 접근의 의의
- ㉠ 어떠한 사건에 대한 내담자 스스로의 확고한 신념이 단지 우연에 의한 것임을 인식시키며, 자유의 상황에서 내담자의 선택 및 그에 따른 책임을 강조한다.
- ㉡ 인간 존재의 불안의 원인을 본질적인 시간의 유한성과 죽음 또는 부존재의 불안에서 기인하는 것으로 보며, 이러한 불안을 오히려 생산적인 치료를 위한 재료로 활용하여 내담자의 변화를 이끌어낸다.
- ㉢ 상담자는 내담자와의 인간적이고 진실한 만남을 통해 내담자로 하여금 상담자와의 관계에서 자신의 독특성을 발견하도록 돕는다.

② 상담의 목표
- ㉠ 내담자가 자기존재의 본질에 대하여 각성하고, 현재 자기가 경험하고 있는 정서적 장애의 원인이 자기상실 내지 논리의 불합리성에 있다는 것을 각성하게 해주는 데 있다.
- ㉡ 내담자가 비록 제한된 세계의 존재일지라도 이 세상에 던져진 삶을 수동적으로 살아갈 것이 아니라, 나름의 주관을 가지고 능동적으로 삶의 방향을 선택하도록 도와주는 데 있다.

③ 집단상담자의 역할
- ㉠ 상담자는 집단원들이 내면의 목소리를 경청하고 주관적 경험에 주의를 기울이도록 격려한다.
- ㉡ 침묵은 중요한 치료적 개입방법이다.
- ㉢ 내담자는 자신의 주관적인 경험에 바깥세상을 심각하게 받아들이도록 격려받고, 치료에서 얻어지는 통찰에 기초해서 행동하도록 격려를 받게 된다.
- ㉣ 상담자는 내담자를 향해 있어야 하며, 내담자를 솔직하고 통합적이며 용기 있는 존재로 지각해야 한다.

[핵심예제]

다음 보기의 사례에 적용된 상담이론의 개입방법으로 옳지 않은 것은? [17년 16회]

> • 내담자 : 걱정 때문에 잠잘 수가 없어요. 모든 것이 잘못되었다고 생각하면 너무 불안해져요. 내 삶이 눈 깜빡할 사이에 끝나버릴 것 같아요.
> • 상담자 : 당신은 우리의 삶이 유한하고 시간은 제한되어 있다는 것을 인식하고 있군요. 그것이 당신을 두렵고 불안하게 하는 것이지요.

① 삶에 대한 가치관을 점검하기
② 현재 가치체계의 출처를 탐색하기
③ 선택의 자유와 책임 인식하기
④ 불안의 원인 인식하기
⑤ 생활양식 분석하기

정답 ⑤

해설

주어진 보기의 사례는 실존주의적 상담이론에 대한 내용이다.
⑤ 개인심리학에 대한 설명으로, 부적응행동 또는 이상행동은 개인의 열등감과 직접적으로 관계가 있다고 보고 상담을 통해 내담자의 잘못된 발달을 재구성해주며, 그의 생활양식과 사회적 상황을 이해하도록 돕는다. 또한 생활양식 분석을 통해 내담자에 대한 객관적 정보 및 주관적 인식을 알아볼 수 있다.

핵심이론 14 인간중심적 집단상담

① 인간중심 접근의 의의
  ㉠ 로저스의 개인심리 치료법의 특징인 내담자 중심의 원리를 집단과정에 적용하여 발전시킨 것으로 '인간중심상담'이라고도 한다.
  ㉡ 인간은 자기 자신의 중요한 일들을 스스로 결정하고, 자신의 문제를 스스로 해결할 수 있는 능력을 지니고 있다는 점을 강조한다. 또한 부모의 가치조건을 강요하여 긍정적 존중의 욕구가 좌절되고, 부정적 자아개념이 형성되면서 심리적 어려움이 발생한다고 보는 이론이다.

② 집단상담의 적용 원리 및 집단상담자의 역할
  ㉠ 집단을 위한 특수한 목적도, 집단활동에 필요한 특별히 사전에 세우는 진행계획도 없다.
  ㉡ 집단상담자는 그 집단이 자체의 활동방향을 발전시킬 수 있도록 안내자, 촉진자로서의 역할을 수행한다.
  ㉢ 집단상담 과정에서 감정과 사고의 당위성을 인정하고 솔직하게 그대로 표현하도록 하는 분위기를 조성하여, 스스로 인간 본래의 자아실현 경향성을 회복하도록 조력한다.
  ㉣ '자아(자기 또는 자기개념)'는 자기 자신에 대한 자아상(Self Image)을 의미하는 것으로서, 현재 자신의 모습에 대한 인식으로서의 '현실자아(Real Self)'와, 앞으로 자신이 어떤 존재가 되어야 하며, 어떤 존재가 되기를 원하고 있는지에 대한 인식으로서의 '이상적 자아(Ideal Self)'로 구분된다.
  ㉤ 인간중심 집단상담에서는 치료적 요소로 잠재력에 대한 신뢰, 수용적 분위기 형성, 주관적 경험세계에 대한 민감성, 자신의 감정이나 태도에 대한 진솔함이 있어야 한다.

> **더 알아보기**
>
> 인간중심 집단상담 과정에서의 경험
> 맴돌기, 가면 깨뜨리기, 피드백, 부정적 감정들의 표현, 사적인 표현 및 탐색에 대한 저항, 과거의 느낌 기술, 사적으로 의미 있는 자료의 표현과 탐색, 집단 내에서의 즉시적인 대인 감정의 표현, 집단 내에서의 상담능력의 발달, 자기수용과 변화의 시작, 직면 혹은 맞닥뜨림

[핵심예제]

로저스(C. Rogers)의 인간중심 집단상담 과정에서의 경험을 모두 고른 것은?   [19년 18회]

ㄱ. 맴돌기
ㄴ. 가면 깨뜨리기
ㄷ. 피드백
ㄹ. 부정적 감정들의 표현
ㅁ. 사적인 표현 및 탐색에 대한 저항

① ㄷ, ㄹ   ② ㄱ, ㄴ, ㄷ
③ ㄴ, ㄹ, ㅁ   ④ ㄱ, ㄴ, ㄷ, ㄹ
⑤ ㄱ, ㄴ, ㄷ, ㄹ, ㅁ

정답 ⑤

해설

ㄱ, ㄴ, ㄷ, ㄹ, ㅁ 외에도 과거의 느낌 기술, 사적으로 의미 있는 자료의 표현과 탐색, 집단 내에서의 즉시적인 대인 감정의 표현, 집단 내에서의 상담능력의 발달, 자기수용과 변화의 시작, 직면 혹은 맞닥뜨림 등이 있다.

형태주의적(게슈탈트)적 집단상담

① 형태주의적 접근의 의의

ㄱ) 형태주의적 접근모형은 펄스(Perls)에 의해 개발되고 보급되었다.

ㄴ) 정서를 심화시키기 위한 기법들을 도입함으로써 집단을 구조화한다.

ㄷ) '어떻게'와 '무엇을'을 '왜'보다 더 중요시한다.

ㄹ) '그것' 혹은 '그 사람(3인칭)' 대신에 '나(1인칭)'를 사용하도록 함으로써, 계속적인 현재의 자기각성이 이루어지도록 한다.

ㅁ) '지금(Now)', '경험(Experience)', '각성(Awareness)', '현실(Reality)'에 초점을 둔다.

② 지각형태(Gestalt)의 생성-소멸

ㄱ) 인간생활을 지각형태(도형과 배경으로 구성)의 점진적 생성과 소멸의 과정으로 본다.

ㄴ) 지각형태의 생성과 소멸의 과정 자체가 바로 적응에 대한 기준이 된다.

ㄷ) 정신적으로 건강한 사람은 '지각형태의 생성-소멸'의 과정이 순조롭게 진행되는 사람이다.

ㄹ) '지각형태의 생성-소멸' 과정의 방해요인
- 외적 세계 및 자기 자체에 대한 각성이 명확히 이루어지지 않은 경우
- 스스로 욕구와 행동을 억압하여 건강하고 통합된 형태의 형성을 방해하는 경우

③ 저항의 유형(접촉-경계 혼란)

내사	타인의 행동이나 가치관을 무비판적으로 받아들임으로써 상담자의 개입이나 규칙에 의문을 제기하지 않는다.
투사	내담자들이 흔히 자신의 생각이나 욕구, 감정 등을 타인의 것으로 지각하거나 책임소재를 타인에게 돌리는 경우를 말한다. 예 집단통제 경향을 보이는 집단원이 자신이 아니라, 다른 집단원이 그렇다고 주장하는 경우
반전	실제로는 다른 사람을 향한 느낌이나 충동을 자신을 향하게 하는 것으로서, 집단 초기 정서표현이나 참여를 주저한다.
융합	밀접한 관계에 있는 두 사람이 서로 간에 차이점이 없다고 느끼도록 합의함으로써 발생하는 것으로, 자신의 의견을 말하거나 자신을 표현하는 것을 어려워한다.

자의식	사회적 관계에서 타인을 과도하게 의식하고, 자기 자신을 대상화하여 주의를 기울여 관찰하는 행동이다.
편향	감당하기 힘든 내적 갈등이나 환경 자극에 노출될 때, 이에 압도당하지 않으려고 자신의 감각을 둔화시켜서 환경과의 접촉을 피하거나 약화시키는 것이다.

④ 집단상담자의 역할

ㄱ) 집단원이 '지각형태의 생성-소멸'의 과정을 발견해 내도록 돕는다.

ㄴ) 집단원이 순간순간의 경험을 알아차리도록 도와 자신의 행동과 감정에 대해 통찰, 각성을 얻고 스스로 책임지게 한다.

ㄷ) 집단원들이 스스로를 각성하도록 하기 위해 여러 가지 기술, 게임, 활동 등을 책임지고 계획·지도한다.

ㄹ) 집단 내에서의 활동과 상호작용이 집단상담자에 의해 주도적으로 진행된다.

⑤ 집단상담의 기술 유형

뜨거운 자리	• 집단상담자가 문제의 해결을 희망하는 사람을 빈자리로 맞아들여, 집단원과 집단상담자 두 사람이 문제해결의 결론에 도달했다고 느낄 때까지 적극적인 상호작용을 통해 직접적으로 문제에 접근한다.
차례로 돌아가기 (순회하기)	• 집단원들이 한 사람씩 차례로 돌아가면서 문제에 대한 자신들의 감정이나 행동을 표현하도록 한다.
신체자각	• 집단원에게 현재 상황에서 느끼는 신체 감각을 자각하도록 함으로써, 자신의 욕구와 감정을 깨닫도록 돕는다.
책임지기	• 집단에 참여하는 개개인의 감정이나 행동에 책임을 부여하는 기법으로, 집단원이 말을 끝낼 때마다 "책임은 내가 진다."고 덧붙여 말하게 함으로써, 자신의 모든 사고·감정·행동 등에 책임을 지고 회피하지 못하게 한다.
언어자각	• 상담자는 내담자의 말에서 행동의 책임소재가 불명확한 경우, 자신의 감정과 동기에 책임을 지는 문장으로 말하도록 해야 한다. • 내담자로 하여금 '그것', '우리' 등의 대명사 대신 '나는'으로, '~해야 한다', '~해서는 안 된다' 등의 객관적·논리적 어투의 표현 대신 '~하고 싶다', '~하고 싶지 않다' 등의 주관적·감정적 어투의 표현으로 변경하여 표현하도록 한다. 예 "'나는 할 수 없다.' 대신에 '나는 하지 않겠다.'로 바꾸어 말해 보세요."

빈 의자 기법	• 현재 치료 장면에 없는 사람과 상호작용할 필요가 있는 경우, 내담자에게 그 인물이 맞은편 빈 의자에 앉아 있다고 상상하도록 하여 대화하는 기법이다. • 상대 인물을 등장시키는 대신에 빈 의자를 사용하여 주로 주인공의 내적 갈등을 극화시켜 다룰 수 있다. 예 "당신의 어머니를 이곳에 불러와서 빈 의자에 앉히고 얘기해 보세요."
반전 기법	• 내담자가 이제까지 회피하고 있는 행동과 감정들, 반대되는 행동들을 해 보도록 하여 억압하고 통제해온 자신의 다른 측면을 접촉하고 통합할 수 있게 도와준다.
자 각	• 미해결된 과제를 '지금-여기'로 끌어내, 단편적인 자기지식 조각들을 선명한 통합체로 통찰하는 것이다. • 자각의 질문을 통해 자신의 자원을 사용할 수 있게 되고 책임감을 갖게 되며, 자신에 대한 감각을 갖게 된다.
꿈 작업	• 꿈의 내용을 기억하고, 그것이 마치 지금 일어난 것처럼 재현한다.
자기 부분과의 대화(내적 대화 기법)	• 상담자는 내담자의 인격에서 분열된 부분 또는 갈등을 느끼는 부분들 간에 대화가 이루어지도록 해야 한다. • 부분들 간의 대화를 통해 서로의 입장이 분명히 드러나며, 성격의 대립되는 부분들이 통합될 수 있다. 예 "당신의 내면에 있는 우월한 나와 열등한 나가 서로 대화하도록 해보세요."
욕구와 감정의 자각	• 형태주의 상담에서는 현재 상황에서 자신의 욕구와 감정을 자각하는 것이 매우 중요하다. • 상담자는 내담자의 생각이나 주장의 배후에 있는 욕구와 감정을 자각하도록 도와야 한다. 특히 '지금-여기'에서 일어나는 욕구와 감정을 자각하는 것이 중요하다. 예 "지금 어떤 느낌이 드나요.", "지금 당신이 원하는 것은 무엇인가요."

더 알아보기

게슈탈트 집단상담의 주요개념

게슈탈트	'전체', '형태', '모습' 등의 뜻을 지닌 독일어로서, 개체가 자신의 욕구나 감정을 하나의 의미 있는 전체로 조직화하여 지각한 것을 말한다.
미해결 과제	완결되지 않은 게슈탈트를 의미하는 것으로서, 분노·원망·고통·슬픔·불안·죄의식 등과 같이 명확히 표현되지 못한 감정을 포함한다.
'지금-여기'의 자각	'지금-여기'의 감정 및 행동, 현재 집단에서 일어나고 있는 현상에 초점을 둔다.
신경증의 층	심리적인 성숙을 위해서는 신경증의 다섯 층인 허위층, 공포층, 한의 장벽, 내파층, 외파층을 벗어야 한다.

[핵심예제]

게슈탈트 집단상담자의 개입방법으로 옳은 것을 모두 고른 것은?

[20년 19회]

> ㄱ. "당신의 어머니를 이곳에 불러와서 빈 의자에 앉히고 얘기해 보세요."
> ㄴ. "당신의 내면에 있는 우월한 나와 열등한 나가 서로 대화하도록 해보세요."
> ㄷ. "나는 할 수 없다." 대신에 "나는 하지 않겠다."로 바꾸어 말해 보세요."
> ㄹ. "과제를 계속 안 하고 미루는 습관이 있다고 하셨는데, 이번 주에는 어떤 과제도 하지 말아 보세요."

① ㄱ
② ㄴ, ㄷ
③ ㄱ, ㄴ, ㄷ
④ ㄱ, ㄴ, ㄹ
⑤ ㄱ, ㄴ, ㄷ, ㄹ

정답 ③

해설

ㄹ. 개인심리 상담에서 행하는 '역설적 의도' 기법이다. 이 기술은 내담자가 바라지 않는 행동에 과장되게 반응하여 오히려 그러한 행동을 반복 실시하게 함으로써, 역설적으로 내담자가 그 행동을 하지 않도록 하는 기술이다.

ㄱ. 빈 의자 기법 : 현재 치료 장면에 없는 사람과 상호작용할 필요가 있는 경우, 내담자에게 그 인물이 맞은편 빈 의자에 앉아 있다고 상상하도록 하여 대화하는 방법이다.

ㄴ. 자기 부분들 간의 대화 : 집단원의 인격에서 분열된 부분 또는 갈등을 느끼는 부분들 간에 대화가 이루어지도록 하는 방법이다.

ㄷ. 언어자각 : 집단원으로 하여금 '그것', '우리' 등의 대명사 대신 '나는'으로, '~해야 한다', '~해서는 안 된다' 등의 객관적·논리적 어투의 표현 대신 '~하고 싶다', '~하고 싶지 않다' 등의 주관적·감정적 어투의 표현으로 변경하여 표현하도록 하는 방법이다.

핵심이론 16 | 합리정서행동(REBT)적 집단상담

① 합리정서행동 접근의 의의 및 가정
   ㉠ 엘리스(Ellis)는 인본주의적 치료와 철학적 치료, 행동주의적 치료를 혼합하여 '합리적·정서적 행동치료(REBT ; Rational Emotive Behavior Therapy)'를 고안하였다.
   ㉡ 의도한 일이나 행동에 도움이 되지 못하고, 현실적으로 검증이 어렵거나 불가능하며, 논리적 비약이 심한 비합리적 사고에 의해 정서적인 문제가 발생한다.
   ㉢ 정서적인 문제는 비논리적 신념체계 또는 비합리적 가치관에서 기인하는 것이므로, 그러한 비합리적인 것을 합리적인 것으로 대체하면 정서적인 문제들이 해소될 수 있다는 기본원리에 입각한다. 즉, 집단원의 비합리적 신념을 능동적이고 지시적으로 도전하여 논박한다.

구 분	합리적 사고	비합리적 사고
논리성	논리적으로 모순이 없다.	논리적으로 모순이 많다.
실용성	삶의 목적 달성에 도움이 된다.	삶의 목적 달성에 방해가 된다.
현실성	경험적 현실과 일치한다.	경험적 현실과 일치하지 않는다.
융통성	경직되어 있지 않으며, 융통성이 있다.	절대적·극단적이며 경직되어 있다.
파급효과	적절한 정서와 적응적 행동에 영향을 준다.	부적절한 정서와 부적응적 행동을 유도한다.

   ㉣ 생각이 정서와 행동을 유도한다고 강조하였으며, 합리적인 생각은 적절한 정서와 적응적인 행동을 초래한다고 하였다.
   ㉤ 논리적·경험적인 사고의 원리에 입각한 행동으로 대체하도록 도움을 주는 것이 상담 및 치료의 과정이다.
   ㉥ 인지적이고 활동적이며, 지시적인 교육방법을 주로 사용한다.
   ㉦ ABCDE 모형 : 상담과정에서 중요한 치료절차로 이용되며, 인간의 부적응적인 정서와 행동은 비합리적인 신념으로 인한 것으로 설명한다.

선행사건 (Activating Event)	어떤 사건이나 행위가 개인에게 정서적인 혼란을 일으키는 것을 말한다.
신념체계 (Belief System)	합리적 신념과 비합리적 신념으로 나눌 수 있으며, 어떤 사건이나 행위 등에 의해 개인이 갖게 되는 사고방식을 말한다.
결 과 (Consequence)	비합리적인 태도 내지 사고방식을 가지고 그 사건을 해석함으로써 느끼게 되는 정서적 결과를 말한다.
논 박 (Dispute)	비합리적인 신념이나 사고에 대해서 다시 한 번 검토해 보도록 상담자가 촉구하는 것을 말한다.
효 과 (Effect)	비합리적인 신념을 논박한 후에 느끼는 자기수용적인 태도와 긍정적인 감정의 결과를 말한다.

② 집단상담자의 역할
   ㉠ 집단원들의 바람직하지 못한 행동의 근거가 되는 생각을 찾아내고 분석하여, 그것이 비논리적임을 밝혀주고 합리적으로 생각하는 방법을 가르쳐준다.
   ㉡ 능동적이며 지시적·설득적인 방법을 통해 집단원의 비합리적인 사고에 대해 논박하거나 직접적으로 맞선다.
   ㉢ 역할연습과 자기주장 같은 기법을 사용하고 이를 숙제로 내준다.
   ㉣ 집단원과의 대화 중에서 당위적 언어를 찾아내도록 하여 비합리적 생각과 합리적 생각을 구별하도록 가르친다.
   ㉤ 두려움 때문에 하지 못하던 행동을 해봄으로써 자신의 생각이 비합리적이었음을 깨닫도록 한다.
   ㉥ 감정적 반응에 대한 책임은 자신에게 있음을 깨닫도록 한다.
   ㉦ 목표설정을 위하여 집단지도자와 구성원은 협력해야 한다.
   ㉧ 집단상담자는 교사의 역할, 집단원은 학습자의 역할을 하며 가르치기, 제안하기, 과제주기 등의 기법이 활용된다.

③ 집단상담의 기술

인지적 치료법	집단원의 비합리적인 용어('절대로', '반드시' 등) 사용에 주목하여 비합리적인 생각과 합리적인 생각을 구별하도록 지도한다.
감정적-환기적 방법	집단원의 가치관에 변화를 주기 위한 것으로, 역할놀이나 시범보이기 등을 동원한다. 여기서 역할놀이는 행동을 연습하기 위한 것이 아니라, 그 역할과 관련된 감정을 각성하고 극복하도록 하는 것이다.
행동치료 방법	집단원 자신 또는 다른 구성원들에 대한 의식의 극적인 변화를 일으키도록 돕기 위한 노력이다.
기타 기술	논박, 강의, 행동수정, 독서치료, 시청각적 자료, 활동중심의 과제 등 여러 가지 방법들과 함께 역할놀이, 자기주장 훈련, 감정둔화, 유머, 조작적 조건화, 암시, 지지 등 여러 가지 기술들을 활용한다.

[핵심예제]

합리적 정서행동(REBT) 집단상담에 관한 설명으로 옳은 것을 모두 고른 것은?
[17년 16회]

ㄱ. 상담자는 교사의 역할, 집단원은 학습자의 역할을 한다.
ㄴ. 가르치기, 제안하기, 과제주기 등의 기법이 활용된다.
ㄷ. 집단원의 과거와 현재, 미래 행동에 초점을 두고, 인지·정서·행동을 모두 다루기 때문에 치료가 복잡하다.
ㄹ. 집단원의 잘못된 사고를 명료화하고 이를 비판적으로 평가하여 합리적인 신념으로 대체하도록 돕는다.

① ㄱ, ㄴ
② ㄱ, ㄷ
③ ㄱ, ㄴ, ㄹ
④ ㄴ, ㄷ, ㄹ
⑤ ㄱ, ㄴ, ㄷ, ㄹ

정답 ③

해설

합리적 정서행동(REBT) 집단상담은 정서를 표현하는 개인의 능력, 현재에 초점을 두어 과거를 극복하려는 의지와 선택할 수 있는 힘과 현재 패턴에 대한 만족스러운 대안의 실행을 강조한다. 또한 상담의 과정이 비교적 교육적이므로 상담자 역시 교육자의 역할을 한다.

핵심이론 **17** 현실치료적 집단상담

① 현실치료 접근의 의의

㉠ 스스로 삶을 더욱 효과적으로 통제할 수 있도록 하며, 결과에 대해 스스로 책임질 것을 강조한다.

㉡ 책임감(Responsibility), 현실(Reality), 옳거나 그름(Right or Wrong) 등 3R을 강조하며, 모든 문제가 존재하고 통제할 수 있는 시기는 현재이므로, 과거에는 관심을 두지 않는다.

㉢ 집단상담 진행 과정

> 상담관계 형성 → 욕구 탐색 → 현재 행동에 초점두기 → 내담자 행동평가 → 계획 세우기

㉣ 인간의 기본적 욕구를 생존, 소속, 힘(영향력), 자유, 재미로 보고, 실존주의적·현상론적 관점을 강조하며, '행동, 생각, 느낌, 생리작용(신체작용, 생리반응)'의 4요소로 이루어진 전체행동을 강조한다.

㉤ '행동'에 대해서는 거의 완전한 통제력을 가지고 있으며, '사고'에도 어느 정도의 통제가 가능하나, '감정'의 통제는 어려우며 '생리작용'에 대해서는 더더욱 통제력이 없다. 우리가 전행동(Total Behavior)을 변화시키고자 할 때, '행동'과 '사고'를 먼저 변화시키면, '감정'이나 '생리작용'도 따라오게 된다(행동 → 사고 → 감정 → 생리작용).

㉥ 인간행동의 목적은 개인의 기본욕구에 따라 바라는 것과 그 환경으로부터 얻고 있다고 지각하는 것과의 차이나 불일치를 줄이는 데 있다.

㉦ 개인의 행동, 느낌과 환경을 통제, 선택하는 것은 자기자신이라는 선택이론을 강조한다.

㉧ 객관적인 사실보다 욕구의 맥락에서 세계를 지각하는 것에 초점을 둔다.

㉨ 역설적 기법을 통해 집단원은 행동에 대한 통제와 선택 가능성을 자각할 수 있다.

② 집단상담자의 역할

㉠ 집단원 모두가 집단에 관여하도록 하며, 현실의 문제에 직접 관여하도록 돕는다.

㉡ 집단원이 그들이 선택한 행동의 책임을 받아들이도록 하며, 현명한 선택을 통해 자신의 삶을 효과적으로 통제할 수 있다는 점을 깨닫도록 한다.

ⓒ 이전과 다른 행동 및 생각을 선택함으로써, 그들의 느낌을 통제할 수 있다는 점을 이해하도록 한다.

③ 집단상담의 진행과정 – 우볼딩(Wubbolding)의 WDEP 체계과정

제1단계 Want (바람)	• 자신이 원하는 것을 정확하게 이해할수록 그것을 얻을 수 있는 가능성도 높아진다. • 자신이 진정 원하는 바람이 무엇인지 적어보고, 가장 원하는 것부터 상대적으로 덜 중요한 바람까지 순서를 정해보고, 각각의 바람이 얼마나 실현 가능한지 생각해본다.
제2단계 Doing (행동)	• 현재 자신의 행동을 관찰한다. • 하루의 일과를 꼼꼼히 리뷰해 보고, 다른 사람들과 어떻게 소통하고 있으며, 시간은 어떻게 사용하고 있는지 등을 확인한다.
제3단계 Evaluation (자기행동평가)	• 두 번째 단계에서 관찰한 자신의 행동들이 자신에게 어떤 도움 혹은 해가 되는지 평가한다. • 현재의 행동들이 자신이 진정으로 원하는 것을 얻는 데 도움이 되는지 또는 해가 되는지 자기평가를 한다.
제4단계 Planning (계획)	• 자신이 진정으로 원하는 것을 얻을 수 있도록 새로운 계획을 세운다. • 계획은 구체적이고(언제, 무엇을, 어디서, 얼마나 할 것인가) 현실적이어야 하며, 즉시 실행할 수 있는 것이어야 한다(오늘 당장 할 수 있는 일은 무엇인가?). • 반복해서 할 수 있는 계획을 세우는 것이 좋다.

④ 상담환경의 조성

상담관계 형성하기	상담자는 내담자와 라포(Rapport)를 형성하고, 내담자로 하여금 자신이 원하는 것은 물론 충족 상태에 이르지 못한 욕구를 스스로 찾을 수 있도록 돕는다.
현재 행동에 초점두기	내담자가 자신의 욕구 충족을 위해 현재 어떤 행동을 하는지 알아본다.
행동 평가하기	현재의 내담자 행동이 욕구 충족에 도움이 되는지 혹은 방해가 되는지 내담자 스스로 평가하도록 돕는다.
활동계획 세우기	현재 행동 중 부정적인 것을 찾아 긍정적인 것으로 고치기 위한 계획을 세운다.
다짐 받아내기	내담자가 계획한 활동을 그대로 실천하겠다는 다짐을 받아내야 한다.
변명 받아들이지 않기	변명은 받아들이지 않고, 실행하지 않은 잘못을 받아들이게 해야 한다.
처벌 사용하지 않기	처벌을 사용하면 더 패배적인 정체감을 가지게 되고, 상담관계를 악화시킬 수 있다.
절대 포기하지 않기	내담자의 변화 가능성을 끝까지 믿는다.

⑤ 상담의 기술

질문(Ask)	현실치료에서는 상담의 각 과정마다 적절한 질문을 사용한다. '관계형성 단계', '현재 행동에의 초점화 단계'에서 질문을 한다.
유머(Humor)	상담과정에서 '상담관계 형성 단계'에 도움이 되는 기술로서, 상담자는 때에 따라 적절한 유머를 사용하여 내담자의 긴장감을 풀어 주는 것이 중요하다.
토의와 논쟁	상담자는 현실치료 이론에서 강조하는 욕구 및 이의 충족을 위한 방법이 현실성이 있는지와 그 책임성에 초점을 두고 내담자와 토의 또는 논쟁을 한다.
맞닥뜨림 (Confrontation; 직면)	질문과 토의 및 논쟁 중에 내담자의 모순성, 특히 현실적 책임과 관련된 모순성이 보이면, 이에 대해 상담자는 내담자와 '직면'해야 한다.
역설적 방법	내담자가 전혀 기대하지 않았던 방법으로 내담자를 대하여 문제를 전혀 새롭게 인식할 수 있게 하는 방법이다.

[핵심예제]

인터넷 중독 청소년을 위한 현실치료 집단상담에서 우볼딩(R. Wubbolding)의 행동변화 작업을 순서대로 나열한 것은?

[17년 16회]

> ㄱ. 인터넷 사용 행동에 내재된 자신의 근본적인 욕구를 인식한다.
> ㄴ. 자신의 인터넷 사용 행동의 결과가 유익한지 점검하고, 올바른 욕구 충족 방법은 적절한 인터넷 사용을 통해 이루지는 것임을 이해한다.
> ㄷ. 인터넷 사용 행동을 탐색하고, 인터넷을 사용하는 것은 자신의 선택이고 자신이 통제할 수 있는 것임을 이해한다.
> ㄹ. 현실적으로 받아들여질 수 있고 타인에게 폐를 끼치지 않는 올바른 인터넷 사용 계획을 수립한다.

① ㄱ - ㄴ - ㄷ - ㄹ
② ㄱ - ㄷ - ㄴ - ㄹ
③ ㄴ - ㄱ - ㄹ - ㄷ
④ ㄷ - ㄱ - ㄴ - ㄹ
⑤ ㄷ - ㄱ - ㄹ - ㄴ

정답 ②

해설

ㄱ - 바람파악(Wants) : 집단원을 충족시킬 특정 욕구에 대해 명확히 하기
ㄷ - 현재행동 파악(Doing) : 집단원의 욕구 충족을 위해 현재 진행되고 있는 행동양식 알기
ㄴ - 평가하기(Evaluating) : 집단원의 현 행동양식을 평가하기
ㄹ - 계획하기(Planning) : 좀 더 효과적인 행동양식을 갖거나 변화를 위한 효과적인 계획 세우기

핵심이론 18 해결중심적 집단상담

① 해결중심 접근의 기본원리

㉠ 문제중심 접근과 해결중심 접근 : 삶의 어려움을 성공적으로 해결하지 못하는 것에 중점을 두므로 문제에 대해 깊이 알아보기보다 새로운 해결방안을 찾는 것을 더 중요시한다. 따라서 문제해결을 위해서는 문제에 대해 더 많이 알아야 하는 것이 아니라 문제가 없는 때나 문제가 안 되는 상황에 대해 더 많이 알아야 한다.

㉡ 긍정적 관점 지향 : 내담자들을 강점과 자원을 갖고 있는 존재로 보는 입장이므로, 상담자는 문제를 해결하는 데 사용될 수 있는 내담자의 성공과 강점, 자원과 특성들을 규명하고 그것을 내담자가 받아들일 수 있도록 돕는다.

㉢ 효과가 있다면 계속 더 하고, 효과가 없다면 다른 것을 시도한다.

㉣ 상담은 긍정적인 것, 해결책 그리고 미래에 초점을 둘 때 원하는 방향으로 변화가 촉진된다.

㉤ 고민이나 문제를 정상적인 개념으로 재진술하면 문제해결의 가능성이 열린다.

㉥ 상담자와 내담자는 모든 문제에서 예외를 찾아낼 수 있으며, 예외를 해결책으로 사용할 수 있다.

㉦ 사람들은 자신의 문제를 해결할 자원을 가지고 있다.

㉧ 변화는 항상 일어나고 있으며, 작은 변화를 통해 큰 변화를 달성한다.

㉨ 알지 못함의 자세, 상담 이전의 변화 확인, 문제 삼지 않는 것 다루지 않기 등이 강조된다.

② 상담 과정

㉠ 내담자의 강점과 자원을 인정하는 것이다.

㉡ 변화시킬 수 없는 과거보다 현재와 미래에 초점을 맞추는 것이다.

㉢ 상담자의 역할은 해결중심적 대화, 알지 못함의 자세를 취하는 것이다.

㉣ 상담기법에는 해결지향적 질문, 치료적 피드백의 메시지(칭찬, 연결문, 과제로 구성)가 있다.

③ 해결중심모델에서 사용하는 주요 질문기법

기적질문	문제가 해결된 상태를 상상해보는 것으로서, 해결을 위한 요구사항들을 구체화·명료화하는 데 도움을 준다. 예 잠자는 동안 기적이 일어나 당신을 여기에 오게 한 그 문제가 극적으로 해결됩니다. 아침에 일어나서 지난밤 기적이 일어나 모든 문제가 해결되었다는 것을 어떻게 알 수 있을까요?
예외질문	문제해결을 위해 우연적이고 성공적으로 실행한 방법을 찾아내어, 이를 의도적으로 실행하도록 하는 것이다. 예 최근에 문제가 일어나지 않은 때는 언제인가요?
척도질문	숫자를 이용하여 집단원에게 자신의 문제, 문제의 우선순위, 성공에 대한 태도, 정서적 친밀도, 자아존중감, 치료에 대한 확신, 변화를 위해 투자할 수 있는 노력, 진행에 관한 평가 등의 수준을 수치로 표현하도록 하는 것이다. 예 0~10점까지의 척도에서 10점은 문제가 해결된 상태, 0점은 문제가 전혀 해결되지 않은 상태라고 가정합니다. 오늘은 몇 점이라고 생각하나요?
대처질문	어려운 상황에서의 적절한 대처 경험을 상기시키도록 함으로써, 집단원으로 하여금 스스로의 강점을 발견하도록 돕는 것이다. 예 당신은 그 어려운 상황 속에서 어떻게 지금까지 견딜 수 있었나요?, 어떻게 해서 상황이 더욱 나빠지지 않을 수 있었나요?
관계성 질문	집단원과 중요한 관계에 있는 사람들의 관점에서, 그들이 집단원 자신의 문제에 대해 어떻게 생각할지 추측해보도록 하는 것이다. 예 어머니가 당신의 변화된 부분을 본다면 어떤 부분을 보고 말해줄까요?
면담 이전의 변화를 묻는 질문	치료 이전의 변화를 매우 관심 있게 관찰하고, 이것을 근거로 해결방안을 찾아내는 데 이용한다. 예 혹시 치료약속을 하고 오늘 오기 전까지 무슨 변화가 있었나요?

[핵심예제]

다음 보기와 같은 기법을 사용한 집단상담 이론에 관한 설명으로 옳은 것은?

[20년 19회]

> • 집단원 : 제가 아무것도 잘하는 것이 없는 것 같고 항상 무기력해요.
> • 집단상담자 : 혹시 당신이 무기력하지 않은 때나 덜 무기력한 때가 있었나요?

① 집단원이 보이는 문제의 원인을 밝히는 것이 중요하다.
② 집단원이 과거의 한 장면을 '지금-여기'에 가져와 재연하게 함으로써 미해결문제를 다루도록 돕는다.
③ 집단상담자가 평가, 진단, 처치의 전문가로서 집단을 운영한다.
④ 집단상담자가 면밀히 고안한 사회적 기술을 집단원에게 훈련시킨다.
⑤ 집단원의 집단상담 참여 이전 변화경험을 중시한다.

정답 ⑤

해설

해결중심 상담이론에서는 문제에 대해 깊이 알아보기보다 새로운 해결방안을 찾은 것을 더 중요시하며, 상담 이전의 변화경험을 중요하게 생각한다. 보기는 이러한 해결중심 상담이론의 '예외질문'에 해당한다. 예외질문은 문제해결을 위해 우연적이며 성공적으로 실행한 방법을 찾아내어 이를 의도적으로 실행하도록 하는 것이다.
예 "문제가 발생하지 않은 때는 언제인가요?"

핵심이론 **19** | **교류분석적 집단상담**

① 교류분석의 의의
  ㉠ 번(Berne)에 의해 개발된 집단치료의 방법으로서, 인간의 약점이나 결함보다는 강점에 초점을 두는 이론이다.
  ㉡ 교류분석(TA ; Transaction Analysis)은 '상호교류분석' 또는 '의사교류분석'이라고도 한다.
  ㉢ 집단원들이 각자 자신의 자아상태 거래 양식의 특성을 이해하고 건설적인 인생각본을 설계하도록 돕는다.
  ㉣ 일상생활의 요구에 따라 자신의 모든 자아상태의 거래가 활발하게 이루어지게 하는 능력을 개발하도록 돕는다.

② 교류분석 접근의 주요 개념
  ㉠ 초기결정 및 재결정

초기결정	• 아동은 부모의 금지령에 반응하여 어떠한 형태든 선택을 하게 된다. • 부모에게 인정받거나 애무를 받으려는 욕구 또는 신체적·심리적 생존을 위한 욕구에서 동기화된다. • 번(Berne)은 사람들이 이러한 금지령과 그 금지령에 근거하여 내린 결정의 희생물이라고 본다.
재결정	• 초기결정이 내려졌을지라도 그 결정을 뒤엎지 못하는 것이 아니라고 보며, 초기결정에 반응하여 새로운 결정을 내릴 수 있다고 본다. • 적절한 초기결정이 후기에는 부적절할 수 있으므로, 이러한 초기결정의 특성을 자각하고 새로운 결정(재결정)을 내리도록 하여 개인을 변화시키고자 한다.

  ㉡ 스트로크(Stroke)
    • 스트로크는 친밀한 신체적 접촉이라는 일반적 용어가 확대되어, 타인에 대한 존재의 인정을 뜻하는 모든 행위를 포함하는 개념이다.
    • '긍정적/부정적', '조건적/무조건적', '신체적/상징적' 스트로크 등으로 구분된다.

긍정적 스트로크	"참 잘했어요.", "정말 멋있네요." 등
부정적 스트로크	"정말 실망스럽네요.", "그게 당신의 한계로군요." 등
조건적 스트로크	"만약 공부를 열심히 한다면 용돈을 올려줄게." 등
무조건적 스트로크	"당신은 사랑받기 위해 태어난 사람입니다." 등
신체적 스트로크	안아주고, 쓰다듬어 주는 등의 신체적 접촉
상징적 스트로크	얼굴표정, 대화태도, 사용하는 말투 등

ⓒ 성격의 구조와 기능

• 번(Berne)은 인간이 부모 자아(P ; Parent), 어른 자아 (A ; Adult), 어린이 자아(C ; Child)의 3가지 자아 상태를 가지고 있다고 보면서, 이들 중 한 자아가 사람들 간의 의사소통이나 인간관계 상황에서 개인행동의 동력으로 작용한다고 보았다.

• 3가지 자아상태

부모 자아	• 비판에 의한 교정됨이 없이 바로 받아들여져서 내면화되어 형성된다. • 양육적 기능과 통제적 혹은 비판적 기능의 두 가지 기능을 하고, 도덕과 가치판단의 모체가 내포되어 있다.
어른 자아	• 합리적인 사고를 하고 현실지향적인 행동을 하며, 내적 욕구와 외적 욕구를 중재하는 중재자로서의 역할을 한다. • 상황에 따라 각 자아가 적합한 기능을 할 수 있도록 하며, 어른 자아가 기능을 제대로 할 수 있을 때 개인은 잘 적응하는 생활을 영위할 수 있다.
어린이 자아	• 어린 시절에 실제로 느꼈거나 행동했던 것과 똑같은 감정이나 행동을 나타내는 자아 상태를 말한다. • 순응적 어린이 자아와 자연적 혹은 자유 어린이 자아로 구분된다.

③ 교류분석 집단상담의 특징

㉠ 집단원들이 각자 자신의 자아상태 거래 양식의 특성을 이해하고 건설적인 인생각본을 설계하도록 돕는다.

㉡ 일상생활의 요구에 따라 자신의 모든 자아상태의 거래가 활발하게 이루어지게 하는 능력을 개발하도록 돕는다.

㉢ 부적절한 생활각본(Life Script)을 버리고 생산적인 생활각본을 갖추도록 돕고, 자아상태 오염을 제거하도록 노력하며, 구체적인 목표를 계약형태로 문서화한다.

㉣ 교류분석의 상담목표는 개인을 독특한 문화적 존재로 보고, 집단원이 자율성을 성취하도록 돕는 것이다.

㉤ 교류분석은 다문화 사회에서 필요한 상호존중의 삶의 태도를 강조하며, 계약기법을 통해 민주사회에서 자율적 인간으로서 책임감을 갖고 실천하도록 한다.

④ 집단상담의 기술

구조분석	• 각 집단원들로 하여금 각 개인의 자아구조 상태를 검토해볼 수 있도록 돕는 과정이다. • 과거의 경험적 자료들에 의한 자아구조의 혼합 등을 살핀다. • 교류분석에서 가장 기본적인 개념은 성격구조의 3가지, 부모·성인·아동 자아상태이다. 특히, 개인이 갖는 부모 자아상태는 그가 속한 문화 및 가치의 영향에 대한 반영이라고 할 수 있으며, 구조분석은 문화적 적응을 돕는 상담기법이다.
의사교류 분석	• 구조분석을 기초로 하여 집단원 각 개인이 집단상담자나 다른 집단원과의 관계에서 행하고 있는 의사교류 혹은 의사소통의 양상과 성질을 파악하는 분석법이다. • 의사교류의 기본유형은 상보적 의사교류, 교차적 의사교류, 이면적(암시적) 의사교류로 구분할 수 있다.
게임분석	• 숨겨진 일련의 암시적·이중적 의사거래를 분석한다. • 암시적인 의사교류를 게임의 종류 및 만성 부정 감정의 유형과 연관지어 분석한다.
생활(인생) 각본분석	• 생활각본은 생의 초기에 있어서 개인이 경험하는 외적 사태들에 대한 자신의 해석을 바탕으로 하여 결정·형성된 반응양식이다. • 집단원 개인의 인생계획이나 이전 결정의 내용 등을 면밀히 검토한다. • 인생각본을 분석함으로써 지금까지 숙명 또는 운명이라고 체념하고, 실은 자기가 무의식중에 강박적으로 연기하고 있던 드라마라는 것을 자각한다. 또한 자신의 성격형성 과정을 알 수 있으며, 인생초기에 형성된 기본적 인생태도 등에 대해서도 알 수 있다.

[핵심예제]

교류분석 집단상담에 관한 설명으로 옳지 않은 것은?

[19년 18회]

① 개인의 여러 자아상태를 이해함으로써 변화를 가져온다.

② 부모, 성인, 어린이 자아상태가 삶에 적용되는 것을 다룬다.

③ 커뮤니케이션 이론, 아동발달 이론과 연관된다.

④ 상보적 의사교류는 의사교류의 자극과 반응이 평행을 이룬다.

⑤ 스트로크는 게임을 통해 경험하게 되는 불쾌한 감정을 말한다.

정답 ⑤

해설

'게임을 통해 경험하게 되는 불쾌한 감정'은 스트로크가 아니고 '라켓 감정'이다. 스트로크는 친한 신체적 접촉이라는 일반적 용어가 확대되어, 타인에 대한 존재의 인정을 뜻하는 모든 행위를 포함하는 개념이다.

심리극(Psychodrama) 집단상담

① 심리극의 의의
  ㉠ '정신(Psycho)'과 '극(Drame)'의 합성어로, 모레노(Moreno)가 개발한 심리요법이다.
  ㉡ 내담자인 집단원의 심리적인 긴장이나 갈등을 상상력을 동원하여 가상의 드라마적인 상황으로 표현하는 것이다.
  ㉢ 연극을 통해 집단원들 각자가 경험하는 어떤 사건을 재연하고, 자신의 역할을 넘어서서 새로운 행동을 실천해봄으로써 자아와 사건에 대한 새로운 인식과 정화 및 대안을 획득하는 체험적 과정이다.

② 심리극의 구성요소

주인공	• 심리극 공연의 주체가 되는 사람이다. • 각본에 따른 연기가 아닌, 자신의 실생활을 묘사한다. • 어떤 일이나 자기 마음에 떠오르는 대로 행동한다. • 주인공(보통 환자나 주된 내담자)이 역할을 통해 구체적인 경험을 하도록 적극적인 개입을 하고, 집단의 다른 구성원들이 심리극 동안에 자신들이 경험한 것을 함께 이야기 할 기회를 갖도록 한다.
보조자아	• 심리극 장면에 참가하는 주인공과 연출자, 관객 이외의 모두를 말한다. • 극 중 주인공의 상대역이며, 주인공이나 연출자나 극의 진행에서 실질적인 부분을 차지한다.
연출자	• 주인공이 자신의 문제를 탐구하기 위해 심리극을 할 수 있도록 극을 이끌어 가는 사람이다. • 집단지도자, 치료자, 교사 또는 상담자로 일하고 있는 사람이 맡으며, 주인공이 자신을 드러낼 수 있도록 분위기를 조성한다. • 주인공을 심리적 차원에서 이해하고, 극중에 일어나는 변화를 관찰하는 것 외에도 관객의 반응과 변화도 살펴가면서 극을 진행시킨다. • 감정을 심화시키고 과거의 상황을 재창조하며, 갈등에 대한 자각을 증진시키도록 고안된 기법들을 제시한다.
관 객	• 주인공이 자신의 감정들을 탐구하는 과정에 직접 참가하는 적극적인 역할을 맡는다. • 주인공의 이야기를 보면서 자신이 겪은 비슷한 경험이나 느낌, 매우 다르게 느꼈던 경험들에 대한 관객들의 이야기는 주인공을 지지하고 격려한다.
무 대	• 심리극을 위한 수단이 된다. • 생활의 표현과 자기 자신의 문제를 펼치는 장소이다.

③ 집단상담의 기술

역할놀이	심리극의 가장 기본적인 기법으로서, 연출자(상담자)는 주인공(내담자)으로 하여금 자신의 위치에서 특정한 역할을 선택하여 연기하도록 요구한다.
역할전환	남편이 아내의 역할을, 교사가 학생의 역할을 하는 등 일상생활의 역할을 바꾸어 연기해봄으로써, 상대방을 이해하는 동시에 자기중심적인 사고에서 벗어날 수 있게 된다.
이중자아 기법	자신의 감정을 명확히 표현하지 못하는 주인공에게 매우 유효한 기법으로서, 보조자아가 주인공 뒤에서 주인공의 또 다른 자아의 역할을 수행하며, 주인공이 실제로 표현하기 주저하는 내면심리를 대신하여 표현한다.
빈 의자 기법	연출자는 빈 의자를 무대 중앙에 놓은 채 주인공에게 그 의자에 누가 앉아 있는지, 그 사람은 누구인지 상상해보도록 하여 그동안 마음속으로 하고 싶었으나 실행에 옮기지 못한 말과 감정을 표현할 수 있도록 유도한다.
거울기법	주인공이 지켜보고 있는 가운데 보조자아가 주인공의 역할을 대신함으로써, 주인공이 관중의 입장에서 자신의 행동을 이해하고 평가하도록 하는 기법이다.
미래투사 기법	주인공이 생각할 수 있는 장래의 범위 또는 가능한 행위의 범위를 탐색하여 이를 현실과 결부시킴으로써, 주인공의 현재 상황이나 문제를 볼 수 있도록 하는 기법이다.
독백기법	주인공의 숨겨진 생각이나 감정이 말을 통해 드러남으로써, 주인공의 감정을 이해하는 데 도움을 준다.
암전기법	전 극장을 어둡게 하여 비록 행동은 하고 있으나, 주인공이 고통스러운 경험을 관찰당하지 않고 혼자 있는 경험을 유지할 수 있도록 한다.
죽음장면 기법	주인공 자신이나 중요한 타인의 죽음을 가상적으로 체험해봄으로써 주인공 자신의 삶에 대한 고정관념과 자기 자신을 바라보는 방식을 바꾸어 주체성을 강화시키고, 중요한 타인에 대한 감정을 명료화시켜 그 관계에 대한 감정을 돌아볼 수 있는 수단으로 활용한다.
마술상점 기법	주인공이 바라는 것을 자신의 소중한 무언가와 교환하는 기법이다. 극을 워밍업시키고 집단원 개개인의 문제에 접근하기 위해 활용한다.

[핵심예제]

집단상담을 위한 심리극에서 일반적으로 필요로 하지 않는 요소는?
[15년 13회]

① 연출자　　　　　② 작 가
③ 주인공　　　　　④ 보조자아
⑤ 관 객

정답 ②

해설

집단상담을 위한 심리극에서 필요한 구성요소에는 주인공, 보조자아, 연출자, 관객, 무대 등이 있다. 작가는 포함되지 않는다.

핵심이론 21 | 예술치료와 이야기치료 집단상담

① 예술치료의 개요

　㉠ 다양한 분야의 예술과 현대 의학, 심리치료 이론, 상담이론이 통합된 다각적인 치료기법이다.

　㉡ 인간의 창의성을 통해 내면의 욕구, 갈등, 심리적 상태 등을 표현하게 하여 증상의 근원적인 구조를 변화시켜 문제를 해결하는 심리치료 기법이다.

　㉢ 미술치료와 음악치료 외에 무용치료, 심리극, 영화치료, 놀이치료 등이 있다.

② 예술치료의 종류

미술치료	• 미술을 심리치료의 도구로 활용하는 것으로서, 아동뿐만 아니라 성인, 노인에게도 유용하게 사용될 수 있다. • 미술표현은 내담자의 문제를 또 다른 관점으로 이해할 수 있게 한다. • 미술이 지닌 상징성은 내담자의 감정을 안전하게 표현할 수 있게 한다. • 미술표현은 언어적 표현보다 통제를 적게 받고, 내담자의 거부감이나 공포, 저항을 어느 정도 줄일 수 있다. • 미술활동으로 생산된 구체적인 유형물은 새로운 통찰을 가능하게 한다. • 단지 아동은 발달학적으로 미숙한 부분이 있으므로, 이를 고려한 미술활동이 진행되어야 하며, 미술매체는 내담자의 인지수준에 따라 재료를 제한해주어야 한다.
음악치료	• 음악활동을 통해 참여자의 내면 세계와 관련하여 그들의 문제행동이 구체적인 방향을 가진 바람직한 행동으로 변할 수 있도록 돕는 음악과 치료의 한 분야를 말한다. • 음악적인 요소를 의사소통, 대인관계, 적절한 스트레스 해소 등에서의 어려움을 긍정적으로 변화시키는 것에 초점을 둔다.

③ 이야기치료의 개요

　㉠ 1980년대 이후 사회구성주의와 포스트모더니즘의 영향을 받은 문화인류학자 엡스턴(D. Epston)과 가족치료사 화이트(M. White)가 발전시켰다.

　㉡ 이야기치료는 단기적으로는 호소하는 문제의 감소를 목표로 하고 장기적으로는 내담자가 지배적인 문화로부터 벗어나 자신이 선호하는 방향으로 자기의 이야기를 쓰는 데 있다.

　㉢ 사람을 문제와 분리하여 개인의 역사를 철저히 살펴 독특한 결과를 찾아 새로운 이야기를 구성한다.

④ 이야기치료의 과정

문제의 경청과 해체	문제 이야기를 경청하고 사람과 문제를 분리하여 문제의 영향력을 탐색·평가하고 그것을 징당화한다.
독특한 결과의 해체	독특한 결과를 경청하고 외재화하여 그 영향력을 탐색·평가하고 정당화한다.
대안적 이야기의 구축	확고한 문제 이야기에 대항하여 긍정적 변화를 가져오기 위해 튼튼한 줄거리의 대안적 이야기를 필요로 한다.
대안적 정체성의 구축	내담자가 선호하는 삶의 이야기가 청중 앞에서 사회적으로 인정받는 경험을 하도록 한다.

[핵심예제]

다음은 스트레스 감소를 위한 이야기치료 집단상담에 관한 내용이다. 상담자의 개입방법을 옳게 나열한 것은?

[17년 16회]

> ㄱ – 스트레스에 지배당하지 않았던 순간 또는 스트레스를 이겨낸 순간이 있었는지 발견하도록 한다.
> ㄴ – 스트레스 상황에 대해 자세히 이야기하도록 하고 공감을 표현한다.
> ㄷ – 스트레스를 극복할 수 있는 자신만의 새로운 이야기를 발견하도록 한다.
> ㄹ – 스트레스를 찰흙으로 형상화하고, 그것에 이름을 붙임으로써 자신과 문제를 분리하도록 한다.

	ㄱ	ㄴ	ㄷ	ㄹ
①	독특한 결과 찾기	대안적 이야기 형성	문제 이야기 경청	문제의 외재화
②	문제 이야기 경청	문제의 외재화	대안적 이야기 형성	독특한 결과 찾기
③	문제의 외재화	대안적 이야기 형성	문제 이야기 경청	독특한 결과 찾기
④	독특한 결과 찾기	문제 이야기 경청	대안적 이야기 형성	문제의 외재화
⑤	문제의 외재화	문제 이야기 경청	대안적 이야기 형성	독특한 결과 찾기

정답 ④

해설

이야기치료는 우리가 인생을 살면서 우리가 설정한 기준에 의해 일부만을 선택하고 그 사건을 기초로 이야기를 쓴다고 가정하며, 삶을 짓누르는 '지배적 이야기'를 '문제의 경청과 해체 – 독특한 결과의 해체 – 대안적 이야기 구축 – 대안적 정체성 구축'의 치료과정을 통해 해결할 수 있다고 보는 것이다.

핵심이론 22 **집단상담자의 자질**

① 인간적 자질

ㄱ 인간에 대한 선의와 관심 : 집단상담자는 집단 내 개별성원들을 존중하고 신뢰하며, 그들 각자를 존엄성과 가치를 가진 존재로 인식해야 한다. 또한 적절한 관심을 기울여 줌으로써 그들과 정서적 관계를 발전시켜 나가야 한다.

ㄴ 변화에 대한 신념 : 인간행동의 긍정적 변화에 대한 신념이 있어야 한다.

ㄷ 자신에 대한 각성 : 집단상담자는 자기 자신의 사고와 감정, 동기와 목표, 가치관과 정체성 등에 대해 객관적으로 인지하고 있어야 한다.

ㄹ 용기 : 집단상담자는 실수나 실패를 두려워하지 않으며, 새로운 행동에 대한 모험을 과감히 시도하고, 진실한 모습으로 집단원과의 상호작용을 감수해야 한다.

ㅁ 창조적 태도(창의성) : 집단상담자는 상담 과정에서 창의적·주도적 태도로 집단에서 야기되는 문제를 독창적인 방법과 기술을 활용하여 다루어야 한다.

ㅂ 개방성 : 자신의 경험을 말하며 집단원에게 공감적 이해를 표현해야 한다.

ㅅ 인내심 : 집단상담자는 상담 활동을 통해 경험하는 다양한 어려움과 외부 압력에 대해 끈기 있게 버틸 수 있는 인내심을 가져야 한다.

ㅇ 유머 : 집단상담자는 상담 과정이 긴장되거나 지루하게 전개되지 않도록 적절한 유머를 사용할 수 있어야 하며, 집단원에게 웃음을 주는 말이나 행동을 함으로써 문제를 새로운 각도에서 조망해 볼 수 있도록 해야 한다.

ㅈ 타인의 복지에 대한 관심 : 다른 사람의 복지에 깊은 관심을 갖는 것으로써, 집단상담자가 자신의 이익을 위해 집단을 이용하지 않는 것이기도 하다.

② 전문적 자질

ㄱ 개인상담의 경험(내담자로서의 경험, 상담자로서의 경험)이 필요하다.

ㄴ 집단상담의 참여 경험(자기탐색 집단, 교육지도 실습 집단, 집단 실습)이 필요하다.

ㄷ 집단상담의 계획과 조직 능력이 있어야 한다.

ㄹ 상담이론과 상담주제에 관한 지식을 갖추고 이해할 수 있어야 한다.

ㅁ 인간에 관한 폭넓은 식견과 경험 : 집단원의 발달과정에 따른 과업을 신체적·인지적·심리사회적·성격적·문화적·도덕적 측면에서 조망할 수 있어야 한다.

ㅂ 집단원으로서의 참여, 수련지도자와 함께하는 참여 학습, 직접 집단을 계획·운영해 본 경험 등이 필요하다.

ㅅ 다양한 상담이론 관련 지식과 이해를 갖추어야 한다.

[핵심예제]

집단상담자의 자질이 아닌 것은? [14년 12회]

① 진실성과 유모어감
② 자기수용과 용기
③ 개인상담과 집단상담의 경험
④ 탈가치와 자기주도적 리더십
⑤ 집단계획과 조직능력

정답 ④

해설

집단상담자의 자질

인간적 자질(인성적 자질)	전문적 자질
• 인간에 대한 선의와 관심 • 인간행동의 긍정적 변화에 대한 신념 • 자신에 대한 각성 • 용 기 • 창조적 태도(창의성) • 개방성 • 인내심 • 유 머 • 타인의 복지에 대한 관심	• 개인상담의 경험 • 집단상담의 참여 경험 • 집단상담의 계획과 조직 능력 • 상담이론과 상담주제에 관한 지식 • 인간에 관한 폭넓은 식견과 경험 • 집단원으로서의 참여, 수련지도자와 함께하는 참여 학습, 직접 집단을 계획·운영해 본 경험 • 다양한 상담이론 관련 지식과 이해

제2장 청소년 집단상담의 실제

핵심이론 23 집단상담자의 기술 (1)

① 자기노출하기

  ㉠ 집단상담자가 상담을 효과적으로 이끌기 위해 상담에 참여한 집단원에게 자신의 주관적 정보를 노출하는 기술이다.

  ㉡ 집단상담자는 자기노출을 통해 집단원에게 유사성과 친근감을 전달할 수 있고, 집단상담자와 집단원 간의 보다 깊은 이해를 발달시킬 수 있다.

  ㉢ 자기노출의 유형

'지금-여기'의 자기노출	집단상담자가 집단원과 대화하는 동안 경험하게 되는 자신의 생각이나 느낌을 진솔하게 이야기한다.
'과거 경험'의 자기노출	과거에 있었던 자신의 경험과 느낌이 현재 집단원이 경험하고 있는 것과 유사성이 있는 경우 그것을 솔직하게 이야기한다. 예 "저도 과거에 당신과 같은 우울증을 경험한 적이 있어요. 그래서 당신의 그와 같은 기분을 어느 정도 이해할 수 있을 것 같아요."

② 피드백 주고받기

  ㉠ 집단상담에서의 피드백의 의의

  • 집단상담의 중요한 목적 가운데 하나로, 집단원으로 하여금 타인들이 자기를 어떻게 보고 있으며, 어떻게 반응하는지 학습할 기회를 제공한다.

  • 상호간의 피드백은 집단치료에 있어서 중요한 치료요소 가운데 하나이다.

  • 집단에서 받는 피드백의 영향력은 집단의 진행과정을 반영한다.

  • 집단에서 오고가는 피드백의 질은 집단이 작업단계를 향해 어느 정도 나아갔는지 나타내는 척도 중 하나이다.

  • 피드백을 주고받는 것은 집단에 응집력과 신뢰가 확립되었다는 신호이다.

  • 규모가 작은 집단일 경우 구조화된 피드백은 집단원들의 목적달성을 돕는다.

  ㉡ 피드백을 주고받을 때 유의할 점

  • 사실적인 진술을 하되, 가치판단을 하거나 변화를 강요하지 않는다.

  • 해석적이고 혼합된 피드백보다 구체적으로 관찰 가능한 특정 행동에 대해, 그 행동이 일어난 직후 적용하는 것이 효과적이다.

  • 변화 가능한 행동에 대해 피드백을 해야 하며, 가능한 한 대안도 제시하는 것이 좋다.

  • 피드백을 주는 이와 받는 이가 모두 피드백을 생산적으로 활용할 마음의 준비가 되어 있는가를 충분히 고려한 후 적용한다.

  • 한 사람보다는 집단의 여러 사람이 주는 피드백이 더욱 의미가 있다.

  ㉢ 피드백을 주고받을 때의 태도

  • 피드백을 받을 때는 겸허해야 한다.

  • 부정적인 행동에 대해서도 비판적이어서는 안 된다.

  • 다른 사람들의 말을 귀 기울여 듣는 것이 중요하다.

  ㉣ 긍정적 피드백과 부정적 피드백

  • 긍정적 피드백과 따끔한 피드백이 조화를 이룰 때 집단원들은 감당하기 힘든 피드백도 받아들인다.

  • 긍정적 피드백은 부정적 피드백보다 바람직하며 더 큰 영향력을 미치고 변하겠다는 의지를 고취시킨다.

  • 집단원들은 따끔한 피드백 주기를 꺼리는데, 상대방과 대립할까봐, 혹은 상대에게 상처를 줄까 두려워서이다.

  • 부정적인 피드백을 주기 전에 집단원들의 자기노출 정도를 고려해야 한다.

  • 부정적인 피드백은 긍정적인 피드백 이후에 하는 것이 더 잘 받아들여진다.

  • 따끔한 피드백은 집단상담 후반기에 하는 것이 신뢰할 만하고 도움이 된다.

  ㉤ 피드백을 통한 통찰과 문제해결을 위한 기법

장점을 구체화하기	집단원 숫자만큼의 독서카드를 사용하여 집단에서 개인의 긍정적인 장점을 구체화하는 것을 돕는 방법이다.
인지적 집중	'상점분석기법' 등을 통하여 부정적인 감정을 긍정적인 것으로 변화시키는 작업이다.
다르게 해석하기	집단원에게 더 많은 정보를 얻어 더 객관적으로 상황을 지각할 때까지 판단을 보류하도록 격려하는 기법이다.
최악의 상황을 재평가하기	상황이나 사건이 최악의 것이라고 생각하기 때문에 발생하는 부정적 감정을 극복하는 기법이다.

사고유형과 독백 바꾸기	왜곡된 사고와 부정적 사고를 바꾸기 위해 일기를 쓰거나, 계획을 짜거나, 자신의 행동을 점검하는 등의 다른 활동을 해보도록 하는 기법이다.
걱정거리 점검하기	자신이 느끼는 불안(걱정거리)에 대하여 '상황에 대해 잘 모르는 정도'와 '손실의 중요도'가 1~10 중 어디쯤인지 파악한 후, 곱하기 하여 불안의 정도를 숫자로 나타내보고, 불안의 수준을 줄이는 기법이다.
5단계 사고과정 (A-FROG)	보다 합리적으로 생각하고 행동하기 위하여 5단계의 사고과정을 거치는 기법이다. • A : 그것은 나로 하여금 살아있다(Alive)는 느낌을 주는가? • F : 나는 그 결과 더 행복하게 느낄 수 있는가 (Feel)? • R : 그것은 현실(Reality)에 바탕을 두고 있는가? • O : 그것은 내가 다른 사람들(Others)과 잘 지내도록 하는가? • G : 그것은 나의 목표(Goals)를 이루는 데 도움이 되는가?

③ 직면하기(맞닥뜨림하기)

　㉠ 집단원의 말이나 행동이 일치하지 않거나 모순점이 있을 때 그것을 지적해주는 기술이다.

　㉡ 상대방에게 공격이나 위협으로 받아들여질 수 있으므로 사용상 주의를 필요로 한다.

직면하기의 적용	• 이전에 한 말과 지금 하는 말이 불일치할 때 • 말과 행동이 불일치할 때 • 집단원이 스스로에 대해 인식하는 것과 다른 사람이 인식하는 것이 불일치할 때 • 집단원의 말과 정서적 반응 간에 차이가 있을 때 • 집단원의 말 내용이 집단상담자가 그에 대해 느낀 바와 다를 때
적용 시 주의사항	• 평가나 판단을 하지 않으며, 사실을 있는 그대로 진술하고 보고하도록 한다. • 변화를 강요해서는 안 되며, 변화의 주체는 집단원 자신이어야 한다. • 시기적으로 적절한 때에 기술을 적용하는 적시성(Timing)이 중요하다. 예 "너는 좋은 성적을 받아 부모님을 기쁘게 해드리고 싶다고 하면서도, 한편으로는 친구와 컴퓨터게임 하는 것을 더욱 좋아하는 구나."

다음 보기의 사례에서 집단상담자가 한 기법은? [18년 17회]

• 집단원 : 저는 공부를 잘하고 싶어도 잘할 수 있는 여건이 아니에요. 언니와 함께 방을 쓰고 있어서 공부에 집중할 수도 없고 방해가 되니까요. 엄마는 언니와 비교해서 나를 무시하곤 해요. 언니는 공부를 잘 하거든요.
• 집단상담자 : 공부를 잘하는 언니와 방을 함께 쓴다는 것이 네가 공부를 못하게 되는 이유는 아닌 것 같구나.

---

① 직면하기　　　　　　② 해석하기
③ 공감하기　　　　　　④ 명료화하기
⑤ 연결짓기

정답 ①

해설

① 직면하기 : 집단원의 말이나 행동이 일치하지 않거나 모순점이 있을 때 그것을 지적해주는 기술이다.

② 해석하기 : 집단원이 표면적으로 표현하거나 인식한 내용을 뛰어넘어, 집단상담자가 그에게 새로운 방식으로 자신의 문제를 바라볼 수 있도록 행동·사고·감정에 대해서 새로운 의미를 부여하거나 새롭게 설명하는 것을 말한다.

③ 공감하기 : 집단원의 입장에서 그의 느낌 또는 내적 경험을 이해하고, 이를 직접 말로 전달하는 것이어야 한다.

④ 명료화하기 : 어떤 중요한 문제의 밑바닥에 깔려있는 혼동되고 갈등적인 느낌을 가려내어 분명히 해주는 기술이다.

⑤ 연결짓기 : 한 집단원의 말과 행동을 다른 집단원의 관심과 연결하고 관련짓는 기술이다.

핵심이론 24 **집단상담자의 기술 (2)**

① 경청하기
- ㉠ 집단상담자가 집단원이 하는 말을 귀담아 들어주는 것을 말한다.
- ㉡ 집단상담자는 집단원의 말의 내용을 파악함은 물론 몸짓, 표정, 음성에서의 섬세한 변화에도 주의를 기울인다.
- ㉢ 집단상담자는 집단원의 잠재적인 감정과 반응에 주목하고 집중하고 있음을 표시한다.
- ㉣ 경청의 중요성
  - 집단원의 메시지에 구체적으로 초점을 맞추고 집단원의 의사소통을 완전하고 정확하게 이해할 수 있다.
  - 말을 하고 있는 집단원이 완전하게 개방되며, 정직한 표현을 촉진한다.
  - 상호작용을 하는 동안에 '타인 중심'의 접근법을 발달시킨다.
  - 경청의 요소는 청취, 이해, 기억, 반응이다.
- ㉤ 적극적 경청
  - 관심을 가지고 상대방의 말을 듣고 상대방의 생각과 감정을 상대의 입장에서 이해하는 것을 의미한다.
  - 적극적 경청을 위해서는 비판적・충고적인 태도를 버리고, 상대가 말하고 있는 의미 전체를 이해하며, 상대가 말하고 있는 것을 피드백(Feedback) 해보면서 흥분하지 않는 것이 중요하다.
  - 적극적 경청의 태도

공감적 이해	상대가 무엇을 느끼고 있는가를 상대의 입장에서 받아들이는 태도
수용의 정신	자신이 가지고 있는 고정관념을 버리고, 상대를 받아들이는 태도
성실한 태도	자신의 감정을 솔직하게 전하며, 상대를 속이지 않는 태도

② 반영하기
- ㉠ 집단원이 전달하고자 하는 의사의 본질을 스스로 볼 수 있도록 집단원의 말과 행동에서 표현되는 감정・생각・태도를 상담자가 다른 참신한 말로 해주는 기술이다.
- ㉡ 집단원이 말한 내용을 좀 더 구체적으로 인식할 수 있도록 해준다.
- ㉢ 집단원이 느끼고 있는 느낌을 집단상담자가 알고 있다는 사실을 그에게 전달하기 위해서 이용된다.
  - 예 "너는 가까운 친구가 너를 다른 사람들 앞에서 비난하는 것에 대해 무척 불쾌한 감정을 품고 있구나."

③ 명료화하기(명확화하기)
- ㉠ 어떤 중요한 문제의 밑바닥에 깔려있는 혼동과 갈등의 느낌을 가려내어 분명히 해주는 기술이다.
- ㉡ 질문, 재진술, 다른 집단원들을 활용하는 방법들이 있다.
  - 예 "~라고 말한 것은 구체적으로 무엇을 뜻합니까?"
    "~에 대해 자세하게 말해줄 수 있습니까?"

④ 바꾸어 말하기(환언)
- ㉠ 내담자가 한 말을 간략하게 반복함으로써 내담자의 생각을 구체화할 수 있고, 내담자가 말하고 있는 바를 상담자가 바르게 이해하고 있는지를 확인할 수 있다.
- ㉡ 명료화와 비슷하지만 내담자의 말을 종합하여 다른 말(용어나 개념)로 바꾸어 표현한다는 점에서 약간의 차이가 있다.

⑤ 해석하기
- ㉠ 집단원이 표면적으로 표현하거나 인식한 내용을 뛰어넘어, 집단상담자가 그에게 새로운 방식으로 자신의 문제를 바라볼 수 있도록 행동・사고・감정에 대해서 새로운 의미를 부여하거나 새롭게 설명하는 것을 말한다.
- ㉡ 단정적으로 해석하지 않도록 해야 하며, 집단원의 의향을 묻는 것이 좋다.
- ㉢ 해석하기의 목적과 방향

해석하기의 목적	• 통찰을 촉진하고 내담자의 감정을 확인하고 경험하도록 한다. • 자기 통제력을 향상시킴으로써 내담자가 자신의 행위에 대한 책임을 지도록 한다.
바람직한 해석의 방향	• 과거 또는 미래 → '지금-여기' • '사람들' 또는 '우리들' → '나와 너(I & You)' • 자기방어 → 자기개방 • 일반적인 것 → 구체적인 것 • 간접적인 것 → 직접적인 것 • 가정 또는 추측 → 확인 및 탐색

⑥ 연결짓기
- ㉠ 한 집단원의 말과 행동을 다른 집단원의 관심과 연결하고 관련짓는 기술이다.

ⓛ 집단원이 제기하는 여러가지 문제의 관련 정보나 자료들을 서로 연관시켜 이를 통해 집단원은 자기 문제를 다른 각도에서 보거나 미처 의식하지 못했던 문제의 진정한 원인이나 해결책을 찾는 데 도움이 될 수 있다.

ⓒ 공통의 관심사를 공유하고 집단의 상호작용을 통해 집단 응집력을 증가시키며, 연계성에 주목한다.

ⓔ 집단원의 말과 행동을 다른 집단원의 관심사나 공통점과 관련짓기도 한다.

[핵심예제]

다음 대화에서 집단상담자가 적용한 기술(ㄱ~ㄴ)을 순서대로 옳게 나열한 것은?
[19년 18회]

- 영희 : 지난 주말 친구들과 여행계획을 세웠는데, 친구들이 가자고 하는 곳과 다른 곳을 가고 싶었는데, 막상 내 의견을 말하지 못했어요. 속상해요.
- 집단상담자 : 지난 번 진로방향을 의논할 때에도 부모님께 네 생각을 말하지 않았던 것 같은데…… 이번 행동과 지난 번 행동에서 너의 어떤 모습을 발견할 수 있을까? (ㄱ)
- 영희 : 음…… 친구들이 나를 이상하게 생각할까봐 내가 싫은 것을 제대로 얘기하지 못했어요. 친구들이랑 어울리지 못하면 학교에서 힘들어지거든요. 부모님께도 마찬가지였던 것 같구요. 부모님 뜻을 거스르면 안 될 것 같아서요.
- 집단상담자 : 자신의 생각이나 원하는 바를 솔직히 얘기하면 혹시나 주변사람들로부터 인정받지 못할까봐 두려워하고 있구나. (ㄴ)

① 직면하기, 연결하기
② 연결하기, 해석하기
③ 반영하기, 자기개방하기
④ 질문하기, 자기개방하기
⑤ 해석하기, 직면하기

정답 ②

해설
• 연결하기 : 집단원이 제기하는 여러 문제의 관련 정보나 자료들을 서로 연관시켜 이를 통해 집단원이 자기 문제를 다른 각도에서 보거나 미처 의식하지 못했던 문제의 진정한 원인이나 해결책을 찾는 데 도움을 주는 기술이다.
• 해석하기 : 집단원이 자신의 문제를 새로운 방식으로 바라볼 수 있도록 행동·사고·감정에 대해서 새롭게 설명하는 기술이다.

핵심이론 25 | **집단상담자의 기술 (3)**

① 행동 제한하기
   ㉠ 집단상담자는 집단활동이 원활히 이루어지도록 노력할 의무가 있다.
   ㉡ 특정 집단원을 비난하거나 공격하는 것이 아니고, 비생산적이고 집단 발전에 도움이 되지 않는 행동을 하지 못하도록 제한하는 것이다.
   ㉢ 집단상담자가 집단원의 행동을 제한해야 하는 경우 : 지나치게 질문만 계속할 때, 제3자에 대해 험담을 할 때, 집단 외부의 이야기를 길게 늘어놓을 때, 다른 집단원의 사적인 비밀을 캐내려고 강요할 때

② 촉진하기
   ㉠ 집단상담자는 집단이 보다 활성화되고 모든 집단원이 보다 적극적으로 집단과정에 참여함으로써 개인적 목표와 집단적 목적을 동시에 달성할 수 있도록 노력해야 한다.
   ㉡ 집단원들 간 의사소통의 장애요소를 제거하며, 집단원들이 보다 개방적인 자세로 자신을 표현하도록 유도한다.
   ㉢ 집단과정을 촉진할 때 유의할 점
   • 집단원들이 그들의 느낌을 솔직하게 말하도록 돕는다.
   • 안전하고 수용적이며 신뢰적인 분위기를 조성한다.
   • 집단원이 개인적인 문제를 탐색하거나 새로운 행동을 실험해보고자 할 때 격려와 지지를 해준다.
   • 초청 혹은 도전을 통해 가능한 많은 집단원을 참여시킨다.
   • 집단상담자에게 의존하는 경향을 줄인다.
   • 갈등이나 의견의 불일치를 공공연히 표현하도록 장려하고, 의사소통의 장벽을 극복하도록 돕는다.

③ 저항의 처리
   ㉠ 처음으로 집단에 참여한 사람들은 자연히 불안과 긴장을 느끼게 되는데, 그로 인해 집단 활동에 참여하는 것을 주저하며 쉽게 자신을 개방하지 않는다.
   ㉡ 집단원이 과거의 일이나 제3자에 관한 이야기를 늘어놓은 것도 일종의 저항에 해당한다.
   ㉢ 집단원이 저항의 자세를 보이는 경우, 집단상담자는 그로 하여금 자신의 감정을 이야기하게 하거나, 모임이 끝난 후에 그러한 저항의 이유에 대해 묻도록 한다.
   ㉣ 집단상담자는 집단원들을 지지함으로써 그들의 불안과 긴장이 해소되도록 도와야 한다.

④ 전이의 취급
  ㉠ '전이'란 과거의 경험에서 어떤 이유로든 억압된 느낌을 현재의 비슷한 대상에게 표현하려는 현상을 말한다.
  ㉡ 집단상담자는 집단원이 문제에 대한 통찰의 수준을 높여 경험적 확신을 가질 수 있도록 훈습을 통해 반복적으로 설명하고 분석하여야 한다.
  ㉢ 전이의 취급의 주된 목적은 집단원들이 스스로 자아통합을 공고히 하도록 하는 것이다.

⑤ 역전이의 취급
  ㉠ 집단원들에 대한 집단상담자의 의식적 또는 무의식적인 정서상의 반응을 말한다.
  ㉡ 집단상담자는 과거의 경험이 현재 자신에게 미치는 영향을 지속적으로 점검해야 한다.
  ㉢ 집단원들에게 그와 같은 사실을 감추기보다는 자신의 감정을 솔직히 이야기하는 것이 좋다.

⑥ 초점 맞추기
  ㉠ 내담자의 표현이 혼돈되거나 산만하고 내용이 모호할 때 집단에서 논의되고 있는 대화의 주제에 초점을 맞추는 것이다.
  ㉡ 초점 맞추기의 종류

초점 유지	"정희가 자신의 이야기를 끝낼 때까지 계속 진행할까요?" "새로운 이야기를 하기 전에 이 주제를 마무리해 봅시다." "동호가 더 할 얘기가 있는 것 같아요. 좀 더 들어볼까요?"
초점 이동	"이제 새로운 주제로 옮겨 가겠습니다."
초점 심화	"여러분, 지금 이야기하는 내용에 대해 곰곰이 생각해 봅시다. 여러분이 친구들과 다투게 되는 상황에서 어떤 패턴이 있는지 더 이야기를 나누어 볼까요?"

⑦ '지금-여기'에 초점 두기
  ㉠ 상담자가 집단 구성원들을 집단 밖, 즉 일상생활에서의 행동에서 '지금-여기'의 감정 및 행동, 현재 집단에서 일어나고 있는 현상에 초점을 두도록 하는 것이다.
  ㉡ 경험하고 있는 것을 표현할 수 있는 기회를 제공하고, 집단원 간 상호작용의 정서적 강도를 높일 수 있으며, 집단에서 일어나는 일에 대한 집단원들의 책임을 자각하게 한다.

⑧ 차단하기
  ㉠ 집단과정에 부정적인 영향을 주거나 집단구성원의 성장·발달을 저해하는 의사소통에 집단상담자가 직접 개입하여, 집단원의 역기능적인 언어행동 혹은 비언어 행동을 중지시키는 기술을 말한다.
  ㉡ 차단하기 적용 상황 : 집단원이 중언부언할 때, 집단원이 상처를 주는 말을 할 때, 지도자가 주제의 초점을 변경하고자 할 때, 집단이 비생산적인 분위기로 흘러가서 분위기 전환이 필요할 때

더 알아보기

회기 시작 시 집단원의 참여 활성화를 위한 집단상담자의 작업
• 지난 회기에서 다루었던 주요 내용을 언급하면서 이번 회기의 계획을 말해준다.
• 이번 회기에서 나누고 싶은 이야기를 집단원들이 돌아가면서 한두 문장 정도로 소개하도록 한다.
• 집단상담에 방해가 되지 않는 범위 내에서 집단의 주제와 관련 있는 뉴스나 날씨 등에 대해 간략히 언급한다.
• 긴급한 질문이나 대답을 요하는 문제가 있다면 시간을 할애해서 다룬다.
• 특정 집단원을 언급하고 관심을 갖는 것은 다른 집단원을 당황하게 할 수 있으므로 바람직하지 않다.

[핵심예제]

다음 보기의 내용은 어떤 초점화(Focusing) 개입인가?

[16년 15회]

○ 정희가 자신의 이야기를 끝낼 때까지 계속 진행할까요?
○ 새로운 이야기를 하기 전에 이 주제를 마무리해 봅시다.
○ 동호가 더 할 얘기가 있는 것 같아요. 좀 더 들어볼까요?

① 초점 유지   ② 초점 확립
③ 초점 이동   ④ 초점 심화
⑤ 초점 일반화

정답 ①

해설

초점 맞추기는 내담자의 표현이 혼돈되거나 산만하고 내용이 모호할 때 집단에서 논의되고 있는 대화의 주제에 초점을 맞추는 것으로, 그 종류에는 초점 설정, 초점 유지, 초점 이동, 초점 심화 등이 있다. 제시된 내용은 주제에서 벗어나지 않도록 지속적이고 의도적으로 주제를 유지하려는 '초점 유지'에 해당한다.

핵심이론 26 | 집단상담자의 문제 상황 다루기 (1)

① 침묵하는 집단원에 대한 대처방법

㉠ 집단 초기에 성급한 해석을 내리는 경우, 침묵하는 집단원이 더 방어적으로 나올 수 있으므로 유념해야 한다.

㉡ 집단원이 내면화 작업으로 침묵한다면, 집단상담 중에 함께 나누고 싶은 마음을 전한다.

㉢ 집단원들이 침묵에 대해 아무리 압박과 불안을 느끼더라도 지도자인 자신이 먼저 말해야 한다는 압박감을 느끼지 않아야 한다.

㉣ 적극적인 참여를 요구하면 침묵하는 집단원이 부담을 느껴 참여가 어려워질 수 있으므로, 침묵의 시간을 집단원들을 이해·관찰하는 시간으로 활용한다.

㉤ 회기 초기에 오랜 침묵을 허용하는 것은 지도력이 제대로 발휘되지 않은 것이다.

㉥ 침묵하는 집단원이 말을 할 수 있도록 적절한 조치를 취하는 것이 바람직하며, 이때 강압적으로 참여를 강요하는 것이 아니라, 표정·몸짓 등 비언어적 행동에 대해 언급하며 자연스러운 참여를 유도한다.

㉦ 집단원이 집단에 대한 신뢰감이 생기지 않아 침묵하는 경우, 자발적으로 참여할 때까지 기다린다. 또한 침묵하는 집단원에 대한 지나친 관심보다 적절한 반응을 통해 참여할 수 있도록 유도해야 한다.

㉧ 생산적으로 여겨지는 침묵 상황에서 말하려는 집단원에게 기다리라고 제지할 수 있고, 말하고 싶으나 기회를 잡지 못하는 집단원에게 말할 기회를 준다.

㉨ 짝지어 말하기나 돌아가면서 말하기 등의 구조화 개입으로 침묵하는 집단원의 참여를 이끈다.

㉩ 침묵의 의미가 무엇인지 탐색하게 한다.

예 • 당신의 침묵은 어떤 의미가 있나요?

• 집단 밖에서도 말이 없는 편인가요?

• 이 집단에서 말을 꺼내기 힘들게 하는 것은 무엇인가요?

• 다른 사람들의 이야기를 들으면서 재석씨도 어떤 느낌이 들었을 것 같은데.

㉪ 회기 마지막에 집단에서 경험한 내용을 나누는 시간에 참여를 독려한다.

② 대화를 독점하는 집단원에 대한 대처방법

㉠ 상담자는 대화를 독점하는 집단원의 문제행동에 즉각적이고 적극적으로 개입한다.

㉡ 상담자와 다른 집단원은 독점하는 집단원의 행동이 집단에 어떤 영향을 미치는지 솔직한 피드백을 해야 한다.

㉢ 독점행동을 통해 얻고자 하는 것이 무엇인지 탐색할 수 있게 한다.

㉣ 독점하는 집단원의 행동에 대한 탐색기회를 제공하는 미완성 문장을 사용한다.

㉤ 대화 독점을 허용한 다른 집단원들이 직접 집단에서 이것에 대해 다루도록 개입한다.

㉥ 대화 독점을 통해 얻고자 하는 점과 관련된 역동을 탐색한다.

㉦ 대화 독점은 일종의 강박적인 불안감의 표현으로 자신을 은폐하기 위한 시도로 볼 수 있으므로, 상담자가 직접 개입하여 다른 집단원들이 대화에 적극 참여하도록 격려한다.

③ 비자발적인 청소년의 참여 동기 촉진방법

㉠ 집단원이 수용되는 경험을 하게 한다.

㉡ 집단을 거부할 권리나 비밀유지 등을 고지한다.

㉢ 집단에 대한 자신의 마음을 표현할 수 있는 시간을 충분히 가지게 한다.

㉣ 상담자는 진실하게 대하고 집단원의 욕구와 특성에 맞는 흥미롭고 창의적인 활동을 계획한다.

㉤ 지루함으로 인해 침묵할 경우에는 지루함을 없앨 수 있도록 분위기를 조성하는 것이 필요하다.

㉥ 명령이나 강제로 참여하게 된 집단원에게는 상담내용과 목표에 대해 정확히 알려주어 적극적으로 참여할 수 있도록 도와야 한다.

㉦ 적극적인 참여의 중요성을 설명한다.

㉧ 침묵할 자유와 권리가 있음을 알려준다.

㉨ 집단에 억지로 참여하게 된 것에 대한 솔직한 감정을 표현할 수 있도록 한다.

㉩ 기대 이하의 수준으로 집단에 참여한 경우 집단상담을 받은 것으로 인정하지 않을 수 있음을 설명한다.

④ 지도자 역할을 하려는 집단원에 대한 대처방법

    ㉠ 스스로 지도자나 의사와 같은 역할을 하려는 사람으로서, 자기의 우수성을 과시하며 지도자 역할을 하려는 유형이다.

    ㉡ 상담자와 다른 집단원들의 인정을 받기 위해 이런 행동을 하는 경우가 많다.

    ㉢ 지도자처럼 질문, 정보탐색, 조언함으로써 자신이 집단에서 취약해지는 것을 방어하려는 반응일 수 있다.

    ㉣ 지도자 역할을 하려는 집단원은 집단에 참여한 자신의 일차적 문제를 다룰 기회를 상실할 수 있다.

    ㉤ 그런 행동은 다른 집단원이 싫어하는 경향이 있고, 집단의 진전을 방해할 수 있다.

    ㉥ 그런 행동을 하는 동기를 살펴볼 질문을 하면서 집단에서 자신의 목표 달성을 위해 어떤 역할을 할지 결정하도록 한다.

    ㉦ 그런 행동이 집단에서 어떠한 영향을 주는지 발견하고, 그런 행동을 만드는 심리적 갈등에 공감하며 태도의 비효율성을 인식시켜 준다.

    ㉧ 하위집단을 형성할 경우 그에 따른 문제점을 집단 내에서 개방적으로 다룬다.

[핵심예제]

침묵하는 집단원에 대한 상담자의 반응으로 옳은 것을 모두 고른 것은?

[20년 19회]

ㄱ. 당신의 침묵은 어떤 의미가 있나요?
ㄴ. 집단 밖에서도 말이 없는 편인가요?
ㄷ. 이 집단에서 말을 꺼내기 힘들게 하는 것은 무엇인가요?
ㄹ. 다른 사람들의 이야기를 들으면서 재석씨도 어떤 느낌이 들었을 것 같은데.

① ㄱ, ㄴ
② ㄱ, ㄹ
③ ㄴ, ㄷ
④ ㄱ, ㄷ, ㄹ
⑤ ㄱ, ㄴ, ㄷ, ㄹ

정답 ⑤

해설

침묵하는 집단원에게는 강압적으로 참여를 강요하는 것이 아니라, 표정·몸짓 등 비언어적 행동에 대해 언급하여 자연스러운 참여를 유도하고, 질문 등을 통해 침묵의 의미가 무엇인지 탐색하게 한다.

핵심이론 27 집단상담자의 문제 상황 다루기 (2)

① 개인중심 역할행동의 집단원에 대한 대처방법

충고하기	집단원이 다른 참여자에게 충고를 하는 경우, 집단상담자는 그와 같은 충고를 하게 된 동기에 대해 스스로 탐색하도록 해주며, 그와 관련된 느낌을 취급하도록 돕는다.
일시적 구원 (상처 싸매기)	다른 집단원의 고통을 지켜보는 것이 어려워 상처를 어루만져 주고 기분 좋게 해주는 행동으로, 자신의 내면적 불안감을 감소시키고 안정을 취하려는 욕구의 표현이다. 상담자는 이러한 행동이 본인에게 어떤 의미를 지니고 있고, 자신의 느낌이 무엇인지를 성찰하도록 돕는다.
공격하기	집단원이 직접적인 공격이나 적대적인 행동을 하는 경우, 집단상담자는 그와 같은 공격적인 표현의 원인에 직접적으로 맞닥뜨려야 한다.
도움을 구걸하기	집단원이 지나치게 의존적인 행동을 보이는 경우, 집단상담자는 의존의 욕구가 지속되지 않도록 거절의 표시를 하고, 의존하는 자신의 태도를 인식하게 해야 한다. 또한 집단상담자 자신이 집단원의 의존행동을 조장하지 않았는지도 탐색해 본다.
문제없는 사람으로 자처하기	집단원이 스스로 문제없는 사람으로 자처하는 경우 집단상담자는 그의 행동에 대한 솔직한 피드백을 제시한다.
지성에만 호소하기(지성화)	집단원이 지적인 토론을 통해 자기은폐를 하고자 하는 경우, 집단상담자는 '지금-여기'의 주관적인 정서체험을 자각하도록 해준다.
다른 사람들의 기분 맞추기	집단원이 다른 사람들의 기분을 맞추는 행동을 하는 경우, 집단상담자는 그가 솔직하게 자신의 내면을 표현할 수 있도록 유도한다.
집단과 관계없는 이야기하기	집단원이 집단활동과 아무런 관련이 없는 이야기를 하는 경우, 집단상담자는 집단 외부의 일이 어떠한 의미를 가지는지 관심을 갖도록 하여, 주관적인 경험을 표현할 수 있도록 돕는다.
세월의 경험이 약이라고 치부하기	집단원이 세월의 경험을 언급하며 현실의 문제를 외면하고자 하는 경우, 집단상담자는 집단원이 당시의 경험에 따른 감정을 구체적으로 표현할 수 있도록 돕는다.

② 중도 탈락 집단원에 대한 개입방법

  ⊙ 떠나려는 집단원에게 남으라는 압박이 가해질 경우 이를 저지한다.

  ⓒ 법정 명령으로 참여한 경우 그만두는 결정에 따른 결과와 후속 조치에 대해 설명한다.

  ⓒ 중도 탈락하고자 하는 경우 모임에 참여하여 사유를 밝히도록 하고 떠나려는 의사를 존중하면서 신중히 고려할 시간을 갖도록 권유한다.

  ⓔ 남겨진 집단원들이 경험할 수 있는 사고와 감정을 탐색한다.

③ 비밀유지 원칙을 위반한 집단원에 대한 대처방법

  ⊙ 집단상담의 구성원들의 역할과 책임, 비밀보장과 그 한계를 분명히 하고 그 필요성을 강조하면서 비밀보장이 지켜지지 않았을 때 잠재적인 결과에 대하여 분명히 해야 한다.

  ⓒ 상담자는 집단상담을 시작할 때만이 아니라 집단과정 중에도 비밀보장의 중요성을 강조하여 인지하도록 함으로써 차후 비밀보장이 준수되지 않는 경우 내담자들이 해를 입게 되는 일이 발생하지 않도록 주의를 기울여야 한다.

  ⓒ 비밀유지 위반이 일어난 경우 이해의 부족, 경계의 어려움, 또는 고의적인 행동 때문에 더 자주 일어나는 것은 아닌지 살펴보아야 한다.

  ⓔ 문제 집단원이 잔류하게 될 때 다른 집단원들이 비난하거나 공격하는 상황이 발생하는지 주의깊게 관찰한다.

④ 기타 문제상황에 대한 대처방법

습관적인 불평	습관적으로 불평을 하는 집단원에게는 개별 면담을 통해 이유를 알아보고, 생산적인 집단이 될 수 있도록 협조를 구한다.
집단원의 만성적인 지각 또는 결석	사전에 상담자와 집단원들에게 미리 고지해야 하며, 타당한 이유 없이 지각과 결석을 반복하는 집단원에게는 집단 참여의 제한을 고려한다. 사전 양해 없이 특정 집단원들이 자주 불참하거나 지각하는 경우에는 당사자들뿐만 아니라 집단 전체에 부정적인 영향을 미치기 때문이다.
자주 질문하는 집단원	질문하는 이유와 계기를 살펴보게 한다.
사실적 이야기를 늘어놓는 집단원	사실적 이야기와 관련된 감정을 현재형으로 표현하게 한다.

[핵심예제]

집단상담에서 집단원인 '보라'가 보이는 문제행동은?

[20년 19회]

- 초록 : … 사실은 엄마 아빠가 이혼하겠다고 하셨어요. (울음)
- 보라 : 너희 부모님이 화가 많이 나셔서 그랬을거야. 걱정마. 우리 엄마 아빠도 자주 싸우는데, 싸울 때마다 이혼하겠다고 해놓고 진짜 이혼은 안하더라. 내 생각에는…

① 질문 공세   ② 습관적 불평
③ 일시적 구원   ④ 충고 일삼기
⑤ 대화의 독점

정답 ③

해설

'일시적 구원'은 다른 집단원의 고통을 지켜보는 것이 어려워 상처를 어루만져 주고 기분 좋게 해주는 행동으로, 자신의 내면적 불안감을 감소시키고 안정을 취하려는 욕구의 표현이다.

핵심이론 28 **청소년 집단상담 계획 (1)**

① **집단의 장소와 분위기**
  ㉠ 집단상담실의 위치, 크기 및 분위기는 집단원의 수, 연령, 주된 활동프로그램에 따라 다를 수 있다.
  ㉡ 대체로 심리적인 안정감을 주고 아늑하여 집단과정에 몰입하는 데 방해를 주지 않을 정도로 정돈되어 있으며, 참여자들이 자유로운 신체적 활동을 할 수 있을 정도로 커야 한다.
  ㉢ 상담의 효과를 높이기 위하여 흔히 시청각 기재를 활용할 수도 있는데, 이러한 경우에는 사전에 집단원 모두에게 분명히 알리고 동의를 얻어야 한다.
  ㉣ 집단상담 장소 중앙에 가구를 두는 것은 비언어적 의사소통에 방해를 줄 수 있다.

② **집단의 크기**
  ㉠ 집단의 적절한 크기의 기준은 대체로 그 구성원의 성숙도, 집단상담자의 경험, 집단의 유형, 탐색할 문제나 관심의 범위, 그리고 타인에 대하여 알고자 하는 집단원의 요구 등 여러 요인에 따라 다를 수 있다.
  ㉡ 대부분의 전문가들은 5~15명의 범위에서, 특히 7~8명을 이상적인 수라고 보고 있다.
  ㉢ 집단의 크기는 모든 집단원이 원만한 상호작용을 할 수 있을 정도로 커야 하고, 동시에 모든 집단원이 정서적으로 집단 활동에 관여하여 집단감정을 느낄 수 있을 정도로 작아야 한다.
  ㉣ 연령이 어릴수록 적은 수로 구성하고, 성인에 가까울수록 다소 많은 수로 조직할 수 있다.
  ㉤ 연령별 특성을 고려해 볼 때, 초등학생은 3~4명, 청소년의 경우는 6~8명으로 구성하는 것이 효과적이다.

③ **집단의 구성**
  ㉠ 집단의 성공여부는 강한 동기와 참여의식을 가지고 자발적으로 참여하는 집단원으로 구성되느냐, 그렇지 못하느냐에 달려 있다.
  ㉡ 청소년 집단상담은 구조적 집단상담의 형태로 진행하는 것이 더 효과적이다.
  ㉢ 집단이 유지되기 위해서 집단은 동질적이면서, 이질적이어야 한다.

  ㉣ 구성방법

아동의 경우	• 남아와 여아를 따로 모집하여 동성의 집단을 이루는 것이 효과적이다.
학생의 경우	• 공동의 관심사를 교류하면서 서로 어울릴 수 있도록 같은 또래로 구성하는 것이 효과적이다.
청소년의 경우	• 15세 이전 : 성적인 정체감에 몰두하여 다른 동성의 또래들과 비교하려는 욕구가 강하므로, 혼성집단보다는 동성집단이 더 바람직하다. • 15세 이후 : 남자와 여자를 혼합하여 서로 어울릴 수 있는 집단을 이루는 것이 효과적이다.
성인의 경우	• 서로의 경험을 교환할 수 있도록 다양한 연령층으로 구성하는 것이 효과적이다.

  ㉤ 효율적인 집단구성
    • 심리교육 집단은 특정 주제에 초점을 둔 구조화된 집단으로 진행할 때 유용하다.
    • 성장집단은 성장 지향이 목적이므로, 이질집단 구성과 비구조화된 회기가 유용하다.
    • 지지집단은 정서적 지지가 목적이므로 동질집단 구성이 유용하다.
    • 자조집단은 상호 지지가 목적이므로 특정 주제를 가진 동질집단 구성이 용이하다.

④ **집단의 개방성**
  ㉠ 집단은 신규 집단원을 받아들일 것인지(개방집단), 받아들이지 않고 기존의 집단원으로만 집단활동을 할지(폐쇄집단) 결정해야 한다.
  ㉡ 집단의 개방 정도는 집단목표와 환경에 따라 달라질 수 있다.

⑤ **집단의 기간**
  ㉠ 집단의 기간은 집단원들이 제각기 참여의 기회를 가질 수 있고, 정서적으로 자신을 투입할 수 있으며, 원만한 집단 활동이 전개될 수 있을 정도로 이루어져야 한다.
  ㉡ 집단상담자는 상담이 약속된 시간 규칙에 따라 전개되도록 해야 한다.
  ㉢ 집단상담을 시작할 때 미리 그 기간을 분명히 하고, 종결의 시일도 정해 두어야 한다.
  ㉣ 전문가들의 의견을 종합해 볼 때, 일반적으로 모임의 시간은 90~120분 정도가 적당하며, 특히 아동의 경우 30~40분, 청소년의 경우 1시간, 성인의 경우 2~3시간 정도가 적절하다.

ⓜ 마라톤 집단의 경우에는 계속해서 12시간, 24시간 혹은 48시간(잠시 쉬고, 자고, 밥 먹는 시간을 제외) 동안 진행되기도 한다. 이러한 마라톤 집단은 계속적인 상호작용과 수면부족에서 오는 피로현상 등을 통해 집단원 간에 통상적 가면을 벗고, 자신을 그대로 노출하도록 한다. 이와 같이 긴 시간의 활동을 전개하는 이유는 강력한 정서적 몰입과 대인 간의 맞닥뜨림을 촉진하기 위함이다.

ⓗ 회합의 횟수를 사전에 정해놓고 만날 수도 있으나, 집단 진행과정 중 서로 협의하여 조정해나갈 수도 있다.

⑥ 집단의 조직성

ⓙ 집단 중심적인 집단에서는 비조직적인 형태를 취하는 반면, 집단상담자 중심적인 집단에서는 집단상담자가 사전에 정한 절차에 따라 지시적으로 진행되는 고도의 조직성을 띠게 된다.

ⓛ T-집단의 집단상담자는 처음 시작할 때부터 자신은 아무 것도 하지 않은 채, 집단원 중에서 리더십을 발휘하고 집단 스스로 집단을 이끌어 나가도록 기다린다.

ⓒ 행동주의적 집단에서는 집단상담자가 미리 조직적인 프로그램을 고안하여 임하며, 집단 활동전 과정을 그 프로그램에 의하여 진행한다.

ⓔ 지나치게 엄격한 조직은 집단원의 자발성과 창의성의 발달을 막는 결과를 초래할 수 있다.

[핵심예제]

집단상담 진행 시 고려사항으로 옳은 것을 모두 고른 것은?

[18년 17회]

ㄱ. 집단상담 장소 중앙에 가구를 두는 것은 비언어적 의사소통에 방해를 줄 수 있다.
ㄴ. 집단상담의 특성상 상호작용 촉진을 위해 10명 이상으로만 집단원을 구성하여야 한다.
ㄷ. 특정 욕구를 가진 대상을 집단원으로 하는 경우 동질 집단으로 구성하는 것이 효과적이다.
ㄹ. 응집력을 갖도록 하기 위해서는 개방집단으로 진행하는 것이 효과적이다.

① ㄱ, ㄴ   ② ㄱ, ㄷ
③ ㄴ, ㄹ   ④ ㄱ, ㄴ, ㄷ
⑤ ㄴ, ㄷ, ㄹ

정답 ②

해설

ㄴ. 대부분의 전문가들이 집단상담에 적합한 인원수를 5~15명의 범위로 한정하고 있으며, 그중에서도 7~8명이 가장 이상적이라고 말한다.
ㄹ. 폐쇄집단은 같은 집단원의 지속적인 유지로 결속력과 응집력이 매우 높으며 안정적인 구성으로 집단원의 역할행동을 예측할 수 있다는 장점이 있다.

핵심이론 29 청소년 집단상담 계획 (2)

① 협동상담(공동지도력)

㉠ 협동상담의 이해

- '협동상담' 또는 '공동지도력'이란 둘 혹은 그 이상의 집단상담자가 협력해서 함께 상담하는 경우를 말한다.
- 협동상담은 둘 혹은 그 이상의 집단상담자가 동등하게 주 상담자로서 역할을 분담할 수도 있고, 한 사람이 주 상담자, 다른 한 사람이 보조 상담자로서의 역할을 담당할 수도 있다. 또한 한 상담자가 개입활동에 주력할 때, 다른 상담자는 집단원 관찰에 주의를 기울일 수 있다.
- 공동상담자의 인간적 성향과 이론적 배경이 상반될수록 집단응집력이 저하되어 집단에 도움이 되지 않는다.
- 공동상담자의 이론적 배경이 같아야 집단에 도움이 되며, 상담의 전후에 공동상담자 간 토의하는 시간을 갖는 것이 도움이 된다.
- 정신역동적 집단에서 한 상담자의 역전이 반응을 다른 상담자가 점검할 수 있어 도움이 된다.
- 남성 상담자와 여성 상담자일 때 그 역할이 보완적이어서 집단에 도움이 된다.

㉡ 협동상담의 유의사항

- 집단상담의 효과성 향상을 위해 공동지도력을 활용하는 것도 좋지만, 그로 인해 발생할 수 있는 지도자들 간 갈등 등의 문제를 충분히 유념해야 한다.
- 공동지도자 간 서로 존중하고 신뢰하는 관계를 형성한다.
- 청소년 집단상담일 경우 남성과 여성의 공동상담자 형태는 집단원에게 성역할 모델을 제공한다.
- 공동지도자 간의 불일치가 집단 안에서 건설적으로 해결된다면 집단원들에게 모범이 될 수 있다.

㉢ 공동지도력의 장·단점

장 점	• 한 상담자가 직접 집단활동에 참여하거나 집단을 지도하는 동안, 다른 상담자는 집단전체를 객관적인 입장에서 관찰할 수 있다. • 한 상담자는 과업목표에 치중하고, 다른 상담자는 사회정서적 문제에 집중하는 식으로 역할분담이 가능하다.
	• 두 상담자 간의 피드백을 통해 서로 다른 관점에서 상호작용을 할 수 있으므로, 집단 내 전문성 향상을 가져올 수 있다. • 두 상담자 간의 상호작용을 통해 집단원들에게 시범을 보임으로써, 집단원들 간 갈등 상황에서 적절한 갈등해결방법의 모델이 될 수 있다. • 공동지도자가 참석해 있으므로, 역전이를 어느 정도 방지할 수 있다. • 초보지도자의 훈련에 가장 효과적인 방법이 될 수 있고, 상담자 탈진을 예방할 수 있다. • 집단원의 욕구를 충족시키기 위한 역할을 구조화하는 기회를 갖는다.
단 점	• 상담자들 간 화합이 이루어지지 않은 채 의견충돌이 일어나는 경우 집단이 양극화될 수 있다. • 상담자들이 각자 자신의 역할과 기능을 제대로 발휘하지 못하는 경우, 치료적 역할모델로서 기능할 수 없다. • 상담자들이 자신의 입장을 고수하거나 상대방의 능력을 인정하지 않는 경우, 권력다툼이나 갈등·경쟁관계가 발생할 수 있다. • 한 상담자가 집단원들과 결탁하여 다른 상담자에 대항할 수 있다. • 절친한 상담자들의 경우, 자신들의 사적인 문제를 해결하기 위해 집단을 이용할 수 있다. • 비용이 많이 들어 집단의 유지 및 발전에 지장을 초래하기도 한다.

② 병행(Combined)상담과 연합(Conjoint)상담

㉠ 한 명의 상담자에게 개인상담과 집단상담을 모두 받는 것을 '병행상담'이라 하고, 개인상담과 집단상담을 모두 받지만 각각의 상담자가 다른 것을 '연합상담'이라고 한다.

㉡ 심한 성격적 문제를 갖고 있을 때, 연합상담이 단독상담보다 효과적일 가능성이 크다.

㉢ 아동기에 성폭행을 당했거나 수치심과 관련된 문제가 있는 내담자의 경우, 정신역동적 연합상담이 단독상담보다 효과적일 가능성이 크다.

㉣ 병행상담과 연합상담 모두 단독상담보다 중도탈락자가 발생하는 비율이 낮다.

[핵심예제]

두 명의 상담자가 공동으로 진행하는 집단상담에 관한 설명으로 옳은 것은?

[19년 18회]

① 집단활동 중에는 공동상담자 간의 상호작용을 자제한다.
② 공동상담자 간의 경쟁관계는 생산적인 집단역동을 촉진한다.
③ 공동상담자들은 집단회기 이외의 시간에 서로의 의견 차이를 논의한다.
④ 형평성 차원에서 공동상담자들이 매 집단회기를 교대로 진행해야 한다.
⑤ 공동상담자의 집단상담에 대한 이론적 관점이 상반될수록 집단에 도움이 된다.

정답 ③

해설

① 공동상담자는 집단활동 중에 상호작용을 통해 집단원들 간 갈등 상황에서 적절한 갈등 해결방법의 모델이 될 수 있고, 전문성을 향상시킬 수 있다.
② 공동상담자 간의 경쟁관계는 집단응집력을 저하시켜 집단에 도움이 되지 않는다.
④ 공동상담자들이 매 회기를 교대로 진행해야 하는 것이 아니고, 회기 별·상황별로 적절하게 역할을 나누어 수행하면 된다.
⑤ 공동상담자의 집단상담에 대한 이론적 관점이 같아야 집단에 도움이 된다.

핵심이론 30 | 효과적인 집단상담 진행을 위한 사전준비

① 집단상담에 관한 오리엔테이션
  ㉠ 집단원들에 대한 오리엔테이션을 통해 집단상담에 대한 일반적 오해와 비현실적 기대를 해소할 수 있다.
  ㉡ 집단의 목적·목표를 명확히 하며, 상담 중 지켜야 할 규칙을 수립한다.
  ㉢ 집단상담 과정에 관한 정보를 제공한다.
  ㉣ 집단상담 계획 및 진행과정

> 대상집단 요구 파악 → 계획안 작성 → 집단원 모집광고 → 부모나 보호자 승인 얻기 → 사전 집단 면접 → 집단원 선정 → 사전 검사 → 집단상담 → 사후 검사 → 추후지도 및 평가

② 집단원의 선정
  ㉠ 집단원을 주의 깊게 선정함으로써 집단상담의 효과를 높일 수 있으므로, 찾아온 후보자들을 일일이 면접한다.
  ㉡ 집단원 선정 시 고려사항 : 집단의 유형 또는 집단원의 구성, 집단의 목표 및 목적, 집단의 크기, 회합의 시간과 장소, 회합의 빈도와 길이, 집단 가입절차, 집단상담을 통해 기대할 수 있는 것, 집단상담에 사용될 기법 및 절차, 집단역할 및 그에 따른 권리와 책임, 그 외 집단상담에 소요되는 비용, 집단상담자와의 이중관계 여부
  ㉢ 집단원 선정방법

개별 면접방법	• 집단의 목적, 집단원의 책임, 집단에 거는 기대 등을 알아보고 위험요소와 예방법에 대해 설명한다. • 시간할애에 어려움이 있으나 효과적인 방법이 될 수 있다.
질문지 방법	성별, 연령, 학년, 결혼 여부, 진단명, 질병에 관한 기록, 자녀 상황 등과 같은 인적사항을 비롯하여 집단참여 목적, 집단참여 경험 여부, 집단에 대한 기대, 집단에 기여할 수 있는 방법 등을 묻는다.
교사나 병원 직원과 같은 의뢰원에 의한 선발방법	사전에 집단에 적합한 집단원에 대한 내용을 알려주어야 한다.

③ 집단의 전체목표 설정
  ㉠ 집단상담자는 집단원들의 목표나 특성, 집단상담 이론, 자신의 특성 등을 고려하여 집단이 나아가야 할 방향을 미리 설정하여야 한다.

ⓛ 구체적인 목표 설정은 집단상담의 효과와 이에 대한 평가를 위하여 꼭 필요하다.

ⓒ 집단 초기에 집단과 집단원의 목표를 확인하고, 집단원과 집단상담자가 의논하고 협력하여 설정한다.

ⓔ 목표는 집단과정 전체에 걸쳐 수정되고 추가될 수 있다.

ⓜ 집단의 목표에는 '과정적 목표'와 '개인적 목표'의 두 가지가 있다.

과정적 목표	집단 과정의 발달을 돕는 데 도움을 주는 목표로, 집단원들이 어떻게 행동하면 집단이 활성화되고 신뢰 관계가 깊이 있게 발달할 수 있겠는가와 관련된 목표이다(자기개방하기, 경청하기, 피드백 주고받기 등).
개인적 목표	개인이 도움을 받고자 하는 특정 문제나 집단상담에 참여하는 주된 이유와 관련된 목표이다.

④ 전체회기에 대한 계획

㉠ 비구조화된 집단상담일지라도 개괄적인 프레임을 가지고 있어야 하며, 특히 구조화된 집단상담일 경우에는 반드시 전체회기에 대한 계획이 구체적으로 구성되어 있어야 한다.

ⓛ 회기를 계획할 때 초반, 중반, 후반의 회기들 간의 차이를 염두에 두어야 하는데, 예컨대 8회기 집단상담이라고 한다면, 1~2회는 초반, 3~7회는 중반, 8회는 후반 등으로 구성하는 것이 적당하다.

ⓒ 집단상담 초기의 상담의 구조화란 참여자들에게 집단의 성격과 목적, 집단을 운영하는 데 필요한 기본규칙, 지켜야 할 기본적인 행동규준, 그리고 지도자의 역할과 참여자의 역할 등에 대해 설명하고 가르쳐 주는 것을 말한다.

ⓔ 상담구조화의 목적은 참여자로 하여금 성공적인 집단경험을 위한 준비를 하도록 안내하는 데 있다. 상담의 구조화는 준비모임이나 첫 번째 집단모임에서 집중적으로 실시되는데, 지도자가 집단초기부터 너무 적게 개입하여 충분한 구조화를 하지 않으면, 집단은 불필요한 혼란을 경험하고 비생산적인 상호작용에 빠져 목표달성에 실패할 가능성이 높다. 따라서 초반회기에도 집단지도자가 충분히 개입하여야 한다.

ⓜ 과제를 수행하지 않거나 결석한 집단원을 위한 계획도 수립한다.

ⓗ 집단의 특성을 이해하고 에너지 수준을 고려하여 회기당 활동을 계획한다. 한 회기 동안 너무 많은 활동을 계획하여 집단원들이 충분히 생각할 시간이 적어지면 안 된다.

ⓢ 집단 계획서는 사전 검사 전에 만든다.

ⓞ 집단을 계획할 때 가장 먼저 해야 할 것은 집단의 필요성과 이론적인 근거를 명확하게 제시하는 것이다.

더 알아보기

학교집단상담 계획서에 반드시 포함되어야 할 내용

- 집단의 필요성과 목적
- 집단의 구성
- 집단의 유형
- 집단원 선발방법
- 집단의 크기
- 집단의 일정
- 집단모임 장소
- 집단상담자의 수
- 집단 홍보
- 기대효과와 평가
- 집단의 활동내용(집단프로그램 활동) 결정

[핵심예제]

집단원 선정에 관한 설명으로 옳지 않은 것은? [18년 17회]

① 집단상담의 목적에 부합하는 욕구를 가진 사람을 선정한다.

② 집단상담 진행에 방해를 초래할 가능성이 있는 사람을 집단원으로 받아들여야 할 것인지 고려한다.

③ 개별 면담을 통한 선정은 시간할애에 어려움이 있으나 효과적인 방법이 될 수 있다.

④ 집단상담자와의 이중관계 여부를 파악한다.

⑤ 집단원 선정을 위해서는 투사검사가 필수적이다.

정답 ⑤

해설

투사검사는 개개인의 심리 특성의 보다 다양하고 깊이 있는 부분을 파악하기 위한 검사이다. 따라서 집단원 선정을 위한 검사로는 적당하지 않다.

집단원의 선정방법

집단원의 선정방법에는 개별 면접방법(집단의 목적, 집단원의 책임, 집단에 거는 기대 등을 알아보고 위험요소와 예방법에 대한 설명), 질문지방법(성별, 연령, 학년, 결혼 여부, 진단명, 질병에 관한 기록, 자녀 상황 등과 같은 인적 사항을 비롯하여 집단 참여 목적, 집단 참여 경험 여부, 집단에 대한 기대, 집단에 기여할 수 있는 방법 등을 묻는 문항), 교사나 병원 직원과 같은 의뢰원에 의한 선정방법(사전에 집단에 적합한 집단원에 대한 내용을 알려줘야 함) 등이 있다.

핵심이론 31 청소년 집단상담 평가

① 집단상담 평가의 개요

평가의 개념	• 면접, 검사, 관찰 등의 과학적인 방법을 통해 집단 상담 관련 변인에 대한 객관적 정보를 수집하고, 이를 토대로 타당한 준거를 사용하여 현재의 변화 상태와 그 질적 가치를 판정 및 설명하는 행위를 말한다. • 집단활동을 통해 어느 정도 목표가 달성되었으며, 얼마만큼의 진전이 이루어졌는가에 대해 알아보는 과정이다. • 양적 평가와 질적 평가로 이루어진다.
평가의 수립	• 평가계획은 일반적으로 집단계획단계에서 수립된다.
평가의 목적	• 집단상담 평가는 목적지향적 활동으로서, 일차적인 목적을 목표관리에 둔다.
평가의 효과	• 평가를 집단활동의 일부분으로 포함시킴으로써, 집단기술의 발달 및 개인행동의 변화 등의 긍정적인 효과를 기대한다. • 집단의 분위기와 응집성을 높이고, 집단원 상호 간의 관계가 우호적으로 발전 가능하다.
평가 대상에 따른 평가 유형	• 집단원 평가, 집단상담자 평가, 집단상담 프로그램 평가, 집단상담기관 평가 등
평가 요소	• 정직성, 솔직성
평가 주체와 대상	• 주체 : 집단상담자 • 대상 : 집단상담자, 집단원, 프로그램, 상담기관 모두 평가의 대상 • 평가의 주체와 대상이 다르다는 것은 상담자와 집단원이 서로 협력하여 집단상담을 진행해야 함을 의미한다.
평가 내용	• 집단의 분위기, 응집성, 의사소통 형태, 인간관계 형태 등
평가 결과	• 평가는 일종의 자기개선의 방안이며, 평가결과는 집단상담의 계획, 유지, 보완, 수정, 폐기 여부에 반영된다.

② 집단평가의 시기

매 모임이 끝날 무렵	• 모임의 전체 길이가 2시간 정도 될 경우, 약 15분 정도의 시간을 평가에 할애할 수 있다.
집단 기간의 중간과 마지막	• 전체 집단 과정의 중간에 온전히 한 번의 모임을 할애하여 평가에 활용할 필요가 있다. • 사전에 평가의 시기를 정하고 모든 집단원으로 하여금 미리 준비하도록 해야 한다. • 집단상담의 전 과정이 끝날 무렵에 한 번 혹은 두 번의 모임을 할애하여 집단상담의 전체 경험에 대해 평가를 해야 한다.
사후평가	• 집단상담 종결 이후에 집단 과정과 역동에 대해 평가한다.
추후평가	• 집단상담의 전 과정이 끝나고 2~3개월이 지난 후에 집단경험이 일상생활에 어떤 결과를 가져왔는지, 그때의 변화가 어느 정도 계속되고 있으며, 집단상담의 효과가 어느 정도인지 등에 대해 평가해볼 수 있다.

③ 집단평가의 종류

분류기준		평가대상
대상과 주체	집단원 평가	집단원의 특성
	집단상담 프로그램 평가	집단상담 프로그램의 특성이나 구성
	집단상담자 평가	집단상담자의 특성이나 개입행동
준거	상대평가(규준 지향적 평가)	특정 집단원의 비교준거 집단 내의 상대적 위치
	절대평가(목표 지향적 평가)	일정의 목표 달성 정도
양적 지표	양적 평가	관찰, 측정, 통제가 가능한 객관적·양적 지표를 사용하여 평가
	질적 평가	관찰, 측정, 통제가 어려운 주관적·질적 지표를 사용하여 평가

④ 집단평가의 방법

공개토의 방식	• 사전에 특별한 준비 없이 집단과정에 대해서나 혹은 집단원 간의 상호작용에 대해 느끼거나 생각하는 바를 솔직히 털어놓고 의견을 교환하는 방법이다.
단어 연상법	• 질문에 대해 즉각적으로 머리에 떠오르는 반응단어를 집단원 모두에게 종이에 쓰도록 하거나 대표로 한 사람이 칠판에 쓰도록 하는 방법이다. • 시간을 절약할 수 있고, 정직한 느낌을 반영하면서도 집단에 대한 의미 있는 자료를 제공해 줄 수 있으므로 자주 사용되고 있다.
관찰자 혹은 기록자를 이용	• 특정 집단원을 선정하여 집단과정과 집단원의 행동에 대해 관찰 및 기록을 한 후, 집단에 피드백을 하도록 하는 방법이다.
녹음이나 녹화장치를 이용	• 관찰자 대신에 녹음기나 녹화기를 사용할 수 있는데, 이는 집단활동의 시종을 하나도 빠뜨리지 않고 기록할 수 있을 뿐만 아니라 억양의 변화나 정서적인 특질까지도 나타내 보일 수 있으므로 매우 효과적이다. • 기계를 통한 피드백에는 주관적인 가치판단이 개입되지 않으므로 객관성을 유지할 수 있는 장점도 있다.
측정도구를 이용	• 간단하면서도 무기명으로 답할 수 있는 질문지나 평정척도를 사용하여 다른 방법으로는 얻을 수 없는 여러 가지 정보를 쉽게 얻을 수 있다. • 평가도구의 예 : 행동서술 질문지, 집단과정 체크리스트, 집단활동 체크리스트, 집단활동 평가서, 집단활동 참여태도 척도, 집단행동 평정표

⑤ 집단평가의 내용

㉠ 집단 자체에 대한 평가내용

젠킨스(Jenkins)	NTL(National Tranining Laboratory)
• 목표지향적인 방향성 • 집단토의나 활동의 성취도 • 성취 혹은 진전의 속도 • 집단자원의 활용도 • 집단활동의 개선책	• 효율적인 집단기능 • 보다 광범위한 사회적 목표에 대한 인식 • 집단자원의 충분한 활용 • 집단원 성장의 증진

㉡ 집단원의 성장에 대한 평가내용

• 집단원에 대한 평가에는 집단원의 태도, 문제행동, 집단에서의 역할 등이 포함된다.

• 집단원 개인의 행동변화를 위한 평가내용 : 집단원의 역할행동에 관한 내용, 각 개인이 작성한 행동목표에 포함된 내용

• 개인의 성장에 관한 평가의 내용 : 집단과업 성취를 돕는 역할행동, 집단의 유지 및 발전을 돕는 역할행동, 개인의 욕구충족을 위한 역할행동

⑥ 과정분석(Processing)

㉠ 집단회기에서 경험한 사고패턴, 감정패턴, 행동패턴, 대인관계패턴, 쟁점 등에 관하여 성찰한 내용을 서로 공유하는 활동이다.

㉡ 과정분석은 집단의 발달과정에서 학생들의 사고와 감정을 촉발시켜 집단논의를 도출해 내는 촉매역할을 하는 것이다.

㉢ 활동경험을 집단원 개개인의 삶과 연관지어 탐색하도록 돕고, 과거에 초점을 두기보다 과거 경험이 현재에 미치는 영향을 탐색하도록 한다.

㉣ 처음으로 침묵을 깬 학생에 대한 지나친 시간 할애를 경계해야 하며, 모든 학생에게 평균적 시간을 준 후 특정 학생이나 주제에 초점을 맞춘다.

> **더 알아보기**
>
> 집단상담 평가과정 순서
> 평가계획 수립 → 정보수집 → 현상기술 → 현상설명 → 대안제시 → 재과정

[핵심예제]

집단상담 평가에 관한 설명으로 옳은 것은? [17년 16회]

① 평가의 일차적인 목적은 목표 관리이다.
② 집단 밖에서 이루어지는 비공식적인 평가를 권장한다.
③ 종결단계에서는 양적 평가만 사용한다.
④ 녹화와 같은 행동관찰 평가는 비밀스럽게 진행한다.
⑤ 집단원들의 상호 평가에서 부정적인 내용은 배제한다.

정답 ①

해설

② 일반적으로 집단상담 평가의 주체는 집단상담자이며, 평가대상은 집단원이다. 평가의 주체와 대상이 다르다는 것은, 상담자와 집단원이 서로 협력하여 집단상담을 진행해야 함을 의미한다.
③ 양적 평가와 질적 평가로 이루어질 수 있는데, 이는 집단 경험 전반에 대한 집단원의 반응과 집단원의 행동목표의 달성도를 포함한 모두를 평가하는 것이다.
④ 집단상담의 평가 방법으로 관찰자 대신에 녹음이나 녹음장치를 사용할 수 있는데, 이러한 방식은 주관적인 가치판단이 개입되지 않으므로 객관성을 유지할 수 있다는 장점이 있다.
⑤ 평가가 효과적으로 이루어지도록 하기 위해서는 집단성원 상호간에 솔직한 피드백을 주고받을 수 있어야 하고, 집단상담자는 정직한 평가가 이루어질 수 있는 분위기를 만드는데 유의해야 한다. 이를 통해 집단은 자체의 문제점을 발견하게 되고 필요한 개선방안에 대해 학습하게 된다.

핵심이론 32 청소년 집단상담의 목표와 특징

① 청소년 집단상담의 이해

개 념	• 한 명의 상담자와 여러 명의 청소년들이 함께 모여 일 정기간 정기적으로 만나면서 생활 과정에서 직면하는 문제나 사건 등 그들의 관심사에 대해 각자의 느낌·반응·행동·생각들을 대화로 서로 교환한다. • 효율적이고 현장 적용성이 높은 청소년 집단상담을 위한 활동에는 행동 중심 활동의 활용, 발달단계에 적합한 관심과 욕구 다루기, 특정 문제나 주제를 공유하는 대상으로 집단 구성하기 등이 있다.
목 표	• 청소년 집단상담은 근본적으로 청소년의 성장과 발달에 중점을 둔다. • 자아정체감을 형성하는 과도기에서 각자 자신이 처한 환경을 이해하고 수용하도록 돕는다. • 발달과정상의 다양한 요구들을 충족시키도록 하며, 다양한 경험을 하도록 돕는다. • 집단활동을 통해 다른 사람들과 관계를 형성하며, 그들의 일상생활이나 문제해결 과정을 살피도록 하여 유용한 정보와 가치를 습득하도록 돕는다. • 청소년들로 하여금 행동의 동기를 이해하고 자신감을 가지도록 한다. • 남성과 여성의 공동상담자 형태는 집단원에게 성역할 모델을 제공한다. • 비자발적인 집단원은 집단에 대한 불편함을 가지고 있으므로, 그 감정을 나눌 수 있는 기회를 갖도록 돕는다. • 청소년 집단상담의 주요 목표에는 자아발견 및 진로결정, 탈 자기중심화, 자존감 회복, 성적 갈등의 해소, 외로움과 고립감의 극복 등이 있다.
유의사항	• 일반적으로 청소년 집단상담은 성인 집단상담에 비해 집단상담자의 적극적인 역할과 자세가 요구되며, 청소년 언어와 문화에 대한 이해와 감수성이 필요하다. • 연령이 낮을수록 부모나 보호자에게 집단의 목적과 진행과정, 절차 등에 대해 알려 주어야 한다.

② 청소년 집단상담의 특징

ⓒ 청소년상담의 일반적인 특징

진행 방법	• 허용적·현실적·감정정화적·상호신뢰적·수용적·지원적인 집단의 응집력과 치료적 분위기를 통해 상호 이해를 촉진함으로써 긍정적인 변화를 모색한다. • 집단에 참여한 청소년들이 각자의 느낌·태도·경험·행동·생각 등 그들의 관심사를 서로 나누는 가운데 성격 변화와 발달이 이루어진다. • 정신질환과 같은 비정상적이며 병적인 문제들을 주로 다루는 심리치료적 기능보다는, 대부분 일상생활의 적응이나 대인관계 등 정상적 청소년들이 그들의 자아정체감 발달 과정에서 겪고 있거나 관심을 두는 문제들을 다룬다.

유의 사항	• 청소년들은 모호한 집단상황에 부담을 느끼므로, 회기 내용을 구체화하여 진행하는 것이 좋다. • 청소년은 또래의 영향을 많이 받기 때문에 집단원의 피드백을 적극 활용한다. • 일반적으로 구조적 집단상담은 역동적인 활동을 많이 하므로 활동적인 청소년에게 좋다. • 진로와 학습을 주제로 하는 집단상담에서는 교육이나 지도 형태로 진행하는 것이 좋다. • 비구조화 형태보다 구조화 혹은 반구조화 형태를 더 많이 활용한다. • 청소년은 일방적인 지시에 거부감을 가지므로, 직면보다는 공감적 이해와 수용, 지지를 많이 하는 것이 더 효과적이다.

ⓛ 청소년 대상 집단상담의 긍정적인 효과
  • 감정과 경험을 교류함으로써, 또래와의 상호 교류 능력이 개발되어 자기중심적 사고 또는 자기애적 사고에 도전할 수 있도록 한다.
  • 상담자가 제공하는 안전한 구조 속에서 자유와 독립성 향상을 위한 행동을 연습하도록 한다.
  • 상대방에 대한 관심과 존중, 감정이입 등의 사회성 향상 기술을 연마하도록 한다.
  • 개인상담 시 성인과의 관계에서 오는 불편함을 감소시킨다.
  • 집단원들의 자아강도를 높일 수 있는 기회를 제공한다.
  • 외부적 위협을 느끼지 않으면서 현실적 문제 상황에 대한 자기 나름대로의 적응 및 대처방안을 체득할 수 있다.
  • 또래와 함께 참여하면서 성인 상담자의 권위에서 느끼는 불안감이 감소된다.

ⓒ 청소년 집단상담의 고려사항
  • 집단 내에서의 상담과 관련된 내용을 집단 외부에 발설하지 않도록 한다.
  • 참여자 전원의 논의와 다수의 동의를 통해 구체적인 사항을 결정하며, 결정된 사항에 대해 참여자 전원이 지키도록 한다.
  • 새로운 가입 희망자가 있는 경우 집단원 전원의 논의에 의해 결정한다.
  • 중도 탈퇴를 하고자 하는 경우 모임에 참석하여 사유를 밝히도록 한다.
  • 집단 외부에서의 개인 간의 만남은 추후 다른 참여자들에게 알리도록 한다.

- 지각이나 결석은 삼가며, 부득이한 경우 그 사유를 사전에 상담자나 다른 참여자에게 알리도록 한다.
- 집단상담 진행과 관련한 상담자의 정보를 제공하여야 한다.
- 초등학생의 집단상담 시간은 1회 30분 정도이다.
- 학교 집단상담자는 학교의 기능을 이해하고, 학생들의 다양성을 존중하며, 자기능력의 한계를 인식하고, 학생들에 대한 현실적 기대를 해야 한다.
- 사전면접은 일대일 면접을 실시하여 학생이 집단의 특성과 목적에 적절할지를 평가한다.
- 심각한 정서장애를 가진 학생은 집단치료를 해야 한다.
- 비자발적으로 참여한 경우, 개별 면담을 통해 참여에 대한 감정이나 생각을 탐색하고, 집단에 참여하지 않을 권리와 집단참여를 거부할 경우 수반되는 책임을 알려준다.
- 집단원들이 회기 밖에서 관계를 맺는 것이 집단역동에 미치는 영향에 대해 논의한다.
- 비협조적인 경우 과거 상담경험 등을 탐색한다.

② 아동·청소년 집단상담의 유의사항
- 윤리적 원칙과 법규를 고려하여야 한다.
- 종결을 사전에 고지하고 준비시켜야 한다.
- 약물남용의 경우는 비밀보장의 원칙을 철회하고 보호자에게 알려야 한다.
- 집단원으로 하여금 참여 동기와 기대, 집단규칙 등에 대해 언어로 표현하게 하는 것이 효과적이다.

더 알아보기

청소년 집단상담의 변화기능과 집단역동 치료효과

모방행동	집단상담에 참여하는 청소년들은 상담자나 다른 동료 참여자들의 바람직한 어떤 측면들을 모방하게 되어 개인상담보다 모방과정이 보다 더 확산된다.
이타심	집단상담 참여자들은 서로 지지, 위로, 제안, 통찰을 제공하며, 이러한 내용에 진지하게 경청하고 수용한다.
보편성	청소년들이 겪는 대부분의 어려운 문제는 자기 자신과 주위환경에 대한 객관적인 이해의 부족에서 비롯되기 쉽다. 참여자들과의 대화를 통해 그들이 겪는 문제들이 그 자신만이 겪는 문제가 아님을 알고, 그들의 문제에 대해 좀 더 객관적으로 대처할 수 있게 된다.

안정감과 긴장감	참여자들은 집단에서 안정감을 느낄 때 자신의 본래 모습과 느낌을 솔직하게 드러낸다. 또한 일시적으로 긴장감을 나타낼 수도 있지만, 이것은 변화의 시초일 수 있다.
변화를 시도하는 자유	집단은 새로운 행동을 실제로 시도해 보기 위한 안전한 장소가 된다. 즉, 외부적 위협을 느끼지 않으면서 현실적 문제 상황에 대한 자기 나름대로의 적응 및 대처방안을 체득할 수 있다.
피드백 (Feedback)	집단 참여자들은 다른 사람들로부터 피드백을 받음으로써 다른 사람들에게 보이는 자신들의 행동효과를 점검한다.
정보교환	상담자와 다른 집단 참여자들이 문제해결을 위해 서로 주고받는 정보는 집단상담에 참여한 청소년들의 발달상 보편적인 문제를 고려할 때 문제해결에 직접적 도움이 될 수 있다.
인간관계 형성 기법의 학습	집단원들은 집단상담을 통해서 인간관계 형성 능력을 기르는 방법을 배울 수 있다.

[핵심예제]

청소년 집단상담의 이점으로 옳지 않은 것은? [18년 17회]

① 청소년기 자기중심적 사고에 도전하게 한다.
② 사회기술을 연습할 수 있는 장을 마련해 준다.
③ 안전한 환경에서 자유와 독립성을 시도할 수 있게 한다.
④ 또래와의 차이점을 발견하여 우월감을 갖게 한다.
⑤ 또래와 함께 참여하면서 성인 상담자의 권위에서 느끼는 불안감이 감소된다.

정답 ④

해설

청소년 대상 집단상담의 긍정적인 효과
- 또래집단에서 상호간에 감정과 경험을 교류함으로써, 자기중심적 사고 또는 자기애적 사고에 도전할 수 있도록 한다.
- 상담자가 제공하는 안전한 구조 속에서 독립성 향상을 위한 행동을 연습하도록 한다.
- 상대방에 대한 관심과 존중, 감정이입 등의 사회성 향상 기술을 연마하도록 한다.
- 개인상담 시 성인과의 관계에서 오는 불편함을 감소시킨다.
- 집단원들의 자아강도를 높일 수 있는 기회를 제공한다.
- 외부적 위협을 느끼지 않으면서 현실적 문제 상황에 대한 자기 나름대로의 적응 및 대처 방안을 체득할 수 있다.
- 또래와의 상호 교류 능력이 개발되어 청소년기의 자기중심적인 특성에서 벗어날 수 있게 한다.

핵심이론 33 | 집단상담 윤리

① 집단상담 전문가 윤리규준의 필요성

서비스 수혜자의 보호	• 전문가 윤리규준은 우선 서비스 수혜자를 보호하기 위해서 필요하다. • 집단상담의 궁극적인 요구는 집단원의 변화에 초점을 두어야 한다. • 집단 구성원들의 권리를 보호・존중하면서, 집단의 권리도 함께 존중될 수 있도록 해야 한다. • 집단활동 중 발생하는 갈등상황에서 바람직한 지도의 방향을 제시하는 동시에 지도자의 책임 있는 역할을 요구한다.
전문가의 보호	• 수혜자뿐만 아니라 전문가 자신을 위해서도 필요하다. • 전문가는 스스로의 행동규범을 정하고 그것에 따르려고 노력함으로써, 전문가 집단 전체를 존속시킨다. • 집단에서 권장하는 행동 등과 같은 긍정적인 규범들도 있으며, 규범이 명확할수록 집단상담 진행에 도움이 된다. • 전문가들은 윤리규준에서 정하는 범위 내에서 서비스를 제공하면 더 이상 논란의 대상이 되거나 외부로부터 간섭을 받지 않아도 된다는 점에서 윤리규준의 보호를 받는다.
전문가에 대한 신뢰와 자율성 확보	• 일반인들로 하여금 전문가의 활동이 그가 속한 지역사회의 사회적 규범이나 도덕적 기대에 대한 세심한 배려 위에서 수행될 것이라는 확신을 갖도록 도와준다. • 전문가 윤리규준은 전문가의 자율권을 확립하는 데 필수적이다.

② 집단상담에서의 윤리적 문제

ⓐ 집단상담 전문가 윤리규준의 쟁점

집단참여에 관련된 문제	• 자세한 정보에 입각한 사전 동의가 필요하다. • 동의사항에는 상담의 목적과 목표, 상담에서 사용할 기법, 상담서비스로부터 얻을 수 있는 이익과 상담의 한계 그리고 상담 중에 발생할 수 있는 위험 등에 대한 정보가 포함된다.
비자발적인 참여의 문제	• 내담자는 집단상담 참여여부에 대해 선택할 권리가 있으며, 내담자의 자발적인 참여는 곧 상담에 대한 내담자의 동기와 직결되기 때문에 집단상담이 성공적으로 운영되기 위한 필수조건이다. • 집단상담자는 우선 집단원들이 자신의 선택권이 제한되는 부분에 대해서 설명을 들을 자유와 권리가 있다는 점을 이해하고, 강제적으로 집단상담을 하게 된 것에 대해 참여자 자신의 느낌과 생각을 이야기하는 기회를 주어야 한다.

다른 전문가에 대한 의뢰 제안	• 특정 내담자의 욕구가 집단 내에서 충족될 수 없을 경우에는 내담자에게 다른 전문적 의뢰를 제안해야 한다.
상담관계와 관련된 쟁점	• 집단상담자는 내담자와 평등관계가 이루어지게 하며, 상담의 시작부터 종결까지 조력관계를 지속해야 하고, 이중관계를 맺지 않도록 한다.

ⓑ 비밀보장과 관련된 쟁점
  • 집단상담에서 비밀유지는 상담자와 집단원 모두에게 해당된다.
  • 집단상담자는 문서・사진・컴퓨터 파일 등의 형태로 된 내담자의 정보에 대해 비밀보장의 한계・정보를 얻어야 하는 목적 및 활용에 대해 구체적으로 알리고, 집단원이 자기개방의 수위를 결정하게 한다.
  • 내담자의 사생활과 비밀은 상담기관의 다른 상담전문가, 사무원, 자원봉사자들에 대해서도 보장되도록 최선의 노력을 다해야 한다.
  • 미성년인 내담자를 상담할 때, 작업 내용을 부모와 정기적으로 공유하는 것이 아니라 상담의 과정에서 필요하면 부모나 보호자가 참여할 수 있다.
  • 상담자는 내담자의 사생활이 보호되고, 불법적인 정보 유출이 이루어지지 않도록 필요한 조치를 강구해야 한다. 예외적인 경우를 제외하고는 그 어떤 경우에도 내담자의 비밀은 보장되어야 한다.
  • 내담자의 정보를 공개할 경우에는 사전에 동의를 구하며, 꼭 필요한 최소한의 정보만 공개하도록 한다.
  • 녹음이나 녹화를 할 경우 내담자의 허락을 받아야 한다.
  • 집단과정 중에 비밀유지가 관심사가 되면 회기 중에 이 문제를 다루는 것이 바람직하다.
  • 비밀유지와 관련된 다문화적 관점을 존중해야 한다.

ⓒ 집단상담자의 능력과 관련된 쟁점
  • 집단상담자는 자신의 능력에 대해 정확하게 평가하고 있어야 한다. 자신의 능력을 평가한다는 것은, 상담자 스스로 자신감을 가지고 내담자에게 도움을 제공할 수 있는 문제영역의 경계와 자신이 사용하는 기법의 유형 등에 대해 잘 알고 있어야 한다는 의미이다.
  • 집단상담자는 전문가로서 가져야 할 능력의 수준과 영역을 유지・확장해 나가야 한다.
  • 집단상담자는 자신이 제공하는 상담서비스의 효과에 대해서도 지속적으로 점검해야 한다.

- 집단상담자는 윤리규준을 이행해야 할 의무가 있으며 윤리규준은 책임 있는 의사결정을 하는데 기준이 된다.
- 집단상담자는 자신의 신체적·정신적·정서적 결함이 내담자나 다른 사람들에게 해를 줄 우려가 있는 경우 전문적 서비스를 제공하지 않아야 한다.
- 상담자는 자기개방과 솔직한 표현을 격려한다.
- 상담자는 비생산적인 행동에 개입하며, 과거나 미래가 아닌 현재의 문제에 관심을 둔다.
- 상담자는 집단역동, 집단과정, 집단촉진 기술에 대한 훈련을 받아야 한다.
- 상담자의 민감성 혹은 전문성 부족은 윤리적 문제를 야기할 수 있다.
- 상담자는 집단경험이 집단원들의 삶에 미칠 수 있는 부정적 영향도 알려 주어야 한다.

더 알아보기

사전 동의

- 상담 전반에 관한 설명을 듣고 설명에 근거한 동의를 말하는 것으로, 이 과정을 통해 집단상담자와 집단원을 보호하고 집단원의 권리 보장이 이루어지며 라포 형성에 도움이 된다.
- 사전 동의 요소에는 상담의 목적과 목표, 상담에서 사용할 기법, 상담서비스로부터 얻을 수 있는 이익과 상담의 한계 그리고 상담 중에 발생할 수 있는 위험 등에 대한 정보, 상담자의 전문성 및 자격요건, 상담자가 추구하는 이론적 배경, 비밀유지 및 비밀유지의 예외사항 등이 포함된다.
- 내담자의 정보를 공개할 경우에는 사전에 동의를 구하며, 꼭 필요한 최소한의 정보만 공개하도록 한다. 또한 상담의 효과를 높이기 위하여 흔히 시청각 기재를 활용할 수도 있는데, 사전에 전 집단원에게 분명히 알리고 동의를 받아야 한다.
- 사전동의 절차는 집단상담 참여의 자발성 여부와 관계없이 시행해야 한다.

비밀보장의 한계

다음과 같은 경우에 집단상담자는 집단원의 비밀을 사전 동의 없이 관련자에게 공개할 수 있다.

- 집단원이나 집단원 주변인에게 닥칠 위험이 분명하고 위급한 경우
- 법원의 명령이 있는 경우
- 집단원의 생명이나 사회의 안전을 위협하는 경우(약물 남용 등)
- 집단원에게 감염성이 있는 치명적인 질병이 있을 경우

핵심예제

집단상담자의 윤리적 지침으로 옳은 것은? [16년 14회]

① 동료의 부당한 압력도 치료적 요인이므로 압력이 일어나는 분위기를 허용한다.
② 집단상담자는 기법 사용 훈련을 받지 않았어도 집단원에게 도움이 되는 기술이라면 적극 활용해야 한다.
③ 특정 집단원의 욕구가 집단 내에서 충족될 수 없다면, 집단원에게 다른 전문적 의뢰를 제안해야 한다.
④ 집단원의 개인정보는 집단원이 공유할 수 있도록 제공해야 한다.
⑤ 기관 의뢰 집단상담을 진행할 때, 집단 진행과 관련된 기관의 정책과 윤리지침을 집단원에게 알려서는 안 된다.

정답 ③

해설

① 집단의 압력에 의해 개인의 주도적인 선택권이나 자율권을 포기하게 되는 경우가 있으므로 이에 개입하여 막아야 한다.
② 집단상담자는 다양한 상담이론 관련 지식과 이해를 갖추는 것이 필요하며, 검증받지 않은 기법을 사용해서는 안 된다.
④ 집단원은 개인정보를 보호받을 권리가 있고, 정보를 공개할 경우에는 사전에 동의를 구하며, 꼭 필요한 최소한의 정보만 공개한다.
⑤ 기관의뢰 집단상담 시 집단원에게 집단진행과 관련된 기관의 정책과 윤리지침을 반드시 알려야 한다.

핵심이론 34   집단상담 참여자의 권리와 책임

① 집단상담 참여자의 권리
  ㉠ 집단에 관한 사전안내를 충분히 받을 권리
    • 집단 참여여부를 결정하기 전에 어떤 집단에 참여하게 되는지 알 권리가 있다.
    • 집단의 목적, 기본절차, 참여자들의 수칙, 참여비용, 집단참여로 인한 부담요소, 집단지도자의 자격 및 경력 등을 알 권리가 있다.
  ㉡ 집단참여와 이탈의 자유
    • 자신의 참여목적과 갈등이 있는 경우 집단을 떠날 수 있고, 자기개방의 압력을 받지 않는다.
    • 집단원의 이탈 이유와 사정을 상담자와 집단원들에게 알릴 필요가 있다.
    • 의뢰되어 왔거나 '보내진' 내담자들로 구성되는 집단의 경우는 예외일 수도 있다.
  ㉢ 개인정보를 보호받을 권리(비밀보장의 권리)
    • 상담자는 비밀보장을 반복하여 교육할 책임이 있다.
    • 집단의 녹음과 촬영 시, 촬영 사실과 어떤 경우에 사용되는지를 충분히 설명하여 이해시키고, 가능하면 서면상의 동의를 받는 것이 바람직하다.
  ㉣ 말할 내용을 선택할 권리 : 말할 내용을 강요받지 않으며, 자신의 의사에 따라 표현할 권리가 있다.

② 집단원의 역할행동(책임)

집단과업 성취를 위한 역할행동	집단의 유지 및 발전을 위한 역할행동
• 솔선해서 제안하기 • 정보를 요구하고 제시하기 • 의견을 묻고 제공하기 • 상세히 설명하기 • 조정하기 • 방향을 제시하기 • 평가하기 • 활기를 띠게 하기 • 진행을 돕기	• 격려하기 • 조화시키기 • 타협하기 • 의사소통을 촉진하기 • 규범 정하기 • 집단을 관찰하기 • 따르기

[핵심예제]

집단원의 권리로 옳지 않은 것은?　　　[16년 14회]
① 집단에 참여할 권리
② 집단을 이탈할 권리
③ 솔직하게 개방할 권리
④ 개인정보를 보호받을 권리
⑤ 집단에 관한 정보를 안내 받을 권리

정답 ③

해설
집단원의 기본 권리
• 집단에 참여할 권리
• 비밀보장을 받을 권리
• 집단을 탈퇴할 권리
• 개인정보를 보호받을 권리
• 집단에 관한 충분한 사전 안내를 받을 권리
• 말할 내용의 선택의 권리

핵심이론 35 다문화가정 청소년 집단상담

① 다문화가정 청소년 집단상담자에게 필요한 역량

기본 상담 역량	• 전문성 : 상담전문가로서의 태도 및 윤리 • 지식 : 상담을 하기 위한 이론적 지식 • 기술 : 실제적인 상담 능력 • 다문화적 상담요소 이해 : 상담과정에서 문화적 민감성에 따른 알맞은 적용 • 가족체계 고려 : 가족체계를 고려한 다문화 내담자의 이해와 상담
다문화 역량	• 인식 : 자신의 문화적 배경에 대한 자기인식과 타 집단문화의 다양성에 대한 인식 • 지식 : 다양한 문화와 문화집단에 관한 지식 • 기술 : 문화적으로 적절한 개입 기술 • 한국문화에서 다문화 특성 이해 : 한국 다문화 내담자들의 특성과 어려움 이해
지역사회 연계 역량	• 지식 : 지역사회 자원에 대한 정보 • 기술 : 연계망 구축과 연계 지원 기술

② 다문화가정 청소년상담자의 역량 개발을 위한 노력

ㄱ 역량 개발을 위한 교육 : 상담자로서 관련 분야 교육은 물론 다문화 상담의 이해와 다문화 관련교육을 받아야 한다.

ㄴ 개인적인 노력 : 내담자의 문화에 대한 지식을 가지고 인정해주는 노력과 함께 상담자로서, 다문화에 대한 자기인식(편견이나 고정관념)을 점검하여 다문화에 대한 이중적인 태도를 버리고 진심으로 대한다.

③ 다문화가정 청소년 집단상담 시 유의점

ㄱ 다른 인종, 민족 집단에 대한 자신의 고정관념과 편견을 검토하고 교정한다.

ㄴ 집단원들이 다문화에 관심을 표현하지 않아도 문화적 차이를 고려하여 집단을 운영한다.

ㄷ 다문화 집단의 문화적 유산 및 역사적 배경에 대한 지식을 습득한다.

ㄹ 문화적으로 적절한 기법을 사용한다.

ㅁ 집단원의 행동은 각 나라의 문화와 인종에 따라 각각 다르게 나타날 수 있으므로 이를 고려해야 한다.

[**핵심예제**]

다문화 가정 청소년을 대상으로 집단상담을 운영할 때 상담자의 태도로 옳지 않은 것은? [17년 16회]

① 다른 인종, 민족 집단에 대한 자신의 고정관념과 편견을 검토하고 교정한다.

② 집단원들이 다문화에 관심을 표현하지 않아도 문화적 차이를 고려하여 집단을 운영한다.

③ 다문화 집단의 문화적 유산 및 역사적 배경에 대한 지식을 습득한다.

④ 문화적으로 적절한 기법을 사용한다.

⑤ 집단원의 행동은 인종, 문화와 관련성이 없음을 인식한다.

정답 ⑤

해설

다문화 가정 청소년의 상담자는 기본적인 상담기술 외에도 내담자의 문화적 배경에 대한 이해를 바탕으로 적절한 개입 기술을 이용하여야 한다. 즉 내담자를 둘러싼 문화적 환경과 그들의 개인적 특성이 어떤 문화적 요소를 포함하고 있는지, 상담자의 인식과 어떤 문화적 차이가 있는지에 대한 이해를 바탕으로 문화적 다양성에 대해 민감하고 전문지식과 기술을 갖추고 상담을 진행하여야 한다.

제1장 **가족상담의 기초**

핵심이론 01 **체계이론의 개념 및 의의**

① 체계이론의 개념

  ㉠ 체계이론이란 서로 관계를 맺으며 영향을 주고받는 상호 의존적 부분들의 연결망을 말하며, 원인과 결과에 대해 비결정론적 입장을 취한다.

  ㉡ 개인문제보다 체계 안에서 이루어지는 개인 간의 심리내적, 가족 간의 상호관계와 세대 간의 역동 등에 따르는 문제에 관심을 기울인다.

  ㉢ 체계이론은 결과를 예측할 수 없는 비선형적인 경향이 있으나, 체계의 불균형 가운데 안정을 유지하고 체제를 유지하려는 과정인 안정지향성(Morphostasis)을 지향한다.

  ㉣ 가족체계 또한 유기적으로 연결되어 있기 때문에 모든 문제는 서로 연결되어 있으며, 순환적 인과관계를 보인다.

  ㉤ 가족체계의 생활은 구성원의 활동을 단순히 합한 것 이상으로 어떤 원인이 다양한 결과를 낳을 수 있다는 다중귀결성이 있다. 또한 가족이 여러 가지 방법을 사용하여 최종 목표에 이르는 동귀결성도 가진다.

② 가족체계론적 시각에서의 가족

  ㉠ 가족구성원 개인의 특성보다 가족 상호작용 패턴이 더 중요하다.

  ㉡ 가족체계는 단순한 선형적 인과관계가 아닌 비선형적 인과관계이다.

  ㉢ 체계가 기능적으로 완전체가 되기 위해서는 구성요소 전체가 질서 있게 상호연관성이 있어야 한다.

  ㉣ 가족원 간의 디지털 의사소통방식도 언어적 의사소통을 의미한다.

③ 가족상담의 체계론적 사고

  ㉠ 절대적으로 옳고 그른 상황이 있다고 보지 않는다.

  ㉡ 모든 현상이 상호연관 되어 있고 상호의존 하는 것으로 본다.

  ㉢ 내담자를 능동적으로 선택할 수 있는 존재로 보고 존중한다.

  ㉣ 가족구성원 모두를 고려할 뿐만 아니라 각자의 내적 경험도 고려한다.

  ㉤ 가족구성원들의 행동은 상호보완적이므로 개인의 변화는 가족체계의 변화를 초래한다.

[핵심예제]

체계이론을 적용한 가족에 관한 설명으로 옳은 것을 모두 고른 것은?
[19년 18회]

> ㄱ. 정적 피드백은 가족의 항상성을 유지하는 역할을 한다.
> ㄴ. 가족의 역량은 개개인의 역량을 모두 합한 것보다 작다.
> ㄷ. 외부체계와 상호작용하지 않는 가족은 엔트로피 수준이 높아진다.
> ㄹ. 가족이 여러 가지 방법을 사용하여 최종목표에 이르는 것은 동귀결성이다.

① ㄱ, ㄴ ② ㄱ, ㄷ
③ ㄷ, ㄹ ④ ㄱ, ㄷ, ㄹ
⑤ ㄴ, ㄷ, ㄹ

정답 ③

해설

ㄱ. 정적 피드백은 체계의 안정성을 거부하고 변화시키려는 방향으로의 피드백인 반면에, 부적 피드백은 체계의 일탈을 최소화하며 안정성을 유지하는 방향으로의 피드백이다.

ㄴ. 체계이론은 '전체는 부분의 합보다 크다는 것'을 전제로 하므로, 체계는 부분들의 단순한 합보다 크다고 보고, 이러한 이론은 가족 간 상호작용도 포함하는 것이다. 따라서 가족의 역량은 개개인의 역량을 모두 합한 것보다 크다고 보아야 한다.

핵심이론 02 일반체계이론

① **일반체계이론의 개념**

ㄱ 버터란피(L. Bertalanffy)에 의해 주장된 이론으로, 모든 유기적 조직체는 상위체계와 하위체계로 구성되며, 인간은 사회의 일부분이라는 이론이다.

ㄴ 모든 사건은 원인과 결과가 맞물려 반복됨으로써 순환관계가 있다고 보는 순환적 인과성을 가진다.

ㄷ 체계는 부분의 합보다 크다는 체계의 비합산성을 전제로 한다.

ㄹ 체계는 주위를 둘러싸고 구분 짓는 경계를 가지며, 개방체계와 폐쇄체계로 구분한다.

ㅁ 폐쇄체계는 환경과 교환이 없고 자신의 경계 안에 머무르면서 외부체계와 상호작용하지 않으면서 엔트로피 수준이 높아지지만, 개방체계는 환경과 상호작용하면서 엔트로피를 지연시킨다.

ㅂ 가족체계에서 네겐트로피가 증대하는 것을 체계가 유연성이 있다고 본다.

② **일반체계이론의 가족상담 적용**

ㄱ 가족은 각 부분의 특성을 합한 것 이상이다.

ㄴ 가족은 일반규칙에 의해 지배된다.

ㄷ 가족체계는 경계가 있으며 가족체계의 부분의 변화는 전체의 변화를 가져온다.

ㄹ 가족체계는 항상성을 유지하려는 습성이 있다.

ㅁ 의사소통이나 피드백의 기능을 중시한다.

ㅂ 가족 안에서 개인행동은 순환적 인과관계로 이해해야 한다.

ㅅ 가족체계는 개방체계로의 목적을 갖는다.

ㅇ 가족은 하위체계를 가지며, 상위체계의 일부분이다.

③ **가족의 하위체계**

ㄱ 성별(남성/여성), 세대(부모/자녀), 관심(지적/사회적), 기능에 따라 형성되며, 개인 또한 가족 내의 하위체계를 이루고, 각 구성원은 여러 개의 하위체계에 속해 다양한 역할을 담당할 수 있다.

ㄴ 가족의 하위체계들은 상호작용하면서도 각 체계의 고유한 특성을 가진다.

ㄷ 사회체계는 가족의 상위체계이다.

[핵심예제]

가족상담의 이론적 기초에 관한 설명으로 옳은 것을 모두 고른 것은? [17년 16회]

ㄱ. '부모화'란 어떤 자녀가 가족 내에서 부모나 배우자의 역할을 대신 수행하는 것을 의미한다.

ㄴ. '체계의 비합산성'이란 체계는 부분들을 단순히 합쳐 놓은 것보다 더 크다는 것을 의미한다.

ㄷ. '순환적 인과성'은 어떤 행동(A)으로 인하여 반응(B)이 일어난다고 생각하는 것이다.

ㄹ. '디지털 양식'의 의사소통은 신체를 통해서 전달되는 의사소통이며 상징을 많이 수반한다.

① ㄱ, ㄴ ② ㄴ, ㄷ
③ ㄷ, ㄹ ④ ㄱ, ㄴ, ㄷ
⑤ ㄱ, ㄴ, ㄷ, ㄹ

정답 ①

해설

ㄷ. 순환적 인과성은 원인과 결과가 맞물려 반복되는 것을 말한다.

ㄹ. 의사소통의 본질은 감각을 다양하게 이용하는 방식으로 상징을 통하여 의미를 전달하는 것이었지만, 디지털 양식의 의사소통은 1:1 실시간 의사소통 방식으로 시간과 공간에 제약을 받지 않으며, 다양한 매체를 통해 전달된다.

핵심이론 03 체계의 종류와 용어

① 체계의 종류
- ㉠ 개방체계 : 환경으로부터 투입을 받아들이고 산출을 생산하여 다시 환경으로 보낸다.
- ㉡ 폐쇄체계 : 다른 체계와 상호교류가 없는 체계이다. 즉, 투입을 받아들이지 않고, 산출도 생산하지 않는다.
- ㉢ 개방체계와 폐쇄체계는 경계에 의해 결정된다.
- ㉣ 극단적인 개방체계나 폐쇄체계는 건강한 체계가 아니다.

② 폐쇄체계와 개방체계의 특징

구 분	닫힌 체계	열린 체계
엔트로피	높 다	낮 다
네겐트로피	낮 다	높 다
질 서	낮 다	높 다
혼 란	높 다	낮 다
법칙성	낮 다	높 다
정보의 필요성	적 다	많 다

③ 체계의 용어
- ㉠ 경계 : 체계를 구성하는 소단위로서, 물리적 또는 개념적인 공간에 해당한다.
- ㉡ 홀론 : 하나의 체계는 상위체계에 속한 하위체계이면서 동시에 다른 것의 상위체계가 된다(체계의 이중적 성격).
- ㉢ 엔트로피(Entropy) : 체계가 소멸해 가거나, 무질서해지고 비조직화되는 과정, 폐쇄체계를 구성하고 있는 부분들은 시간이 지남에 따라 구성원들 사이의 구별이 없어지게 되며 점차 동일성을 띤다. 따라서 체계 내의 조직구성 및 그 기능이 쇠퇴한다.
- ㉣ 네거티브 엔트로피 또는 네겐트로피(Negative Entropy 또는 Negentrophy) : 체계의 외부로부터 에너지를 가져옴으로써 이용 불가능한 에너지가 감소되는 것으로 체계를 유지하고 발전을 도모하여 생존하는 힘이 된다.
- ㉤ 균형 : 외부환경으로부터 새로운 에너지의 투입 없이 현상을 유지하려는 속성을 말한다.
- ㉥ 항상성 : 끊임없는 변화와 운동의 과정 속에서 균형을 회복하려는 경향을 말한다. 항상성 상태에서 체계의 구조는 크게 달라지지 않는다.
- ㉦ 안정상태 : 부분들 간의 관계를 유지시키고, 쇠퇴로 인해 붕괴되지 않도록 에너지를 계속 사용하는 상태를 말한다.
- ㉧ 부적 피드백은 환경이 변할 때 비교적 일정하게 유지해 주는 것을 말하고, 정적 피드백은 변화가 있을 때 체계가 변화를 받아들이는 것을 말한다.
- ㉨ 동일결과성(Equifinality) : 살아 있는 체계가 다양한 출발상태에서 시작하여 다양한 방식과 역동적 상호작용을 통해 동일한 특징적 결과에 이르는 경향으로, 순환적 인과관계와 관련된 개념이다. 즉, 체계가 여러 방법을 통해 동일한 목표에 도달하는 것을 의미한다.

[핵심예제]

개방체계와 폐쇄체계에 관한 설명으로 옳은 것을 모두 고른 것은? [17년 16회]

- ㄱ. 개방체계와 폐쇄체계는 경계에 의해 결정된다.
- ㄴ. 개방체계에서는 많은 양의 정보가 필요하지 않다.
- ㄷ. 극단적인 개방체계나 폐쇄체계는 건강한 체계가 아니다.
- ㄹ. 폐쇄체계는 환경과 상호작용하면서 엔트로피를 지연시킨다.

① ㄱ, ㄷ
② ㄴ, ㄹ
③ ㄱ, ㄴ, ㄷ
④ ㄴ, ㄷ, ㄹ
⑤ ㄱ, ㄴ, ㄷ, ㄹ

정답 ①

해설
- ㄴ. 개방체계는 정보를 환경으로부터 받아들이고 산출하여 환경으로 보내기 때문에 많은 양의 정보가 필요하다.
- ㄹ. 폐쇄체계는 환경과 교환이 없고 자신의 경계 안에 머무르는 반면에, 개방체계는 환경과 상호작용하면서 엔트로피를 지연시킨다.

핵심이론 04 **사이버네틱스**

① 사이버네틱스(Cybernetics)의 개념
  ㉠ 1947년 미국 MIT 공대 수학자인 N. 와이너(N. Weiner)에 의해서 개발된 이론이다.
  ㉡ 키잡이를 뜻하는 그리스어 Kybernetes가 어원이다.
  ㉢ 사이버네틱스는 생물체계와 사회체계에 있어서 순환적 인과관계와 피드백 기제에 관한 과학으로 발전하였다.
  ㉣ 1차, 2차 사이버네틱스로 구분되며, 1차 사이버네틱스를 일반체계이론과 동일한 것으로 간주하기도 한다.
  ㉤ 사이버네틱스 이론은 피드백 망(Feedback Loops) 또는 환류작용이라는 제어체계를 갖는다. 즉 사이버네틱스는 자기조절 체계에서 피드백 기제에 관한 것으로, 가족이 어떻게 안정성을 유지하는가를 설명하기 위한 은유로 사용되었다.
  ㉥ 부적 피드백은 체계의 일탈을 최소화하며 안정성을 유지하는 방향으로의 피드백이다. 반면 정적 피드백은 체계의 안정성을 거부하고 변화시키려는 방향으로의 피드백이다.
  ㉦ 사이버네틱스 이론은 항상성(Homeostasis)을 추구하고 있는데, 이는 프로이트 이론에 저항성을 가지고 만들어진 것으로 평형·균형(Equilibrium)과 같은 맥락의 것이다.

② 가족치료에 있어서의 사이버네틱스
  ㉠ 기계의 자동제어장치 원리를 가족체계에 도입·응용한 것이다.
  ㉡ 체계가 지속적으로 안정상태를 유지하기 위해 과거에 성공했던 기억과 실패했던 기억을 비교분석하는 자동적 메커니즘을 정교화하기에 이르며, 이후 전개되는 유사한 상황에서 이러한 메커니즘이 의식적인 생각을 거치지 않고도 되풀이되도록 한다는 것이다.
  ㉢ 이 과정에서 피드백 정보는 새롭게 변경되어 미래행위에 대한 패턴변경으로 이어지는데, 이것은 가족치료에서 비정상적인 행동패턴을 자연스럽게 정상적인 행동패턴으로 변경할 수 있음을 반영하는 것이다.

③ 사이버네틱스의 구분

1차적 사이버네틱스	**개 념**	• 생물체계와 사회체계에 있어서 순환적인 인과관계 및 피드백과 관련된 과학 • 생명체가 환경과의 지속적인 상호작용으로 생명을 유지하는 유기체적 모델과 동일. 이러한 내용은 일반체계이론에서 주장한 바와 유사 • 치료자는 가족체계로부터 거리를 둔 채 객관적 관찰 및 의도적인 개입으로 변화를 시도 • 치료자는 체계를 관찰하는 외부의 관찰자 역할(가족의 밖에 존재하며, 가족과 분리되어 조정이 가능하다고 보는 입장)
	한계점	• 살아 있는 유기체는 환경과의 상호작용뿐만 아니라 자율성 및 자기조직능력이 풍부함에도 불구하고 이러한 점을 간과함 → 2차적 사이버네틱스가 나타나게 된 배경 • 치료자의 개입기술을 더 중요시 여겼으며, 내담자와 치료자 간의 상호작용도 고려하지 않은 점에 대하여 비판의 대상이 됨

2차적 사이버네틱스		• 유기체란 상호작용뿐만 아니라 자율성과 자기조직의 원리 및 자기준거의 특성을 가지며, 피드백 과정에서도 다양한 수준이 있다는 것을 강조
		• 피드백 과정을 통해 모든 체계는 환경과의 상호작용이 이루어질 뿐만 아니라, 더 높은 차원의 피드백 과정으로 전체체계를 유지해 간다는 것을 강조
		• 서로 연결된 패턴과 관계성을 중시
		  – 치료자는 관찰자인 동시에 관찰대상자
		  – 치료자는 자기준거적인 특성으로 인해 절대적인 결정여부의 어려움이 있음
		  – 치료자는 인간이 실제로 구성하는 것을 사회적·문화적인 환경에 의해 구성
		  – 치료자가 아닌, 내담자의 자기 준거틀에 기반을 둔 목표준거틀

[핵심예제]

다음 보기의 각 (   )에 들어갈 용어들을 옳게 연결한 것은?

[18년 17회]

○ (A)은(는) 자기조절 체계에서 피드백 기제에 관한 것으로, 가족이 어떻게 안정성을 유지하는가를 설명하기 위한 은유로 사용되었다.
○ (A)의 핵심에는 피드백 고리가 있다. 예를 들면, (B)은(는) 체계가 원래의 상태로 복귀하라는 신호를 보내 체계를 유지하는 작용을 한다.
○ 1차 수준의 (A)는(은) (C)와(과) 동일한 것으로 간주되기도 한다.

① A – 사이버네틱스, B – 부적 피드백, C – 일반체계이론
② A – 일반체계이론, B – 부적 피드백, C – 전체성
③ A – 일반체계이론, B – 정적 피드백, C – 사이버네틱스
④ A – 일반체계이론, B – 부적 피드백, C – 상보성
⑤ A – 사이버네틱스, B – 정적 피드백, C – 순환성

정답 ①

해설

• 사이버네틱스 : 피드백 망 또는 환류작용이라는 제어체계를 이용하여 가족치료에서 비정상적인 행동패턴을 자연스럽게 정상적인 행동패턴으로 변경할 수 있음을 반영하는 것이다. 1차 · 2차로 구분되며, 1차 수준의 사이버네틱스는 일반체계이론과 동일한 것으로 간주되기도 한다.
• 부적 피드백 : 변화에 저항하여 기존의 상태로 가족을 돌아오게 하는 피드백을 말한다.

핵심이론 05 　**생태체계이론**

① 생태체계이론의 개념
　㉠ 브론펜브레너(U. Bronfenbrenner)가 개발한 이론으로 생태학이론과 일반체계이론의 두 개념을 포함한다.
　㉡ 생태학이론은 인간과 환경 간의 상호작용을 강조하며, 환경과 인간을 하나의 총체로 간주한다.
　㉢ 인간발달단계에 대해 거시적인 접근을 하는데 거시체계는 미시체계, 중간체계, 외적 체계를 포함하며, 개인이 속한 사회의 이념이나 제도, 즉 정치, 경제, 문화 등의 광범위한 사회적 맥락을 의미한다.

② 생태체계이론의 인간관
　㉠ 인간은 사고, 감정, 행동을 가진 생물학적 · 심리학적 · 영적 · 사회적 · 문화적 존재로서 환경을 구성할 뿐 아니라 환경에 의해 영향을 받는 상호교환적인 위치에 있다.
　㉡ 생태학적 전이(Ecological Transition)는 삶의 전 영역에서 일어나며, 인간은 환경과의 상호교류를 지지 혹은 방해하는 유전적 잠재력을 가진 것으로 본다.
　㉢ 인간은 성장하면서 환경과 역동적 관계를 가지며, 인간발달단계에 대해 거시적인 접근을 한다.
　㉣ 생태체계 관점에서 인간의 발달은 진화적 시간에 따른 유전적 변화뿐만 아니라 성숙 및 선택과정에 의해 인간이 형성된다고 본다.

[핵심예제]

생태체계 이론에 관한 설명으로 옳지 않은 것은? [16년 14회]

① 브론펜브레너(U. Bronfenbrenner)가 개발한 이론이다.
② 인간은 성장하면서 환경과 역동적 관계를 갖는다.
③ 외적 체계는 발달하는 개인에게 직접적으로 관련되는 여건이다.
④ 거시체계는 미시체계, 중간체계, 외적 체계를 포함한다.
⑤ 생태학적 전이(Ecological Transition)는 삶의 전 영역에서 일어난다.

정답 ③

해설

외적 체계는 개인에게 직접 관여하지 않지만 영향을 미치는 환경체계, 즉 정부, 사회복지기관, 대중매체 등을 말한다.

핵심이론 06 가족상담의 기본개념

① 가족상담의 의의
- ㉠ 한국여성정책연구원의 정의 : '개인이나 가족의 문제해결을 위해 상담자가 가족을 체계로 보고 가족을 단위로 하여 가족의 기능·역할·관계상의 문제에 대해 실제 개입하는 일련의 조직적 상담과정'이다.
- ㉡ 미국정신의학협회(APA)의 정의 : 가족 중에 한 사람 이상을 한 회기에 동시에 상담하며, 상담은 지지적·지시적 또는 해석적일 수 있다. 가족 중 한 사람의 정신장애는 다른 가족에게도 존재할 수 있으며, 상호관계와 기능에 영향을 줄 수 있다.

② 가족상담의 특징
- ㉠ 가족을 별개의 독립된 존재가 아닌 하나의 체계로 보며, 그 체계 속의 상호교류 양상에 개입함으로써 개인의 증상이나 행동에 변화를 가져오도록 추구한다.
- ㉡ 가족구성원을 능동적으로 선택할 수 있는 존재로 보고, 상담자가 전문적인 위치에서 구성원의 경험세계와 구성원 가족의 상호작용을 존중하면서 상담을 진행한다.
- ㉢ 가족집단을 기초로 하여 그 가족이 지닌 여러 장애요소를 완화시키고, 사회적 부적응 현상을 변화시킨다.
- ㉣ 가족을 한 단위로 보고, 가족 내에 존재하는 역기능적인 요소를 수정 또는 변화시킴으로써 가족기능을 회복시킨다.
- ㉤ 검사를 통한 문제의 정확한 진단을 중요시 하지 않으며 상담자가 전 가족체계를 상담의 대상으로 여기고 실시하는 모든 형태의 상담이다.
- ㉥ 개인을 가족이라는 보다 큰 체계의 일원으로 보며, 가족구조의 변화를 초래함으로써 개인의 위치, 행동 및 정신 내적 과정의 변화를 유도한다.
- ㉦ 가족상담은 가족구성원과 가족기능상의 변화를 목표로 한다.
- ㉧ 가족체계는 구성원 개개인을 합한 것보다 더 큰 특성이 있다는 입장을 취한다.
- ㉨ 정신의학 및 심리학에서 각기 접근하며, 아동·청소년·노인·부부 상담 등 폭이 넓다.
- ㉩ 증상은 역기능적 상호작용의 결과라고 가정한다.

핵심이론 07 | 가족상담의 실제와 체계론적 조망을 위한 질문

① 가족상담의 실제

　㉠ 가족상담 첫 회기에 전체가족이 참여하는 것을 권장하나, 최근에는 상담자가 판단하여 문제에 따라 참가하는 가족원과 시기를 융통성 있게 정하는 추세이다.

　㉡ 상담자는 적절한 시점에서 잡담의 종료를 알리며, 면담을 진행하는 것이 바람직하다.

　㉢ 다른 가족원을 대신해서 이야기해서는 안 된다는 규칙을 만들어 놓는 것이 효과적이다.

　㉣ 모든 가족원이 동시에 말하는 경우 상담자가 특정 가족원을 지정해서 질문할 수 있다.

　㉤ 상담실에서 싸움이 발생할 가능성이 높은 경우나 가족원이 따로 상담을 받기 원하는 경우 등에는 가족원을 따로 만나는 것이 좋다.

　㉥ 다른 가족원을 비난하는 경우, 상담자는 비난을 제지하는 말을 하거나 손이나 팔을 흔드는 행동을 통해 비난하는 상호작용을 즉시 멈추게 하고, 어떤 가족원을 비난하는 사람에게 건설적인 방법으로 자신의 감정과 생각을 다시 이야기하도록 개입하여, 의사소통 과정에서 공격적 행동이 왜 해로운 것인지 설명한다.

　㉦ 가족원들이 상담자에게만 말하는 경우 가족 간의 상호작용이 중요하므로 직접 표현하도록 한다.

　㉧ 아무도 말하지 않는 경우 가족 간의 상호작용이 원만치 않기 때문인지 자신의 생각과 감정을 억압하기 때문인지 원인을 파악한다.

② 가족상담 시 체계론적 조망을 위한 질문

　㉠ 가족의 외적인 모습에서 무엇을 파악할 수 있는가?

　㉡ 가족구성원들이 서로 얼마나 멀리 앉아 있고, 누가 누구 옆에 앉아 있는가?

　㉢ 가족에게서 파악될 수 있는 인지적 기능이 무엇인가?

　㉣ 가족구성원들이 얼마나 명확하고 솔직하게 의사소통을 하는가?

　㉤ 의사소통 패턴이 서로 주고받는 패턴인가? 일방적인가?

　㉥ 반복적이고 비생산적인 의사소통 방식을 발견하는가?

　㉦ 특별한 행동 후에 어떤 방법으로 부모가 자녀들을 꾸짖고 칭찬하는가?

　㉧ 가족 내의 기본적인 감정상태는 무엇이며, 누가 그 감정을 전하는가?

　㉨ 개인의 어떠한 역할이 가족의 저항을 강화시키며, 가장 강력한 가족의 방어기제는 무엇인가?

　㉩ 어떤 하위체계가 이 가족에게 작용하고 있는가?

　㉪ 누가 가족 내에서 권력을 행사하는가?

　㉫ 가족구성원들이 서로 어떻게 분화되어 있으며, 하위집단 경계들은 어떠한가?

　㉬ 가족은 가족생활주기 단계 중 어떤 단계를 경험하고 있으며, 문제해결 방법이 그 단계에서 적절한가?

［핵심예제］

가족상담에서 체계론적 조망을 하기 위한 질문으로 옳지 않은 것은?
[15년 13회]

① 가족구성원들이 서로 얼마나 멀리 앉아 있고, 누가 누구 옆에 앉아 있는가?

② IP(Identified Patient)의 문제행동은 어떤 성격적 장애 때문인가?

③ 반복적이고 비생산적인 의사소통의 패턴을 발견할 수 있는가?

④ 가족 내에서 기본적인 감정은 무엇이며, 누가 그 감정을 전달하는가?

⑤ 어떤 하위체계가 이 가족에서 작용하고 있는가?

정답 ②

해설

② IP(Identified Patient, 문제인물)의 문제행동을 문제인물의 성격장애에서 찾는 것은 개인상담에 입각한 질문에 해당한다.

①·③·④·⑤ 체계론적 조망은 문제에 대한 보다 전체적인 시각을 제시하여, 문제를 개인과 사회 및 환경이 상호작용 하는 총체로 보게 한다.

핵심이론 08 부부상담

① 부부상담의 개념

㉠ 자녀의 발달단계에 따라서 부부관계가 어떻게 진전되었는지 탐색한다.

㉡ 가계도를 통하여 관계내력을 진단하고 평가한다.

㉢ 문제해결을 위해 부부가 변화하는 방향으로 목표를 설정한다.

㉣ 부부간 합의에 의한 종결이 불가능할 수도 있다.

㉤ 원가족이나 가족구성원이 제시하는 내용도 고려하여 상담한다.

② 한국의 문화적 특성을 고려한 가족상담

㉠ 한국의 가족문화에 적합한 가족상담 모델을 개발한다.

㉡ 핵가족에게 영향을 미치는 확대가족과의 상호작용을 고려한다.

㉢ 서구의 이론적 기준보다 한국의 가족현실에 기반을 둔 진단 및 사정도구를 개발한다.

㉣ 한국의 전통적인 가족문제 해결방식과 현대 가족상담과의 접목을 시도한다.

㉤ 전통적 성역할 고정관념과 가부장적 가치관이 부부의 상호작용과 가족기능에 미치는 영향을 고려한다.

[핵심예제]

부부상담에 관한 설명으로 옳은 것을 모두 고른 것은?

[16년 14회]

> ㄱ. 원가족이나 가족구성원이 부부를 위하여 제시하는 상담목표는 고려하지 않는다.
> ㄴ. 자녀의 발달단계에 따라서 부부관계가 어떻게 진전되었는지 탐색한다.
> ㄷ. 가계도를 통하여 관계내력을 진단하고 평가한다.
> ㄹ. 문제해결을 위해 부부가 변화하는 방향으로 목표를 설정한다.
> ㅁ. 부부간 합의에 의한 종결이 불가능할 수도 있다.

① ㄱ, ㄴ
② ㄱ, ㄷ, ㄹ
③ ㄴ, ㄷ, ㄹ
④ ㄴ, ㄷ, ㄹ, ㅁ
⑤ ㄱ, ㄴ, ㄷ, ㄹ, ㅁ

정답 ④

해설

ㄱ. 부부상담은 상담과정을 통해 문제점의 원인 및 증상의 발생과정을 이해할 수 있고, 문제해결을 위해 부부가 변화하는 방향으로 목표를 설정한다. 또한, 부부상담에 원가족이나 가족구성원이 제시하는 내용도 고려하여 상담하여야 한다.

핵심이론 **09** 개인상담과 가족상담

구 분	개인상담 (개인심리학의 틀)	가족상담 (체계론적 가족상담의 틀)
세계관	기계론적 세계관 : 우주는 기본직 물질구성체로 민들어진 거대한 우주기계와 같음	유기체론적 세계관 : 우주는 싱호관련된 제계망으로 싱호교류하며 역동적임
상담대상	개인의 내적·심리적 요소	가족구성원의 관계 및 기능
상담목표	내담자가 문제의 원인에 대한 통찰력을 갖도록 도움	문제의 원인이 가족구성원과 가족기능의 부작용에 있으므로, 가족구성원과 가족기능상의 변화를 목표로 함
상담자 역할	문제의 진단자 및 해결자	• 상담자 : 조정자·안내자·조력자 • 가족구성원 : 문제해결자
문제초점	내담자의 특성은 무엇이며 내담자가 어떠한 행동을 하여 문제가 생겼는지를 파악	내담자의 가족관계나 맥락을 일차적으로 고려
문제진단과 해결	• 내담자의 문제를 객관적이고 정확하게 진단·평가할 수 있다고 보고 이를 중시 • 기계의 매뉴얼이 어느 기계에나 적용된다고 보듯이, 진단과 평가의 기준은 객관적으로 설정될 수 있고, 그 기준은 어느 내담자에게나 절대적으로 적용될 수 있다고 가정	• 내담자의 인식행위에 초점을 두며, 동일상황에 대해서도 내담자마다의 인식행위에 따라 다르게 이해되고 경험될 수 있다고 가정 • 개인행동의 문제에 대해 객관적이고 정확한 진단과 사정이 어려움 • 각 개인의 특성을 잘 파악하고 있다고 하여, 가족전체의 특성을 이해할 수 있는 것은 아님 • 가족의 재구조화를 통해 구성원의 정신 내적 과정과 행동을 변화시킬 수 있다는 원리
차이점	• 동일한 문제를 공유하면서 관련도가 높고 스트레스 상황 자체가 상담대상이 됨 • 구성원 간 권력과 지위가 평등하지 않음	• 평등하고 인과관계 없는 낯선 사람으로 구성원이 조직 • 스트레스 환경에서 자유로움
공통점	다수가 참여하며, 상담자와 내담자의 관계가 복잡하고 내담자 상호간의 반응이 나타남	

[핵심예제]

개인상담과 비교한 가족상담의 특성으로 옳은 것을 모두 고른 것은?

[19년 18회]

ㄱ. 변증법적 논리로 접근한다.
ㄴ. 순환적 인과론에 기반한다.
ㄷ. 문제를 환원적으로 이해한다.
ㄹ. 인간을 결정론적 존재로 본다.

① ㄱ, ㄴ
② ㄱ, ㄷ
③ ㄴ, ㄹ
④ ㄱ, ㄴ, ㄷ
⑤ ㄴ, ㄷ, ㄹ

정답 ①

해설

개인상담과 가족상담

구 분	개인상담	가족상담
인간관	결정론적·반응적 존재	선택의 자유·능동적 존재
세계관	기계론	유기체론
기본가정	• 개인주의적·환원주의적 • 직선적 인과론 • 주체·객체의 이원론 • 이분법적(Either/Or) • 객관주의적 인식론 • 법칙, 외재적 실재 • 문제의 원인, 'Why' • 역사에 초점	• 관계적·맥락적 • 순환적 인과론 • 전체성, 상호의존적 전일성 • 변증법적(Both/And) • 주관주의적 인식론 • 패턴, 체계 • 내용, 사실, 'What' • 현재 상황(Now Here)

핵심이론 10 상담과정별 과제 – 초기

초 기	중 기	종 결
• 상담관계 형성 • 가족기능 사정 • 문제명료화 • 상담목표 설정	• 가족구조의 재구조화 작업 • 구성원의 자주성, 융통성, 경험의 공유 • 타인의 반응수용	• 목표달성 • 새로운 대처방법 • 행동양식의 수용 • 추수면담 약속잡기

① 초기단계
　㉠ 진단과 목표설정이 이루어지까지의 과정
　㉡ 상담접수(Intake)와 가족사정 및 구조화
　　• 가족사정 평가항목 : 가족의 강점, 혼외관계 여부, 발달주기단계와 과업, 문제유지에 기여하는 가족원의 역할, 가족의 건강, 기능 등
　　• 구조화(상담의 구조화) : 효율적인 상담을 위해 내담자가 준수해야 할 일들과 상담의 기본적 진행방식이나 절차 등에 대해 내담자에게 안내하거나 설명하는 것

② 구조화의 종류

상담에 관한 구조화	상담시간, 빈도, 총 상담횟수, 연락방법, 상담장소, 상담비용 등에 관한 지침
상담관계에 관한 구조화	상담자의 역할, 내담자의 역할, 내담자 행동의 제한, 관계의 성격 등
비밀보장에 관한 구조화	내담자가 말한 내용에 대하여는 제3자에게 알리지 않는 것을 원칙으로 한다는 것을 알리고, 예외에 해당하는 항목을 제시

③ 첫번째 회기에서 상담자의 행동
　㉠ 분위기를 편안하게 만들기 위해 일상적인 대화를 나눈다.
　㉡ 가족 중 누가 먼저 말하는지, 누가 방해하는지 등을 관찰한다.
　㉢ 가족구성원들이 서로 얼마나 멀리 앉아 있고, 누가 누구 옆에 앉는가를 통해 가족관계를 파악할 수 있다.
　㉣ '왜 이 시점에서?'라는 생각을 가지고 가족이 제시하는 문제를 명료화한다.
　㉤ 내담자가 자발적으로 상담에 참여하였는지 여부를 파악하는 것이 중요하다. 비자발적인 내담자의 경우 상담에 대한 저항이 일어날 수 있으므로, 상담 시 자신의 문제를 지각할 수 있는 기회를 늘리면서 자발적으로 상담에 참여할 수 있도록 한다.

　㉥ 상담을 예약한 사람을 확인하고, 예약 시에 나눈 대화를 공유하도록 요청한다.

[핵심예제]

가족상담 초기단계에 상담자의 과업으로 옳지 않은 것은?
[19년 18회]

① 가족의 상호작용 과정을 탐색한다.
② 상담과정을 설명하고 구조화한다.
③ 구체적인 문제와 시도했던 해결책을 점검한다.
④ 궁금한 점에 대해 질문할 수 있도록 격려한다.
⑤ 해석을 통해 내담자가 문제의 원인을 통찰하도록 돕는다.

정답 ⑤

해설

내담자의 문제에 대한 심층적 탐색과 통찰이 이루어지면서 문제가 해결되는 단계는 상담의 중기단계에 해당한다. 가족상담 중기단계에서 상담자는 상담목표를 달성하기 위해 가족이 감당할 수 있는 범위 내에서 가장 효과적이라고 판단되는 치료기법을 활용한다.

핵심이론 11   상담과정별 과제 – 중기

① 중기단계

   ㉠ 중기단계는 변화를 위한 작업이 행해지는 단계로서 상담의 실행단계이고 핵심과정이다.

   ㉡ 상담자는 가족의 특성과 문제의 성격, 상담자의 능력과 전문적인 판단에 의하여 적절한 이론과 기법을 선택하고, 각 내담자에게 적절한 상담전략을 선택하여 적극적으로 개입한다.

   ㉢ 과정적 목표의 설정과 달성 : 상담은 하나의 큰 목표를 한꺼번에 달성하는 과정이라기보다는 순차적으로 과정적 목표를 달성해 나가는 과정으로 과정적 목표를 점검한다.

   ㉣ 저항의 출현과 해결

     • 사람마다 습관적으로 하는 사고, 감정 및 행동패턴은 그대로 지속되려는 경향이 있어 이를 변화시키려 할 때 저항이 일어난다.

     • 상담자는 저항이 일어나지 않도록 조심하면서 내담자의 변화의 동기를 고취시키는 방향으로 문제를 해결한다.

② 단계별 상담자 역할

초기단계	• 고지된 동의절차 실시 • 단기목표와 장기목표로 구분 • 가족구성원의 저항극복 • 가족에 합류하기 • 상담의 구조화 • 가족의 상호작용 패턴탐색 • 호소문제의 탐색 및 명료화 • 치료적 관계를 형성하여 전문가로서의 신뢰구축
중기단계	• 주변가족원 참여시키기 • 가족원들을 적절하게 연결시키기 • 계약과 교환관계 향상시키기 • 가족체계 내의 특정변화 강조시키기 • 가족구성원의 새로운 행동을 강화하기 • 변화가능성에 대해 낙관적 태도를 유지하기 • 가족을 적절한 외부체계와 연결시키기 • 과정에 초점두기 • 전이와 역전이 작업 • 적절한 때에 유머를 사용하기 • 가족 내에서 변화단서 찾기
종결단계	• 장기목표에 대한 토론 • 종결에 대한 오리엔테이션 • 요 약 • 추수상담 • 필요한 변화에 대한 평가

[핵심예제]

가족상담 중기단계에서 특징적으로 나타나는 상담자 역할은?

[15년 13회]

① 고지된 동의(Informed Consent) 절차 실시
② 가족구성원들의 저항 극복
③ 가족체계 내의 특정변화 강조하기
④ 필요한 변화에 대한 평가
⑤ 장기목표에 대한 토론

정답 ③

해설

①·② 초기단계의 상담자 역할, ④·⑤ 종결단계의 상담자 역할

핵심이론 12 **상담과정별 과제 – 종결**

① 종결과정
- ㉠ 내담자의 상담종결에 대한 감정처리작업
- ㉡ 목표달성, 감정처리 및 미래에 대한 준비를 위한 마지막 작업
- ㉢ 사후지도를 위한 상담면담 약속

② 종결단계의 고려사항
- ㉠ 가족원의 감정다루기(양가감정의 해소)
- ㉡ 상담목표의 달성정도의 파악
- ㉢ 행동변화의 요인에 관한 평가
- ㉣ 행동변화가 미진한 이유에 대한 평가
- ㉤ 미해결된 과제 다루기 : 지금 충분히 다룰 수 없음을 논의하고, 상담종결 후 개별상담이나 다른 상담자에게 의뢰하는 것을 권유한다.
- ㉥ 피드백 주고받기 : 가급적 긍정적 피드백을 주어 자존감을 높이도록 하며, 부정적인 경우에는 직접적이고 간결하며 구체적으로 알려야 한다.
- ㉦ 앞으로 무엇을 어떻게 해야 할 것인가에 대한 논의
- ㉧ 추후과정에 대한 인식

③ 가족상담을 종결시키는 지표
- ㉠ 최초의 설정목표를 달성했거나, 가족규칙과 구조가 합리적이고 유연하게 변화된 경우
- ㉡ 최초에 설정한 목표에는 충분히 달성하지 못했지만, 상담이 더 이상 필요하지 않다고 판단될 정도로 가족기능에 변화가 있는 경우
- ㉢ 외부에서 자원이 더 이상 필요하지 않다고 판단되는 경우
- ㉣ 상담자가 여러 노력을 했는데도 상담효과 없다고 판단될 경우
- ㉤ 가족이 상담에 대한 동기를 상실했을 경우
- ㉥ 가족 간 의사표현이 명료하고 갈등협상력이 생긴 경우

핵심예제

가족상담 과정에서 종결에 관한 설명으로 옳지 않은 것은?

[16년 14회]

① 가족이 상담에 대한 동기를 상실하면 종결하는 것이 바람직하다.
② 가족구성원이 상담을 통해 습득한 대처방법이나 행동방식을 계속 유지하는 경우 종결할 수 있다.
③ 상담효과가 없다고 판단했을 때는 종결을 고려할 수 있다.
④ 상담초기에 설정한 상담목표가 이루어진 경우 종결할 수 있다.
⑤ 종결에 대한 가족의 욕구보다 지속에 대한 상담자의 의지가 존중되어야 한다.

정답 ⑤

해설
가족이 상담에 대한 동기를 상실했을 경우 상담을 종결해야 한다.

핵심이론 13 가족상담의 기술

① 초기단계의 상담기술

　㉠ 합류하기(라포형성) : 가족을 있는 그대로 받아들이고 수용함으로써 내담자와 신뢰를 형성한다.

　㉡ 가족사정 : 가족의 문제를 파악하고 장점과 자원을 활용한다.

　㉢ 순환적 질문하기 : 전략적 가족치료의 밀란 모델에서 개발된 것으로서, 가족구성원들이 문제에 대해 단편적인 시각에서 벗어나게 하므로 초기단계에 실시할 때 특히 유용하다.

② 주요 이론별 상담기술

의사소통 가족상담	직접적 기법, 역설적 개입(역설적 명령 혹은 증상처방, 재명명), 보상 등
정신역동적 이론 (대상관계이론)	경청, 감정이입, 해석, 분석, 자유연상 등
체계적 가족치료 (다세대 가족치료)	과정질문, 가계도, 치료적 삼각화, 탈삼각화, 관계실험, 자기입장 지키기, 코칭 등
구조적 가족치료	교류와의 합류, 교류의 창조, 교류의 재구성, 불균형기법, 경계선 만들기 등
경험적 가족치료	원가족도표, 원가족 삼인군 치료, 가족조각 기법, 가족재구조화, 역할극, 빙산탐색 등
전략적 가족치료	역설적 개입, 지시, 은유적 기법, 가장기법, 긍정적 의미부여, 의식처방, 불변처방, 순환질문, 협동치료 등
해결중심 가족치료	상담 전 변화질문, 예외질문, 기적질문, 척도질문, 대처질문, 관계성 질문 등
이야기치료	빈약한 서술 찾아내기, 문제를 표면화하기, 문제로부터의 분리, 문제의 영향력 탐구 및 평가, 독특한 결과의 발견, 대안적 이야기 엮어가기(스캐폴딩 지도), 정의예식 등
인지행동치료	긍정적 연습과 행동형성, 강화 및 토큰강화법, 유관계약, 타임아웃 등

[핵심예제]

상담기법과 해당 모델의 연결이 옳은 것은? [17년 16회]

① 유머(Humor) - 다세대 모델
② 집중/강조(Intensity) - 경험적 모델
③ 나–입장(I–Position) - 이야기치료
④ 가장기법(Pretend Technique) - 전략적 모델
⑤ 생활연대기(Life Chronology) - 구조적 모델

정답 ④

해설

④ 전략적 모델 : 역설적 개입, 긍정적 의미부여, 의식기법, 가장기법, 시련기법 등
① 다세대 모델 : 가계도, 치료적 삼각화, 코칭 등
② 경험적 모델 : 가족조각, 빙산탐색 등
③ 이야기치료 : 정의예식, 재저작 등
⑤ 구조적 모델 : 합류, 실연화, 증상활용 등

핵심이론 14 **가족치료의 주요 윤리원칙**

① 가족치료 실천의 주요 윤리원칙

내담자에 대한 책임	• 내담자의 다양성 존중 : 상담자는 모든 인간의 기본적인 권리, 존엄성, 가치를 존중하며, 연령·성별·인종·종교·성적인 선호·장애 등을 이유로 내담자를 차별하지 않는다.
	• 상담관계 이외의 사적 관계를 맺는 다중(이중)관계 금지 : 상담자는 객관성과 전문적인 판단에 영향을 미칠 수 있는 다중관계는 피한다. 특히, 상담자가 내담자의 상사이거나 지도교수 혹은 평가를 해야 하는 입장인 경우, 그 내담자를 다른 전문가에게 의뢰해야 한다.
	• 내담자의 자기결정권 존중 : 치료자는 내담자가 책임 있는 결정을 내릴 수 있도록 돕는다.
	• 치료종결이나 의뢰에 대한 책임 : 치료자는 자신의 치료적 개입이 내담자에게 도움이 된다고 판단되는 경우에만 치료적 관계를 지속해야 하고, 치료자가 다룰 수 없거나 다루기에 부적절한 경우 다른 치료서비스를 받도록 한다.
	• 고지된 동의
	  – 치료시작 전 내담자로 하여금 자신의 권리와 책임에 대해 충분히 이해한 상태에서 치료에 동의하도록 하는 절차이다.
	  – 녹음, 녹화, 제3자의 관찰을 허용하기 전에 내담자로부터 문서로 사전동의를 받는 것으로서, 상담내용에 대해 비밀을 유지하지만 법적 요구가 있을 경우 공개할 수 있음을 알리는 것이다.
	  – 고지된 동의에는 비밀보장의 한계, 치료기록의 성격과 범위, 치료자의 직책, 경험, 훈련, 전문영역, 치료모델과 대안, 예상 치료기간, 비용 및 청구방법, 내담자의 치료중단 권리, 치료에 따르는 위험 등이 있다.

비밀보장	• 사생활보호에 대한 사회적 가치에 기초한 원칙이다. • 전문적 치료관계를 유지하는 데 기본이 되는 원칙이다. • 불가피한 이유로 상담내용을 알려야 하는 예외 상황이 발생할 수 있다. • 상담시작 전 비밀유지에 대한 입장을 표명함으로써, 내담자가 개인적 비밀을 털어놓을 수 있는 신뢰감 형성이 가장 중요하다.
전문성과 품위	• 신체적·정신적으로 또는 알코올이나 기타 약물의 오남용으로 전문적 능력이 손상되어 치료자로서의 역할을 수행할 수 없는 경우 치료를 행할 수 없다. • 자신의 능력 밖에 있는 문제에 대한 진단, 처치, 충고 등을 하지 않으며, 증언이나 진술 등 자신의 전문적 소견을 공식화할 경우 타인의 삶에 지대한 영향을 미칠 수 있으므로 각별히 주의해야 한다.
훈련생 및 연구대상에 대한 책임	• 상담자는 자신의 피고용인이나 훈련생이 약자인 점을 이용하여 사익을 추구해서는 안 된다.
가족치료 전문직에 대한 책임	• 전문직이 요구하는 수준의 서비스 제공 및 관련 법규정의 개정에 적극 참여하고, 금전적 보상이 없더라도 지역사회나 사회적 기능의 향상에 기여하는 활동을 포함한다.
비용에 대한 합의	• 상담자는 서비스나 슈퍼비전을 제공할 때 시작에 앞서 제공될 서비스나 슈퍼비전의 내용을 내담자 또는 훈련생에게 설명하고 비용도 알린다.
서비스에 대한 홍보	• 내담자가 적절히 선택할 수 있도록 상담자의 능력·교육·훈련·경험·관련 자격증 등을 홍보하여야 한다.

② 가족상담에서 사전동의

㉠ 상담과정에서 다루어질 목적과 내용을 가족에게 설명한다.

㉡ 계약상담자가 선택한 다양한 개입방법의 효율성을 설명한다.

㉢ 예정된 상담횟수와 간격, 상담시간, 누가 참석할 것인가, 상담비용 등에 대해 설명한다.

㉣ 가족상담의 위험을 최소화할 책임이 상담자에게도 있음을 이야기한다.

㉤ 상담회기, 주기 등의 상담형식에 대해 설명한다.

㉥ 긍정적 결과에 대해 희망을 갖도록 설명한다.

㉦ 가족의 목표가 개인의 목표보다 우선시된다는 것을 알린다.

[핵심예제]

다음 상담자의 행동에 공통적으로 나타난 가족상담 윤리는?

[19년 18회]

○ 녹음, 녹화, 제3자의 관찰을 허용하기 전에 내담자로부터 문서로 사전동의를 받는다.
○ 상담내용에 대해 비밀을 유지하지만, 법적인 요구가 있을 경우에는 공개할 수 있음을 알린다.

① 고지된 동의
② 이중관계 금지
③ 자기결정권 존중
④ 의뢰에 대한 책임
⑤ 지역사회에 대한 기여

정답 ①

해설

고지된 동의(Informed Consent)는 치료를 시작하기 전 내담자로 하여금 자신의 권리와 책임에 대해 충분히 이해한 상태에서 치료에 동의하도록 하는 절차를 말한다. 고지된 동의에는 비밀보장의 한계, 치료기록의 성격과 범위, 치료자의 직책, 경험, 훈련, 전문영역, 치료모델과 대안, 예상되는 치료기간, 비용 및 청구방법, 내담자의 치료중단 권리, 치료에 따르는 위험 등이 있다.

제2장   가족상담의 이론과 실제

핵심이론 15   초기 가족상담

① 초기 가족상담의 이론직 기초
　㉠ 상담자와 내담자 간의 위계적인 질서를 강조하였다.
　㉡ 체계와 환경과의 상호작용에 초점을 두면서 체계에 대한 투입과 산출에 초점을 두는 블랙박스 모델이다.
　㉢ 관계윤리, 가족출납부, 보이지 않는 충성심 등이 주요 개념이다.
　㉣ 가족의 기능·역기능을 사정하기 위한 개념개발과 특정 치료적 기법의 습득을 중시하였다.

② 개인치료의 주류 밖에서의 영향
　㉠ 아동상담소 운동
　㉡ 일반체계이론과 사이버네틱스 등의 도입
　㉢ 사회복지실천의 영향
　㉣ 집단역동운동
　㉤ 가족을 상호연관적·상호의존적·유기체적 총체로 파악
　㉥ 부부상담 및 자녀양육에 있어서 상담의 필요성 제기

[핵심예제]

초기 가족상담의 발전에 영향을 준 것을 모두 고른 것은?

[15년 13회]

ㄱ. 다문화주의
ㄴ. 아동상담소 운동
ㄷ. 사회복지실천의 영향
ㄹ. 페미니즘(Feminism)
ㅁ. 집단역동운동

① ㄱ, ㄴ
② ㄱ, ㄴ, ㄷ
③ ㄴ, ㄷ, ㅁ
④ ㄷ, ㄹ, ㅁ
⑤ ㄱ, ㄴ, ㄷ, ㅁ

정답 ③

해설

다문화주의와 페미니즘은 포스트모더니즘 영향으로 후기 가족상담에 영향을 주었다.

핵심이론 16 후기 가족상담

① 후기 가족상담의 발전배경
 ㉠ 탈근대주의와 구성주의를 배경으로 발달하였다.
 ㉡ 대표적으로 해결중심 가족상담과 이야기치료 가족상담을 들 수 있다.
 ㉢ 사회구성주의, 페미니즘, 다문화주의 영향으로 인해 사회적 상호작용과 주관적인 다양성을 중시하여 개개인의 상황에 적합한 기법이 필요하다는 생각이 자리 잡았다.

② 후기 가족상담의 이론적 기초
 ㉠ 2차 사이버네틱스와 체계론적 관점을 기초로 발전되었는데, 2차 사이버네틱스에서 보는 체계는 자기준거성, 자율성, 부적 피드백 등의 속성을 갖는다.
 ㉡ 포스트모더니즘은 인간이 각자의 인식행위를 통해 다르게 구성된 여러 우주에 살고 있다고 가정한다. 포스트모더니즘의 영향으로 상담자들은 현실에 대해 가족구성원들이 갖는 다른 신념체계에 대하여 '알지 못함'의 자세(Not Knowing)를 취하였다.
 ㉢ 사람들의 정체성에 대한 상세한 기술을 추구한다.
 ㉣ 페미니즘은 '개인적인 것은 정치적인 것이다'라는 신념으로 사회적 지배나 억압에 대해 비판하면서 편파성과 추상적 보편성에 대한 거부 등의 측면을 강조하였다.
 ㉤ 상담자의 지식과 기술을 신뢰하던 이전의 상담과는 달리 상담자와 내담자의 관계는 평등하다고 본다.
 ㉥ 문제의 원인에 집중하는 대신 가족구성원이 사건에 부여하는 의미를 찾고, 실현가능한 해결책을 발견하는 것에 초점을 둔다.
 ㉦ 내담자와 상담자의 협력적 관계를 중시하며 사람들이 사회적 상호작용을 통하여 만드는 의미에 초점을 둔다.
 ㉧ 구성주의는 사람이나 현상에 관한 진실을 객관적으로 관찰할 수 없다고 주장한다.
 ㉨ 사회구성주의는 언어가 어떻게 세계와 신념을 구성하는가에 초점을 두었으며, 협력언어체계모델의 안데르센(T. Andersen)은 '반영팀'이라는 접근을 발전시켰다.

[핵심예제]

후기 가족상담의 발달에 영향을 준 요인으로 옳은 것은?

[19년 18회]

① 역할이론 ② 사회구성주의
③ 집단역동운동 ④ 아동상담소 운동
⑤ 조현병 가족연구

정답 ②

해설
포스트모더니즘의 중심사상 중 하나인 사회구성주의 사상의 영향을 받은 후기 가족상담은 내담자의 주관적 현실세계와 언어적 상호작용에 따라 실재가 달라질 수 있음을 강조한다. 그 영향으로 대표적인 후기 가족상담의 모델인 해결중심 단기치료와 이야기치료는 상담과정에서 언어적인 측면의 중시, 내담자와 상담자 간 협동적 관계의 강조, 문제가 아닌 해결에 관심을 가지는 등 기존 가족상담 모델과 다른 접근을 제시한다.

핵심이론 17 후기 가족상담모델의 발달

① 후기 가족상담모델의 발달

모델명	대표학자	내용	치료기법
해결 지향 모델	오한런	문제가 개인이 정의하는 의미체계로 인한 것으로 봄	선나형 질문, 문제의 성상화, 방향 틀어 요약하기법, 내담자의 관점수용(활용), 분명하거나 상식적 제안, 의문 던지기, 미래에 초점두기법
해결 중심 모델	드세이저, 버그	내담자 중심의 해결에 중점, 내담자의 장점이나 건강한 특성을 활용하며, 치료자와 내담자 간 협력관계를 중시함	해결지향적 질문(상담 전 변화에 관한 질문, 예외질문, 기적질문, 척도질문, 대처질문, 관계성질문, 악몽질문, 간접적 칭찬, '그 외에 또 무엇이 있습니까?' 질문)과 치료적 피드백의 메시지를 사용
이야기 치료	화이트, 엡스턴	문제의 외현화와 새로운 시각으로 대안적 삶의 이야기를 서술하게 함	정의예식과 외부증인집단 등의 기법 사용
협력 언어 체계 모델	앤더, 굴시안	내담자와의 협력적 대화를 통하여 새로운 의미를 찾는 과정에 중점	반영팀(Reflecting Team)을 주요 기법으로 활용

② 반영팀(Reflecting Team) 접근
  ㉠ 노르웨이의 정신과 의사인 안데르센(Andersen)이 발전시킨 것이다.
  ㉡ 협력적 모델(Collaborative Model)과 관련이 깊다.
  ㉢ 2차적 사이버네틱스를 토대로 발전되었다.
  ㉣ 상담자는 관찰자이며, 내담자는 관찰대상이라는 고정된 관계를 변화시켰다.
  ㉤ 상담팀(관찰자)이 상담실에서 상담을 받던 내담자 가족(참여자)에게 그들의 생각과 느낌을 전달하고, 이에 대한 참여자의 생각과 느낌을 관찰자에게 전달한다.

[핵심예제]

반영팀(Reflecting Team) 접근에 관한 설명으로 옳지 않은 것은?
[14년 12회]
① 협력적 모델(Collaborative Model)과 관련이 깊다.
② 노르웨이의 성신과 의사인 안데르센(Andersen)이 발전시킨 것이다.
③ 1차 사이버네틱스(Simple Cybernetics)를 토대로 하여 발전되었다.
④ 상담자는 관찰자이며 내담자는 관찰대상이라는 고정된 관계를 변화시켰다.
⑤ 상담팀(관찰자)이 상담실에서 상담을 받던 내담자 가족(참여자)에게 그들의 생각과 느낌을 전달하고, 또 이에 대한 참여자의 생각과 느낌을 관찰자에게 전달한다.

정답 ③

해설
안데르센(Andersen)의 반영팀 접근은 2차적 사이버네틱스를 토대로 발전하였으며, 현실은 사회적이며 언어적인 산물로 보는 사회구성주의를 토대로 일방경(One-Way Mirror) 뒤에서 전문가끼리만 주고받는 대화를 거부하고, 내담자에게 들리는 대화를 실천하였다.

핵심이론 18 의사소통 가족상담모델(1950년대) (1) – 의의 및 주요 개념

① 의 의

  ㉠ 캘리포니아 팔로 알토에서 베이트슨(Bateson)에 의해 주도된 정신분열증 연구프로젝트와 잭슨(Jackson)이 이끄는 정신건강연구소(Mental Research Institute ; MRI)에 관여한 연구자들이 정립한 의사소통이론에 기초하고 있다.

  ㉡ 다른 가족상담이론과 달리, 전적으로 가족에게 초점을 두는 점과 가족구성원의 문제를 가진 가족의 상호작용이라는 새로운 관점에서 연구되었다.

  ㉢ MRI를 중심으로 활동한 상호작용적 의사소통모델, 인본주의 경향을 강하게 띠면서 사티어(Satir) 특유의 모델로 발전된 경험적 가족상담모델, 헤일리(Haley)에 의해 발전된 전략적 가족상담모델 등으로 발전하였다.

② 주요 학자

베이트슨 (Bateson)	• 의사소통 가족상담의 선구자 • 조현병 행동을 알기 위해 의사소통 분석 • 관찰을 통해 메시지의 상호교환이 가족관계를 한정하며, 이러한 관계는 가족의 항상성 과정을 통해 안정을 찾는다는 사실을 발견
잭 슨 (Jackson)	• 의사소통 가족상담을 창안하여 보편화하는 데 기여 • 1958년에 MRI를 설립 • 병리적 의사소통이 조현병 환자가족의 고유한 것은 아니라는 사실을 밝힘

③ 주요 개념

  ㉠ 치료적 이중구속(증상처방)

    • 한 사람이 다른 사람에게 논리적으로 상호모순되고 일치하지 않는 두 가지 메시지를 동시에 전달하는 것

    • 베이트슨은 상호모순된 메시지가 아동을 어떠한 메시지에도 반응할 수 없는 혼란된 상황에 놓이게 함으로써, 결국 정신분열적으로 반응할 수밖에 없게 된다고 주장

    예 상을 받아 온 아들에게 엄마가 "축하해"라고 말하면서 계속 드라마에 열중하는 경우

  ㉡ 가족항상성

    • 가족이 어떠한 상황에서도 안정성을 유지하려는 속성

    • 항상성은 가족 내에서 발전시킨 상호작용 유형에 의해 지속된다.

    예 자녀가 청소년기에 진입하였는데도 부모가 아동기의 가족체계 방식대로 의사결정을 하려는 태도

  ㉢ 대칭적 관계와 보완적 관계

대칭적 관계	• 평등성과 유사성에 기초한 관계지만, 병리적 관계로 발전할 위험성이 있음 • 의사교환자 한쪽의 반응이 다른 쪽에 영향을 주고, 이것이 다시 한쪽의 반응을 상승시키는, 즉 대칭적 상승효과로 언쟁・싸움으로 발전하는 경우
보완적 관계	• 의사교환자가 우월–열등의 관계에 놓여 있어, 이 관계가 경직되는 경우에 병리적 관계로 발전

[핵심예제]

가족상담의 기본개념에 관한 설명으로 옳지 않은 것은?

[18년 17회]

① 부부왜곡(Marital Skew) – 부부가 서로 역할교환을 이루지 못함

② 대칭적 관계(Symmetrical Relationship) – 평등성과 유사성에 기초한 관계임

③ 동일결과성(Equifinality) – 체계가 여러 방법을 통해 동일한 목표에 도달하는 것임

④ 고무울타리(Rubber Fence) – 고정된 가족역할로부터 벗어나려는 시도를 무시하거나 잘못 해석하여 발달함

⑤ 이중구속(Double Bind) – 조현병 환자가족에 관한 연구 결과로서 베이트슨(G. Bateson) 연구진이 발전시킴

정답 ①

해설

부부왜곡(Marital Skew, 결혼왜곡, 부부 불균형)은 한 배우자가 다른 배우자를 강하게 지배하려는 경우로 지배하려는 배우자가 심각한 정신병리가 있는 상태이다.

핵심이론 19 의사소통 가족상담모델(1950년대) (2) – 조현병 환자가족의 역기능

① **이중구속** : 언어적 메시지와 비언어적 메시지가 서로 일치하지 않음으로써 어떠한 메시지에 반응해도 적절한 반응이 될 수 없는 상황을 말한다.

② **부부균열**
  ㉠ 부부가 중요한 영역에서 서로 의견을 달리할 뿐만 아니라 다툼을 일으키는 관계이다.
  ㉡ 부부가 거의 모든 영역에서 경쟁적이고 각자 자신의 욕구와 기대를 충족시키기 위해 상대방의 지위를 손상시키는 관계이다.

③ **부부 불균형**
  ㉠ 부부간의 권력이 지나치게 불균형을 이루어 강자가 약자를 지배하는 상황을 말한다.
  ㉡ 상대적인 권력을 갖고 있어서 갈등을 표면화하기 어려운 상태를 말한다.
  ㉢ 자녀들이 종종 부부갈등의 중재자 역할을 하게 된다.

④ **거짓상호성** : 겉으로 드러난 가족원 간의 친밀한 상호작용이 진실한 모습이 아니라 거짓된 모습임을 나타낸다.

⑤ **거짓친밀성** : 가족원 모두 결속된 모습을 보여야 하기 때문에 역할에 융통성이 없고, 유머와 자발성이 부족한 것을 말한다.

⑥ **거짓적대성**
  ㉠ 겉으로 거리감을 두거나 적대적인 방식으로 상호작용하는 관계이다.
  ㉡ 친밀감뿐만 아니라 갈등·불화를 직접적으로 다루는 데 어려움을 느끼는 것이다.

⑦ **고무울타리**
  ㉠ 이중구조 또는 거짓친밀성을 의미한다.
  ㉡ 가족구성원의 외부접촉을 촉진하는 경계를 말하며, 가족을 둘러싼 경계가 자신들의 편의에 따라 넓어지기도 하고 축소되기도 한다.
  ㉢ 고정된 가족역할로부터 벗어나려는 시도를 무시하거나 잘못 해석하여 발달하며, 가족원 개인이 자신의 정체성과 독자성을 찾으려는 시도를 무시하고 가족이 함께해야 한다는 믿음으로 가족의 담장을 확장해 가는 상황을 의미한다.

⑧ **자기분화** : 개인이 가족의 정서적인 혼란으로부터 자유롭고 독립적인 사고나 행동을 할 수 있는 과정을 의미한다.

⑨ **가족투사과정** : 부모가 자신의 낮은 분화수준을 자녀들에게 전달하는 과정을 말한다.

핵심예제

가족상담 발달초기에 정신분열증(조현병) 환자가족의 역기능을 설명하기 위해 제시된 개념으로 옳지 않은 것은?

[14년 12회]

① 이중구속(Double Bind)
② 부부균열(Marital Schism)
③ 고무울타리(Rubber Fence)
④ 거짓적대성(Pseudo-Hostility)
⑤ 문제로 가득 찬 이야기(Problem-Saturated Story)

정답 ⑤

해설

가족상담 발달초기 조현병 환자가족의 역기능에서 주요한 개념으로 이중구속, 부부균열과 부부 불균형, 이중구조(거짓친밀성, 거짓적대성, 고무울타리), 분화 등이 있다. ⑤ '문제로 가득 찬 이야기'는 이야기치료의 개념이다.

핵심이론 20 의사소통 가족상담모델(1950년대) (3) − 주요 기법

① 직접적 기법
  ㉠ 명확한 의사소통 규칙교육, 가족의 의사소통 유형분석과 해석 등의 기법이다.
  ㉡ 내담자의 문제해결 의지와 통찰력에 의존하는 방법이다.
  ㉢ 내담자의 협조에 따라 치료효과가 크게 좌우된다.

② 역설적 개입
  ㉠ 역설적 명령 혹은 증상처방(치료적 이중구속) : 내담자에게 문제행동을 계속 유지하라고 지시함으로써, 그의 통제 밖에 있었던 문제행동을 그의 통제권 안으로 끌어들이고, 문제행동을 포기함으로써만 벗어날 수 있는 치료적 역설상황을 만드는 것이다.
  ㉡ 재명명(Relabeling)
    • 이미 벌어진 상황에 대하여 다른 언어를 사용하여 이에 대한 이해와 느낌, 생각이 바뀌도록 도와서 가족을 변화시키는 방법이다.
    • 증상의 긍정적인 측면을 강조하는 것이 특징이다.
    • 예를 들어, 가족 간의 심한 언쟁을 '서로간의 관심과 배려'라고 재명명하는 것인데, 이는 서로간에 정서적으로 연결되어 있고 관심이 있을 때 언쟁도 있을 수 있다는 생각에서 착안된 것이다.

③ 보상 : 치료자가 각 당사자에게 상대방에게 무엇을 원하는지를 질문하고, 그 상대방이 기꺼이 다른 상대방이 원하는 것을 해주도록 하는 기법이다.

[핵심예제]

다음 보기의 상담개입을 설명하는 개념으로 옳은 것은?

[14년 12회]

• 남편 : 저는 우리 부부가 계속 싸우는 것이 문제라고 봅니다.
• 부인 : 맞아요.
• 상담사 : 그렇다면 두 분이 매일 일정한 시간에 계속 싸워보도록 하시지요.

① 시련처방(Ordeal Technique)
② 가장기법(Pretend Technique)
③ 의식처방(Ritual Prescription)
④ 억제기법(Restraining Technique)
⑤ 증상처방(Symptom Prescription)

정답 ⑤

해설

역설적 명령 혹은 증상처방(치료적 이중구속)은 내담자에게 문제행동을 계속 유지하라고 지시함으로써 그의 통제 밖에 있었던 문제행동을 그의 통제권 안으로 끌어들이고, 문제행동을 포기해야만 벗어날 수 있는 치료적 역설상황을 만드는 것이다.

핵심이론 21 | 정신역동적 모델(대상관계이론, 1970년대)
(1) – 의의 및 주요 학자

① 의 의

ㄱ 개인중심인 프로이트의 이론에서 벗어나, 관계중심인 대상관계이론으로 이행하면서 주목받았다.

ㄴ 과거의 무의식적 이미지에 대한 통찰을 통한 인성변화와 가족원의 무의식적 구속으로부터의 자유를 추구한다.

ㄷ 정신장애는 개인의 내적인 갈등의 산물로써 과다한 방어는 병리로 나타난다.

ㄹ 신체 내의 과도한 긴장은 유기체 내의 정신신체적(Psychosomatio) 장애를 유발하고 자아가 더 이상 현실에 대응할 수 있는 능력을 상실하였을 때, 개인은 정신병적(Psychotic)인 반응을 보인다.

ㅁ 정신역동적 치료는 억압된 갈등의 해소에 주력하고, 갈등을 통찰시키기 위하여 꿈의 분석, 자유연상, 저항의 처리, 전이, 경청, 감정이입, 해석 등의 방법을 동원하여 치료하는 것을 말한다.

ㅂ 정신역동적 가족상담의 상담기법 중 해석은 무의식적 상호작용의 의식화를 통해 자아가 무의식적인 자료를 의식화하는 것을 촉진시킴으로써, 내담자가 무의식적인 자료들에 대한 통찰을 갖는 것을 상담의 목표로 한다.

② 주요 학자

애커만 (Ackerman)	• 저서 「가족생활의 정신역동」을 통해, 가족이 안정적이고 예측이 가능한 경우는 매우 드물며, 어려움을 겪는 한 개인을 가족에서 고립시키거나 격리하기보다는 가족 안에서 치료할 때 보다 나은 변화가 가능하다고 한다. • 사람은 혼자서 살아가는 존재가 아니기 때문에 개인의 무의식에 대한 정확한 이해를 위해서는 가족 상호작용이라는 현실적 맥락에 대한 이해가 선행되어야 한다.
클라인 (Klein)	• 유아는 부모에 의해서 양육될 때 경험하는 만족과 좌절 등을 통하여 부모의 이미지를 내면화하면서 자아상을 형성한다. • 긍정적인 경험은 유아에게 따뜻함·보살핌·만족·안정감을 주지만, 부정적 경험은 유아에게 분노·불안·초조·염려·두려움을 준다.
보스조르메니- 내지 (Boszormenyi –Nagy)	• 정신역동적 관점에서 가족 내 윤리적 책임을 강조하는 맥락적 가족치료를 주장하였다. • 가족관계를 대차대조표에 비유하여, 이득을 보는 가족이 있으면 반드시 손해를 보는 가족이 있다고 하였다. • 적자를 해결하기 위해서 부채가 상환되어야 하는 것처럼, 부정을 저지르면 언젠가는 심판을 받아야 하는데, 심판이 너무 적거나 불충분하게 실행될 경우 보복의 고리(Chain of Displaced Retributions)가 발생한다. • 가족 중 누군가 나타내는 증상은 가계의 부정이 너무 많이 누적되어 있다는 것을 알리는 신호이며, 어머니의 희생과 그에 따른 우울증이 예시이다. • 가족출납부에 의하면, 개인의 이익은 집단을 위해 희생되는데 이는 보이지 않는 충성심과 관련이 있다. 따라서 문제행동이나 병리적 반응은 이러한 보이지 않는 충성심에서 발전할 수 있다. • 가족에게 일어난 부정적 연결고리에 대한 통찰을 통해 용서와 관대함이 이루어지고, 이러한 부정적 채무가 정지될 때 높은 치료효과를 기대한다.

[핵심예제]

가족상담 이론가와 기법의 연결이 옳지 않은 것은?

[17년 16회]

① 보웬(M. Bowen) – 과정질문(Process Question)
② 스튜어트(R. Stuart) – 돌봄의 날(Caring Day)
③ 사티어(V. Satir) – 원가족도표(Family of Origin Map)
④ 드 쉐이저(S. de Shazer) – 척도질문(Scaling Question)
⑤ 보스조르메니 내지(I. Boszormenyi–Nagy) – 증상처방(Symptom Prescription)

정답 ⑤

해설

보스조르메니 내지(I. Boszormenyi–Nagy)는 정신역동적 관점에서 가족 내 윤리적 책임을 강조하는 맥락적 가족치료를 주장하였다.

핵심이론 22 정신역동적 모델(대상관계이론, 1970년대)
(2) – 맥락적 가족치료

① 맥락적 가족치료의 목표

성인생활에 따르는 책임과 권리 사이에 공정한 균형과 중심을 이루게 만들어 주고, 동시에 다른 사람과의 관계에서도 상호적으로 조화를 이루도록 상담해 주는 것이다.

② 맥락적 가족치료의 용어

유산(Legacy)	자녀들이 부모로부터 대화를 통해서 물려받게 되는 명령(Imperative)
원장(Ledger)	부모로부터 받은 유산과 자신이 삶에서 얻은 것들을 기록해서 계산해 놓은 장부
대칭(Symmetry)	두 사람이 서로 돌봄을 주고받는 관계
비대칭 (Asymmetry)	일방적 돌봄이 되어 돌봄을 되돌려 줄 수 없는 관계(부모와 자녀관계)
충성심(Loyalty)	부모가 자녀를 돌봐 줌으로써 자녀가 갖게 되는 사랑과 신뢰의 마음
회전판 (Revolving Slate)	• 유형이 한 세대에서 다음 세대로 무조건 반복되는 유산 • 사람들이 살아가면서 일정하게 계속 반복하는 행동형태
부모화 (Parentification)	자녀가 오랫동안 부모역할을 하는 현상
분열된 충성심 (Split Loyalty)	한쪽 부모에게만 충성심을 가지는 자녀의 마음
보이지 않는 충성심 (Invisible Loyalty)	무의식적이며 가족에게 갖는 일종의 유대감

③ 맥락적 가족치료의 방법

자기타당 (Self-Validation)	치료자가 자녀들이 갖는 충성심을 드러나게 해주는 활동
편파성 (Partiality)	치료자가 가족구성원 중 어느 한 사람에게만 관심을 가지고 배려하는 활동
해 방 (Exoneration)	치료자는 내담자가 그의 부모에게서 물려받은 회전판으로부터 해방시키는 역할

[핵심예제]

다음 보기의 개념을 모두 포함하는 가족상담 모델의 상담목표로 옳은 것은? [16년 14회]

유산(Legacy), 원장(Ledger), 충성심(Loyalty), 회전판(Revolving Slate)

① 가족의 성장
② 가족의 재구조화
③ 증상제거 및 현재의 행동변화
④ 책임과 권리 간 공정한 균형과 관계공평성
⑤ 부정적 행동의 소거와 긍정적 행동의 증가

정답 ④

해설

보기의 개념은 맥락적 가족치료의 주요 용어이며, 이 상담치료의 목표는 성인생활에 따르는 책임과 권리 사이에 공정한 균형과 중심을 이루게 만들어 주고, 동시에 다른 사람과의 관계에서도 상호적으로 조화를 이루도록 상담해 주는 것이다.

선택 3과목

핵심이론 23 | 정신역동적 모델(대상관계이론, 1970년대) (3) - 상담자의 태도 및 상담기법

① 상담자의 태도

ㄱ 지시나 충고를 극도로 제한하며, 가족의 생활을 거의 조정하지 않는다.

ㄴ 개인·가족 간, 가족·상담자 간의 심리내적 역동이나 투사적 동일시를 중시한다.

ㄷ 가족구성원이 자신들의 마음속에 있는 것을 언어화하면, 치료자는 언급된 것을 욕구·방어·자아상태·감정전이의 파생물로 간주하여 적극적으로 분석한다.

ㄹ 정신역동적 가족상담의 기본자세

- 방해를 최소화하고, 불필요한 개입을 배제하면서 개인의 반응을 면밀히 검토한다.
- 내면화된 대상의 어떤 부분은 의식적이고 쉽게 알 수 있으나, 대부분의 무의식 속에 숨겨진 심상을 찾아내기 위해서는 비지시적인 치료기법이 중요하다고 본다.
- 정신분석학적 자유연상을 통해 무의식적인 것을 표면화하도록 한다.
- 가족구성원은 그들의 관심을 치료자의 방해나 지시 없이 자유롭게 이야기한다.

② 상담기법

경 청	내담자가 용기를 내어서 괴로운 일들을 탐색하거나 혹은 생각을 가다듬거나 냉정을 되찾기 위해 말을 중단하고 침묵하거나 눈물을 흘리는 동안은 참을성 있게 기다리며, 내담자가 말하는 것뿐만 아니라 그가 말하고자 의도하는 것, 즉 말의 억양이나 말씨, 자세, 또 다른 비언어적 메시지를 찾아내는 것
감정이입	상담자가 내담자의 생각과 느낌을 함께 공감할 수 있도록 주의를 기울여 들어주는 것
해 석	자아로 하여금 무의식적인 자료를 의식화하는 것을 촉진시킴으로써 내담자로 하여금 무의식적인 자료들에 대한 통찰을 갖도록 하는 것
분 석	• 상담자들이 가족의 변화를 시도하기 전에 가족에 대한 이해를 먼저 해야 함 • 전이분석 : 내담자가 어릴 때 중요한 인물·대상에 대한 사랑·증오의 감정을 상담자에게 전이시킬 때 나타나는 현상
자유연상	내담자로 하여금 마음속에 떠오르는 것이면 무엇이든지 이야기하도록 함으로써, 무의식적인 사건을 표면으로 끌어내기 위한 최고의 방법

핵심예제

가족상담 모델과 상담목표의 연결로 옳지 않은 것은?

[19년 18회]

① 다세대 가족치료 - 불안수준의 감소
② MRI모델 - 증상제거 및 행동변화
③ 구조적 가족상담 - 가족의 재구조화
④ 해결중심모델 - 무의식적 상호작용의 의식화
⑤ 경험적 가족치료 - 느낌의 표현 및 자발성 성장

정답 ④

해설

'무의식적 상호작용의 의식화'는 정신역동적 가족상담의 상담기법 중에서 '해석'에 대한 설명이다. ④의 상담목표는 내담자 중심의 문제해결이다.

핵심이론 24 보웬의 체계적 가족치료(다세대 가족상담 모델) (1) - 의의 및 주요 내용

① 의 의
  ㉠ 보웬(Bowen)은 메닝거 클리닉(Menninger Clinic)에서 소아 조현병 환자의 치료를 위해 환자와 그의 어머니 또는 그의 부모를 1~2개월간 공동으로 생활하게 함으로써, 환자와 가족 간의 유기적 관계를 발견하였다.
  ㉡ 보웬은 분화와 삼각관계의 개념을 정립하였고, 환자들은 엄마 또는 부모와 불안정한 애착관계를 형성한다는 사실을 발견하였다.
  ㉢ 가족을 다세대적 현상으로 파악하여 다세대적 분석을 통해 현재의 가족문제를 파악한다.

② 주요 내용
  ㉠ 보웬은 행동장애를 '증가된 불안의 산물'로 보면서 고립되고 분화되지 못한, 가장 상처받기 쉬운 개인이 증상을 발달시키거나 혹은 갈등의 중심이 되기 쉽다고 보았다.
  ㉡ 보웬 가족치료의 목표 : 불안을 감소시키고 자아분화를 증가시키는 것으로서, 자기분화는 치료목표인 동시에 성장목표이다.
  ㉢ 자기분화는 분화되지 않은 가족자아집합체에서 자신을 분리·독립시켜 정체감을 형성하고, 자기 충동적·정서적 사고와 행동에서 자유를 획득해 나가는 것이다.
  ㉣ 상담자의 역할 : 탈삼각화를 코치하고, '나의 입장(I-position)'을 시범 보이는 모델이다.

③ 다세대 모델의 특징
  ㉠ 삼각관계는 핵가족 내에서도 다중으로 있을 수 있다.
  ㉡ 자아분화가 높은 사람은 타인의 평가에 연연하지 않는다.
  ㉢ 가족투사과정은 가족 내에서 불안이 투사되는 과정을 말한다.
  ㉣ 대표적인 핵가족 정서체계는 만성적 결혼갈등, 배우자의 역기능 등이다.

[**핵심예제**]

보웬(Bowen)의 가족상담에 관한 설명으로 옳지 않은 것은?

[19년 18회]

① 3대 이상의 가계도를 통해 가족구조와 관계패턴을 살펴본다.
② 과정질문을 통해 내담자의 내면 및 타인과의 관계를 탐색한다.
③ 상담자는 가족의 삼각관계를 이해할 수 있도록 가족과 융합한다.
④ 충동적이거나 감정적으로 반응하는 가족원을 분화수준이 낮은 것으로 본다.
⑤ 내담자가 확대가족의 구성원과 관계를 맺고 연결하는 것은 분화수준을 높이는 과정에 포함된다.

정답 ③

해설

보웬(Bowen)의 가족치료의 목표는 가족융합 상태에서 벗어나 자아분화를 증가시키는 것이다. 또한 삼각관계를 가장 불안정한 관계체계로 보고 탈삼각화를 하도록 코치한다. 따라서 삼각관계를 이해하기 위해 가족과 융합한다는 말은 옳지 않다.

보웬의 체계적 가족치료(다세대 가족상담 모델) (2) – 주요 개념

① **자아분화(자기분화)**

 ㉠ 사고와 감정을 분리하여 자신과 타인을 구분할 수 있는 능력으로 개인이 가족의 정서적인 혼란으로부터 자유롭고 독립적인 사고·행동을 할 수 있는 과정이다.

 ㉡ 분화의 상태를 0~100까지의 분화지수로 표시하며, 이때 '0'은 가족으로부터의 완전한 구속을, '100'은 가족으로부터의 완전한 독립을 의미한다.

 ㉢ 자아분화는 정서적이고 지적인 것의 분화를 의미하며, 감정과 사고가 적절히 분리되어 있는 경우 자아분화 수준이 높은 것으로 간주한다.

 ㉣ 분화되지 못하고 융합된 가족체계는 불안이나 변화를 경험할 때마다 정서의 지배를 받기 때문에 충동적인 행동이 일어나기 쉽고 융통성이 없으며, 스트레스 상황에서 부적응적이라고 보았다.

 ㉤ 분화수준에 따른 특징

자아분화 수준이 높은 사람	자아분화 수준이 낮은 사람
장기적 관점을 가지고 행동	주변사람이나 사건에 충동적으로 반응
자신의 감정체계를 있는 그대로 받아들이면서도 이성적으로 대처하고 반응함	합리적으로 의사결정을 하지 못하며, 감정반사적인 행동수준에 머묾
자신의 신념에 따라 자율적으로 기능하면서 친밀한 관계유지 가능	주위사람에게 맹종하거나 무조건 반항함
내적 불안을 인내할 수 있고, 다른 사람의 불안에 전염되지 않음	주관적·감정적으로 반응하며 삼각관계를 통해 자신의 불안을 회피함
다른 사람의 시선이나 평가에 과도한 관심을 보이지 않음	다른 사람의 시선이나 평가에 예민함
가족동맹을 발달시키지 않고도 적응적이고 융통성이 있으며, 자율적으로 기능할 수 있음	다른 사람의 기대를 충족시키려고 과도하게 노력함

② **삼각관계**

 ㉠ 스트레스는 두 사람(부부)의 관계체계에서 발생하는 관계의 균형을 유지하기 위한 시도과정에서 발생한다.

 ㉡ 삼각관계는 스트레스의 해소를 위해 두 사람 간의 상호작용 체계에 다른 가족구성원을 끌어들임으로써 갈등을 우회시키는 것이다.

 ㉢ 보웬은 삼각관계를 가장 불안정한 관계체계로 보았다. 삼각관계가 불안이나 긴장, 스트레스를 감소시키는 데 일시적인 도움은 줄 수 있지만, 가족의 정서체계를 혼란스럽게 만들어 증상을 더욱 악화시키는 것으로 보았다.

 ㉣ 삼각관계를 해결하는 보웬의 치료법은 잠정적으로 치료자가 삼각관계에 끼어들거나, 벗어나기도 하면서 탈삼각화한다.

③ **핵가족 감정과정(정서과정)**

 ㉠ 정신분석학에서 사용하는 '미분화된 가족자아집합체'와 연관된다.

 ㉡ 가족의 정서적 일체감이 독특한 정서체계를 형성함으로써, 가족구성원 간에 사고와 감정을 공유하다가 이후 서로를 배척하기에 이르는 정서적 관계를 의미한다.

 ㉢ 개인은 자신의 해소되지 못한 불안을 가족에게 투사하며, 특히 미분화된 부부인 경우 사소한 스트레스 상황에도 심한 불안을 느낀다.

 ㉣ 핵가족 감정체계는 부부간에 정서적으로 거리가 먼 경우, 부부 중 한 사람이 신체적 또는 정서적으로 역기능 상태에 있는 경우, 부부갈등이 심한 경우, 부부간의 문제를 자녀에게 투사하는 경우 그 강도가 강해진다.

④ **가족의 투사과정**

 ㉠ 가족 내에서 불안이 투사되는 과정을 말한다.

 ㉡ 자아분화 수준이 낮은 부모는 미분화에서 오는 불안을 삼각관계를 통해 회피하려고 하는데, 공통적 현상은 어머니가 특정 자녀와 공생적 관계를 형성하여 미분화의 산물인 자기문제를 투사시킨다.

 ㉢ 부모가 자신의 미분화를 전달함으로써 세대를 걸쳐서 투사가 진행되며, 투사대상이 된 자녀는 최소한의 자아분화만을 한 채 부모와 밀착관계를 가진다.

 ㉣ 투사는 어느 가정에서나 일어나는데, 분화수준이 낮을수록 그 경향이 심하고, 심지어 다음 세대를 희생시키면서까지 이전 세대의 미분화에서 발생한 불안을 경감시키려고 한다.

⑤ 다세대 간 전수과정

  ㉠ 원가족의 불안, 자아분화 수준, 그리고 관계특성이 전세대에서 후세대로 유사하게 이어져 내려오는 과정을 말한다.

  ㉡ 자아분화의 수준이 낮은 사람이 자신과 비슷한 분화수준을 가진 사람과 결혼하면 다음 세대인 자녀에게 그들이 가진 미분화된 특징을 투사하여, 자녀의 자아를 더욱 미분화상태에 놓이게 한다. 이러한 투사과정이 여러 세대에 걸쳐 계속되면, 3세대 또는 그 이상의 세대에 가서 조현병이나 정서적 질환이 발생한다.

  ㉢ 조현병이나 역기능적 문제는 개인의 질병이 아니라, 가족체계에서 누적된 자아의 미분화·융해의 결과인 셈이다.

⑥ 출생순위

  ㉠ 보웬은 자아분화 수준과 출생순위가 관련이 있다고 보았다.

  ㉡ 아동들의 특징적인 성격은 어떤 형제의 위치에서 성장하였는가에 의해 결정되며, 환경이 다른 삶을 살아감에도 불구하고, 동일한 출생순위의 사람들은 비슷한 성격을 가진다고 본다.

⑦ 정서적 단절

  ㉠ 한 개인과 자신의 원가족 간의 미분화와 그것과 관련된 정서적 긴장을 설명한 것으로 극심한 정서적 분리의 양상을 의미한다.

  ㉡ 정서적 단절은 세대 간의 잠재된 융해의 문제를 반영하는 것이며, 세대 간의 정서적 융해가 심할수록 정서적 단절의 가능성 또한 높다.

  ㉢ 융해가 심한 사람은 가족과의 정서적 접촉을 회피함으로써 문제를 해결하려고 한다. 그러나 고립된 소외에서 오는 불안으로 다른 사람과 관계를 맺으면 또 다른 융해를 초래한다.

⑧ 사회적 정서과정

  ㉠ 보웬은 가족이 하나의 정서체계이듯이 사회도 하나의 정서체계라고 본다.

  ㉡ 사회가 생존적 불안에 의해 움직이는지 사회구성원들 간에 최선의 방식을 찾아 움직이는지가 핵심이다.

  ㉢ 가족과 사회는 계속해서 서로에게 영향을 미치며 관계양식과 행동양식을 변화시킨다.

[핵심예제]

보웬(M. Bowen)의 가족상담에 관한 설명으로 옳은 것을 모두 고른 것은?

[18년 17회]

> ㄱ. 정서적인 은유를 활용한다.
> ㄴ. 분화가 덜 된 가족구성원은 주관적이며, 감정적으로 반응한다.
> ㄷ. 자기입장 지키기(I-Positioning)는 나-메시지(I-Message)와 같은 기법이다.
> ㄹ. 분화수준이 높은 사람은 친밀한 관계를 유지하면서, 자율적으로 기능할 수 있다.

① ㄱ, ㄴ   ② ㄱ, ㄷ
③ ㄴ, ㄹ   ④ ㄱ, ㄴ, ㄷ
⑤ ㄴ, ㄷ, ㄹ

정답 ③

해설

보웬(M. Bowen)의 가족상담은 불안을 감소시키고 자아분화를 증가시키는 것을 목표로 한다. 자아분화는 정서적이고 지적인 것의 분화를 의미하며, 감정과 사고가 적절히 분리된 경우 자아분화 수준이 높은 것으로 간주한다.

ㄱ. 헤일리(Haley)의 전략적 가족상담에 대한 설명이다.

ㄷ. 자기입장 지키기(I-Positioning)는 보웬의 가족치료기술 중 하나로, 분화되지 않은 가족 내에서 정서적 충동으로 반응하려는 경향을 막고 자기 견해를 피력하도록 하는 가장 직접적인 방법이다. 나-메시지(I-Message)는 일반적으로 상담할 때 갖춰야 할 바람직한 대화기법으로, 자기입장 지키기(I-Positioning)와는 다른 개념이다.

핵심이론 26 보웬의 체계적 가족치료(다세대 가족상담모델) (3) - 상담기법

① 체계적 가족치료의 상담기법

과정질문	• 다양한 과정을 질문하여 내담자가 인식하지 못한 측면, 즉 가족이 맺는 관계유형 방식 등을 살펴본다. • 가족체계 안에서 자신의 역할을 이해하고 문제의 맥락을 명료하게 사고하도록 한다. • 부부의 논쟁이 심할 경우 상담자는 중립적 태도로 각자의 생각에 초점을 맞추도록 한다. • 내담자의 감정을 가라앉히고 정서적 반응에 의해 유발된 불안을 낮추도록 질문하고, 가족구성원이 문제를 어떻게 지각하고 관계유형에 어떤 방식으로 참여하였는지 질문한다.
치료적 삼각화	• 가족 내에서 갈등을 빚는 사람이 안정성을 되찾기 위해 제3자를 끌어들여 삼각관계를 형성하여 치료하는 방법이다.
탈삼각화	• 가족 내에 형성되어 있는 삼각관계에서 벗어나 가족원의 자아분화를 향상시키는 방법이다.
관계실험	• 주로 삼각관계를 구조적으로 변화시키기 위해 사용하며, 가족으로 하여금 체계과정을 인식하고 그 과정 내에서 자신의 역할을 깨닫도록 학습시키는 것이다.
자기입장 지키기	• 정서적 충동에 의해 반응하려는 경향을 막는 가장 직접적인 방법 중 하나로 자신의 견해를 피력하는 방법이다.
코칭	• 내담자들이 직접 가족문제를 해결하도록 치료자가 조언(격려)하는 것이다.
가계도	• 3세대 이상에 걸쳐 가족구성원에 관한 정보와 그들 간의 관계를 도표로 기록하는 방법으로 몇 세대에 걸친 가족관계의 본질 및 구조를 묘사하는 데 활용한다. • 가족구조의 도식화 · 가족에 대한 정보기록 · 가족관계에 대한 기술 등 3단계로 작성한다. • 가계도의 활용목적 : 내담자(클라이언트) 가족의 문제점을 조사하고 해결책을 모색한다.

② 가계도의 특징

㉠ 가족의 복잡성을 알아볼 수 있도록 세부사항이 포함되어야 하는 동시에 쉽게 이해될 수 있도록 단순해야 한다.

㉡ 가족의 중요사건(탄생 · 결혼 · 별거 · 죽음)들에 대하여 세부적인 그림을 제공하므로, 복잡한 가족유형에 대한 개관을 신속하게 파악할 수 있는 가족정보를 나타낸다.

㉢ 상담사가 내담자(클라이언트)에 대한 문제 및 이해를 쉽게 파악하도록 도와줄 뿐만 아니라 상담사와 가족구성원이 새로운 정보를 알게 되면서 내담자를 변화하게 한다.

㉣ 가족에 관한 정보가 도식화되어 있기 때문에 가족 자신도 문제를 객관적 · 체계적인 관점에서 볼 수 있도록 돕는다.

［ 핵심예제 ］

보웬(M. Bowen)의 가족상담에서 과정질문(Process Question)에 관한 설명으로 옳지 않은 것은? [18년 17회]

① 상담자는 내담자의 문제에 관한 내용에 초점을 두고 질문한다.

② 가족체계 안에서 자신의 역할을 이해하고 문제의 맥락을 명료하게 사고하도록 한다.

③ 감정을 가라앉히고 정서적 반응에 의해 유발된 불안을 낮추도록 질문한다.

④ 부부의 논쟁이 심할 경우, 상담자는 중립적 태도로 각자의 생각에 초점을 맞추도록 한다.

⑤ 가족원이 문제를 어떻게 지각하고 관계유형에 어떤 방식으로 참여하였는지 질문한다.

정답 ①

해설

과정질문은 내담자의 인지에 초점을 두면서 감정을 가라앉히고 정서적 반응에 의해 나타난 불안을 낮추며 사고를 촉진하는 기법으로서, 다양한 과정을 질문하여 내담자가 인식하지 못한 측면, 즉 가족들이 맺는 관계유형 방식 등을 살펴보는 것이다.

핵심이론 27 보웬의 체계적 가족치료(다세대 가족상담 모델) (4) – 가계도 작성 및 해석

① 가계도 작성 예시

남 성	여 성	출생일, 연령	사망일	정신적, 신체적 문제	약물 또는 알코올 중독
□	○	1982 (30)	D.1999 ⊠	(반쪽 칠한 사각형)	(반쪽 칠한 원)

동 거	결 혼	별 거	이 혼

임 신	사 산	자연유산	인공유산

친자녀	입양자	쌍둥이 (이란성 / 일란성)	자녀 : 출생순으로 왼쪽부터

밀착된 관계   소원한 관계

이별 또는 단절관계 (날짜기록이 가능하면 제기함)   갈등적 관계   융합된 갈등관계

[가족 상호작용의 도식화]
〈자료 : McGoldrick, Gerson(이영분, 김유숙 역, 1999), 가족분석가계도〉

② 가계도 해석하기

㉠ 범주 1 – 가족의 구조

가족구성	• 원형핵가족, 한부모가족, 재혼가족, 3세대 동거가족, 기타 동거인이 있는 가족인지 파악 • 각 가족구성원이 안고 있는 문제점과 가족원 간의 경계, 연합, 갈등의 문제탐색

형제의 서열	• 출생순위 : 부모역할을 하는 맏자녀, 제멋대로의 기질이 강한 막내, 한자녀의 경우 등 고려 • 형제의 성별 : 남자형제 속에서 자란 여자아이, 누나들이 많은 남자막내둥이 등 • 형제의 연령차 : 비슷한 연령은 생활경험을 공유하나, 6살 이상의 차이가 나면 구별해서 인식 • 형제위치에 영향을 주는 그 밖의 요인 　– 가족역사에 있어서 형제출생의 시기 　– 아동의 특성 　– 아동에 대한 가족의 계획 　– 성차에 대한 부모의 태도와 편견 　– 부모의 형제위치와 관련된 아동의 형제위치

㉡ 범주 2 – 가족의 생활주기
• 가족생활의 각 분기점마다 다음 분기점으로 이행할 수 있도록 가족체계를 새롭게 수정
• 가족의 생활을 확인하여 적절한 생활주기에 맞게 이루어지는지, 만약 그렇지 않다면 어떤 배경을 가지고 있는지 해석
• 가족생활주기의 분기점 : 출가, 혼인, 자녀의 출산과 양육, 자녀의 독립, 은퇴 등

㉢ 범주 3 – 세대를 통하여 반복되는 유형
• 역할유형 : 가족이 호소하는 알코올 문제, 폭력, 자살 등의 문제가 이전 세대에도 있었는지 탐색
• 관계유형 : 친밀감, 거리, 갈등의 관계유형이 여러 세대를 거쳐서 나타나는 경우를 탐색
• 구조유형의 반복 : 구조양상이 전 세대와 동일할 때 가족유형이 더 견고해지는 경우가 있으므로 주의하여 탐색

㉣ 범주 4 – 인생의 중대사와 가족역할
• 중대사 우연의 일치
• 생활변화나 수난에 의한 충격
• 기념일 반응
• 사회·경제·정치의 영향

㉤ 범주 5 – 삼각관계 유형
• 부모–자녀 간의 삼각관계
• 부부의 삼각관계
• 이혼이나 재혼가정의 삼각관계
• 위탁아동, 입양아 가족의 삼각관계
• 다세대에 걸친 삼각관계 : 조부모–손자가 부모에게 대항

㉥ 범주 6 – 가족의 균형과 불균형
• 가족의 구조

• 가족의 역할 : 보호자, 의존자, 제공자, 대변자 등의 다양한 역할이 잘 분담되어 있는지 탐색
• 가족자원의 유무 : 재산, 건강, 지원체계 등과 자원의 불균형이 있다면 어떻게 대응했는지 탐색

[핵심예제]

다음 가계도에서 IP(Identified Patient)의 가족역동에 관한 설명으로 옳지 않은 것은?

[18년 17회]

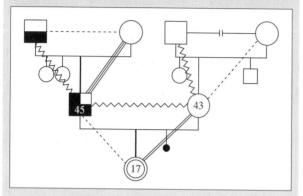

① IP는 외동이다.
② IP의 부와 친조부는 갈등관계이다.
③ IP의 부와 친조모는 융합관계이다.
④ IP의 외조부모는 이혼하였다.
⑤ IP 부계 쪽으로는 알코올 문제가 세대 간 전수되고 있다.

정답 ④

[해설]
IP의 외조부모는 이별 또는 단절된 관계이다.
가계도의 관계 기호

기호	관계	기호	성별
☐━◯	밀착(융합)된 관계	☐ / ◯	남자 / 여자
☐━◯	친 밀	◪ / ◉	남자 I.p / 여자 I.p
☐┄◯	소원한 관계	⊔ ◯ ⊔	이혼 및 별거
☐┤├◯	이별 또는 단절된 관계 (날짜 기록이 가능하면 제시함)	☐┄◯	사실혼
☐〜〜◯	갈등적 관계	⊓⊓	자 녀
☐〜〜◯	융합된 갈등관계	⊓⊓	양자녀
●	자연유산	⊠ ⊗	사 망

※ 약물·알코올 남용 및 중독은 네모나 원의 반 아래쪽을 검게 칠하여 나타낸다.

핵심이론 **28** **구조적 가족치료 (1) – 의의 및 주요 학자**

① 의 의
ㄱ 개인을 사회적인 존재로 보고, 개인을 둘러싼 구조에 초점을 맞춘다.
ㄴ 사회적 상황은 개인의 정신생활에 영향을 미치고, 개인은 사회적 상황에 영향을 미치면서 끊임없는 상호작용을 반복한다.
ㄷ 문제나 증상에 대해 반결정론적 시각을 기초로 발전하였다.
ㄹ 가족의 상호작용 방식은 구조이며, 가족구조를 변화시키면 체계구성원의 정신내적 과정과 행동도 변화한다.
ㅁ 가족의 구조적 변화에 치료목표를 두고, 치료자가 적극적으로 가족을 재구조화하는 과정에 개입한다.
ㅂ 구조적 가족상담은 보이지 않는 일련의 기능구조이며, 이 구조를 이해하기 위하여 가족구성원 간 인간관계 규칙을 이해하지 않으면 안 된다고 보았다.
ㅅ 이 치료방법은 고질적인 고부갈등, 부부갈등으로 인한 자녀문제 등 한국가족의 경직된 가족구조와 가족규칙 하위체계 간의 경계선이 애매하거나 밀착된 데서 비롯되는 많은 가족문제를 해결하는 데 효율적이다.

② 주요 학자
ㄱ 미누친(S. Minuchin)
• 아르헨티나 출생으로 애커만(Ackerman)에게 정신분석훈련을 받았으며, 1950년대 가족상담은 대부분 중산층 가정에 초점을 두고 있어서 빈곤가족에 적당치 않음을 발견하였다.
• 빈민가족의 굳어진 습관에서 벗어나 새로운 구조를 만들 수 있는 기회를 제공하는 치료방법으로 구조적 가족상담모델을 개발하였다.
• 구조적 가족상담모델의 주요 기법은 교류와 합류이다.
ㄴ 그 외 주요학자 : 몬탈보(Montalvo), 아폰테(Aponte), 피시먼(Fishman) 등

③ 구조적 가족상담자가 관심 두어야 할 주된 영역(Minuchin)
  ㉠ 가족구조의 상호교류와 대안적인 상호교류의 유형파악
  ㉡ 변화하는 상황에 대한 반응으로서 가족체계의 동맹과 연합, 가족체계의 융통성과 재구조화의 능력평가
  ㉢ 각 구성원의 행동에 대한 가족체계의 감수성에 대한 조사와 가족의 분리상태 평가
  ㉣ 가족의 현재 생활상황, 즉 가족환경에서 스트레스 요인과 생활지지체계의 분석
  ㉤ 가족의 발달단계와 해당단계에 적합한 과업수행 능력평가
  ㉥ 가족의 상호교류 유형유지를 위해 내담자의 증상이용

④ 구조적 가족상담의 슈퍼비전
  ㉠ 가족의 구조변화를 위해 어떻게 효율적으로 접근했는지 본다.
  ㉡ 가계도를 통하여 가족구성원 간 경계 등을 탐색한다.
  ㉢ 가족구성원이 보여 주는 사고와 행동에서 구조패턴을 보도록 한다.
  ㉣ 가족의 잘못된 구조패턴을 발견하고, 이를 해결하기 위해 새로운 구조패턴을 탐색하게 한다.
  ㉤ 가족구조를 파악하기 위해서는 행동을 관찰하게 하여야 한다.

[핵심예제]

미누친(Minuchin)의 구조적 가족상담에 관한 설명으로 옳은 것은?   [14년 12회]
① 주요 개념은 가족구조와 다세대 전수과정이다.
② 인과관계의 선형성(Linear Causality)을 가정한다.
③ 주요 기법은 합류(Joining)와 실연(Enactment)이다.
④ 개별 가족구성원의 행동변화가 주요 상담목표이다.
⑤ 문제나 증상에 대해 결정론적 시각을 기초로 발전하였다.

정답 ③

해설
① 구조적 가족상담의 주요 개념은 가족구조, 하위체계, 경계 등이다. 다세대 전수과정은 보웬(Bowen)의 체계적 가족상담의 주요 개념이다.
② 인과관계의 순환성을 가정한다.
④ 상담목표는 역기능적인 가족을 재구조화하는 것이다.
⑤ 문제나 증상에 대해 반결정론적 시각을 기초로 발전하였다.

---

① 가족구조
  ㉠ 가족은 상호교류 유형을 통하여 상호작용하는 체계이다.
  ㉡ 가족이란 밖으로는 큰 사회의 다른 체계(상부체계)와 안으로는 여러 소체계(하위체계)로 구성되어 있다.

② 하위체계
  ㉠ 부부 하위체계, 형제 하위체계, 부모 하위체계, 부모-자녀 하위체계 등으로 구성되어 있다.
  ㉡ 하위체계 간의 규칙은 위계질서이며, 세대 간에 적합한 경계선이 있다.
  ㉢ 체계 내에서 특정한 기능이나 과정을 수행하는 전체체계의 부분들이다.
  ㉣ 가족 내에서 세대, 성, 흥미 등에 따라 형성되며, 개인은 동시에 여러 개에 속하여 각각의 역할과 권력을 가진다.
  ㉤ 부부체계가 건강하게 기능하기 위해서 부부는 각자 원가족의 영향에서 어느 정도 독립적이고 적절히 분화되어야 한다.
  ㉥ 건강한 부모-자녀 하위체계는 위계구조를 확립하는 것이며, 그렇지 못할 경우 역기능적으로 될 가능성이 크다.
  ㉦ 건강한 가족에서는 부모 하위체계와 부부 하위체계가 분리되어 존재한다.

③ 경계 : 경계가 지나치게 경직된 경우에는 외부체계와의 접촉을 거의 허용하지 않으므로, 다른 성원 혹은 하위체계로부터 유리되며, 지나치게 해이한 경우에는 밀착된다.

④ 경계선 : 가족구성원 간의 분화정도, 즉 가족구성원 간의 허용할 수 있는 접촉의 양과 종류 또는 얼마나 자유롭게 서로 관여할 수 있는가 하는 침투성을 규정하는 가족규칙이다.

가족지도의 경계선

- - - -	명료한 경계선	———	협력관계
••••••••	애매한 경계선	≡≡≡	지나친 밀착관계
———	경직된 경계선	—∦—	갈등관계
⇨	우 회	}	연 합

⑤ 제 휴

  ㉠ 가족 상호작용 과정으로 가족체계의 한 개인이 다른 사람과 협력관계 또는 상반된 관계를 가지는 것을 말한다.

  ㉡ 하위체계 속에는 많은 제휴가 일어나며, '연합'과 '동맹'의 두 가지가 있다.

연 합	두 사람이 제3자에 대항하기 위하여 제휴하는 경우
동 맹	두 사람이 제3자와는 다른 공동의 목적을 위해 제휴하는 것으로 반드시 제3자와 적대관계에 있지는 않음

⑥ 권 력

  ㉠ 개개인의 가족구성원이 상호작용 과정을 통해 다른 사람에게 미치는 영향력을 뜻하며, 이를 기반으로 가족 내 위계구조가 형성된다.

  ㉡ 권력은 일반적으로 절대적인 권한을 의미하는 것이 아니라 경우에 따라서 달라진다.

  ㉢ 권력구조는 상황에 따라 변할 수 있고, 상호보완적으로 변하는 것이 바람직하다. 상황이 바뀌었는데도 역할이 경직되어 있고 고정된 상태이면 문제가 발생하기 쉽다.

⑦ 가족규범 : 가족 간에 지켜야 할 의무나 태도에 대한 지침 · 권리를 말한다.

⑧ 가족항상성 : 체계로서의 가족은 구조와 기능의 균형을 유지하려는 속성을 가진다.

⑨ 가족순환성 : 가족 내 성원의 변화가 다른 성원들과 가족 전체에 영향을 미친다.

⑩ 정상가족과 역기능가족

  ㉠ 정상가족 : 명확하고 안정된 경계선, 부모 하위체계의 강력한 위계구조, 체계의 융통성이 특징이다.

  ㉡ 역기능가족 : 가족의 경계선이 애매하거나 경직되어 있고, 가족구조가 융통성이 없어서 상황변화에 적절하게 대처하지 못하고 결탁이 형성되어 있다.

［ 핵심예제 ］

다음 보기의 내용이 설명하는 개념은? [17년 16회]

○ 체계 내에서 특정한 기능이나 과정을 수행하는 전체체계의 부분들이다.

○ 가족에서는 부부, 부모, 부모 자녀, 형제지매 등으로 구분될 수 있다.

○ 가족 내에서 세대, 성, 흥미 등에 따라 형성되며, 개인은 동시에 여러 개에 속하여 각각의 역할과 권력을 가지게 된다.

① 경 계   ② 항상성
③ 피드백   ④ 하위체계
⑤ 사이버네틱스

정답 ④

해설

구조적 가족치료는 가족이 부부 하위체계, 형제 하위체계, 부모 하위체계 등의 3가지 하위체계로 구성되어 있다고 본다. 이 하위체계 간의 규칙은 위계질서이며, 이 이론은 세대 간의 적합한 경계선을 주장한다.

핵심이론 30 구조적 가족치료 (3) – 상담기법

① 교류와의 합류

  ㉠ 합류는 라포(Rapport)와 비슷한 개념이지만 라포가 치료적 관계상태를 의미하고, 합류는 행동을 표현하는 의미를 지닌다.

  ㉡ 가족과 상담자가 서로 협력하면서 치료를 계속하기 위해서 합류는 중요한 요소이다.

  ㉢ 합류 촉진방법

적응하기 (유지하기)	상담자가 가족구조를 지각하고 분석할 때, 이를 의도적으로 지지해 주는 것 예 주도적인 아버지에게 "제가 아들에게 뭘 좀 물어봐도 좋을까요?"
추적하기 (따라가기)	상담자가 가족이 지금까지 해 온 의사소통이나 행동을 존중하여 가족의 기존교류의 흐름에 거슬리지 않고 뒤따라가는 것 예 "음, 네. 아, 그렇군요."로 가족이 자신들의 이야기를 계속하도록 격려
흉내내기 (모방하기)	상담자가 언어사용, 동작, 감정표현, 비유적 표현 등을 통해 가족의 행동유형, 속도, 감정을 팬터마임하듯 모방하는 것 예 느릿느릿 반응하는 가족원에게 상담자가 자신도 속도를 늦춰서 반응하거나, 가족의 경험과 동일한 자신의 경험을 강조하여 말하기 등

② 교류(상호작용)의 창조 : 가족원이 자발적으로 참여하지 않은 상태에서 정보를 수집하는 것

실연화	• 가족에게 역기능적인 가족구성원 간의 교류를 실제로 재현시키는 것 • 상담자는 '문제의 정의·인식 → 재연 지시 → 관찰 → 재연'을 수정하여 지도
구조화 (계획화)	• 가족교류 유형에 영향을 주기 위하여 가족에게 관여하는 방법을 의도적으로 구조화하는 것

③ 교류의 재구성 : 가족의 교류패턴을 변화시켜서 바람직한 가족구조를 만들기 위해 사용하는 기법

재정의	• 증상을 바라보는 가족의 시각을 바꿔서 교류유형을 변화시키려는 기법 예 게임을 못 하게 하는 어머니의 잔소리를 자식에 대한 관심으로 이해하는 것
긴장고조	• 상담자가 긴장을 조성하는 가장 간단한 전략으로 의사통로를 끊어서 상호교류 유형을 차단하는 것 예 부부간의 의사소통에서 아들이 엄마의 입장을 대변하려 할 때, "잠깐만"이라고 말하면서 "어머니, 직접 말씀하세요."라고 말하여 부부간의 접촉을 증가시킴으로써, 가족조직의 융통성이 생기도록 하는 것

과제부여	• 가족에게 특정교류에 관여하는 과제를 주는 것 예 컴퓨터게임에 빠진 아이가 컴퓨터게임을 하지 않을 때, 칭찬을 하거나 같이 놀아주는 과제를 부여하는 것 등
증상활용	• 증상에 초점 두기 • 증상을 강화하기 예 불면증환자를 며칠 동안 잠을 못 자도록 하는 것 • 증상을 의도적으로 등한시하기 • 새로운 증상으로 관심의 초점을 돌리는 것 예 비행청소년 문제를 부부간 불화에 초점을 두는 것 • 증상에 새로운 명칭을 붙이는 것 예 식이장애 딸이 부모의 통제에서 벗어나 독립적인 생활을 하려는 시도 • 증상유지

④ 불균형기법(균형 깨뜨리기)

  ㉠ 의 의

    • 불균형이란 가족의 역기능을 바꾸기 위해 사용하는 기법으로, 여기에는 불공평하고 비민주적이라고 생각되는 방법들이 포함된다.

    • 불균형기법은 상담자에 의해 가족의 위기가 촉발되어 가족의 현재상태가 깨지고, 새로운 가족구조를 형성시키려 할 때 사용되는 기법이다.

  ㉡ 유형(미누친과 피시먼)

가족구성원과의 제휴기법	• 가족 내의 위계적인 위치를 변화시키기 위하여 가족의 한 구성과 제휴하는 것이다. 예 엄마에게 가족의 힘이 주어져 있는 경우 아빠 엄마에게 힘을 실어 준다거나 또는 다른 가족의 관심에서 소외된 가족구성원과 제휴할 수도 있다. 이것은 가족의 내면에 깔린 인간관계를 탐색함으로써 가능하다.
가족구성원의 무시기법	• 상담자가 가족구성원 중 누군가가 마치 없는 것처럼, 상담에 참여하지 않은 사람처럼 무시하는 것이다. • 상담자의 계획된 의도로, 무시를 당한 구성원은 상담자의 주의를 끌기 위하여 어떠한 형태의 행동이든 할 것으로 기대한다. • 치료효과를 높이기 위하여 상담자는 가족의 불쾌감을 고조시키는 행동을 취한다.
제휴의 교체기법	• 가족구성원 중 한 사람과 제휴하다가 그 대상을 바꾸어 다른 구성원과 제휴하는 것이다. • 이 방법은 청소년기 자녀를 둔 가정에 문제나 갈등이 있을 때 적절하게 사용될 수 있다. 예 상담자는 잠시 부모와 제휴하여 부모는 자녀에 대해 권위를 갖고 통제할 수 있는 규칙을 가질 수 있다고 지지한 다음에, 방향을 바꾸어 자녀편에 서서 자녀들이 자율성을 갖기 위하여 부모와 타협할 권리가 있다고 지지해 줄 수 있다.

⑤ 경계선 만들기(경계 만들기)
- ㉠ 가족구성원 각자가 체계 내에서 적절한 위치에 있도록 가족 내 세대 간 경계를 분명히 유지하게 하는 것이다.
- ㉡ 가족구조의 경계를 변화시키는 데 목적이 있으며 가족이 앉는 자리의 이동을 통하여 가족문제를 재구조화함으로써 역할을 재인식하여 가족의 경계선을 만들 수 있다.

[핵심예제]

다음 상담에서 구조적 가족상담자가 활용한 기법은?

[18년 17회]

- 아 들 : (상담실에 있는 장난감을 만지며) 이거 뭐야?
- 엄 마 : 음... 만지면 안 돼.
- 아 들 : (엄마에게 매달리며) 이거 가지고 놀고 싶은데...
- 상담자 : 어머니께서 아이에게 지금 이야기해 보세요. 어머니는 저와 얘기를 나눠야 하니까 아이에게 얌전하게 있으라고 말해 보세요.

① 합류하기(Joining)　② 모방하기(Mimicking)
③ 추적하기(Tracking)　④ 균형 깨기(Unbalancing)
⑤ 실연하기(Enacting)

정답 ⑤

해설
⑤ 실연하기(Enacting) : 가족구성원의 교류를 상담실에서 실제로 재연시키는 방법으로, 가족의 역기능적 상호작용을 확인할 수 있는 기법이다. '문제의 정의·인식 → 재연 지시 → 관찰 → 재연 수정' 과정을 거친다.
① 합류하기(라포형성) : 가족을 있는 그대로 받아들이고 수용함으로써 내담자와 신뢰를 형성하는 것이다.
② 흉내내기(모방하기) : 상담자가 가족의 행동유형, 속도, 감정을 팬터마임하는 것처럼 모방하는 것으로, 흉내내는 대상은 언어사용, 동작, 감정표현, 비유적 표현 등이다.
③ 추적하기(따라가기) : 상담자가 가족이 지금까지 해 온 의사소통이나 행동을 존중하여 가족의 기존교류의 흐름에 거슬리지 않고 뒤따라가는 것을 말한다.
④ 균형 깨기(Unbalancing) : 가족 내 역기능적 균형을 깨뜨리는 것으로, 가족 내에서 지위나 권력구조를 변화시키기 위한 활동이다. 하위체계 간의 관계를 지배하거나 낮은 지위에 있는 구성원에게 힘을 부여함으로써 가족을 재구조화하는 것을 말한다.

핵심이론 31 　경험적 가족상담모델 (1) – 의의 및 주요 학자

① 의 의
- ㉠ 사티어(Satir)는 휘태커(Whitaker)와 함께 경험적 가족상담의 선구자로서, 자신의 독자적인 임상경험을 토대로 경험적 가족상담모델을 개발하였다.
- ㉡ 사티어는 가족상담자 자신의 내적 경험을 개방하여 가족과 자유롭게 상호작용할 때에 상담자뿐만 아니라 가족이 함께 기능하고 성장한다고 보았다.
- ㉢ 사티어는 가족체계 내에서 가족구성원들이 자신과 다른 가족구성원들에 대하여 어떻게 느끼고, 어떻게 반응하는가 등 정서적·감정적 수준에 관심을 두었으며, 인간의 잠재능력에도 많은 관심을 가졌다.
- ㉣ 가족구성원의 현재 상호작용관계에 초점을 맞춘 이론으로, 가족원 상호작용에 내재된 깊은 감정을 탐색한다.
- ㉤ '지금-여기'에서의 내담자 체험을 강조하고, 가족에 대한 상담자의 관여를 통해 변화를 촉진시킨다.
- ㉥ 사티어는 상담자가 갖춰야 할 요소로 유능성(Competence), 일치성(Congruence), 자신감(Confidence)의 3C를 강조하였다.

② 목 표
- ㉠ 가족상담자들은 가족문제가 잘못된 의사소통에 기인한다고 생각하고, 치료적 개입을 통해 가족이 보다 바람직한 의사소통기술을 습득하도록 도움을 주는 것을 목표로 한다.
- ㉡ 개인 간의 차이점을 인정하고, 가족구성원의 잠재력을 성장시킨다.
- ㉢ 내담자의 자아존중감을 높이고, 일치적인 의사소통을 하도록 한다.
- ㉣ 내담자가 자기 삶에 대한 선택권을 갖도록 하며, 가족규칙이 합리적이 되도록 한다.
- ㉤ 상담자는 내담자와 진솔하게 연결되고, 상담자 자신과 가족원들의 감정을 드러나게 함으로써 느낌의 표현 및 자발성 성장을 상담목표로 한다.
- ㉥ 문제해결보다 가족의 기능을 회복시키는 데 초점을 두어서, 가족이 제시하는 문제의 구체적인 부분들에 대해 관심을 쏟지 않고, 진단에 관심을 갖지 않는다.

③ 주요 학자

휘태커 (Whitaker)	• 경험적 가족상담이론의 창시자로서, 정신분열증 환자와 가족에 대한 선구자적 연구를 함 • 치료를 하나의 성장과정으로 보고, 개개인의 성장을 도와 그들이 가족과 함께 성장할 수 있도록 돕는 것을 치료의 목적으로 여김
사티어 (Satir)	• 캘리포니아에 위치한 정신건강연구소(MRI)의 창립 멤버로서, 가족상담 선구자 중 한 사람 • 자아에 대해 관심이 많고, 인간의 잠재능력에 대해 긍정적 시각을 가짐 • 가족체계 내에서 자신 또는 타인에 대해서 느끼는 감정이나 정서에 많은 관심을 기울임 • 개인의 심리내적 과정을 이끌어 내는 은유적 방법으로 빙산탐색을 활용 • 감정에 대한 감정은 감정에 대한 판단을 의미 • 역기능적 원가족 삼인군 가족관계에서 유래된 쟁점을 이해하게 하고, 현재의 삶에서 걸림돌이 아닌 긍정적인 것으로 이해하도록 함 • 초기의 명상작업은 호흡, 감정, 집중에 관한 것으로 자신을 통찰하는 데 사용하였고, 후기의 명상작업은 확인, 긍정적 지각, 올바른 선택, 새로운 가능성과 자기 수용을 강조

[핵심예제]

사티어(V. Satir)의 경험적 가족상담에 관한 설명으로 옳은 것을 모두 고른 것은? [18년 17회]

ㄱ. 가족조각을 통해 가족역동을 시각화시키고, 그에 대한 사고와 감정을 드러낸다.
ㄴ. 원가족 삼인군에서 부여한 가족규칙과 부모의 규제에서 벗어나 자기로서 성장하도록 돕는다.
ㄷ. 상담자가 갖춰야 할 요소로 유능성(Competence), 일치성(Congruence), 배려심(Consideration)의 3C를 강조한다.
ㄹ. 빙산탐색은 자신과 상대방에 대한 행동, 감정, 지각 등을 알아차리고 공감하는 데 유용하다.

① ㄱ, ㄴ
② ㄴ, ㄷ
③ ㄱ, ㄴ, ㄹ
④ ㄱ, ㄷ, ㄹ
⑤ ㄱ, ㄴ, ㄷ, ㄹ

정답 ③

해설

ㄷ. 사티어(V. Satir)는 상담자가 갖춰야 할 요소로 유능성(Competence), 일치성(Congruence), 자신감(Confidence)의 3C를 강조한다.

핵심이론 32 경험적 가족상담모델 (2) - 주요 개념

① 성 숙
- ㉠ 모든 인간은 성장과 발달에 대한 욕구를 가지고 있다.
- ㉡ 성숙한 사람은 자신에 대해 충분히 책임지며, 자신과 타인에 대한 정확한 지각을 기초로 선택할 수 있고, 자신이 내린 결정에 대해 책임진다고 전제한다.

② 자아존중감
- ㉠ 개인이 자신에 대해 가지는 일종의 평가개념으로 사고·가치관·행동에 영향을 미친다.
- ㉡ 사티어는 자아존중감을 개인 및 가족문제를 진단하고 치료하는 기준으로 사용했다.
- ㉢ 문제가족의 구성원은 공통적으로 자아존중감이 낮다.

③ 가족규칙
- ㉠ 가족행동을 규정하고 제한하며, 가족생활을 이끌어 가는 가족원의 역할·활동·행동 등에 대한 상호 간의 기대를 말하며, 의사소통을 관찰함으로써 발견할 수 있다.
- ㉡ 기능적 가족에는 기능적 가족규칙이 존재하고, 역기능적 가족에는 역기능적 가족규칙이 존재한다. 즉, 건강하지 못한 가족은 사람이 나쁜 것이 아니라, 가족 내에 존재하는 규칙이 적절하지 못하기 때문이다.
- ㉢ 비합리적·비인간적인 규칙을 변화시킬 때 가족의 자아존중감이 향상된다.

④ 정상가족과 역기능적 가족

정상가족	역기능적 가족
• 가족규칙에 융통성이 있고, 문제를 건설적으로 해결하며, 가족구성원들이 서로를 양육하는 가족 • 관심과 온정 및 부드러움을 경험하며, 감정이입적이고 서로 신뢰하며 솔직함 • 개별성을 인정하고, 다른 사람의 견해를 존중함 • 가족 간의 대화가 직접적이며, 자신에 대한 가치감을 가지고 서로 의사소통함	• 냉랭하며 억압된 분위기에서 권태롭고 우울하게 살아가는 가족 • 관습이나 의무감으로 살아가고, 스스로 자기가치감을 느끼지 못한 채 생활함 • 서로 경계하거나 거리감이 있으며, 가족구성원의 행동과 견해에 융통성이 없고, 가족체계 안에서 힘의 구조가 수시로 바뀜 • 무관심하거나 대화가 없고, 때로는 가족구성원 간의 분화가 되어 있지 않음

선택3과목

청소년상담사 2급

선택3과목 가족상담 ■ 459

⑤ 의사소통유형

　㉠ 역기능적 의사소통

회유형(위로형)	• 다른 사람을 기쁘게 하고 즐겁게 하는 데에서 위안을 얻음
비난형	• 다른 사람을 비난함으로써 상대방을 통제하려는 사람 • 문제의 원인을 다른 사람이나 환경에서 찾음
초이성형	• 조용하고 침착하나 행동의 폭이 매우 좁음 • 다른 사람과 대화할 때 바른 말들만 사용 • 말의 속도가 대단히 느림
산만형	• 의사소통에서 다른 사람의 말과 행동에 상관없이 행동 • 대화내용에 초점이 없고, 상황파악에 어두움

　㉡ 기능적 의사소통 : 일치형(가장 바람직한 의사소통 유형)

　　• 언어와 행동이 일치하며, 다른 사람들과 감정적으로 잘 연결되어 있다.

　　• 자신의 대화형태를 스스로 조절할 수 있으며, 이를 통해서 다른 사람들과 좋은 관계를 맺을 수 있는 균형 있는 사람이다.

[핵심예제]

사티어(Satir)의 의사소통 유형에 관한 설명으로 옳은 것을 모두 고른 것은?　　　　　　　　　　　　　[19년 18회]

　ㄱ. 산만형의 내면적 정서는 경직되고 강박적이다.
　ㄴ. 회유형은 타인과 상황을 중요시하지만 자신을 무시한다.
　ㄷ. 비난형은 문제의 원인을 다른 사람이나 환경에서 찾는다.
　ㄹ. 초이성형은 자신과 상황을 중요시하지만 타인을 무시한다.

① ㄱ, ㄷ　　　　　　　　② ㄴ, ㄷ
③ ㄷ, ㄹ　　　　　　　　④ ㄱ, ㄴ, ㄷ
⑤ ㄴ, ㄷ, ㄹ

정답 ②

해설

ㄴ. 회유형 : 자신을 무시하고, 타인과 상황은 중요시한다.
ㄷ. 비난형 : 자기와 상황만을 중시하고, 타인을 무시한다.
ㄱ. 산만형 : 내면적 정서의 특징은 혼돈스러움이다. 경직되고 강박적인 것은 초이성형이다.
ㄹ. 초이성형 : 자신과 타인을 무시하고, 상황만 중요시한다.

핵심이론 33 ｜ 경험적 가족상담모델 (3) – 사티어(Satir)의 주요 상담기법

원가족도표 (Family of Origin Map)를 활용한 원가족 삼인군 치료	• 치료대상을 내담자(Client) · IP(Identified Patient/ Index Person) 대신 '스타(Star)'라는 용어를 사용한다. • 원가족도표는 스타의 원가족도표, 스타의 어머니 원가족도표, 스타의 아버지 원가족도표의 3장으로 구성되며, 주로 가족재구성을 위해 사용한다. • 원가족의 맥락 속에서 개인심리의 내적 과정뿐 아니라, 가족과의 상호작용 및 가족역동성을 이해하고 평가하게 해준다. • 원가족 삼인군은 세 명이 한 팀이 되어 상호작용하는 단위로, 그 유래는 부부와 아동 한 명이 한 단위를 이룬 것에서 시작하였다. • 원가족 삼인군의 개입목적은 원가족에서 배운 역기능적 대처방법에서 벗어나 개별성을 갖도록 돕는 것이다. • 가족구성원의 성격, 자아존중감 정도, 대처방법인 의사소통방식, 가족규칙, 가족의 역동성, 가족 내 대인관계, 세대 간 유사점과 차이점, 사회와의 연계성 수준 등을 파악한다.
가족조각 (Family Sculpture)	• 가족 중 한 사람이 자신의 이미지에 따라 다른 가족을 공간에 배열한 후, 신체적 표현을 요구하여 가족관계를 나타내는 무언의 동작을 표현한다. • 자기표현이 어려운 아동 등이 있는 가족에게 효과적인 치료방법이다. • 가족 간의 위계질서, 연합, 거리감, 친밀감, 보이지 않는 힘의 작용과 같은 상호작용을 직접 느끼며 체험할 수 있다. • 가족조각을 시행하기 위해 조각가, 모니터, 연기자의 역할이 필요하다.
가족 재구조화 (Family Reconstruction)	• '가족 재구성'이라고도 한다. • 3세대를 대상으로 한 치료적 개입이 한 개인의 역기능적인 과거의 학습과 현재의 대처양식을 긍정적인 자원, 선택, 성장으로 전환시키기 위해 설계된다. • 내담자 자신의 어린 시절의 한 사건을 선택하여 재연하게 하고, 이를 통해 자신에 대한 다른 감정과 시각을 가질 수 있도록 구조화한다. • 치료자는 스타의 가족 역사에서 발생했던 의미 있는 사건들을 연대기적으로 정리하도록 도와주어야 한다. 이 과정을 통해 원가족으로부터 왜곡된 학습과 인간으로서의 부모에 대한 이해, 그리고 스타 자신에 대한 이해를 이루어간다. • 영향력의 수레바퀴는 가족 재구조화기법에서 스타에게 중요한 영향을 주었던 인물들을 드러내기 위해 도입된 도구로, 스타를 중심으로 위치하고 긍정적 · 부정적 영향을 준 사람들의 관계를 표시한다.

역할극	• 치료자는 역할 참여자들과 함께 내담자가 겪었던 여러 어려운 삶의 상황들을 재연하여 내담자에게 새로운 시각의 경험을 하도록 한다.
빙산탐색	• 사티어(Satir)는 인간의 심리적인 내면을 빙산에 비유하였다. • 빙산탐색 과정에서 수면 위에 보이는 개인의 행동과 태도의 내면에 자리 잡고 있는 감정, 지각, 기대, 열망, 자아를 알 수 있다. • 과거의 역기능적인 의사소통 패턴 대신 일치형 패턴으로 변화하며, 개인적인 성장과 건강한 가족관계를 수립한다.

[핵심예제]

다음 보기의 가족상담 장면에서 상담자가 시도하고 있는 개입기법은?

[18년 17회]

• 상담자 : 그래서 기분이 어떠셨어요?
• 부 인 : 남편 때문에 너무 화가 났어요. 참을 수가 없어요.
• 상담자 : 남편분 때문에 화가 나셨는데, 그렇게 화가 난 것에 대해서는 어떻게 느끼세요?

① 공 명
② 유 지
③ 재정의
④ 빙산탐색
⑤ 환기적 경청

정답 ④

해설

보기는 상담자가 부인의 내적 과정을 이끌어 내는 은유적 방법인 빙산기법으로, 경험적 가족상담의 기법 중 하나이다.
① 공명(반응형상화) : 내담자의 특정한 이야기나 표현을 들었을 때, 내 삶의 경험 가운데 어떤 것이 떠올랐는지 이야기하는 것을 말한다.
② 유지 : 치료자가 가족구조를 지각하고 분석할 때, 가족구조를 의도적으로 지지하는 방법을 말한다.
③ 재정의 : 증상을 바라보는 가족의 시각을 바꿔서 교류유형을 변화시키려는 기법을 말한다.
⑤ 환기적 경청 : 상담자는 내담자가 자기의 마음을 다 털어놓을 수 있게끔 잘 듣고 있어야 한다는 것이다.

핵심이론 34 | 전략적 가족상담모델 (1) – 의의

① 의 의
  ㉠ 상담자는 가족문제를 해결하기 위한 전략을 설계하고, 가족의 잘못된 위계질서를 수정하는 데 주안점을 둔다.
  ㉡ '전략'은 현재 문제를 빠르고 효율적으로 해결하기 위해 상담자가 미리 계획한 구체적인 전략을 말한다.
  ㉢ 인간의 행동이 왜 일어났는지에 관심이 없고, 단지 행동의 변화에만 관심을 갖는다.
  ㉣ 베이트슨의 의사소통법에 영향을 받은 MRI 학파, 헤일리와 마다네스의 전략적 구조주의 모델, 파라졸리를 중심으로 활동한 밀란 모델의 세 부류로 나뉜다.

② 기능적 가족과 역기능적 가족 : 전략적 상담에서는 정상가족 또는 비정상적 가족이라는 용어 대신 기능적 가족 또는 역기능적 가족이라는 용어를 사용한다.

기능적 가족	명확하고 안정된 경계선, 부모 하위체계의 강력한 위계구조, 체계의 융통성이 특징이다.
역기능적 가족	가족의 경계선이 애매하거나 경직되어 있고, 가족구조가 융통성이 없어서 상황변화에 적절하게 대처하지 못하고 결탁이 형성되어 있는 것이 특징이다.

[핵심예제]

전략적 가족상담의 상담자 역할에 관한 설명으로 옳은 것을 모두 고른 것은?

[16년 14회]

ㄱ. '지금-여기'의 경험, 존재가치, 성장을 강조한다.
ㄴ. 문제해결을 위한 전략을 세운다.
ㄷ. 상담장면에서 통제와 권위를 유지한다.
ㄹ. 내담자 가족이 지닌 삶의 지식과 기술에 우선순위를 둔다.

① ㄱ, ㄴ   ② ㄴ, ㄷ
③ ㄱ, ㄴ, ㄷ   ④ ㄴ, ㄷ, ㄹ
⑤ ㄱ, ㄴ, ㄷ, ㄹ

정답 ②

해설

전략적 가족상담모델에서 상담자는 가족문제를 해결하기 위한 전략을 설계하고, 가족의 잘못된 위계질서를 수정하는 데 주안점을 두며, 헤일리의 전략적 구조주의 모델에서는 위계질서를 권력과 통제의 측면에서 설명한다.
ㄱ. 경험적 가족상담의 상담자 역할에 대한 내용이다.
ㄹ. 이야기 가족상담의 상담자 역할에 대한 내용이다.

핵심이론 35 | 전략적 가족상담모델 (2) – MRI의 단기 가족 치료 모델과 전략적 구조주의 모델

① MRI의 단기 가족치료 모델

ㄱ. 가족의 역기능적 시도가 오히려 문제를 더 악화시킨다는 점에 착안하여, 가족상담의 초점을 개인의 심리 내적 역동에서 가족의 상호작용을 변화시키는 방향으로 상담의 목표를 전환하였다.

ㄴ. 사이버네틱스의 피드백 고리개념을 통해 문제를 일으키고 유지하는 정적, 부적 환류고리(Feedback Loop)를 찾아 가족항상성을 변화시키는 방법을 찾는다.

피드백 고리	가족이 피드백을 통해 정보를 교환하면서 서로의 행동을 통제하거나 확장하는 것이다.
정적 피드백	현재 상태를 벗어나 새로운 변화를 시도하는 피드백이다.
부적 피드백	변화에 저항하여 기존의 상태로 가족을 돌아오게 하는 피드백이다.

ㄷ. 치료기법

제1차적 변화	• 체계의 근본적인 조직은 변화하지 않고, 행동의 변화를 의미한다. 예 부모 : 혹시 너 평상시에 놀 시간이 부족하다고 생각하니?
제2차적 변화	• 1차적 변화뿐만 아니라 체계의 근본적인 조직의 변화를 의미한다. • 가족의 구조 혹은 가족구성원 간의 의사소통 패턴의 변화를 의미한다. 예 부모 : 우리가 귀가시간을 너무 엄격하게 정한 거니?

② 전략적 구조주의 모델

ㄱ. 위계질서

• 가족은 셋 이상의 구성원이 관련된 체계로서 위계질서에 의해 유지되며, 위계질서는 가족의 중요한 규칙으로서 작용한다.

• 위계질서가 있는 가족은 윗세대가 더 많은 권력과 통제를 가지고 규칙을 집행할 수 있어야 하며, 세대 간 구조와 경계를 분명히 갖고 서로를 침범하지 않으며, 가족원 각각의 위치를 구조적으로 유지한다.

• 헤일리와 마다네스의 가족상담모델은 위계질서가 제대로 서 있는 가족을 기능적 가족으로 본다.

- 문제가 있는 가족의 경우에는 위계질서가 기능을 상실하여 역기능적 가족이 된다.
- ⓛ 헤일리(Haley)의 상담기법
  - 헤일리는 위계질서를 '권력과 통제'의 측면에서 설명한다.
  - 가족원이 자신의 위치에 맞는 권력과 통제를 가질 때 위계질서가 유지되며, 힘의 균형이 깨지면 위계질서에 문제가 발생한다고 본다.
  - 헤일리는 문제를 유지시키는 긍정적 피드백 고리를 확인하고, 이런 상호작용을 지지하는 규칙을 파악하여 변화시킬 수 있는 방법을 찾고자 하였다.
  - 헤일리는 내담자의 증상을 가족 내에서 힘을 얻기 위한 수단으로 생각하였다.
  - 치료기법

역설적 개입	• 치료자가 문제행동을 유지하거나 더 강화하는 행동을 수행하도록 지시하여, 역으로 저항을 통한 변화를 이끌어 내는 방법이다.
지시	• 적극적인 치료개입의 방법이다. • 치료자가 가족에게 방향을 제시하고 과제를 부여한다. • 시련기법(고된 체험기법) : 가족증상이 지닌 고통과 동일하거나 더 힘든 시련을 체험하도록 과제를 주어 그 증상을 포기하도록 하는 것이다.
은유적 기법	• 내담 가족구성원들이 성에 관한 문제처럼 자신들의 문제를 밝히기 수치스럽다고 생각하여 상담자와 의논하기를 원하지 않을 때, 유사한 다른 문제에 대해 이야기하여 성에 관한 문제까지 접근해가는 방법이다.

- ⓒ 마다네스(Madanes)의 상담기법
  - 마다네스는 위계질서를 '돌봄과 보호'라는 측면에서 설명한다.
  - 자녀들이 부모들을 보호하고 돌보는 역할을 함으로써 문제가 발생되므로, 자녀들은 부모에 의해서 돌봄과 보호를 받도록 위계질서를 바로잡는 일을 치료목표로 한다.
  - 치료기법

가장기법 (위장기법)	• 긴장상황을 조성하고 반항심을 유발하는 대신에 놀이를 하는 기분으로 저항을 우회한다. 예 분노·발작증상을 하는 자녀에게 '헐크놀이'를 하도록 지시하는 것 • 아이가 성공적으로 헐크 흉내를 내면, 부모는 자녀를 돕는 것처럼 행동한다. • 분노·발작도 위장, 걱정도 위장이기 때문에 가족상황은 긴장되고 심각한 싸움에서 쾌활한 가상적 게임으로 변형된다.

전략적 가족상담의 기법에 관한 설명으로 옳은 것은?

[18년 17회]

① 중요한 타인의 행동을 관찰하고 유사하게 행동하는 위장기법을 사용한다.
② 역설적 개입을 위해 증상처방이나 고된 체험기법(Ordeal Technique) 등을 사용한다.
③ 정의예식(Definitional Ceremony)을 통해 자신이 선호하는 정체성을 청중 앞에서 인정받도록 한다.
④ '변화하라'는 메시지와 '변화하지 말라'는 메시지를 동시에 전달하는 치료적 삼각관계 상황을 만든다.
⑤ 긴장고조 기법을 통해 일정한 의식을 만들어 가족게임을 과장되게 인식하도록 한다.

정답 ②

해설

① 위장기법(Pretend Technique)은 마다네스가 제시한 전략적 가족치료 기법으로, 내담자가 증상을 가진 척하고 가족을 도와주는 척하는 연극적 기법이다. 분노, 발작, 걱정 등이 모두 위장이기 때문에 가족은 심각한 싸움이나 긴장상황 대신 놀이를 하는 기분으로 저항을 우회할 수 있다.
③ 정의예식(Definitional Ceremony)은 이야기치료 상담기법에 해당한다.
④ '변화하라'는 메시지와 '변화하지 말라'는 두 가지 모순된 메시지를 전달하는 '치료적 이중구속'의 상황을 만드는 것으로 전략적 가족상담의 기법 중에서 '역설적 개입'에 해당하며, 어떠한 메시지에 반응해도 적절한 반응이 될 수 없는 상황을 말한다. 치료적 삼각관계는 보웬(Bowen)의 체계적 가족상담 기법에 해당한다.
⑤ 긴장고조 기법은 미누친(S. Minuchin)의 구조적 가족치료의 상담기법이다.

핵심이론 36 전략적 가족상담모델 (3) – 밀란 모델(체계모델)

① 밀란 모델의 주요 내용

  ⊙ 이탈리아 밀란에서 파라졸리(M. Selvini-Palazzoli)를 중심으로 발전된 체계 모델로서 헤일리의 전략적 가족치료와 MRI의 단기 가족치료 기법을 도입하여 독특한 치료모형을 개발하였다.

  ⓛ 밀란 학파에게 증상이란 비밀리에 진행되는 가족의 상호작용 즉 게임을 의미한다.

  ⓒ 치료자는 중립적 위치에서 가족게임의 규칙을 파악하며, 증상을 가진 가족의 게임을 무력화시키고자 한다.

  ⓔ 가족의 문제해결을 위해 장기간 단기치료(Long Brief Therapy)를 진행한다.

  ⓜ 개인의 생각이나 행동변화보다는 가족의 자율성과 자유를 강화한다.

  ⓗ 다른 전략모델보다 덜 문제중심적이며, 행동변화보다는 체계변화를 추구한다.

② 밀란 모델의 치료기법

긍정적 의미부여	• 가족이 가진 증상이나 행동을 긍정적으로 재해석하는 것이다. • 가족의 저항을 불러일으키지 않으면서 가족의 변화능력을 보인다. • 2개의 남녀 혼성조 중 1조는 상담하고, 2조는 관찰하는 방식으로 진행한다.
의식처방 (Ritual)	• 게임을 반복적으로 수행하도록 하기 위해 가족이 일정한 의식을 만들어 게임을 하도록 하는 것이다. • 이 과정을 통해 가족의 게임이 분명하게 드러나고 가족이 게임을 과장된 것으로 인식하는 것이다.
불변처방 (Invariant Prescription)	• 역기능적 가족의 게임에 유사성이 있는 것을 발견하여 가족으로 하여금 게임에 대항방식을 형성하여 '더러운 게임'을 중단시키는 방법이다. 예 많은 구성원들을 게임에 포함시켰다가 점차로 수를 줄여 직계가족으로 좁힘
순환질문 (Circular Questioning)	• 가족구성원이 문제에 대한 제한적이고 단선적인 시각에서 벗어나, 문제의 순환성을 인식하도록 유도하는 방법이다. • 순환질문은 내담자가 자신을 다른 가족원들의 관점에서 보게 함으로써, 자기중심에서 벗어나게 한다.
협동치료	• 치료자와 가족이 게임을 분석하고, 이를 무력화시킬 수 있는 기법을 개발

[핵심예제]

다음 기법을 사용하는 가족상담 모델의 상담목표로 옳은 것은?

[17년 16회]

○ 긍정적 의미부여(Positive Connotation)
○ 순환질문(Circular Questioning)
○ 의식(Ritual)
○ 불변의 처방(Invariant Prescription)

① 책임과 권리 사이의 공정한 균형
② 파괴적 가족게임의 중지
③ 불안감소와 자아분화 수준향상
④ 가족원의 무의식적 욕구와 제약에서의 해방
⑤ 선호하는 방향으로 가족 스스로 이야기 쓰기

정답 ②

해설

보기는 밀란 학파에 대한 설명으로 상담목표는 증상을 중심으로 한 가족게임을 무력화시키는 것이고, 이때 긍정적 의미부여, 순환질문, 의식, 불변처방 등의 치료기법을 사용한다.

핵심이론 37 사회구성주의

① 사회구성주의의 출현

ㄱ. 포스트모더니즘의 중심사상 중 하나인 사회구성주의의 사상은 내담자가 환경을 창조적으로 재구성하고, 자신의 능력을 저하시키는 많은 요인을 다른 시각에서 보도록 도와주는 사상적 기반을 제공한다.

ㄴ. 해결중심 단기치료와 이야기치료의 이론적 배경의 역할을 한다.

ㄷ. 문제나 증상은 그 사람을 둘러싼 전체로서의 가족이라는 맥락 속에서 발생한다.

ㄹ. 가족기능의 정상성 판단기준에 관한 절대적 진실은 존재하지 않는다.

ㅁ. 언어가 어떻게 세계와 신념을 구성하는가에 초점을 둔다.

ㅂ. 치료자는 내담자의 견해를 존중하고 '알지 못한다는 자세'로 호기심을 가지고 접근한다.

② 사회구성주의의 기본전제

ㄱ. 진실(Truth)은 사회적으로 구성된다.

ㄴ. 현실(Reality)은 언어적 상호작용에 의해 이루어진다.

ㄷ. 상담은 협동적이어야 한다.

③ 구조주의와 후기 구조주의의 특징 비교

구조주의	후기 구조주의
• 전문가의 지식이 존중된다.	• 개인이 가진 고유의 지식이 존중된다.
• 표면적 현상은 내면 깊이 자리한 개인 정체성의 단서에 불과하고, 전문가만이 표면적 현상을 정확히 해독할 권한을 가진다.	• 표면적 현상은 우리가 실제로 알 수 있는 모든 것으로 우리들 각자는 표면현상을 해석할 권한을 가진다.
• 개인의 삶은 규칙이나 규범에 따라 해석되고 존중된다.	• 기대나 규범으로부터 벗어난 예외적 삶의 성취를 해석하는 데 초점을 둔다.
• 진리는 객관적으로 정확히 알 수 있다고 본다	• 사람들은 각자 행하고, 말하고, 기억하는 이야기들을 통해 의미 있는 삶을 구성할 권한을 가진다.

구성주의와 사회구성주의가 가족상담에 미친 영향에 관한 설명으로 옳은 것은? [15년 13회]

① 문제를 제거하는 것으로 초점이 변화되었다.

② 행동을 재명명하는 기법이 시도되었다.

③ 내담자를 변화시키는 상담자의 전문적 역할이 강화되었다.

④ 외현적 행동에 집중하게 되었다.

⑤ 언어가 실재를 반영한다는 시각이 태동하였다.

정답 ②

해설

구성주의와 사회구성주의는 문제행동을 제거하는 것으로부터 대화의 자유로운 과정을 통하여 새로운 견해를 발견하도록 돕는 것으로 옮겨 가면서, 가족구성원들의 반응을 전환시키기 위해 행동을 재명명하는 전략적 기법이 시도되었다. 예컨대, 물건을 사는데 몇 번이고 망설이는 어머니를 보고 불쌍하다는 생각을 바꾸어 가족을 위해서 돈을 한푼이라도 아끼려는 생각 깊은 어머니로 재명명하는 것이다.

핵심이론 38 | 해결중심 단기가족치료 (1) – 의의와 주요 학자

① 의 의

 ㉠ MRI 단기가족치료센터를 중심으로 한 전략적 접근에 근원을 두고 발전하였다.

 ㉡ 문제의 원인이나 성질을 파악하는 것보다, 가족이 적용해 왔던 또는 적용 가능한 해결책 등에 초점을 맞추어 질문을 하며, 문제해결을 위해 반드시 문제가 무엇인가를 밝힐 필요가 없다고 생각한다.

 ㉢ 치료를 통한 가족의 기대가 무엇인지를 분명히 하는 것이 가족에게 더욱 도움이 된다.

 ㉣ 사회조직에 대한 보편성이나 규범에서 벗어나려는 대표적인 2차 혁신적 가족치료모델이다.

 ㉤ 치료자는 주도적 전문가가 아니라 내담자가 경험세계를 재창조하도록 협력하는 동반자 역할을 한다.

② 이론적 배경

 ㉠ 1980년대에 시작된 포스트모더니즘의 영향으로 개인이 의미를 부여하는 것이 실재라는 관점이 영향력을 가졌다.

 ㉡ 구성주의와 사회구성주의의 출현으로 언어가 실재를 반영하는 것(표상주의)이 아니고, 언어가 실재를 구성한다고 하였다.

 ㉢ 구성주의와 사회구성주의는 문제행동을 제거하는 것으로부터 대화의 자유로운 과정을 통해 새로운 견해를 발견하도록 돕는 것으로 옮겨 가면서, 가족구성원들의 반응을 전환시키기 위해 행동을 재명명하는 전략적 기법이 시도되었다.

  ㉐ 물건을 사는 데 몇 번이고 망설이는 어머니를 보고 불쌍하다고 생각하는 것에서 생각을 바꾸어 가족을 위해서 돈을 한 푼이라도 아끼려는 생각 깊은 어머니로 재명명하는 것

③ 주요 학자

 ㉠ 인수 버그(Insoo K. Berg) : 많은 임상경험을 토대로 상담자를 훈련하고 이론을 보급하는 일에 기여하였다.

 ㉡ 드세이저(S. De Sahzer) : 에릭슨의 가치, 철학, 기술, 전략 등에서 영향을 받았으며, 내담자가 치료에 가지고 오는 것과 가지고 있는 것을 활용하는 것이 치료의 기본이라고 여겼다.

[핵심예제]

해결중심 단기치료에 관한 설명으로 옳은 것을 모두 고른 것은?
[16년 14회]

 ㄱ. 위니컷(D. Winnicut)의 단기가족치료센터를 중심으로 발달되었다.
 ㄴ. 인지에 대한 강조와 더불어 사회구성주의의 영향을 받았다.
 ㄷ. 문제중심으로부터 해결과 미래의 가능성으로 치료적 초점을 변화시켰다.
 ㄹ. 상담자가 전략적으로 주도성을 가지고 상담목표를 세운다.

① ㄱ, ㄴ   ② ㄱ, ㄹ
③ ㄴ, ㄷ   ④ ㄱ, ㄴ, ㄷ
⑤ ㄴ, ㄷ, ㄹ

정답 ③

해설

ㄱ. MRI의 단기치료센터에서 활동했던 드세이저 등이 1978년 위스콘신 주의 밀워키에 단기가족치료센터를 설립하면서 발전하게 되었다. 위니컷(D. Winnicut)은 대상관계이론의 대표적 이론가이다.

ㄹ. 전략적 가족상담모델에 대한 설명이다. 해결중심 단기치료에서 상담자는 내담자와 관계를 형성하고 해결지향적 질문을 가지고 구체적이고 실현 가능한 목표를 설정한다.

핵심이론 39 해결중심 단기가족치료 (2) – 기본원리와 치료목표 시 원칙

① 기본원리

　㉠ 병리적인 것 대신에 건강한 것, 성공한 것에 초점을 둔다.

　㉡ 내담자는 진정으로 변화를 원하는데, 여기서 변화는 알게 모르게 지속적으로 일어나고 불가피하며 연쇄적이다.

　㉢ 현재와 미래를 지향한다.

　㉣ 내담자는 문제해결을 위해 필요한 것을 가지고 있고, 알고 있다.

　㉤ 치료자가 할 일은 내담자가 이미 갖고 있는 내담자의 자원·기술·지식·믿음·동기·행동·사회적 관계망·환경·증상 등을 발견하여 이를 치료에 활용하는 것이다.

　㉥ 치료자는 내담자의 목표성취를 돕기 위하여 내담자의 자원을 신뢰하고 사용한다.

　㉦ 간단하고 단순한 방법을 일차적으로 사용한다.

　㉧ 인지에 대한 강조와 내담자의 자율적인 협력을 중요시한다.

　㉨ 문제중심에서 해결과 미래의 가능성으로 치료적 초점을 변화시켰다.

　㉩ 내담자는 과거에 성공했던 해결방안을 계속 유용하게 사용하며, 효과가 없는 것에 집착하던 사고방식을 바꿀 수 있다.

　㉪ 내담자가 문제시하지 않는 것을 다룰 필요가 없으며, 상황적 맥락을 갖는 사회적 상호작용 용어로 기술된다.

　㉫ 탈이론적이고 규범에 메이지 않으며, 내담자의 견해를 존중한다. 또한 이론적 틀에 맞추어 내담자를 진단하지 않는다.

　㉬ 특정의 구체적이고 명확하고 측정할 수 있는 행동용어로 기술하며 문제의 제거나 소멸이 아닌 성공의 긍정적 지표로 기술된다.

② 치료목표 시 원칙

　㉠ 내담자에게 중요한 것이어야 하고, 협상을 통해 치료자에게도 중요해야 한다.

　㉡ 목표는 큰 것이 아닌, 작고 간단한 행동이어야 한다.

　㉢ 목표는 최종결과가 아닌, 처음의 시작이나 신호에 둔다.

　㉣ 내담자의 생활에서 현실적이면서 성취 가능한 것이어야 하며 지금 여기에서 시작하는 것을 목표로 한다.

　㉤ 목표달성은 힘들고 어려운 일이라고 인식한다.

　㉥ 구체적이고 명확하고 측정 가능한 행동용어로 기술한다.

　㉦ 문제의 제거나 소멸이 아닌 성공의 긍정적 지표로 기술한다.

［핵심예제］

해결중심 단기 가족상담의 목표설정 원칙으로 옳지 않은 것은?
[18년 17회]

① 구체적이고 행동적인 것을 목표로 한다.

② 현실적으로 성취 가능한 것을 목표로 한다.

③ 목표수행은 힘든 일이라는 것을 내담자가 인식하도록 한다.

④ 지금 여기에서 시작하는 것을 목표로 한다.

⑤ 상담자가 중요하다고 여기는 것을 목표로 한다.

정답 ⑤

해설

해결중심 단기 가족상담의 치료목표는 내담자에게 중요한 것이어야 하고, 협상을 통해 상담자에게도 중요한 것으로 설정해야 한다.

해결중심 단기가족치료 (3) – 치료자–내담자 관계유형

① 고객형(Customer Type)

㉠ 긍정적이고 협력적인 치료관계를 형성하면서 내담자는 문제해결을 위해 어떤 것이든 시도하려는 동기가 있다.

㉡ 상담자와 내담자는 일치된 해결목표와 기대를 가지며 고객형 가족은 자신이 바로 해결책의 한 부분으로서 문제해결을 위해서 무엇인가 하려는 의지를 보인다.

㉢ 치료자는 이러한 가족이 치료동기가 높기 때문에 이들 관계유형을 원하지만, 실제로 고객형 가족비율이 높지 않다.

과제/메시지 (실행과제)	동전던지기	• 동전양면에 의미를 부여하고(예 앞면-기분 좋은 날, 뒷면-평일) 동전을 던져 그 의미를 가족 모르게 실행했을 때 가족의 반응을 관찰한다. • 남의 영향을 많이 받는 경우에 효과적이다.
	예측과제	• 저녁에 내일은 좋은 날이 될지 여부를 예측해 보고, 다음 날 맞았는지 여부를 확인한다. • 우울, 불평이 많은 사람에게 적절하다.
	가정하여 행동하기	• 일주일 중 이틀 동안 기적이 일어난 것처럼 행동하고, 그때의 반응을 관찰하거나, 가족에게 어떤 날이 본인에게 기적이 일어난 날인지 맞춰보게 한다.

② 불평형(Complain Type)

㉠ 자신을 위해서가 아니라, 다른 사람을 위한 목표를 가지고 있을 때 발생한다.

㉡ 스스로의 평가나 치료목표를 구체적으로 기술하지만, 자신이 해결의 실마리를 쥐고 있다고 생각하지 않는다.

㉢ 증상을 보이는 가족구성원 때문에 자신이 희생되었다 생각하여, 자신의 힘든 입장·역할을 이해받길 원한다.

㉣ 문제로 인해 고통 받지만, 해결책을 찾는 단계에서는 수동적인 반응을 보인다.

㉤ 치료자는 불평형 가족을 치료대상으로 생각하기보다는, 치료에 활용할 수 있는 자원으로 생각해야 한다.

과제/메시지 (생각/관찰 과제)	예외행동 주시	예외적인 행동을 발견하게 하고, 다음에 그것에 대해 이야기한다.
	양분된 의견전달	팀 성원들과 의논한 결과, 의견이 두 가지일 경우 집에 가서 가족과 상의해서 어떤 것이 우리 가족에게 적절한지 의논해 오도록 한다.
	스페인식 과제	오늘 집에 가면 가족원 중 누군가가 상황을 좀 더 좋게 하려고 무언가를 할 것이라고 하면서, 누가 어떤 행동을 했는지 관찰해 오게 한다.
	첫 상담과제	다음 세션에 올 때까지 당신들이 원하는 무엇인가가 이루어질 텐데, 그것이 무엇인지 관찰해 오도록 한다.

③ 방문형(Visitor Type)

㉠ 치료받아야 할 필요성이나 문제해결 동기가 약한 사람으로, 일반적으로 배우자·부모·교사에 의해서 의뢰를 받는다.

㉡ 왜 치료받아야 하는지 이해하지 못하기 때문에 치료에 무관심하거나 억지로 끌려왔다는 사실에 불평을 한다.

㉢ 치료자가 다른 사람의 요구와 결정을 따르는 것이 얼마나 힘들었는지 이해해 줄 때, 그들은 자신이 이해받고 있다는 느낌을 갖게 되어 치료자에 대한 신뢰가 형성되고, 치료목표에 대해 협상할 수 있는 관계가 형성된다.

과제/메시지 (과제 없음)	칭찬, 재방문 격려	안 올 수 있었지만 온 것에 대해 칭찬하고, 앞으로 더 오도록 격려한다.

[핵심예제]

다음 보기의 내용이 설명하는 해결중심모델의 상담자-내담자 관계유형과 그 유형에 부여할 과제의 연결로 옳은 것은?

[19년 18회]

○ 긍정적이고 협력적인 치료관계를 형성하였다.
○ 내담자는 문제해결을 위해 어떤 일을 하려는 의지를 보인다.
○ 상담자와 내담자는 일치된 해결목표와 기대를 가지고 있다.

① 방문형 - 상담에 온 것을 칭찬하고 상담에 오도록 격려하며 과제를 주지 않는다.
② 불평형 - 다른 사람의 긍정적인 부분을 관찰하는 과제를 준다.
③ 불평형 - 문제의 원인이라 생각하는 가족원에 대한 비난을 멈추고 감사할 내용을 찾아 표현해 보게 한다.
④ 고객형 - 예외적 상황이 일어날 수 있는 행동을 더 많이 하는 과제를 준다.
⑤ 고객형 - 문제의 원인을 찾기 위해 가족원들을 관찰하는 과제를 준다.

정답 ④

[해설]

해결중심모델의 상담자-내담자 관계유형 중에서 고객형(Customer Type)은 문제해결을 위해 어떤 것이든 시도하려는 동기가 있으며, 고객형 가족은 자신이 바로 해결책의 한 부분이라 느끼고, 문제해결을 위해서 무엇인가 하려는 의지가 보인다는 특징이 있다. 고객형에게 부여할 과제로는 예외행동을 계속 더 많이 할 것, 동전던지기, 예측과제, 가정하여 행동하기 등이 있다.

핵심이론 41 **해결중심 단기가족치료 (4) - 치료기법**

① 상담 전 변화질문

ㄱ 일반적으로 가족은 문제가 가장 심각한 시기에 주변사람이나 상담기관에 도움을 요청한다.

ㄴ 치료 이전 변화를 관찰하고, 이를 근거로 가족의 잠재능력을 발견하며 가족 스스로가 인식하지 못한 해결방안을 찾아내는 데 이용한다.

ㄷ 치료자는 가족 스스로가 심각했던 문제가 어떻게 완화되었는지를 파악할 수 있도록 질문하여, 의식적·무의식적으로 그들이 실시한 방법에 관해 인정하고 칭찬한다.

ㄹ 누구의 도움 없이 스스로 노력했다는 것과 해결능력을 인정하고 그러한 사실을 강화하고 확대할 수 있도록 격려한다.

예 "혹시 치료약속을 하고 오늘 오기 전까지 무슨 변화가 있었나요?"

② 예외질문

ㄱ 일상생활에서 성공적으로 잘하고 있으면서도 의식하지 못하는 것을 발견하고, 성공했던 행동을 의도적으로 하도록 강화시키는 기법이다.

ㄴ 치료자는 예외적인 상황을 찾아내고, 가족이 가진 자원을 이용하여 가족의 자아존중감을 강화한다.

ㄷ 예외상황에서 어떤 일이 일어나는지 자세히 파악하기 위해 무엇이 달라졌는가, 누가, 무엇을, 어디서, 언제, 어떻게 했을 때 문제가 일어나지 않는지를 질문한다.

예 "최근에 문제가 일어나지 않은 때는 언제인가?"

③ 기적질문

ㄱ 문제가 해결된 상황을 상상해 봄으로써 해결하기 원하는 것을 구체화·명료화하는 데 도움이 된다.

ㄴ 가족은 치료자의 질문에 대답하는 동안 기적을 만드는 사람은 바로 자신임을 알게 되고, 작은 일에서부터 시작해야 한다는 것을 점차 인식하며, 변화된 생각을 구체적으로 상상한다.

ㄷ 가족은 그 자체가 자신의 치료목표라는 사실을 재인식한다.

예 "밤에 자는 동안 기적이 일어나 지금 치료목표로 하는 문제가 해결되었다고 합시다. 그러나 잠자는 동안 기적이 발생하여 무슨 일이 생겼는지 아무도 모릅니다. 아침에 눈을 떴을 때 지난 밤 동안에 기적이 발생했다고 생각하겠습니까?"

④ 척도질문

　㉠ 문제의 심각성 정도나 치료목표, 성취정도의 측정 등을 수치로 표현하도록 하는 질문이다.

　㉡ 변화에 대한 동기를 강화하고, 다음 단계로 발전하기 위해 무엇을 해야 할지 탐색한다.

　㉔ "0~10섬까지의 척도에서 10점은 문제가 해결된 상태, 0점은 문제가 전혀 해결되지 않은 상태라고 가정합니다. 오늘은 몇 점이라고 생각하나요?"

⑤ 대처질문

　㉠ 만성적인 어려움이나 절망으로 희망이 없다고 호소하는 내담자에게 대처질문을 한다.

　㉡ 낙담·좌절·비관적 상황에 있을 때, '모든 것이 잘 될 테니 걱정 마라. 염려 마라. 긍정적인 것만을 보라' 등의 치료자의 위로는 가족을 오히려 더 비관하고 난처하게 만들 수 있다.

　㉢ 어려운 상황에서는 가족에게 약간의 성공감을 갖도록 하는 대처방법에 관한 질문이 바람직하다.

　㉔ "제가 봐도 지금은 무척 힘든 상태라고 생각됩니다. 상태가 더 나빠지지 않도록 하기 위해 어떻게 하시나요?"

⑥ 관계성 질문

　㉠ 중요한 타인의 입장에서 자신을 바라보게 해서 이전에는 느끼지 못한 해결상태를 파악하게 하는 질문이다.

　㉡ 내담자에게 중요한 사람들의 생각이나 행동을 파악하기 위한 질문이다.

　㉔ "어머니가 당신의 변화된 부분을 본다면 어떤 부분을 보고 말해 줄까요?"

［핵심예제］

다음 중 상담자가 시도하고 있는 개입기법은? [16년 14회]

> ・내담자 : 동생들을 돌보아야 해서 제 공부에 집중할 수가 없어요. 앞으로도 상황이 좋아질 것 같지 않아요.
> ・상담자 : 그렇게 힘든 상황인데도 어떻게 지금까지의 성적을 유지할 수 있었을까?

① 대처질문　　　　② 척도질문
③ 예외질문　　　　④ 기적질문
⑤ 상담 전 변화질문

정답 ①

해설

① 대처질문 : 어려운 상황에서는 가족에게 약간의 성공감을 갖도록 하는 대처방법에 관한 질문을 말한다. 대처질문은 어려운 상황에서 잘 견뎌내고 더 나빠지지 않은 것을 강조하며, 이를 확대해서 자신의 경험을 활용하여 새로운 힘을 갖게 한다.

② 척도질문 : 문제의 심각성 정도나 치료목표, 성취정도의 측정 등을 수치로 표현하도록 하는 질문이다.

③ 예외질문 : 일상생활에서 성공적으로 잘하고 있으면서도 의식하지 못하는 것을 발견하고, 성공했던 행동을 의도적으로 하도록 강화시키는 기법이다.

④ 기적질문 : 문제가 해결된 상황을 상상해 보도록 함으로써 해결하기 원하는 것을 구체화·명료화하는 데 도움이 된다.

⑤ 상담 전 변화질문 : 내담자가 상담을 예약한 후 현재 이곳에 오기까지 달라진 것이 무엇인지에 대한 질문이다.

핵심이론 42 이야기치료 (1) – 의의 및 기본전제

① 의 의

ⓐ 이야기치료는 화이트(M. White)와 엡스톤(D. Epston)의 공동노력으로, 1980년 이후에 미국을 중심으로 새로운 가족상담이론의 하나로 부상했다.

ⓑ 다양성·상대성·비본질주의를 강조하는 포스트모더니즘 사조 속에서 발전하였다.

ⓒ 어떤 예상이나 선입관도 없이, 사람이 사물 그 자체를 파악하는 것은 어렵다는 후기 구조주의의 시각과 관련이 있다.

ⓓ 우리의 지식은 자신의 경험에서 나온 것이므로 어떤 것을 안다는 것은 한계가 있어서, 그것은 다른 사람의 경험을 자신의 관점에서 나름대로 해석하는 것에 지나지 않는다.

ⓔ 경험에 의미를 부여하는 해석과정 자체에 초점을 두며, 새로운 대안적 이야기(Alternative Story)를 재구성하도록 돕는다.

ⓕ 내담자나 그의 가족에 대한 문제로만 보는 것이 아니라 외부에 문제가 존재할 수 있다는 관계적인 측면까지 고려한다.

ⓖ 치료자는 탈중심적(Decentered)이고, 영향력 있는 입장을 취한다.

ⓗ 내담자를 문제의 소유자가 아니라, 문제를 바라보는 관찰자로서 대화를 시작하게 한다.

ⓘ 단기적으로는 호소하는 문제의 감소를 목표로 하고 장기적으로는 내담자가 지배적인 문화로부터 벗어나 자신이 선호하는 방향으로 자기의 이야기를 쓰는 데 있다.

② 기본전제

ⓐ 사람은 처음 시작부터 자신이 속한 문화와 사회의 이데올로기 속에서 어떠한 형태로든 영향을 받으며, 자신에 대한 이해를 구축하는 존재이다.

ⓑ 사람은 자신의 경험을 만들고 해석하는 능동적 존재로 경험은 사회문화적으로 구성된다.

ⓒ 개인의 삶에 일어난 사건이나 경험들은 이야기로 만들어져 그 안에서 서로 연결되어 그 사람의 삶을 형성한다.

ⓓ 이야기는 사람들의 해석과 의미를 알려 주면서 어떻게 자신들이 의미하는 대로 살아가는지 보여 준다.

ⓔ 문제로 표현된 삶의 이야기는 여러 가능한 이야기 중에 하나일 뿐이므로, 치료자는 사람들이 바라는 삶에 대한 이야기를 할 수 있도록 각본의 수정에 관여한다.

[핵심예제]

이야기치료의 기본전제에 관한 설명으로 옳은 것을 모두 고른 것은? [18년 17회]

ㄱ. 인간의 경험은 사회문화적으로 구성된다.
ㄴ. 인간은 자신의 경험을 만들어 내고 해석하는 능동적 존재이다.
ㄷ. 인간의 정체성은 생애주기별 과업을 수행함으로써 완수된다.
ㄹ. 인간의 체계에 초점을 두고, 순환성 원리에 의해 가족체계를 이해한다.

① ㄱ, ㄴ
② ㄱ, ㄹ
③ ㄱ, ㄴ, ㄷ
④ ㄱ, ㄷ, ㄹ
⑤ ㄴ, ㄷ, ㄹ

정답 ①

해설

ㄷ. 에릭슨(E. H. Erikson)의 심리·사회적 발달이론의 기본전제이다. 이야기치료에서는 내담자의 정체성과 문제를 분리하고 새로운 대안적 이야기를 갖도록 돕는다.

ㄹ. 보웬(Bowen)의 체계적 가족치료(다세대 가족상담모델)의 기본전제이다. 이야기치료는 자기 경험에 의미를 부여하는 해석과정 자체에 초점을 둔다.

핵심이론 43 이야기치료 (2) - 치료과정 및 치료자의 역할

① 치료과정 4단계

1단계	• 내담자의 정체성과 문제를 분리하도록 돕는다.
2단계	• 외재화하기 : 문제에 이름을 붙여서 객관화시키기 예 "늦은 밤까지 게임을 하고 늦잠을 자서 아침 수업시 간에 지각하거나 결석하는 것에 이름을 붙인다면 뭐 라고 할까?"
3단계	• 독특한 결과를 발견하도록 돕는다. • 독특한 결과는 이름 붙여진 문제 이야기의 계열에 속하 지 않는 혹은 반대되는 사건을 의미한다.
4단계	• 독특한 결과를 통해 개발된 대안적 이야기에 이름을 붙 인다.

② 이야기 가족치료자의 역할

　㉠ 내담자들과 함께 새롭고 긍정적·희망적인 이야기로 재
저작하는 일에 협력하는 동반자적 역할을 한다. '재저작
대화'는 내담자의 문제해결을 위해 지배적 구상에 맞서는
대안적 구상을 찾아 새로운 이야기를 생성하는 것을 말하
며, 내담자는 이 새로운 이야기의 저자이며, 최종 권위자
가 되어야 한다.

　㉡ 치료자는 치료자와 내담자 간의 권력구조를 해체하는 데
민감해야 하며, 탈중심적이고 영향력 있는 위치를 고수
해야 한다. 탈중심적 입장이란, 내담자 가족이 제시하는
자신들의 이야기나 삶의 지식과 기술에 우선순위를 두는
것을 말한다.

　㉢ 문제이야기를 해체하고 독특한 결과에 의미를 부여할 수
있게 하며, 독특한 결과와 관련하여 과거, 현재, 미래의
행동과 정체성 영역에서 무슨 일이 있어났고, 의미가 무
엇인지에 관해 질문한다.

　㉣ 대안적 정체성을 세우는 과정에서 외부 증인집단의 반영
팀에게도 질문한다.

　㉤ 내담자가 하나의 문제가 아닌 여러 가지 문제가 내포된
이야기를 가지고 온 경우에는 가장 중요한 문제가 아닌
덜 중요한 문제를 선택하여 표면화할 위험이 있다. 따라
서 내담자가 가장 관심을 가지고 있는 쟁점이 무엇인가를
물어보는 것이 최선이다.

[핵심예제]

다음 중 이야기치료 상담자의 질문에 해당하는 것은?

[18년 17회]

> ○ 당신은 무엇을 중요시했기에 그런 행동을 하게 되었습니까?
> ○ 어떤 기대나 바람으로 그렇게 하였습니까?

① 외재화(Externalization)를 위한 질문
② 외부증인(Outside Witness) 초대를 위한 질문
③ 제지하기(Restraining) 위한 질문
④ 재저작(Reauthoring)을 위한 질문
⑤ 기적(Miracle) 질문

정답 ④

해설

보기는 내담자의 문제해결을 위해 '무엇', '어떤' 등의 재저작을 위한 질
문을 내담자에게 물음으로써, 지배적 구상에 맞서는 대안적 구상을 찾아
새로운 이야기를 생성한다.

핵심이론 44 이야기치료 (3) – 치료기법

① 빈약한 서술 찾아내기 : 밖으로 드러난 실패나 장애, 부족함 등을 객관화된 사실로 표현하는 외부적 관점에서의 서술을 말한다.

② 문제를 표면화하기 : 사람들이 경험하는 문제들을 외부로 객관화·구체화시키는 치료적 접근을 말한다.

③ 문제로부터의 분리(외재화) : 문제를 내담자 자신과 분리된 다른 실체로 느끼게 하는 것이다.

④ 문제의 영향력 탐구 : 치료자는 대화 초기에 질문을 던져 문제가 내담자들의 삶에 끼치는 영향력들을 상세히 탐구하는 것이 중요하다.

⑤ 문제의 영향력 평가 : 문제의 영향력이 충분히 탐구되면 치료자는 그 각각의 효과에 대하여 내담자들의 의견을 묻고, 내담자는 시간을 가지고 자신의 입장을 밝힌다.

⑥ 독특한 결과의 발견 : 자신의 삶과 관계에 대해 '사실'로 믿어 왔던 것들과 사람들을 분리시키는 것을 말한다.

⑦ 대안적 이야기 엮어가기(스캐폴딩 지도)

ⓐ 문제의 이야기가 강하게 대두된 것처럼 대안적인 이야기가 문제이야기의 권위에 대항할 수 있도록 충분히 튼튼한 줄거리로 전개해야 한다.

ⓑ 이야기치료 과정에서 독특한 결과와 관련하여 행동영역과 정체성 영역에서 무슨 일이 어떻게 발생하였고, 그것이 어떤 의미를 갖는지에 대해 질문을 던진다.

행동영역의 질문	• 과거에 행했던 일을 언제, 어디서, 누가, 무엇을, 어떻게 했는가 등 행위 위주의 질문을 하는 것이다. • 여러 개의 사건이 특정한 주제에 따라 시간상으로 배열된 이야기 영역이다.
정체성 영역의 질문	• 개인적 자질이나 특성에서 개인의 소신이나 원칙 등 다양한 형태의 목적의식 내지 지향이 포함된 영역이다. • 내담자가 지향하는 삶의 의도, 목적, 중시하는 가치, 신념, 희망이나 꿈, 삶의 원칙 등이며, '왜'의 질문도 이 영역에 포함한다.

⑧ 정의예식(Definitional Ceremony)

ⓐ 신중하게 선발된 외부 증인 앞에서 내담자가 자신의 삶을 이야기하고 재현하는 것을 말한다.

ⓑ 외부증인은 내담자의 이야기를 들은 후, 특정 형식에 맞추어 다시 말하기(Retelling)로 응답하며, 마음에 와 닿은 표현이나 떠오른 자신의 경험 등을 나눈다.

[핵심예제]

다음 보기의 상담자와 아동의 대화에 나타난 이야기치료 기법은?

[19년 18회]

• 상담자 : 네 말을 더듬게 하는 게 대체 뭘까?
• 아 동 : 말더듬이 도깨비요.

① 모 방   ② 공명하기
③ 스캐폴딩   ④ 외재화하기
⑤ 대안적 이야기

정답 ④

해설

④ 외재화 : 이야기치료의 상담기법으로 외재화 작업을 통해 내담자로 하여금 자신과 문제가 동일한 것이 아님을 깨닫도록 하며, 개인과 문제 사이에 일정한 공간을 만들어 냄으로써 내담자가 자신과 문제 사이의 관계를 재조명하고 수정할 수 있는 기회를 만든다.

① 모방 : 치료자가 가족의 행동유형, 속도, 감정을 팬터마임처럼 모방하는 것으로서 구조적 가족치료법의 하나이다.

② 공명하기 : 내담자의 특정한 이야기나 표현을 들었을 때, 내 삶의 경험 가운데 어떤 것이 떠올랐는지 이야기하는 것으로, 이야기치료의 한 방법인 정의예식 중 행할 수 있는 방법이다.

③·⑤ 대안적 이야기 엮어가기(스캐폴딩 지도) : 문제이야기가 강하게 대두된 것처럼, 대안적인 이야기가 문제이야기의 권위에 대항할 수 있도록 충분히 튼튼한 줄거리를 전개해야 한다. 대안적인 이야기나 대항 줄거리는 영향력 알아보기 질문(Mapping-the-Influence Question)을 사용함으로써 나타나는데, 이러한 질문을 통해 보다 나은 경험들, 번뜩이는 순간들, 예외적인 결과들을 얻을 수 있다.

선택 3과목

안심Touch

핵심이론 45 인지행동치료

① 의의

- ㉠ 1980년대에는 고전적 행동주의적 접근에 실패함으로써 인지적 기법을 도입하여 가족이 직면하는 문제에 행동치료의 이론과 실제적 기법을 적용하였다.
- ㉡ 인지행동 부부치료는 단순히 행동변화만으로 근본적인 해결이 되지 않는다고 믿고 인지, 정서, 행동요인을 모두 고려한다.

② 대표학자

- ㉠ 패터슨(Patterson) : 결혼생활 문제의 대부분은 강화자극 수준이 낮고, 혐오자극 수준이 높기 때문에 강화자극을 높이는 것이 부부치료에 필수라고 본다.
- ㉡ 리버만(Liberman) : 문제행동을 강화하는 환경반응을 조사하여 바람직하지 않은 행동에 소거방식을 적용한다.
- ㉢ 스튜어트(R. Stuart) : 잔소리나 협박 같은 혐오에 의한 통제를 사용하는 것이 종종 불행한 결혼생활을 야기한다고 보고 유관계약을 주장하였다. 또한 부부가 서로에게 긍정적 행동을 하도록 돕는 기법으로 '돌봄의 날(Caring Day)'을 정하도록 하였다.

③ 인지행동적 가족상담의 역기능적 신념

이분법적 사고(흑백논리)	• 모든 경험을 한두 개의 범주로만 이해하고, 중간지대 없이 흑백논리로 현실을 파악하는 것을 말한다.
의미확대/의미축소	• 어떤 사건의 의미나 중요성을 실제보다 지나치게 확대하거나 축소하는 것을 말한다.
개인화의 오류	• 자신과 관련시킬 근거가 없는 외부사건을 자신과 관련시키는 성향을 말한다. • 실제로는 다른 것 때문에 생긴 일에 대해, 자신이 원인이고 자신이 책임져야 할 것으로 받아들이는 것이다.
독심술적 오류	• 충분한 근거 없이 다른 사람의 마음을 마음대로 추측하고 단정하는 것을 말한다.
선택적 추상화	• 다른 중요한 요소들은 무시한 채 사소한 부분에 초점을 맞추고, 그 부분적인 것에 근거하여 전체경험을 이해하는 것을 말한다.

④ 주요 기법

긍정적 연습과 행동형성	• 부모로 하여금 아동이 바람직한 행동을 하는 기술을 반복하여 연습시키는 전략이다.
강화	• 결과를 보상하는 정적 강화와 혐오적 결과와 반응에 의해 사라지는 부적 강화를 사용한다.
토큰강화법	• 바람직한 행동을 할 때마다 즉각적인 행동강화를 해야 할 불편을 덜기 위한 방법이다.
유관계약	• 가족원의 바람직하지 않은 행동을 수정하기보다는, 상호작용 원리를 기초로 바람직한 행동을 극대화시키고자 하는 것이다.
타임아웃	• 부적절한 행동을 감소시키기 위한 기법으로, 정적 강화로부터의 타임아웃이 자주 사용된다. • 아동이 바람직하지 않은 행동을 할 경우, 아동을 무시하거나 고립시키는 방법이다.

[핵심예제]

다음 두 내담자 사례에 공통적으로 나타난 인지행동적 가족상담의 역기능적 신념은?

[19년 18회]

○ 자녀를 훈육하는 상황에서 배우자가 자신의 편을 들어주지 않자 "당신 지금 누구 편이야? 내 편이야, 애 편이야?"라고 말했다.

○ 결혼한 지 20년 된 내담자에게 결혼생활이 어땠느냐고 상담자가 묻자 "행복하지 않으니까 불행했지요. 매일매일 행복할 줄 알았는데…"라고 대답했다.

① 축소

② 개인화

③ 독심술

④ 이분법적 사고

⑤ 선택적 추상화

정답 ④

해설

④ 이분법적 사고, 흑백논리 : 모든 경험을 한두 개의 범주로만 이해하고, 중간지대가 없이 흑백논리로써 현실을 파악한다.

① 축소 : 어떤 사건의 의미나 중요성을 실제보다 지나치게 축소한다.

② 개인화 : 자신과 관련시킬 근거가 없는 외부사건을 자신과 관련시키는 성향으로서, 실제로는 다른 것 때문에 생긴 일에 대해 자신이 원인이고 자신이 책임져야 할 것으로 받아들인다.

③ 독심술 : 충분한 근거 없이 다른 사람의 마음을 마음대로 추측하고 단정한다.

⑤ 선택적 추상화 : 다른 중요한 요소들은 무시한 채 사소한 부분에 초점을 맞추고, 그 부분적인 것에 근거하여 전체경험을 이해한다.

듀발(Duvall)의 가족생활주기에 따른 발달 과업

① 가족생활주기

　㉠ 결혼을 통한 가정의 성립부터 자녀의 출생·성장·발전·확대과정을 거쳐 자녀가 독립하거나 결혼함으로써 축소되어 최후에는 부부의 사망으로 해체하는 전 과정을 말한다.

　㉡ 가족생활주기 그 자체가 하나의 정서적 발달의 기본이다.

② 듀발(Duvall)의 가족생활주기에 따른 발달과업

제1단계	신혼부부기 (부부 확립기, 무자녀)	• 가정의 토대 확립하기 • 공유된 재정적 체재 확립하기 • 미래의 부모역할에 대해 준비하기 • 의사소통 유형 및 인간관계의 확대에 대해 준비하기
제2단계	자녀 출산기 (첫아이 출산~30개월)	• 가사의 책임분담 재조정 및 의사소통의 효율화 • 유아가 잘 성장할 수 있는 환경을 조성하고 이러한 생활유형에 적응하기 • 경제적 비용 충족시키기
제3단계	학령 전 아동기 (첫아이 2.5~6세)	• 확대되는 가족이 요구하는 공간과 설비를 갖추는 데 필요한 비용 충당하기 • 가족구성원들 사이의 의사소통 유형에 적응하기 • 변화하는 가족의 욕구충족에 대한 책임에 적응하기
제4단계	초등학교 자녀기 (첫아이 6~13세)	• 아동의 활동을 충족시키고 부모의 사생활 보장하기 • 재정적 지급능력을 유지하면서 결혼생활 유지를 위해 노력하기 • 아동의 변화하는 발달적 요구에 효과적으로 대응하면서 학업부분에서 성취감을 갖도록 격려하기
제5단계	청소년 자녀기 (첫아이 13~20세)	• 가족구성원들의 다양한 요구에 대비하기 • 모든 가족구성원들이 책임을 공유하면서 부모의 관심과 격려 형성하기 • 자유와 책임의 균형을 유지하면서 청소년과 성인 사이의 의사소통 중재하기
제6단계	성년 자녀기 (첫아이가 독립할 때부터 마지막 아이가 독립할 때까지)	• 가정의 물리적 설비와 자원 재배치하기 • 자녀가 가정을 떠날 때 책임 재할당하기 • 부부관계의 재정립 • 자녀의 결혼을 통하여 새로운 가족구성원을 받아들임으로써 가족범위 확대시키기
제7단계	중년 부모기 (부부만이 남은 가족~은퇴기 까지)	• 텅 빈 보금자리에 적응하기 • 부부 사이의 관계를 계속해서 재조정하기 • 조부모로서의 생활에 적응하기 • 은퇴 및 신체적 노화에 적응하기
제8단계	노년기 (은퇴 후 ~사망)	• 배우자의 죽음에 적응하기 • 타인, 특히 자녀에 대한 의존에 대처하기 • 경제적 문제에서의 변화에 적응하기 • 임박한 죽음에 적응하기

[핵심예제]

듀발(Duvall)이 제시한 가족생활주기에 관한 설명으로 옳은 것을 모두 고른 것은?

[19년 18회]

　ㄱ. 결혼, 출산 등 예측 가능한 변화는 수평적 스트레스 요인이다.

　ㄴ. 가족생활주기의 첫 단계는 가족이 형성되는 결혼으로 시작된다.

　ㄷ. 아동기 자녀를 둔 가족을 자녀의 초등학교 입학 전과 초등학교 시기로 구분한다.

　ㄹ. 이혼가족은 이혼과정에서 이혼 전 의사결정, 이혼협상, 별거, 이혼, 이혼 후의 단계를 거친다.

① ㄱ, ㄹ　　　　　　　　② ㄴ, ㄷ
③ ㄱ, ㄴ, ㄷ　　　　　　④ ㄴ, ㄷ, ㄹ
⑤ ㄱ, ㄴ, ㄷ, ㄹ

정답 ②

해설

　ㄱ. 카터와 맥골드릭(Carter & McGoldrick)은 가족체계에서의 스트레스원을 수직적 스트레스원과 수평적 스트레스원으로 구분하면서 수평적 스트레스원 중에서 결혼, 출산과 같은 예측이 가능한 사건을 발달적 요인이라고 하였다.

　ㄹ. 카터와 맥골드릭(Carter & McGoldrick)이 제시한 이혼가족의 생활주기는 이혼결정, 가족해체 계획, 별거, 이혼, 이혼 후의 과정을 거친다.

핵심이론 47 카터와 맥골드릭(Carter & McGoldrick)의 가족발달단계와 과업

단 계	역할·과업 (발달을 위해 필요한 가족지위의 이차적 변화)
결혼전기	• 자신에 대한 정서적·재정적 책임을 수용하고, 부모-자녀관계의 분리를 받아들이는 단계이다. • 원가족과의 관계로부터 분화하고, 친밀한 이성관계를 발전시키며, 일과 재정적 독립측면에서 자신을 확립하는 단계이다.
결혼 적응기	• 새로 부부가 되면서 요구되는 가장 주요한 세 가지 과업은 '부부간에 서로 만족할 수 있는 새로운 관계수립', '확대가족과의 관계 재조정', '부모기에 대한 결정'이다. • 자신과 배우자의 원가족 및 친구와의 관계를 재정비함으로써 부부체계를 형성하고 강화한다.
자녀아동기	• 부부는 자녀를 위한 물리적·심리적 공간을 제공하며, 자녀양육과 집안일에 협동해야 한다. • 부부관계와 부모자녀관계가 균형을 유지하고, 조부모가 역할을 맡을 수 있는 기회를 제공하는 것도 중요하다.
자녀 청소년기	• 가족경계의 융통성을 발휘해야 하는 시기이다. • 자녀의 발달과 관심의 변화에 대응하여 부모의 역할도 변화해야 한다. • 자녀의 자립과 의존욕구 간의 갈등이 여러 문제행동으로 드러날 수 있다. • 자녀의 정체성 확립과 독립심 제고를 위해 가족규칙과 역할에 대해 타협한다. • 자녀가 청소년 시기에 자신의 실존에 대한 근본적이고 궁극적인 질문을 던지게 되는데, 이 과정에서 가출, 학교생활 부적응문제 등을 초래할 수 있다. • 부부는 중년기로 접어들면서 자신들의 결혼과 향후 거취문제에 초점을 맞추며, 노인기로 접어든 조부모에 대한 보살핌도 준비한다.
자녀독립기	• 자녀의 취업과 결혼에 대해 지도한다. • 가족구성원의 증감을 적극적으로 수용한다. • 배우자와의 관계에서 역할과 규칙을 새롭게 정비한다. • 학업과 직업훈련 등을 통해 자녀가 독립할 수 있도록 도와준다. • 부부체계가 다시 2인군 관계로 축소되면서 황혼기에 접어들고, 부부관계가 재정립되는 시기이다. • 성장한 자녀와 부모와의 관계는 성인 대 성인의 관계로 발전되며, 사돈과 며느리, 사위, 손자녀가 포함되도록 관계가 재정비되는 단계이다. • 부모나 조부모의 무능력과 죽음에 대처해야 하는 단계이다.
노년기 (가족 해체기)	• 신체적 노화 및 은퇴에 적응하는 단계이다. • 다음 세대가 중추적 역할을 하도록 자신의 지혜와 경험이 활용될 수 있는 여지를 마련한다. • 배우자, 형제, 친구의 죽음에 대처하면서 자신의 죽음을 대비하여 삶을 되돌아보고 통합·평가한다.

[핵심예제]

청소년기 자녀가 있는 가족의 특성 및 가족발달과제에 관한 설명으로 옳지 않은 것은? [19년 18회]

① 가족경계의 확대가 요구된다.
② 가족경계의 융통성을 증가시킬 필요가 있다.
③ 부모와 자녀관계에서 자립과 의존의 갈등이 증가된다.
④ 부모의 부부관계 및 진로문제에 대한 재인식이 필요하다.
⑤ 부모는 배우자, 형제, 동료의 상실에 대응하고 죽음을 준비해야 한다.

|정답| ⑤

|해설|
배우자, 형제, 친구의 죽음에 대처하면서 자신의 죽음을 대비하여 삶을 되돌아보고 통합·평가하는 것은 노년기(가족해체기)이다.

핵심이론 48 | 카터와 맥골드릭(Carter & McGoldrick)의 가족체계에서의 스트레스원

① 수직적 스트레스원
  ㉠ 가족의 태도, 기대, 가풍, 가족유산, 규칙 등 세대에 따라 전수되는 관계와 기능양식을 포함한다.
  ㉡ 가족의미, 가족신화, 가족규칙 등

② 수평적 스트레스원
  ㉠ 발달적 요인 : 시간의 흐름에 따라 가족생활주기에서 결혼, 출산과 같은 예측이 가능한 사건을 의미한다.
  ㉡ 외적 요인 : 예측 불가한 불의의 사망, 장애아의 출산, 질병, 가족원의 실직 등

[핵심예제]

카터(Carter)와 맥골드릭(McGoldrick)이 제시한 가족체계에서의 스트레스원(Stressor)에 관한 설명으로 옳지 않은 것은?
[14년 12회]

① 가풍은 수직적 스트레스원이다.
② 가족원의 만성적 질병은 수평적 스트레스원이다.
③ 자녀출산은 수평적 스트레스원이다.
④ 가족원의 실직은 수직적 스트레스원이다.
⑤ 가족유산은 수직적 스트레스원이다.

정답 ④

해설
가족원의 실직은 수평적 스트레스원 중 외적 요인에 해당한다.

핵심이론 49 | 이혼가족 및 재혼가족의 생활주기

① 이혼가족의 생활주기

단 계		바람직한 태도	발달상의 과제
이혼결정		결혼관계의 유지를 위한 문제해결 능력이 없음을 인정	부부 모두에게 결혼실패에 대한 책임이 있음을 인정하고 수용
가족해체계획		체계의 모든 부분을 위해 실행할 수 있는 준비를 함	자녀양육권이나 방문, 경제문제 등에 대해 협력적으로 일하며 확대가족과 이혼문제를 다룸
별 거		• 협조적인 공동부모관계를 지속하면서 아동에 대한 재정원조를 함께함 • 배우자에 대한 감정해결을 위해 노력	• 함께 살아 온 가족구성원의 상실을 슬퍼함 • 부부관계와 부모자녀관계 및 재정문제를 재구조화하고 별거에 적응 • 본인 및 배우자의 확대가족과의 관계를 재조정·재정립
이 혼		• 정서적 이혼을 위해 더 노력하고 상처, 분노, 죄의식 등의 감정 극복	• 원가족의 상실을 슬퍼하면서 재결합에 대한 환상을 버림 • 결혼에 대한 희망, 꿈, 기대들을 회복하고 확대가족과 관계를 원만하게 유지
이혼 후	자녀양육한부모	• 재정적인 책임감 유지 • 전 배우자와 부모로서 접촉 • 전 배우자의 자녀와 그 가족과 지지적 접촉	• 전 배우자와 그의 가족의 방문을 융통성 있게 허용 • 자신의 재원을 구축하고 사회적 관계망도 재구축
	한부모	• 전 배우자와 부모로서 접촉을 유지하면서 자녀에 대한 보호적인 부모관계 유지	• 자녀와의 관계를 효과적으로 지속할 수 있는 방법모색 • 전 배우자와 자녀에 대한 재정적인 책임감 유지 • 자신의 사회적 관계망 재구축

선택 3과목

② 재혼가족의 생활주기(카터와 맥골드릭)

새로운 관계의 시작	• 결혼과 가족을 형성하기 위해 재헌신하며, 이를 위해서 복잡성·모호성 등을 다룰 준비를 한다.
새로운 결혼생활과 가족에 대한 계획	• 새로운 관계에 대하여 개방적인 태도로 접근한다. • 두 개의 가족체계 내에서 겪는 두려움, 충성심에 대한 갈등, 멤버십을 다룬다. • 전 배우자와 협력적인 재정 및 공동부모관계를 유지하기 위한 계획을 수립하고, 새 배우자와 자녀를 포함한 가족의 관계를 재조정한다.
재혼과 가족의 구성	• 몇 개의 체계를 서로 혼합하기 위하여 하위체계를 통한 관계와 재정적인 조정을 재편성한다. • 가족의 통합을 증진하기 위해 추억과 역사를 공유한다.

[핵심예제]

최 양(고1)은 부모의 이혼으로 외할머니와 살고 있었는데, 최근 아버지가 재혼하면서 재혼가정에 합류하게 되었다. 가족 적응의 문제로 상담을 받게 된 최 양에 대한 접근방식으로 옳지 않은 것은?

[16년 14회]

① 친어머니에 대한 충성심 갈등을 다룰 수 있도록 돕는다.
② 새로운 가족체계에 대한 두려움을 수용해 준다.
③ 가족경계선을 재구조화시키도록 돕는다.
④ 새로운 가족에 적응하도록 외할머니와의 관계를 단절하도록 한다.
⑤ 친어머니와 함께 사는 가족이 정상이라는 생각에 집착하지 않도록 돕는다.

정답 ④

해설
재혼가족이 적응할 때 새로운 가족에 대한 적응도 중요하지만, 이전의 가족관계도 중요하게 다루어져야 한다.

핵심이론 50 가족평가의 정의 및 탐색

① 가족평가의 정의
㉠ 가족을 하나의 단위로 보고, 가족내부 및 외부체계, 이들 간 상호작용을 파악하기 위해 자료를 수집·분석하여 그 가족에 대한 개입을 계획하는 일련의 과정을 말하며, '가족사정'이라고도 한다.
㉡ 가족평가 과정을 통해 내담자 가족문제의 본질과 가족체계의 구조·가족관계 유형·가족체계와 외부체계의 상호작용·문제해결을 위한 가족원의 자원·문제해결에 대한 가족의 동기에 대해 평가한다.

② 가족평가의 탐색
㉠ 가족규칙 : 가족행동을 설정하는 관계상의 합의이다.
㉡ 경계선 : 정상가족은 분명하고 명료한 경계선을 가지며, 밀착된 가족은 애매한 경계선을 지닌다.
㉢ 가족신화 : 가족의 항상성을 유지하는 데 기여할 수 있다.
㉣ 부모화 : 부모화된 아동은 자기 나이보다 책임감과 능력 등이 발달되는 경향이 있다.
㉤ 가족의례 : 삶의 과정을 통해 세대 및 가족 간의 연결고리를 제공한다.

③ 경계선과 가족유형

경직된 경계선	명료한 경계선	애매한 경계선
구성원 사이의 경계가 경직되고 분명하여 구성원이 뿔뿔이 흩어져 버리는데, 이러한 가족을 유리된 가족이라 부른다.	분명하고 명료한 경계선을 지닌 정상가족을 의미한다.	밀착된 가족이라 하며, 이들은 서로 지원을 하고 염려해 주지만, 독립과 자율성은 부족하다.

[핵심예제]

가족평가에서 탐색해야 하는 가족특성에 관한 설명으로 옳지 않은 것은?

[16년 15회]

① 가족규칙 - 가족행동을 설정하는 관계상의 합의이다.
② 경계선 - 밀착된 가족의 경계선은 경직되어 있다.
③ 가족신화 - 가족의 항상성을 유지하는 데 기여할 수 있다.
④ 부모화 - 부모화된 아동은 자기 나이보다 책임감과 능력 등이 발달되는 경향이 있다.
⑤ 가족의례 - 삶의 과정을 통해 세대 및 가족 간의 연결고리를 제공한다.

정답 ②

해설

밀착된 가족의 경계선은 애매하며, 서로 지원하고 염려하지만, 독립과 자율성은 부족하다.

핵심이론 51 **주관적 가족평가방법**

① **가족평가방법의 개요**

구 분	자료유형		평가방법
주관적(질적) 가족평가방법	내부자	자기보고식 방법	면접(인터뷰)과 관찰, 동적가족화, 합동가족화, 가계도, 가족조각
	외부자	관찰자의 주관적 보고	
객관적(양적) 가족평가방법	내부자	행동에 대한 자기보고	PREPARE-ENRICH기법, 가족환경모델, BEAVERS (비버스)모델, 순환모델, McMaster(맥매스터)모델, 가족건강성 척도
	외부자	행동적 방법	

② **주관적(질적) 가족평가방법**

㉠ 면접(인터뷰)과 관찰

가족과 라포형성	• 언어적·비언어적인 기법을 통하여 라포를 형성함으로써 내담자가 자유롭게 자신의 어려움을 털어놓고 상담자로부터 기꺼이 도움을 받는다.
가족관계 정보수집	• 가족원 간 실제 상호작용을 관찰하는 것과 가족원 간 관계에 대해 질문하여, 가족관계가 서로 어떻게 결합하여 가족체계를 구성하고 있는가를 탐색한다. • 가족 상호작용의 반복적 연쇄과정을 파악한 후 역기능적 연쇄과정을 수정할 수 있다.
가족관계의 진단	• 문제와 치료결과에서 기대하는 가족의 욕구를 이해한다. • 가족구성과 가족의 발달단계를 정리한다.

㉡ 동적가족화(KFD)

• 개인이 가진 가족이미지를 파악하고 가족전체의 상호작용을 알 수 있는 투사적 도구로, 가족이 뭔가 하고 있는 그림을 통해 가족집단의 역동관계를 파악하는 방법이다.

• 상징을 고려할 때 지나친 해석은 피하고, 전체맥락과 그림을 그린 사람에 관한 자료를 종합해서 활용해야 한다.

• 일반적으로 높이나 크기가 증가하면 가족관계 또는 가족의 심리적 영향이 크다고 추론하며, 의복·표정·방향과 같이 어떤 가족과 자신의 모습이 동일하다면 그 가족에게 호감을 가지고 있거나 동일시의 욕구가 있다고 추론한다.

ⓒ 합동가족화
  • 가족이 함께 작품을 만들어 가는 방법이다.
  • 그림에 가족원의 감정 및 가족 간 상호작용을 반영하여 가족기능의 측정에 도움을 준다.
ⓔ 가계도(Family Genogram) : 가족구성원에 관한 정보와 그들 간의 관계가 도식으로 제시되어 세대 간에 반복되는 유형을 측정할 수 있다.

[**핵심예제**]

가족상담에서 활용되는 평가방법에 관한 설명으로 옳지 않은 것은?
[17년 16회]

① 가족체계분화척도(Differentiation in the Family System Scales)는 가족체계 내의 연결성과 분리성 정도를 측정한다.
② 동적가족화(Kinetic Family Drawing)는 개인이 가진 가족이미지를 파악하고 가족전체의 상호작용을 알 수 있는 투사적 도구이다.
③ 합동가족화(Conjoint Family Drawing)는 가족성원에 관한 정보와 그들 간의 관계가 도식으로 제시되어 세대 간에 반복되는 유형을 알 수 있는 도구이다.
④ 결혼적응척도(Dyadic Adjustment Scale)는 부부간의 일치성, 결합, 애정표현, 만족도 등 결혼생활의 질과 적응정도를 측정한다.
⑤ 부모-자녀 간 의사소통척도(Parents-Adolescent Communication Family Inventories)는 부모-자녀 간 의사소통의 기능정도를 파악한다.

정답 ③

해설
③ 가계도에 대한 설명으로 몇 세대에 걸친 가족관계의 본질 및 구조를 묘사하는 데 활용된다.

핵심이론 52 | **객관적(양적) 가족평가방법 (1)**

PREPARE-ENRICH 기법	• 부부와 커플이 자신과 파트너 간 관계영역에 대해 배울 수 있도록 돕기 위해 개발되었다. • 내담자로 하여금 관계의 강점에 초점을 맞추도록 요구하면서 미래지향적이고 긍정적인 접근을 하였다.
가족환경모델 (FEM)	• 1974년 무스(Moos) 등이 가족의 기능에 관계된 항목을 추출하고, 요인분석을 통해 가족환경척도(Family Environment Scale, FES)로 제작하였다. • 관계 차원·개인성장 차원·체계유지 차원으로 구분한다.
BEAVERS모델(SFI)	• 비버스(Beavers)의 체계모델은 일반체계이론의 원리에 기초를 두고, 가족은 물론 개인을 포함하는 모든 생활체계는 혼란스러운 역기능적 체계에서 엄격한 통제지향적 체계로, 더 나아가 보다 자율적이고 융통성 있고 적응적인 체계 즉 역량이 있는 체계로 나아간다는 가정에 기반하였다. • 가족기능이 증상이나 유형보다도 우선한다는 가정하에, '유능성'과 '유형'이라는 두 가지 개념으로 가족기능에 대한 개념적 지도를 구성한다.
순환모델(FACES ; Circumplex Model)	• 가족이 어떻게 기능하는가를 연구하는 것으로, '복합구조모델'이라고도 한다. • 올슨(Olson) 등은 가족기능을 설명하는 것으로 가족응집성, 가족적응성, 의사소통을 제시하였다.
McMaster 모델(FAD)	• 캐나다의 맥매스터 대학 정신과에 재직하던 앱스타인(Epstein, 1978) 등에 의해 개발되었다. • 가족기능 수준을 문제해결, 의사소통, 가족의 역할, 정서적 반응성, 정서적 관여, 행동통제의 6개 차원으로 고려하였다.

집단따돌림 가해자인 청소년과 가족사정을 위해 사용할 수 있는 도구와 목적의 연결로 옳지 않은 것은? [19년 18회]

① KFD – 가족역동 관계파악
② MBTI – 청소년 자녀와 부모의 성격유형 파악
③ MMPI – 청소년 자녀와 부모의 심리·정서적 어려움 평가
④ FACES – 가족응집성과 적응성 측정
⑤ PREPARE – 부부관계 건강성 평정

정답 ⑤

해설

⑤ PREPARE-ENRICH기법 : 22가지 관계의 영역을 분석하여 커플유형을 파악하고, 커플에게 가장 적합한 맞춤식 치료를 가능하게 하는 커플관계 검사법이다.
① KFD : 가족이 뭔가 하고 있는 그림을 통해 가족집단의 역동관계를 파악하는 방법이다.
② MBTI : 일상생활에 활용할 수 있도록 고안된 자기보고식 성격유형지표이다. 가족 개개인의 성격을 파악하는 가족사정에서 중요하다.
③ MMPI : 개인의 성격, 정서, 적응수준 등을 다차원적으로 평가하기 위해 개발된 자기보고형 성향검사이다. 가족 개개인의 정서적 성향 등을 파악하는 것은 가족사정에 도움이 된다.
④ FACES : 가족체계이론에 기초하여 가족응집성, 가족적응성, 의사소통을 밝혀 가족기능을 설명하는 도구이다.

핵심이론 53 | 객관적(양적) 가족평가방법 (2) – BEAVERS 모델(SFI)

① 가족유능성

가족구조	• 권력분포, 세대 간 경계와 같은 개념을 포함한다.
가족신화/ 신념	• 가족의 습관적이며 근거 없는 왜곡된 사고방식을 말한다. • 가족의 전반적인 이데올로기에 관한 것이다. • 가족구성원 개인 혹은 가족원 간의 관계에 대한 잘못된 기대와 공유된 믿음을 말한다. • 가족구성원들이 의심 없이 공유하여, 현실왜곡 혹은 현실부정의 요소를 가지기도 한다.
목표지향적인 협상	• 유능한 가족은 효율적인 문제해결을 이루는 반면, 역기능 가족은 위험을 통해 문제를 해결한다.
자율성	• 침투성, 책임감, 표현의 명확성을 포함한다.
가족정서	• 가족정서에 관련된 이슈로, 정서, 분위기, 감정이입, 미해결된 갈등 등을 포함한다.
전반적 가족건강상태/ 병리상태	• 전반적인 가족의 건강상태와 병리상태를 말한다.

② 가족유형(Family Style)

구심적 가족	• 스트레스를 겪을 때 내부로 향한다. • 가족 내부의 관계가 가족 외부의 관계보다 우선순위이다. • 경계선 불분명, 혼란스러운 의사소통 유형을 보인다.
원심적 가족	• 어려운 일이 생기면, 가족으로부터 멀어지고 외부로 향한다. • 양육적인 가정환경을 볼 수 없다. • 가족구성원 간에 애정이 거의 없다. • 개인적인 필요를 충족시키기 위해 가족외부로 향한다.

③ 비버스(Beavers)의 4가지 가족체계유형

건강한 가족	• 최적의 가족과 적절한 가족유형이 이에 속한다. • 적절하게 기능하며, 가족구성원은 심리적 스트레스를 거의 겪지 않는다.
중간범위 가족	• 가족역량 차원에서는 중간수준에 속하는 가족이다. • 가족양식의 수준에 따라 중간범위의 구심성 가족, 중간범위의 원심성 가족, 중간범위의 혼합가족의 세 유형이 이에 속한다. • 이 가족유형 자녀들은 가벼운 행동장애와 신경증적인 증세를 보인다.

경계선상의 가족	• 가족양식에 따라 경계선상의 구심성 가족과 경계선상의 원심성 가족으로 분류한다. • 경계선상의 가족은 가족 내에서 안정되고 통제지향적인 상호작용을 확립하는데, 중간범위의 가족보다 효과적이지 못하며 가족구성원은 자신과 다른 사람의 행동에 대한 의식이나 통찰이 거의 없다. • 이 가족유형의 자녀들은 불안정한 성격혼란을 겪거나 강박관념 또는 식욕부진 등의 문제가 나타날 수 있다.
심하게 혼란스러운 가족	• 가족역량 차원에서 가장 낮다. • 가족양식 수준에 따라 심하게 혼란스러운 구심성 가족과 심하게 혼란스러운 원심성 가족이 이 유형에 속한다. • 가족구성원들은 관심을 공유할 수 없어 결국 갈등해결이 불가능하게 된다. • 이 가족유형의 자녀들은 가끔 조현병이나 반사회적 성격이 나타날 수 있다.

[핵심예제]

다음 가족상담의 개념에 관한 설명으로 옳은 것은?

[14년 12회]

○ 가족의 전반적인 이데올로기에 관한 것이다.
○ 가족구성원 개인 혹은 가족원간의 관계에 대한 잘못된 기대와 공유된 믿음이다.
○ 가족구성원들이 의심 없이 공유하여 현실 왜곡 혹은 현실 부정의 요소를 가지기도 한다.

① 가족신화(Family Myth)
② 가족규칙(Family Rule)
③ 가족투사과정(Family Projection Process)
④ 가족전체성(Family Wholeness)
⑤ 가족응집성(Family Cohesion)

|정답| ①

|해설|
② 가족규칙 : 가족행동을 규정하고 제한하며, 가족생활을 이끌어가는 가족원의 역할, 활동, 행동 등 중요한 면에 대한 상호간의 기대를 말한다. 가족규칙은 의사소통을 관찰함으로써 발견할 수 있다.
③ 가족투사과정 : 가족들 간에 감정적 갈등을 다루기 어렵거나 인지적인 힘을 통해서 처리를 하지 못하는 경우에 가족들 자신의 불안을 다른 가족구성원에게 투사하는 과정을 말한다.
④ 가족전체성 : 체계는 부분들의 단순한 합보다 크다는 점에 착안하여, 가족 간 상호작용을 중시하는 특성을 말한다.
⑤ 가족응집성 : 가족 개개인의 자율성과 가족원 가운데 정서적 유대감의 균형의 정도를 말한다.

제3장 청소년 가족-부모상담

핵심이론 54 청소년 가족상담

① 청소년 가족상담의 방법
  ㉠ 상담초기에는 수용적 자세로 가족원들이 상담에 대해 편안하게 느끼고 마음을 열 수 있도록 하며, 청소년 자녀와 부모를 각각 분리해서 개별상담을 진행하는 것이 좋다.
  ㉡ 개인 및 가족구성원에 내재한 문제점과 가족 내에서 역할관계를 파악한다. 이때 가족 내 학대나 폭력문제가 있는지도 확인한다.
  ㉢ 개별상담을 통해 청소년 자녀나 부모는 중요한 정보를 말할 기회를 가지며, 상담자는 가족관계에 내재된 역동을 파악하고 사례선정의 적절성 여부를 판단할 수 있다.

② 청소년 가족상담의 목표 및 특징
  ㉠ 자녀가 정체성을 확립하고 독립심을 키우도록 한다.
  ㉡ 부모에 대한 애착과 분리가 적절하게 이루어지도록 한다.
  ㉢ 부모자녀 간 경계선에 융통성을 증가시키도록 한다.
  ㉣ 자녀가 자유와 책임의 균형을 유지하도록 조정한다.
  ㉤ 부모의 부부관계, 확대가족의 관계, 가족환경의 문제 등 전반적인 가족문제를 다룬다.

더 알아보기

신경성 식욕부진증 가족의 특성
• 갈등해결을 통한 안정이 아니라, 갈등을 회피함으로써 체계의 안정을 유지하려고 노력한다.
• 가족이 망처럼 서로 강하게 연결되어 있어서 가족들이 서로에게 과도하게 관심을 가지는 데서 비롯된다. 즉, 신경성 식욕부진증 가족에서는 경계가 미분화되어 분명하지 않다.
• 평온해 보이는 가족 이면에 심각한 긴장감이 존재하며, 부모의 갈등에 끼인 자녀는 문제를 해결하고자 증상을 강화시킨다.
• 가족 간 친숙한 상호교류 패턴에 고착되어 있어서, 변화의 필요성조차 부인해버리는 경우가 있다.

[핵심예제]

부모와 청소년 자녀 간의 갈등으로 가족상담에 참여한 사례에 대한 상담방법으로 적절하지 않은 것은? [19년 18회]

① 가족 내 학대나 폭력문제가 있는지 확인한다.
② 반항하는 자녀의 문제가 가족전체의 문제를 드러내는 증상인지 확인한다.
③ 상담목표의 선정과 상담 진행과정에서 부모의 의견을 자녀의 의견에 우선해서 반영한다.
④ 가족들이 그동안 표현하지 못했던 감정을 솔직하게 표현할 수 있도록 격려한다.
⑤ 초기상담에서는 수용적 자세로 가족원들이 상담에 대해 편안하게 느끼고 마음을 열 수 있도록 한다.

[정답] ③

[해설]

가족상담자는 부모나 자녀 일방의 의견에 따라 결정하는 것이 아니라, 모든 가족의 참여를 통해 목표를 설정하고 상담을 진행할 수 있도록 격려하여야 한다.

핵심이론 55 | 청소년 가족상담 시 상담사의 자세 및 효과적인 개입

① 청소년 가족상담 시 상담사의 자세
  ㉠ 가족이 그동안 표현하지 못했던 감정을 솔직하게 표현할 수 있도록 격려하면서 청소년 자녀의 행동에 대한 느낌을 주고받도록 돕는다.
  ㉡ 부모와 청소년 자녀 간의 갈등을 악화시킬 수 있는 상호작용을 확인한다.
  ㉢ 반항하는 자녀의 문제는 가족전체의 문제임을 인식시킨다.
  ㉣ 부모 중 한쪽의 불안이 자녀에게 투사되어 다른 한쪽의 부모와 자녀 간에 갈등이 있는지를 확인한다.
  ㉤ 부모로 하여금 자녀 앞에서 상대방의 결정을 비판하게 하면 갈등만 깊어질 수 있으므로 삼가야 한다.

② 청소년 자녀가 있는 가족상담에서 상담자의 개입
  ㉠ 상담자는 청소년 또래의 집단행동에 초점을 맞추어야 한다.
  ㉡ 청소년기 자녀는 부모와의 의사소통, 애정, 신뢰를 지속시키면서 부모와의 분화된 관계를 추구하도록 상담한다.
  ㉢ 청소년들의 가장 큰 고민이 진로문제이므로 가족문제와 함께 잘 해결되도록 도와주어야 한다.
  ㉣ 청소년기는 자녀와 부모의 갈등이 많은 시기이므로 반드시 상담자는 이런 문제를 다루도록 한다.
  ㉤ 자녀가 자유롭게 할 수 있는 것과 스스로 책임져야 하는 것을 구별할 수 있도록 한다.
  ㉥ 비행청소년의 가족상담에서는 또래의 특성 및 놀이문화, 학교생활, 지지체계 및 생태환경 등도 파악해야 한다.

③ 가족의사소통을 위한 가족상담자의 효과적인 개입
  ㉠ 여러 가족원이 동시에 말하는 경우 : 특정 가족구성원을 지정하여 질문한다.
  ㉡ 아무도 말하지 않는 경우 : 가족 상호작용이 원만하지 않기 때문인지 자신의 생각이나 감정을 억압하기 때문인지 원인을 파악한다.
  ㉢ 다른 가족원을 비난하는 경우 : 자신의 감정과 생각을 감정반사적이지 않게 표현하도록 지도한다.
  ㉣ 다른 가족원 대신 말하는 경우 : 가족원이 모두 상담대상자이므로 다른 사람이 대신하여 말하지 않도록 한다.
  ㉤ 가족원들이 상담자에게만 말하는 경우 : 가족 간의 상호작용이 중요하므로 가족끼리 서로 직접 표현하게 한다.

[핵심예제]

부모가 청소년 자녀와 갈등을 경험하여 가족상담을 받을 때, 상담자의 자세로 적절하지 않은 것은? [15년 13회]

① 부모로 하여금 자녀 앞에서 상대방의 결정을 비판하게 하면서 부모간의 의사소통이 활발하게 한다.
② 가족들이 청소년 자녀의 행동에 대한 느낌을 주고받도록 돕는다.
③ 부모와 청소년 자녀 간의 갈등을 악화시킬 수 있는 상호작용을 확인한다.
④ 반항하는 자녀의 문제는 가족전체의 문제임을 인식시킨다.
⑤ 부모 중 한쪽의 불안이 자녀에게 투사되어 다른 한쪽의 부모와 자녀 간에 갈등이 있는 지를 확인한다.

정답 ①

해설

부모로 하여금 자녀 앞에서 상대방의 결정을 비판하게 하면 갈등만 깊어질 수 있으므로 삼가야 한다.

핵심이론 56 가정폭력 가족상담

① 가정폭력 상담의 실제
  ㉠ 표현적 폭력의 경우 상보성을 띠며 피해자와 가해자의 역할이 정해진 것은 아니다.
  ㉡ 지속적인 폭력의 경우에는 개인 내적인 문제뿐만 아니라 가족의 역동도 이해하고 개입해야 한다.
  ㉢ 상담과정에서 부부간 폭력이 드러난 경우 자녀에 대한 폭력여부를 확인해야 한다.
  ㉣ 폭력으로 인한 아동기 우울증은 성인기 이후의 적응까지 장기적으로 영향을 미친다.
  ㉤ 가정폭력 가해자는 상담자나 권위적 대상과의 관계에서 어려움을 겪을 수 있다.

② 가정 내에서 폭력문제를 보이는 청소년 가족에 대한 이해 및 개입
  ㉠ 폭력의 대상은 가족 내에서 자신보다 힘이 약한 사람이다.
  ㉡ 어머니에 대해 의존과 폭력이라는 양면적인 태도를 보인다.
  ㉢ 폭력을 청소년 개인의 병리가 아닌, 가족체계의 병리로 간주하여 개입한다.
  ㉣ 가정 내 폭력행위 외에 도벽, 약물의존, 범죄행위와 같은 것을 행하는 경우는 거의 없다.
  ㉤ 가족이 폭력문제를 보이는 청소년의 눈치를 보며 맞춰 주면 오히려 공격성을 자극할 수 있음을 주지시킨다.

③ 가정 내 폭력 청소년의 특징
  ㉠ 폭력을 행사하는 청소년의 아동기를 보면, 부모가 자랑할 만한 좋은 아이이며 이웃의 평판도 좋지만, 중·고등학교 진학할 무렵에 갑자기 부모에 대해 난폭행동을 하기 시작한다. 이들의 지적 수준은 높은 편이며, 과도한 책임을 부여받거나 과보호되기 쉬운 환경에 놓인 청소년이 문제를 일으키기 쉽다.
  ㉡ 해당 청소년은 대체로 긍정적인 평가를 받긴 하지만, 자주성이 부족하고 용기가 없으므로 같은 폭력행위라고 하여도 도벽, 약물의존, 범죄행위와 같은 것을 행하는 경우는 거의 없다.
  ㉢ 폭력대상은 주로 가정 안에서는 특히 약한 입장에 있는 사람이 되며, 이들을 때리거나 차거나 흉기로 위협하기도 한다. 그러나 폭력의 정도, 한계, 장소 등을 골라서 하므로, 상대에 대해 치명적인 상처를 내는 경우가 거의

없으며, 가족 외의 사람에게 폭력을 행사하는 경우가 거의 없다.

[핵심예제]

가정 내에서 폭력문제를 보이는 청소년 가족에 대한 이해 및 개입에 관한 설명으로 옳지 않은 것은? [19년 18회]

① 폭력의 대상은 가족 내에서 자신보다 힘이 약한 사람이다.
② 어머니에 대해 의존과 폭력이라는 양면적인 태도를 보인다.
③ 폭력을 청소년 개인의 병리가 아닌 가족체계의 병리로 간주하여 개입한다.
④ 가정 내 폭력행위 외에 가정 밖에서 도벽, 약물남용, 범죄행위 등을 동반한다.
⑤ 가족들이 폭력문제를 보이는 청소년의 눈치를 보며 맞춰 주면 오히려 공격성을 자극할 수 있음을 주지시킨다.

정답 ④

해설
가족 외의 사람에게 폭력을 행사는 경우는 드물고, 자주성이 부족하고 용기가 없으므로 같은 폭력행위라고 하여도 도벽·약물의존·범죄행위와 같은 것을 행하는 경우는 거의 없다.

핵심이론 **57** | 인터넷 중독 가족상담

① 인터넷 중독의 요인파악
  ㉠ 유희성
  ㉡ 익명성
  ㉢ 쌍방향성
  ㉣ 개방성
  ㉤ 호기심 등

② 문제의 원인 및 현재상태 탐색
  ㉠ 인터넷 중독증상 및 진단준거를 설명하여 내담자의 행동에 문제가 있음을 인지시킨다.
  ㉡ 인터넷의 과도한 사용으로 인한 불규칙한 생활의 변화 등을 확인시킨다.

③ 개인적인 대처방안
  ㉠ 인터넷 이용행태를 중심으로 한 생활일지를 작성한다.
  ㉡ 인터넷 사용시간을 계획·실천한다.
  ㉢ 스스로 자신의 상황을 객관적으로 되돌아보고, 중독의 원인을 자각하고 극복한다.
  ㉣ 부정적 정서를 조절하며 인터넷 외에 취미, 운동 등을 가진다.
  ㉤ 자신의 문제를 솔직하게 표현하고 필요할 경우 전문가의 도움을 받는다.

④ 가족상담을 통한 대처방안
  ㉠ 환경적인 변화 : 컴퓨터를 가족이 많이 모이는 장소로 옮기기
  ㉡ 일정한 장소에서 시간을 정하여 하도록 하기
  ㉢ 인터넷 사용을 생각나게 하는 단서를 없애기
  ㉣ 여가시간을 가족이 함께하기

[핵심예제]

정 군(중2)은 자신의 의사와는 무관하게 게임중독 문제로 어머니에 의해 상담에 의뢰되었다. 해결중심 단기치료에서의 상담자-내담자 관계유형을 고려한 정 군의 첫 회기 개입으로 옳은 것을 모두 고른 것은? [16년 14회]

ㄱ. 상담에 온 것을 칭찬해 준다.
ㄴ. 책 읽기 과제를 준다.
ㄷ. 다음 상담에도 오도록 격려한다.
ㄹ. 게임하고 싶을 때마다 운동하는 과제를 준다.

① ㄱ, ㄴ
② ㄱ, ㄷ
③ ㄴ, ㄷ
④ ㄴ, ㄷ, ㄹ
⑤ ㄱ, ㄴ, ㄷ, ㄹ

정답 ②

해설

정군은 치료자-내담자 관계유형 중 방문형(Visitor Type)이다. 방문형은 치료를 받아야 할 필요성이나 문제해결동기가 약한 사람으로서, 일반적으로 배우자·부모·교사에 의해서 의뢰받는다. 왜 치료받아야 하는지 이해하지 못하기 때문에 치료에 무관심하거나 이끌려 왔다는 사실에 불평한다. 이런 경우 첫 회기 때에는 상담에 온 것을 칭찬해 주고, 다음에 또 참여할 수 있도록 격려해 주어야 한다.

핵심이론 58 | **청소년 자살 가족상담**

① 청소년 자살의 특징
  ㉠ 외부자극 변화에 민감하여 충동적으로 일어나기 쉽고 다분히 감정적인 경향이 있다.
  ㉡ 사소한 일에도 쉽게 충격을 받아 단순하게 자살하는 경향이 있으며 모방자살이 많다.
  ㉢ 자신의 심적 고통을 외부에 알리고자 하는 제스처형이나 호소형 자살이 많다.
  ㉣ 가정의 불화를 자신의 탓으로 생각하는 죄책감으로 인한 자살도 많다.
  ㉤ 성적 및 학교생활과 관련된 문제로 인한 자살이 많으며, 친구와의 동일시로 인한 집단자살이 많다.
  ㉥ 여학생들이 남학생보다 자살시도율이 더 높다.

② 문제의 원인 및 현재상태 탐색
  ㉠ 죽음의 이유에 대해서 진지하게 의논하며 자살방지서약서 등을 작성한다.
  ㉡ 자살과 관련된 사항을 구체적으로 파악, 자살계획, 이전 자살시도 경험, 술이나 약물남용 여부를 확인한다.
  ㉢ 정서적 고통과 무희망감에 대해 탐색하여 그 원인을 통찰할 수 있도록 격려한다.
  ㉣ 자살생각을 일으키는 개인적 사건이나 선행사건을 살펴본다.

③ 일반적인 대처방안
  ㉠ 감정에 옳고 그름 평가하지 않기 : 자신이 이해받지 못한다는 느낌을 갖게 될 수 있다.
  ㉡ 자살에 대해 논쟁하지 않기 : 자신의 어려움이 거부당했다는 느낌을 받을 수 있다.
  ㉢ 모든 것이 잘 될 것이라는 비현실적 기대를 하지 않기 : 단순한 해결책으로 해결되지 않으면 또다시 절망할 수 있다.
  ㉣ 비밀을 지켜주겠다고 약속하지 않기 : 가까운 친구나 가족에게 알리는 것이 도움이 된다.

④ 가족상담을 통한 대처방안
  ㉠ 부모와 가족관계에 있어서 가정학대 및 상실에 대한 치유기회를 제공한다.
  ㉡ 부모와 자녀 간 효과적인 의사소통 및 다양한 소통의 기술습득을 통해 자녀의 적응행동을 강화한다.

ⓒ 자녀에게 친사회적이고 건설적인 활동을 하도록 격려하는 긍정적 활동을 유도한다.

ⓔ 부모 혹은 양육자에게 적극적으로 개입하여 청소년의 자살위험에 대한 이해를 돕고, 청소년이 자살위기를 극복하는 데 적극 지원할 수 있도록 상담 및 약물치료 등에 대한 이해를 돕는 과정이 필요하다.

[핵심예제]

자살을 시도하려는 홍길동에게, 상담자가 "길동아, 자살하고 싶지 않은 행복한 마음이 가장 강할 때를 10점이라고 하면 현재 몇 점 정도니?"라고 질문했을 때, 이 질문과 관련한 가족상담 모델과 관련이 있는 것을 모두 고른 것은? [15년 13회]

ㄱ. 가족이 상담을 예약한 후 오늘, 여기에 오기까지 달라진 것은 무엇이니?
ㄴ. 아침에 일어났을 때 네가 원하는 대로 이루어진 것을 어떻게 알 수 있을까?
ㄷ. 가족들을 진흙덩어리라고 생각하고, 네가 느끼는 대로 가족들의 자세나 위치를 만들어 보겠니?
ㄹ. 지금까지 길동이를 지탱해 준 힘은 무엇일까?

① ㄱ, ㄴ
② ㄷ, ㄹ
③ ㄱ, ㄴ, ㄹ
④ ㄴ, ㄷ, ㄹ
⑤ ㄱ, ㄴ, ㄷ, ㄹ

정답 ③

해설

ㄷ. 경험적 가족치료 모델의 가족조각 기법에 해당한다.
해결중심적 가족치료 모델
주어진 문제의 보기는 해결중심적 가족치료 모델의 척도질문에 해당한다.
ㄱ. 해결중심적 가족치료 모델의 변화에 관한 질문에 해당한다.
ㄴ. 해결중심적 가족치료 모델의 기적질문에 해당한다.
ㄹ. 해결중심적 가족치료 모델의 대처질문에 해당한다.

핵심이론 **59** 가정생활 · 학교생활 상담사례

① 가정생활
ㄱ 사 례

최근 사회적 거리두기로 가족과 함께 있는 시간이 많아지면서 작은 아들 지훈(초4)이 더욱 의기소침해지고, 죽고 싶다는 이야기를 자주하는 문제로 가족이 상담을 받으러 왔다. 아빠는 지훈이와 사이가 좋으나 집에 없을 때가 많으며, 자녀에 대한 통제가 심한 엄마도 맞벌이로 바쁘고, 활달하고 고집이 센 형(고1)은 성적과 학습태도 문제로 엄마와 자주 싸운다.

ㄴ 가족상담 개입
• 엄마와 형과의 갈등에 끼어 있는 삼각관계를 해체시킨다.
• 가족조각 작업을 통해 지훈이가 다른 가족원에게 느끼는 정서를 탐색한다.
• 아빠와의 관계는 원만하므로 아빠의 협조하에 관계를 밀착시켜 지훈이의 가족적응력을 키우는 것이 바람직하다.

② 학교생활
ㄱ 사 례

甲(고2)은 학교생활 문제로 상담을 받게 되었다. 상담자는 상담과정에서 甲의 가족이 모두 소통단절 상태임을 알고 가족상담을 제안하였다. 어머니는 자신을 비난하는 아버지와 싸울 때마다 甲에게 빨리 들어오라고 전화를 하며, 대학에 낙방하면 미래가 없다고 甲에게 잔소리를 자주한다. 도움을 주었던 형은 대학생이 되면서 바빠져 甲은 점점 더 외로운 느낌이 들고, 컴퓨터 게임에만 빠져들게 되었다.

ㄴ 가족상담 개입
• 부모님의 갈등에 甲이 끼어들게 되는 삼각관계를 해체시킨다.
• 자신이 비난당하면 甲에게 밀착하는 어머니는 분리시키고, 도움을 주었던 형은 밀착시켜 甲이 가족적응력을 키울 수 있게 한다.
• 가족조각을 활용하여 甲이 다른 가족구성원에게 느끼는 내적 정서상태를 탐색한다.
• 어머니의 주장이 甲을 짓누르는 지배적 이야기가 될 수 있음을 인식시킨다.

［핵심예제］

다음 사례에 적용할 수 있는 상담 접근방법에 관한 설명으로 옳지 않은 것은?

[16년 15회]

> 동건이(IP, 초2)는 스스로 자신을 비하하는 말을 자주하고, 열등감이 심하고 친구와의 관계에서도 많이 위축되어 있다. IP는 부모님이 자신을 싫어하고 여동생만 예뻐한다는 얘기를 하며 동생과 자주 싸운다. 어머니는 IP가 동생이 없어졌으면 좋겠다는 말에 충격을 받고, 밖에서는 자신감 없고 사회성이 떨어지는 모습에 불안하고 염려가 되어 상담을 신청하였다.

① 가족조각 – IP가 지각하고 있는 가족관계와 상호작용 패턴을 확인할 수 있다.
② 빙산작업 – IP의 문제행동 밑에 있는 감정과 욕구를 탐색하고 이해한다.
③ 동적가족화 – IP가 지각하고 있는 가족들의 태도, 감정, 행동을 확인할 수 있다.
④ 탈삼각화 – 어머니가 삼각관계에 끼여 있음을 인식시키고 어머니가 주도적으로 남매의 갈등을 해결하도록 한다.
⑤ 가계도 탐색 – 어머니가 경험하고 있는 불안의 원인을 탐색하기 위해 원가족에서의 관계경험을 살펴본다.

|정답| ④

|해설|
탈삼각화는 제3자를 두 사람의 관계에서 분리시켜 가족 내에 형성되어 있는 삼각관계를 벗어나게 함으로써 가족원들이 자아분화 하도록 돕는 기법이다.

핵심이론 60 │ 선택적 함묵증 · 스마트폰 중독 상담사례

① 선택적 함묵증
ㄱ 사 례

> 甲(초4)은 2년 전부터 말이 없더니, 최근에 가족 이외에는 말을 하지 않는 선택적 함묵증을 보이고 있다. 아버지는 회사일로 바빠서 양육에는 거의 관여하지 않고, 어머니는 매사에 깔끔하고 정리정돈을 잘하며 가끔씩 욱하는 성격을 보일 때가 있다. 4개월 전 아버지가 전근을 가면서 이사를 하게 되었고, 2년 전에 甲을 예뻐해 주시던 친할머니가 돌아가셨다. 7살 차이 나는 형은 甲이 태어나면서 시샘을 많이 해, 어릴 때 형에 비해 甲이 방치되는 경우가 많다. 형은 쾌활하고 산만하고 반항적이어서 자주 혼나며, 이에 비해 甲은 귀염둥이 역할을 하면서 모범적인 행동을 하여 부모를 기쁘게 하고 있다.

ㄴ 가족상담 개입
- 甲의 증상은 갑작스러운 환경변화에 기인할 수 있다.
- 甲은 말을 하지 않음으로써 부모의 관심을 끌 수 있다.
- 甲의 증상은 부모의 일관되지 못한 양육태도에 기인할 수 있다.
- 친조모 상실감에 대한 애도가 충분히 이루어지지 않은 것으로 보인다.
- 형과 甲은 나이 차가 있지만, 형과 부모와의 애정에 경쟁관계가 있고, 위계질서는 나타나 있지 않다.

② 스마트폰 중독
ㄱ 사 례

> - 甲(IP, 여, 중1) : 스마트폰을 손에서 놓지 못하고, 길을 갈 때도 이어폰을 꽂고 스마트폰에서 눈을 떼지 않아 몇 차례 사고를 당할 뻔하였다.
> - 乙(남동생, 초5) : 새 학년이 되면서 스마트폰을 사 달라고 부모에게 계속 조르고 있다.
> - 丙(아빠, 45세) : 딸을 볼 때마다 화를 내고, 말대꾸하는 딸에게 손찌검을 하기도 한다.
> - 丁(엄마, 41세) : 딸 때문에 속상하지만 가족이 화목해질 것이라고 믿고 있다.

ⓛ 가족상담 개입
- 부모 하위체계를 강화한다.
- 스마트폰 사용에 대한 가족규칙의 타당성을 검토한다.
- 甲이 스마트폰을 사용하지 않을 때를 찾아본다.
- 자녀의 훈육방식에 대한 다세대 전수과정을 살펴본다.
- 문제의 원인을 찾지 않고, 가족이 적용해 왔던 또는 적용가능한 해결책 등에 초점을 맞춰 본다.

[핵심예제]

다음 보기에 제시된 '가족을 위한 개입계획'으로 옳지 않은 것은?
[17년 16회]

- 유리(IP, 여, 중1) : 스마트폰을 손에서 놓지 못하고, 길을 갈 때도 이어폰을 꽂고 스마트폰에서 눈을 떼지 않아 몇 차례 사고를 당할 뻔함
- 유성(남동생, 초5) : 새 학년이 되면서 스마트폰을 사 달라고 부모에게 계속 조르고 있음
- 혁민(아빠, 45세) : 딸을 볼 때마다 화를 내고, 말대꾸하는 유리에게 손찌검을 하기도 함
- 영실(엄마, 41세) : 딸 때문에 속상하지만 가족이 화목해질 것이라고 믿고 있음

① 부모 하위체계를 강화한다.
② 문제의 원인을 수동적인 엄마에게서 찾는다.
③ 유리가 스마트폰을 사용하지 않을 때를 찾아본다.
④ 자녀의 훈육방식에 대한 다세대 전수과정을 살펴본다.
⑤ 스마트폰 사용에 대한 가족규칙의 타당성을 검토한다.

정답 ②

해설
문제의 원인이 어느 한 개인에 있는 것이 아니라 가족구성원과 가족기능의 부작용에 있으므로 개인이 가진 문제점을 가족구성원 간의 상호작용에서 발생하는 부작용으로 파악하고 가족구성원과 가족기능상의 변화를 목표로 해야 한다.

핵심이론 61 | 가정폭력 피해 · 부모의 재혼 상담사례

① 가정폭력 피해
　ㄱ 사 례

> 상담자는 가정폭력 피해를 입은 甲(여, 중2)의 동의를 얻고 비슷한 경험을 겪은 두 여학생을 초대하여 상담과정을 지켜보게 하였다. 상담중반에 상담자는 甲이 지켜보는 앞에서 이 두 여학생에게 甲으로부터 받은 좋은 인상을 이야기하도록 하였다. 상담자는 다시 甲에게 두 여학생이 말하는 것을 듣고 자신에 대해 어떻게 생각하게 되었는가를 질문하였다. 이러한 과정을 통해 甲은 자신을 긍정적으로 받아들일 수 있게 되었다.

　ㄴ 가족상담 개입
- 甲의 긍정적 정체성을 강화시킨다.
- 두 여학생을 외부증인으로 활용한다.
- 甲의 지배적 이야기를 해체시키고자 한다.
- 甲에게 대안적 이야기를 구축할 수 있도록 한다.
- 甲이 새로운 이야기의 형성을 통해 기존의 정체된 자신의 의미를 지우고, 스스로를 긍정적으로 받아들일 수 있게 한다.

② 부모의 재혼
　ㄱ 사 례

> 甲(고1)은 부모의 이혼으로 외할머니와 살고 있었는데, 최근 아버지가 재혼하면서 재혼가정에 합류하게 되었다.

　ㄴ 가족상담 개입
- 甲에게 친어머니에 대한 충성심 갈등을 다룰 수 있도록 돕는다.
- 새로운 가족체계에 대한 두려움을 수용해 준다.
- 가족경계선을 재구조화시키도록 돕는다.
- 친어머니와 함께 사는 가족이 정상이라는 생각에 집착하지 않도록 돕는다.
- 새로운 가족에 적응하도록 외할머니와 협력관계를 유지하기 위한 방법모색이 필요하다.

③ 이혼한 부모의 자녀양육에 관한 가족상담자의 조언
  ㉠ 화가 나서 폭행을 할 것 같으면 타임아웃(Time-out)을 활용하게 한다.
  ㉡ 부모가 자녀에게 일관된 규칙을 가지고 대하도록 한다.
  ㉢ 보이지 않는 충성심 때문에 다른 부모를 속이는 일이 일어나지 않게 한다.
  ㉣ 관심 받고 싶은 자녀의 욕구를 살피도록 조언한다.
  ㉤ 가족경계선을 재구조화하도록 돕는다.
  ㉥ 자녀가 새로운 가족체계에 대한 두려움을 가질 수 있음을 설명한다.
  ㉦ 자녀가 부모 중 누구 편을 들어야 할지 갈등할 수 있음을 설명한다.

[핵심예제]

이혼한 내담자와의 상담에서 부모-자녀 관계에 관한 상담자의 개입으로 옳지 않은 것은?   [19년 18회]

① 가족경계선을 재구조화하도록 돕는다.
② 부모가 자녀에게 일관된 규칙을 가지고 대하도록 한다.
③ 자녀가 새로운 가족체계에 대한 두려움을 가질 수 있음을 설명한다.
④ 자녀가 부모 중 누구 편을 들어야 할지 갈등할 수 있음을 설명한다.
⑤ 양육부모와의 관계를 강화하기 위하여 비양육부모와의 면접교섭을 자제하도록 조언한다.

정답 ⑤

해설
비양육부모와 자녀가 정기적으로 만나고 교류하는 면접교섭권은 비양육부모와 자녀에게 인정된 권리이므로, 아동학대의 위험이 없다면 반드시 이루어져야 한다. 또한 이혼이 자녀에게 미치는 부정적 영향을 최소화하는 방안을 모색하면서, 공동부모 역할을 수행하는 방안에 합의할 수 있도록 돕는다.

핵심이론 62 | 틱 증상·학업부진 상담사례

① 틱 증상
  ㉠ 사 례

  > 틱 증상이 있는 甲(남, 중1)의 부모는 甲이 어렸을 때부터 서로에 대한 불만으로 자주 다투었다. 1년 전 부부가 맞벌이를 시작하면서 외할머니가 甲을 돌봐주었고, 외할머니의 잦은 불평과 잔소리로 인해 甲의 틱 증상은 더욱 심해졌다. 담임선생님은 甲의 부모에게 부모상담을 제안하고 청소년상담사에게 의뢰하였다.

  ㉡ 가족상담 개입
    • 이야기치료 : 틱 증상에 이름을 붙여서 부르도록 한다.
    • 경험적 가족상담모델 : 부부의 의사소통 방식을 일치형으로 변화시킨다.
    • 해결중심 가족치료 : 불편감 정도를 수치로 나타낸다.
    • 구조적 모델 : 틱 증상의 완화를 위해 부부 하위체계가 강화되도록 재정비한다.
    • 밀란 모델(체계 모델) : 틱 증상의 원인이 부부 간의 표출되지 않은 적대감의 희생양으로 보고, 관심의 초점을 역기능적인 부부관계로 옮긴다.

② 학업부진
  ㉠ 사 례

  > 甲(고1)은 학업부진으로 인한 부모와의 갈등으로 가족상담을 받게 되었다. 부모님은 "공부를 잘해야 좋은 대학에 가고 출세를 할 수 있는데, 甲은 성적이 나빠서 큰일이다"라고 말했다. 상담자는 부모님의 그런 생각이 어디에서 왔는지 질문하고, 그 외의 성공방식은 없는지에 대하여 생각해 보자고 하였다. 甲에게는 나쁜 성적에 대해 어떻게 느끼는지 묻고, 지금까지 성적이 좋았던 적은 없었는지 질문하였다.

ⓛ 가족상담의 개입

- 부모님은 '문제로 가득 찬 이야기'를 제시하고 있다.
- 상담자는 부모님이 따르는 지배담론의 해체를 시도하고 있다.
- 상담자의 개입방식은 사회구성주의의 영향을 받은 것이다.
- 상담자는 문제를 표면화(객관화·구체화)하는 상담기법을 쓰고 있다.
- 상담자는 甲에게 문제의 영향력을 평가하게 하고 독특한 결과를 탐색하도록 이끌고 있다.

[핵심예제]

상담자 반응에 사용된 가족상담모델과 기법의 연결로 옳은 것은?

[16년 15회]

○ "거짓말이 당신들 사이에 갈등을 일으키게 했군요."
○ "아드님을 괴롭히고 있는 틱 증상에 이름을 붙이면 뭐라 할 수 있나요?"

① 보웬 가족상담 - 과정질문
② 경험적 가족상담 - 빙산질문
③ 해결중심 단기치료 - 관계성 질문
④ 전략적 가족상담 - 역설적 질문
⑤ 이야기치료 - 문제외재화 질문

|정답| ⑤

|해설|
이야기치료는 새로운 대안적 이야기(Alternative Story)를 재구성하도록 돕는다. 치료기법 중 문제의 외재화는 내면화된 증상을 인격화하는 것이다. 이와 같은 외재화의 질문을 진지하게 한다면 내담자들은 문제가 자신들 밖의 것이라는 생각을 하게 된다.

핵심이론 63   자해 및 갈등 상담사례

① 자 해

ⓐ 사 례

> 고등학교 1학년 학생인 지영이는 최근 공부하기 싫고, 학교에 가기 싫다고 하며 잦은 지각과 조퇴를 하여 담임선생님을 통해 상담에 의뢰되었다. 상담하는 과정에서 손목에 자해흔적을 발견했다. 부모님과도 갈등이 심하고, 중학교 때까지 도움을 주던 언니가 다른 지역의 대학으로 진학하면서 점점 더 고립되었음을 인지하게 된 상담자는 가족상담을 제안하였다.

ⓛ 가족상담의 개입

- 학교폭력이 있었는지 확인한다.
- 자해의 강도, 빈도, 방법을 확인하고 생명존중서약을 받는다.
- 학교에 가기 싫다고 할 무렵 가족 내에 발생한 문제가 있었는지 확인한다.
- 가족조각을 활용하여 해당학생이 다른 가족구성원에게 느끼는 내적 정서상태를 탐색한다.
- 학교 및 학급차원에서 도움을 주기 위해서 해당학생이 정상적으로 학교생활에 적응할 수 있도록 낙인찍지 않고 지속적인 관심과 신뢰를 보이며 배려하여 정서적 지지를 제공하는 것이 중요하다.

② 갈 등

ⓐ 사 례

> 힙합에 빠져 있는 은서(여, 중3)는 이 문제로 부모님과 많은 갈등을 겪고 있다. 딸의 행동을 이해하지 못하는 아빠는 딸을 그렇게 키운 게 엄마라며 두 사람을 비난한다. 엄마는 딸이 안쓰럽긴 하지만 자신이 할 수 있는 것이 없다고 생각한다.

ⓛ 가족상담의 개입

- 밀란 모델 - 힙합에 관한 순환질문하기
- 이야기치료 모델 - 가족갈등을 외재화하기
- 경험적 모델 - 가족구성원의 의사소통 유형분석하기
- 다세대 모델 - 부모와 자녀 간 정서적 삼각관계 파악하기
- 해결중심 단기모델 - 문제가 해결된 상황에 대한 기적질문하기

[핵심예제]

민정(여, 고1)이는 친구들과 잘 어울리지 못하고 학교성적도 좋지 않은 것에 대해 비관하던 중, 최근에는 부모와의 대화도 거부하고 자해를 시도하였다. 민정이네 가족에게 적용할 경험적 모델의 기법으로 옳은 것을 모두 고른 것은? [17년 16회]

ㄱ. 희망적인 은유를 사용한다.
ㄴ. 민정이와 빙산탐색을 진행한다.
ㄷ. 민정이와 치료적 삼각관계를 형성한다.
ㄹ. 코칭을 통해 부모역할을 이해하도록 돕는다.

① ㄱ, ㄴ
② ㄷ, ㄹ
③ ㄱ, ㄴ, ㄹ
④ ㄴ, ㄷ, ㄹ
⑤ ㄱ, ㄴ, ㄷ, ㄹ

정답 ①

해설

경험적 가족치료는 내담자의 자아존중감을 높이고, 일치적인 의사소통을 하도록 한다. 이 사례에서는 민정이의 내적 과정을 이끌어 내는 은유적 방법으로 빙산기법을 활용한다.

• 은유기법 : 직접적으로 지시하거나 평가하지 않고 간접적·비유적인 표현을 사용하는 것으로 내담자의 자아존중감이나 체면을 손상시키지 않도록 하는 것이다.
• 빙산탐색 : 인간을 이해하기 위해서는 숨겨진 빙산 즉, 내면까지 함께 이해하도록 하는 방법이다.

핵심이론 64 기타 상담기법에 따른 상담사례

① 관계성 질문
　㉠ 사 례

　　• "돌아가신 아버지가 이 자리에 계신다면, 은지가 어떻게 행동하기를 바라실 것 같니?"
　　• "현수야, 형이 여기 있다고 하자. 그 문제가 해결되면 무엇이 달라지겠냐고 묻는다면, 형은 뭐라고 할까?"

　㉡ 상담기법에 따른 개입 : 중요한 타인의 입장에서 자신을 바라보게 해서 이전에는 느끼지 못한 해결상태를 파악하도록 질문한다.

② 생태도
　㉠ 사 례

　　상담을 청한 丙씨 부부에게는 가끔씩 왕래하는 출가한 딸이 있고, 부부가 매주 방문하는 부모님이 계신다. 丙씨 부부는 맞벌이 부부이며 취미 동호회에 열심히 참여하고 있으나, 최근 주택문제로 구청과 갈등 중에 있고 그 일로 부부간 불화를 겪고 있다. 가족상담자는 가족 내·외의 관계와 자원의 흐름을 감안하여 가족을 평가하고 싶다.

　㉡ 상담기법에 따른 개입 : 가족 및 가족생활공간을 공유하는 사람, 주변환경, 자원 등과의 연계성 등을 하나의 그림으로 그려 나타낸다.

③ 다양성 존중
　㉠ 사 례

　　○ 불교신자인 甲상담자는 독실한 기독교신자 가족을 상담하기로 하였다.
　　○ 이성애자인 乙상담자는 어머니의 의뢰에 따라 동성애 성향을 밝힌 고등학생 아들을 만나기로 하였다.

　㉡ 상담기법에 따른 개입 : 내담자의 다양성을 존중하기 위해서 상담자는 모든 인간의 기본적인 권리, 존엄성, 가치 등을 존중하며 연령이나 성별, 인종, 종교, 성적인 선호, 장애 등을 이유로 내담자를 차별하지 않는다.

[핵심예제]

다음 보기의 상황에 적합한 가족평가의 기법은? [17년 16회]

> 상담을 청한 오씨 부부에게는 가끔씩 왕래하는 출가한 딸이 있고 부부가 매주 방문하는 부모님이 계신다. 오씨 부부는 맞벌이 부부이며 취미 동호회에 열심히 참여하고 있으나, 최근 주택문제로 구청과 갈등 중에 있고 그 일로 부부간 불화를 겪고 있다. 가족상담자는 가족 내・외의 관계와 자원의 흐름을 감안하여 가족을 평가하고 싶다.

① 가계도
② 생태도
③ MBTI
④ FACES
⑤ ENRICH

정답 ②

해설

생태도는 가족 및 가족생활공간을 공유하는 사람, 주변환경, 자원과의 연계성을 하나의 그림으로 그려내어 평가하는 방법이다. 보기의 상담사례에서 오씨 부부간의 불화는 구청과의 갈등(주변환경)이고, 상담자는 부부의 갈등원인을 내・외 관계의 흐름에서 평가하고 싶어 하므로 생태도를 그려 평가해야 한다.

제1장

학업문제의 이해

핵심이론 01 학습부진의 정의

① 정상적인 지적 능력을 가지고 있으나 전학, 가정불화 등과 같은 사회 환경적 요인과 불안이나 우울과 같은 정서적 요인에 의해 학업이 떨어지고, 이에 따라 자신의 능력에 비해 학업성취 수준이 낮은 학생을 뜻한다. 따라서 학습부진으로 분류되려면 최소한의 학습능력을 갖추고 있어야 한다.

② 교육부는 학습부진을 '기초학습부진'과 '교과학습부진'으로 구분하고 있다. 기초학습부진은 기초적인 학습기능이나 학습전략이 부족한 경우이고, 교과학습부진은 해당 학년 교과 교육과정에서 제시된 최소 수준의 목표에 도달하지 못한 경우를 말한다.

③ 학습부진의 요건으로 인지적 요인, 학습 전략적 요인, 신체적 요인, 정서적 요인, 환경적 요인이 있지만, 지능보다는 환경적 조건의 결함을 더 중요하게 여긴다.

④ 학습부진의 원인으로는 학습동기의 결여, 교사의 낮은 기대, 공부기술과 학습시간의 부족 등을 들 수 있다.

⑤ 학습부진은 개인이 특정한 영역을 제대로 수행하지 못하거나, 기대했던 것보다 잘하지 못할 때 쓰는 포괄적인 개념이다.

⑥ 학습부진은 능력과 성취의 편차, 즉 기대되는 학년 수준과 성취된 학년의 차이 등으로 설명할 수 있다.

⑦ 학습부진아는 다수의 학습자에게 사용되는 보편적 교재나 교수방법으로는 학습하지 못하는 특징이 있다.

⑧ 학생이 정상적인 지적능력과 잠재적인 능력을 지니면서도, 수락 가능한 최저수준의 학업성취에 도달하지 못하는 상태를 말한다.

[핵심예제]

학습부진에 관한 설명으로 옳지 않은 것은? [17년 16회]

① 개인이 특정한 영역을 제대로 하지 못하거나 기대했던 것보다 잘하지 못할 때 쓰는 포괄적인 개념이다.
② 능력과 성취의 편차, 즉 기대되는 학년 수준과 성취된 학년의 차이 등으로 설명할 수 있다.
③ 학습부진아는 다수의 학습자에게 사용되는 보편적 교재나 교수방법으로는 학습하지 못하는 특징을 지니고 있다.
④ 학생이 정상적인 지적능력과 잠재적인 능력을 지니면서도, 수락 가능한 최저수준의 학업성취에 도달하지 못하는 상태를 말한다.
⑤ 지능검사에서 지능지수 70 이하로 전반적 지적능력이 현저히 정상 이하인 상태이면서, 적응능력에 결함이나 손상이 있고 18세 이하인 경우를 말한다.

정답 ⑤

해설

⑤ 지적장애에 대한 설명이다.

핵심이론 02 학습부진과 구분되는 용어

학습지진	• 지적 능력의 저하로 학습성취가 뒤떨어지는 것을 말한다. • 지능수준은 하위 3~25% 정도로서, 지능지수(IQ)로는 약 70~85 사이에 속한다.
학업저성취	• 학습부진과 자주 중복하여 쓰는 개념으로서, 일반적으로 하위 5~20%의 성취수준을 보이는 아동을 가리킨다. • 학습부진과 다른 점은 아동의 잠재적인 수준을 고려하지 않고 학습성취의 결과만을 기준으로 삼는다는 데 있다.
학업지체	• 학습에서의 발달과업을 적절히 성취하지 못하여 규정된 학년이나 학기의 학습목표를 달성하지 못한 학습자를 말한다. • 절대적인 기준을 준거로 하여 적절한 학업성취를 보이지 못한 경우를 의미한다.
학습장애	• 지적장애, 정서장애, 환경 및 문화적 결핍과는 관계없이 듣기, 말하기, 쓰기, 읽기 및 산수능력을 습득하거나 활용하는 것에, 심한 어려움을 한 분야 이상에서 보이는 장애이다. • 개인의 내적인 결손, 즉 지각장애, 신경 체계의 역기능 및 뇌손상과 같은 기본적인 정보처리과정의 장애로 인해 학습에 부적응을 보이는 것이다.

[핵심예제]

학습지진(Slow Learn)을 판단하는 기본 요소는? [20년 19회]

① 학습동기
② 학습시간
③ 공부기술
④ 지적 능력
⑤ 교사 기대

정답 ④

해설

학습지진은 지적 능력의 저하로 학습성취가 떨어지는 것이다.

핵심이론 03 우리나라 학습부진 기준

① 기초학습부진의 기준은 초등학교 3학년 진입 수준에서 읽기·쓰기·기초 수학의 최소 성취기준에 대한 도달 여부이다.

② 잠재적인 학습능력이나 지적능력을 고려하지 않고, 결과적으로 나타난 학업성취 수준을 중시한다.

③ 기초학력미달 기준은 국어, 사회, 수학, 과학, 영어 과목에서 목표성취 수준의 20% 이상을 달성하지 못한 경우이다.

④ 교과학습부진 학생은 각 교육(학년)단계에서 요구하는 최저 학업성취 기준에 도달하지 못한 학습자로서 어느 정도 지적 능력은 있으나, 선수학습 요소의 결핍이나 기타 제반 환경적 영향으로 인해, 각 학년의 최저 학업성취 수준에 도달하지 못한 학생들을 의미한다. 평가도구는 교과학습 진단평가, 중간·기말평가, 교사평가(수업 중 관찰 포함) 등을 이용한다.

⑤ 학습부진의 발생 원인보다도 결과로 나타나는 현상에 초점을 둔다.

⑥ 학업성취와의 비교준거를 지적능력에 두고, 학습부진의 원인을 뇌손상과 같은 개인 내적인 결함보다는 누적된 학습결손, 학습전략과 같은 교수학습 환경에 둔다.

⑦ 결과적으로 학습부진은 신체적·정서적·행동적·환경적인 장애나 결핍으로 인해 학습상황에서 부진을 나타내는 현상이라고 볼 수 있다.

더 알아보기

선수학습과 학업성취
• 선수학습이란 그 이전까지 배운 내용, 즉 앞서 받았던 학습내용을 말한다.
• 선수학습 결손은 해당 학년의 교과학습에 어려움을 초래할 수 있다.
• 선수학습 결손으로 인한 학업미성취는 누적된 학습결손이 주 원인이다.
• 학년이 올라가면서 학습결손도 누적되므로, 상급학교로 갈수록 선수학습의 중요성은 높아진다.
• 수학은 위계성이 높은 과목이어서 선수학습이 결손되면, 새 단원을 공부할 때 어려움을 겪는다.
• 선수학습이 부족한 경우에는 학습전략을 배울 뿐만 아니라 선수학습의 결손이 어느 시점부터 일어났는지를 잘 진단하여 이에 대한 보완책과 함께 학습전략을 사용할 수 있도록 해주어야 한다.

선택 4과목

안심Touch

우리나라 학교현장에서 사용되고 있는 학습부진의 기준에 관한 설명으로 옳은 것은?

[15년 13회]

① 잠재적 학습능력을 중시한다.
② 기초학력미달의 기준은 목표성취수준의 40%이다.
③ 교과학습부진의 기준은 매년 전국 시도교육청에서 협의한 후 공유한다.
④ 학습부진의 원인을 중시한다.
⑤ 기초학습부진의 기준은 초등학교 3학년 수준의 읽기, 쓰기, 기초수학능력이다.

정답 ⑤

해설

① 결과적으로 나타난 학업성취 수준을 중시한다.
② 목표성취수준의 20% 이상을 달성하지 못한 경우이다.
③ 교과학습부진 학생은 각 교육(학년)단계에서 요구하는 최저 학업성취 기준에 도달되지 못한 학습자로서, 평가도구는 교과학습 진단평가, 중간·기말평가, 교사평가(수업 중 관찰 포함) 등을 이용한다.
④ 원인보다도 결과적으로 나타나는 현상에 초점을 두고 있다.

학습부진의 특성

① 인지적 특징

ㄱ 주의력이 부족하며, 흥미의 범위가 좁고 상상력·창의력·사고력이 부족하다. 읽기 능력도 생활연령에 비해 뒤떨어진다. 파지력과 기억력이 부족하고, 상상을 전달하는 능력이 부족하며, 시간과 공간을 국지적으로 지각하고, 창의성·손기능·인내력·주의집중력·추리력·정의감·분석력이 부족하다. 학습의 흥미와 태도가 정상아보다 낮고, 장래에 대한 기대점수도 낮으며, 자아개념도 부정적이다.

ㄴ 학습부진아는 시·청각 지각과 기억력에서 낮은 경향을 보이며, 중요하지 않은 정보를 회상하는 데는 별다른 차이를 보이지 않으나, 중요한 정보를 회상하는 데는 정상아보다 뒤떨어진다. 중요한 개념을 고무시키는 유도질문이 있는 경우는 중요한 정보를 기억하는 데 정상아와 차이를 보이지 않으나, 유도질문이 없는 경우는 비교집단보다 성취가 낮다. 장기기억에서는 정상아에 비해 별다른 차이를 보이지 않지만, 단기기억에서는 부진아가 정상아보다 낮은 경향을 보인다.

ㄷ 기초적인 학습기능이나 학습전략이 부족하고, 심리검사 시 검사자에게 자신이 잘 모른다는 사실이 드러나는 것을 매우 꺼리며, 자신감이 부족하여 자신이 한 답을 자주 수정하는 태도를 보인다. 학습장애아가 어느 특정 영역의 수행에서 지체 현상을 보이는 것에 비해, 학습부진아는 국어, 수학을 포함한 전 영역에서 뒤떨어진다.

② 정의적 특징

ㄱ 자극에 대한 반응시간이 늦다. 자신에 대한 상실감을 지니기 어려우며, 불안과 수줍음이 많다. 잘 복종하며, 자기 판단력이 결여되어 새로운 상황이나 인물에 대한 적응력이 부족하고, 충동적으로 행동하고 결과에 대한 조급한 기대감을 지닌다.

ㄴ 학습부진아의 귀인성향은 우수아에 비해 내적 귀인을 덜 하는 것으로 나타난다. 학습부진아는 과제 수행결과의 원인귀속을 자신이 통제할 수 없는 외적 환경으로 돌리는 경향이 많다. 즉, 학습자는 실패의 원인이 자신의 통제권 외에 있다는 사실을 지각하고, 이러한 지각에 근거하여

앞으로의 성취기대감을 지닌다. 그 결과 학습자의 학업 성취는 저조해진다.

ⓒ 사회성과 학습동기가 부족하고 자아개념이 낮다. 무관심, 억압, 자기 비하, 태만, 무책임, 신뢰 상실을 보인다. 정서적·사회적으로 미성숙을 보이고 열등감이 있으며, 감정부전장애(Dysthymia ; 비교적 가벼운 우울증으로 기분 좋지 않은 상태가 장기간 지속되어 일상생활에서 완전한 기능을 하는 것을 방해하는 것)라는 만성 우울증적 경향이 있다.

ⓔ 오락과 같은 말초적인 자극 외에 자기 나이에 맞는 활동에는 거의 흥미를 느끼지 못하고 의욕이 없으며, 쉽게 피곤해져 집중력이 떨어지고 자신감이 없어 어떤 결정도 자신이 제대로 내릴 수 없으며, 자신의 앞날에 대한 기대나 희망이 없다.

③ 환경적 특징

ⓐ 부모의 훈육태도가 지시적·강요적이며, 가정 내의 추상적 언어 사용이 부족하고, 학습결과에 대한 피드백이 부족하거나 과잉행동을 요구받는다.

ⓑ 불안정한 가족분위기가 조성되어 있고, 부모의 과잉기대 경향이 강하다. 가족 간의 정서적인 공감대 형성이 부족한 상태에서 공부로 압박을 받는다.

ⓒ 학교의 제반 시설이 충분히 마련될 경우 학업성취의 가능성이 높아진다.

[핵심예제]

학습부진아의 인지적 특성에 관한 설명으로 옳지 않은 것은?

[14년 12회]

① 어휘력이 전반적으로 낮다.
② 정상아보다 장기기억력이 낮은 경향을 지닌다.
③ 상상을 전달하는 능력이 부족하다.
④ 주의력이 부족하며 흥미의 범위가 좁다.
⑤ 중요하지 않은 정보를 회상하는 데는 별다른 차이를 보이지 않는다.

정답 ②

해설
학습부진아는 장기기억에서는 정상아와 별다른 차이를 보이지 않지만, 단기기억에서는 부진아가 정상아보다 낮은 경향을 지닌다.

핵심이론 05 학습부진 요인

① 통합적 접근

능력 요인	지능, 기초학습기능, 선수학습, 적성, 인지양식
인지 요인	공부에 대한 태도·동기, 부모의 기대에 대한 지각, 공부와 관련된 비합리적 신념
정서적 요인	우울(학습된 무기력), 불안, 성취압력으로 인한 스트레스
행동적 요인	학습 전략, 공부시간
환경적 요인	물리적 환경, 심리적 환경(부모/또래/교사와의 관계, 형제 경쟁)

② 학습부진의 요인 분류

개인 변인	변화	기초학습기능, 선수학습, 학습동기, 학습전략, 성격, 공부에 대한 태도, 부모에 대한 지각, 불안, 우울, 비합리적 신념, 자아개념, 공부시간
	불변	지능, 적성, 기질, 인지양식
환경 변인	변화	부모와의 관계, 부모의 양육태도, 성취압력, 또래 관계, 교사와의 관계, 형제와의 경쟁
	불변	부모의 지위변인, 가족구조의 변화, 학교 풍토, 교육과정, 교사의 교수법, 학습과제, 학교시설, 시험형식, 경쟁구조, 사교육

[핵심예제]

학습부진의 요인을 분류할 때, 변화 불가능한 내담자의 개인 내 변인은?

[16년 15회]

① 기 질
② 우 울
③ 자아개념
④ 부모에 대한 지각
⑤ 학교 풍토

정답 ①

해설
변화 불가능한 내담자의 개인 변인으로는 지능, 적성, 기질, 인지양식 등이 있다.

핵심이론 06 학습부진 학생을 위한 수업전략

① 적응수업전략

 ㉠ 학습부진아가 이해할 수 있는 수준으로 수업시간에 도달해야 할 학습목표를 제시한다.

 ㉡ 수업진행에 대한 안내를 위하여 각 단원별 또는 차시별 수업 개요를 제시한다.

 ㉢ 전문적인 어휘 목록이나 추상적인 개념에 대한 해설자료 등을 제공한다.

 ㉣ 학습부진 학생의 수준에 맞는 적절한 가정학습 과제를 제공한다.

 ㉤ 특별교재 또는 학습자료를 활용한다.

 ㉥ 학습계획서를 작성해 주고 계속 점검한다.

 ㉦ 정보의 확인, 분석, 저장, 기억 방법, 독서 방법, 시험 준비, 노트필기 방법 등 학습기술을 지도한다.

② 교정수업전략

 ㉠ 학습을 방해하거나 장애가 되는 결함과 약점 등을 제거하는 데 중점을 둔다.

 ㉡ 학습부진 학생의 잘못된 학습 습관을 확인할 수 있고, 이를 수정할 수 있다는 가정 하에 학습자를 변화시키는 데 관심을 갖는다.

 ㉢ 교정수업전략에서는 학습부진아에 대한 개인별 진단이 중시되며, 진단결과에 따라 학습과제 및 적절한 프로그램이 주어진다.

③ 목표설정전략

 ㉠ 학습부진학생의 경우 비현실적 목표를 세우거나 목표달성에 대한 내적인 통제력이 부족한 것이 특징이므로, 목표를 세울 때는 특히 현실적이고 구체적인 단기목표를 세워서 목표달성 성공경험을 확대하는 것이 필요하다.

 ㉡ 공부 외에 몰입하고 있는 활동도 참고하여 목표설정전략에 반영하는 것이 바람직하다.

 ㉢ 단기목표는 SMART 원칙에 따라 구체적이고(Specific), 목표달성을 측정할 수 있으며(Measurable), 목표행동으로 표현되고(Actionable), 현실적이며(Realistic), 목표달성기간(Time-frame)이 정해져 있는 것이 좋다.

 ㉣ 장기목표와 단기목표 설정을 모두 촉진해야 한다. 즉, 장기목표를 달성할 수 있는 단기목표를 설정하여 장기목표를 달성할 수 있도록 해야 한다.

［ 핵심예제 ］

학습부진 학생들에게 필요한 목표설정전략에 관한 설명으로 옳은 것을 모두 고른 것은?　　　　　[15년 13회]

> ㄱ. 공부 이외에 몰입하고 있는 활동도 목표설정에 도움이 될 수 있다.
> ㄴ. 단기목표를 세울 때는 목표를 높게 잡아 도전감을 갖도록 하는 것이 중요하다.
> ㄷ. 단기목표는 달성기간을 정하는 것이 좋다.
> ㄹ. 장기목표와 단기목표 설정을 모두 촉진해야 한다.

① ㄱ, ㄴ　　　　　　　② ㄴ, ㄷ
③ ㄷ, ㄹ　　　　　　　④ ㄱ, ㄷ, ㄹ
⑤ ㄱ, ㄴ, ㄷ, ㄹ

정답 ④

해설

ㄴ. 학습부진 학생의 경우 비현실적 목표를 세우거나 목표달성에 대한 내적인 통제력이 부족한 것이 특징이므로, 목표를 세울 때는 특히 현실적이고 구체적인 단기목표를 세워서 목표달성 성공경험을 확대하는 것이 필요하다.

핵심이론 07 학습부진 학생의 상담

① 다른 문제가 병존하는 경우 병존하는 다른 문제 혹은 더 시급하게 다루어야 하는 원인은 없는지 살펴보아야 하며, 시급한 문제는 먼저 어느 정도 해결되고 난 후 학습문제를 다루어야 한다.

② 더욱 직접적으로 학생이 현재 어떤 방법으로 공부하고 있는지, 그리고 강·약점이 무엇인지 알아보기 위해 학생이 공부하는 과정을 상담 장면에서 재연해보도록 하거나 공부한 자료(책, 공책, 문제집 등)를 가져오도록 하여 점검해 볼 수도 있다.

③ 자신 있는 과목에 먼저 학습전략을 적용하고, 꾸준히 공부하는 시간을 갖도록 하여 성과를 우선 경험하게 한다. 이런 과정에서 갖게 된 자신감을 기반으로 하여 취약한 과목을 어떤 방법으로 보충할지에 대한 전략을 세워보게 하고, 이를 꾸준히 실천할 수 있는 장·단기 계획을 세워보게 한다.

④ 학습방법에 대한 진단검사나 현재 상태를 객관적으로 알 수 있는 심리검사 등을 통해 막연한 혹은 이상적으로 생각하는 자신의 모습이 아니라, 더 현실적인 자신의 모습을 알 수 있도록 한다.

⑤ 부모와 자녀가 서로에 대한 감정을 표현하는 연습을 하고, 어느 정도 마음 열고 이야기하는 것이 시작되었다면, 이제 서로에 대해 기대하는 것 혹은 바라는 것이 무엇인지 구체화시켜보도록 한다. 막연한 기대나 비현실적 기대는 자칫 서로에 대한 실망감과 분노로 이어질 수 있다.

⑥ 구체화하는 방법으로는 척도질문을 활용하거나 서로 원하는 것을 목록으로 적은 다음, 구체적으로 그 의미를 설명하도록 하는 방법 등을 사용한다.

[핵심예제]

학습부진 학생의 상담에 관한 설명으로 적절하지 않은 것은?

[15년 13회]

① 병존하는 문제와 상관없이 학습문제만을 목표로 한다.
② 상담장면에서 학습과정을 재연할 수 있다.
③ 성공경험을 통해 효능감을 증가시키도록 한다.
④ 학습방법에 대한 진단 검사 등 현재 상태를 객관적으로 진단할 수 있는 심리검사를 활용한다.
⑤ 부모와 자녀가 서로에 대한 기대를 구체화하고 합의할 수 있도록 돕는다.

정답 ①

해설

병존하는 다른 문제나 보다 시급하게 다루어야 하는 원인은 없는지 살펴보아야 하며, 이를 먼저 해결하고 난 후 학습문제를 다루어야 한다.

핵심이론 08 학습과진아와 학습부진아의 특성(R. Taylor)

① 학습과진아
- ㉠ 학습과진아는 적성평가에 의해 기대되는 수준보다 높은 성취수준을 나타내는 아동을 말한다.
- ㉡ 학습과진아는 불안이 낮으며, 목표를 달성하기 위한 내적 통제력과 긴장감을 가진다.
- ㉢ 학습과진아는 목표를 세울 때 현실적이고 성공 가능한 것을 선택한다.
- ㉣ 학습과진아는 자신을 수용하고, 낙관적이며, 자기신뢰감이 있다.
- ㉤ 대인관계에서 적응적이며, 성인과 비교적 원만한 관계를 유지한다.

② 학습부진아
- ㉠ 사회지향적이고 자기비판적이며, 부적절감을 느낀다.
- ㉡ 불안수준이 높은 편이며, 목표에 대해 비현실적이다.
- ㉢ 대인관계에 있어 거절감이나 고립감을 느끼기 쉽고, 무관심하거나 비판적이다.
- ㉣ 학습과진아에 비해 의존감과 독립의 갈등을 더 겪는다.
- ㉤ 성인과의 관계에서 회피하거나 적대감을 가진다.

[핵심예제]

테일러(R. Taylor)가 제시한 학습과진아(Overachiever)와 학습부진아(Underachiever)의 비교특성으로 옳지 않은 것은?
[19년 18회]

① 학습과진아는 목표 설정이 현실적이고 성공적이지만, 학습부진아는 목표에 대해 비현실적이고 실패를 경험한다.
② 학습과진아는 상대적으로 대인관계에 적응적이지만, 학습부진아는 고립감을 느끼기 쉽다.
③ 학습과진아는 성인과 비교적 원만한 관계를 유지하지만, 학습부진아는 회피하거나 적대감을 가진다.
④ 학습과진아는 학업에 대해 긴장감이 있지만, 학습부진아는 불안을 느끼지 않는다.
⑤ 학습과진아는 자신을 수용하고 낙관적이지만, 학습부진아는 자기비판적이고 부적절감을 가진다.

정답 ④

해설
학습과진아는 불안이 낮으며 목표를 달성하기 위한 내적 통제력과 긴장감을 가지지만, 학습부진아는 불안수준이 높은 편이다.

제2장 학업관련 요인

핵심이론 09 학업문제의 요인과 분류

① 학업문제와 요인
- ㉠ 학업문제는 드러나는 형태가 다양하고 학생의 학교생활에 미치는 영향력이 크며, 학업문제가 또 다른 문제를 파생시킬 수 있다.
- ㉡ 학업문제는 여러 가지 요인들이 관여하게 되는데, 상담자는 학생에게 어떤 요인으로 인해 학업문제가 발생하는지 정확하게 이해해야 한다.

② 학업관련 요인의 분류

인지적 요인	지능, 기초학습능력, 선행학습 수준, 학습방법 및 전략, 뇌의 기능 등
정의적 요인	학습에 대한 동기와 흥미, 자아개념, 불안 등
환경적 요인	가정, 학교, 친구 등

[핵심예제]

학업과 관련된 인지적 영역의 주요 요인을 모두 고른 것은?
[17년 16회]

ㄱ. 지 능	ㄴ. 동 기
ㄷ. 흥 미	ㄹ. 뇌의 기능
ㅁ. 과목별 선행학습 수준	

① ㄱ, ㄴ
② ㄱ, ㄹ
③ ㄱ, ㄴ, ㄷ
④ ㄱ, ㄹ, ㅁ
⑤ ㄷ, ㄹ, ㅁ

정답 ④

해설
ㄴ・ㄷ 정의적 영역이다.

핵심이론 10 학업관련 요인의 인지적 영역 − 지능

① 정 의

○ 웩슬러(Wechsler) : 지능은 개인이 합목적적으로 행동하고 합리적으로 사고하며, 환경을 효율적으로 다룰 수 있는 총체적인 능력이다.

○ 비네(Binet) : 지능은 판단 또는 양식, 실용적 감각, 창의력, 상황에의 적응능력을 의미한다.

○ 가드너(H. Gardner)의 다중지능 이론

• 지능을 하나의 일반 지능으로 기술하는 것을 비판하였다.

• 석학증후군(Savant Syndrome, 서번트 신드롬 : 지능이 떨어지지만 특정 분야에서 뛰어난 재능을 보이는 현상)은 지능이 독립되어 있다는 증거가 된다.

• 8개 다중지능(언어, 논리−수학, 시각−공간, 신체운동, 음악, 대인관계, 개인 내적, 자연탐구)으로 구성하였다.

• 다중지능 설정 준거

– 지능은 뇌의 어떤 특정 부위와 관련 있음이 증명되어야 한다.

– 지능은 독립된 형태로 관찰할 수 있어야 한다.

– 지능은 식별 가능한 일련의 주요 작동 체제를 가져야 한다.

– 지능은 초심자에서 전문가에 이르는 특유의 발달 과정이 있어야 한다.

– 지능은 인간의 진화론적인 역사나 진화 가능성이 있어야 한다.

– 지능은 실험연구나 심리학적 연구로 검증될 수 있어야 한다.

– 지능은 심리측정의 결과와 어느 정도 일치해야 한다.

– 지능은 인간의 신호체계 내에서 기호화할 수 있어야 한다.

② 지능과 학업성취도

○ 연구(설외숙, 1982)에 의하면 성격, 지능, 가정환경의 3가지 요인이 함께 작용한 학업성취도에 대한 예언변량은 40~60%였고, 특히 이 세 변인 중에서도 지능변인이 학업성취도와 가장 높은 상관관계를 보였으며, 가정환경과 성격 순으로 상관정도가 감소되었다.

○ 지능과 학업성취도는 저학년일수록 높고, 상급학년으로 갈수록 그 정도가 낮아진다.

○ 지능과 학업성취도는 수학계열, 국어계열, 과학계열 순으로 지능과의 상관관계가 높고, 예체능 계열과 선택과목의 경우에는 상관관계가 낮다.

② 성적부진 문제를 호소하는 학생들을 상담하려면, 개인용 지능검사를 실시하여 학생의 지적 기능에 대한 더 정확하고 풍부한 정보를 확보하고, 잠재적 학습능력보다 학업성취 수준이 저조한 것인지 여부부터 확인해야 한다.

○ 웩슬러 지능검사를 통해 언어성 지능지수와 동작성 지능지수를 산출할 수 있다.

○ 지능점수를 통해 학생의 인지적 강점 및 약점을 파악할 수 있으며, 상담자는 내담자의 지능을 객관적으로 이해할 필요가 있다.

○ 지능이 주는 영향력은 크지만, 학업성취를 100% 예측하는 것은 아니다.

○ 지능의 객관적 측정 결과 못지않게 지능에 대한 학습자의 주관적 인식도 학습 태도에 많은 영향을 준다.

○ 지능검사의 결과를 활용할 때 지능에 대한 과대 또는 과소평가를 주의해야 한다.

③ 뇌의 기능

우반구	시공간과 관련된 지각능력, 운동능력, 정서기능 등을 담당한다.
좌반구	논리, 지적 사고와 같은 언어기능을 담당한다.
전두엽	주의, 계획, 사고 기능과 발성 등 운동기능을 담당하는 브로카 영역이 있으며, 브로카 영역이 손상된 환자에게서 운동성 실어증이 나타난다.
두정엽	감각정보의 통합 및 판단을 담당하며, 다양한 형태의 감각정보를 통해 사물을 인식한다.
측두엽	베르니케 영역이라고 하는 부위에서 언어 이해를 담당하며, 손상되면 글을 읽거나 말의 의미를 파악하는 데 심각한 어려움을 경험한다.
후두엽	시각정보를 분석하고 통합하는 역할을 수행한다.

[핵심예제]

가드너(H. Gardner)의 다중지능 설정 준거에 해당하지 않는 것은?

[20년 19회]

① 두뇌의 고유영역
② 독자적 발달 경로
③ 특출한 인물
④ 심리측정학적 증거
⑤ 고유한 정서

정답 ⑤

해설
⑤ '고유한 정서'는 다중지능 설정 준거에 해당되지 않는다.

핵심이론 11 | 반두라(A. Bandura)의 자기효능감 이론(Self-efficacy Theory)

① 자기효능감이란 어떤 상황에서 적절한 행동을 할 수 있다는 기대와 신념을 말한다.

② 어떤 특정한 과제를 수행할 때 필요한 일련의 행동을 조직하고 완성하는 자신의 능력에 대한 믿음에 따라서 학습동기가 좌우된다는 관점이다.

③ 학습자가 과제수행에 필요한 행위를 조직하고 실행하는 자신의 능력을 판단하는 것이다.

④ 지각된 유능감(Competency)에 비해 더 구체적이고 상황적인 특성이 있다고 할 수 있다.

⑤ 사고과정에 대한 자기조절, 동기 그리고 정서적·생리적 상태와도 관련되어 있다.

⑥ 학업적 자기효능감이 높아지면 학습동기 향상에 도움이 된다.

⑦ 자기효능감에 영향을 미치는 요소와 원인

요 소	원 인
과거의 성과 (성공경험)	• 비슷한 과제에 대한 과거의 성과 경험은 다음 과제에 대한 자기효능감을 증가시킨다. 예 성공적인 구술 보고서 작성 경험은 다음 보고서에 대한 자기효능감을 증가시킨다.
모델 관찰 (대리경험)	• 모델이 될 만한 사람을 관찰하는 것은 높은 기대 수준과 기술을 배우게 한다.
언어적 설득	• 교사와 같이 학생에게 중요한 사람이 언어적으로 설득하는 말을 하는 것을 말한다. 예 "네가 좋은 보고서를 제출할 것이라 생각한다."
생리적·정서적 심리상태	• 피로, 배고픔과 같은 생리적 요소, 걱정과 같은 심리상태 등이 과제 집중을 방해하여 결국 자기효능감을 감소시킨다. • 개인이 느끼는 각성의 질에 따라 자기효능감이 달라지며, 각성이 불안이 아닌 정도이면 자기효능감이 높아진다.

⑧ '결과기대'와 자기효능감의 차이

㉠ 결과기대란 행동한 결과로 획득할 수 있는 무언가에 대한 기대나 특정 과업을 완수했을 시 자신과 자신을 둘러싼 주변에 발생할 일을 평가하는 것을 말한다.

ⓛ 결과기대는 자신이 하는 어떤 행동이 어떤 결과를 초래하리라는 사실을 알면서도 그와 같은 행동을 성공적으로 할 수 있을 것인지를 확신할 수 없으면 그러한 기대에 맞춰 행동하지 않기 때문에 자기효능감과 구별해야 한다.

[핵심예제]

반두라(A. Bandura)가 제시한 효능감 정보원이 아닌 것은?

[19년 18회]

① 성공경험
② 생리적 · 정서적 상태
③ 대리적 경험
④ 귀인의 통제소재
⑤ 언어적(사회적) 설득

정답 ④

해설

자기효능감에 영향을 미치는 요소로는 성공경험, 대리경험, 언어적 설득, 생리적 · 정서적 상태 등이 있다.

핵심이론 **12** │ **목표와 목표지향 이론**

① 의의 : 학생이 어떤 목표를 가졌는지가 학습동기에 지대한 영향을 미친다. 사람의 생각은 자신의 목표, 즉 개인이 이루고자 하는 성과 또는 성취하려는 희망을 반영한다. 이러한 각 학생의 목표는 그들의 동기와 학습에 영향을 미친다.

② 로크와 라뎀(F.A. Locke & G.P. Latham, 1990)이 언급한 목표의 3가지 조건
  ㉠ 근접성 : 지나치게 먼 장래에 이루어질 수 있는 목표가 아니라 가까운 시일 내에 이룰 수 있는 단기목표의 형태
  ㉡ 구체성 : 막연하고 모호한 형태가 아니라 구체적으로 명확한 형태
  ㉢ 난이도 : 상당히 어렵게 느껴지지만 학습자의 능력범위 안에서 도달 가능한 정도의 형태

③ 학습목표와 수행목표

학습목표 (숙달목표)	• 과제의 숙달, 향상, 이해 증진에 중점을 둔다. • 매우 바람직한 학습목표를 가진 학생은 자기효능감이 높다. • 이들은 어려움에 끈질기게 직면하고 성공은 내적이고 통제 가능한 원인에 기인한다고 생각함으로써 도전적인 학습상황을 받아들이고 구체적인 질문과 요점 정리 같은 효과적인 전략을 사용한다. • 학습목표를 가진 학생의 경우 정규수업이 끝난 후에도 학습에 지속적인 관심과 노력을 기울인다.
수행목표	• 자신의 능력이 다른 사람의 능력과 어떻게 비교되느냐에 초점을 맞춘다. • 수행평가가 동기에 미치는 영향으로, 수행접근지향 학생(자신의 능력을 보여주고 싶어 하는)은 자신감이 있고 자기효능감이 높은 경향이 있지만, 반대로 수행회피목표를 가진 학생은 자신감이 부족하고 낮은 자기효능감을 가지기 쉽다. 수행회피지향을 가진 학생이 수행목표를 가지게 된다면 그들의 학습동기는 심하게 손상될 수 있다.
비 고	• 학생들이 학교에 다니면서 점차 수행목표지향은 증가하지만 학습목표지향은 감소하는 경향이 있다. • 교사들이 학생들에게 좋은 대학을 가려면 좋은 점수를 얻어야 한다든지 시험이나 작문에서 학생들의 점수 차이를 말함으로써 의도하지 않게 수행목표지향을 부추기기도 한다.

④ 사회적 목표

ⓐ 사회적 목표는 선생님이나 또래의 동의를 구하는 것, 또래에서 지위를 얻는 것, 약속을 존중하는 것, 다른 사람을 지지해 주는 것이 있으며, 이것이 때로 동기를 강화 또는 약화시킨다.

ⓑ 친구들과 어울려 다니는 것에 초점을 둔다.

ⓒ 이 목표들은 학습을 도울 수도 있고 방해할 수도 있다.

⑤ 과제회피 목표

ⓐ 배우기를 원하지도 않고 유능해보이기를 원하지도 않으며, 단지 과제를 회피하려는 학습자이다.

ⓑ 이들은 열심히 노력할 필요가 없거나 과제가 쉽거나 또는 게으름을 피울 수 있을 때 성공적이라고 느낀다.

[핵심예제]

다음 예시에 해당하는 로크와 라뎀(Locke & Latham)의 목표의 조건은?

[17년 16회]

- "오늘 수학 문제집을 다섯 장 풀어야지."
- "내일까지 영어 단어 30개를 외워야겠다."

① 근접성, 노력
② 근접성, 능력
③ 난이도, 능력
④ 구체성, 노력
⑤ 구체성, 근접성

정답 ⑤

해설

로크와 라뎀(Locke & Latham)이 언급한 목표의 세 가지 조건은 구체성, 근접성, 난이도이다. 제시문의 학습 목표는 '오늘', '내일'과 같이 가까운 시일 내에 이룰 수 있는 단기 목표의 형태인 근접성과 '다섯 장', '영어 단어 30개'와 같이 구체적으로 명확한 형태인 구체성을 보여준다.

핵심이론 13 귀인이론

① 의 의

ⓐ 와이너(Weiner)가 체계화한 인지주의적 학습이론으로서, 인간 행동의 원인이 개인의 특성 및 환경이 아닌 자신이 어떻게 생각하느냐에 따라 달라진다는 관점에서 출발한다.

ⓑ 성공이나 실패에 대해 자신의 행동에 대한 원인을 귀속시키는 경향성에 대한 이론이다.

② 기본 가정

ⓐ 사람들은 자신의 성공 또는 실패의 원인을 알고자 하는 특성이 있다.

ⓑ 그들은 성공 또는 실패를 자신의 과업수행 중에 있었던 특정한 어떤 일 탓으로 돌린다.

ⓒ 행운 및 불운, 과업의 난이도, 호의적·적대적 인간관계, 자신이 어려워하는 일, 자신이 가지고 있는 능력의 정도 등이 주요 요소가 된다.

ⓓ 와이너는 원인에 대한 주요 요소들을 분석하여 사람들이 자신의 실패나 성공의 원인으로 가장 많이 귀인하는 '능력', '노력', '운', '과제 난이도'라는 4가지 요소를 설정하였다.

능 력	"난 원래 머리가 좋으니까 100점 맞은 거야! 이 결과는 당연한 거야!"
노 력	"수업시간에 열심히 필기하고, 꾸준히 예습과 복습을 했더니 점수가 잘 나왔네."
운	"다 찍었는데 운이 좋아서 100점을 맞았네."
과제 난이도	"이번에는 선생님이 문제를 쉽게 내서 점수가 잘 나왔네!"

③ 귀인의 3가지 차원

통제 (원인)의 소재	• 어떤 일의 성공이나 실패에 대한 책임을 내적인 요인에 두어야 하는지 외적인 요인에 두어야 하는지에 대한 것이다. • 어떠한 결과에 대한 책임을 자신의 노력이나 능력으로 돌리는 경우, 이는 내적 요인으로 볼 수 있다. 이 경우에는 성공하면 자부심과 동기 증진을 가져올 수 있지만, 실패하면 수치감이 증폭된다. • 학업성취에 가장 큰 영향력을 끼치는 내적 귀인 요소는 노력이다. • 이에 비해, 어떠한 결과에 대한 책임을 과제의 난이도 혹은 운으로 돌리는 경우, 이는 외적 요인으로 볼 수 있다. 이 경우에는 성공하면 외부의 힘에 감사하지만, 실패하면 분노를 일으킨다.
안정성	• 어떠한 일의 원인이 시간의 경과나 특정한 과제에 따라 변화하는가의 여부에 따라 안정과 불안정으로 분류된다. • 노력은 자신의 의지에 따라 노력을 기울일 수 있으므로 불안정적 요인이다. • 반면에 능력은 비교적 고정적이므로 안정적 요인이다. • 안정성의 차원은 미래에 대한 기대와 관련되어 있다. 자신의 성공 또는 실패를 자신의 능력이나 시험의 난이도와 같은 안정적 요인에 귀인하면, 미래에 비슷한 과제에서도 유사한 결과를 기대할 것이다. 그러나 학생들이 불안정적 요인에 귀인하면, 그 결과는 예측할 수 없다.
통제가능성	• 그 원인이 학생의 의지에 의해 통제될 수 있느냐의 여부에 따라 통제가능과 통제불가능으로 분류된다. • 통제가능성 차원은 자신감과 미래에 대한 기대와 관련이 있다. 높은 점수를 통제가능한 요인으로 귀인하면 자부심을 느끼면서 다음에도 비슷한 결과를 기대할 수 있다. • 반면에 통제불가능한 요인으로 귀인하면 "정말 운이 너무 좋았어!"라는 식으로 안도하며 앞으로도 그런 행운이 계속되기만 바랄 수밖에 없다.

④ 귀인과 각 차원과의 관계

귀인요소	원인소재	안정성 여부	통제가능성 여부
능 력	내 적	안정적	통제불가능
노 력	내 적	불안정적	통제가능
과제 난이도	외 적	안정적	통제불가능
운	외 적	불안정적	통제불가능

⑤ 시험의 실패에 대한 귀인

차원분류			실패이유
원인소재	안정성	통제가능성	
내 적	안정적	통제불가능	적성에 맞지 않다.
		통제가능	절대 공부를 안 한다.
	불안정적	통제불가능	시험 당일에 아팠다.
		통제가능	해당 시험을 위해 공부하지 않았다.
외 적	안정적	통제불가능	학교의 요구 사항이 너무 높다.
		통제가능	교사가 편파적이다.
	불안정적	통제불가능	운이 나빴다.
		통제가능	친구들이 도와주지 않았다.

[핵심예제]

와이너(Weiner)가 제안한 다음의 귀인 속성 중 통제불가능한 것을 모두 고른 것은?　　　　　[15년 13회]

ㄱ. 능 력	ㄴ. 노 력
ㄷ. 운	ㄹ. 타 인
ㅁ. 과제 난이도	

① ㄱ, ㄴ　　　　　　　② ㄴ, ㄷ, ㄹ

③ ㄴ, ㄷ, ㅁ　　　　　④ ㄱ, ㄷ, ㄹ, ㅁ

⑤ ㄱ, ㄴ, ㄷ, ㄹ, ㅁ

정답 ④

해설

④ 통제불가능한 속성으로는 능력, 운, 과제 난이도, 타인 등이 있다.

핵심이론 14 흥미(Interest)

① 개인의 기질적 특성의 하나로 보는 관점이 있다.

② 교과내용, 학습방법 등과 같은 상황적-환경적 특성에 의해 생긴다(따라서 상황적·환경적 특성의 변화를 통해 학생이 공부에 흥미를 느낄 수 있는 방법을 개발하는 것이 필요하다).

③ 개인적 성향이 특이한 맥락과의 상호작용을 통해 심리적 상태로 활성화된다.

④ 흥미는 정서적인 측면보다 선행지식의 수준이나 가치부여 등의 측면이 더 강한 개념으로 볼 수도 있다(레닝거).

⑤ 하이디(Hidi)와 레닝거(Renninger)가 제시한 흥미발달 단계

단 계	정 의	필요한 자원의 유형	특 징
제1단계 상황적 흥미의 촉발	정서적·인지적 과정으로 인한 단기간의 변화에서 야기한 심리적 상태	퍼즐, 모둠활동, 컴퓨터 등 흥미를 유발할 수 있는 환경적 조건	• 관심의 집중과 정서적 반응 • 초기에는 부정적인 정서반응이 나올 수도 있음
제2단계 상황적 흥미의 유지	관심이 촉발된 이후의 심리적 상태로, 집중과 관심을 유지하는 단계	협동학습과 일대일 학습 등 개인적으로 학습내용을 의미 있게 받아들일 수 있도록 교육적 환경을 조성함	• 관심의 집중과 정서적 반응 • 만일 부정적인 정서가 있다면, 개인적 흥미로 발전되기 전에 바꾸어야 함
제3단계 개인적 흥미의 등장	내용에 대한 지속적인 관심이 나타나 흥미가 개인의 성향이 되는 초기 단계	또래나 전문가 등의 지원이 있기는 하지만, 스스로도 흥미를 갖게 되는 초기단계	긍정적인 관심과 내용 관련 지식의 축적이 이루어지며, 호기심 어린 질문을 하게 되는 초기 단계
제4단계 개인적 흥미로 자리잡음	시간이 지나도 특정한 주제에 대해 지속적인 흥미를 보임	상당한 정도로 자발적 흥미를 보이며, 외적인 지원도 이를 유지하는 데 도움이 됨	긍정적 감정, 지식의 증가 및 축적, 자기조절 및 자기성찰의 증가

[핵심예제]

하이디(Hidi)와 레닝거(Renninger)가 제시한 흥미 발달단계 중 다음의 내용에 해당되는 단계는? [15년 13회]

○ 정서적·인지적 과정의 단기간 변화에서 생긴 심리적 상태이다.
○ 퍼즐, 모둠 활동, 컴퓨터 등 흥미를 유발할 수 있는 환경적 조건이 필요하다.
○ 관심이 집중되고 정서적 반응이 일어난다.

① 상황적 흥미의 유지 단계
② 상황적 흥미의 소멸 단계
③ 상황적 흥미의 촉발 단계
④ 개인적 흥미의 등장 단계
⑤ 개인적 흥미로 자리잡음 단계

정답 ③

해설

제시문의 내용은 흥미발달 단계 중 제1단계인 상황적 흥미의 촉발 단계이다.

핵심이론 15 강화

① 강화는 행동주의에서 동기를 설명하는 핵심 개념을 말한다.

② 강화자극(보상)이 따르는 반응은 반복되는 경향이 있으며, 조작적 반응이 일어나는 비율을 증가시킨다.

③ 행동은 그 행동의 결과에 의해 지배를 받게 되어 유기체가 한 행동이 만족한 결과를 가져올 때 더욱 강한 행동의 반복을 가져온다.

④ 강화와 처벌
행동주의적 관점에서 학습동기는 강화와 처벌에 의해 조절될 수 있다.

강 화	어떤 행동이 다시 발생할 반응 빈도를 증가시키는 것 • 정적 강화 : 유쾌 자극을 제시하여 행동의 빈도를 증가시키는 것 • 부적 강화 : 불쾌 자극을 철회하여 행동의 빈도를 증가시키는 것
처 벌	이전의 부적 행동의 빈도를 줄이는 것 • 정적 처벌 : 불쾌 자극을 제시하여 행동의 빈도를 줄이는 것 • 부적 처벌 : 유쾌 자극을 철회하여 행동의 빈도를 줄이는 것

[핵심예제]

학습동기와 관련된 설명으로 옳지 않은 것은? [18년 17회]

① 행동주의적 관점에서 학습동기는 강화와 처벌에 의해 조절될 수 있다.
② 학업적 자기효능감이 높아지면 학습동기 향상에 도움이 된다.
③ 매슬로우(A. Maslow)의 욕구위계 모형에서 지적인 욕구는 성장욕구에 속한다.
④ 내적 동기화는 학습동기와 무관하다.
⑤ 학습된 무기력(Learned Helplessness)은 변화 가능하다.

정답 ④

해설
내적 동기는 자신의 내・외적 세계를 탐구하고 숙달하기 위한 선천적 동기로, 학습 자체에 대한 흥미를 가지고 적정한 수준의 도전을 추구하며 숙달하려는 지향성을 말한다.

핵심이론 16 E. Deci & R. Ryan – 자기결정성 이론

① 개 념

㉠ 자기결정성이란 자신의 행동을 조절・통제할 수 있다고 느끼는 정도를 의미한다.

㉡ 인간에게는 자기결정성이 존재하며 이것이 동기에 영향을 미친다고 본다. 즉 자신이 스스로 가치를 부여한 목표라면, 그 목표를 성취하기 위한 행동을 더 적극적으로 수행한다는 것이다.

㉢ 학습자가 알맞은 사회 환경적 조건에 처해 있을 때 내재적 동기가 촉발되고, 유능성・자율성・관계성의 기본적인 욕구가 만족될 때 내재적인 동기가 증진된다고 보았다.

더 알아보기

외적 동기와 내적 동기
• 외적 동기 : 인간의 학습동기가 환경적 자극이나 보상 등에 의해 발생하는 것이다.
• 내적 동기 : 학습 자체에 대한 흥미를 가지고 적정한 수준의 도전을 추구하고 숙달하려는 지향성을 말한다.
• 공부 자체의 의미를 전혀 모르는 내담자라면, 우선 외적 동기를 활용하여 학습에 대한 동기를 높이는 개입을 하면서 점차 학습에 대한 가치를 내면화하고, 학습 자체의 가치와 흥미를 경험하도록 내적 동기를 높이는 개입이 이루어지도록 해야 한다.

② 자기결정성이론에서 가정하는 3가지 기본심리욕구

㉠ 유능성(Competence) : 과제를 효율적으로 통제하며 성공적으로 수행하는 능력에 대한 욕구이다.

㉡ 자율성(Autonomy) : 외부 통제나 간섭 없이 스스로의 행동을 자율적으로 선택하고 결정하려는 욕구이다.

㉢ 관계성(Relatedness) : 다른 사람과 밀접한 정서적 유대와 애착을 형성하고 결과로 사랑과 존중을 얻으려는 욕구이다.

③ 자기결정성 이론에서 상정하는 동기조절의 유형

구 분	내 용
무동기	• 외부의 어떠한 유인이나 보상에도 동기화되지 못하고, 행동하려는 의지가 결핍된 상태로 행동을 하지 않거나 의도 없이 행동을 한다. • 학습된 무기력 상태에 있는 학습자들에게서 볼 수 있는 특성이다. • '공부를 왜 하는지 모르겠다.'와 같은 진술에서 볼 수 있듯이, 무동기 상태에 있는 학습자들은 과제수행에 가치를 두지 않으며, 자신이 그 과제를 성공적으로 수행할 수 있을 것이라고 기대하지도 않는다.
외적 조절	• 외적 보상이나 압력, 혹은 제약에 순응하기 위해 행동을 한다. • 이러한 행동은 자기결정이 전혀 포함되어 있지 않은 타율적 행동이다. • 학습자는 부모나 교사가 제공하는 외적 보상을 얻거나 벌을 피하기 위하여 과제를 수행한다.
부과된 조절 (투 사)	• 자신이나 타인의 인정을 추구하며, 죄책감이나 불안 혹은 자기 비난을 피하기 위하여 동기화된 행동을 한다. • 부과된 조절에 의해 동기화된 학습자는 교사가 자신을 좋은 학생으로 생각하기를 원하기 때문이라든지, 과제를 하지 않는 것을 스스로 용납하지 못하기 때문이라든지, 하지 않으면 수치스럽기 때문이라든지 등의 이유로 과제를 수행한다.
확인된 조절 (동일시)	• 내적 흥미보다는 개인적 중요성이나 자신이 설정한 목표를 추구하기 위해 동기화된 행동이다. • 이전에는 외적으로 조절되었던 가치나 목표를 자신의 것으로 수용하고 선택해서 행동하게 된다. • 학습자는 그 과목에 대해 이해하기를 원해서라든지, 대학 진학을 중요하다고 생각하기 때문이라든지, 새로운 것을 배우기 원해서와 같이 개인적 중요성이나 자신이 설정한 목표를 추구하기 위해 과제를 수행한다.
통합된 조절	• 특정 행동이 갖는 바람직한 측면을 받아들여 자신의 가치체계에 통합하여 발현된 행동이다. • '공부하는 것이 나에게 가치 있는 일이라고 믿기 때문에 공부한다'와 '사회에 필요한 사람이 되고 싶어서 공부한다'와 같은 진술에서 볼 수 있듯이, 통합된 조절은 환경에 의해 강요되거나 방해받는 것이 아니라, 내면화의 자연스러운 결과이다. • 통합은 자기조절이 매우 성숙된 단계이기 때문에 자기반성적 사고가 가능한 청소년기 이후에나 획득할 가능성이 있다. • 통합된 동기에 따른 행동은 내재적 동기와 공통점이 많지만, 특정한 과제수행 자체에 내재해 있는 즐거움보다는 그 밖의 다른 결과를 얻기 위해 행동하기 때문에 여전히 외적 동기에 의한 행동으로 간주한다.
내적 동기 (내재적 조절)	• 자신의 내·외적 세계를 탐구하고 숙달하기 위한 선천적 동기이다. • 내재적으로 동기화된 학습자는 학습활동에 참여하는 과정에서 얻는 만족이나 즐거움, 재미 등을 얻기 위해 과제를 수행한다. • 학습자는 도전감을 주는 과제를 선호하고, 호기심 때문에 과제를 수행하기도 하며, 과제수행의 결과를 자신의 내부적 기준에 의해 판단하는 경향이 있다.

[핵심예제]

데시와 라이언(Deci & Ryan)의 자기결정성 이론에서 제시한 동기에 관한 설명으로 옳은 것은? [18년 17회]

① 무동기(Amotivation)는 특정 행동에 대해 무조건적인 관심을 갖는 상태이다.
② 통합된 조절(Integrated Regulation)은 특정 행동의 가치를 받아들이지 못하지만 내적 흥미가 있는 상태이다.
③ 부과된 조절(Introjected Regulation)은 타인의 정서적 반응과 관계없이 과제수행을 거부하는 상태이다.
④ 확인된 조절(Identified Regulation)은 타인의 요구를 확인하고 불가피하게 과제수행을 하는 상태이다.
⑤ 내적 동기(Intrinsic Motivation)는 행동 자체만으로도 흥미와 즐거움을 가진 상태이다.

정답 ⑤

해설
① 무동기 : 외부의 어떠한 유인이나 보상에도 동기화되지 못하고, 행동하려는 의지가 결핍된 상태로 행동을 하지 않거나 의도 없이 행동을 한다.
② 통합된 조절 : 특정 행동이 갖는 바람직한 측면을 받아들여 자신의 가치체계에 통합하여 발현된 행동이다.
③ 부과된 조절(투사) : 자신이나 타인의 인정을 추구하며, 죄책감이나 불안 혹은 자기 비난을 피하기 위하여 동기화된 행동을 한다.
④ 확인된 조절(동일시) : 새로운 것을 배우기 원해서와 같이 개인적 중요성이나 자신이 설정한 목표를 추구하기 위해 과제를 수행한다.

핵심이론 17 | R. Vallerand & R. Bissonnette – 자기결정성의 개념을 바탕으로 구분한 학습동기의 단계

무기력 단계	학습동기가 전혀 내면화되지 않은 상태이다.
외적 강압 단계	누군가가 직접적으로 보상을 주거나 통제를 가하면서 구체적인 행동을 지시할 때 행동을 수행하는 것(처벌을 피하고 보상받기 위해 공부하는 것)이다.
내적 강압 단계	스스로 자신의 행동을 통제하기는 하지만 행동을 직접 통제하는 통제자가 다른 사람에서 자신으로 바뀌어졌을 뿐이지 외적 가치나 보상체계는 그대로 내면화된 단계이다(학습자는 죄책감이나 긴장·불안을 피하기 위해 공부한다).
유익 추구 단계	어떤 목표를 이루기 위해 유익한 행동을 스스로 선택하여 수행하는 단계이다.
의미부여 단계	행동을 수행하면서 갈등을 경험하지 않는 단계로 공부하면서 내적 갈등이나 긴장을 경험하지는 않는다.
지식탐구 추구 단계	알고 이해하고 의미를 추구하려는 욕구로 공부하는 단계이다.
지적 성취 추구 단계	과제를 완벽하게 수행하는 것이 중요하며, 즐거움과 만족을 얻기 위해 공부하는 단계이다.
지적 자극 추구 단계	흥분되는 학습내용을 통하여 강렬한 지적 즐거움을 얻기 위해 공부하는 단계이다.

[**핵심예제**]

발레란드와 비소네트(Vallerand & Bissonnette)가 제시한 학습동기의 단계 중 다음 보기의 내용이 설명하는 단계는?

[19년 18회]

> 스스로가 자신의 행동을 통제하지만 행동의 직접적인 통제자가 타인에서 자신으로 바뀌었을 뿐, 외적 가치나 보상체계를 그대로 내면화한 단계이다. 학습자는 죄책감이나 긴장, 불안을 피하기 위해서 공부한다.

① 유익 추구(Extrinsic–Identified Regulation)
② 지적 자극 추구(Intrinsic–To Experience Stimulation)
③ 내적 강압(Extrinsic–Introjected Regulation)
④ 지적 성취 추구(Intrinsic–To Accomplish To Things)
⑤ 외적 강압(Extrinsic–External Regulation)

정답 ③

해설

제시문의 내용은 발레란드와 비소네트가 제시한 학습동기의 단계 중 내적 강압 단계이다.

핵심이론 18 | 켈러(Keller) – 'ARCS 이론'

① 켈러는 학습 환경에서 학습자들의 동기를 유발하고 유발된 동기를 계속 유지시키기 위한 전략을 'ARCS 이론'으로 발전시켰다.

② ARCS 이론은 수년에 걸친 경험적 연구의 결과로 수정·보완되었으며, 여러 가지 다른 수업 상황에 적용되면서 구체화되었다.

③ 켈러의 ARCS 이론은 교수의 3가지 결과 변인인 효과성, 효율성, 매력성 중에서 특히 매력성과 관련하여 학습자의 동기를 유발시키는 전략을 제공하고 있다.

④ 켈러는 학습동기를 유발하고 유지시키는 변인들로 주의(Attention), 관련성(Relevance), 자신감(Confidence), 만족감(Satisfaction)을 제시하였다.

구 분	의 의	전 략
주의 (A)	• 주의는 동기의 요소인 동시에 학습의 선행조건이다. 동기적 관심은 주의를 획득하고 유지하는 것이다. • 주의는 호기심, 주의환기, 감각추구 등의 개념과 연관되어 있다. • 새롭고 신기한 사건이나 사실을 제시하여 학습자의 호기심이나 주의를 유발함으로써 지각적 주의를 환기한다. • 주의는 학습자들이 스스로 새로운 정보를 추구하고 문제해결을 하도록 계속적으로 주의나 호기심을 유지시킨다.	• 지각적 주의환기의 전략 : 시청각 효과의 사용, 비일상적인 내용이나 사건 제시, 주의 분산의 자극 지양 • 탐구적 주의환기의 전략 : 능동적 반응 유도, 문제해결 활동의 구상 장려, 신비감의 제공 • 다양성의 전략 : 다양한 교수 형태 사용, 일방적 교수와 상호작용적 교수의 혼합, 교수 자료의 변화 추구, '목표-내용-방법'의 기능적 통합
관련성 (R)	• 가르칠 내용의 방식에서 나오는 것으로서, 내용 자체로부터 나오는 것이 아닌 학습자들이 현재 부딪히고 있는 문제들을 적절히 활용하는 것에서 나온다. • 동기는 관련성이 지각되어야만 계속적으로 유지된다.	• 친밀성 전략 : 친밀한 인물 혹은 사건, 구체적이고 친숙한 그림, 친밀한 예문 및 배경지식 활용 • 목적지향성의 전략 : 실용성에 중점을 둔 목표제시, 목적지향적인 학습 형태 활용, 목적의 선택 가능성 부여

관련성 (R)	• 학습자가 교육의 내용을 자신의 장래에 어떤 중요한 목적을 달성하는 데 도움이 된다고 인지할 때 더욱 높은 학습 동기를 유발한다. • 학습자의 필요 충족을 추구하는 교수 방법에서 찾아볼 수 있다. • 주어진 과제를 빨리 잘 하고자 하는 욕구와, 과제 성취를 방해하는 요인을 극복하여 더 어려운 과제를 잘 풀려고 하는 욕구 등 성취 욕구와 연관된다.	• 필요 또는 동기와의 부합성 강조의 전략 : 다양한 수준의 목적 제시, 학업성취 여부의 기록 체제 활용, 비경쟁적 학습상황의 선택 가능, 협동적 상호 학습상황 제시
자신감 (C)	• 학습에서는 적정 수준의 도전감을 주면서 노력에 따라 성공할 수 있다는 자신감을 심어 주는 것이 중요하다. • 능력이 있다고 느낄 때 높은 동기를 가질 수 있으므로, 능력에 대한 자각을 통해 동기를 유발하도록 한다. • 통제가능성에 대한 자각을 통해 동기를 유발하도록 한다. • 성공에 대한 기대감을 높여 동기를 유발하도록 한다.	• 학습의 필요조건 제시의 전략 : 수업의 목표와 구조, 평가기준 및 피드백의 제시, 선수학습 능력의 판단, 시험의 조건 확인 • 성공의 기회 제시의 전략 : 쉬운 것에서 어려운 것으로 과제 제시, 적정 수준의 난이도 유지, 다양한 수준의 시작점 제공, 무작위의 다양한 사건 제시, 다양한 수준의 난이도 제공 • 개인적 조절감 증대의 전략 : 학습의 끝을 조절할 수 있는 기회 제시, 학습 속도의 조절 가능, 원하는 부분에로의 재빠른 회귀 가능, 다양하고 선택 가능한 과제의 난이도 제공
만족감 (S)	• 학습자로 하여금 자신의 수행에 대해 적절한 보상을 하도록 한다. • 유발된 동기를 계속 유지시키는 역할을 하며, 이는 학습자의 학업 수행에도 영향을 미친다. • 학습자의 학업 수행 과정과 결과에 대한 인지적 평가 및 기타 내적 보상을 한다. • 지속적인 강화와 피드백을 통해 동기를 유지하도록 한다.	• 자연적 결과 강조의 전략 : 연습문제를 통한 적용 기회 제공, 후속 학습상황을 통한 적용 기회 제공, 모의상황을 통한 적용 기회 제공 • 긍정적 결과 강조의 전략 : 적절한 강화 계획의 활용, 의미 있는 강화의 강조, 정답을 위한 보상 강조, 외적 보상의 사려 깊은 사용, 선택적 보상 체제 활용 • 공정성 강조의 전략 : 수업 목표와 내용의 일관성 유지, 연습과 시험 내용의 일치

[핵심예제]

켈러(J. Keller)가 제시한 학습자의 동기를 유발하기 위해 충족되어야 할 조건이 아닌 것은? [19년 18회]

① 주의(Attention)
② 준비성(Readiness)
③ 만족감(Satisfaction)
④ 자신감(Confidence)
⑤ 관련성(Relevance)

정답 ②

해설

켈러는 ARCS 이론에서 학습동기 유발을 위해 충족되어야 할 변인들로 주의(Attention), 관련성(Relevance), 자신감(Confidence), 만족감(Satisfaction)을 제시하였다.

핵심이론 19 로젠샤인(B. Rosenshine) & 스티븐스(R. Stevens) – 교사의 피드백 유형

① 학생과 교사와의 관계 : 교과지식의 전달자로서의 역할만 하는 것이 아니라 학생과의 관계 형성을 통해 학생의 정서적 · 인지적 영역에 전인격적으로 영향을 준다.

낮은 성취 학생에 대한 교사의 행동	• 어떤 학생이 낮은 성취를 보일 것이라고 기대하는 교사는 그런 학생들을 특별 취급하게 되어 학생의 배울 기회는 줄고 성취도 낮아진다. • 학생이 낮은 성취를 보이는 원인을 능력 부족이라고 생각하는 교사는 지나친 도움을 주게 되지만, 노력 부족이라고 생각하는 교사는 다른 학습의 기회를 제공하고 다른 귀인적 메시지를 사용하려고 노력해야 한다.
학생에 대한 교사의 피드백	• 교사의 피드백은 학생들이 그들의 능력을 지각하는 데 있어서 중요한 요인이다. • 과제에 대한 칭찬을 받은 아동은 자신이 영리하다고 생각하게 되고 칭찬받지 않은 아동보다 과제를 더 열심히 하지만, 쉬운 과제 성취에 대한 교사의 칭찬은 학생이 낮은 능력의 소유자라고 귀인하게 된다.
학생 특성의 고려	• 자아개념, 발달수준, 성 등의 학생 특성이 선택에 영향을 준다. 높은 자아개념을 가진 학생은 성공을 내적 원인으로 귀인하고, 실패를 외적 요인으로 귀인한다. • 학교 상황에서 특히 중요한 것은 실패의 취급에 있어 성공 경험 학생과 실패 경험 학생을 다르게 다루는 전략이다. 학생들에게 상황이란 변화될 수 있는 것임을 믿게 하기 위해서는 노력이 효과를 거두는 실제적 증거가 필요하다. • 이에 대한 한 가지 효과적인 방법은 학생이 특정 분야에서 발전이 있거나 잘한 것이 있으면 그것을 강조하고, 과거의 노력과 성취 간의 연관을 강조하는 것이다.

② 로젠샤인(B. Rosenshine)과 스티븐스(R. Stevens)가 제시한 교사의 피드백 유형

구 분	의 미	내 용	
긍정적 피드백	학생들에게 학습 또는 수행의 적절한 혹은 정확한 측면에 관해 정보를 주기 위한 것으로 교사들은 "맞았어.", 혹은 "훌륭한 대답이구나."와 같은 말을 사용해서 학생의 반응이 적절함을 학생들에게 알리는 것이다.	수행 피드백	과제수행의 정확성, 학습수정에 대한 피드백
		동기 피드백	과제를 잘하는지에 대한 평가 피드백
		귀인 피드백	열심히 해서 좋은 결과를 얻은 경우와 같은 피드백
		전략 피드백	어떠한 전략을 사용해야 하는지, 사용한 전략이 효과적이었는지에 대한 피드백

부정적 피드백	• 학생들의 수행이나 행동이 부적절하거나 혹은 부정확한 상황을 학생들에게 알리기 위해 사용하는 것으로 학생들의 답에 "틀렸군요."라고 말하거나 숙제에서 잘못된 철자를 정정해주는 피드백이다. • 부정적 피드백은 대개 짧고, 자주 사용하지 않을 때 효과적이다.

더 알아보기

교사의 평가적 피드백과 비평가적 피드백

• 평가적 피드백 : 학생들의 반응과 행동에 대해 "훌륭하군요.", "더 노력해야 하겠어요."라는 언어적 표현이나 교사들의 얼굴 표정으로 나타내는 비언어적 표현들로 학생들의 수행에 대한 가치판단을 제공하는 피드백이다.

• 바평가적 피드백 : 사실적이고 객관적인 기준에 초점을 두어 "너는 이번 시험에서 10문제 중에서 8문제를 맞았더구나."라고 말하는 것으로서, 성적이 좋은지 또는 나쁜지에 대한 판단이 들어있지 않은 사실적인 내용만을 제공하는 피드백이다.

핵심예제

로젠샤인(B. Rosenshine)과 스티븐스(R. Stevens)의 교사 피드백 유형과 관련하여, 다음 보기에 제시된 피드백의 형태로 옳은 것은?

[16년 14회]

• "열심히 하더니 좋은 성적을 얻었구나."
• "너는 창의적이어서 만들기 과제를 잘하는구나."

① 수 행　　　　② 동 기
③ 귀 인　　　　④ 보 상
⑤ 전 략

정답 ③

해설

열심히 해서 좋은 결과를 얻은 경우와 같은 피드백은 귀인 피드백이다.

핵심이론 **20**　실버(A. Silver), 하긴(R. Hagin), 듀언(D. Duane) - 학습문제의 원인

실버(Silver), 하긴(Hagin), 듀언(Duane)은 아동의 학습부진에 관련되는 요인들을 학습자 평가, 가족 평가, 환경 및 문화적 맥락요인의 3가지 영역으로 구분하였다.

구 분	평가 내용
학습자 평가	• 학습자가 심리병적인 증상이 있는지를 확인한다. • 외현화 장애(통제되지 못하고 표출되는 공격 행동, 비행 행동으로 주의력결핍, 반항장애 등이 있음) 또는 내면화된 장애(우울 등) 여부와 학습에 미치는 1차적 혹은 2차적 영향을 확인한다. • 의학적으로 시각이나 청각 등의 결함으로 인해 학습에 영향을 받지 않는지 확인한다. • 의학적 목적에 의해 사용된 약물치료가 학습능력에 영향을 미치고 있지는 않은지 검토한다. • 학습자의 일반적인 지적능력과 학습자의 정의적 특성 즉, 동기, 자아개념, 불안을 고려한다. • 학습전략에 대한 일반적 지식 활용수준을 평가한다.
가족 평가	• 부모뿐만 아니라 가족 전체에 대해 평가한다. • 부모의 양육태도, 학습에 대한 기대를 포함한다. 예 가족의 가치관, 편부모 양육, 맞벌이 부부 문제
환경 및 문화적 맥락 요인	• 학교나 지역사회를 포함한 환경적 문제를 평가한다. 예 교사와의 관계, 내담자가 맺고 있는 친구관계, 재학 중인 학교 및 학원의 특성

[핵심예제]

실버(A. Silver), 하긴(R. Hagin), 듀언(D. Duane)이 제시한 학습문제의 원인에 관한 설명으로 옳지 않은 것은?

[16년 14회]

① 학습자 개인의 영역은 맥락적, 인지적, 정의적 요인으로 구분된다.
② 낮은 지능, 낮은 정보처리 속도 및 정확도, 비효율적인 공부방법 등이 포함된다.
③ 우울, 불안, 스트레스 등과 관련된 심리적 문제도 포함된다.
④ 부모의 양육태도, 학습에 대한 기대 등이 포함된다.
⑤ 내담자가 맺고 있는 친구관계, 교사와의 관계, 재학 중인 학교 및 학원의 특성 등이 포함된다.

정답 ①

해설
① 학습자 평가, 가족 평가, 환경 및 문화적 맥락요인으로 구분된다.

핵심이론 **21**　이클스(Eccles), 윅필드(Wigfield)와 쉬펠레(Schiefele) - 자녀의 학업에 영향을 주는 6가지 부모의 태도

① 자녀의 학업수행에 대한 귀인
② 과제난이도에 대한 인식
③ 자녀의 능력에 대한 기대와 확신
④ 학업에 대한 가치부여
⑤ 실제적인 성취 수준
⑥ 성공하는 데는 장애물이 있으므로, 이를 극복하기 위한 전략이 필요하다는 신념

[핵심예제]

이클스(Eccles), 윅필드(Wigfield)와 쉬펠레(Schiefele)가 제시한 자녀의 학습과 관련 있는 부모의 태도에 해당되는 것을 모두 고른 것은?

[15년 13회]

ㄱ. 자녀의 학업수행에 대한 귀인
ㄴ. 과제난이도에 대한 인식
ㄷ. 자녀의 능력에 대한 기대와 확신
ㄹ. 가족 내 의사결정 태도
ㅁ. 학습장애물 극복 전략의 필요성에 대한 신념

① ㄱ, ㄴ, ㄷ
② ㄴ, ㄷ, ㄹ
③ ㄷ, ㄹ, ㅁ
④ ㄱ, ㄴ, ㄷ, ㅁ
⑤ ㄴ, ㄷ, ㄹ, ㅁ

정답 ④

해설
ㄹ. 가족 내 의사결정 태도는 자녀의 학습과 관련 있는 부모의 태도에 포함되지 않는다.

핵심이론 22 학업성취 격차 분석 이론

① 지능 결핍론
- ㉠ 교육 격차는 개인의 지능 차이로 발생한다고 보는 이론이다.
- ㉡ 지능지수는 타고난 지적 능력일 뿐만 아니라 후천적 환경의 우열에 따라 달라진다.
- ㉢ 젠센(A. R. Jensen)의 연구 : 유전요인이 사회적·문화적·신체적 형성에 80%의 영향을 끼친다.
- ㉣ 아이젠크(H. J. Eysenck)의 연구 : 지능은 유전이 80%, 환경이 20%의 영향을 끼친다.

② 환경 결핍론
- ㉠ 교육 격차는 부모의 사회·경제적 배경에 의해 발생한다. 즉, 가정의 문화적 환경, 언어모형, 지각·태도의 차이나 상대적 결핍이 개인차를 발생하게 하여 학업성취의 격차가 나타난다는 것이다.
- ㉡ 콜먼(Coleman) 보고서 : 가정의 사회경제적 지위(부모의 교육수준, 직업, 수입 등)가 학생의 학업성취에 미치는 영향은 절대적이다. 이에 비해 학교의 물리적 환경, 교사의 질 등 학교요인은 그 영향력이 상대적으로 미미하다.
- ㉢ 젠크스(Jencks) 보고서 : 학업성취에 영향을 주는 요인은 가정배경, 인지능력, 인종 차, 학교의 질 순으로 보았다.
- ㉣ 플라우덴(Plowden) 보고서 : 학업성취의 격차에 영향을 미치는 요소로 부모의 태도, 가정환경, 학교의 특성 순으로 나타난다고 보았다.

③ 교사 결핍론
- ㉠ 교육 격차는 교사-학생의 대인지각(교사의 학생관) 등 교육 내적 요인의 차이에서 발생한다고 보는 이론이다.
- ㉡ 맥딜과 릭스비(Mcdill & Rigsby) 연구 : 학업성취는 학생의 학업적성, 학구적 가치지향성, 가정의 사회적·경제적 배경, 학교풍토, 학생집단의 지위구성 요소 순으로 영향을 준다.
- ㉢ 로젠탈과 제이콥슨(Rosenthal & Jacobson)의 피그말리온 효과 : 교사의 학생관(교사-학생의 대인지각)이 학업성취도를 결정한다. → 자기충족적 예언(Self-Fulfilling Prophecy)

더 알아보기

자기충족적 예언

예언의 영향으로 인해 발생하지 않을 수도 있었던 현상이 예언대로 된 현상을 말한다. 로젠탈과 제이콥슨(Rosenthal & Jacobson)은 『교실에서의 피그말리온 : 교사의 기대와 아동의 지적 발달』(1968)에서 교사가 학생의 능력이나 성격 등을 어떻게 판단하고 기대하느냐에 따라 학생들의 학업 성적은 물론이고 학교와 학습 생활의 적용에도 영향을 미치는 것으로 교육적인 의미를 찾아냈다. 즉, 학교에서 교사가 학생에게 갖는 관심이 학생에게 긍정적인 영향을 미치는 심리적 요인이 된다는 교육 심리학적인 측면에 주목한 것이다.

- ㉣ 블룸(Bloom)의 완전학습이론 : 교육 격차는 교사의 교수학습방법에서 기인된 것이다.
- ㉤ 리스트 연구의 낙인이론 : 교사의 사회계층에 따른 학생 구분 즉, 우수 학생, 중간 학생, 열등 학생으로의 구분이 학업성취에 영향을 준다.

[핵심예제]

다음 보기와 같은 교사의 반응에서 로젠탈과 제이콥슨(Rosenthal & Jacobson)이 제시한 개념으로 옳은 것은? [17년 16회]

> 은수는 학기 초 실행한 IQ 검사에서 매우 높은 지능점수가 나왔고, 최근 공부를 열심히 하는 태도를 보였다. 이에 따라 교사는 '은수가 지능이 높고 성실히 공부를 하니 기말고사 성적도 중간고사보다 올라갈 거야.'라고 생각했다. 교사의 기대대로 은수의 기말고사 성적은 향상되었다.

① 모델링(Modeling)
② 행동조성법(Behavior Shaping)
③ 지시하기(Directives)
④ 결과기대(Outcome Expectation)
⑤ 자기충족적 예언(Self-Fulfilling Prophecy)

정답 ⑤

해설

로젠탈과 제이콥슨(Rosenthal & Jacobson)이 제시한 자기충족적 예언은 예언의 영향으로 인해 발생하지 않을 수도 있었던 현상이 예언대로 된 현상을 말한다.

제3장 학업관련 문제 및 평가

핵심이론 23 학습과 관련된 호소문제

① 개요 : 특정 학습지를 대상으로 하거나 학습의 특정 영역에 대한 개별적 연구, 학업성취 관련 변인 등의 연구가 이루어지고 있다. 대다수 학습자의 학습 문제를 분류하기 위한 연구는 1994년에 청소년대화의 광장(현. 한국청소년상담복지개발원)에서 실시한 청소년문제 유형 분류체계 개발 연구가 시작이라 할 수 있다.

② 유형(김창대 외)

　㉠ 시험불안 문제 : 지나치게 성적에 집착하고 하락을 두려워하여 불안감과 압박감을 느끼고 스트레스를 받는다.

　㉡ 학업에 대한 회의나 낮은 동기 문제 : 공부에 대한 반감이나 반발심과 같은 부정적 감정은 없지만, 공부의 필요성에 근본적인 의문과 회의를 품으며, 공부하려는 마음이 형성되지 않아 다른 놀이에 많은 시간을 투여한다.

　㉢ 집중력 부족 : 주의산만, 잡념 등으로 집중력이 부족해 공부나 성적에 영향을 끼친다.

　㉣ 성적 하락 문제 : 성적이 떨어지거나 오르지 않아 걱정하고 스트레스를 받으며 심한 좌절감과 열등감을 느낀다.

　㉤ 공부 방법 문제 : 효과적으로 공부하는 방법을 모르거나 부적절한 방법으로 공부함으로써 공부나 성적에 좋지 않은 영향을 끼친다.

　㉥ 공부에 대한 반감 : 공부에 대한 근본적 의문은 별로 없이 공부하는 것 자체에 반감과 반발심을 느낀다.

　㉦ 학업능률의 저하 문제 : 나름대로 시간을 투자해 공부했음에도 결과가 좋지 않은데, 그 원인을 뚜렷하게 알 수 없거나 효과적으로 공부하는 방법을 몰라서 고민한다.

　㉧ 능력 부족 : 실제 능력 즉, 지능이나 기억력이 부족해 공부나 성적에 영향을 준다.

　㉨ 공부 습관 미형성 : 공부를 하고자 하는 마음은 있는데, 그것이 체계적 습관으로 형성되지 않는 경우이다.

　㉩ 성적에 대한 집착 : 공부의 질적인 면에 치중하기보다는 점수와 등수에 얽매여서 경쟁심을 느끼고, 심지어 죽고 싶다는 생각까지 하는 경우이다.

　㉪ 학업 관련 파생 문제 : 공부 및 성적과 관련하여 관계에 생기는 문제로 친구나 부모, 교사와의 관계에서 어려움을 겪거나 혹은 성적이 부진한 학생을 무시하거나 놀리는 경우 등이 나타날 수 있다.

[핵심예제]

학습과 관련된 호소문제와 그 내용에 관한 설명으로 옳지 않은 것은?
[20년 19회]

① 성적 하락 문제로 심한 좌절감과 열등감을 갖게 된다.

② 시험불안 문제로 지나치게 성적에 집착하고 하락을 두려워 한다.

③ 학업능률의 저하 문제로 학습동기가 매우 낮으며, 적은 시간 투여로 성적이 오르지 않거나 부진하다.

④ 학업에 대한 회의나 낮은 동기 문제로 다른 놀이에 많은 시간을 투여한다.

⑤ 학업 관련 파생 문제로 성적이 부진한 학생에 대한 무시나 놀림 등이 나타날 수 있다.

정답 ③

해설

학업능률의 저하가 문제인 경우는 나름대로 시간을 투자해 공부했음에도 성적이 오르지 않는 원인을 모르거나 효과적으로 공부하는 방법을 몰라 고민하는 경우이다.

핵심이론 24 학습부진 문제의 분류 유형

① 홍경자 등(2002)은 학습부진 문제를 대분류, 중분류, 소분류로 구분하고, 대분류는 인지적, 정의적, 관계의 문제로 구분하였다. 자세한 내용은 아래 표와 같다.

대분류	중분류	소분류
인지적 문제	지적 능력 부족의 문제	• 능력 부족 • 기 타
	학습전략의 문제	• 집중력 부족 • 공부 방법 문제 • 노력은 했는데 성적이 오르지 않음 • 기 타
정의적 (정서적) 문제	학습동기의 문제	• 공부 자체에 대한 회의와 의문 • 공부에 대한 동기 부족
	공부 태도의 문제	• 공부에 대한 반감 • 공부 습관 미형성 • 기 타
	학습 관련 스트레스와 시험불안	• 시험불안 • 성적저하 및 저조로 인한 걱정과 스트레스 • 성적에 대한 집착 • 기 타
관계의 문제	관계 관련 문제	• 성적으로 인한 관계 문제 • 관계 문제로 인한 학업문제 • 기 타

② 황매향(2009)은 호소문제와 학습부진 요인을 통합한 2차원적 학업문제 유형 분류를 제안하였고, 그 내용은 다음 표와 같다.

시험불안	• 인지적 요인 : 비합리적 신념 • 정서적 요인 : 불안
공부에 대한 회의	• 인지적 요인 : 비합리적 신념 • 정서적 요인 : 우울
집중력	• 인지적 요인 : 인지양식 • 행동적 요인 : 학습전략
걱정과 스트레스	• 인지적 요인 : 공부에 대한 태도 · 동기, 부모의 기대에 대한 지각, 비합리적 신념 • 정서적 요인 : 우울, 불안
공부 방법	• 인지적 요인 : 인지양식 • 행동적 요인 : 학습전략, 공부시간
공부에 대한 반감	• 인지적 요인 : 공부에 대한 태도 · 동기, 비합리적 신념
노력해도 성적이 안 오름	• 능력요인 : 지능, 기초학습, 선수학습, 적성 • 행동적 요인 : 학습전략
능력부족	• 능력요인 : 지능, 기초학습, 선수학습 • 행동적 요인 : 학습전략
공부 습관 미형성	• 행동적 요인 : 학습전략, 공부시간
동기부족	• 인지적 요인 : 공부에 대한 태도 · 동기
성적에 대한 집착	• 인지적 요인 : 비합리적 신념 • 정서적 요인 : 불안, 스트레스 • 환경적 요인 : 심리적 환경
대인관계	• 환경적 요인 : 심리적 환경
낮은 학습효능감	• 인지적 요인 : 공부에 대한 태도 · 동기, 부모의 기대에 대한 지각
다른 활동과 갈등	• 인지적 요인 : 공부에 대한 태도 · 동기 • 행동적 요인 : 공부시간 • 환경적 요인 : 물리적 환경, 심리적 환경
신체적 · 물리적 환경	• 환경적 요인 : 물리적 환경

③ 황매향의 학습부진 요인 분류의 예

변화 가능

2사분면 부모와의 관계, 부모의 양육태도, 성취압력, 또래관계, 교사와의 관계, 형제와의 경쟁	1사분면 기초학습기능, 선수학습, 습동기, 학습전략, 성격, 공부에 대한 태도, 부모에 대한 지각, 불안, 우울, 비합리적 신념, 자아개념, 공부시간
3사분면 부모의 지위변인, 가족구조의 변화, 학교풍토, 교육과정, 교사의 교수법, 학습과제, 학교시설, 시험형식, 경쟁구조, 사교육	4사분면 지능, 적성, 기질, 인지양식

환경변인 ← → 개인변인

변화 불가능

[핵심예제]

다음 보기에서 혜진이가 보이는 학습부진 요인은? [19년 18회]

중학교 2학년인 혜진이는 공부할 때 외우는 것을 중요하게 여긴다. 무슨 과목이든 이해가 되지 않아도 무조건 외우기만 하면 시험을 잘 볼 수 있을 것이라고 생각한다. 하지만 수학 시험에 응용문제가 출제되어 외운 공식 중 어떤 것을 적용해야 할지 몰라서 풀 수가 없었다.

① 인지적 요인　　　　② 정서적 요인
③ 사회적 요인　　　　④ 환경적 요인
⑤ 관계적 요인

정답 ①

|해|설|

혜진이가 보이는 학습부진은 잘못된 공부 방법으로 인한 것으로, 학습 전략의 문제에 해당한다. 학습전략의 문제는 인지적 요인에 속한다.

핵심이론 **25**　**학습장애의 개념**

① 전반적인 지능은 정상 범위에 있지만 특정 영역의 이상으로 학습능력의 결손, 즉 말하기, 읽기, 쓰기, 추론, 산수계산 등에서 결손이 나타나는 장애를 말한다.

② 커크(S. Kirk)와 찰판트(J. Chalfant)는 학습장애를 발달적 학습장애와 학업상 학습장애로 구분하여 설명하기도 하였다.

발달적 학습장애	• 학생이 교과를 습득하기 전에 필요한 신체적 기능에 관한 문제이다. • 1차 장애는 주의장애, 기억장애, 지각장애이며, 2차 장애는 사고장애, 구어장애이다.
학업상 학습장애	• 학교에서 습득하는 학습에 관한 장애이다. • 읽기장애, 글씨쓰기장애, 수학장애, 철자/작문장애 이다.

③ 시각장애, 청각장애, 운동장애, 지적장애, 정서장애에 따른 학습결손, 또는 환경·문화·경제적 결핍에 따른 학습결손은 학습장애에 포함되지 않는다.

④ 학습장애의 한 특성인 학습전략의 결함은 별도의 교육이 없으면 성인이 되어서도 그대로 유지되는 경향이 많다.

⑤ 학습장애의 진단은 부모면담, 신체검사, 심리검사, 신경발달 평가, 심리교육 평가를 통해서 할 수 있다. 구체적으로 BGT, 로샤 검사, K-ABC, K-WISC-Ⅳ, KISE-BAAT(국립특수교육원 기초학력검사) 검사 등이 활용되고 있다.

⑥ 학습장애에서 가장 중요한 것은 '조기발견'과 '조기치료'이며, 학습을 본인의 능력에 맞게 효과적으로 수행하게 하고, 학습장애에 따른 이차적 심리적 문제를 해결하는 것이다. 필요할 경우 약물치료를 병행할 수 있다.

더 **알아보기**

BGT(Bender-Gestalt Test)
기하학적 도형 9개의 자극 카드들을 피검자에게 한 장씩 차례로 보여주면서 그것을 종이 위에 따라 그리도록 하여, 여기서 나온 정보들로 심리를 분석하는 검사이다.

학습장애 진단에 사용하는 검사를 모두 고른 것은?

[19년 18회]

ㄱ. K-WISC-Ⅳ	ㄴ. MBTI
ㄷ. KISE-BAAT	ㄹ. LCSI

① ㄱ, ㄴ ② ㄱ, ㄷ
③ ㄴ, ㄷ ④ ㄱ, ㄷ, ㄹ
⑤ ㄴ, ㄷ, ㄹ

정답 ②

해설
학습장애 진단 검사로는 BGT, 로샤 검사, K-ABC, K-WISC-Ⅳ, KISE-BAAT(국립특수교육원 기초학력검사) 검사 등이 활용되고 있다.

핵심이론 **26** **기어리(Geary)의 수학학습장애**

① 개 요
  ㉠ 단순 연산의 인출과 장기기억화의 어려움으로 인한 경우이다.
  ㉡ 주의집중의 부족이나 논리적 연산의 수행에 어려움을 겪는 경우이다.
  ㉢ 연산 절차상의 어려움을 겪는 경우이다.
  ㉣ 수리적 정보의 표상과 해석에 있어서 시공간적 기술 사용 상 어려움을 겪는 경우이다.
  ㉤ 읽기장애를 동반하는 경우이다.

② 기어리(Geary)가 제시한 수학학습장애와 관련된 인지적 결함

절차적 결함	• 개념적 지식, 신경심리 측면에서 나타나며, 연산문제를 해결하는 데 있어 오류를 많이 범한다. • 기초적인 수학 개념(예 수, 기호)에 대한 이해 능력이 낮으며, 이로 인하여 복잡한 절차가 요구되는 문제를 해결하는 데 있어 발달지체를 경험하고, 절차적 오류를 탐색하는 능력이 낮다. • 아동의 우반구에 손상이 발생하면 세기 절차에 어려움이 발생하고, 복잡한 연산문제를 해결하는 데 많은 어려움을 겪게 된다.
기억인출 결함 (의미론적 결함)	• 수학 학습과정에서 기억에 중심을 둔 문제해결을 잘하지 못한다. • 실제로 학습장애 학생은 수학개념과 수학식을 인출하는 데 문제가 있으며, 인출하는 시간도 오래 걸린다.
시공간적 결함	• 시공간적 결함은 기하학과 복잡한 문장제 문제의 해결에 상당한 영향을 준다.

기어리(D. Geary)가 제시한 수학학습장애의 유형으로 옳지 않은 것은?

[17년 16회]

① 읽기장애가 공존하는 장애
② 연산절차 상의 어려움을 겪는 장애
③ 수리적 정보의 시·공간적 표상에 어려움을 겪는 장애
④ 방향이나 시간개념 상의 어려움을 겪는 장애
⑤ 단순 연산의 인출과 장기기억화의 어려움으로 인한 장애

정답 ④

해설
방향이나 시간개념 상에 어려움을 겪는 장애는 수학학습장애의 유형에 속하지 않는다.

핵심이론 27 학습장애의 유형과 학습장애 학생의 특성

① 학습장애의 유형

언어성 학습장애	• 언어 능력이 현저하게 뒤처져 있는 상태를 가리킨다. • 좌뇌를 중심으로 하는 언어 학습에 특히 어려움을 보인다. • 말이나 문장의 의미 이해에 곤란을 나타낸다.
비언어성 학습장애	• 좌우 양반구 중에서 우뇌를 중심으로 하는 시지각과 공간인지학습에 어려움을 나타낸다. • 쓰기장애와 읽기장애의 대부분은 비언어성 학습장애 아동에게서 나타난다. • 뛰어난 음절읽기와 철자쓰기, 글 쓸 때의 운동문제, 새로운 상황에의 적응문제, 심한 과잉 행동 등의 특징이 있다.
혼합성 학습장애	• 언어성과 비언어성의 문제를 모두 가지고 있는 경우이다. • 뇌기능에서는 좌우의 뇌기능에 문제를 가지고 있다.

② 학습장애 학생의 특성

인지적 특성	• 지적능력은 평균적인 지능을 보이고 주의집중력이 떨어지며, 인지처리 과정에 결함을 보인다.
정서적 특징	• 부정적 자아개념을 가지며, 좌절 극복 의지가 약하고 사회적으로 위축되어 있다. • 불안 수준이 높고 자기관리 능력이 부족하다.
행동적 특성	• 충동적 과잉행동의 문제를 보이고, 협응 능력이 떨어져 동작이 전반적으로 어설프고 부자연스럽다. • 시각 및 청각적 정보처리의 문제로 인해 읽거나 쓰기를 하지 못한다.

[핵심예제]

비언어성 학습장애의 특징으로 옳은 것을 모두 고른 것은?

[16년 14회]

ㄱ. 뛰어난 음절읽기와 철자쓰기
ㄴ. 글 쓸 때의 운동문제
ㄷ. 뛰어난 사회적 판단 및 상호작용
ㄹ. 새로운 상황에의 적응문제
ㅁ. 심한 과잉행동

① ㄱ, ㄷ
② ㄴ, ㄷ, ㄹ
③ ㄱ, ㄴ, ㄹ, ㅁ
④ ㄴ, ㄷ, ㄹ, ㅁ
⑤ ㄱ, ㄴ, ㄷ, ㄹ, ㅁ

정답 ③

해설
ㄷ. 사회성 인지의 결함으로 인하여 사회적 맥락에서 상황을 파악하는 능력이 떨어져 사회적 관계형성 능력이 떨어지는 경우가 대부분이다.

핵심이론 28 국립특수교육원의 학습장애 아동 선별

① 학습장애 아동은 기억력이 떨어져 지시사항을 적절히 수행하지 못하는 아동을 뜻한다.

② 시각장애, 청각장애, 지적장애, 정서장애, 문화적 기회결핍 등에 의해 학력이 지체된 아동은 학습장애에서 제외한다.

③ 학습장애 아동은 읽기를 할 때 낱말을 빠뜨리거나, 다른 말로 바꾸어 읽거나, 앞뒤 낱말을 바꾸어 읽는다.

④ 학습장애 아동은 쓰기를 할 때 글자를 앞뒤, 상하로 바꾸어 쓰거나 읽을 수 없을 정도의 난필로 쓴다.

⑤ 학습장애아동은 -2 표준편차(자료값들이 특정값으로부터 떨어진 정도) 이상의 정상적인 지능을 지니고, 연령수준에 적합한 일반적인 교수-학습방법에 따라 학습을 경험하고서도 읽기, 쓰기, 수학적 추리 및 계산과 같은 영역에서의 성취수준이 해당하는 학년 수준에서 2년 이상 지체되어 특별한 지원을 지속적으로 요구하는 아동을 말한다.

⑥ 국립특수교육원의 KISE-BAAT 기초학력검사는 KISE-BAAT(읽기), KISE-BAAT(쓰기), KISE-BAAT(수학)의 3개 소검사로 구성된 도구로서 유치원, 초등 1~6학년, 중학생 1~3학년의 현재 학년과 기초학력지수를 알아볼 수 있는 진단평가 검사도구이다.

읽기학습장애	낱말읽기, 문장 독해 등의 분야에서 학습장애를 보이는 자
쓰기학습장애	철자, 쓰기, 글짓기 등의 분야에서 학습장애를 보이는 자
수학학습장애	수학적 추리 · 문제해결, 계산, 도형 등의 분야에서 학습장애를 보이는 자
중복학습장애	읽기, 쓰기, 수학학습장애 영역 가운데 2개 이상의 분야에서 학습장애를 보이는 자

[핵심예제]

국립특수교육원에서 실시하는 학습장애아동의 선별에 관한 설명으로 옳지 않은 것은? [16년 14회]

① 학습장애 아동은 기억력이 떨어져 지시사항을 적절히 수행하지 못한다.

② 시각장애, 청각장애, 정신지체, 정서장애, 문화적 기회결핍 등에 의해 학력이 지체된 아동은 학습장애에서 제외한다.

③ 학습장애 아동은 읽기를 할 때 낱말을 빠뜨리거나, 다른 말로 바꾸어 읽거나, 앞뒤 낱말을 바꾸어 읽는다.

④ 학습장애 아동은 쓰기를 할 때 글자를 앞뒤, 상하로 바꾸어 쓰거나, 읽을 수 없을 정도의 난필로 쓴다.

⑤ 학습장애 아동은 -1 표준편차 이상의 정상적인 지능을 지니고, 해당 학년수준에서 2년 이상 성취가 지체된 아동을 말한다.

정답 ⑤

해설

학습장애 아동은 -2 표준편차 이상의 정상적인 지능을 지니고, 일반적인 학습을 경험하고서도 해당하는 학년 수준에서 2년 혹은 -2 표준편차 이상 지체된 아동을 말한다.

핵심이론 29 | DSM-5의 특정학습장애

① 진단기준

ㄱ 적절한 개입을 했는데도 학습하는 데 어려움을 느끼는 증상이 다음 중 1가지 이상 최소 6개월이 지속될 경우에 특정 학습장애로 진단한다.

- 부정확하거나 부자연스러운 단어 읽기
- 읽은 것의 의미를 이해하는 것이 어려움
- 철자법이 어려움
- 글로 표현하는 것이 어려움
- 수 감각, 연산값 암기, 산술적 계산을 숙달하는 데의 어려움
- 수학적 추론의 어려움

ㄴ 학습 기술이 표준화된 성취도 검사와 종합적인 임상 평가를 통해 생활연령에 기대되는 수준보다 현저하게 양적으로 낮으며, 학업적·직업적 수행이나 일상생활을 현저하게 방해한다는 것이 확인되어야 한다. 17세 이상인 경우 학습의 어려움에 대한 과거 병력이 표준화된 평가를 대신할 수 있다.

ㄷ 학습의 어려움은 학령기에 시작되나, 해당 학습 기술을 요구하는 정도가 개인의 능력을 넘어서는 시기가 되어야 분명히 드러날 수도 있다.

ㄹ 학습의 어려움은 지적장애, 시력이나 청력 문제, 다른 정신적·신경학적 장애, 정신적 불행, 학습 지도사가 해당 언어에 능숙하지 못한 경우, 불충분한 교육적 지도로 더 잘 설명되지 않는다.

ㅁ 명시할 것 : 손상된 모든 학업 영역과 보조 기술에 대해 세부화

- 읽기 손상 동반 : 단어 읽기 정확도, 읽기 속도 또는 유창성, 독해력
- 쓰기 손상 동반 : 철자 정확도, 문법과 구두점 정확도, 작문의 명료도와 구조화
- 수학 손상 동반 : 수 감각, 단순 연산값의 암기, 계산의 정확도 또는 유창성, 수학적 추론의 정확도

② 특 징

ㄱ 기존에는 '읽기장애', '쓰기장애', '수학장애'로 분류되어 진단하였으나, DSM-5에서는 '특정학습장애'라는 하나의 진단명 하에 포함하였다.

ㄴ 대부분의 경우 학업적 어려움은 학령기 초기에 분명해지기 시작한다.

ㄷ 학업적 어려움은 환경적으로 불리한 조건이나 교육기회의 부족과 같은 일반적인 요인에 의한 것이 아니어야 한다.

ㄹ 학업적 어려움은 지적발달장애나 전반적 발달지연에 의한 것이 아니어야 한다.

ㅁ 학습 기술을 배우고 지속하는 것의 어려움이 그에 맞는 적절한 중재를 제공했음에도 최소 6개월 이상 지속된다.

ㅂ 특정학습장애는 생물학적 근원이 있는 신경발달장애이다. 언어적·비언어적 정보를 효과적으로 정확하게 인지하고 처리하는 능력에 영향을 줄 수 있는 유전적·후생적·환경적 요인의 상호작용이 포함된다.

ㅅ 핵심적 학업 기술을 학습하는 데 있어서 지속적인 어려움을 경험하는데, 핵심적 학업 기술을 획득하지 못한 문제로 인해 다른 과목의 학습도 방해를 받는다.

ㅇ 특정학습장애가 있는 청소년과 성인은 읽기나 쓰기 혹은 산수가 요구되는 활동을 회피할 수 있다.

ㅈ 학습의 어려움은 한 가지 영역에 국한되어 있을 수 있다. 따라서 각각 손상된 학습 영역과 특정학습장애의 하위 기술에 대해 명시해야 한다.

[핵심예제]

29-1. 특정학습장애에 대한 『정신질환의 진단 및 통계 편람』 제5판(DSM-5)의 진단기준에 따른 설명으로 옳지 않은 것은?
[16년 15회]

① 대부분의 경우 학업적 어려움은 학령기 초기에 분명해지기 시작한다.

② 학업적 어려움은 환경적으로 불리한 조건이나 교육기회의 부족과 같은 일반적인 외부 요인에 의한 것이 아니어야 한다.

③ 학업적 어려움은 지적발달장애나 전반적 발달지연에 의한 것이 아니어야 한다.

④ 표준화검사 결과와 지능지수 사이에 2 표준편차 이상 차이가 있어야 한다.

⑤ 학습기술을 배우고 사용하는 것의 어려움이 그에 맞는 적절한 중재를 제공했음에도 최소 6개월 이상 지속된다.

정답 ④

29-2. DSM-5에서 제시한 특정학습장애의 진단 기준으로 옳은 것은?
[19년 18회]

① 학습기술을 배우고 사용하는 데 있어서의 어려움이 최소 3개월 이상 지속된다.

② 17세 미만인 경우 학습의 어려움에 대한 과거 병력이 표준화된 평가를 대신할 수 있다.

③ 학습의 어려움은 학령기에 시작되나 해당 학습기술을 요구하는 정도가 개인의 능력을 넘어서는 시기가 되어야 분명히 드러날 수도 있다.

④ 학습의 어려움이 지적장애나 적절한 교육 부족으로 더 잘 설명될 때에도 진단내릴 수 있다.

⑤ 학습의 어려움이 최소 3개 이상의 학업기술이나 학업영역에 나타나야 한다.

정답 ③

해설

29-1

④ DSM-Ⅳ의 내용이다. DSM-5에서는 어려움을 보이는 특정학습영역에 대해 적절한 중재를 제공하였음에도 불구하고 학습의 어려움이 6개월 이상 지속되는 경우로 변경되었다.

29-2

① 최소 6개월 지속될 경우에 특정학습장애로 진단한다.

② 17세 이상인 경우 학습의 어려움에 대한 과거 병력이 표준화된 평가를 대신할 수 있다.

④ 학습적 어려움은 지적발달장애나 전반적 발달지연에 의한 것이 아니어야 하며, 환경적으로 불리한 조건이나 교육기회의 부족과 같은 일반적인 요인에 의한 것도 아니어야 한다.

⑤ 학습의 어려움은 한 가지 영역에 국한되어 있을 수 있다.

핵심이론 **30** | 학습장애 학생들이 겪는 사회적 · 정서적 문제

① 자아개념이 부정확하고, 정교화되어 있지 못하다.
　→ 학급 규칙, 일상적인 학교생활 등에 반영하여 개별 지도, 교과 수행 기준 조정 등을 개별화한다.

② 과제에 대한 잦은 실패로 회피 행동이나 철회, 공격 행동을 보인다.
　→ 학생에 대한 형성평가와 체계적인 관찰을 통하여 성공 경험을 할 수 있도록 계획한다.

③ 학습과제 수행 시 충동적으로 반응하는 경우가 많아 잦은 오류를 범한다.
　→ 과제물을 매번 검토하여 피드백을 해주고 학습속도를 조절한다.

④ 또래 및 교사들과의 관계가 원만하지 못하여 학교생활에 적응하지 못할 가능성이 있다.
　→ 사회적 기술의 부족, 상호작용 기회 부족 등의 잘못된 사회적 행동의 원인을 파악하여 바로잡아 준다.

⑤ 학교에서 성공 시에는 외적 귀인, 실패 시에는 내적 귀인을 함으로써 무기력에 빠진다.
　→ 충분한 공감과 더불어 감정개입 없이 과오를 바로잡아 준다.

⑥ 과도한 불안으로 인해 과잉행동, 주의산만, 신경과민 등을 유발한다.
　→ 공감과 더불어 조력자들이 자기편이라는 것을 인식시킬 필요가 있다.

[핵심예제]

학습장애 학생들이 가지고 있는 특징과 그 대처방안으로 옳지 않은 것은?

[20년 19회]

① 과도한 불안으로 인해 과잉행동, 주의산만, 신경과민인 경우 혼자서 문제를 해결하도록 한다.

② 또래관계가 원만하지 못한 경우 잘못된 사회적 기술을 바로 잡아준다.

③ 충동적으로 반응하여 오류가 많은 경우 과제물을 자세히 검토하여 학습속도를 조절하도록 한다.

④ 자아개념이 부적절한 경우 이것을 학급규칙, 일상적인 학교생활 등에 반영하여 개별 지도해야 한다.

⑤ 과제를 자주 실패하는 경우 형성평가와 체계적인 관찰을 통하여 성공경험을 할 수 있도록 한다.

정답 ①

해설

과도한 불안으로 인해 과잉행동, 주의산만, 신경과민인 경우 공감과 더불어 조력자들이 자기편이라는 것을 인식시켜 주는 등의 도움을 주어야 한다.

핵심이론 **31** | **지적장애(정신지체)의 개념과 특성**

① 개 념

㉠ 지적장애는 발달시기에 시작되며, 개념·사회·실용 영역에서 지적 기능과 적응 기능에 결함이 있는 상태를 말한다.

㉡ 지적장애는 다음 3가지 기준을 충족시켜야 한다.

• 추리, 문제해결, 계획, 추상적 사고, 판단, 학업, 경험 학습 등과 같은 지적기능의 결함이 있는데, 이는 임상적 평가와 개별 표준화 지능검사 모두에서 확인되어야 한다.

• 개인 독립성 및 사회적 책임에 대한 발달적·문화적 기준을 충족시키지 못하는 적응 기능에서의 결함이 있다. 지속적인 지원이 없다면, 적응 결함은 가정, 학교, 일터, 지역사회 등의 여러 환경에서 의사소통, 사회참여, 독립생활과 같은 일상생활 활동 중 두 영역 이상 제한을 가져온다.

• 지적 및 적응 결함이 발달기에 발병한다.

㉢ 지적장애는 심각도에 따라 가벼운 정도의 지적장애, 중간 정도의 지적장애, 심한 정도의 지적장애, 아주 심한 정도의 지적장애 등 4가지 단계로 분류된다.

구 분	IQ	내 용
경도(가벼운 정도의 지적장애)	50(55)~70	학교 밖에서 지적 결함이 나타날 수도 있고, 그렇지 않을 수도 있다. 특히 스트레스 상황일 때 간헐적인 지원과 도움이 필요할 수 있지만, 흔히 이 범위에 해당하는 아동은 성장해서 독립적인 생활이 가능하다.
중등도(중간 정도의 지적장애)	35(40)~50(55)	어느 정도의 개인적 자율성과 주변과의 사회적 관계를 발달시킬 수 있다. 종종 보호 작업장에서 일하는 데 필요한 기술들을 획득한다.
고도(심한 정도의 지적장애)	20(25)~35(40)	때로 보호 작업장에서의 작업이 가능하기도 하지만, 일반적으로 일생 동안 다른 사람의 도움과 보살핌이 필요하다.
최고도(아주 심한 정도의 지적장애)	20(25) 미만	학습능력이 크게 손상되었고, 전부는 아니어도 대부분의 신체적 요구에 대한 지속적인 보살핌이 필요하다.

② 지적장애(정신지체) 아동의 특성

    ㉠ 인지적 특성 : 빈약한 기억력, 느린 학습속도, 주의집중이 잘 되지 않음, 일반화의 어려움, 동기유발의 어려움 등이 있다.

    ㉡ 심리·정서적 특성 : 실패의 원인을 자기가 아닌 남의 탓으로 돌리며, 실패에 대한 경험이 누적되어 문제의 어려움 정도에 관계없이 미리 실패를 예상한다. 또한 남에게 의존하려는 경향이 많다.

    ㉢ 말·언어의 특성 : 의미적·개념적 측면보다는 형식적·순차적 측면에 초점을 맞추는 경향이 있고 언어 발달이 지체된다. 다운증후군(21번 염색체가 정상보다 많이 발현될 경우에 나타나는 유전병)의 경우 특히 언어발달이 느리다.

    ㉣ 사회성 : 다른 사람과 어떻게 상호작용해야 하는지 몰라 친구를 사귀지 못하는 경우가 많으며, 빈약한 자아개념으로 사회성 발달에 부정적이다. 실제적인 적응행동의 결함으로 신변처리기술이나 사회적 관계와 행동에 제한성을 가진다.

    ㉤ 신체운동기능 : 일반 학생의 평균보다 낮으며, 협응·균형·소근육 운동기능이 떨어진다(특히, 다운증후군의 경우 운동기능이 상당히 열악하다).

[핵심예제]

지적장애(정신지체)에 관한 설명으로 옳은 것은? [16년 14회]

① 지적기능이 매우 낮아서 기본적으로 학습이 불가능하다.

② 지적장애 아동은 정상아동에 비해 인지적 능력은 낮지만 사회성 기술은 차이가 없다.

③ 경도 지적장애 아동은 사회성 교육을 적절하게 받을 경우 독립적 생활이 가능하다.

④ 중년기에 시작되는 경우도 있다.

⑤ 지능검사에서 IQ 85 이하일 때, 지적장애로 판정된다.

정답 ③

해설

① IQ 50(55)~70 미만인 '경도 지적장애'는 기본적인 학습이 가능하다.

② 빈약한 자아개념으로 사회성 발달에 부정적이다.

④ 지적장애는 18세 이전에 발병한다.

⑤ 표준화된 지능검사 결과 지능지수 70 혹은 그 이하를 말한다.

핵심이론 32   **주의력 결핍 과잉행동장애(ADHD)**

① 특 징

    ㉠ 아동기에 많이 나타나는 장애로서, 지속적으로 주의력이 부족하여 산만하고 과다활동, 충동성을 6개월 이상 지속적으로 보이는 상태를 말한다.

    ㉡ 만 12세 이전에 시작하며 성인기까지 계속될 수 있다. 같은 또래의 아동에 비하여 현저하게 부산한 행동을 보이며, 안절부절못하고 충동적인 행동을 나타내기 때문에 가정이나 학교생활에 커다란 어려움을 겪을 수 있다.

    ㉢ 주의력 결핍 과잉행동장애(ADHD) 학생이 많이 드러내는 문제 가운데 하나가 만성적 학습부진이다.

    ㉣ 과잉행동은 별로 나타나지 않지만, 부주의 문제를 주로 보일 때는 주의력 결핍 우세형으로 진단된다.

    ㉤ 부주의 증상은 학업적 결함과 또래들의 무시와도 연관이 있다.

    ㉥ 부주의는 주어진 과제를 수행하지 않고 돌아다닌다거나, 인내심 부족, 지속적 집중의 어려움, 무질서함과 같은 모습으로 발현되나 반항이나 이해 부족에서 기인한 것은 아니어야 한다.

    ㉦ 부주의 행동 특성 9개와 과잉행동 및 충동성 특성 9개로 구성된 총 18개의 행동증상을 통해 진단한다.

    ㉧ ADHD에 진단적인 생물학적 표지자는 없다.

    ㉨ 신경전달물질인 도파민(다양한 동물들의 중추 신경계에서 발견되는 호르몬이나 신경전달물질)과 노르에피네프린(자율신경계에서 발견되는 신경전달물질)이 뇌의 특정 부위에서 적게 나타나는 것이 ADHD 발생에 영향을 미치는 것으로 추정된다.

    ㉩ DSM-5에서는 ADHD의 하위유형을 주의력 결핍 우세형, 과잉행동-충동 우세형, 복합형으로 제시하고 있다.

② 구 분

    ㉠ 주의력 결핍 우세형 : 다음 부주의 증상 중 최소 6개 이상 증상이 6개월 이상 지속되어, 부적응적이고 발달 수준에 부합하지 않으며, 사회적·학업적 활동에 부정적 영향을 미친다.

      • 세부적인 사항에 면밀한 주의를 기울이지 못하거나 학업, 공부 또는 다른 활동을 할 때 부주의한 실수를 한다.

- 흔히 일을 하거나 놀 때 지속적으로 주의집중을 할 수 없다.
- 다른 사람이 직접 말을 할 때 보통 경청하지 않는 것으로 보인다.
- 흔히 지시를 완수하지 못하고, 학업, 잡일, 직장에서의 임무를 수행하지 못한다.
- 흔히 과업과 활동을 체계화하지 못한다.
- 흔히 지속적으로 정신적 노력을 요구하는 과업(예 학업 또는 숙제 등)에 참여하는 것을 피하거나 싫어하거나 저항한다.
- 흔히 활동하거나 숙제하는 데 필요한 물건들을 잃어버린다(예 장난감, 학습과제, 연필, 책 또는 도구들).
- 흔히 외부자극에 의해 쉽게 산만해진다.
- 흔히 일상적인 활동을 잊어버린다.

ⓛ 과잉행동-충동 우세형 : 다음 과잉행동-충동성에 관한 증상 중 적어도 6개 증상이 6개월 이상 부적응적이고 발달 수준에 부합하지 않을 정도로 지속된다.

과잉행동	• 흔히 손발을 꼼지락거리거나 의자에 앉아서도 몸을 가만두지 못한다. • 흔히 앉아 있어야 하는 교실이나 다른 상황에서 자리를 떠난다. • 흔히 부적절한 상황에서 지나치게 뛰어다니거나 기어오른다. • 흔히 조용한 여가활동에 참여하거나 놀지 못한다. • 흔히 '끊임없이 활동하거나' 또는 '자동차(무언가)에 쫓기는 것'처럼 행동한다. • 흔히 지나치게 수다스럽게 말을 한다.
충동성	• 흔히 질문이 채 끝나기도 전에 성급하게 대답한다. • 흔히 차례를 기다리지 못한다. • 흔히 다른 사람의 활동을 방해하고 간섭한다(예 대화나 게임에 참견한다).

ⓒ 복합형 : 지난 6개월 동안 주의력 결핍 증상과 과잉행동 증상이 복합적으로 나타나는 유형이다.

［ 핵심예제 ］

DSM-5의 주의력 결핍 과잉행동장애(ADHD) 중에서 과잉충동행동 증상에 해당하는 것은? [20년 19회]

① 종종 다른 사람의 이야기를 경청하지 않는다.
② 종종 지시에 따라서 행동하지 않거나 과제완성에 어려움을 겪는다.
③ 종종 과제나 활동에 필요한 물건을 잃어버린다.
④ 종종 과제와 활동을 체계화하는 데 어려움이 있다.
⑤ 종종 자신의 차례를 기다리지 못한다.

정답 ⑤

해설
①・②・③・④ 주의력 결핍 우세형에 해당한다.

핵심이론 33 학업문제의 평가 및 진단을 위한 심리검사의 이해

① **지능검사** : 학습자의 인지적 능력을 진단하고 평가하기 위해 사용되는 가장 대표적인 심리검사이다.

웩슬러 아동지능검사	• 웩슬러가 만 5세에서 16세 미만의 아동을 대상으로, 아동의 인지적 능력을 평가하기 위해 개발한 개인용 임상도구이다. • 한국 웩슬러 아동지능검사 4판(K-WISC-IV)은 10개 주요 소검사와 5개 보충 소검사로 구성된다. • 검사 후 결과를 언어이해지표, 작업기억지표, 처리속도지표, 지각추론지표의 네 영역으로 나누어 점수를 매기고, 이를 토대로 아동의 전체적인 인지능력을 나타내는 전체지능지수를 산출한다.
카우프만 아동용 지능검사 (K-ABC)	• 카우프만 부부가 2세 6개월부터 12세 5개월까지의 아동을 대상으로, 아동의 정신과정과 후천적으로 습득한 사실적 지식수준을 측정한다. • 하위검사는 순차처리척도(손동작, 수 회상, 단어배열), 동시처리척도(마법의 창, 얼굴기억, 그림통합, 삼각형, 시각유추, 위치기억, 사진순서), 습득도 척도(표현어휘, 인물과 장소, 산수, 수수께끼, 문자해독, 문장이해)로 구성한다.

② **교육성취도 검사** : 기초적인 학습능력이나 학습가능성을 진단하고 평가한다.

기초학습기능 검사(KEDI-IBLST)	• 한국교육개발원에서 유치원 및 초등학교 수준의 정상아동 및 장애아동을 대상으로 학업에 기초가 되는 능력을 평가하는 데 사용하기 위한 목적으로 표준화된 개인검사용 기초학습진단검사이다. • 정보처리, 셈하기, 읽기Ⅰ, 읽기Ⅱ, 쓰기 등 5개의 소검사로 구성된다.
기초학습기능 수행평가체제 (BASA)	• 초등학교 1~3학년 아동을 대상으로 실제 학생들이 배우는 기초학습기능에 근거하여 학생의 수행정도를 평가하기 위해 개발하였다. • 학습부진아동이나 특수교육 대상자의 읽기, 쓰기, 수학 영역에서의 수행수준을 진단하고 평가하는 검사이다. • 읽기, 쓰기, 수학 등 3개의 검사로 구성된다.
국립특수 교육원 기초학력검사 (KISE-BAAT)	• 학교학습, 특히 국어와 수학에서 부진을 나타내는 아동을 선별 또는 진단한다. • 읽기, 쓰기, 수학의 3개 소검사로 구성된 도구로, 유치원, 초등 1~6학년, 중학생 1~3학년의 현재 학년과 기초학력지수를 알아볼 수 있는 진단평가 검사도구이다.

③ **학습전략 검사** : 최근 인지심리학의 영향으로 학습전략을 다루는 인지적 접근이 학습문제에 대한 주된 개입방법으로 자리 잡게 되면서, 학습자의 학습전략 활용수준을 측정하기 위한 각종 심리검사가 개발되어 사용되었다.

학습잠재능력 검사	• 한국심리자문연구소에서 학습부진의 원인을 진단하기 위해 제작하여 초등학교용, 중학교용, 고등학교용 검사를 별도로 개발하였다. • 검사의 하위척도는 학습능력척도와 학습활동척도 두 가지가 있다.
ALSA 청소년 학습전략검사	• 김동일(2005)이 초등학교 고학년부터 중·고등학생을 대상으로 학습전략을 분석하고, 프로그램 활용을 통한 학습전략 증진에 기여할 목적으로 개발하였다. • 학습동기, 자기효능감, 인지-초인지 전략, 자원관리 전략의 4개의 하위영역을 측정한다.
학습기술진단 검사	• 변영계와 김석우(2001)가 제작한 것으로, 초등학교 고학년부터 중·고등학생을 대상으로 학습자가 스스로 학습 목표를 정하고 학업성취를 이루어 가는 과정을 계획하고 설계하는 데 관련된 일련의 기법을 평가하여 학습기술 향상 방안을 제시할 목적으로 사용한다. • 자기관리, 수업참여, 과제해결, 읽기, 쓰기, 시험치기, 정보처리 등 학습기술을 측정한다.
MLST-Ⅱ 학습전략검사	• 박동혁(2011)이 학습자의 학습과정에서 자기조절 학습 능력의 근간을 이루는 습관적·행동적 및 전략적인 효율성을 측정하기 위해 개발하였다. • 성격적 차원, 정서적 차원, 동기적 차원, 행동적 차원의 4개의 차원으로 구성된다.

④ **학습태도 검사**

학습흥미검사	• 조봉환과 임경희(2003)가 중·고등학생을 대상으로 학습활동에 대한 흥미와 학교생활 장면에서 학생들이 가지고 있는 학습에 대한 흥미를 구체적으로 알아보기 위해 개발하였다. • 학습유형별 흥미척도, 학습유형별 특성 및 학습스타일, 교과별 흥미, 타당도 척도로 구성된다.
표준화 학습흥미검사	• 이상로와 변창진(1990)이 중·고등학교 학생을 대상으로 중·고등학교 교육과정에 포함된 학습활동에 대한 흥미를 구체적으로 알아보기 위해 개발하였다.
학업동기검사 (AMT ; Academic Motivation Test)	• 김아영(2003)이 초등학교부터 대학교까지의 학생을 대상으로 학습자를 이해하고 학습수행을 예측하며, 실패에 대한 건설적인 반응 여부를 파악할 목적으로 개발하였다. • 학업적 자기효능감 척도와 학업적 실패내성척도로 구성된다.

학업동기 및 학습전략검사 (L-MOST)	• 김효창(2011)이 초등학교 3학년부터 고등학교까지의 학생을 대상으로 학습수행 향상을 위해 요구되는 다양한 학습동기 및 학습전략에서 학생 개개인의 장점과 단점을 파악하기 위해 개발하였다. • 학업동기척도, 학습전략척도, 정서척도, 타당도 척도로 구성된다.
학습습관검사	• 학생들에게 자신들의 학습 습관이 다른 학생들에 비해 상대적으로 얼마나 적절한지를 확인하고, 부적절한 습관을 개선하기 위한 전략을 논의하는 데 유용한 정보를 제공한다. • 동기, 자신감, 실천, 이해, 정리, 기억, 관리 등 7가지 하위척도로 구성된다.

⑤ 기타 특수검사

한국판 학습장애평가 척도 (K-LDES)	• 실생활에서 아동을 매일 접하는 교사나 부모가 평가하는 척도로, 아동의 학습문제를 조기에 발견하여 조속한 치료적 도움을 받는 데 유용하다. • 주의력, 생각하기, 말하기, 읽기, 쓰기, 철자법, 수학적 계산을 통해 아동의 학습문제를 진단한다.
아동·청소년 행동평가척도 (K-CBCL)	• 4세부터 17세까지의 아동·청소년을 대상으로 그들의 사회적 적응 및 학업수행 그리고 정서·행동 문제를 부모가 평가하는 것으로, 아동·청소년의 심리장애 진단에 유용하다.
주의집중력 검사	• 학생의 주의력과 집중력을 평가하여 개선 방안을 강구하는 데 유용한 정보를 제공한다.
진로탐색검사	• 학생의 직업적 흥미나 성격 등 진로선택에 필요한 유용한 정보를 제공하여 학습의욕을 회복하도록 도움을 제공한다.
기초학습기능 수행평가체제 (BASA)	• 초등학교 1~3학년 아동을 대상으로 실제 학생들이 배우는 기초학습기능에 근거하여 학생의 수행 정도를 평가하기 위해 개발하였다.

[핵심예제]

학업상담에서 활용될 수 있는 심리검사에 관한 설명으로 옳은 것을 모두 고른 것은?   [18년 17회]

> ㄱ. ALSA 청소년학습전략검사의 하위 요인은 학습동기, 자기효능감, 인지·초인지전략, 자원관리전략이다.
> ㄴ. 한국 웩슬러 아동지능검사 4판(K-WISC-Ⅳ)은 9개 주요 소검사와 4개 보충 소검사로 구성되어 있다.
> ㄷ. 기초학습기능검사(KEDI-IBLST)는 정보처리, 셈하기, 읽기Ⅰ, 읽기Ⅱ, 쓰기의 5개 소검사로 구성되어 있다.
> ㄹ. MLST 학습전략검사는 성격적 차원, 정서적 차원, 동기적 차원, 행동적 차원으로 구성되어 있다.

① ㄱ, ㄴ   ② ㄴ, ㄷ
③ ㄱ, ㄴ, ㄹ   ④ ㄱ, ㄷ, ㄹ
⑤ ㄴ, ㄷ, ㄹ

정답 ④

해설

ㄴ. 한국 웩슬러 아동지능검사 4판(K-WISC-Ⅳ)은 10개 주요 소검사와 5개 보충 소검사로 구성되어 있다.

핵심이론 34 　일반적인 심리검사 활용지침

① 심리검사 필요 여부 판단과정에서의 지침
　㉠ 검사를 하려는 목적을 분명히 한다.
　㉡ 학생을 실습 대상으로 삼지 않는다.
　㉢ 검사는 자격이 있는 사람이 표준화된 절차에 따라 실시해야 하므로, 자신이 실시와 해석을 할 수 있는 전문성을 가지고 있는지 돌아본다.
　㉣ 검사의 실시와 해석이 내담자의 문화에 적절하게 적용될 수 있는지 확인한다.

② 심리검사 선정과정의 지침
　㉠ 검사목적에 맞는 검사를 선정한다.
　㉡ 검사의 신뢰도와 타당도, 검사 규준을 확인한다.
　㉢ 검사의 실용성을 고려한다.

③ 심리검사 결과 해석에서의 지침
　㉠ 검사결과에 대해 학생이 어떻게 기대하고 있는지 먼저 탐색한다.
　㉡ 검사결과는 하나의 잠정적인 결과임을 인식하고 학생에게 알려준다.
　㉢ 한두 개의 숫자, 한두 개의 유형 정보만 알려주고 결과를 해석했다고 생각하지 않는다.
　㉣ 심리검사는 학생에 대한 여러 가지 이해 방법 중 하나일 뿐임을 명심한다.
　㉤ 심리검사 결과가 평소의 행동 관찰 결과와 다를 때, 이러한 차이를 보이는 이유에 대해 궁금해 하고 탐색한다.

④ 학업상담 시 심리검사 활용지침
　㉠ 검사의 목적이나 진행방법, 검사의 한계에 대해 내담자에게 충분히 설명해주어야 한다.
　㉡ 검사 매뉴얼(검사요강)에 제시된 표준화된 검사 실시와 채점 절차를 따라야 한다.
　㉢ 검사자와 피검자 간의 라포(Rapport) 형성에 유의한다.
　㉣ 한 번에 너무 많이 검사하려고 하지 않는다.
　㉤ 검사에서 얻은 정보에 대해서는 비밀보장의 원칙을 준수한다.

[핵심예제]

학업상담에서 검사를 사용할 때 주의사항으로 옳지 않은 것은?　[19년 18회]

① 검사를 실시하고자 하는 목적을 명확히 한다.
② 검사의 실시와 해석이 내담자 문화에 적절하게 적용될 수 있는지 확인한다.
③ 내담자가 검사결과를 잘못 이해하지 않도록 정확한 해석을 제공한다.
④ 검사결과를 절대적으로 신뢰하여 내담자에게 진단명을 전달하는 데 초점을 둔다.
⑤ 검사는 자격이 있는 사람이 표준화된 절차에 따라 실시해야 한다.

정답 ④

해설
검사는 내담자에 대한 여러 가지 이해 방법 중 하나일 뿐임을 명심하며, 하나의 잠정적인 결과임을 인식하고 내담자에게 알려주어야 한다.

핵심이론 35 학습장애의 진단모델

① 능력-성취 불일치(IQ-Achievement Discrepancy)
  ㉠ 아동이 지닌 잠재적인 능력과 학업성취 간에 나타나는 심각한 차이로 진단하는 것이다.
  ㉡ 심각한 차이란 지능검사에서 측정되는 잠재력과 실제로 나타나는 성취도 간의 차이로, 능력-성취 불일치를 말한다.
  ㉢ 복잡하고 중요한 결정인 학습장애 진단을 단일공존에 의존하며, 지능검사 자체가 잠재력을 측정하는지에 대한 의문이 있다.

② 중재-반응 모형(Responsiveness-To-Intervention)
  ㉠ 정 의
    • 중재-반응 모형은 교육적 중재에 대한 아동의 반응을 연속적인 과정으로 평가·진단하는 모형으로서, 아동이 효과적인 중재에 적절하게 반응을 하지 못하여 또래 아동들보다 현저하게 낮은 성취수준과 느린 진전도(성취기울기)를 보이는 경우, 이 중 불일치가 발생하였다고 보고 이를 학습장애로 진단한다.
    • 중재-반응 모형이 적용되면서 '선(先)중재, 후(後)진단'의 원리에 바탕을 둔 중재와 평가 과정이 강조되며, 일회적 평가결과에 근거한 장애진단을 지양하고, 중재와 반응의 상호역동적인 과정과 계속적인 학습평가 과정을 중요시한다.
    • 학업문제를 가진 학생을 조기에 선별함으로써 학생들이 실패할 때까지 기다리지 않고 조기에 개입(중재)할 수 있다.
    • 학습장애 진단과 평가결과는 개입(중재)과 상호역동적인 관계이다.
    • 중재-반응 모형을 통해 중재과정에서 환경적 요인에 의한 학습문제와 개인의 내적 요인(중추신경계 기능장애로 추정)에 의한 학습문제를 변별할 수 있다.

  ㉡ 중재-반응 3단계 모형

1단계	• 모든 내담자를 대상으로 평가하고, 내담자의 학습에 관한 진전도를 점검하기 위해 일반교육에서 질적이고 핵심적인 교수를 적용하고 평가를 실시하는 것이다.
2단계	• 1단계에서 핵심적인 교육과정을 받았으나 중재에 반응하지 못한 대략 15%의 내담자를 지원하기 위해, 교정적 지원을 필요로 하는 내담자를 진단하고 이들 내담자에게 소집단 중재를 제공하는 것이다. • 효과적인 중재에 반응하는 정도가 동등한 지적 능력을 소유한 또래들에 비해 적절한지를 점검한다.
3단계	• 적어도 1주일에 한 번 이상 진전도 점검을 실시하면서 매일 적어도 30분 동안 개별화(특수교육 지원)된 중재를 제공한다.

[핵심예제]

학습장애 진단을 위한 중재-반응 3단계 모형에 관한 설명으로 옳지 않은 것은?   [17년 16회]
① 1단계에서 일반학급에서 통합교육을 받게 된다.
② 2단계에서 소집단 중심의 집중교육을 받게 된다.
③ 진단은 3단계의 교육이 진행된 이후에 실시한다.
④ 3단계에서 개별화 중심의 특수교육 지원이 이루어진다.
⑤ 2단계에서 효과적인 중재에 반응하는 정도가 동등한 지적 능력을 소유한 또래들에 비해 적절한지를 점검한다.

정답 ③

해설
③ 아동의 반응을 연속적인 과정으로 진단한다.

| 제4장 | 학습전략에 대한 이해 및 실제 |

핵심이론 36 학습전략의 의의

① 학습자의 학습과정에 영향을 미치는 행동양식과 사고체제로서, 학습자가 새로운 정보를 선택·획득·조직하여 통합하는 방식에 영향을 미치는 인간의 정보처리 활동이다.

② 학습을 더 효과적으로 하기 위해 학습자 자신이 취하는 모든 방법적 사고 또는 행동이다.

③ 효율적 학습과 정보기억에 도움이 되는 여러 가지 종류의 기능이나 방법이다.

④ 정보의 획득, 저장, 활용을 촉진시킬 수 있는 일련의 과정이나 단계이며, 학습자가 새로운 정보를 선택·획득·조직·저장하는 방식에 영향을 미치는 모든 정보처리 활동이다.

⑤ 학습목표를 달성하기 위한 전체적인 계획 과정이며, 학습 촉진을 위하여 학습자가 사용하는 여러 가지 정신적 조작으로서 목표지향적인 구체적인 활동이다.

⑥ 학습방법 및 전략은 학년이 높아질수록, 학습에 투여하는 시간이 많은 과제일수록 학업성취에 미치는 영향이 커진다.

⑦ 학년이 높아지고 학습해야 할 양이 많아지면서 상황에 맞는 공부 방법을 습득하고 활용해야 하는데, 이 부분에서 실패하고 이전에 사용하던 학습전략을 그대로 사용하는 내담자들이 많다.

⑧ 의식적일 수도 있고, 무의식적일 수도 있으며, 감정 상태를 관리하기 위한 정의적 전략도 포함될 수 있다.

⑨ 조직화 전략은 학습내용의 내적 연결 구조를 만들 때 사용할 수 있다.

⑩ 낮은 수준의 정보처리과정과 높은 수준의 정보처리과정이 다 포함된다.

⑪ 절차적(Procedural) 지식이란, 특정한 것을 행하는 '방법'에 대한 지식으로 여러 가지 기호나 상징을 사용하여 환경과 상호작용할 수 있는 능력을 말하며 학습전략에 포함된다.

[핵심예제]

학습전략에 관한 설명으로 옳지 않은 것은? [15년 13회]

① 절차적 지식은 포함되지 않는다.
② 의식적일 수도 있고, 무의식적일 수도 있다.
③ 감정 상태를 관리하기 위한 정의적 전략도 포함될 수 있다.
④ 조직화 전략은 학습내용의 내적 연결 구조를 만들 때 사용할 수 있다.
⑤ 낮은 수준의 정보처리과정과 높은 수준의 정보처리과정이 다 포함된다.

정답 ①

해설
절차적 지식은 학습전략에 포함된다.

핵심이론 37 학습전략에 대한 학자들의 개념 정의

① 댄서로우(Dansereau) : 정보의 획득, 저장, 그리고 그 활용을 촉진할 수 있는 일련의 과정 또는 단계를 말하며, 주전략으로서 정보처리 과정을 이해, 파지, 회상, 사용 전략으로 구분하였다.

② 와인슈타인 & 메이어(Weinstein & Mayer) : 학습자의 정보 약호화 과정에 영향을 미치거나 학습에 관여하는 모든 사고체계와 행동양식을 말한다.

③ 존스(Jones) : 학습을 촉진시키기 위하여 학습자가 사용하는 여러 가지 정신적 조작이라고 정의하면서, 이러한 학습전략은 의식적이든 무의식적이든 간에 목적지향적인 구체적인 행동을 말한다.

④ 맥키치(Mckeachie) : 학습전략을 인지전략, 상위(초)인지전략, 그리고 자기자원관리전략의 3가지 범주로 대별한다.

[핵심예제]

다음 각 학습전략에 대한 정의를 제시한 학자는? [17년 16회]

> ㄱ - 학습전략이란 정보의 획득, 저장, 유용화를 촉진시킬 수 있는 일련의 과정이나 단계이다.
> ㄴ - 학습전략이란 학습자의 정보 약호화 과정에 영향을 미치거나 학습에 관여하는 모든 사고체계와 행동양식을 말한다.

① ㄱ - 댄서로우(D. Dansereau)
　 ㄴ - 와인스타인과 메이어(Weinstein & Mayer)
② ㄱ - 존스(B. Jones)
　 ㄴ - 대리(S. Derry)
③ ㄱ - 코트렐(C. Cottrell)
　 ㄴ - 댄서로우(D. Dansereau)
④ ㄱ - 대리(S. Derry)
　 ㄴ - 와인스타인과 메이어(Weinstein & Mayer)
⑤ ㄱ - 댄서로우(D. Dansereau)
　 ㄴ - 코트렐(C. Cottrell)

정답 ①

해설
ㄱ - 댄서로우(D. Dansereau), ㄴ - 와인스타인과 메이어(Weinstein & Mayer)가 제시한 내용이다.

핵심이론 38 학습전략의 종류 - 맥키치(Mckeachie)의 학습전략

① 인지전략(Cognitive Strategies) : 학습자가 공부할 자료를 기억하고 이해하는 데 사용하는 자료의 부호화 즉, 학습에 관한 전략과 정보의 인출에 관한 전략으로 시연, 정교화, 조직화 전략이 해당한다.

시연	• 단기기억 속에서 정보가 사라지지 않게 하기 위한 전략으로 학습내용을 외우거나 소리 내어 읽는 것을 말한다. • 방법으로는 중요한 부분에 밑줄긋기, 강조표시하기, 베끼기, 색칠하기, 학습할 항목 암송하기, 선택적으로 노트 정리하기, 내용을 알 때까지 반복적으로 쓰기 등이 있다. • 8세 무렵 비자발적으로 학습내용을 시연하다가, 12세 무렵 자발적으로 시연을 하기 시작한다.
정교화	• 학습자료를 의미 있게 하기 위하여 새 정보를 이전 정보와 관련시켜 특정한 관계를 지니도록 하는 방법이다. • 그 방법으로는 다음과 같은 것이 있다. 　- 중요한 개념이 있으면 쉬운 말로 풀어본다(의역하기). 　- 주요 개념을 공부할 때는 자기말로 바꾸어 본다(매개 단어법). 　- 새로운 개념을 배울 때는 이해하기 쉽도록 구체적인 예를 떠올려 본다(심상의 형성). 　- 어떤 주제를 공부할 때, 내가 지금까지 알고 있는 것과 관련성을 찾아본다(유추하기). 　- 노트필기를 통하여 수강한 강의내용을 다시 반복 연습한다(창의적 노트하기). 　- 학습내용을 실생활과 관련지어 공부한다.
조직화	• 학습내용의 요소 간의 관계를 논리적으로 구성해 보는 것으로 중요한 개념을 중심으로 내용을 분석해 보거나 이들 간에 어떤 관계가 존재하는지를 추론하여 복잡한 내용을 더 쉽게 이해할 수 있도록 돕는 인지전략이다. 　- 어떤 주제에 대해 공부할 때 나름대로 내 생각을 정리해 본다. 　- 내용이 복잡할 때는 도표를 그리거나 요약해 본다(도표화 및 개요화). 　- 공부를 할 때 개념들을 모아서 나름대로 관계를 정립해 본다(핵심 아이디어의 선택). 　- 국사나 사회(세계사)를 공부할 때는 연대별로 묶어서 공부한다(물리적 혹은 추상적 객체들을 비슷한 객체로 그룹화하는 군집화).

② 상위(초)인지전략(Metacognitive Strategies) : 학습자가 학습하면서 자신의 인지과정에 대한 개념을 형성하는 것으로써, 이를 통해 효과적인 인지전략을 선택하고 통제하고 조절하는 전략이다.

계 획	학습을 할 때 어떤 인지전략을 사용할 것인지를 계획하는 것으로 목차부터 살펴보기, 무슨 내용에 대한 것인지를 대강 훑어보기, 문제를 풀기 전에 무엇을 묻고자 하는지를 추측하기가 이에 해당한다.
점검(조정)	자신의 학습과정을 점검하는 인지활동으로서 학습내용에 집중하기, 자신의 이해정도를 스스로 평가해보기, 시험 보는 동안 문제 푸는 속도 체크하기 등이 해당한다.
조 절	점검과 밀접한 관계가 있는 것으로, 자신의 학습활동을 점검하다가 문제가 생기게 되면 앞으로 다시 돌아가 공부하기, 이해하기 어려운 부분이 있으면 속도를 줄이는 것 등이 이에 해당한다.

③ 자기자원관리전략(Resource Management Strategies)

시간관리전략	시간표 작성, 목표설정
공부환경관리전략	장소 정리, 조용한 장소 확보, 조직적인 장소 조성
노력관리전략	자기효능감을 높이는 노력에 대한 귀인, 학습분위기 조성, 자기강화
타인의 조력추구전략	교사·동료로부터 조력을 추구, 집단학습, 개인 지도받기 등

더 알아보기

학습을 위한 시간관리전략 : 학습할 시간을 어떻게 계획하고 확보하고 실천해 나갈 것인가와 관련된 전략

1. 목표설정 단계
2. 계획단계
3. 의사결정 단계
4. 실행단계
5. 통제 및 평가단계
6. 정보이용 단계

[핵심예제]

맥키치(W. McKeachie)가 제시한 정교화전략의 기법은?

[19년 18회]

① 암 송
② 조직화
③ 심상법
④ 목표설정
⑤ 복 습

정답 ③

해설

정교화전략의 기법에는 심상법, 의역하기, 매개 단어법, 유추하기 등이 있다.

핵심이론 39 학습전략의 종류 – 협동학습전략

① 협동학습전략이란 학생과 학생 사이의 활발한 사회적 상호 작용을 통하여 학습효과를 극대화시키는 교수 전략을 말한다.

② 새로운 정보를 학습하는 데 도움이 된다.

③ 개별학습과 수행과제에 대한 전이를 용이하게 한다.

④ 지식의 공유가 높을수록 각 학생들의 학습에 긍정적인 영향을 준다.

⑤ 상호이해, 타인에 대한 긍정적 태도, 친절함 등을 길러주는 데 효과적이다.

⑥ 장점과 단점

장 점	• 학생 측면 : 학생 흥미 유발, 학업 성취도 증진, 사회적 기술 훈련, 자아존중감 강화 • 교사 측면 : 다양한 교수 전략을 제공
단 점	• 일부 학생이 거부하면 나머지 학생들에게 좋지 않은 영향을 미칠 수 있다. • 학습 내용보다는 집단 분위기에 쉽게 휩쓸려 갈 수 있다. • 학습 과정에 있어서 잘못된 지식을 습득할 수 있는 가능성이 있다.

[핵심예제]

협동학습전략의 효과에 관한 설명으로 옳지 않은 것은?

[17년 16회]

① 새로운 정보를 학습하는 데 도움이 된다.
② 개별학습과 수행과제에 대한 전이를 용이하게 한다.
③ 지식의 공유가 높을수록 각 학생들의 학습에 긍정적인 영향을 준다.
④ 상호이해, 타인에 대한 긍정적 태도, 친절함 등을 길러주는 데 효과적이다.
⑤ 자기생활을 관리하여 스트레스에 따른 소진을 예방해 준다.

정답 ⑤

해설

집단 분위기에 쉽게 휩쓸려 갈 수 있어 자기 생활을 관리하고 스트레스에 따른 소진을 예방하는 데 좋지 않은 영향을 끼칠 수 있다.

핵심이론 40 학습전략의 종류 – 질문생성 학습전략

① 질문생성이란 학생이 질문을 고안해내는 것으로 교수자의 질문과 구별하여 사용되며, 질문생성학습은 하나의 학습전략이다.

② 교과내용을 공부할 때 생각 없이 공부하는 것보다는 먼저 질문을 제기하고 그러한 질문에 대답하기 위한 자세로 학습한다면, 중요한 부분을 더 잘 인식할 수 있다.

③ 자기 자신을 평가하며 자신의 생각 속에서 이것저것을 전체적으로 관리할 줄 아는 능력을 '초인지'라고 하는데, 질문생성 학습전략을 통해 자기가 이해한 내용을 기초로 질문을 만들 경우 자신의 이해능력에 대한 초인지를 강화시킨다.

④ 질문생성 전략은 질문을 생성하고 답하기를 시도하는 과정에서 학습자 자신을 동기화시킬 수 있다.

⑤ 질문생성 과정에서 학습자 자신이 가지고 있는 선행지식을 활성화시킨다.

[핵심예제]

질문생성 학습전략에 관한 설명으로 옳지 않은 것은?

[15년 13회]

① 교과내용의 중요한 부분을 잘 인식할 수 있도록 한다.
② 자신의 이해능력에 대한 초인지를 강화시킨다.
③ 학습자 자신을 동기화시킬 수 있다.
④ 선행 지식을 활성화시킨다.
⑤ 학습자보다 교수자가 제시한 질문 유형이 중요하다.

정답 ⑤

해설
질문생성은 학생이 질문을 고안해내는 것이다.

핵심이론 41 학습전략의 종류 – 학업 지연행동과 극복 전략

① 학업 지연행동 : 학습자가 주관적인 불편감을 느끼면서도 자신의 학업 과제를 미루는 것을 말한다.

② 학업 지연행동의 극복 전략
  ㉠ 현실적인 목표를 설정하고 무리한 스케줄을 짜지 않는다.
  ㉡ 좋은 시간관리 전략을 사용하여 할 일에 대한 우선순위를 정한다.
  ㉢ 과제수행에 도움이 되게 해야 할 과제를 적어놓는다(과제를 완성하겠다는 일종의 서약).
  ㉣ 장기목표를 세우고, 과제에 대해 수용적인 태도를 갖는다.
  ㉤ 큰 과제나 어려운 과제는 쪼개서 하며, 즐겁지 않은 과제에 대해서는 보상한다.
  ㉥ 하고 싶은 행동이 있어도 공부를 하고 난 다음에 한다.
  ㉦ 지연행동을 할 때 그 후 발생할 나쁜 결과를 생각한다.

[핵심예제]

학업 지연행동(Procrastination)의 극복 전략을 모두 고른 것은?

[15년 13회]

ㄱ. 어려운 과제일수록 한 번에 몰아서 한다.
ㄴ. 하고 싶은 행동이 있어도 공부를 하고 난 다음에 한다.
ㄷ. 지금은 공부를 못하더라도 나중에 꼭 할 것이라 생각한다.
ㄹ. 지연행동이 가져올 나쁜 결과를 생각한다.

① ㄱ, ㄴ
② ㄴ, ㄹ
③ ㄱ, ㄷ, ㄹ
④ ㄴ, ㄷ, ㄹ
⑤ ㄱ, ㄴ, ㄷ, ㄹ

정답 ②

해설
ㄱ. 어려운 과제는 쪼개서 수행한다. 과제를 부분별로 나누는 것은 과제에 대한 난이도를 낮추고 시간낭비를 줄여준다. 그리고 작은 과제에 대한 동기화는 쉬운 편이므로 하고 싶은 마음이 쉽게 생길 수 있다. 이 전략은 시간소비가 많거나 고난도의 과제수행에 용이하다.
ㄷ. 지금 바로 공부를 시작해야 한다. 과제나 리포트를 하기로 했다면, 해야 하는 이유, 하지 말아야 하는 이유 등에 대해 생각하지 말고 지금 바로 시작한다. 과제 중 가장 쉬운 부분, 가장 적은 부분만이라도 해결하겠다는 생각으로 시작한다. 일단 과제를 시작하면 계속하는 것은 쉽기 때문이다.

핵심이론 42 학습전략의 종류 - 기억력 증진전략

① 기억증진 기법

　㉠ 시간 활용을 잘한다. 또한 많은 시간을 들이면 더 잘한다 (시간의 투여).

　㉡ 깊이 있게 정보를 처리한다(정교화).

　㉢ 사전검토(PQRST) 방법을 이용한다. 사전검토(PQRST) 란 사전검토(Preview), 질문(Question), 읽기(Read), 자기암송(Self-Recitation), 검사(Test)의 다섯 가지를 말한다.

② 심상을 이용하는 방법

　㉠ 심상 : 마음속에서 어떤 개념을 시각화하는 것을 말한다.

　㉡ 이중부호화이론 : 언어적 부호, 이미지 부호 등을 사용한다.

　㉢ 심상이용 기억력 증진법 : 쌍 연합학습(이름과 단어 외우기), 계열학습(나열된 항목을 순서대로 기억), 핵심 단어법(중요단어에 생생한 이미지 부착), 장소법(기억항목을 친숙한 장소에 저장하는 기억전략), 고정 단어법(이미 알려진 고정된 사전지식에 기억하고자 하는 단어를 연결) 등을 사용한다.

③ 운율을 이용하는 방법 : 단어에 운율을 이용하는 단순한 기법을 사용한다(구구단, 천자문).

④ 반복을 이용하는 방법 : 반복은 친숙성과 정보처리 가능성을 증진시킨다.

⑤ 효과적인 기억력 증진전략

　㉠ 과(過)학습한다.

　㉡ 암기할 때 기억단서를 사용한다.

　㉢ 기억을 방해하는 간섭요인을 최소로 줄인다.

　㉣ 학습한 것을 자신의 언어로 반복해서 복습한다.

　㉤ 의미를 확대 부여하여 기억한다.

［ 핵심예제 ］

효과적인 기억력 증진전략에 관한 설명으로 옳지 않은 것은?

[16년 15회]

① 과(過)학습한다.
② 기억할 정보에 의미 부여를 줄여 단순화한다.
③ 암기할 때 기억단서를 사용한다.
④ 기억을 방해하는 간섭요인을 최소로 줄인다.
⑤ 학습한 것을 자신의 언어로 반복해서 복습한다.

정답 ②

해설

기억해야 할 정보에 무엇인가를 덧붙이거나 다른 정보를 관련시키는 등 의미를 확대 부여하여 기억한다.

인지 및 초인지 전략

① **인지전략의 정의** : 인지전략은 주어진 과제를 기억하고 이해하고 필요한 곳에 사용하는 실제적 전략이 포함되고, 주어진 정보를 잘 부호화해서 저장하고 필요한 경우에 인출하는 정보처리 과정이 이에 해당한다고 볼 수 있다.

② **댄서로우(Dansereau)**는 이러한 정보처리 과정을 이해전략, 파지전략, 회상전략, 사용전략 등으로 구분하고 있다.

③ **자동화(Automaticity)**

ㄱ 장기 기억의 네트워크에 저장된 정보가 여러 번의 연습으로 인해 자동적으로 인출되는 과정을 말한다. 자동화는 의식적으로 처리되고 통제되었던 행동이 무의식화되고 자동적으로 되는 상황이므로, 큰 노력 없이도 더 빠르게 필요한 지식을 인출할 수 있다.

ㄴ 자동화는 자각 또는 의식적 노력 없이 수행 가능한 정신적 조작을 사용한다.

ㄷ 자동화는 특별히 주의하거나 노력하지 않아도 무의식적으로 정보 또는 기능을 잘 처리할 수 있는 상태를 가리킨다. 이렇게 조작이 자동으로 일어나기 때문에 한계가 있는 인지능력이 복잡하고 어려운 문제를 해결하는 데 적용될 수 있다.

> **더 알아보기**
>
> **정보처리이론**
> - 정보와 관련된 인간의 내적처리 과정을 컴퓨터의 처리과정에 비유하면서, 새로운 정보가 투입되고 저장되며 기억으로부터 인출되는 방식을 연구하는 이론으로, 학습자 내부에서 학습이 발생하는 기제를 설명하려는 이론이다.
> - 정보처리이론의 관점에서 초인지 기능은 학습과정을 의식적으로 통제하는 것으로써 학습계획, 전략선택, 학습 진전도 점검, 오류의 지각 및 수정, 학습전략의 효과성 분석, 학습행동과 전략의 변경, 새로운 정보를 기존의 지식과 연결하여 의미를 부가하는 과정, 복잡하거나 방대한 자료를 질서 있고 논리적인 관계의 망으로 조직화하는 역할을 한다.

④ **인지 및 초인지 전략과 학업성취**

ㄱ 높은 초인지 전략을 사용하는 사람들은 자신의 학습 과정을 스스로 점검하고 언제 문제가 발생할지를 알며, 그에 따라 자신의 학습 과정을 조절하기 때문에 더욱 효과적으로 학습한다.

ㄴ 학습전략 훈련을 저학년 학생들에게 가르칠 경우 바람직한 학습 습관을 형성하는 데 도움을 주어 학업성취에 더욱 긍정적인 영향을 미치고, 장기적인 효과를 얻을 수 있다.

⑤ **초인지 전략의 결함으로 나타나는 어려움**

ㄱ 자신이 청취한 내용을 잘 점검하지 못하는 경향이 있다.

ㄴ 융통성이 부족하여 문제를 해결할 때 충분히 사고하지 않고 충동적으로 처리한다.

ㄷ 기억을 돕기 위한 다른 전략을 생각해내는 것에 어려움이 있다.

ㄹ 정보를 기억하기 위한 다양한 전략을 생각해내지 못한다.

ㅁ 읽기의 목적 결정, 주제 찾기, 이해했는지를 점검하기, 이해에 어려움이 있을 때 다시 읽기와 훑어보기 등을 하지 못한다.

> **핵심예제**
>
> **정보처리이론의 관점에서 초인지의 기능을 모두 고른 것은?**
> [15년 13회]
>
> ㄱ. 핵심 내용에 에너지와 시간을 집중할 수 있도록 한다.
> ㄴ. 학습자가 자신의 오류를 지각하고 수정할 수 있도록 한다.
> ㄷ. 작업기억 단계에서 어떤 전략이 효과적인지 파악할 수 있도록 한다.
> ㄹ. 새로운 지식을 습득할 때, 기존 지식과 연결하여 기억할 수 있도록 한다.
>
> ① ㄱ, ㄴ　　② ㄴ, ㄹ
> ③ ㄱ, ㄴ, ㄷ　　④ ㄱ, ㄷ, ㄹ
> ⑤ ㄱ, ㄴ, ㄷ, ㄹ
>
> 정답 ⑤

해설

정보처리이론은 정보와 관련된 인간의 내적처리 과정을 컴퓨터의 처리과정에 비유하면서 학습자 내부에서 학습이 발생하는 기제를 설명하려는 이론으로, 정보처리이론의 관점에서 초인지 기능은 학습과정을 의식적으로 통제하는 것이다.

핵심이론 44 토마스와 로빈슨(Thomas & Robinson)의 PQ4R의 단계

① Preview(예습하기)
- ㉠ 개념 : 공부할 내용이 어떻게 구성되어 있는지 전반적으로 살펴보는 단계이다.
- ㉡ 전략 : 앞으로 읽을 내용 한번 살펴보기, 읽을 분량 확인하기, 다루기 쉬운 단원 확인하기, 제목, 서론, 굵은 글씨체의 표 제목 읽기, 요약된 단락 읽기 등

② Question(질문하기)
- ㉠ 개념 : 내용을 살펴보면서 정교화 질문들을 만드는 단계이다.
- ㉡ 전략 : 예습하기를 기반으로 텍스트에 기초하여 해답을 얻고 싶은 질문 적기, 각 장·각 절의 소제목을 육하원칙에 따라 의문문으로 바꾸기, 굵은 글씨체의 표제를 질문으로 변형하기 등

③ Read(읽기)
- ㉠ 개념 : 공부할 내용을 처음부터 끝까지 읽는 것과 동시에 질문하기 단계에서 만든 정교화 질문들에 답을 찾고자 노력하는 단계이다.
- ㉡ 전략 : 주요 아이디어, 보조 자료, 변화의 추이 읽기, 제시된 내용의 특징과 윤곽을 그리기, 책에 표시하면서 이러한 특징들이 의미하는 것을 기록하기, 읽고 표시하면서 주제, 논지의 전개, 매 단락에서 알아야 할 것 질문하기 등

④ Reflection(숙고하기)
- ㉠ 개념 : 다 읽고 난 후에 답을 살피고 추가적으로 정교화 질문들을 만들어 보고 그 질문들에 대답하는 단계이다.
- ㉡ 전략 : 질문에 대한 답 정리하기, 읽은 내용들을 머릿속으로 구조화시키고 이전에 알고 있는 내용과 관련짓기 등

⑤ Recite(암송하기)
- ㉠ 개념 : 읽은 것을 요약하고, 그전에 읽은 내용들과의 관계들도 포함시키는 단계이다.
- ㉡ 전략 : 소리 내어 크게 읽고 주제 적기, 시선을 다른 곳에 두고 책을 덮은 뒤 주제나 세부적인 내용을 자신의 언어로 표현하기, 이미 만들었던 질문에 답하기, 정확하게 기록했는지 점검하기, 빠뜨린 정보는 없는지 찾기 등

⑥ Review(복습하기)
- ㉠ 개념 : 정교화 질문을 할 수 없거나 자신이 만든 질문에 대한 답을 할 수 없는 부분들을 다시 읽어보는 단계이다.
- ㉡ 전략 : 주어진 자료를 다시 훑어보기, 머릿속으로 전체 내용 그리기, 주제를 소리 내어 말하거나 자신의 질문에 답하기, 비교하고 대조해 보며 내용을 재조직·범주화하기 등

[핵심예제]

토마스와 로빈슨(Tomas & Robinson)의 PQ4R에 해당하지 않는 것을 모두 고른 것은? [19년 18회]

ㄱ. 읽기(Read)	ㄴ. 복습하기(Review)
ㄷ. 현실화하기(Realization)	ㄹ. 반응하기(Reaction)
ㅁ. 숙고하기(Reflection)	

① ㄱ, ㅁ
② ㄷ, ㄹ
③ ㄱ, ㄴ, ㅁ
④ ㄴ, ㄷ, ㄹ
⑤ ㄷ, ㄹ, ㅁ

정답 ②

해설

토마스와 로빈슨(Thomas & Robinson)의 PQ4R의 단계
Preview(예습하기), Question(질문하기), Read(읽기), Reflection(숙고하기), Recite(암송하기), Review(복습하기)

핵심이론 45 로빈슨(H. M. Robinson)의 'SQ3R'

① **훑어보기(Survey)** : 글을 자세히 읽기 전에 중요 부분만을 훑어보고, 그 내용을 미리 생각해 보는 것이다. 즉, 제목, 그림, 삽화나 사진, 도표 등을 살펴본다.

② **질문하기(Question)** : 글의 제목이나 소제목 등과 관련지어 글의 중심 내용이 무엇인지 마음속으로 물어본다. 자신의 배경지식을 활용하면서 글 내용을 능동적으로 탐색할 수 있다.

③ **자세히 읽기(Read)** : 차분히 읽어 가면서 책의 내용을 하나하나 확인하고, 이해하며, 중요한 내용을 파악한다.

④ **되새기기(Recite)** : 지금까지 읽은 내용들을 요약·정리하여, 글을 쓴 동기나 목적, 독자에게 전달하고자 하는 중심 내용을 떠올려 본다.

⑤ **다시 보기(Review)** : 전체 내용을 정리하는 단계로서, 글을 읽기 전에 생각했던 질문에 대해 충분한 답을 얻었는지 확인하고, 답이 충분하지 않다면 그 이유도 생각해 본다.

핵심예제

로빈슨(H. Robinson)의 SQ3R에 관한 설명으로 옳은 것을 모두 고른 것은?

[16년 14회]

ㄱ. 집중력을 높이기 위해 눈을 감고 자연풍경을 상상한다.
ㄴ. 책을 읽기 전에 각 장의 제목, 그림, 요약 등을 살펴본다.
ㄷ. 중요한 요점을 떠올리고 이들 요점 간의 상호관계를 정리한다.
ㄹ. 책에 나오는 각 장 및 절의 소제목을 6하 원칙에 따라 의문문으로 바꾸어 본다.

① ㄱ, ㄴ
② ㄷ, ㄹ
③ ㄱ, ㄴ, ㄷ
④ ㄱ, ㄴ, ㄹ
⑤ ㄴ, ㄷ, ㄹ

정답 ⑤

해설
로빈슨(H. M. Robinson)의 'SQ3R'
훑어보기(Survey), 질문하기(Question), 자세히 읽기(Read), 되새기기(Recite), 다시 보기(Review)

핵심이론 46 드 보노(de Bono)의 인지사고 프로그램 PMI(Plus–Minus–Interesting)

① 어떤 아이디어나 제안을 다룰 때, 열린 마음의 태도로 다루게 하기 위하여 의도적으로 사용하는 방법이다.

② 수렴적 사고와 주의집중에 적절한 다각적 발상 기법이다.

③ Plus(긍정적인 측면), Minus(부정적인 측면), Interest(흥미로운 측면), 대안의 모든 측면들을 고려해 본 다음 결정하게 하는 것이다.

④ PMI 기법 전개 순서
  ㉠ 다룰 주제를 선정하고 기술한다.
  ㉡ P, M, I 세 부분으로 구분하여 아이디어를 도출한다.
  ㉢ P에 해당하는 장점을 보완한다.
  ㉣ M에 해당하는 약점에 대한 원인과 대책을 제시한다.
  ㉤ I에 해당하는 흥미로운 점으로 대안을 도출한다.

⑤ 각각의 단계에서 브레인스토밍(Brainstorming)을 적용하며, 단순히 P, M, I의 생각을 나열하는 데 끝나서는 안 되고, 각 단계에서 도출된 생각을 바탕으로 종합적인 평가에 이르도록 한다.

⑥ 브레인스토밍(Brainstorming)의 방법
  ㉠ 어떠한 내용의 발언이라도 그에 대한 비판은 잠정적으로 보류하고, 자유분방하게 아이디어를 낼 수 있도록 권장한다.
  ㉡ 많은 수의 아이디어가 나오도록 독려한다.
  ㉢ 누군가 제시한 좋은 아이디어를 기초로 더 발전된 아이디어를 내도록 권장한다.

[핵심예제]

드 보노(de Bono)가 개발한 '인지사고 프로그램' 중 다음 보기의 기법은?

[16년 14회]

○ 어떤 아이디어나 제안을 다룰 때 열린 마음의 태도로 다루게 하는 기법
○ 수렴적 사고와 주의집중에 적절한 다각적 발상 기법

① 체크리스트
② PMI(Plus-Minus-Interesting)
③ 브레인스토밍
④ 강제관련법
⑤ 가치내면화

정답 ②

해설

제시문의 내용은 드 보노(de Bono)의 PMI기법에 대한 설명이다.

핵심이론 47 길포드(J. Guildford)의 창의적 사고

① 문제해결에 필요한 사고 유형
  ㉠ 수렴적 사고 : 문제에 대한 정답을 정확히 알고 해결하는 사고 유형이다.
  ㉡ 확산적 사고 : 문제에 대해 가능한 답을 다양하게 산출하는 사고 유형이다. → 창의적 사고

② 창의적 사고의 구성 요인
  ㉠ 유창성 : 가능한 한 많은 아이디어를 산출하는 능력이다.
  ㉡ 유연성/융통성 : 고정적 사고에서 벗어나 여러 각도에서 다양한 아이디어를 찾아내는 능력이다.
  ㉢ 독창성 : 기존 아이디어와 다르게 새롭고 독특한 아이디어를 산출하는 능력이다.
  ㉣ 정교성 : 기존 아이디어에서 더 구체적이고 세밀하게 추가하여 아이디어를 발전시키는 능력이다.
  ㉤ 민감성 : 사물에 대하여 호기심을 가지고 민감하게 관찰하는 능력이다.

[핵심예제]

길포드(J. Guildford)의 창의적 사고의 인지적 요인이 아닌 것은?

[16년 15회]

① 유창성
② 유연성
③ 정교성
④ 독창성
⑤ 지적 호기심

정답 ⑤

해설

길포드(J. Guildford)의 창의적 사고의 인지적 요인
유창성, 유연성, 정교성, 독창성, 민감성

핵심이론 48 에프클라이즈(A. Efklides)의 정의에 따른 메타인지

① 메타인지는 인지 모델로 모니터링과 통제 기능으로 형성된 메타 수준에서 행하는 활동이다.

② 메타인지는 모니터링을 통해 인지에 대한 표상을 만들고, 인지에 대한 표상에 기반하여 인지를 통제한다.

③ 모니터링은 다시 메타인지적 지식과 메타인지적 경험으로 분류되고, 메타인지적 기술·전략을 사용하는 것은 통제 기능에 해당한다.

모니터링		통 제
메타인지적 지식	메타인지적 경험	
• 이론에 대한 생각, 신념 • 자기(Self), 과업(Task), 전략(Strategies), 목표(Goals)에 대한 생각, 신념 • 인지기능에 대한 생각, 신념	• 익숙함과 어려움 • 앎에 대한 느낌 • 자신감과 만족감 • 감 정 • 학습에 대한 판단	• 의식적·계획적인 활동 및 전략 사용 • 인지과정에 대한 조절 • 노력 및 시간의 분배 • 인지과정의 확인 및 조절 • 인지과정 결과 평가

[**핵심예제**]

에프클라이즈(A. Efklides)의 정의에 기반하여 메타인지를 '모니터링'과 '통제'로 구분할 때 모니터링에 해당하는 것은?

[20년 19회]

① 의식적이고 계획적인 활동 및 전략 사용
② 인지기능에 대한 생각
③ 인지과정에 대한 조절
④ 노력의 분배
⑤ 시간의 분배

정답 ②

해설

①·③·④·⑤ 통제에 해당한다.

핵심이론 49 노트 작성 학습전략

① 노트필기의 특징

㉠ 노트필기는 쓰는 동작을 통해 주의집중을 유지할 수 있고, 단기기억 능력이나 용량의 한계를 극복하고 망각을 이겨낼 수 있도록 돕는다.

㉡ 노트필기는 수업 내용을 이해하고 파악하는 데 도움을 준다.

㉢ 노트필기는 기억력 증진과 복습에 도움을 준다.

㉣ 노트필기는 수업시간에 주의를 집중시키는 데는 효과적이나 필기 자체에만 신경 쓸 경우 방해가 될 수도 있다.

② 노트필기전략

㉠ 효과적인 노트필기 방법

• 글자는 다른 사람도 알아볼 수 있도록 쓴다.

• 노트필기를 잘 하기 위해 듣기 기술을 향상시킨다.

• 날짜를 기록하고 과목은 구분하여 작성한다.

• 학습 내용의 정교화를 위해 자주 반복되는 내용은 약어를 사용하는 등, 자신의 언어로 바꾸어 정리한다.

• 시험이나 과제를 끝낸 후에는 관련 자료를 보충하여 적어둔다.

㉡ 코넬(Cornell)식 노트필기 시스템

• 강의 내용을 정리할 때 노트의 속 페이지에 네 가지 영역으로 나누어 기록하여 더 효과적으로 복습할 수 있도록 하는 방법이다.

• 노트의 영역은 크게 상단의 제목 영역과 좌측의 핵심내용 정리 영역(단서 란), 우측의 수업내용 정리 영역(노트필기 란), 하단의 요약 영역으로 나눈다.

• 코넬식 노트필기 시스템은 기록(Record), 축약(Reduce), 암송(Recite), 반성(Reflect), 복습(Review)의 5R로 이루어져 있다.

기록(Record)	강의 중 칠판에 쓰는 내용을 경청하면서 중요한 내용 노트에 적기
축약(Reduce)	중요한 단서를 확인하고 요점을 파악하여 밑줄을 긋고, 단서 란에 질문 기록하기
암송(Recite)	단서를 이용하여 요점을 소리 내어 읽기
반성(Reflect)	이전에 배운 내용과 연결하여 잘못된 부분 고치기
복습(Review)	암송한 내용을 요약하여 노트의 각 면 하단 빈칸에 표기하거나 기록하기

ⓒ 마인드맵 노트필기법
- 마인드맵은 노트필기를 할 때 그림을 활용하는 방법으로, 기억해야 할 전체 내용을 한눈에 파악할 수 있는 장점이 있다.
- 이미지와 핵심어, 색과 부호를 사용하여 뇌의 기능을 극대화시키는 두뇌개발 필기법이다.

[핵심예제]

노트필기 전략에 관한 설명으로 옳은 것을 모두 고른 것은?

[19년 18회]

> ㄱ. 학습 내용의 정교화를 위해 자신의 언어로 바꾸어 정리한다.
> ㄴ. 시험이나 과제를 마친 후에는 관련 자료를 보충해 적어둔다.
> ㄷ. 코넬식 노트필기 시스템은 개관, 질문, 읽기, 필기의 단계로 이루어진다.
> ㄹ. 노트필기는 수업시간에 주의를 집중시켜주기 때문에 효과적이지만 때로는 방해가 될 수도 있다.

① ㄱ, ㄴ   ② ㄴ, ㄷ
③ ㄷ, ㄹ   ④ ㄱ, ㄴ, ㄷ
⑤ ㄱ, ㄴ, ㄹ

[정답] ⑤

|해|설|
ㄷ. 코넬식 노트필기 시스템은 기록, 축약, 암송, 반성, 복습으로 이루어져 있다.

핵심이론 50 | 옥스퍼드와 크루칼(Oxford & Crookall)의 외국어 학습전략

① 개요 : 옥스퍼드와 크루칼(Oxford & Crookall)은 외국어 학습전략을 크게 직접 전략과 간접 전략으로 구분하였다. 직접 전략은 기억 전략, 인지적 전략, 보상 전략을 포함하며, 간접 전략은 상위인지적 전략, 정의적 전략, 사회적 전략을 포함한다.

② 옥스퍼드와 크루칼(Oxford & Crookall)의 6가지 외국어 학습전략

ⓐ 직접 전략

기억 전략	• 학습자들의 머릿속에 학습내용과 연결고리를 만들어 기억을 연장시키는 전략 방법이다. • 밑줄긋기 또는 강조하기, 베끼기, 색칠하기, 노트하기, 핵심단어법, 단어그림연상법, 지도법 등
인지적 전략	• 학습자들이 새로운 정보를 더 효과적으로 유지하고 활용하기 위해 사용하는 전략으로, 학습 내용을 입력하고 연습하는 과정에서 꼭 이해해야 할 핵심 부분을 추려내는 전략 방법이다. • 반복적 연습이 필요하다. • 연상하기, 요약하기, 의역하기, 번역하기, 묘사하기, 반복해서 듣기, 질의 응답하기 등
보상 전략	• 언어 지식과 언어 사용의 격차를 줄여주는 전략으로 교사 및 학습자의 학습 전략을 높이기 위한 수단적, 물질적인 전략 방법이다. • 위계 정하기, 몸짓 이용하기, 게임 사용, 칭찬하기, 도움 요청하기, 팀 경쟁 등

ⓑ 간접 전략

상위인지적 전략	• 학습 과정 전반을 조정, 통제하기 위해 사용하는 전략으로, 학습자가 학습의 최종 목표에 도달하였는지 스스로 평가하기 위한 전략 방법이다. • 계획하기, 점검하기, 평가하기, 자문하기, 학습목표 명확히 하기, 선택적 집중, 문제점 식별하기 등
정의적 전략	• 학습자들이 언어 학습과 관련된 자신의 감정이나 태도, 동기 등을 더욱 잘 조정할 수 있도록 돕는 전략 방법이다. • 자기 강화, 긍정적 독백, 이해 음악과 웃음 사용 등
사회적 전략	• 학습자들이 의사소통에 있어 목표언어지식이 부족할 때 의미 있는 내용의 의사소통을 위해 언어 학습 과정에서 타인과 상호작용하는 활동이다. • 질문하기, 동료와 협동, 감정 이입의 개발 등

[핵심예제]

옥스퍼드와 크루칼(Oxford & Crookall)이 제시한 6가지 외국어 학습전략에 해당하지 않는 것은?

[19년 18회]

① 기억 전략
② 보상 전략
③ 정의적 전략
④ 언어적 전략
⑤ 사회적 전략

정답 ④

|해|설|

언어적 전략은 해당되지 않는다. 옥스퍼드와 크루칼의 6가지 외국어 학습전략은 기억 전략, 인지적 전략, 보상 전략, 상위인지적 전략, 정의적 전략, 사회적 전략이다.

핵심이론 51 **노박(J. Novak)의 개념도(Concept Map) 학습전략**

① 개 념

ㅇ 학생들의 학습을 체계적으로 하기 위해 만들어진 기법으로, 복잡한 자료에서 중요한 정보·개념을 골라 시각적으로 간단히 나타내는 그림(지도)이다.

ㅇ 개념 간 상호관계를 규명하고 조직해나가는 과정으로 개념을 일정한 기준을 가지고 상위개념-하위개념-요소 등으로 체계적으로 분류하여 나타낸 것이며, 학습자가 가지고 있는 인지구조를 정교화하려는 것이 목적이다.

ㅇ 그림은 개념과 개념 간의 관계를 마디와 연결선을 활용하여 다차원적으로 표현하는데, 마디는 개념 또는 지식의 내용을 나타내고 연결선은 개념(마디)과 개념 간의 관계를 나타낸다.

ㅇ 개념 간의 연결과 관계를 이해하기 위한 시각적 전략으로, 각 개념은 범주화할 수 있다.

② 절 차

ㅇ 학습 자료에서 가장 중요한 개념을 이해하기 위해 반복적으로 읽는다.

ㅇ 개념을 가장 일반적인 것부터 가장 특정한 것으로 등급 짓고, 각 개념 간의 관련된 중요성을 결정한다.

ㅇ 종이에 개념을 가장 일반적인 것에서 특정한 것으로 배열한 후, 관련된 개념 사이를 명확하게 규정하고, 관련된 개념 사이에 선을 긋고, 개념 사이에 중요한 관련을 나타내기 위해 낱말이나 문장을 기록한다.

③ 개념도의 교육적 활용 가능성

ㅇ 교사의 교수활동을 돕는다.

ㅇ 학습자가 이미 알고 있는 것을 탐구한다.

ㅇ 어떤 글이나 내용들로부터 의미를 추출하는 데 도움이 된다.

ㅇ 학습할 방향과 최종 목표점을 알려주는 학습의 안내자 역할을 한다.

[핵심예제]

노박(J. Novak) 등이 주장한 개념도의 교육적 활용 가능성으로 옳지 않은 것은? [16년 14회]

① 교사의 교수활동을 돕는다.
② 학습자가 이미 알고 있는 것을 탐구한다.
③ 어떤 글이나 내용들로부터 의미를 추출하는 데 도움이 된다.
④ 앞으로 학습할 방향과 최종 목표점을 알려주는 학습의 안내자 역할을 한다.
⑤ 관련 없는 두 개 이상의 물건을 연결하여 아이디어를 산출하는 데 유용하다.

정답 ⑤

해설

복잡한 자료에서 개념을 일정한 기준을 가지고 상위개념-하위개념-요소 등으로 체계적으로 분류하는 것이다.

핵심이론 52 Zimmerman & Martinez-Pons의 자기조절 학습전략

① 새로 습득한 학습전략은 과제와 상황에 따라 적용되어야 한다.

② 자신의 힘으로 해결하기 어려운 학습장애에 직면할 경우 자신보다 유능한 친구, 부모, 교사에게 도움을 요청한다.

③ 자기조절 학습전략은 아동의 충동성을 감소시키고, 아동의 자기통제력을 향상시키는 데 효과적이다.

④ 자기조절 학습에서는 자기지향적 피드백(Feedback) 과정이 있다. 이 과정을 통해 학습자는 그들이 사용하는 전략의 효과를 평가하고 수정함으로써 전략을 변화시키고, 자기지식, 자기지각을 하도록 다시 피드백한다.

⑤ 짐머만(Zimmerman)은 사회인지적 관점에서 인간의 행동은 개인, 환경, 행동의 역동적인 상호작용에 의하여 일어난다고 보고 있다.

⑥ Zimmerman & Martinez-Pons의 자기조절 학습전략의 구성

1. 자기평가	학습자가 자신의 학습의 질이나 진행을 스스로 평가하는 것
2. 조직화와 변형	학습 향상을 위해 학습 관련 자료들을 여러 가지 형태로 재배열하는 것
3. 목표설정과 계획	학습의 목적, 목표를 설정하고 이와 관련된 활동들을 나열하여 실행할 수 있도록 시간 계획을 짜서 완성하는 것
4. 정보 탐색	과제수행 시 더 많은 학습과제 정보를 찾기 위해 노력하는 것
5. 계속적인 기록과 관찰	학습 내용이나 결과를 기록하기 위해 노력하는 것
6. 환경의 구조화	학습을 수월하기 하기 위해 물리적인 환경을 선택하고 정리하기 위해 노력하는 것
7. 자기 보상 및 처벌 (자기강화)	학습의 성공이나 실패에 따라 스스로 보상이나 벌을 제공하는 것
8. 정보의 시연과 기억	학습자료를 기억하기 위해 반복하여 연습하려고 노력하는 것
9-11. 사회적 도움	동료(9), 교사(10), 성인(11) 등으로부터 도움을 얻기 위해 노력하는 것
12-14. 자료검토	수업이나 시험을 잘 보기 위해 시험지(12), 공책(13), 교과서(14) 등 자료를 다시 읽기 위해 노력하는 것

[핵심예제]

짐머만(B. Zimmerman)이 제시한 자기조절 학습전략 범주 중 조직과 변형(Organizing and Transforming)에 해당하는 것은?

[20년 19회]

① 사태 혹은 결과를 기록한다.
② 시연에 의해 자료를 기억한다.
③ 학습의 질 혹은 학습 진전을 평가한다.
④ 수업자료를 내현적, 외현적으로 재배열한다.
⑤ 숙제를 할 때 앞으로의 과제 정보를 확보한다.

정답 ④

해설

④ 조직과 변형은 학습 향상을 위해 학습 관련 자료들을 여러 가지 형태로 재배열하는 것이다.

핵심이론 53 | 앳킨슨과 시프린(Atkinson & Shiffrin)의 암기전략

앳킨슨과 시프린(Atkinson & Shiffrin)은 이중저장기억 모델에서 '감각등록기 – 작업(단기)기억 – 장기기억'의 3단계로 학습내용이 기억되는 과정을 보여 준다.

① **주의집중** : 주의집중 정도가 높을 때 학습내용이 기억에 저장될 가능성도 높아진다.

② **시연** : 내용을 반복하여 읽거나 써보는 등의 방법으로 학습자가 배운 내용을 계속 되새긴다.

③ **정교화** : 학습내용을 받아들일 때 자기 나름대로 그 뜻이나 의미를 해석하는 과정을 거친다.

④ **조직화** : 새로 알게 된 학습내용을 단편적으로 이해하지 않고 다른 내용 혹은 기존에 알고 있던 지식과 연결하여 상호 관련성을 파악한다.

⑤ **시각적 심상** : 학습내용을 언어로 익힐 뿐 아니라 이미지나 그림으로 떠올려 보거나 그려 보는 방법이다.

⑥ **기억술(비논리적 형태)** : 장소법, 걸이단어법, 약성구 기법 등이 있다.
  ㉠ 장소법 : 익숙한 장소나 방 안의 물건들을 외워야 할 내용과 연결하는 것을 말한다.
  ㉡ 걸이단어법 : 새로 학습할 내용을 자신이 이미 알고 있는 것과 연결하는 것을 말한다.
  ㉢ 약성구 기법 : 암기하려는 항목들의 첫 글자를 따고 앞뒤에 모음을 적절히 넣어, 단어나 구 혹은 문장으로 만들어 외우는 것을 말한다.

[핵심예제]

논리적으로 조직된 형태가 아닌 자료를 암기할 때 사용할 수 있는 전략을 모두 고른 것은?

[16년 14회]

| ㄱ. 심상법 | ㄴ. 장소법 |
| ㄷ. 걸이단어법 | ㄹ. 약성구(略聲句) 기법 |

① ㄱ, ㄴ   ② ㄴ, ㄷ
③ ㄱ, ㄷ, ㄹ   ④ ㄴ, ㄷ, ㄹ
⑤ ㄱ, ㄴ, ㄷ, ㄹ

정답 ④

[해설]

기억술(비논리적 형태)
- 장소법 : 익숙한 장소나 방 안의 물건들을 외워야 할 내용과 연결하는 방법이다.
- 걸이 단어법 : 새로 학습할 내용을 자신이 이미 알고 있는 것과 연결하는 방법이다.
- 약성구 기법 : 암기하려는 항목들의 첫 글자를 따고, 앞뒤에 모음을 적절히 넣어 단어나 구 혹은 문장으로 만들어 외우는 방법이다.

핵심이론 54 | **시간관리 학습전략**

① 시간계획의 시작 : 학습목표 설정, 우선순위 정하기, 학습목표의 중요도와 긴급도에 따른 시간계획과 활용방향, 소요되는 시간의 추정

② 시간계획의 작성 : 한 학기 달력을 사용한 시간계획, 주별 시간계획, 일일 시간계획(단, 학습시간의 단위는 학습자의 특성에 따라 계획, 변동시간을 고려하여 계획)

③ 시작하는 방법 : 정신적·신체적으로 준비, 마음의 지도 그리기, 어떤 장소에서건 어떤 방식으로든 시작하기, 비판 묻어두기

④ 계획한 시간계획대로 실천하고 관리하는 방법 : 시간계획대로 했을 때나 하지 않았을 때의 결과 떠올리기, 낭비하고 있는 시간에 대해 스스로에게 말하기, 다른 누군가에게 나의 시간계획 말하기, 학습할 시간을 어떻게 계획하고 실천해 나가는지 확인하기 등

⑤ 시간 절약법 : 일의 순서 정하기, 긴급도가 높은 일을 먼저 하기, 중요도가 큰 일을 먼저 하기, 짜투리 시간 활용하기, 시간이 적게 걸리는 일 먼저 하기, 일을 '동시에' 하는 습관 들이기 등

⑥ 시간관리 메트릭스

구 분	긴급한 일	긴급하지 않은 일
중요한 일	1사분면 위기 급박한 문제 마감시간이 임박한 프로젝트, 회의, 시험	2사분면 예방, 준비, 계획 중장기계획 관계구축 재충전, 가치관 확립
중요하지 않은 일	3사분면 불필요한 방해물 전화, 우편물, 이메일 다른 이의 사소한 문제	4사분면 하찮은 일, 시간낭비 활동 과도한 TV시청 인터넷, 즐거운 활동

[핵심예제]

효율적인 시간관리 전략에 관한 설명으로 옳지 않은 것을 모두 고른 것은?

[16년 15회]

ㄱ. 짜투리 시간을 활용한다.
ㄴ. 시간계획과 관리에서 먼저 점검해야 할 것은 학습목표이다.
ㄷ. 예상하지 못한 일이 생기지 않도록 빈틈없이 시간계획을 세운다.
ㄹ. 학습목표의 중요도와 흥미도에 따라 시간관리 메트릭스의 2사분면에 해당하는 것을 우선순위로 정한다.

① ㄱ, ㄴ
② ㄴ, ㄷ
③ ㄷ, ㄹ
④ ㄴ, ㄷ, ㄹ
⑤ ㄱ, ㄴ, ㄷ, ㄹ

정답 ③

해설

ㄷ. 예상하지 못한 일이 생길 경우를 생각하여 여유 있게 시간계획을 세워야 한다.
ㄹ. 시간관리 메트릭스의 1사분면에 있는 긴급한 문제를 먼저 처리하도록 한다.

제5장 **학업문제 상담 및 개입전략**

핵심이론 55 │ **학업상담의 의의와 특징**

① 청소년기의 성장과정에서 가장 중요한 일은 학업에 관한 바람직한 습관을 형성하고 성취를 이루는 일이다. 이 일이 만족스럽게 진행되지 못하는 경우 학업상담이 필요하게 된다.

② 학업문제는 다른 요인들에 의해서 야기되는 결과적인 증상일 뿐만 아니라 학업부진으로 인해서 자아개념을 손상시키고 신체질병이나 정신문제를 일으키며, 부모와의 관계를 악화시키고 좌절에 의한 비행과 탈선 등 여러 가지 문제의 원인이 된다.

③ 학업상담은 학업문제를 가져오는 요인들을 제거하여 학업문제가 가져오는 결과들을 해결하는 것이다.

④ 학업상담은 학습과정에서 겪는 여러 가지 문제를 통합적으로 해결하여 유능한 학습자가 되도록 조력하는 과정이다.

⑤ 학업문제의 원인은 인지적·정의적·학습방법 및 전략적·환경적 원인으로 나누어 분석할 수 있다.

⑥ 학업상담은 학습 영역에서 문제가 발생하여 이루어지는 상담이지만, 학업문제와 그 밖의 문제가 혼재되어 있으므로 상담자는 내담자의 문제를 통합적으로 진단하고 문제를 해결하기 위해 조력해야 한다.

⑦ 학업상담은 비자발적인 내담자가 많은데, 이 경우 내담자의 동기와 부모의 요구를 고려하여 조력해야 하며, 부모의 관여가 적절한 수준과 형태로 이루어지도록 도와야 한다.

⑧ 구체적 사고 발단 단계에 해당하는 초등학생은 놀이와 학습의 조화를 통하여 긍정적인 경험과 학습습관이 형성되도록 도와야 한다.

구체적 조작기(7~12세)

• 구체적 사물을 조작함으로써 문제를 해결하는 단계
• 논리적 사고, 자아중심성 및 비가역성 극복
• 유목화·서열화 가능, 보존개념 획득

형식적 조작기(12세 이상)

• 청소년 시기에 해당하는 단계
• 현실적 세계를 넘어 추상적으로 사고를 할 수 있는 단계
• 추상적 사고, 가설 설정 및 검증·연역적 사고, 체계적인 사고 능력, 논리적 조작에 필요한 문제해결 능력 발달

[**핵심예제**]

학업상담의 특징에 관한 설명으로 옳은 것을 모두 고른 것은?

[16년 15회]

ㄱ. 비자발적 내담자가 많다.
ㄴ. 부모의 관여가 적절한 수준과 형태로 이루어지도록 돕는다.
ㄷ. 학습의 영역에서 문제가 발생하였으므로 문제의 원인은 인지적인 것이다.
ㄹ. 학습과정에서 겪는 문제를 통합적으로 해결하여 유능한 학습자가 되도록 조력하는 과정이다.

① ㄱ, ㄴ
② ㄷ, ㄹ
③ ㄱ, ㄴ, ㄹ
④ ㄴ, ㄷ, ㄹ
⑤ ㄱ, ㄴ, ㄷ, ㄹ

정답 ③

해설

ㄷ. 학업상담은 학업과정에서 겪게 되는 여러 가지 어려움을 조력하는 상담이며, 학업문제의 원인은 인지적·정의적·학습방법 및 전략적·환경적 원인으로 나누어 분석할 수 있다.

핵심이론 **56** | **학습동기 원인론**

① 환경 지향적 원인론 : 학습동기의 형성, 유지, 변화에서 환경이 결정적인 영향을 준다고 주장한다.

고전적 조건형성 이론	• 학습 활동을 중립자극으로 보고, 학습 행동을 재미있는 인물, 협동과 공정한 경쟁 분위기, 격려 등과 연합하여 학습동기를 일으킨다.
조작적 조건형성 이론	• 조작적 조건화는 자극이 일으키는 반응이 아닌 능동적이고 의도적인 조작적 행동을 다루는데, 이러한 행동은 대부분 그 행동 때문에 발생한 결과, 즉 후속자극의 영향을 받는다. • 후속자극이 개인의 조작적 행동을 통제하고 조절하므로, 학습동기는 학습이라는 행동에 후속되는 자극이 어떠하냐에 따라서 향상, 감소, 유지, 변화가 가능하다고 본다.

② 개인 지향적 원인론 : 학습동기를 기본적인 학습자 개인의 심리적 속성에 의해서 설명한다.

인지적 평형화 경향	피아제(Piaget)가 개념화한 것으로, 인간이 인간을 둘러싼 환경에 적응하기 위해서 환경과 환경에 대한 개인의 도식을 지속적으로 비교하여 둘 사이의 불일치를 해결하는 선천적 경향성이다.
학습효능감	반두라(Bandura)가 개념화한 자기효능감의 하위요소로, 자기효능감은 개인이 구체적인 영역에서 자신의 수행 능력에 대해서 믿고 생각하고 느끼는 개념이고, 학습효능감은 학습자가 학습 영역에서 자신의 수행 능력에 대해서 믿고 생각하고 느끼는 것을 말한다.
자기결정성	개인은 자신이 선택한 행동에 대해서 높은 동기를 가지나, 자신이 선택하지 않은 행동에 대해서 낮은 동기를 가진다는 것이다.
귀인이론	인간의 동기는 결과의 원인을 무엇으로 지각하느냐에 따라서 달라진다는 것을 정교화한 이론이다.
기대가치 이론	인간의 동기는 인간이 '자신의 행동이 미래에 어떤 결과를 가져올 것인가?'를 어떻게 추론하느냐에 따라 영향을 받는다고 간주한 이론이다.

③ 체제 이론적 접근(생태학적 접근)

　　㉠ 개인 지향적 원인론과 환경 지향적 원인론을 통합하고 발전시킨 원인론이다.

　　㉡ 특정 순간에 특정 행동은 체제 혹은 생태학적 맥락 안에 있는 제 요소의 복잡하고 미묘한 관계에 의해서 영향을 받는다. 따라서 학습동기를 향상시키기 위해서는 학습자를 둘러싼 체제 혹은 생태적 맥락을 정확하게 파악하여 체제의 제 요소의 관계가 학습동기를 고양하도록 재배열해야 한다.

[핵심예제]

보기에 제시된 철이의 경험 중 행동주의의 조작적 조건화에서 말하는 후속자극에 해당하는 것은?　　　　[18년 17회]

중학교에 입학한 철이는 열심히 공부해야겠다는 생각을 하였다. 그래서 국어교과서에서 어렵게 느껴지는 문장에 밑줄을 그어가며 예습을 하였다. 첫 국어수업 시간에 밑줄이 그어진 철이의 교과서를 보신 선생님께서 새 책에 낙서를 하였다고 철이를 꾸중하셨다. 이에 낙심한 철이는 국어공부가 싫어졌다.

① 중학교에 입학함
② 어려운 문장을 발견함
③ 국어교과서에 밑줄을 그어가며 예습함
④ 선생님께 꾸중을 들음
⑤ 국어공부가 싫어짐

정답 ④

해설

철이가 문장에 밑줄을 그어가며 예습한 것은 의도적 행동이고, 이로 인해 꾸중받은 건 후속자극이다. 후속자극은 개인의 조작적 행동을 통제하고 조절하는데, 보기의 철이가 국어공부를 싫어하게 된 것이 이에 해당한다.

핵심이론 57　　매슬로우(Maslow)의 욕구위계이론

① 학습목표

　　㉠ 학습에 대한 동기는 학습자로부터 나오는 내재적인 것이다.

　　㉡ 학습목표는 욕구위계의 최상위에 있는 자아실현이며, 교육자는 이것이 이루어지도록 노력해야 한다.

② 결핍욕구(결손욕구)와 성장욕구(메타욕구)

구 분	결핍욕구	성장욕구
특 성	• 우선적으로 만족되어야 하는 욕구 • 긴장을 해소하고 평형을 복구하려는 욕구 • 타인지향적이고 의존적임	• 잠재력을 실현하려는 욕구 • 결코 만족되지 않는 욕구이며, 지속되길 기대함 • 자율적이고 자기지시적이어서 스스로를 도울 수 있음
종 류	생리적 욕구, 안전의 욕구, 소속감과 애정의 욕구, 자기존중욕구	인지적 욕구, 심미적 욕구, 자아실현의 욕구

[핵심예제]

매슬로우(A. Maslow)의 욕구위계이론에 따라 내담자의 결핍욕구를 탐색하기 위한 학업상담자의 활동이 아닌 것은?　　　　[16년 15회]

① 충분한 수면을 취하고 있는지 탐색한다.
② 학교폭력의 피해는 없는지 탐색한다.
③ 부모의 이혼 등으로 가정에서의 안정감이 위협받고 있는지 탐색한다.
④ 교사와 또래들로부터 인정을 못 받고 있는지 탐색한다.
⑤ 적절한 학습전략을 활용하고 있는지 탐색한다.

정답 ⑤

해설

① 생리적 욕구, ②·③ 안전의 욕구, ④ 자존의 욕구

핵심이론 58 학습동기가 부족한 내담자 상담과 학습동기 향상을 위한 관리

① 학습동기가 부족한 내담자 상담
  ㉠ 내담자의 행동을 주의 깊게 관찰하여 그들의 흥미와 능력을 파악한다.
  ㉡ 내담자가 학습과 관련된 자신의 태도를 객관적으로 관찰할 수 있는 기회를 제공한다.
  ㉢ 일반적으로 처음에는 즉시강화를 하다가 점차적으로 자연강화를 시도한다.
  ㉣ 과제 난이도와 같은 외적 귀인보다는 능력과 같은 내적 귀인을 찾아서 강화한다.

② 학습동기 향상을 위한 학습목표 관리
  ㉠ 적정하게 설정된 학습목표는 학습동기를 증가시키지만, 과도하게 혹은 과소하게 설정된 학습목표는 학습동기를 오히려 감소시킬 수 있다.
  ㉡ 상담자는 전문성, 공감, 열정, 명확성, 문화적 반응성을 가지고 학습자의 동기부여에 개입한다.
  ㉢ 내담자의 특성 및 상황에 따라서 다양한 단기, 중기 목표 설정이 필요하고, 시간, 능력, 투자할 수 있는 에너지의 측면에서 실현 가능하여 학습에 몰입하도록 돕는 목표인지 객관적으로 평가하도록 안내한다.
  ㉣ 단기목표는 일상생활에서 자신의 노력으로 변화를 일으킬 수 있도록 설정한다.
  ㉤ 중기목표의 설정은 학습과 관련된 성공경험에 초점을 맞추는 것이 필요하다.
  ㉥ 자신의 학업성취 목표를 설정함에 있어서 타인이 강요하기보다 자신이 직접 설정할 때 학습동기를 향상시킬 수 있다.
  ㉦ 행동문제에 대해 객관적으로 평가할 수 있게 해주고, 학습동기가 낮은 이유를 파악하고 후속자극을 통해 강화한다.
  ㉧ 초기에는 간헐적 강화를 시도하다가 점차 자연강화를 받을 수 있도록 환경을 조성한다.
  ㉨ 학습된 무기력(Learned Helplessness)은 변화 가능하다.

③ 자녀의 학업동기를 높일 수 있는 의사소통(J. Meece)
  ㉠ 자녀의 자율성을 존중한다.
  ㉡ 지시보다 제안하는 형태로 부모가 원하는 것을 전달한다.
  ㉢ 자녀의 감정과 욕구를 잘 알아주면서 소통한다.
  ㉣ 여러 대안들을 제시하면서 선택할 여지를 준다.

[**핵심예제**]

학습동기가 부족한 내담자의 동기 향상 방법으로 옳지 않은 것은?   [17년 16회]
① 행동문제에 대해 객관적으로 평가할 수 있게 해 준다.
② 수행 가능한 과제를 달성하게 함으로써 자신의 능력을 지각하게 한다.
③ 학습동기가 낮은 이유를 파악하고 후속자극을 통해 강화한다.
④ 능력과 같은 외적 귀인보다 과제 난이도와 같은 내적 귀인을 하게 한다.
⑤ 초기에는 간헐적 강화를 시도하다가 점차 자연강화를 받을 수 있도록 환경을 조성한다.

정답 ④

해설

'과제 난이도'와 같은 외적 귀인보다는 '능력'과 같은 내적 귀인을 강화한다.

핵심이론 59 | 주의집중력 문제 – 주의력과 집중력

주의집중 능력은 인지 및 학습의 전 과정에 영향을 미치는 중요한 능력이며, 크게 주의력과 집중력으로 세분화할 수 있다.

① 주의력

  ㉠ 초점적 주의력(특정 자극에만 반응하는 능력), 선택적 반응 능력 등과 유사한 개념이다.

  ㉡ 정보처리의 초반 단계에서 요구되는 능력이고, 동시에 접하는 무수히 많은 정보 중 특정 정보만을 선택하여 초점을 맞추는 능력이다.

  ㉢ 환경과의 상호작용을 통해 학습되는 특성이 있고, 정보처리의 관점에서 보면 주의력은 감각등록기와 단기기억 사이에서 가장 크게 요구된다.

  ㉣ 하지만 어린 학습자의 경우 중요한 정보와 그렇지 않은 정보를 변별하는 능력이 부족하거나 바람직한 학습 태도를 아직 형성하지 못하였기 때문에 선택적인 반응 능력 자체가 부족할 수 있다.

  ㉤ 연령과 상관없이 노출된 환경이 지나치게 비구조화되어 있어 주의력 문제를 나타내는 경우가 많다.

② 집중력

  ㉠ 주어진 시간 내에 과제를 완성하기 위해 의식을 모으는 능력이다.

  ㉡ 주의의 초점이 되어 선택된 단기기억 정보가 장기기억이 되도록 하는 과정에서 요구되는 능력이다.

  ㉢ 작업기억은 다양한 기억 전략과 학습 전략을 활용할 때 활성화되기 쉽다.

  ㉣ 장기기억 내에 저장되어 있는 배경지식, 기억 및 학습 전략의 사용 등 학습자의 인지적 능력의 영향을 받는다.

  ㉤ 지루함·피곤함·좌절감·불안감 등을 극복하고 과제에 지속하는 힘을 필요로 하는 특징이 있다.

[핵심예제]

주의집중전략에서 주의력과 집중력을 구분할 경우 집중력에 관한 설명은?   [20년 19회]

① 주어진 시간 내에 과제를 완성하기 위해 의식을 모으는 능력이다.

② 선택적 반응 능력 등과 유사한 개념이다.

③ 생물학적 반응 경향성으로 인해 정보가 강하거나 새로운 경우 쉽게 발휘된다.

④ 감각등록기와 단기기억 사이에서 가장 크게 요구된다.

⑤ 주로 정보처리의 초반 단계에서 요구되는 능력이다.

정답 ①

해설

②·③·④·⑤ 주의력에 대한 설명이다.

핵심이론 60 주의집중력 문제의 원인

① 생물학적 원인과 환경적 원인

생물학적 원인	• 유전은 이전 세대가 가지고 있는 산만하고 충동적인 성향이 다음 세대로 이어져 기질이나 경향성 등의 형태로 나타나는 것이다.
환경적 원인	• 부모와의 상호작용 과정에서 양산된다. • 부모의 관심 부족이나 방임 : 학습장면에서 이해력 부족을 야기한다. • 부모의 과도한 교육적 · 문화적 자극 : 낮은 학습 효능감을 형성하게 하여 수동적인 태도로 학습에 임하게 한다. • 주위 환경에서 오는 심리적 불안과 스트레스 : 주의집중 능력 발달을 저해할 수 있다.

② 주의집중 문제의 원인은 대개의 경우 복합적이며, 생물학적 원인과 환경적 원인 간의 상호작용에서 기인한다.

③ 공부에 대한 과잉 스트레스로 인해 야기되는 심리적 부담감의 영향을 받는다.

[핵심예제]

주의집중 문제의 원인에 관한 설명으로 옳은 것을 모두 고른 것은?
[17년 16회]

ㄱ. 산만하고 충동적인 성향은 유전될 가능성이 없다.
ㄴ. 가족 환경 내에 불안과 스트레스 요인이 많으면 주의집중력이 저하된다.
ㄷ. 공부에 대한 과잉 스트레스로 인해 야기되는 심리적 부담감의 영향을 받는다.
ㄹ. 공부방 구조, 색상, 조명 등에 의해 영향을 받지 않는다.

① ㄱ, ㄴ   ② ㄱ, ㄷ
③ ㄴ, ㄷ   ④ ㄱ, ㄴ, ㄷ
⑤ ㄴ, ㄷ, ㄹ

정답 ③

해설
ㄱ. 산만하고 충동적인 성향이 다음 세대로 이어져 기질이나 경향성 등으로 나타난다.
ㄹ. 주위 환경으로부터 스트레스를 받을 수 있다.

핵심이론 61 주의집중 능력에 영향을 주는 요소

① 인지영역
　㉠ 주의집중 능력은 정보처리의 전 과정에 영향을 미치는 능력이며, 주의집중 능력에 의해 정보처리의 효율이 달라질 수 있다.
　㉡ 지능은 대표적으로 정보처리 능력에 영향을 미친다.
　㉢ 낮은 지능으로 인해 교과 내용을 이해하지 못해서 나타나는 주의집중의 문제는 ADHD로 진단되기보다는 학습부진아로 진단되는 것이 적절하다.
　㉣ 언어 발달 수준이 정보처리 능력에 많은 영향을 미치고, 언어 발달 수준이 높은 학습자는 내재적 언어를 통한 자기통제 능력이 뛰어나다.
　㉤ 누적된 학습경험의 양과 질이 주의집중 능력 발달에 영향을 미친다.

② 정서영역
　㉠ 주의집중 능력은 자신의 정서를 관리하는 힘인 자기통제력의 영향을 많이 받는다.
　㉡ 지루하고 힘든 과제를 하는 경우, 자신의 정서를 조절하고 동기를 유지할 수 있는 힘이 뒷받침되어야 높은 주의집중 능력을 발휘할 수 있다.
　㉢ 자기통제력은 정서적 안정감, 자신감, 의미 있는 타인에 대한 신뢰감 등에 의해 발달하고, 정서적 안정감과 함께 자신의 능력에 대한 긍정적인 믿음, 주변의 의미 있는 타인 부모나 교사에 대한 신뢰에 영향을 받는다.

③ 행동영역
　㉠ 주의집중 능력은 생활습관과 학습습관의 영향을 많이 받으며, 생활환경에 따라 달리 발달한다.
　㉡ 부모의 산만하고 무질서한 행동 패턴은 주의력 발달에 필요한 습관을 형성하지 못하게 된다.
　㉢ 주의집중 능력 발달을 위해서는 수면, 식사 등 일상적으로 반복되는 중요한 일들을 규칙적으로, 균형 있게 하는 것이 필요하다.
　㉣ 시간계획을 세우고 점검하는 등의 시간관리 전략을 익히도록 하여, 주어진 과제의 성격에 맞추어 주의집중 능력을 조절해서 발휘하도록 하는 것도 필요하다.

[핵심예제]

주의집중력의 정서적 측면인 자기통제력에 관한 설명으로 옳지 않은 것은?

[16년 15회]

① 자신의 능력에 대한 긍정적인 믿음이 있을 때 더 잘 발휘된다.
② 자신의 행동으로 결과를 변화시킬 수 있다고 믿을 때 더 잘 발휘된다.
③ 언어 발달 수준에 영향을 많이 받는다.
④ 의미 있는 주변 사람의 반응이 예측 가능하고 신뢰로우면 잘 발달된다.
⑤ 실패하더라도 자존감이 손상되지 않을 것이라는 믿음이 있을 때 더 잘 발달된다.

정답 ③

해설

정서영역 자기통제력은 정서적 안정감, 자신감, 의미 있는 타인에 대한 신뢰감 등에 의해 발달하고, 정서적 안정감과 함께 자신의 능력에 대한 긍정적인 믿음, 주변의 의미 있는 타인인 부모나 교사에 대한 신뢰에 영향을 받는다.

핵심이론 62 | 주의집중 향상 전략

① 내재적 언어를 통한 자기통제력 향상

㉠ 개념
• 자기통제력은 목표를 달성하기 위해 순간의 충동적인 욕구나 행동을 억제할 수 있는 능력이다.
• 자기통제력 발달에 도움이 되는 내재적 언어인 속말을 통해 자신의 사고와 감정을 조절하는 전략을 활용한다.
• 과제를 완수해 나가는 단계마다의 사고를 나누어서 각 단계별로 필요한 언어를 내재화하는 과정을 통해 자신의 행동을 조절한다.

㉡ 대표적인 방법
• 자기교시(Self-instruction)훈련
  - 문제해결 과정을 마음속으로 말하며 문제를 해결하는 방법이다.
  - 자기교시훈련에서는 자기진술문(Self-statement)을 사용한다.
  - 자기진술문이란 자신에게 하는 말을 가리킨다.
  - 자기진술문 구성 요소 : 문제 정의, 문제 접근, 주의집중, 반응지도, 자기평가, 자기강화, 오류수정
• 소리 내어 생각하기(Think Aloud) : 매순간 머릿속에서 생각나는 것을 소리 내어 말하며 문제를 해결하는 방법이다.

㉢ 마이켄바움 & 굿맨(Meichenbaum & Goodman) : 자기통제력 향상을 위한 방법 중 하나로 과제를 완수해 나가는 단계마다의 사고를 나누어서 각 단계별로 필요한 언어를 내재화하는 과정을 통해 자신의 행동을 조절하도록 하였다.

외현적 모델링 단계	성인 모델이 큰 소리로 말하면서 과제를 수행하고 아동은 관찰한다.
안내를 통한 외현적 모델링 단계	성인 모델이 하는 말을 아동이 큰 소리로 따라 말하면서 과제를 수행한다.
외현적 시연단계	아동이 혼자서 큰 소리로 말하면서 과제를 수행한다.
속삭임을 통한 시연단계	아동이 작은 소리로 혼잣말을 하면서 과제를 수행한다.
내재적 시연단계	아동이 마음속으로 혼잣말을 하면서 과제를 수행한다.

ⓔ 캔달 & 브라스웰(Kendall & Braswell) : 사회적 맥락에서의 문제해결 전략과 마이켄바움과 굿맨의 자기교시 훈련을 정교화하여 언어적 자기교시를 통한 문제해결 전략을 제시한다.
- 문제정의 단계
- 문제에 대한 접근단계
- 답의 선택단계
- 답의 검토단계
- 자기 강화단계

② 정서 및 동기조절 능력 향상
ⓐ 과거를 회상하고 미래를 예견할 수 있는 능력이 필요하다.
ⓑ 자신의 과거 경험 중 꾸준한 노력을 통해 즉각적인 보상보다 더 큰 보상을 나중에 받았던 기억을 떠올려 현재에 적용하고, 현재의 노력이 미래에 어떤 결과로 이어질지를 예견하며 현재의 행동을 조절한다.

③ 학습전략 향상
ⓐ 어휘력과 독해력을 우선적으로 신장한다.
ⓑ 특정 능력 저하로 인해 특정 영역의 학습 장면에서 주의집중 능력이 저하되는 학습자의 경우, 특정인지 능력을 높이기 위한 노력을 병행한다.
ⓒ 효과적인 학습전략을 사용한다.

인지 학습전략	중심내용 파악법, 요약 및 노트필기법, 암기법
초인지 학습전략	인지 학습전략과 목표설정, 계획수립, 자기관찰, 결과평가, 자기강화

④ 공부환경 관리
ⓐ 공부환경을 점검하여 가능한 한 방해 자극이 없는 조용하고 깨끗한 공간에서 학습한다.
ⓑ 내담자의 주의집중 능력을 방해하는 요인을 분석하여 환경을 변화시킨다.

⑤ 공부시간 관리
ⓐ 생활을 단순화하여 정해진 시간에 정해진 활동을 하고, 가장 집중이 잘 되는 시간을 확보하는 습관을 들인다.
ⓑ 일과 분석을 위해 시간대별로 어디서, 무엇을 했는지 구체적으로 작성하여 가장 집중을 잘한 시간대와 가장 집중을 못한 시간대, 그리고 그때의 활동 내용을 점검한 후, 더 적절한 시간대에 적절한 활동을 할 수 있도록 하루 일과를 다시 계획한다.

⑥ 생활습관 관리
ⓐ 식습관의 경우 세끼 식사를 정해진 시간에 규칙적으로 하고, 각 끼니마다 고른 영양소를 섭취한다.
ⓑ 수면은 한 번에 깊이 충분히 자는 것이 바람직하다.

[핵심예제]

마이켄바움과 굿맨(Meichenbaum & Goodman)이 제시한 자기-교시 훈련단계에 따르면, 상담자는 보기의 바로 다음 단계로 무엇을 해야 하는가? [19년 18회]

> 상담자의 시연과 안내가 없는 상태에서 동환이가 스스로 자기통제 언어를 큰 소리로 말하면서 과제를 수행한다.

① 동환이로 하여금 소리 내지 않고 마음속으로 자기통제 언어를 사용하면서 과제를 수행하도록 한다.
② 상담자의 시연과 지도하에 동환이가 자기통제 언어를 큰 소리로 말하면서 과제를 수행하도록 한다.
③ 동환이로 하여금 자기통제 언어를 입 밖으로 소리내되 작은 소리를 내면서 과제를 수행하도록 한다.
④ 동환이가 가지고 있는 비합리적 신념을 합리적 신념으로 수정하여 과제를 수행하도록 한다.
⑤ 상담자가 과제를 수행하면서 입 밖으로 자기통제 언어를 큰 소리로 말하고, 동환이에게 관찰하도록 한다.

정답 ③

해설
제시문은 외현적 시연단계이며, 바로 다음 단계는 속삭임을 통한 시연단계이다.

핵심이론 63 | 벤더(Bender)의 주의력 집중을 위해 교사가 사용할 수 있는 10가지 기법

① 학생들을 가까이서 지켜본다 : 교사는 항상 학생들을 시각적으로 모니터링 할 수 있게 학급을 배치해야 하다. 필요할 때마다 과제에 집중하도록 구두로 조언해 준다.

② 교실의 공간을 세밀하게 구조화한다 : 교사는 학생들과 이야기를 나누고 수업을 하는 데 있어 집단학습 영역과 개별학습 열람석 영역 간 차이를 명확히 해두어야 한다. 이것은 학습장애 학생들이 각 장소에서 수행하게 될 학습형태를 이해하도록 해준다.

③ 수업자료는 색상별로 제공한다 : 교사는 학생들에게 적합한 색상–코드화된 시스템을 만들어야 한다.

④ 주의집중이 필요할 때 교사가 사용하는 신호나 몸짓 등을 미리 가르친다 : 몇몇 교사들은 연령에 따라서 수업 집중을 위해 작은 벨을 사용하기도 한다. 어떤 교사들은 수업과 관련된 내용이 적힌 카드를 교실 앞에 게시한다(예 책을 꺼내세요, 공책을 꺼내세요, 연필을 꺼내세요 등). 교사는 이와 같은 신호를 하기 위해 카드만 가리키면 되는 것이다.

⑤ 학급규칙을 게시한다 : 3~5개의 긍정적으로 진술된 학급규칙을 게시함으로써 학생들의 많은 문제행동을 완화할 수 있다. 학생들이 무엇을 해야 할지를 진술한 규칙(예 조용히 과제 수행하기)이 일반적으로 가장 좋다. 학생들이 잘못 행동했을 때 이러한 규칙을 알려줌으로써 교사는 자신을 훈육과정에서 분리시킬 수 있게 되고, 그 행동이 학급규칙을 위반하는 것으로 규정지을 수 있다.

⑥ 학급일과표를 게시한다 : 학교 수업이 규칙적으로 진행되더라도 하루일과 일정을 게시해 주면, 학습장애 학생들이 자신이 해야 할 일을 이해하는 데 많은 도움을 줄 수 있다.

⑦ 2개의 책상을 사용한다 : 과잉행동을 하는 학생들은 자주 이유 없이 자리를 이탈한다. 몇몇 학생들에게 교실의 다른 쪽에 제2의 책상을 배정해 주는 것은 교사가 자리 이탈과 같은 잘못된 행동에 대해 착석하도록 가르치지 않고도 학생이 한 곳에서 다른 곳으로 움직여 착석할 기회를 주게 된다.

⑧ 의도적인 산만함을 유도한다 : 학습장애 학생들에게 움직임은 필수 정도가 아니라 기본적인 특성이다. 이들을 위해 손으로 할 수 있는 무언가를 제공해 주는 것만으로도 수업 중의 산만한 행동을 누그러뜨릴 수 있다.

⑨ 책상을 깨끗하게 유지한다 : 학생들에게 수업시간에 해당하는 자료와 교과서를 제외하고는 책상 위를 깨끗하고 흐트러지지 않게 유지해야 함을 상기시켜야 한다.

⑩ 학급짝꿍을 이용한다 : 다음 수업을 시작하기 전에 준비가 되었는지 짝꿍과 서로 체크하게 하는 학급짝꿍 시스템은 학습장애 학생들이 한 과목에서 다른 과목으로 바뀌었음을 알게 하는 데 큰 도움이 될 수 있다.

[핵심예제]

벤더(Bender)가 제시한 학생의 주의집중 향상을 위해 교사가 사용할 수 있는 전략으로 옳은 것을 모두 고른 것은?

[15년 13회]

> ㄱ. 학생을 가까이서 지켜본다.
> ㄴ. 교실의 공간을 세밀하게 구조화한다.
> ㄷ. 주의가 분산되지 않도록 수업 자료를 흑백으로 만든다.
> ㄹ. 주의집중이 필요할 때 교사가 사용하는 신호나 몸짓 등을 미리 가르친다.

① ㄱ, ㄴ
② ㄴ, ㄷ
③ ㄱ, ㄴ, ㄹ
④ ㄴ, ㄷ, ㄹ
⑤ ㄱ, ㄴ, ㄷ, ㄹ

정답 ③

해설

ㄷ. 수업 자료는 색상별로 제공한다.

핵심이론 64 주의집중 문제를 가진 내담자의 학업상담 전략

① 일반적인 방해 요인뿐만 아니라 내담자에게 해당하는 집중 방해 요인을 찾아 제거한다.

② 주의집중력 향상 정도는 인내력이나 자신을 통제하는 능력 등으로 평가한다.

③ 초등학교 저학년인 경우 15~20분, 초등학교 고학년과 중학생은 30분 정도 집중할 수 있도록 고려한다.

④ 학습관련 상황에서 내담자가 자신의 행동을 관찰하거나 평가할 수 있도록 한다.

⑤ 내담자의 특성 중 주의집중하는 데 도움이 되는 강점을 찾아서 칭찬과 격려를 한다.

⑥ 자기조절능력을 향상시키는 내적 언어를 개발하여 사용하도록 한다.

⑦ 내담자가 좋아하고 선호하는 과목을 먼저 공부하도록 배려해야 한다.

⑧ 올바르지 못한 식습관과 수면부족은 기억력·집중력·학습능력에 영향을 미치므로, 올바른 식습관과 충분한 수면을 취하도록 유도한다.

[**핵심예제**]

주의집중력 향상을 위한 개입전략으로 옳은 것을 모두 고른 것은?

[18년 17회]

ㄱ. 내재적 언어를 활용하여 자기통제력 향상을 도모한다.
ㄴ. 어려워하거나 흥미가 낮은 과목부터 공부하도록 지도한다.
ㄷ. 집중을 방해하는 요인을 파악하고 관리할 수 있도록 한다.
ㄹ. 가요를 들으며 공부하도록 지도한다.

① ㄱ, ㄴ   ② ㄱ, ㄷ
③ ㄱ, ㄴ, ㄷ   ④ ㄱ, ㄷ, ㄹ
⑤ ㄴ, ㄷ, ㄹ

정답 ②

해설

ㄴ. 내담자가 좋아하고 선호하는 과목을 먼저 공부하도록 배려해야 한다.
ㄹ. 가능한 한 방해 자극이 없는 조용하고 깨끗한 공간에서 학습하도록 지도한다.

핵심이론 65 학습부진 영재아 개요와 특징

① 개 요

㉠ 영재에 대한 일반적 정의는 지적 특성, 학습적 특성, 창의적 특성, 인성적 특성에서 평균인보다 상당한 수월성을 나타내는 아동으로, 영재교육진흥법에 의하면 영재란 재능이 뛰어난 사람으로서 타고난 잠재력을 계발하기 위해 특별한 교육을 필요로 하는 사람을 말한다.

㉡ 학습부진 영재아는 지적으로 우수하나 자신의 능력만큼 학교에서 학업을 수행해 나가지 못하는 영재(Davis & Rimm), 잠재 능력과 학업성취가 서로 일치하지 않는 영재(Gallagher)로 정의하고 있다.

㉢ 학습부진 영재아를 판별하기 위한 영재성 검사가 완료되어 영재성이 확인되면, 판별된 영재들의 실제학업수행 능력을 측정하기 위해서 학업성취검사 등을 사용하여 그들의 능력에 비해 학업성취도가 현저히 떨어지는 학생들을 미성취 영재로 판별한다.

② 특 징

㉠ 신경체계의 과민성으로 인해 많은 감각자극을 수용하여 지적능력이 나타나는 반면, 과잉행동성을 나타낼 수 있다.

㉡ 학습과제 실패에 대한 지각은 높고, 성공에 대한 지각은 낮은 경향이 있다.

㉢ 학습에서의 실패 경험으로 파괴적 행동, 낮은 자기효능감 등의 문제를 보이기도 하고, 자아존중감이 낮아져 자신의 능력을 신뢰하지 못하기도 한다.

㉣ 완벽주의로 고통을 받기도 하고, 그러한 성향으로 인해 성공할 가능성이 있는 학업이나 활동만을 선택하는 경향이 있다.

㉤ 주변의 과도한 성취기대 때문에 학습관련 효능감에 부정적인 영향을 받기도 한다.

㉥ 창의적 욕구와 능력 표현을 억압하는 사회 압력 때문에 사회적 고립을 경험할 수 있다.

㉦ 학교에서 영재 학습 양식에 맞는 교육 기회가 주어지지 않아서 나타날 수 있다.

안심Touch

[핵심예제]

학습부진 영재아에 관한 설명으로 옳지 않은 것은?

[17년 16회]

① 완벽주의 성향으로 성공할 가능성이 있는 학업이나 활동만을 선택하는 경향이 있다.
② 신경체계의 과민성으로 인해 많은 감각 자극을 수용하여 지적능력이 나타나는 반면, 과잉행동성을 나타낼 수 있다.
③ 창의적 욕구와 능력의 표현을 억압하는 사회 압력 때문에 사회적 고립을 경험할 수 있다.
④ 특정문제에 기인하기 때문에 원인을 찾아 치료하는 것이 우선이다.
⑤ 학교에서 영재의 학습 양식에 맞는 교육적 기회가 주어지지 않아서 나타날 수 있다.

정답 ④

해설

학습부진 영재아는 지적으로 우수하나 자신의 능력만큼 학교에서 학업을 수행해 나가지 못하는 영재, 잠재 능력과 학업성취가 서로 일치하지 않는 영재로 정의하고 있다.

핵심이론 66 **학습부진 영재아에 대한 예방과 상담방법**

① 학습부진 영재의 예방 방안

㉠ 학습부진 영재아 상담은 객관적인 진단과 평가에 기초하여 체계적으로 접근해야 한다.

㉡ 학습부진 영재아의 자기이해, 스트레스 대처훈련 등을 목표로 하는 집단상담 프로그램을 개발하여 적용하고, 부모나 교사들이 합리적인 기대를 가지고 많은 격려를 하도록 교육과 연수를 실시한다.

㉢ 학습부진 영재아의 능력, 흥미, 적성 등을 객관적으로 파악함으로써 자신을 명확히 이해하게 하고, 자신이 원하는 직업에 대한 정보를 충분히 제공하여 적합한 진로를 탐색하고 준비하여 결정할 수 있는 진로상담을 실시한다.

㉣ 학습부진 영재아에게 자신의 사고, 감정, 행동을 체계적으로 관리하는 능력을 키워주는 자기조절 훈련이나 분노조절 훈련 프로그램, 동료들과의 교우관계를 향상시키는 사회성 증진 프로그램을 개발하여 적용한다.

㉤ 학습부진 영재아는 실패는 높게 지각하고 성공은 낮게 지각하는 경향이 있기 때문에 이것을 객관적으로 지각하는 상담을 해야 한다.

㉥ 학습부진 영재아는 완벽주의와 높은 이상주의를 품는 경향이 있다.
  • 완벽주의와 높은 이상주의는 반복적인 실패를 낳는다.
  • 능력보다 낮은 목표를 설정함으로써 실패만을 회피하려는 양상을 보이며, 이로 인해 무기력증이 생기고 결국 부정적인 자아개념을 생성한다.
  • 개인 상담과 심리검사를 통하여 학습부진 영재아의 능력을 객관적으로 파악하여 비현실적으로 높거나 낮은 목표를 수정해야 한다.
  • 현실적이면서도 적절하게 도전할 수 있는 목표를 설정할 수 있도록 도와주어 자신감을 고취시켜야 한다.

㉦ 과민성을 보이는 영재아는 많은 감각자극의 수용으로 고민 행동이 나타날 수 있으므로, 자극에 대해 선택적으로 주의를 집중하게 하고 이를 관리할 수 있도록 돕는다.

㉧ 영재성으로 인해 부적절한 친구관계를 맺을 수 있으므로 이에 대한 상담을 해야 한다.

② 학습부진 영재아에 대한 상담전략

㉠ 영재상담 방향

- 자신의 강점을 사용할 기회를 거의 갖지 못한 학습부진 영재아는 대부분의 학습에 흥미를 잃고 좌절한 경험이 많다. 이때는 결과만을 강조하기보다는 영재성을 알아봐 주고, 그 가치를 인정한다는 메시지를 주어야 한다.
- 많은 학습부진 영재아는 비언어적인 영역에서 강점을 가지고 있으므로, 주로 언어적 재능을 요구하는 학교에서 부적응할 확률이 높다. 따라서 비언어적 영역의 강점을 가진 학습장애 영재아를 위해 영상적 사고, 공간설계, 극적인 표현 등의 활동을 구성하는 것이 좋다.
- 학습부진 영재아를 판별할 때는 특정한 능력이나 흥미에 대한 확인만이 아니라, 추상적 사고 과정에서 평균 이상의 능력을 확인하여야 한다.
- 상담 이외에 개인 교수프로그램과 같은 필요한 특수교육 서비스 제공 여부를 고려할 수 있다. 개인교수는 학교의 교과목과 관련된 기초지식을 학습부진 영재아가 학습할 때 도와주는 것으로, 개인교수의 담당은 교사나 카운슬러가 담당하는 것이 아니라 가정, 가정교사, 학업성적이 우수한 급우 중의 한 학생이 담당하는 것이 좋다.
- 학습부진 영재아는 자신이 가지고 있는 강점과 약점 사이에서 심한 불일치를 경험하기 때문에 정서적 문제를 가지고 있기 쉽다. 이때는 정서적 지지를 경험할 수 있는 집단상담을 제공하는 것이 바람직하다.
- 상담과정에서 가족 및 부모의 참여와 역할을 강조하고, 사회성이 훼손된 경우에 또래에게 지지받는 경험을 할 수 있도록 조력한다.
- 영재성으로 인해 받게 되는 주위의 기대로부터 기인하는 스트레스에 적절히 대처할 수 있도록 돕는다.
- 영재성을 더 정확히 이해하고, 심리적 정보를 얻기 위해 심리검사를 활용할 수 있다.

㉡ 영재상담 모형

- 1단계 : 사정단계로 영재의 특성을 확인하고 상담관계 형성
- 2단계 : 문제발견 단계로 상담의 목표를 설정하고 문제 세분화·구체화
- 3단계 : 문제해결 단계로 문제해결을 위한 계획을 직접 실행
- 4단계 : 종결단계로 미해결사항을 매듭짓고 평가 및 추수상담 협의
- 5단계 : 추수단계로 해결을 위한 구체적 실천 여부 확인

[핵심예제]

학업부진 영재아를 돕기 위한 전략으로 옳지 않은 것은?

[19년 18회]

① 완벽을 추구하는 내담자에게는 자신의 능력보다 높은 이상적 목표를 설정하도록 한다.
② 과민성을 보이는 내담자에게는 자극에 대해 선택적으로 주의를 집중하게 하고, 이를 관리할 수 있도록 돕는다.
③ 내담자가 대인관계를 통해 관계기술을 적절히 학습하고 있는지 검토한다.
④ 상담과정에서 가족 및 부모의 지지와 참여를 강조한다.
⑤ 학업적 특성에 맞는 교육 경험을 할 수 있도록 돕는다.

정답 ①

해설

완벽주의와 높은 이상주의는 반복적인 실패를 낳으므로, 상담교사는 비현실적으로 높은 목표를 수정하고, 현실적이고 도전적인 목표를 설정할 수 있도록 도와주어 자신감을 고취시키도록 한다.

핵심이론 67 시험불안 개요

① 시험불안이란 개인의 수행(시험)에 대한 평가가 이루어지는 상황에서 예견되는 실패에 대한 정서적·인지적 반응과 생리적(신체적) 변화라고 정의할 수 있다.

② 적정 수준의 불안은 학습량을 증가시키지만, 학습에 문제가 있는 내담자들의 경우 학업에 대한 불안이 지나쳐서 학습행동 및 시험행동에 방해를 받고 있는 상황일 때가 많다.

③ 학업실패에 대한 지나친 걱정, 조금의 실패도 용납할 수 없는 완벽주의적 성격, 부모나 가족의 지나친 기대, 자신감 부족, 기질적으로 쉽게 불안해지는 불안에 대한 높은 감수성 등이 지나친 불안의 원인이다.

④ 스필버거(C. Spielberger)는 시험불안이 상태불안에 해당한다고 보았다.

⑤ 리버트(R. Liebert)와 모리스(L. Morris) : 시험불안은 인지적 반응인 걱정(Worry)과 정서적 반응인 감정(Emotionality)으로 구성된다.
  - ㉠ 인지적 반응인 걱정은 부정 평가에 대한 인지적 관심의 결과로 나타나며, 주변 평가에 민감하여 발생한다.
  - ㉡ 정서적 반응인 감정은 주관적으로 느끼는 것으로 긴장, 과민, 소화 장애 등의 증상이 나타난다.

⑥ 시험에 대한 부정적 자기평가는 시험불안의 인지적 반응에 해당한다.

⑦ 스필버거(Spielberger)의 상태-특성불안검사(State-Trait Anxiety Inventory)

상태불안	• 특수한 상황에서 긴장감, 걱정, 두려움을 느끼는 일시적인 불안상태이다. • 내담자가 '지금' 어떻게 느끼는지를 측정한다. • 개인의 환경에 따라 변화할 수 있다(예 시험불안).
특성불안	• 선천적으로 타고난 잠재적인 특성 또는 성향이다. • 내담자가 '전반적으로' 어떻게 느끼는지를 측정한다. • 시간과 상황에 비교적 안정적이다.

[핵심예제]

리버트와 모리스(Liebert & Morris)가 제안한 시험불안의 인지적 측면인 걱정(Worry) 요인에 해당하지 않는 것은?

[18년 17회]

① 시험 준비 부족에 대한 염려
② 긴장으로 인한 일시적인 기억력 감소
③ 시험 결과에 대한 염려
④ 다른 사람들과의 비교의식
⑤ 시험에 대한 지속적인 걱정

정답 ②

해설
긴장, 과민, 소화 장애 등은 정서적 반응인 감정 요인에 속한다.

핵심이론 68 | 시험불안의 원인과 증상, 접근 방법

① 시험불안의 원인

가정환경	부모의 양육태도, 부모의 과도한 기대, 부모의 시험에 대한 압력 등
사회적 환경	학벌 지상주의, 경쟁지향적 학습환경 등
개인적 요인	인정받고 싶은 욕구가 지나치게 강한 경우, 잘못된 학업습관 등
내적 원인	낮은 지적능력, 학업에 대한 실패감 내지는 성공감 결여, 비효과적인 학습방법, 충동성, 불안에 대한 높은 감수성 등
외적 원인	학벌위주의 사회, 높은 교육열, 부모의 지나친 기대로 인한 성적에 대한 압박감

② 시험불안의 증상

생리학적 증상	머리가 아프다, 배가 아프고 소화가 잘 안 된다, 가슴이 두근거린다, 손에 땀이 난다, 다리 떨기와 같은 의미 없는 행동을 반복적으로 한다.
인지적 증상	시험을 잘 못 볼 것 같아 걱정이다, 이번 시험은 꼭 잘 봐야 한다, 이 시험을 못 보면 내 인생은 끝장이다, 절대로 한 문제도 틀리면 안 된다, 나는 시험만 보면 아무 생각이 안 난다.
행동적 증상	시험 전날 하루 종일 잠만 잔다, 불안한 마음에 TV를 계속 보거나 게임을 한다, 시험 전날 학교를 안 간다, 시험을 보다가 중간에 나와 버린다.

③ 시험불안에 대한 접근

㉠ 인지주의적 접근 이론

인지적 간섭모델	시험불안이 높은 사람은 시험상황을 더 위협적인 상황이라고 해석하고 자신의 능력을 평가절하하여 시험을 제대로 보지 못할 것이라는 내적 대화를 하면서 걱정, 염려를 활성화시켜 결국 정보처리 속도가 떨어진다고 본다.
인지적 결핍모델	시험불안은 학습전략이 부족하고 결과적으로 시험을 제대로 준비하지 못했다는 것을 인식한 결과로 본다.

㉡ 욕구이론적 접근 이론 – 맨들러와 사라슨(Mandler & Sarason)

• 맨들러와 사라슨은 시험불안을 설명하는 욕구이론적 접근에서 높은 시험불안을 설명하는 두 가지 종류의 욕구를 가정하였다.

• 하나는 시험상황에서 과제수행을 촉진하는 반응을 야기하는 학습된 '과제수행 욕구'이고, 다른 하나는 과제수행을 촉진하는 반응과 방해하는 반응을 모두 야기하는 학습된 '불안 욕구'이다.

• 과제수행을 촉진하는 반응은 학업성적을 증가시키나 과제수행을 방해하는 반응은 학업성적을 감소시키는데, 상황에 따라 과제수행 욕구와 불안 욕구 중 하나의 욕구가 발생하여 과제수행을 촉진하거나 방해하여 성적을 증가시키거나 감소시킨다고 하였다.

[핵심예제]

다음 보기와 같이 시험불안을 해석하는 접근은? [17년 16회]

> 시험 상황을 지나치게 위협적으로 해석하는 것이 시험불안의 원인이다. 예를 들어, "이번 시험은 정말 중요해. 오늘 영어시험을 못 본다면 내 인생은 끝이야."와 같이 생각하는 것이다.

① 심리역동적 접근
② 욕구 이론적 접근
③ 행동주의적 접근
④ 인지론적 접근
⑤ 가정환경적 접근

정답 ④

해설
제시문은 인지적 간섭모델에 대한 예시이다.

시험불안의 개입방법

합리적으로 생각하기	비합리적이고 왜곡된 사고를 합리적인 사고로 변화시키기 • 제1단계 : 시험불안을 느꼈던 상황 생각하기 • 제2단계 : 내담자가 가지고 있는 비합리적 사고 찾기 • 제3단계 : 내담자가 가지고 있는 비합리적 사고의 인지적 오류 찾기 • 제4단계 : 비합리적 사고의 근거 찾기 • 제5단계 : 합리적 사고로 변화시키기
자기대화 (Self-Talk) 하기	• 자신이 불안한 상황을 상상해 보게 한 후, 그 상황에서 유용한 자기대화를 찾아 연습하고, 불안한 상황과 유사한 상황이 발생하거나 불안한 장면을 상상할 때 자기대화를 하는 연습을 하여, 실제 상황에서도 자동적으로 자기대화를 할 수 있도록 훈련시키기
이완훈련 (체계적 둔감법)	• 불안한 상태에서 긴장이 극도로 달하게 되므로 긴장을 줄이기 위한 이완훈련을 실시, 온몸의 긴장을 풀어 주고 마음을 편하게 해주는 효과 • 불안위계표를 작성한 후, 가장 낮은 불안부터 이완과 연합하여 훈련시키기
사전학습 강화	• 시험공부를 많이 하여 어려운 문제도 쉬운 문제로 지각할 수 있도록 훈련시키기
부모의 지지	• 부모의 적절한 지지와 말과 일치된 행동이 시험불안을 줄이는 데 효과
기타 방법	• 시험불안 관련 정서 반응에 게슈탈트(Gestalt)상담을 통하여 개입 가능 • 시험의 중요성을 설명하고 과거의 성공 경험 강조

더 알아보기

이완훈련(체계적 둔감법)의 진행 단계

근육이완훈련 → 불안위계목록 작성 → 불안을 가장 적게 일으키는 장면부터 상상하기 → 다시 불안해하면 이완훈련 실시 → 자극강도 높이기 → 가장 심한 자극에 대해 불안을 느끼지 않으면 상담종료

핵심예제

다음 보기의 내용이 설명하는 시험불안에 관한 개입전략은?
[17년 16회]

은희는 시험 보기 전부터 마음속으로 생각했다. "시험을 잘 볼 수 있을 거야. 난 잘 할 수 있어."

① 자기대화(Self-Talk) 하기
② 비합리적인 생각을 합리화하기
③ 자기구실 만들기
④ 이완훈련 하기
⑤ 사전학습 강화하기

정답 ①

해설

제시문은 시험불안에 관한 개입전략 중 '자기대화(Self-Talk)'하기 이다.

핵심이론 70 | **발표불안의 원인과 증상**

① **발표불안** : 다수의 청중들 앞에서 발표를 하는 상황에서 타인의 평가가 예상되거나 실제 평가가 이루어질 때 나타나는 부적응적인 인지적·생리적·행동적 반응들을 말한다.

② **원 인**

유전적 원인	수줍음이 많고 내성적인 성향은 유전적인 요인과 관련이 있는 만큼 발표불안에 있어 유전의 영향을 배제하기 어렵다.
부모의 양육 태도	부모가 비일관적이거나 무관심할 경우 또는 엄격한 태도를 취할 경우 자녀의 발표불안으로 이어질 수 있다.
조건화된 학습의 결과	과거에 발표를 했을 때 교사의 핀잔 또는 친구들의 부정적인 피드백으로 인하여 발표하는 상황에 불안을 느낄 수 있다.
비합리적 사고	발표에 대한 비현실적이고 이상적인 기준, 자신에 대한 부정적 지각, 실패 및 타인의 시선에 대한 과도한 지각 등을 가진 경우 발표불안을 겪는다.
사회적 기술 부족	발표할 기회를 충분히 갖지 못하고 발표행동을 할 연습의 기회가 적어서 불안이 생성된다.

③ **증 상**

생리학적 증상	다리, 목소리 등이 떨린다, 가슴이 쿵쾅거린다, 땀을 흘린다, 얼굴이 빨개진다, 멍해진다 등
인지적 증상	내가 발표하면 다른 애들이 나를 놀릴 거야, 발표할 때 선생님이 틀렸다고 하면 어떻게 하지? 안 하고 말 거야, 발표할 때 떨리고 더듬을 텐데, 발표하다 실수하면 어떻게 하지? 등
행동적 증상	손이나 발을 떤다, 아무 말도 하지 못한다, 발표 때문에 학교를 가지 않는다, 배가 아프다고 양호실에 간다 등

[핵심예제]

발표불안의 원인으로 옳은 것을 모두 고른 것은? [16년 14회]

> ㄱ. 유전적 영향 ㄴ. 부모의 엄격한 양육태도
> ㄷ. 무조건화된 학습 ㄹ. 비합리적 사고

① ㄱ, ㄴ ② ㄴ, ㄷ
③ ㄴ, ㄹ ④ ㄱ, ㄴ, ㄷ
⑤ ㄱ, ㄴ, ㄹ

정답 ⑤

해설
ㄷ. 조건화된 학습의 결과이다.

핵심이론 71 | **발표불안의 개입 방법**

① **부모 및 교사의 격려** : 부모나 교사의 적극적인 격려가 필요하다.

② **합리적으로 생각하기** : 시험에 대한 내담자의 비합리적이고 왜곡된 사고를 합리적인 사고로 변화시켜야 한다.

③ **자기대화 하기** : 불안한 상황에서 내담자에게 자기격려로서 기능하도록 자기대화를 반복적으로 시도한다.

④ **체계적 둔감화**
  ㉠ 이완훈련을 실시한다.
  ㉡ 위계적 발표불안 리스트를 작성한다.
  ㉢ 위계적 발표불안 리스트를 작성할 때 현실적으로 성공가능한 목표를 설정한다.
  ㉣ 불안한 순간을 상상해 보고 각각의 상황에서 몸을 이완하는 연습을 한다(가장 낮은 불안부터 상상).
  ㉤ 실생활에서 이를 적용한다.

⑤ **발표기술 훈련**
  ㉠ 발표기술을 습득하여 반복적으로 연습한다.
  ㉡ 자신이 발표하는 모습을 동영상으로 찍고 상담자와 함께 확인한다.
  ㉢ 상담 장면에서 반복적으로 연습을 한다.
  ㉣ 발표하는 올바른 습관을 학습한다.

더 알아보기

행동형성/조성(Behavior Shaping)
바람직한 행동을 증가시키기 위해 목표 행동에 점진적으로 가까운 행동을 체계적으로 차별 강화하여 새로운 행동을 형성시키는 것을 말한다.

[핵심예제]

발표불안에 관한 개입 방안으로 옳은 것을 모두 고른 것은?

[18년 17회]

ㄱ. 발표불안에 대한 비합리적인 사고 수정하기
ㄴ. "나는 이번 발표를 꼭 잘해야만 돼"라고 자기대화 하기
ㄷ. 발표불안 위계표를 작성하여 불안수준이 높은 것부터 체계적 둔감화하기
ㄹ. 발표기술 훈련하기

① ㄱ, ㄴ   ② ㄱ, ㄹ
③ ㄴ, ㄹ   ④ ㄱ, ㄴ, ㄷ
⑤ ㄱ, ㄷ, ㄹ

정답 ②

해설

ㄴ. 자기격려로서 기능하도록 자기대화를 반복적으로 시도하게 한다.
ㄷ. 가장 낮은 불안부터 상상한다.

제6장 **기타 학업상담에 관한 사항**

핵심이론 72 **두뇌를 활성화하는 음식**

① 피해야 할 식습관
  ㉠ 주의력을 떨어뜨리는 인스턴트 식품
  ㉡ 숙면을 방해하는 카페인
  ㉢ 민감한 장을 자극하는 찬 음식

② 두뇌 발달에 좋은 음식
  ㉠ 등 푸른 생선 : 뇌신경계의 반응 속도를 높인다.
  ㉡ 견과류와 씨앗류 : 불포화지방산이 들어 있어 뇌신경 세포에 좋은 영향을 미치고 비타민 E는 뇌의 혈류량을 늘려 활성화를 돕는다.
  ㉢ 해조류 : 미역 등에 들어있는 칼륨은 머리를 맑게 하고 피로회복을 도우며, 성분 중 하나인 요오드는 신경시스템과 뇌 건강에 중요한 역할을 하며 인지 기능을 돕는다.
  ㉣ 레몬 : 비타민C와 구연산이 스트레스를 완화하고 피로회복을 도와 학습에 도움을 준다.
  ㉤ 달걀 : 달걀노른자에 함유된 레시틴(Lecithin)은 기억력 증진에 도움을 준다.
  ㉥ 들깨가루 : 불포화지방산인 리놀렌산이 풍부해 뇌의 기억력 및 학습능력을 높인다.
  ㉦ 김치 : 뇌기능을 촉진시키고 집중력을 향상시키며 정신 안정에 도움을 준다.
  ㉧ 우유 : 면역력을 강화하는 면역 글로불린, 라이소자임, 락토페린 등의 성분을 함유하고 있다.
  ㉨ 브로콜리 : 피로회복과 해독작용을 한다.
  ㉩ 뿌리채소 : 무, 감자, 우엉 등은 뇌에 힘을 채워 주어 뇌가 과열되었을 때 도움을 준다.
  ㉪ 검은 콩 : 성장과 두뇌발달, 건강까지 한꺼번에 잡을 수 있으며, 볶은 검은콩은 씹으면 뇌를 자극해 두뇌발달에 도움을 준다.
  ㉫ 옥수수 : 단백질과 비타민, 미네랄, 섬유소 등이 풍부하며, 옥수수 눈에 들어있는 레시틴 성분은 두뇌발달에 좋은 영향을 미친다.

[핵심예제]

학습을 위한 생활관리 차원에서 권장되는 음식에 관한 설명으로 옳지 않은 것은? [20년 19회]

① 등푸른 생선은 뇌신경계의 반응 속도를 높이는 대표적인 음식이다.
② 레몬에 다량 함유된 요오드는 뇌신경세포 수의 증식을 촉진한다.
③ 미역 등에 들어있는 칼륨은 머리를 맑게 한다.
④ 볶은 검은콩은 씹으면 뇌를 자극해 두뇌발달에 도움을 주기도 한다.
⑤ 옥수수 눈에 들어있는 레시틴 성분은 두뇌발달에 좋은 영향을 미친다.

정답 ②

해 설
레몬에는 요오드가 함유되어 있지 않다. 요오드는 해조류에 많이 함유되어 있다.

핵심이론 73 | **학습과 수면**

① 학습과 수면의 관계 : 잠을 자는 동안 뇌는 단기 저장고에 입력된 정보를 장기 저장고로 전송해 저장하기 때문에 잠을 자고 있는 동안 기억력이 강화되어 수면 중 그날 배운 중요한 것들을 스스로 반복해서 학습하게 된다. 따라서 청소년들이 학습의 질을 높이기 위해서는 충분한 수면을 취해야 한다.

② 학습효과를 높이는 수면법
 ㉠ 높은 긴장감과 스트레스로 인하여 밤잠을 이루기 힘든 경우, 30분 정도 가벼운 운동으로 땀을 흘린 뒤 따뜻한 물에 샤워한다.
 ㉡ 수면 부족이나 늦게까지 공부하는 습관 등으로 머리가 멍하면 수면 시간대를 조절한다.
 ㉢ 책상에 엎드려 자지 말고 잠은 침대에서 잔다.
 ㉣ 불을 켜고 자면 멜라토닌 분비가 억제되어 숙면을 방해할 수 있다.
 ㉤ 낮잠은 15분 정도로 한두 차례 자면 신체 리듬을 건강하게 유지하는 데 도움이 되지만, 2시간 이상 자는 것은 신체 리듬에 방해가 될 수 있다.
 ㉥ 자신에게 적절한 수면시간을 찾아 규칙적으로 수면을 취하는 것은 학습효과를 높이는 데 도움이 될 수 있다.
 ㉦ 하루 최대 7시간 잠을 자는 것이 좋다.

[핵심예제]

학습과 수면에 관한 설명으로 옳지 않은 것은? [18년 17회]

① 불을 켜고 자면 멜라토닌 분비가 억제되어 숙면을 방해할 수 있다.
② 자신에게 적절한 수면시간을 찾아 규칙적으로 수면을 취하는 것은 학습효과를 높이는 데 도움이 될 수 있다.
③ 학습 후 3시간 이내에 잠을 자는 것은 학습내용 기억을 저하시킨다.
④ 가벼운 운동 후 따뜻한 물로 샤워하면 숙면에 도움이 될 수 있다.
⑤ 낮잠을 2시간 이상 자는 것은 신체 리듬에 방해가 될 수 있다.

정답 ③

해 설
수면 중 뇌는 단기 저장고에 입력된 정보를 장기 저장고로 전송해 저장하기 때문에 잠을 자면서 그날 배운 중요한 것들을 스스로 반복해서 학습하게 된다.

핵심이론 **74** 캐롤(Carroll)의 학교학습모형

① 기본 입장
  ㉠ 완전학습의 이론적 토대를 제공한다.
  ㉡ 기본 명제 : 주어진 과제에서 학습지의 학습정도는 그 과제의 학습에 필요한 시간에 비하여 실제로 학습에 사용한 시간의 비율에 따라 결정된다.

② 기본 개념
  ㉠ 학습자의 학습정도 : 도달될 것으로 기대된 교수목표의 기준선에 비추어 본 실제 학습성취의 정도이다.
  ㉡ 과제의 학습에 필요한 시간 : 주어진 과제를 완전학습의 기준까지 학습하는 데 소요되는 시간량이다.
  ㉢ 실제로 학습에 사용한 시간 : 학습자가 능동적으로 학습과제에 주의를 집중시켜 학습에 열중한 시간량이다.
  ㉣ 학습의 정도

$$= f\left(\frac{\text{학습에 사용한 시간}}{\text{학습에 필요한 시간}}\right)$$

$$= f\left(\frac{\text{학습지속력, 학습기회}}{\text{적성, 수업이해력, 수업의 질}}\right)$$

  ㉤ 학교학습모형에 포함되는 요인

구 분		내 용
학습에 필요한 시간	적 성	• 최적의 학습조건 하에서 주어진 학습과제를 일정한 수준으로 성취하는 데 필요한 시간(적성이 높으면 시간이 줄어든다) • 학습자 변인
	능 력 (수업이해력)	• 수업내용이나 수업에서 사용되는 여타 자료나 학습절차를 이해하는 학습자의 능력(지능이 높을수록 학습에 필요한 시간은 줄어든다) • 학습자 변인
	교수의 질 (수업의 질)	• 학습과제의 제시, 설명 및 구성이 학습자에게 최적의 상태로 접근된 정도 • 수업(교수)변인
학습에 사용한 시간	학습지속력	• 학습자가 인내심을 발휘하여 학습에 더욱 많은 시간을 보내려고 하며, 학습과정에서의 불편과 고통을 이겨내고 실제로 학습하는 데 사용한 시간 • 학습자 변인
	학습기회	• 어떤 과제의 학습을 위해 학생에게 실제로 주어지는 시간량 • 수업(교수)변인

[핵심예제]

캐롤(Carroll)이 제안한 학교학습모형에 포함되는 요인이 아닌 것은?

[15년 13회]

① 능 력   ② 지속성
③ 학습기회   ④ 교수의 질
⑤ 부모와의 관계

정답 ⑤

해설

학교학습모형에 포함되는 요인으로는 적성, 능력(수업이해력), 교수의 질(수업의 질), 학습지속력, 학습기회 등이 있다.

합격에 윙크(Win-Q)하다!

Win-Q

청소년상담사 2급

제2편 최신기출문제

필수1과목 청소년상담의 이론과 실제

01 게슈탈트 상담의 접촉경계 장애와 예시를 옳게 연결한 것을 모두 고른 것은?

> ㄱ. 내사 – 두 사람이 감정과 생각이 서로 같다고 지각한다.
> ㄴ. 반전 – 다른 사람이 도와주기를 바라면서도 '나 혼자 할 수 있어'라고 말한다.
> ㄷ. 융합 – 부모의 견해를 의견이 아니라 하나의 사실로 받아들인다.
> ㄹ. 편향 – 문제에 대해 추상적으로 말하거나 마치 다른 사람의 문제인 것처럼 말한다.

① ㄱ, ㄴ ② ㄱ, ㄷ
③ ㄴ, ㄹ ④ ㄷ, ㄹ
⑤ ㄱ, ㄴ, ㄷ

해설
ㄱ. 내사 : 타인의 행동이나 가치관을 무비판적으로 받아들여 자기 것으로 동화되지 못한 채 남아서 자신의 행동이나 사고방식에 악영향을 미치는 것이다.
　예 어린 아이가 부모의 이야기에 절대 순응하라는 부모의 의견을 그대로 받아들이는 경우
ㄷ. 융합 : 밀접한 관계에 있는 두 사람이 서로 간에 차이점이 없다고 느끼도록 합의함으로써 발생하는 것이다.
　예 친구가 행복하면 자신도 행복하고, 친구가 불행하면 자신도 불행하다고 느껴야 한다고 생각하는 경우

02 상담이론에 관한 설명으로 옳은 것을 모두 고른 것은?

> ㄱ. 여성주의 상담이론은 여성과 남성의 차이점 또는 유사점을 지나치게 과장한다.
> ㄴ. 여성주의 상담이론은 내담자의 문제를 사회·정치적 맥락보다는 개인적인 것으로 이해한다.
> ㄷ. 통합적 상담이론은 다양한 이론적 접근과 기법을 필요에 따라 선별적으로 적용함으로써 상담의 효과성을 높이기 위한 접근법이다.
> ㄹ. 통합적 상담이론은 서로 다른 이론에서 나온 요소들을 통합하여 상담자 자신만의 개입전략을 개발할 때 사용된다.

① ㄱ, ㄴ ② ㄷ, ㄹ
③ ㄱ, ㄴ, ㄷ ④ ㄴ, ㄷ, ㄹ
⑤ ㄱ, ㄴ, ㄷ, ㄹ

해설
ㄱ. 여성주의 상담이론은 남녀를 이분법적으로 구분하는 것에서 벗어나 다양성을 인정하고 수용하도록 돕는다. 그러므로 여성과 남성의 차이점 또는 유사점을 지나치게 과장하는 것을 경계하기 위해 알파편견과 베타편견 개념을 사용한다.
ㄴ. 여성주의 상담이론은 내담자의 문제를 사회·정치적 차원에서 재구성하여 이해하도록 돕고, 성에 근거하여 차별하는 모든 형태의 제도적·사회적 불평등과 정책에 대항한다.

안심Touch

03 청소년 내담자의 특성으로 옳지 않은 것은?

① 신체나 외모에 관심이 많으며 자의식이 크다.

② 사회적 관계에서 자아중심적인 특성이 강하다.

③ 구체적 조작 단계에 있으므로 인지능력이 우수하다.

④ 상담에 대한 자발적 동기가 낮은 경우가 많다.

⑤ 감각적 흥미와 재미를 추구하는 경향이 있다.

해설

청소년기는 형식적 조작기에 들어서면서 인지능력이 급격히 발달하지만, 초기에는 자아중심적 경향으로 '상상적 청중'과 '개인적 우화'라는 개념적 특성을 보이고, 현실과는 동떨어진 이상주의적 성향을 나타내는 등 인지적 능력이 아직 부족한 경우가 많다.

04 해결중심 상담의 질문기법과 그 적용 예가 옳은 것을 모두 고른 것은?

> ㄱ. 기적 질문 – 당신이 잠든 사이에 문제들이 모두 사라진다면 어떤 일이 일어날지 생각해 보실까요?
>
> ㄴ. 예외 질문 – 고통스럽지 않은 상황이 있었다면 언제였나요?
>
> ㄷ. 상담 전 변화 질문 – 예약 후 오늘 오기까지 혹시 어떤 변화가 있었나요?
>
> ㄹ. 대처 질문 – 그 어려운 상황 속에서 어떻게 견딜 수 있었나요?
>
> ㅁ. 관계성 질문 – 어떤 점이 변화되면 담임선생님께서 학교생활이 나아졌다고 말씀하실까요?

① ㄱ, ㄴ   ② ㄴ, ㄷ

③ ㄱ, ㄷ, ㄹ   ④ ㄴ, ㄷ, ㄹ, ㅁ

⑤ ㄱ, ㄴ, ㄷ, ㄹ, ㅁ

해설

해결중심 상담의 질문기법

• 상담 전 변화 질문 : 상담에서는 치료 이전의 변화를 매우 관심 있게 관찰하고, 이것을 근거로 가족의 잠재능력을 발견하며 가족 스스로가 인식하지 못한 해결방안을 찾아내는 데 이용한다.

　예 혹시 치료약속을 하고 오늘 오기 전까지 무슨 변화가 있었나요?

• 예외 질문 : 일상생활에서 성공적으로 잘하고 있으면서도 의식하지 못하는 것을 발견하고, 성공했던 행동을 의도적으로 하도록 강화시키는 기법이다.

　예 최근에 문제가 일어나지 않은 때는 언제인가요?

• 기적 질문 : 문제가 해결된 상황을 상상해 봄으로써 해결하기 원하는 것을 구체화 · 명료화하는 데 도움이 된다.

　예 잠자는 동안 기적이 일어나 당신을 여기에 오게 한 그 문제가 극적으로 해결됩니다. 아침에 일어나서 지난밤 기적이 일어나 모든 문제가 해결되었다는 것을 어떻게 알 수 있을까요?

• 척도 질문 : 문제의 심각성 정도나 치료목표, 성취 정도의 측정 등을 수치로 표현하도록 하는 질문이다.

　예 0~10점까지의 척도에서 10점은 문제가 해결된 상태, 0점은 문제가 전혀 해결되지 않은 상태라고 가정합니다. 오늘은 몇 점이라고 생각하나요?

• 대처 질문 : 어려운 상황에서의 적절한 대처 경험을 상기하게 하여 내담자가 스스로의 강점을 발견하고, 자신이 대처 방안의 기술을 가지고 있음을 깨닫도록 하는 질문이다.

　예 당신은 그 어려운 상황 속에서 어떻게 지금까지 견딜 수 있었나요?, 어떻게 해서 상황이 더욱 나빠지지 않을 수 있었나요?

• 관계성 질문 : 중요한 타인의 입장에서 자신을 바라보게 해서 이전에는 느끼지 못한 해결 상태를 파악하게 하고, 내담자에게 중요한 사람들의 생각이나 행동을 파악하기 위한 질문이다.

　예 어머니가 당신의 변화된 부분을 본다면 어떤 부분을 보고 말해줄까요?

05 교류분석에 관한 설명으로 옳지 않은 것은?

① 어버이자아가 어른자아를 침범하는 혼합현상으로 망상이 발생한다.

② 배타는 자아상태의 경계가 지나치게 경직되어 심적 에너지의 이동이 거의 불가능한 상태이다.

③ 이면교류에서는 사회적 메시지와 심리적 메시지가 나타나며 심리적 메시지가 더 중요하다.

④ 게임은 겉으로 친밀한 것처럼 보이지만 결과적으로는 라켓 감정을 유발한다.

⑤ '자기긍정-타인긍정'의 자세를 지닌 사람은 자신이 유능하며 인생은 살아갈 만하다고 생각한다.

해설

어버이자아가 어른자아를 침범할 때 발생하는 것은 '편견'이다. '망상'은 어린이자아가 어른자아를 침범할 때 발생한다.

자아의 상태

• 혼합 : 어른자아가 어버이자아 또는 어린이자아의 영향을 받은 상태이다.

• 편견 : 어버이자아가 어른자아를 침범할 때 발생한다.

• 망상 : 어린이자아가 어른자아를 침범할 때 발생한다.

• 이중 혼합 : 어른자아가 어버이자아와 어린이자아가 이중으로 혼합된 상태이다.

• 배타 : 각 자아상태의 경계가 지나치게 경직되어 심리적 에너지의 이동이 거의 불가능한 상태이다.

06 아들러(A. Adler)의 개인심리학에 관한 설명으로 옳은 것은?

① 인간은 성적 충동에 의해 일차적으로 동기화되는 존재이다.

② 생활양식은 개인이 지니는 독특한 삶의 방식으로 가족 경험에 의해 영향을 받지 않는다.

③ 출생순위는 성격형성 과정에 중요한 요인이지만, 가족 내 역할과 심리적 출생순위가 더 중요하다.

④ 열등감은 신경증의 원천으로 잠재 능력을 저하시키는 부정적 요인이다.

⑤ 인간은 미래를 향한 목적론적인 존재로서 과거에 의해 영향을 받지 않는다.

해설

① 개인심리학에서의 인간은 주로 성적 동기보다 사회적 충동에 의해 동기화되는 사회적 존재이다.

② 생활양식은 개인의 독특한 열등감을 극복하기 위한 노력을 나타내며, 출생순위로 인해 형제간에 서로 다르게 경험하는 열등의 가족경험도 생활양식 형성에 영향을 미친다.

④ 개인심리학에서는 열등감이 열등 상황을 극복하여 우월의 상황으로 밀고 나아가게 하는 힘을 지녔다고 보고, 인간이 지닌 잠재능력을 발달시키는 자극제 또는 촉진제로서의 역할을 한다고 보았다.

⑤ 인간은 목적적·목표지향적인 존재로 과거의 경험에 소홀하지 않으며 과거로부터 영향을 받는다.

07 매체상담에 관한 설명으로 옳지 않은 것은?

① 전화상담의 경우 단회로 진행되는 경우가 많으며, 신속하게 도움을 요청할 수 있다.

② 전화상담의 경우 익명성으로 인해 성문제 등 드러내기 어려운 주제로 상담하는 경우가 많다.

③ 미술치료의 경우 미술이 지닌 상징성이 내담자의 감정을 안전하게 표현할 수 있게 한다.

④ 사이버상담의 '즉시성과 현시' 기법은 상담자가 내담자의 글에 대한 자신의 심정과 모습을 생생하게 시각화하여 표현하는 것이다.

⑤ 사이버상담의 '정서적 표현에 괄호 치기' 기법은 침묵하는 것을 나타내거나 눈으로 글을 읽고 있음을 나타낼 때 사용한다.

해설

'정서적 표현에 괄호 치기'는 글 속에 숨어 있는 정서적 내용을 보여주며, 사실에 대한 대화를 주고받으면서 정서적 표현을 전달하는 것이다. 침묵하는 것을 나타내거나 눈으로 글을 읽고 있음을 나타낼 때 사용하는 것은 '말줄임표 사용'이다.

08 실존주의 상담에 관한 설명으로 옳은 것을 모두 고른 것은?

ㄱ. 인간은 계속해서 되어가는 존재이다.

ㄴ. 개인은 그가 처한 객관적 상황 속에서 이해되어야 한다.

ㄷ. 상담의 주요한 기법으로 역설적 의도와 탈숙고가 있다.

ㄹ. 인간의 주된 궁극적 관심사는 죽음, 고독, 무의미, 자유와 책임이다.

① ㄱ, ㄷ   ② ㄴ, ㄹ

③ ㄷ, ㄹ   ④ ㄱ, ㄷ, ㄹ

⑤ ㄱ, ㄴ, ㄷ, ㄹ

해설

ㄴ. 실존주의 상담에서 개인은 그 자신의 주관적 상황 속에서 이해되어야 한다.

실존주의 상담의 자아중심성의 원리

• 실존주의 상담의 초점은 내담자의 자아에 있다.

• 자아중심성은 주관성 및 내면성과 연관된다.

• 자아중심성은 개인의 자아세계 내면에 있는 심리적 실체를 중심으로 이루어지는 것이다.

09 청소년 내담자에게 충고나 조언을 할 때 상담자의 개입방법으로 옳은 것을 모두 고른 것은?

> ㄱ. 내담자가 충고나 조언을 들을 준비가 되었는지 확인하고 제공한다.
> ㄴ. 한 번에 많은 변화보다는 작고 구체적인 변화를 꾀하도록 제공한다.
> ㄷ. 충고나 조언을 한 후 내담자가 이를 제대로 이행했는지 확인한다.
> ㄹ. 충고나 조언한 내용에 대해 즉각적인 피드백과 실행 후의 피드백을 받는다.

① ㄱ, ㄴ ② ㄴ, ㄷ
③ ㄷ, ㄹ ④ ㄴ, ㄷ, ㄹ
⑤ ㄱ, ㄴ, ㄷ, ㄹ

해설

청소년 내담자에게 충고나 조언 시 상담자의 개입방법
• 충고나 조언을 하기 전에 내담자가 어떤 시도나 노력을 해보았는지 확인한다.
• 내담자가 충고나 조언을 들을 준비가 되었는지 확인하고 제공한다.
• 충고나 조언을 한 후 내담자가 이를 제대로 이해했는지 확인한다.
• 충고나 조언한 내용에 대해 즉각적인 피드백과 실행 후의 피드백을 받는다.
• 내담자와 감정, 태도 및 신념을 공감하며 조언하는 것이 중요하다.
• 한 번에 많은 변화보다는 작고 구체적인 변화를 꾀하도록 제공한다.

10 상담자가 갖추어야 할 자질 및 태도에 관한 설명으로 옳지 않은 것은?

① 인간에 대한 깊은 관심과 호기심을 가지며 경험에 개방적이고 수용적이다.
② 자기성찰적 태도를 지니고 있으나 원숙한 적응상태까지는 추구하지 않는다.
③ 지역사회 자원, 상담연계기관의 특성 및 사회 환경에 대한 이해가 있다.
④ 다른 문화권의 내담자를 상담할 때 자신의 가치관이 방해가 될 수 있음을 안다.
⑤ 상담자가 내담자의 어려움과 비슷한 해결되지 않은 문제를 갖고 있을 경우 역전이 문제를 인식하려고 노력한다.

해설

상담자는 자기성찰적 태도와 원숙한 적응상태를 갖춰야만 내담자에게 도움을 줄 수 있다.

11 청소년상담사의 윤리로 옳은 것은?

① 내담자와의 다중관계는 항상 해롭기 때문에 맺어서는 안 된다.
② 성폭력으로 인한 임신 사실을 알았지만 내담자가 부모 등 누구에게도 알리기를 원치 않아 아무런 조치를 취하지 않았다.
③ 상담 중 가정폭력 사실을 알게 되었으나 어머니가 가정의 문제가 크게 확대되는 것을 원치 않아 내담자의 상처받은 마음만 달래주었다.
④ 가정법원으로부터 상담내용 공개를 요청받아 내담자에게 그 사실을 알리고 필요한 최소한의 정보를 제공하였다.
⑤ 상담을 전공한 A교수는 자기 지도학생에게 상담료를 받으며 주 1회 상담을 정규적으로 진행하였다.

해설

① 청소년상담사는 법적·도덕적 한계를 벗어난 다중관계를 맺지 말아야 하며, 상담사는 내담자와 상담 이외의 다른 관계가 있거나 의도하지 않게 다중관계가 시작된 경우에는 적절한 조치를 취해야 한다.
②·③ 청소년상담사는 아동학대, 청소년 성범죄, 성매매, 학교폭력, 노동관계 법령 위반 등 관련 법령에 의해 신고 의무자로 규정된 경우, 또는 내담자에게 닥칠 위험이 분명하고 위급한 경우, 내담자의 생명이나 사회의 안전을 위협하는 경우, 내담자에게 감염성이 있는 치명적인 질병이 있을 경우 내담자의 비밀을 사전 동의 없이 관련자에게 공개할 수 있다.
⑤ 상담자는 객관성과 전문적인 판단에 영향을 미칠 수 있는 다중관계는 피해야 한다. 특히, 상담자가 내담자의 상사이거나 지도교수 혹은 평가를 해야 하는 입장에 놓인 경우라면, 그 내담자를 다른 전문가에게 의뢰해야 한다.

12 사례에서 상담자가 사용한 상담 기술을 활용할 때 유의해야 할 점으로 옳지 않은 것은?

> • 내담자 : 고등학생이 되니까 엄마는 맨날 공부만 하라고 해요. 난 엄마가 공부하라는 소리가 세상에서 제일 듣기 싫어요. 엄마는 내가 친구들과 잠깐 어울리는 것도 안 좋아해요. 내가 잠시 쉬려고 하면 막 공부하라고 소리 지르세요. 그전에는 음악에 관심이 없었는데, 요새는 이어폰 끼고 음악 듣는 것이 좋아졌어요.
> • 상담자 : 이어폰으로 음악 듣는 것을 좋아하게 된 것은 어쩌면 엄마의 잔소리를 피하기 위한 수단으로 보이는구나!

① 가능한 한 전문적인 용어를 사용함으로써 내담자의 통찰능력을 증진시킨다.

② 내담자가 받아들일 준비가 되어 있을 때 하는 것이 효과적이다.

③ 상담과정에서 수집하고 확인한 구체적이고 실제적인 정보를 근거로 제공한다.

④ 내담자의 현재 욕구를 존중하고 내담자의 인지적·성격적 특성을 고려해서 이루어져야 한다.

⑤ 신뢰로운 상담관계가 형성된 이후 가설적이고 잠정적인 표현을 사용한다.

해 설

문제에서 제시된 상담기법은 '해석'이다. 해석은 아주 신중하게 사용해야 하며, 내담자 편에서 자기이해가 이루어지지 않았을 때 성급한 해석을 내리는 경우 내담자가 방어적으로 나올 수 있으므로 해석의 시기에 유념해야 한다. 또한 해석을 할 때는 내담자가 받아들여 통제·조절할 수 있는 어투와 용어를 사용해야 한다.

13 다음 보기의 사례에서 나타나는 인지적 오류로 옳은 것은?

> A는 지난번 시험에서 감기가 들어 시험을 잘 못 보았다. 기말고사를 앞두고 A는 이번 시험에서 열심히 공부해도 시험을 망칠 것이라고 생각하고 있다.

① 이분법적 사고

② 과잉일반화

③ 개인화

④ 의미축소

⑤ 독심술

해 설

② 과잉일반화 : 한두 가지의 고립된 사건에 근거해서 일반적인 결론을 내리고, 그것을 서로 관계없는 상황에 적용하는 것을 말한다.

① 이분법적 사고 : 모든 경험을 한두 개의 범주로만 이해하고, 중간지대가 없이 흑백논리로써 현실을 파악하는 것을 말한다.

③ 개인화 : 자신과 관련시킬 근거가 없는 외부사건을 자신과 관련시키는 성향으로서, 실제로는 다른 것 때문에 생긴 일에 대해 자신이 원인이고 자신이 책임져야 할 것으로 받아들이는 것을 말한다.

④ 의미축소 : 어떤 사건 또는 한 개인이나 경험이 가진 특성의 한 측면을 그것이 실제로 가진 중요성과 무관하게 과소평가하는 것을 말한다.

⑤ 독심술 : 충분한 근거 없이 다른 사람의 마음을 마음대로 추측하고 단정하는 것을 말한다.

14 다음 보기에서 설명하고 있는 형상으로 옳은 것은?

> ○ 내담자가 상담과정에서 보이는 비협조적인 행동으로서 내담자의 습관화된 사고, 감정, 행동패턴을 변화시키고자 할 때 주로 나타난다.
> ○ 내담자가 상담에 자주 지각하거나, 중요한 얘기를 하지 않거나, 상담을 일찍 그만두고 싶어 하는 등의 행동으로 나타난다.

① 저 항   ② 억 압
③ 침 묵   ④ 부 인
⑤ 전 이

해설

내담자의 저항

저항의 원인	• 상담자의 일방적인 과제 제시 • 준비되지 않은 내담자에게 빠른 변화를 위해 적극적으로 개입
저항의 특징	• 자신이 바라지 않던 통찰을 하게 되는 것에 대한 두려움을 보임 • 책임지기 두려워 의사결정을 미루는 태도를 보임 • 상담자와의 권력 차이로 충분히 자신을 드러내지 못하는 것에 대한 두려움을 보임 • 상담자의 유능성 또는 상담방법에 대해 비난을 함
저항의 예	• 상담을 취소하거나 늦게 오기 • 중요한 이야기를 하지 않고 화제 돌리기 • 공상하거나 졸기 • 불가능한 요구사항 설정하기 • 내담자에게 일방적으로 말하기

15 행동주의 상담에 관한 설명으로 옳지 않은 것은?

① 내담자의 성격변화와 인격적 성장을 상담목표로 한다.
② 부적응 행동이 습득되고 유지되는 과정을 학습이론에 근거하여 설명한다.
③ 내담자의 문제행동에 대한 분석이 이루어지면 내담자와 함께 구체적인 상담목표를 설정한다.
④ 체계적 둔감법은 공포증과 같은 불안장애의 치료에 효과적이다.
⑤ 강화와 소거 등의 원리를 사용하여 내담자의 행동을 수정한다.

해설

행동주의 상담의 목표는 성격변화와 인격적 성장이 아니고, 내담자의 바람직하지 못한 행동을 소거하고 수정하여 바람직한 행동을 학습하게 하는 것이다.

16 다음 보기의 사례에서 A가 사용하는 방어기제로 옳은 것은?

> 대소변을 잘 가렸던 A는 동생이 태어나면서 부모의 관심이 동생에게 집중되자 대소변을 잘 가리지 못하고 실수를 하게 되었다.

① 억 압   ② 부 인
③ 투 사   ④ 퇴 행
⑤ 승 화

해설

④ 퇴행 : 안정감을 느꼈던 어린 시절로 돌아가고자 하는 방어기제이다.
　예 예쁨을 독차지하던 아이가 동생이 태어나자 밤에 오줌을 싸는 경우
① 억압 : 용납될 수 없는 충동, 경험 등을 무의식적으로 거부하는 것이다.
　예 어릴 적 왕따의 기억을 바쁘게 사회생활하면서 잊어버리는 경우

② 부인 : 의식화되는 경우 감당하기 어려운 고통이나 욕구를 무의식적으로 부정하는 것이다.

　예 애인의 죽음을 믿지 않고 멀리 여행을 떠난 것이라고 믿는 경우

③ 투사 : 사회적으로 인정받을 수 없는 자신의 행동과 생각을 마치 다른 사람의 것인 양 생각하고 남을 탓하는 것이다.

　예 자기가 화난 것을 의식하지 못한 채, 상대방이 자기에게 화를 낸다고 생각하는 경우

⑤ 승화 : 용납될 수 없는 충동을 사회적으로 용납되는 다른 형태로 표출하는 것이다.

　예 예술가가 자신의 성적 욕망을 예술로 승화시키는 경우

17 인간중심 상담이론에 관한 설명으로 옳은 것을 모두 고른 것은?

> ㄱ. 자기개념과 유기체적 경험의 불일치가 클 때 심리적 부적응이 발생한다.
> ㄴ. 인간은 긍정적인 변화를 향한 내면적 동기와 잠재능력을 지니고 있는 존재이다.
> ㄷ. 개인의 객관적인 경험과 인식을 중시하는 현상학적인 입장에 근거한다.
> ㄹ. 상담목표는 내담자가 충분히 기능하는 사람이 되도록 돕는 것이다.

① ㄱ, ㄴ
② ㄱ, ㄴ, ㄹ
③ ㄱ, ㄷ, ㄹ
④ ㄴ, ㄷ, ㄹ
⑤ ㄱ, ㄴ, ㄷ, ㄹ

해설
ㄷ. 인간중심 상담이론에서의 현상학적 입장은 개인의 주관적 경험과 인식을 중시한다.

18 우볼딩(R. Wubbolding)이 제시한 행동계획을 수립할 때 고려해야 할 사항으로 옳지 않은 것은?

① 단순하고 이해하기 쉬워야 한다.
② 성취여부를 측정할 수 있도록 설정되어야 한다.
③ 내담자가 통제할 수 있어야 한다.
④ 즉각적으로 실행할 수 없더라도 미래를 위한 것이어야 한다.
⑤ 실현가능한 것이어야 한다.

해설
계획은 구체적이고 현실적이어야 하며, 즉시 실행할 수 있는 것이어야 한다.
우볼딩(Wubbolding)의 WDEP

제1단계 Want (바람)	• 자신이 원하는 것을 정확하게 이해할수록 그것을 얻을 수 있는 가능성도 높아진다. • 자신이 진정 원하는 바람이 무엇인지 적어보고, 가장 원하는 것부터 상대적으로 덜 중요한 바람까지 순서를 정해보고, 각각의 바람이 얼마나 실현 가능한지 생각해본다.
제2단계 Doing (행동)	• 현재 자신의 행동을 관찰한다. • 하루의 일과를 꼼꼼히 리뷰해 보고, 다른 사람들과 어떻게 소통하고 있으며, 시간은 어떻게 사용하고 있는지 등을 확인한다.
제3단계 Evaluation (자기행동평가)	• 두 번째 단계에서 관찰한 자신의 행동들이 자신에게 어떤 도움 혹은 해가 되는지 평가한다. • 현재의 행동들이 자신이 진정으로 원하는 것을 얻는 데 도움이 되는지 또는 해가 되는지 자기평가를 한다.
제4단계 Planning (계획)	• 자신이 진정으로 원하는 것을 얻을 수 있도록 새로운 계획을 세운다. • 계획은 구체적이고 현실적이어야 하며, 즉시 실행할 수 있는 것이어야 한다. • 반복해서 할 수 있는 계획을 세우는 것이 좋다.

19 청소년기에 경험하는 주요문제와 발달과제에 관한 설명으로 옳지 않은 것은?

① 학업과 진로문제는 청소년기의 주요한 고민에 해당한다.
② 자아정체감의 형성은 청소년기의 중요한 발달과제이다.
③ 내분비선의 변화로 인해 신체적·성적 발달에 영향을 받으며 이와 관련된 고민이 증가한다.
④ 가족관계에서의 발달과제는 부모와의 애착형성이다.
⑤ 대인관계의 범위가 확대되면서 친구관계에서 여러 가지 어려움을 겪기도 한다.

해설

가족관계에서의 발달과제가 부모와의 애착형성인 시기는 영아기(출생~18개월 또는 2세)이다.

청소년기 발달과제

발달과업의 종류	발달과업의 내용
자아정체감의 형성	• 자신의 체격을 타고난 그대로 인정하고, 신체를 효율적으로 사용할 것 • 자기의 능력과 적성을 객관적으로 인지하고 수용할 것 • 자신이 처한 가족적·사회적·국가적 현실을 수용할 것
사회적 역할 획득	• 동성·이성을 포함한 또래 친구들과 새롭고 성숙한 교우관계를 맺을 것 • 남성 또는 여성으로서 그 사회에서 기대되는 성 역할을 획득할 것
독립과업 성취	• 부모나 다른 성인들로부터 정서적으로 독립할 것 • 적성에 맞는 진로를 선택할 것 • 경제적 독립을 위해서 직업을 준비할 것 • 결혼과 가정생활을 준비할 것
윤리적 체계 획득	• 사회적으로 책임질 수 있는 행동을 바라고 이를 실천할 것 • 행동지침이 되는 가치관이나 윤리적 체계를 획득할 것, 즉 이념을 발달시킬 것

20 합리정서행동치료(REBT)에 관한 설명으로 옳은 것은?

① 심리적 부적응은 미해결 과제가 해소되지 못할 때 발생한다.
② 구체적인 상담 기법보다 내담자에 대한 상담자의 태도를 더 중요시한다.
③ 상담목표는 내담자의 억압된 충동을 자각하게 하는 것이다.
④ 인간은 실존적 불안을 지니며 삶의 의미와 목적을 추구한다.
⑤ 내담자의 비합리적 신념을 논박하기 위하여 소크라테스식 문답법 등이 사용된다.

해설

① 미해결 과제는 형태주의(게슈탈트) 상담 이론에서 사용하는 개념으로, 완결되지 않은 게슈탈트를 의미하며, 분노·원망·고통·슬픔·불안·죄의식 등과 같이 명확히 표현되지 못한 감정을 포함한다. 합리정서행동치료(REBT)에서는 인간의 비합리적 사고 또는 신념이 심리적 부적응을 유발하는 것으로 본다.
② 구체적인 상담 기법보다 내담자에 대한 상담자의 태도를 더 중요시하는 것은 인간중심 상담이다.
③ 내담자의 억압된 충동을 자각하게 하는 것은 정신분석 상담의 상담목표이다.
④ 인간을 실존적 불안을 지니며 삶의 의미와 목적을 추구하는 존재로 보는 것은 실존주의 상담의 인간관이다.

21 상담의 초기단계에 관한 설명으로 옳지 않은 것은?

① 내담자와 합의하여 상담목표를 수립한다.
② 상담여건, 상담관계, 비밀보장 등에 대해 구조화한다.
③ 내담자와 신뢰로운 상담관계를 형성한다.
④ 내담자의 문제를 이해하고 평가한다.
⑤ 과정목표를 설정하고 달성한다.

해설

상담 초기단계에는 촉진적 상담관계의 형성, 내담자의 이해와 평가, 상담구조화, 목표탐색 및 명료화 등의 과정을 거친다. 과정목표를 설정하고 달성하는 것은 상담의 중기단계에 이루어진다.

22 상담기법과 상담자 반응이 옳게 연결된 것을 모두 고른 것은?

> ㄱ. 감정반영 - 네 말은 학교에 다니는 것이 귀찮고 마음에 드는 친구도 없다는 거구나.
> ㄴ. 해석 - 담임선생님에게 화가 나기 때문에 공부를 안 하려고 하는 것처럼 보이네.
> ㄷ. 재진술 - 원하는 대로 잘 안 되어서 속상하구나.
> ㄹ. 자기개방 - 엄마가 동생 편만 든다고 생각할 때 기분이 어떤지 궁금하구나.

① ㄱ
② ㄴ
③ ㄱ, ㄷ
④ ㄴ, ㄷ
⑤ ㄷ, ㄹ

해설
ㄴ. 해석 : 내담자가 자기의 문제를 새로운 각도에서 이해하도록 그의 생활경험과 행동의 의미를 상담자가 설명해주는 것이다.
ㄱ. 바꾸어 말하기 : 내담자의 이야기를 듣고 나서, 상담자가 자기의 표현양식으로 바꾸어 말해주는 기법이다.
ㄷ. 감정반영 : 내담자가 걱정으로 인한 불안감을 어느 한쪽으로 밀쳐버리지 않고 충분히 경험할 수 있도록 하고, 그 고통을 피하지 않고 받아들이며 끊임없이 탐색할 수 있도록 용기를 북돋아주는 기법이다.
ㄹ. 간접질문 : 구체적인 정보를 얻고 문제를 보다 깊이 있게 탐색하거나 각 정보들 간의 관련성을 알아보기 위해 사용하는 질문하기 기법 중 간접적·우회적으로 물어보는 질문을 말한다.

23 청소년상담의 특징으로 옳은 것은?

① 상담의 대상은 청소년과 부모에 한정된다.
② 청소년의 발달특징은 상담개입에서 중요하게 고려되지 않는다.
③ 개인상담 뿐만 아니라 집단교육과 매체를 이용하는 등 다양한 방법을 활용한다.
④ 청소년이 당면한 문제의 해결보다는 문제의 예방을 우선시한다.
⑤ 상담의 대상, 목표와 개입방법은 성인상담과 동일하다.

해설
① 청소년상담은 청소년과 부모뿐만 아니라 청소년 관련인(교사, 청소년지도사), 청소년 관련기관(가정, 학교, 청소년수련기관 등) 등을 상담 대상으로 한다.
② 청소년의 발달특징은 상담개입에서 그 무엇보다 중요하게 고려해야 한다.
④ 청소년이 당면한 문제의 해결과 문제의 예방을 모두 우선시한다. 즉 청소년상담은 위기에 처한 청소년들에 대한 직접개입 및 지원, 자립 및 청소년의 건전한 발달과 성장을 돕는 예방 및 교육적 측면을 포함한다.
⑤ 청소년은 성장과정의 연속선상에 있으며, 또래의 영향을 받는 등 발달단계와 환경, 성격, 호소문제가 성인과는 분명히 다르기 때문에, 상담 시 목표, 개입방법 등을 성인상담과 구별하여 구성해야 한다.

24 상담의 종결단계에서 다루는 내용으로 옳은 것을 모두 고른 것은?

> ㄱ. 미해결 문제의 점검
> ㄴ. 호소문제의 탐색
> ㄷ. 사례개념화
> ㄹ. 상담성과의 평가
> ㅁ. 향후 증상재발에 대한 준비

① ㄱ, ㄴ   ② ㄹ, ㅁ
③ ㄱ, ㄷ, ㅁ   ④ ㄱ, ㄹ, ㅁ
⑤ ㄱ, ㄴ, ㄷ, ㄹ

해설
ㄴ·ㄷ 상담의 초기단계에서 다루어야 할 내용이다.

25 다음 보기의 사례에서 상담자가 사용한 기법으로 옳은 것은?

> • 내담자 : (기운 없는 목소리와 무표정한 얼굴로) 저는 진짜 아주 행복하거든요. 생각해 보면 모든 게 잘 되어 가고 있는데 굳이 여기에 올 필요도 없는 것 같아요.
> • 상담자 : 말로는 행복하다고 하는데, 표정과 말투는 그렇게 보이지 않네요.

① 재진술   ② 직 면
③ 공 감   ④ 해 석
⑤ 즉시성

해설
② 직면 : 내담자의 말이나 행동이 일치하지 않거나 모순점이 있을 때 그것을 지적해주는 기술이다.
① 재진술 : 어떤 상황, 사건, 사람, 생각을 기술하는 내담자의 진술 중에서, 상담자가 그 내용을 다른 동일한 의미의 말로 바꾸어 기술하는 기법이다.
③ 공감 : 내담자가 이해받고 있다는 사실을 느낄 수 있도록 하는 기술이다.
④ 해석 : 내담자가 자기의 문제를 새로운 각도에서 이해하도록 그의 생활경험과 행동의 의미를 상담자가 설명해주는 것이다.
⑤ 즉시성 : 상담자가 즉시 내담자와 상호작용하며 민감하게 반응하고 동조하는 것이다.

필수2과목 상담연구방법론의 기초

26 양적연구에 관한 설명으로 옳지 않은 것은?

① 인과관계와 관련하여 원인과 결과를 분석하는 것이 가능하다.
② 내부자적 관점을 중시하며, 현상학적 전통을 따른다.
③ 자료를 수집하기 전에 구체적인 연구가설을 설정한다.
④ 일반적 법칙 발견과 연구결과의 일반화를 시도한다.
⑤ 많은 수의 표본을 필요로 하며 확률적 표집방법을 사용한다.

해설
② 질적연구에 관한 설명이다.
양적연구와 질적연구

양적연구	• 현상의 속성을 계량적으로 표현하고 그들의 관계를 통계분석을 통해 밝혀낸다. • 정형화된 측정도구를 사용하여 객관적인 연구를 수행한다. • 연역법에 기초하며 연구결과의 일반화가 용이하다. • 실증주의적 인식론에 바탕을 두며, 객관성과 보편성을 강조한다. • 방법론적 일원주의를 주장한다. • 관찰에 근거하지 않은 지식의 공허함을 주장한다. • 일반화 가능성이 높지만, 구체화에 문제가 있다. • 질문지연구, 실험연구, 통계자료분석 등이 해당된다.
질적연구	• 현상학적 인식론을 바탕으로 연구자와 대상자 간의 긴밀한 상호작용을 통해 진행된다. • 언어, 몸짓, 행동 등 상황과 환경적 요인을 연구한다. • 연구자의 개인적인 준거틀을 사용하여 비교적 주관적인 연구를 수행한다. • 관찰자의 해석으로부터 독립된 객관적인 관찰은 존재하지 않음을 주장한다. • 행위자가 자신의 경험에 부여하는 의미의 파악을 중시한다. • 탐색적 연구에 효과적이며, 사회과학에서 많이 사용한다. • 귀납법에 기초하며 연구결과의 일반화에 어려움이 있다. • 현지연구, 사례연구 등이 해당된다.

27 표집 방법 중 확률표집에 해당하는 것은?

① 층화표집(Stratified Sampling)

② 편의표집(Convenience Sampling)

③ 할당표집(Quota Sampling)

④ 유의표집(Purposive Sampling)

⑤ 눈덩이표집(Snowball Sampling)

해설

②·③·④·⑤ 비확률표집에 해당한다.

확률표집에는 단순무작위표집, 계통표집, 층화표집, 집락표집이 있다.

28 사전-사후 검사 통제집단 설계에 관한 설명으로 옳지 않은 것은?

① 사전검사를 활용하여 연구 참여 지원자의 참여여부를 결정할 수 있다.

② 두 집단에 피험자를 무선 할당한다.

③ 두 집단 모두 사전-사후 검사를 받는다.

④ 두 집단 모두 처치를 받는다.

⑤ 사전검사를 공변량으로 사용함으로써 개인 간의 오차 변량을 조정할 수 있다.

해설

사전-사후 검사 통제집단 설계는 실험집단에는 처치를 하지만, 통제집단에 대해서는 아무런 처치를 하지 않는다.

사전-사후 검사 통제집단 설계

• 무작위할당으로 실험집단과 통제집단을 구분한 후 실험집단에 대해서는 독립변수 조작을 가하고, 통제집단에 대해서는 아무런 조작을 가하지 않은 채 두 집단 간의 차이를 전후로 비교하는 방법이다.

• 개입 전 종속변수의 측정을 위해 사전검사를 실시한다.

• 두 집단의 동질성을 확보할 수 있으며 외재변수를 통제할 수 있다.

• 내적 타당도는 높으나, 외적 타당도가 낮다.

29 타당도를 높일 수 있는 방법에 관한 설명으로 옳은 것을 모두 고른 것은?

> ㄱ. 측정대상(구성개념/변수)에 대한 명료한 정의
> ㄴ. 측정대상의 배경이 되는 현상에 대한 충분한 이해
> ㄷ. 기존 관련 연구에서 사용되어 타당성을 인정받은 측정도구(방법)의 사용
> ㄹ. 측정대상과 이를 측정하는 문항들 간의 상호 상관관계가 낮은 문항 제거

① ㄱ, ㄴ

② ㄴ, ㄷ

③ ㄱ, ㄷ, ㄹ

④ ㄴ, ㄷ, ㄹ

⑤ ㄱ, ㄴ, ㄷ, ㄹ

해설

ㄱ. 측정대상에 대한 정의가 명료할수록 타당도가 높다. 측정하고자 하는 개념의 추상성이 높은 경우 개념타당도를 확보하기가 상대적으로 어렵다.

ㄴ. 측정하려는 대상의 배경 현상을 충분히 이해할수록 타당도는 높아진다.

ㄷ. 조사자가 만든 측정도구가 조사하고자 하는 대상의 속성들을 어느 정도 대표성 있게 포함하고 있으면, 그 측정은 논리적으로 타당하다고 볼 수 있다.

ㄹ. 수렴타당도(집중타당도)는 동일한 개념을 측정하기 위해 서로 다른 측정방법을 사용하여 측정으로 얻은 측정치들 간에 높은 상관관계가 존재해야 함을 전제로 한다.

30 실험실 실험연구에 관한 설명으로 옳지 않은 것은?

① 가외변인에는 표본의 편중, 시험효과, 모방효과 등이 있다.

② 상담학연구의 실험실 실험연구에는 모의상담이 해당된다.

③ 종속변인에 영향을 미치는 처치변인 외에 가외변인에 대한 통제가 중요하다.

④ 처치·자극·환경 조건을 인위적으로 조작(통제)하여 종속변인이 어떤 변화를 보이는지를 분석한다.

⑤ 현장 실험연구에 비해 외적 타당도가 높은 편이다.

해설

실험실 실험연구는 현장 실험연구에 비해 외적 타당도가 낮은 편이다.
- 실험실 실험연구 : 외적 타당도는 낮지만, 높은 내적 타당도를 얻을 수 있기 때문에 변인들 간의 인과적 속성을 정확히 알고자 할 때 주로 사용한다. 예 모의상담연구
- 현장 실험연구 : 내적 타당도, 외적 타당도 모두 높다.
- 실험실 기술연구 : 내적 타당도, 외적 타당도가 모두 낮다.
- 현장 기술연구 : 외적 타당도는 높지만, 내적 타당도는 낮다.

31 조사연구의 진행 순서를 바르게 나열한 것은?

① 문제제기 - 조사설계 - 자료수집 - 자료분석 - 결과해석 및 보고

② 문제제기 - 자료수집 - 조사설계 - 자료분석 - 결과해석 및 보고

③ 자료수집 - 조사설계 - 문제제기 - 자료분석 - 결과해석 및 보고

④ 자료수집 - 조사설계 - 자료분석 - 문제제기 - 결과해석 및 보고

⑤ 조사설계 - 자료수집 - 자료분석 - 문제제기 - 결과해석 및 보고

해설

상담연구의 절차

문제제기	연구자가 해당 연구에서 취급하고자 하는 주제, 연구의 목적 및 연구의 실제적 중요성과 이론적 의의 등에 대해 구상을 갖고 이를 논리적으로 정립하는 단계이다.
조사설계	연구자가 실증적으로 검증할 수 있는 가설을 설정하고 나면, 가설에 설정된 여러 변수 간의 관계를 정확히 검증하기 위하여 연구설계를 하여야 한다.
자료수집	결정된 자료수집 방법의 검토, 자료의 수집 및 수집된 자료의 정리와 조정이 설정된다.
자료분석	연구에 의해 수집된 자료가 설정된 가설을 어느 정도로 지지하고 있는가를 평가하는 단계이다.
결과해석 및 보고	연구결과를 연구되고 있는 영역 내의 동일한 현상, 혹은 동일한 조건이면 어느 경우에도 적용할 수 있도록 경험적으로 일반화하여 이를 일정한 형식으로 기술한다.

32 실험연구의 타당도에 관한 설명으로 옳은 것을 모두 고른 것은?

> ㄱ. 외적 타당도는 실험 결과를 다른 대상이나 상황에 적용할 수 있는 정도를 말한다.
> ㄴ. 실험기간 동안 우연히 발생한 외부적 사건이 실험결과에 영향을 주는 역사적 요인은 외적 타당도 저해요인이다.
> ㄷ. 내적 타당도를 높이기 위해 무선 할당한다.
> ㄹ. 측정도구의 변동은 내적 타당도 저해요인이다.

① ㄱ, ㄷ ② ㄴ, ㄹ
③ ㄱ, ㄴ, ㄷ ④ ㄱ, ㄷ, ㄹ
⑤ ㄱ, ㄴ, ㄷ, ㄹ

해설

ㄴ. 역사적 요인(우연한 사건)은 내적 타당도를 저해하는 요인이다.
내적 타당도를 저해하는 요인
- 성장요인(성숙 또는 시간의 경과요인)
- 역사요인(우연한 사건)
- 선별요인(선택요인)
- 상실요인(실험대상의 탈락)
- 통계적 회귀요인
- 검사요인(테스트 효과)
- 도구요인
- 모방(개입의 확산)
- 인과적 시간-순서

33 구조방정식 모형의 절대적합도 지수(Absolute Fit Index)만으로 묶인 것은?

① TLI, RMSEA ② TLI, CFI
③ GFI, CFI ④ GFI, TLI
⑤ GFI, RMSEA

해설

절대적합도 지수
- GFI(Goodness of Fit Index)
- AGFI(Adjusted Goodness of Fit Index)
- RMSEA(Root Mean Square Error of Approximation)

34 표본크기에 관한 설명으로 옳지 않은 것은?

① 모집단 구성원 특성이 다양할수록 표본의 수는 커져야 한다.

② 추정치 정확도의 정도, 시간과 비용의 제한 등을 고려해야 한다.

③ 표본수가 줄어들수록 모집단에 대한 추정의 정확성이 높아지게 된다.

④ 신뢰구간 접근법은 모집단의 분산이 알려져 있을 경우 표본크기 산정에 사용할 수 있다.

⑤ 모집단의 분산이 알려져 있지 않은 경우 가설검증 방법을 사용하여 모집단의 표준편차를 추정해 표본의 크기를 결정할 수 있다.

해설

표본수가 많아질수록(표본의 크기가 클수록) 모집단에 대한 추정의 정확성이 높아지고, 표본수가 줄어들수록(표본의 크기가 작을수록) 정확성은 낮아진다.

표본크기의 결정 시 고려사항

• 표집의 동질성 : 동질성은 전체 집단을 구성하는 요소들이 연구하고자 하는 속성과 비슷한 정도를 말한다. 동질성이 높을수록 표본의 크기는 작아질 수 있다.

• 표집방법과 절차 : 표집방법에 따라 표본의 크기를 달리 해야 한다. 예를 들면, 층화표집은 가장 작은 표본을 요구하며, 단순무작위표집은 좀 더 큰 표본을, 군집표집은 가장 큰 표본을 필요로 한다.

• 비용·시간 및 인력의 한계 : 표본의 크기는 조사연구 및 표출에 소요되는 비용, 시간 및 인력의 조건에 따라 적절히 조정·결정되어야 한다.

• 카테고리의 수 : 표본의 크기는 각 변수의 카테고리가 얼마나 다양한가에 따라 다르게 결정되어야 한다. 변수의 카테고리를 많이 나누면 나눌수록 표본의 크기는 커져야 한다.

• 정확성 : 정확성은 표본을 근거로 하여 모집단을 추정한 추정치가 실제로 모집단의 가치에 어느 정도 가까울 수 있느냐의 정도를 말하는 것으로써, 그 수준과 정도는 표본의 크기에 따라 결정된다.

35 조사연구(Survey Research)의 일반적 특징으로 옳은 것을 모두 고른 것은?

> ㄱ. 응답표본의 대표성이 보장될 경우 연구결과의 일반화 가능성이 높다.
> ㄴ. 특수한 개별 사례를 여러 측면에서 심층적으로 연구할 수 있다.
> ㄷ. 질문지조사의 경우 구조화된 설문지를 사용하여 자료수집이 용이하다.
> ㄹ. 모집단을 대표할 수 있는 일부 대상을 뽑아서 하는 표본조사를 많이 한다.
> ㅁ. 대인면접조사의 경우 조사자/응답자간 상호작용이 응답에 영향을 미칠 수 있다.

① ㄱ, ㄷ

② ㄱ, ㄷ, ㄹ

③ ㄴ, ㄹ, ㅁ

④ ㄱ, ㄷ, ㄹ, ㅁ

⑤ ㄱ, ㄴ, ㄷ, ㄹ, ㅁ

해설

ㄴ. 사례연구(질적연구)에 대한 설명이다.

조사연구(Survey Research)

설문지 등의 표준화된 연구도구를 사용하여 질문함으로써 필요한 정보를 수집하는 방법이다.

장 점	• 풍부한 자료를 얻을 수 있다. • 수집된 자료는 정확성이 높다(단, 어느 정도의 오차는 갖는다). • 자료의 범위가 넓다.
단 점	• 획득된 정보는 피상적이다. • 고도의 조사지식과 기술을 요한다.

36 척도에 관한 설명으로 옳지 않은 것은?

① 명목척도에는 성별, 전화번호 등이 있다.

② 서열척도는 순위에 대한 정보를 포함하고 있다.

③ 등간척도를 이용하여 평균값, 표준편차, 상관계수를 구할 수 있다.

④ 서스톤척도는 척도들 간의 간격이 동일하다 하여 등간 격척도라고도 한다.

⑤ 거트만척도는 인종적 편견의 강도를 측정하기 위해 고안한 것으로 사회적 거리척도라고도 한다.

해설

인종적 편견의 강도를 측정하기 위해 고안된 척도는 보가더스 (Bogardus)의 사회적 거리척도이다.

• 거트만척도 : 서열척도의 일종으로 '척도도식법'이라고도 하며, 단일 차원적이고 예측성이 있다.

• 보가더스(Bogardus)의 사회적 거리척도 : 소수민족, 사회계급 등에 대한 사회적 거리감의 정도를 측정하기 위해 연속적인 문항들을 동원한다.

37 Scheffé 검정에 관한 설명으로 옳은 것을 모두 고른 것은?

ㄱ. 처치집단의 사례수가 다를 경우에도 사용할 수 있다.

ㄴ. 사후 비교방법 중 하나로 가장 융통성 있고, 제1종 오류에도 강한 검증법이다.

ㄷ. 정규성과 등분산성을 충족하지 않더라도 큰 영향을 받지 않는다.

ㄹ. 단순쌍별 비교(Pairwise Comparison)에는 사용할 수 있지만, 복합쌍별 비교(Compound Comparison)에는 사용할 수 없다.

① ㄱ

② ㄴ, ㄹ

③ ㄱ, ㄴ, ㄷ

④ ㄴ, ㄷ, ㄹ

⑤ ㄱ, ㄴ, ㄷ, ㄹ

해설

ㄹ. Scheffé 검정은 단순쌍별 비교(Pairwise Comparison) 뿐만 아니 라 복합쌍별 비교(Compound Comparison)에도 사용할 수 있다.

Scheffé 검정

• 복수집단의 평균을 사후 비교하는 검정 방법이다.

• 두 개의 실험집단 평균들 사이의 차이에 대한 비교뿐만 아니라 모든 가능한 유형의 대비에 의한 비교들에도 적용되는 사후 비교방법이다. 검정력이 가장 엄격하며, 1종 오류 가능성은 낮지만 2종 오류가 일어 날 확률이 높다.

38 다음 ( )에 들어가는 단어들로 바르게 나열한 것은?

(㉠) 오차는 모집단에서 추출한 표본의 특성이 모집단의 특성과 일치하지 않아서 통계치와 모수 간에 생기는 것으로 일반적으로 (㉠) 오차는 표본의 크기가 (㉡), 또한 모집단이 (㉢)일수록 줄어든다.

① ㉠ 표집, ㉡ 작을수록, ㉢ 동질적

② ㉠ 표집, ㉡ 클수록, ㉢ 이질적

③ ㉠ 표집, ㉡ 클수록, ㉢ 동질적

④ ㉠ 비표집, ㉡ 클수록, ㉢ 동질적

⑤ ㉠ 비표집, ㉡ 작을수록, ㉢ 이질적

해설

표집오차(Sampling Error)

• 표집에 의한 모수치의 측정값이 모수치와 다른 정도를 의미한다.

• 표집오차는 표본의 대표성으로부터의 이탈 정도를 나타낸다.

• 표집오차는 표본의 크기가 클수록 작아지고, 비표집오차는 표본의 크기가 클수록 커진다.

39 상담연구 주제 탐구에 해당하는 질문으로 옳은 것을 모두 고른 것은?

ㄱ. 상담기법 A, B, C 중 어느 것이 상담과정에 영향을 미치는 변인인가?

ㄴ. 두 가지 상담기법 간에 우울 감소 효과의 차이가 있는가?

ㄷ. 우울을 설명하는 이론적 모형에 근거한 가설이 무엇인가?

ㄹ. 우울을 설명하는 변인 중에 매개변인은 무엇인가?

① ㄱ, ㄴ

② ㄴ, ㄷ

③ ㄱ, ㄹ

④ ㄴ, ㄷ, ㄹ

⑤ ㄱ, ㄴ, ㄷ, ㄹ

해설

상담연구의 주제를 탐구하기 위해서는 연구목적에 맞는 타당한 가설과 기법은 무엇인지, 어떤 변인이 상담과정에 영향을 미치고, 상담결과를 설명할 수 있는지 등에 관해 질문해야 한다.

연구문제의 유형
• 기술형 : 어떤 사상이나 현상이 어떻게 드러나는가를 묻는 문제
• 차이형 : 피험자 간 혹은 피험집단 간에 어떤 차이가 있을 것인가에 대한 질문 혹은 가설
• 관계형 : 둘 혹은 셋 이상의 구인들 사이에 모종의 관계가 있는지 알아보는 연구문제

40 연구논문 작성에 관한 설명 중 일반적으로 옳은 것을 모두 고른 것은?

> ㄱ. '연구방법'에는 연구대상, 자료 수집방법, 도구, 분석법을 서술한다.
> ㄴ. '초록'에는 연구목적과 연구결과만 요약해서 제시한다.
> ㄷ. 기존 연구의 분석결과표를 '연구결과'에 제시한다.
> ㄹ. 질적연구의 결과를 표, 그림으로 제시할 수 있다.

① ㄱ, ㄴ   ② ㄱ, ㄹ
③ ㄴ, ㄹ   ④ ㄱ, ㄷ, ㄹ
⑤ ㄱ, ㄴ, ㄷ, ㄹ

해설

연구보고서는 표제, 목차, 개요, 서론, 선행연구의 분석 및 이론적 배경, 연구방법, 결과, 결론 및 제언, 참고문헌, 부록 등의 순으로 구성된다.
ㄴ. '초록'(개요)에는 보고서의 전체의 중요한 부분을 요약, 정리하여 짧은 시간에 연구보고서 전체의 내용을 파악할 수 있도록 한다. 연구목적, 연구배경, 연구문제, 가설, 연구내용, 연구방법, 주요 연구결과 및 발견사항, 결론 등이 포함된다.
ㄷ. 기존 연구의 분석결과표는 '연구결과' 이전인 '선행연구의 분석 및 이론적 배경'에 제시한다.

41 과학으로서의 상담학에 관한 설명으로 옳은 것을 모두 고른 것은?

> ㄱ. 경험적 검증 가능성을 강조한다.
> ㄴ. 조사, 실험, 관찰 등을 통해 과학적 증거를 수집한다.
> ㄷ. 합리적, 체계적 분석을 통해 얻게 된 연구결과는 반복 검증하지 않는다.
> ㄹ. 연구과정에서 과학적 증거를 수집할 때 합리적·체계적 방법을 사용한다.
> ㅁ. 연구과정에서 수집한 다양한 자료를 과학적 방법을 적용해서 분석한다.

① ㄱ, ㄹ   ② ㄴ, ㄷ, ㅁ
③ ㄱ, ㄴ, ㄹ, ㅁ   ④ ㄴ, ㄷ, ㄹ, ㅁ
⑤ ㄱ, ㄴ, ㄷ, ㄹ, ㅁ

해설

ㄷ. 반복 검증을 통해 신뢰성(재생가능성)을 높일 수 있으므로 합리적·체계적 분석을 통해 얻게 된 연구결과도 반복 검증이 필요하다.

과학적 연구의 특징

재생가능성	• 일정한 절차, 방법을 되풀이했을 때 누구나 같은 결론을 내릴 수 있는 가능성을 말한다. • 과정 및 절차에 관한 재생가능성을 입증가능성 또는 타당성이라 하고, 결과에 관한 재생가능성을 신뢰성이라 한다.
경험성	• 연구대상이 궁극적으로는 인간의 감각에 의해 지각될 수 있는 것이어야 한다는 말이다. • 추상적인 개념도 구체적인 사실들로부터 여과하여 생성된 것인 만큼 그 자체로는 추상적일지라도, 궁극적으로는 경험적으로 인식이 가능한 것이라고 할 수 있다.
객관성	• 건전한 감각기관을 가진 여러 사람이 같은 대상을 인식하고 그로부터 얻은 인상이 일치하는 것을 말한다. • 동일한 실험을 행하는 경우 서로 다른 주관적 동기가 있더라도 표준화된 도구와 절차 등을 통해 누구나 납득할 수 있는 결과를 나타내야 한다. • 이러한 필요성에 의해 조사표(질문지), 채점표, 척도 같은 객관화된 도구의 발달을 가져온 것이다.
간주관성	• '상호주관성'이라고도 불리는 것으로, 과학적 지식은 다른 연구자들에게도 연구과정과 결과가 이해되어야 한다. • 비록 연구자들이 주관을 달리할지라도 같은 방법을 사용했을 때는 같은 해석 또는 설명에 도달할 수 있어야 한다는 것이다.

체계성	• 과학적 연구는 내용의 전개과정이나 조사과정이 일정한 틀, 순서, 원칙에 입각하여 진행되어야 한다. • 과거로부터의 업적들이 지속적으로 축적됨으로써 확고한 이론을 정립할 수 있도록 한다.
변화가능성	• 기존의 신념이나 연구결과는 언제든지 비판하고 수정할 수 있다. • 과학적 지식의 속성상 미래의 언젠가는 다른 연구가 현재 우리가 가지고 있는 지식을 바꾸어 놓을 가능성이 높다.
논리성	• 합리적인 사고활동이어야 한다. • 연역법과 귀납법에 의한 과정을 거친다. • 사건과 사건의 연결이 객관적 사실에 의해 뒷받침되어야 한다.

42 양적연구 패러다임에 속한 것을 모두 고른 것은?

> ㄱ. 담화분석(Conversation Analysis)
> ㄴ. 판별분석(Discriminant Analysis)
> ㄷ. 메타분석(Meta-Analysis)
> ㄹ. 준실험설계(Quasi-Experimental Design)
> ㅁ. 단일대상연구(Single-Subject Design)

① ㄱ, ㅁ
② ㄴ, ㄷ, ㄹ
③ ㄱ, ㄴ, ㄷ, ㄹ
④ ㄴ, ㄷ, ㄹ, ㅁ
⑤ ㄱ, ㄴ, ㄷ, ㄹ, ㅁ

해설

ㄱ. 담화분석(Conversation Analysis)은 질적연구 패러다임에 속한다.
양적연구 패러다임
사회현상은 실험과 같은 자연과학의 원리를 사용함으로써 연구되어야 한다고 보며, 사회 내의 법칙, 규칙 등을 찾아내고자 한다. 연구의 가치중립성, 객관성, 정확성, 일반화를 강조한다.
• 판별분석(Discriminant Analysis) : 독립변수들의 특성이 범주화된 종속변수에 어떠한 영향을 미치는가를 분석하기 위한 통계분석기법이다.
• 메타분석(Meta-Analysis) : 특정주제와 관련된 선행연구 결과들을 양적(통계적)으로 분석·종합·요약한다.
• 준실험설계(Quasi-Experimental Design) : 실험집단이나 통제집단이 무선적으로 배치되지 않는 상태에서 행해지는 실험설계를 말한다.
• 단일대상연구(Single-Subject Design) : 변수 간의 관계 규명을 위한 것이라기보다는 연구자의 의도적인 개입이 표적행동에 바라는 대로의 효과를 가져왔는지를 평가하기 위해 적용하는 설계이다.

43 상담연구에서 연구주제 탐색 및 선정 방법으로 옳지 않은 것은?

① 기존 연구에서 이미 분석한 자료를 다시 사용하는 것은 모두 표절이므로 독창적 연구가 될 수 없다.
② 기존 연구의 연구설계에 대해 의문점을 갖고 해당 주제를 다른 연구설계로 탐구한다.
③ 유사한 연구들이 각각의 연구결과를 제시하는데, 이를 통합해서 결과를 도출할 수 있다.
④ 이론적 모형을 검정하기 위해 실증적 자료를 수집해서 분석한다.
⑤ 상담 실무에서 같은 상담기법이지만 내담자 특성에 따라 효과가 다름을 인식하고 연구를 시도한다.

해설

기존 연구에서 이미 분석한 자료를 다시 사용할 때, 그 연구목적과 반복한 사실 등을 밝히지 않은 경우가 표절에 해당한다.

44 상담 성과 연구에 관한 설명으로 옳지 않은 것은?

① 무처치집단을 설정하고 연구할 때는 윤리적 문제를 고려해야 한다.
② 실험연구는 상담의 성과를 확인할 수 있지만, 조사연구는 확인할 수 없다.
③ 공통요인을 검증하기 위해 다수의 상담자와 그들의 내담자를 표집한다.
④ 작업동맹은 상담 성과를 예측하는 변인 중의 하나이다.
⑤ 처치의 결과를 반복측정하고자 할 때 일정 기간을 두고 시점별 동일한 측정도구를 사용한다.

해설

실험연구와 조사연구 모두 상담 성과를 확인할 수 있다.
실험연구와 조사연구
• 실험연구 : 독립변수의 효과를 측정하거나, 독립변수가 종속변수에 영향을 미치는 인과관계에 대한 가설을 검증하는 방법이다.
• 조사연구 : 합리적·과학적인 절차와 논리적인 원칙에 의하여 기존의 지식을 기각 또는 강화하거나 새로운 지식을 만들어 내려는 탐구활동으로서, 연구자가 풀고자 하는 문제에 대한 해답을 찾기 위해 자료를 수집·분석하여 그 결과를 얻는 과정이다.

45 다음은 또래관계 유형에 따른 심리적 특성의 차이를 확인하기 위해 다변량분산분석을 실시한 결과이다. 옳지 않은 것은?

독립 변수	종속 변수	Wilks'λ	단계적 F	자유도	유의 확률	η^2
또래 관계 유형	불 안	.23 p = .000	55.98	4/298	.000	.43
	우 울		18.47	4/297	.000	.40
	외로움		58.30	4/296	.000	.63
	수줍음		5.09	4/295	.001	.42
	충동성		2.82	4/294	.025	.36

① Wilks'λ 값을 보면 또래관계 유형 간 심리적 특성의 차이가 있다.
② 단계적 F 값은 종속변수 간 공변량 효과 검증 전에 값으로 교정을 위한 추가분석이 필요하다.
③ η^2 값이 클수록 각 종속변수에 대한 독립변수의 설명력이 증가한다.
④ 독립변수가 외로움의 총 변화량 63%를 설명한다.
⑤ 또래관계 유형에 따라 불안, 우울, 외로움, 수줍음, 충동성은 통계적으로 유의한 차이(p < .05)가 있다.

해설
단계적 F 값은 종속변수 간 공변량 효과 검증 이후의 값으로 교정을 위한 추가분석이 필요 없다.

46 분산분석(ANOVA)에 관한 가정과 특징으로 옳지 않은 것은?

① 각 집단의 모집단 분산이 같아야 한다.
② 각 모집단의 분포가 정규분포이어야 한다.
③ 분산분석에서의 종속변수는 양적변수이어야 한다.
④ 세 집단 이상의 집단 간 차이를 비교할 때 실시한다.
⑤ 종속변수의 수에 따라 일원분산분석, 이원분산분석, 삼원분산분석으로 구분할 수 있다.

해설
종속변수가 아니라 분석하고자 하는 변수(독립변수)의 수에 따라 구분한다.
분산분석(ANOVA)
• 일원분산분석법 : 분석하고자 하는 변수가 1개인 경우를 말한다.
  예 연령별로 임금 차이가 있는가?
• 이원분산분석법 : 독립변수가 2개인 경우를 말한다.
  예 성별, 연령별 봉급의 차이가 있는가?
• 다원분산분석법 : 독립변수가 3개 이상인 경우를 말한다.
  예 성별, 학력별, 연령별 봉급의 차이가 있는가?

47 다음 보기의 연구사례에 해당하는 분석방법은?

> 전국 초등학교 4학년 학생 2,000명을 표집하여, 6년에 걸쳐 매년 같은 학생을 대상으로 학교폭력 경험 및 관련 변인을 조사하여 개인과 집단의 변화추이와 관련 요인의 영향을 분석하고자 한다.

① 경로분석
② 횡단적 경향분석
③ 중다회귀분석
④ 잠재성장모형
⑤ 계층적 군집분석

해설
잠재성장모형은 둘 이상의 시점에서 동일한 분석단위를 연구하는 것으로 종단연구의 하나이다. 문제에서 둘 이상의 시점(6년에 걸쳐 매년)으로 동일한 분석단위(초등학교 4학년 학생 2,000명)를 연구하고 있으므로 잠재성장모형임을 알 수 있다.

48 질적연구의 타당성에 관한 설명으로 옳지 않은 것은?

① 연구자의 자기성찰(Self-reflection)은 주관성을 배제할 수 없어서 타당성을 저해한다.

② 다원화(Triangulation)의 기법으로 타당성을 확보한다.

③ 외부 감사(Audit)는 외부의 전문가, 감수자들이 연구의 과정과 결과를 평가하는 방법이다.

④ 참여자 확인(Member Check)을 통해 분석의 정확성을 검토하고 연구결과 및 해석의 타당성을 확보한다.

⑤ 윤리적 타당성을 확보하기 위해 연구주제가 윤리적 측면과 다양한 목소리를 균형 있게 반영했는지 검토한다.

해설

질적연구는 자기성찰, 자기회상, 자기관찰 등의 자료를 활용하여 자기(Self)와 사회 문화적 측면에서의 연계(Connection)를 탐색하고, 성찰(Reflexivity)하는 과정을 거쳐 타당성을 확보할 수 있다.

49 다음 연구방법과 자료분석 방법의 연결 중 옳은 것을 모두 고른 것은?

> ㄱ. 문화기술지 – 연계분석
> ㄴ. 근거이론 – 인과적 조건 분석
> ㄷ. 현상학적 접근 – 현상의 본질 분석 및 기술
> ㄹ. 합의적 질적연구 – 영역코딩 및 중심 개념코딩
> ㅁ. 내러티브 연구 – 경험에 대한 이야기(Story) 중심 분석

① ㄱ, ㄷ, ㅁ
② ㄴ, ㄹ, ㅁ
③ ㄱ, ㄴ, ㄷ, ㄹ
④ ㄴ, ㄷ, ㄹ, ㅁ
⑤ ㄱ, ㄴ, ㄷ, ㄹ, ㅁ

해설

ㄱ. 문화기술지 연구(Ethnographic Research)는 어떤 특정 집단 구성원들의 삶의 방식, 행동, 그들이 만들어 사용하는 사물들을 현지인의 관점에서 이해하고, 과학적으로 기술하기 위한 방법론이다. 문화기술지에서는 연계분석이 아니라 특정 현상에 대한 의미의 차이 파악을 중시하며, 연구 상황을 인위적으로 조작하지 않고 자연 그대로의 상태에서 연구를 실시한다. 또한 어떤 한 부분을 분석하는 것이 아니라 연구의 장에서 일어나는 모든 현상을 종합적으로 분석한다는 특징을 가지고 있다.

50 연구윤리에 관한 설명 중 옳은 것은?

① 무기명으로 자료를 수집할 때 연구참여 동의서를 생략한다.

② 사전에 연구대상과 보호자에게 연구참여 기간 동안 중도철회 할 권리가 있음을 알린다.

③ 자료수집 기간을 알리고 실험처치에서 기만(Deception) 방법이 필요한 경우, 피험자에게 사후에 설명하지 않는다.

④ 연구참여로 인해 무처치집단에 배정된 참여자의 의사와 상관없이 연구종료와 동시에 처치상황을 종료한다.

⑤ 미성년자인 만 16세의 비장애 고등학생을 대상으로 조사할 때 보호자의 동의로 본인 동의를 대신한다.

해설

② 사전 동의 내용에는 연구에 참여하거나 중간에 그만둘 수 있는 권리가 포함된다.

① 동의는 서면으로 하여야 한다.

③ 연구특성상 기만의 사용이 정당화된 경우, 연구자가 실험 혹은 자료 수집을 마친 후 기만의 불가피성 기만으로 인한 오해나 불쾌감을 최대한 제거하기 위해 디브리핑의 절차를 거친다.

④ 피험자가 자발적으로 자유의 선택에 의해 동의해야 하며, 실험이 진행되는 중에 언제든지 자유롭게 실험 참가를 그만둘 수 있어야 한다.

⑤ 만 14세 미만인 경우, 부모나 법적대리인의 동의를 얻어야 하고, 만 14세 이상인 경우, 반드시 본인의 동의를 얻어야 한다.

필수3과목 심리측정 평가의 활용

51 심리검사의 개발 순서로 옳은 것은?

> ㄱ. 예비검사 실시 및 문항 분석
> ㄴ. 검사의 내용과 방법 결정
> ㄷ. 신뢰도, 타당도 분석
> ㄹ. 문항의 개발
> ㅁ. 검사 목적의 명료화

① ㄱ - ㅁ - ㄴ - ㄷ - ㄹ
② ㄴ - ㅁ - ㄱ - ㄷ - ㄹ
③ ㄴ - ㅁ - ㄹ - ㄷ - ㄱ
④ ㅁ - ㄴ - ㄱ - ㄹ - ㄷ
⑤ ㅁ - ㄴ - ㄹ - ㄱ - ㄷ

해설

심리검사의 개발 순서
검사 목적의 설정(명료화) → 검사 내용의 정의 → 검사 방법의 결정 → 문항의 개발 및 작성 → 예비검사의 실시 → 문항 분석과 수정 → 본 검사 실시 → 신뢰도와 타당도 검토 → 규준과 검사요강 작성

52 비구조화된 면접법과 비교하여 구조화된 면접법의 특징으로 옳은 것은?

① 일관적이고 체계적인 정보를 수집하는 데 불리하다.
② 면접자 간 신뢰도가 낮다.
③ 수검자의 상황에 따라 질문의 내용이나 순서를 바꾸기가 쉽다.
④ 면접자의 주관이 개입할 여지가 적다.
⑤ 동일한 영역에 대한 객관적인 평가가 어렵다.

해설

구조화된 면접법의 특징
• 면접에 포함되어야 하는 내용과 질문, 진행방법이나 반응기록 방식을 정해 놓고, 표준화된 방식에 따라 필요한 내용을 수집한다.
• 진단평가의 신뢰도를 높여준다.
• 초보면접자도 빠짐없이 질문할 수 있다.
• 면접자의 개입이 최소화된다.
• 면접자의 주관적 추론이 개입될 여지가 매우 적다.
• 폐쇄형 질문이 개방형 질문보다 더 많이 사용된다.
• 특정 증상의 유무에 대한 기록의 정확성을 높여준다.
• 수동적이고 의존적인 수검자에게 더 유용하다.
• 구조적 면접 자료는 비구조적 면접 자료에 비해 수량화가 쉽다.
• 수검자의 상황에 따라 융통성을 발휘하기 어렵다.

53 피어슨(Pearson)의 적률상관계수에 관한 설명으로 옳지 않은 것은?

① 두 변수의 상관계수는 그 변수의 산포도를 반영한다.
② 상관계수는 두 변수가 공유하는 분산의 비율이다.
③ 두 변수의 상관계수는 각 변수의 표준편차의 영향을 받는다.
④ -1.00에서 +1.00까지의 범위를 갖는다.
⑤ 상관계수 -.70은 +.50보다 더 큰 연관성을 나타낸다.

해설

상관계수는 하나의 변수가 다른 변수와 어느 정도 밀접한 관련성을 가지고 변화하는지를 알아보기 위하여 사용된다.

54 검사 문항의 제작에 관한 설명으로 옳은 것은?

① 문항곤란도를 높이기 위해 의도적으로 오답을 하도록 문항을 각색할 필요가 있다.
② 여러 조건이 붙은 길고 복잡한 문항을 사용하는 것이 바람직하다.
③ 문항과 총점 간 상관계수가 큰 문항부터 제외한다.
④ 문항특성곡선이 수평으로 된 문항은 변별력이 높은 문항이다.
⑤ 문항특성곡선이 왼쪽 위로부터 오른쪽 아래로 완만하게 내려오는 문항은 변별력이 낮은 문항이다.

해설

① 문항난이도(곤란도)는 어떤 문항의 어렵고 쉬움의 정도를 나타내는 지수로, 오답을 하도록 의도적으로 문항을 각색할 필요는 없고, 난이도가 낮은 문항에서 난이도가 높은 문항까지 골고루 포함되도록 하는 것이 좋다.
② 필요 이상의 어려운 단어, 복잡한 문장 구조, 모호한 문장, 너저분한 문장 기술, 불분명한 그림 제시, 혼돈스러운 지시문 등은 좋은 문항의 조건이 아니다.
③ 문항과 총점 간 상관계수가 낮은 문항부터 제외한다.
④ 변별력은 문항특성곡선의 기울기와 관계가 있는데, 문항특성곡선의 기울기가 가파르면 문항변별도가 높아지는 반면, 기울기가 완만하면 낮아진다.

55 행동평가법에 관한 설명으로 옳지 않은 것은?

① 처치 후 문제행동의 변화를 평가하는 데 유용하다.

② 이야기 기록법은 행동을 체크리스트나 척도 상에서 기록하는 방법이다.

③ 간격 기록의 방법에는 시간표집과 간격표집도 있다.

④ 사건 기록에서는 행동의 빈도, 강도, 지속기간을 기록한다.

⑤ 행동평가법은 시간과 인원, 장비 측면에서 비효율적이다.

해설

행동을 체크리스트나 척도 상에서 기록하는 방법은 '평정기록법'이며, '이야기 기록법'은 관찰하고자 하는 행동을 써 두는 것이다.

56 대학생 A는 자기수용 검사에서 80점을 받았다. 이 검사를 받은 집단은 평균 74점, 표준편차 6점의 정규분포를 이루고 있다. 대학생 A의 점수에 관한 설명으로 옳은 것은?

① A의 점수에 해당하는 백분위는 68이다.

② A의 점수에 해당하는 T점수는 40이다.

③ A의 점수의 95% 신뢰구간은 62~86점이다.

④ A보다 더 높은 점수를 받은 사람의 비율은 16%이다.

⑤ A의 점수에 해당하는 Z점수는 -1이다.

해설

원점수 : 80점, 평균 : 74점, 표준편차 : 6점

Z점수 = (원점수 - 평균) ÷ 표준편차 = (80 - 74)/6 = 1

T점수 = Z점수 × 10 + 50 = 1 × 10 + 50 = 60

① T점수가 60이므로 백분위는 84이다.

② A의 점수에 해당하는 T점수는 60이다.

③ A의 점수의 95% 신뢰구간은 54.4~93.6점이다.

⑤ A의 점수에 해당하는 Z점수는 1이다.

57 타당도에 관한 설명으로 옳은 것을 모두 고른 것은?

> ㄱ. 우울증 검사의 변별타당도를 알아보기 위해 기존의 분노 검사와 상관정도를 알아본다.
>
> ㄴ. 기계작동 적성검사의 공인타당도를 알아보기 위해 기계작동 기술자들의 수행실적과 적성검사 점수를 비교해 본다.
>
> ㄷ. 에릭슨(E. Erikson)의 발달이론에 근거한 성격발달 검사의 준거타당도를 알아보기 위해 그 검사가 에릭슨 이론의 개념들을 반영하고 있는지 알아본다.

① ㄱ

② ㄱ, ㄴ

③ ㄱ, ㄷ

④ ㄴ, ㄷ

⑤ ㄱ, ㄴ, ㄷ

해설

ㄷ. 에릭슨(E. Erikson)의 발달이론에 근거한 성격발달검사의 구성타당도를 알아보기 위해서는 그 검사가 에릭슨 이론의 개념들을 반영하고 있는지 알아보고, 준거타당도를 알아보기 위해서는 성격발달검사가 특정준거와 어느 정도 관련성이 있는가를 반영하고 있는지를 알아보면 된다.

58 다음 중 최대수행능력을 측정하는 검사는?

① MMPI-2

② 스트롱-캠벨(Strong-Campbell) 흥미검사

③ 홀랜드(Holland) 직업유형검사

④ K-WAIS-Ⅳ

⑤ 카텔(R. Cattell)의 16PF

해설

최대수행검사

일정한 시간 내에 자신의 능력을 최대한 발휘하도록 하는 '극대수행검사'에 해당한다. 종류에는 지능검사(스탠포드-비네 지능검사, 웩슬러 지능검사, 카우프만 지능검사), 적성검사, 성취도검사, 운동능력검사, 신경심리검사, 창의력검사 등이 있다.

59 지능이론에 관한 설명으로 옳은 것은?

① 가드너(H. Gardner)의 다중지능 하위유형은 총 7가지이다.

② 카텔(R. Cattell)의 유동성 지능은 유아기부터 성인기까지 계속 증가하여 60세까지도 쇠퇴하는 비율이 낮다.

③ 공간지각능력은 카텔(R. Cattell)의 결정성 지능에 해당한다.

④ 가드너(H. Gardner)의 다중지능 중 하나가 자연적(Naturalist) 지능이다.

⑤ 카텔(R. Cattell)의 유동성 지능은 결정성 지능보다 환경과 경험의 영향을 더 많이 받는다.

해설
① 가드너(H. Gardner)는 지능을 언어지능, 논리-수학 지능, 공간지능, 신체-운동 지능, 음악지능, 대인관계 지능, 개인 내적 지능, 자연탐구 지능 등 8가지의 독립된 지능으로 구분하였다.
② 카텔(R. Cattell)의 유동성 지능은 청소년기에 이르기까지 발달이 이루어지다가 이후 퇴보현상이 나타난다.
③ 공간지각능력은 카텔(R. Cattell)의 유동성 지능에 해당한다.
⑤ 카텔(R. Cattell)의 결정성 지능은 유동성 지능보다 환경과 경험의 영향을 더 많이 받는다.

60 K-WAIS-IV에 관한 설명으로 옳은 것은?

① 전체지능은 5개의 지수점수로 산출된다.

② 처리속도는 숫자, 산수, 순서화로 구성된다.

③ 지각추론은 동형찾기, 기호쓰기, 지우기로 구성된다.

④ 작업기억은 토막짜기, 행렬추론, 퍼즐, 무게비교로 구성된다.

⑤ 언어이해는 공통성, 어휘, 상식, 이해로 구성된다.

해설
⑤ 언어이해는 핵심소검사인 공통성, 어휘, 상식과 보충소검사인 이해로 구성되어 있다.
① 전체지능은 언어이해지수(VCI), 지각추론지수(PRI), 작업기억지수(WMI), 처리속도지수(PSI) 등 4가지 지수로 산출된다.
② 처리속도는 핵심소검사인 동형찾기, 기호쓰기와 보충소검사인 지우기로 구성된다.
③ 지각추론은 핵심소검사인 토막짜기, 행렬추리, 퍼즐과 보충소검사인 무게비교, 빠진 곳 찾기로 구성되어 있다.
④ 작업기억은 핵심소검사인 숫자, 산수와 보충소검사인 순서화로 구성되어 있다.

61 심리검사에 관한 설명으로 옳지 않은 것은?

① 특정 영역의 행동 전집을 수집하여 측정한다.

② 심리적 특성의 개인차를 비교할 수 있다.

③ 심리적 구성개념을 측정하기 위한 도구이다.

④ 개인의 행동을 예측하는 것이 하나의 목적이다.

⑤ 심리검사에서 나온 결과는 잠정적인 것이다.

해설
심리검사는 표집된 행동표본을 대상으로 과학적인 검증의 과정을 거쳐 그 결과를 수치로 나타내며, 이를 표준화된 방법에 의해 점수로써 기술하는 방법이다.

62 신뢰도에 관한 설명으로 옳은 것을 모두 고른 것은?

ㄱ. Spearman-Brown 공식은 검사-재검사 신뢰도 계수를 교정하는 공식이다.
ㄴ. 한 검사의 신뢰도 계수와 그 검사의 반분신뢰도 계수는 일반적으로 동일하다.
ㄷ. 반분신뢰도와 동형검사 신뢰도는 모두 검사-재검사 신뢰도의 문제점을 보완해준다.
ㄹ. Kuder-Richardson 계수는 내적 일관성 신뢰도를 추정하는 방법이다.

① ㄱ, ㄴ   ② ㄴ, ㄷ
③ ㄷ, ㄹ   ④ ㄱ, ㄴ, ㄹ
⑤ ㄱ, ㄷ, ㄹ

해설
ㄱ. Spearman-Brown 공식은 반분신뢰도 계수를 교정하는 공식이다.
ㄴ. 반분신뢰도는 한번 실시한 검사를 두 부분으로 나누어 반분된 검사들 간의 상관계수를 바탕으로 신뢰도를 산출하는 것, 즉 전체 문항의 반만을 사용해서 검사의 신뢰도를 추정하기 때문에 검사의 신뢰도를 과소추정하게 된다.

63 K-WISC-V의 지수영역이 아닌 것은?

① 언어이해 ② 지각추론
③ 시각공간 ④ 작업기억
⑤ 처리속도

해설

K-WISC-V는 언어이해, 시각공간, 유동추론, 작업기억, 처리속도 5개의 지수영역으로 이루어져 있고, K-WISC-IV는 언어이해, 지각추론, 작업기억, 처리속도 4개의 지수영역으로 구성되었다.

K-WISC-V의 전체척도

언어이해	시각공간	유동추론	작업기억	처리속도
공통성 어휘 상식 이해	토막짜기 퍼즐	행렬추리 무게비교 공통그림 찾기 산수	숫자 그림기억 순차연결	기호쓰기 동형찾기 선택

64 신경심리 검사와 측정하고자 하는 인지기능을 옳게 연결한 것은?

① Boston Naming Test - 기억기능
② Visual Span Test - 시공간 능력
③ California Verbal Learning Test - 언어기능
④ Wisconsin Card Sorting Test - 실행기능
⑤ Clock Test - 주의집중력

해설

① Boston Naming Test : 언어능력검사
② Visual Span Test : 기억력 검사
③ California Verbal Learning Test : 기억력 검사
⑤ Clock Test : 시공간 능력, 언어능력검사

65 지능검사에서 측정의 표준오차(SEM)에 관한 설명으로 옳은 것을 모두 고른 것은?

> ㄱ. SEM이 상대적으로 큰 소검사는 시간표집에 따른 변동성이 크다.
> ㄴ. SEM을 산출하기 위해서는 검사-재검사 상관계수가 필요하다.
> ㄷ. SEM이 작은 검사일수록 피검자의 당일 상태의 영향을 적게 받는다.
> ㄹ. 90% 신뢰구간은 X - 1.65SEM ≤ T ≤ X + 1.65SEM 이다.
> ㅁ. 95% 신뢰구간은 X - 1.96SEM ≤ T ≤ X + 1.96SEM 이다.

① ㄱ, ㄷ ② ㄱ, ㄴ, ㄷ
③ ㄱ, ㄹ, ㅁ ④ ㄴ, ㄷ, ㄹ, ㅁ
⑤ ㄱ, ㄴ, ㄷ, ㄹ, ㅁ

해설

측정의 표준오차(SEM ; Standard Error of Measurement)
- 주어진 피험자의 관찰점수를 가지고 진점수를 추정할 때 생기는 오차의 정도이다.
- 어떤 검사도구로 한 사람을 무한히 반복해서 검사한다고 가정할 때 얻어지는 관찰점수로, 분포의 평균은 진점수이고 이때의 표준편차가 표준오차에 해당한다.
- 측정의 표준오차에 대한 해석은 진점수를 중심으로 관찰된 점수의 분포를 알려주는 유용한 지수이다.
- SEM은 수검자의 현재 관찰점수의 신뢰구간을 설정하는 데 사용된다.
- SEM을 산출하기 위해서는 검사-재검사 상관계수가 필요하다.
- 특정검사의 검사-재검사 신뢰도가 높을수록 SEM은 작아진다.
- SEM이 상대적으로 큰 소검사는 시간표집에 따른 변동성이 크다.
- SEM의 산출공식은 $SEM = S_x \sqrt{1 - r_{xx}{}^r}$ 이다. 여기에서 S_x는 관찰점수분포의 표준오차를, $r_{xx}{}'$는 검사의 신뢰도계수를 의미한다.
- 90% 신뢰구간은 X - 1.65SEM ≤ T ≤ X + 1.65SEM이다.
- 95% 신뢰구간은 X - 1.96SEM ≤ T ≤ X + 1.96SEM이다.

66 K-WISC-Ⅳ 프로파일에 관한 설명으로 옳은 것을 모두 고른 것은?

언어이해			지각추론			작업기억		처리속도	
공통성	어휘	이해	토막짜기	공통그림찾기	행렬추리	숫자	순차연결	기호쓰기	동형찾기
13	10	14	18	15	15	10	14	7	11

> ㄱ. 언어이해 점수의 양상은 습득한 단어를 잘 응용하고 있음을 시사한다.
> ㄴ. 작업기억 점수의 양상은 정보를 유목화하는 능력이 낮음을 시사한다.
> ㄷ. 처리속도 점수의 양상은 눈-손 협응수준이 낮음을 시사한다.

① ㄱ
② ㄱ, ㄴ
③ ㄱ, ㄷ
④ ㄴ, ㄷ
⑤ ㄱ, ㄴ, ㄷ

해설
ㄴ. 작업기억 점수의 양상은 계열화 능력이 높음을 시사한다.
작업기억 소검사
• 숫자(DS) : 청각적 단기기억, 계열화 능력, 주의력, 집중력을 측정한다.
• 순차연결(LN) : 계열화 능력, 정신적 조작, 주의력, 청각적 단기기억, 시공간적 형상화, 처리속도와 관련이 있다.

67 지능검사 결과에 관한 설명으로 옳은 것은?

① 지수 115의 상대적 위치는 소검사 환산점수 13과 같다.
② 지수 110의 상대적 위치는 소검사 환산점수 11과 같다.
③ 소검사 환산점수 10의 백분위는 75이다.
④ 소검사 환산점수 7의 백분위는 지수 90의 백분위와 같다.
⑤ 소검사 환산점수 7의 백분위는 90이다.

해설
② 지수 110의 상대적 위치는 소검사 환산점수 12와 같다.
③ 소검사 환산점수 10의 백분위는 50이다.
④ 소검사 환산점수 7의 백분위는 지수 85의 백분위와 같다.
⑤ 소검사 환산점수 7의 백분위는 16이다.

68 MMPI-2에서 임상척도가 아닌 것은?

① 편집증(Pa)
② 강박증(Pt)
③ 히스테리(Hy)
④ 통제결여(DISC)
⑤ 경조증(Ma)

해설
통제결여(DISC)는 성격병리 5요인(PSY-5) 척도이다.
MMPI-2의 임상척도
MMPI-2의 임상척도는 원판 MMPI의 틀이 그대로 유지되어 건강염려증(Hs), 우울증(D), 히스테리(Hy), 반사회성(Pd), 남성성-여성성(Mf), 편집증(Pa), 강박증(Pt), 조현병(Sc), 경조증(Ma), 내향성(Si)이 있다.

69 MMPI-A의 타당도 척도가 아닌 것은?

① FBS
② ?(무응답)
③ F
④ L
⑤ K

해설
FBS는 MMPI-2의 타당도 척도이다.
MMPI-A의 타당도 척도
무응답(?) 척도, 부인(L) 척도, 비전형 척도(F, F1, F2), 교정(K) 척도, 무선반응 비일관성 척도(VRIN), 고정반응 비일관성 척도(TRIN)

70 MBTI에 관한 설명으로 옳지 않은 것은?

① 내향-외향 구분은 객체와 주체의 상대적 비중이 중요하다.

② 감각-직관 구분은 사물인식과 인간관계의 상대적 비중이 중요하다.

③ 판단-인식 구분은 의식과 무의식의 상대적 비중이 중요하다.

④ 판단-인식 구분은 융(C. Jung)의 개념을 확장해서 추가한 것이다.

⑤ 사고-감정 구분은 논리성과 친화성의 상대적 비중이 중요하다.

해설

감각-직관 구분은 정보의 인식 및 수집 방식에 있어서 경향성을 반영한다. '감각형'은 실제적인 인식을 중요시하여 실제 경험을 강조하고, '직관형'은 실제를 넘어서 상상력과 육감에 의존한다.

MBTI의 선호지표에 따른 성격유형

에너지 방향 '외향(E) / 내향(I)'	• 인식과 판단이 외부세계 및 내부세계 중 주로 어느 곳에 초점을 두는지 확인한다. • E : 폭넓은 활동력, 적극성, 정열, 말로 표현, 경험 우선 등 • I : 깊이와 집중력, 신중함, 조용함, 글로 표현, 이해 우선 등
인식기능 '감각(S) / 직관(N)'	• 인식과정에서 감각 및 직관 중 주로 어떤 방식을 선호하는지 확인한다. • S : 실용적 현실감각, 실제 경험 강조, 정확한 일처리, 나무를 보려는 경향 등 • N : 미래 가능성 포착, 아이디어, 신속한 일처리, 숲을 보려는 경향 등
판단기능 '사고(T) / 감정(F)'	• 의사결정과정에서 사고 및 감정 중 주로 어떤 종류의 판단을 더욱 신뢰하는지 확인한다. • T : 논리와 분석력, 원리와 원칙, 옳고 그름, 지적 비평 등 • F : 온화함과 인정, 의미와 영향, 좋고 나쁨, 우호적 협력 등
생활양식 '판단(J) / 인식(P)'	• 외부세계에 대한 대처방식에 있어서 주로 판단적 태도를 취하는지 인식적 태도를 취하는지 확인한다. • J : 조직력과 계획성, 통제성, 명확한 목적의식, 확고한 자기의사 등 • P : 적응성과 융통성, 수용성, 개방성, 재량에 의한 포용성 등

71 MMPI-2 검사결과 상승척도 쌍에 관한 설명으로 옳은 것은?

① 8-9 - 타인에게 소외당했다는 느낌을 가지며, 권위적 인물에 대한 적개심이 높다.

② 4-5 - 분노를 충동적으로 표현하고, 충동과 후회를 반복한다.

③ 3-6 - 만성적이고 강한 분노감을 보이며, 적절한 감정 표현을 못한다.

④ 1-4 - 다양한 신체적 증상을 호소하고, 우울과 높은 긴장을 보인다.

⑤ 1-3 - 신체형 장애를 보이고, 문제의 근원을 외재화하는 성향이 많다.

해설

① 8-9 : 편집증적 망상과 환각, 공상으로 많은 시간을 보내고, 한 가지 생각에 집중하지 못하며, 예측불허의 행동을 보이기도 한다.

② 4-5 : 사회적인 가치에 비순응적·공격적이어서 미성숙하고 자기중심적이며, 성적 정체감에 문제가 있다.

③ 3-6 : 중증의 불안과 두통을 호소하며, 약한 소화기계통의 증상을 호소한다.

④ 1-4 : 반사회성보다는 건강염려증으로 여자보다 남자에게 더 나타나며, 불안하고 우유부단하다.

72 로샤 검사에 관한 설명으로 옳은 것은?

① 수검자가 쉽게 심리적 방어를 할 수 있다.

② 검사 실시에 대한 수검자의 거부감이 객관적 검사에 비해 높다.

③ 반응영역 기호 S는 단독으로 사용할 수 없다.

④ 개인의 심리적 어려움을 상대적 백분위로 나타낸다.

⑤ 자유로운 반응을 제한해서 스토리텔링하게 한다.

해설

③ 반응영역 S는 어떤 경우든 단독으로 기호화할 수 없어 WS, DS 또는 DdS처럼 항상 다른 기호와 같이 사용한다.

① 수검자가 방어적으로 반응하는 것을 어느 정도 차단할 수 있다.

② 로샤 검사는 투사적·비구조화되어 있기 때문에 객관적 검사에 비해 수검자의 거부감이 낮다.

④ 로샤 검사는 주관적 검사로서 신뢰도 및 타당도가 검증되지 못했으므로, 객관적·심리측정적 측면에서는 부적합하다.

⑤ 스토리텔링이 쓰이는 대표적 검사는 주제통각검사이다. 주제통각검사는 인물 등장 없이 단지 잉크 반점이라는 추상적인 자극을 제시하는 로샤 검사와 달리, 인물들이 등장하는 모호한 내용의 그림 자극을 제시하고 그에 대한 스토리텔링을 구성하도록 하는 검사이다.

73 로샤 검사의 EA에 관한 설명으로 옳지 않은 것은?

① M과 WSumC를 합한 값이다.

② 개인의 가용자원을 반영한 것이다.

③ WSumC는 C와 CF 반응을 합한 값이다.

④ 연령수준에 따라서 값이 변화된다.

⑤ 자발적이고 능동적인 정신활동을 반영한다.

해설

WSumC는 유채색 반응 FC, CF, C를 합한 값이다.

74 투사적 검사에 관한 설명으로 옳은 것을 모두 고른 것은?

> ㄱ. TAT 카드는 31장으로 구성된다.
> ㄴ. CAT 카드는 기본 10장, 보충 10장으로 구성된다.
> ㄷ. 투사적 검사는 검사-재검사 신뢰도가 상대적으로 낮은 편이다.
> ㄹ. 수검자의 이야기 속에 의식/무의식적 갈등이 표출된다고 가정된다.

① ㄱ, ㄴ, ㄷ   ② ㄱ, ㄴ, ㄹ

③ ㄱ, ㄷ, ㄹ   ④ ㄴ, ㄷ, ㄹ

⑤ ㄱ, ㄴ, ㄷ, ㄹ

해설

ㄴ. 아동용 주제통각검사(CAT ; Children Apperception Test) 카드는 기본 9장, 보충 9장으로 구성된다.

75 지능검사에 관한 설명으로 옳지 않은 것은?

① 웩슬러검사는 최초로 IQ 개념을 도입하였다.

② 웩슬러검사는 성인용 지능검사로 출발했다.

③ 스탠포드-비네검사는 비율지능지수를 사용한다.

④ 비네검사는 최초의 지능검사이다.

⑤ 스탠포드-비네검사는 아동용 지능검사로 출발했다.

해설

터만(Terman)이 비네-시몽 검사를 발전시켜 지능검사 도구인 '스탠포드-비네 검사(Stanford-Binet Intelligence Scale)'를 개발하였고 지능지수(IQ)를 처음으로 사용하였다.

필수4과목 이상심리

76 신경생물학 연구결과에 나타난 뇌 부위와 주요 기능의 연결이 옳지 않은 것은?

① 편도체(Amygdala) - 정서기억 담당

② 기저핵(Basal Ganglia) - 운동의 계획과 실행

③ 해마(Hippocampus) - 장기기억 관여

④ 시상하부(Hypothalamus) - 섭식행동 조절

⑤ 소뇌(Cerebellum) - 사고 통제

해설

소뇌의 다른 부분이나 척수로부터 외부에 대한 감각정보를 받아 이를 처리·구성·통합하여 운동기능을 조절하는데, 특히 소뇌의 운동조절 기능은 조화롭고 정밀한 운동이 가능하도록 한다.

77 A의 반복적 자살기도 원인을 설명하는 이론과 가능한 해석의 연결이 옳지 않은 것은?

> 16세 A에 의하면, 어머니는 항상 자신을 못마땅해 하고 비난하였다. 어머니가 A에게 화를 내기 시작하면 과묵했던 아버지는 안방으로 들어갔다. A는 자신이 한심하다는 생각이 들 때 자살을 기도하고 응급실로 오는데, 이때마다 아버지에게 전화하고 A를 진정시키고자 아버지는 응급실을 찾는 일이 반복되었다.

① 행동주의 - 자살기도 시 아버지의 관심을 얻어서이다.

② 인지주의 - 자신이 무능력하다는 사고 때문이다.

③ 인본주의 - 부정적 자기상으로 긍정적 잠재력을 실현하지 못해서이다.

④ 대상관계 - 어머니와 안정적인 관계를 이루지 못해서이다.

⑤ 실존주의 - 가족 내 구조와 의사소통 문제 때문이다.

해설

⑤ 실존주의 - 진정한 삶의 의미를 찾지 못하고, 삶에 대해 공허함, 불안을 느끼기 때문이다.

실존주의이론

• 실존주의적인 접근은 기존의 정신분석이론 및 행동주의이론에 반발하여 인본주의 심리학에 기초를 둔다.

• 실존주의이론은 인간의 본질에 대한 철학적인 탐구를 강조하며, 인간의 가장 직접적인 경험으로서 자기 자신의 존재에 초점을 둔다.

78 정신상태검사(Mental Status Examination)에서 지남력을 측정하는 질문을 모두 고른 것은?

> ㄱ. 이름이 뭐에요?
> ㄴ. 오늘 날짜가 어떻게 되나요?
> ㄷ. 지금 여기 도시명은 뭔가요?
> ㄹ. 일어난 문제들에 대해 어떻게 설명할 수 있나요?

① ㄱ, ㄴ, ㄷ   ② ㄱ, ㄴ, ㄹ
③ ㄱ, ㄷ, ㄹ   ④ ㄴ, ㄷ, ㄹ
⑤ ㄱ, ㄴ, ㄷ, ㄹ

해설

지남력은 시간, 사람, 장소와의 관계 속에서 현재 자신의 상황을 파악하고 이해하는 능력이다.

정신상태검사 세부항목

영 역	세부내용
일반적 기술	외모, 행동과 정신운동활동, 면담 시 태도
감정과 정서	기분, 정서적 표현, 적절성
말	양, 속도, 연속성
지 각	환각, 착각
사고(Thought)	사고과정, 사고내용
감각과 인지	의식수준(명료함, 착란, 섬망, 혼미, 의식상실, 혼수상태), 지남력(시간, 사람, 장소), 기억력, 지능, 인지기능(판단력, 추상적 사고, 주의력/집중력)
판단과 병식 (통찰력)	상황적 판단력, 사회적 판단력

79 DSM-IV와 비교했을 때 DSM-5의 주요 변화로 옳지 않은 것은?

① 다축체계를 폐기하였다.
② 건강염려증이 질병불안장애로 대체되었다.
③ 물질관련 및 중독장애에 도박장애를 포함시켰다.
④ 강박장애는 불안장애와 다른 범주로 분류하였다.
⑤ '달리 명시된' 혹은 '명시되지 않는' 진단을 '달리 분류되지 않는'으로 변경하였다.

해설

DSM-IV에서 '달리 분류되지 않는(Not otherwise specified)' 진단을 DSM-5에서 '달리 명시된(other specified)' 혹은 '명시되지 않는(unspecified)'으로 변경하였다.

80 DSM-5의 신경발달장애에 관한 설명으로 옳은 것을 모두 고른 것은?

> ㄱ. 전형적으로 초기 발달단계인 학령 전기에 발현되기 시작한다.
> ㄴ. 초기 발달기에 국한하여 존재하므로 신경발달장애라 부른다.
> ㄷ. 발달 결함이 특정 영역에 제한되는 점이 특징적이다.
> ㄹ. 동반질환이 흔하다.

① ㄱ, ㄴ   ② ㄱ, ㄹ
③ ㄴ, ㄷ   ④ ㄴ, ㄹ
⑤ ㄷ, ㄹ

해설

ㄴ · ㄷ 신경발달장애는 전형적으로 초기 발달단계인 학령 전기에 발현되기 시작하며, 발달 결함의 범위는 매우 제한된 손상부터 전반적 손상에 이르기까지 다양하다.

81 DSM-5의 조현양상장애에 관한 설명으로 옳지 않은 것은?

① 장애의 특징적 증상은 조현병과 동일하다.
② 장애의 지속기간은 최대 3개월을 넘지 않는다.
③ 장애의 지속기간은 전조기, 활성기, 잔류기로 구분된다.
④ 사회적 · 직업적 기능의 손상은 필수 진단기준이 아니다.
⑤ 장애가 물질의 생리적 효과나 다른 의학적 상태로 인한 것이 아니다.

해설

장애의 지속기간이 1개월 이상 6개월 이하인 경우를 말한다.

82 다음은 DSM-5의 조현병 스펙트럼 장애에 속하는 정신장애의 일부이다. 정신병리의 심각도에 따라 경증에서 중증 순으로 바르게 나열한 것은?

> ㄱ. 조현병　　　　　ㄴ. 망상장애
> ㄷ. 조현형 성격장애　ㄹ. 단기 정신병적 장애

① ㄴ－ㄷ－ㄹ－ㄱ　　② ㄴ－ㄹ－ㄱ－ㄷ
③ ㄷ－ㄴ－ㄹ－ㄱ　　④ ㄷ－ㄹ－ㄱ－ㄴ
⑤ ㄹ－ㄴ－ㄷ－ㄱ

해설

심각도 낮음 ←　　　　　　　　→ 심각도 높음

조현형 성격장애	망상장애	단기 정신병적 장애	조현양상 장애	조현병
				조현정동 장애

83 B가 겪고 있는 정신장애에 관한 설명으로 옳지 않은 것은?

> B는 8세로 별명이 기관차이다. 좋아하는 휴대폰게임에 잘 집중하지만, 또래들과 게임할 때 차례를 기다리지 못하거나 수시로 다른 활동을 한다. 선생님의 말을 끝까지 듣지 않고, 숙제를 하다가 쉽게 산만해져 끝맺지 못하고, 끊임없이 돌아다녀서 어머니를 지치게 한다.

① 평균적으로 일반 아동들보다 이 장애를 가진 아동들의 학업성취 수준이 낮다.
② DSM-5에서는 파괴적, 충동조절 및 품행장애로 분류된다.
③ 일반적으로 흥분제가 치료에 사용된다.
④ 기분 문제를 동반하는 경우가 많다.
⑤ 도파민의 비정상적 활동이 이 장애의 원인으로 제안되었다.

해설

DSM-5에서는 주의력 결핍 및 과잉행동장애(ADHD)로 분류된다. ADHD는 지속적으로 주의력이 부족하여 산만하고, 과다활동, 충동성을 6개월 이상 지속적으로 보이는 상태를 말한다. 파괴적, 충동조절 및 품행장애는 정서 및 행동에 대한 자기조절 문제를 포함한 장애군을 말한다.

84 조증 삽화를 겪고 있는 사람이 타인과 대화할 때 나타나는 전형적인 모습으로 옳은 것은?

① 빠르고 크게 말한다.
② 다른 사람의 이야기에 잘 집중한다.
③ 수면을 이루지 않아 피곤해 보인다.
④ 다른 사람에게 조언이나 충고를 요청한다.
⑤ 너무 많은 생각이 떠올라 말을 하지 못한다.

해설

조증 삽화 증상
• 자기존중감이 팽창하거나 지나치게 과장된 자신감
• 수면 욕구 감소
• 평소보다 말이 많아지거나 말을 계속함
• 사고비약(Flight of Ideas)이 있거나 사고가 연이어 나타남
• 지나친 주의산만
• 목표 지향적 활동의 증가 또는 정신 운동의 초조
• 고통스러운 결과에 이르는 쾌락적 활동에 과도한 몰두

85 다음 보기의 내용에 해당하는 특정공포증 치료법은?

> "(상담사가 내담자에게 바닥에 있는 고양이를 가리키며) 고양이에 가까이 다가가 손으로 잡고 허벅지에 놓으세요. 고양이가 당신의 허벅지 주변에서 꼼지락거리는 것을 느껴 보세요. 고양이에게서 손을 떼고 고양이가 꼼지락거리는 것을 느껴 보세요. 손가락과 손으로 고양이의 몸을 여기저기 만져 보세요. 직접 만지세요. 고양이를 만지면서 고양이 눈을 쳐다보세요."

① 홍수법　　　　② 모델링
③ 이완훈련　　　④ 바이오피드백
⑤ 내재적 둔감법

홍수법은 두려워하는 대상에 단번에 집중적으로 노출함으로써 공포를 없애는 치료법이다.
특정공포증의 치료

체계적 둔감법	• 울피(J. Wolpe)에 의해 개발된 치료법으로서 공포증 치료에 효과적이다. • 상담자와 내담자는 불안위계표를 작성한 후, 위계별로 점진적 이완과 불안을 반복적으로 짝지우면서 공포증을 감소시킨다.
참여적 모방학습	• 다른 사람이 공포자극을 불안 없이 대하는 것을 관찰하도록 하여 공포증을 치료하는 방법이다.
노출치료	• 반복적인 노출을 통해 공포자극에 적응하도록 유도하는 치료방법이다. – 실제적 노출법 : 실제로 공포자극에 노출하는 방법이다. – 심상적 노출법 : 공포자극을 상상하게 하여 노출시키는 방법이다. – 점진적 노출법 : 공포자극에 조금씩 노출시키는 방법이다. – 홍수법 : 공포자극에 단번에 집중적으로 노출시키는 방법이다.
이완훈련법	• 불안과 공존할 수 없는 신체적 이완상태를 유도하는 기술을 가르쳐 공포증을 극복하게 한다.

86 DSM-5의 불안장애에 속하는 장애는?

① 강박장애
② 질병불안장애
③ 선택적 함구증
④ 반응성 애착장애
⑤ 외상 후 스트레스장애

DSM-5의 분류기준에 의한 불안장애에 속하는 장애는 분리불안장애, 선택적 함구증, 특정공포증, 사회불안장애 또는 사회공포증, 공황장애, 광장공포증, 범불안장애가 있다.
① 강박장애는 강박 및 관련 장애에 속한다.
② 질병불안장애는 신체증상 및 관련 장애에 속한다.
④·⑤ 반응성 애착장애와 외상 후 스트레스장애는 외상 및 스트레스 관련 장애에 속한다.

87 클락(D. Clark)이 제시한 공황장애의 인지모델에 관한 설명으로 옳은 것을 모두 고른 것은?

> ㄱ. 파국적 오해석으로 인해 걱정과 염려가 악화된다.
> ㄴ. 파국적 오해석 과정이 반드시 무의식적이지는 않다.
> ㄷ. 공황발작을 촉발하는 외적 자극이 반드시 있어야 한다.
> ㄹ. 공황발작은 신체감각을 극히 위험한 것으로 오해석하여 유발된다.

① ㄱ, ㄴ, ㄷ
② ㄱ, ㄴ, ㄹ
③ ㄱ, ㄷ, ㄹ
④ ㄴ, ㄷ, ㄹ
⑤ ㄱ, ㄴ, ㄷ, ㄹ

ㄷ. 공황발작은 다양한 자극들로 인해 촉발되지만, 반드시 외적 자극이 있어야 하는 것은 아니다.
클락(D. Clark)이 제시한 공황장애의 인지모델
• 신체감각을 위험한 것으로 잘못 해석하는 파국적 오해석에 의해 유발된다.
• 인지적 입장에서 공황장애를 가장 설득력 있게 설명한 이론이다.
• 자극 : 외적 자극(특정 유형의 장소), 내적 자극(불쾌한 기분, 생각, 심상, 신체 감각 등)

88 DSM-5의 주요우울 삽화 존재 여부를 판단하는 데 필요한 주요 증상을 모두 고른 것은? (단, 2주 연속 거의 매일 증상이 지속됨을 전제로 함)

> ㄱ. 하루 대부분 존재하는 우울감
> ㄴ. 자신을 비난하는 내용의 환청
> ㄷ. 수면문제
> ㄹ. 무가치함이나 과도한 죄책감

① ㄱ, ㄴ
② ㄷ, ㄹ
③ ㄱ, ㄴ, ㄷ
④ ㄱ, ㄷ, ㄹ
⑤ ㄱ, ㄴ, ㄷ, ㄹ

DSM-5의 주요우울 삽화 판단 증상
2주 연속 거의 매일 증상이 지속됨을 전제로 함
• 하루 중 대부분 거의 매일 지속되는 우울 기분
• 하루 중 대부분 거의 매일 거의 모든 일상 활동에 대해 흥미나 즐거움 저하

• 체중 조절을 하지 않는 상태에서 의미 있는 체중 감소나 체중 증가, 거의 매일 나타나는 식욕 감소나 증가
• 거의 매일 나타나는 불면이나 과다수면
• 거의 매일 나타나는 정신운동 초조나 지연
• 거의 매일 나타나는 피로 또는 활력 상실
• 거의 매일 나타나는 자기무가치감 또는 부적절한 죄책감
• 거의 매일 나타나는 사고력·집중력·판단력 감소
• 죽음에 대한 반복적인 생각 또는 자살 시도나 자살 수행 계획

89 다음 보기의 사례에 대해 추가적 정보를 수집한 후 DSM-5에 근거하여 판단한 내용으로 옳은 것은?

> 한 청소년은 자신의 손이 세균에 감염되었다는 생각이 원하지 않는데도 반복하여 지속적으로 떠올라 괴롭다고 호소한다.

① 감염되었다는 생각이 떠오를 때 불안하지 않으므로 강박장애가 아니다.
② 강박행동이 발견되거나 보고되지 않으므로 강박장애가 아니다.
③ 감염에 대해 우려하는 것은 당연하므로 강박장애가 아니다.
④ 감염되었다는 생각이나 강박행동을 하는 데 시간을 소모하지 않으므로 강박장애가 아니다.
⑤ 감염되었다는 믿음이 사실이라고 완전히 확신하지 않으므로 강박장애가 아니다.

해설

사례에 대해 추가적 정보를 수집하였을 때, 강박장애의 DSM-5 진단기준에 '강박사고나 강박행동이 많은 시간을 소모하게 만들어(예 하루 1시간 이상), 개인의 정상적 일상생활, 직업(또는 학업) 기능 또는 통상적 사회활동이나 대인관계에 명백히 지장을 준다'는 항목에 적합하지 않다면 강박장애가 아니라고 판단할 수 있다.
강박장애의 DSM-5 진단기준
• 강박사고 또는 강박행동 중 어느 하나가 존재하거나 둘 다 존재한다.
• 강박사고나 강박행동이 많은 시간을 소모하게 만들어(예 하루 1시간 이상), 개인의 정상적 일상생활, 직업(또는 학업) 기능 또는 통상적 사회활동이나 대인관계에 명백히 지장을 준다.
• 이 장애가 물질 또는 일반적 의학상태에 의한 직접적인 생리적 효과 때문이 아니고, 다른 정신장애의 증상으로 설명될 수 없다.

90 DSM-5의 신체증상장애 감별진단에 관한 설명으로 옳지 않은 것은?

① 공황장애와는 달리 신체증상이 더 지속적이다.
② 범불안장애와는 달리 신체증상이 걱정의 주요 초점이다.
③ 망상장애보다 신체증상에 대한 믿음과 행동이 더 강력하다.
④ 전환장애와는 달리 증상을 유발하는 고통에 초점이 더 맞추어져 있다.
⑤ 신체이형장애와는 달리 신체외형 결함에 대한 공포가 주된 관심이 아니다.

해설

망상장애는 신체증상장애보다 신체증상에 대한 믿음과 행동이 더 강력하다. 신체증상장애는 하나 이상의 신체적 증상을 고통스럽게 호소하거나 그로 인해 일상생활에서 현저한 지장을 받는 것을 말한다. 망상장애 중 신체형은 감염, 피부에 벌레가 서식한다는 생각, 피부나 입, 자궁에서 나는 체취에 관한 망상, 신체의 일부가 제대로 기능을 못한다는 망상으로 증상으로 인한 좌절로 자살을 기도하기도 한다.
신체증상장애의 DSM-5 진단기준
• 1가지 이상 신체증상이 고통을 유발하거나 일상생활에서 유의미한 지장을 초래한다.
• 신체증상이나 건강에 대한 과도한 사고, 감정 또는 행동이 다음 중 1가지 이상의 방식으로 나타난다.
  – 자신이 지닌 증상의 심각성에 대해서 부적합하고 지속적인 생각
  – 건강이나 증상에 대해서 지속적으로 높은 수준의 불안
  – 증상과 건강염려에 대하여 과도한 시간과 에너지를 소모
• 신체증상에 대한 과도한 사고와 염려가 6개월 이상 지속된다.
• 현재의 심각도를 다음과 같이 명시한다.
  – 경도 : 진단기준 구체적인 증상들 중 단 1가지만 충족
  – 중(등)도 : 진단기준 구체적인 증상들 중 2가지 이상 충족
  – 고도 또는 중증도 : 진단기준 구체적인 증상들 중 2가지 이상 충족되고, 여러 가지 신체적 증상(또는 하나의 매우 심한 신체증상)이 있음

91 DSM-5에서 신경성 식욕부진증과 비교하였을 때, 신경성 폭식증의 특징으로 옳은 것은?

① 기분변화의 과거력 빈도가 더 낮다.
② 성격장애 동반이환율이 더 낮다.
③ 무월경 문제가 더 자주 보고된다.
④ 강한 충동을 통제하기가 더 어렵다.
⑤ 치과적 문제가 덜 발견된다.

해설
④ 신경성 폭식증은 신경성 식욕부진증보다 대개 강한 충동을 통제하기가 더 어렵다.
① 신경성 폭식증은 신경성 식욕부진증보다 대개 기분변화의 과거력 빈도가 더 높다.
② 신경성 식욕부진증보다 신경성 폭식증에서 성격장애의 동반이환율이 더 높다.
③ 무월경 문제는 신경성 식욕부진증 여성이 신경성 폭식증 여성보다 더 자주 보고된다.
⑤ 신경성 폭식증은 신경성 식욕부진증 환자보다 구토로 인한 치과적 문제가 더 발견된다.

92 다음 보기에 해당되는 DSM-5의 해리성 기억상실의 기억상실 형태는?

C병사는 끔찍한 전투 후 일주일 만에 깨어나서, 전투 중 일어난 일부의 상호작용 및 대화만 기억하고 전우의 사망이나 적군의 비명과 같은 고통스러운 사건은 기억하지 못했다.

① 국소적 기억상실
② 둔주성 기억상실
③ 전반적 기억상실
④ 지속성 기억상실
⑤ 체계화된 기억상실

해설
⑤ 체계화된 기억상실 : 정보의 특정 범주에 대한 기억을 잊는다.
① 국소적 기억상실 : 특정 기간에 발생한 사건에 한하여 기억을 잃었다.
② 둔주성 기억상실 : 해리성 둔주가 나타나는 기억상실로, 정체성 또는 다른 중요한 자전적 정보에 대한 기억상실과 관련된 방랑이 나타난다.
③ 전반적 기억상실 : 전 생애를 다 기억하지 못한다.
④ 지속성 기억상실 : 새로 발생하는 개개의 사건을 계속 잊는다.

93 다음 보기에 나타난 사고과정의 문제는?

"당신을 사랑해. 빵이 생명이야. 널 교회에서 본 적이 있던가? 근친상간은 끔찍해."

① 우원증(Circumstantiality)
② 보속증(Perseveration)
③ 말비빔(Word Salad)
④ 음향연상(Clang Association)
⑤ 연상이완(Loosening of Association)

해설
⑤ 연상이완(Loosening of Association) : 지리멸렬의 한 형태로 일관성이 없이 서로 연결되지 않고 토막토막 끊어지거나 줄거리를 알 수 없는 이야기를 계속하는 경우를 말한다.
① 우원증(Circumstantiality) : 주제와 무관한 내용을 쓸데없이 많이 하거나 설명하지만 결국 목표했던 결론에 도달하는 것을 말한다.
② 보속증(Perseveration) : 사고의 진행이 제자리만 맴돌아 몇 개의 단어나 문장에서 벗어나지 못하고 계속 같은 말만 반복하는 것을 말한다.
③ 말비빔(Word Salad) : 지리멸렬(Incoherence)의 극심한 형태로 연관성 없는 단어만을 나열하는 것을 말한다.
④ 음향연상(Clang Association) : 소리만 비슷한 의미 없는 단어를 계속 말하는 것을 말한다.

94 다음 보기에 해당하는 DSM-5의 성 관련 장애는?

D는 11세의 여자아이로 남자아이들과 축구하는 것을 좋아했고, 남자아이들이 가지고 노는 장난감들도 좋아했다. 여자아이들과 노는 것은 시시하고 바보같다고 생각했다. D는 여자 옷을 입지 않으려고 했고, 남자들이 입는 청바지나 오빠가 입던 바지를 입고 다녔다. D는 자신이 여자임을 혐오하고 있다.

① 성별 불쾌감
② 성정체감장애
③ 물품음란장애
④ 복장도착장애
⑤ 성적피학장애

해설

① 성별 불쾌감 : 자신의 생물학적 성과 성 역할에 대해서 지속적으로 불편감을 느끼는 경우로서, 반대의 성에 대해서 강한 동일시를 나타내거나 반대의 성이 되기를 소망하는 경우를 말한다.
② 성정체감장애 : DSM-5에서 삭제된 진단명이다.
③ 물품음란장애 : 변태성욕장애의 유형으로 무생물인 물체를 이용하거나 성기가 아닌 특정 신체 부위에 집착하면서 성적 흥분을 느끼는 경우를 말한다.
④ 복장도착장애 : 변태성욕장애의 유형으로 성적 흥분을 목적으로 이성의 옷으로 바꿔 입는 경우를 말한다.
⑤ 성적피학장애 : 변태성욕장애의 유형으로 굴욕을 당하거나, 매질을 당하거나 묶이는 등 고통을 당하는 행위를 중심으로 성적 흥분을 느끼거나 성적 행위를 반복하는 경우를 말한다.

95 DSM-5의 파괴적 기분조절 부전장애의 대표적인 임상적 징후는?

① 분노발작
② 기물 파손
③ 주의집중 곤란
④ 반복되는 우울감
⑤ 성인을 향한 적개심

해설

DSM-5의 파괴적 기분조절 부전장애는 반복적으로 심한 파괴적 분노를 폭발하는 경우를 말한다.
파괴적 기분조절 부전장애의 DSM-5 진단기준
• 언어 또는 행동을 통하여 심한 분노폭발을 반복적으로 나타낸다. 이러한 분노는 상황이나 촉발자극의 강도나 기간에 비해서 현저하게 과도한 것이어야 한다.
• 분노폭발은 발달수준에 부적합한 것이어야 한다.
• 분노폭발은 평균적으로 매주 3회 이상 나타나야 한다.
• 분노폭발 사이에도 거의 매일 하루 대부분 짜증이나 화를 내며, 이러한 행동은 다른 사람에 의해서 관찰될 수 있다.
• 위의 이상 증상이 12개월 이상 지속적으로 나타나야 한다.
• 위의 이상 증상이 3가지 상황(가정, 학교, 또래와 함께 있는 상황) 중 2개 이상에서 나타나야 하며, 한 개 이상에서 심하게 나타나야 한다.
• 이 진단은 6~18세 이전에만 적용될 수 있다.
• 이상 증상이 10세 이전에 시작되어야 한다.

96 다음 보기의 ( )에 들어갈 용어를 바르게 나열한 것은?

> DSM-5는 성격장애를 10개로 구분하는 (ㄱ)적 접근법을 취하고 있으나, 특징이나 특질의 심각도에 근거하여 판단하는 (ㄴ)적 접근법도 대안으로 포함하였다.

① ㄱ - 이론, ㄴ - 경험
② ㄱ - 유형, ㄴ - 범주
③ ㄱ - 차원, ㄴ - 기질
④ ㄱ - 범주, ㄴ - 차원
⑤ ㄱ - 유형, ㄴ - 특성

해설

DSM-5 성격장애 대안모델
DSM-5는 성격장애를 편집성, 분열성, 분열형, 반사회적, 연극성, 경계선, 자기애성, 강박성, 의존성, 회피성 10개로 구분하는 범주적 접근법을 취하고 있으나, 다섯 개의 병리적 성격 특질의 조합에 따라 성격장애를 차원적으로 평가할 수 있는 새로운 모델을 대안으로 포함하였다.

97 DSM-5의 섬망에 관한 설명으로 옳지 않은 것은?

① 흔히 수면-각성 주기의 장애를 보인다.
② 섬망의 유병률은 노인에게서 가장 높다.
③ 대개 1개월 정도의 기간에 걸쳐 지속적으로 발생한다.
④ 기저의 인지 변화를 동반하는 주의나 의식의 장애이다.
⑤ 섬망에 수반된 지각장애는 오해, 착각 또는 환각을 포함한다.

해설

섬망은 단기간(몇 시간 또는 며칠)에 걸쳐 발생하고, 기저 상태의 주의와 의식으로부터 변화를 보이며, 하루 중 심각도가 변하는 경향이 있다.

98 DSM-5의 성격장애와 주요 특징의 연결이 옳지 않은 것은?

① 조현성 성격장애 - 사회적 유대로부터의 유리
② 경계선 성격장애 - 높은 충동성
③ 편집성 성격장애 - 타인에 대한 불신
④ 회피성 성격장애 - 사회적 관계의 억제
⑤ 자기애성 성격장애 - 지나친 의존성

해설

자기애성 성격장애는 과대성 행동과 사고, 숭배의 요구, 공감 능력 결여가 광범위한 양상으로 있다.

99 진정제가 아닌 물질은?

① 알코올(Alcohol)
② 바비튜레이트(Barbiturate)
③ 헤로인(Heroin)
④ 메스암페타민(Methamphetarmine)
⑤ 벤조다이아제핀(Benzodiazepine)

해설

메스암페타민(Methamphetarmine)는 중추 신경을 흥분시키는 각성제(흥분제)이다.
중독성 물질의 분류
• 흥분제 : 코카인, 암페타민(필로폰), 카페인, 니코틴
• 진정제 : 알코올, 아편, 모르핀, 헤로인, 벤조다이아제핀, 바비튜레이트
• 환각제 : LSD, 메스칼린, 대마초, 살로사이빈, 엑스터시, 펜사이클리딘

100 DSM-5의 주요 및 경도 신경인지장애에 관한 설명으로 옳지 않은 것은?

① 인지 결손은 오직 섬망이 있는 상황에서만 발생하는 것은 아니다.
② 60세 이상에서의 유병률은 연령의 증가에 따라 높아지는 경향이 있다.
③ 인지 수행의 손상이 표준화된 신경심리 검사로 입증되어야만 장애로 진단된다.
④ 경도 신경인지장애는 인지 결손이 일상 활동에서의 독립적 능력을 방해하지 않는다.
⑤ 주요 신경인지장애는 원인에 따라 다양한 하위유형으로 구분된다.

해설

인지 수행의 현저한 손상이 표준화된 신경심리 검사 또는 다른 정량적 임상평가에 의해 입증될 때 장애로 진단된다.

선택1과목 진로상담

01 청소년 진로상담의 목표로 옳지 않은 것은?

① 학업능력 향상
② 직업세계에 대한 이해 증진
③ 합리적인 의사결정능력 향상
④ 자신에 대한 이해 증진
⑤ 직업기초능력 향상

해설

청소년 진로상담의 목표에는 자신에 대한 올바른 이해 확립, 일과 직업세계에 대한 이해 증진, 정보탐색 및 활용능력의 함양, 올바른 직업관과 직업의식 형성, 합리적인 의사결정 능력의 증진 등이 있다.

02 다음 (   )에 들어갈 내용을 순서대로 바르게 연결한 것은?

> ○ 이 이론은 (ㄱ)에 의해 개발되었고, 성역할이나 사회적 명성과 같은 사회적 요인과 추론능력이나 언어능력과 같은 인지적 요인을 통합시켜 직업포부의 발달에 관해 설명하였다.
> ○ 자신의 실제능력과 이상 간의 (ㄴ)을(를) 끊임없이 모색하면서 직업포부를 구체화 한다고 주장하였다.

① ㄱ – 겔라트(H. Gelatt), ㄴ – 순환적 의사결정
② ㄱ – 투크만(B. Tuckman), ㄴ – 상호관계
③ ㄱ – 카츠(E. Katz), ㄴ – 가치결정
④ ㄱ – 수퍼(D. Super), ㄴ – 진로적응
⑤ ㄱ – 갓프레드슨(L. Gottfredson), ㄴ – 절충

해설

갓프레드슨(L. Gottfredson)의 제한-타협 이론에서는 개인의 자기개념이나 흥미 등 주로 내적인 요인에만 관심을 두었던 기존의 발달이론과 달리, 성(性), 인종, 사회계층 등 사회적 요인과 함께 개인의 언어능력, 추론능력 등 인지적 요인을 추가로 통합하여 직업포부의 발달에 관한 이론을 개발하였다. 자아발달의 과정에서 포부에 대한 점진적인 제한을 가하는 것이 직업선호를 결정하게 되며, 자신의 포부를 실현하고자 할 때 개인이 현실과 조화를 이루는 과정에 관심을 두었다.

03 진로상담이론에 관한 설명으로 옳지 않은 것은?

① 윌리암슨(E. Williamson)의 특성요인이론은 분석, 종합, 진단, 예측, 상담, 추수지도 등으로 진로상담과정을 설명한다.
② 하렌(V. Harren)의 진로의사결정과정은 인식, 참여, 확신, 이행 등의 의사결정 단계를 설명한다.
③ 긴즈버그(E. Ginzberg)의 진로발달이론은 환상기, 잠정기, 현실기 등으로 진로발달단계를 설명한다.
④ 로우(A. Roe)의 욕구이론은 부모 양육태도가 자녀의 직업선택에 영향을 미친다고 가정한다.
⑤ 블라우(P. Blau)의 사회학적 이론은 가정, 학교, 지역사회 등 사회적 요인이 직업선택과 발달에 영향을 미친다고 가정한다.

해설

하렌(V. Harren)의 진로의사결정과정
• 1단계(인식) : 자아와 진로의사결정과 관련된 대안들을 인식한다.
• 2단계(계획) : 대안들의 상호관계 인식과 그 가치에 대한 평가를 한다.
• 3단계(확신) : 잠정적인 의사결정 및 주변 사람들의 피드백을 한다.
• 4단계(실행) : 잠정적 결정을 실천에 옮긴다.

04 수퍼(D. Super)의 생애진로발달이론에 관한 설명으로 옳지 않은 것은?

① 개인은 특정 시기에 사회적 관계 속에서 발생하는 다양한 생애역할을 수행한다.

② 진로성숙 과정을 체계적으로 기술하고 있지만, 자아개념을 지나치게 강조하고 있다는 비판을 받고 있다.

③ 하비거스트(R. Havighurst)의 발달과업 개념을 차용하여 진로의 의미를 한 개인의 생애과정으로 설명한다.

④ 진로아치모형은 자녀, 학생, 직업인, 시민 등의 역할을 설명하고 있다.

⑤ 진로성숙도는 각 단계의 발달과업을 성공적으로 수행할 수 있는 준비도를 의미한다.

해설

진로발달 아치모형은 인간발달의 생물학적·지리학적 면을 토대로 한 것으로, 각 기둥은 발달단계와 삶의 역할을 의미한다. 개인(심리적 특징)을 왼쪽 기둥, 사회(경제자원, 경제구조, 사회구조 등)를 오른쪽 기둥으로 세우고, 상층부 중심에는 자기(Self)를 배치하였다. 반면에 생애진로무지개는 삶의 다양한 역할 속에서 자신의 가치관을 추구하면서 살 수 있는 방법을 찾도록 한다. 즉, 사회적 관계 속의 다양한 생애역할이 부각되도록 하여 일생동안 9가지 역할(아동·학생·여가인·일반시민·근로자·가장·주부·부모·연금생활자)을 수행한다고 보고, 이러한 역할들이 상호작용하며 이전의 수행이 이후의 수행에 영향을 미치게 된다고 하였다.

05 다위스(R. Dawis)와 롭퀴스트(L. Lofquist)의 직업적응이론에 관한 설명으로 옳은 것을 모두 고른 것은?

> ㄱ. 유연성, 적극성, 반응성, 인내 등의 적응양식에 따라 적응과정을 설명한다.
> ㄴ. 미네소타중요도검사(MIQ)는 일과 관련된 개인의 욕구와 가치를 측정한다.
> ㄷ. 직업부적응은 진로계획, 구직활동, 심리적인 안정으로 연결된다.
> ㄹ. 직업적응을 위한 주요한 지표는 만족과 충족이다.

① ㄱ, ㄴ   ② ㄷ, ㄹ
③ ㄱ, ㄴ, ㄹ   ④ ㄴ, ㄷ, ㄹ
⑤ ㄱ, ㄴ, ㄷ, ㄹ

해설

ㄷ. 직업적응이론은 개인의 욕구와 능력을 환경의 요구사항과 관련시켜 진로행동을 설명하는 이론으로, 개인과 환경 간의 상호작용을 통한 욕구충족을 강조하는 이론이다. 직업적응이론에 따르면, '직업적응'이란 개인과 직업이 서로 조화를 이루려고 노력하는 역동적인 과정이다.

06 타이드만(D. Tiedeman)과 오하라(R. O'Hara)의 진로의 사결정이론에 관한 설명으로 옳지 않은 것은?

① 인지적 구조의 분화와 통합에 의해 의식적 문제해결 과정을 예상기와 이행기로 나누어 설명한다.

② 구체화 단계에서는 가능한 대안을 선택하며, 각 대안의 장단점을 검토하여 서열화 및 조직화한다.

③ 선택 단계에서는 수동적인 수용의 성격에서 좀 더 적극적인 태도로 변화한다.

④ 명료화 단계에서는 선택 실행을 위한 계획은 할 수 있지만, 적극적 실행조건은 부족하다.

⑤ 적응 단계에서는 선택에 수동적으로 적응하며, 개인의 목표와 포부는 집단의 목표에 동화되고 수정된다.

해설

수동적인 수용의 성격에서 좀 더 적극적인 태도로 변화하는 단계는 '개혁기'이다. '선택기'는 자기가 하고 싶어 하는 일과 그렇지 않은 것을 확실히 알게 되는 단계이다. 타이드만(D. Tiedeman)과 오하라(R. O'Hara)의 진로의사결정이론에서 진로발달과정은 예상기(탐색기, 구체화기, 선택기, 명료화기)와 적응기(순응기, 개혁기, 통합기)로 구분한다.

07 다음 보기의 내용은 사회인지진로이론에 관한 설명이다. ( )에 들어갈 용어를 순서대로 나열한 것은?

> ○ (ㄱ)은(는) 어떤 정해진 수행을 해내기 위해 필요한 활동을 조직화하고 실행해 낼 수 있는 자신의 능력에 대한 개인의 판단이다.
> ○ (ㄴ)은(는) 어떤 특정한 활동에 열중하거나 미래의 어떤 결과를 이루겠다는 것에 대한 결심이다.

① ㄱ - 유연성, ㄴ - 몰입
② ㄱ - 적성, ㄴ - 조직화
③ ㄱ - 진로성숙, ㄴ - 결과기대
④ ㄱ - 자기효능감, ㄴ - 목표
⑤ ㄱ - 진로적응도, ㄴ - 진로장벽

해설

진로발달의 결정요인

• 자기효능감 : 목표한 과업을 완성시키기 위해 필요한 행동을 계획하고 수행할 수 있는 자신의 능력에 대한 신념을 말한다.
• 성과기대(결과기대) : 특정한 과업을 수행했을 때 자신과 주변에 일어날 일에 대한 평가를 말한다.
• 목표 : 단순히 환경이나 경험에 대한 반응자로서의 개인에서 벗어나, 자신의 행동을 주체적으로 이끄는 인지적 주체로서의 개인을 추론할 수 있는 개념으로, 어떤 특정한 활동에 열중하거나 미래의 어떤 결과를 이루겠다는 것에 대한 결심을 말한다.
• 진로장벽 : 환경변인으로 강조되고 있는 새로운 개념이고, 개인의 내면세계는 가족, 친구, 경제적 상황과 같은 가까운 환경에 둘러싸여 있는 근접 맥락과 제도화된 인종차별, 거시적 경제조건과 같은 큰 사회적 맥락으로 둘러싸여 있는 배경 맥락으로 구성된다는 것을 말한다.

08 다음은 홀랜드(J. Holland)의 직업성격유형이론에 관한 설명이다. ( )에 들어갈 용어를 순서대로 바르게 나열한 것은?

> ○ (ㄱ)은 직업적 성격 특성이 얼마나 뚜렷하게 나타나는 가를 의미한다.
> ○ 개인의 성격특성과 직무특성간 (ㄴ)이 높을 때 직업만족, 직업적 성취를 할 수 있다.

① ㄱ - 변별성, ㄴ - 일치성
② ㄱ - 일관성, ㄴ - 변별성
③ ㄱ - 변별성, ㄴ - 일관성
④ ㄱ - 일관성, ㄴ - 일치성
⑤ ㄱ - 일치성, ㄴ - 일관성

해설

홀랜드(J. Holland) 이론의 5가지 가정

• 일관성 : 서로 다른 유형 간의 관계로 일관성 있는 흥미유형을 보이는 사람은 대체로 안정된 직업경력을 가졌고 직업성취와 직업적 목표가 분명한 사람들이다. 따라서 일관성 있는 코드유형을 보이는 사람은 환경과의 상호작용에서 그렇지 않은 경우보다 예측 가능한 행동 결과를 나타낼 것이다.
• 변별성 : 유형 간의 상대적 중요도의 관계를 의미한다. 특정 개인의 성격유형이나 작업환경은 다른 어떤 개인이나 환경보다 더 명확하게 규정할 수 있을 때 변별성이 있다고 해석한다.
• 정체성 : 자신에 대한 종합적인 인식으로서 일치성, 일관성 및 변별성에 의해 영향을 받는데, 변별성, 일관성, 일치성이 모두 높을 때 정체성도 높아진다.
• 일치성 : 성격과 환경 간의 관계로, 개인의 흥미유형과 자신이 속한 직업환경 유형의 유사성을 반영한다. 따라서 개인의 성격특징과 직무환경 특성 간 일치성(Congruence)이 높을 때 직업만족, 직업성취 수준이 높아질 수 있다.
• 계측성 : 유형들(환경) 내 또는 유형들 간의 관계는 육각형 모델에 따라 정리될 수 있는데, 육각형 모델에서 유형들(환경) 간의 거리는 그것들 사이의 이론적인 관계에 반비례한다. 육각형은 개인(환경) 간 또는 개인 내에 있는 일관성의 정도를 나타내 주는 도형으로서, 이론의 본질적 관계를 설명해 주며, 여러 가지 실제적인 용도를 가지고 있다.

09 수퍼(D. Super)의 진로발달단계에서 다음과 같은 발달과업이 수행되는 단계는?

> ○ 결정화(Crystallization)
> ○ 구체화(Specification)
> ○ 실행(Implementation)

① 성장기
② 탐색기
③ 확립기
④ 유지기
⑤ 쇠퇴기

[해설]

수퍼(D. Super)의 진로발달단계는 '성장기 → 탐색기 → 확립기 → 유지기 → 쇠퇴기'의 순환과 재순환 단계를 거친다. 그 중 탐색기는 학교·여가생활, 시간제의 일 등을 통한 경험으로 자신에 대한 탐색과 역할에 대해 수행해야 할 것을 찾으며, 직업에 대한 탐색을 시도하려는 단계이다. 즉 이 시기에 개인은 직업 선택에 대한 결정화, 구체화, 실행이라는 진로발달과제를 접하게 된다.

10 사비카스(M. Savickas)가 제안한 진로적응도 차원과 개입 질문의 연결로 옳은 것을 모두 고른 것은?

> ㄱ. 관심 – 미래가 있는가?
> ㄴ. 통제 – 누가 내 미래의 주인인가?
> ㄷ. 자신감 – 할 수 있을까?
> ㄹ. 결단력 – 버려야 할 진로장애는 무엇인가?

① ㄱ, ㄴ   ② ㄷ, ㄹ
③ ㄱ, ㄴ, ㄷ   ④ ㄴ, ㄷ, ㄹ
⑤ ㄱ, ㄴ, ㄷ, ㄹ

[해설]

사비카스(M. Savickas)는 진로적응도를 직업 발달과업, 진로 등과 관련한 고충에 대처하는 준비도로 정의하였으며, 사회적 역할과 직업환경에 대처하여 직업 행동을 조절하는 자기조절전략이라고 하였다. 그러면서 진로적응도의 하위 차원으로 미래 직업에 대한 관심(Concern), 미래에 대한 통제(Control), 직업 환경이 자신에게 맞는지에 대한 호기심(Curiosity), 미래의 장벽을 이겨낼 수 있다는 자신감(Confidence) 등 4C를 제안하였다.

11 다음 사례의 내담자는 윌리암슨(E. Williamson)의 관점에서 어떤 진로의사결정 문제를 갖고 있는가?

> 민아는 친구들의 머리를 잘 단장해주고 친구들의 반응도 좋아서 헤어디자이너가 되기로 선택했지만, 과연 내가 옳은 선택을 했는가에 대해 의심한다.

① 진로무선택
② 불확실한 선택
③ 현명하지 못한 선택
④ 흥미와 적성 간의 모순
⑤ 직업부조화

[해설]

윌리암슨(E. Williamson)의 진로선택의 문제
• 불확실한 선택 : 내담자는 교육수준 부족, 자기이해 부족, 직업세계에 대한 이해 부족, 실패에 대한 두려움, 자신의 적성에 대한 불신 등으로 인해 직업선택에 대해 확신을 가지지 못한다. 선택한 직업에 대해 자신감이 없으므로 다른 사람들로부터 해당 직업에서 성공을 거두리라는 위안을 받으려는 경향이 있다.
• 진로무선택 : 내담자는 자신의 선택의사를 표현할 수 없으며, 자신이 무엇을 원하는지조차 모른다고 대답한다. 선호하는 장래 직업이 있더라도 어느 것을 선택해야 할지 모르며, 심지어 직업선택보다 자신의 흥밋거리에 관심을 집중하기도 한다.
• 현명하지 못한 선택 : 내담자는 목표에 부합하지 않는 적성이나 자신의 흥미와 관계없는 목표를 가지고 있을 수 있다. 직업적응을 어렵게 하는 성격적 특징이나 특권에 대한 갈망을 가지고 있을 수도 있다.
• 흥미와 적성 간의 모순 : 내담자가 흥미를 느끼는 직업에 적성이 없거나, 적성이 맞는 직업에 흥미를 느끼지 못하는 등 흥미와 적성이 일치하지 않는 경우를 말한다.

12 로우(A. Roe)의 욕구이론에 관한 설명으로 옳지 않은 것은?

① 매슬로우(A. Maslow)의 욕구위계이론을 근거로 직업과 기본욕구 만족 간의 관련성을 설명하였다.

② 8개 직업군을 6개의 직무수준으로 구분하여 직업분류를 하였다.

③ 실증적인 근거가 결여되어 있다는 비판을 받고 있다.

④ 인간지향적 성격을 가진 개인은 서비스직, 비즈니스직, 문화직 등의 직업을 선택하려 한다.

⑤ 진로상담을 위한 구체적인 절차를 제공하고 있다.

해설
로(Roe)의 욕구이론은 책임, 능력, 기술의 정도를 기준으로 하여 각각 6단계의 직업수준을 제시하고 직업을 8개의 군집으로 나누었는데, 실증적인 근거가 결여되어 있으며 진로상담을 위한 구체적인 절차를 제공하지 못했다는 문제점이 있다.

13 진로상담의 최근 동향에 관한 설명으로 옳지 않은 것은?

① 사회학습진로이론은 진로개발과정에서 우연의 중요성을 강조한다.

② 사회인지진로이론은 진로의사결정과정에서 맥락을 중요시하는 관점을 수용하고 있다.

③ 구성주의진로이론은 긴즈버그(E. Ginzberg)의 아이디어를 현대적 시각으로 통합하고 있다.

④ 인지정보처리이론은 의사소통, 분석, 종합, 평가, 실행의 5단계로 진로의사결정을 설명한다.

⑤ 구성주의진로이론에서는 내담자의 진로이야기를 이끌어내는 방법으로 진로유형면접을 활용한다.

해설
구성주의진로이론은 수퍼(Super)의 초기 진로발달이론에서 출발하여 이를 현대적으로 확장하여 사비카스(M. Savickas)에 의해 제시되었다.

14 진로상담에서 사용하는 검사의 구성요소로 옳지 않은 것은?

① 자기효능감척도(SES)는 일반적 자기효능감, 사회적 자기효능감 등으로 구성되어 있다.

② 진로발달검사(CDI)는 진로계획, 진로탐색, 의사결정, 일의 세계에 대한 지식, 선호하는 직업에 대한 지식 등으로 구성되어 있다.

③ 진로결정척도(CDS)는 확신척도와 미결정척도로 구성되어 있다.

④ 진로성숙도검사(CMI)는 진로성숙태도, 진로성숙능력, 진로성숙행동 등으로 구성되어 있다.

⑤ 진로전환검사(CTI)는 수행불안, 외적갈등, 의사결정혼란 등으로 구성되어 있다.

해설
진로사고검사(CTI)는 인지적 정보처리이론(CIP)과 인지치료를 이론적 근거로 하여 진로에서의 부정적인 인지를 측정하는 것으로, 하위척도에는 의사결정혼란, 수행불안, 외적갈등이 있다.

진로사고검사 하위척도

의사결정 혼란	진로의사결정과정을 시작하거나 유지하는 데 개인이 가지는 곤란수준을 측정한다.
수행불안	여러 가지 대안 중 한 가지 대안을 선택하거나 대안에 대한 우선순위를 매기는 등의 선택을 하고자 할 때, 결단을 내리기 어려운 곤란 수준을 나타낸다.
외적갈등	결정에 대한 책임감을 회피하게 하는 갈등에 관한 것으로써, 중요타인에게서 얻는 정보의 중요성과 자신이 지각한 정보의 중요성 간에 균형조절에 있어서의 무능력을 반영한다.

15 진로상담에서 활용 가능한 검사 중 다음 보기의 내용에 해당하는 것은?

> ○ 능력형 적성검사의 한계를 보완
> ○ 운동능력, 음악능력, 자연 친화력 등의 측정이 가능하도록 다중시능이론에 근거
> ○ 한국직업능력개발원에서 개발한 자기보고식 검사

① 적성진단검사
② 직업선호도검사
③ GATB 직업적성검사
④ 영업직무 기본역량검사
⑤ 직업적성검사

해설

직업적성검사
- 검사항목 : 신체·운동능력, 손재능, 공간지각력, 음악능력, 창의력, 언어능력, 수리·논리력, 자기성찰능력, 대인관계능력, 자연 친화력, 예술시각능력, 자기관리능력
- 검사결과 : 각 적성 영역별 능력 정도를 나타내는 프로파일 제공, 그 중 상대적으로 높은 능력을 보이는 2~3개 적성영역이 제시되고 관련 직업 추천, 각 직업군별 능력보유 정도가 5등급 중 하나로 제시
- 실시요령 : 직업과 관련된 다양한 능력을 자신이 어느 정도 가지고 있는가를 스스로 평가하는 방식
- 특징 : 검사과정 및 결과의 교육적 효과, 다양한 적성영역 포함, 자기평가 방식에 의한 능력 평정, 행동고정 평정척도 방식에 의한 객관적 평정 유도, 검사의 신뢰도 및 타당도에 대한 철저한 분석, 직무조사에 기초한 적성 관련 직업분류 등

16 다음 중 보기에 제시된 정부지원 사업은?

> ○ 낮은 고용률과 높은 실업률이 지속되는 문제를 해결하기 위한 제도로, 2011년부터 기술교육뿐만 아니라 심리치료 및 다양한 인성교육, 봉사활동, 체험학습의 기회 등을 제공하는 맞춤형 프로그램이다.
> ○ 지원대상은 만 15세 이상 24세 미만의 학교 밖 청소년으로, 6개월 이상의 기간 동안 전문직업훈련, 자립장려금, 취업지원 등을 제공한다.

① 학교밖청소년지원센터
② 취업사관학교
③ 취업성공패키지
④ 근로자 내일배움카드제
⑤ 드림스타트

해설

② 취업사관학교 : 지원대상은 만 15세 이상 만 24세 미만의 학교 밖 청소년으로 직무능력향상을 위한 직업훈련, 인성교육 및 직업진로지도, 학업(검정고시) 지원 등 개인별 맞춤 서비스를 지원한다. 또한 훈련기관에 훈련비용 지원, 훈련생에게 월 30만원의 자립수당을 지원한다(훈련비 및 기숙비용 무료).
① 학교밖청소년지원센터 꿈드림 : 만 9~24세의 학교 밖 청소년을 지원하는 것으로, 전국 214개소 학교 밖 청소년지원센터에서 상담지원, 교육지원, 직업체험 및 취업지원, 자립지원, 건강증진 서비스 등을 제공한다.
③ 취업성공패키지 : 저소득 취업취약계층에 대하여 개인별 취업활동계획에 따라 '진단·경로설정 → 의욕·능력증진 → 집중 취업알선'에 이르는 통합적인 취업지원 프로그램을 제공하고, 취업한 경우 '취업성공수당'을 지급함으로써 노동시장 진입을 체계적으로 지원하는 종합적인 취업지원체계, 기초생활수급자, 차차상위(중위소득 60%) 이하 저소득층, 연간매출액 1억 5천만원 미만 영세자영업자신설, 기타 특정취약계층을 대상으로 하는 취업성공패키지 Ⅰ과 청년층은 소득 무관하게 18~34세, 중장년층은 중위소득 100% 이하 가구의 35~69세 가구원 등을 대상으로 하는 취업성공패키지 Ⅱ로 구분한다.
④ 근로자 내일배움카드제 : 기존 실업자·재직자로 분리·운영되던 내일배움카드를 국민내일배움카드로 통합(20.1.1.), 급격한 기술발전에 적응하고 노동시장 변화에 대응하는 사회안전망 차원에서 생애에 걸친 역량개발 향상 등을 위해 국민 스스로 직업능력개발훈련을 실시할 수 있도록 훈련비 등을 지원한다.
⑤ 드림스타트 : 0세(임산부)이상 만 12세(초등학생 이하) 아동 및 가족을 대상으로 취약계층 아동에게 양육환경 및 발달 상태 사정 결과에 따른 사례관리를 통해 건강·기초학습·사회성 함양·부모교육·가족지지 등 맞춤형 통합서비스를 제공한다.

17 다음 보기의 사례에 제시된 내담자는 어떤 진로문제를 가지고 있는가?

> • 내담자 : 장래희망을 확실하게 말하는 친구들이 부러워요. 저는 마음에 끌리는 직업이 없거든요. 어떤 것들이 있는지도 잘 모르겠고, 뭘 해야 할지도 모르겠어요.
> • 상담자 : 그렇군요. 아직 하고 싶은 일을 발견하지 못해 답답하시겠어요.

① 진로미결정
② 우유부단함
③ 진로불결정
④ 진로신화
⑤ 진로결정

해설

사례에 제시된 내담자는 자신의 모습, 직업 혹은 의사결정을 위한 지식이 부족한 경우에 해당하므로 진로미결정의 유형에 포함된다. 그밖에도 다양한 능력으로 지나치게 많은 기회를 갖게 되어 진로결정을 하기 어렵거나, 진로결정을 하지 못하지만 성격적인 문제는 없는 내담자의 유형 등이 진로미결정에 해당된다.

18 정부 및 공공기관에서 제공하는 진로정보의 연결로 옳지 않은 것은?

① 고용노동부 – 구인구직통계, 고용노동통계연감
② 한국고용정보원 – 한국직업사전, 워크넷
③ 한국노동연구원 – 고용동향분석, 노동시장전망
④ 한국직업능력개발원 – 직업정보, 구인·구직 실시간 정보매칭
⑤ 통계청 – 한국표준산업분류, 한국표준직업분류

해설

한국직업능력개발원에서 제공하는 진로정보에는 직업교육훈련지표, 진학정보, 자격정보 등이 있다.

진로정보의 개요
개인이 진로를 선택하고 결정할 때, 직업적응이나 직업발달을 꾀할 때 필요한 자료이므로, 이를 활용하기 전에 정보출처의 신뢰도를 검토할 필요가 있다.

19 진로 미결정자를 위한 상담목표로 옳은 것을 모두 고른 것은?

> ㄱ. 진로에 대한 탐색
> ㄴ. 자기이해를 위한 탐색
> ㄷ. 진로와 관련된 의사결정 연습
> ㄹ. 현재 자신의 능력에 대한 구체적인 파악

① ㄱ, ㄴ
② ㄴ, ㄷ
③ ㄷ, ㄹ
④ ㄱ, ㄷ, ㄹ
⑤ ㄱ, ㄴ, ㄷ, ㄹ

해설

진로 미결정자를 위한 상담목표
• 진로에 대한 탐색
• 구체적 직업정보의 활용 촉진
• 현재 자신의 능력에 대한 객관적인 파악
• 자기이해를 위한 탐색
• 직업정보의 제공
• 진로와 관련된 의사결정과정의 연습
• 진로동기의 부여

20 진로심리검사 해석 시 유의사항으로 옳지 않은 것은?

① 내담자가 추구하는 목적을 고려한다.
② 검사결과는 통합적인 관점에서 해석한다.
③ 검사에 대한 내담자의 반응을 점검한다.
④ 내담자가 이해하기 쉬운 언어로 해석한다.
⑤ 전문가의 권위로만 내담자를 진단하고 해석한다.

해설

진로심리검사 해석 시 유의점
• 내담자가 추구하는 목적을 고려하고, 검사에 대한 내담자의 반응을 점검한다.
• 검사결과는 이해를 위한 수단일 뿐이므로 검사결과를 확실하게 규정 짓지 말아야 한다.
• 내담자가 검사결과를 잘 이해하도록 안내하고 격려해야 하므로, 전문적인 용어가 아닌 내담자가 이해할 수 있는 용어를 사용해야 한다.
• 검사결과로 나타난 강점 및 약점이 모두 객관적으로 검토되어야 한다.
• 검사결과는 내담자가 이용 가능한 다른 정보와 관련지어 논의하고 통합적인 관점에서 해석한다.

21 사이버 진로상담의 특징에 해당하는 것을 모두 고른 것은?

> ㄱ. 슈퍼비전과 자문이 용이하다.
> ㄴ. 심각한 문제를 가진 내담자를 장기 상담할 수 있다.
> ㄷ. 상담과정에서 평등성 확보가 가능하다.
> ㄹ. 익명성이 보장된다.

① ㄱ, ㄴ
② ㄷ, ㄹ
③ ㄱ, ㄷ, ㄹ
④ ㄴ, ㄷ, ㄹ
⑤ ㄱ, ㄴ, ㄷ, ㄹ

해설

ㄴ. 사이버 진로상담은 인터넷 등의 가상의 상담실에서 이루어지는 전문상담활동으로서, 도움을 필요로 하는 내담자의 문제를 해결하고 생각·감정·행동상의 성장을 위해 노력하는 상담과정이다. 그러나 내담자의 공개된 정보만 파악할 수 있기 때문에 내면 파악에 한계가 있어 깊이 있는 상담을 할 수 없으며, 지속적인 상담이 어렵다는 단점이 있다.

22 생애진로사정(Life Career Assessment)에 관한 설명으로 옳은 것을 모두 고른 것은?

> ㄱ. 아들러(A. Adler)의 개인심리학에 기초한다.
> ㄴ. 진로사정, 전형적인 하루, 강점과 약점, 요약 등의 4가지로 구성되어 있다.
> ㄷ. 내담자의 정보를 수집하는 단계에서 사용할 수 있는 비구조화된 도구이다.
> ㄹ. 내담자를 객관적으로 파악할 수 있는 표준화된 검사이다.

① ㄱ, ㄴ
② ㄴ, ㄷ
③ ㄷ, ㄹ
④ ㄱ, ㄷ, ㄹ
⑤ ㄱ, ㄴ, ㄷ, ㄹ

해설

ㄷ·ㄹ 생애진로사정은 구조화된 면접기법이자 대표적인 질적 측정도구이다. 표준화된 진로사정 도구의 사용이 필수적인 것은 아니며, 짧은 시간 내에 내담자에 대한 체계적인 정보를 수집할 수 있다. 또한 비판단적이고 비위협적인 대화 분위기로 전개되어 내담자와 긍정적인 관계를 형성하는 데 도움이 된다.

23 다음 보기와 같은 진로문제를 모두 경험하는 내담자는?

> ○ 진로장벽
> ○ 문화적 차이로 인한 정체성 혼란
> ○ 사회적 지지체계의 부족
> ○ 제한적 직업과 진로선택의 불평등
> ○ 빈곤과 소외

① 실업자
② 장애인
③ 여 성
④ 다문화인
⑤ 노 인

해설

다문화인의 진로문제
• 교육의 불평등 문제
• 낮은 진로포부와 제한적인 진로정보 및 진로선택의 불평등
• 문화적 차이로 인한 정체성 혼란
• 사회적 취약 계층으로서 진로선택의 제한
• 진로장벽(인종적 학대와 차별, 낮은 경제적 수준, 한국 사회의 직업구조나 계층에 대한 이해 부족, 가난, 멘토나 역할모델의 부족, 지지의 부족, 낮은 자기효능감 등)

24 피터슨(G. Peterson), 샘슨(J. Sampson), 리어든(R. Reardon)의 인지정보처리이론의 기본 가정에 관한 설명으로 옳은 것을 모두 고른 것은?

> ㄱ. 진로문제를 해결하는 능력은 지식뿐만 아니라 인지적 조작의 가용성에 달려 있다.
> ㄴ. 진로의사결정은 하나의 문제해결 활동이다.
> ㄷ. 진로의사결정과정에서는 인지적 영역을 강조하고, 정서적 근원은 고려하지 않는다.
> ㄹ. 진로문제해결은 고도의 기억력을 필요로 한다.

① ㄱ, ㄴ
② ㄴ, ㄷ
③ ㄷ, ㄹ
④ ㄱ, ㄴ, ㄹ
⑤ ㄱ, ㄷ, ㄹ

해설

ㄷ. 진로의사결정에서 인지적 영역이 중요하지만, 그 과정에서 정서적(Affective)인 측면, 즉 태도·기질·정서·가치관·동기 등에 관련되는 가치도 인정되므로, 진로선택은 인지적 과정과 정서적 과정의 상호작용의 결과이다.

25 홀랜드(J. Holland)의 6가지 성격유형과 직업의 연결로 옳지 않은 것은?

① 현실적 유형(R) – 운동선수, 항공기조종사, 공인회계사
② 탐구적 유형(I) – 물리학자, 인류학자, 의료기술자
③ 사회적 유형(S) – 종교지도자, 언어치료사, 상담자
④ 기업적 유형(E) – 판사, 정치가, 영업사원
⑤ 관습적 유형(C) – 은행원, 법무사, 사서

해 설

① 운동선수, 항공기조종사 : 현실적 유형, 공인회계사 : 관습적 유형
홀랜드(Holland)의 직업분류체계의 대표적인 직업
• 현실적 유형(R) : 기술직·토목직, 자동차엔지니어, 비행기조종사, 조사연구원, 농부, 운동선수, 전기·기계기사 등
• 탐구적 유형(I) : 화학자, 생물학자, 물리학자, 의료기술자, 인류학자, 지질학자, 설계기술자 등
• 예술적 유형(A) : 문학가, 작곡가, 미술가, 무용가, 무대감독, 디자이너, 인테리어장식가 등
• 사회적 유형(S) : 사회사업가, 교사, 상담자, 간호사, 임상치료사, 언어치료사, 목회자 등
• 기업적 유형(E) : 기업실무자, 영업사원, 보험설계사, 정치가, 변호사, 판매원, 연출가 등
• 관습적 유형(C) : 사무직 근로자, 경리사원, 컴퓨터 프로그래머, 사서, 은행원, 회계사, 법무사, 세무사 등

선택2과목 집단상담

26 집단상담의 목표 설정에 관한 설명으로 옳지 않은 것은?

① 집단 초기에 집단과 집단원의 목표를 확인한다.
② 목표는 집단과정 전체에 걸쳐 수정되고 추가될 수 있다.
③ 집단원 개인의 목표보다 집단 전체의 목표가 더 중요하다.
④ 목표는 집단원과 집단상담자가 협력하여 설정한다.
⑤ 집단의 과정적 목표에는 자기개방하기, 경청하기, 피드백 주고받기 등이 있다.

해 설

집단상담은 집단상담을 통한 개인의 성장과 변화를 그 목적으로 하며, 집단상담자는 집단원들의 목표를 고려하여 집단의 목표를 미리 설정해야 한다. 따라서 집단원 개인의 목표와 집단 전체의 목표는 서로 영향을 미치는 중요한 관계에 있다고 할 수 있다.

27 집단상담의 구조 및 형태에 관한 설명으로 옳은 것을 모두 고른 것은?

> ㄱ. 참만남 집단과 T집단은 대표적인 비구조화 집단이다.
> ㄴ. 동질집단은 집단원들의 배경이 서로 비슷한 사람들로 구성된다.
> ㄷ. 집중집단은 전체 회기를 보통 주 1회의 형태로 나누어서 운영한다.
> ㄹ. 개방집단은 집단의 안정성이 높으므로 집단원 상호 간의 응집력이 강하다.

① ㄱ, ㄴ
② ㄱ, ㄴ, ㄷ
③ ㄱ, ㄷ, ㄹ
④ ㄴ, ㄷ, ㄹ
⑤ ㄱ, ㄴ, ㄷ, ㄹ

해 설

ㄷ. 전체 회기를 보통 주 1회의 형태로 나누어서 운영하는 집단은 분산집단이다. 집중집단은 2박 3일 혹은 3박 4일 등 일정기간 동안 집중적으로 상담을 실시한다.
ㄹ. 집단의 안정성이 높아 집단원간의 응집력이 강한 집단은 폐쇄집단이다.

28 집단의 유형 중 상담집단에 관한 설명으로 옳지 않은 것은?

① 특정 과업을 완수하기 위한 목적으로 구성한다.

② 예방적·교육적·문제해결적·적응적 목적을 지닌다.

③ 비교적 짧은 기간에 해결 가능한 문제를 주로 다룬다.

④ 심각한 정신병리 치료보다 일상생활의 어려움 해결에 관심을 둔다.

⑤ 과거의 문제보다 현재의 생활, 느낌, 사고 등에 초점을 맞춘다.

해설

① 과제해결집단(과업집단)에 대한 설명이다. 과제해결집단은 수행해야 할 과업을 달성하거나, 성과물을 산출해내기 위해 또는 명령을 수행하기 위해 만들어진 집단이다. 위원회, 이사회, 연합체, 협의체, 행정집단, 팀, 치료회의, 사회행동집단 등이 해당한다.

29 집단상담의 치료적 요인에 관한 설명으로 옳지 않은 것은?

① 직면 – 자신의 불일치를 자각하여 변화의 계기를 만듦

② 이타심 – 다른 사람들의 긍정적, 생산적 행동을 배움

③ 가족재연 – 가족을 연상시키는 집단역동을 통해 가족 관련 문제에 대해 작업함

④ 정보공유 – 건강한 삶에 대한 정보를 습득함

⑤ 응집력 – 다른 사람들과 서로 연결되어 있다고 느낌

해설

다른 사람들의 긍정적·생산적 행동을 배우는 것은 치료적 요인 중 동일시(모방행동)에 해당하는 내용이다. 이타심은 집단원들이 위로·지지·제안 등을 통해 서로 도움을 주고받는 것을 말한다. 이타심을 통해 자신도 누군가에게 도움을 줄 수 있고, 타인에게 중요한 존재일 수 있음을 발견하게 되고, 이것은 집단원 개인의 자존감을 높여준다.

30 다음 보기의 설명에 해당하는 집단상담자의 이론적 접근은?

○ 불안을 느낄 때 대처할 수 있는 이완반응을 학습시켰다.
○ 불안유발 상황에서 느끼는 주관적 불편척도를 작성하도록 하였다.
○ 가장 낮은 불안 자극 수준부터 노출시켜 그 상황을 상상하고 느껴보도록 하였다.

① 교류분석 집단상담
② 행동주의 집단상담
③ 인간중심 집단상담
④ 게슈탈트 집단상담
⑤ 현실치료 집단상담

해설

보기에서는 불편척도 등을 이용해 집단원의 문제행동인 불안을 평가하고 있는데, 이것은 행동주의 집단상담에 대한 내용이다. 행동주의 집단상담은 기본적으로 내담자의 행동을 수정시키려는 목적에서 고안된 것으로, 행동수정을 위해서는 문제행동이 얼마나 빈번하게 또는 오랫동안 일어나고 있었는가, 즉 각 집단원에 대한 정확한 행동평가가 선행되어야 한다.

31 집단원들이 다음과 같은 태도를 공통으로 보이는 집단 발달단계에서 집단상담자의 개입으로 옳지 않은 것은?

○ 집단에 참여하고 싶지 않다고 상담자에게 도전적으로 말함
○ 오해받거나 판단될 것에 대한 두려움으로 자기개방을 주저함
○ 고통스러운 감정을 탐색하는 것을 주저하며 방어적인 태도를 보임

① 집단원들에게 자기개방의 중요성을 자각하게 한다.
② 신뢰감 촉진을 위해 의도적 활동을 도입한다.
③ 집단원들의 저항을 치료적 과정의 자연스러운 부분으로 인정한다.
④ 집단원들에게 두려움과 불안을 피하는 방법을 교육한다.
⑤ 상담자 자신의 역전이 반응을 관찰한다.

[해설]

문제에 주어진 보기는 집단 발달단계 중 갈등단계(과도기단계)에서 보이는 집단원들의 행동이다. 이때 집단상담자는 집단원들에게 두려움과 불안을 피하는 방법을 교육하는 것이 아니라 집단원의 망설임이나 불안, 방어, 갈등 등을 자각하고 정리하도록 도와주어야 하며, 집단원이 저항과 갈등 등을 탐색하고 솔직히 표현하도록 격려하고 촉진해야 한다.

32 집단상담 종결단계에서의 고려사항으로 옳지 않은 것은?

① 집단경험 검토 및 요약하기
② 추후회기 개최 검토하기
③ 학습한 것을 실생활에 적용하기
④ 파티로 집단 마무리하기
⑤ 집단상담에 대한 기대 파악하기

[해설]

'집단상담에 대한 기대 파악하기'는 시작단계(초기단계)에서 집단상담자가 고려해야 할 사항이다.

33 개인심리 집단상담에서 사용하는 기법을 모두 고른 것은?

> ㄱ. 버튼 누르기
> ㄴ. 수프에 침 뱉기
> ㄷ. 체계적 둔감화
> ㄹ. 마치 ~인 것처럼 행동하기

① ㄱ, ㄴ, ㄷ 　　　　② ㄱ, ㄴ, ㄹ
③ ㄱ, ㄷ, ㄹ 　　　　④ ㄴ, ㄷ, ㄹ
⑤ ㄱ, ㄴ, ㄷ, ㄹ

[해설]

ㄷ. 체계적 둔감화는 행동주의 접근에서 쓰는 집단상담 기술로서, 불안이나 공포에 단계적으로 노출시킴으로써 내담자의 불안반응을 제거하는 기법이다.

34 다음 보기와 같은 청소년 집단상담자의 개입으로 옳은 것은?

> • 초록 : 친구들이 저를 비난할 때마다 죽고 싶을 만큼 힘들었어요.
> • 집단상담자 : 우리 모두는 정도의 차이는 있지만, 초록님이 방금 말한 것과 비슷한 경험을 하게 되는 것 같습니다. 어제 보라님이 말한 것도 비슷한 경험인 것 같습니다.

① 희망의 고취 　　　　② 자기개방
③ 보편화 　　　　　　④ 유 머
⑤ 정 화

[해설]

③ 보편화 : 참여자 자신만이 심각한 문제·생각·충동을 가진 것이 아니라, 다른 사람들도 자기와 비슷한 갈등과 생활경험, 문제 등을 가지고 있다는 것을 알고 위로를 받는 것이다.
① 희망의 고취 : 집단은 집단원들에게 문제가 개선될 수 있다는 희망을 심어주는데, 이때 희망 그 자체가 치료적 효과를 가질 수 있다.
② 자기개방 : 집단상담자가 상담에 참여한 집단원에게 자신에 대한 주관적인 정보를 노출하는 기술로서, 이를 통해 집단원에게 유사성과 친근함을 전달할 수 있다.
④ 유머 : 웃음을 통해 집단원의 문제를 새로운 각도에서 조망해 볼 수 있게 하는 것이다.
⑤ 정화 : 집단 내의 비교적 안전한 분위기 속에서 집단원이 그동안 억압되어온 감정을 자유롭게 발산하는 것이다.

35 다음 보기와 같은 기법을 사용한 집단상담 이론에 관한 설명으로 옳은 것은?

> • 집단원 : 제가 아무것도 잘하는 것이 없는 것 같고 항상 무기력해요.
> • 집단상담자 : 혹시 당신이 무기력하지 않은 때나 덜 무기력한 때가 있었나요?

① 집단원이 보이는 문제의 원인을 밝히는 것이 중요하다.
② 집단원이 과거의 한 장면을 '지금-여기'에 가져와 재연하게 함으로써 미해결문제를 다루도록 돕는다.
③ 집단상담자가 평가, 진단, 처치의 전문가로서 집단을 운영한다.
④ 집단상담자가 면밀히 고안한 사회적 기술을 집단원에게 훈련시킨다.
⑤ 집단원의 집단상담 참여 이전 변화경험을 중시한다.

- 문제의 보기는 해결중심 상담이론의 '예외질문'에 해당한다. 예외질 문은 문제해결을 위해 우연적이며 성공적으로 실행한 방법을 찾아내 어 이를 의도적으로 실행하도록 하는 것이다.
  예 "문제가 발생하지 않은 때는 언제인가요?"
- 해결중심 상담이론에서는 문제에 대해 깊이 알아보기보다 새로운 해결방안을 찾은 것을 더 중요시하며, 싱딤 이전의 변화경험을 중요 하게 생각한다.

36 현실치료에서 말하는 효과적인 집단상담자에 관한 설명 으로 옳은 것을 모두 고른 것은?

> ㄱ. 집단원에게 수용적인 태도를 견지하는 사람
> ㄴ. 집단원의 취약점, 문제, 실패에 초점을 두는 사람
> ㄷ. 집단원의 무책임하고 비효과적인 행동에 대한 변명 을 수용하지 않는 사람
> ㄹ. 직면하기를 통해 집단원이 선택한 행동에 책임을 지게 하는 사람

① ㄱ, ㄷ

② ㄱ, ㄹ

③ ㄴ, ㄹ

④ ㄱ, ㄷ, ㄹ

⑤ ㄱ, ㄴ, ㄷ, ㄹ

해설

ㄴ. 현실치료에서는 책임감(Responsibility), 현실(Reality), 옳거나 그름(Right or Wrong) 등 3R을 강조한다.

ㄱ·ㄷ·ㄹ 현실치료에서 집단상담자는 집단원에게 수용적인 태도를 취하면서도 변명은 받아들이지 않고, 현실적 책임과 관련된 모순성 이 보이면 직면을 통해 행동에 책임을 지도록 해야 한다.

37 게슈탈트 집단상담자의 개입방법으로 옳은 것을 모두 고 른 것은?

> ㄱ. "당신의 어머니를 이곳에 불러와서 빈 의자에 앉히고 얘기해 보세요."
> ㄴ. "당신의 내면에 있는 우월한 나와 열등한 나가 서로 대화하도록 해보세요."
> ㄷ. "나는 할 수 없다." 대신에 "나는 하지 않겠다."로 바꾸어 말해 보세요."
> ㄹ. "과제를 계속 안 하고 미루는 습관이 있다고 하셨는 데, 이번 주에는 어떤 과제도 하지 말아 보세요."

① ㄱ

② ㄴ, ㄷ

③ ㄱ, ㄴ, ㄷ

④ ㄱ, ㄴ, ㄹ

⑤ ㄱ, ㄴ, ㄷ, ㄹ

해설

ㄹ. 개인심리 상담에서 행하는 '역설적 의도' 기법이다. 이 기술은 내담자가 바라지 않는 행동에 과장되게 반응하여 오히려 그러한 행동을 반복 실시하게 함으로써, 역설적으로 내담자가 그 행동을 하지 않도록 하는 기술이다.

ㄱ. 빈 의자 기법 : 현재 치료 장면에 없는 사람과 상호작용할 필요가 있는 경우, 내담자에게 그 인물이 맞은편 빈 의자에 앉아 있다고 상상하도록 하여 대화하는 방법이다.

ㄴ. 자기 부분들 간의 대화 : 집단원의 인격에서 분열된 부분 또는 갈등을 느끼는 부분들 간에 대화가 이루어지도록 하는 방법이다.

ㄷ. 언어 자각 : 집단원으로 하여금 '그것', '우리' 등의 대명사 대신 '나는'으로, '~해야 한다', '~해서는 안 된다' 등의 객관적·논리적 어투의 표현 대신 '~하고 싶다', '~하고 싶지 않다' 등의 주관적· 감정적 어투의 표현으로 변경하여 표현하도록 하는 방법이다.

38 교류분석 집단상담에 관한 설명으로 옳은 것을 모두 고른 것은?

> ㄱ. 집단상담의 목표는 개인의 자율성 성취이다.
> ㄴ. 교차적 교류는 이중메시지를 보내는 교류유형이다.
> ㄷ. 집단상담의 과정은 계약 체결로 시작해서 재정향으로 마무리된다.
> ㄹ. 각본 분석은 만 15세 정도까지 수립된 생활각본을 면밀히 탐색한다.

① ㄱ
② ㄱ, ㄴ
③ ㄴ, ㄷ
④ ㄴ, ㄷ, ㄹ
⑤ ㄱ, ㄴ, ㄷ, ㄹ

해설

ㄴ. 이중메시지를 보내는 교류유형은 이면교류(암시적 교류)이다.
ㄷ. 치료관계 형성에서 시작하여 재정향(재교육)단계로 마무리되는 것은 개인심리 상담이론이다. 교류분석 상담과정은 '관계형성 → 계약 → 구조분석 → 교류분석 → 게임분석 → 각본분석 → 재결단'의 단계로 마무리된다.
ㄹ. 각본 분석은 보통 생의 초기, 즉 유아기까지의 어린 시절에 수립된 생활각본을 면밀히 탐색한다.

39 집단상담에서 비밀보장 원칙의 예외상황으로 옳지 않은 것은?

① 집단원이 자신을 해칠 의도나 계획을 갖고 있는 경우
② 집단원이 타인을 해칠 의도나 계획을 갖고 있는 경우
③ 집단원의 직장에서 집단원에 관한 정보를 요청한 경우
④ 법원에서 판결을 위해 집단원에 관한 정보를 요청한 경우
⑤ 집단원이 코로나19 확진자임을 알게 된 경우

해설

③ 사전 동의 없이 집단원의 비밀을 공개할 수 있는 경우에 해당하지 않는다.
집단원의 비밀을 사전 동의 없이 공개할 수 있는 경우
• 집단원이나 집단원 주변인에게 닥칠 위험이 분명하고 위급한 경우
• 법원의 명령이 있는 경우
• 집단원의 생명이나 사회의 안전을 위협하는 경우
  예 약물 남용 등
• 집단원에게 감염성이 있는 치명적인 질병이 있을 경우

40 집단상담 이론과 설명의 연결로 옳은 것은?

① 게슈탈트 집단상담 - 집단원은 집단장면에서 현실과 유사한 행동연습을 한다.
② 인간중심 집단상담 - 집단상담자와 집단원은 계약을 통해 동등한 관계를 강조한다.
③ 행동주의 집단상담 - 집단원의 신체적 단서를 지적해 줌으로써 개인의 각성을 촉진한다.
④ 정신분석 집단상담 - 다면적 전이 현상 경험으로 보다 폭넓은 전이관계가 관찰될 수 있다.
⑤ 교류분석 집단상담 - 집단상담자의 직접적인 개입이 없어도 집단이 발전해 갈 것을 믿는다.

해설

'전이와 발견의 분석'은 정신분석 집단상담의 중요 기술 중 하나이다. 집단은 다양한 집단원들로 이루어지기 때문에, 다면적 전이 현상이 유도되어 보다 폭넓은 전이 관계가 관찰될 수 있다.
① 집단원이 집단장면에서 현실과 유사한 행동연습을 하는 것은 행동주의 집단상담이다.
② 집단상담자와 집단원의 계약을 통한 동등한 관계를 강조하는 것은 교류분석 집단상담이다.
③ 집단원의 신체적 단서를 지적해줌으로써 개인의 각성을 촉진하는 것은 게슈탈트 집단상담이다.
⑤ 집단상담자의 직접적인 개입이 없어도 집단이 발전해 갈 것을 믿는 것은 인간중심 집단상담이다.

41 다음 보기와 같은 집단상담자의 기술은?

> • 집단상담자 : 현진씨, 잠깐만요, 이야기가 다소 맴도는 것 같은데, 지금 현진씨가 말한 것을 한 단어나 한 문장으로 말해 보시겠어요?

① 직 면
② 연 결
③ 차 단
④ 반 영
⑤ 요 약

해설
① 직면 : 집단원의 말이나 행동이 일치하지 않거나 모순점이 있을 때 그것을 지적해주는 기술이다.
② 연결 : 한 집단원의 말과 행동을 다른 집단원의 관심과 연결하고 관련짓는 기술이다.
④ 반영 : 집단원이 전달하고자 하는 의사의 본질을 스스로 볼 수 있도록 집단원의 말과 행동에서 표현되는 감정·생각·태도를 상담자가 다른 참신한 말로 해주는 기술이다.
⑤ 요약 : 집단상담자가 집단원의 생각이나 감정, 그가 한 이야기 등을 전체적으로 묶어 간략하게 정리하는 것이다.

차단하기
집단과정에 부정적인 영향을 주거나 집단구성원의 성장·발달을 저해하는 의사소통에 집단상담자가 직접 개입하여, 집단원의 역기능적인 언어행동 혹은 비언어 행동을 중지시키는 기술이다.

예 집단원이 중언부언할 때, 집단원이 상처를 주는 말을 할 때, 지도자가 주제의 초점을 변경하고자 할 때, 집단이 비생산적인 분위기로 흘러가서 분위기 전환이 필요할 때

42 집단상담에서 집단원인 '보라'가 보이는 문제행동은?

> • 초록 : … 사실은 엄마 아빠가 이혼하겠다고 하셨어요. (울음)
> • 보라 : 너희 부모님이 화가 많이 나셔서 그랬을거야. 걱정 마. 우리 엄마 아빠도 자주 싸우는데, 싸울 때마다 이혼하겠다고 해놓고 진짜 이혼은 안하더라. 내 생각에는…

① 질문 공세
② 습관적 불평
③ 일시적 구원
④ 충고 일삼기
⑤ 대화의 독점

해설
'일시적 구원'은 다른 집단원의 고통을 지켜보는 것이 어려워 상처를 어루만져 주고 기분 좋게 해주는 행동으로, 자신의 내면적 불안감을 감소시키고 안정을 취하려는 욕구의 표현이다.

43 침묵하는 집단원에 대한 상담자의 반응으로 옳은 것을 모두 고른 것은?

> ㄱ. 당신의 침묵은 어떤 의미가 있나요?
> ㄴ. 집단 밖에서도 말이 없는 편인가요?
> ㄷ. 이 집단에서 말을 꺼내기 힘들게 하는 것은 무엇인가요?
> ㄹ. 다른 사람들의 이야기를 들으면서 재석씨도 어떤 느낌이 들었을 것 같은데.

① ㄱ, ㄴ
② ㄱ, ㄹ
③ ㄴ, ㄷ
④ ㄱ, ㄷ, ㄹ
⑤ ㄱ, ㄴ, ㄷ, ㄹ

해설
침묵하는 집단원에게는 강압적으로 참여를 강요하는 것이 아니라, 표정·몸짓 등 비언어적 행동에 대해 언급하여 자연스러운 참여를 유도하고, 질문 등을 통해 침묵의 의미가 무엇인지 탐색하게 한다.

44 집단상담에서 '피드백 하기'에 관한 설명으로 옳지 않은 것은?

① 사실을 서술하는 방식으로 제공한다.
② 변화 가능성을 염두에 두고 제공한다.
③ 가치판단을 하거나 변화를 강요하지 않는다.
④ 행동이 일어나기 직전에 주어야 한다.
⑤ 한 사람이 하는 것보다 여러 사람이 하는 것이 효과적이다.

해설
피드백은 타인의 행동에 대한 자신의 반응을 상호간에 솔직하게 이야기 해주는 과정으로, 그 행동이 일어난 직후에 하는 것이 효과적이다.

45 집단상담 평가방법으로 옳지 않은 것은?

① 집단 종결 2~3개월 후에 일부 집단원을 불러 모아 추후 평가를 실시하였다.

② 집단 경험에 대한 집단원들의 느낌을 얼른 머리에 떠오르는 단어로 쓰도록 하였다.

③ 매 회기가 끝날 무렵 집단원들에게 회기 경험을 기록하도록 하였다.

④ 무기명으로 답할 수 있는 질문지나 평정척도를 사용하여 집단 경험을 평가하였다.

⑤ 집단과정과 집단원에 대한 느낌이나 생각을 솔직히 털어놓고 의견을 교환하도록 하였다.

해설
추후평가는 일부 집단원을 대상으로 하는 것이 아니라 전체 집단원을 대상으로, 집단상담의 전 과정이 끝나고 2~3개월 후에 실시한다. 추후평가 때는 집단경험이 일상생활에 어떤 결과를 가져왔는지, 그때의 변화가 어느 정도 계속되고 있으며, 집단상담의 효과가 어느 정도인지 등에 대해 평가해볼 수 있다.

46 집단상담자가 집단상담 계획단계에서 취할 수 있는 조치로 옳지 않은 것은?

① 잠재된 위험을 예방하기 위해 집단원을 선별하는 과정을 거친다.

② 집단 운영에 윤리적 · 법적 쟁점이 없는지 검토한다.

③ 객관적이고 실제적인 집단상담 평가 계획을 세운다.

④ 집단의 암묵적 규범을 명확히 설정해 둔다.

⑤ 집단의 시간, 횟수, 기간에 현실적인 제약이 있는지 고려한다.

해설
집단원들의 선입견에 의해 형성된 암묵적 규범은 집단에 부정적인 영향을 줄 수 있으므로 명시화하는 것이 좋지만, 계획단계가 아니라 집단의 발달단계 중 시작단계에서 해야 할 일이다.

47 학교 집단상담자의 바람직한 태도로 옳은 것을 모두 고른 것은?

> ㄱ. 학교 기능의 이해
> ㄴ. 학생들의 다양성 존중
> ㄷ. 자기 능력의 한계 인식
> ㄹ. 학생들에 대한 현실적 기대

① ㄱ, ㄴ   ② ㄱ, ㄹ
③ ㄱ, ㄴ, ㄹ   ④ ㄴ, ㄷ, ㄹ
⑤ ㄱ, ㄴ, ㄷ, ㄹ

해설
학교 집단상담자는 학생들에 대한 현실적 기대를 가지고 학생들의 다양성을 존중해야 한다. 또한 학교의 기능을 이해하고 자기능력의 한계를 인식해야 한다.

48 청소년 집단원의 권리 보호를 위한 집단상담자의 태도로 옳은 것을 모두 고른 것은?

> ㄱ. 집단상담에서 완벽한 비밀보장이 어렵다는 것을 알려준다.
> ㄴ. 집단상담 참여의 자발성 여부와 관계없이 사전동의 절차를 시행한다.
> ㄷ. 집단상담에 적절하지 않다고 판단되는 학생에게는 개인상담을 권유한다.
> ㄹ. 폐쇄집단에서 집단원이 참여 서약서를 작성했더라도 집단을 떠나고 싶어 하면 떠날 수 있게 한다.

① ㄱ   ② ㄱ, ㄴ
③ ㄱ, ㄷ, ㄹ   ④ ㄴ, ㄷ, ㄹ
⑤ ㄱ, ㄴ, ㄷ, ㄹ

해설
ㄱ. 비밀보장의 한계가 있음을 알려주어야 한다.
ㄴ. 사전동의는 상담전반에 관한 설명에 근거한 동의로서, 사전동의 절차는 집단상담 참여의 자발성 여부와 관계없이 시행해야 한다.
ㄷ. 집단원의 상태를 파악하여 개인상담이 더 적절하다면 개인상담을 권유할 수 있다.
ㄹ. 폐쇄집단에서 집단원은 참여 서약서를 작성했더라도 집단을 떠나고 싶어하면 떠날 수 있는 권리를 가진다.

49 청소년 집단상담자가 취한 행동으로 옳지 않은 것은?

① 비밀보장 원칙의 예외상황을 설명해 주었다.

② 자신의 느낌을 솔직하게 표현하도록 도왔다.

③ 원활한 집단 운영을 위해 집단규범을 제안하였다.

④ 집단원이 표출하는 저항을 집단역동에 도움이 되도록 활용하였다.

⑤ 집단상담 종결 후 집단원들의 연락처를 단체문자로 전송해 주었다.

해설
집단상담자는 집단원 개인의 동의를 얻지 않고 집단원의 연락처 같은 개인 정보를 공개해서는 안 된다.

50 청소년 집단상담의 이점으로 옳은 것을 모두 고른 것은?

ㄱ. 새로운 행동을 연습할 수 있다.
ㄴ. 시간과 비용적인 측면에서 경제적이다.
ㄷ. 집단상담자의 전문성에 구애받지 않는다.
ㄹ. 자신과 타인에 대한 이해의 폭이 확대된다.

① ㄱ, ㄴ, ㄷ

② ㄱ, ㄴ, ㄹ

③ ㄱ, ㄷ, ㄹ

④ ㄴ, ㄷ, ㄹ

⑤ ㄱ, ㄴ, ㄷ, ㄹ

해설
집단상담자의 민감성 혹은 전문성 부족은 집단상담에서 윤리적 문제를 야기할 수 있기 때문에 집단상담에서는 집단상담자의 전문성을 고려해야 한다.

선택3과목 가족상담

51 가족상담의 초기 단계에서 상담자의 역할에 관한 설명으로 옳은 것은?

① 상담자를 전문가로 인정할 수 있게 첫 회기에 가족 모두가 함께 오도록 권장한다.

② 자녀문제로 부모 중 한 사람이 먼저 상담에 오겠다고 하면 수락하고 동맹관계를 맺는다.

③ 치료적 관계를 형성하여 전문가로서의 신뢰를 구축한다.

④ 가족이 무엇을 문제로 보는지 물어보되 어린 자녀에게는 질문하지 않는다.

⑤ 가족이 함께 모이기가 어려우므로 첫 회기에 바로 문제를 직면시킨다.

해설
① 가족상담에서 첫 회기에 전체 가족이 참여하는 것을 권장하나, 최근에는 상담자가 판단하여 문제에 따라 참가하는 가족원과 시기를 융통성 있게 정하는 추세이다. 상담자가 첫 회기를 통해 가족구성원들과 치료적 관계를 형성하게 되면 가족구성원들이 상담자로부터 진심으로 이해받고 존중받는 느낌을 갖게 되고 상담자를 전문가로서 신뢰하게 된다.

②·④ 가족상담의 초기 단계에서 상담자는 첫 상담에서 가족의 상호작용을 관찰하고 가족구성원 모두를 참여시키면서 상담을 받게 된 이유를 스스로 인식할 수 있도록 가족 문제를 명료화해야 한다. 한 사람이 다른 가족원 대신 말하는 경우가 있으므로, 다른 가족원을 대신해서 이야기해서는 안 된다는 규칙을 만들어 놓는 것이 효과적이다.

⑤ 직면은 상담자와 가족의 관계가 안정적으로 형성되었을 때 활용할 수 있으므로 중기 단계에서 사용하여야 하며, 함부로 사용하게 되면 가족의 상처와 문제를 더 심각하게 만들 수 있고 방어적인 태도를 유발할 수 있으므로 유의해야 한다.

52 가족상담 개념에 관한 설명으로 옳은 것을 모두 고른 것은?

> ㄱ. 균열된 부부는 각자 자신의 기대와 욕구를 충족하기 위해 상대방을 억누른다.
> ㄴ. 부부체계에서 불균형 부부는 상대적인 권력을 갖고 있으므로 갈등이 표면화되는 것을 막을 수 있다.
> ㄷ. 고무울타리 가족은 함께 해야 한다는 믿음으로 개인의 정체성이나 독자성도 유연하게 수용한다.
> ㄹ. 거짓적대성을 지닌 가족은 친밀감뿐만 아니라 갈등이나 불화를 직접적으로 다루는 데 어려움을 느낀다.

① ㄱ, ㄴ   ② ㄷ, ㄹ
③ ㄱ, ㄴ, ㄷ   ④ ㄱ, ㄴ, ㄹ
⑤ ㄴ, ㄷ, ㄹ

해설

ㄷ. 고무울타리 가족은 가족상담 발달 초기에 조현병(정신분열증) 환자 가족의 역기능을 설명하기 위해 제시된 개념으로, 이중구조 또는 거짓친밀성을 의미한다. 가족원 개인이 자신의 정체성과 독자성을 찾으려는 시도를 무시하고 가족이 함께해야 한다는 믿음으로 가족의 담장을 확장해 가는 상황을 의미한다. 이런 가족에서는 허용할 수 있는 행동이나 정보는 받아들여지지만, 허용할 수 없는 정보는 폐쇄하여 배척하기 때문에 가족의 경계가 바뀌게 된다.

53 가족상담의 체계론적 사고에 관한 설명으로 옳지 않은 것은?

① 개인이 변화해도 가족체계를 변화시킬 수는 없다.
② 절대적으로 옳고 그른 상황이 있다고 보지 않는다.
③ 모든 현상이 상호연관 되어있고 상호의존 하는 것으로 본다.
④ 내담자를 능동적으로 선택할 수 있는 존재로 보고 존중한다.
⑤ 가족구성원 모두를 고려할 뿐만 아니라 각자의 내적 경험도 고려한다.

해설

가족상담에서 '전체로서의 가족'이 주목되어야 하는 이유는 가족이 상호의존하고 영향을 주고받는 체계적 특성을 갖고 있기 때문이다. 따라서 가족구성원들의 행동은 상호보완적이므로 개인의 변화는 가족체계의 변화를 초래한다.

54 다음 보기의 가족상담에서 상담자가 활용한 기법은?

> • 엄마 : 아들이 학교에서 왕따를 당하고 있다고 들었어요.
> • 상담자 : 그 이야기를 듣고 어머니 마음은 어떠셨어요?
> • 엄마 : 너무 불안했어요.
> • 상담자 : 불안한 마음에 어떻게 하셨어요?
> • 엄마 : 누가 그랬느냐고, 네가 어떻게 했는데 애들이 그러느냐고 물었어요.
> • 상담자 : 어머니 말에 아들은 어떻게 하던가요?

① 양육코칭   ② 대처질문
③ 관계실험   ④ 과정질문
⑤ 빙산탐색

해설

내담자의 감정을 가라앉히고 정서적 반응에 의한 불안을 낮춰 사고를 촉진하는 기법으로 다양한 과정을 질문하여 내담자가 인식하지 못한 측면, 즉 가족들이 맺는 관계유형 방식 등을 살펴보는 것이다. 가족체계 안에서 자신의 역할을 이해하고 문제의 맥락을 명료하게 사고하도록 하면서, 감정을 가라앉히고 정서적 반응에 의해 유발된 불안을 낮추도록 질문하고 가족구성원이 문제를 어떻게 지각하고 관계유형에 어떤 방식으로 참여하였는지 질문한다.

55 사티어(V. Satir)의 경험적 가족상담에 관한 설명으로 옳은 것을 모두 고른 것은?

> ㄱ. 경험적 가족상담자는 자신을 개방하면서 내담자와 연결한다.
> ㄴ. 가족구성원의 내적 과정을 이끌어 내는 은유적 방법으로 가족조각을 한다.
> ㄷ. 사티어가 후기에 사용한 명상작업은 주로 호흡, 감정, 집중에 관한 것이다.
> ㄹ. 원가족에서 배운 역기능적 대처방법에서 벗어나 개별성을 갖도록 돕는 것이 원가족 삼인군 개입 목적이다.

① ㄱ, ㄴ   ② ㄱ, ㄹ
③ ㄴ, ㄷ   ④ ㄱ, ㄷ, ㄹ
⑤ ㄴ, ㄷ, ㄹ

해설

ㄴ. 경험적 가족치료기법 중에서 개인의 내적 과정을 이끌어내는 은유적 방법으로 빙산기법을 활용하는 것을 '빙산탐색'이라고 한다. 가족조각은 집단이나 가족의 한 구성원에게 다른 가족구성원들과의 관계를 어느 정도 이해하는가를 알아보기 위한 기법으로, 내담자와 그의 가족 모두가 비언어적·신체적 방법으로 문제체계를 표현해보도록 하는 것이다.

ㄷ. 사티어(V. Satir)가 초기에 사용한 명상은 호흡, 감정, 집중에 관한 것으로 자신을 통찰하는 데 사용하였고, 후기의 명상은 확인, 긍정적 지각, 올바른 선택, 새로운 가능성과 자기 수용을 강조하였다.

56 다음 가계도 분석을 통한 가족역동에 관한 가설로 옳지 않은 것은?

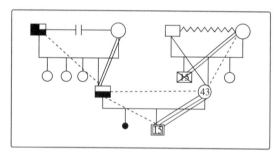

① IP 부는 부모의 정서적 단절로 모에 대한 충성심이 높았을 것이다.

② IP 친조부의 우울증이 IP 부에게 전수되었을 것이다.

③ IP의 부계와 모계 모두 삼각관계에 맞물려 있을 것이다.

④ IP 모는 오빠의 죽음으로 인한 불안을 아들에게 투사했을 것이다.

⑤ IP 모는 여러 번의 상실로 아들과 정서적으로 더욱 융합했을 것이다.

해설

알코올 남용 및 중독은 네모나 원의 반 아래쪽을 검게 칠하여 나타내므로, IP 부계 쪽으로는 알코올 문제가 세대 간 전수되고 있다.

57 가족상담에서 경험적 접근에 관한 설명으로 옳지 않은 것은?

① 사티어(V. Satir)는 내담자 내면의 정서경험에 접촉하여 변화시킨다.

② 내면가족체계치료는 가족원 상호작용에 내재된 깊은 감정을 탐색한다.

③ 경험적 가족상담에서는 가족을 하나의 체계로 보기보다는 개인들의 집합으로 본다.

④ '지금-여기'에서의 내담자 체험을 강조하고, 가족에 대한 개인의 관여를 통해 변화를 촉진시킨다.

⑤ 휘태커(C. Whitaker)는 가족의 변화를 위해 적극적이면서도 강한 지시적인 방법을 사용하였다.

해설

휘태커(C. Whitaker)는 경험적 가족상담이론의 창시자로서, 치료를 하나의 성장과정으로 보고 개개인의 성장을 도와 그들이 가족들과 함께 성장할 수 있도록 돕는 것에 치료의 목적을 두었다. 적극적이고 강한 지시적 방법을 사용하는 것은 현실치료 상담이론의 방법에 해당한다.

58 이야기치료에 관한 설명으로 옳지 않은 것은?

① 이야기치료자는 영향력 있는 위치를 고수해야 한다.

② 문제에 이름을 붙이고 문제이야기의 해체를 시작한다.

③ 문제로 가득 찬 지배적 이야기와 상반되는 일화를 독특한 결과로 본다.

④ 내담자가 자신이 선호하는 방향으로 자기 이야기를 써 나갈 수 있도록 한다.

⑤ 호소 문제를 감소시킴으로써 단기적으로 자아정체감을 형성하도록 한다.

해설

이야기치료는 단기적으로는 호소하는 문제의 감소를 목표로 하고, 장기적으로는 내담자가 지배적인 문화로부터 벗어나 자신이 선호하는 방향으로 자기의 이야기를 쓰는 데 있다.

59 다음 이야기치료의 스캐폴딩(Scaffolding) 지도에서 각 번호에 대한 질문으로 옳지 않은 것은?

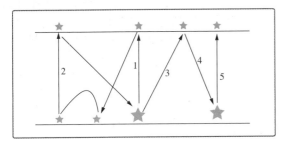

① 1 – 당신은 무엇을 중요시했기에 그런 행동을 하게 되었나요?
② 2 – 약자를 도와야 한다는 생각으로 또 어떤 일을 했나요?
③ 3 – 만일 그렇게 한다면 당신은 어떤 모습의 사람일까요?
④ 4 – 그런 바람대로 한다면 무슨 일을 할 수 있을까요?
⑤ 5 – 당신 삶에서 무엇을 중요시한다고 할 수 있을까요?

해설
스캐폴딩(Scaffolding) – 대안적 이야기의 구축
• 행동 영역의 질문 : 과거에 행했던 일을 언제, 어디서, 누가, 무엇을, 어떻게 했는가 등 행위 위주의 질문으로, 여러 개의 사건이 특정한 주제에 따라 시간적 순서상으로 배열된 이야기 영역이다.
• 정체성 영역의 질문 : 개인적 자질이나 특성에서 개인의 소신이나 원칙 등 다양한 형태의 목적의식 내지 지향이 포함된 영역으로 내담자가 지향하는 삶의 의도, 목적, 중시하는 가치, 신념, 희망이나 꿈, 삶의 원칙 등이며 '왜'의 질문도 이 영역에 포함한다.

60 가족생활주기에 관한 설명으로 옳지 않은 것은?
① 중년기에는 가족안정성을 유지하려고 역기능적 상호작용을 고수한다.
② 카터(B. Carter)와 맥골드릭(M. McGoldrick)의 가족생활주기는 결혼으로 시작된다.
③ 난임 부부가 자녀를 출산한 후 자녀양육기로 들어가면서 양육스트레스를 경험한다.
④ 자녀청소년기에는 부모자녀관계에서 가족체계의 경계가 유연하게 변화해야 한다.
⑤ 듀발(E. Duvall)과 힐(R. Hill)은 가족생활주기를 8단계로 나누고, 발달론적 관점을 가족에 적용하였다.

해설
카터와 맥골드릭(Carter & McGoldrick)의 가족발달단계는 '결혼전기 – 결혼적응기 – 자녀아동기 – 자녀청소년기 – 자녀독립기 – 노년기'로 각 단계별로 각각의 과업유형이 있다. 첫 단계인 결혼전기는 '아직 결혼하지 않은 자녀가 자신의 원가족을 떠나 결혼하기 이전까지' 단계이다.

61 최근 사회적 거리두기로 가족과 함께 있는 시간이 많아지면서 작은 아들 지훈(초4)이가 더욱 의기소침해지고 죽고 싶다는 이야기를 자주 하는 문제로 가족이 상담을 받으러 왔다. 아빠는 지훈이와 사이가 좋으나 집에 없을 때가 많으며, 자녀에 대한 통제가 심한 엄마도 맞벌이로 바쁘고, 활달하고 고집이 센 형(고1)은 성적과 학습태도 문제로 엄마와 자주 싸운다. 이 사례에 대한 가족상담 개입으로 옳은 것을 모두 고른 것은?

> ㄱ. 엄마와 형에게 MMPI–2 검사를 실시한다.
> ㄴ. 엄마와 형과의 갈등에 끼어있는 삼각관계를 해체시킨다.
> ㄷ. 아빠와의 관계는 좋으므로, 다음 회기부터 아빠는 상담에 오지 않도록 한다.
> ㄹ. 가족조각 작업을 통해 지훈이가 다른 가족원에게 느끼는 정서를 탐색한다.

① ㄱ, ㄷ
② ㄴ, ㄹ
③ ㄱ, ㄴ, ㄹ
④ ㄴ, ㄷ, ㄹ
⑤ ㄱ, ㄴ, ㄷ, ㄹ

해설
ㄱ. MMPI-2는 세계적으로 가장 널리 쓰이고 가장 많이 연구되어 있는 성격검사로서, 비정상적인 행동과 증상을 객관적으로 측정하여 임상진단에 관한 정보를 제공하는 것을 주목적으로 한다. 그런데 이 검사는 19세 이상의 성인 남녀를 검사 대상자로 하므로, 고1인 형은 검사 대상자에 포함되지 않는다.
ㄷ. 아빠와의 관계가 원만한 상태라는 점을 이용하여야 하므로, 아빠의 협조 하에 관계를 밀착시켜 지훈이의 가족적응력을 키우게 하는 것이 바람직하다. 따라서 아빠가 상담에 참여하지 않도록 하는 방법은 옳지 않다.

62 청소년기 자녀가 있는 가족에 대한 상담개입으로 옳은 것은?

① 자녀가 상담에 저항할 때 부모와 연합하여 설득한다.
② 정체성의 유예시기이므로 부모가 자녀를 잘 통제하도록 한다.
③ 부모역할은 자녀의 변화와 관계없이 일관성 있게 유지하도록 한다.
④ 부모도 중년기의 위기를 맞이하는 시기이므로 부모의 문제를 우선적으로 다룬다.
⑤ 자녀가 자유롭게 할 수 있는 것과 스스로 책임져야 하는 것을 구별할 수 있도록 한다.

해설
① 자녀가 상담에 저항하더라도 부모와 자녀 사이는 이미 힘의 불균형이 내재하는 권위와 위계로 구성된 관계이므로, 상대적으로 힘의 우위에 있는 성인들이 연합하는 것은 바람직하지 않은 방법이다. 자녀가 상담에 대한 저항으로 참여가 어려울 때에는 부모 단독상담으로 자녀에게 영향을 미쳐 치유의 효과를 이끌어내는 등 다양한 가능성을 열어 두고 상담을 진행하는 것이 좋다.
②·③ 청소년 가족상담을 통해 자녀가 정체성을 확립하고 독립심을 키우도록 하는 것이 중요하므로, 자녀의 변화에 대한 긍정적 시각을 통해 책임감을 갖도록 도와주면서 민주적·수평적인 관계로 변화하기 위한 현실적인 조정이 필요하다.
④ 부모도 중년기의 위기로 삶의 여유가 없어지고 조급해지면서 상당한 스트레스를 받고 있으나, 부모의 입장에서 자녀들이 겪고 있는 문제들을 폭넓은 시각에서 보고 객관적으로 인지하여 관계 개선을 위해 노력할 수 있도록 상담을 진행하여야 한다.

63 다음 보기에서 상담자가 시도하고 있는 개입 기법은?

> • 상담자 : 그동안 이중으로 힘드셨네요. 이런 마음이 있다는 걸 아시니까 어떠세요?
> • 내담자 : 정말 몰랐어요. 아버지에 대한 미움 때문에 내 아이한테 그렇게 심하게 하는 줄 몰랐어요.

① 나-메시지　　　　② 합리적 사고
③ 교정적 정서경험　　④ 자신에게 초점두기
⑤ 자기 뿌리내리기

해설
보웬(Bowen)의 다세대 가족상담에서 시도하는 기법으로서 상담사는 과정질문을 통해 내담자가 자기 자신에게 초점을 두도록 돕고, 가족체계 안에서 자신의 역할을 이해하고 문제의 맥락을 명료하게 사고하도록 한다.

64 다음 보기에 해당하는 가족상담 윤리원칙은?

> ○ 사생활보호에 대한 사회적 가치에 기초한 원칙이다.
> ○ 전문적 치료관계를 유지하는 데 기본이 되는 원칙이다.
> ○ 불가피한 이유로 상담 내용을 알려야 하는 예외 상황이 발생할 수 있다.

① 이중관계 금지
② 고지된 동의
③ 비밀보장
④ 다양성 존중
⑤ 자기결정권 존중

해설
가족상담의 윤리원칙 중에서 비밀보장에 대한 원칙이란 내담자의 동의 없이 상담의 기록을 제3자나 기관 등에 공개하지 않는다는 내용으로, 상담자는 내담자의 사생활이 보호되고 불법적인 정보유출이 이루어지지 않도록 필요한 조치를 강구하여야 한다. 또한 가족상담 초기과정에서 비밀보장이 안 되는 예외적인 경우(내담자나 내담자 주변인에게 닥칠 위험이 분명하고 위급한 경우 또는 법원의 명령이 있는 경우)에 대한 정보를 안내해 주어야 한다.

65 카터(B. Carter)와 맥골드릭(M. Mcgoldrick)이 제시한 재혼가족 생활주기 상의 발달과제를 순서대로 옳게 나열한 것은?

> ㄱ. 결혼과 가족을 형성하기 위해 재헌신하며 이를 위해서 복잡성, 모호성 등을 다룰 준비를 한다.
> ㄴ. 새로운 관계에 대하여 개방적인 태도로 접근하며, 두 개의 가족체계 내에서 겪는 두려움, 충성심에 대한 갈등, 멤버십을 다룬다.
> ㄷ. 몇 개의 체계를 서로 혼합하기 위하여 하위체계를 통한 관계와 재정적인 조정을 재편성하고, 가족의 통합을 증진하기 위해 추억과 역사를 공유한다.

① ㄱ-ㄴ-ㄷ　　　　② ㄱ-ㄷ-ㄴ
③ ㄴ-ㄷ-ㄱ　　　　④ ㄷ-ㄱ-ㄴ
⑤ ㄷ-ㄴ-ㄱ

해설

카터(B. Carter)와 맥골드릭(M. Mcgoldrick)이 제시한 재혼가족 생활 주기

새로운 관계의 시작	• 결혼과 가족을 형성하기 위해 재헌신하며 이를 위해서 복잡성, 모호성 등을 다룰 준비를 한다.
새로운 결혼생활과 가족에 대한 계획	• 새로운 관계에 대하여 개방적인 태도로 접근한다. • 두 개의 가족체계 내에서 겪는 두려움, 충성심에 대한 갈등, 멤버십을 다룬다. • 전 배우자와 협력적인 재정 및 공동부모 관계를 유지하기 위한 계획을 수립하고, 새 배우자와 자녀를 포함한 가족의 관계를 재조정한다.
재혼과 가족의 구성	• 몇 개의 체계를 서로 혼합하기 위하여 하위체계를 통한 관계와 재정적인 조정을 재편성한다. • 가족의 통합을 증진하기 위해 추억과 역사를 공유한다.

66 후기 가족상담의 이론적 기초에 관한 설명으로 옳지 않은 것은?

① 후기 구조주의는 사람들의 정체성에 대한 상세한 기술을 추구한다.

② 구성주의는 사람이나 현상에 관한 진실을 객관적으로 관찰할 수 없다고 주장한다.

③ 2차 사이버네틱스에서 보는 체계는 자기준거성, 자율성, 부적 피드백 등의 속성을 갖는다.

④ 포스트모더니즘은 인간이 각자의 인식행위를 통해 다르게 구성된 여러 우주에 살고 있다고 가정한다.

⑤ 페미니즘은 '정치적인 것이 곧 개인적인 것이다'라는 신념으로 사회에서 발생하는 부당함의 개선을 주장한다.

해설

후기 가족상담의 이론적 기초 중에서 페미니즘은 '개인적인 것이 정치적인 것이다'라는 신념으로 사회적 지배나 억압에 대해 비판하면서 편파성과 추상적 보편성에 대한 거부 등의 측면을 강조하였다. 초기 가족상담에 대해서는 역기능이나 증상 발현에 대한 사회적·정치적·경제적 영향을 고려하지 못하였으며, 가부장제 사회에 존재하는 권력의 불균형을 적절히 다루지 못하였다고 비판하였다.

67 가족상담 모델과 주요 기법의 연결로 옳은 것을 모두 고른 것은?

> ㄱ. 이야기치료 - 재진술, 외재화
> ㄴ. 구조적 가족상담 - 모방, 경계선 만들기
> ㄷ. 다세대 가족상담 - 탈삼각화, 정서적 단절
> ㄹ. 전략적 가족상담 - 역설적 개입, 불변 처방

① ㄱ, ㄴ   ② ㄷ, ㄹ

③ ㄱ, ㄴ, ㄹ   ④ ㄴ, ㄷ, ㄹ

⑤ ㄱ, ㄴ, ㄷ, ㄹ

해설

보웬(Bowen)의 다세대적 가족치료 기법 중 '탈삼각화'란 가족 내에 형성되어 있는 삼각관계에서 벗어나 가족원의 자아분화를 향상시키는 방법이다. 그러나 '정서적 단절'은 한 개인과 자신의 원가족 간의 미분화와 그것과 관련된 정서적 긴장을 설명한 것으로, 극심한 정서적 분리의 양상을 의미하는 다세대 가족상담의 주요 개념이며 상담 기법은 아니다.

68 구조적 가족상담자가 관심을 두어야 하는 영역으로 옳은 것을 모두 고른 것은?

> ㄱ. 가족체계 내 동맹과 연합
> ㄴ. 구성원의 행동에 대한 가족체계의 감수성
> ㄷ. 구성원의 부정적 상호작용 고리와 원인
> ㄹ. 가족의 발달단계와 해당 단계의 과업 수행능력

① ㄱ, ㄴ   ② ㄷ, ㄹ

③ ㄱ, ㄴ, ㄷ   ④ ㄱ, ㄴ, ㄹ

⑤ ㄴ, ㄷ, ㄹ

해설

구조적 가족상담자가 관심 두여야 할 주된 영역(Minuchin)

• 가족구조의 상호교류와 대안적인 상호교류 유형 파악

• 변화하는 상황에 대한 반응으로서 가족체계의 동맹과 연합, 가족체계의 융통성과 재구조화의 능력 평가

• 각 구성원의 행동에 대한 가족체계의 감수성에 대한 조사와 가족의 분리상태 평가

• 가족의 현재 생활 상황, 즉 가족환경에서 스트레스 요인과 생활지지 체계의 분석

• 가족의 발달단계와 해당 단계에 적합한 과업 수행능력 평가

• 가족의 상호교류 유형을 유지하기 위하여 내담자의 증상 이용

69 해결중심 단기상담의 발달과정에 관한 설명으로 옳은 것을 모두 고른 것은?

> ㄱ. MRI 단기가족치료센터를 중심으로 한 전략적 접근에 근원을 두고 있다.
> ㄴ. 해결중심 단기상담은 이론이 간단하고, 쉽게 활용할 수 있는 기법들이 제시되어 인기를 얻었다.
> ㄷ. 인수 버그(Insoo K. Berg)는 많은 임상경험을 토대로 상담자를 훈련하고 이론을 보급하는 일에 기여하였다.
> ㄹ. 드 세이저(S. de Shazer)는 풍부한 임상경험을 바탕으로 해결중심이론의 주요 개념과 개입 기법을 개발하였다.

① ㄱ, ㄴ ② ㄷ, ㄹ
③ ㄱ, ㄴ, ㄷ ④ ㄴ, ㄷ, ㄹ
⑤ ㄱ, ㄴ, ㄷ, ㄹ

해설
풍부한 임상경험을 바탕으로 상담자를 훈련하고 이론을 보급한 사람은 인수 버그(Insoo K. Berg)이며, 드 세이저(S. de Shazer)는 에릭슨의 가치, 철학, 기술, 전략 등을 근거로 내담자 자원 활용과 현재와 미래에 초점을 맞춘 접근 원리에 충실하면서, 내담자와 함께 협력적으로 문제를 해결하는 상담자 역할을 정립하였다.

70 장기간 단기치료(Long Term Brief Therapy)로 불리며, 2개의 남녀 혼성조 중 1조는 상담하고 2조는 관찰하는 방식으로 진행되는 모델에서 주로 활용하는 상담기법은?

① 균형 깨기 ② 정의 예식
③ 가족 게임 ④ 관계성 질문
⑤ 긍정적 의미부여

해설
전략적 가족상담 중 밀란의 체계적 모델의 상담 과정에 대한 설명이다. 긍정적 의미부여는 밀란의 체계적 모델의 치료기법 중 하나로, 가족들이 가지고 있는 증상행동이나 다른 가족구성원들의 행동을 긍정적으로 재해석하는 것을 말한다. 부정적 증상 행동의 동기를 긍정적으로 해석해 주는 것으로 가족의 저항을 불러일으키지 않으면서 가족의 변화능력을 보인다.

71 수정(여, 중3)은 온라인게임에 빠져 학교생활도 불성실하고 가족들과도 극심한 갈등상황에 처해있다는 이유로 상담을 받게 되었다. 수정과의 첫 회기에서 상담자가 가장 먼저 해야 할 일은?

① 게임에 관한 가족규칙을 탐색한다.
② 수정과 부모의 상호작용패턴을 탐색한다.
③ 수정이 게임을 하게 되는 상황을 파악한다.
④ 게임이 학교생활에 미치는 영향력을 분석한다.
⑤ 수정이 자발적으로 상담에 참여하게 되었는지를 파악한다.

해설
상담의 첫 회기에서 비자발적인 내담자의 경우 상담에 대한 저항이 일어날 수 있으므로, 상담 시 자신의 문제를 지각할 수 있는 기회를 늘리면서 자발적으로 상담에 참여할 수 있도록 동기유발을 하여야 한다. 따라서 우선 내담자가 자발적으로 상담에 참여하였는지 여부를 파악하는 것이 중요하다.

72 해결중심 단기상담의 치료 원리에 해당하지 않는 것은?

① 건강한 것에 초점을 둔다.
② 간단하고 단순한 방법을 일차적으로 사용한다.
③ 이론적 틀에 맞추어 내담자를 진단하지 않는다.
④ 변화는 삶의 일부이므로 그대로 받아들이도록 한다.
⑤ 내담자의 강점과 자원은 물론 증상까지도 상담에 활용한다.

해설
해결중심 상담이론은 병리적인 것 대신에 건강한 것에 초점을 두면서 내담자의 강점, 자원, 건강한 특성을 발견하여 상담에 활용한다. 또한 내담자는 진정으로 변화를 원하는데 여기서 변화는 알게 모르게 지속적으로 일어나고 불가피하며 연쇄적인데, 작은 변화를 통해 큰 변화를 달성한다고 보았다. 따라서 인간의 삶에 있어서 안정은 일시적인 반면 변화는 지속적이기 때문에 변화 자체를 치료를 위한 해결책으로 활용한다는 것이다.

73 다음 보기의 사례에 대한 가족상담 개입으로 옳지 않은 것은?

> 가족들과 말도 안하고 학교에도 가지 않으려는 기철(남, 고1)의 부모님이 상담을 의뢰했다. 부부는 기철을 대하는 서로의 행동에 불만을 표현하면서 부부간의 갈등이 심해졌다고 했다. 기철은 동생 기영(여, 초4)을 포함한 가족 모두가 참여한 첫 회기에서 더 이상 가족상담에 참여하지 않겠다고 말했다.

① 기철에게 개인 상담의 의사를 물어본다.
② 부모상담을 통하여 기철에 대한 대응 방안을 모색한다.
③ 기영에게 오빠의 변화가 자신에게 미친 영향에 대해 질문한다.
④ 기철의 학교에 연락하여 담임선생님께 기철의 학교폭력 여부를 확인한다.
⑤ 부부상담을 통하여 미해결된 부부갈등과 그것이 자녀에게 미친 영향 등을 파악한다.

해설
기철의 학교에 연락하여 학교폭력 여부를 확인해야 하는 것은 상담사가 개입할 부분이 아니라 우선 기철의 부모와 기철이의 의견이 수렴되어야 할 부분이다. 또한 상담자는 학교폭력이 있었는지 확인하게 되는 경우에도 내담자의 사생활이 보호되고, 불법적인 정보유출이 이루어지지 않도록 비밀을 보장해야 한다.

74 다음 보기의 사례에서 적용할 수 있는 가족상담 모델과 개입방법의 연결로 옳지 않은 것은?

> 힙합에 빠져있는 은서(여, 중3)는 이 문제로 부모님과 많은 갈등을 겪고 있다. 딸의 행동을 이해하지 못하는 아빠는 딸을 그렇게 키운 게 엄마라며 두 사람을 비난한다. 엄마는 딸이 안쓰럽긴 하지만 자신이 할 수 있는 것이 없다고 생각한다.

① 구조적 모델 - 힙합에 관한 순환질문
② 이야기치료 모델 - 가족 갈등의 외재화
③ 경험적 모델 - 가족구성원의 의사소통 유형 분석
④ 다세대 모델 - 부모와 자녀 간 정서적 삼각관계 파악
⑤ 해결중심 단기 모델 - 문제가 해결된 상황에 대한 기적 질문

해설
순환질문은 전략적 가족상담 모델 중 밀란의 체계 모델의 치료기법에 해당한다. 순환질문(Circular Questioning)은 가족구성원이 문제에 대한 제한적이고 단선적인 시각에서 벗어나, 문제의 순환성을 인식하도록 유도하는 방법이다. 즉 다른 가족구성원의 입장에서 새로운 인식을 도모하고 관계적 맥락에서 문제를 바라볼 수 있도록 하는 대화기법이다.

75 다음 보기의 상담목표를 가진 모델에서 활용하는 주요 상담기법이 아닌 것은?

> ○ 자녀들은 부모에 의해 돌봄과 보호를 받도록 위계질서를 바로잡는다.
> ○ 가족 내 잘못된 위계질서를 변화시켜 구성원들이 각자의 위치에서 적절한 힘을 행사하도록 한다.

① 증상 처방
② 가장 기법
③ 은유적 과제
④ 지시적 방법
⑤ 고된 체험 기법

해설
보기는 전략적 가족상담 모델의 상담목표로, 기본적으로 상담자는 가족문제를 해결하기 위한 전략을 설계하고, 가족의 잘못된 위계질서를 수정하는 데 주안점을 둔다.
① 증상 처방 : 의사소통 가족상담모델의 상담기법으로 한 사람이 다른 사람에게 논리적으로 상호 모순되고 일치하지 않는 두 가지 메시지를 동시에 전달하는 것을 말한다. 베이트슨(Bateson)은 상호 모순된 메시지가 아동을 어떠한 메시지에도 반응할 수 없는 혼란된 상황에 놓이게 함으로써, 결국 정신분열적으로 반응할 수밖에 없게 된다고 주장하였다.
② 가장 기법 : 전략적 가족상담 모델 중 마다네스의 가장 기법은 위장 기법이라고도 하며, 긴장 상황을 조성하고 반항심을 유발하는 대신에, 놀이를 하는 기분으로 저항을 우회한다. 예컨대, 분노·발작 증상을 보이는 자녀에게 '헐크놀이'를 하도록 지시한다.
③ 은유적 과제 : 전략적 가족상담 모델 중 헤일리의 구조주의 모델의 상담기법으로, 자신들의 문제를 밝히기 수치스럽다고 생각하여 상담자와 의논하기를 원하지 않을 때, 유사한 다른 문제에 대해 이야기하여 성에 관한 문제까지 접근해가는 방법이다.
④ 지시적 방법 : 전략적 가족상담 모델 중 헤일리의 구조주의 모델의 상담기법으로, 치료자가 가족에게 방향을 제시하고 과제를 부여하는 적극적인 치료개입의 방법이다.
⑤ 고된 체험 기법 : 전략적 가족상담 모델 중 헤일리의 구조주의 모델의 상담기법 중 지시에 해당하며 '시련기법'이라고도 한다. 가족 증상이 지닌 고통과 동일하거나 더 힘든 시련을 체험하도록 과제를 주어 그 증상을 포기하도록 하는 것이다.

76 학습과 관련된 호소문제와 그 내용에 관한 설명으로 옳지 않은 것은?

① 성적 하락문제로 심한 좌절감과 열등감을 갖게 된다.

② 시험불안문제로 지나치게 성적에 집착하고 하락을 두려워 한다.

③ 학업능률의 저하문제로 학습동기가 매우 낮으며, 적은 시간 투여로 성적이 오르지 않거나 부진하다.

④ 학업에 대한 회의나 낮은 동기 문제로 다른 놀이에 많은 시간을 투여한다.

⑤ 학업관련 파생문제로 성적이 부진한 학생에 대한 무시나 놀림 등이 나타날 수 있다.

해설

학업능률의 저하가 문제인 경우는 나름대로 시간을 투자해 공부했음에도 성적이 오르지 않는 원인을 모르거나 효과적으로 공부하는 방법을 몰라 고민하는 경우이다.
학습과 관련된 호소문제
- 시험불안 : 시험에 따른 불안감과 압박감, 스트레스 등
- 공부 자체에 대한 회의와 의문 : 공부의 필요성에 대한 근본적인 의문과 회의
- 집중력 부족 : 주의산만, 잡념 등으로 인해 집중력이 부족하여 공부나 성적에 영향을 주는 경우
- 성적저하 및 저조로 인한 걱정과 스트레스 : 성적이 떨어지거나 오르지 않아 스트레스를 겪는 경우
- 공부방법 문제 : 효과적으로 공부하는 방법을 모르거나 부적절한 방법으로 공부함으로써 공부나 성적에 영향을 주는 경우
- 공부에 대한 반감 : 공부에 대한 근본적 의문은 별로 없이 공부하는 것 자체에 대한 반감과 반발심을 가지는 경우
- 노력은 했는데 성적이 안 오름 : 나름대로 공부를 했음에도 불구하고, 뚜렷한 원인을 알 수 없이 결과가 좋지 않아 고민하는 경우
- 능력 부족 : 실제 능력 즉, 지능이나 기억력이 부족해 공부나 성적에 영향을 주는 경우
- 공부습관 미형성 : 공부를 하고자 하는 마음은 있는데, 단지 그것이 체계적 습관으로 형성되지 않는 경우
- 공부에 대한 동기부족 : 공부에 대한 반감이나 반발심과 같은 부정적 감정은 없고, 단지 공부하려는 마음이 형성되지 않는 경우
- 성적에 대한 집착 : 공부의 질적인 면에 치중하기보다는 점수와 등수에 얽매여서 경쟁심을 느끼고, 심지어 죽고 싶다는 생각까지 가지는 경우
- 성적으로 인한 관계에서의 문제 : 공부 및 성적에 대한 문제들로 인해 친구나 부모, 교사와의 관계에서 어려움을 겪는 경우

77 DSM-5의 주의력결핍 과잉행동장애(ADHD) 중에서 과잉 충동행동 증상에 해당하는 것은?

① 종종 다른 사람의 이야기를 경청하지 않는다.

② 종종 지시에 따라서 행동하지 않거나 과제완성에 어려움을 겪는다.

③ 종종 과제나 활동에 필요한 물건을 잃어버린다.

④ 종종 과제와 활동을 체계화하는 데 어려움이 있다.

⑤ 종종 자신의 차례를 기다리지 못한다.

해설

①·②·③·④ 주의력결핍 우세형에 해당한다.
과잉충동행동 증상

과잉행동	• 흔히 손발을 꼼지락거리거나 의자에 앉아서도 몸을 가만두지 못한다. • 흔히 앉아 있어야 하는 교실이나 다른 상황에서 자리를 떠난다. • 흔히 부적절한 상황에서 지나치게 뛰어다니거나 기어오른다. • 흔히 조용한 여가활동에 참여하거나 놀지 못한다. • 흔히 '끊임없이 활동하거나' 또는 '자동차(무언가)에 쫓기는 것'처럼 행동한다. • 흔히 지나치게 수다스럽게 말을 한다.
충동성	• 흔히 질문이 채 끝나기도 전에 성급하게 대답한다. • 흔히 차례를 기다리지 못한다. • 흔히 다른 사람의 활동을 방해하고 간섭한다(예) 대화나 게임에 참견한다).

78 학업상담에서 심리검사를 실시할 때 유의사항으로 옳은 것을 모두 고른 것은?

> ㄱ. 검사 매뉴얼에 제시된 표준화된 검사 실시와 채점 절차를 따라야 한다.
> ㄴ. 검사의 목적과 한계에 대하여 자세하게 설명해 주어야 한다.
> ㄷ. 검사를 선택할 때에는 신뢰도, 타당도 및 실용도 등을 충분히 고려해야 한다.
> ㄹ. 검사를 통하여 얻은 정보에 대하여 비밀보장을 준수해야 한다.

① ㄱ, ㄴ
② ㄱ, ㄷ
③ ㄱ, ㄴ, ㄷ
④ ㄴ, ㄷ, ㄹ
⑤ ㄱ, ㄴ, ㄷ, ㄹ

해설

학업상담에서 심리검사를 실시할 때 유의사항
- 검사목적에 맞는 검사를 선정한다.
- 검사의 신뢰도와 타당도, 검사 규준을 확인한다.
- 검사의 실용성을 고려한다.
- 검사의 신뢰도와 타당도를 충분히 고려해야 한다.
- 검사의 목적이나 진행방법, 검사의 한계에 대해 내담자에게 충분히 설명해주어야 한다.
- 검사에서 얻은 정보에 대해서는 비밀보장의 원칙을 준수해야 한다.
- 검사요강에 제시된 표준화된 채점절차를 따라야 한다.
- 검사자와 피검자 간의 라포(Rapport) 형성에 유의한다.
- 한 번에 너무 많이 검사하려고 하지 않는다.
- 검사에서 얻은 정보에 대해서는 비밀보장의 원칙을 준수한다.

79 학습지진(Slow Learn)을 판단하는 기본 요소는?

① 학습동기　　　② 학습시간
③ 공부기술　　　④ 지적 능력
⑤ 교사 기대

해설

학습지진(Slow Learn)
- 지적 능력의 저하로 학습 성취가 뒤떨어지는 것을 말한다.
- 지능수준은 하위 3~25% 정도로서, 지능지수(IQ)로는 약 70~85 사이에 속한다.

80 학습장애 학생들이 가지고 있는 특징과 그 대처방안으로 옳지 않은 것은?

① 과도한 불안으로 인해 과잉행동, 주의산만, 신경과민인 경우 혼자서 문제를 해결하도록 한다.
② 또래관계가 원만하지 못한 경우 잘못된 사회적 기술을 바로잡아준다.
③ 충동적으로 반응하여 오류가 많은 경우 과제물을 자세히 검토하여 학습속도를 조절하도록 한다.
④ 자아개념이 부적절한 경우 이것을 학급규칙, 일상적인 학교생활 등에 반영하여 개별 지도해야 한다.
⑤ 과제를 자주 실패하는 경우 형성평가와 체계적인 관찰을 통하여 성공경험을 할 수 있도록 한다.

해설

과도한 불안으로 인해 과잉행동, 주의산만, 신경과민인 경우 공감과 더불어 조력자들이 자기편이라는 것을 인식시켜 주는 등의 도움을 주어야 한다.
학습장애 학생들이 가지고 있는 특징과 그 대처방안
- 자아개념이 부정확하고, 정교화 되어 있지 못함
  → 학교 규칙, 일상적인 절차, 교과 수행 기준 등에 대한 조정 개별화
- 과제에 대한 잦은 실패로 회피 행동이나 철회, 공격 행동 보임
  → 학생에 대한 형성평가와 체계적인 관찰을 통하여 성공 경험을 할 수 있도록 계획
- 학습과제 수행 시 충동적으로 반응하는 경우가 많아 잦은 오류 범함
  → 과제물을 매번 검토하여 피드백을 해주고 학습속도를 조절
- 또래 및 교사들과의 관계가 원만하지 못하여 학교생활에 적응하지 못할 가능성
  → 사회적 기술의 부족, 상호작용 기회 부족 등의 잘못된 사회적 행동의 원인을 파악하여 바로잡아 주기
- 학교에서의 성공 시에는 외적 귀인을, 실패 시에는 내적 귀인을 함으로써 무기력에 빠짐
  → 충분한 공감과 더불어 감정개입 없이 과오를 바로잡아 주기
- 과도한 불안으로 인해 과잉행동, 주의산만, 신경과민 등 유발
  → 공감과 더불어 조력자들이 자기편이라는 것을 인식시킬 필요가 있음

81 주의집중력이 부족한 내담자를 돕기 위한 상담으로 옳지 않은 것은?

① 내담자가 주의집중하는 데 방해가 되는 요소를 찾아서 제거하도록 한다.

② 내담자의 특성 중 주의집중하는 데 도움이 되는 강점을 찾아서 칭찬과 격려를 한다.

③ 어려워하거나 흥미가 낮은 과목을 먼저 공부하는 학습계획을 세우도록 한다.

④ 학습관련 상황에서 내담자가 자신의 행동을 관찰하거나 평가할 수 있도록 한다.

⑤ 자기조절능력을 향상시키는 내적 언어를 개발하여 사용하도록 한다.

[해설]

내담자가 선호하는 과목을 먼저 공부하는 학습계획을 세워야 한다.

주의집중력이 부족한 내담자를 돕기 위한 상담

• 일반적인 방해 요인뿐만 아니라 내담자에게 해당되는 집중 방해 요인을 찾는다.

• 주의집중력 향상 정도는 인내력이나 자신을 통제하는 능력 등으로 평가한다.

• 초등학교 저학년인 경우 15~20분, 초등학교 고학년과 중학생은 30분 정도 집중할 수 있도록 고려한다.

• 내담자가 선호하는 과목을 먼저 공부하도록 배려해야 한다.

• 올바르지 못한 식습관과 수면부족은 기억력 · 집중력 · 학습능력에 영향을 미치므로, 올바른 식습관과 충분한 수면을 취하도록 유도한다.

82 학습동기가 부족한 내담자 상담에 관한 설명으로 옳은 것을 모두 고른 것은?

> ㄱ. 내담자의 행동을 주의 깊게 관찰하여 그들의 흥미와 능력을 파악한다.
> ㄴ. 내담자가 학습과 관련된 자신의 태도를 객관적으로 관찰할 수 있는 기회를 제공한다.
> ㄷ. 일반적으로 처음에는 즉시강화를 하다가 점차적으로 자연강화를 시도한다.
> ㄹ. 과제 난이도와 같은 내적 귀인보다는 능력과 같은 외적 귀인을 찾아서 강화를 한다.

① ㄱ, ㄴ, ㄷ   ② ㄱ, ㄴ, ㄹ
③ ㄱ, ㄷ, ㄹ   ④ ㄴ, ㄷ, ㄹ
⑤ ㄱ, ㄴ, ㄷ, ㄹ

[해설]

ㄹ. 과제 난이도와 같은 외적 귀인보다는 능력과 같은 내적 귀인을 찾아서 강화를 한다.

학습동기가 부족한 내담자 상담

• 적정하게 설정된 학습목표는 학습동기를 증가시키지만, 과도하게 혹은 과소하게 설정된 학습목표는 학습동기를 오히려 감소시킬 수 있다.

• 상담자는 전문성, 공감, 열정, 명확성, 문화적 반응성을 가지고 학습자의 동기부여에 개입한다.

• 내담자의 특성 및 상황에 따라서 다양한 단기, 중기 목표설정이 필요하고, 시간, 능력, 투자할 수 있는 에너지의 측면에서 실현 가능하여 학습에 몰입하도록 돕는 목표인지 객관적으로 평가하도록 안내한다.

• 단기목표의 설정은 일상생활에서 자신의 노력으로 변화를 일으킬 수 있는 것이 바람직하다.

• 중기목표의 설정은 학습과 관련된 성공경험에 초점을 맞추는 것이 필요하다.

• 자신의 학업성취 목표를 설정함에 있어서 타인이 강요하기보다 자신이 직접 설정할 때 학습동기를 향상시킬 수 있다.

• 행동문제에 대해 객관적으로 평가할 수 있게 해주고, 학습동기가 낮은 이유를 파악하고 후속자극을 통해 강화한다.

• 초기에는 간헐적 강화를 시도하다가 점차 자연강화를 받을 수 있도록 환경을 조성한다.

• 학습된 무기력(Learned Helplessness)은 변화 가능하다.

83 자기교시훈련에 사용할 자기진술문(Self-Statement) 구성 요소가 옳게 나열된 것은?

> 지금 친구들 앞에서 발표를 하려고 하는데 불안해(ㄱ). 어떻게 하지, 숨을 크게 한 번 쉬어볼까, 큰 기침을 해볼까(ㄴ)? 집중을 해보자(주의집중). 허리를 펴고 숨을 크게 쉬고 침을 한 번 삼켜보자(ㄷ). 잘 되네(ㄹ). 잘 했어(자기강화). 잘못된 부분은 조금 더 노력해서 다시 해보자(오류수정).

① ㄱ - 문제접근, ㄴ - 문제정의, ㄷ - 반응지도,
　ㄹ - 자기평가
② ㄱ - 문제접근, ㄴ - 문제정의, ㄷ - 자기평가,
　ㄹ - 반응지도
③ ㄱ - 문제정의, ㄴ - 문제접근, ㄷ - 반응지도,
　ㄹ - 자기평가
④ ㄱ - 문제정의, ㄴ - 반응지도, ㄷ - 문제접근,
　ㄹ - 자기평가
⑤ ㄱ - 문제정의, ㄴ - 문제접근, ㄷ - 자기평가,
　ㄹ - 반응지도

해설

자기교시(Self-Instruction)훈련
• 자기교시 훈련은 주의집중 향상 전략 중 내재적 언어를 통한 자기통제력 향상 기법 중 하나로 문제해결 과정을 마음속으로 말하며 문제를 해결하는 방법이다.
• 자기 자신에게 하는 말을 자기진술(Self-statement)이라고 한다.
• 자기진술문은 자기진술문 작성과 작성된 자기진술문으로 자기교시하는 훈련 절차가 필요하다.
• 자기진술문은 문제의 정의, 문제접근, 주의집중, 반응지도, 자기평가, 자기강화, 오류수정으로 구성된다.

84 학습부진 영재아 상담에 관한 설명으로 옳지 않은 것은?

① 학교에서 영재아동에게 맞는 교육기회가 부적절하게 주어져서 나타날 수 있다.
② 완벽주의 성향으로 성공가능성이 낮은 목표를 설정하는 경향이 있기 때문에 능력보다 낮은 목표를 설정하도록 한다.
③ 객관적인 진단과 평가에 기초하여 체계적으로 접근을 해야 한다.
④ 실패는 높게 지각하고 성공은 낮게 지각하는 경향이 있기 때문에 이것을 객관적으로 지각하는 상담을 해야 한다.
⑤ 영재성으로 인하여 부적절한 친구관계를 가질 수 있기 때문에 이에 대한 상담을 해야 한다.

해설

학습부진 영재아는 완벽주의 성향으로 자신의 능력에 비해 낮은 목표를 설정하여 실패를 회피하려는 경향이 있는데, 이것은 무기력증을 초래하여 결국 부정적인 자아개념을 낳을 수 있다. 따라서 상담교사는 개인 상담과 심리검사를 통하여 자신의 능력을 객관적으로 파악하여 비현실적으로 높거나 낮은 목표를 수정하고 현실적이고 적절히 도전적인 목표를 설정할 수 있도록 도와주어야 한다.

85 다음 보기의 내담자를 상담할 때 사용한 행동수정기법은?

> 세 자릿수 나눗셈을 하고 있는 하진이의 모습을 관찰한
> 상담자는 하진이가 덧셈이나 뺄셈도 제대로 모른다는
> 것을 알게 되었다. 친구들과 같은 진도로 공부하는 것이
> 어렵기 때문에 한 자릿수 덧셈부터 여러 가지 작은 단계로
> 나누고, 점진적으로 다시 공부하여 친구들이 하는 세
> 자릿수 나눗셈을 할 수 있도록 하였다.

① 행동형성법
② 토큰강화
③ 전환강화
④ 프리맥의 원리
⑤ 간헐강화

해설

행동형성(Behavior Shaping)
바람직한 행동을 증가시키기 위해 목표 행동에 점진적으로 가까운 행동을 체계적으로 차별 강화하여 새로운 행동을 형성시키는 것을 말한다.

86 학습상담과 관련된 심리검사의 구성에 관한 설명으로 옳은 것은?

① 청소년 학습전략검사(ALSA)는 학습동기, 자아효능감, 인지·초인지 전략, 자원관리전략으로 구성되어 있다.
② 학습전략검사(MLST-Ⅱ)는 인지적 차원, 정서적 차원, 행동적 차원으로 구성되어 있다.
③ KISE 기초학력검사(KISE-BAAT)는 읽기, 수학, 쓰기, 말하기로 구성되어 있다.
④ K-ABC 검사는 순차처리속도, 동시처리속도, 정보처리속도, 습득도로 구성되어 있다.
⑤ 기초학습기능검사(KEDI-IBLST)는 셈하기, 읽기Ⅰ, 읽기Ⅱ, 쓰기, 듣기로 구성되어 있다.

해설

② 학습전략검사(MLST-Ⅱ) : 성격적 차원, 정서적 차원, 동기적 차원, 행동적 차원의 4개의 차원으로 구성되어 있다.
③ KISE 기초학력검사(KISE-BAAT) : 읽기, 쓰기, 수학의 3개 소검사로 구성되어 있다.
④ K-ABC 검사 : 순차처리척도(손동작, 수 회상, 단어배열), 동시처리척도(마법의 창, 얼굴기억, 그림통합, 삼각형, 시각유추, 위치기억, 사진순서), 습득도척도(표현어휘, 인물과 장소, 산수, 수수께끼, 문자해독, 문장이해)로 구성되어 있다.
⑤ 기초학습기능검사(KEDI-IBLST) : 정보처리, 셈하기, 읽기Ⅰ, 읽기Ⅱ, 쓰기 등 5개의 소검사로 구성되어 있다.

87 학업상담에 관한 설명으로 옳은 것을 모두 고른 것은?

> ㄱ. 학습의 영역에서 문제가 발생하였지만 통합적으로 진단하고 조력해야 한다.
> ㄴ. 비자발적인 내담자는 내담자의 동기와 부모의 요구를 고려하여 조력해야 한다.
> ㄷ. 초등학생은 형식적 사고 발달 단계이므로 학습내용을 자신의 장래희망에 연계할 수 있도록 해야 한다.
> ㄹ. 초등학생은 놀이와 학습의 조화를 통하여 긍정적인 경험과 학습습관이 형성되도록 해야 한다.

① ㄱ, ㄴ, ㄷ
② ㄱ, ㄴ, ㄹ
③ ㄱ, ㄷ, ㄹ
④ ㄴ, ㄷ, ㄹ
⑤ ㄱ, ㄴ, ㄷ, ㄹ

해설

ㄷ. 초등학생은 구체적 사고 발단 단계에 해당한다. 형식적 사고 발달 단계는 청소년 시기에 해당한다. 청소년 시기에는 추상적인 사상이나 개념에 대해 논리적·체계적·연역적으로 사고할 수 있게 된다.

구체적 조작기(7~12세)
• 구체적 사물을 조작함으로써 문제를 해결하는 단계
• 논리적 사고, 자아중심성 및 비가역성 극복
• 유목화·서열화 가능, 보존개념 획득

88 시험불안에 대한 개입방법으로 옳은 것을 모두 고른 것은?

> ㄱ. 시험불안과 관련된 정서적 반응에 대해서는 게슈탈트(Gestalt) 상담을 통하여 개입할 수 있다.
> ㄴ. 스필버거(C. Spielberger)는 시험불안이 특성불안에 해당되기 때문에 이에 맞는 개입을 해야한다고 하였다.
> ㄷ. 시험의 중요성을 설명하고 과거의 성공 경험을 강조한다.
> ㄹ. 시험불안 아동에 대해서는 체계적 탈감법을 적용할 수 있다.
> ㅁ. 교사와 부모가 내담자의 시험에 대한 높은 기대감을 표현하도록 한다.

① ㄱ, ㄴ, ㄷ
② ㄱ, ㄷ, ㄹ
③ ㄱ, ㄹ, ㅁ
④ ㄴ, ㄷ, ㅁ
⑤ ㄴ, ㄹ, ㅁ

해설

ㄴ. 스필버거(C. Spielberger)는 시험불안이 상태불안에 해당된다고 보았다.

ㅁ. 교사와 부모가 높은 기대감을 표현하는 것보다 적절한 지지가 내담자의 시험불안을 줄이는 데 효과적이다.

시험불안의 개입방법

합리적으로 생각하기	비합리적이고 왜곡된 사고를 합리적인 사고로 변화시키기 • 제1단계 : 시험불안을 느꼈던 상황 생각하기 • 제2단계 : 내담자가 가지고 있는 비합리적 사고 찾기 • 제3단계 : 내담자가 가지고 있는 비합리적 사고의 인지적 오류 찾기 • 제4단계 : 비합리적 사고의 근거 찾기 • 제5단계 : 합리적 사고로 변화시키기
자기대화 (Self-Talk) 하기	• 자신이 불안한 상황을 상상해 보게 한 후, 그 상황에서 유용한 자기대화를 찾아 연습하고, 불안한 상황과 유사한 상황이 발생하거나 불안한 장면을 상상할 때 자기대화를 하는 연습을 하여, 실제 상황에서도 자동적으로 자기대화할 수 있도록 훈련시키기
이완훈련 (체계적 둔감법)	• 불안한 상태에서 긴장이 극도로 달하게 되므로 긴장을 줄이기 위한 이완훈련을 실시, 온몸의 긴장을 풀어 주고 마음을 편하게 해주는 효과 • 불안위계표를 작성한 후, 가장 낮은 불안부터 이완과 연합하여 훈련을 실시
사전 학습 강화	• 시험공부를 많이 하여 어려운 문제도 쉬운 문제로 지각할 수 있도록 훈련
부모의 지지	• 부모의 적절한 지지와 말과 일치된 행동이 시험불안을 줄이는 데 효과

89 짐머만(B. Zimmerman)이 제시한 자기조절학습전략 범주 중 조직과 변형(Organizing and Transforming)에 해당하는 것은?

① 사태 혹은 결과를 기록한다.

② 시연에 의해 자료를 기억한다.

③ 학습의 질 혹은 학습 진전을 평가한다.

④ 수업자료를 내현적, 외현적으로 재배열한다.

⑤ 숙제를 할 때 앞으로의 과제 정보를 확보한다.

해설

짐머만(B. Zimmerman)이 제시한 자기조절학습전략

1. 자기평가	학습자가 자신의 학습의 질이나 진행을 스스로 평가하는 것
2. 조직화와 변형	학습 향상을 위해 학습 관련 자료들을 여러 가지 형태로 재배열하는 것
3. 목표설정과 계획	학습의 목적, 목표를 설정하고 이와 관련된 활동들을 나열하여 실행할 수 있도록 시간 계획을 짜서 완성하는 것
4. 정보 탐색	과제 수행 시 더 많은 학습 과제의 정보를 찾기 위해 노력하는 것
5. 계속적인 기록과 관찰	학습 내용이나 결과를 기록하기 위해 노력하는 것
6. 환경의 구조화	학습을 수월하기 하기 위해 물리적인 환경을 선택하고 정리하기 위해 노력하는 것
7. 자기 보상 및 처벌(자기강화)	학습의 성공이나 실패에 따라 스스로 보상이나 벌을 제공하는 것
8. 정보의 시연과 기억	학습자료를 기억하기 위해 반복하여 연습하려고 노력하는 것
9-11. 사회적 도움	동료(9), 교사(10), 성인(11) 등으로부터 도움을 얻기 위해 노력하는 것
12-14. 자료검토	수업이나 시험을 잘 보기 위해 시험지(12), 공책(13), 교과서(14) 등 자료를 다시 읽기 위해 노력하는 것

90 학습을 위한 생활관리 차원에서 권장되는 음식에 관한 설명으로 옳지 않은 것은?

① 등푸른 생선은 뇌신경계의 반응 속도를 높이는 대표적인 음식이다.

② 레몬에 다량 함유된 요오드는 뇌신경세포 수의 증식을 촉진한다.

③ 미역 등에 들어있는 칼륨은 머리를 맑게 한다.

④ 볶은 검은콩은 씹으면 뇌를 자극해 두뇌발달에 도움을 주기도 한다.

⑤ 옥수수 눈에 들어있는 레시틴 성분은 두뇌발달에 좋은 영향을 미친다.

해설

레몬에 함유된 비타민C와 구연산이 스트레스를 완화하고 피로 회복을 도와 학습에 도움을 주는 것은 맞지만, 요오드는 함유되어 있지 않다. 요오드는 신경시스템과 뇌 건강에 중요한 역할을 하며 인지기능을 돕는 것으로 알려져 있는데, 특히 해조류에 많이 함유되어 있다.

두뇌를 활성화하는 음식

피해야 할 식습관	• 주의력을 떨어뜨리는 인스턴트 식품 • 숙면을 방해하는 카페인 • 민감한 장을 자극하는 찬 음식
두뇌 발달에 좋은 음식	• 등 푸른 생선 : 뇌신경계의 반응 속도를 높임 • 견과류와 씨앗류 : 불포화지방산이 들어 있어 뇌신경세포에 좋은 영향을 미치고, 비타민 E는 뇌의 혈류량을 늘려 활성화를 도움 • 해조류 : 칼륨이 들어있어 머리를 맑게 하고 피로회복을 도움 • 달걀 : 달걀노른자에 함유된 레시틴(Lecithin)은 기억력 증진에 도움 • 들깨가루 : 불포화지방산인 리놀렌산이 풍부해 뇌의 기억력 및 학습능력을 높임 • 김치 : 뇌기능 촉진, 집중력 향상, 정신안정에 도움 • 우유 : 면역력을 강화하는 면역 글로불린, 라이소자임, 락토페린 등의 성분 함유 • 브로콜리 : 피로회복과 해독작용 • 뿌리채소 : 무, 감자, 우엉 등은 뇌에 힘을 채워 주어 뇌가 과열되었을 때 도움 • 검은 콩 : 성장과 두뇌 발달, 건강까지 한꺼번에 잡을 수 있음 • 옥수수 : 단백질과 비타민, 미네랄, 섬유소 등이 풍부

91 가드너(H. Gardner)의 다중지능 설정 준거에 해당하지 않는 것은?

① 두뇌의 고유영역　② 독자적 발달 경로

③ 특출한 인물　④ 심리측정학적 증거

⑤ 고유한 정서

해설

가드너(H. Gardner)의 다중지능 이론

• 지능을 하나의 일반 지능으로 기술하는 것을 비판하였다.

• 석학증후군(Savant Syndrome, 서번트 신드롬 : 지능이 떨어지지만 특정 분야에서 뛰어난 재능을 보이는 현상)은 지능이 독립되어 있다는 증거가 된다.

• 8개 다중지능(언어, 논리-수학, 시각-공간, 신체운동, 음악, 대인관계, 개인 내적, 자연탐구)으로 구성하였다.

92 정보처리의 자동화(Automaticity)에 관한 설명으로 옳은 것은?

① 의식적 통제를 필요로 한다.

② 시연이 적을수록 빠르게 형성된다.

③ 실행 시 자동화 이전보다 더 많은 주의를 필요로 한다.

④ 제한된 용량을 갖는 작업 기억에 많은 부하를 줄 수 있다.

⑤ 큰 노력 없이도 더 빠르게 필요한 지식을 인출할 수 있다.

해설

자동화(Automaticity)

• 장기 기억의 네트워크에 저장된 정보가 여러 번의 연습으로 인해 자동적으로 인출되는 과정을 말한다. 그러므로 자동화는 의식적으로 처리되고 통제되었던 행동이 무의식화되고 자동적으로 되는 상황이므로, 큰 노력 없이도 더 빠르게 필요한 지식을 인출할 수 있다.

• 자동화는 자각 또는 의식적 노력 없이 수행 가능한 정신적 조작을 사용한다.

• 자동화는 특별히 주의하거나 노력하지 않아도 무의식적으로 정보 또는 기능을 잘 처리할 수 있는 상태를 가리킨다. 이렇게 조작이 자동으로 일어나기 때문에 한계가 있는 인지능력이 복잡하고 어려운 문제를 해결하는 데 적용될 수 있다.

93 라이언과 데시(Ryan & Deci)가 제안한 자기결정성이론에서 가정하는 세 가지 기본심리욕구에 해당하는 것을 모두 고른 것은?

> ㄱ. 효능성(Efficacy)
> ㄴ. 자율성(Autonomy)
> ㄷ. 관계성(Relatedness)
> ㄹ. 실현성(Realization)
> ㅁ. 유능성(Competence)

① ㄱ, ㄴ, ㄹ
② ㄱ, ㄷ, ㅁ
③ ㄴ, ㄷ, ㄹ
④ ㄴ, ㄷ, ㅁ
⑤ ㄷ, ㄹ, ㅁ

해설
라이언과 데시(Ryan & Deci)의 자기결정성이론
자신의 행동에 대해 조절이나 통제를 할 수 있다고 느끼는 정도를 의미하는 자기결정성이론을 주장하였다. 그리고 학습자가 알맞은 사회 환경적 조건에 처해 있을 때 내재적인 동기가 촉발되고, 유능성(Competence), 자율성(Autonomy), 관계성(Relatedness)의 기본적인 욕구가 만족될 때 내재적인 동기가 증진된다고 보았다.
• 유능성 : 과제를 효율적으로 통제하며 성공적으로 수행하는 능력에 대한 욕구이다.
• 자율성 : 외부 통제나 간섭 없이 스스로의 행동을 자율적으로 선택하고 결정하려는 욕구이다.
• 관계성 : 다른 사람과 밀접한 정서적 유대와 애착을 형성하고 결과로 사랑과 존중을 얻으려는 욕구이다.

94 맥키치(W. McKeachie) 등에 의해 제안된 학습전략과 그 사례가 바르게 짝지어진 것은?

> ㄱ. 인지전략
> ㄴ. 메타인지전략
> ㄷ. 자원관리전략

> a. 노력에 대한 귀인　　b. 개인 지도
> c. 핵심 아이디어 선택　　d. 질문 생성
> e. 자기검사　　f. 독서 속도 조절
> g. 밑줄 치기　　h. 장소법

① ㄱ - c, d, e
② ㄱ - f, g, h
③ ㄴ - b, g, h
④ ㄴ - d, e, f
⑤ ㄴ - a, b, c

해설
맥키치(W. McKeachie) 등의 학습전략
• 인지전략(Cognitive Strategies) : 시연전략, 정교화전략, 조직화전략
• 상위(초)인지전략(Metacognitive Strategies) : 계획전략, 점검(조정)전략, 조절전략
• 자기자원관리전략(Resource Management Strategies) : 시간관리전략, 공부환경관리전략, 노력관리전략, 타인의 조력추구전략

95 주의집중전략에서 주의력과 집중력을 구분할 경우 집중력에 관한 설명은?

① 주어진 시간 내에 과제를 완성하기 위해 의식을 모으는 능력이다.
② 선택적 반응능력 등과 유사한 개념이다.
③ 생물학적 반응 경향성으로 인해 정보가 강하거나 새로운 경우 쉽게 발휘된다.
④ 감각등록기와 단기기억 사이에서 가장 크게 요구된다.
⑤ 주로 정보처리의 초반 단계에서 요구되는 능력이다.

해설
② · ③ · ④ · ⑤ 주의력에 대한 설명이다.
주의집중전략
• 주의집중 능력은 인지 및 학습의 전 과정에 영향을 미치는 중요한 능력이며, 크게 주의력과 집중력으로 세분화할 수 있다.
• 주의력은 초점적 주의력, 선택적 반응 능력 등과 유사한 개념으로, 정보 처리의 초반 단계에서 요구되는 능력이고, 동시에 접하는 무수히 많은 정보 중 특정 정보만을 선택하여 초점을 맞추는 능력이다.
• 주의력은 환경과의 상호작용을 통해 학습되는 특성이 있고, 정보 처리의 관점에서 보면 주의력은 감각등록기와 단기기억 사이에서 가장 크게 요구된다.
• 집중력은 주의의 초점이 되어 선택된 단기기억 정보가 장기기억이 되도록 하는 과정에서 요구되는 능력이다.
• 집중력은 장기기억 내에 저장되어 있는 배경지식, 기억 및 학습전략의 사용 등 학습자의 인지적 능력의 영향을 받고, 지루함 · 피곤함 · 좌절감 · 불안감 등을 극복하고 과제에 지속하는 힘을 필요로 하는 특징이 있다.

96 반두라(A. Bandura)가 제시한 자기효능감에 관한 설명으로 옳은 것을 모두 고른 것은?

> ㄱ. 지각된 유능감(Competency)에 비해 더 구체적이고 상황적인 특성을 가진다고 할 수 있다.
> ㄴ. 학습자가 과제수행에 필요한 행위를 조직하고 실행해 나가는 자신의 능력에 대한 판단이다.
> ㄷ. 사고과정에 대한 자기조절, 동기 그리고 정서적·생리적 상태와도 관련되어 있다.
> ㄹ. 특정한 행동 후의 결과에 대한 믿음으로 결과기대라고 할 수 있다.

① ㄱ, ㄴ   ② ㄷ, ㄹ
③ ㄱ, ㄴ, ㄷ   ④ ㄴ, ㄷ, ㄹ
⑤ ㄱ, ㄴ, ㄷ, ㄹ

해설
결과기대
• 행동한 결과로 획득할 수 있는 무언가에 대한 기대나 특정 과업을 완수했을 시 자신과 자신을 둘러싼 주변에 발생할 일을 평가하는 것을 말한다.
• 결과기대는 자신이 하는 어떤 행동이 어떤 결과를 초래하리라는 사실을 알면서도 그와 같은 행동을 성공적으로 할 수 있을 것인지를 확신할 수 없으면 그러한 기대에 맞춰 행동하지 않기 때문에 자기효능감과 구별해야 한다.

97 학업 호소 문제와 학습부진의 원인을 통합한 황매향의 분류모형에서 A에 해당하지 않는 것은?

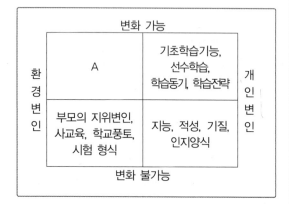

① 또래관계   ② 교사와의 관계
③ 부모에 대한 지각   ④ 형제와의 경쟁
⑤ 성취압력

해설
'부모에 대한 지각'은 1사분면에 속한다.
황매향의 학습부진 요인 분류의 예

	변화 가능	
환경변인	2사분면 부모와의 관계, 부모의 양육태도, 성취압력, 또래관계, 교사와의 관계, 형제와의 경쟁	1사분면 기초학습기능, 선수학습, 학습동기, 학습전략, 성격, 공부에 대한 태도, 부모에 대한 지각, 불안, 우울, 비합리적 신념, 자아개념, 공부시간
	3사분면 부모의 지위변인, 가족구조의 변화, 학교풍토, 교육과정, 교사의 교수법, 학습과제, 학교시설, 시험형식, 경쟁구조, 사교육	4사분면 지능, 적성, 기질, 인지양식
	변화 불가능	

98 에프클라이즈(A. Efklides)의 정의에 기반하여 메타인지를 '모니터링'과 '통제'로 구분할 때 모니터링에 해당하는 것은?

① 의식적이고 계획적인 활동 및 전략 사용
② 인지기능에 대한 생각
③ 인지과정에 대한 조절
④ 노력의 분배
⑤ 시간의 분배

해설
①·③·④·⑤ 통제에 해당한다.
에프클라이즈(A. Efklides)의 정의에 따른 메타인지
• 메타인지는 인지 모델로 모니터링과 통제 기능으로 형성된 메타수준에서 행하는 활동이다.
• 메타인지는 모니터링을 통해 인지에 대한 표상을 만들고, 인지에 대한 표상에 기반하여 인지를 통제한다.
• 모니터링은 다시 메타인지적 지식과 메타인지적 경험으로 분류되고, 메타인지적 기술·전략을 사용하는 것은 통제 기능에 해당한다.

모니터링		통 제
메타인지적 지식	메타인지적 경험	
• 이론에 대한 생각, 신념 • 자기(Self), 과업(Task), 전략(Strategies), 목표 (Goals)에 대한 생각, 신념 • 인지기능에 대한 생각, 신념	• 익숙함과 어려움 • 앎에 대한 느낌 • 자신감과 만족감 • 감 정 • 학습에 대한 판단	• 의식적 · 계획적인 활동 및 전략 사용 • 인지과정에 대한 조절 • 노력 및 시간의 분배 • 인지과정의 확인 및 조절 • 인지과정 결과 평가

99 학습전략에 관한 설명으로 옳은 것을 모두 고른 것은?

> ㄱ. 효율적 학습과 정보기억에 도움이 되는 여러 가지
> 종류의 기능이나 방법이다.
> ㄴ. 학습 촉진을 위하여 학습자가 사용하는 여러 가지
> 정신적 조작으로서 목표지향적인 구체적인 활동이다.
> ㄷ. 정보의 획득, 저장, 활용을 촉진시킬 수 있는 일련의
> 과정이나 단계이다.
> ㄹ. 학습자의 학습과정에 영향을 미치는 행동양식과 사
> 고체제로서, 학습자가 새로운 정보를 선택, 획득,
> 조직하여 통합하는 방식에 영향을 미치는 인간의
> 정보처리 활동이다.
> ㅁ. 학습목표를 달성하기 위한 전체적인 계획 과정이다.

① ㄱ, ㄷ
② ㄱ, ㅁ
③ ㄴ, ㄹ, ㅁ
④ ㄷ, ㄹ, ㅁ
⑤ ㄱ, ㄴ, ㄷ, ㄹ, ㅁ

해설

학습전략
• 학습전략은 '학습을 보다 효과적으로 하기 위하여 학습자 자신이
 취하는 모든 방법적 사고 또는 행동'이다.
• 학습방법 및 전략은 학년이 높아질수록, 학습에 투여하는 시간이
 많은 과제일수록 학업성취에 미치는 영향이 커진다.
• 학년이 높아지고 학습해야 할 양이 많아지면서 상황에 맞는 공부
 방법을 습득하고 활용해야 하는데, 이 부분에서 실패하고 이전에
 사용하던 학습전략을 그대로 사용하는 내담자들이 많다.
• 특히 공부를 잘했는데, 갑자기 성적이 떨어진 경우 효율적인 학습방
 법 및 전략 활용에서의 실패가 원인일 수 있다.
• 학습부진이 나타난 시기의 특성을 살펴보면 이러한 문제가 있는지의
 여부를 파악할 수 있다.
• 학습자가 새로운 정보를 선택 · 획득 · 조직 · 저장하는 방식에 영향
 을 미치는 모든 정보처리 활동으로 정의될 수 있다.

100 과제를 수행하는 동안 자신의 주의집중과 이해 정도를 지속적으로 확인하는 과정은?

① 정교화
② 조직화
③ 점 검
④ 시 연
⑤ 노력관리

해설

① 정교화 : 학습자료를 의미 있게 하기 위하여 새 정보를 이전 정보와
 관련시켜 특정한 관계를 지니도록 하는 방법이다.
② 조직화 : 학습내용의 요소 간의 관계를 논리적으로 구성해 보는
 것으로 중요한 개념을 중심으로 내용을 분석해 보거나 이들 간에
 어떤 관계가 존재하는지를 추론하여 복잡한 내용을 보다 쉽게 이해
 할 수 있도록 돕는 인지전략이다.
④ 시연 : 단기기억 속에서 정보가 사라지지 않게 하기 위한 전략으로
 학습내용을 외우거나 소리내어 읽는 것을 말한다.
⑤ 노력관리 : 맥키치(Mckeachie)의 학습전략의 하나인 자기자원관
 리전략 중 자기효능감을 높이는 노력에 대한 귀인, 학습분위기
 조성, 자기강화 전략이다.

정답 2020년 19회 1교시 B형

필수1과목 | 청소년상담의 이론과 실제

01	③	02	②	03	③	04	⑤	05	①
06	③	07	⑤	08	④	09	⑤	10	②
11	④	12	①	13	②	14	①	15	①
16	④	17	②	18	④	19	④	20	⑤
21	⑤	22	②	23	③	24	④	25	②

필수2과목 | 상담연구방법론의 기초

26	②	27	①	28	④	29	⑤	30	⑤
31	①	32	④	33	⑤	34	③	35	④
36	⑤	37	③	38	③	39	⑤	40	②
41	③	42	④	43	①	44	②	45	②
46	⑤	47	④	48	①	49	④	50	②

필수3과목 | 심리측정 평가의 활용

51	⑤	52	④	53	②	54	⑤	55	②
56	④	57	②	58	④	59	④	60	⑤
61	①	62	③	63	②	64	④	65	⑤
66	③	67	①	68	④	69	①	70	②
71	⑤	72	③	73	③	74	③	75	①

필수4과목 | 이상심리

76	⑤	77	⑤	78	①	79	⑤	80	②
81	②	82	③	83	②	84	①	85	①
86	③	87	②	88	④	89	④	90	③
91	④	92	⑤	93	⑤	94	①	95	①
96	④	97	③	98	⑤	99	④	100	③

정답 2020년 19회 2교시 B형

선택1과목 | 진로상담

01	①	02	⑤	03	②	04	④	05	③
06	③	07	④	08	①	09	②	10	③
11	②	12	⑤	13	③	14	⑤	15	⑤
16	②	17	①	18	④	19	⑤	20	⑤
21	③	22	①	23	④	24	④	25	①

선택2과목 | 집단상담

26	③	27	①	28	①	29	②	30	②
31	④	32	⑤	33	②	34	③	35	⑤
36	④	37	④	38	①	39	③	40	④
41	③	42	⑤	43	⑤	44	④	45	①
46	④	47	⑤	48	⑤	49	⑤	50	②

선택3과목 | 가족상담

51	③	52	④	53	①	54	④	55	②
56	②	57	⑤	58	⑤	59	②	60	②
61	②	62	⑤	63	④	64	③	65	①
66	⑤	67	③	68	④	69	③	70	⑤
71	⑤	72	④	73	④	74	①	75	①

선택4과목 | 학업상담

76	③	77	⑤	78	⑤	79	④	80	①
81	③	82	①	83	③	84	②	85	①
86	①	87	②	88	②	89	④	90	②
91	⑤	92	⑤	93	④	94	④	95	①
96	③	97	③	98	②	99	⑤	100	③

성명

교시(차수)기재란	
( )교시 · 차	① ② ③
문제지 형별기재란	
( )형	Ⓐ Ⓑ
선택과목1	
선택과목2	

수험번호

⓪① ② ③ ④ ⑤ ⑥ ⑦ ⑧ ⑨ (7 columns)

감독위원 확인

(인)

1	① ② ③ ④ ⑤	21	① ② ③ ④ ⑤	41	① ② ③ ④ ⑤	61	① ② ③ ④ ⑤	81	① ② ③ ④ ⑤	101	① ② ③ ④ ⑤	121	① ② ③ ④ ⑤
2	① ② ③ ④ ⑤	22	① ② ③ ④ ⑤	42	① ② ③ ④ ⑤	62	① ② ③ ④ ⑤	82	① ② ③ ④ ⑤	102	① ② ③ ④ ⑤	122	① ② ③ ④ ⑤
3	① ② ③ ④ ⑤	23	① ② ③ ④ ⑤	43	① ② ③ ④ ⑤	63	① ② ③ ④ ⑤	83	① ② ③ ④ ⑤	103	① ② ③ ④ ⑤	123	① ② ③ ④ ⑤
4	① ② ③ ④ ⑤	24	① ② ③ ④ ⑤	44	① ② ③ ④ ⑤	64	① ② ③ ④ ⑤	84	① ② ③ ④ ⑤	104	① ② ③ ④ ⑤	124	① ② ③ ④ ⑤
5	① ② ③ ④ ⑤	25	① ② ③ ④ ⑤	45	① ② ③ ④ ⑤	65	① ② ③ ④ ⑤	85	① ② ③ ④ ⑤	105	① ② ③ ④ ⑤	125	① ② ③ ④ ⑤
6	① ② ③ ④ ⑤	26	① ② ③ ④ ⑤	46	① ② ③ ④ ⑤	66	① ② ③ ④ ⑤	86	① ② ③ ④ ⑤	106	① ② ③ ④ ⑤		
7	① ② ③ ④ ⑤	27	① ② ③ ④ ⑤	47	① ② ③ ④ ⑤	67	① ② ③ ④ ⑤	87	① ② ③ ④ ⑤	107	① ② ③ ④ ⑤		
8	① ② ③ ④ ⑤	28	① ② ③ ④ ⑤	48	① ② ③ ④ ⑤	68	① ② ③ ④ ⑤	88	① ② ③ ④ ⑤	108	① ② ③ ④ ⑤		
9	① ② ③ ④ ⑤	29	① ② ③ ④ ⑤	49	① ② ③ ④ ⑤	69	① ② ③ ④ ⑤	89	① ② ③ ④ ⑤	109	① ② ③ ④ ⑤		
10	① ② ③ ④ ⑤	30	① ② ③ ④ ⑤	50	① ② ③ ④ ⑤	70	① ② ③ ④ ⑤	90	① ② ③ ④ ⑤	110	① ② ③ ④ ⑤		
11	① ② ③ ④ ⑤	31	① ② ③ ④ ⑤	51	① ② ③ ④ ⑤	71	① ② ③ ④ ⑤	91	① ② ③ ④ ⑤	111	① ② ③ ④ ⑤		
12	① ② ③ ④ ⑤	32	① ② ③ ④ ⑤	52	① ② ③ ④ ⑤	72	① ② ③ ④ ⑤	92	① ② ③ ④ ⑤	112	① ② ③ ④ ⑤		
13	① ② ③ ④ ⑤	33	① ② ③ ④ ⑤	53	① ② ③ ④ ⑤	73	① ② ③ ④ ⑤	93	① ② ③ ④ ⑤	113	① ② ③ ④ ⑤		
14	① ② ③ ④ ⑤	34	① ② ③ ④ ⑤	54	① ② ③ ④ ⑤	74	① ② ③ ④ ⑤	94	① ② ③ ④ ⑤	114	① ② ③ ④ ⑤		
15	① ② ③ ④ ⑤	35	① ② ③ ④ ⑤	55	① ② ③ ④ ⑤	75	① ② ③ ④ ⑤	95	① ② ③ ④ ⑤	115	① ② ③ ④ ⑤		
16	① ② ③ ④ ⑤	36	① ② ③ ④ ⑤	56	① ② ③ ④ ⑤	76	① ② ③ ④ ⑤	96	① ② ③ ④ ⑤	116	① ② ③ ④ ⑤		
17	① ② ③ ④ ⑤	37	① ② ③ ④ ⑤	57	① ② ③ ④ ⑤	77	① ② ③ ④ ⑤	97	① ② ③ ④ ⑤	117	① ② ③ ④ ⑤		
18	① ② ③ ④ ⑤	38	① ② ③ ④ ⑤	58	① ② ③ ④ ⑤	78	① ② ③ ④ ⑤	98	① ② ③ ④ ⑤	118	① ② ③ ④ ⑤		
19	① ② ③ ④ ⑤	39	① ② ③ ④ ⑤	59	① ② ③ ④ ⑤	79	① ② ③ ④ ⑤	99	① ② ③ ④ ⑤	119	① ② ③ ④ ⑤		
20	① ② ③ ④ ⑤	40	① ② ③ ④ ⑤	60	① ② ③ ④ ⑤	80	① ② ③ ④ ⑤	100	① ② ③ ④ ⑤	120	① ② ③ ④ ⑤		

( )년도 ( ) 제( )차 국가전문자격시험 답안카드

성 명

교시(차수)기재란
( )교시 · 차 ① ② ③

문제지 형별기재란
( )형 Ⓐ Ⓑ

선택과목1

선택과목2

수험번호

감독위원 확인
㉕

문번	1	2	3	4	5	문번	1	2	3	4	5	문번	1	2	3	4	5	문번	1	2	3	4	5	문번	1	2	3	4	5	문번	1	2	3	4	5
1	①	②	③	④	⑤	21	①	②	③	④	⑤	41	①	②	③	④	⑤	61	①	②	③	④	⑤	81	①	②	③	④	⑤	101	①	②	③	④	⑤
2	①	②	③	④	⑤	22	①	②	③	④	⑤	42	①	②	③	④	⑤	62	①	②	③	④	⑤	82	①	②	③	④	⑤	102	①	②	③	④	⑤
3	①	②	③	④	⑤	23	①	②	③	④	⑤	43	①	②	③	④	⑤	63	①	②	③	④	⑤	83	①	②	③	④	⑤	103	①	②	③	④	⑤
4	①	②	③	④	⑤	24	①	②	③	④	⑤	44	①	②	③	④	⑤	64	①	②	③	④	⑤	84	①	②	③	④	⑤	104	①	②	③	④	⑤
5	①	②	③	④	⑤	25	①	②	③	④	⑤	45	①	②	③	④	⑤	65	①	②	③	④	⑤	85	①	②	③	④	⑤	105	①	②	③	④	⑤
6	①	②	③	④	⑤	26	①	②	③	④	⑤	46	①	②	③	④	⑤	66	①	②	③	④	⑤	86	①	②	③	④	⑤	106	①	②	③	④	⑤
7	①	②	③	④	⑤	27	①	②	③	④	⑤	47	①	②	③	④	⑤	67	①	②	③	④	⑤	87	①	②	③	④	⑤	107	①	②	③	④	⑤
8	①	②	③	④	⑤	28	①	②	③	④	⑤	48	①	②	③	④	⑤	68	①	②	③	④	⑤	88	①	②	③	④	⑤	108	①	②	③	④	⑤
9	①	②	③	④	⑤	29	①	②	③	④	⑤	49	①	②	③	④	⑤	69	①	②	③	④	⑤	89	①	②	③	④	⑤	109	①	②	③	④	⑤
10	①	②	③	④	⑤	30	①	②	③	④	⑤	50	①	②	③	④	⑤	70	①	②	③	④	⑤	90	①	②	③	④	⑤	110	①	②	③	④	⑤
11	①	②	③	④	⑤	31	①	②	③	④	⑤	51	①	②	③	④	⑤	71	①	②	③	④	⑤	91	①	②	③	④	⑤	111	①	②	③	④	⑤
12	①	②	③	④	⑤	32	①	②	③	④	⑤	52	①	②	③	④	⑤	72	①	②	③	④	⑤	92	①	②	③	④	⑤	112	①	②	③	④	⑤
13	①	②	③	④	⑤	33	①	②	③	④	⑤	53	①	②	③	④	⑤	73	①	②	③	④	⑤	93	①	②	③	④	⑤	113	①	②	③	④	⑤
14	①	②	③	④	⑤	34	①	②	③	④	⑤	54	①	②	③	④	⑤	74	①	②	③	④	⑤	94	①	②	③	④	⑤	114	①	②	③	④	⑤
15	①	②	③	④	⑤	35	①	②	③	④	⑤	55	①	②	③	④	⑤	75	①	②	③	④	⑤	95	①	②	③	④	⑤	115	①	②	③	④	⑤
16	①	②	③	④	⑤	36	①	②	③	④	⑤	56	①	②	③	④	⑤	76	①	②	③	④	⑤	96	①	②	③	④	⑤	116	①	②	③	④	⑤
17	①	②	③	④	⑤	37	①	②	③	④	⑤	57	①	②	③	④	⑤	77	①	②	③	④	⑤	97	①	②	③	④	⑤	117	①	②	③	④	⑤
18	①	②	③	④	⑤	38	①	②	③	④	⑤	58	①	②	③	④	⑤	78	①	②	③	④	⑤	98	①	②	③	④	⑤	118	①	②	③	④	⑤
19	①	②	③	④	⑤	39	①	②	③	④	⑤	59	①	②	③	④	⑤	79	①	②	③	④	⑤	99	①	②	③	④	⑤	119	①	②	③	④	⑤
20	①	②	③	④	⑤	40	①	②	③	④	⑤	60	①	②	③	④	⑤	80	①	②	③	④	⑤	100	①	②	③	④	⑤	120	①	②	③	④	⑤
																														121	①	②	③	④	⑤
																														122	①	②	③	④	⑤
																														123	①	②	③	④	⑤
																														124	①	②	③	④	⑤
																														125	①	②	③	④	⑤

좋은 책을 만드는 길
독자님과 함께하겠습니다.

도서나 동영상에 궁금한 점, 아쉬운 점, 만족스러운 점이
있으시다면 어떤 의견이라도 말씀해 주세요.
시대고시기획은 독자님의 의견을 모아 더 좋은 책으로 보답하겠습니다.

www.sidaegosi.com

2021 Win-Q 청소년상담사 2급

초 판 발 행	2021년 06월 04일 (인쇄 2021년 04월 30일)
발 행 인	박영일
책 임 편 집	이해욱
편 저	SD 청소년상담사 수험연구소
편 집 진 행	김은영 · 이나래
표지디자인	안병용
편집디자인	최미란 · 하한우
발 행 처	(주)시대고시기획
출 판 등 록	제10-1521호
주 소	서울시 마포구 큰우물로 75 [도화동 538 성지 B/D] 9F
전 화	1600-3600
팩 스	02-701-8823
홈 페 이 지	www.sidaegosi.com
I S B N	979-11-254-9659-5 (13330)
정 가	27,000원

청소년상담사 2급
기출이 답이다!

최신 출제경향의 문제를 철저하게 분석하여 실제 시험과 동일한 형식으로 구성하였으며,
문제마다 출제 의도를 파악하여 명쾌하고 상세한 해설을 실었습니다.
문제에 관련된 중요 핵심이론과 포인트를 정확하게 짚어줍니다.

정답이 아닌
문항의 설명까지
상세하고 명쾌하게
수록하였습니다.

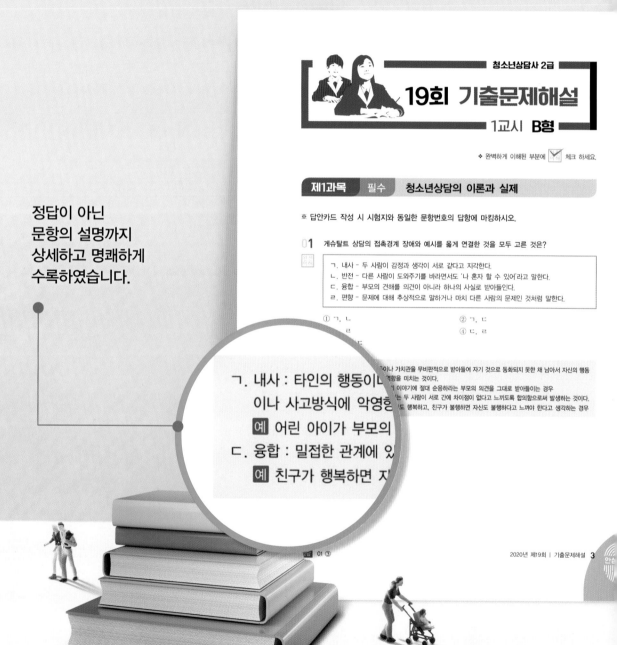

청소년상담사 2급
19회 기출문제해설
1교시 B형

❖ 완벽하게 이해된 부분에 ☑ 체크 하세요.

| 제1과목 | 필수 | 청소년상담의 이론과 실제 |

※ 답안카드 작성 시 시험지와 동일한 문항번호의 답항에 마킹하시오.

01 게슈탈트 상담의 접촉경계 장애와 예시를 옳게 연결한 것을 모두 고른 것은?

ㄱ. 내사 - 두 사람이 감정과 생각이 서로 같다고 지각한다.
ㄴ. 반전 - 다른 사람이 도와주기를 바라면서도 '나 혼자 할 수 있어'라고 말한다.
ㄷ. 융합 - 부모의 견해를 의견이 아니라 하나의 사실로 받아들인다.
ㄹ. 편향 - 문제에 대해 추상적으로 말하거나 마치 다른 사람의 문제인 것처럼 말한다.

① ㄱ, ㄴ   ② ㄱ, ㄷ
                    ④ ㄷ, ㄹ

ㄱ. 내사 : 타인의 행동이나
    이나 사고방식에 악영향
    예 어린 아이가 부모의
ㄷ. 융합 : 밀접한 관계에 있
    예 친구가 행복하면 자

정답 01 ③

28 사전-사후 검사 통제집단 설계에 관한 설명으로 옳지 않은 것은?

① 사전검사를 활용하여 연구 참여 지원자의 참여여부를 결정할 수 있다.
② 두 집단에

사전-사후 검사 통제집단
사전-사후 검사 통제집단

• 무작위할당으로 실험집단과
대해서는 아무런 조작을 가

• 개입 전 종속변수의 측정을

• 두 집단의 동질성을 확보하

• 내적 타당도는 높으나,

2020년 19회 1교시

차 변량을 조정할 수 있다.

단에 대해서는 아무런 처치를 하지 않는다.

는 독립변수 조작을 가하고, 통제집단에
으로 비교하는 방법이다

29 타당도를 높일 수 있는 방법에 관한 설명으로 옳은 것을 모두 고른 것은?

ㄱ. 측정대상(구성개념/변수)에 대한 명료한 정의
ㄴ. 측정대상의 배경이 되는 현상에 대한 충분한 이해
ㄷ. 기존 관련 연구에서 사용되어 타당성을 인정받은 측정도구(방법)의 사용
ㄹ. 측정대상과 이를 측정하는 문항들 간의 상호 상관관계가 낮은 문항 제거

① ㄱ, ㄴ
② ㄴ, ㄷ
③ ㄱ, ㄷ, ㄹ
④ ㄴ, ㄷ, ㄹ
⑤ ㄱ, ㄴ, ㄷ, ㄹ

ㄱ. 측정대상에 대한 정의가 명료할수록 타당도가 높다. 측정하고자 하는 개념의 추상성이 높은 경우 개념타당도
를 확보하기가 상대적으로 어렵다.
ㄴ. 측정하려는 대상의 배경 현상을 충분히 이해할수록 타당도는 높아진다.
ㄷ. 조사자가 만든 측정도구가 조사하고자 하는 대상의 속성들을 어느 정도 대표성 있게 포함하고 있으면, 그
측정은 논리적으로 타당하다고 볼 수 있다.
ㄹ. 수렴타당도(집중타당도)는 동일한 개념을 측정하기 위해 서로 다른 측정방법을 사용하여 측정으로 얻은 측정
치들 간에 높은 상관관계가 존재해야 함을 전제로 한다.